생생주역

생생주역 上經

장영동 지음

이른아침

필생의 사업으로 여기고 해온 『주역』 공부를 정리하면서 너덜너덜해진 강의 노트를 새로 꾸몄다. 혹자가 "『주역』 공부는 점 공부 아니냐?"고 물어올 때마다 "『주역』이 공자님께서 가죽끈을 세 번씩이나 '결딴내가면서' 연구하신 전공과목인데, 그런 성인의 공부가 당신 생각처럼 겨우 김가 이가 점 봐 주는 과목이었겠소?"라고 대답하곤 했다.

『주역』은 진시황의 적폐청산 일환으로 벌어진 희대의 사건 분서갱유焚書坑儒 당시 다행히 한 눈 똑바로 박힌 공무원 덕분에 점서占書로 분류되어 일촉즉발의 위기에서 살아남았는데, 이 때문에 오늘날까지 야누스로 보이는 두 얼굴을 갖게 되었다. 『주역』이 불에 타 없어질 찰나 복서卜筮를 위한 책으로 전락하는 바람에 고유의 의리사상義理思想을 다소 져버리게 된 것은 아쉽지만, 그나마 어떤 형태로든 살아남을 수 있었으니 얼마나 다행인지 모르겠다.

주지하다시피 성인이 『역易』을 처음 지으실 때는 본시 천지자연의 바른 이치를 담았다. 그래서 세상 사람들은 『역』을 만물 만사의 이치, 즉 의리義理를 오롯이 담은 책이라 여겼고, 이를 배우는 사람들은 마치 부모나 스승처럼 여기고 이를 품에 끼고 다니며 수신학修身學의 교재로 삼았던 것이다. 일례로 『주역천설周易淺說』을 쓴 고려 후기의 문신 김도金濤(?~1379) 같은 학자는 "하늘에 일월이 없다면 만고 동안 오래도록 어두운 밤이 될 것이고, 사람에게 『역易』이란 책이 없다면 온 세상에 금수禽獸가 우글우글할 것이다. 그기에 천자가 이를 본받으면 천하가 다스려지고, 제후가 본받으면 그 나라가 다스려지고, 배우는 자가 본받으면 수신하고 제가할 수 있을 것이다"라고 말했다. 김도의 말은 하늘에 해와 달이 존재하듯 우리 인간 세상에도 『역경易經』이란 책이 있는 게 얼마나 다행인지 모르겠다는 소리가 아닐까. 이런 『역易』을 임금이 배우면 천하를 다스릴 수 있고,

사장이 배우면 기업을 다스릴 수 있고, 가장이 배우면 가정을 다스릴 수 있고, 나 같은 보통 사람들이 배우면 수신제가할 수 있다는 의미니 말이다. 나는 강의 시간에 도반들에게 늘 이런 말을 하곤 한다.

"당신이 갑자기 어느 날 임금이나 장관이 된다면, 이 공부가 너무나 크게 쓰일 것이다."

"당신 남편(부인)이 어느 날 갑자기 임금이 되고 장관이 된다면, 당신은 왕비(대공)나 장관 부인(남편)이 될 터인데, 당신이 『주역』을 배워 알고 있다면 당신 남편(부인)을 보필하는 것은 물론, 다른 사람들처럼 나중에 교도소로 남편(부인) 면회 다니는 일은 분명 없을 것이다."

지자의 말을 뒷받침하는 대목이 실제로 『조선왕조실록』에도 많이 보인다. 우리의 『조선왕조실록』은 우선 『주역』을 이렇게 평가한다.

"『주역』은 세상 이치는 물론 수리數理의 근원이며, 육경六經의 대뇌大腦로서 경전 중 가장 윗자리를 차지하는 과목이다."

『선조실록』을 보면 임진년의 왜란倭亂으로 혼란한 시기를 당하여 상감이 답답한 심경을 다스리고자 경연經筵을 열어 역리易理에 밝은 자를 찾았는데, 그날의 일을 사관은 이렇게 기록하고 있다.

"『주역』은 음양陰陽(죽을 곳과 살 곳)과 신명神明(욕심이 꽉 찬 멍청한 자들의 지식이 아니라 정말로 하늘이 바라는 정답을 알아 나라 살림을 이끌어 가는 지혜)에 대하여 설명한 책으로 정미精微로운 학문이다. 그러니, 나 같이 학문이 모자라는 사람은 그 크고 넓은 경지를 헤아려볼 수가 없구나. 특히 『주역』은 오늘날처럼 바로 성인이 진퇴進退(서울을 사수하느냐, 아니면 백성을 버리고 나만 살기 위해 도망가느냐?)와 존망存亡(이 나라가 저 왜놈들에게서 벗어날 것이냐, 아니면 무참하게 짓밟혀 나라와 일신 하나도 보장하지 못할 것이냐?)의 이치를 밝혀서, 어지러운 시기를 구제할 수 있는 방법을 알게 한 것이다. 진실로 국가를 다스리는 자로 하여금 이 역리易理를 강구하여 나라를 삼키려는 도적이 오는 때를 알게 하고, 군사를 쓰는 데 이용하고, 음양陰陽 소장消長의 기미를 살펴 환란患亂의 조짐을 경계하게 한다면, 왕업王業이 튼튼하게 될 것인데, 애석하도다, 신하들이 역리를 밝혀내는 공부가 부족하니 한갓 임금의 귀를 어지럽히기만 하였구나. 아, 이것이 어찌 『주역』을 강론하는 본의이겠는가!"

나라의 운명이 바람 앞의 등불처럼 한 치 앞을 예측할 수 없는 위기를 맞으니, 그때서야 비로소 선조 임금 자신도 평소 공부가 부족한 것을 통탄하는 장면이다. 핵폭탄 떨어지고 나면 너와 나라는 존재 자체가 재가 되고 마는데, 무엇을 후회한다 말인가. 이렇게 선조의 한스러워하는 말 끝에, 검토관 수찬修撰 정경세鄭經世가 다음과 같이 아뢰었다(오늘날의 어투로 바꾸어서 풀어본다).

　"대개 성인이 『주역』을 지은 뜻은 사람으로 하여금 계신공구戒愼恐懼(만사를 두려워하고 조심함)하게 하기 위함입니다. 보통 사람은 일을 당했을 때 『주역』의 이치를 살펴보아도 되지만, 임금은 반드시 몸에 완벽히 체인體仁이 되어 있어야 합니다. 어째서이겠습니까? 개개인이야 잘잘못을 만나면 자신의 행불행에 그치면 그만이지만, 임금의 판단은 백성과 온 나라 전체에 미치기 때문에 인공지능 AI처럼 『주역』이 몸에 완전히 데이터베이스화 되어 있어야 합니다. 그래야 '전쟁?' 하면 전쟁의 방책을 말하고, '인재?' 하면 그 사람의 적합도를 알아내고, '정책?' 하면 그게 백년대계인지 혹은 얼마 못 가 폐기 처분될 정책인지 검토가 된다는 것입니다. 임금과 측근 인사들의 사사로운 건의와 판단은 사리사욕과 당리당략을 위한 것으로, 정권 유지 차원에서 포퓰리즘 성향이 짙을 수밖에 없습니다. 전하! 성인이신 공자께서 한 번 독서하고 말 책이었으면 『주역』을 왜 저토록 뼈를 깎아가며 위편삼절韋編三絶 하였겠습니까. 전하께서도 가죽 책 끈을 세 번은 갈지 않으시더라도 한 번은 갈아치울 정도로 반드시 『주역』을 읽으시기를 바랍니다. 그것은 전하 자신뿐만 아니라 이 나라와 백성들을 위한 책무이기도 합니다."

　이를 들은 선조 임금이 부끄러운 듯 고개를 떨구고 "만고의 길흉이 모두 이 『주역』에서 나온다니, 그 이치의 신묘함은 무어라 다 말할 수가 없겠구나" 하자, 우의정 김응남金應南이 "전하! 병법을 다루는 자도 이 『주역』을 배워 쓰고, 인재 등용에도 이 『주역』을 배워 씁니다. 온갖 사물의 이치가 다 이 『주역』에서 나온다고 하니, 저 경경세의 말을 통촉하여 주시옵소서" 하고 대답하였다.

　병자호란 당시 인조가 청나라 태종 칸에게 이마를 땅바닥에 찧어가며 삼배구고두三拜九叩頭의 치욕을 당하기 몇 해 전, 『인조실록』에는 이런 글도 기록되었다. 병자호란 때 척화오신斥和五臣 중 한 사람이었던 오위도총관 신익성申翊聖의 상소 내용이다.

"공자께서 『주역』을 지은 까닭은 우환 같은 근심 걱정이 있었기 때문이라[作易者 其有憂患乎] 하였습니다. 전하께서 재변災變을 만나 참회하는 마음으로, 남이 보고 듣지 않는 곳에서도 두려워하고 삼가시어, 득실得失과 치란治亂, 굴신屈伸과 소장消長을 탐구하여 통달하고, 음양이 발동하는 기틀과 강유強柔를 현실에 적용하는 오묘한 도리를 환히 밝혀 깨달으시어, 천도天道를 체득하여 꿋꿋이 나아가고 시운時運을 살펴 올바르게 처리하시어 왕업王業을 원대하게 하신다면, 그야말로 제왕帝王의 덕이라 할 수 있을 뿐 아니라, 그렇게만 되면 하늘에 계신 조종祖宗의 영령들을 위로하실 수 있게 될 것이옵니다."

당시 인조 임금에게 왕이 무얼 해야 앞으로 나라와 백성에게 걱성을 끼치지 않고 박수받는 임금이 될 것인지 깨우쳐 주는 얘기다. 그러나 인조는 신하의 충정을 경시했다. 정묘호란과 병자호란 두 번에 걸쳐 백성에게 차마 입에 다 담을 수 없는 치욕을 당하게 했을 뿐만 아니라, 그의 아들 소현세자마저 청나라에 인질로 붙잡혀 가게 하고 말았다. 훗날 소현세자가 효종이 되었을 때, 개성부 교수 석지형石之珩은 '당신은 아버지 같은 어리석은 임금이 되지 말아야 한다'는 상소 형식으로 『주역』 해설서인 『오위귀감五位龜鑑』을 지어 올린다. 그는 눈물을 뚝뚝 흘리며 이렇게 호소했다.

"신이 엎드려 생각해 보건대, 임금이 치국治國의 바탕으로 삼을 만한 것으로는 육경六經과 사서四書로부터 여러 유학자들이 지은 책에 이르기까지 지극히 많아 다 읽고 쓸 수가 없을 것입니다. 그러나 단언컨대, 임금이 다스리는 바탕으로 삼을 만한 것으로는 『주역』보다 앞서는 게 없습니다. 그 가운데서도 5효가 임금의 도리로 쓸만하고 적당합니다. 384효가 어느 것인들 마땅히 행해야 할 인사가 아니겠습니까마는, 그 가운데서도 5효가 임금의 도리로 받아 쓸만하고 가장 적실합니다. 그러니 상감께서 5효를 스스로 거울삼아, 안으로는 자기의 덕을 크게 살피시고 밖으로는 후회 없는 방법을 구하시어, 내성외왕內聖外王의 성왕聖王이 되시길 엎드려 바라옵나이다."

이상의 몇 가지 기록처럼 『주역』은 임금이 나라를 다스리는 통치의 가장 근본되는 교과서였다. 그러니 기업이나 가정을 꾸리는 데에야 말을 해서 무엇하겠는가. 수신제가치국평천하修身齊家治國平天下가 그냥 나온 소리가 아니다. 자기 안에 먼저 성인이 자리하고 있어야 가정을 만들면 가장다운 가장이 되고, 기업을 만들면 사장다운 사장이 되고, 나라를 맡으면 임금다운 임금이 될 것이다.

　문자가 없던 시절, 64괘를 처음으로 만들고 『역』을 최초로 지은 사람은 복희 임금이었다. 이어 문자가 나온 뒤 문왕이 64괘 하나하나마다 친절하게 괘를 설명하는 글을 지었고, 그 아들 주공이 384효 하나하나에 자세한 설명을 더해 만들어진 것이 『주역』이다. 주공이 죽은 지 500년 후, 학문의 왕이라는 공자가 복희·문왕·주공의 뜻을 이어받아 주석을 덧붙이고 공자의 인본주의 철학을 입힌 것이 오늘날의 『주역』이라 해도 좋다. 다시 말하면 임금과 성인들이 백성과 나라를 아끼는 마음에, 어느 한 사람 어느 한 나라도 빠짐없이 부자로 살고 태평성대를 누리기를 바라는 마음에 『역』을 지었으니, 이것이 바로 치국평천하治國平天下의 바이블이요 수신제가修身齊家의 성경이 된 것이다. 절대 임금이 사리사욕으로 당리당략을 위해 쓰라는 경전이 아니다. 그런 임금과 그런 사람들은 다 치욕을 받으며 형장의 이슬로 사라졌다. 왜 요순堯舜 임금을 오늘날까지 칭송하고, 왜 걸주桀紂는 죽일 놈으로 치부할까. 지난 뉴스에서 보안사령관 시절 군복 입은 전두환 동상을 만들어 놓고 오가는 시민들이 한 대 씩 두들겨 패는 장면이 보였다. 이건 무슨 메시지일까. 앞으로 임금 되려고 마음먹는 자나, 지금 이 시간에도 임금질 하고 있는 자가 사리사욕을 부려대면 대대손손 이런 씻을 수 없고 지울 수 없는 치욕을 받고 살 것이라는 무서운 교훈이다. 전두환은 죽어도 죽지 못하고 영원히 저 걸주桀紂 같은 대접을 받게 될 것이다. 그리고 이런 교훈은 오늘 이 순간 용상에 앉아 있는 자들에게도 똑같이 해당하는 얘기다.

　이 책에서는 『주역』 해석의 고전이라는 정이程頤의 『이천역전伊川易傳』과 주희朱熹의 『주역본의周易本義』를 합본한 『주역전의대전周易傳義大全』을 바탕으로 삼았다. 『이천역전』은 『주역』의 의리를 천명함으로써 자연철학·정치철학·인생철학을 체계적으로 논술하여 이학理學의 기초를 마련한 것으로 평가되는 저술이다. 반면에 『주역본의』는 의리적 해석보다는 점서 쪽으로 기울게 풀었다. 필자가 이 둘을 모두 취한 것은 『주역』을 의리나 점으로 양단하여 시비에 걸리는 대신, 본래 작역자作易者의 취지에서 멀리 벗어나지 않으려는 뜻에서다.

　이런 필자의 견해와 딱 맞아떨어지는 견해를 가진 조선시대의 학자가 있었다. 심대윤沈大允(1806~1872)이란 분이다. 그는 몰락한 대유大儒 집안 출신으로, 반상盤床 만드는 공방을 차려 생계를 이으면서도 십삼경十三經 주석과 함께 유명한 『주역상의점법周易象義占法』을 썼다. 그가 이런 말을 했다.

"정이천은 오로지 도리道理를 주장하고, 주자는 오로지 점을 주장하지만, 하늘
과 사람의 이치는 하나이기에 도와 점도 둘이 아니다. 그러기에 곧 도리에 정밀하
지 못하면 점이 적중할 수 없고, 점이 적중하지 않으면 도리에 정밀할 수 없다."

하늘의 해와 달이 어찌 유가의 전물일 수 있겠는가. 고로 역易 역시 유가의
전유물이 될 수 없기에 본서에서는 노장철학과 불교철학적 해석방법도 멀리하지
않았다. 왕필王弼(226~249)과 소동파蘇東坡(1037~1101), 지욱智旭선사(1599~1655)가 그
런 사람들이다. 이 중 왕필이 쓴『주역주』는 노장철학을 바탕으로『주역』을 해석
했으며 지금도 교과서처럼 읽히고 있다. 『동파역전東坡易傳』은 동파의 부친 소순
蘇洵이 주석을 달다가 완성하지 못하고 노환으로 죽자, 그 뜻을 이어받아 소동파
가 동생 소철蘇轍과 함께 완성한 유교적 관점의 책이다. 동파는 유교를 근간으로
하면서, 노장철학을 바탕으로 풀이한 왕필의 사상을 융합하여 회통하고자 했다.
유불선을 두루 공부한 지욱선사의『주역선해周易禪解』또한 세상이 유교의 대표
경전으로 칭하는『주역』을 불교적 관점에서 해석한 최초이자 유일한 책이다. 지
욱은 불교의 모든 교리와 사상을 종합적으로 응용해 역리易理를 불교적 관점에서
논리적으로 해석하고 있다. 본서 역시 부족하지만 지욱의『주역선해』처럼 유불선
에서 대립이 아닌 상호 이해와 융합점을 찾고자 했음을 밝혀둔다.

그러나 이 책을 이끌어가는 근본 바탕은 뭐니뭐니 해도『조선왕조실록』과 조
선의 석학들이 역리易理를 집대성한『한국주역대전』, 그리고 다산 정약용의『주
역사전周易四箋』과 명유名儒들의 시문집詩文集이다. 이들 4가지를 본서의 원형이정
元亨利貞으로 삼았다. 64괘 384효 하나하나마다 해석이 난해한 곳에는 조선 최고
역학자들의 보충 설명을 실었고, 또 다산처럼 384효 모두에 대해 설증說證(설괘전
으로 증명함)하고자 나름대로 애를 썼다. 의리적 해석이든 상수적 해석이든, 공자
의『주역』에 가깝게 가려고 노력했다는 말이다. 끝으로 64괘 외의 다른 전설傳說
은 중언부언 되는 부분이 많아 다산처럼 제외시키려고 하다가, 후학들에게 혹이
나 도움이 될까 싶어 선학先學의 유지를 조금 이어 놓았다.

기존에 출간된 다른 책들의 경우「계사전」,「설괘전」,「서괘전」,「잡괘전」에
대한 해석을 소홀히 다루는 경우가 많았다. 본서의 경우 이 부분에 관하여는 특
별히 오치기吳致箕의『주역경전증해周易經傳增解』와 이장찬李章贊의『역학기의易

學記疑』를 주요하게 참조했음을 밝혀둔다.

　　본서는 또 조선시대 대학大學들이 『주역』의 해석과 관련하여 남긴 주옥같은 명언이나 급소를 찌르는 촌철살인적 표현도 두루 소개하려고 했다. 예컨대 (저자의 13대 할아버지인) 여헌旅軒 장현광張顯光(1554~1637)의 『여헌집旅軒集』에 실린 '관해설觀海說'의 일부 내용을 소개하면 다음과 같다.

　　"아, 물이 어찌 크고 작고 깊고 얕은 물 뿐이랴. 내가 물을 봤던 것이라면 가두어 놓은 물로 작은 것은 우물이고 큰 것은 연못이었다. 흐르는 물로 작은 것은 시냇물이고 큰 것은 강과 하천이었다. 그래서 내가 생각하기를 '가두어 놓은 물로는 연못보다 큰 것이 없고 흐르는 물로는 강하江河보다 큰 것이 없다'고 여겼는데, 이제 동해 바다에 나와 보니 연못과 강하가 모두 절대로 내 눈에 큰 물이 될 수 없구나. 바다가 이렇게 크고 이렇게 깊은 까닭을 연구해 보면 작은 물줄기를 가리지 않고 모으고 모아 이에 이른 것이 아니겠는가. 바다의 근원은 곧 강하와 시냇물일 것이다. 『주역』 지풍승괘地風升卦 대상大象에 나오는 '적소이고대積小而高大(작은 것이 모여 큰 것이 됨)'가 바로 저 바다를 이르는 말이었구나!"

　　마지막으로, 본서 속에 혹 절차탁마 되지 못한 거친 구절이 있으면, 살피시어 부디 한 사람의 독자라도 내성외왕內聖外王의 자리에 오르시고, 순간순간 '죽이고 죽이는 길'이 아닌 '살리고 살리는 생생生生의 길'을 취하시어 영원한 행복을 맛보시길 간절히 바라는 마음으로, 졸작이지만 정성을 다해 엮어 올리는 바이다.

　　참고로, 처음 역易의 세계에 입문하려는 독자들을 위한 '역의 이해'를 제1권의 말미에 덧붙여두었음을 밝혀둔다.

2020년 3월, 전 세계적으로 코로나19와 전쟁을 치르는 와중에
문수산 기슭에서
易農生 張永東 易拜

☯ 차 례

생생주역 下經

생생주역

上經

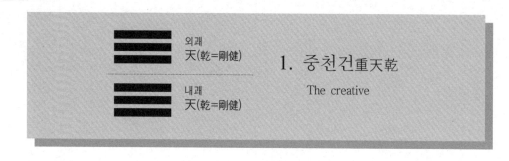

외괘
天(乾=剛健)

내괘
天(乾=剛健)

1. 중천건重天乾

The creative

건괘는 임금 급수다. 건乾은 하늘이고, 둥글고, 군주고, 아버지다. 천지만물 중에 가장 존귀한 자리가 있다면 바로 아버지와 어머니의 자리인데, 건괘乾卦와 곤괘坤卦가 바로 그 자리다. 특히 여기 건괘는 임금과 아버지, 총수, 오너에게 필요한 리더십을 알려준다.

乾 元 亨 利 貞 [元亨 利貞]

건은 으뜸이 되고 형통하니[임금 되는 일에 형통하고], 정도로 가야 이롭다[일을 맡으면 바르게 해서 이로울 것이다].

건괘乾卦는 『주역』64괘 중에 머리에 해당되는 괘로 6획(효) 모두가 양陽으로 된 유일한 괘다.[1] 건☰의 장점이라면 음기 하나 없이 양기만 넘쳐 씩씩하고 강건함이요, 단점이라면 음양 배합이 일절 없어 양양한 기운만 뿜어내는 것이다. 그러기에 건乾은 건장하고, 굳세고, 쉼 없는 기운이니, 만물이 여기서부터 비롯된다. 「설괘전」에서 "건은 하늘이 되고, 둥근 것이 되고, 아버지가 되고, 임금이 되고, 우두머리가 된다" 하였으니[2], 건乾이 된 자는 만물과 함녕咸寧하고 보합대화保合大和하는 대인의 길을 어떻게 찾아가느냐가 관건이다.[3] 이와 관련하여 신흠은 "각정

---

1 옛날 하나라는 重山艮卦를 머릿괘로 했고 은나라는 重地坤卦를 머릿괘로 했으나, 주나라 문왕부터는 重天乾卦를 머릿괘로 삼았다.

2 「說卦傳」 11장 : "乾 爲天, 爲圜, 爲君, 爲父, 爲玉, 爲金, 爲寒, 爲氷, 爲大赤, 爲良馬, 爲老馬, 爲瘠馬, 爲駁馬, 爲木果."

3 [說證] 건도가 변화하여 각각의 본성과 생명을 바르게 하고 큰 조화를 이룬다. 이 말은 만물이 건의 元氣를 받아 비로소 생성되며, 또 건도의 변화에 따라 본성을 완성함으로써 事事物物의 조화가 이루어지게 됨을 의미한다. 8괘로 볼 때 양은 진☳에서 발생하며, 태☱에서 장성하고 건☰에서 궁극점에 도달하기에, 진☳은 구경엔 건☰이 된다[震其究爲健] 하니, '乾'은 바로 '健'이다. 또 復卦로 시작한 一陽이 臨卦, 泰卦, 大壯卦, 夬卦, 乾卦에 이르면 그 운행이 매우 굳건하다. 여기 [說證]은 說卦傳의 母本으로 증명함을 말한다. 대체로 다산의 주석을 많이 따랐다.

성명各正性命이란 음양의 분수가 태어날 때 정해지며, 보합대화保合大和는 출생 후 음양을 조화시켜 나감"이라 하였고,[4] 이언적은 "왕도정치의 완성이 보합대화"라 하였으며,[5] 김상헌은 "보합만이 오직 태화"라 하였다.[6]

건乾은 세상에 하나 밖에 없는 위대한 아버지의 상이며, 성군聖君의 상이다. 그래서 『주역』을 지은 자는 누구든 건乾이 되고자 하면 "원형元亨 이정利貞" 해야 한다고 천하에서 가장 무서운 옵션을 달았다.[7] 특별히 백운은 '원형이정'을 춘하추동 중 추秋의 리利에 집약하는가 하면,[8] 서애처럼 '원형이정 4덕설'을 펼친 경우도 있으며[9] 성호는 '원형'은 선천과 천도이고 '이정'은 후천과 인도임이 이치의 마땅

---

4 신흠, 「상촌고」, '性命' : "각각 성과 명을 바르게 한다[各正性命]고 하는 것은 음과 양의 분수가 태어날 때 정해진 것을 의미하고, 큰 화기를 온전히 보전한다[保合大和]고 하는 것은 이미 태어난 후에 음과 양의 기운을 조화시키는 것을 뜻한다."

5 『명종실록』 21년(1566) 9월 4일 : 이언적이 進修八規를 아래과 같이 올렸다. "임금과 재상이 마음을 같이하고 덕을 함께해서 도리에 맞고 정사가 다스려져서 大和保合하고, 仁賢이 모든 관직에 나열해서 혜택을 民物에 입히면 마음과 기운이 화평해지고, 천지의 화평도 이에 응하여서 음양이 조화되어 바람과 비가 제때에 오고, 여러 생물들이 생육되어 만물이 번식하며, 복이 되는 모든 물체와 이를 만한 祥瑞는 모두 이르러 王道政治가 완성될 것입니다."

6 金尙憲, 『淸陰集』, '치화보합 :
"금과 화가 서로 간에 주고받으며[金火遞相承] 바람 구름 때를 만나 제회하누나[風雲時際會].
강포함은 북임에게 의지를 하고[強暴倚北壬] 맘 곧음은 서태에게 모욕당하네[孤貞侮西兌].
큰 고래는 기린 사는 숲을 휘젓고[巨鯨穢麟藪] 큰 붕새는 봉황 놀라 울게 하누나[矗鵬驚鳳噦].
시냇가선 푸른 솔과 잣이 잠기고[澗涵松柏翠] 언덕에선 향기로운 연꽃 잠기네[陂沈菡萏蔼].
사람 일은 필시 감응 있는 법이니[人事必有感] 하늘에서 방자함을 징계하누나[天心豈懲忕].
풍년 듦이 바로 상서 조짐이지만[豊年是爲瑞] 은택 펴이 흡족하다 할 수 없네[解澤未稱霈].
화기 오게 함엔 다른 단서가 없고[致和無異端] 보합하는 것은 오직 태화에 있네[保合惟在太]."

7 乾卦의 뿌리 天根은 復卦다. 진의 元이 陽으로 시작하므로 善之長[☳, 爲長子爲人主]이라 하고, 亨은 嘉之會[☲, 爲禮爲相見], 利는 義之和[☱, 爲義爲和悅], 貞은 事之幹[☵, 爲勞爲堅實]이라 했다. 괘사[단사]를 '원형, 이정'으로 보는 주장을 편 이로는 『易本義通譯』을 쓴 元의 雲峰 胡炳文(1250~1333)과 『周易集解』와 『學易說約』을 쓴 丘富國(宋末元初의 주희 제자) 등 여럿이다. '元亨'은 下卦, '利貞'은 上卦로 본다.

8 심대윤, 『주역상의점법』 : "乾은 元·亨·利·貞이다. 봄여름겨울은 모두 가을이 되기 위한 것이고[春夏冬皆所以爲秋], 元·亨·貞은 모두 利가 되기 위한 것이니[元亨貞皆所以爲利], 온갖 사물은 가을에서 이루어지고[萬物成於秋], 온갖 일은 利에서 이루어진다[萬事成於利]. 6효는 여섯 달과 1년을 상징한다. 利·貞은 음의 功效이고, 元·亨은 양의 변화이다. 陽 혼자서는 낳지 못하고 陰 혼자서는 이루지 못한다. 純陽일 뿐이라면 어떻게 元·亨이 있겠으며, 純陰일 뿐이라면 어떻게 利·貞이 있겠는가?"

9 유성룡, 「건원형이정설」 : "元亨利貞을 乾의 四德으로 본 것은 공자의 설이다. 역의 도는 넓고 커 갖추어지고 포함되지 않는 것이 없다. 象은 이치에서 벗어나지 않으며, 이치는 실제로 상에 갖추어져 있다. 卦辭는 상을 가지고 이치를 밝히는 것이니, 사람들이 이것을 체득하여 일에 시

함이라고 주장한다.[10] '원형이정'이 없으면 역을 설명할 수 없다는 위암韋庵의 설을 주목할 필요가 있다.[11] 한편 '원형이정'이 무슨 의미인지 주공周公 자신은 쉽게 알았지만 백성들이 너무 어려워할 것 같아, 각 위位마다 변화무쌍한 용龍으로 취상하여 '잠룡, 현룡, 비룡, 항룡' 등으로 비유하여 아래와 같이 설명한다.

초9는 아직도 물속에서 수영을 더 배워야 하는 이무기 같은 용이다. 그러기에 하늘로 날아오르는 일에는 아직 신경을 쓰지 말아야 한다. 구2는 용이 세상에 나온 때다. 위로부터, 대인으로부터 도움이 없으면 뜻을 펼 수 없다. 어떻게 하면 대인의 도움을 얻을 수 있을까를 염려해야 할 것이다. 구3은 역을 지은 자가 애매모호하게 다른 효와 달리 용이란 호칭을 쓰지 않았다. 여기 구3에게는 앞으로 하늘을 날아오를 용으로 알기에 강한 옵션을 주문하고 있다. 하늘이 어디인지, 하늘이 무엇인지 깨칠 수 있도록 화두를 준다. 구4는 일단 하늘로 날아오른다. 하늘을 나르다 잘못 되어도 연못으로 떨어져 크게 다치지 않을 정도로 복은 지어놓았다. 혹 추락의 기미가 보인다면 비상하기 전에 한 번 더 확인이 필요하다. 구5는 이제야 정말로 훌륭한 아버지의 용이요, 만대로 칭송받을 임금이 되었으니, 하늘을 마음껏 자유자재로 비상해도 좋다. 위로는 어른들과 아래로는 백성들의 고언과 충

<hr>

행한다면, 길흉의 길에 혼미하지 않을 것이다. 이것이 이른바 '器亦道道亦器'이다. 乾은 하늘이다. 하늘은 이 네 가지 덕을 갖추고 있기에 이런 상이 있고, 따라서 이런 말이 있을 뿐이다. 만일 乾卦에 이 四德이 없다면, 어디로부터 이런 상이 있고, 이런 말이 있을 것이며, 점치는 자도 어디로부터 크게 형통하고 곧고 견고함에 이로울 수 있겠는가? 이것으로 본다면, 문왕의 역이 바로 공자의 역이다. 주자의 『본의』는 비록 점치는 일을 위주로 설명하였으나, 정자의 『정전』을 벗어나지 않는다. 『본의』를 주로 하는 자들이 『정전』을 없애도 된다고 하니, 이는 이른바 어리석은 사람 면전에서 꿈 이야기를 할 수 없음과 같다."

10 이익, 『역경질서』: "天은 體, 乾은 德을 나타낸 글자이다."
   권만, 「역설」: "元·亨·利·貞은 『춘추좌씨전』에서 목강이 이미 四德으로 나누었는데 공자가 그대로 따랐다. 그러나 문왕의 뜻은 크게 형통하고 곧아야 이롭다는 것으로 뜻을 세운 것이었다. 건의 도는 주야와 사시를 겸하여 계속 운행하니 한 순간도 쉼이 없다. 때로 그 사이에 밝고 어두우며 차갑고 더우니 그 변화가 무궁하다. 공자가 언제 『주역』을 점서로 여기지 않은 적이 있었는가?"

11 金相岳, 『山天易說』: "乾은 군센 양으로 6획 모두 홀수면서, 순수한 양이니 '天'이라 하지 않고 '健'이라 하였다. 元은 크고 亨은 통하며, 利는 마땅하고 貞은 바르고 견고하다. 元으로서 만물을 낳고, 亨으로서 만물을 기르고, 利로서 만물을 이루고, 貞으로서 만물을 보관한다. 陽의 고요함은 七로 象을 말하고, 乾의 고요함은 四時로 元·亨·利·貞을 설명한다. 元·亨은 양에 속하여 吉은 있고 凶은 없으며, 利·貞은 음에 속하여 吉凶이 서로 반반이다. 그러므로 不利, 无攸利, 可貞, 不可貞, 貞凶, 貞吝이 있다. 오직 元만이 크지 않음이 없어 반드시 元吉(大吉)로 일컬으니, 이 때문에 四德의 으뜸이 되는 것이다."

고를 거울삼아 가야 할 것이다. 마지막으로 상9는 하늘 꼭대기까지 날아갈 수 있는 대단한 용이 되었지만, 자신만을 알고 헐벗고 병들고 외로운 백성들과 함께 갈 수 없는 용이라면 크게 문제가 일어날 것을 명심해야 한다고 하였다. 대체로 권력과 재력을 오래 가진 자들이 후회를 낳을 염려도 많다.[12]

> 初九 潛龍 勿用
> 초9는 잠겨 있는 용이니 쓰지 말라.

잠룡은 아직도 깊은 물 속에서 팔다리에 힘을 올리고, 수영을 더 익혀야 할 용이다. 어디 써 줄 곳을 찾아 나서면 안 되는 철부지 용이다[Hidden dragon]. 이것은 마치 어린아이의 고추가 비록 바짝 설 수는 있지만 어른 구실을 할 수 없는 적자赤子와 같다.[13] 여기 용龍이 등장하는 건괘의 효사爻辭는 주공周公이 쓴 것이고, 여기에 공자가 여러 타입으로 주석을 달았는데 설명을 더 덧붙이지 않아도 될 만큼 자세하다. 물론 공자 이후 후학들의 주석도 무수히 많다.[14]

먼저 건괘 초9의 효사에 대한 공자의 주석을 보자. "잠겨 있는 용을 쓰지 말라[潛龍勿用] 함은, 양의 기운이 아직 보잘것 없기 때문이다[陽在下也]."[15]

---

12 먼저 乾卦에서는 하늘을 나는 龍이 되고자 하기 이전에, 龍의 도를 알리고 있다. 龍의 도는 세상을 위해 가장 건강하고 아름답게 쓰일 그 씨를 뿌리고 거둠에 있는 것이다.

13 『도덕경』 제55장 : "아직 남녀의 교합을 알지 못하나 음경도 일어서고 정기도 지극합니다. 하루 종일 울어도 목이 쉬지 않습니다. 이것이 완전한 조화입니다. 도가 아닌 것은 얼마 가지 않아 끝장이 납니다[比於赤子, 未知牝牡之合而全作, 精之至也, 和之至也, 不道早已]."

14 예컨대 蘇軾은 『東坡易傳』에서 이렇게 주석한다. "乾卦가 龍을 취한 것은 능히 날 수도 있고, 물에 잠길 수도 있기 때문이다. 그러나 하늘을 나는 것이 龍의 올바른 상태이다. 그 올바른 상태를 얻지 못했을 때 물에 은둔할 수 있는 것은 천하의 지극히 강건함이 아니면 누가 그렇게 할 수 있겠는가?" 이하 『동파역전』은 성상우의 번역본(청계, 2004)을 기초자료로 하였음을 밝혀 둔다. 한편, 조선의 유학자 宋時烈은 『易說』에서 건괘의 '용'과 곤괘의 '말'에 대하여 이렇게 설명한다. "古詩에 '하늘을 나는 것으로는 용만한 것이 없고, 땅에서 쓰는 것으로는 말만한 것이 없다[天行莫如龍, 地用莫如馬]'고 했으니, 乾坤을 용과 말로 짝하여 말할 경우 그 뜻이 충분히 드러난다."

15 건괘 초9에 대한 공자 이외의 주석들 가운데 몇 가지를 소개하면 다음과 같다.
정이천, 『이천역전』 : "九는 양수의 極盛이다. 理는 형체가 없어 象을 빌어 의미를 드러냈다. 乾卦를 신령스럽고 변화불측한 龍으로, 乾道의 변화와 陽氣의 消息과 聖人의 진퇴를 형상화했다. 초9는 양기가 막 싹트고 성인이 미천할 때에 해당되어, 감추고 수양하면서 때를 기다려야 공자는 「문언전」[16]에서 다시 한번 이 부분에 대해 다음과 같이 명쾌하게 해석을 내리고 있다. "잠룡물용潛龍勿用은 아래에 버려둠이다[下也]. 초9에서는 비록 양기가 발기되더라도 감춰두어야 한다[陽氣潛藏]. 잠룡물용은 무엇을 말하는가[何謂也]? 잠룡은 자신을 숨길 줄 아는 덕을 지닌 은자를 의미한다[龍德而隱者也]. 그러기에 세상을 따라가더라도 그 뜻을 바꾸지 말고[不易乎世], 하찮은 이름 석 자도 내세우려 하지 말며[不成乎名], 세상을 등지고 살면서도 고민하지 말고[遯世而无悶], 또 보아야 할 것을 보지 못한다고 민망해 하지 말며[不見是而无悶], 오로지 내게 즐거운 일이면 행하고[樂則行之], 근심스러운 일이면 손 하나 까딱하지 말아야 할 것이다[憂則違之]."[17]

이런 「문언전」 내용과 연관된 노래로는 윤선도의 '해바라기'가 좋고,[18] 이민구의 꼬이지 않는 '행위行違'의 스탭도 좋다.[19] 이런 마음과 스탭이 확고부동하여, 밖

하는 시기이다."

권근, 『주역천견록』: "乾卦 초9는 곧 復卦 초9이다. '潛龍勿用'은 곧 복괘 '동짓날에 관문을 닫아걸어 장사군과 여행자들이 다니지 못하게 하고, 임금이 사방을 시찰하지 않게 했다[至日閉開, 商旅不行, 后不省方]'는 뜻이다."

유정원, 『역해참고』: "용이 못에 있다는 것은 드러나서 뛰어오른[或躍在淵] 이후에 알 수 있다. 잠겨 있고 숨어 있는 때에는 깊고 어두워 헤아릴 수 없으니, 누가 그것을 알 수 있겠는가? 예로 伊尹과 太公이 탕왕과 문왕을 만나지 않았다면, 누가 이윤이 밭을 갈던 莘野의 들과 태공이 낚시를 하던 磻溪라는 강이 있었는지 알았겠는가! 이것이 '잠겨 있는 용'에서 '못'을 말하지 않은 이유이다."

김상악, 『산천역설』: "'水經'에서 용이 추분에 내려오고, 乾은 戌·亥方에 있기에 초효에서 '잠룡'이라 하였다. '잠겨있다[潛]'·'나타났다[見]'·'뛰어 오른다[躍]'·'날아오른다[飛]'는 건의 '元·亨·利·貞'이다. 그런데 오직 초9에만 四德이 갖추어져 있으니, '잠룡'은 '元·亨'의 상이고, '물용'은 '利·貞'의 의미이다."

16 「文言」은 「爾雅」나 「說文」 같은 종류인데, 『易』에 대한 전문적 주석서이다. 한편 공자 출생 13년 전에 穆姜은 이미 「문언」의 글을 인용한 바 있다.

17 [說證] 乾卦가 姤卦로 변해 진☳이 손☴으로 용이 되어 들어가 숨어 버리고 나오지 않는 상이다. '은이미현(稱隱)', '불역호세(高潔)', '불성호명(不果)', '둔세무민(遯卦)', '불견시이무민(撓屈)', '락즉행지(臨·泰·大壯·夬→兌)', '우즉위지(건괘→구괘)', '확호기불가발(巽入)', '행이미성(震行巽不果)'이다. 즐거우면 행하고 근심스러우면 떠나서, 즐거움과 근심이 모두 도에 맞는 것이지 자기의 사사로움이 아니다[樂則行之, 憂則違之, 樂與憂皆道也, 非己之私也].

18 윤선도, 『고산유고』, '樂行憂違': "아 나는 해바라기보다도 몸을 지키지 못했나니[嗟我不及葵自衛] 일곱 번 넘어진 안진경이요 세 번 쫓겨난 유하혜라 할까[七顚之顏三黜惠]. 즐거우면 행하고 걱정되면 떠난다는 성인의 말씀 외우며[樂行憂違詠聖言] 노을 밖에서 소요할 뿐 다른 사람의 권세는 잊었나니[徜徉霞外忘人勢] 나의 생애에 구한 것은 단지 주림과 추위 면하는 것이요[生涯但求飢寒免] 나의 居止에 취한 것은 단지 바람과 볕을 가리는 것이었네[居止只取風日蔽]."

으로 꼬이거나 빼앗겨 나가지 아니해야[確乎其不可拔] 제대로 된 잠룡이라 할 수 있다[潛龍也].

　잠룡潛龍이란 비록 용의 모습은 갖추었지만 아직은 세상으로 출현하기에 때가 이른 자다. 그러니 세속에 영합하는 일도 없어야 하고, 명성을 구하는 일도 없어야 한다. 숨어 살도록 강요를 당해도 불평을 하지 말아야 하며, 비난을 받을지라도 결코 불만을 품지 말아야 한다. 도를 지킴이 이렇게 확고부동하다면 잠룡의 처세술을 지닌 자임에 틀림없다. 공자는 초9로 하여금 함부로 불필요한 곳에 쓰여서 가치 없는 자가 되지 말라고 무섭게 경고하고 있다.

　"군자는 공부[德]가 완성되면 바로 행동으로 옮겨야 한다[君子以成德爲行]. 지금은 초9가 공부가 아직 완성되지 않았으니, 잠룡의 시급한 일은 나날이 자신을 돌아보는 공부일 것이다[日可見之行也]. 여기 '잠潛'이란 말을 반드시 기억하라[潛之爲言也]. 잠은 숨겨 놓아도, 때가 되면 나타나지 말라 하여도 스스로 드러나고[隱而未見], 일을 행하면 성공하지 말라 하여도 반드시 그 성공이 찾아온다[行而未成]. 고로 군자라면 때가 아닌데도 함부로 쓰이는 일이 없도록 해야 할 것이다[是以君子弗用也]."

　여기 '잠潛'은 건괘乾卦가 구괘姤卦로 감에 '풍☴'이 은인자중隱忍自重하는 '복伏'이 됨을 알리는 표지이다. 위의 '은이미현隱而未見'과 '행이미성行而未成'에서 '미未'는 부정적 판단으로 볼 수도 있지만, 숨어사는 동안이라도 열심히 노력하면 '미시未時'에는 반드시 성공이 가능하다고 새길 수도 있다. 옛날 유비가 조조에게 몸을 의탁하여 후원에서 채소를 가꾸며 미래를 계책[韜晦之計][20]한 것이나, 오늘날 대권 후보들이 민심 속에서 조심스런 행보를 하는 것도 다 스스로를 잠룡으로 보기 때문이다.

19　이민구, 『동주집』, '行違' : "상황에 따라 나아가고 물러났지[行違隨所遭]. 남들은 사마상여처럼 게으르다 의심했지만[人疑馬卿慢] 나는 녹문의 높은 풍모 좋아했네[吾愛鹿門高]. 저자 가까워 물고기 야채 구할 수 있고[近市通魚菜] 이웃집에 술도 있다네[隣家具酒醪]. 백년 인생 산야에서의 흥취[百年山野興] 가을날에 넘실넘실 넘치네[秋日正滔滔]."

20　'빛을 감추고 어둠을 기른다'는 '韜光養晦' 또는 '韜光養德과 같은 의미다. 羅貫中의 소설 『삼국지연의』에서 유비가 조조의 식객 노릇을 할 때 살아남기 위해 일부러 몸을 낮추고 어리석은 사람으로 보인 계책이다. 또 제갈량이 천하 三分之計를 써서 유비로 하여금 蜀을 취한 다음 힘을 기르도록 하여 魏·吳와 균형을 꾀하게 한 전략이다. '韜光養晦가 널리 알려진 것은 1980년대부터 중국이 취한 대외정책 때문이다.

한편 최경崔憬의 『주역집해찬소』에는 "용이 땅속에 숨었으니 그 덕을 드러내지 않고 빛을 감추고 때를 기다림[韜光待時]"이라 하였고, 또 마융馬融은 "그 어떤 물건이라도 용보다 큰 것이 없기에 용을 빌어 하늘의 양기를 비유하였다"고 하였다. 지욱도 용은 능히 크게도 하고 작게도 할 수 있고, 굴신도 마음대로 할 수 있는 하늘의 덕이기에, 잠룡을 "일찍이 용이 아님은 아닌데 초9에서 잠복하는지라, 이는 대순大舜이 역산歷山에서 농사를 지을 때와 같고, 안자顔子가 누항陋巷에서 안빈락도安貧樂道로 살았던 때와 같다"고 여겼다.[21] 천명을 알고 즐거워하며 후회하지 않았던 잠암潛庵도 있었다.[22]

고로 잠룡은 덕이 완성된 자가 아니므로, 당장에는 현장에 쓰일 수 없다. 고사로 은나라의 폭군 수왕紂王이 문왕을 유리옥에 가두었던 상황과, 문왕이 인내심과 자제력으로 옥살이를 잘 견디었던 것으로도 본다. 유성룡의 『징비록懲毖錄』과 이순신의 『난중일기』에도 잠룡 이야기가 보인다.[23]/[24]

---

21 智旭(1599~1655)은 號가 八不道人, 字는 蕅益다. 12세 때 유가 경전을 배우며 老莊과 불교를 배척하다, 감산덕청의 문인 雪嶺을 찾아 출가, 유불을 두루 섭렵하였다. 『주역선해』는 지욱의 이러한 유불 융화적 사고의 산물이다. 김탄허 譯注, 『주역선해』(教林, 1982) 참조

22 김수근, 『잠암유연당집』, '잠암[潛庵金義貞逸稿序]' : "공이 스스로 潛庵이라 자호한 것은 주역의 뜻을 깊이 얻었기 때문이다. 살펴보건대 건괘 초9에 '潛龍勿用'이라 하였는데, 공자께서 부연하여 '좋은 세상이 되어 즐거우면 나가서 도를 행하고, 나쁜 세상이 되어 근심스러우면 떠나가서 의지가 확고하여 뽑을 수 없다' 하였으니, 공의 처지를 생각해보면 참으로 천명을 알고 즐거워하여 후회하지 않은 분이다. 조정에서 미처 내리지 못한 恩典이 어찌 혹 공에게 가감이 되겠는가." 유심춘, '潛庵김의정묘갈명' : "문장은 왕도를 크게 꾸밀 수 있고[文章足以賁飾王猷] 경학은 생용을 크게 도야할 수 있었네[經術可以陶鑄笙鏞]. 동궁과 마음이 합하여[契合離明] 은혜로운 보살핌이 날로 높았다오[恩顧日隆]. 다만 평소 성품이 강직하여[惟其素性之剛直] 번번이 소인들의 질시를 받았네[輒被群小之媚嫉]. 남겨주신 활을 잡고 하늘에 오르지 못하였으니[遺弓莫攀] 외로운 충성을 누가 알아줄까[孤忠誰識]. 부귀를 보기를 헌신짝처럼 여겼고[視軒冕如弊屨] 홀로 서글퍼하며 일생을 마쳤다오[獨爵悒以終身]. 아[嗚呼]! 산은 닳아서 평평해지고 돌은 깎여서 없어질 수 있으나[山可夷石可泐] 나는 선생의 이름이[吾知先生之名] 천년이 지나도 없어지지 않을 줄을 아노라[歷千禩而不湮]."

23 유성룡, 『징비록』 : 통제사 이순신 장군이 견내량(거제도와 통영 사이의 수로)에 있었을 때, 해가 질 무렵 하늘엔 기러기 떼가 높이 날고 있었다. 다른 때와 달리 날아가는 기러기를 이상하게 생각하며 이는 필시 무슨 징조를 보여주는 것이라 여기고, 장군이 점괘를 얻자 '潛龍勿龍'이었다. 장군은 깊은 생각에 잠겼다. 이윽고 장군은 모든 장수들을 불러 지시를 내렸다. "오늘 밤은 달이 매우 밝다. 간교한 적은 꼭 달이 없는 날만 골라 공격하여 왔는데, 달이 밝은 오늘 같은 날도 기습해 올 것 같으니 경계를 엄중히 하라. 오늘밤은 자지도 말고 소리도 내지 말며 뱃전을 칼로 치면서 순찰로 경계태세에 만전을 기하도록 하라." 그리고 척후선에 있던 척후병들이 모두 잠들어 있으므로 그들을 깨워서 기습에 대비토록 했다. 모든 군사들은 배의 돛을 내리고

九二 見龍在田 利見大人
구2는 나타난 용이 밭에 있으니 대인을 알현謁見하면 이롭다.

용이라면 물이나 구름을 타고 놀아야 하는데, 용이 논[畓]도 아닌 물기 한 점 없는 바짝 마른 밭에 나타났다 하니 시절이 수상하다[Dragon appearing in the field]. 이럴 때는 자신을 이끌어줄 수 있는 대인을 만나야만 성공할 수 있다.

이는 주공의 두 번째 효사다. 세상으로 나오기는 하였으나 물기 한 점 없는 밭이다. 한창 기운을 뻗치고 나가야 할 용이니 물을 만나야 하는데 마른 밭에서 놀고 있다면, 아직 배필을 얻지 못하여 장가를 못간 총각과도 같다. 도인과 성인도 시절을 만나야 한다. 공자의 자세한 주석은 이렇다.

"나타난 용이 밭에 있음은[見龍在田] 덕을 널리 베풂이다[德施普也]."

「문언전」에서도 힘주어 말한다. "현룡재전見龍在田은 때가 버린 것이지만[時舍也], 다시 현룡의 때가 도래한다면 천하에 그 어느 누구보다도 찬란한 빛을 나타낼 것이다[天下文明]." 설명은 이어진다. "현룡재전見龍在田 이견대인利見大人은 무슨 말인가[何謂也]? 현룡見龍이란 용의 덕을 충분히 구비하여 때와 장소를 함께 얻으려고 노력하는 자다[龍德而正中者也]. 그러기에 항상 말은 믿음이 있게 해야 하고[庸言之信], 행동은 항상 삼가고 조심해야 하며[庸行之謹], 성실한 자세를 견지하며 사악을 멀리해야 할 것이다[閑邪存其誠].[25/26] 그리고 혹 자네가 세상보다 잘난 점이 있더라도 절대로 남에게 뻐기지 않는 겸손으로 나가는 덕을 갖추어야 할

장군의 명령을 따라 아무도 자지 않고 뱃전을 칼로 치면서 돌아다녔다. 날이 샌 다음 보니 뱃전에는 손가락들이 수북이 떨어져 있었다. 왜군들이 침투했다가 뱃전을 잡는 순간에 손가락이 잘려 나갔던 것이다. 이러한 왜군의 게릴라식 잠수 작전을 이순신 장군은 사전에 충분히 간파하고 병법에 적용했던 것이다.

24 참고로 잠룡은 시험도 힘들고, 취업도 힘들고, 사윗감도 아니고, 대통령도 아니다.
龍 용 룡, 자지 용, 임금 용.

25 「心經附註」, '易[閑邪存誠章]' : 정자왈. "邪를 막으면 誠이 저절로 보존된다[閑邪則誠自存]. 마치 사람이 집을 가지고 있을 적에 담장을 수리하지 않으면 도둑을 막을 수가 없으니, 동쪽으로 들어온 도둑을 쫓고 나면 다시 서쪽에서 들어오고, 한 명을 쫓고 나면 한 명이 다시 이르는 것과 같으니, 담장을 수리하는 것만 못하다. 담장을 수리하면 도둑이 저절로 이르지 않는다. 그러므로 邪를 막고자 하는 것이다."

26 '誠'은 『中庸』 20장 "誠之者人之道也", "誠者天之道也"에서 왔다. 또 "至誠不息. 不息則久" 역시 天道의 "行健[天行健 君子以 自强不息]"에서 왔다. 誠에 빗장[閑]이 풀리고 邪가 끼어들면 誠은 天道를 잃고 곧장 邪誕이 되고 만다.

것이다[德博而化]."

구2는 건괘가 천화동인괘天火同人卦로 가는 경우다.[27] 재야의 성인군자로 아직 때를 얻진 못했지만, 그에 의하여 장차 천하가 문명화 되고, 그의 학문으로 백성을 교화하고 인도해 나가게 된다.[28]

동파 역시 요순堯舜과 같은 성인이라도 하나 더할 수 없고, 걸주桀紂와 같은 악인이라도 하나 뺄 수 없는 것이 있다면 그것은 '성誠'의 차이라 했다. "사악이란 것은 어떤 수단으로든 막아야 하는 것이다. 성인이든 악인이든 누구를 막론하고 사악한 것을 다 제거하고 난 뒤라면 제거할 수 없는 그것이 저절로 보존되는데, 그것이 바로 '성誠'이다. 그 '성誠'만 가질 수 있다면 세상 모든 사악을 멀리할 수 있다[閑邪存其誠]."

고로 공자는 "군자가 부지런히 배워서 모으고[寬而居之], 사람으로서 할 바를 다해 나간다면[仁而行之], 이는 분명 현룡재전見龍在田 이견대인利見大人일 것"이라 하였다. '이견대인'을 부른 노래가 적지 않은데 송암,[29] 도은[30] 등이 대표적이다.

---

27 同人에서 리☲로 마주보니[相見乎離] '현룡'이며, 또 1은 지하, 2는 지면이니 '田'이 되고, 건☰君은 '大人'이니, 君德은 건☰이 된다. 그기에 大人과 君子가 禮로 同人하니 '利見大人'이다. '庸言'은 태☱의 언이고 '庸行'은 진☳의 행이니, 동인괘가 '庸言之信하고 '庸行之謹함이다. 同人卦에서 온 姤卦의 손☴은 어지럽게 휘감고 도는지라 사특하나, 건☰리☲가 되면 防閑이 되고 '閑邪存其誠'이 된다. '先世而不伐'은 태☱의 입이 다물어지니 자랑하지 않음이고(夬→乾), '德博而化'는 동인 리☲의 화함이요, '學以聚之'는 건☰ 聚이고, '問以辨之'는 리☲ 辨이고, '寬以居之'는 리☲ 寬이고, '仁以行之'는 진☳의 仁이 된다. 위에서처럼 丁若鏞은 『周易四箋』에서 주로 說卦傳으로 證明을 하는 바, 방인·장정욱(소명출판, 2007)과 이영희(민창사, 2002)가 『周易四箋』을 번역했다.

28 정이천, 『이천역전』: "'見龍在田'은 지상에 그 덕이 이미 드러남이다."
권근, 『주역천견록』: "'田'은 농사 지어 수확하는 땅이니, 반드시 비와 못이 땅을 적신 후에 사람들이 그 이로움을 얻는다. 그러므로 오직 용이 지상에 나타나는 것이 아주 급하고, 사물에 혜택을 주는 것이 가장 크다. 곧 대인의 덕이 널리 베풀어짐을 상징한다."
김상악, 『산천역설』: "용은 巳月에 나타나니, '見'은 양의 밝음이다. 乾卦는 4월이다. 대인은 5, 利見大人은 2이다. 나타난 용의 덕이 있을지라도 반드시 대인을 본 후에야 천하에 널리 베풀 수 있다."

29 李魯, 『松巖集』, '이견문명[屛山鸞樓柳西厓成龍]': "문명을 만나 이로우니 강하고 강한 용인데[利見文明矯矯龍] 어느 해에 새매를 담장에서 맞힐 것인가[幾年鸞隼射于埔]. 맑은 시를 예전부터 가시밭에서 노래하고[淸詩夙昔歌園棘] 군센 절개 이제는 골짜기 소나무에 기대네[苦節如今倚壑松]. 유수곡 연주는 화답하기 부끄럽고[流水絃中慙和曲] 병산의 벽 위에 새겨진 필봉을 감상하네[屛山壁上賞詞鋒]. 가련하도다 떠돌아다니며 누구를 의지할까[可憐旋轉憑誰伏], 회복하면 응당 봉작 주는 곳에 놀 것이네[恢復端應游錫封]."

30 이숭인, 『도은집』, '八卦贈陽村': "기운이 센 여자를 아내로 맞을 수 있나[姤女壯勿取]. 큰 과일

구2의 고사로, 유리옥에서의 7년 감옥살이로부터 석방된 후에 제후를 얻은 문왕의 활동으로 해석하기도 한다. 기주로 돌아온 문왕은 '태공망'[31]을 사부로 얻고 여러 나라를 정벌한 후에 풍읍豊邑으로 천도하기에 이른다. 또 대순大舜이 요임금에게 천거되기 전에 농사를 짓고 고기를 잡던 때라고도 보며, 혹은 공자가 전국을 방황하며 급급하게 일자리를 찾던 때[遑遑求仕]를 '현룡재전'의 경우로 보기도 한다. 제갈량諸葛亮이 '현룡의 덕'을 쌓은 존재라는 것을 알고 삼고초려三顧草廬하였던 대인 유비劉備의 이야기로도 전해온다. 『춘추좌씨전』「노소공」29년조에는 "용이 실제로 강絳 땅 교외에 나타났고, 사육도 했고, 식용으로 쓰였으며", 동해바다에는 '이현대'가 있고,[32] 밭에 있던 용이 한 번 날면 '비룡'이 되기도 한단다.[33] 이 비룡은 이미 윗사람의 도움을 받을 만큼의 적선을 했다.[34]

은 끝까지 먹히지 않는 법이로세[剝果碩不食]. 일단 팔월에 임해 우환이 발생하였다가[旣憂臨八月] 병 없이 칠일 만에 원상회복 되었어라[無疾復七日]. 대인을 만나보는 것이 이롭고 말고[大人乾利見] 강후에게 말을 많이 하사할 테니까[康侯晉用錫]. 기어코 왕의 조정에서 드러내야지[夫夫揚王庭] 때가 오면 동지들과 함께 나아가리[泰來彙征吉]."

31 본명은 姜尙. 呂尙, 姜太公으로 부르나 생몰년도는 미상이다. 문왕의 스승으로 무왕을 도와 은나라 紂王을 멸망시키고 천하를 평정한다. 齊나라의 시조로, 경제적인 수완과 병법가로 회자된다. 저서로 『六韜』가 있다.

32 무명자 윤기, 「영동사」, '利見臺' : "동해 어귀에 있는 커다란 바위 위에서[東海之頭大石上] 나라의 임금을 승려처럼 화장했다오[國王火葬與僧均]."
  『삼국유사』권2 '文虎王法敏, 大王巖利見臺' : 문무왕은 평소 倭의 잦은 침범을 근심하여 죽어서 용이 되어 나라를 수호하겠다고 했는데, 임종 때 자신을 화장하여 동해의 물속에 장사 지내라고 유언하였다. 아들 31대 神文王이 유언대로 장사한 뒤 추모하여 臺를 쌓고 바라보니 큰 용이 바다 가운데 나타나 보였기 때문에, 이 대를 '利見臺'라 이름 붙였다. 임금이 '보았다'면 '이견대'이고, 아버지 임금이 나타나 '보였다'면 '이현대'이다.

33 잠암 김대현, 『유연당집』, '祭黃畜翁孝獻文' : "밭에 있는 용이 한 번 날자[田龍一飛] 쯥馬로 하루에 세 번 접견하였습니다[쯥馬三接]. 경연에서 시독할 때는[侍讀經幄] 은미한 뜻을 밝히고 정밀하게 해석하였으며[闡微釋精] 간쟁하는 소리 아름다우니[諍音有章] 금과 옥처럼 쟁쟁하게 울렸습니다[玉鏘金鏗]. 하늘이 영웅을 탄생함은[天降英雄] 이 세상을 구제하기 위한 것인데[意濟斯時] 어찌하여 그 재주만 주고[胡畀其材] 도리어 그 베풂을 막는단 말입니까[反敗其施]."

34 참고로 취업을 기다리던 아들이라면 윗사람의 도움을 얻어 등용 출세로 경사가 겹친다. 상장폐지 직전까지 몰렸던 회사라도 나라의 도움으로 회생될 가망이 높다.

九三 君子 終日乾乾 夕惕 若 厲 无咎

구3은 군자가 종일 동안을 건건하며, 저녁까지 걱정하면 혹 위험이 있더라도 허물은 없으리라.

조금 더 조심스럽고 조금 더 부지런해야 용의 그룹에 낄 수 있는 자를 말한다. 주공이 이렇게 이른다. "구3은 군자가 종일 조심조심하여, 저녁 해가 떨어질 때까지 걱정하면, 혹 위험이 닥칠지라도 허물은 없을 것이다." 공자도 "종일건건終日乾乾은 반복하여 도를 닦음이다[反復道也]"라고 한 것을 보면 구3의 경계는 이미 부지런히 반복 학습을 하는 자와는 거리가 먼 모양이다.

「문언전」에서도 "종일건건終日乾乾은 부지런히 일을 행함[行事也]"이라고 하였으니 역시 정확하고 깔끔하게 일을 처리하지 못함을 주목하고 있다. 또 "때와 더불어 반드시 행동을 같이 하라[與時偕行]"는 것을 보아도 시절을 벗어나고 절도가 없는 행동을 왕왕 일삼는 자가 아닌가를 짐작된다. 여기 구3만 유일하게 '용'의 명칭이 없는 것을 보면, 아마도 임금이 될 자질과 자격이 부족한 것이 분명한 것 같지만, 하늘의 모습을 닮으려고 부지런히 애쓰고[乾] 노력하고[乾] 있음을 간과할 수는 없다.[35] 재차 "군자 종일건건終日乾乾 석척약무구夕惕若无咎는 무슨 말인가요[何謂也]?" 하는 제자의 질문에 공자는 서슴없이 이렇게 답한다.

"군자는 덕을 기르고 난 후에 그 덕을 가지고 세상에 나가서 자신의 사업을 성공시켜야 한다[進德修業]."[36]/[37] 그리고 "덕을 기르는 데는 충과 신이 근본이 되어

---

35 동파,『동파역전』: "구3이 '龍德'을 갖추지 못했단 말인가? 구3은 上下를 가르는 시점에 있고, 禍福이 갈리는 시점에 있고, 成敗를 결정하는 시점에 있다. 단지 '龍'이라 부르기에 부족하여 '君子'라 했던 것은 아니다. 무릇 초효가 능히 물에 잠길 수 있고, 구2가 능히 모습을 나타낼 수 있으며, 구4가 능히 비약할 수 있고, 구5가 능히 날 수 있는 것도 모두 구3의 '乾乾'에 달렸다. 구3이 만약 이런 상황을 처리할 수 없다면 건괘는 건괘의 존재 의의를 잃게 된다. 천하의 막대한 복과 화는 모두 구3의 결정을 기다린 후 나타난다."
下山: 구3의 자리에서 君主의 막중한 책임이 돌아온다면, 그 어설픔과 두려움으로 어떻게 문제를 처리할 수 있겠는가? 그래서 특별히 당신에게 이 막중한 '君子學' 수업의 필요성을 강조하는 것이다. 누구를 막론하고 해당되는 사항이라, '용'이라 하지 않고 넓은 의미에서 '군자'라 했다.

36 李彦迪의『晦齋文集』권6 '修進八規'에는 "晦齋가 강계에서 유배생활을 할 때(1550년), 임금의 '進德修業'을 위하여 올린 상소가 있다. "도체를 밝히고明道體·대본을 세우고立大本·천덕을 체현하고體天德·성인을 법받고法往聖·총명을 넓히고廣聰明·인정을 베풀고施仁政·천심을 따르고順天心·중화를 이루라致中和"는 8개 항목으로, 임금이 무엇을 어떻게 할 것인가를 밝힌 글이다."

37 임성주,『鹿門集』, '진덕수업': "우리 공부의 끝은 오로지 進德修業 하는 것에 달렸습니다. 주자

야 하고[忠信所以進德也]", "사업을 보존하는 데는[所以居業也] 특히 성인의 말씀을 닦아 정성 세우기를 근본으로 삼아야 한다[修辭立其誠]" 하니, 이것은 매사가 군자의 성실한 언행에 달렸음을 일깨우는 말이다.

여기 구3은 부중不中하고 과강過剛하기에, 성실하지 못하고 과격함을 공자도 심히 걱정하는 장면 같다. 하지만 진정한 군자라면 이러한 "때를 알아서 매사에 이르기 때문에[知至至之], 가히 그 기미를 함께할 수 있고[可與幾也], 또 매사에 그 마칠 때를 알고서 마치기 때문에[知終終之], 가히 의리를 보존할 수 있다[可與存義也]."

이렇게만 할 수 있다면 기점과 시점을 알아서, 멈추어야 할 때는 딱 멈추고, 행하여야 할 때는 척척 행하여 나가니, 더불어 의리를 지켜 갈 수 있는 사람이 아니고 무엇이겠는가. 고사로는 순임금이 섭정할 때와 숨겨진 그의 덕이 세상에 널리 알려지는 때를 말한다고 한다. 또 정치가 불안하여 왕신王臣이 건건蹇蹇하며 몸을 편하게 두지 못하던 때이기도 하다. 후앙[38]은 유리옥에서 출옥한 후에 은나라 주왕의 의심을 피하여 지극히 조심스럽게 살았던 문왕의 행동거지와 자세를 정확히 묘사한 것으로도 새긴다.

고로 높은 자리에 있어도 교만하지 않고[居上位而不驕], 낮은 자리에 있어도 불만을 갖지 않는지라[在下位而不憂], 종일 동안을 건건乾乾하며 자신을 거듭 반성하기에[因其是而惕], 위태롭기는 하나 허물은 사라질 것이다[雖危无咎]. 그러기에 공부가 덜 된 채 세상에 나오면 때와 더불어 같이할 수 없다. 즉 구3은 아직 성현의 공부가 모자라기에 용상에 오를지라도 언행이 거칠어 도청도설道聽塗說하고, 막행막식莫行莫食하는 것이다.

이는 "강하기만 하지 중심을 잡지 못하고[中剛而不中], 윗자리에 있어도 하늘 대접을 받지 못하며[上不在天], 또 아래서는 형편없는 대접을 받지 않으려 하니[下不在田], 무슨 일이든 시작만 하면 사고가 발생하기에 조심조심[乾乾] 하라"는 얘기다. 그래야 비록 위험한 세월을 만나더라도[因其是而惕] 허물은 면할[无咎] 것이 아닌가. 이것은 건괘가 이괘履卦로 간 경우다.[39] 이런 '의리적 해석'은 원래 문왕과

는 '徐徐乎毋欲速 汲汲乎毋敢惰' 했고, 설문청은 '吾心誠有志於學 天其遂吾願乎' 하였습니다. 절대로 의심하지 마십시오"

38 Alfred Huang. 중국인 역학자로 『The Complete I Ching(완본역경)』을 지었다.

39 [說證] 易例로 하괘는 离位☲라 하고, 초위는 日出, 2위는 日中, 3위는 日夕이다. 건괘가 震☳으

주공에 근원이 있지, 공자로부터 시작한 것은 아니다.

저 「계사전」에서도 "3이 흉이 많고[三多凶], 4가 두려움이 많은 것은[四多懼], 3·4가 모두 다 중中을 얻지 못한 탓"이라 했다. 그리고 동파의 해석을 따르면, 그래도 "구3의 '건건乾乾'하는 노력이 있기 때문에 각 위位가 자신의 책임을 다하고, 또 구3이 이런 노력을 하지 않으면 건괘의 존재 이유를 잃게 된다"고 한다. "천하의 막대한 복福과 예측할 수 없는 화禍가 모두 3효의 결정을 기다리게 되니, 이 상황을 건너고 건너지 못하는 차이는 털끝의 빈틈도 용납하지 않으니, 잠룡이 비룡이 되는 것 또한 구3의 '종일건건'에서 오는 것임을 알아야 할 것이다." 위암韋庵도 3의 자리이기에 '진퇴進退와 소식消息, 길흉吉凶과 회린悔吝'의 '건건석척'을 감당해야 한다고 설한다.[40]

『조선왕조실록』에 실린 문종 즉위년 사간원의 상소에서는 '건건乾乾'을 '임금이 부지런히 공부하지 않으면 안 되는 자세'로 풀었다.[41] 또 저녁에라도 기약하면

로 행을 쉬지 않고 굳건하게 乾乾하여 복괘→임괘→태괘가 되어 마침내 离位=까지 이르니 '종일건건'이다. 履卦로 가면 위의 하늘을 경외하고 巽=의 命에 순종하여 호랑이 꼬리를 밟듯 조심하니 '夕惕若'이라 했다. '履'는 履卦의 陰이 두 陽을 올라타고 있고, 履가 夬로 가면, 음이 다섯 양을 타고 그 교만이 대단하지만, 지금은 履의 아래로 내려와 巽= 命에 순종하니 '无咎'다. 또 '進德修業, 忠信進德은 12벽괘가 춘하추동으로 빠르게 변천하니 군자의 게으름을 '終日乾乾, 與時偕行'처럼 =治·=修·=忠·=信으로 경계하게 되고, '修辭立其誠' 또한 =辭=誠을 뜻하게 된다. 또한 '知至至之 可與幾也'는 夬의 上이 3으로 와 =幾함이며(弓輪弓弩), 괘가 건으로 가지 않고 履卦로 =義를 보존하니 '知終終之 可與存義'가 된 것이다. '居上位'는 하괘의 상, '不驕'는 =遜順, '下位'는 하괘, '不憂'는 =悅·喜다. '仁義禮智'에서 =秋가 義가 된다.

40 김상악, 『山天易說』: "구3은 건의 덕으로 天·地·人 중 사람의 자리에 있으니, 바로 군자이다. 내괘 건을 마치고 외괘 건이 오려고 할 때, 하괘 위에서 부중하며 양강으로 있으니 위태롭다. 그러나 성질이 강양하여 아침저녁으로 경계하고 조심하니, 위태로울지라도 허물은 없다. 3은 대부분 흉하지만, 군자만이 잘 처리할 수 있으므로, 군자를 말하는 경우가 3에 많다. 3에서 龍을 말하지 않고 君子라 한 것은 위태롭지만 스스로 수양하는 것이, 龍이 할 수 있는 것이 아니기에 용을 말하지 않았다. 고로 '때에 맞게 여섯 용을 타고 하늘을 다스린다'時乘六龍以御天'는 말이 그것이다. 3은 하괘의 끝에 있어 해가 지는 상이고, 내괘 외괘 모두 乾이어서 힘쓰고 힘쓰는 상이니, 군자가 그래서 힘쓰고 쉬지 않음이다. 어떤 이가 저녁[夕]이란 글자는 달[月]의 절반이 드러난 것을 본떴다고 했다. 3이 효변하면 태=가 되니 상현달이 절반만 나타난다. 그러므로 상9에서 '가득 차면 오래가지 못한다[盈不可久也]'고 한 것이다. 3효는 본래 대부분 흉하므로 여기서도 두려워하고 위태로운 상을 취하였다. 이 때문에 「계사전」에서 '물건을 섞고 덕을 가리는 것과 시비를 분별하는 것은 가운데 효가 아니면 구비하지 못한다[雜物, 撰德, 辨是與非, 非中爻, 不備]' 했으니, '中爻'는 곧 互卦다. 괘는 천지의 도와 섞이지 않으면 그 쓰임을 얻을 수 없고, 괘는 음양의 사귐을 번갈아 하지 않으면 그 이치를 얻을 수 없기 때문에 호괘가 있다. 그런 후에 진퇴와 소식, 길흉과 회린이 드러난다."

반드시 조권操券의 공을 이룬다고 했다.[42] 『경당일기』,[43] 『사용보감』,[44] 최항의 영천靈泉을 노래한 시,[45] 남명 조식의 신도비명에도 '건건석척'의 구절이 보인다.[46]

---

41 『조선왕조실록』 문종 즉위년(1450) 7월 17일 : "대개 경연은 聖學을 강구하는 것입니다. 전하께서 동궁에 있을 때부터 師儒를 예로써 존대하고 날마다 경서를 강구하였으니, 학문의 극진한 공이 더할 수 없는데, 반드시 이것으로 첫째를 삼으니 곧 周文王의 亹亹이며, 『주역』의 '乾乾'입니다. 대저 제왕의 학문은 많은 데에 있지 않고, 날마다 鴻儒와 碩輔를 인접하여, 항상 평소에 강구한 사서오경 등의 글을 반복하여 강론해서, 하나하나 몸과 마음에 새기는 데 있습니다. 輪對는 총명을 넓히는 것입니다. 위아래의 정은 서로 통하여 막히고 가리는 것이 없어야 합니다. 그러므로 天地가 사귀는 것은 泰가 되고, 이것에 반하면 否가 되는 것입니다. 堯가 四岳에게 묻고, 舜이 四門을 열어 놓은 것은 참으로 이 까닭입니다."

42 이민구, 『동주집』, '乾乾夕惕' : "시골구석에서 어리석음 깨치기에 한계 있으니[窮荒限擊蒙] 우물에서 하늘 보는 한이 남았네[井觀乃餘恨]. 나를 찾아 희미한 길 물으니[款余問迷塗] 통달하려면 곤궁함에 처하기를 잘해야지[求通重處困]. 좋은 금은 마침내 숫돌에서 벗어나겠지만[良金會脫礦] 거친 돌로 어찌 무딤을 갈 수 있으랴[頑石豈磨鈍]. 저녁에도 두려워함 실추하지 말 것을 기약하면[夕惕期勿墜] 반드시 공을 이루리[功成若操券]. 부끄럽다 내가 하루라도 어른이지만[自愧一日長] 분명하게 권할 말이 없구나[無言效明勸]. 오직 근본에 힘쓸 것을 바라면서[唯將漑根望] 힘써 그대 입신양명하길 기원하노라[勖汝立揚願]."

43 張興孝, 『敬堂日記』 1614년 5월 7일 : "해야 할 일이 바로 德의 일[業是德之事], 마음을 놓았다[學問之道 無他 求其放心而已矣], 종일토록 힘쓰고 저녁에는 삼가면 비록 위태로울지라도 무슨 허물이 있겠는가?[終日乾乾 夕惕若厲 无咎]"

44 『思容寶鑑』, '乾惕' : "반드시 안을 專一하게 하고, 밖을 嚴肅하게 하여, 일이 있거나 없거나, 발하기 전이나 이미 발한 뒤나, 항상 이 마음 죽지 않게 해야 한다. 그리하여 혹 鼻息이 출입할 때에 체험하고, 혹 夜氣가 淸明할 때에 깨우쳐, 한 번 호흡하고 한 번 행동할 적에, 때에 따라 鈐束하고 곳에 따라 保養한다면, 천지가 물건을 낳는 뜻이 충만하여 두루 퍼지고, 게으르고 부정한 기가 저절로 심신을 범하지 않을 것이니, 그 요점은 다만 '敬' 한 글자에 있다. 위태로우나 허물이 없을 것이다[厲无咎]라고 한 데서 차용한 것이다."

45 최항, '건건석척[賀靈泉湧出箋]' : "항상 敬畏하고 공손하여 가득참을 경계하시고, 乾乾夕惕 하시고, 淸淨한 풍속을 숭상하네. 萬民의 편안을 생각하심이, 물에 빠진 자를 건지심 이상이요, 한 사내라도 얻지 못할까 염려하시어, 항상 도랑에 빠뜨린 것 같이 여기셨네. 샘물이 콸콸 대궐 앞에서 솟아나, 때를 씻음에 어찌 감천만 못할 것이며, 깨끗한 품이 玄酒가 될 만하네. 오래 祕藏하여 보호해둔 듯이, 문득 맑디맑은 빛나는 靈源을 열어놓으니, 이 어찌 시키는 자가 없었으리라. 이는 대개 우주 안엔 四大가 있어, 땅은 그중의 하나로 늘 편안하고, 하늘이 낳은 오행 중에 물은 능히 아래를 적시어 잘 이롭게 하는 것인데, 이 영천의 솟아오름이 바로 大和의 融液임을 징험하는 바이네."

46 정인홍, 『來庵集』, '南冥曺先生神道碑銘' : "종일토록 부지런히 힘쓰고 저녁에는 두려워하나니[乾乾夕惕] 학문은 오직 자신의 수양을 위한 것[學爲己]. 움직일 때나 가만히 있을 때나 잃지 않나니[動靜不失] 실로 그 발에서 그친 것 때문이라네[艮其止]. 숨어서 쓰이지 않았으니[潛而勿用] 깊은 못의 용이라네[九淵龍]. 그 즐거움을 변치 않았으니[其樂不改] 안자와 같았도다[陋巷同]. 두려워하지도 고민하지도 않았고[不懼無悶] 지나치게 컸지만 잃은 것 없었도다[其過者大]. 7일만에 얻게 되었으니[七日而得] 수레 가리개를 잃어버린들 뭐가 해롭겠는가[茀喪何害]. 옥에 티 정도는[玉上蠅點] 그들의 붓과 입에 맡겨둔다네[任他毛舌]. 아, 선생이여[於乎先生] 어두운 길

'려厲'는 주나라 10대 임금이기도 하다.[47] '건건乾乾'을 한발旱魃이나 일의 성패로도 본다.[48]

> ## 九四 或躍在淵 无咎
> 구4는 뛰다가 혹 연못으로 떨어지니 허물이 없다.

구4부터는 사방이 열리고 악조건이 풀린다. 두 날개를 펄럭이며 비약을 해도 좋다. 무조건 조심만 하고 살 때가 아니다. 혹 뛸 만큼 실력이 쌓였다면 두려워 말고 도약하라[或躍在淵, Wavering flight over the depths]. 뛰어 오르다 물에 떨어져노 죽을 일은 없다. 인간은 두 팔로 기고 두 발로 걸어 다니는 짐승이라 늘 날고 싶어 한다. 밑져봐야 본전이니 실력을 한번쯤 발휘해볼 때다.

공자도 「문언전」을 통해 "혹약재연或躍在淵은 나아가도 허물이 없다[進无咎也]는 말이다"라고 하였다. "혹약재연은 자기 스스로를 시험하여 봄이요[自試也], 또는 하늘의 도에 변혁이 시작됨[乾道乃革]"이라고도 알렸다. 출세도 하고 혁명을 일으켜 보라는 뜻이다. 단 실력이 쌓인 것인지 아닌지는 본인만이 안다. 4위는 후천이 시작되는 자리다. 3위까지가 선천의 시대로 준비단계였다면, 지금부터는 세상에 나가 경륜을 펼쳐볼 시기로 봐야 한다.

제자가 "혹약재연무구或躍在淵无咎는 무슨 말인가요[何謂也]?" 묻자 공자는 이

의 해와 달이었네[冥道日月]."

47 厲王(?~기원전 828년) : 주나라 10대 왕. 厲王은 탐욕스럽고 잔인하였다. 간언을 물리치고 폭정을 실시했다. 백성들은 세상사 거론을 조심하고 눈짓만 했다. 제후들도 왕을 조회하러 오지 않았으니, 조정은 부패하였다. 이후 주나라 왕실의 권위는 크게 약해졌으며, 주나라의 국세도 쇠락하였다. 사마천은 『사기』에서 厲王 사후 전제왕정에서 공화정치 원년을 삼았다. 따라서 공화원년이 된 기원전 841년은 중국 역사에서 문헌을 통해 구체적인 연대 확인이 가능한 최초의 시점으로서도 중요한 의의를 지닌다.

48 참고로 2009년 8월 25일 오후 5시 대한민국 최초로 시도된 우주개척 사업으로 불리는 '나로호'를 쏘기 5시간 전 그 성공 여부를 물어 구3을 얻었다. 우주센터 군자(기술자)들의 실수가 있을 것으로 여겨졌다. 결과는 3의 시간을 넘기지 못하고 '나로호'는 떨어지고 말았다. 또 乾에서 1·2·3이 동시에 변동한 괘를 얻으면 "乾卦가 否卦로 가서 '先君에 짝하여 군림하지만 자손이 종신을 보전하지 못하니, 세 사람의 군주가 물러나갈 것'이라는 해석도 『國語』「周語」'單襄公' 편에서 보였다.
惕 가슴에 역을 새길 척. 厲 만 가지 근심 있을 려, 임금 려.

렇게 답한다. "위로 올라가거나 아래로 내려가도 아무런 문제가 생기지 않는다[上下无常]." 다만 그 전제조건으로 "사악한 짓을 하지 않았다[非爲邪也]"는 단서를 단다. 또 "나아가고 물러남이 항상함[進退无恒]"이란, 여차하는 기회가 주어지면 바로 용상에 올라야 하는 자리이기에, "용들의 무리에서 멀어지지 아니함[非離群也]"이라 했다. 다시 말하면, 뛰든 뛰지 아니하든 그 행동에 사사로움이 없고, 들고 남에 사리사욕을 가지고 행동함이 없어야 한다는 것이다. 이를 모르는 자들은 위에 오르면 아래에 있던 시절을 까맣게 잊고, 한번 높은 곳에 오르면 영원히 그곳에 붙어 있을 것으로 착각하기에 허물을 만든다. 공자는 다시 "군자가 덕을 기른 후 세상에 나가 사업을 이루려면[進德修業],[49] 그것이 항상 시절인연에 맞아 떨어져야만[欲及時也] 허물을 면할 수 있다[无咎]"고 덧붙인다. 세상을 위하여 일하는 것은 세상이 나를 불러서 간 것이고, 다시 쓰일 자리가 없으면 본래의 자리로 처연하게 돌아와서, 아무 일도 없었던 양 하고 이웃과 항심으로 살아갈 수 있어야 군자다.

오늘날 대통령의 귀향도 요란하지 않은 '상하무상上下无常'이 되어야 한다. 구4처럼 후천의 시대를 맞아 세상에 나간 자가 성질이 너무 강하면 중심을 잃기 쉽다[中剛而不中]. 그러면 윗사람 대접도 받지 못하고[上不在天], 그렇다고 아랫사람 대접은 더욱 더 받기 싫을 것이다[下不在田]. 그렇다고 상하전후를 모르고[或之] 앞만 보고 나간다면[或之者] 그것 또한 의심스러운 일이 될 것은 불 보듯 뻔하지 않겠는가[疑之也]. 한창 세상을 위해 봉사할 시점에 아래로부터 지지 세력도 없고, 위로부터 인정도 받지 못할 것을 알고 간다면 분명 허물은 사라질 것이다[无咎].[50/51]

---

49 權益昌의 『詩文集』에 실린 '進德箴'에서는 "말과 행실을 도탑게 하고, 착한 일을 실천하며, 허물이 있으면 즉각 고칠 것"을 말하였고, 또 '修業箴'을 지어 평생 공부에 임하는 마음가짐을 보인다.

50 [說證] 건괘가 小畜卦로 변하는데, 소축괘는 姤卦에서 왔다. 姤卦 땐 손☴의 다리가 아래에 있었는데, 소축괘 땐 손☴의 다리가 갑자기 도약하여 거의 하늘에 미치니 '혹약재연'의 상이다. 姤가 4로 가면 進, 夬가 4로 오면 退가 되니 진퇴무항이며, 4가 상괘에 있으니 상, 하는 상괘 중에서도 제일 아래에 있음인데, 고로 중이면서도 중에 있지 못하니 '혹'이 된 것이다. '무구'는 姤 땐 1이 부정이었고, 소축 땐 4가 정위로 善補過한 결과다. '試'는 4가 의심이 많은 탓이요, '乾道乃革'은 내괘 건☰을 마치고 외괘 건☰이 시작하는 시점이며, 따라서 손☴의 命을 새롭게 함이 된다. '邪'는 진☳의 屈이요[震仁巽邪], '進德修業 欲及時也'는 소축의 괘덕이다. 虞翻이 손☴은 魚라 했다. 참고로 우번(虞翻, 164-233)은 吳나라 사람으로 역학에 정밀하여 『孟氏易』으로 팔괘를 천간오행·방위와 배합시키고 상수를 추론하였으며, 『奏上易註』가 있다. 김성동, 『역사상사전』 참조

51 송시열, 『易說』: "구4가 변하면 巽☴이다. 巽은 진퇴에 과감하지 않으므로 '或'이다. 공자는 상하

구4는 중천건乾이 풍천소축小畜으로 가는 자리라, 믿음과 성실한 자세로 세상에 임하다 보면 피를 보는 어려움도 이길 수 있고, 의심과 두려움에서도 벗어날 수 있기에 탈은 없다[有孚血去 惕出无咎]. 그래서 동파는 4를 이미 밖으로 나가 다시 돌아올 수 없는 자리인지라, 물러서면 화禍의 자리로 떨어지니 도약하라고 가르친다. 그래서 3과 4는 화禍와 복福이 동시에 섞인 고로 이 상황을 잘 살펴 나가야 허물이 사라진다.

'약룡躍龍'은 잠룡이 하늘을 향해 날아보려는, 4차원의 세계를 스스로 시험해보려는 자리다. 도학을 닦은 군자가 직접 세상에 나가서 자기 능력을 테스트해 보려 하고, 또 재상으로 임금을 대신하여 중책을 맡아 경륜을 펼쳐보기도 하는 자리다. 보길도엔 윤선도의 혹약암或躍巖이 있다.[52] 그곳엔 물결에 놀라 뛰어오르는 물고기가 춤을 춘다.[53]

『중용』 32장에서도 "깊고 깊은 것은 연못이요[淵淵其淵], 넓고 넓은 것은 하늘이다[浩浩其天]"라 하였다. 이것은 연못이 여러 곳의 세류細流가 흘러서 들어오는 곳이기에, 도학군자가 연못에 물이 차듯 공부가 꽉 채워지면 대지를 한번 적셔볼 찬스로 비유한다.

고사로는 문왕이 아직 주紂를 칠 수 없고, 대순大舜이 아직은 임금의 자리에 오를 때가 되지 않았던 시절이라고 본다. 그렇지만 임금은 아니라도 신하의 자리는 허락된다.

특별히 기명記銘에 진덕수업進德修業의 교훈이 많다.[54] 참으로 '진수進修' 두 글

___

로 진퇴함을 말했다. '躍'은 뛰어올라 위에 있음이다. 비록 뛰어올라 위에 있지만 여전히 맨 아래에서 벗어나지 못했으니, 마치 초효의 '잠룡' 같아 '在淵'이라 했다. 4를 만난 사람이 때를 따라 진퇴하면 마치 용이 혹 뛰어오르기도 하고 못에 있기도 할 것이다."

52 尹善道, 『孤山遺稿』, '혹약암[或躍巖(洗然亭)]' : "꿈틀거리는 물속의 저 바윗돌[蜿然水中石] 어쩌면 그리도 누워 있는 용 같은지[何似臥龍巖]. 내가 제갈공명 초상화 그려[我欲寫諸葛] 이 못 옆에 사당을 세워볼거나[立祠傍此潭]."

53 李植, 『澤堂集』, '어략' : "강물은 동쪽 방향 한강으로 흘러가고[江水東流漢(禹貢)] 나는야 달빛 호수 거슬러 오르나니[吾行泝月湖(孟子)]. 물결에 혹 놀래어 뛰어오르는 물고기들[波驚魚或躍(乾卦)] 찬 이슬에 까마귀떼 먼저 울부짖누나[露冷烏先號(同人)]. 商山의 은자들 멀기만 한데[逖矣商山隱(甘誓)] 楚澤枯 생각이 가슴을 파고드네[懷哉楚澤枯(王風)]. 공연히 쇠한 세상 뜻을 지니고서[空將衰世志(繫辭)] 밤새도록 혼자서 장탄식을 한단 말가[終夜獨長吁(論語)]."

54 정조 李祘, '음주령[賜咸鏡監司李文源橘杯銘]' : "손이 크니 재물에 욕심 없는 줄을 알겠고, 몸이 건강하니 여색 멀리함도 알겠으나, 술을 절제하는지 그건 알 수 없네. 이 酒令을 걸어 두게나.

자는 중요하다. 선인들은 먼저 "자기를 위해 학문을 추구하고 세상을 구제하는데 뜻을 두려면, 우선 기초를 세우고 멀리 '진덕수업'을 기약하라"고 했다[55] '진덕

경에게 조금씩 잔질하기를 허락하노라[手大知廉財, 身健知遠色, 所不知者節飮. 揭此酒令, 許卿淺淺基]."

李德懋, '빗[梳銘]' : "빗질하기 전에는 네 공을 몰랐으나, 빗질하고 난 후엔 문득 몸에 보탬이 있음을 깨달았노라. 誠과 敬으로써 빗질하여, 기가 충만코 마음이 평안하면 즐거움이 끝없으리[梳之前 不識以爲功 梳之後 頓覺益于躬 持誠敬以爲梳 氣充心安樂無窮先天]."

정약용, '잔[觚銘]' : "하루는 잔에 달렸고 백년은 뜻에 달렸다. 잔은 넘치면 흐르나 뜻은 거칠면 취한다[一日之節在器 百年之節在志 器濫則出 志荒則醉]."

정약용, '담뱃대[烟袋銘]' : "받아들이는 부분은 굽었지만 연기가 통하는 부분은 곧다. 항상 사람에게 머금어지지만 사람에게 먹히지는 않는다[其受之也雖曲 其施之也以直 常爲人所含 不爲人所食]."

정약용, '파리채[蠅拂銘]' : "휘저어 가게 할 뿐 좇아갈 필요 없으니, 갔다가 다시 오면 다시 또 휘젓고, 휘저어도 가지 않으면 그대로 둘 뿐이다[麾之去, 勿ióu追. 去復來, 斯復麾. 麾不去, 亦已之]."

奇遵, '젓가락[損一箸]' : "셋이면 기우뚱 하나를 덜자. 그 벗을 얻어 짝이 되었네. 사물이 홀로 되면 사는 이치가 끊어지지. 하늘과 땅 교합하여 만물의 변화가 나오네. 남녀가 합하여 만사가 이루어지네. 도를 알지 못하면 뉘라 능히 이를 알까[三則疑 損其一 得其友 成配匹 物若孤 生理絶 天地交 萬化出 男女合 萬事作 非知道 誰能識]."

奇遵, '이쑤시게[頤木]' : "이빨은 본래 하얗지만 물들면 검어지네. 검어진 것 하얗게 할 수 있으니 본래 하얀 것 그대로 있었어지. 너를 깎아 이 부비고 너를 씻어 양치하네. 하얀 것 회복하면 옛 모습 타박 말게[齒之本白 染則不白 不白者可白 本白者猶在 利爾刮 潔爾漱 復厥白 毋咎舊]."

奇遵, '지팡이[弗迷篝]' : "안은 비었으되 밝고 잡되지 않네. 밖은 네모져서 사악한 것 못 들어오네. 못 들어오니 안이 꽉 차고 잡되지 않으니 바깥에 비추네. 꽉 차고 빛이 나니 무엇이 두렵고 무엇이 무서울까[虛其內 明不雜 方其外 邪不入 不入則充內 不雜則照外 旣充且照 何懼何畏]."

許穆, '술병[酒壺銘]' : "欲은 절도를 해치고 縱은 예도를 해친다. 술은 生을 戕殺하니 경계할 것이로다[欲敗度 縱敗禮 麴蘗戕生 戒之哉]."

姜再恒, '거울[鏡銘]' : "나는 스스로 나이니, 나는 나와 어울리고, 내가 나와 어울리니, 나는 스스로 나로구나[我自我 我與我 我與我 我自我]."

李萬敷, '지팡이[杖銘]' : "굳세면서 바르니 길마다 숫돌 같아 진흙을 묻히지 않는다[剛而直 周途如砥 無摘埴]."

55 吳健, 『德溪集』, '賜祭文이황퇴계선생' : "경은 타고난 자질이 순수하고[稟資純粹] 하늘이 낸 사람으로 영특하였네[天挺英特]. 爲己의 학문을 추구하고[學求爲己] 사물을 구제하는 데 뜻을 두었지[志存濟物]. 먼저 기초를 세우고[先立根基] 멀리 진덕수업을 기약했네[遠期進修]. 드디어 공명에 속박되는 것 싫어[遂厭名韁] 도를 구하기를 더욱 독실하게 하였네[求道彌篤]. 나아가기는 어려워하고 물러나는 데 과감하여[難進易退] 누차 불러도 곧 물러나길 청하였네[屢召旋乞]. 성학십도를 만들어 학문을 논하여[建圖論學] 깊고 은미한 도리를 드러내었지[闡幽明微]. 성인이 되고 나라를 경영하는 것은[作聖經邦] 본래 여기에서 벗어나지 않는 법[初不外玆]. 나에게 천명에 순종함을 타일렀고[警子顧諟] 동정으로 보존하고 살피게 하였네[靜存動察]. 도리에 밝은 사람이[人之明道] 세상에 언제나 있는 건 아닌데[世不常生] 하물며 지금 서로 만난 것이[況今相遇] 어찌 우연이라고 하리오[夫豈偶而]. 하늘의 명은 만류하기 어려우니[天授難留] 이것이 누구의 잘못이랴[是誰之咎]. 어진 이의 출처는[賢者出處] 임금에게 달렸다네[係於元后]. 부르는 것이 예에 맞지 않고[招旌非禮] 예우하는 것 또한 잘못되었네[設醴亦愆]."

수업'은 또 노년일수록 더욱 귀중한 사업이라고도 한다.[56] 학업은 반드시 스승과 벗을 좇아서 닦아야만 금수를 면하게 되니, '진덕수업' 함에 끝까지 두 마음 먹지 말라는 충고도 있다.[57] 공부는 오로지 '진덕수업'에 달렸을 뿐이니, 죽을 병이라도 걱정하지 말라[58] 하였으며, "일찍이 성인의 자취에 뜻을 두고, '진덕수업'에 부지런히 힘쓰고, 효제와 충신을 집안과 고을에서부터 행하고, 옛것을 굳게 잡고 지금을 살폈을 뿐"이라고도 하였다.[59]

---

56 배상용, 『藤庵集』, '진덕수업[寒竹堂韻]' : "누가 두어 칸 집을 지어[誰架數間屋] 일찍부터 부지런히 대나무 심었다네[勤勉早種竹]. 병오년(1606) 죽취일(5. 13)에 와서[騂馬竹醉日] 성기고 곧은 대를 옮겨 심었지[爲來移疎直]. 두 글자 편액을 걸어 놓으니[扁名揭二字] 참 마음의 독실함이 드러나네[露出誠心篤]. 나는 주인의 뜻을 아노니[吾知主人意] 이름을 돌아보며 더욱 아끼겠지[顧名增愛惜]. 묻노니 나는 올해로 몇 년째인가[問我今幾年] 다시 와서 심은 대나무 어루만지네[重來撫手植]. 시 짓는 늙은이 나의 옛 벗이어서[詩翁吾舊遊] 나보다 먼저 짓고 나에게 권하네[先作詩勸加]. 진덕수업은 노년일수록 귀중하지[進修貴暮年]."

57 노수신, 『穌齋集』, '진덕수업' : "학업은 반드시 師友를 좇아서 닦아야만[業必從師友] 몸이 바야흐로 금수를 면하게 되나니[身方免走飛], 진덕수업에 끝까지 두 마음 먹지 말라[進修終勿貳]. 저녁에 죽어도 아침에 들은 걸 존중커니와[夕死尊朝聞] 그대가 오니 내 근심 같았는구나[君來降我憂]."

58 任聖周, 『鹿門集』, '진덕수업[答書]' : "滯症에 괴롭게 시달리다 보면 독서를 중단하는 걱정이 반드시 있을 것입니다. 그동안 調攝을 잘못한 것이 없었을 텐데, 무슨 까닭으로 병세가 이렇게까지 심하단 말입니까. 우리의 進德修業하는 그 공부는 모두가 전적으로 독서에 달려 있다고 할 것인데, 독서가 만약 뜻대로 되지 않는다면 어떻게 크게 성취할 수가 있겠습니까. 적절히 일과를 정하고 힘 닿는 대로 정진하여 勿助勿忘하며 從容히 優遊하기를 바라오 '빨리 이루려 하지 말고 서서히 하며[徐徐乎毋欲速], 감히 나태하지 말고 급급히 해야 한다[汲汲乎毋敢惰]'는 말처럼, 뜻이 있는 곳에 기가 반드시 절로 따르고, 기가 일단 법도를 따르면 병도 순종하여 물러날 것이니, 절대로 이 때문에 沮喪하지 말고 더욱 척추뼈를 곧게 세우고, 太阿의 손잡이를 넘겨주지 말 것을 천만 번 간절히 축원합니다. '나의 마음이 참으로 학문에 뜻을 둔다면, 하늘도 정녕 나의 소원을 들어줄 것이다[吾心誠有志於學 天其遂吾願乎]' 하였는데, 예로부터 성현은 원래 병 때문에 학문을 중단하여 성공하지 못한 경우가 없었습니다. 이 사리가 진실하고 逼切하니 절대로 의심하지 마십시오."

59 吳健, 『德溪集』, '진수덕업[祭文門人鄭濟]' : "일찍이 스스로 떨치고 성인의 자취에 뜻을 두고[有志古轍], 精一로 오로지하고 각고면려하며[專精刻慮], 한눈 팔지 않고 돈독하였습니다[一向敦篤]. 굽어보며 읽고 우러러보며 생각하며[俯讀仰思] 근원을 탐구하고 실체를 찾았습니다[究源咀實]. 진덕수업으로 부지런히 힘썼으니[勤勉進修] 오직 덕과 공업만이 있습니다[惟德與業]. 효제와 충신을[孝悌忠信] 집안과 고을에서부터 행하였으니[自家而鄕], 성인의 덕으로 세상에 나와[龍德出潛] 과거에 급제하여 이름을 떨쳤습니다[桂籍名香]. 어찌 겸손함으로 알려졌다 하겠습니까[豈曰鳴謙]? 옛것을 굳게 잡고 지금을 살핀 탓입니다[執古待今]."

먼저 『오위귀감』으로 올린 수현壽峴 석지형의 상소를 들어보자. "신이 삼가 살펴보았습니다. 건괘 구5는 나는 용을 임금의 상으로 여겨, 이로움이 아래의 대인을 보는 것에 있습니다. 9는 양의 수이고 5는 양의 자리이며, 용은 양의 물건이고 또 하늘을 날기 때문에 임금을 상징합니다. 임금에게 신하는 용에게 구름과 같아서, 얻지 못하면 그 영험함을 신통하게 할 방법이 없기 때문에 보는 것을 이롭게 여깁니다. 이제 성상께서는 이미 나는 용인데 구름 역할을 하는 자가 없으니, 천하를 날 수 없고 구름을 부를 수 없는 용과 같습니다. 신하가 구름을 부르는 기술이 있는데도 전하께서 혹 구하지 못할까 염려스럽습니다. 아! 구름이 일어남은 오직 음양의 감응하는 가까운 사이에 있을 뿐, 반드시 명산대천의 사람들이 모두 듣는 곳에 있지 않습니다. 전하께 삼가 바라건대 감응함에 일정함이 없는 방법을 구하소서."

수현壽峴은 임금이 하늘을 나는 용의 능력을 지녔지만 구름 역할을 하는 신하가 보필해 주지 않으면 천하를 다스릴 수도 없고, 민심을 부를 수 없는 용과 같으며, 또 신하가 구름을 부르는 훌륭한 능력을 지녔는데도 멍청한 임금은 그들을 구하지 못할 수도 있다는 것이다. 임금은 오로지 인재를 등용해 쓰는 눈이 통촉할 것을 바란다는 소리이다.

여기 구5에 이르러 용은 드디어 원하고 바라던 하늘을 마음대로 날아가는 비룡이 되었다. 바야흐로 저 물 속을 잠수하며 근육을 키우던 잠룡이 이제 막 하늘을 날며 천지공사를 완성할 대업을 맞았다. 그런데 또 대인을 만나라니 무슨 소리인가?

'날아가는 용이 하늘에 있을지라도 대인을 보아야 이롭다'는 주공의 효사에 대하여 공자는 "비룡재천飛龍在天(Flying dragon in the heavens)은 대인의 조화요[大人造也], 통치자의 도리이며[上治也], 천덕을 누리는 자리[乃位乎天德]"인데, 이 자리에 오르기 위해서는 '견대인見大人'이 필요충분의 조건이라 한다. 이는 석지형의 "임금에게 신하는 용과 구름 같아서, 얻지 못하면 그 영험과 신통을 부릴 방법이 없다"[60]는 말과 같은 얘기다.

복 있는 백성이 복 있는 임금을 만난다.[61] 세상사로 볼 때 구5는 임금의 자리요, 존귀한 자요, 아버지요, 회장의 자리로 볼 수 있다.[62/63] 그런데 동파 같은 이는 '비룡'을 "예전에 은둔하던 자며, 또 누구라도 비룡 같은 대인이 될 수 있다"고 역설한다.

고사로 이윤伊尹이 은나라의 탕 임금을 만나고, 사상보師尙父가 문왕을 만날 때의 일로도 본다. 「문언전」에서 공자는 "비룡재천飛龍在天 이견대인利見大人은 무슨 뜻인가[何謂也]?"라는 자문자답에 다음과 같이 천하의 명답을 내린다. "같은 소리는 서로 응하고[同聲相應], 같은 기운은 서로 구하며[同氣相求], 물은 습한 곳으로 따라 흐르고[水流濕], 불은 마른 곳으로 타고 오른다[火就燥]. 또 용은 구름을 타야 비를 내리고[雲從龍], 호랑이는 바람을 일으키며 달려가나니[風從虎], 이것이 바로 그 비룡이 국태민안을 위해 유유類類를 쫓음이 아니겠는가?"

건조함과 습함은 물과 불을 기다리는 것은 아니지만, 물과 불은 각각 습한 곳과 건조한 곳으로 나아가고, 용과 호랑이가 구름과 바람을 구하는 것은 아니지만, 바람과 구름은 호랑이와 용에게 각각 응하는 것이며, 또 성인이 만물에 뜻을 두지는 않지만 만물은 성인을 만나기를 바란다. 이와 같이 성인聖人이 나타나면 "만물이 그에 감응하여 우러러 그를 찬양하게 되니[作而萬物覩],[64] 하늘을 근본으로 하는 자는 위를 따르는 것이고[本乎天者親上], 땅을 근본으로 하는 자는 아래를 따르게 되니[本乎地者親下], 이는 모두가 끼리끼리 기운을 주고받는 이치[則各從其類也]"

---

60 石之珩, 『五位龜鑑』: "… 臣於君, 猶龍之雲, 不得則无以神其靈, 所以利見也. 今聖上旣龍飛矣, 未有爲之雲者, 天下无能飛, 而不能致雲之龍."

61 정이천, 『이천역전』: "성인이 이미 하늘의 자리를 얻었다면, 아래에 있는 대덕의 사람을 만나, 함께 천하의 일을 이루는 것이 이롭고, 천하 사람들은 진실로 대덕의 임금을 만나는 것이 이롭다."

62 조선 개국의 당위성을 설명하고자 '용비어천가'를 지은 것도 여기 '비룡飛龍'을 인용한 것이다.

63 權萬, 「易說」: "사물 중에 양의 물건은 날고 음의 물건은 달린다. 용은 비록 음에 속하는 동물이지만, 그 비늘이 81개로 9×9의 수가 있고, 龍이란 글자는 '肉'의 부수에 '飛'자를 합한 것으로 본래 날아다니는 동물이다. 날개를 가진 용은 應龍(용의 아홉 아들 가운데 물과 비를 관장한다는 신화 속의 용)인데 구5가 바로 '비룡'이며 '응룡'이다."

64 임성주, 『녹문집』, '聖作物覩': "성인이 출현하여 만물이 우러러보매, 벙어리와 귀머거리가 활기를 더 띠게 되는 것은, 참으로 來意(보내온 글)에서 말씀하신 뜻과 같은 점이 있습니다만, 장차 끊어지려 하는 이 목숨이 혹 조금이라도 생명이 연장되어, 지극한 정치가 이루어지는 것을 볼 수 있게 되는지 모르겠습니다[聖作物覩, 瘖聾增氣, 誠有如來意者 不知此將死之喘 或能少須臾苟延 及見至治之成否也]."

라 보아야 한다. 이것은 건괘가 대유괘大有卦로 간 경우다.[65] '비룡재천'의 노래는 다양하다.[66/67]

다음은 건괘 구5 '비룡'을 '부대인자夫大人者'로 정의한 공자의 설명이 의미심장하다. "부대인자는 천지의 덕을 함께 하시고[與天地合其德], 일월의 밝음도 함께 하시고[與日月合其明], 사계절의 질서도 함께 하시고[與四時合其序], 귀신의 길흉까지도 함께 하시니[與鬼神合其吉凶], 하늘을 앞서도 하늘을 어긋나게 하지 않으시고[先天而天弗違], 하늘보다 뒤져도 하늘의 때를 받들게 하시니[後天而奉天時], 하늘에조차도 또한 어긋나지 아니하시고[天且弗違], 인간세상뿐 아니라[而況於人乎], 나아가 귀신의 세상까지도 어긋나게 할 수가 없는[況於鬼神乎] 자이다."[68]

곧 수행의 도수가 비룡재천飛龍在天의 경지에 들면 천인이 합일되고, 인내천이 하나 되어 소위 6차원의 세계를 유희하게 되며, 또 천리를 알고, 천리를 대비하여 처신하는 사람이며, 이견대인利見大人을 할 수 있는 자격자가 된다. '부대인자夫大人者'를 보면 그는 보통의 사람보다도 낮은 '자者'에서, 보통의 사람[人]보다 나은 '대인大人'으로, 또 '하늘을 몰고 다니며 자유자재하는 부대인자夫大人者'의 단계를 밟은 자라는 것도 알 수 있다. 이런 자는 여의주를 문 비룡이다.[69] 회재의 '문진부

---

65 [說證] 화천대유☱의 리☲는 飛니 '비룡'이요, 리☲는 또 治니 '上治'요, 리☲는 또 化니 '대인조화'다. 또 상괘 聖君과 하괘 聖人이 리☲에서 상견례하니 '이견대인'이다. 그리고 같은 리☲가 2에서는 '현룡'이 되고, 5에서는 '비룡'이 되는 것은 2는 地面이요, 5는 天德에 자리하기 때문이다. 또한 '風從虎'는 태☱(虎)고, '天者親上'은 天與火며, '地者親下'는 水附地다. 그리고 '同聲相應'은 뇌풍상박으로 姤의 손☴과 夬의 진☳에서, '同氣相求'는 天火에서 만남이다. 또 태☱의 연못은 '水流濕'이요, 리☲는 '火就燥'며, 손☴의 密雲은 '雲從龍', 손☴의 바람은 '風從虎'다. 그리고 '비룡(성군)'과 '대인(성인)'은 기질과 종류가 서로 통하니 '各從其類'다.

66 尹善道, 『孤山遺稿』, '비룡어월' : "시절은 비룡이 달을 어거하는 초엽이라[節屬飛龍御月初] 연못가 거닐며 읊조린 그대의 시구 보내시어[投君澤畔行吟句] 숲 속에 누워 책 보는 나를 부러워하셨구려[羨我林中臥看書] 聖世에 어찌 뇌우의 덕화가 없으리오[聖世豈無雷雨化]."

67 李睟光, 『芝峯集』, '비룡중천' : "붕새가 삼천 리 박차니 여섯 달의 시작이요[鵬擊三千初六月] 용이 구5에 나니 정말이지 중천이로다[龍飛九五正中天]. 은하수 가의 성사는 오래된 꿈과 같고[星槎舊夢銀河上] 태양 곁의 우로는 새로운 은택이로다[雨露新恩白日邊]."

68 [說證] '與天地合其德'은 하늘의 '大有'와 땅에서 '同人'의 덕이 합함이며, '與日月合其明'은 '大有'의 리☲가 감☵ 위에 있으니 日月이 되고, '與四時合其序'는 '乾'의 원형이정, '與鬼神合其吉凶'은 '大有'의 변형된 간☶(鬼)이며, '先天而天弗違'는 하괘의 '乾'이 상괘을 앞섬이며, '後天而奉天時'는 상괘 '乾'이 하괘 '乾'보다 뒤에 생함이요, '天且弗違'는 2와 5가 즐겁게 상응하니 역시 '而況於人乎'며 '況於鬼神乎'가 된다.

69 張永東, '대인사상의 연구' : "『주역』은 천도를 인도의 근거로 삼고, 대인을 매개로 천도와 인도의

問津賦',[70] 육일재의 용병술,[71] 도덕생명의 완성,[72] 가을,[73] 법제,[74] 규장각 축성,[75] 농

완전한 통일성을 강조한다. 또한 『주역』 외의 기타 사상들이 모두 대인을 이상적인 인격체를 상징하는 것으로 여기고, 그 경계와 감화를 도덕 경계나 천지 경계의 차원에서 정당화하면서도, 정작 그 정치적 지위와 덕성의 정도 면에서는 곧바로 성인과 동일시하지 못한 데 반해, 『주역』은 정치 능력과 덕행 차원에서 대인을 성인과 곧바로 동일시한다."

70 晦齋 이언적, '問津賦' : "백성들이 진구렁과 숯불에 빠져[民隆塗炭] 신음하며 의지할 곳 없었지만은[嗷嗷罔依] 세상에 명철한 왕이 없으니[世無哲王] 어느 누가 시대를 구원할손가[孰濟斯時]. 위대하신 우리의 중니께서는[偉我仲尼] 하늘에서 그 덕을 부여한지라[天縱其德] 도는 멀리 요순을 계승하였고[道揖堯舜] 인은 만물 길러주는 천지 같았네[仁竝覆育]. 생민에 대한 책임 이미 무겁고[責旣重於生民] 천하에 대한 걱정 또한 컸기에[憂亦大於天下] 우리 도를 세상에 행하겠다며[謂吾道之將行] 목탁의 교화 널리 베풀었도다[施木鐸之敎化]. 그렇지만 성인은 세상 잊은 적이 없어[然聖人未嘗忘天下] 하룻밤을 한곳에서 머물지 않았도다[席不煖於一夕]. 함께 밭을 갈고 있는 장저와 걸닉 보고[遇沮溺之耦耕] 자로 시켜 나루터를 물어보게 하였더니[乃使問其津渡] 나루터가 어딘지는 알아내지 못하고[旣不聞其指示] 도리어 조롱과 모욕을 만났도다[反逢彼之譏侮]. 저들은 본디 세상 피해서 살며[彼固避世之士兮] 홀로 성인 비판하고 스스로를 옳다 하니[獨非聖人而自是] 저들이 어찌 알랴 군자가 벼슬함은[彼焉知君子之仕兮] 의로움을 행하기 위함이란 걸[乃所以行其義也]. 더구나 온 천하가 도탄에 빠졌는데[矧今天下之溺矣] 어떻게 내 한 몸만 선하게 하겠는가[其敢獨善於己]. 어떻게 속 좁은 졸장부처럼[豈若小丈夫然兮] 과감하게 세상 잊고 도탄에 빠진 백성 좌시할손가[果於忘世坐視墊溺而不救]. 천하가 안정되고 위태로운 것[天下之安危] 그 책임이 참으로 내게 있으니[責實在我] 어찌 감히 힘쓰지 않을 수 있나[其敢不力]. 이것이 부자께서 이 세상에 급급한 까닭인데[此夫子所以汲汲於斯世] 장저와 걸닉은 알지 못한 것이로다[而沮與溺之所未識者也]. 하늘이 이 위대한 성인을 낳았으니[念皇天之生是元聖兮] 어찌 이 세상에 기대함이 없었으랴[豈無期於下國]. 어찌 유독 천자의 지위를 아껴[胡獨吝於天位] 이 백성들 보호받지 못하게 했나[俾赤子而失乳]. 용덕으로 정중에 처하셨으니[伊龍德之正中] 베풀기를 널리 함이 마땅할 텐데[宜厥施之斯普] 끝내 나루 물으면서 떠돌았으니[竟問津而周流] 탄식이 승부에서 극에 달했네[歎已極於乘桴]."

71 남병길, 『選擇紀要』, '용병총론' : "장수와 병사가 한마음이 되면, 日時生克이나 吉凶의 방향을 따지지 않더라도 반드시 승리한다. 그렇지만 북쪽 장수에 남쪽 병사이거나, 남쪽 장수에 북쪽 병사이거나, 새로 모은 병졸이어서 군사를 이끌고 적진으로 나아가는데 조련이 되어있지 않고, 게다가 金皷의 호령을 알지 못하여 동쪽과 서쪽이 질서를 잃어버리는 것은, 兵家의 규율이 무너지는 고질병이다. 經에 이르기를, '천지와 덕을 합치고, 일월과 밝음을 합치고, 사시와 순서를 합치고, 귀신과 길흉을 합친다고 하였는데, 그 원리는 日時에 긴밀하게 달려 있다. 時라는 것은 천지 만물의 始終을 주재하는 것으로, 주체와 객체를 나누어서 이롭게 만들고, 군사를 부려서 승리하게 하는 능력을 지니고 있다. 이것은 혼란을 다스리고 백성을 편안하게 만드는 핵심이다."

72 김병환, '유가철학에서 본 생명윤리 시대의 배아연구' : "자기 반성을 통해 자신의 삶을 반추할 수 있는 '도덕생명'의 완성이 『주역』에서 궁극적으로 지향하고 있는 목표이다. 이는 중용에서 말하는 '天下至誠과 성인상에 해당하는 것인데, 『주역』에서는 大人으로 묘사되고 있다. 이런 대인상은 유가의 궁극적 이상으로서, 인간이 도달할 수 있는 최고의 경지를 말한다. 하나의 자연 생명에 불과한 인간이, 우주의 질서 및 인간의 도리와 하나가 되어, 심지어 귀신까지도 어기지 못하는 존재가 되며, 천지와 함께 유행한다는 말이다."

73 이익, 『성호전서』, '秋聲賦' : "듣건대 가을의 기운이란 것은 만물을 거두어 모으는 것[摯斂萬物].

사,[76] 심지어 경연강의[77]에까지 그 노래가 끊이지 않는다.

> 上九 亢龍有悔
> 상9는 노쇠한 용이 너무 높이 올라 후회가 있다.

'항룡유회亢龍有悔(Arrogant dragon will have cause to repent)'라는 주공의 효사를 공자는 이렇게 주석한다. "가득 채우면 오래 갈 수 없고[盈不可久也], 궁색하여 재앙이 일어나며[窮之災也], 시절이 완전히 코너에 몰려[與時偕極] 어려움을 당하는 자리가 된다."

여기 '항亢'을 두건 위에 갓을 차려 쓴 모양으로 본다면, 노쇠한 늙은 용이 자

도끼가 없어도 그야말로 숙살하니[斧鉞政肅] 추기가 다니는 자취 보이지 않는다. 물가에는 잎이 떨어져 뿌리로 돌아가고[落葉歸根] 언덕에는 좋은 열매가 익었어라[嘉實呈功]. 대저 하늘의 축을 운전하여 만물을 기름에 펼치고서 거두지 않는 것 무엇이 있으랴[疇敷不收]. 어찌 가을 소리가 나의 간과 폐에 젖어들어[秋聲肺肝] 나의 목과 치아 사이로 나오는 것인가[發吾喉齒]. 진실로 알겠노라, 한 번 가고 한 번 옴은[一往一來] 하늘도 어길 수 없다는 것을[天亦不違]."

74 洪汝河,『木齋集』, '합기덕' : "周公은 元聖으로 '여천지합기덕, 여일월합기명, 여사시합기서, 여귀신합기길흉, 선천이천불위, 후천이봉천시' 한다고 하였다. 제도를 만들고 기강을 수립하는 것이, 자손에게 복을 끼치는 정책이라고 여김에, 반드시 생각하고 또 생각해, 밤낮으로 달이 쌓이고 햇수가 누적되어야 가능하다. 무릇 世道가 오르내리는 幾微와 풍속을 유지하거나 바꾸는 형세와 인심의 변화하는 형상과 마구 뒤엉킴은 다 살필 수 없으니, 지금 지혜로운 한 사람이 수백 년 전의 일을 기준으로 하여, 그의 행위가 딱 들어맞게 훤하게 시행하게 함은, 아마도 쉽지 않을 것이다."

75 蔡濟恭,『樊巖集』, '천불위' : "거룩하신 성인이 깊은 생각 많으셨네[聖人穆穆多深思]. 높은 도는 천도에 앞서 행동해도 아니 틀려[至道先天天不違] 마침내 문명으로 천하 잘 다스리네[乃以文明善其治]."

76 無名子 尹愭, '봉천시' : "堯典에 '공경히 백성에게 농시를 알려준다[敬授人時]' 하였으니, 참으로 성인이 천하를 다스린 큰 법도가 이보다 중대한 것이 없고, 이보다 앞서는 것도 없다. 日月星辰은 바로 하늘에서 운행되는 것인데 '人時'라 한 것은 무슨 까닭인가? 程子는 '만사가 이것에 근본하지 않는 것이 없다[萬事莫不本於此]' 하였고, 東萊 呂祖謙은 '是後天而奉天時'라 하였다."

77 眉庵 柳希春, '대인[經筵日記]' : "'성인을 만나볼 수 없으면 군자다운 자라도 만나본다[聖人吾不得而見之]' 章의 注에 '성인은 神明하여 헤아릴 수 없는 이름이다' 하였습니다. 대개 신명이라는 것은 天神과 地祇입니다. 『주역』에 大人을 일컬어 '여천지합기덕, 여일월합기명, 여사시합기서, 여귀신합기길흉'이라 하였습니다. 『논어』에 안연이 부자를 일컬어 '우러르면 더욱 높고, 뚫으면 더욱 군세며, 바라볼 때 앞에 있더니, 홀연히 뒤에 있다' 하였고, 『맹자』는 '大人이면서 저절로 화한 것을 聖人이라 하고, 성인이어서 측량할 수 없는 것을 神人이라 한다' 하였습니다. 이것이 모두 '신명하여 헤아릴 수 없다[神明不測]'라는 뜻입니다."

신의 처지를 잊고, 젊은 날의 기백만 믿고 출입을 강행하다 후회를 당한 꼴로 볼 수 있다. 삼산三山은 이것이 바로 '욕심의 산물'이라 한다.[78] 다산은 '정貞'은 변하지 않는 것이고, '회悔'는 변하는 것이란 이유를 들어, 항룡이 거들먹거리고 잘난체를 하다가 재앙을 몰고 와 어쩔 수 없는 극한 상황에 이르러 돌이킬 수 없는 후회를 몰고 온 것으로 보았다. 「문언전」에서 공자도 "항룡유회亢龍有悔는 무슨 말인가요[何謂也]?"라는 물음에, 더 오를 수 없는 데까지 날아가버린 항룡亢龍은 "존귀하긴 하지만 누릴 지위를 잃었고[貴而无位], 높은 자리에 있을지라도 민심을 잃었으니[高而无民], 어찌 뜻을 이룰 수 있겠느냐"고 한탄한다. 또 "현인들의 보필조차도 받을 수 없다 하니[賢人在下位而无補], 이는 무엇을 하여도 뉘우침을 남기는 자리[是以動而有悔也]"라는 대답을 남긴다.

상9는 상왕, 왕사, 국사, 자문, 원로, 고문이란 직책의 한계를 긋고 있다. 동파가 "상9의 후회를 없애는 도가 어찌 없겠는가? 아니 반드시 후회를 막을 수 있을 것"이라 하자, 이를 증명이라도 하듯 지욱은 "항亢이란 시세를 몰라서 궁색함에 빠진 것이요, 회悔란 항에 처한 도가 넘쳤기 때문이지만, 요순이 천하를 마음에 두되 간여하지 않았던 그 마음만 읽어도 후회를 사라지게 할 수 있을 것"이라는 명쾌한 답을 내려준다. 앞의 논리로 볼 때 조선의 세조와 연산군, 이승만과 박정희, 전두환과 노태우, 노무현과 박근혜와 이명박까지도 항도亢道를 몰랐던 임금들이 아니었을까.

마지막으로 건괘乾卦가 쾌괘夬卦로 간 것을 보고 공자가 내린 항의 결론이다. "항은 너무 높다는 소리다[亢之謂言也]. 나아갈 줄만 알고 물러날 줄 모르고[知進而不知退], 흥하는 것만 알고 망할 줄 모르고[知存而不知亡], 돈을 벌어들일 줄만 알고 부도날 수 있다는 것을 몰랐으니[知得而不知喪], 이런 자를 어찌하여 성인이라 할 수 있었겠는가[其唯聖人乎]! 진퇴존망을 알고 그 정도를 잃지 않는 자가 있다면[知

---

78 유정원, 『易解參攷』: "상9는 뜻이 차서 넘치니, 아랫사람들과 현격하게 떨어져 있다. 이미 앞으로 나아갈 곳도 없고, 다시 낮추고 굽히는 뜻도 없으니, 비록 후회가 없고자 한들 그렇게 할 수 있겠는가? 용이라는 동물은 크게 할 수도 있고 작게 할 수도 있으며, 때로는 잠기고 때로는 날아올라서 변화를 헤아릴 수 없다. 그러나 사람이 용을 삶거나 젓갈로 담글 수 있으며, 개나 양처럼 사육할 수도 있는 것은 욕심이 있기 때문이다. 상9가 덕은 있지만 자만하고, 지위는 있지만 스스로 높이 여기며, 자리를 탐하고 녹봉을 바라며, 나아갈 줄은 알되 물러날 줄은 모르고, 보존되는 줄만 알고 망하게 될 줄은 모르는 것은 욕심이 그렇게 만든 것이다."

進退存亡而不失其正者] 그는 분명 성인이라 불러야 할 것이다[其唯聖人乎]."[79]

만약 당신이 이렇게만 처신할 수 있다면 바로 성인이요, 성신이요, 부처이다. 내성외왕內聖外王이란 말이 여기서 생겨났을까?[80] 성학聖學과 위기지학爲己之學은 다르다.[81/82] "역을 지은 이는 천지 세상의 근심걱정을 알고 있었다"는 '작역자지우환야作易者知憂患也!'란 말이 가슴을 때린다. 어느 임금이 자신의 잘못을 '집사람이 잘못한 일'로 돌리자 백성들로부터 떨떠름한 밉상을 받았던 기억도 있다. 정말 임금 노릇은 아무나 하는 자리가 아니다. 욕심만 있다고 되는 자리는 더더욱 아니다.

『조선왕조실록』에 선조宣祖가 주강晝講에서 '건괘' 공부를 하는 장면이 보인다. 상감이 "구름이 용을 따른다는 뜻은 알겠으나, 바람이 범을 따른다는 것은 무슨 의미인가?" 하고 물었다. 정경세鄭經世가 범이 울면 바람이 매섭고 범이 다니면 바람이 저절로 생겨나니, 이른바 "같은 유유끼리는 서로 통한다[同聲相應同氣相求]"

---

79 [說證] 夫卦(䷪)는 태☱로 '決·盈'인데, 乾卦가 '盈'하면 터지는 決이 되니 '盈不可久'요, '亢龍有悔'며 '窮之災'다. '與時偕極'의 '시'는 춘하추동의 사시다(건괘 상은 하지). 『홍범』에서 '悔는 변하는 것이고 貞은 변하지 않는 것'이라 했으니, '動而有悔'가 그렇다. '不知退' '不知亡' '不知喪' '不失其正'은 하괘 성인을 가리킨다. 상괘 태☱는 건의 바름을 잃어버렸다.

80 『조선왕조실록용어사전』, '聖學': "孔孟으로 대표되는 성인의 가르침을 지향하는 학문. 성학은 『논어』「雍也」에서 '子貢曰, 如有博施於民而能濟衆, 如何? 可謂仁乎?', '子曰, 何事於仁, 必也聖乎, 堯舜, 其猶病諸'라고 하였던 데서 비롯한다. 성인은 널리 백성에게 베풀어 대중을 제도하는 仁의 극치이다. 맹자는 인륜의 궁극적 경지를 성인이라고 하고, 인간의 덕성이 극대화하여 타인에게 감화를 주는 경지[大而化之之謂聖]라 하였다. 이황이 『성학십도』, 이이가 『성학집요』를 저술하여 聖의 문제를 본격 조명한 뒤부터 聖學의 용어가 널리 쓰이게 되었다. 이황 역시 성학이란 仁을 구하는 데 있으며 이 뜻을 깊이 체득하면 만물일체가 된다고 하였다. 이황은 格物致知의 嚴密함보다 聖學을 어떻게 행하느냐에 초점을 두었으며, 성학의 실천 공부를 통해 성인에 다가서려고 하였다. 이이의 『성학집요』는 『대학』의 주제인 '修身齊家治國平天下'의 도리에 관한 글을 모으고 자신의 주석을 붙인 것으로서, 內聖外王의 수신과 治道의 요체를 밝혔다."

81 『유교용어사전』, '爲人之學': 세속적 명예나 남의 칭찬을 듣기 위한 학문. 『논어』「憲問」에 "古之學者爲己 今之學者爲人"이라고 말한 데서 비롯되었다. 유학은 內聖外王의 학문으로서 자기를 완성하고 타인을 완성시켜 모든 生靈으로 하여금 그 타고난 생명을 순조롭게 창달하려는 것을 목적으로 하기 때문에 고래로 爲人之學은 비판받아 왔다.

82 위의 책, '修己治人': 修己治人의 개념은 『論語』「憲問」 "修己以敬, 修己以安人, 修己以安百姓"에서 비롯되었다. 공자의 仁은 사람이 되고자 하는 天性, 또 인류의 主宰者로서의 天을 가리킨다. 인의 본질은 바로 사랑[愛]이다. 인을 실현시켜 나간다는 것은 自我의 도를 완성시키는 것이며, 하늘을 섬기는 것이다. 이것이 바로 유가에서 말하는 '修己'이다. 더 나아가 인을 실현하여, 자아를 완성한 인격이 되었을 때는, 스스로 다른 사람을 감동시킬 수 있다. 완성된 자아로서의 인격을 통해서, 나아가면 다른 사람의 인격도 완성된다. 이것이 바로 '治人'이다. 결국 修己는 內聖의 일이고, 治人은 外王의 일이다. 內聖으로 말미암아 外王에 이르는 것이, 유가적 기본 思路이다. 『大學』의 '八條目'은 內聖外王의 도, 곧 修己治人을 조직적으로 나타내주고 있다.

고 대답하였다. 상감이 "성인이 일어나니 사람들이 우러러 본다[聖人作而萬物覩]는 것은 인류로는 우러러보지 않는 자가 없다. 소인은 소인끼리 친하고 군자는 군자 끼리 친하다" 하자, 정경세가 "그렇지 않은 게 없습니다. '우는 학이 깊숙한 곳에 있거늘, 그 새끼가 화답하다'라는 말도 이와 같은 뜻입니다. 요임금의 고요皐陶와 탕임금의 이윤伊尹과 당나라의 위징魏徵과 한漢나라의 제갈양이 바로 이에 해당합 니다"라고 대답하였다. 또 상감이 "항룡유회亢龍有悔라는 것은 모든 일은 반드시 중中으로 귀중함을 삼으니, 지나치면 종내는 반드시 후회가 있는 것"이라 하자, 신식申湜이 "성교聖敎가 지당합니다" 하였고, 정경세가 또 "상9는 부중不中에 있어 서 지나치게 높고 뜻이 자만하여서 아랫사람의 실정이 통하지 않기 때문에 후회 가 있는 것입니다. 성인은 나무꾼의 말도 반드시 취택, 실시하여 천하의 일을 성 취하였습니다"라고 하였다. 상감이 "성인은 육효六爻만 그렸으나 의리가 무궁하여 알기가 극히 어렵다"고 하였다. 다시 상감이 한효순韓孝純에게 "참판은 『주역』에 정통하다고 하던데, 왜 한마디 말이 없는가?"라고 하자, 그가 "지금 세상의 사람 들은 단지 조박糟粕만 이해하지 변화무궁한 묘리는 아는 자가 없습니다. 상효에 이르러서는 단지 항극亢極의 뜻만 발명했을 뿐입니다" 하니, 상감이 "말한 바가 다 좋다"고 하였다. 다시 상감이 "『주역』 외에 또 제유諸儒들이 부집裒集한 책이 있는가?"라고 하자, 정경세가 "『계몽추원啓蒙推原』은 역易의 본원이며 『황극경세 皇極經世』·『정몽正蒙』 등의 책도 역을 논한 책입니다"라고 하였다. 상감이 "역학은 반드시 여러 해 적공積功한 연후에야 그 묘리를 알 것"이라고 일렀다.[83/84]

실록에서 임금을 꾸짖는 소리,[85] 퇴계의 자묘명[86]처럼 군룡群龍도 가지가지

---

83 『선조실록』 선조 28년(1595) 1월 8일 : "참고로 근세의 易學은 徐敬德 이후로 전함이 없다. 科擧 講業에서 약간 句讀를 분명하게 하는 자가 있으면 능통하다고 말한다. 이런 때문에 경연에서 말한 것은 모두 俗儒의 陳讀이니, 족히 임금을 감동시키지 못하였다. 오직 정경세가 비록 일시 의 재기였으나 응대하는 데 그쳤다. 상이 누차 수작을 하였으나, 선유들은 모두 만년에 易을 배웠으니, 어찌 가볍게 논설할 수 있었겠는가. 아마도 오늘날에 절실한 일이 아닌가 싶다."

84 정경세(鄭經世, 1563~1633) : 호는 愚伏. 유성룡의 문인. 도남서원을 세워 정몽주·이황·김굉필·정 여창·이언적 등 5현 종사. 1623년 인조반정 뒤 전라도관찰사·대사헌·이조판서 등 역임. 예학 정 통. 주리론 주장. "氣의 動靜 原因은 理에 있다" 주장.

85 吳健, 『德溪集』, '항룡[請進學納諫疏(宣祖)]' : "이것은 바로 『商書』에 나오는 自用의 가르침이자 『주역』에 나오는 亢龍의 경계로, 그 병통에 대한 약은 전하께서 익히 알고 계시니, 어찌 마음에 서 구하고, 학문에서 받아들이는 터전을 넓히는 것이 아니겠으며, 사람에게서 구하고, 자기를 다하는 방책이 아니겠습니까. 진실로 다른 사람의 善이 나의 선이어서, 안팎도 없고 피차도 없

다.[87/88] 통도사에 항룡교亢龍橋가 있다.[89]

다는 것을 알 수 있다면, 뜻은 겸손하지 않을 수 없고, 마음은 비우지 않을 수 없을 것입니다. 그로써 動靜을 관통하고, 內外를 합하고, 上下를 통하고, 始終을 하나로 하는 것이니, 또 어찌 '持敬'의 밖에 있겠습니까."

86 李廷馨, 『東閣雜記』 '항룡유회[宣祖朝儒賢]' : "나면서부터 크게 어리석었고[生而大癡] 장성해서는 병이 많았다[壯而多疾]. 중년에는 학문을 즐겼으며[中何嗜學] 만년에는 벼슬을 하였던가[晚何切爵]. 학문은 구할수록 오히려 멀어지고[求學猶邈] 벼슬은 사양할수록 오히려 얽혀왔다[爵辭猶嬰]. 나가서 행하는 데 서툴렀고[進行之跲] 물러나 숨으려는 뜻을 굳혔다[退藏之貞]. 높고 높은 산이 있고[如山巍巍] 졸졸 흐르는 물 있는 데서[有水源源] 초복(初服)으로 돌아가[婆娑初服] 한가히 즐겨 뭇 비방을 벗어났다[脫若衆訕]. 내 회포가 막혔으니[我懷伊阻] 나의 패물을 뉘 보리오[我佩誰玩]. 옛 사람을 생각해보니[我思古人] 실로 옛 사람이 이미 내 마음을 얻었거니[實獲我心] 어찌 오는 세상에서[寧知來世] 오늘의 내 마음을 모른다 하리[不獲今兮]. 근심 속에 즐거움이 있고[憂中有樂] 즐거움 속에 근심이 있다[樂中有憂]. 조화를 타고 다 돌아감이여[乘化歸盡] 다시 무엇을 구하리오[復何求兮]."[退溪自墓銘]
"신(퇴계)이 전일에 아뢴 『주역』의 '亢龍有悔'라는 말씀을 항상 유념하소서. 무릇 태평이 극하면 반드시 난이 생길 징조가 있는 법이온데, 지금이 그렇습니다.''[栗谷, 石潭日記]

87 李明洙, '周易의 自然觀과 譚嗣同의 通사상' : "'항룡유회'는 太平世로 元統이다. 온 세상이 敎主를 하나로 통일하고, 君主를 한 사람으로 할 것이다. 이 때의 상황은 또다시 고립될 것이다. 고립되기 때문에 지나치게 올라가고, 지나치게 올라가기 때문에 후회가 있다. 후회하면 사람마다 敎主의 德이 있을 수 있어, 敎主 없이 살 수 있고, 사람마다 君主의 권력이 있을 수 있어 君主制는 폐지된다. 시간적으로 모든 지구상에서 民主정치를 행한다. 사람의 경우 공부가 純熟되어, '마음에 바라는 바대로 해도 법도를 넘지 않는다고 말할 수 있다."

88 李魯, 『松巖集』, '용룡(龍襲)' : "옥호에 물 흘러 시간 알리니 동룡이 물 내뿜고[玉壺傳點咽銅龍] 천년 동안 노자는 성인으로 용이라 불렀는데[千載伯陽聖謂龍] 여룡은 그림이 아닌 진짜 용인데[汝龍非畫是眞龍] 괴룡이 구멍난 담에 숨음을 비웃네[長笑乖龍穴處墉]. 그해에 흑룡이 흥기하여 통곡하니[痛哭當年起黑龍] 움직이면 후회하니 누가 항룡인 줄 알았겠는가[動悔誰知是亢龍]. 아득한 서관은 수룡을 잃었고[漠漠西關失水龍] 굳센 마음은 산 용 잡기를 길이 생각하고[壯心長擬捕生龍] 도 배우려고 부자의 담장을 엿보네[學道期窺夫子墉]. 서쪽 지방의 된서리 갑룡을 점령하고[金虎嚴霜占甲龍] 푸른 줄기 처음부터 곧으니 용이 되지 않고[碧莖初直不成龍] 꽃망울 새로 피니 작은 담장에서 나오네[玉蘂新開出小墉]."

89 「通度寺사리가사史蹟略錄」 : "자장법사가 중국 오대산 북대에서 문수 보살상 앞에 절을 하고 있을 때, 문수보살이 승려로 화하여, 가사 한 벌과 진신사리 1백 알, 부처님 정수리뼈, 염주, 불경 등을 주면서 말했다. '그대의 나라 남쪽 영취산 기슭에, 못된 毒龍이 거처하는 연못이 있는데, 거기에 사는 용들이 나쁜 마음을 품어, 백성들을 괴롭히고 농사를 망치고 있다. 그대가 연못을 메워 금강계단을 쌓고, 이 불사리와 가사를 봉안하면, 재앙을 면하고 불법을 전할 수 있을 것이다 하였다. 자장법사가 귀국하여 영취산을 찾아, 연못 속의 아홉 마리 용에게 떠나달라는 부탁을 했지만 용들은 듣지 않았다. 자장법사가 불을 써서 못에 던지자, 연못의 물이 부글부글 끓어올랐고, 견디지 못한 여덟 마리의 용이 도망가버렸다. 이 중 세 마리의 용이 달아나다가 커다란 바위에 부딪혀 피를 흘리며 죽었다. 이 바위를 龍血巖이라고 한다. 다섯 마리 용은 영축산 남쪽 골짝에 떨어져 죽었는데, 그곳이 五龍洞이다. 마지막 한 마리는 남아 절을 수호하겠노라고 맹세하여, 자장법사가 자그마한 연못을 만들어 용을 그곳에 살도록 했다. 구룡지의 물은 심한 가뭄에도 수량이 줄어들지 않는다. 이 구룡지 위로 가로놓인 다리의 이름이 亢龍橋이다."

> 用九 見群龍 无首 吉
>
> 용9는 용의 무리들을 보라, 머리를 없애면 길하니라.

언제 어디서든 자기 잘난 체를 하는 놈은 자신의 얼이 썩은 자임을 증명한다. 밭에 씨를 뿌릴 때도 그 씨를 흙 속에 묻어야 싹을 틔울 수 있듯, 훌륭한 사람일수록 만인 속으로 들어갈 수 있어야 군자의 도를 얻어낼 수 있다. 이처럼 음양의 짝짓는 비밀만 알아도 '용들이 머리를 없애는 이유'를 안다. '무수无首(Without head)'야말로 진정한 군왕지도君王之道를 알 수 있는 키워드다. 유성룡의 '견군룡무수설'이[90] 압권이다.

예로, 2009년 8월 미국의 클린턴 대통령이 북한에 억류된 두 기자를 석방시키고 나서 겸손한 행동을 보여준 것은 너무나 멋진, '무수无首한 비행'이었다. 그래서 "하늘의 덕[天德]을 씀에는 머리가 보이지 않도록 해야 좋다[不可爲首也]"고 공자가 저 '군룡群龍'들을 향해 외쳤던 것이다. 이것은 양이 천지간에 종자로서 땅속에 파종할 때에 씨가 보이지 않아야 한다는 평범한 농법農法에 비유했다. 예수회 신부 판토하도 '길가에서는 익은 과일을 볼 수 없다'고 했다.[91]

---

90 유성룡, 「見群龍无首說」 : "용인데도 머리가 없으면 용이 될 수 없으니 흉한 상이다. 그런데도 길하다고 한 것은 무엇 때문인가? 이는 머리가 없는 것이 아니라, 머리는 있으나 사람들이 볼 수 없을 뿐이기 때문이다. 옛말에 '용은 숨을 내뿜어 구름을 만든다' 하고, 『사기』에 '용의 턱 밑에 있는 거꾸로 난 비늘이 있는데 이것을 건드리면 그 사람을 죽인다'라 했다. 이는 용이 신묘하고 괴이하여 두려울 만하고, 변화를 헤아릴 수 없음이 특히 머리에 있다는 것이다. 세상 사람들이 말하기를, 산속의 못에서 용이 하늘로 올라가는 것을 왕왕 사람들이 보았으나, 용의 머리는 보지 못했다고 한다. 이는 구름에 빽빽히 가려졌기 때문이니, '見群龍无首'의 뜻과 서로 비슷하다. 건괘의 여섯 효가 모두 양이기 때문에 군룡이라 하였다. 여섯 효가 모두 변하여 음이 되면 여러 용이지만, 그 머리의 모습을 볼 수 없다. 이것을 사람의 일로 헤아려보면 성인의 덕으로 제왕의 자리에 있으나, 덕과 자리가 있다고 자처하지 않고, 유순함과 겸손함을 지니고서, 천하를 가까이 하려는 상이다. 요임금의 '온화하고 공손하여 능히 겸양함[溫恭克讓]'과 순임금의 '묻기를 좋아하고 말을 살핌[好問察邇]'과 우임금의 '뽐내지도 않고 자랑하지도 않음[不矜不伐]'과 탕임금의 '아랫사람을 대할 때에 공손함을 생각함[接下思恭]'과 문왕의 '조심하고 공경함[小心翼翼]'은 모두 이러한 도이다. 후대에 이에 대해 광무제 같은 이는 '짐은 천하 다스리기를 부드러운 방법으로 하고자 한다[柔道行之]'고 했다. 그리하여 천자의 존귀함을 굽혀 필부에게 낮추어 발을 올려도 용서하고 마다하지 않았으니, 无首가 위대하도다. 보통 사람으로 말하면, 총명하고 재주가 뛰어나면서도 지극히 어리석은 사람의 말을 들으며, 생각하여 남에게 낮추는 것과 또한 같은 뜻이니, 어찌 길하지 않을 수 있겠는가."

91 Pantoja, 『七克』, '마음치료' : "색욕은 젊어서는 즐겨도 늙으면 식는다. 분노는 참으면 없어지고 고요하면 물러난다. 하지만 교만은 한번 마음에 들어오면 언제 어디서고 붙어 다닌다. 몸이 늙

그런데 동파는 여러 용이 나타났는데도 우두머리가 없어 길하다는 것은 여섯 위位 모두가 변화된 것임을 알았다. 용6用六도 같은 이치라며 건괘乾卦가 전변全變하여 곤괘坤卦로 감을 말한다. 다산 역시 중천건이 중지곤으로 간 것을 용9用九로 보고, 신령스런 용이 꼬리를 드러내어도 머리를 드러내지 않는 법이니, 하늘의 도가 변화를 좋아하여 사계절과 만물이 변하지 않은 때가 없지만, 이것은 다름 아닌 『주역』이 변혁을 주로 하는 바를 알리는 대목이라 하였다.[92]

한편 천덕天德을 지닌 용들이라면 수장首長의 자리를 놓고 절대로 다투지 않는다. 수장이 되고 안 되고는 천명에 이미 정해진 바라 따르기만 하면 된다고 하나, 인심이 그렇지 못하니 항상 후회가 넘쳐난다. 이를 뒷받침하듯 남회곤은 '용9'를 "구9를 사용하면서도 구9에 이끌려 다니지 아니하고, 시대와 무관하게 객관적으로 일을 처리하는 자로서 역사와 시대에 임하는 진정한 지도자의 태도"라는 해설을 내놓기도 한다.[93]

『춘추전』에 노나라 태사 채묵蔡墨이 용으로 대답할 때(노나라 소공 29년), "건지구乾之姤는 잠룡물용潛龍勿用이요, 건지동인乾之同人은 현룡재전見龍在田이요, 건지대유乾之大有는 비룡재천飛龍在天이요, 건지쾌乾之夬는 항룡유회亢龍有悔요, 건지곤乾之坤은 견군룡무수見群龍无首요, 곤지박坤之剝은 용전우야龍戰于野"라 하였고, 주자도 용9用九를 건괘 6위가 전변한 경우라 일렀다.[94]

결론적으로 공자는 "건원용구乾元用九는 천하를 다스리는[天下治也] 도이니, 하늘의 법칙[乃見天則]인 진리를 잘 살펴, 하늘의 도를 알고 깨닫는 것이 가장 중요한 일"이라 설파하였다. 이런 고로 『주역』의 판단은 천기와 천명을 알고 그 기틀에 맞게 처신하는 '군자의 도학'이라 할 수 있을 뿐만 아니라, 그러한 '도를 밝혀

어도 교만은 시들지 않는다. 때가 되지 않았는데 드러나 칭찬을 받는 것은 길가의 과일과 같다. 사람마다 따지만 익었는지를 묻진 않는다. 수많은 열매 중에 끝내 익는 열매는 하나도 없다. 쇠를 시험하려면 붉게 달궈진 화로에 넣고, 사람을 시험하려면 칭찬하는 말 속에 넣는다. 가짜 쇠는 불에 들어가면 연기를 따라 흩어지지만, 진짜는 불에 들어가면 단련할수록 精金이 된다."

92 조호익, 『易象說』: "乾卦는 '원형이정'하나 坤卦로 바뀌면 크게 형통할 수 없다[乾本大通, 而以坤變, 不能大通]."

93 남회곤(신원봉 역), 『易經雜說』: "자신까지 잊어버린 상태, 用九는 동양문화의 최고의 경지로 유가와 도가가 모두 여기서 출발한다."

94 여섯 진☳은 '見群龍', 곤괘가 되어 건☰의 首가 사라짐은 '无首', 천도가 신묘하게 변함은 '乃見天則', 姤遯으로 가는 손☴의 施는 교화의 '天下治'이다.

내는 신의 행위[顯道神德行]'라고 단정을 지을 수 있다.

참고로 주공周公이 효사를 설할 때 역학易學을 공부하는 자가 점만을 주로 볼까봐 걱정이 되어, 특별히 중천건괘 안에다 점에만 그치지 않음을 상기시켰다.[95] 공자가 『주역』을 주석할 때 의리義理를 주로 주장한 바도 다르지 않다. 최근 마왕퇴에서 출토된 『백서 주역』의 '용9 건군룡 무수 길'에 대하여 장상평은 전통적 해석과 달리 다음과 같이 형이하학적 표현을 쓰기도 하였다.

"동아시아에서는 여름철에 우레와 번개가 치고, 폭우와 회오리바람이 몰아치는데, 옛 사람들은 이를 용이 출몰했다고 여겼다. 옛 사람들은 숭배하는 대상에 대해 머리를 숙이거나, 귀를 바짝 붙이고 마음속으로 두려워하면서, 감히 쳐다보려고 하지 않았기 때문에, 용의 머리를 보지 않는 것이 길한 징조가 되었다. 비바람이 몰아치고 우레와 번개가 칠 때는 당연히 용의 머리를 볼 수 없으니 말이다."[96]

참고로 성호星湖의 '7·8체體, 9·6용用'설에 잠시 귀를 멈추고,[97] 유비의 활약상을 동영상으로 살펴보자.[98]

---

95 朱熹, 『朱子語類』 권66 : "易은 본디 복서의 책이라서 후인들은 단지 복서에 그쳤다. 그러다가 왕필에 이르러 老莊의 학으로 풀이하였다. 그 뒤로 사람들은 단지 理만을 위주로 하고 卜筮로 여기지 않게 되었다. 이것은 잘못이다. 복희가 처음 음양으로 획을 그을 때 이미 거기엔 길흉이 있었다. 뒤에 음양만으로는 이해가 힘들어 문왕이 卦辭를 지었고, 또 그것만으로도 어려우니 주공이 爻辭를 지었다. 그래도 여전히 사람들이 이해를 하지 못하자 공자가 十翼을 지어서 애당초의 뜻을 풀이하였다. 문왕의 괘사와 주공의 효사는 모두 복서를 위한 것이었다. 그런데 공자는 이 책에는 반드시 어떤 이치가 있을 것이라 보았다. 그래서 음양이 소멸 성장하고 가득차고 빈다는 설로부터 진퇴존망의 도리를 도출하였다."

96 張祥平, 『易與人類思惟』 : "馬王堆의 漢墓 帛書 『略經』이 출토된 것은 서한 말에 『古文經傳』이 발견되었던 것만큼이나 중요하다. 그것은 인류 문화사의 공백을 메울 수 있는 자료를 제공해준다는 점에서 역사상 비견할 데 없는 큰 사건이다." 이 책 『易與人類思惟』는 박정철 역, 『역과 인류사유』(이학사)로 국내에도 출간되었다.

97 李瀷, 『易經疾書』 : "易의 도는 7과 8을 體로 삼고 9와 6을 用으로 삼는다. 한 획으로 말하면 乾卦의 여섯 획은 7을 몸체로 하지 않음이 없고, '현룡'과 '비룡'의 부류는 또 9를 쓰지[用九] 않음이 없다. 坤卦의 여섯 획도 8을 體로 하지 않음이 없고, '직방'과 '황상'의 부류는 또 6을 쓰지[用六] 않음이 없다. 고요한 것은 7과 8이고 움직이는 것은 9와 6이니, 9와 6을 쓰지 않고 어떻게 하나의 괘를 말할 수 있겠는가? 곧 그 몸이 7과 8에서 순수한 것은 건·곤 두 괘뿐이다. 그러므로 9와 6을 쓰는 것도 역시 건·곤 두 괘에만 있다. 그 나머지는 고요해도 이미 7과 8의 몸체에 순수하지 않으니, 움직임에 어찌 9와 6의 쓰임이 있겠는가?"

98 『삼국지연의』, '劉備와 龍' : "184년 황건의 난에서 207년 諸葛亮을 만날 때까지, 潛龍(소설에서 池中物)이다. 劉備는 呂布, 曹操, 劉表의 진영을 떠돌며 그 아래에서 활동한다. 207년 諸葛亮을 만나는 대목에서 본격적인 활동이 시작되며, 병력도 증가하고 전투에서도 승리하며 전략에 방향성이 생긴다. 이때가 見龍在田이다. 孫權과 연합하여 赤壁戰에서 曹操를 막고, 남군을 비롯하

> 彖曰 大哉乾元 萬物資始 乃統天 雲行雨施 品物流形 大明終始 六位時成 時乘六龍 以御天 乾道變化 各正性命 保合大和 乃利貞 首出庶物 萬國咸寧
>
> 단왈, 대단하다, 건의 근원이여! 만물이 이를 바탕으로 시작하니, 이에 하늘마저도 통괄하는구나. 비 내릴 때는 비를 내리고, 구름으로 덮을 때는 구름을 내니, 만물이 그 형태를 펼쳐내도다. 큰 광명이 끝나고 다시 시작되면, 여섯 자리가 이루어지고, 또 때로 여섯 용을 타고 하늘로 나는구나. 건도의 변화에 각각 그 성명을 바르게 하니, 위대한 조화의 원리를 보전하고 그에 합일되어, 하늘의 일을 주관함에 이롭도다. 천지의 수장인 상제께서 많은 사물을 생산해 내니 만국이 모두 평안해지도다.

공자가 '건, 원형이정'이라는 문왕의 괘사(단사)[99]를 읽고 난 후 내뱉은 첫 마디가 "대재大哉"였다. 이는 "대단합니다(大哉)! 정말 놀랍습니다(大哉)! 우와! 어떻게 하여 성인들이 '하늘을 원형이정'이라 말할 수 있었단 말인가?" 하며 사자후를 토해낸 것이다. 공자는 다시 놀란 가슴으로 "그렇다. 천지의 모든 만물은 하늘의 위대한 원기[乾元]를 받아야 시작된다[萬物資始]. 또한 그렇게 하여야 하늘의 살림을 이끌어 나갈 수 있다[乃統天]. 건乾은 만물과 만사의 으뜸[元]이요, 우두머리[元]다"라고 했을 때 이미 건의 해석은 종결지어진 것으로 봐야 한다.

예로 "구름으로 비를 뿌릴 자리에는 비를 뿌리고[雲行雨施], 땅을 애무하면서 적실 자리는 골라 적시며, 저마다 원하는 시공時空에 따라 천지를 가득 메워 나가는[品物有形]" 것으로 건의 능력을 과시하였으며, 또 "하늘의 힘은 누구의 방해도 받지 않고 두루 뻗치어, 땅속에서부터 하늘 끝까지, 시작과 끝자리의 과정을 밝혀

여 형주의 남부를 차지, 익주로 들어가는 성과를 或躍在淵으로 본다. 이후 劉璋을 몰아내고 익주를 차지하여 蜀漢을 건국함은 飛龍在天이다. 그러나 유비가 君臣의 반대에도 불구하고 무리하게 병력을 동원하여 東吳를 공격하여 패하는 것은 亢龍有悔다. 이후 제갈량까지 없는 촉한은 群龍无首로 본다."

[99] 沈大允, 『周易象義占法』: "여러 괘에서 象辭는 괘의 의미와 괘의 재질에 따라, 때로는 元亨利貞이라 하고, 때로는 元亨이라 하고, 때로는 利貞이라 한다. 또 때로는 亨과 貞을 홀로 말하기도 하지만, 元과 利는 홀로 말하지 않는다. 이는 元은 크게 시작하므로 元이 있으면 반드시 亨이 있고, 利는 크게 이루므로 利가 있으면 반드시 貞이 있기 때문에, 元을 말하면서 亨을 말하지 않을 수 없고, 利를 말하면서 貞을 말하지 않을 수 없어서이다. 「象傳」은 乾卦坤卦 이외에 다른 괘에서는 元과 利를 해석하지 않은 경우가 많은데, 이것은 元이 크고 利가 지극함을 보인 것으로서, 乾·坤에 있는 것은 마땅하지만, 다른 괘에 있는 것은 마땅하지 않다고 말하는 것과 같을 뿐이니, 공자의 은미한 뜻이다."

나가는[大明終始] 슈퍼 파워"라고 증명해 나갔다. 그 대단한 건乾은 천지를 시작하고 마치는 자리에까지 사사私事를 두지 않고 환하게 밝히며, 만물의 종시終始를 책임져 가는 지존으로 평가하기에 이른다.[100] 나아가 "동서남북상하 육합六合 각각의 그 어떤 자리에도, 그 시절에 따라 인연을 맺어주고[六位時成], 또 그때그때마다 경우에 맞춰 여섯 마리의 용을 타고 다니며[時乘六龍] 중생(만물)을 사랑할 뿐만 아니라, 하늘을 말 몰듯 하늘도리를 자유자재로 드리블하여 하늘까지도 이롭게 하는 자[以御天]"로 높였으니, 이것은 공자와 같은 성인이 아니면 도저히 헤아려 볼 수 없는 '어천御天'의 내용이다.[101/102/103]

또 '원형이정'은 "건도를 때에 알맞게 변화시키고[乾道變化], 만물의 성질마다 더 나은 곳으로 승화시키며[各正性命], 천지간에 조화를 복적으로 크게 화합시켜 나가기에[保合大和]" 천지 만물 속에 공생공영을 위한 천지공사를 벌이는 슬로건

---

100 鄭斗卿, 『東溟集』, '용신불측' : "새와 짐승, 사람 중에 누가 가장 거대한가[鳥獸人間誰最巨]. 짐승 중엔 곰과 범, 새 중에는 붕새라네[獸稱熊虎鳥稱鵬]. 엄니 발톱 예리하나 그물은 못 벗어나며[爪牙縱利寧逃網] 아주 높이 날지만은 화살 쏘면 맞는다네[羽翮雖高亦可矰]. 그들 중에 교룡만은 신묘함이 막측하여[只有蛟龍神不測] 여러 동물 가운데서 홀로 짝될 동물 없네[其於品彙獨無朋]. 어떤 자가 맹랑하게 잡을 수가 있다 했나[何人浪說能爲瀱]. 대성인도 일찍이 못 알아본 걸 탄식했네[大聖猶嗟識未曾]."

101 위의 책, '어천육룡' : "저 옛날에 영웅들이 초야에서 일어날 때[念昔英雄興草昧] 나라를 잘 경영함엔 어진 재상 의지했네[也須經濟藉賢能]. 군신 간엔 마음 절로 합쳐지는 법이거니[君臣自有風期合] 보필함에 있어 어찌 꿈속 만남 의지하랴[輔弼何煩夢寐憑]. 단지 훈화 서로 이어 일어나서 임금 되자[但使勳華相繼作] 원개 절로 사방에서 와서 등용되었다네[自然元凱四門登]. 촉나라 때 명상으론 제갈량이 전해지고[蜀中名相傳諸葛] 당나라의 양신으론 위징이란 분 칭하네[唐代良臣說魏徵]. 오늘날에 다행히도 천년의 운 만났거니[今日幸逢千載運] 모든 이들 하늘 위에 육룡 나는 것을 보네[御天咸仰六龍乘]."

102 坤卦 때는 오직 음이라 양을 얻지 못해 구름과 비를 이루지 못하다가, 양이 와서 復이 되고, 臨이 되고, 泰가 되더니 '雲行雨施'가 이루어진다. '流'는 음의 흐름으로, 泰에서 음양이 왕성하여 만물을 갖춘 형태로 펼쳐낸다. 乾은 하나의 큰 기운이다. 氣를 유통시키는 데는 운우보다 뚜렷한 것이 없다. 또 만물의 육성은 여름철의 양이 1·2·3의 離位에서 泰를 이루어 乾德이 형통해 '乾道變化'를 이룬다. '大明終始'는 동지 때 태양의 궤도가 남쪽에 치우쳐 그림자가 가장 짧고, 하지에 이르면 태양의 궤도가 북쪽으로 치우쳐 해 그림자가 가장 길게 됨을 이른다. 또 이때 復·臨·泰·大壯·夬·乾 卦의 이름을 '六位時成'이라 한다. '時乘六龍以御天'은 음이 매번 양을 타고 하늘로 날아감이다[御는 진==의 뜻].

103 潛庵 金大賢, 『悠然堂集』, '초려' : "와룡은 남양군에 숨어 사는데[龍臥催藏南陽郡] 초가지붕의 쓸쓸한 세 칸의 초려라네[草蓋蕭森三椽廬]. 평범한 사업 따위야 말하여 무엇하라[尋常事業奚足論] 기상은 반드시 이러한 때 보아야 한다네[氣像須看此時於]. 당시 만약 세 번 돌아보는 은혜가 아니었다면[當時若非三顧恩] 그냥 초려에서 늙어 죽었으리라[直將枯死草廬困]. 물고기가 물을 만난 듯 한 집에서 길이 서로 기뻐하고[一堂魚水永相歡] 한 마디 말에 뜻이 서로 부합하니 정성이 넉넉하구나[片言契合誠有餘]. 밝은 長庚星이 한 지방을 비추니[暉暉長庚照一方] 육룡을 일으켜 동쪽으로 수레를 돌렸네[勢起六龍東廻車]."

임에 틀림없다.[104][105][106][107] 고로 공자는 "하늘이 만물의 윗자리에 앉아[首出庶物], 또한 임금이 만백성 위에 군림하며 천하를 화평하게 다스려 가는 이치[萬國咸寧]가 바로 건괘의 '원형이정'에 함축되어 있다"고 단언하였다.[108] 서거정徐居正이 건괘를 읊은 '신룡사'가 멋지다.[109]

여기서 공자는 수컷의 위대한 생식이 곧 만물을 생생生生하고, 우주의 평화를 주도하여야 할 무한책임을 지도록 하였다. 이것이 바로 하늘이 있고, 양이 있고, 수컷이 있어 세상을 이끌어 나가는 공자가 '통 큰 건원乾元'을 자신 있게 밝힌 자

---

104 金尙憲, 『淸陰集』, '보합태화' : "사람 일은 필시 감응 있는 법이니[人事必有感] 하늘에서 방자함을 징계한 거라네[天心豈懲忟]. 재앙 부른 원인 깊이 생각해 보니[沈思召災異] 본디 재물 갖춘 데서 말미암았네[本自具玉貝]. 세금 거둬 개인 창고 가득 채웠고[科斂倒私廩] 화당에선 술 취해 못 돌아가는데[華堂醉無歸] 하늘은 본디 백성을 통해 듣나니[由來自民聽] 하늘 높이 있다 말하지 마라[未可謂天蓋]. 화기 오게 함엔 다른 단서가 없고[致和無異端] 오직 보합태화에 있네[保合惟在太]."

105 申欽, 『象村稿』, '보합대화' : "원형과 이정은 四德인데, 형과 이와 정의 이치는, 元 속에 갖추어져 있다. 형이 되고 이가 되고 정이 되는 것이, 바로 원 때문인 것은, 12宮은 6개의 陽律과 6개의 陰呂를 합한 가운데 黃鍾(첫 번째 양률)을 기준으로 삼지 않은 것이 없는 것과 같다. 各正性命은 음과 양의 분수가 태어날 때에 정해진 것을 의미하고, 保合大和는 이미 태어난 후에 음과 양의 기운을 조화시키는 것을 뜻한다. 어떠한 것이 自强인가? 克己이다. 어떠한 것이 不息인가? 復禮이다."

106 李元龜, 『心性錄』, '96[九道六事]' : "나의 도는 곧 人倫인 九道와 産業인 六事가 전체이다. 道事만 보고 폐를 일으키고 진실을 어지럽히는 자는 무릇 九家요, 道事를 버리고 실상을 잃어버리는 이는 六家이다. 九家 사상가들은 魏晉玄學의 嵇康·阮籍, 法家인 商秧·韓非子, 縱橫家인 鬼谷子, 楊朱·墨翟, 노자장자, 佛家 등이며, 六家 사상가들은 음양가인 郭璞과 京房, 祿命家인 李之才나 陳圖南, 神仙家나 讖緯家 등을 꼽고 있다. 九家는 易學의 음양조화라는 대전제를 무시하고 이념과 현실을 재단하는 성격을 지닌 무리이고, 육가는 象數易學·命理學·道敎·讖緯 등이다. 이들 모두는 지나치게 형식적인 음양론에 얽매여 집착하며 현실의 事象을 제대로 판단하지 못하는 무리이다. 유학만이 道事와 九六를 상호 유기적으로 결합한 이상적인 학문이다."

107 李象靖, 『大山先生實記』, '각정성명[敍述李宗洙]' : "晦庵夫子(朱熹)가 전대 성현의 학문을 절충하여 만세에 표준을 세웠고, 退陶先生이 이를 높이고 믿으며 發揮하여 古道를 잇고 법도를 만들었다. 未發과 已發을 통괄하여 논하면, 하나의 情 가운데 性命의 바른 것에서 근원한 것[乾道變化 各正性命 保合大和]은 순수하여 不善이 없고, 形氣의 경계에서 연유한 것은 사사로워서 혹 불선하게 된다. 사물이 받은 것은 性이고, 하늘이 부여한 것은 命이다. 各正이라는 것은 만물이 태어나는 초기에 얻는 것이다. 사단이 따르는 것은 곧 칠정의 氣이고, 칠정이 타는 것은 곧 사단의 理이다."

108 乾에서 姤·遯·否·觀·剝, 또 坤에서 復·臨·泰·大壯·夬를 10辟卦라 하는데, 건곤을 포함한 12卦는 춘하추동으로 만물을 변화시키고[乾道變化], 만물마다 그 성명을 받아내고[各正性命], 큰 태☱(쾌·대장)는 '보합대화'이다.

109 徐居正, '四靈辭(神龍)' : "황하에서 그림 지고 나왔음이여[圖于河兮] 건괘에 기재되었도다[卦于乾]. 때로 숨거나 뛰어오름이여[時潛時躍兮] 못이나 하늘에 있기도 하도다[于淵于天]. 구름이 용을 따름이여[雲之從兮] 비를 성대히 내리도다[雨需然]. 아득히 날아올라 변화함이여[茫洋變化兮] 신묘함을 헤아릴 수 없도다[莫測其神]. 만일 그 해에 큰 가뭄이 들면[若歲大旱兮] 사람에게 우택을 베푸는도다[夫澤施于人]."

리다.[110] 이어 공자가 보충 설명한 「문언전」의 '건원乾元'을 살펴보자.[111] '건원乾元'은 만물의 씨를 뿌리는 자로 형통하고[乾元者 是以亨者也], '이정(利貞)'은 타고난 성질과 본성을 정도로 거두어들인다[利貞者 性情也].[112/113/114] 고로 '건원'이 능히 천지이치를 아름답게 하며[乾始能以美利], 천하를 이롭게 하며[利天下], 나아가 그 모든 공덕을 하늘 자신의 것으로만 주장하지 않기에[不言所利], 그 아름다움이 너무나도 크고 놀라운 것이다[大矣哉]!

---

110 「文言傳」의 소리는 이렇다. "놀랍구나 하늘이여[大哉乾乎]! 당신은 강건하고 중정하고 순수한 결정의 바로 그 당체이십니다[剛健中正純粹精也]. Every Time Every Where, 상하사방 육합으로 언제 어디를 막론하고 그 신통을 발휘하야, 만방에 정리를 통하게 하며[六爻發揮, 旁通情也], 때에 맞춰 여섯 마리의 용을 타고 하늘을 말 몰듯이 타고 이롭게 하야[時乘六龍, 利御天], 비가 내릴 곳은 비를 주고 구름으로 덮을 곳은 구름을 덮어주어[雲行雨施], 천하를 고루고루 화평하게 다스리는[天下平也], 당신이 바로 전지전능하신 아버지이십니다."

111 「文言」은 「爾雅」·「說文」과 같은 류의 책으로 오로지 「周易」만 적고 있다. 공자가 태어나기 3세대 전에 이미 穆姜이 「문언」의 점사를 말했다고 한다. 목강은 공자가 섬긴 노나라 定公의 증조부 宣公의 아내이다. 「史記」의 「孔子世家」와 「漢書」의 「儒林傳」에는 공자가 「문언」을 지은 것으로 적고 있다. 정약용, 「周易四箋」 참조

112 '乃利貞'은 坎(4·5·6)의 貞이다. '首出庶物'은 復卦의 일양시생하는 진☳의 長子요, 震主요, 震帝다. '萬國'은 복괘 앞의 곤괘요, '萬國咸寧'은 건괘 양의 현자들이다.

113 沈大允, 「周易象義占法」: "건이 곤을 통솔하고, 곤이 건을 받드니, 건은 氣化의 근본이고, 곤은 形化의 주체이다. 그러므로 건곤은 두 기운이면서 합일된 몸체이다. 건은 곤의 氣이고, 곤은 건의 形이기 때문에 元·亨·利·貞이라 하는 것이다. 원은 '이것'을 시작하는 것이고, 형은 '이것'을 자라게 하는 것이고, 利는 '이것'을 이루는 것이고, 정은 '이것'을 지키는 것이다. '이것'은 무엇인가? 利이다. 천지가 존재하는 이유와 인물이 정립하는 이유가 利가 있어서일 뿐이니, 하루라도 利가 없다면 천지가 종식되고 사람과 일이 끝장날 것이다. 「논어」에 공자는 利와 命과 仁을 드물게 말하였다고 했다. 여기에서 命과 仁보다 앞에 利를 말하였으니, 利가 지극히 큼을 알 수 있다. 임금이 임금답고 신하가 신하다우며, 아버지가 아버지답고, 자식이 자식다우며, 남편이 남편답고 아내가 아내다우며, 형이 형답고, 아우가 아우다운 것은 모두 利롭게 하려는 이유이다. 또 일을 이루고 쓰임을 利롭게 하며, 문을 넓히고 예를 지키며, 행정을 만들어 일을 정립하는 것은 모두 利롭게 하는 것이다. 맹자왈, 천하에서 性을 말하는 것은 利를 근본으로 한다. 자사왈, 仁義는 진실로 백성들을 이롭게 할 수 있는 방법이다. 「국어」왈, 천지에 실려 있는 것을 利롭게 한다. 또왈, 義를 말하면 반드시 利에 미친다. 또왈, 義로써 利가 생겨난다. 「문언전」왈, 利는 義의 조화이다[利者義之和也]."

114 李象靖, '행장[知中樞府事淸臺權相一公行狀]': "공은 글을 읽을 때 책을 널리 보고 암기하는 것을 일삼지 않고, 참으로 알고 실제로 터득하는 것에만 힘을 썼다. 문장을 지으면 오로지 이치에 맞는 것을 위주로 하였고, 글씨를 쓰면 단정하고 반듯하여 거칠게 쓰는 일이 없었다. 만년에는 濂溪와 程子의 遺風을 따라, 담담하고 한가한 생각과 자연을 즐기고 자적하는 취향을 지녔다. 항상 과거가 사람의 마음가짐을 망친다고 하면서, 후생들에게 독서와 농사를 권하였으나, 과거 공부는 가르치지 않았고, 향교의 문회 또한 반드시 경전의 뜻을 강론하는 데 힘쓰되, 시장을 열어서는 안 된다고 하였다. 퇴도 선생이 '四七理氣'의 이론을 내고부터, 당시에 性과 情을 합하여 말하기를 좋아하고, 나누어 말하기를 싫어하는 자들이 간혹 그 가르고 쪼개는 것이 너무 심하다고 흠잡으니, 공은 이에 대해 남몰래 근심하고 자다가도 깨어 탄식하였다."

그러기에 군자는 인仁이 몸에 배어 훌륭한 어른이 되어야 하고[元者善之長也],[115] [116]/[117] 아름다움이 응집되어 인사에 모범이 되어야 하고[亨者嘉之會也],[118]/[119]/[120] 만물마다 이로움을 주는 의리가 한마음이 되어야 하고[利者義之和也],[121]/[122]/[123] 나아

---

115 葉采, 『近思錄集解』, '道體' : "「문언전」에 '元者善之長也'라 하였는데, 『本義』에 '元은 만물을 낳는 始初이니, 天地의 德이 이보다 더 먼저인 것이 없다. 그러므로 四時에 있어서는 봄이 되고, 사람에게 있어서는 仁이 된다' 하였다. 朱子 왈, '물건이 처음 낳을 적에는, 순수함이 흩어지지 아니하여, 가장 보기가 좋고, 줄기와 잎이 무성하게 되면 곧 보기가 좋지 않다. 어린아이가 우물에 들어가는 것을 보았을 때에, 놀라고 측은해 하는 마음이 다만 조금 나타나면 여기에서 곧 仁을 볼 수 있으며, 저 훌륭한 정사를 펴고 仁을 베풂에 미쳐서는 그 仁이 진실로 넓으나 도리어 보기가 어려운 것이다' 하였다."

116 任聖周, 『鹿門集』, '善長' : "대개 善을 본질로 삼고, 실제로 이 善을 자기 몸에 소유한 사람을 信人이라 하고, 실제로 이 善을 소유하고서 확충하여 계속 채워가는 사람을 美人이라 하고, 이 선이 가득찬 상태에서 榮華가 밖으로 드러나는 사람을 大人이라 합니다. 人性은 본래 선하기 때문에 선하면 반드시 그렇게 되고 싶어 하고, 악하면 반드시 미워하는 법이니, 이것이 바로 '사람들이 양심을 지녀서, 이와 같이 아름다운 덕을 좋아하는 것이다[民之秉彝 好是懿德]' 하는 것입니다. 그래서 이에 대해 특별히 언급하면서, '可欲之謂善'이라고 한 것이니, 인정상 그렇게 되고 싶어 하는 것이 바로 선이라는 말입니다. 善은 형상이 없지만, 情은 자취가 있기 때문에, 可欲이라는 두 글자를 통해서, 이 선의 실체가 얼굴 앞에 밝게 드러나 분명히 볼 수 있으니, 이치를 가지고 말을 해도 이와 같고, 인정을 가지고 말을 해도 이와 같은 것입니다. 孔子가 '元者善之長'이라고 한 말과 그 이치가 같습니다."

117 尹善道, '別試文科對春策' : "다음과 같이 대책문을 올립니다. 『周易』에 이르기를 '위대하도다 乾元이여, 만물이 이에 의지하여 나오나니, 이에 하늘의 일을 통합하는도다[大哉乾元 萬物資始 乃統天]' 하였는데, 해설하는 자가 말하기를 '원은 모든 선 중에서 으뜸이니, 사람에게는 인이 되고, 시절로는 봄이 된다[元者善之長也 於人爲仁 於時爲春]' 하였다. 내가 일찍이 이를 읽고서, 봄이 一元을 본받아, 만물을 생기게 함을 알았다. 『書經』에 이르기를 '하늘의 일을 사람이 대신한다[天工人其代之]' 하였고, 『中庸』에 이르기를 '중과 화를 극진히 하면, 천지가 제자리를 잡고, 만물이 제대로 길러진다[致中和 天地位焉 萬物育焉]' 하였다. 내가 일찍이 이를 읽고서, 裁成輔相하는 도는 사람에게 있다는 것을 알았다. 蔡沈은 말하기를 '하늘과 인간의 관계는 쉽게 말할 수가 없다. 득실의 기미와 감응의 은미한 도리에 대해서는, 도를 아는 자가 아니면 누가 알 수 있겠는가[非知道者 孰能識之哉]'라고 하였다. 내가 일찍이 이를 읽고서, 天道는 俗士와 논할 수 없다는 것을 알았다."

118 黃俊良, 『錦溪集』, '亨嘉' : "아 거듭 빛나시니[於赫重光] 아홉 잎 신선 오얏이라네[九葉仙李]. 경사는 형가에 화합하고[慶叶亨嘉] 노래는 희기에 올리네[歌騰喜起]. 땅에 가득한 바람과 구름을[滿地風雲] 병풍 하나에 그렸도다[一屛繪事]. 성스러운 무공은 신이 돕고[聖武協神] 도모하는 신하는 지혜로 도왔네[謀臣贊智]. 진실로 중흥했으니[允矣中興] 천년에 둘 다 아름답도다[千載兩美]."

119 奇大升, 『高峯集』, '이율곡' : "남쪽 봉황 하늘 높이 오색 날개 펼치니[南服高翔彩翼斜] 맑은 세상 모범 되어 형가에 뜻 두었네[羽儀淸世志亨嘉]. 가슴속의 탁월한 재능 한번 시험 못하고[英才未試胷中蘊] 죽은 뒤에 더해지는 두터운 성은만 들리네[殊渥徒聞沒後加]. 거침없는 그 문장 서책 속에 빛이 나고[文倒江河光簡策] 높고 높은 그 기개 구름 속에 맺었어라[氣凌牛斗結雲霞]. 화산의 한번 이별 이승 저승 갈렸으니[華山一別幽明隔] 초사로써 흐느끼며 초혼할 길 전혀 없네[無路招魂泣楚些]."

120 洪汝河, 『木齋集』, '亨嘉' : "고금을 고요히 관찰하여 현묘한 기미를 통찰하니[冥觀今古洞玄機] 인간 세상을 다 쓸어버린 대소아일세[掃盡人間大小兒]. 천하의 문장은 가마처럼 추존하였고[海內文章推賈馬] 북두성 이남의 높은 명망은 시구 같았네[斗南標望若蓍龜]. 천심은 묵묵히 형가의 모임에 돌아오고[天心默運亨嘉會] 어필이 새로 간쟁의 자질을 제수하네[御筆新除諫諍姿]."

가 만물과 만사의 영원한 뿌리가 되어야 하기에[貞者事之幹也],[124/125/126] 이것이 '건의 원형이정'이라 부른 큰 이유이다[故曰乾元亨利貞].[127/128/129/130]

---

121 李時善, 『歷代史選』, '利義' : "맹자가 子思를 스승으로 모실 때 '牧民하는 방법은 무엇을 먼저 해야 합니까?'라고 물은 적이 있었다. 자사가 대답하기를, '백성에게 이롭도록 하는 것이 먼저이다'라고 하였다. 맹자가 말하기를, '군자가 백성을 교화하는 방법은 역시 仁義만이 있을 뿐입니다. 어찌하여 반드시 이롭게 해야겠습니까?'라고 하니, 자사가 대답하기를, '仁義는 본래 백성을 이롭게 하기 위한 방법이다. 윗사람이 不仁하면 아랫사람은 자기 자리를 얻을 수가 없고, 윗사람이 不義하면 아랫사람은 속이기를 좋아한다. 이것은 아주 이롭지 않은 것이다. 따라서 『주역』에서는 이익이란 의의 화합이다[利者義之和也] 하였고, 또 쓰는 것을 이롭게 만들어 몸을 편안하게 만드는 것은 덕을 숭상하기 위함이다[利用安身以崇德也] 하였다. 이것은 모두 이익의 중요성을 말한 것이다'라고 하였다."

122 奇大升, 『高峯集』, '論思錄' : "국가는 '이익을 이익으로 여기지 않고, 의로움을 이익으로 여긴다' 하였습니다. 참다운 利는 義에 화합하여 생기는 것이니, 자기도 편안하고 남도 편안한 것입니다. 이익을 구하지 않아도 저절로 이롭지 않음이 없는 것이, 『대학』에서 이른바 '義로써 이익을 삼는다'는 것입니다. 이욕의 마음은 남과 나를 구별하는 마음에서 생기는 것이니, 자기에게 이롭고자 하면 반드시 남에게 해가 되기 마련입니다. 사람들마다 자기에게 이롭게 하고자 하여, 남과 다투고 빼앗으려 한다면 이익을 추구해도 얻지 못한 채 해만 따르게 되니, 이것이 이른바 '利로써 이익을 삼는다'는 것입니다. 성인의 간곡한 경계가 이와 같은데도, 후세에 국가를 멸망시키고 집안을 전복시킨 자들은 대부분 이러한 의리를 몰랐습니다. 삼가 바라옵건대 십분 살피고 유념하소서."

123 군자는 덕을 중시하나 소인은 이익을 중시한다[君子懷德 小人懷土 君子懷刑 小人懷惠]. 이익이란 의로움의 조화이다[利者義之和也]. 이익은 의로움이 전제되어야 한다. 유학에서도 이로움을 추구하는 것을 부정하지는 않았다. 하지만 이른바 소인들처럼 자신의 이익만을 추구하지는 않는다.

124 葉采, 『近思錄集解』, '道體' : "「문언전」에 '貞者事之幹也'라 하였는데, 『本義』에 이르기를 '貞은 사람에 있어서는 智가 되어, 모든 일의 근간이 되니, 幹은 나무의 몸통으로 가지와 잎이 의지하여 서는 것이다' 하였다. 元·亨·利·貞의 貞을 모든 일의 근간이라고 하는 것은 당연하지만, 立을 禮의 근간이라 하는 것이 옳겠는가. 더구나 이 '立' 자는 '자기가 서고자 하면 남도 세운다[己欲立而立人]'는 '立' 자이다. 或者가 '欲立은 자기가 스스로 세상에 서고자 하는 것이요, 立人은 붙들어 주고 培植하여 사람으로 하여금 스스로 서게 하는 것이다'라고 말하였는데, 朱子가 이 말을 옳다고 하였으니, 그렇다면 自立하여 사물에게 흔들리거나 빼앗기지 않는 '立於禮'와는 똑같지 않다."

125 金昌協, '정덕[祝外祖母淑人金氏80歲長壽書]' : "태숙인의 장수는 실로 貞德의 호응으로 저절로 그렇게 된 것이다. '貞'은 바르고 굳센 것으로, 성품의 근원이자 일의 근간이라 들었다. 이는 천도에 있어 자연의 원기가 모이는 곳이요, 만물이 돌아가 숨는 곳인데, 태숙인께서는 오로지 이 貞을 얻어 덕으로 삼았다. 그래서 일을 행하는 정직함과 마음을 지키는 전일함과 견고함이, 실로 소나무와 잣나무처럼 굳세고 금석처럼 견고한 점이 있으니, 이는 貞德의 완전한 모습이라 할 수 있다."

126 『중용』16장 : "귀신은 보려 해도 보이지 아니하며, 들으려 해도 들리지 아니하되, 물건을 체로 해서 나타나니 가히 버리지 못한다[視之而弗見 聽之而弗聞 體物而不可遺]. 체물은 일을 주장한다[其言體物 猶易所謂幹事]." 『시경』에서 말하길, '신이 이르는 것을 가히 헤아리지 못하는데, 하물며 가히 싫어할 수 있으랴[詩曰 神之格思 不可度思 矧可射思], 나를 보는 이가 없다고 말하지 말라[莫子云覯]' 하였다."

127 '元'은 善이 長久함이요, '亨'은 기쁨이 듬뿍 모여듦이요, '利'는 正義에 和合하여 얻음이요, '貞'은 일의 바른 줄기이다. 이러하듯 君子는 만물을 낳고 기르는 아버지와 같은 사랑으로 큰 덕을 체득하고[體仁足以長人], 만민을 지도하고 육성할 뿐만 아니라, 禮에서 벗어나는 일이 없어야 하며[嘉會足以合禮], 나아가 만사에 마땅한 바로 의리를 조화롭게 하여 도를 굳게 지켜 나가야 한다[利物足以和義]. 바로 그러한 하늘이 만물의 뿌리가 되니[貞固足以幹事], 고로 군자는 '元亨利貞'의 四德을 갖춘

『조선왕조실록』에는 '원형이정'이 이렇게 기록되고 있다. "인仁이란 마음의 덕이고 사랑의 이치인데, 마음의 덕은 인의 전체이고, 사랑의 이치는 인의 한 단서이다. 천도天道로써 말하면 인은 곧 원元이고, 형亨과 이利와 정貞이 그 속에 포함된다. 또한 천도는 원에서 형, 형에서 이, 이에서 정에 이르고, 정에 이르면 다시 원이 된다."[131]

그러기에 하늘[乾]은 생산의 근원이요(☰·元), 만물을 성장시키는 형통한 기운이며(☰·亨), 어떤 이로움도 줄 수 있는 당체이며(☰·利), 만사를 정도로 이끌어가는 줄기이다(☰·貞). 그리고 사계절에 비유하면 '원元'은 봄의 생동하는 기운이요(spring), '형亨'은 여름에 만물을 무성하게 활짝 여는 기운이요(summer), 또 '이利'는 마땅히 실과를 거두어들이듯 이익을 챙기는 가을의 기운이며(autumn), '정貞'은 추운 겨울에 영양을 머금고 굳게 저장하는 기운으로(winter) 본다.[132] 여기에서 만물영장의 아버지 하늘이 배필인 땅을 얻어 만물을 낳고 기름에 반드시 얻어가

자라 말하는 것이다.

128 『주역』상경은 선천이기 때문에 元을 해석한 데는 있으나, 利를 해석한 데는 없다. 하경은 후천이기 때문에 利를 해석한 데는 있으나, 元을 해석한 데는 없다. 상경에서는 오직 大有卦·蠱卦가 뜻이 지대하기 때문에 元을 해석하였고, 하경에서는 뜻이 편소하지 않은 것은 모두 利를 해석하였으니, 이는 元이 利보다 더욱 큼을 나타낸 것이다. 元이 利가 되는 이유이다. '元' 하면서 '利' 한 자는 요순이고, '元' 하면서 '利' 가 아닌 자는 공자이며, '利' 하면서 '元'이 아닌 자는 삼대 이후의 임금이다. '元亨利貞'은 천지에 있어서는 氣이고 理이며 때이고 방위요, 사람에게 있어서는 성정이고 도리이며, 사물에 있어서는 움직임이다.

129 柳重教, 『省齋集』, '희노애락[上華西先生]' : "董仲舒의 책을 고찰해보니 '기쁨의 감정[喜]은 봄에, 노함[怒]은 가을에, 즐거움[樂]은 여름에, 슬픔[哀]은 겨울에 해당한다는 말이 있고, 또 邵雍은 '五行人體性情圖'에서 '喜怒'를 木金, '哀樂'을 水火에 속하게 했는데, 모두 이 때문입니다. 성현은 말씀을 하면 곧 법이 됩니다. 공자가 이른바 '體仁', '嘉會', '利物', '幹事', 맹자가 이른바 '惻隱', '羞惡', '辭讓', '是非', 증자가 이른바 '忿懥'를 金, '恐懼'를 火, '好樂'을 木, '憂患'을 水, 또 이른바 '親愛'를 木, '賤惡'를 金, '畏敬'을 火, '哀矜'을 水, '敖惰'를 土, 子思가 이른바 '喜怒哀樂', 또 이른바 '聰明睿智', '寬裕溫柔', '發强剛毅', '齊莊中正', '文理密察' 등의 말은, 그 뜻의 맥락을 살펴보면 언제나 서로 잘 부합하며, 그 어구를 고찰해 보아도 실로 모호하거나 겹친 곳이 없습니다."

130 浦渚 趙翼, '同春堂記' : "하늘에는 4덕이 있는데 그중에서 元이 으뜸이 되고, 그 기운이 유행함에 따라 또 사계절이 전개되는데, 그중에서 春이 으뜸이 되니, 그러고 보면 춘이라는 것은 원의 덕이 계절에 적용되어 행해진 것이다. 사람의 仁이라는 것도 바로 여기에서 나오는 것이고 보면, 元과 春과 仁은 하나라고 할 것이다. 그래서 정자가 말하기를 '마음이 조용해진 뒤에 만물을 보면 모두 봄의 뜻을 지니고 있다[靜後觀萬物 皆有春意]'고 했다."

131 『조선왕조실록』 중종 13년(1518) 9월 15일.

132 John Blofeld, 『I Ching』 또는 『Book of Change』. 참고로 이 책은 독일의 Richard Wilhelm의 번역판을 그의 아들 헬무트 빌헬름의 친구 John Blofeld((1913~1987)가 영역한 것이다. 이 책에서는 "乾을 포괄적인 'The creative'로, 원형이정을 'The creative works sublime success, furthering through perseverance'라 풀었다.

야 할 이익이 있음을 알 수 있는데,[133/134] 짝을 찾으려는 춘향전의 '코'는 유명하다.[135] 여타 클래식한 해석들이 공자의 주석에서 크게 벗어나지 않기에 여기서는 불법佛法으로 본 지욱의 '원형이정'만 살피기로 한다.

"건乾은 6위가 모두 양이라 강건剛健하다. 이것이 하늘에 있으면 양陽이며, 땅에 있으면 강剛이고, 사람에 있으면 지智와 의義가 되고, 마음자리에 있으면 조照가 되고, 수양에 있으면 관觀이 된다. 또 기계器界에 있으면 만물을 덮는 복覆이 되며, 신체에서는 머리가 된다. 나아가 집에 있으면 주인이요, 나라에 있으면 왕이 되며, 천하에 있으면 황제가 되니, 혹 천도天道니 왕도王道니 하고 해석하면 한 모퉁이로 기울게 될 것이다. 고로 강건剛健하고 행함이 무애無礙할 새 고로 크게 형통하다. 특히 '이정利貞'은 성인이 배우는 자에게 수도修道의 경책으로 보인 것이다. 또한 대체로 상품上品의 십악十惡에 강건한 이는 반드시 지옥에 떨어지고, 중품中品의 십악에 강건한 이는 반드시 축생畜生에 떨어지고, 하품下品의 십악에

---

133 沈大允, 『周易象義占法』 : "利는 사사롭게 쓰면 간사함이고 탐욕이나, 공변되게 쓰면 仁義이다. '리'를 독점하려 하면 이롭지 못하고, '리'를 함께하면 곧 이롭다. '리'는 사람을 살릴 수도 있고 죽일 수도 있으며, 생물을 번식하게 할 수도 있고 잔멸하게 할 수도 있다. 장주가 '나의 삶을 좋게 하는 것은 곧 나의 죽음을 좋게 하는 것'이라 하였으니 이는 '리'를 이름이다. 그러므로 군자는 충서로 인을 시행하고 중용으로 의를 정립한 뒤에 천명을 이어 선을 행하여 본성을 이루니, 충서와 중용은 선의 큰이자 리의 지극함이다."

134 심대윤(沈大允, 1806~1872)의 호는 白雲. 고조부 沈壽賢은 영조 때 영의정, 증조부 부제학 沈鑰이 나주괘서 사건으로 을해옥사에서 억울한 변을 당함. 심학의 아들 沈完倫은 천애고아가 되고, 가운이 몰락한 백운은 안성에다 盤床을 만드는 공방을 차려 생계를 이었다. 그는 체험적 진리에 따라 유교 경전을 새롭게 해석하는 이론적 틀을 완성한다. 그의 학문적 성과를 종합한 대표적 저술을 『福利全書』라고 명명할 정도다. 鄭寅普가 심대윤의 저작에 발문했고, 임형택은 『심대윤전집』을 발간하여 그를 선양케 한 장본인이다. 백운은 37세(1842년) 때 『周易象義占法』을 필두로 十三經 주석과 역사경세에 관련된 방대한 저술을 남긴다. 白雲 왈. "易을 읽을 때는 반드시 爻象을 완미해서 繫辭의 까닭을 알아야만 易을 말할 수 있는데도 지금은 字句에만 매여 생각할수록 더욱 의혹만 생긴다. 利川은 오로지 道理를 주장하고, 朱子는 오로지 占筮를 주장하였지만, 나는 天人의 이치는 하나이며, 도리와 점서에 두 가지 이치가 없다고 생각한다. 도리에 정밀하지 못하면 점서가 적중할 수 없고, 점서가 적중하지 않으면 도리에 정밀할 수 없다."

135 『춘향전』, '아니라' : "도련님 실성발광이 되니 마음 잡기 위하여 만권서책을 들여놓고 놀이 글로 펼적펄적 뛰어 읽난디 '孟子見 梁惠王 허신데 天命之謂性이요 率性之謂道라. 大學之道는 才明明德하며 在新民하며 在之於至善이니라. 七月流火어든 九月授衣로다. 高日月明이요 地厚草木生이라. 가갸 거겨 방자 듣다, 도련님 이게 웬 야단이시오 도련님이 글난리를 꾸미시오, 글전을 보시오? 이 자식 듣기 싫다. 『주역』을 들여라. 乾은 元코 후코 利코 貞코 춘향코 내코 한데 대면 좋코 좋코 방자 듣다, 도련님 그게 무슨 책이요? 이게 『주역』이다. 그 어디 『주역』이요? '코책'이지. 그 책 속에 코 많소 그 흔한 코 밑에 소인 코도 넣어 주시오 이 놈아 네 코는 상놈의 코라 여기 범치 못한다."

강건한 이는 반드시 귀신의 모임인 귀취鬼趣에 떨어진다.[136] 또 하품의 십선十善(십악의 반대)에 강건한 이는 반드시 수라修羅를 이루고, 중품의 십선에 강건한 이는 반드시 인도人道에 태어나고, 상품의 십선에 강건한 이는 반드시 천상天上에 태어난다. 상품십선에 강건하며 선정禪定까지 닦은 이는 반드시 색色·무색계無色界에 태어나고, 상품십선에 강건하며 사제四諦(苦集滅道)와 십이인연관觀[137]까지 닦은 이는 반드시 이승二乘[138]의 과증果證을 얻고, 상상품上上品의 십선에 강건하며 능히 자리이타自利利他하는 이는 곧 보살菩薩이라 이름할 수 있다. 상상품 십선에 강건하며 십선十善이 곧 법계法界며 곧 불성佛性인 줄 깨달은 이는 반드시 무상無上의 보리菩提를 원성圓成하는지라, 고로 십계十界가 다 크게 형통함이라.[139] 삼악三惡이 사邪가 되고, 삼선三善이 정正이 되고, 육도六道 번뇌에 쌓인 유루有漏가 사邪가 되고, 이승二乘의 번뇌가 사라진 무루無漏가 정正이 되며, 이승二乘의 편진偏眞이 사邪가 되고, 보살菩薩의 도인度人이 정正이 되며, 권승權乘(방편설)의 이제二諦(眞諦俗諦)가 사邪가 되고, 불계佛界의 중도中道가 정正이 되며, 중中·변邊의 부동不同을 분별함이 사邪가 되고, 일체가 중도 아님이 없음이 정正이 되나니, 이는 '이정利貞'의 경계가 마땅히 건행健行한 자를 위해 베푼 바일 것이다."[140]

이처럼 지욱이 '원형이정'의 사덕을 의리義理로 푼 것을 보면 공자가 앞서 '원형이정'을 의리로 주석했던 영향에 뿌리를 둔 것 같다. 뿐만 아니라 노자를 이은 위나라의 왕필도 『주역』을 정치철학으로 보고 현학玄學적으로 해석하였다. 공영달은 왕필을 계승하였으며, 북송의 주돈이와 정이천도 역시 이학理學으로 주창했고, 소동파 또한 이학에 가까우면서도 선학禪學에 기운 해석에 이르렀다. 특히 장재張載는 「계사전」에 비친 기학氣學을 핵심으로 유물론의 역학체계를 건립하였다.

소강절邵康節은 상수로 풀어나가니, 근대 수학자인 독일의 라이프니츠가 소강절의 「64괘차서도」와 자신의 2진법 원리가 우연히도 일치함을 발견하게 되고, 나

---

136 身三(殺·盜·淫), 口四(綺語·妄語·兩舌·惡口), 意三(貪·嗔·痴)

137 無明·行(過去二因)識·名色·六入·触·受(現在五果)·愛·取·有(現在三因)生·老死(未來二果)

138 三乘은 중생을 수레에 태워 열반의 언덕으로 실어 나른다는 뜻으로 聲聞乘·緣覺乘·菩薩乘의 세 가지 교법을 이르는데, 二乘은 성문승과 연각승, 성문승과 보살승이라 한다. 부처가 되는 길은 오직 一乘 뿐이며, 二乘·三乘의 구별이 없다.

139 四聖(佛·菩薩·緣覺·聲聞), 六凡(六道, 天上·人間·阿修羅·地獄·畜生·餓鬼)

140 九 음의 허리를 휘청하게 할 구. 七 양의 허리 꺾을 칠. 無 당장 없을 무. 无 전후좌우 깡그리 없을 무.

아가 설학잠薛學潛 같은 이는 『역과 물질과 양자역학』을 내놓게 되었다.

남송의 주희朱熹가 이학理學과 상학象學을 동시에 주장하자, 조선의 실학자 정약용丁若鏞도 주희처럼 상학과 이학으로 함께 풀면서 '원형이정'을 '하늘 일을 맡아 처리함에는 바르게 하여야 이롭다'고 의리義理와 상수象數를 함께 밝혀나갔다. 그런데 명나라 영락제永樂帝의 어명으로 제작한 『주역전의대전周易傳義大典』에 정자의 『이천역전』과 주자의 『주역본의』를 함께 수록하고 있음을 보면 의리義理와 상수象數를 같이 보아야 『역』을 바로 이해할 수 있을 것 같다.141 결론적으로 공자가 주석한 '상사象辭'는 상학象學으로 본 '의리적 상왈象曰'이라는 것을 놓치면 곤란하다. 이인상의 노래는 "리理와 수數는 모두 하늘에 근원하기에 나눌 수 없다"고 한다.142

> 象曰 天行健 君子以 自彊不息
> 상왈, 하늘의 운행은 건전하고 적극적이어서 찰나에도 쉼 없으니, 군자는 이를 본받아 잠시라도 쉬지 않고 노력하며 애를 써 나가도록 한다.

여기 대상大象143은 십익十翼 중 하나로 문왕과 주공과는 전혀 관계없는 공자의 글이다.144 그런데 지욱은 64괘의 대상전大象傳을 모두 관심법觀心法으로 설명하고

---

141 廖名春·康學偉·梁韋弦(심경호 역), 『周易哲學史』 참고

142 이인상, 『능호집』 권2, '龜谷示許士軑' : "理와 數는 모두 하늘에 근원커늘, 나누면 道 아니 순수해지네. 찬란한 河圖와 洛書의 무늬는, 無極의 참됨에서 나온 거라네. 四易은 象과 敎가 동일하고, 九疇는 體와 用을 펼쳐 보였네. 혼돈은 묘함이 그치지 않고, 우주는 하나의 수레바퀴지. 末流들이 다투어 穿鑿 일삼아, 理가 主고 數는 賓이라 하자, 性과 命이 공허한 데 빠지게 되고, 道와 文도 純과 雜으로 나뉘고 말았네. 上聖은 모두 신령과 통했거늘, 天德이 신묘하지 않을 리 있나? 한 생각을 고요히 닦기만 하면, 만물이 내 몸에 갖추어지네. 象을 더듬다간 玄虛에 빠지고마니, 妙用을 어찌 펼 수 있겠나? 邵雍조차 함부로 말을 한지라, 이 도를 순수한 데로 돌리지 못했네. 오호라 皇極을 세우는 일은, 백 세 뒤 성인을 기다릴 수밖에." 이상은 박희병, 『능호관 이인상 서화평석』, 상지사 재인용.

143 朴文健, 『周易衍義』 : "'以'는 씀이다. '象'은 비슷한 것을 본뜸이고, '卦象'은 공자가 복희씨가 그은 획을 본뜬 것이고, '爻象'은 주공의 효사를 본뜬 것이다. '본뜨다[像]'는 것은 비슷하다는 말이기에 '象'이라 하였다. '重天乾' 같이 굳건하면 저절로 거듭된 본래의 뜻이 갖추어져 있다. '卦象'에 대한 쓰임, 즉 大象의 말은 타이르고 깨우치는 도리를 나타낸 것이다."

144 '대상전'은 공자가 筮家의 '彖傳'과 '象傳' 이외에 별도로 易象을 음미하여 군자들이 『역』을 사용함에 도움이 되도록 만든 것이다. 이 '대상전'은 십익의 하나로 괘나 효사와는 관계가 없으며, 본래는 마땅히 별도의 항목으로 그 자체가 하나의 경이 되어야 하는 것이다. 송나라 胡庭芳이 '대상전'은 문왕 주공과 관계없이 공자 스스로가 만든 것이라 했다. 옛날 前漢 때의 今文易學 창시자 田何가 『역』을

있다. 소위 일사一事·일물一物도 자성自性에 회귀會歸하지 않음이 없다고 본 것이다.[145] 그러기에 군자의 자강불식自彊不息은 천부지성天賦之性을 훼손하지 않는 것이고, 지어지선止於至善에서 벗어나지 않는 것이고, 명명덕明明德을 얻으려고 노력함이 잠시도 쉬지 않음에 이른다고 한다. 여기서 '강彊'은 본래부터 강한 것이며 '강强'은 지금은 약하지만 앞으로 노력하면 강해지는 것인데,[146] '하늘이 어찌 강하기 때문에만 건실하겠는가? 쉬지 않기 때문에 건실한 것이 아니겠는가. 흐르는 물은 썩지 않고[流水不腐], 지도리는 썩지 않는다[戶樞不蠹]'고 한다.

고로 군자가 엄숙하고 공경한 생활을 한다면 날마다 강해질 것이고, 제멋대로 놀아난다면 날마다 구차해질 것이 아닌가. 강해지면 날마다 그 도가 자라날 것이며, 구차해지면 날마다 그 도가 사라질 것이다.[147] 그러기에 군자는 생생生生하는 하늘의 운행을 닮아서 끊임없이 쉬지 않는 생명의 기운을 지녀야 한다고 '자강불식(Strong and untiring)'을 강조하고 있다.[148] 사랑의 정체인 가솔들을 생육하고 건강하게 거느리려면, 자신의 영육이 강건함은 물론 끊임없는 노력도 강구해야 함을 가르친다. 남을 해치지 않고 남에게 빚지지 않고 이웃과 더불어 같이 살아갈 수 있는 백방百方을 찾아서 쉼 없이 세우고 또 자손들과 백성들에게 가르쳐 나가야 한다.[149/150/151]

전수할 때 상하 2경과 십익으로 12편을 삼았다. 그런데 費直에 이르러 십익 중 해당하는 부분을 경문에 합쳐서 첨부하기 시작하였다. 그 후 鄭玄이 다시 십익 중 경문에 해당하는 부분을 나누어 '단전'과 '상전' 등의 해당 경문 아래 붙였다. 후대 유학자들이 '문언'을 십익 중의 하나로 삼았던 까닭에 '대상전'은 따로 경이 될 수 없었다. '문언'은 본래 '계사전' 중에 있었던 것이 뒤섞여 나온 것으로서, 별도로 명칭을 붙이는 것은 옳지 않다. 오늘날 『역경』을 읽는 자들이 '대상전'을 한 괘의 표제로 삼고, '단사'와 '효사'를 혼합하여 한 덩어리로 만드니, 그 폐단이 더욱 심해졌다. (정약용, 『周易四箋』) 『사기·유림열전』에 노나라 商瞿가 공자에게 『역』을 받은 후 여섯 세대를 지나 제나라 田何에게 전했고, 『역』에 대한 언급은 반드시 전하에 기초를 두라고 한다.

145 智旭, 『周易禪解』: "본래 法性은 쉬지 않을 새 고로 天行이 剛健하니 天行의 健을 法받은 군자가 自彊不息한다면 모두가 마음을 닦아 하나로 할 것이다."

146 김진규, 『아산주역강의』: "消息에서 消는 死의 뜻이고, 息은 生의 뜻으로 죽고 살아남이니 윗사람에게는 사용하지 않는다. 그 대신 安否라고 한다."

147 蘇軾, 『東坡易傳』: "夫天豈以剛故能健哉 以不息故健也 故君子·莊敬日剛 安肆日婾 强則日長 婾則日消."

148 진☲의 추구함이 군건하다. 천도의 운행이 군건함은 여섯 개의 진으로 말미암은 것이다. 진☲의 성질이 외유내강함이 바로 '自彊'이고, 여섯 진☲이 쌓여 여섯 양에 이르면 순수한 양을 지니니 '不息'이다. 천체가 하루에 한 번 일주하는 것도 역시 그 움직임이 군건한 상이다[說證]. 영역은 John Blofeld, 『I Ching』을 인용한다.

149 「雜卦傳」에 '乾剛坤柔', '설괘전'에 '乾健', 金文學에 '乾'을 '氣'와 '旱'라 하니, '乾' 속에는 이른 아침

하늘의 운행이 정지한 적이 있던가?[152] 앞마당의 파초도 끊임없이 새 잎을 밀어올리며 자강불식하는데,[153] 하물며 성군이 부지런한 자강불식이 없을 수 있겠는가?[154][155][156] 고로 군자는 양강한 9의 천덕天德을 본받기 위해 행건行健을 멈출 수 없다.[157] 학문과 봉사도 다르지 않다.[158] 건괘 불식不息을 체득하여 만사에 임해야

강건한 기운으로 조상의 사당을 찾아 문안을 올리는 '祖'와 '朝', '組'와 '助'로 이어진다. 곧 하늘은 '건장한 조상의 생식기'로 연결되어 있음을 알게 한다. '죽을 殂(조)'는 생식기의 逝去를 의미한다.

150 주자는 "불변하는 건괘면 그 점단이 당연히 크게 형통하고, 이로움은 반드시 정도를 지킬 때만 온다"고 한다.

151 참고로 乾卦는 6位 전부 강한 양들이라 自彊不息하는 정진은 좋지만, 지나친 강성이 문제를 늘 어렵게 한다. 위엄은 있되 원만하며 부드러워야 만사 좋다. 또 인재가 지나치게 많아, 하늘로 올라갈 계획만 있고 실질적 이익은 적어 보인다. 거래와 연애 모두 상대 기질이 강해 서로 화합이 쉽지 않다. 취업은 튼실한 공무원이 좋다.

152 盧守愼, 『蘇齋集』, '천행건[別士炯 炯能記吾昔日之贈 輒用其韻]' : "내 마음은 혼매하고도 방일한데[我心昏復逸] 이 이치는 주밀하고도 정미하여라[此理窟而微]. 꿈속엔 한가한 사람으로 지내건만[夢裡閑人過] 눈앞의 빠른 세월은 나는 듯하네[頭邊急景飛]. 첫닭 울 때부터 우순은 선행만 하였고[鷄鳴虞舜善] 표주박 음료로 항안은 도에 가까웠지[瓢飮巷顔幾]. 하늘의 운행이 굳셈을 그대는 보았나[君見天行健] 어찌 운행을 정지한 적이 있던가[何曾有息機]."

153 이태준, 『無序錄』, '파초' : 조선시대 선비들은 가슴에 비가 뿌리되 옷은 젖지 않는 그 서늘함을 아껴 파초를 가꾸었다. 폭염 아래서 파초는 푸르고 싱그러운 그늘로 초록 하늘을 만들어 눈을 씻어준다. 파초의 별명이 綠天이다. 李書九의 당호는 '綠天館'으로 집 마당의 파초를 자랑으로 여겨 지은 이름이다. 옛 선비들이 파초를 아껴 가꾼 것은 끊임없이 새 잎을 밀고 올라오는 自彊不息의 정신을 높이 산 까닭이다. 송나라 때 학자 張載가 파초시에서 왈, "파초의 심이 다해 새 가지를 펼치니, 새로 말린 새 심이 어느새 뒤따른다. 새 심으로 새 덕 기름 배우길 원하노니, 문득 새 잎 따라서 새 지식이 생겨나리[芭蕉心盡展新枝, 新卷新心暗已隨. 願學新心養新德, 旋隨新葉起新知]"라고 하였다. 잎이 퍼져 옆으로 누우면 가운데 심지에서 어느새 새 잎이 밀고 나온다. 자강불식의 정진이다.

154 潛庵 金義貞, 『悠然堂集』, '자강불식[仁宗大王挽詞]' : "일찍이 동궁에서 모시던 날[曾侍春宮日] 은혜는 국사로 알아줌과 같았다오[恩同國士知]. 글 읽는 소리는 옥이 울리는 듯하였고[讀音如響玉] 미간에 떠오르는 득의한 기색 보았노라[得色看浮眉]. 은미한 성현의 말씀을 모두 묻고 분석하니[問析微言盡] 사려가 깊어 성스러움 밝으셨네[思深聖意熙]. 정일하고 거듭 빛나신 성군의 학[精一重光學] 부지런히 힘써 늘 자강불식하셨지[孜孜每自彊]."

155 柳正源, 『易解參攷』: 乾道는 지극히 커서 聖者만이 체득할 수 있으니, 이를테면 "요임금이 넓고도 넓어 무어라 이름 붙일 길이 없고, 문왕의 순수함이 그치지 않는다" 함이 여기에 해당한다. 만약 이것으로 상을 취한다면 "아래에서 배워 위로 통달하는[下學上達] 방법을 제시할 수 없다. 그러므로 다만 그 행실이 굳건한 것만 취해, 스스로 힘쓰고 쉬지 않는다" 하였다. 至誠의 도는 애초부터 이것을 벗어나지 않는다.

156 金濤, 「周易淺說」: 周濂溪가 말하였다. "성인은 하늘과 같기를 희망하고, 현인은 성인이 되기를 희망하고, 선비는 현인 되기를 희망한다" 하였다. 선비 된 자가 지극히 진실하여 쉼이 없는[至誠無息] 경지에 진실로 순서대로 진력하여 점차 이르게 되면, 미천한 곳에 있더라도 그 덕의 성대함은 성현에 미칠 수 있을 것이니, 배우는 자들이 힘쓰지 않을 수 있겠는가! 또 세상에서 배우지 않은 자들이 언제나 "성인은 본래 태어날 때부터 알아[聖本生知] 배워서 되는 게 아니다. 그러니 어찌 후세에서 미칠 수 있겠는가?" 한다. 이는 곧 스스로 한계를 짓는 자이다. 심한 경우에는 혹 성인의 말을 업신여기고 이치를 어기는 자가 있으니 걱정스럽구나!"

할 것이다.[159]

다음은 세조가 성균관에 거동하여 '자강불식'을 통해 '군왕의 도'를 강학받는 장면이다.

임금이 하도와 낙서를 강하기를 명하였다. 김구金鉤가 음양의 이수理數가 생성합변生成合變하고, 왕래굴신往來屈伸하는 이치를 설명하고, 김예몽金禮蒙이 반복해서 분석하여 어려운 것을 밝히니, 임금이 말하기를, "강론은 그만하면 충분하니, 너희들은 각각 술잔을 들라" 하였다. 김구가 잔을 올리고 입시한 재상들에게 행주行酒하고 나서 아뢰었다. "복희씨가 하도를 법 받아 8괘를 그렸고,[160] 문왕주공이 괘사와 효사를 만들었는데 본래는 점치는 법이었습니다. 공자께서 '십익十翼'을 완전히 의리義理로 썼으니, 이는 사람마다 역리易理를 체득하여 쓰게 하려는 것이었습니다. 그 첫머리 건괘는 '군왕의 도道'로써 바로 성상에게 해당하는 일입니다. 건괘를 본받으려고 하면 마땅히 천도天道를 몸에 받아야 할 것인데, 대상大

---

157 『使用寶鑑』, '九德' : "『中庸』의 九經에 이르기까지 의도적으로 꾸며 정한 것이 아닌데, 대체로 천지자연의 수에 합치한 것이다. 9는 陽의 수이니, 군자의 덕은 반드시 陽剛을 위주로 한다. 진실로 乾元의 行健을 체현하고 옛 訓釋의 친절함을 음미하여 깊이 생각하고 실천하여 이것을 준칙으로 삼으면 내면이 곧아지고 외면이 방정해져서 위로 天德에 이를 수 있을 것이다. 이를 통해 말한다면 성현께서 9에서 뜻을 취한 것이 어찌 우연이라고 말하겠는가."

158 柳成龍, 『西厓先生文集』 : "소인은 남을 위해 글을 쓰고 군자는 자기를 위해 글을 쓴다. 奉事와 학문도 남이 알아주기를 바라면 안 된다. '爲己'의 정신과 自彊不息의 추진력으로 실천하는 것에 인생의 의미가 있다. 퇴계는 노년에 이르렀을 때조차, 스스로 '老大家'로 추앙받을 점이 없는 존재임을 고백하면서, 죽는 날까지 허물없는 사람으로 살아가는 것에 專心하겠다는 실천 의지를 거듭 가슴에 새겼다."

159 정조, '건건불식[親獻明陵祭文]' : "乾卦의 불식을 체득하여[體乾不息] 하늘을 섬기기를 마치 상제를 대한 듯[事帝如對] 바람을 구하고 비를 구함에[徵風間雨] 일심으로 해이하지 않았나이다[一心靡懈]. 해가 기울어 음식을 대해선 경작의 수고를 생각하고[昃食思耕] 밤이 되어 옷을 벗음에 길쌈의 노고를 염려하시며[宵衣念績] 재해를 막고 백성의 고통을 긍휼히 여기니[扞災恤隱] 필부가 모두 본분을 얻었나이다[匹夫咸獲]. 아, 이러한 덕업은[猗玆懿業] 참으로 학문에 힘쓴 것으로 말미암으니[寔由典學] 공부는 명성에 지극했고[工極明誠] 교화는 국가에 두루 미쳤나이다[化治家國]."

160 伏羲는 신시배달 나라를 세운 한웅천왕의 6세손. 신시배달 나라 5세 천왕 太虞儀 한웅 89년 무오년(桓紀 475년경), 태우 한웅천왕의 열두 아들 중 막내. 여왜국 임금 女媧와 혼인 東夷文化를 이룸. 동이문화의 한 분파가 夏華文化. 하화문화의 시조로 불림. 華胥가 雷澤에서 대인의 발자국을 보고 따라서 成紀에서 복희를 낳았다(『河圖稽命徵』). 화서는 화서족의 처녀. 대인은 발이 큰 사람이다. 한웅천왕을 커발한으로 칭함도 발이 큰 사람의 의미. 지금의 天水, 成紀縣에 복희사당 유적이 있다. 『三皇本紀』에 따르면 복희는 진에 도읍하고, 동쪽을 태산으로 봉했으며, 재위한 지 11년 만에 죽었다(『삼황의 으뜸 태호복희』, 중국하남미술출판사, 1998). 복희씨 여왜씨는 성이 風. 복희씨 여왜씨는 사람의 머리 뱀의 몸으로 엉켜 있었고 해와 달을 들고 있다(王彦俊, 『복희문화』, 1994. 5).

象에서 '하늘의 운행이 쉬지 않으므로, 군자는 이로써 스스로 힘쓰고 쉬지 않는다'고 하였으니, 스스로 힘쓰고 쉬지 않는다는 것은 이른바 안일함이 없다는 것입니다." 김구는 학문이 정심精深하고 해박該博하였으며, 더욱이 역경에 조예가 깊었으며, 천문·지리·복서·산수에 이르기까지 통달하지 않는 것이 없었다. 그가 사람을 가르치는 데는 묻지 않으면 발단하여 밝히지 않았고, 질문을 받으면 반드시 먼저 여러 사람의 학설을 널리 인용하면서, 그 동이점同異點을 변별한 연후에, 이전부터 얻은 의의意義를 참고로 하여, 듣는 사람으로 하여금 쉽게 깨닫도록 하고, 혹은 자기 의견에 동조하고 의견을 달리하는 사람을 공박하는 자가 있으면, 또한 자기 의견만을 옳다고 이르지 않고서, "의리義理란 무궁한 것인데 고집하여 무엇 하겠는가?"라고 하였다. 임금이 잠저潛邸에 있을 때 종학宗學에 나가 강독하였는데, 김구가 당시 박사로 있었기 때문에 깊은 예대禮待를 더하였다.[161]

고사로, 사마천의 『사기본기』에는 문왕의 아버지 계력季歷이 은나라의 제후로 있으면서 선정을 베풀자 사방에서 백성들이 몰려들었다. 은나라 황제 문정文丁은 이에 위협을 느껴서 그를 살해하고 만다. 이어 그의 막내아들 문왕이 즉위하자, 아비의 죽음을 경계로 삼아 재위하는 50년 동안 아주 겸손하고 주도면밀한 자세로 지냈다. 그래도 그는 폭군 주紂에 의하여 유리羑里의 옥에 갇히게 되고, 감옥에 갇힌 동안에 그는 『역』을 연구하고 괘사를 짓고 자신의 천명을 생각한다.[162] 문왕은 건괘를 얻은 후, 만사가 '원형이정' 같이 질서와 때가 있음을 깨달았다.[163]

---

161 『세조실록』 세조 1년(1455) 9월 10일.

162 文王은 姬昌, 商나라 紂王 때 周族 西伯에 책봉, 西周 건국한 伯昌. 『帝王世紀』의 기록은 이렇다. "西伯에 임명된 후에는 어진 사람을 예로써 대하고, 사람들에게 관대하여 많은 민심을 얻었다. 紂王은 강성해진 그의 세력에 위협을 느끼고, 그를 羑里獄에 가두었지만, 희창은 고통을 참으면서 조금도 원망하는 내색을 보이지 않았고, 八卦를 깊이 연구하여 64괘로 발전시키고, 천하의 이치를 탐구하여 周易을 만들었다. 신하들은 그를 석방시키기 위하여 많은 미녀와 명마, 진귀한 보석 등을 모아 紂王에게 바치고 주왕의 측신들을 뇌물로 매수하였다. 주왕은 희창이 구금 중에도 전혀 원망의 빛이 없었고, 또 이렇게 미녀와 보석들을 보내오자, 만면에 희색이 가득하여 그를 석방하고 다시 서백에 임명하였다. 희창은 석방된 후에 周族을 강성하게 만든 다음 때를 기다렸다가 주왕을 공격하여 치욕을 갚을 것이라 결심하였다. 희창이 사냥을 나갔다가 渭水 가에서 곧은 낚시 바늘로 낚시하면서, '원하는 놈은 걸려라! 원하는 놈은 걸려라!'라고 중얼거리고 있는 태공을 만났다. 그가 바로 姜子牙, 姜尙, 呂尙, 呂望, 太公望, 師尙父라고 일컬어지는 인물이다. 강태공의 노력으로 周族은 안정 속에 발전을 거듭하여 막강한 군사력으로 천하 2/3를 차지한다. 희창 死後 武王이 은나라를 쓰러뜨리고 주나라를 창건하였으며, 희창에게는 文王이라는 시호를 추존하였다. 뒤에 유가로부터 이상적인 聖天子로서 숭앙을 받았으며, 문왕과 무왕의 덕을 기리는 다수의 시가 『시경』에 수록되어 있다." 김성동, 『역사상대전』 참고

163 司馬遷(김원중 역), 『史記本紀』, 을유문화사, 2009.

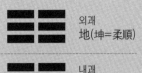

외괘
地(坤=柔順)

내괘
地(坤=柔順)

2. 중지곤重地坤
Receptive

곤은 아내나 어머니처럼 모든 것을 수용하고 가야 하는 시기이다. 하늘처럼 앞장서서 리드할 것이 아니라, 중전처럼 임금을 모시고 가야 하는 모심을 알려준다.

坤 元亨 利牝馬之貞 君子有攸往 先迷後得主 利西南得朋 東北喪朋 安貞吉

곤은 왕비의 일에 크게 형통하니 암말처럼 바르게 써야 이롭다. 그렇게 해야만 군자가 와서 나를 짝을 하니 따라갈 바가 있다. 무턱대고 앞서서 설쳐대기만 하면 혼미하고, 상황을 살펴 뒤에 따라가면 주인을 얻을 것이다. 서남으로 가면 벗을 얻어 이롭고, 동북으로 가면 벗을 잃지만 안정되어 길하리라.

곤坤은 순한 것이 아니라 순종한다. 자기 주장 없이 아버지와 남편을 모시고 따라가는 모심母心의 알파와 오메가를 알려준다. 곤괘의 근본은 절대 앞서지 않고 아래에서 절대 손순한 자세로 지극한 모심을 다하는 것이다. "곤괘(䷁)는 구괘姤卦(䷫)가 둔遯(䷠)→비否(䷋)→관觀(䷓)→박剝(䷖)까지 이르러도 음이 매번 아래에 있고, 끝내 양을 올라타거나 넘어서지 않으니 순응과 순종의 극치를 보인다. 건乾·곤坤·감坎·리離 4정괘正卦 중에서 아래로 하강하는 성질을 갖고 있는 것은 감坎의 수水와 곤坤의 토土 뿐이다. 여기 한 줌의 흙을 물에 던지면 반드시 아래로 떨어지듯 곤의 흙은 순순히 아래로 가라앉는다. 대체로 흙의 성질은 억지로 떠맡아 실어가는 것으로서, 위에 타거나 뛰어넘는 불순이 없으니, 이것이 바로 곤괘가 순응하는 극치이다."[1]

---

1 정약용, 『주역사전』: "坤之本 姤也 一陰生 爲遯爲否 以至於剝 陰每在下 終不敢承陽跨陽 順之至也. … 蓋其性 有所任載 無所乘跨 順之至也."

곤坤의 '원형이정元亨利貞'은 건乾으로부터 받은 하늘의 씨를 잘 육성하여 그 결실을 보는 것을 목적으로 한다.[2] 그러기에 '곤의 원元'은 하늘의 씨를 받음이 가장 큰 역사이고, '곤의 형亨'은 그 씨를 잘 키워냄이 가장 훌륭하고, '곤의 이정利貞'은 암말처럼 정조를 잘 지키며 하늘과 더불어 행복을 지니고 가야 그 이로움이 분명함을 알리는 것이다.[3/4/5] 그리고 '군자유유왕君子有攸往'이라 한 것 또한 곤괘가 '원형이정'을 다 갖추고 있기 때문에, 군자가 와서 씨를 뿌릴 수 있는 필요하고 충분한 조건을 모두 다 갖춘 모습이 된다.[6/7/8]

한편 곤괘는 우두머리 왕비가 되어 형통함을 '곤원坤元'으로 삼고, '군자유유왕

---

2 張祥平, 『易與人類思惟』: 1973년 馬王堆에서 출토된 『漢墓帛書』에는 건괘가 1괘가 아니고 곤괘(☷)가 머릿괘로 되어 있다.

3 암말은 사촌을 알 정도로 유순한 덕과 정조를 지녔으며, 말은 수태한 지 12개월 만에 생산하기에 곤의 12편(☷)을 닮았다. 또 말은 사람이 타고 다니는 짐승으로 일만 물건을 실어가는 후덕재물(厚德載物)의 상을 충족한다.

4 정약용, 『주역사전』: 元亨이라고 한 것은 군주의 도가 형통함을 뜻한다. 元良 혹은 元首로 고대에는 군주를 元이라 함. 건괘로 되는 과정을 보면 震主가 먼저 나와 臨卦가 되고, 泰卦가 되면 마침내 离位에 다다르니 震主가 형통한 것이다. 元亨은 下卦에 속함. 반면 곤괘가 되는 과정을 보면 巽妃가 처음 생성되어 遯卦, 否卦로 마침내 离位에 도달하니 巽의 왕비가 형통한 것이다. 貞은 坎의 덕에 속한다. 곤괘가 장차 곤으로 되는 과정에서 坎의 자리에서, 觀卦, 剝卦가 되어 순음을 이루게 되니 무릇 음에 속하는 일이나 부녀자의 일이 모두 적절한 바이다. 그러므로 牝馬之貞이라 한 것이다. 利貞은 상괘에 속함. 貞은 事이다. 여기 '빈마지정'이라 한 것은 새끼를 낳고 기르며, 짐을 나르고, 밭일을 하는 수레를 끌며, 건축공사에 나가는 등의 종류를 가리킨다. 예컨대 군사적인 업무나 사냥의 의식에는 모두 숫말을 사용하였으니, 점단으로 곤괘는 적절하지 않을 것이다.

5 魏伯珪, 『存齋集』, '빈마지정[與李大來問目]': "곤의 貞은 그 의미가 매우 큽니다. 가까운 자기 몸에서 취해 보면, 여자는 집 안에 거하면서 靜을 주로 하니 밖으로 나갈 때에 얼굴을 가리고, 말이 문지방을 넘어 들리지 않고, 혼자서 독단적으로 처리하는 일이 없으니, 이것이 모두 貞입니다. 貞하기 때문에 사물을 완성시킵니다. 妓女가 자식을 기를 수 없는 것도 貞을 잃어버렸기 때문입니다. 그러나 坤의 貞이 乾의 貞과 같다면, '곧고 군세서는 안 된다[剛直不可貞]'라는 것입니다. '牝馬'의 牝은 陽을 받아들이고, 양을 잘 받들 수 있고 군건한 이후에야 곤의 정을 얻을 수 있으니, 그 의미가 지극히 깊고 오묘합니다."

6 군자는 震, 仁, 主. 곤의 나라가 이미 성립함에 復卦의 군자가 가서 주재자가 되니 갈 바 있는 '군자유유왕'이다.

7 문선명, 『원리강론』: "완성된 여자에게 완성된 남자가 가서 합일함이 사랑이다."

8 정자는 牝馬와 붙이는 '利牝馬之貞'이 아니라 한다. 만약 그렇게 읽는다면, 곤괘에서는 단지 元亨利의 세 개의 덕만 있다. 다산은 蹇卦도 '利西南'이라 하였고 解卦에서도 '利西南'이라 하였으니, 여기 坤卦에서도 당연히 '利西南'으로 구를 끊어야 한다고 이른다. '朋'은 짝을 뜻한다. 곤괘의 세 획이 모두 짝을 이루는 형국이니, 역례에서 곤을 붕의 뜻으로 삼은 것이다. 漢書 『食貨志』에서도 '조개 두 짝이 朋이다' 하였다.

君子有攸往'은 티끌 하나 없는 순수한 곤의 세계로 군자가 들어가서 임금이 될 만한 것으로 여긴다. 곤괘坤卦의 근본은 '여女'가 '후后'가 되는 구姤괘이다.[9] 그래서 곤은 조용하다, 부드럽다, 순종하다의 뜻으로 자기 스스로 적극적인 행동을 하는 것이 아니라 주군과 남편과 시절인연에 따르는 순종의 미덕을 나타낸다.[10] 그러기에 하늘을 나타내는 '용龍'은 스스로 변화를 시도하면서 활동하지만, 땅을 나타내는 '말'은 길들이고 복종하게 하여 사람에게 직접 쓰이도록 함이 그 뜻이 다르다. 공자는 「문언」에서 일렀다.

"곤의 성질은 지극히 부드러우나 움직이기 시작하면 굳세기 짝이 없고, 지극히 고요하나 그 성질은 반듯하다. 그러기에 뒤에 가 있더라도 주인의 자리를 얻으니 상도를 지닌다. 이는 만물을 품을 때마다 모두 빛을 냄이다. 곤도는 순리를 좇아 하늘의 도를 받들어 가니 이것이야말로 때에 맞게 행함이다[文言曰 坤至柔而動也剛 至靜而德方 後得主而有常 含萬物而化光 坤其道順乎 承天而時行]."

다산은 주역에 시비가 많은 '십익十翼'을 두고 이렇게 적고 있다. "「문언」은 본래 「단전」과 「상전」이 이어진 글을 동래東萊(산동) 사람 비직費直[11]이 처음으로 분리하였는데, 정현鄭玄이 「문언」이란 두 글자를 보고 별편이라 생각하여 첨가한 것이다. 「문언」은 공자가 고문을 인용한 것이고, 「문언전」은 공자가 직접 지은 것이니, 후학들은 이를 자세히 알아야 한다. 공자는 '중천건'과 '중지곤'을 특별히 거듭하여 아름다움을 기리며 반복해 읊어 감탄하였다. 혹자들은 「문언전」을 정강성鄭康成이 더하였느니,[12] 왕필이 더하였느니 이설異說이 많으나 다 그른 소리다."

곤괘를 읽던 공자의 감탄이 이렇게 터져나왔다. "지재至哉라! 곤원坤元이여! 대

---

9 姤卦에서 비로소 한 개의 음이 나타난다. 이런 姤가 遯→否→觀→剝까지 이르러도 음이 매번 아래에 있으며 끝내 양을 올라타거나 넘어서지 않으니 순응의 극치다. 또 건괘 이전이 夬卦라면 곤괘 이전은 剝卦다. 고로 곤괘는 姤卦로 시작하니 巽☴이 그 근원이 되고, 왕비의 도가 형통하고, 빈마지정이 된다. 剝은 간☶에 좁은 길이 많으니 迷道라 볼 수 있다.

10 고문에서는 坤 자를 세 번 끊어진 '巛' 자로도 썼기에, '巡'과 '馴'도 '川'에 근거한 것 같다.

11 西漢의 古文易學 '費氏學'의 창시자. 卦筮를 잘하여 章句없이 오로지 彖·象·繫辭·文言으로만 상하 경을 해설하였다. 師承이 없고 章句가 없어 官學에 세워지지 못하고 민간에만 유전되었다. 東漢의 鄭衆·馬融·鄭玄이 그의 학문을 익혔다. 위나라 왕필의 注가 費直에서 연원하자, 비로소 비직의 고문역이 크게 흥하다, 마침내 전하지 않게 되었다.

12 鄭康成(127~200)은 後漢 때 뭇 경전을 두루 주석한 鄭學으로 소문난 鄭玄. 그는 상수를 추리 탐구하여, 互卦, 消息, 오행상생설, 爻辰설을 주장하여 鄭易으로 일컬었다. 『毛詩箋』, 『三禮註』, 『周易註』 등을 저술하여 漢代 경학의 집성자로 불린다.

단하십니다, 대단해요. 하늘 아래 존재하는 만가지 물건 중 어느 것 하나도 빼놓지 아니하고, 그 모두를 다 생산[萬物資生]해 낸다 하니 대단합니다, 대단해요. 그러기에 곤은 하늘 뜻에 무조건 순종하는군요[乃順承天]. 아마도 그렇게 순종했기 때문에 하늘이 만물을 실어가도록 배려를 한 것이 아니겠습니까[坤厚載物]."[13]

어느 누가 갖출 만큼 다 갖추고도 남에게 순종할 수 있을까? 곤과 같은 후덕이 없으면 불가능하다. 참고로 국토의 신과 오곡의 신을 모시는 사직단社稷壇의 사직례는 북향하는 종묘제례와 달리 남향을 하며 사직락社稷樂에서는 곤의 후덕을 높이 칭송한다.[14]

이어지는 공자님 말씀이다. "곤은 한량없는 하늘의 덕과 하나가 될 능력도 지녔고요[德合无疆], 그뿐 아니라 하늘이 비춰주는 그 많은 큰 빛도 가슴에 모두 품을 수 있고[含弘光大],[15] 그 넓고 광대한 빛으로 인하여 만물 하나하나가 다 함께 꽃을 피우고 열매를 맺게 할 수 있었습니다[品物咸亨]." 즉 "하나님이든 부처님이든 원하는 모든 것을 다 만들어 생산해냈습니다. 이 능력은 부드럽고 순종하는 곤도의 성질을 닮은 저 암말처럼[牝馬地類],[16/17/18/19] 경계가 없는 무한한 땅을 내

---

13 여기 '內順承天'은 姤卦가 剝卦까지 가며 巽☴의 順이 하늘을 따르고 받드는 모습이다. 음이 양을 타면 乘이고, 양이 음을 타면 承 또는 載라 한다.

14 社稷樂은 國土의 신과 五穀의 신을 모신 社稷壇에 제사 지낼 때 연주되는 기악[樂]·노래[歌]·춤[舞]을 의미한다.

15 小退溪로 불리는 大山 李象靖의 『大山集』, '함홍광대[書與柳天瑞十六言帖]' : "뜻을 세우고 敬에 거하여, 앎을 이루고 행실에 힘쓰라. 강건하고 중정하며, 포용하고 너그러우며 빛나고 광대하라 [立志居敬 致知力行 剛健中正 含弘光大]." 천서(天瑞 柳範休)군이 나를 따라 수학하였는데 뜻이 전일하고 공부가 깊었다. 하루는 몇 장의 종이를 가지고 와서 나에게 종신토록 가슴에 새겨 실천할 고금의 格言을 써 줄 것을 청하였다. 나는 학문에 어둡고 글씨가 졸렬하니, 어찌 이에 미칠 수 있겠는가마는 그 뜻이 매우 간절한 것을 생각하여, 마침내 위의 글을 써 주었다. 대개 立志居敬을 기본 바탕으로 삼고서, 이치를 궁구해 그 앎을 이루고 행실에 힘써, 그 실제를 밟아 간다면, 덕을 이루고 도를 모으는 방도가 극진할 것이다. 성현의 책을 익숙히 완미하여 그를 확충해 넓혀 나가되, 오랫동안 지키고 독실하게 힘쓴다면 그 진보를 누가 막을 수 있겠는가. 剛健 이하의 8자는 곧 乾坤卦의 덕이니, 이를 체현하여 그 덕을 이룬다면 천지가 내려주신 본성에 저버림이 없을 것이다. 글씨가 졸렬하다 하여 소홀히 하지 않으면 다행이겠다.

16 魏伯珪, 『存齋集』, '곤덕귀장[與李大來問目]' : "곤의 「문언전」에는 利貞만 말하고, 元亨을 설명하지 않았다. 結句에 '含萬物而化光' 또 '承天而時行'이라 했다. 건은 만물의 우두머리이고, 元은 首德이니, 천지만물의 머리다. 곤은 비록 건과 짝하더라도, 원의 大德을 주장할 수 없다. 비유하면 周文王后妃 太姒는 성스러운 여자이지만, 어찌 감히 문왕의 덕과 나란히 할 수 있겠는가. 그렇다고 문왕과 같은 덕이 없다고 말해서는 안 된다. 곤괘의 덕은 歸藏을 지극한 덕으로 삼는데, 귀장이란 貞에 관한 일이다. 건은 元으로써 시작하고, 곤은 貞으로써 마친다. 이는 공자가 인위

달리면서도[行地无疆],[20] 오로지 유순중정한 도를 잃지 않았기에 이롭지 않을 수 없었습니다[柔順利貞]."[21/22]

이는 공자가 문왕의 괘사 첫 구절을 보고 놀라 입을 다물지 못하고 토해낸 단사이다. 공자는 다시 이어서 곤의 장단점을 이렇게 말한다. "군자가 하늘보다 앞서가면 길을 잃고 헤맬 것이며, 뒤에서 순종하며 따르기만 해도 상도를 얻을 것이다[君子攸行, 先迷失道, 後順得常]."[23]

그는 선미후순先迷後順(Go astray but follow guidance)한 도를 지킬 때에만 곤은 정녕

적으로 애써 안배한 것이 아니라, 이치가 절로 이와 같기 때문이다. 乾元은 坤貞에서 功을 이루고, 坤貞은 乾元에서 법도를 본받는다. 무릇 남녀가 자식을 낳을 때 남자는 元으로써 베풀고, 여자는 貞으로써 완성한다. 자식을 낳아 아버지를 계승하게 하면, 이는 貞하여 다시 元이 되는 것이니, 낳고 낳아 끝이 없는 의미이다. 대개 주역의 이치는 건곤 두 괘에서 벗어나지 않는다. 건곤의 이치는 부부가 한 방에서 함께하는 데에서 체득하고 징험하여 비슷한 부류를 따라 사방으로 두루 확장시켜 통달한다면, 修身, 齊家, 治國, 平天下 모두 이 밖을 벗어나지 않을 것이다."

17 김장생, 『經書辨疑』: 퇴계 왈: "대체로 양은 넉넉하고 음은 결핍되고, 양은 온전하고 음은 절반이니, 乾卦에서는 이롭지 않은 바가 없으므로 이로운 바를 말하지 않는다. 坤卦는 牝馬之貞으로 이로움을 세우는데, 단지 유순정정만이 이롭다. 기타 다른 것은 능히 이로울 수 없다."

18 허전, 『易考』: "坤卦의 4덕은 乾卦의 4덕처럼 순수하지 못하다. 그러므로 암말의 곤음이라 하였다. 건괘는 말이 되는데, 그 움직임이 강건하고, 양의 물건이면서 땅의 쓰임이 되므로 곤괘에 양이 없음을 염려했다. 그러므로 암말을 언급하여 양이 있지 않음이 없는 것을 드러냈다."

19 김만영, 「易象小訣」: "땅의 도가 비록 부드럽지만, 강건하지 못하면 하늘에 짝할 수가 없다."

20 유정원, 『易解參攷』: "용은 건괘의 강건함을 다할 수 없고, 말도 곤괘의 유순함을 다하지는 못한다. 그러나 하늘의 쓰임 중에는 용만한 것이 없고, 땅의 쓰임 중에는 말만한 것이 없다. 그러므로 성인은 단지 한 가지 象을 제시함에 사람들이 쉽게 알아들을 수 있도록 說卦했을 뿐이다."

21 '疆'은 경계인데 곤괘가 성립함에 간☶이 사라지니 '德合無疆'이며, 牝馬처럼 행을 하니 '行之無疆'이다. '品物'은 3음☷이 품물이요, '咸亨'은 아름다운 음양의 회합이다.

22 沈大允, 『周易象義占法』: "'元亨'이라는 것은 마음이 본성으로부터 받은 것이다. 坤卦의 기운은 곧 乾卦의 기운이며, 마음이 이로움을 좋아하고 해로움을 싫어하는 것은, 곧 본성이 이로움을 좋아하고 해로움을 싫어함이다. 마음이 이로움을 좋아하고 해로움을 싫어하는 것은, 일찍이 본성과 다른 적이 없었다. 이로움은 선함이다. 해로움은 선하지 않음이다. 사물을 이롭게 하는 것을 선함이라 하고, 사물을 해롭게 하는 것을 악함이라 부른다. 암말의 곤음이 이롭다는 것은, 본성은 마음을 통괄하고 마음은 본성을 이루니, 반드시 유순하고 강건하게 본성에 따라서 그 공을 이루어야 할 것이다."

23 [說證] '大哉'가 '天'을 따왔듯 '至哉' 또한 '土'를 땄다. '萬物資生' 역시 흙에 뿌리를 두었고(坴도 풀이 土를 뚫고 오르는 상), '암말'은 '대지'가 만물을 실어 끌고다니는 노고致役乎坤와 유순을 따왔다. 또 '含弘'은 음이 전진하여 否卦에 이르면 음이 성립하고 간☶이 함축되고, '光大'는 否卦 때 나타나는 觀光의 빛이 아니겠는가. 그리고 곤☷이 이미 나라를 이루면 진☳이 와서 장차 그 나라의 주인이 될 것이기에 '君子攸行'이라 하였다.

아름답다고 강조한다.[24] 곤도는 남을 위하여 쓰일 수는 있지만 스스로를 위해서는 움직일 수가 없기에, 뒤따르며 더불어 조화할 수는 있고, 앞서서 선창先唱할 수 없기에 군자가 갈 곳이 있어 이롭다고 한다. 여기 나오는 '왕往'이란 곤이 무리하게 남에게 쓰임을 구한다는 말이다. 곤이 잘할 수 없는, 남보다 앞장서는 일을 하면 미혹되어 도를 잃고, 하늘의 뒤를 따르면 순응하여 주군主君을 얻으니, 이것이 바로 이롭게 되는 이유라고 밝히고 있다.

곤도坤道는 또 여자의 성숙하는 단계를 밝힌다. '서남득붕西南得朋'은 가족들과 함께 처녀의 신분으로 사는 기간이고, 시집가서 처녀를 상실하고 부인으로 사는 것은 '동북상붕東北喪朋'이다. 이는 마치 처녀가 죽어야 각시가 되고, 부인이 되고, 아주머니가 되고, 엄마가 되어, 할머니로 대접 받고 살아가는 단계를 말한다. '서남득붕西南得朋'은 시집가기 전에 같은 형제끼리 살아가는 모습이요[乃與類行], '동북상붕東北喪朋'은 마침내 시집가서 남편과 함께 가족을 이루어 경사를 얻고 사는 삶이 아니겠는가[乃終有慶].[25]

목은의 '정재貞齋',[26/27] 성호의 '서남득붕동북상붕',[28] 남효원의 '붕우의 도'[29/30]는

---

24 坤卦가 성립하기 바로 전 단계가 剝卦(䷖)다. 박괘는 상괘가 艮==인데 艮은 좁은 徑路이다. 좁은 길은 갈림길이 많으니 헤매게 되어 바른 길을 잃어버린다. 復卦 상6은 迷復凶이니 艮이 迷됨이다. 곤괘 다음에는 복괘(䷗)인데 복괘에서는 하괘가 震==이니 진은 큰 길이며 仁主가 되니 이것은 나중에 백성에 순응하니 주인을 얻는 격이다.

25 「문왕 8괘 방위도」를 보면 巽==·离==·坤==·兑==는 西南으로 장녀·중녀·어머니·소녀로 여자들이 사는 방향이고, 東北은 乾==·坎==·艮==·震==에 아버지·중남·소남·장남들과 함께 사는 남자의 방향이다. 그러기에 곤이 남자만 사는 곳으로 가면 처녀가 상하지만, 부인이 되고 엄마가 되어 집안을 꾸리면 안정하여 길한 이유다.

26 李穡, '정재[朴子虛貞齋記]' : "朴子虛(朴宜中)가 자신의 거처를 '貞齋'라 이름하고 나에게 '선생께서 일찍이 易을 공부하였으니, 나를 위해서 그 뜻을 해설해 주시면 좋겠습니다 하였다. 이에 내가 '乾坤卦야말로 易의 세계로 들어가는 관문이니, 건곤괘를 파악하지 않고서는 역을 제대로 알 수가 없다. 주역 64괘 모두에 貞의 뜻이 드러나 있다. 貞 중에서는 乾의 그것이 가장 크다고 할 수 있으나 坤의 경우에 있어서도 '牝馬'라는 두 글자를 덧붙여 놓았으니, 이는 가장 존귀한 것은 이 세상에 두 개가 있을 수 없기 때문이다. 고로 건곤의 두 괘를 보면 貞의 가르침이 어떤 것인지 충분히 파악할 수가 있다. 虞夏商周의 글을 보더라도 이 貞을 기록하고 있기 때문에, 그 정치 교화가 마치 하늘과 땅이 항상 보여주는 것과도 같고, 顔回曾子子思孟子의 학문도 바로 이 貞을 전하고 있기 때문에, 그 道學이 마치 해와 달이 항상 밝은 것과 같은 것이다. 이렇게 보면 貞의 효용이 얼마나 큰지 알 수 있다."

27 위의 책 : "자허씨는 節操와 言行 모두가 확고하여 동요시킬 수 없는 것이, 마치 소나무와 잣나무에 불변의 마음이 깃들어, 사계절 내내 곧게 뻗은 가지와 무성하게 푸른 잎들이 변치 않는 것과 같다 할 것이요, 비와 이슬에 축축이 젖는 은택을 입었다고 해서 더 영화롭게 되는 법도

곤도坤道에 대한 이해를 돕는다. 지욱의 다음과 같은 선해禪解도 대단하다.

"곤이란 순順으로, 천도로 보면 음陰이 되고, 지도로 보면 유柔가 되고, 인도로 보면 인仁이 되며, 성리性理로 보면 적寂이 되며, 수도修道로 보면 지止가 되며, 기계器界로 보면 재載가 되며, 장부로 보면 복腹이 되고, 집으로 보면 처妻가 되며, 나라로 보면 신하가 되니, 그 소행에 거역함이 없다. 그렇지만 빈마牝馬의 정貞이 군자의 곤덕坤德을 체득하고 수도함에 있어서는 반드시 하늘의 원해圓解로써 행하여야만 마침내 성공이 있을 것이다. 만일 정혜定慧가 있지 않고, 먼저 정행定行을 하면 암증暗證의 미혹迷惑을 이루고, 오직 지혜를 닦은 후에 용사가 되면 주장을 얻어 이롭게 되며, 눈과 귀가 편안하게 청량지淸凉池에 들어갈 것이다. 그리고

없고, 바람과 서리에 꺾이는 불행을 당했다고 해서 더 초췌해지는 법도 없는 것과 같다. 그런 까닭에 華袞(예복)을 가지고 화려하게 장식해 주어도 자허씨는 이를 애모하지 않고, 斧鉞(형벌)을 가지고 위압을 가해도 자허씨는 두려워하지 않는 것이다. 士林과 상대함에 있어서도, 화락하게 어울리긴 하면서도 구차하게 부화뇌동하지 않고, 자신을 맑게 유지하면서도 굳이 유별나게 행동하지 않는 가운데, 늠연히 범할 수 없는 기상을 지니고 있으니, 사람들이 자허씨를 貞으로 지목하는 것도 당연한 일이다. 나는 『주역』을 공부하긴 하였으나 미처 다 끝내지 못하였다. 그래서 貞하고 싶어도 그렇게 할 수가 없기 때문에, 내가 자허씨에게 기대를 거는 바가 큰 것이다. 그러니 자허씨가 만약 그 貞을 보전할 수만 있다면, 내가 자허씨로부터 은혜를 받는 것이 크다고도 할 것이다. 뒷날 中州(중국)에서 역사를 찬집하는 史官이 자허씨의 列傳을 지으면서, '그 사람은 貞한 자이다. 그런데 그의 그러한 점을 알고서 권면한 사람은 韓山 李穡이었다고 적어 넣는다면, 이 어찌 나의 행운이 아니겠는가."

28 李瀷, 『星湖全書』, '서남득붕[題星土坼開圖]' : "이 그림은 중국에 일찍이 없던 것일 뿐 아니라 중국 사람이 깨닫지 못했던 것이다. 乾坤을 부모로 삼고 坎離를 匡郭으로 삼아, 엉기어 교감하는 것은 水火의 작용이 아닌 것이 없다. 만일 건곤 안에서 수화가 운행하는 것이 아니라면, 성인이 劃卦와 繫辭를 또한 어디에서 얻었겠는가. 후천팔괘에서 곤이 동북쪽에서 서남쪽으로 옮겨 거하므로 문왕이, '西南得朋 東北喪朋'이라 한 것이다. 經書의 뜻이 백성을 깨우침이 지극하다."

29 南孝源, 『寧窩文集』, '붕우' : "사람에게 큰 윤리 다섯 가지가 있는데, 붕우가 그중 하나입니다. 대개 마음과 뜻을 같이하는 것을 朋이라 하고, 도와 덕을 함께하는 것을 友라고 하는 것이라면, 마음과 뜻에는 바름도 있고 사특함도 있는데, 오직 붕우만이 나의 사특한 마음과 뜻을 바로잡을 수 있고, 도와 덕에 혹 부지런하기도 하고 게으르기도 한데, 오직 붕우만이 나의 게으름을 깨우쳐 줄 수 있습니다. 西南쪽으로 가면 벗을 얻는다고 했으니[西南得朋 東北喪朋], 그 사귐은 아교와 옻칠이 붙는 것과 같을 뿐만 아니고, 인정과 의리가 서로 미더워서 그 향기는 지초와 난초가 있는 방에 들어가는 것과 같습니다[同心之言 其臭如蘭]. 의리로 재물을 융통하면 수레나 말 같은 선물에도 절하지 않고[朋友之饋 雖車馬 非祭肉 不拜], 마음으로 함께하는 바가 있으면 쇠나 돌 같은 견고함도 날카롭게 잘라냅니다[二人同心 其利斷金]."

30 柳馨, 『易圖』: 易學圖像에 柳成龍의 跋文과 52개 도상을 엮었다. 後天卦位配天洛書·分配時方 두 도만은 先儒의 설 중에서 없는 것을 곤괘 가운데 '西南得朋'·'東北喪朋'의 뜻과, 繫辭 중 '出乎震一章'의 뜻을 취해 독창적으로 그린 것이다. 규장각도서에 있다.

서남으로 가면 다만 음의 유를 만나서 성사가 되지 못하고, 동북으로 가면 그 음의 붕당을 잃지만 지혜와 더불어 상응하는 지라, 바야흐로 정혜균평定慧均平한 정貞에 안길安吉할 것이다."

고사로, 은나라 주왕紂王의 폭정에 항거하는 제후와 백성들은 서남쪽의 주나라 문왕에게로 몰려 왔고, 반대로 동북의 은나라 주왕은 날로 지지자를 잃어만 간 일이 있었다. 하지만 곤의 시절에는 주紂를 섬기는 척하며 순종의 자세를 취해야 살아 남았다. 그러기에 문왕의 서남은 뜻을 같이하는 세력이 늘어나 마침내 은의 주紂를 물리치는 경사가 찾아왔던 것이다.

한편, 최근 발굴된 마왕퇴의 『백서 주역』을 해설한 장상평의 설명에서는 전통적인 해석과 차이를 두고 있는 점들이 여럿 눈에 띈다. "크게 형통하니, 암말이 오는 것이 순조로운지 점을 쳐서 물었다. 군자는 가려는 곳으로 갔다. 처음에는 길을 잃었지만 나중에 주인을 만나니 순조로웠다. 서남쪽에서는 재물을 얻은 적이 있었고, 동북쪽에서 재물을 잃은 적이 있었다. 그렇지만 편안한지 그 여부에 대해서 점을 쳐보니 모두 길했었다."[31] 이처럼 『백서 주역』은 해석의 차이뿐 아니라 '동북망붕東北亡朋'처럼 문자가 아예 다른 곳도 적지 않다.

象曰 地勢坤 君子以 厚德載物
상왈 땅의 기세가 곤이니 군자는 이를 본받아 후한 덕으로 만물을 실어 나른다.

대지는 자체가 본래 만물을 싣고 있는데 그 깊은 뜻은 바로 손순을 지녔기 때문이다. 손순의 덕은 유순하기에 자신을 양의 아래에 두면서 절대로 양을 넘거나 올라타지 않는 철저한 아름다움에 둔다. 이처럼 지세地勢의 유순함이 헤아릴 수 없이[여섯 개의 巽] 쌓여 축적된 상태에 이르면, 그 순함이 더욱 두터워질 수밖에 없다.[32]

---

31 張祥平,『易與人類思惟』: "元亨, 利牝馬之貞, 君子有攸往, 先迷後得主利, 西南得朋, 東北亡朋, 安貞吉."

32 정약용,『주역사전』: "곤괘의 근원은 姤卦이다. 姤卦로부터 姤→遯→否→觀→剝이 되려면 매번 하나의 巽卦가 한 단계씩 진행한다. 이에 손☴은 매번 아래에 처하는 다른 사물을 넘지 않고 그 위에 모신다. 이처럼 지세의 유순과 후덕이 여섯 손☴으로 말미암아 성립되고, 또한 姤→坤

땅[地]은 하늘의 자궁이며 곤坤은 자궁의 용사用事다. 상형으로 곤坤은 절구공이[丨]의 쉼 없는 사랑을 절구[曰]에 받아들이고, 만물의 꽃과 만물의 열매를 땅[土]위에 피우고 맺으며 신申내는 꼴이다. 그러니 땅을 무진장보살이라 하지 않을 수 있겠는가. 지地와 토신土神은 기세가 다르다. 흙은 체이고 토신은 용이다. 그러기에 '아兒'는 어린아이의 쥐집[子宮]으로 천방지축을 모르고 자궁을 머리에 인 채 뛰어다니고, 춘정春情을 느끼는 처녀의 쥐집은 '용舂'이며, 남편을 받들어 모시는 부인의 쥐집은 '여舁'라 하였다. 이처럼 엄마가 되고 부인이 되어야 자식을 낳고,[33] 또 엄마가 되어야 조상과 어른을 모시고 형제들과 함께 살아가는 후덕재물厚德載物을 배워 나갈 수 있다.[34/35] 온화하고 공손함이 덕을 닦는 기초이고, 머리 숙이고 허리 굽히는 후한 덕이라야 만물을 실으니, 군자가 마땅히 힘쓸 일이다.[36/37/38]

까지 가며 감히 한 번도 양을 올라타거나 넘으려 하지 않으니, 이는 만물을 싣기에 적당하기에 곤은 大輿가 된다."

33 여자는 남자와 자식들을 싣고도 무거워하지 않는 모성의 위대함이 있다. 즉 여(女)는 남편을 치고(다듬을 七) 자식을 치는(기를 七) 결합체다(七×七= 四十九). 곧 여자의 시작도 七이요, 끝도 七이며, 여자를 찾음도 七七이요, 여자를 잃음도 七七이다. 死者의 영혼도 七七(49)일 만에 갈 길을 간다. 七은 엄청난 파워를 지닌다.

34 地勢의 유순과 후덕이 감히 양을 올라타거나 넘으려 하지 않고 만물을 싣는 大輿가 되어 厚德載物하기에 이른다.

35 鄭斗卿,『東溟集』, '후덕재물[仁烈王后挽歌]' : "주나라 사씨보다 덕이 더 뛰어나[有過周姒氏] 초나라 번비 정도만 아니었네[不但楚樊妃]. 후한 덕이 우리 동방 실었거니[厚德東方載] 자생은 땅 형세처럼 곤이었다네[資生地勢坤]."
仁祖妃 仁烈王后는 昭顯世子, 孝宗, 鳳林大君, 麟坪大君, 龍城大君을 낳았고 파주 長陵에 仁祖와 合葬됨. 周文王 后妃 太姒, 楚莊王의 樊妃는 厚妃의 대명사.

36 李穡,『牧隱集』, '지세곤[山水圖歌]' : "내가 처음 주역의 지세곤을 읽었는데[我初讀易地勢坤] 비내려 만물 적시는 천도를 받들었고[興雨潤物承乾元] 예로부터 숨어 사는 군자가 있었으니[古來避地有君子] 소인이 어떻게 영웅의 큰 뜻을 알리요[燕雀安知鴻鵠志]. 어느 날 벼슬하여 천하에 은택을 내리면[一朝出仕澤天下] 그 공이 조화와 조금도 다를 것 없다오[功與造化無少異]. 산동자 둘둘씩 짝하여 짧은 피리 불면서[山童兩兩吹短笛] 어둑한 깊은 골짜기로 약을 캐러 가누나[採藥溟濛向深谷]. 구름은 용 따르고 바람은 나무를 흔드네[雲氣隨龍風亞木]. 어둡고 밝은 변화는 절로 조모에 있도다[晦明變化自朝暮]."

37 李裕元,『林下筆記』, '후덕재물[后土贊]' : "참으로 밝으신 신이시여[於昭惟神] 두터운 덕이 만물을 실어 주십니다[厚德載物]. 생명을 포용하여 길러 내심을[含生發育] 도리로 삼고 직분으로 삼습니다[爲道爲職]. 신이 이처럼 일에 열중하기에[神其勤事] 이 지상이 평화를 누립니다[水土以平]. 하늘에 짝하고 사직에 짝하여[配天配社] 가만히 도우심이 너무 밝습니다[冥佑孔明]."

38 魏伯珪,『存齋集』, '후덕재물[八卦銘]' : "온화하고 공손한 사람이여[溫溫恭人] 덕을 닦는 기초로다[維德之基]. 머리 숙이고 허리 굽히면[而僂而俯] 누가 감히 너를 속이리[孰敢汝欺]. 지나친 예는 되려 부끄러움이라고[過禮反恥] 또한 공자에게 들었으니[亦聞仲尼] 의리로 마름질하지 않으

저 광활한 대지가 높은 산과 깊은 계곡을 품고, 깊은 강과 넓은 바다를 가리지 않으며 날짐승과 들짐승, 개똥과 소똥마저도 마다하지 않고 빠짐없이 다 받아들이고 가는 것은 후한 덕을 지녔기 때문이 아니던가. 이것이 바로 땅과 다른 곤의 기질이다[地勢坤]. 만약에 곤의 덕이 박하여 얼음장이 된다면, 그 어느 것 하나도 받아들이지 못하고, 냉랭한 동토凍土를 만들어 결국에는 씨알 한 톨 뿌리 내리지 못하게 할 것이다. 거기에다 후함이 막무가내莫無可奈면 하늘과 맞장을 뜨는 것도 불사하기에, 적어도 '직방直方'이란 옵션을 쓰기에 충분하다. 무릇 '곤도'가 '황상원길黃裳元吉'하고 '황중통리黃中通理'를 얻는다면 분명 재물載物도 넉넉할 것이므로, 곤도가 배워야 할 군자의 자세는 바로 후덕재물로 오곡백과와 금은보화가 가득한 세상을 만드는 것이다.[39/40/41]

마지막으로 동파는 『서경』에서 "신하가 백성 위에 있는 것은 덕이 있기 때문이요, 임금이 아래에 있는 것은 백성에게 덕을 베풀기 위함이다"[42]라고 인용하였는데, 공자는 이런 왕도를 모르는 정치인의 덕은 좁쌀 한 되박도 되지 않는 형편없는 자들이라 폄하貶下해 버린다.[43] 그러면서 정치하자고 덤비는 소인배들은 많아도 주공처럼 진정한 정치인이 없음을 한탄했다.[44]

면[苟無義裁] 한갓 유약해져 추락하리라[徒柔以隳]. 악으로 함께 돌아가면[同歸于惡] 오히려 위태롭지만[尚亦殆而] 공경으로 조심하면[敬以小心] 진실로 기울지 않으리라[展也不陂]. 후한 덕이라야 만물을 싣나니[厚德載物] 군자가 당연히 힘쓸 일이로다[君子是宜]."

39 「說卦傳」: "坤爲地爲母爲布爲釜爲吝嗇爲均爲子母牛爲大輿爲文爲衆爲柄, 其於地也, 爲黑. 坤爲田爲朋爲膚爲溫爲慾."

40 이진상, 『易學管窺』: "공자는 乾卦에서 여러 번 四德을 풀이하였지만, 坤卦에서는 단지 坤元 한 구절에 대해서 씨 받아 낳는 공만 설명하였으니, '厚德載物'이라고 한 말은 단지 하늘의 베풂에 순응하고 받든다는 소리다. 건곤괘는 부부가 되어 덕을 같이해서 서로 필요로 하니 둘로 나눌 수 없다."

41 柳重教, 『省齋集』, '곤후재물[絃歌軌範三樂章]' : "땅은 두터워서 만물을 싣는데[坤厚載物] 그 크기는 밖이 없네[其大無外]. 우리 백성들을 세우니[立我烝民] 영원토록 의지하네[萬世永賴]. 그 단은 엄숙하고[有儼其壇] 산초는 향기롭네[有椒其馨]. 삼가 예물을 받들어 바치나니[惟恭奉幣] 내 제사가 매우 깨끗하네[我祀孔明]."

42 蘇軾, 『東坡易傳』: "書曰, 臣爲上爲德, 爲下爲民."

43 『논어』 「자로편」 : 子貢曰, "今之從政者何如?" 子曰, "噫! 斗筲之人, 何足算也?"

44 『논어』 「태백편」 : "如有周公之才之美 使驕且吝, 其餘不足觀也已."

初六 履霜堅氷至

초6은 서리를 밟으면 멀지 않아 얼음으로 굳어진다.

곤괘는 서리가 내리는 초겨울 10월 괘이다. 서리가 내리면 날씨가 추워지고 곧 얼음이 꽁꽁 어는 엄동설한이 온다[履霜堅氷]. '지至'는 장차 그렇게 자연스럽게 이르게 될 것이라는 '지재至哉'에서 왔다. 공자는 일렀다. "이상견빙履霜堅氷은 음이 처음으로 언다는 것이다[陰始凝也], 그러기에 그런 곤도를 따라 가면[馴致其道], 부드러운 땅이 되는 것이 아니라 오히려 굳은 얼음이 될 것이다[至堅氷也]."[45/46/47/48/49]

세상은 따뜻하게 풀려야 좋다. 그런데 서리를 밟았더니 오히려 단단한 얼음이요, 추운 겨울이라니 웬말인가. 이는 겨울을 맞이하는 월동준비를 알린다. 철없고 어린 여자가 남자를 만나면 찬 성질을 지니기 쉽다. 남녀가 당연히 따뜻해야 하는데, '차갑고 쌀쌀맞다'는 말의 어원도 여기가 아닐까. 따뜻한 기운이 부족하면

---

45 유정원, 『易解參攷』: "서리가 맺어 얼음이 됨은 필연적 절기의 흐름으로, 사람이 능히 멈추게 할 수 없다. 서리가 이미 내리면 털옷을 내려주고, 물이 장차 차가워지면 다리를 만드니, 이것이 마치 『禮記·月令』에 실려 있는 가을의 政令과 겨울의 政令이 모두 계절을 따라서 예비하는 정치와 같다. 초효는 소인을 경계할 뿐만 아니라 예비하는 뜻도 그 가운데 있다."

46 윤행임, 『薪湖隨筆·易』: "辛有는 伊川의 들판에서 제사지내는 것을 보고 백 년 안에 전쟁이 있음을 알았고(『左傳·僖公』 22년), 邵雍은 두견새 소리를 듣고 南士가 등용될 것을 알았으니, 『詩經·秦風』에서 '갈대가 푸르게 우거지니 흰 이슬이 서리가 되었도다' 함이 이것이다. 기미는 움직임이 미약한 것이니, 만약 서리 밟음을 기다린다면 곧 늦어서 미치지 못하는 한탄이 있게 될 것이다. 흰 이슬이 내리는 것을 보고 단단한 얼음이 장차 이를 것을 알아서 예방하고 서둘러 막아야 하는 계책을 생각함이 옳다."

47 이병헌, 『易經今文考通論』: "五月 초기에 음의 기운이 처음 三泉 아래에서 움직인다는 것은 음의 기운이 처음 움직임을 말한 것이니, 반드시 서리를 밟음에 이르고, 서리를 밟으면 반드시 단단한 얼음에 이른다."

48 서유신, 『易義擬言』: "夏至에 一陰이 처음으로 생겨나, 곧 가을의 서리가 되어 마침내 겨울의 얼음에 이른다. 서리는 왕성한 음의 기운이고, 얼음은 음과 양이 서로 화합하지 않는 때에 생긴다. 초6은 하지이며, 육4는 서리이며, 상6은 얼음이다."

49 정약용, 『周易四箋』: "坤卦가 復卦로 가는 경우이다. 초효가 이미 변동하니 음이 이에 응결된다. 음이 처음으로 응결하니 그 상이 첫 서리이다. 첫서리가 내린 후에 싸락눈이 오고, 뒤따라 얼음이 언다. 마침내 震의 발로 언 땅을 밟으니 바로 '履霜'이다. 지금 초효는 復卦지만 앞으로 臨卦·泰卦가 되어 마침내 여섯 음이 모두 응결되면 기세가 장차 감당하기 힘든 乾卦가 될 것이다. 고로 乾은 얼음이므로 '堅氷至'라 하였다. '凝'이라 한 것은 물이 얼어 단단해진 것이다. 본래 坤은 따뜻함의 상태로 있었는데 乾의 시초가 차가워져 어니 '陰始凝'이라 한 것이다. '馴'은 되풀이 함이고 짤은 거듭함이다. 復卦에서 乾卦에 이르기까지 매번 하나의 震을 얻는데, 震은 바로 道를 상징하니 '馴致其道'라 했다. 致는 이르름이다."

어릴 때부터 온화한 마음씨를 지니도록 배워야 한다. 그렇지 않으면 어른이 되어서도 아이들과 남편에게 훈훈한 인정을 베풀 수 없다. 『백서 주역』은 이렇게도 풀었다. "월요일, 오늘 문을 나서다가 서리에 경의를 표했다. 생각하건데 꽁꽁 얼어붙게 되는 계절이 올 것 같다."[50]

공자는 「문언전」에서 '이상견빙履霜堅氷'을 '적선積善'과 '불선不善'의 인과因果로 설명하고 있다. "적선하는 집안에는 경사가 넉넉하고[積善之家 必有餘慶], 불선하는 집안에는 재앙이 넉넉하다[積不善之家 必有餘殃]."[51] 또 "신하가 임금을 죽이고[臣弑其君], 자식이 그 애비를 죽이는 일이[子弑其父], 어찌 하루아침 하루저녁에 갑자기 조작하여 일어난 일이겠는가[非日朝日夕之故]. 이는 분명 오랫동안 쌓인 업연이 점차로 커져온 것이 분명하다[其所由來者漸矣]"고 한다. 이런 "엄청난 천지비밀을 일찍 깨닫지 못한 나의 무명이 억울할 뿐이다[由辨之不早辨也]. 이 모든 것은 서리가 오면 곧 겨울이 올 것이란 순리[履霜堅氷至 蓋言順也]"를 모른 탓이었다.[52]

'이상견빙'에서는 작은 깃털도 쌓이면 배를 침몰시키니 소인을 경계하라는 소리가 많다. 적우침주積羽沈舟나 군경절축群輕折軸도 같은 의미이다.[53] 바른 것은

---

50 張祥平, 『易與人類思惟』: "初六 礼霜, 堅氷至."

51 정약용, 『周易四箋』: 乾卦는 復卦로부터 시작한다. 震의 仁과 兌의 義가 쌓여 제6위에까지 이른다[復卦에서 夬卦에 이르기 까지 모두 震과 兌가 있음]. 坤卦는 姤卦로부터 비롯된다. 姤卦 巽은 月窟. 不仁과 不義가 쌓여서 6위까지 이르니[姤卦에서 剝卦까지] 이것이 바로 積不善之家이다. 餘慶과 餘殃도 장차 드러나는 효과이다. 음이 응집되어 결합함은 소인들이 굳게 뭉치는 것을 상징한다. 음의 세력들이 이미 엉겨붙고, 이미 단단해지면 이에 그 악이 퍼져나가니 곧 遯卦가 되고, 否卦가 되어 마침내는 臣弑其君에 이른다. 또한 剝卦가 되고, 坤卦가 되어 子弑其父에 이를 것이다. 이처럼 음은 시초에는 비록 미미하게 보일지라도 음이 응집함으로써 초래되는 화는 결코 작지 않다. 하괘 离位는 낮, 상괘 坎位는 밤이다. 一朝一夕이라고 한 것은 한 개의 大成卦를 이른다. 姤卦로부터 坤卦가 되는 과정에 不善이 생겨난다. 다시 坤卦로부터 復卦가 되고, 復卦로부터 乾卦가 되며, 다시 乾卦가 반대로 姤卦가 되어, 이에 그 惡을 발산하니, 臣弑君 子弑父로, 이러한 과정은 하루아침 하루저녁에 생긴 일이 아니다. 辨之不早辨也의 辨은 분별함이다. 음이 처음 응집할 때 일찍부터 그것을 分散하지 못한다면 그 惡德이 거듭하니 禍가 장차 하늘까지 넘친다. 성인의 도리는 일찍 分別하여 剔抉함을 귀하게 여긴다. 소인들이 모여 단합하면 그것이 점진적이 되기에 비록 초기에 미약한 것 같아도 일찍부터 분별치 않을 수 없다.

52 「문언전」 "子曰 積善之家 必有餘慶, 積不善之家 必有餘殃. 臣弑其君, 子弑其父, 非一朝一夕之故, 其所由來者漸矣, 由辯之不早辨也. 易曰, 履霜堅冰至, 蓋言順也."

53 '履霜堅氷至'라는 말은 10월을 지나 음기가 아래에서부터 형성되기 시작하면 엄동설한이 되어 두꺼운 얼음이 됨이다. 이는 사소한 악도 습관이 되면 커다란 재앙을 낳음을 경고한다. 『戰國策』에 '가벼운 깃털도 쌓이고 쌓이면 배를 가라앉히고[積羽沈舟], 가벼운 짐도 모이면 수레 굴대를 부러뜨리며[群輕折軸], 군중이 입을 모으면 쇠도 녹인다[衆口鑠金]'는 소리와 같다. 또 『漢書』에

약하고 삿된 것은 반드시 강한데, 가시나무가 지초와 난초를 덮고, 솔개와 올빼미가 봉황을 쫓아냄이 그 좋은 예이다.[54/55/56/57]

여기 '적선지가 필유여경'은 만고의 『명심보감』으로 회자된 구절인데, 이는 곤괘가 복괘로 간 경우를 알린다.[58] 여기 '시살弑殺'이 나오는 것을 보면 아랫사람이 윗사람을 치는 하극상을 초효에서 예상할 수도 있다. 즉 10·26사건 때의 김재규처럼 임금(박정희)을 시해한다든지, 또 자식이 돈 때문에 아버지를 친다면 '살煞'이 낀 까닭이

'뭇 사람의 입김에 산이 떠내려가고[衆漂山], 모기소리가 모여 우레가 되고[聚蚊成雷], 패거리를 지으면 범도 때려잡고[朋黨執虎], 열 사내가 작당하면 쇠막대기도 휜다[十夫橈椎]'는 말과도 같다. '세 사람의 입이 있지도 않은 범을 만들어낸다[三人成虎]'거나 '쌓인 비방이 뼈를 다 녹인다[積毁銷骨]'는 뒷담화도 무섭다. 적폐와 가짜뉴스는 이길 줄 알아야 한다. '조금씩 젖어드는 비난[浸潤之譖], 살에 와 닿는 참소[膚受之愬]가 받아들여지지 않아야 현명하다[不行焉可謂明也已矣]'는 논어의 말이 매듭한다. 말을 바꾸어 '먼지가 쌓여 산이 되고[塵合泰山], 이슬이 모여 바다를 이루고[露積成海], 도끼를 갈아 바늘을 만들며[磨斧作針], 물방울이 바위를 뚫는다[水滴穿石]' 하면 아름답지 않은가?

54 無名子 尹愭, '이상계' : "미리미리 분변하여 기미를 막는 일은 조짐 보고 화를 경계함이니[辨早防微戒履霜] 성인께서 양을 높이고 음을 누르신 까닭이네[聖人扶抑在陰陽]."
無名子 尹愭, '감회8백자' : "향초가 있으면 악취 나는 풀도 있고[有薰斯有蕕] 곡식이 싹트면 가라지도 싹트네[生苗更生稂]. 바른 것은 본디 매우 약한데[元來正甚弱] 하물며 삿된 것은 반드시 강함에랴[況又邪必強]. 가시나무가 지초와 난초를 덮고[荊棘掩芝蘭] 솔개와 올빼미가 봉황을 쫓아내니[鴟梟逐鳳凰] 군자는 외롭기 그지없고[君子不勝孤] 소인은 늘 절로 창성하네[小人常自昌]. 이 때문에 음양의 소장에 대해[所以消長際] 주역에서 상세히 가르쳤으니[大易垂訓詳] '약한 돼지가 날뛰고 싶은 마음을 품고 있다' 하였고[蹢躅孚羸豕] 서리가 처음 밟힐 때부터 두꺼운 얼음을 경계하였네[堅氷戒履霜]."

55 李德懋, 『靑莊館全書』, '이건빙계' : "개석을 보거들랑 군은 점을 따라가고[須看介石遵常固] 견빙을 밟거들랑 위태로움을 경계하소[每履堅氷戒漸危]. 분서에 염려 미치어 벽실에 수장하고[慮遠焚書藏壁室] 주역에 공부 깊어 위편이 끊어졌네[工深讀易絕編韋]. 공부자 없었던들 누굴 우러르며[如無夫子人何仰] 사문이 없었던들 도는 절로 무너졌으리[不有斯文道自隳]."

56 正祖大王 '明義錄' : "서리가 얼음으로 변하는 것은 일찌감치 분변하지 못하는 데서 비롯되고, 얻지 못할까 또 얻은 것을 잃을까 근심하게 되면 마침내 하지 못할 바가 없는 지경에 이르는 법입니다."

57 宋浚吉, 『同春堂集』, '이상견빙[經筵講義集錄]' : "천하의 일은 점진적으로 이루어지지 않음이 없습니다. 그러므로 '履霜堅氷'이란 옛 경계가 있으니, 임금은 積微處[讒言]에 유의해 살펴야 합니다."

58 [說證] 復의 진☳足이 서리를 밟으니 '履霜'이며, 그 復이 臨→泰→大壯→夬→乾으로 건☰氷이 되어 가니 '堅氷至'이다. 곤☷은 본시 溫이나 건☰의 初가 寒으로 오니 '陰始氷'이 되었다. '馴'은 '되풀이 함'으로 習의 뜻처럼 거듭하므로 乾卦에 이르기까지 매번 하나의 진☳을 얻는데, 진☳은 大途라 '馴致其道' 즉 '음이 응결되어 가는 과정이 거듭함'이다. 또 '積善'은 진☳의 '元者善之長也'의 상이요, '不善'은 간☶의 상이다. 또 음이 응집되면 소인이 뭉쳐 '臣弑其君 子弑其父' 하기에 否卦가 되면 하괘의 건☰이 사라지고, 간☶으로 나가면 상괘 건☰도 없어진다. 하괘는 낮, 상괘는 밤이니 '一朝一夕'이라 하였고, '무'는 초효로, '陰始凝'에서 '由辨之不早辨'의 옵션을 요구한 것이다.

아닐까. '이상지계履霜之戒'의 교훈은 『조선왕조실록』에 제일 많이 등장한다.[59/60]

그런데 공자의 '순치기도馴致其道'를 지욱은 초6의 공적功績으로 보았다. "건乾은 양으로 경거망동을 할까봐 두려워서 물용勿用으로 경계를 삼았지만, 곤의 지至는 안정을 최고로 삼으니 적선積善과 적악積惡이 이상履霜과도 같으며, 따라서 여경餘慶과 여앙餘殃은 모두 견빙堅氷과도 같다. 상霜은 하늘의 명命이요, 빙氷은 땅의 공적이니 순종할 것을 바랐다."

한편 동파는 "물은 보기에는 약하나 어리석은 백성들이 너무 가까이 하며 얕잡아 보다가 빠져 죽는 자가 적지 않더라"[61]면서 정자산鄭子産의 말을 덧붙였다.[62] 서양의 역학자 후앙도 이 부분은 민감한 정치적 모색으로 보았다. "서리는 폭정의 기미이고 엄동설한의 겨울은 공포에 떠는 폭정의 암흑기와 같다. 초6의 메시지는 작은 단서로부터 다가오는 정치적 위기를 미리 알아 혁명을 준비하는 것으로 볼 수 있다."[63] 여기서는 하극상도 예견되고, "만약 북방에서 군사작전을 수행하는 중이라면 황하가 얼어붙으리라는 것쯤은 짐작해야 한다"고 한다.[64/65]

---

59 『정종실록』 정종 1년(1399) 12월 1일, '숙종대왕행장' : "주역에 '積善之家 必有餘慶 積不善之家 必有餘殃'이라 하였습니다. 상벌은 仁君의 큰 權柄입니다. 한 사람을 상주면 천만의 사람이 권장되며, 한 사람을 벌주면 천만의 사람이 두려워합니다. 賞이 功에 적당하지 못하고 벌이 죄에 적당하지 못하면, 요순이 위에 있다 하더라도 至治를 가져올 수 없습니다. 환관 金師幸은 기이하고 교묘한 자로, 曹恂은 아첨하고 간사한 자로 모두 寵幸을 받아, 서로서로 의지하여서 그 세력이 中外를 기울게 했습니다. 朝士들조차 이들 환관을 두려워하기를 鬼와 蜮과 같이 하고, 백성들은 원수와 같이 보며, 비록 諸公과 駙馬라 하더라도 이를 무서워하여, 눈도 제대로 뜨지 못하고 숨을 죽이어, 감히 한마디 말로도 그 잘못을 논하지 못했습니다. 이것은 모두 전하께서 친히 보신 것입니다. 주역에 '履霜堅氷至'라고 하였으니, 국가를 가진 자가 기미를 막고 조짐을 막는 데에 있어서 그 시초를 삼가지 않을 수 있겠습니까?"

60 『문종실록』 문종 1년(1451) 6월 11일 : "공자가 『춘추』를 찬수하여 만세의 법을 삼았던 것은 '履霜之戒'를 세운 것입니다. 종친들에게는 권력을 주지 마소서. 전하께서는 祿의 무거움을 중히 여기며, 좋고 싫어하는 것을 함게하고, 친한 이를 친하게 하는 도리를 돈독히 하셔야 합니다."

61 『춘추좌전』 소공 20년 : "夫火烈, 民望而畏之, 故鮮死焉 ; 水懦弱, 民押而翫之, 則多死焉."

62 『춘추좌전』 소공 20년 : "평생 덕행을 베푼 춘추시대 鄭나라 대부 子産은 公孫僑로 簡公, 定公, 獻公 3대를 40년 모신 정치가이며 공자는 그를 惠人이라 불렀다."

63 Huang, 『The Complete I Ching』 참조.

64 남회근(신원봉 역), 『역경잡설』 참조.

65 얼음 장사를 하면 수지 맞지만, 땅을 구한 농부는 당장 농사를 짓지 못하고 내년 봄을 기다려야 하고, 장가 간 남자는 자식 얻기가 어렵다. 아랫배가 아픈 여자라면 자궁병일 수 있다. 병이 딱딱하게 굳기 전에 고쳐야 한다.

六二 直方 大不習 无不利
육2는 안으로 곧게 하고, 밖으로 방정하게 하며, 강직함이 거듭되지 않는다면 불리한 점이 없을 것이다.

육2는 유순 중정한 곤괘坤卦의 주효다. 시집가기 전 처녀로 또는 시집 온 주부로써 정직(Straight)과 방정(Square)을 지니는 경우다.[66] 여인이 남자를 받아들임이 직直이요, 여인의 살림살이가 방方이요, 여도女道를 다함이 대大라 본다.[67] 이처럼 유순하고 순응하는 자세가 이미 다 갖추어져 있고, 그 행동이 의리가 있어 곧고 방정하다면 무엇을 더 바랄 것인가. 그러기에 공자는 효상에서 주석하였다. "육2의 움직임은 정직하고 방정하기에[六二之動, 直以方也], 강직을 거듭하지 않아도 불리함이 없기에[不習无不利], 땅의 도는 찬란하게 빛난다[地道光也]."[68/69]

곤괘坤卦는 넓은 땅이다. 대지는 넓고 깊고 광활한 사랑을 실어야, 시방十方세계에서 꽃과 열매를 피워낸다. 2는 곤괘가 사괘師卦로 변하는 경우다. 사괘는 복괘復卦에서 온다. 복괘에서는 군자가 가장 미천한 아랫자리에서 소인과 음을 받들어 높여주는 처신을 하기에 수신하는 근거가 있다[不遠之復以修身]. 사괘師卦에서 감==은 안은 강직하고 밖은 방정하니 곧 '직이방直以方'이다. '대불습大不習'은 강이 중복되지 않음이다. 이것은 아래에서만 감==을 나타낼 뿐 감坎을 거듭하지 않음이다. 또 외괘 곤坤은 유순의 도를 잃지 않고 안에서만 강직을 지키니 '직방대불습무불리直方大不習无不利'를 얻었다. '경이직내敬以直內'와 '의이방외義以方外' 역시 감==의 강직한 내형과 방정한 외형을 말한다.[70/71]

---

66 '직방대'를 '정직(straight), 方정(square), 관大(generosity)'라고 새기는 경우도 있다.

67 이항노, 「周易傳義同異釋義」: "64괘 384효 중 순수한 음으로 중정한 덕을 가진 것은 坤卦 육2뿐이다. 나머지는 모두 중정하지 못하며, 다른 괘도 순수한 음이 아니다. 乾卦 구5만이 양의 덕을 다하는 것도 같은 이유다. '直方大는 '敬義立而德不孤'로 보면 '大는 곧 곧고 방정함의 효과이다."

68 '直方大'는 『맹자』에서 이른바 '지극히 크고 지극히 강건해서 곧다[至大至剛以直也]'는 것이다. 權萬, 「易說」: "乾의 덕은 거듭한 이후에 剛健한 몸체가 서며, 坤의 성대한 덕은 거듭하지 않아도 곤괘일 뿐이니, 곤을 이롭게 여겨 거듭하면 구5가 양위에 자리하게 되어 순수하지 않다."

69 송시열, 『易說』: "건괘는 5가 주인이고, 곤괘는 2가 주인이니, 하늘은 높고 땅은 낮다. 지도는 낮출수록 빛이 난다."

70 김상악, 『山天易說』: "直方大는, 곧으면 사물을 낳을 때 굽히거나 휘게할 수 없고, 방정하면 형체를 부여함에 옮겨서 바꿀 수 없으니, 곧 지극히 유순하되 움직임은 강하고, 지극히 고요하

동파도 여자가 의리가 있고 정직하다면 정말 대단한 일로 쳤다. 순응이 곧음을 낳고, 곧음이 방정方正을 낳는다. 방정이 큰 것을 낳는다는 것은 군자가 의도하여 된 것이 아니라, 이치를 따르고 사사로움이 없었기에 직방대가 저절로 생겨난 것이다. 그러니 익히지 않아도 불리할 것이 없고, 배운 것이 이롭다면 그 이로움이 그가 배운 범위를 벗어나지 않을 것이다.

「문언전」에서 공자는 한 번 더 강조한다. "곧다는 것은 마음자리가 바르다는 것이요[直其正也], 방정은 의리다[方其義也]. 군자는 공경함으로 안을 곧게 하고[敬以直內], 의리로 밖을 다듬으니[義以方外], 군자가 공경과 의리만 세워나갈 수 있다면 그의 삶이 절대로 외롭지 않을 것이다[敬義立而德不孤]. 직방대불습무불리直方大不習无不利는 곧 절대 의심받을 수 없는 행동이다[卽不疑其所行也]."

감☵은 밖이 네 개의 조각으로 방정하며, 한 개의 강이 중심을 지키기에 곧다. 감은 직直과 방方이 함께한다[乾道直坤道方]. [72]/[73]/[74] 남명南冥과 퇴계退溪 문하에서는

되 덕은 방정하다. 고로 덕이 끝없음에 합하면 자연히 성대하며, 곤은 간략하게 능하는 덕이기에 익히지 않아도 이롭지 않음이 없다. 『禮記』 「深衣」에서 '곧은 것을 뒤로 지고, 모난 것을 앞으로 껴안은 것은 그 정치를 바르게 하고, 그 義를 방정하게 하는 것'이라고 하였으니, 이에서 취한 것이다. 곤괘는 6효 모두 음이기 때문에 '익히지 않는다' 하였으니, 건이 스스로 힘쓰는 것[自彊不息]과 같다."

71 정약용, 『주역사전』: 坤卦가 師卦로 간다. 師卦는 復卦로부터 온다. 사괘의 하괘는 감이다. 감☵은 한 개의 강이 가운데를 가로 지르고 있으니 그 성격이 곧다. 直心은 德 또는 悳이 되니 乾과 坎이 모두 直과 德을 나타낸다. 또한 坎은 외형이 네 개의 조각으로 방정하니 直以方, 곧 곧고 방정하다. 고로 乾의 直, 坤의 方을 가진 감의 성격을 直方이라 한다. '大不習无不利'는 바로 곤의 도, 신하의 공경하는 도를 잃지 않고 그 의리를 행해도 밖으로 유순하고, 안으로 강건한 사괘가 자신을 바르게 함이다. 만일 그 안팎이 모두 강직하기만 하면 習坎의 상이 되어 유순함을 상실하여 人臣의 도가 되지 못한다. 지금 안은 강직하지만 이미 감이 거듭하지 않으니 불리할 것은 없다.

72 '大'는 '지나친 군셈'과 '건방진 강성'이다. 『禮記·深衣』에서는 "深衣의 등 쪽은 이음새가 곧고, 모가 난 굽의 깃은 앞으로 하였다. 먹줄을 쳐서 방정함에 딱 들어맞게 하는 것은, 그 情事를 곧게 하고 그 義理를 方正히 하려는 것이니, 『주역』 곤괘 2의 움직임이 '直方하다 한 것이다'라고 하였다. 고로 남의 신하된 자는 '敬以直內'하고 '義以方外'로 그 도를 굽히지 않아야 한다. 고로 아내나 신하된 자가, 공경하되 지나치게 군세면 그 몸을 잃고, 방정하되 그 의리가 지나치면 외롭게 되기에 '지나친 군셈'을 지양할 것을 강조했다.

73 정약용, 『주역사전』: '直正'은 坎의 中直이요, '方義'는 坎의 四片이다. '敬以直內'는 坎의 敬이요, '義以方外'는 외형이 단정함이다. '敬義立而德不孤'는 강유의 서로 다른 표리를 나타냄이다. 『鏞案』: "남의 신하된 자는 敬으로써 안을 바르게 하여 그 자신을 망치지 아니하며, 義로써 밖을 방정하게 하여 그 바른 도를 굽히지 아니한다. (자기를 굽혀서 남을 따르지 아니함이다.) 師卦처럼 敬과 義가 안으로 견고하고, 유순한 태도가 밖으로 드러남에 그 덕이 강건하고 과감함

'직방대直方大'를 교훈으로 삼으며 '내명자경內明者敬 외단자의外斷者義', '경공혜의敬恭惠義'를 가슴에 새겼으니, 역시 '사람이 바르지 못하게 살면 죽음을 요행히 면한 삶[人之生也直, 罔之生也, 幸而免]'이라 했다.[75/76/77] 겸재 하홍도는 깨끗하게 수양하고, 오직 최상의 도리가 아닌 것에 떨어지는 것을 매우 부끄럽게 여겨 몸으로 실천하여 조금도 구차하지 않기로 유명하였다.[78] '경이직내敬以直內'는 특히 『심경

에만 치우치지 않으며, 또한 유순함에도 치우치지 않으니, 이것이 바로 그 덕이 외롭지 않은 까닭이다. 이런 도리로써 행하면 신하 노릇을 잘 할 수가 있으며, 다시 의심 받을 만한 것이 없으니(안으로 강직하나 해로움이 없음), '大不習无不利'라는 것은 혹시 다른 사람들이 신하로서의 충직함을 미심쩍어 할지도 모른다는 의심을 풀어주는 말이다.

74 정약용, 『주역사전』 : 여러 학자들이 '直方大'를 한 구절로 간주했다. 그러나 곤괘 전체를 보면 초6의 '履霜 堅氷至'의 '霜' 자와 육2의 '直方, 大不習, 无不利'의 '方' 자와 육3의 '咸章, 可貞, 或從王事, 无成有終'의 '章' 자와 육4의 '括囊, 无咎, 无譽'의 '낭' 자, 육5의 '黃裳, 元吉'의 '裳' 자가 본래 서로 협운叶韻의 관계에 있으니, 마땅히 '直方'을 한 구로 보아야 한다. 小象傳에서도 단지 '直方' 두 글자만 거론하였고, 大傳 즉 繫辭傳과 위의 禮記 深衣에서도 그러하다. '直方'이 한 구절이 됨은 의심할 바가 없다.

75 趙絅, 『龍洲遺稿』, '직방대[桐溪鄭蘊先生神道碑銘]' : "공의 학문은 가정에서 보고 듣고서 훈도받은 것도 얕지 않았지만, 약관에 이르러 月川 趙穆과 寒岡 鄭逑의 문하에 두루 유학하면서, 退陶 李滉의 학문의 실마리를 듣고서 기뻐하여 私淑한 것도 많았다. 그러나 독실하게 실천한 공부로 말하자면 모두 스스로 터득한 데서 말미암았으니, 평생토록 '直方大' 세 글자를 일신의 符節로 삼았다."

76 金誠一, 『鶴峯集』, '직방대불습' : "왜놈 위엄 우레 같다 두려워 말고[莫怕蠻威似震雷] 가슴속에 품은 생각 시원스레 풀어보소[請將懷抱洞然開]. 직방대의 이로움을 어찌 익힐 필요 있나[直方大利何須習] 봄기운이 돌아가자 가을 기운 다시 오네[淑氣都回殺氣來]."

77 洪汝河, 『木齋集』, '직방대[鄭是僑字說]' : "친구가 그의 아들 冠禮에 가르침이 있기를 바란다 하여 '希直'으로 字를 주면서 말했다. '너의 어린 뜻을 버리고, 너의 착한 성품을 따르라. 군자의 도리로는 敬恭惠義가 있다. 성인이 그 덕을 고인의 올곧은 도리를 지닌 유직遺直이라 했다. 너는 진실로 이것을 구해야 하니, 어찌 이 네 가지를 힘쓰지 않으리오 공자가 '사람 사는 이치는 바른 것이니, 바르지 못하면서 사는 것은 죽음을 요행히 면한 것[人之生也直, 罔之生也, 幸而免]이라 하였다. 밤낮으로 부지런히 하여 올곧게 되기를 바란다. 直方大에 대한 설을 자세히 말할 겨를이 없다. 관례를 치른 뒤에는 鄕先生과 아버지의 친구를 찾아뵙는 것이 예이니 나는 자네의 방문을 기다린다."

78 李瀷, 『星湖全書』, '겸재하홍도[謙齋河弘度先生文集序]' : "退溪 李先生 같은 분이 태백산과 소백산의 아래에서 태어났으며, 南冥 曺先生도 두류산 동쪽에서 태어났다. 나라가 생긴 이후로 그러한 일은 처음이었으니, 이것이 하늘의 뜻이었다. 謙齋 河先生은 남명이 살던 고을에서 태어나서 두 선생을 사숙한 분이다. 깨끗하게 수양하고 힘써 노력하여, 오직 최상의 도리가 아닌 것에 떨어지는 것을 매우 부끄럽게 여기고, 계책을 몸으로 실천하여 조금도 구차하지 않았다. 그가 말하기를 '義는 敬이 아니면 행해지지 않으니, 敬을 鑑에 비유하면 義는 거울에 비추어 볼 수 있는 것이다 하였다. 曺文貞公이 칼자루에 銘한, '內明者敬 外斷者義'를 벽에 써서 붙이고는, 해와 달처럼 떠받들고 이 말을 가슴에 새겼으며, 겉과 속이 서로 어울리고 지행이 아울러 나아갔으니, 德川의 洞門으로 들어가서 곧장 伊洛을 소급하고, 泰山을 우러를 수 있었던 것이다. 일

부주『心經附註』에서 많이 다루고 있다.[79/80/81/82/83/84]

찍이 自號를 謙齋라 하였고, '地山六畫圖'를 걸어 두고 몸을 낮추어 수양하는 것을 공부의 첫걸음으로 삼았다. 나라에 寇亂이 있자 앞장서서 義兵을 거느리고 출동하였다. 많은 것에서 취해 직은 것에 보내 주는 것으로 말하자면[裒多益寡], 높아지고 빛나기를 기약하지 않아도 저절로 남이 그를 넘어설 수 없는 경지에 이르렀으니[尊而光不可踰], 군자로서 유종의 미를 거둔 것이다. 이것이 또한 선생의 평생이니 뒤에 태어난 내가 무슨 군더더기 말을 하겠는가. 무릇 아비 된 자와 자식 된 자로부터 형제와 붕우의 무리에 이르기까지 오히려 본받기를 생각하여 '謙齋선생'이라고 부르지 않는 자가 없으니, 사람을 감화시킨 것이 이와 같다."

79 眞德秀·程敏政, 『心經附註』, '敬以直內章' : 정자 왈. "敬이 서면 안이 곧아지고 義가 드러나면 밖이 방정해지니, 義는 밖으로 나타나는 것이요 밖에 있는 것이 아니다. 감히 속이지 않고 감히 태만히 하지 않으며 혹시라도 방 귀퉁이에 부끄럽지 않게 한다는 것은 모두 敬의 일이니, 다만 이것을 보존하여 함양해서 오래되면 저절로 天理가 밝아진다. 마음이 공경하면 안이 저절로 곧 아진다. 배우는 자들은 굳이 먼 데서 구할 필요가 없고, 가까이 자기 몸에서 취하여 다만 사람의 道理를 밝혀 敬할 뿐이다."

80 위의 책 : 『周易』 乾卦에는 聖人의 학문을 말하였고, 坤卦에는 賢人의 학문을 말하였는데, 오직 '敬하여 안을 곧게 하고, 義로워 밖을 방정하게 하여, 敬과 義가 확립되면 德이 외롭지 않다'고만 말하였으니, 聖人의 경지에 이르러서도 이와 같을 뿐이요, 다시 딴 길이 없다. 穿鑿하고 얽매임은 자연의 道理가 아니다. 그러므로 道가 있고 이치가 있으면, 하늘과 인간이 하나여서 다시 분별되지 않으니, 浩然之氣가 바로 나의 기운이다. '思無邪'와 '無不敬', 다만 이 두 句를 따라서 행하면 어찌 어긋남이 있겠는가. 어긋남이 있는 것은 모두 공경하지 않고 바르지 않기 때문이다.

81 위의 책 : 西山 眞氏 왈. "孔子가 『周易』을 贊하실 적에 坤卦의 六二爻에 이르기를 '敬以直內 義以方外' 하시자, 先儒들이 해석하기를 '敬이 확립되면 안이 곧아지고 義가 나타나면 밖이 방정해진다' 하였다. 敬하면 이 마음이 사사롭거나 간사함의 얽매임이 없으니 안이 이 때문에 곧아지는 것이요, 義로우면 모든 사물이 각각 그 분수에 합당하니 밖이 이 때문에 방정해지는 것이다. 黃帝로부터 武王, 武王으로부터 孔子에 이르기까지 그 실제는 同一한 道이다."

82 위의 책 : '敬以直內'는 털끝 만한 사사로운 마음도 없어서 가슴속이 환하여 위를 통하고 아래를 통해서 表裏가 한결같은 것이요, '義以方外'는 옳은 곳에는 결단코 이렇게 해야 하고 옳지 않은 곳에는 결단코 이렇게 하지 않아야 함을 見得해서(알아서) 절연히 方正하게 하는 것이니, 모름지기 스스로 공부를 해야 한다. 오직 '敬以直內 義以方外' 여덟 글자를 일생토록 사용하여도 다 하지 않을 것이다.

83 위의 책 : 朱子가 紫陽書堂 그 왼쪽을 敬齋라 하고 그 오른쪽을 義齋라 하고는 다음과 같이 기록하였다. "일찍이 『周易』을 읽다가 두 마디를 얻었으니, 바로 敬以直內와 義以方外이다. 생각하기를 '학문하는 요점은 이것을 바꿀 수 없다'고 여겼으나, 공부하는 방법을 알지 못하였는데, 『中庸』을 읽다가 修道之敎를 논하면서, 반드시 戒愼과 恐懼를 시작으로 삼은 것을 본 뒤에야, 持敬의 근본을 알았으며, 또 『大學』을 읽다가 明德의 順序를 논하면서, 반드시 格物과 致知를 우선으로 삼은 것을 본 뒤에야 義를 밝히는 단서를 알게 되었다. 이윽고 살펴보니 두 가지의 공부가 一動一靜이 서로 쓰임이 되어서, 또 周子의 太極論에 부합함이 있었다. 그런 뒤에야 천하의 이치가 幽·明과 鉅·細, 遠·近과 淺·深이 하나로 꿰어지지 않음이 없음을 알았다. 즐거워하면서 이것을 완미하면 충분히 내 몸을 마치도록 싫지 않을 것이니, 또 어느 겨를에 外物을 사모하겠는가."

84 위의 책 : 혹자가 '主一無適'의 뜻을 묻자, 朱子 왈. "단지 마음이 딴 데로 달아나지 않게 하는 것이니, 지금 사람들은 한 가지 일이 끝나기도 전에 또 한 가지 일을 하려고 마음이 천 갈래

참고로, 중전 또는 2인자의 자리를 얻어 방정하고 분수를 지키니 만복이 영화롭고, 자손들이 번창하고 경사가 있다. 곤괘가 지수사地水師로 변하는 자리라 그 분야에서 최고의 대접을 받을 것이다. 『백서 주역』도 참고하자.[85]

> 六三 含章可貞 或從王事 无成有終
> 육3은 빛(문장)을 머금고 바르게 할 수 있으니 혹 임금 일에 종사하면 성공은 없어도 유종의 미는 거둘 것이다.

육3은 능력이 있으나 부정부중한 자이다. 비록 하늘의 씨를 받아 싹을 올려 무성하게 할 수는 있지만, 그 능력을 자신을 위해 쓰지는 말아야 한다[含章, Hidden line]. 씨를 품고 일정한 기간 동안은 정도를 지키는 인내가 필요할 때다[可貞]. 그렇지만 혹 양陽의 일, 남자의 일, 임금의 일을 성실하게 묵묵히 좇아간다면[或從王事] 눈앞에 성공은 보이지 않더라도[无成] 유종의 미는 거둘 수 있다[有終]. 이것은 곧 부인이 남편과 자식의 성공을 대신하기 때문이다[家人 無攸遂 在中饋 貞吉]. 곧 땅이 하늘을 대신하기 때문이다[代天工]. 다시 말하면 땅은 순리를 거스르면서 싹을 틔우지 않을 수 있기에, 아내가 씨를 받고도 출산하지 않을까 걱정하는 대목이기도 하다.

공자는 이를 '곤의 기회'로 본다. "빛을 머금고 바르게 함은 때에 맞추어 펼쳐내는 일이요[含章可貞 以時發也], 혹 임금의 일을 좇음은 지도의 빛을 크게 낼 절대 절명의 찬스이기 때문이다[或從王事 地光大也]." 이는 태☱가 입이라면 간☶은 온 산천초목을 머금어 지니는 함축含蓄을 곤의 미덕으로 여기는 까닭이다.[86] 곤에는

만 갈래이다. 예컨대 修養家들이 無를 생각하여 有를 이루고, 釋氏가 有를 생각하여 無를 이루는 것도 專一함이다. 또 莊子의 '마음을 씀이 분산되지 않아야 神明에 응집할 수 있다[乃凝於神]'는 것도 같은 의미이다. 다만 저들은 오직 空寂일 뿐이요, 儒者의 학문은 수많은 도리가 있으니, 만약 이것을 투철하게 본다면 사물을 꿰뚫을 수 있고 古속을 통달할 수 있다."

85 張祥平, 『易與人類思惟』: "六二, 直, 方, 大, 不習, 无不利" 즉 "둘째 날, 곧고, 방정하고, 크고, 중복하지 않으니, 이롭지 않음이 없다."

86 정약용, 『주역사전』: 謙卦 또한 復卦에서 왔기에 진☳의 꽃이 우거지고 고우니[蓄鮮] 수목이 바야흐로 꽃을 피우고 있는 상이다(☳은 번성한 꽃). 겸괘의 간☶은 含蓄하니 곤☷의 文(章)이 축적되어 '咸章'된다. 또 겸괘는 剝卦로부터도 오기에 이 때 간☶은 열매개[剝碩果不食] 되고,

1이 없고 건에는 10이 없기에, 건은 시작이 되고 곤은 끝을 맺는 것이다.[87]

여기서 '함장含章'을 아산은 여자의 경도 또는 동물의 발정기로 보기도 했다. 여자가 14세면 천계天癸(자궁)가 열리고 발등에 임맥任脈이 뛰기에 종자를 받을 수 있는 자세를 '함장含章'으로 보았다. 또 '무성유종无成有終'에서 '무성无成'은 종자를 받아 키울 힘은 있지만 종자를 심을 자격은 없다고 한다. 왕필은 이를 "일 할 때는 먼저 나서지 말고 불러주면 응하고, 명을 기다렸다가 일어나며, 특기를 안으로 감추고 시절에 맞출 줄 알라"고 주문한다. 즉 일이 있으면 따를 뿐 감히 나서지 말고 죽은 척하는 '혹종왕사或從王事'가 필요하며, 일할 때는 주동적으로 하지 말고 남의 명령에 따라 '무성유종无成有終'하라는 것이다.

고로 간☶은 '종만물시만물終萬物始萬物'하는 자리지만, 육3은 내괘 종終에 있으니 '유종有終'은 있으나 아직 일을 완성(성공)시킨 것은 아니니 '무성无成'이다. 그리고 3은 본시 양의 자리였다. 동파는 아래처럼 한 번 더 자세한 해석을 가했다. "3에는 양의 덕이 있지만 그 양기를 드러내 쓴다면 곤괘가 될 수 없다. 때문에 밝음이 있지만 그것을 감추고 드러내지 않아야 한다. 지금은 음이기에 올바를 수 있을까를 근심하지만, 밝은 '장章'을 지닌 능력자이기에 올바를 수 있다. 예컨대 올바르지만 전념을 하지 않으니 성공은 없어도 마침은 있게 되는 것이다."

공자가 「문언전」에서 다시 '곤도坤道'를 힘주어 밝혀준다. "3은 곤괘가 겸괘謙卦로 변한 경우다. 비록 음이 뛰어난 재능이 있어도 속으로만 간직한 채[陰雖有美含之] 윗사람의 사업을 도와 갈 따름이다[以從王事]. 스스로 공적을 세우지 아니하니[不敢成也] 이것이 곧 순종하는 땅의 도리이며[地道也], 사랑을 받는 아내의 도리이며[妻道也], 충성스러운 신하의 도리이다[臣道也]." 따라서 "지도地道는 스스로 앞서지 아니하고 오직 하늘의 명을 받아 유종의 미를 이루어 갈 뿐이다[无成而代有終也]"라는 결론을 맺는다.[88/89/90/91]

복괘 진☳의 꽃이 무성하여 박의 간☶ 열매로 결실함이 '咸章'의 상이다. '咸章可貞'은 謙山이 文章을 품고 발산하지 않으니 곤의 신하가 감☵의 勞苦로 '貞'을 지킨다. 한편 謙이 위험스런 3에 있기에 의심이 나서 '或從王事'라 했다. '以時發'은 앞으로 나아가면 진☳이 꽃을 피우게 되고, 감☵은 '知'가 되고, '大'는 양이고, 1·2·3의 빛나는 곤덕이 '光'인지라 '知光大'가 되었다.

87 李震相, 『易學管窺』: "坤에는 一이 없고, 乾에는 十이 없으므로, 건괘에서 '바탕으로 시작한다[萬物資始]' 하였다. 고로 건의 도는 지극히 강건하므로 끝맺음과 시작을 크게 밝히고, 끝맺음을 알아 끝맺는다. 곤의 도는 물러나고 모자라므로 이룸이 없고 처음이 없지만 건을 대신하여 마친다."

이런 공자의 「문언전」을 후앙은 다음과 같이 보충하고 있다. "무왕이 은왕조에 살해된 할아버지 계력季歷의 일을 상기하면서, 은殷을 칠 계획을 가슴 속에 깊이 감추며, 동정東征을 완벽하게 준비하는 한편 자신은 몸을 낮추어 겸손하게 폭군을 섬겨야 했다. 공자는 무왕의 이러한 지혜를 칭찬하고 있는 것이다." 이런 취지에서 후앙은 '무성유종无成有終'을 '주왕에게 신임 얻는 것을 바라지 않고 자신의 일을 끝까지 해냈다'로 번역한다. 어쩌면 여기서는 사람이 명예·권력·재산보다 부부의 도를 다하며 일신을 보존함이 어렵다는 소리로 들리기도 한다. 세상 알아주는 이 없어도 '무성유종无成有終'으로 살다 가지만,[92] 식견이 얕고 공부가 부족한 사람은 '함장咸章' 자체가 어렵다.[93] 절차탁마와 함장,[94] 영색보다는 함장이 미인의

---

88 金相岳, 『山天易說』 : "음이 양 자리에 있으니 안으로 아름다움을 머금는다. 3이 5의 일을 함은 혹 때에 따라 윗사람의 일에 종사하지만, 전적으로 이룸은 없고 대신에 끝마침은 있으니, 先迷後得이다. '含章'은 만물을 머금기에 그 변화로 밝음이 있다. 여기 곤의 음도 三의 양 자리에서 '含章'이다. '无成有終'도 음이 양을 좋음이다. 坤卦는 시월괘다. 얼음과 서리에 의해 상처를 입은 초목은 살려는 의지가 안으로 수렴되기 때문에 '含章可貞'이다. '貞'은 나무 기운이 뿌리로 돌아가 견고함[貞者事之幹也]이다. '无成'은 음의 고요함이다. '有終'은 양의 움직임이다. 3이 변하면 일양이 땅 위에 나타나니, 나무 기운이 피어남을 '以時發也'라 하였다. '天地變化草木蕃'이 이것이다. 4가 변하면 아래가 곤☷이고 위가 진☳이니, 겨울로부터 봄이 온다."

89 김상악(金相岳, 1724~1815) : 본관 光山, 호 韋庵. 沙溪 金長生의 6세손. 동지중추부사 역임. 전 생애를 거의 주역 연구에 바침. 위암은 젊어서 주역을 읽고 심취하여 30세에 관악산에 들어가 오로지 주역을 연구하기 시작하여, 92세에 세상을 뜨기까지 근 60년에 걸쳐 주역을 연구하면서, 주역을 지침으로 생을 영위한 것으로 알려졌다. 尹定鉉이 쓴 『산천역설』 서문에 "위암은 사람을 대할 때에도 주역을 논하는 외에는 별 말을 하지 않았다"고 할 정도였다. 그는 자신이 기거하던 곳도 「山天齋」라 하고, 평생 연구한 역서도 『산천역설』이라 하였으며, 저서로 『韋庵詩錄』이 있다.

90 정약용, 『주역사전』 : "신하와 부인은 군왕과 남편의 뜻을 살피지 않고 독단적으로 성취하지 않는다. 그들의 일을 대신할 뿐이다."

91 沈大允, 『周易象義占法』 : 『서경·군진』에 임금이 "너의 훌륭함은 너에게 훌륭한 계책이 있으면 임금에게 들어가 안에서 아뢰고, 밖에서 순종하며, 이 계책과 계략은 단지 내 임금의 덕이다"라고 하니, 이것이 제후와 장관이 임금을 섬기는 까닭이고 겸괘의 의미이다.

92 南秉模, '무성유종[蓮溪朴時燦遺稿跋]' : "나는 인근 땅에서 늦게 태어나, 비록 공의 거처[盈德野城德溪]에 나아가 그 가르침을 받을 수 없었지만, 진실로 공에 대해 사우들 사이에서 들은 적이 있었고, 평소에 익히고 감복하였다. 그러나 애석하게도 세상에 공을 알아주는 이가 없어서, 드디어 아름다운 자질을 머금고 있고[含章可貞], 훌륭한 보배를 품고 있었지만[懷其寶], 그 작게나마 시행한 것은 불과 자신의 몸 하나와 한 가문에서 그치고 말았는데, 그렇다고 이 점이 공에게 있어 무엇이 슬프겠는가."

93 丁若鏞, 『茶山詩文集』, '爲艸衣僧恂贈言' : "『주역』에서는 '아름다운 바탕을 간직하여 곧게 하되 때로 발휘한다'고 했다. 산사람이 꽃 심는 일을 하다가 매번 꽃봉오리가 처음 맺힌 것을 보면 머금어 이를 기르는데, 아주 비밀스레 단단히 봉하고 있다. 이를 일러 함장含章 즉 아름다운

조건이며,[95/96] 그 함장의 체현은 바로 만물을 다스림의 근본이다.[97/98]

참고로 곤괘坤卦가 겸괘謙卦로 가기에 때를 기다리며 겸손하게 행동해야 꿈을 이룬다. 곤도坤道가 아름다운 것은 왕도王道를 계승하기 때문에 부인이 귀한 자식을 잉태할 수 있다. 그러므로 비록 곤일지라도 왕사王事를 관장할 수 있는 능력을 쌓을 필요가 있다. 어느 누구든 임금의 자리를 얻을 수는 있어도 왕도王道를 행하기는 어렵다. 진리를 깨칠 수 있어도 그를 행하기는 참으로 어렵다는 말로 새겨도 좋다. 나서서 명예를 구하느니 자기 자리에서 분수를 지켜 나가면 재난이 저절로 물러날 것이다. 재주가 있고 인정받음이 '함장가정含章可貞'이요. 적어도 최소한의 자리(관직)가 주어짐이 '혹종왕사或從王事'다. 그렇지만 '무성유종无成有終'

바탕을 간직한다고 한다. 식견이 얕고 공부가 부족한 사람이 겨우 몇 구절의 새로운 뜻을 익히고는 문득 말로 펼치려 드는 것은 어찌된 것인가?"

94 遂庵 權尙夏, 『寒水齋集』, '아지함장' : "그대 정자 유비라 이름하였고[君軒扁有斐] 나의 뜻 돌아보면 함장에 있네[我志在含章]. 절차탁마 우리들 서로 힘써야[正好相磋切] 꾸준한 학문 진보 기대할 걸세[方期學日將]."

95 尹善道, 『孤山遺稿』, '함장지미' : "물리를 음미할 만한 점이 있기에[物理有堪賞] 매화를 버리고 묵매를 취했다오[捨梅取墨梅]. 함장이 최고의 미임을 알겠노니[含章知至美] 영색이 어찌 좋은 재목감이랴[令色豈良材]. 자신의 덕을 감추어 선현의 길을 따르고[自晦追前哲] 속진을 함께하며 세상의 시샘을 피했도다[同塵避俗猜]. 복사꽃 오얏꽃 그들을 돌아보면[回看桃與李] 시중들게 하는 것이 되려 낫겠네[猶可作輿臺]."

96 尹善道, '한성부판관曺實久公墓碣銘' : "子思子는 爵位와 俸祿을 사양하는 어려움을 흰 칼날을 밟고 죽는 것[天下國家可均也 爵祿可辭也 白刃可蹈也 中庸不可能也]과 나란히 열거하였다. 옛날에도 그러하였는데, 하물며 공은 권력실세 柳希奮의 사위로 더 말할 나위가 있겠는가. 子思子가 '군자의 도는 제일 먼저 부부 사이에서부터 시작된다[君子之道 造端乎夫婦]' 하였고, 『시경』에도 '나의 아내에게 모범이 되어 형제에까지 그 덕이 미쳐서 집과 나라를 잘 다스린다[刑于寡妻 至于兄弟 以御于家邦]' 하였으며, 『대학』에도 齊家를 治國의 근본으로 삼았으니, 사람이 남을 관찰할 때에도 이를 적용해야 마땅할 것이다. 後嗣가 없던 부인 鄭氏는 시부모를 모심에 순종하며 유순하였고, 지아비를 섬김에 부드러우면서 정직하였고, 庶弟와 庶嫂를 대함에 예의바르며 성의가 있었고, 家政의 대소사로 감히 공을 귀찮게 하지 않았으니, 婦德이 융성했다고 말할 만도 한데 妻道를 이룸이 없었다니[妻道 无成而代有終也]. 내가 공에게 취하는 것 가운데에서 이것이 그 두 번째의 일이다. 이 두 가지 일을 미루어 보면 백 가지 행실을 알 수가 있으니, 다른 것이야 기록할 필요도 없다."

97 李裕元, 『林下筆記』, '함장체현' : "천하를 평정하여 전쟁을 종식시키고[止戈戎衣定] 문치를 닦아서 백왕을 계승하였네[修文繼百王]. 천하를 統御함에는 生成을 숭상하고[統天崇雨施] 만물을 다스림에는 함장을 體現하도다[理物體含章]. 깊은 仁德이 일월과 조화를 이루고[深仁諧日月] 시운을 어루만져 순리와 화평을 다져라[撫運護時康]."

98 檀園 김홍도의 호가 '含章'이다. 含은 남근을 머금는[含窗] 상. 빛날 章은 새벽에 선[무立] 씩씩한 물건이 태양처럼 빛남. 祖·助·組·租·粗·阻는 남근[且]의 합성어. 사돈(査頓)과 사위(査尉)는 남의 물건을 지닌 사람.

으로 끝까지 성공은 보장받지 못할 수 있으니, 때가 필요하다. 『백서帛書』에서도 "셋째 날, 마음속에 모든 것들이 함께 있으니 앞날을 예측할 수 있었다. 왕의 일을 맡아 제대로 성공할 수는 없지만 성과는 있을 것"으로 판단하였다.[99]

> 六四 括囊 无咎 无譽
> 육4는 주머니를 묶으면 허물없고 명예와는 더욱 관계없다.

주머니를 야무지게 동여매어야 한다[括囊, Tied-up sack]. 함부로 미모와 재능을 자랑하지 말고 자신을 삼간다면 재앙은 피할 수 있다. 그렇다면 그곳에는 허물[无咎, no blame]도 명예[无譽, no praise]도 본래 붙을 자리가 없다. 하늘을 알고 나면 천기를 누설하고 싶은 말이 입 안에서 팥죽 끓듯 하지만, 진실로 삼가고 조심하면 걱정이 사라진다. '괄括'은 묶고 닫음이니 열고 닫는 입의 용사用事를 연상한다.[100]

공자가 「문언전」에서 천지의 개폐開閉를 '괄낭括囊'으로 설명하고 있다. "천지가 조화로우면 초목이 번성하고[天地變化草木蕃], 천지가 불화 하면 현인들조차 숨어 버린다[天地閉賢人隱]. '괄낭무구무예括囊无咎无譽'는 때가 무르익을 때까지 주머니 홀치기를 잘 해두었다가, 열어야 할 때 비로소 열어젖히는 근신을 요구하는 바이다[蓋言謹也]."[101][102]

---

99 張祥平, 『易與人類思惟』 참조.

100 金相岳, 『山天易說』: "주머니는 곤괘의 상이니, 만물을 땅에 감추는 것이 자루에 물건을 넣어두는 것과 같다. 4가 변하면 하나의 양이 다섯 음의 가운데를 꿰뚫어 묶는다. 3은 아름다움을 머금고, 4가 주머니를 묶으니, 모두 머금고 간직해서 드러내지 않는 상이다. 그런데 3은 양의 자리에 있으므로 때에 따라 드러내고, 4는 음의 자리에 있으므로 끝까지 감춘다. 허물이 없다는 것은 삼가고 조용히 있으면서 스스로 지켜, 해로움과 함께하지 않는 것이고, 칭찬이 없다는 것은 음의 지나침이 사물을 낳은 공이 없기 때문이다."

101 『주역사전』: 곤☷은 布, 베의 아래를 진☳으로 막으니 '囊'이다[詩經에는 밑바닥이 있는 것은 囊, 밑바닥이 없는 것은 전대 橐(탁)이라 했다. 復卦 때 大진☳에서 포대를 풀어 백성을 살렸고, 豫卦가 되어 간☶의 손으로 포대를 묶는 것은 4가 근심이 많아 단속하기 때문이다. 간☶에서 말이 없을 수 없으니 '无譽'며 그것이 또 '坎'에서 허물이 될 수 없으니 '无咎'다. '至日閉關'은 간☶의 열린 문과 진☳의 닫힌 문을 본 것이고, '括'은 진☳의 상이며, '賢人隱'은 감☵의 상이고, '愼不害'는 2와 5 사이에 4가 소인 간☶의 참언(讒言, ☶말+☶험)을 가볍게 대할 수 없기에 삼가함이다.

102 金聲久, 『八吾軒集』, '괄낭송년': "임금 보필할 때 응대를 잘못했으니[補袞未能酬聖主] 입을 꼭 다물

동파도 허물과 명예는 함수관계가 따른다고 일렀다. "허물과 명예는 사람이라면 누구나 피하기 어렵다. 허물에서 벗어나면 반드시 명예로 들어가고, 명예에서 벗어나면 반드시 허물의 굴레에 걸린다. 허물은 죄를 초래하는 원인이고, 명예는 의심을 초래하는 원인이다. 허물과 명예를 없게 하는 것은 참으로 어려운 일임에 틀림없다." 세상 명예를 쓰는 그 순간부터 허물이 생긴다는 비정한 함수관계이니 여자의 주머니처럼 정말로 삼가하고 조심하지 않을 수 없다. 대체로 '괄낭括囊'은 근신을 비유한다. 그 이유는 4가 음으로 정위에서 유순하나 부중不中하기 때문이다.

말년에 '괄낭'을 교훈으로 삼는 사람이 많았다.[103/104] 향취와 악취가 바로 그 '괄낭'의 여부에 달렸기 때문이다.[105/106] 그러니 '괄낭'을 추기樞機로 삼지 않을 수 없다.[107]

고 남은 해를 보내야겠네[括囊惟可送殘年]. 안위 걱정에 오래 눈물 흘릴 것 없나니[安危不必長垂淚] 조정에 즐비한 인재들 모두 훌륭하다오[濟濟巖廊摠俊賢]."

103 權韠, 『石洲集』, '괄낭졸세' : "평생에 희롱하는 시구 짓기를 좋아해[平生喜作徘諧句] 인간 세상 만인의 시끄러운 구설 일으켰지[惹起人間萬口喧]. 이제부터는 입을 닫고 여생을 보내리[從此括囊聊卒歲] 본래 선성께서도 말 없고자 하셨다네[向來宣聖欲無言]."

104 奇大升, 『高峯集』, '효괄낭[効吟]' : "퇴계 선생은 세상 싫어 백운향 가셨는데[先生厭世白雲鄕] 천한 제자 슬픔 머금고 이곳에 있네[賤子含哀在一方]. 한 기운 유유하게 갔다 또 돌아오니[一氣悠悠往又回] 화옥에서 천대로 떨어짐 견디겠는가[可堪華屋落泉臺]. 산머리에서 저도 몰래 속마음 아프니[山頭不覺中心痛] 백발 된 여생 외로이 왔노이다[衰白餘生踽踽來]. 병 많아 근년에 괄낭을 본받으매[多病年來効括囊] 우연히 봄빛 따라 선방에 이르렀네[偶隨春色到禪房]. 지금 오도가 땅에 떨어짐 상심하노니[傷心吾道今墜地] 공경히 누구를 위해 다시 향기 기를꼬[敬爲何人更畜香]."

105 鄭仁弘, 『來庵集』, '괄낭훈유' : "훌륭한 자질로 조야의 근심을 읽으시니[玉質惟幾朝野憂] 못가의 늙은 올빼미가 제멋대로 울어대네[池邊老鴟恣啾啾]. 은근한 가르침에 강상이 의지하니[慇斯座訓綱常賴] 참으로 신령이 도와 사직이 아름답네[展也神扶社稷休]. 원컨대 여론은 지혜로운 이와 미혹한 이를 같이 여긴다는 것을 아시고[願恕輿情同智惑] 향취와 악취가 섞이는 것을 막아야 하리[括囊波習混薰蕕]. 붉은 봉서 멀리 가고 아침 햇살 퍼지는데[丹封遠曦朝陽去] 한 줄기 실바람 만고에 흐르네[一脈絲風萬古秋]."

106 張維, 『谿谷集』, '괄낭회정' : "험난한 상황에도 천하를 경륜할 준비를 축적하면서, 지극히 곤궁한 생활도 달게 여기며 고관대작의 낙을 부러워하지 않았다. 가만히 앉아 있어도 龍과 같은 神采가 번득이고, 조용히 입을 다물고 있어도 우레처럼 사람을 감동시켰다. 거처를 떠나지 않고도 中和를 이루어 천지 만물의 위치를 바르게 하고 한껏 길러주는 위대한 공을 성취하였다. 伯厚 金堉은 詩禮를 전수받아 학문을 이루고 행동이 갖추어졌다. 그런데도 영달할 생각은 하지 않고 세상을 피해, 高遠하게 살려고만 한 나머지 스스로 궁벽한 산골짜기에 들어가 샘물을 마시면서 생활하고 있다. 또 '晦靜의 교훈을 가슴에 새기고 좌우에 걸어두고서, 아침저녁으로 쳐다보며 성찰을 한다. 括囊의 시대에 처했으면서도, 헛된 명예 때문에 잘못되는 일을 면하지 못하다 보면 晦에 부끄럽고, 진실되게 행동하지 못한 나머지 걱정과 후회가 걸핏하면 뒤따라오곤 하니 이런 점에서는 靜에 부끄러울 것이다."

107 趙任道, 『澗松集』, '괄낭수구[感興十五首]' : "경솔하면 허탄하고 번다하면 지루한 법[傷易傷煩誕且支] 전쟁을 일으키기도 하는데 어찌 추기를 삼가지 않으랴[興戎盡亦愼樞機]. 주머니를 묶듯 입을 지키는

한편 음양학설로 보아도 자궁이 종자를 한 번 받아들였다면 더 들어오지 못하게 하는 본성을 지녔으니, 생리적으로 종자가 수정작용이 되었다면 자궁을 닫고 종자를 육성하여 결실을 보아야 할 것이다.[108] 곧 군자가 자신의 실력을 세상에 펼칠 시기를 위하여 말과 행동을 갈무리[保任, 보림, finish off]하는 기간이 필요함을 뜻한다. 어떠한 이유로든 지금은 세상이 나를 알아주는 시기가 아니다. 말과 행동을 조심해야 한다. "그런 신중함만이 나와 남을 해치지 않을 것[象曰 括囊无咎 愼不害也]"이라고 공자는 확신하였다.[109] "돈 많으면 단술처럼 대하고[金多若甘醴] 이익이 다하면 빗자루 버리듯 하는 세상[利盡如棄箒]"은 반드시 '괄낭'으로 경계해야 할 것이다.[110]

참고로 말과 행동을 조심하며 묵묵히 일만 하라. 나서면 손해다. 세상도 나와 맞지 않고, 나도 세상과 맞지 않으니 자숙하라. 그리고 '괄낭括囊'은 지갑을 열지 않고 조이는 것이니 신규 사업은 금물이다. 밖으로 나가고 싶은 뜻을 방어하기를 성같이 하고[防意如城], 입 조심하기를 병같이 하라[守口如瓶].[111] 『백서帛書』에서도

일 지금부터 시작하여[括囊守口從今始] 사람들 향해 함부로 시비하지 말라[勿向人間浪是非]."

108 손으로 헛바닥 묶을 括. 一括. 정액 담긴 精囊. 천하의 입을 틀어막는 囊括四海之意.

109 정약용, 『주역사전』: "剝卦는 실도하지만 4는 震의 길을 얻으니 무구며, 또 艮으로 머무니 절도가 있고 지극히 신중하다. 그러니 어찌 해로울 것인가? 豫卦는 복괘와 박괘로부터 온 것인데, 복괘는 곤으로부터 시작하여, 乾卦의 시원이 되니, 천지변화를 상징한다. 복괘 때는 군자가 바른 도를 얻고, 초목도 번성하고 아름답다. 그런데 豫卦가 되면 천지 사이에[4는 地位 2와 天位 5 사이에 있음] 한 개의 장애물 나무가 가운데 가로지르고, 게다가 박괘에 있던 艮門도 이에 빗장을 걸어 잠그니 '天地閉하고, 현인이 숨어드는 꼴이다.

110 金聲久, 『八吾軒集』, '괄낭': "괄낭의 때는 곤괘 효상 밝고[括囊義象晰] 삼함의 공자 가르침 두렵네[三緘孔訓凜]. 과격한 말로 재앙을 부르니[狂言觸駭機] 만사가 일장춘몽 되었네[萬事邯鄲枕]. 나는 세상 인심을 두루 맛보았으니[世情我備嘗] 구름과 비 뒤바뀌는 듯하네[雲雨翻覆手]. 우물에 떨어진 사람에게 또 돌을 던지니[落井猶下石] 결점을 찾아내고 때를 들춰내네[索瘢仍洗垢]. 금전 많으면 단술처럼 대하고[金多若甘醴] 이익이 다하면 빗자루 버리듯 하네[利盡如棄箒]. 인간 세상에는 조금도 의탁하기 어려우니[人間難托些] 그곳을 떠나 무하유로 들어가세[去入無何有]. 처세는 마치 모난 바퀴 같으니[處世若方輪] 돼지기름을 어찌 바를 수 있으랴[豨膏安可施]. 해를 따라 도는 해바라기를 사모하며[傾陽憐野葵] 어미를 먹여주는 까마귀를 부러워하네[反哺羨林烏]. 쓰이고 버려짐에 따라 행하고 감추라 한[用舍便行藏] 옛 가르침 성대하구나[洋洋有古訓]. 방덕공은 도성에 들어가지 않았고[龐公不入城] 민자건은 문수 가로 돌아가려 하였네[閔子將歸汶]. 홀로 감류의 기미에 어두워[獨昧坎流機] 무더운 해변 고을로 멀리 쫓겨났네[遠投炎海郡]. 스스로 지은 죄 때문인 줄 알았으니[旣知由自作] 어찌 꼭 하늘에 물을 것이 있으랴[何必着天問]."
三緘은 말조심을 비유함. 공자가 주나라 태묘에 갔을 때 철로 만든 사람의 입을 세 겹으로 꿰매고 그 등 뒤에 새긴 銘文에 왈. "古之愼言人也 戒之哉無多言 多言多敗." (『孔子家語』, '觀周')

적었다. "목요일, 자루를 잘 동여매니 무슨 잘못을 저지르진 않았지만 칭찬받을 일도 없었다."[112]

> ## 六五 黃裳 元吉
> 육5는 누런 치마라 (왕후가) 크게 길하리라.

누런 치마[黃裳]로 아랫도리를 드리우고 윗도리와 배색이 잘되니[乾衣坤裳], 부덕婦德이 아름답고 대길하여 만고에 어머니의 상이요 왕후의 상이다[元吉]. 황색은 고귀한 컬러로, 색 중에 색이요 여왕의 자리이다. 일찍이 동파는 이렇게 설파했다. "치마가 아니라 아래 위를 다 황색으로 입으면 군왕이 되고, 황색의 치마만 입으면 현명한 신하이다. 아름답게 꾸미는 것은 서로 섞이는 데서 생겨난다. 만약 음양의 기운 중에 한쪽에만 전일하다면 어찌 아름다운 꾸밈이 있겠는가? 5는 음이면서 양의 덕을 가지고 있기에 아름다운 문채가 그 중을 지키고 있는 데서 나타나는 것이다[文在中也]."

이처럼 '황상黃裳'을 현신賢臣의 덕으로 보았다.[113/114/115] 그 '황상의 아름다운 덕'을 가진 대표적인 인물이 주공과 제갈공명으로, 대권을 장악하고 있으면서도

---

111 접단으로, 2010년 6월 9일 2차 나로호 발사가 전년에 이어 또 실패를 본 효다. 아직도 기술 부족이다.

112 張祥平, 『易與人類思惟』 참조

113 盧守愼, 『蘇齋集』, '황상원길' : "지초 창출 인삼 복령이 어찌 진귀치 않으랴[芝朮蔘苓豈不珍]. 완전하게 보하기 위해 군신으로 정한다오[爲能完補作君臣]. 객사가 밖에서 엄습하면 정신이 혼몽해지고[客邪外襲神昏瞀] 조열이 속에 차 있으면 입이 쓰고 맵기도 하지[潮熱中柴口苦辛]. 황상원길의 선비를 만나지 못했더라면[不遇黃裳元吉士] 반가운 눈빛의 반생인이 되기 어려웠으리[難爲靑眼半生人]. 속을 말끔히 씻고 간폐를 서늘하게 하여[十分蕩滌凉肝肺] 원기를 되찾으니 애당초 부족한 건 아니었네[返得眞元未始貧]."

114 丁若鏞, 『茶山詩文集』, '황천[黃裳之父仁聊輓詞]' : "백년과 바꾸기로 한번 취해볼 만도 하지[一醉眞堪換百年]. 살면 어떻고 죽으면 어때, 둘 다 그게 그건데[生何如死兩茫然]. 어찌하면 남호의 만곡이나 되는 물을[那將萬斛南湖水] 황천으로 몽땅 가져다 술샘을 만들어볼까[盡與泉塗作酒泉]."

115 黃俊良, 『錦溪集』, '중궁전' : "동풍이 새벽녘의 한기 불어 보내니[東風吹送五更寒] 봄소식이 몰래 와 눈 이미 녹았네[春信潛通雪已殘]. 한밤중 매화가 예처럼 예쁜 게 놀랍고[半夜梅花驚舊豔] 한 해의 경물들이 새롭게 보여 기쁘네[一年雲物喜新看]. 상서로움이 청제 따르니 빨리 맞아야 하고[祥隨靑帝迎應早] 덕이 황상에 합쳐되어도 송축 또한 어렵네[德合黃裳頌亦難]. 좋은 계절에 양도가 넉넉한 때를 만났으니[令節幸逢陽道泰] 원대한 복 거두어다 초반에 들였다네[收將遐福入椒盤]."

그 도를 넘지 않다.[116] 2019년 한미일 군사동맹, 중소 압박, 핵으로 위협하는 북한과의 관계도 다르지 않다.[117]

'황상黃裳'은 고귀한 신분이기에 『주례』에서는 왕후에게 여섯 종류의 옷이 있었고, 그중에 첫째가 국화와 같은 황색의 옷[鞠衣]이었다고 한다.[118] 『춘추전』에서 노나라 계씨의 가신인 남괴南蒯가 배씨를 배반하면서 곤괘 5를 들고 자복혜백子服惠伯에게 점단을 부탁하자 "황黃은 중앙의 색이요, 상裳은 아래를 꾸밈이며, 원元은 선善의 우두머리이니 누런 치마는 고귀한 신분이 될 것"을 암시하였다. 그렇지만 충정을 모르는 자가 5를 얻으면 황색을 얻을 수가 없고, 아래에 있는 자가 공손하지 않으면 천박하게 되며, 하려는 일이 올바르지 않으면 최상의 선을 얻을 수 없다. 고로 충忠·공恭·선善이란 세 가지 덕을 지니지 않으면 이 괘는 해당하지 않는다고 판단하였다. 결국 '남괴의 반란'은 실패하고 만다.[119]

앞서 공자는 「문언전」에서 '황중통리黃中通理'의 아름다움이 몸에 배어야 5가 어떠한 사업도 반드시 성공할 것임을 밝히고 있다. 곧 "군자가 찬란한 황금의 중용으로 천하의 도리를 달통하여[黃中通理], 겸양과 예를 몸에 지니고 바른 자리에 거처하면[正位居體], 아름다움이 그 가운데 있어서 미덕이 사지에 뻗치고[美在其中而暢於四支], 또 사업으로 확연하게 드러나[發於事業] 아름다움이 지극하게 될 것[美之至也]"이라 칭찬을 아끼지 않았다. 이렇게 아름다운 덕을 속에 감추고 이치에

---

116 『列聖御製』, '세조대왕文策問題' : "『주역』은 무엇으로부터 도가 갖추어졌고 무엇으로부터 법이 이루어졌으며, 四聖은 天明으로 인한 사람들인데 무슨 까닭으로 같지 않으며, 광대하게 다 구비됨이 『시경』 『서경』과 더불어 같고 같지 않은가? 문왕은 羑里에 구속되었고 주공은 流言에 곤욕을 당하였다. 공자가 陳蔡 나라에서 액을 당한 것은 빨리 피하는 데 어두워서 그러하였는가? 演讚의 근원에서 갈라진 갈래와 卜筮의 많은 단서가 그러하다면 또한 글을 지어 책을 만들 바가 있겠으며, 옛사람은 다 완수하였는가? 거북 껍데기를 불태웠는데도 이루고, 치마를 누렇게[黃裳] 했는데도 패한 것은 어떤 자를 부렸기에 어그러졌으며, 또한 이치가 있는 것인가? 이치라는 것은 무슨 이치인가? 그것을 다 진술하도록 하라."

117 石之珩, 『五位龜鑑』 : "곤괘 5는 순수한 음이기에 임금의 자리를 취하지 않습니다. (美中 사이에 끼인) 우리나라 처지가 이렇습니다. 임금의 자리에 있으면서 신하의 도리를 행하는 경우가 제후의 일입니다. 지금의 시대적인 추세로는 융통성이 없음을 더욱 용납하지 않으니, 중도로 꾸며 몸을 낮추십시오 이른바 중도는 때에 따라 적절하게 그 능력을 잘 감추어야 하는 것입니다. 이것은 자신의 의견만 고집하는 자와는 함께 논의하기가 어렵습니다. 바라옵건대 전하께서는 바름에 계시면서 이치에 통달하시어 지극히 아름다운 중도를 구하시옵소서."

118 『周禮』, 「天官, 冢宰」, '內司服' : "王后之六服, 鞠衣, 黃衣也."

119 『춘추좌씨전·하』 소공 13년.

통하는 '황중통리黃中通理'한 자가 되면 안으로는 마음이 순수하고 밖으로는 물리에 통하게 되어 그 지위가 바르고 심신이 편안해 지리라.[120/121/122] 생산을 잘하는 여인도 튼튼한 심장으로 피를 잘 돌리는 하단전의 생명 활동도 모두 여기를 말한다. 황중黃中은 곤坤이고 통리通理는 감坎, 정위正位는 감坎, 거체居體는 곤坤을 가리킨다.[123]

여기서도 지욱의 도학적인 설명이 대단하다. "황黃이란 중간색이니 군왕의 덕이요, 상裳은 아래를 꾸밈이니 신하의 직분으로 천하 3분의 2를 가진 문왕이 은나라 주왕을 섬기는 경우와 같다. 불법佛法으로는 세간도 아니며 출세간도 아닌 선禪이라, 선禪은 곧 중도中道의 실상實相인 고로 황黃이다. 또 멸정滅定에 들어 미동도 없이 위의威儀를 나타내어 구계九界에 동류同流하는 고로 상裳과 같나니, 이것이 참으로 무상無上한 보리菩提의 법문이라 원길元吉하다. 고로 정혜定慧의 장엄莊嚴을 일러 문文이라 함이니, 전수全修가 마음자리에 있음에 문재중文在中이라 하였다."

퇴도退陶를 기리는 안동 유생들의 제문祭文도 살펴보자. 문장이 감동 그 자체다. "아, 우리 선생께서[嗟我先生] 일찍 밝게 도를 보셨도다[見道早明]. 경과 의를 견지하여[敬義夾持] 외면은 방정하고 내면은 정직하였으며[方外直內] 은미한 것을

---

120 申欽, 『象村稿』, '황중통리[后皇]' : "하늘의 베풂을 받아 공을 이루어[受施承成] 덕을 속에 감추고 이치에 통하는지라[黃中通理] 이에 제단을 쌓고[爰立方壇] 예법에 따라 제사 올리도다[熙事循軌]. 억조의 백성들 와서 의지하고[兆姓徠依] 사방 제후들 일제히 모시노니[列辟齊恃] 아름다운 경사가 왕성하여[嘉慶砰隱] 영원토록 다하지 않으리라[永世毋匱]."

121 尹善道, 『孤山遺稿』, '황통' : "우스워라, 나는 경전을 스승 삼았을 뿐[笑我師經典] 수은과 납으로 鍊丹할 마음은 없었노라[無心鍊汞鉛]. 황통의 내용을 일찌감치 배웠으니[早學黃通裏] 한 줄기 길을 밝힐 수 있으리[道如明一線]. 세 번이나 쫓겨난 유하계께서도[三黜柳下季] 어찌하여 떠나는 발걸음 더디셨겠나[胡爲行不遲]."

122 潛庵 金義貞, 『悠然堂集』, '정위거체' : "그러니 어진 이는 대적할 자 없고[雖然仁者無敵] 큰 도는 바깥이 없고[大道無外] 바른 자리에서도 체에 거하는 자는[正位居體者] 중하[中華]를 후설로 삼고[以中夏爲喉舌] 오래도록 백성을 다스리는 자는[長世子氓者] 도덕을 울타리로 삼고[以道德爲藩籬] 흥성함은 실로 덕에 달려 있도다[興實在德]."
  * 中夏는 中華와 같으며, 喉舌은 목구멍과 혀를 아울러 이르는 말로 목구멍과 혀같이 가깝고 요긴한 곳을 이른다.

123 [說證] 比卦는 復卦로부터 왔다. 복괘 진☳에서는 玄黃 즉 雜裳의 치마를 입었다가, 比卦가 되자 귀천에 따라 순수한 황색의 치마를 입었다. 乾의 衣에 짝하니 坤은 裳이다. 또 곤은 文인데, 比卦에서는 곤이 내괘에 있고 또 양이 5에 있으니 '文在中' 또는 '정위거체'라 하고[正位居體 陽五居], '황중통리'와 '美在其中'은 감☵의 자리이고[黃中通理 坎爲通], '暢於四肢'는 감☵의 四片이고, '發於事業'은 감☵의 主幹이고, '美之至'는 陽의 거처가 美이다[陽 爲美].

드러내고 숨겨진 것을 밝히고[微顯闡幽] 근원을 파서 물줄기 찾으셨도다[源浚根漑]. 안연처럼 되기를 바란 것이었고[希顔則是], 주자를 사모하여 미쳤으니[慕朱能逮], 옛날 현인을 능가하는 공을 세우고[功邁前賢], 후배들을 가르치고 인도하시어[學牖後輩], 선비들 습속이 잘 변화하고[士習善變], 문장의 물결 무너지지 않았다[文瀾不潰]. 묶어 감춘 주머니 더욱 드러나[坤囊愈露] 소인과 군자가 더욱 추대하였으며[剝輿盒戴], 하늘과 땅과 사람의 도리 하나로 꿰어[三才一貫] 닥치는 곳마다 어둡지 않았고[觸處不昧], 누런 치마가 길한 것임을 알아[黃裳知吉] 여러 번 불러도 마침내 사양하셨도다[竟辭招又]. 고요함 속의 세계[靜裡乾坤] 참된 즐거움이 그곳에 있었네 [眞樂所在]."[124]

공자의 뒤를 이었다는 평을 들은 사계沙溪의 신도비도 만만찮다.[125] 백두산의 황중봉黃中峰도,[126] 5덕2복을 지닌 대나무도,[127] 후덕后德도,[128] 곤의 아름다운 덕을 발하고 있다. 참고로 『백서帛書』에서는 "금요일. 어제의 일로 받은 황색의 일월日

---

124 權好文, 『松巖集』, '祭退陶先生文(안동유생 등)'.

125 張維, 『谿谷集』, '沙溪金長生神道碑銘' : "그릇이 큼직하고 뜻이 굳세어야 멀리 이를 수 있고[弘毅致遠] 질박하고 어눌함이 인의 속성에 가깝다는[木訥近仁] 성인의 가르침이 분명하나니[聖訓炳然] 공문 사과의 반열 속에[四科之列] 노둔한 증삼 끼지 못했어도[曾魯不與] 끝내는 공부자의 뒤를 이었도다[卒得孔傳]."

126 徐命膺, 「遊白頭山記」 : "나는 자식들 혼인을 모두 마쳤으니 할 일은 대충 마쳤다. 그러나 아직 못한 일이 세 가지가 있다. 첫째는 『주역』을 읽지 못한 것이고, 둘째는 백두산을 유람하지 못한 것이며, 셋째는 금강산에 가보지 못한 것이다. 지금 유배지가 백두산 아래 갑산부에 있으니 하늘이 혹시 나로 하여금 백두산 유람을 시키려는 것이 아니겠는가? 백두산 천지연 이름은 太一澤이라 하였다. 이것은 연못의 중심이 동북 산수의 한가운데 있어서 동북의 산천이 모두 이 연못에서 근본되기 때문이다. 그러므로 太極의 '太' 자와 천일의 '一' 자를 따서 그 연못의 이름을 정했다. 연못가에 솟아 있는 봉우리를 黃中峰이라 하였다. 이 봉우리는 12봉우리의 가운데 있으므로 그 색은 황색이다. 따라서 주역의 곤괘 '黃中通理'를 딴 이름이다."

127 金祖淳, 「竹說」, '황중통리' : "대나무는 5덕을 가지고 있다. 첫 번째는 속이 텅 비어 통하는 것이고, 두 번째는 재질이 아주 단단한 것이고, 세 번째는 줄기가 아주 굳센 것이고, 네 번째는 마디를 없앨 수 없는 것이고, 다섯 번째는 푸른 색깔을 바꿀 수 없는 것이다. 대나무는 또 2복을 가지고 있다. 첫 번째는 오래 사는 것이고, 두 번째는 종족이 무성한 것이다. 그러므로 군자는 대나무를 보고 취하는 점이 있는데, 이는 서로 간에 비슷한 점이 있어서이다. 비슷하다는 것은 무엇을 말하는가? 군자는 마음을 비운다. 그러므로 『주역』에 이르기를 '아름다움을 속에 감추고 있어 이치에 통달한다[黃中通理]' 하였다."

128 申欽, 『象村稿』, '后皇' : "하늘의 베풂을 받아 공을 이루어[受施承成] 덕을 속에 감추고 이치에 통하는지라[黃中通理] 이에 제단을 쌓고[爰立方壇] 예법에 따라 제사 올리도다[熙事循軌]. 억조의 백성들 와서 의지하고[兆姓徠依] 사방 제후들 일제히 모시노니[列辟齊侍] 아름다운 경사가 왕성하여[嘉慶砰隱] 영원토록 다하지 않으리라[永世母匱]."

月 깃발이니 정말 좋다"고 엉뚱한 해석이 시도되기도 한다.[129]

황黃은 숫자의 10과 5로, 동서남북의 어느 한 곳으로도 넘치지 아니하고, 모자라지도 아니하여서 황금 비율을 조절하는 수위가 된다. 십오十五는 보름이고 희망希望이다. 남사고의 『격암유록格庵遺錄』에서처럼 "진시황이 찾는 불로초가 서식하는 십승지十乘地는 바로 황중통리黃中通理, 즉 황중黃中이 통通하는 마을里로, 그곳은 늘 십오야十五夜 보름달이 뜨는 당신의 마음자리"라 하였다.

참고로, 충순한 덕이면 옥빛이 온 나라 안에 가득할 것이지만, 그렇지 못하면 주군에게 멀어질 나쁜 조짐이다[荒天].[130]

上六 龍戰于野 其血 玄黃
상6은 용과 들에서 싸우니 그 피가 검고 누렇다.

무식한 여편네가 만신창이가 되도록 들판에서 남편과 싸우는 꼴로, 음이 극성하면 반드시 피를 칠하며 양과 크게 싸우게 된다. 곤도坤道는 오로지 유순중정으로 후덕재물厚德載物해야 하는데, 음이 늙고 극성하면 유순과 중정 그리고 후덕이 사라지니 안타까울 따름이다. 마치 건도乾道가 항룡유회亢龍有悔 하는 모양처럼.

'야野'는 사방이 터진 공개된 장소다. 여자가 장소를 불문하고 들에서 남자와 맞장을 뜨자고[龍戰于野] 죽자 살자 덤벼들면 피칠갑이 뻔하다[其血玄黃]. 천지가 분간이 되지 않고, 예의염치가 통하지 않는 자리다. 음양이 통하지 않고, 남녀가 구별되지 않으니, 예의범절이나 도를 논하는 자는 묵사발을 당한다.

음이 양을 따르기는 하나 양을 따를 이유가 없으면 싸운다. 싸우면 반드시 모두 상처를 입으니, 그 피가 검고 누렇지 않겠는가.[131] 음이 강성해도 음은 음이기에, 양을 이기지 못하고 상처를 입는다. 양은 임금이고 음은 신하다. 양일지라도 상처를 입지 않을 수 없다. 검고 누렇다.[132] 용이 하늘을 다스리지 못하고 땅에서

---

129 黃 누를 황, 늙은이 황, 황금 황, 세 살 이하 어린애 황, 황달(黃疸) 황, 황제 황, 성 황. 갑골문은 노란 땅[田]의 빛깔[芄]을 나타냄.

130 자손의 공부는 훌륭하고, 취업은 윗사람에게 부탁함이 좋다. 재운은 곳곳에 손재 살이 끼었으니 위를 올려다보지 말고 아래로 낮추어라. 권력자는 1인자보다 2인자의 자리를 얻어야 한다.

131 정이천, 『이천역전』 : "陰從陽者也, 然盛極, 則抗而爭. 旣敵矣, 必皆傷, 故其血玄黃."

전쟁을 하니, 이것은 아주 하찮은 일이다. 음과 양이 다하면 반드시 되돌아간다. 음이 다해 사라지려 하고, 양이 강장해지려 하니 반드시 전쟁이 난다.[133]

이런 '용전龍戰'을 왕필은 "곤도가 자신을 낮추고 유순하며 교만하지 않아야 그 아름다움을 온전히 간수하는데, 곤이 지나쳐 양의 지역까지 점거하니 양이 이를 견디지 못해 들판에서 음과 싸우게 되는 것"으로 보았다. 그렇지만 다산은 「문언전」에서 곤괘가 박괘로 간 경우로 보고, 양의 무능을 혐의로 잡은 음의 반란으로 밝힌다.[134] "음이 극성하면 양을 의심하며 목숨도 불사하는 싸움을 부르는데[陰疑於陽必戰], 이는 양의 무능을 혐의로 잡는지라[爲其嫌於无陽也], 그 때문에 용과 같다는 소리를 들으며[稱龍焉], 그러면서도 그 곤의 무리를 떠나지 못하는지라[猶未離其類也] 피를 부른다[稱血焉] 했고, 그 피는 천지로 뒤섞여 범벅이 되니[天地之雜也], 하늘의 피는 검고 땅의 피는 누렇게 칠갑하게 되는 것이다[天玄而地黃]."[135] 기혈현황을 군웅할거로도 본다.[136/137] 여기서 현황은 하늘 핏빛 현玄이요, 땅 핏빛 황黃이다.

---

132 권근, 『周易淺見錄』: "陰雖盛, 猶未離其類, 故不勝於陽而見傷. 扶陽抑陰之意至矣. 陽爲君, 陰爲臣. 雖陽不能無傷, 故稱玄黃."

133 이익, 『易經疾書』: "龍不御天而戰于地上, 其極微可見. 陰陽皆窮, 則必反. 陰極將消, 陽極將長之象, 故必戰."

134 剝卦는 坤卦에 앞선다. 觀卦 때는 두 마리 용이 있었고, 剝卦가 되자 한 마리 용이 죽고 한 마리만 살아 남았다. 그것은 '龍戰'의 결과다. 上卦는 본래 감☵位로 坎는 血卦니 '其血'이다. 剝→坤, 坤→剝으로 앞서고 뒤서고 하니 '其血玄黃'이다. 또 간☶은 좁은 길이니 '其道窮'이 된다.

135 예컨대 신하가 자신을 군주에 견주면 반드시 싸움이 일어나게 된다. 坤卦라 하여 양이 없다는 혐의를 받을까 의심한 까닭에[곤은 순음] 특별히 곤괘에서도 용을 언급한 것이다. 음중양, 양중음의 법칙으로 보면 곤중건, 건중곤 즉 곤 속에도 건의 양의 성질이 있고, 건 속에서도 음의 성질이 잠재해 있다. 역시 이렇게 龍戰을 하더라도 여전히 산은 땅이요, 剝의 호괘는 곤괘이니 地類를 벗어나지 못한다. 艮은 죽음이고 血이다. 혈은 上卦가 坎位라서 그렇다. 음양이 상접하면 음이 먼저 피를 본다.

136 潛庵 金義貞, 『悠然堂集』, '哀紀信賦': "진나라가 어지러워지자[有秦之亂] 군웅들이 일어나 서로 대치하였네[群雄掎角]. 용이 넓은 벌판에서 싸우니[龍戰大野] 그 피가 검고 누렇도다[玄黃其血]. 임금이 욕되고 신하가 죽으니[主辱臣死] 아, 선생은 어디로 가셨는가[嗚呼先生之曷歸]. 선생이 가신 뒤로 천 년이 지났는데[後先生蓋千祀] 애통하고 답답하여 슬픔만 더하네[哀鬱悒而增悲]." * 紀信은 항우가 유방을 포위하여 상황이 위급하자, 자신이 유방으로 변장하여 항복하곤 유방을 탈출시키고 대신 죽었다. 기신의 죽음으로 무사히 탈출한 유방은 한나라를 세우고도 기신에게는 아무런 보답이 없었다.

137 李瀷, 『星湖僿說』, '乾龍姤豕': "乾卦 六龍이 한 번 극하면 天風姤卦의 豕가 되고, 姤卦 初爻의 잔약한 豕가 조금씩 뛰면 坤卦 龍이 龍戰于野 其血玄黃에 이를 것이다. 泰卦艮貞·明夷用晦·敦復하여 때를 기다리지 않으면 어찌 화를 면하기를 바랄 수 있겠는가? 이를 읽고 趙靜庵 선생을 위해 세 번 탄식했다."

지욱은 여기서 넓은 의미로 곤괘 상6을 '전의戰義'로 보았다. "곤坤의 정靜은 쾌夬고, 그 변變은 박剝이 되니 다 전의戰義가 있다. 선善이 극하면 악惡을 처단하고, 악이 극하면 선을 처단하니, 고로 궁색하면 싸우고 싸우면 상처가 난다. 이는 천지天地가 자리를 정해 진룡震龍을 낳으려 함이니, 고로 '야전野戰'이 된다. 진震은 용龍이 되며, 현황玄黃이 되며, 또 기氣가 이미 성하여 피가 되니, 바로 준괘屯卦가 오는 이치를 만든다. 준屯이 있으면 사師가 있으니 몽괘蒙卦 역시 사도師道를 밝힌다."

지욱처럼 아산도 자연스런 '음양의 이치'로 설한다. '음의어양陰疑於陽'에서 음이 양을 대적하는 당당한 자격이라 하고, 음이 먼저 추파를 보내는 것, 즉 비가 내리기 전에 땅에 습기가 생기는 현상으로 보았다. 또 '천현이지황天玄而地黃'은 음양교합의 이치로 음양이 상교하면 그 분별이 어렵기 때문이라 한다.

어쨌든 공자는 이를 "용과 들에서 싸운다는 것은 음의 도가 궁색하기 때문[象曰 龍戰于野 其道窮也]"이라는 결정사로 여타 변명을 한방에 잘라버렸다. 아무리 월식月食이 방정을 떨어도 태양은 보호되어야 한다.[138] 곤도가 똑바른 자라면 하늘을 하늘로 보고, 땅을 땅으로 보게 되면 문제는 간단하다. 그런데 곤도가 욕심이 과하니 남자를 여자의 울분을 해소시켜 줄 도구로 여기고 남자와 싸워서 서로가 피투성이가 되는 것이 아닌가. '천현지황'은 하늘을 하늘로 보고 땅을 땅으로 제대로 보라는 화두다. "산은 산 물은 물"이라는 '산산수수山山水水'와 다르지 않다.

고사로는 무왕과 주왕의 전쟁을 든다. 문왕이 죽은 지 4년 후에 부친의 유훈으로 무왕은 동정東征을 일으킨다. 마침내 은나라가 추위에 얼고 기근이 겹치자 그들조차 전쟁을 원했다. 무왕은 300대의 전차와 4만 5천 명의 병력과 3천 명의 특전용사들을 데리고 갔으며, 8개의 타 민족 제후국들도 동정에 합류하여 주왕에게 네 가지의 죄과를 물어서(방탕과 애첩 탐닉, 하늘과 조상신에 대한 제물 봉양 소홀, 바른 사람 불신, 이웃나라 범죄자와 노예의 은닉) 탄핵을 한다.[139] 황룡과 흑룡이 목야에서 싸운 이 '용전우야龍戰于野'에서 은나라는 종말을 고했다. '야野'는 여기서 '목야牧野'[140]를 가리키기도 한다.

---

138 曹兢燮, 『巖棲集』, '十五日夕月食' : "큰 길에서 용이 싸우니 그 피가 검고 누른데[九衢龍戰血玄黃], 홀연히 둥근 달무리가 크게 펼쳐짐에 놀랐네[忽驚圓暈飽開張]. 하늘이 두 눈 감은 것 이상하다 말라[莫怪天公閉雙眼], 땅 밑에서 숨은 양 보호하고 있으리라[應從地底護潛陽]."

139 사마천, 『사기본기』.

그런데 『백서帛書』에서는 이제까지 전통적으로 내려온 해석과는 근본적으로 다르게 '용전우야龍戰于野'를 10월의 큰 '한파'로 보았다. 동아시아에는 해마다 대략 11월 상순에 비교적 큰 규모의 첫 한파가 발생한다. 앞에서 언급한 '서리에 경의를 표한 것(예상)'은 바로 이 한파의 여파이고, 여섯째 날은 대략 양력 12월 상순에 발생하는 두 번째의 한파이다. 한파가 일으킨 회오리바람이, 검은 흙과 누런 낙엽을 휩쓸었다가 흩뿌리는 것은, 옛사람들에게는 용이 싸움을 벌이다가 피를 흘리는 것처럼 보였을 것이다.[141]

현황玄黃은 혼란한 정국 속에 소인들의 피비린내 풍기는 이전투구泥田鬪狗가 일어남이니,[142/143] 100년 전의 정한론征韓論[144] 때도 그랬다.

用六 利永貞
용6은 곤의 도는 오래오래 정도로 가야 유종의 미가 있으리라.

곤도坤道는 지구력을 말한다. 그 지구持久는 멈추지 아니하는 생생불식生生不息과, 월경月經으로 불순한 피를 걸러내면서까지 영원한 인욕忍辱을 담보할 것을 요구받는다. 이는 하늘의 씨를 바르게 육성시켜 나가야만 위대한 성모聖母로 대접받기 때문이다. 하늘은 곤에게 영원히 여도女道를 바르게 해주기를 요구한다[利永貞,

---

140 지금의 하남성 淇縣 이남과 汲縣 일대.

141 張祥平, 『易與人類思惟』.

142 黃玹, 『梅泉集』, '大明錦' : "우연히 아미타경 손에 들고 보노라니[偶然到手彌陀經] 낡은 상자에서 케케묵은 먼지가 묻어나네[古塵蓬蓬出弊筒]. 때는 폐조라 매미처럼 소란스러웠고[是時廢朝蜩螗亂] 도성 가득 푸른 버들에 꾀꼬리들 번성했었지[滿城烟柳繁鶯新]. 궁중에 일이 없어 불사만을 일삼았거니[宮中無事佛事競] 왕비가 천만 냥 은금을 아끼려 했겠는가[王妃肯惜千黃銀]. 하늘도 뜻이 있어 깊이깊이 간직한 것이로세[天其有意深深藏]. 네가 연계의 비린내 속에 안 떨어진 게 공경스럽고[敬汝不墮燕薊之腥臊] 네가 틈헌의 현황에도 물들지 않은 게 사랑스럽구나[憐汝不染闔獻之玄黃]."

143 鄭夢周, '思美人辭' : "망망한 구주(중국)를 바라보니[顧茫茫兮九州] 늑대가 길을 막고 용이 들에서 싸우네[豺狼當道兮龍野戰]. 그대는 예로 나아가며 의로 물러서니[進以懷兮退以義], 한번 만나 내 뜻을 말하고 싶다네[願一見兮道余意]."

144 高島 嘉右衛問, 『高島易斷』 : 피를 보는 싸움이 일어난다. 양보하고 억지로 구하지 말라. 1873년에 일본정부의 운세를 묻는데 조선이 보기에는 살점이 떨어질 듯한 '征韓論'이 들먹이는 대목이 보인다. 일본 해군 운양선이 인천항을 측량하다가 조선의 포격을 당하자 조선에 군대를 파견해 죄를 묻고자 했다. 대신들 간에 의견이 대립하며 급기야 '정한론'의 가부 문제로 인심이 흉흉하였으나 정한론을 주장하는 자들의 의견이 관철되지 못하였다. 이어 끊임없는 사변이 일어났다.

Lasting perseverance further]. 그러기에 곤의 '정貞' 속에는 여자로 하여금 '조개[貝] 점을 바로 치라[卜]'는 주문이 있는 것이 아닐까.

공자의 주석은 "영원한 정도를 쓰고 있는 곤도는 위대한 하늘과 유종의 미를 거두기 위함이라[象日 用六永貞 以大終也]"는 찬사로, 곤도를 하늘과 동등한 자리까지 높인다. 『주례周禮』에서도 "곤의 체는 그 한계가 없고[坤體無疆], 건의 덕은 쉼이 없으니[乾德不息], 얼마나 지속할지를 몰라 점침을 '정貞'이라 한다" 했다. 즉 곤은 무강하기에 유한한 시점은 언제이며, 건은 불식하기에 언제쯤 멈추려는가를 점치는 것이다. 여기서도 대축大祝이 영정永貞을 기원한다.[145] 남명신도비에서는 선생을 영정永貞한 용으로 보았다.[146/147/148]

곤의 체는 음으로서 유하고 순하시만, 용사 할 때는 양이 되고 강이 된다. 그 예로 한 집안이 평화로울 때는 여자가 조용하게 그 체를 지키지만, 난관에 부딪

---

145 『周禮·春官·大祝』에는 "坤이 乾이 되는 과정은 반드시 진☳에서 시작한다. 진☳의 군주가 처음으로 나와 곤의 백성에게 임함에 곤☷의 음이 모두 양으로 변하기에 이로우나, 오랜 세월이 걸려야 하기에 '利永貞'이라 하였다. 여자는 처녀라는 순수한 여성을 지니고 살지만, 아내가 되고 어머니가 되고 며느리가 되고 주부가 되면 하늘보다 남자 그 이상으로 가정과 자식을 위하고 마침의 사명을 더 크게 지닌다. 고로 곤의 여섯 자리가 모두 강(양)으로 종결하니 '大終'이 된다.

146 鄭仁弘, 『來庵集』, '南冥曺先生神道碑銘并序' : "종일토록 부지런히 힘쓰고 저녁에는 두려워하나니[乾乾夕惕] 학문은 오직 자신의 수양을 위한 것[學爲己] 움직일 때나 가만히 있을 때나 잃지 않으니[動靜不失] 실로 그 발에서 그친 것 때문이라네[艮其止]. 숨어서 쓰지 않았으니[潛而勿用] 깊은 못의 용이라네[九淵龍]. 그 즐거움을 변치 않았으니[其樂不改] 안자와 같았도다[陋巷同]. 두려워하지도 고민하지도 않았고[不懼無悶] 지나치게 컸지만 잃은 것 없었도다[其過者大]. 7일 만에 얻게 되었으니[七日而得] 수레 가리개를 잃어버린들 뭐가 해롭겠는가[茀喪何害]. 옥에 티 정도는[玉上蠅點] 그들의 붓과 입에 맡겨둔다네[任他毛舌]. 아아, 선생이여[於乎先生] 어두운 길의 해와 달이었네[冥道日月]."

147 魏伯珪, 『存齋集』, '用六' : "6은 太陰으로서 旺鄉에 그대로 거하여 靜을 주로 하니 用六은 영구하고 정고함이 이롭다[用六利永貞]. 9는 太陽으로 衰鄉에 거하여 動을 주장하니 '用九는 우두머리가 되지 말라[用九无爲首]' 한다."

148 金樂行, 『九思堂集』, '讀易說' : "易은 광대함을 다 갖추어 천하의 常과 變을 다하고, 천하의 義와 理를 두루 포괄하여, 본래 하나의 단서로 구해낼 수 없다. 그런데 역을 卜筮의 글이라고 여기는 것은, 象이 변하는 占辭가 종종 눈앞에 맞닥뜨린 때와 처한 처지와 부합하여 吉凶과 悔吝이 그에 따라 구비되어 드러나기 때문이다. 그래서 후세에 이 책을 읽는 사람이 그 근원을 다 연구하고 그 심오함을 찾을 겨를도 없이, 다만 그 文句의 내용만 좋아하여 마침내 避凶取吉로 나아가며 去害取利하는 자료로 삼았다. 그래서 위로 公卿의 貴人으로부터 아래로 布衣의 처사에 이르기까지 易 읽는 것을 자랑으로 삼지 않은 자가 드물었고, 친구나 師弟 간에 권면하고 인도하였다. 그렇지만 그 요점은 또 '利貞' 두 글자에 있다. 대개 貞은 正이고 固이다. 貞하면 이롭지 않음이 없고, 貞하지 않으면 이로운 바가 없으며, 貞하면 지나치게 건너 이마까지 빠져도 또한 허물이 되지 않고, 貞하지 않으면 집을 나가지 않아도 凶함을 면하지 못한다. 이런 까닭으로 64괘의 뜻이 모두 利와 貞을 주로 삼았다. 또 '영원히 바른 도를 지키는 것이 이롭다' 한 '永貞' 또한 이로움이 큰 것이다. 역을 읽는 사람이 또한 어찌 이런 뜻으로 읽지 않는가?"

치면 강한 모성을 표출하여 남자보다도 더 굳세고 강하게 집안을 이끌고 나가지 않던가. 이것이 음이 변하면 양이요, 유가 변하여 강이 됨이다. 이는 동파가 "역은 가끔 대소를 가지고 음양을 대변한다"고 말한 바의 의미이다. 본시 음은 양이요, 양은 음이다. 태극도가 의미하는 것이 음중양이요, 양중음이란 의미가 바로 그 자리다. 고로 나의 마음 안에는 음과 양이 동시에 존재하기에 슬픔(음)과 기쁨(양)의 회비喜悲가 더불어 공생한다.

또 건乾이 끊임없이 '자강불식自彊不息' 한다지만, 곤坤은 그런 건乾마저도 품어서 하나로 만드는 '덕합무강德合无疆'을 지닌다. 곤은 하늘뿐 아니라 하늘 아래 크고 광대한 것도 다 품고 있기에[含弘光大],[149] 건乾의 '대재大哉'가 곤坤의 '지재至哉' 속에 녹아서 들어가고 만다. 다시 말하면 6을 끝까지 철저히 다 쓰면 9가 되니, 6과 9가 바로 음양이 되어 대종大終의 대재大哉가 된 연유다.[150] 그기에 대지의 함홍광대含弘光大를 비는 것이다.[151]

주자 역시 "용육用六은 무릇 음효를 다 얻은 자를 말함"이라고 하는 것을 보면, 곤괘坤卦가 건괘乾卦로 변해 간 것을 알았다. 건이 모두 변하면 곤이 되고, 곤이 모두 변하면 건이 된다는 말이다.[152] 지욱도 노음이 동하여 양으로 변한 것으로 보고 이렇게 덧붙였다. "6은 노음老陰이라 동하여 양으로 변하나니, 이제 곤괘를

---

149 柳重敎, 『省齋集』, '絃歌軌範三樂章' : "지극하도다 땅의 근원이여[至哉坤元] 저 하늘에 충분히 짝하네[克配彼天]. 널리 품고 빛나고 커서[含弘光大] 만물을 싣고 있네[萬物載焉]. 잘 제사 지내고 잘 제사 지내어[克禋克祀] 예법에 허물이 없으니[式禮莫愆] 성대하게 복을 내려[降福簡簡] 만년 동안 내리소서[於萬斯年]."

150 金相岳, 『山天易說』 : "곤괘 用6은 건괘 用9와 같다. 음의 수는 6이 老이고 8이 小이니, 老는 변하고 小는 불변이다. 그러므로 8을 사용하지 않고 6을 사용한다. 한편 건괘에서는 '乾元用九'라 하였고, 곤괘에서는 '坤元用六'이라 하지 않았다."

151 旅軒 張顯光, '함홍광대[祭土神文]' : "顯光은 병란의 때를 만나 옛 고향을 잃고, 동서남북으로 떠돌아 다녀 일정한 처소가 없은 지가 이제 10여 년이 되었습니다. 가만히 보건대 이 언덕이 뒤에는 높은 산이 있고, 앞에는 긴 강이 흘러 적막한 물가가 되고 넓은 들이 되었음을 사랑하여, 마침내 깃들여 살 만한 한 곳을 만들려 하였습니다. 이에 세 칸의 집을 세워, 이미 그 위에 기와를 이고, 다시 옆에 초가를 지어 장차 家率들을 두려고 하옵니다. 만일 神의 도움을 입어, 깊고 긴 脈을 이끌고 순후한 기운을 쌓아, 보호하여 길러주는 융성함을 온전히 하고, 재앙이 일어남을 길이 끊어 주신다면, 용렬한 이 늙은 몸이 거의 어린 아이들을 이끌고, 마음대로 고기잡고 나무하며 한가로이 눕고 쉬면서, 이후의 세월을 보낼 것이오니, 이 어찌 족히 '含弘光大'한 아름다움이 아니겠습니까. 이에 맑은 술과 제철의 음식으로 공경히 진설하여 올리고 아뢰옵니다."

152 주희, 『주역본의』 : "乾卦의 吉은 无首에 있고, 坤卦의 利는 利永貞에 있다. 곤괘가 비록 변해 양이 될지라도 곤괘의 본성은 본래 우두머리가 없다."

서득筮得하여 6효가 다 노음이라면 변하여 건괘가 되나니, 오직 천天을 순順히 승承할 뿐 아니라 또한 천행天行의 건健까지 행하게 된다." 다산 역시 시초로 점을 칠 때에 18번을 변해서 다 땅의 수를 얻었다면 6효가 다 변한 것이 되니 이것이 바로 용육用六이라 하였다.[153]

---

153 참고로 곤괘는 앞서지도 말고 명령에 따라서 사는 것이 좋다. 바쁘게 서둘지도 말고, 항상 윗사람과 상의하고 움직여야 한다. 여러 사람을 돌봐야 할 일이 많아 고생도 따를 것이다. 사업도 승진도 선거도 어렵고, 주식과 펀드와 시험은 땅으로 그 기세가 꺾인다.

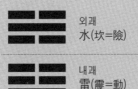

| 외괘 水(坎=險) |
| 내괘 雷(震=動) |

3. 수뢰준水雷屯
Difficulty at the Beginning

준은 새로운 생명을 탄생시키려는 어려운 때다. 즉 개국, 창업의 시절에 고난을 맞은 형국이니, 여기서 살아남을 수 있는 방책이 무엇인지를 알려준다. 또 준괘는 미래의 권력이다. 미래에 임금으로 등극할 사람이지만, 지금은 엄청난 고난에 처한 세자와 같다.

> 屯 元亨 利貞 勿用有攸往 利建侯
> 준은 크게 형통하니 바르게 하면 이롭다. 갈 바가 있어도 쓰지 말고, 제후를 세워야 이로울 것이다.

「서괘전」은 '준屯'을 이렇게 말한다. "천지가 생긴 연후에 만물이 그 천지를 채워나가는데, 준이 그 만물 중 처음으로 생겨났다."[1] 준은 우주 태초의 혼돈상태[天造草昧] 카오스(Caos), 혼돈왕, 새벽이 오기 전의 캄캄한 때를 이른다.[2/3] 천지간에 첫 정력을 받아 나온 것이 인간이고, 그 인간들 중에 부모의 정력을 받아 첫째

---

1 「서괘전」 : "有天地然後 萬物生焉 盈天地間者 唯萬物 故 收之以屯 屯者盈也 屯者物之始生也."

2 朴趾源, '천조초매[象記]' : "주역에 이르기를, '하늘이 혼돈을 만들었다[天造草昧]' 하였는데, 草昧라는 것은 그 빛이 검고 그 모습은 흙비가 쏟아지는 듯하여, 비유하자면 장차 새벽이 오려고 하나 아직 새벽은 되지 않은 때에 사람과 사물을 분간하지 못하는 것과 같으니, 캄캄하여 흙비 내리는 듯한 가운데에서 하늘이 만들었다는 것이 과연 어떤 물건인지를 나는 아직 알지 못하겠다. 비유컨대 국수집에서 밀을 갈면 가늘고 굵고 곱고 거친 것이 뒤섞여 땅으로 흩어진다. 대저 맷돌의 공능은 도는 데 있을 뿐이니, 애초부터 어찌 일찍이 곱고 거친 것에 뜻이 있었겠는가?"

3 『장자』, '혼돈[應帝王]' : "남해 임금 숙(儵)과 북해 임금 홀(忽)이 함께 중앙 임금 혼돈(渾沌)을 방문하였다. 혼돈은 그들을 반겨 정중히 대접했다. 숙과 홀은 혼돈의 호의에 어떻게 보답하면 좋을지 상의를 하였다. '사람은 누구나 눈과 귀와 입과 코 모두 합쳐 일곱 개의 구멍이 있고, 그 덕택으로 보고 듣고 먹고 숨쉬고 할 수 있는 것인데, 오직 혼돈에게는 그것이 없다[此獨無有]. 우리가 고맙다는 표시로 구멍을 뚫어 줌세[嘗試鑿之].' 그래서 두 임금은 하루 한 구멍씩 뚫기 시작했는데[日鑿一竅], 일을 끝마쳤을 때는 혼돈은 이미 숨이 끊어져 있었다[七日而渾沌死]."

진☳과 둘째 감☵이 태어남이 준이다. 천둥과 번개가 치면 비가 오고 물이 생겨나 생명들이 앞을 다투어 나온다. 그러니 만물의 탄생은 어렵고 어려운 난지난사를 거칠 수밖에 없다(Difficulty at the beginning).[4] 준괘는 감괘坎卦와 건괘蹇卦, 곤괘困卦와 더불어 4대 흉괘에 속한다.

한편 주자는 "준屯의 글자가 싹[屮]이 땅[一]을 뚫고 막 나오기 시작했지만, 아직 곧게 펴지 못한 모양을 본떴다" 하고, 다산은 "물건이 갈고리 모양으로 곧게 펴지 못하고, 어려움이 많고 편하지 못함인데, 춘春도 준을 따른 꼴"이라 했다.[5] 이런 까닭인지 공자도 "어려운 시절에는 반드시 훌륭한 부모와 스승을 모시고 갈 것"을 단왈에서 이렇게 당부한다.

"준屯은 강유剛柔가 처음으로 교합하여 새로운 생명을 어렵게 낳는 때다. 천하에 소중한 생명은 험한 세상을 헤치고 나와야 하기에, 그 탄생 자체가 당연히 어렵다. 그렇지만 뇌우가 화합하고, 만물이 발육하여 조화의 공이 이루어지면 크게 형통할 것이다. 그렇지 못하다면 때를 기다리는 것이 더 이롭다. 이것은 마치 천둥이 큰 비를 내려, 지상의 만물을 적심과 같은 이치이다. 지금은 혼란과 암흑이 지배하고 있지만, 초조하다고 서두르지 말고, 천하를 도와줄 제후를 세워 맡김이 이롭다. 천지창조의 어렵고 어두운 시절에는, 반드시 훌륭한 부모와 스승을 모시고 가야지, 그렇지 않고 홀로 독단하여 간다면 마침내 편치 않을 것이다[彖曰 屯

4 정약용, 『주역사전』: 준괘는 임괘로부터 온다. 임괘 때는 震의 풀에서 새싹이 나왔는데, 위의 坤의 흙을 머리에 이고 있으니, 이미 그 껍질은 터져 있지만 아직 땅을 뚫고 나오는 데까지는 이르지 못했다. 이제 준괘가 되면 震의 풀로부터 나온 싹이 땅을 뚫고 나왔으니[2·3·4 坤], 가득히 봄기운이 불어와 만물이 소생하는 기세가 있다. 그런데 불행히도 坎의 험난 속에 생겨나, 그 살려는 의지가 완전히 달성되지 못하고[震의 강이 상위에 이르지 못함], 한 점 坤의 흙이 여전히 연약하여 구부린 채로 새싹 위에 얹혀 있는데, 그 새싹의 형태가 이렇게[屮] 구부러져 아래로 향하고 있다. 이것은 거의 땅을 뚫고 나왔으나, 땅을 우뚝 뚫고 나오는 데까지는 아직 미치지 못한 모습이다.

5 다산은 여기 屯을 '둔'이 아니라 '준'이라 한다. 屯의 위의 삐침(丿)은 험을 만난 것을 상형한 것이고, 屯의 세로획 乙은 새싹의 형태가 굽어진 것을 나타낸 것이다. 따라서 春 자도 屯에서 따왔기에 春의 고자가 旾을 쓴다. 글자의 본래 의미가 이와 같으니 준을 험난이라 하는 것이다. 주자 왈, "준은 새싹을 뚫고 비로소 나와서, 아직 뻗지 못한 것을 상형한 것이다[屯字 象屮 穿地始出 而未申也]." 양성재왈, "사물이 겨우 움터 나와 활짝 펴지 못한 것을 준이라 하고, 세상에 곤란함이 많아서 태평하지 못함을 준이라 한다[物勾萌未舒日 屯 世多難未泰日 屯]." 구부러진 새싹은 勾, 꼿꼿하게 바로 선 새싹은 萌이다. 양성재는 『誠齋易傳』을 지은 楊萬里(1127~1206). 屯 어려울 준, 태아가 태 도리할 준, 진칠 둔. 春(古字는 旾).

剛柔始交而難生 動乎險中 大亨貞 雷雨之動 滿盈 天造草昧 宜建侯 而不寧].”⁶/⁷/⁸

　　세상이 아무리 어렵다 하더라도 공功만 구하려고 애를 쓰면 공은 얻을 수 있다. 그러나 그 공을 다투는 자가 많으면 천하의 어지러움이 더욱 깊어간다. 지금은 비록 내가 나가지 않아도, 천하에 나가고자 하는 자들이 많으니 바른 제후를 찾아 대신 세우는 것이 낫다. 만물이 생겨날 때는 반드시 우레와 비를 기다려야 하는데, 우레와 비가 처음에 일어날 때는 세상이 어지러워 그 연유를 모르지만, 날이 갠 뒤라면 그 공을 알게 된다. 또 하늘이 만물을 만든다고 어찌 물물을 다 만들겠는가? 성인이 백성을 구한다고 어찌 인인을 다 구제하겠는가? (하늘이 어머니에게 그 의무를 나누어 지게 하듯) 군자는 훌륭한 제후를 세워 맡기는 것이다. 그렇다고 이것이 편안하고 쉬운 일만은 분명 아니다.⁹

　　제후를 세워도 역시 어려운 일은 어렵다. 군주를 세우는 자가 준屯을 얻으면 길하나,¹⁰ 정벌에 나서는 자나 여행을 떠나는 자가 이를 얻으면 불길하다. 「잡괘전」은 “준괘는 밖으로 드러나지 않지만 그 거처를 잃지 않는다”¹¹ 했다. 이러니

---

6 본괘 臨卦觀卦 때는 剛柔가 교섭하지 않다가 屯卦가 되면서 하나는 올라가고, 하나는 내려감에, 坎☵의 험이 이로써 생기니 ‘剛柔始交而難生’이 되고, ‘動乎險中’은 괘덕이고, ‘雷雨之動滿盈’은 진☳의 그릇 속에 坎의 기운이 충만함이다. 준은 가득참이다. 임괘와 관괘 때에는 상하 어느 한쪽으로 치우쳐 비어 있었다. 그런데 준괘로 추이하게 되면 우레가 치고 비가 퍼부어, 상하가 모두 가득 차게 되어, 기운이 천지에 충만하게 되니, 이것이 滿盈의 뜻이다. 震의 그릇 위에 坎의 물이 가득 차니 준괘가 본래 가득참의 뜻이 있다. 또 震의 풀과 坎의 어두움이 있으니, 그 상이 거칠고 황량하며, 어둡고 몽매하다. 또한 준괘는 관괘로부터 왔으니, 하늘의 조화[天工]로 만들어진 것이라서 天造의 뜻이 되고, 草昧의 뜻이 된다. 준괘에서는 震主가 이미 세워지고, 坎의 노고가 있으므로 ‘宜建侯而不寧’이라 한 것이다. 태고적 혼돈의 시초에 처음 君長을 세우니 비로소 지혜가 열리고, 사물이 자리를 잡기 시작하여, 스스로 편안할 겨를이 없다. 손☴은 工이며 조화, 진☳은 草木, 감☵은 昧, 진☳은 主이며 君長이다.

7 괘사에서는 ‘元亨, 利貞’이라 하였는데, 단왈에서는 ‘大亨, 貞’이라 한 것은 ‘元’과 ‘利’는 ‘亨’과 ‘貞’에 의거해 성립되기 때문에 그 의미가 상대적으로 중요치 않음을 밝힌 것이다. ‘元’과 ‘利’는 수식의 의미로 붙었다고 보아야 한다. 반면 ‘亨’과 ‘貞’은 ‘元’과 ‘利’가 없어도 성립되고, 보다 실체적이다. ‘元’과 ‘利’ 중에서도 ‘利’가 상대적으로 중요하지 않다. 따라서 ‘元亨, 利貞’을 해석함에 ‘利’를 빼고 ‘大亨, 貞’이라 한 것이다.

8 정이천, 『이천역전』: “天造는 時運, 草는 혼란하여 질서가 없고, 昧는 어두워서 밝지 못한 것이다[天造 謂時運也 草 亂无倫序 昧 冥昧不明].”

9 소식, 『동파역전』.

10 『春秋官占補註』, ‘重耳反國之筮’ : 重耳가 나라를 얻을 것인가에 대해 점을 쳐 ‘貞屯’의 괘 즉 본괘[貞] 준을 얻었다. 사공계자가 이렇게 풀었다. “길하다. 震이 長이 되므로, 元이 된다. 뭇 백성이 따름이 기쁘다. 그러니 亨이다. 내괘에 震이 일을 주관하므로 利貞이라 한다.”

준의 시절에는 앞장서지 말고, 난세를 잘 헤쳐나갈 수 있는 노련한 사부師父나 전문 CEO를 앞세우는 것이 이롭다.[12] 나아가 자신의 장단점을 미리 파악하고, 적재적소에 인재를 배치하고 꾸준히 노력하며, 성공으로 가는 계획을 세워야 한다. 실록에 세조의 '준형시屯亨詩'가 보인다.[13]

> 象曰 雲雷 屯 君子以 經綸
> 상왈 검은 구름과 천둥소리가 함께 일어나는 것을 준이라 한다. 군자는 이 괘상을
> 관찰하여, (창업의 시기에 대사를 도모할) 경륜을 펼쳐 나가도록 해야 할 것이다.

비구름이 꺼멓게 하늘을 덮고, 천둥까지 울리나 비는 아직 오지 않아, 땅을 적시지를 못하고 있다[雲雷]. 군자라면 이 때에 천지를 경영할 경륜經綸(Bring order out of confusion)을 쌓아야 할 것이다. 경륜은 하늘을 쳐다보고 세로로 실을 짜고, 땅을 보고 가로로 실을 짜서, 철두철미하게 자신을 연마시키며, 경영과 경륜을 펼쳐나갈 날을 준비함이다.[14] 후한後漢시대 어원을 탐구한 유희劉熙는 『석명釋名』에서 이렇게 말했다. "경經이란 베를 짤 때 세로로 들어가는 실이고, 륜綸은 실에도

---

11 「잡괘전」: "屯 見而不失其居"라 함은 리☲의 '見'과 감☵의 '居'는 감☵ '宮'에서 응용함.

12 『주역사전』: 屯卦는 臨卦에서 왔다. 임괘 큰 진☳의 형태가 '善之長' 하니 '元'이다. 또 임괘 內卦 태☱는 '義之和'로 '利'에 해당한다. '元者善之長也'에서 진☳은 長子, '利者義之和也'에서 태☱는 爲義爲和. 또 屯卦 互卦 리☲에서 2와 5가 정응하니 '元亨'이며, 감☵位의 4·5·6 중 5가 강이라 일을 충분히 주간하니 '利貞'이고, 亨은 감응하여 통한다는 의미이다. 離의 정성으로 감동시킴이 있거나, 또는 2와 5가 상응하는 경우에 상응의 뜻이 있는데, 그 사례가 동일하지 않다. 5는 천심, 2는 인심에 해당된다. 하괘 진☳ 動은 어디로 갈 것처럼 보이나, 상괘 감☵ 險이 있어 '勿用有攸往'이다. 屯卦 또한 觀卦에서 온다. 觀에서는 군자 진☳ 主가 없었으나, 屯이 되면서 天命이 하강하여 震主가 자리하니 '利建侯'가 된 것이다.

13 『세조실록』 세조 6년(1460) 7월 16일 : 思政殿에 나가 常參(약식조회)을 받고 정사를 보았다. 常參 봉원부원군 鄭昌孫·영의정 姜孟卿·좌의정 申叔舟·병조판서 韓明澮·이조판서 具致寬·예조판서 洪允成·병조참판 金礩 등을 불러서 명나라 사신 馬鑑을 접대할 일을 의논하였다. 이어서 술자리를 베푸니 정창손·신숙주·홍윤성·한명회 등이 술을 올렸다. 명하여 宰樞와 궐내의 문신들에게 입시하게 하고, 그 다음에 '屯亨詩'를 친히 지었다. 내용은 『주역』 준괘에 '屯之亨利貞'의 내용을 읊은 시로. 즉 "震龍이 坎水를 얻어 험난을 극복하고 登龍하듯 조정이 뜻을 모아가자"는 의미였다.

14 정약용, 『주역사전』 : "준괘는 관괘로부터 왔다. 관괘 때는 손☴의 실로 곤☷의 베를 짤 수 있었는데, 준괘에 와서 감☵의 베를 짜는 기계로(☵幾) 실을 짜듯이, 법을 엄정하게 집행함으로서, 곤☷의 백성을 다스리니 바로 경륜의 상이 다. 군자가 草昧시대를 맞아 지혜를 창안하고, 만물을 개화시키며, 震의 임금을 세워 屯의 곤란을 구제하니, 이것이 어찌 경륜의 상이 아니겠는가."

질서가 있음을 말한다[經者 織之縱絲也 綸者 絲有倫理也]."

지욱도 이런 설을 편다. "운뢰雲雷가 있어 초목을 키우듯 군자는 경륜經綸이 있어야 자신과 백성들을 교화[自新新民]해 나감을 알아야 한다. 경륜에는 과거, 현재, 미래에 집착하는 마음을 버리고 무시无時로 출입出入하는 자유자재를 얻어야 할 것이다." 여기서 '감☵'을 비라 하지 않고 구름이라 한 것은 미성未成을 뜻하였다. 비가 되지 못한 세상을 준이라 하니, 군자는 준세屯世를 건질 경륜이 필요함을 알아야 한다.[15]

주자 또한 구름을 준세屯世의 불통不通이라 하였고, 경륜은 정치의 일이기에 '경經'은 '인引'함이요 '륜綸'은 '이理'라 하였다.[16] 다산 또한 대경대법大經大法을 지음에 조리條理가 찬연하여 만민萬民을 유지維持할 수 있는 것을 '경륜'이라 했다[條理粲然 可以維持 萬民者 亦謂之經綸也]. 대경대본大經大本 제설 또한 만만찮다.[17/18/19] 구름과 우레는 장차 비가 되고,[20/21] 경륜은 장차 세상을 구제한다.[22] 나라를 다스리는 임금과 집안을 다스리는 사대부의 필수 요건은 바로 경륜이지만,[23] 재성보상

---

15 지금은 시운이 성숙되지 않았기에, 혼자서는 어떤 일도 하기 힘들다. 협력자를 구해야 하니 좋은 사람이 얻어지는 때를 기다려라.

16 주희, 『周易本義』: "어려운 세상은 군자가 큰 일을 하는 때이다[屯難之世, 君子有爲之時]."

17 조호익, 『易象說』: 『중용』의 주에 "經은 실마리를 손질해서 나누는 것이고, 綸은 부류를 나란히 하여 합하는 것"이라 했으니, 길쌈하는 일이다[中庸註, 經者, 理其緒而分之, 綸者, 比其類而合之, 緝績也].

18 유정원, 『易解參攷』: "經은 감☵의 상이고 綸은 진☳의 상이다. 물의 흐름은 그침이 없어 다스리는 經의 의미가 있고, 우레의 왕래는 나눠졌다 합하여 '잇는다[綸]'는 뜻이 있다… 水之流行不息, 有經底意思, 雷之往來分合, 有綸底意思]."

19 윤행임, 『薪湖隨筆易』: "이른바 경륜은 바로 큰 줄기와 큰 뿌리이다. 만물이 처음 생겨나는 초기에 큰 줄기를 바로 하고, 큰 뿌리를 세워서 천지에 참여하여 화육을 도움은 군자의 첫 번째 공업이다[經綸者, 卽大經大本也. 萬物始生之初, 正大經立大本, 參天地贊化育, 是君子第一功業]."

20 박윤원, 『易經箚略 易繫箚疑』: "우레와 비라고 한 것은 음양의 화합을 취한 것이고, 군자가 경륜으로 말하면 구름과 우레라고 한 것은 구름만 잔뜩 끼고 비가 오지 않는 상을 취한 것이다. 경륜은 곧 어려움을 구제하는 방법이기 때문이다[… 經綸, 卽濟屯之具故也]."

21 심대윤, 『周易象義占法』: "군자는 구름과 우레가 비를 만들려는 상을 보고 사업을 경륜하니, 구름과 우레는 움직여서 화육하려는 마음이고, 뿌리와 싹은 나서 나아가려는 뜻이니, 경륜은 일어나서 일하려는 시작이다… 經綸興而作爲之始也]."

22 서유신, 『易義擬言』: "구름과 우레는 장차 비가 되고, 경륜은 장차 일을 바로 잡는다. 구름과 우레로서 비가 내리면 사물의 어려움이 풀리듯 경륜해서 다스려지면 시대의 어려움이 형통하게 된다. 군자는 어려워 머뭇거리는 때에 반드시 세상을 구제할 경륜이 있다… 君子在屯邅之時, 必有濟世之經綸也]."

財成輔相이야말로 경륜의 완성이 아닐까.[24] 당신이야말로 천하의 얼키고설킨 실마리를 풀어가야 할 위인이다.[25/26]

> **初九 磐桓 利居貞 利建侯**
> 초9는 절음발이가 걷듯이 머뭇머뭇 거리지만, (그 뜻이 정도로 행하고자 하니 비록 다리에 병이 들었더라도) 거처를 옮기거나 정하는 일이 이롭고, 제후를 세우는 일도 이롭다.

준괘의 주효로서 난세의 어려움을 만나 민초들 속에서 어렵게 처신하는 존귀한 신분의 처세다. 초9는 정위이며 4와 짝이다. 충성스러운 짝 4를 두고 가까운 유순 중정한 2에게 마음이 끌려 머뭇머뭇 거리며 반선磐桓(hesitation and hindrance)[27]을

---

23 김도, 「周易淺說」: "후계자가 처음 태어나면 몽매하고 지식이 없으니, 이것도 어려운 시기이다. 반드시 스승의 직분을 세워 보조하고 인도해서, 그 학업을 경영하고 그 총명을 개발하며 어려움에서 벗어나게 하여, 그를 후일 천하를 다스릴 근본으로 삼는다면 어찌 임금의 시작하는 일이 아니겠는가? 임금만 그런 것이 아니라, 사대부의 집안에서도 모두 이 상을 본받아 자신을 닦고 집안을 다스리며 자식을 잘 교육시켜, 어릴 때에 미리 길러준다면 어찌 아름답지 않겠는가?"

24 김상악, 「山天易說」: "하늘의 조화가 어지럽고 어두우니, 제후를 세워 천하의 일을 경륜하여 어려움에서 구제해야 한다. 泰卦의 상은 이른바 '마름질하여 이루고 도와주는 것[裁成輔相]'이니 바로 경륜의 완성이다."

25 이정규, 「讀易記」: "어려운 때를 만나 두렵고 실망하여 감히 큰 일을 하지 못하면, 어려움을 구제하는 것이 어느 날에 있겠는가? 공자와 맹자가 천하를 두루 돌아다님이 비록 당시에는 어려움을 구제하지 못했지만, 만세에는 어려움을 구제하였다. 諸葛武侯가 의리를 지켜 천하에 대의를 펼쳤고, 晦翁이 큰일을 하여 건과 곤이 거듭 새로워졌으니, 이것은 군자가 큰일을 할 때인데도 문을 잠그고 조용히 있는 것은 군자가 되는 까닭이 아니다. 군자가 세상을 다스리는 것은, 실을 손질함에 그 얽힌 것을 풀려고 하는 것과 같으니, 또한 어려운 때에 반드시 그 꽉 얽혀있는 것을 풀어야 한다."

26 이항노, 「周易傳義同異釋義」: "천하가 어둡고 어려운 때에는, 온갖 것이 질서가 없고 오륜이 시행되지 않으니, 비유하자면 엉킨 실과 어지러운 실마리가 어지럽게 쌓여 있는 것과 같으니, 고쳐서 바로잡고 손질하여 정리하지 않을 수 없다. 또한 그 실마리를 다스려 나누고, 그 종류를 나란히 하여 합하는 것에 지나지 않을 뿐이다. 임금과 신하를 바르게 하여 강령을 통괄하고, 아비와 자식을 친하게 하여 계통을 이으며, 남자와 여자를 분별하여 기강을 바로 잡고, 어른과 아이를 엄격하게 하여 그 선후를 차례 지우며, 친구들을 돈독하게 하여 좌우를 돕는다면, 질서가 돈독해지고 조리가 분명해진다고 하였으니, 비록 구름과 우레의 어려운 때에 해당할지라도, 각기 돌아가 소속할 데가 있고, 각기 나누어 거주할 데가 있어, 질서정연하여 어지럽지 않고 찬란하게 빛남이 있다. 어찌 어려움을 구제하고 혼란을 다스리는 것이 근심이 되겠는가?"

27 정약용, 「주역사전」: '반선'은 절음발이가 멈칫멈칫 걷는 것을 말한다. 준괘는 觀卦에서 나오는

한다. 앉을 자리와 갈 곳을 두고 고민하지 말고 처신을 똑바로 해야 이로울 것이다[利居貞]. 그러니 매사를 처리함에 있어 충직한 제후를 시켜 일을 맡겨야 이롭다[利建侯].

초9가 지금은 어려운 형편에 놓여 비록 아랫자리에 처했을지라도, 제후를 부리는 존귀한 신분이다. 군주 자리에 아버지를 모셔 놓고, 아들이 실질적으로 국가대사를 처리하는 상황과 같다. 일례로 아버지의 위패를 모시고 상나라를 정벌한 무왕의 경우와도 같다. 동파는 초9를 귀한 존재가 천한 곳에 있기 때문에, 군왕의 덕은 있지만 그 지위는 없다고 하였다. 그러므로 나가기 어렵지만 곧게 머물면서, 지위가 스스로 다가오기를 기다리는 자이다. "지위가 없기 때문에 추종하는 자도 있고 추종하지 않는 자도 있다. 그러기에 제후를 세워 백성과 다투지 않는다는 것을 밝힌다. 따르지 않는 백성이 있지만 내가 세운 자를 따르는 것은 마치 나를 따르는 것과 같다고 여길 것이다."

그러기에 공자는 이렇게 주석하였다. "비록 머뭇거리는 것과 같이 보일지라도 올바른 정도로 처신할 것이며[象曰 雖磐桓 志行正也], 귀한 몸으로 아래의 비천한 자들에게까지도 인정을 받는 모습을 보여 백성들에게 민심을 크게 얻어야 할 것이다[以貴下賤 大得民也]." 이는 준괘가 비괘比卦로 가는 경우다.[28]

한편 정자는 2·3들의 민심을 얻어내는 것을 "거준제준居屯濟屯의 도가 있다" 하고, 왕필 또한 준괘의 첫 자리에서 거동하면 어려움을 맞이할 것이라며 이렇게 말한다. "이런 때는 이로움이 어디에 있겠는가? 오로지 곧게 처신하고 충직한 제후를 내세우는 일 뿐이다. 무릇 조용히 처신하면서 어지러움을 쉽게 하고, 제후들로 하여금 조용함을 지키게 해야 한다. 또 백성을 편안하게 함은 바른 처신에 달려있고, 그 바른 처신은 또 겸손에 있으니, 준난屯難의 세상에는 음이 양을 구하고, 약자가 강자를 찾는데 있으니, 백성이 그 주인을 생각하는 때이다."

데, 巽☴의 두 剛이 허벅지이다. 추이하여 준괘가 되면 한쪽 다리가 병을 얻어 다른 한쪽으로만 걷는다. 臨卦에서도 震☳의 다리가 하나는 병들고 하나는 걸으니 역시 이 또한 반선의 상이다. 준괘에서는 초9가 패주가 되는 까닭에 본상만 본다.

28 [說證] 진☳의 주인 감☵의 집이 견고하고(5가 강건중정), 진☳의 농사가 풍성하니[蕃鮮] '居貞'의 상이다. '志行正'은 준의 모괘 觀卦에서 손☴의 다리가 병이 들었더라도, 5의 감☵의 뜻이 매우 바르고 진☳으로 실행함이 있다. 관괘 상에 있던 고귀한 신분이 준의 초로 갔으니 '以貴下賤'이며 백성들은 감☵으로 귀순하니[坎歸] '大得民也'라 했다.

지욱은 한 생각이 일어나도 문득 따라가지 않음이 '반선磐桓'이고, 안자의 불천노不遷怒와 불이과不貳過를 불원지복不遠之復이라 하였다. 또 수증修證을 잘하는 자가 정혜定慧를 주장하니 돈오법문頓悟法門과도 다르지 않다고 한다. 그러기에 '이귀하천以貴下賤'은 생사生死의 문제를 따르지 않고 법성法性을 따라 정행正行하는지라, 비록 법성法性의 귀貴를 돈오頓悟했으나 사공事功의 천賤을 폐하지 않으니, 중도中道의 묘관妙觀으로 인연사경因緣事境을 살피는 자가 백성을 얻는 격으로 보았다. 초9는 준괘가 비괘로 간다.[29/30/31]

여기 '반선磐桓'을 『예기』와 『사기』에서는 '한 발은 세우고 한 발로 다니는 절름발이'로 보고, 또 도잠陶潛의 「귀거래사」에서도 '빙빙 돌며 머뭇거리는 것'으로 본다. 다산은 '반환'으로 읽지 말고 '반선'으로 읽을 것을 주장한다.[32]

---

29 정약용, 『주역사전』 : '居貞'이란 거처를 옮기는 일이다. 준괘는 관괘 상의 강이 밖에서부터 안으로 옮겨와, 내괘의 주인이 되고, 坎이 집이 이미 견고하고, 震의 농사가 풍성하다. 관괘에는 이미 坤의 밭이 있었다. 그러니 '利居貞' 즉 '거처를 옮기거나, 정하는 일에 이롭다' 하고, 또한 震主가 坤國의 정치를 주재하니 '利建侯'라 한 것이다. 그 준괘가 효변하여 比卦가 되는데, 비괘는 復卦로부터 왔으니, 이 경우도 震의 주인이 이미 위로 나아감에 군주의 자리가 마침내 바르게 된, '이건후'이다. 따라서 관괘 상에서 초로 가는 준괘로 추이함에, 巽의 허벅다리에 비록 병이 들었더라도, 坎의 뜻이 매우 바르고, 震의 그 뜻을 실행하니, '志行正'이다. 충직하면서도 공경을 행하니 어디를 간들 살지 못하겠는가. 그런 다리를 저는 병에도 불구하고 근심할 것이 없다. 관괘의 상에 있던 강이 至高의 자리에서, 가장 비천한 자리로 내려와서, 드디어 震의 제후로서, 곤의 백성 아래에 있으니, 이를 '以貴下賤'이라 한 것이다.

30 『춘추좌씨전』 민공 원년 : 준의 초9와 관련한 점사는 다음 두 가지가 유명하다. 첫 번째는 위나라를 멸망시킨 전공으로 魏나라를 封地 받고 대부가 된 畢萬이, 晉나라를 섬기는 것에 관해 시초를 쳤다. 수뢰준이 수지비로 가자 辛廖가 점단하였다. "길타. 屯은 바르게 함이며 比는 들어감이니 길함이 무엇이 이보다 클 것인가? 公侯의 괘다. 반드시 번창할 것이다. 屯의 震이 땅으로 변하니, 수레가 말을 따르고, 말의 발은 땅을 딛고, 형은 수레를 타고 있다. 형은 장남이 되고 어미는 이것을 덮으니 무리가 돌아온다. 屯은 利建侯하고, 比는 建萬國親諸侯하니 공후가 될 괘다."

31 『춘추관점보주』, '위령공지서' : 위나라 襄公의 애첩 주압(婤姶)이 절음발이 아들 맹집(孟縶)을 낳았는데, 위나라 호족 公成子가 꿈을 꾸었다. 주나라 2대 성왕의 동생으로 위나라 시조인 康叔이 나타나, "元을 세우라. 내가 너의 손자들과 史朝의 아들을 시켜 돕게 하리라" 하였다. 그런데 사조도 같은 날 꿈을 꾸었는데 강숙이 나타나, "내가 장차 너의 아들 史苟와 공중서의 증손자 어(圉)에게 명해서 원을 돕게 하리라" 한다. 이런 일이 있은 뒤 주압이 아들을 낳았으니 그의 이름을 元이라 지었다. 이에 공성자가 "원이 위나라를 지배하고 사직을 주관합니까?" 하며 시초하니 屯之比를 얻었다. "반선은 절름발이로 머물면서 일을 처리함에 이롭고, 제후를 세움에 이롭다 하니, 정답이 아닌가?" 그가 위나라 靈公이다.

32 이상옥 역, 『예기』 : '반선왈피(般還曰辟)' 즉 '감히 똑바로 서지 못하고 비켜섬'을 '반선'이라 하고, '辟'는 감히 예를 받지 못한다고 했다. 또 『사기』에 나오는 말로 '민가에 사는 절음발이'를 '반선'이라 한다. 사마천(남만성 역), 『사기열전』 참조 또 도잠(박일봉 역)의 『도연명전집·귀거래

六二 屯如邅如 乘馬班如 匪寇婚媾 女子貞 不字 十年乃字

육2는 험난함에 처하여, 배회하며 떠돌다가, 말을 타고 되돌아올 것이다. 도적이 아니라 혼인을 할 사람이다. 여자가 정조를 지키며 시집가지 않다가[자식을 낳지 못하다가], 10년 만에야 시집을 간다[자식을 낳을 것이다].

준의 시절을 맞아 어려움에 처하여, 이리 갈까 저리 갈까 하는 고민으로 준여 전여屯如邅如(Difficulties pile up) 하고 있다. 또 이 말을 탔다 저 말을 탔다, 판단이 서지 않아 말에서 내리니 승마반여乘馬班如(Horse and wagon part)의 꼴이다. 도둑이 아니면 혼인을 하라 한다. 즉 비구匪寇(No robber)라면 혼구婚媾(Want to woo)할 상대라니, 준의 시절에는 판단을 흐린다. 또한 여자가 아무리 정절을 지키며 시집을 가지 않을 거라 우겨도[不字, No pledge], 반드시 시집을 가고 말 것이니 십년내자十年乃字라 하였다. 아니면 자식을 얻지 못하다가 10년 만에 자식을 낳아 기르게 되니, 준괘가 절節괘로 가는 경우다.[33]

문제는 2의 배필이 5인데 강한 준의 주효인 존귀한 분이 아래 동네 초9 자리에 와 있으니, 아직 여물지 못하고 성숙치 못한 2가, 아무리 유순 중정하다지만 준전여여屯邅如如하는 여심을 보이고 있다. 준괘가 절괘로 가기에 상괘의 감==을 도적으로 보았다. 여기서도 민감한 정치적인 문제가 숨어 있다. 2의 주군은 5다. 그렇지만 5 역시 성숙한 지도자는 아니다. 2는 시류에 휩쓸려 다니는 철새 정치인이 아니라 지조 있는 정치인이기에, 5의 말을 탔다가 다시 내려 와서 초9의 수레를 타기도 한다. 그렇지만 미래의 권력은 초9의 것이다. 그러기에 지조를 지키려는 2의 입장에서는 5를 따라가야 하겠지만, 실질적인 권력을 좇는다면 2는 초9를 따라가야 한다. "초9는 군왕이지 도적이 아니라는 2의 고민을 알 만하다"는 동파의

사』에서는 '무고송이반선(撫孤松而磐桓)', 즉 '외로운 소나무를 어루만지면서 머뭇거리네'라고 한다. 磐 너럭바위 위에서 빙빙 돌 반. 桓 머뭇거릴 선. 클 환[桓雄].

33 정약용, 『주역사전』: 節卦는 泰卦에서 왔다. 泰卦의 진== 大途는 길이 막힘이 없었는데, 절의 감==이 험난하여 배회하게 만들어 음이 3으로 돌아오니 '屯如邅如'다. '班'은 '還'을 뜻한다. 절괘는 태괘에서 왔는데, 柔가 와서 건의 위에 올라타니 '乘馬'이다. 泰卦 음 5가 3으로 내려와 두 양을 올라탐이고, '班如'는 屯에서 태==가 없었는데, 節이 되면서 臨卦의 태==가 돌아온 상이다. 屯에서는 태==의 여자는 없었고, 도적 감==만 밖에 있었다. 節이 되면서 태==의 처녀가 안에 있는지라 '匪寇婚媾'의 모양이다. '字' 또한 절에서 리==의 大腹이 임신을 함에 간==의 어린아이를 얻는다. 임괘 태==는 간==이 없고, 태괘 역시 태==가 있으나 임신할 리==의 大腹이 없다. '匪寇婚媾'는 賁卦 4와 睽卦 상에도 나온다.

판단을 봐도, 2는 초9와 혼인을 하고 같은 뜻을 펼쳐나가는 정치인이 되어야 한다. 그런데 준의 시절은 그 모두를 다 허락해주지 않기에, 억지를 부려 사람을 끌어당기지 않는 초9를 동파는 '덕이 지극한 자'라 칭송한다.

'전遭' 또한 배회하며 나가지 못함이다. '승乘'은 천승天乘·만승萬乘으로 네 필의 말이 끄는 호화 고급마차로 초9를 말한다. 또 '반班'은 옥대를 묶었다 다시 푸는 형상이라, 말을 탔다가 다시 내려와 평상시로 돌아옴을 의미한다. 아마 정치적으로 초9와 같은 존귀한 분을 정치의 지도자로 받드는 일이 원만치 못해, 다시 원점으로 돌아가는 판을 짐작할 수 있겠다.

공자는 이런 상황을 이렇게 주석한다. "2의 어려움은 초9를 타고 있기 때문이요[象曰 六二之難 乘剛也], 십 년이 되어서야 시집을 간다 하니, 오랜 시간이 지나야 비로소 정상적인 세월을 만날 것이다[十年乃字反常也]."[34]

지욱은 십년내자十年乃字를 "2·3·4가 곤坤괘에 있으며 수의 십이 된다고 하니, 곤坤의 십이란 수를 지나 5의 정응을 만나 허가許家에 이른다" 하고, 또 "선문禪門을 좇는 공부가 번뇌장煩惱障이 심해 돈오頓悟하지 못하다가 관觀을 역력歷歷하며 훈수勳修하여 바야흐로 불성佛性을 보니 고로 십년내자十年乃字이다"라고 하였다.[35]

다산은 "십十은 수의 종으로 끝끝내 정상적으로 시집가는 것으로 보고, 2에서 5까지 가는 데 10년이 걸렸다"[36]고 한다. 조선의 성현 등은 "『주역』에서 부인婦人의 정貞은 10년이면 반드시 변한다"며, "대체로 근심이 생겨나는 것은 늘 적은 것을 소홀하게 대하는 데서부터 생기며, 마음도 점차로 거기에 습관이 되는 것을 조심해야 할 것"이라 하였다.[37] 한편 주자는 '반班'을 '분포부진分布不進'이라 하고,

---

34 '反常道'는 節卦에서[태의 3이 5로 가면 진☳이 간☶이 되어 군자가 소인이 됨] 진☳ 위의 간☶을 본 상이고, 여자가 아무런 이유 없이 수절하는 것 또한 '常道'에 반함이다. '字'는 곤의 '子母牛'다. 『예기·곡례』편에 '女子, 許家, 筓而字'는 '여자가 혼인을 허락받으면 15세에 비녀를 꽂고, 혼인을 허락받지 못했으면 20세에 비녀를 지르고, 字를 부른다고 하였다. 남자는 20에 有冠하며 字를 지어준다.

35 참고로 시집가려는 여자가 이리로 갈까 저리로 갈까 망설이는 상황, 가까이 있는 사내가 처녀의 마음을 끌고 있다. 처녀가 정조를 견고히 하면, 마침내 바른 상대와 결합할 것이다.
遭 머뭇거리며 돌 전. 班 칼로 옥을 자를까 말까 말성일 반. 이리갈까 저리갈까 서성일 반. 字 시집갈 자. 貞 시집 안 가고 버틸 정.

36 절괘의 호괘가 頤卦다. 팔괘방위도에서 艮에서 震까지, 다시 震에서 艮까지 가는 데 10년이 걸린다.

37 『성종실록』 성종 9년(1478) 11월 30일 : "임금의 지위는 참으로 큰 것입니다. 온갖 사무의 계기로

'자字'를 '허가許家'라 하였다.

六三 卽鹿无虞 惟入于林中 君子幾 不如舍 往吝
육3은 사슴사냥을 나갔는데 가이드가 없다. 오직 숲속으로 들어가다 군자가 낌새
를 알아차리고 사냥을 그만둠만 못하다. 계속 가면 위험하다.

육3은 부중부정하며 상6과는 서로 응도 없는 관계이다. 사냥꾼이 오직 노획물
에만 눈이 어두워 가이드[虞, Forester]의 도움도 없이, 욕심에만 눈이 멀어 깊은
숲속으로 들어간다. 무턱대고 깊이 들어가면 반드시 길이 막혀 헤어나지 못할 것이
다. 사슴몰이를 하는데 가이드가 없다는 '즉록무우卽鹿无虞'에서 '즉卽'은 '쫓다
[逐]'의 의미이고, '록鹿'은 '복록福祿'을 보장 받는 좋은 자리이며, '우虞'는 '사냥을
안내하는 자'이다. 자꾸 숲속으로 빠져들어 감[惟入于林中]은 2·3·4가 음 가운데 처
해 음이 깊어가는 상황을 나타낸 것이다. 또 가이드 '우虞'는 초9와 5로, 부정부중
한 육3과는 인연이 적음을 알 수 있다.

동파는 궁색한 이 처지를, 백성의 추종을 얻어 군왕이 될 수 있는 자는 초9뿐
이고, 현재 백성을 다스리는 자는 5인데, 만약 얻을 수 없는 것을 억지로 구한다
면, 얻지도 못할 뿐 아니라 훗날에 반드시 우환이 생길 것이라고 경고한다. "3은

서 모든 일이 모이는 바이며, 상벌과 생살의 중추로서 治亂과 存亡이 나오는 바입니다. 대체로
대업은 하루아침에 시작하는 것이 아니며, 하루아침에 이루어지는 것도 아닙니다. 충의로운 선
비는 그 기미를 환하게 먼저 알고서, 禍患을 예방하기 위하여 현재의 세상이 조금 편안한 듯하
고, 乘輿가 크게 失德함이 없는데도 곧은 말로써 적극적으로 간하여, 雷霆을 격동시킴은 명예를
요함이 아니며, 조정을 비방하는 것도 아닙니다. 이는 만에 하나라도 그 가운데 '膏肓'의 병통이
있다면 이를 치료하기 위한 것입니다. 더구나 天道는 10년이 되면 돌아오고[天道十年則有周],
人事는 10년이 되면 변하며[人事十年則有變], 『주역』에 '婦人의 貞은 10년이면 반드시 변한다
[婦人之貞 十年必反]'고 하였습니다. 『서경』에는 '끝마무리를 잘하려면 처음부터 삼가라[愼始有
終]' 하였고, 『시경』에는 '누구나 시작이 없는 것은 아니나 끝마무리를 잘하는 자가 드물다[靡不
有初 鮮克有終]' 하였으니, 이는 임금으로서는 마땅히 주의하여야 하는 것입니다. 『서경』에는
'나무는 먹줄을 따르면 곧고[木從繩則直], 임금은 간함을 따르면 성인이다[人受諫則聖]' 하였고,
傳에서는 '간하는 것은 福이고, 아첨함은 賊이다' 하였습니다. 공자가 '天子에게 諫爭하는 신하
7인이 있으면 비록 임금이 無道하더라도 그 천하를 잃지 아니할 것이고, 제후에게 간쟁하는 신
하 5인이 있으면 비록 제후가 무도하더라도 그 나라를 잃지 아니할 것이다' 하였습니다. 이렇게
볼 때 諫함을 따르는 자로 興하지 아니한 자가 없고, 간함을 싫어한 자로 망하지 아니한 자가
없었습니다."(홍문관부제학 成俔의 상소)

양이 아니면서 양의 자리에 있고, 덕이 없으면서도 백성을 구하려 하고, 또 응도 되지 않는 상효의 마음까지 얻으려 하니 숲으로 계속 들어가는 노고가 있을 뿐, 만사가 위험하다"는 것이다. 이때 그 조짐[幾, The signs of the time]을 알아 가던 길을 포기하고 돌아서야[不如舍] 현명하고 지혜로운 군자다. 그렇지만 그 어리석음을 떨치지 못하고 계속 숲으로 들어가면 흉을 볼 것이 뻔하다[往吝].

왕필도 정색을 한다. "군자가 어찌 욕되는 행동을 서슴겠는가? 그러니 버리는 것만 같지 않을 것이다." 공자는 육3의 상황을 다음과 같이 주석하였다. "'즉록무우'는 짐승을 쫓는다는 말이니[旣鹿无虞, 以從禽也], 군자라면 그만두어야 한다[君子舍之]. 계속 록을 구하러 간다면 위험이 극에 이를 것이다[往吝窮也]." 이는 준이 기제旣濟로 가기 때문이다.[38]

또 육3이 이렇게 무모하게 달리는 것은 진☳이 극에 처했기 때문인데, 아무리 그렇더라도 군자라면 이 상황을 훌훌 털어버려야 한다. 그렇지만 소인은 고집으로 계속 나가기에 흉을 볼 것이 명확하다. 후앙은 이 효사를, 문왕이 은나라에 대한 사전 정보도 없이 동정군東征軍을 출병시키는 것은 가이드도 없이 숲속으로 사냥을 간 것처럼 무모한 일임을 미리 알고 있었다고 해석한다. 정사 『삼국지』 「진림전」에서, 이 육3을 인용한 예를 하진何進의 경우에서 볼 수 있다.[39]

다음과 같은 지욱의 해석도 볼 만하다. "불법佛法으로 선정禪定을 닦고자 할 때에 정지正智가 없고, 명사明師와 양우良友가 없어서 당달봉사가 더듬듯[瞎鍊盲修]하다면, 결국 구덩이에 떨어지고 개천에 추락함을 물을 필요가 없다. 군자는 기미幾微를 알아채어 차라리 포단蒲團의 공을 버리고, 선지식善知識을 방구訪求함이 묘

---

38 정약용, 『주역사전』 : 旣濟도 泰에서 온다. 태괘에서 태☱의 연못과 진☳의 숲속에 곤☷의 신하가 머물고 있으니 사냥 가이드 '虞'라 했다. 기제에서 감☵의 사슴, 위험한 사냥이 앞에 있고, 건☰의 왕이 쫓아가니, 태의 2가 5로 '入于林中' 하니, '卽鹿'이 되었다. 기제의 아래 리☲에 무기를 숨겨두었고, 상괘 감☵에 弓輪을 숨겨 두었으니 그 '幾微'가 가히 두렵다[2·3·4의 감☵은 幾]. '不如舍'는 屯의 호괘 剝이 궁한 소인인지라 짐승 쫓기를 멈추는 상이고, 계속가면 '吝'이 된다. '吝窮'이라 한 것은 剝卦로부터 변한 것임을 분명히 밝힌 것이다. 艮은 본래 궁함이 되고, 坎은 곧 통함이 되는데, 이렇게 통함을 버리고 곤궁을 취함은 사냥하는 재미에만 빠지는 것을 경계한 것이다. 屯卦의 德은 屯如邅이다.

39 漢代 말엽 외척 何進은 대장군 자리에 오른 후 외척을 몰아내기 위하여 董卓 등 각지에 할거하던 군벌을 서울로 불러들인다. 당시 하진의 휘하에 당대의 특출한 문인 중 建安七子의 하나인 陳琳이, 바로 준괘 육3의 구절 "안내자도 없이 사슴을 쫓아 숲속으로 들어가려 하느냐?"고 하며 만류한다. 그러나 하진은 그 말을 듣지 않고 독단으로 강행하다 끝내 목숨을 잃고 만다.

가 되나, 만일 자신만을 믿으며[自信自恃], 한 가지에만 맛이 들어 세상을 볼 수 없게[一味盲修] 된다면, 반드시 무문비구無聞比丘가 되어 도리어 타락의 궁인窮吝을 초래할 것이다."

이끌어주는 선생도 없이 홀로 길을 찾다가, 앞길이 막막할 때 눈이 똑바로 박힌 자라면 이때 자신의 무지를 버리고 큰 선생을 찾아 나선다. 군자는 독각獨覺만을 믿는 엉덩이 밑 방석[葡團之功]을 버려야 한다. 요순탕무堯舜湯武 같은 임금도 천하를 구제할 때는 천하에 간섭을 받지 않고 천도를 따랐으니, 허황된 구름을 잡지 말고 본래진미本來眞味를 씹어야 할 것이다.[40]

> 六四 乘馬班如 求婚媾 往 吉 无不利
> 육4는 말을 타고 되돌아오니, 혼인할 대상을 구하여 (말을 타고 오면) 길하고 불리
> 한 점이 없다.

이놈을 탈까 저놈을 탈까 망설이다 초9를 타고 돌아온다[乘馬班如]. 혼인할 짝을 구했다[求婚媾, Strive for union]. 그러니 적극적인 자세로 프러포즈를 하러 가면 길하고[往吉] 불리할 것은 없을 것이다[无不利]. 짝을 찍고 찾아 바로 올라타고 가는 것은 예에도 어긋나지 않고 오히려 지혜롭고 현명한 일이다[象曰 求而往 明也].

동파는 "갈 바를 정하지 못하고 있을 때 초9가 와서 혼인을 구한다니 길함이 틀림없다"고 좋아했다. 지욱의 해석도 비슷하다. '승마반여乘馬班如'는 유순한 4가 정正을 얻고, 5의 임금 가까이에서 진퇴를 결정하지 못할 때에, 나의 정응 초9에게로 급히 가서 구혼하니 길하고 불리한 점이 없다. 5의 경륜을 뜻하는 고택膏澤이 굳지를 못해 아래로 베풀기가 어려운 실정이다. 고로 '승마반여乘馬班如'는 권력이 있는 군왕의 자리를 보고 생기는 견물생심, 잠시 머뭇거림으로 이해된다. 간난艱難을 탈출할 방책을 세우는 데 있어서는, 예의는 소박하게 하고 의견을 간략하게 한다면, 군신의 마음이 서로 통하여 최후에는 탈 없고 길만 생기는, 지혜롭고 현명한 처사일 것이다[求而往 明也]. 이는 무왕武王의 맹진 회맹 때 상황과 잘

---

40 참고로 은퇴 후 사업을 해볼 요량인데 육3을 얻었다면 오픈과 동시에 죽을 맛을 볼 것이다.

맞아 떨어진다.[41]

중수감重水坎괘 4에서 "잔대 하나와 두 개의 제기만 놓고도 진정한 정성을 올리면 천지가 교제하듯 일이 잘 마무리 된다[六四 樽酒簋貳 用缶 納約自牖 終无咎]"고 하니, 밝은 지혜가 있어야 함을 뜻하였다. 한 잔의 술과 접시 한 개의 안주라 하여도 강강剛과 유유柔의 이상적인 화합으로 여길 것이다. 여기서 후앙은 다른 견해로, 문왕이 은나라 제을왕과 혼인동맹을 맺는 것으로 보고, 초9를 탔다가 내린 후에 다시 5를 타는 것으로 보았다. 『주역』에서 혼인은 가끔 정략적인 결혼으로 볼 수 있다. 준괘가 수괘隨卦로 가는 경우다.[42]

九五 屯其膏 小貞 吉 大貞 凶
구5는 그 은덕을 인색하게 베푸니, 작은 일에 곧으면 길하지만, 큰 일에 곧으면 흉하다.

은혜를 나타내는 은택恩澤, 고택膏澤의 기름이 아직 두텁지 않고 양도 적어서 준기고屯其膏(Difficulty in blessing)의 상황이다. 그러기에 소정小貞이면 길吉하고 대정大貞이면 흉凶하다. 불알이 덜 여문 적자赤子 수컷이 힘자랑하는 꼴이다. 준의 상황에서는 은덕과 보시가 먹혀들지 않는다. 공자는 "준기고란 베푼다는 큰 의미가 빛나지 않는다[象曰 屯其膏 施未光也]"고 주석하였다.

주자는 이렇게 설한다. "분에 맞는 일을 할 때는 길하지만 분에 넘치는 일에는 흉하다." 구5는 처음부터 준한 시절을 당해 음속에 빠져[☵] 양기를 잃고 있는 모

---

41 사마천, 『사기』, 「은본기」 : "무왕은 아버지의 위패를 수레에 모시고, 아버지의 뜻을 내세워, 동쪽 정벌은 맹진에 이르렀으며, 상나라를 배반하고 주나라와 회맹한 제후가 800명이나 되었다. 盟津之誓가 그것이다. 그 후 破竹之勢로 진격하여 牧野에서 상나라 군사와 전쟁하여 승리하였다. 이들이 아무 연락 없이 모여들었으니, 말을 타고 무리를 지어 청혼하는 육4에 잘 맞아 떨어진다."

42 정약용, 『주역사전』 : 隨卦는 否卦로부터 온다(비의 1→상). '乘馬'는 1이 상을 타고 있는 수괘의 모습이고, '班如'는 태☱가 돌아옴이다(2와 동일하다). 隨卦에서 간☶의 사위는 안에서 밖으로 나가 태☱를 취하니 '求婚媾往'이며, 2와 5가 정응하고 리☲로 즐겁게 합하니 '吉'하고 '无不利'하다(☱利). '明'은 리☲, 손☴은 '求'. 「잡괘전」에서 "臨觀之義, 或與或求"라 하였고, 또 「계사전」에서 "服牛乘馬, 盖取諸隨"라 하였다. 觀卦는 大艮이다.

양이다. 말하자면 소인배들에게 둘러 싸여서 백성의 환심을 아랫사람에게 빼앗기고 왕화王化가 먹혀들지 않는 때이니, 간섭을 크게 하면 흉하고 때를 기다리며 유화정책으로 나가야 길하다. 정자의 설은 이랬다. "준고屯苦의 세상을 맞아 못난 놈들에게 고개를 숙이는 일이[以貴下賤] 5에게는 힘이 든다. 오로지 내 편(즉 육2)에게만 정을 주니 은혜로운 고택膏澤이 널리 파급되지 않는다. 소인은 정일貞一치 못할까 근심이요, 대인은 광박廣博치 못할까 근심이라 하니, 2는 길하고 5는 흉하다."

임금으로 바로잡음에도 대소가 있으나 조금씩 잡는 것이 크게 잡는 것의 근본이 됨은 틀림없다.[43] 아무리 바로잡기가 어려워도 더욱 백성을 사랑하며, 천천히 조금씩 바로잡아 나가야지, 조급하게 총을 빼들면 쓴 잔을 마실 수 있기에 흉할 것이다.[44] 감==은 물이고 피이니 기름의 상이다.[45]/[46] 지옥도 불법으로 사홍四弘의 고택膏澤이 다시 백성에게 미치지 못하는 고로, 소승小乘은 생사生死에 속출速出하

---

43 李止淵, 『周易箚疑』: "貞이란 바로잡음이다. 천하의 일에 조금씩 바로잡음이 어찌 크게 바로잡는 것만 못하겠는가. 단지 그 시절이 어려워서 형통하지 못하기 때문에, 강건중정한 구5 임금도 살펴 나간다. 조금씩 바로잡음과 크게 바로잡음은 文王 때에 紂王의 음란과 학정이 날로 심하여 천하가 지극히 어려운 상황으로 들어가자, 문왕은 천명을 받아 세상을 구제할 임금으로서 폭군을 죽이고, 잔악한 자들을 제거하는 것이 크게 바로잡는 道가 됨을 모르는 것은 아니었지만, 임금과 신하의 분수가 사람의 큰 벼리여서 천하 만세의 떳떳한 법이 어렵게 될까 두려웠기 때문에, 단지 스스로 岐山과 豊 사이에서 교화를 펼쳐 조금씩 바로잡는 도리를 베풀었을 뿐, 감히 크게 바로잡는 일을 행하지 않았다. 이것이 혹 조금씩 바로잡으면 길하고 크게 바로잡으면 흉하다는 뜻이 되니, 그렇다면 조금씩 바로잡는 것이 아마도 크게 바로잡는 근본이 될 수 있을 것이다[然則小貞者, 其爲大正之張本歟]."

44 沈大允, 『周易象義占法』: "屯卦가 復卦로 변하니, 어지러움에서 다스려지는 데로 되돌아온다[屯之復, 自亂反治也]. 5는 강건중정으로 일을 주관하니, 천하의 어려움을 구제할 수 있어, 자신은 이미 자리를 얻고 백성에게 은택을 내려주었다. 그러나 여전히 초9 때문에 下民의 마음이 전적으로 나에게 귀의하지 못한다. 이 때문에 은택을 베풀기 어려웠다[屯其膏]. 마땅히 더욱 그 백성을 위무하고, 서서히 모색하여 조금씩 바로잡으면 길하고, 조급하게 더불어 각축을 벌여 패배를 취하면 안 되기 때문에, 크게 바로잡으려면 흉하다. 감==은 은택이 크고, 리==는 작다."

45 李震相, 『易學管窺』: "구5는 덕이 비록 中正하나 여러 음들 속에 빠져있어 스스로 벗어날 수 없기 때문에 베풂이 광대하지 못해서 크게 바로잡으면 흉하다. 5는 빈 자리를 차지하고 위로 음유한 효에게 올라탐을 당하니 흉하다."

46 이진상(李震相, 1818~1886) : 본관 星山, 호 寒洲. 1871년 대원군이 서원철폐령을 단행하자 반대 운동을 벌였으며, 67세에는 遺逸(재야 학자나 효행자 대상 천거)로 의금부도사에 제수 되었으나 취임하지 않음. 8세 때 이미 아버지에게 『통감절요』와 13세에 사서삼경을 다 읽었다. 47세 되던 1864년에 지은 『易學管窺』는 「大易圖象」・「易卦原象」・「八卦集象」・「啓蒙箚疑」・「易經箚疑」・「原占」 등 여섯 편으로 구성되어 있다. 이러한 이진상의 『역학관규』의 「易卦箚疑」는 邵雍에서 비롯된 先天象數學적 관점을 잘 드러내면서 『주역』을 풀이한 조선시대의 대표적인 저술이다.

니 길하고, 대승大乘은 보리菩提를 어기니 흉이라며, 소시小施가 없지 않으나 대도大道에 불합하다고 여겼다. 동파 역시 강건중정한 임금의 권위가 서지 않는 준의 시절에는 아래로 내려가 백성들로부터 환심을 얻어야 귀한데, 5는 위에 머물면서 호응하는 자에게만 전념하니, 그 은택이 2에게만 베풀어진다고 보았다. 대인은 광박廣博해야 하건만, 추종자만 좋아하니 백성들은 흉하지 않은가. 이런 정일貞一과 광박廣博의 예로 초한楚漢의 전쟁에서 항우가 패배한 이유를 유방의 부하가 분석하였는데, 사마천이 『사기본기』에 밝힌 장면이 다음과 같다.

"폐하께서는 논공행상을 할 때에 공신들에게 모든 걸 아낌없이 나누어주었지만, 반면 항우는 상을 주는 데 인색하였습니다. 전쟁에 이겨도 공을 나누어주지 않았고, 땅을 얻어도 그 이익을 함께하지 않았기에 항우가 천하를 잃은 까닭입니다."[47]

대소는 여러 갈래로 볼 수 있다. 『주례周禮』에서도 적었다. "대개 나라의 큰 일에는 거북을 썼고, 작은 일에는 거북점을 쳤다. 대개 나라에서 큰 일은 옥과 비단으로 받들었다." 한漢의 「곡영전谷永傳」에서는 "작은 일은 신하가 되고, 큰 일은 임금이 되니, 임금이 인색하면 흉하고, 신하가 인색하면 길하다" 하였다. 다산의 아들 학가學稼는 "가득하면서도 나누어 주지 않음을 준이라 하는데, 5가 비록 변하지 않아서 그 은택을 베푸는 것에 머뭇거리니, 비는 안 오고 빽빽한 구름만이 하늘에 가득한 꼴이다"라며 준괘가 복괘로 가는 경우로 대정大貞과 소정小貞을 밝히고 있다.[48/49] 임금이 되어서 사람을 죽이고 사람을 형벌한 것이 많았던 세조의 '소정길小貞吉 대정흉大貞凶'도 그 한 예다.[50/51]

---

47 사마천, 『사기본기』: "戰勝而不予人功, 得地而不予人利, 此所以失天下也."

48 정약용, 『주역사전』: "屯이 復이 되는 경우다. 복에 진☳의 새싹이 움트려 하는데, 준의 리☲가 햇빛을 쪼여 말리니 곤☷의 밭이 메말라 타는 상황이다. 이런 때에 감☵의 구름이 들판을 촉촉히 적실 단비(膏澤)가 내릴 것 같다. 『시경』에도 일렀다. '봉봉서묘(芃芃黍苗) 음우고지(陰雨膏之)' 즉 '더부룩 자란 기장 싹을, 단비가 적셔주네.' 復의 곤☷ 덕이 인색하니 감☵의 구름은 사라져 '屯其膏'가 되었다. 준은 觀卦에서 온다. 관에서는 양이 겨우 둘이 남았었는데, 復이 되면 양 하나밖에 남지 않으니 '小吉大凶'이 된다. 또한 곤에서는 손☴의 시혜가 있었는데, 준에서는 손☴이 없을 뿐 아니라, 5가 변하면 리☲마저 소멸하니 '施未光'이 된다.'

49 참고로 왕은 혼돈의 시기에 있고, 아직 어려서 백성에게 王化가 불급하니, 물 위의 기름처럼 그 속으로 스며들지 못하여, 중정한 임금이지만 명분상의 임금을 의미하는 것이 屯其膏의 현상이다. 膏肓은 불치병.

50 『세조실록』 세조 14년(1468) 5월 28일 : 임금이 여러 대신을 불러 술자리를 베풀며 일렀다. "내가 潛邸로부터 일어나 창업의 임금이 되어 사람을 죽이고 사람을 형벌한 것이 많이 있었으니, 어찌

> 上六 乘馬班如 泣血漣如
>
> 상6은 말을 타고 되돌아온다. (너무나 원통하여) 피눈물을 줄줄 흘린다.

상6은 친해야 할 정응도 없고, 임금 5를 따르려 하나 받아주지 않으니[乘馬班如], 흐르는 것이 피눈물이라[泣血漣如, Bloody tears flow], 갈 길을 재촉한다. 이 슬프고 기막힌 인생을 늦게야 깨닫게 되니, 말을 타고 가다 되돌아와 울고 있다. 늦은 후회로 자신을 돌아보니 너무나 가엾고 보잘것없어 통탄한다. 후회가 늦어도 너무 늦었다. 영악한 꾀와 요행으로 삶을 오래 연장시킬 수 없었음일까[象曰泣血漣如 何可長也].

5를 따르기에는 부족한 자란 것을 알지 못하였고, 또 가까운 5에 미혹이 되어 초9에 붙어야 할 것을 서두르지 않았으니, 이제 궁지에 몰리니 후회의 피눈물을 흘리며 울기만 한다. 상6은 힘없는 음 자리에 있고 또 험에 앉아 추종자도 없고 갈 곳도 없는지라, 장차 어디로 가야 하며, 어떻게 살아야 할지를 모른다. 승마반여乘馬班如가 세 번째로 나오니 준이 익益괘로 간다.[52]

이를 후왕은 "은나라 황실에 막혀 주나라가 약진하지 못함을 문왕이 슬퍼하며 피눈물을 흘렸던" 고사라 했다. 불법으로 볼 때, 일미一味로 선정禪定만 닦고 지혜로써 보제普濟가 없고, 높은 삼계三界의 꼭대기에 있을지라도 빈 수레만 굴리니[窮空輪轉] 재앙을 면치 못한다. 결코 유혹을 끊고 생사를 뛰어넘지 못할 새 고로 승마반여乘馬班如요, 팔만대겁八萬大劫으로 인해 공망空亡에 떨어져 읍혈연여泣血漣如하는 모습이다. 정자가 "준난의 궁극에 소위를 알지 못할 새 읍혈에 일러 전폐가 이와 같으니 어찌 능히 장구하랴?" 하니, 지욱이 "그 팔만대겁도 구경究竟에는 또

한 가지 일이라도 원망을 취함이 없었겠느냐?"

51 宋時烈, 『易說』: "은택이 베풀어지기 어려워 백성들에게 내려가지 않으나, 호응함이 있기 때문에 작은 것에는 길하고, 도와주는 것이 없으므로 큰 것에는 흉하다. 坎의 가운데 효에 있기 때문에 어두워 빛나고 밝을 수 없으며, 널리 베풀고 어려움을 구제할 덕이 없다."
金萬英, 「易象小訣」: "坎은 피에 속하고, 膏는 피가 응고되니 기름의 상이다."

52 정약용, 『주역사전』: 여기 상6처럼 제일 높은 경우에는 외괘를 중심으로 도전의 상을 취하는데, 겸괘와 관괘가 여기에 속한다. 益을 도전하면 損이 된다. 損은 泰에서 왔다(3→상). 觀이 屯이 되면, 손☴의 눈에(多白眼) 리☲의 피가 맺혀 붉으니 '泣血'이고, 호괘 곤☷의 여섯 개의 점이 줄줄이 이어지니 '漣如'의 상이다. 그런데 익괘가 되면 손☴의 왕비가 태☱의 첩에게 당하지 않게 되어 '何可長也'가 된다. 준괘는 남자가 본처와 첩 때문에 곤란을 당하는 점괘이기도 하다.

한 무상_{無常}"이라며 주장자를 내리친다. 임진왜란 당시 이순신과 원균도 피눈물 흘린 때가 있었다.[53]

---

53 이순신 장군의 참모 신홍수가 뽑은 원균의 운세가 屯之姤였다. 군대가 전략적으로 약하니 움직이지 말고 힘을 기를 때까지 부하들을 잘 보호하고 영내에 주둔하고 있어야 하는데 난동을 일으키니(다섯 효가 동함) 원균도 전사하고 대패한 사건이었다. 적은 씩씩하니 싸우지 말았어야 했다.

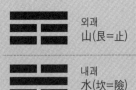

외괘
山(艮=止)

내괘
水(坎=險)

4. 산수몽山水蒙
Youthful Folly

몽매한 자가 어떻게 하면 난세를 뚫고 나가야 하는지, 그 방법을 알리고 있다. 몽매하다는 것은 내가 뭘 아직 모르고 있다는 소리다. 그러니 훌륭한 스승을 찾아 먼저 배워야 한다. 건괘가 주도적 리더십을 알려주고, 곤괘가 보조적 리더십을 알려준다면, 준괘는 새로운 왕조의 탄생을 보여주고, 몽괘는 지속적인 번영을 위한 교화를 보여준다.

> 蒙 亨 匪我求童蒙 童蒙求我 初噬告 再三瀆 瀆則不告 利貞
>
> 어리석고 몽매한 것은 형통하다. 내가 동몽을 구하는 것이 아니라, 동몽이 나를 구하러 온다. 처음 시초점을 치면 알려주고, 두 번 세 번 물으면 모독하는 것이 된다. 모독하면 알려주지 않으니 바르게 지켜가야 이롭다.

몽蒙은 덩굴풀의 일종이다. 몽이 무성하면 나무를 덮어 그 밑이 어두워지니 '컴컴하다, 덮다'의 뜻이 더해 몽매蒙昧함이다. 준屯처럼 갓 태어나 경륜이 없으니 무지몽매한 상태를 물치物穉라 하며, 또한 어린 물치를 키워내지 않을 수 없으니 몽양蒙養이라 하고,[1] 그런 몽은 혼미한 가운데[섞여] 몽을 넘어 지혜를 밝힐 것이다.[2]

몽괘는 관觀괘로부터 오는데, 관괘 때는 큰 간艮의 덮개가 아래 곤坤의 백성을 덮고 있었다. 추이推移하여 몽괘가 되어서도 그 덮음이 고쳐지지 않으니, 이것을 몽이라 한다. 또 몽괘는 임臨괘로부터 온다. 진震의 싹이 곤坤의 흙을 뚫고 지면으로 비로소 나올 적에, 그 새싹을 머리에 이고 있으면서 그 형세가 아래로 드리우고 있으니, 그것이 덮고 있는 무성한 풀이다. 사물이 생겨날 적에는 반드시 어리다. 한편 몽괘는 준괘의 도전괘이기도 하다.[3] 예로 정치적 혼란기가 준괘라면 그

---

1 「서괘전」 : "物生必蒙, 物之穉也, 物穉不可不養也."

2 「잡괘전」 : "蒙 雜而著." [雜臨觀二卦之義 而其象著.]

3 몽괘에서 元亨이 되지 못하는 것은[몽에는 亨利貞만 있다.] 임괘의 초9가 옮아가도 그 합당한

교화의 시기는 몽괘로, 수뢰준水雷屯이 제후를 세우는 임금의 도라면, 몽은 동몽童蒙이 스승의 도를 구하고 있다.[4]

산 아래 땅속에서 샘 솟듯 흘러나오는 물, 몽[山下出泉蒙]은 한시도 쉼없이 솟아나와 내를 만들고, 강을 이루고, 마침내 큰 바다로 흘러간다. 하늘에서 떨어진 한방울의 물이 자신의 정체성을 잃지 않고 바다에 이르는 것을 보면 과연 지혜의 자식이라 할 수 있다. 고로 몽괘는 어릴 때부터, 끊임없는 교육을 통해 지혜를 쌓아갈 수 있도록 도와주어야 한다. 『동몽선습』[5]과 『격몽요결』[6]은 몽매한 자에게 천지의 이치로 개몽하고자 하는 개몽두리開蒙頭里이다. 아래 문왕의 괘사는 바로 그런 개몽두리를 담은 메세지이다.

"몽매도 형통하다. 스승인 내가 어린 제자에게 가서 가르치는 것이 아니라, 동몽이 나를 찾아와 배움을 청해야 한다. 배우고 가르침이 그런 것이다.[7] 동몽이 배우려고 나를 찾아오면 때론 이끌어주고 권면하면서 훈계를 게을리 하지 않는다.[8]

지위를 얻지 못하고, 오히려 艮으로 미혹되었으니, 군도를 잃어 元이 있을 수 없다.

4 호정방 왈. "준괘에서 제후를 세우는 것은 君道이고, 몽괘에서 나를 구한다 함은 師道이다. 천지가 이미 그 자리를 정하였으니, 그 다음 순서로 군도와 사도가 필요한 것이다." 호정방은 宋元 교체기의 학자 胡一桂(1247~?). 周熹의 『周易』을 宗으로 삼은 그의 저서로 『周易本義附錄纂註』, 『周易啓蒙翼外篇』, 『十七史纂古今通要』 등이 있다. 호 雙湖, 자 庭芳.

5 『童蒙先習』은 원래 朴世茂(1487~1554)가 집에서 아이들을 가르치기 위해 만든 것인데, 제자와 문인 등을 통해 알려지기 시작하여 왕세자는 물론 사림의 자제들이 몽학의 기초 교재로 사용하게 되었다. 그리하여 조선 현종 11년(1670)에 노론의 영수 송시열(1607~1689)이 『동몽선습』의 발문을 쓸 정도로 조선시대 사림에게서 몽학에 유용한 교재로 인정받게 되었다.

6 『擊蒙要訣』은 저자 栗谷 李珥가 海州의 隱屏精舍에서 제자들을 가르칠 때(1577년), 初學의 向方을 정하지 못하여 굳은 뜻이 없는 제자들에게 뜻을 세우고 몸을 삼가하며, 부모를 봉양하고 남을 접대하는 방법을 가르치기 위해서 지었다고 한다.

7 정약용, 『주역사전』: 몽이 觀의 5로부터 왔으나 시중을 잃지 않았고, 五와 상응하니 형통하다. 몽은 臨觀으로부터 온다. 임은 큰 震이니 師長의 괘이고, 관은 큰 艮이니 弟子의 괘이다. 내괘가 주가 되니 내가 震의 스승이다. 스승이 가서 가르치는 것은 교육의 예가 아니다. "예에서 제자가 스승에게 가서 가르침을 받아도, 스승이 직접 가서 가르치는 예는 들어보지 못하였다." 따라서 간의 동자가 스스로 와서 스승을 구하는 것이므로, 관의 5가 2로 가니, 童蒙求我. 나 또한 동몽에게 가르침을 주니, 임괘의 1이 상으로 간 것이다. 고로 잡괘전에 임관의 뜻은 或與或求라 하였다.

8 權好文, 『松巖集』, '동몽구아[奉安祭文朴善長]' : "매화 핀 창가에서 주역을 점치면서[梅窓點易] 복희씨와 소옹을 대하였고[對越義邵] 영원히 발걸음을 아름답게 하여[永終貴趾] 천거와 부름에도 나아가지 않고서[不赴薦召] 한 평생 참다운 즐거움으로[一生眞樂] 한가로운 가운데 담소하였지요[閑中談笑]. 충실한 덕이 몸에 갖추어져서[實德在躬] 동몽이 배우려고 나를 찾아오니[童蒙求我] 때론 이끌어주고 권면하면서[誘掖獎勸] 훈계의 말씀을 게을리 하지 않았지요[語之不惰]."

처음 물으면 알려주고, 두세 번 물으면 모독하는 꼴이 되어, 모독하면 알려주지 않으니, 몽의 도를 바르게 지킴이 이롭다."[9]

다음은 공자가 밝힌 단전이다. "산기슭 아주 작은 샘에서 흐르는 물줄기 몽은 가냘프고 의지할 곳이 없다. 그렇지만 그 몽이 점차로 시내와 강을 이루어 끝없이 넓은 바다로 나간다. 그 까닭은 몽이 본시 지혜의 본체이기 때문이다. 그러기에 몽은 그 무한한 가능성을 실현하기 위해, 소박한 마음을 가지고 스스로 훌륭한 지도자를 찾아 나서야 할 것이다[童蒙求我]. 단, 선생이 동몽을 가르치기 위하여 구하는 것이 아니라는 점을 기억해야 한다[匪我求童蒙]. 몽매한 자가 스승의 도움을 받아 바르게 잘 길러진다면 성인의 공덕을 지닐 수 있을 것이 분명하다."[10]

만약 스승의 가르침을 구하는 몽매한 자가, 스승을 의심하면 결국 자신마저 모독하는 결과를 낳는다. 고로 몽매한 자의 도는 바른 덕을 길러서, 장차 성인의 길을 회복함에 있음을 알아야 할 것이다. 물이 맑아야 달이 도장을 치고[如水淸, 方可印月], 거울을 닦아야 원래 밝고 맑은 거울을 볼 수 있듯이, 어리고 몽매한 자는 순진무구한 자세로 배움을 청해야 이롭다[利貞]. 예로, 판단을 구하기 위한 점을 치는 경우도 성심성의를 다하여 점을 친다면 반드시 진실이 나타난다[初噬告]. 그럼에도 불구하고 그 점친 결과가 마음에 들지 않는다고 다시 치면[再三], 이는 점의 신성을 모독하는 행위가 된다[瀆, Importunity].[11] 가르침을 의심하는 자를 가르치는 일은, 결국 스승까지도 모독하는 결과를 초래하고 만다[瀆則不告].

고로 공자는 "예가 아니면 보지 말고, 듣지 말고, 말하지 말고, 움직이지도 말

---

9 정약용, 『주역사전』 : 初筮는 臨觀의 말이다. 大震의 풀로 천명을 우러러 물으니, 점치는 상이다. 臨괘 兌로 우러러 묻고, 觀괘 巽으로 굽어 알려주니, 初筮이다. 두 번째는 臨괘로 추이하여 坎이 되고, 세 번째로 觀괘로 추이하여 坎이 된다. 坎은 모독이다. 점을 두세 번 치는 것은 신성을 모독하는 행위이다. 몽에서는 巽의 천명이 이미 없어지고, 艮으로 입을 머금으니, 신성을 모독하여 알려주지 않음이다. 관괘 大艮은 '神道說敎'하는 신성이다. 이미 그 신을 모독하였으니, 어찌 알려 주겠는가?

10 [說證] 산 아래 험난함이 있는 것을 알고 멈추니 몽이다. 관괘 5가 몽괘 2로 와 중을 잃지 않고 상응하니 형통하다. 강중은 관괘 손의 5이다. 손은 천명을 알려준다. 몽에서는 손이 되지 않기에 알려주지 못한다. 한편 몽매한 艮☶의 동자를 곤☷으로 양육하니 감☵의 마음이 발라져 '蒙以養正'이 된다. 또한 임괘 1→상으로, 즉 '下學而上達' 시키니 '成功'이다. 군자의 덕은 간으로 완성하니 이것은 성인의 공덕이다. 功은 감☵의 것이다.

11 「계사전(상)」 5장 : "'占'은 천지 속의 정답(알맹이)을 알아내는 '앎'의 행위이다[極數知來之謂占, 通變之謂事, 陰陽不測之謂神]." '占'과 '앎'은 '알'을 찾아내는 같은 꼴이다.

라 함은 백성들로 하여금 서로 욕되지 않게 하기 위함이라 하였으니, 그것은 역에서 '초서곡, 제삼독, 독즉불고'라 한 바이다"[12][13]라고 하였다.

　몽이란 사물에 가려져 있을 뿐, 그 가운데는 분명히 올바름이 있다. "가려짐이 아무리 심하여도 끝내는 그 올바름을 없애지는 못한다. 무릇 자신의 가려짐을 깊이 근심하지 않으면, 벗어나려고 애쓰지도 않는다. 벗어나려고 애쓰지 않으면 정심正心이 이기지 못하며, 정심이 이기지 못하면 내가 비록 그에게 가르쳐준다 하더라도 그 스스로가 받아들이지 못할 것이다."[14] 그러므로 '처음에 묻는 점에 가르쳐준다'는 것은, 묻는 그에게 덮여 있는 것을 벗겨내고자 하는 마음이 간절할 때는 한 번에 벗겨내 준다. 고로 '시중時中'은 성인이 그를 계발시킬 만하면 계발을 시키고, 그렇지 않으면 그대로 내버려 둠으로써, 그가 정심正心을 길러서 스스로 이겨내기를 기다리는 것이다.[15][16] 이것이 성인의 공적이다. 공자는 몽매한 자에게는 올바른 도를 길러 장차 성인의 길로 들어가게 하는 공로, 즉 성인의 자리를 회복할 수 있도록 도와주는 역할은 스승에게 있다고 하였다[蒙以養正 聖功也]. 단왈의 주석을 보면 몽괘가 임괘와 관괘로부터 왔음을 설증說證하고 있다.[17]

---

12 『禮記·表記』: "子曰, 非禮勿視, 非禮勿聽, 非禮勿言, 非禮勿動. 易曰, 初噬告, 再三瀆, 瀆則不告." 『논어·안연』편에도 같은 말이 있다.

13 위의 책 : "공자께서 말씀하셨다. 말이 없으면 서로 접하지 말 것이며, 예물이 없으면 서로 보지 말 것이다. 이는 백성이 서로 무례한 행동이 없게 하고자 하는 것이다. 역에 말하였다. 처음에 점을 칠 때는 뜻이 정성되므로 고할 것이며, 두 번 세 번에 이르면 거만하니, 거만할 때에는 고하지 않는 것이다[子曰 無辭不相接也 無禮不相見也 欲民之毋相褻也 易曰初筮告再三瀆瀆則不告]."

14 『논어』, 「술이」 : "不憤不啓, 不悱不發." ; "擧一隅而不以三隅反, 則不復也."

15 李彦迪, 『晦齋集』, '독즉불고' : "공자는 公山과 佛肸의 부름에도 모두 가려 했었지만 晏嬰이 안 된다고 하자 씻어 놓은 쌀을 건져 떠났고, 膰肉이 이르지 않자 면류관도 벗지 않은 채 떠났으며, 衛靈公이 한 번 날아가는 기러기를 보자 이튿날 바로 떠났다. 공자가 기미를 보고는 바로 떠나고 하루도 지체하지 않은 것은 봉황이 천 길의 하늘 위를 날아오를 수 없는 것과 같았다. 걸이 이미 무도하였다면 성인을 禮로 대우하지 못하리라는 것 또한 분명히 알 수 있다. 그런데 어찌 자신을 굽혀서 남을 따라, 조금의 바로잡는 효과도 없이 왕래하면서 그 번거로움을 꺼리지 않기를 이윤처럼 하려 하였겠는가. 『주역』에 '初噬告 再三瀆 瀆則不告'라 하였으니, 바로 이를 두고 한 말이다."

16 魏伯珪, 『存齋集』, '朋黨' : "아, 저 파리와 개는 따질 것도 없지만, 다행히 만물의 영장으로 堯舜의 본성을 가지고 있고, 禹와 文王의 모습을 띠고 있으면서 머리를 두려워하고 꼬리가 위축되어, 마음이 같은 사람을 만나도 蘭을 삼키고 뱉지 않으며, 어린아이를 버려두고 처음 물어보아도 알려 주지 않고, 눈물을 흘리면서 고라니와 사슴이 있는 골짜기에서 죽기를 기다린다. 누가 차마 이렇게 하는가, 누가 차마 이렇게 하는가. 공자가 '나를 아는 것은 아마 하늘일 것이다'라고 했는데, 하늘이 과연 공자를 알아주었는가, 하늘이 과연 공자를 알아주었는가."

象日 山下出泉 蒙 君子以 果行育德

상왈, 산 아래 샘이 솟아나는 것이 몽이니 군자는 이를 본받아 과단성 있는 행동
으로 덕을 쌓아가도록 한다.

깊은 산기슭에서 물이 처음으로 퐁퐁 솟아나는 샘물(Spring)이 몽(Youth)이니,
군자는 이를 보고, '아주 작은 옹달샘이 대천이 되어 흘러가듯, 하지 않으면 안
될 일은 반드시 과단성이 있게 행하고, 또 움직이지 않는 높은 산과 같이 군자의
덕을 크고 높게 길러 나가도록 해야 할 것이다[果行育德].'[18] 산 아래 샘물이 있다
고 말하지 않고, 샘물이 나온다고 말한 것은 처음으로 나오지만 통달하지 못함을
취하였다. 이런 까닭에 몽매한 우물에서 처음 시작한 선의 단서를 확충함이다. 과
감하게 행한다는 것은 감☵(물)의 움직임이고, 덕을 기르는 것은 간☶(산)의 고요
함이다.

산 아래 샘물이 솟아남은 산을 중심으로 한 말이고, 산 아래 샘이 처음으로
나와서 아직 흘러가지 못하니 몽매하다. 산은 사람과 같고, 샘은 생각과 같다. 사
람의 생각이 발동되나 나가는 방향을 아직 분별하지 못하는 상이다. 과감하게 행
함은 물줄기의 흐름을 터주는 것과 같고, 덕을 기름은 산의 흙이 높게 쌓인 것과
같다.[19] 퇴계의 '몽천'에는 물맛이 좋다.[20] 공묵당恭黙堂과 식산息山, 희곡希谷 등의

---

17 觀卦 5가 蒙卦 2로 와 중을 잃지 않고 상응하니 형통하다. 觀卦는 大艮이니 弟子와 童子의 괘다.
(內는 我, 外는 敵) 臨卦는 大震, 我는 진☳의 스승으로, 찾아가서 가르치지 않으니 '匪我求'요,
따라서 艮의 5가 2로 오니 '童蒙求我'다. 또 臨卦 1이 상으로 가서 가르쳐주고 있으니, '臨觀之義
或與或求'라 했다. '初筮'는 臨觀의 말로, 시초로 쓰는 大震의 풀로 천명을 물음이다. 임괘에서는
태☱로 묻고, 관괘에서는 손☴으로써 알려주니, '初筮告'가 되지만, 두 번 물으면 臨이 蒙이 되어
坎이 되고(1→상), 세 번 물으면 觀이 蒙이 되어 坎이 되니, 감☵은 곧 모독이다(坎爲溝瀆, 溝瀆
爲不潔爲冒瀆). 觀卦는 大간☶의 神(大觀神道設定)이다.

18 정약용, 『주역사전』: 果行이란 결연한 각오로 실행함이다. 『禮記』 내칙의 말이다. "부모가 비록
돌아가셨다 하더라도, 장차 착한 일을 하려고 할 때에는, 부모에게 명예가 돌아갈 것을 생각하
여, 반드시 실행해야 한다." 몽괘는 임괘의 연못에 막혀 있던 물이, 제방이 터져 막다른 곳에
가서야 멈추니, 坎의 도는 흘러 통하기 마련이다. 震의 행진은 반드시 목적지까지 도달하는 법
이니, 이것이 과행이다. 과행이라는 것은, 무엇을 하려 해도 하지 않을 수 없다. 艮의 산 아래
이미 물이 흘러나오니, 그 형세가 움직이지 않으려 해도 움직이지 않을 수 없는 이치다. 견실한
내덕☵을 간☶과 곤☷으로써 육성하니 '育德'이 되어, 산 아래 샘물이 흘러나오지 않을 수 없는
것이다.

19 심조, 「易象箭論」: "蒙자는 豕로부터 왔다. 산에는 풀이 있기 때문에 위에는 草를 따르고,
감☵은 돼지이기에 豕를 따른다. 果는 호괘 震木이고, 育은 坎 月에서 왔다."

'과행육덕' 설도 참고하자.[21/22/23/24]

20 이황, '몽천' : "산에서 샘물이 나는 괘가 몽이 되니[山泉卦爲蒙] 그 상을 나는 늘 생각하는 바이다[厥義吾所服]. 어찌 감히 시중을 잊으랴[豈敢忘時中] 더욱 마땅히 과육할 것을 생각하려네[尤當思果育]. 서당의 동쪽에[書堂之東] 몽천이란 샘이 있네[有泉曰蒙] 무엇으로 체득하리오[何以體之]. 바르게 기르는 공을[養正之功] 산천괘가 몽으로 되니[山泉卦爲蒙] 그 상을 내 진실로 심복하노라[厥象吾所服]. 어찌 감히 시중을 잊을까 보냐[豈敢忘時中] 더욱 더 과행과 육덕을 생각해야지[尤當思果育]."

21 金濤, 「周易淺說」 : "하늘이 거칠고 어두운 세상을 만들 때에는, 어수선하고 혼란스러워 질서가 없었기에 屯卦에서 '經綸'이라 하였다. 산 아래서 샘물이 나오는 것은 마치 사람이 몽매한 어린이와 같기 때문에, 蒙卦에서 '果行育德'이라 하였다. 屯의 때는 임금의 도가 크기 때문에, 전적으로 임금의 도를 위주로 삼았고, 스승의 도를 덧붙여 놓았다. 蒙의 때는 전적으로 스승의 도로써 중점을 삼았고, 임금의 도를 겸해 놓았다. 屯卦에 있어 임금의 도란 이른바 經綸의 도이고, 蒙卦에 있어 스승의 도란 이른바 행실을 과단성 있게 하며 덕을 기른다는 도이다. 屯의 때는 비록 임금의 도로써 주체를 삼으나, 어찌 미리 그 나라의 근본을 길러내지 않겠는가. 蒙의 때는 비록 스승의 도로써 중점을 삼으나, 또 어찌 그 덕행을 길러내지 않겠는가. 또 진== 초9는 장남이 아버지를 대신하고, 간==은 막내가 되어 바야흐로 계발됨을 기다리니, 임금과 스승의 도가 여기에 겸비되고 있음을 더더욱 알 수 있다. 다시 이 두 괘의 대상에는 『소학』과 『대학』의 가르침이 모두 그 속에 갖추어져 있다. 읽는 자들은 더더욱 마땅히 깊이 연구하고 생각해야 할 것이다."

22 김도(金濤, 1580~1646) : 본관 商山, 호 恭黙堂. 學行으로 천거되어 48세(1627) 정묘호란 때 昭顯世子 보좌. 50세에 의흥현감 사직 후 벼슬길에 나아가지 않음. 金尙憲과 교유하며 모친을 봉양하는데 효도를 다함. 花巖書院에 제향. 『공묵당집』 권4 『周易淺說』에서 왈. "천자가 易象을 법받으면 천하가 다스려지고, 제후가 그 상을 법 받으면 그 나라가 다스려지니, 배우는 자가 그 상을 법 받는다면 자신은 修身하고 齊家할 수 있다. 후세의 人君이 만약 양을 붙들고 음을 누르는 뜻을 알아, 한결같이 네 성인의 가르침을 따른다면 어찌 亂亡의 화가 있겠는가? 아아, 『주역』이 천하에 있게 된 것은 마치 천상에 일월이 있는 것과 같으니, 하늘에 일월이 없다면 만고동안 오래도록 어두운 밤이 되고, 사람에게 易書가 없다면 온 세상이 새나 짐승이 되니, 역서가 人道에 있어서 어찌 크지 않겠는가?"

23 李萬敷, 「易大象便覽」 : "샘이 처음 나올 때에는 졸졸 흐를 정도로 작으니, 모래와 자갈에 막힌다면 어찌 갑자기 도달할 수 있겠는가? 오직 그것이 과감히 물길을 터뜨려서 반드시 흘러서 비록 험한 것을 만나더라도 피하지 않으니, 끝내는 흘러가서 냇물을 이룬다. 그러나 가령 그 샘물의 근원이 깊지 않다면 그 흐름이 과감하다고 하더라도 쉽게 고갈될 것이다. 艮의 덕은 그침이다. 산은 정지해 있기 때문에, 샘물의 근원이 나오는 것이 끊임없으며, 그침이 있은 이후에 흘러감이 있다. 군자가 이런 몽괘의 상을 살펴서 행동을 과감하게 하는 것이, 마치 물이 반드시 흘러가는 것과 같이 하며, 덕을 기르는 것을 마치 물에 근원이 있음과 같이 한다면, 本體는 성대해질 것이며, 그 作用은 유행할 것이다. 덕이란 행동이 나오는 곳이며, 행동이란 덕이 드러나는 것이니, 본체와 작용의 명칭이다. 본체가 있은 이후에 작용이 있으니, 수양한 것이 두터우면 그 응용이 끊임없을 것이다. 『중용』에서는 '두루 넓고 깊은 근원이 있어서 제 때에 나타난다[溥博淵泉而時出之]'고 하였다. 또 '작은 덕은 내처럼 흐르고 큰 덕은 두텁게 화육한다[小德川流, 大德敦化]'고 하였으니, 모두 이 뜻이다. 대체로 크게 그 덕을 기르기만 하고 행실에 힘쓰지 않으면, 어찌 사업에 조처할 수 있겠는가? 그러므로 학문은 더더욱 힘써 행함을 중시해야 한다."

24 李止淵, 『周易箚疑』 : "백리를 가는 자가 구십 리쯤에서 그만두고, 아홉 길 산을 쌓음에 한 삼태기 흙으로 일을 이루지 못한다[書經]. 과감하게 행함은 마땅히 샘물이 밤낮으로 쉬지 않고 흐름

고사로 몽괘의 예는 주나라 성왕成王과 주공周公에서 볼 수 있고,[25] 조선의 태종은 원자元子의 입학문제에 대해 몽괘를 들어 아래와 같이 이르고 있다. "어린 것을 바르게 기르는 것은 성인의 공이다. 대개 순일純—하고 아직 피어나지 아니한 어린 것을 바르게 기르면 곧 성인이 되는 공이 있다. 이서李舒와 권근權近 같은 이를 동궁의 스승으로 삼고, 아첨하는 이들을 없애도록 하라."[26]

> 初六 發蒙 利用刑人 用說桎梏 以往 吝
> 초6은 몽매한 것을 깨칠 때는 죄인에게 형벌로 엄하게 다스리듯 해야 이롭다. 그렇다고 질곡의 고초를 계속하여 준다면 위험할 것이다.

초6은 부정하고 부중하다. 그러고도 가장 밑바닥에 자리한 몽매하기 그지없고 분별없는 어리석은 자다. 이런 무지막지하고 철없는 어린놈을 깨우치려면[發蒙, To make a fool develop] 먼저 '회초리[扑]'로 종아리를 치듯 엄한 벌을 써야 이롭다 [利用刑人]. 그러나 이런 놈은 교화를 하는 만큼 그 반발도 크기에 강약을 잘 섞어

과 같아야 하고, 덕을 기름은 마땅히 태산이 흙덩이를 사양하지 않음과 같이 해야 하니, 작은 것이 쌓여서 큰 것을 이루고, 미세함으로부터 환히 드러난다는 뜻이대行百里者, 半九十里, 爲山九仞, 功虧一簣. 果行當如源泉之不舍晝夜, 育德當如泰山之不讓土壤, 積小成大, 從微至著之意也]."

25 『사기』, 「노주공세가」편 요약 : 주공이 섭정에 오르자, 은나라의 옛 영토를 통치하고 있던 주공의 형 관숙과 동생 채숙이 '섭정을 핑계로 왕위를 노린다'는 유언비어를 나라 안에 퍼뜨리며 반기를 들었다. 결국 그들은 멸망한 은나라 주왕의 아들 무경과 함께 주공에 대항하여 반란을 일으켰다. 주공은 성왕의 명을 받아 이 반란을 평정한다. 그러나 성왕은 삼촌 주공에 대한 의심을 풀지 못했다. 이에 반란을 평정하고 돌아온 주공이 자신의 결백과 억울한 마음을 표현해 성왕에게 바쳤는데, 그것이 바로『시경』「빈풍」편에 실려 있는 '치효(鴟鴞)'다. 그리고 우연히 주공의 '금등(金騰)'이라는 글을 보고는 의심을 푼다. 金騰은 쇠끈이라는 뜻이다. 내용은 무왕이 병들어 누워 있을 때 주공이 자신을 대신 죽게 해달라고 비는 글이었다. 성왕은 이 글을 보고 나서 눈물을 흘리며 주공을 모신 동몽이 되었다.

26 『태종실록』 태종 4년(1404) 5월 9일 : "피어난 뒤에 禁하면 저항하여 이기기 어렵습니다. 따라서 어릴 때 바르게 기르는 것은 학문의 제일 좋은 방법입니다. 하물며 元子는 제2의 임금이라, 장차 종묘사직과 민생의 책임이 일신에 달려 있으니, 처음부터 교육하고 미리부터 길러두지 않을 수 있겠습니까? 『주역』에 '어린 것을 바르게 기르는 것은 聖人의 공덕'이라고 하였습니다. 『예기(禮記)』에도 '오랫동안 바른 사람과 함께 있으면 바르게 되지 않을 수 없다[習與正人居 不能不正]고 하였으니, 이것을 두고 한 말일 것입니다. 스승이 적합한 사람이면 교양하는 것이 바르게 되고, 친구가 착한 사람이 아니면 경계하여 바로잡을 바가 없사오니, 지금 원자에게 元良을 바라면서 스승과 벗을 선택하여 보양하지 않으면 되겠습니까?"(사간원 상소, 輔養元子之法)

훈화할 필요가 있다[用說桎梏]. 그렇지 않고 계속하여 형벌로만 나가면 위험이 따른다[以往吝].

여기서 동파는 벌을 주기 위한 벌이라면 삼갈 것을 주장한다. "몽매를 벗어나 계발되었다면 '발몽發蒙'을 쓸 필요가 없다. '질곡桎梏'은 아직 형벌을 가하지 않았을 때 쓰는 것이기에, 이미 형벌을 가했으면 풀어 주어야 마땅하거늘, 형벌을 오래 끌고 가면 그것은 형벌을 더럽히게 된다. 몽매함을 계발시키는 일은 그 본성을 더럽히지 않는 데 있다."

다산은 '탈說'을 '탈脫'의 의미라 하고, 꽃망울에서 벗어나서 꽃이 피는 것도 탈이요, 활시위에서 벗어난 화살도 '탈'이라 하였다. 또 '질桎은 발의 형틀'이요, '곡梏은 손의 형틀'이니, '족쇄와 수갑'을 채움이라 하였다. 아산도 '용탈질곡用說桎梏'처럼 강경일변도로 벌을 주기 위한 벌은 몹쓸 선생의 짓이요, 장점을 찾아서 칭찬을 하는 것이 훌륭한 교육이라 주장한다. 정자 또한 하민下民을 발몽發蒙하는 데는 형금刑禁을 두어서 교도하기 마련이라며, 자고로 성왕의 정치는 형벌을 설정하여 백성을 다스리고 교화하여 선속善俗을 아름답게 하는 데 있었다고 한다.

공자의 주석은 몽매한 자들에게 벌을 주는 것은 "정법을 써야만 한다[象曰 利用刑人 以正法也]"고 주장하고 있다. 이는 엄한 스승이 훌륭한 제자를 길러낼 때 작은 징벌로써 큰 잘못에 이르지 않도록 경계[小懲而大誡]하는 교육 방법으로 「계사 하전」 5장에서 다시 한번 강조하고 있는 것이다.[27]

고구려 연개소문에게 눈알을 잃은 당태종 이세민이 소징小懲과 대계大誡를 개괄概括한 대목이 눈에 띈다.[28] 퇴계의 '도산십이곡陶山十二曲'에도 질곡桎梏이 보인다.[29] 몽괘가 손괘로 가는 경우다.[30/31]

---

27 공자 왈, "소인은 불인을 부끄러워하지 않고[不恥不仁], 불의를 두려워하지 않고[不畏不義], 이익이 나지 않으면 힘쓰지 않고[不見利不勸], 위협을 받지 않으면 놀라지 않으니[不威不懲], 이로써 작은 잘못을 징벌하여 큰 죄를 짓지 않도록 경계함이니 이는 소인의 복이다[小懲而大誡 此 小人之福也]" 하였으니, 역에서 "형틀에 매어두고 그 발꿈치를 베니 허물이 없다"고 한 것이다[易曰 履校滅趾 无咎 此之謂也]."

28 李世民,『貞觀政要』, '敎令' : "사면의 은혜는 비정상적인 자들에게만 미친다. 옛말에 '소인의 행복은 군자의 불행'이라 했다. 옛날 문왕이 벌을 내릴 때, 형벌이 잦았어도 사면은 없었지만, 촉은 크게 다스려졌다. 양무제는 매년 수차례 사면을 단행했지만 끝내 망하고 말았다. 무릇 작은 仁을 꾀하는 자는, 큰 仁의 적이다. 이 때문에 내가 천하를 장악한 이래 결코 사면을 행하지 않았다."

> 九二 包蒙 吉 納婦 吉 子 克家
> 구2는 몽매한 자를 감싸면 길하고 또 아내를 맞아들이면 길하리니, 그의 자식이
> 집안을 잘 다스릴 것이다.

몽매한 자들을 깨우치고 끌어안고 감싸주는 자는 2와 상뿐인데, 여기 2는 제가 齊家의 능력이 두 번씩이나 '길吉하다'고 인정을 받는 몽괘의 주효로, 포몽包蒙(To bear with fools in kindliness)의 중심이 잡힌 자이다. 무지몽매한 아이는 따스한 가슴으로 품어가며 가르치고, 몽매한 부인도 따뜻하게 맞아들인다[納婦吉]. 그렇게 되면 또 그 자식이 강유를 조절하여 집안을 잘 다스려 나갈 것이다[子克家]. 자식도 차별 없이 가르치면 습성마저 변한다[有敎無類는 공자의 좋은 지적도 있다.[32]

여기서 왕필은 2가 강으로서 중심을 잡고 있어 동몽童蒙이 귀의하고, 포용하고 거부하지 않아 원근에서 찾아와 '포몽길包蒙吉'이라 한다. 또 "부인이라 함은 자기의 배우자와 함께, 그 덕을 완성시켜 나가는 사람인데, 2는 양의 몸으로 몽매한 이를 포용할 수 있고, 강으로서 가운데에 있기에 배우자를 받아들이면, 모두 다 응하기에 '납부길納婦吉'이라 했다"고 한다. 2와 5의 관계를 사제지간으로 보면, 2는 어린 임금 5를 제자로 감싸고 잘 가르치는 스승이고, 남녀관계로 보면 2는 고귀한 신부감(5)을 잘 받아들이는 훌륭한 신랑감이며, 부자관계로 보면 2는 노약한 아비 5를 감싸고 잘 모실 수 있는 유능한 효자이기도 하다. '자극가子克家'는 바로 이러한 강과 유가 음양의 정情으로 잘 접해 있는 것으로 공자도 보았다[象曰 子克家 剛柔接也].

신하가 임금을 가르쳐 가며 나라를 다스린 경우로는 성왕을 도운 주공의 섭정,

---

29 李滉, 『陶山十二曲』, '陶山六曲 其一' : "이런들 엇다호며 더런들 엇다호료 草野愚生이 이러타 엇다호료 흐믈며 泉石膏肓을 고텨 므슴호료" (發蒙과 질곡을 읊은 1곡)

30 정약용, 『주역사전』 : '發'은 발진하는 진☳의 덕. 몽은 임으로부터 온다. 臨卦 속에 復의 진☳ 생명이 發進하려는데, 損卦가 되면서 막고 있으니 '發蒙'이라 하였다. 觀에서는 艮의 殺生이 있으나, 蒙에서 坎의 법이 중도를 취하니 '利用刑人'이라 했다. '桎'은 臨卦 발밑☱에 나무를 찬 꼴이고, '梏'은 觀 위에 나무를 덮어쓴 꼴이다. 몽이 되면서 손발의 형틀에서 벗어나니 '用脫桎梏'이 되었다. 이제 損卦가 되어도 간☶의 미혹함은 여전하니 '吝'이고, '正法'은 감☵이다.

31 참고로, 철없는 아이를 맡아 철저한 교육을 시킴이 좋다. 동신 출가하여 大德에게 맡김도 좋은 때다. 법이 바르면 인심이 바르고, 못난 기장이나 피도 벼와 콩에 못지않으리라. 자식에 대해 공연한 마음을 쓰지 말라.

32 『논어』, 「양화편」 : "性相近也 習相遠也."

제갈량이 유비의 아들 아두阿頭를 보필한 것을 들 수 있다. 유비는 임종을 앞두고 제갈량에게 간곡히 부탁을 했다. 자신의 아들이 괜찮으면 대를 이어 보필해 주고, 아니면 그대가 직접 촉을 다스려달라는 것이었다. 이에 감격한 제갈량은 충실히 아두를 섬겨 나라를 반석 위에 올려놓는다.[33] 이것이 '자극가'의 좋은 예이다. 스승의 포몽을 그리워하는 소현세자의 울음이 있고,[34/35] 퇴계의 발몽이 있다.[36] 몽이 산지박山地剝으로 간다.[37/38]

---

33 劉備가 夷陵전투에서 대패한 후 白帝城에서 병을 얻어 죽음을 앞두고 諸葛亮에게 아들 劉禪을 맡긴 고사가 '劉備托孤'이고 '托孤堂'이 그 유적이다. 蜀漢을 세운 유비는 文武에 있어 당시 孫權이나 曹操에 비해 뛰어난 편은 아니었으나 부하들의 마음을 읽고 그들을 통제하는 면에 있어서는 매우 뛰어났다. 서기 219년 형주를 방어하던 關羽가 죽고 형주를 손권에게 빼앗긴 후 유비는 심한 좌절을 겪게 된다. 관우가 죽은 후 중국에서는 관우의 忠義와 영웅의 출현을 기리는 마음에서 關王廟를 세우고 오늘날까지 관우를 神으로 받들고 있다. 임진왜란 때 조선에도 明나라 장수 陳游擊에 의해 숭례문 밖에 關王廟가 처음 세워졌으며 일제 강점기까지 존재했다.

34 昭顯世子(孝宗), '개발포몽[빈객정경세賜祭文]' : "생각건대 내가 처음 학문 배울 때[粤台始學] 욕심으로 마음이 꽉 막혀 있었네[心猶茅塞]. 실로 밝은 스승께서 가르치시매[實賴明師] 차근차근 이끌어 잘 가르쳐줬네[循循誘掖]. 몽매했던 날 깨우쳐 틔워 준 그 공[開發包蒙] 그게 모두 어느 누구 덕분이었나[是誰之力]. 가르침을 받음 아직 안 끝났는데[受誨未終] 어쩜 그리 서둘러서 떠나갔는가[告歸胡遄]."

35 昭顯世子(孝宗), '수격포몽[沙溪金長生致祭文]' : "앞으로는 누가 나를 가르쳐주어[誰加箴誨] 어리석은 나의 지혜 틔워줄 건가[誰擊包蒙]. 따사롭고 따사로운 덕음에다가[溫溫德音] 삼가면서 조심하는 모습이었네[抑抑儀形]. 영원토록 공의 모습 회상하리니[永言懷想] 이내 목숨 다하도록 어찌 잊으랴[沒世何忘]."

36 李滉, 『陶山十二曲』, '陶山六曲 其二' : "雷霆이 破山ᄒᆞ야도 聾者ᄂᆞᆫ 몯듣ᄂᆞ니 白日이 中天ᄒᆞ야도 瞽者ᄂᆞᆫ 못보ᄂᆞ니 우리ᄂᆞᆫ 耳目聰明男子로 聾瞽ᄀᆞᆺ디 마로리." (포몽을 읊은 2곡)

37 정약용, 『주역사전』 : 관에서 몽으로 왔기에, 감☵의 허물을 손☴으로 감싸주니 '包蒙'이다. 또 몽은 임괘로 오니, 진☳의 지아비가 손☴의 부인을 맞아 감☵의 방을 주관하므로 '納婦吉'이다. 임괘의 초는 본래 진☳主 였는데, 상으로 가 간☶이 되어 죽음을 맞으니 가장이 죽게 되었다. 몽의 호괘 진☳이 이제 감☵宮의 주인이 되었으니, '子克家'라 했다. '剛柔接'은 감☵과 호괘 곤☷의 접으로, 나는 2의 강, 상대는 5를 비롯한 곤☷의 음들이다.

38 특히 집안의 평화를 돌우며 자손이 좋다. 도가 산 높고 물 맑듯, 학문도 높고 재물도 많다. 蒙卦가 剝卦로 가기에 사내의 죽음으로 보기도 한다[辰→巳, 孫→兄].

六三 勿用 取女見金 夫不有躬 无攸利

육3은 지아비로 삼지 말라. 여자를 취함에 금전으로 보니, (지아비로 결격이라) 이로울 바가 없을 것이다.

3은 부중하고 부정하기에 여자를 돈으로 본다[取女見金]. 이런 사람이라면 (지아비로) 취하지 말라[勿用]. 돈이면 만사 오케이라고 여기는 사내를 어찌 지아비로 여길 수 있으랴. 자신을 수양하지 않고 오직 자기밖에 모르는 사내는 몸가짐도 불순할 뿐 아니라[不有躬], 타인에게도 이로움을 줄 수 없다[无攸利].

'물용취녀'라는 말은 (여자를 돈으로 보는 사람은) 그 행실이 순종치 않기 때문이다[象曰 勿用取女 行不順也]. 어찌 선근善根이 남아 있겠는가. "사람에게는 반드시 선근이 뿌리내리고, 내리지 못하는 차이가 있을 뿐이다." 공자가 "썩은 나무에는 조각할 수 없다"[39]던 자리가 바로 육3일 수 있다.

시쳇말로 "돈 나고 사람 났다"는 자다. 누구나 3의 입장에 놓이게 되면 자유롭지 못하다. 특히 남자든 여자든 재력이 있고 젊고 패기가 넘치고 능력까지 있다면 (몸과 마음이) 끌린다. 단지 3이 부중부정하고 몽매한 점을 안타까워할 따름이다. 그러기에 격몽의 도를 구하여 그 병을 고치기만 하면 길하다. 금부金夫를 밝히는 경계는 많다.[40] 퇴계의 '도산십이곡'에 '물용취녀금부'도 등장한다.[41]

다산은 정자의 전통적인 위의 해석을 오류로 지적하고, 효사를 "물용勿用, 취녀견금取女見金, 부불유궁夫不有躬, 무유리无攸利"로 끊어읽는, 다른 해석을 내놓는다.[42/43]

---

39 『논어』, 「공야장」 : "너 같이 썩은 나무는 조각이 힘들어[朽不可彫也]!"

40 黃景源, 『江漢集』, '견금부' : "성인이 근심하는 까닭은 대개 강유의 만남에 있습니다. 소인은 여자와 같으니, 밖에서 엿보며 그 貞道를 얻지 못하고, 이미 혼인한 후에 돈 많은 남자를 보고 그 몸을 지키지 못하니, 또한 추하다 할 수 있습니다. 그러므로 성인께서 미워하심이 깊었으니, 군자가 그들과 더불어 함께할까 걱정해서였습니다."

41 李滉, 『陶山十二曲』, '陶山六曲 其3' : "고인도 날 몯보고 나도 고인 몯뵈 고인을 몯 봐도 녀던 길 알픠 잇닌 녀던 길 알픠 잇거든 아니 녀고 엇덜고" 천자문에 '守眞智滿 逐物意移, 즉 '참됨을 지키는 사람은 뜻이 충만하고, 사물을 쫓는 사람은 뜻이 이동한다' 했다. 見金夫를 경계한다.

42 정약용, 『주역사전』 : 蠱卦 태☱女가 안에 있고 간☶의 사위는 밖에 있다. (혼인괘는 도전으로도 본다.) 그런데 蠱는 泰에서 왔기에, 태의 1이 상으로 가 蠱卦가 되어, 태☱女가 건☰金을 '見金'하니 '勿用'이라 하였다. 본시 간☶은 곤☷에서 가난하였으니, 어찌 '夫不有躬'이 그냥 나왔겠는가? 漸卦와 귀매괘는 혼인괘로 伴合을 취한다. '用'과 '躬'은 叶韻의 관계에 있다. 제가들이 '見金夫'

> 六四 困蒙 吝
> 육4는 무지몽매로 곤란한 처지에 놓이게 되었는데도, (허물을 고침에) 인색하다.

곤몽困蒙(Entangled folly)인 나를 도와줄 짝 초6은 가장 비천한 자리에 처해 있다. 훌륭한 구2와 상9는 나와 인연이 없다. 그러니 의지하고 배울 곳이 없어 배움에 목말라도 현명한 지도자를 만나지 못하고 일생을 어렵게 살아간다. 몽매하니 답답하고 괴롭다[吝, humiliation]. 이런 경우를 보면 학덕(학운)이나 귀인의 도움이 없는 것은 아니다. 전생에 얼마나 억울한 삶을 살았으면 자신을 키워줄 선생도 만나지 못할까. 몸은 비록 부모가 낳아주지만 정신은 선생이 길러준다. 이 세상에 나를 걱정하는 사람은 아무도 없다. 환경에 얽매이지 말라. 깨고 보면 두두물물頭頭物物 부처 아닌 것이 없고, 선생 아닌 자가 없다. 한 꺼풀만 열라. 자신을 대신하여 밥 먹어 줄 자 아무도 없다. 실덕實德의 사우師友가 나를 멀리 함이 아니라, 내가 스스로 홀로 사우師友를 멀리함이니 사우師友가 또 어찌 하겠는가? 고로 "현명한 지도자를 얻지 못하여 몽매하다는 것은 홀로 실질에서 멀어졌기 때문이다[象日 困蒙之吝 獨遠實也]." 이는 몽매한 자가 배우려는 적극적인 자세가 없음을 애석해하는 장면이다.

아래 공자의 학구열에 관한 제자의 답변이 '곤몽'을 벗는 참고가 된다. 위나라의 공손조가 자공에게 물었다. "공자님은 어디서 누구에게 배웠답니까?" 이에 자공이 이렇게 대답했다. "문무지도가 땅에 떨어지지 않고 있어요. 잘난 사람들은 큰 것을 기억하고 못난 사람들은 작은 것을 기억하고 있으니, 문왕과 무왕의 도를 지니고 있지 않은 사람이 없습니다. 그러니 우리 공자님께서야 배우시지 않을 데가 어디서든 없었겠습니까? 또 어찌 일정한 스승만 있었겠습니까?"[44] 공자의 안타까운 말은 이어진다. "어려운 가운데 태어났으면서도 배우려 하지 않는다면 이런 사람은 무척 평가하기 힘든 부류이다."[45] "어찌 말로 일러주어야 스승이겠는

를 일구로 삼았고, 정자와 주자도 모두 이 해석을 취한다.

43 몽괘가 산풍고卦로 갔다. 남의 말을 믿지 말라. 재산도 빼앗길 운이다. 재산은 마누라와 항렬이 같다. 躬 수양 될 궁, 활처럼 자유자재할 궁. 窮 궁색할 궁, 좁은 구멍 속에서 운신하지 못할 궁.

44 『논어』, 「자장편」 : 衛公孫朝問於子貢日, '仲尼焉學?' 子貢日, '文武之道, 未墜於地, 在人. 賢者識其大者, 不賢者識其小者. 莫不有文武之道焉. 夫子焉不學? 而亦何常師之有?'

45 『논어』, 「계씨편」 : "困而不學, 民斯爲下矣."

가? 하늘이 어찌 말을 하리요? 사철이 반복해 찾아들어 온갖 것이 생명을 유지해 가는데, 하늘이 어찌 말을 하리요?"[46] 퇴계도 곤몽困蒙을 읊었다.[47] 몽이 미제로 간 경우다.[48]

> 六五 童蒙 吉
> 육5는 몽매한 어린이처럼 어른을 모시고 있으니 길하다.

높은 자리에 있으면서도 동몽童蒙(Childlike folly)처럼 공손한 태도로 가르침을 청하니 길하다. 높은 자리에서도 아랫사람에게 공손한 태도로 가르침을 청한다. 언덕이 바닥보다는 높지만 산꼭대기보다는 낮다. 임금이라고 만사를 다 아는 것은 아니다. 임금보다도 식견과 경륜이 높은 어른들이 많다. 그럴 때는 임금의 자세가 문제이다. 모르는 것은 모른다고 솔직하게 지혜와 경륜을 청해야 한다. 예를 다하여 고견을 청하되 자세를 부드럽게 하여야 임금답다. 임금은 임금의 복을 지었고, 성현은 세상을 두루 밝히는 지혜와 경륜의 복을 지닌다. 서로의 입장과 주어진 복을 인정해야 한다. 도학의 법은 순종하는 자세로 임할 뿐이다. 고로 공자가 "동몽지길童蒙之吉은 순이손야順以巽也"라 주석한 것이다.

수현壽峴 석지형은 『오위귀감』에서 "예로부터 성스런 임금은 스승을 두지 않은 적이 없었고, 성군이라면 스스로 스승을 얻는 겸손을 펼쳐야 할 것"이라고 상소한다.[49]

---

46 『논어』, 「양화편」 : "天言何哉 四時行焉 百物生焉 天焉何哉."

47 李滉, 『陶山十二曲』, '其四' : "幽蘭이 在谷호니 自然이 듣디 됴해 白雲이 在山호니 自然이 보디 됴해 이듕에 彼美一人를 더옥 닛디 몯호얘." "當時에 녀던 길흘 몃히를 버려두고 어듸 가 드니다가 이제야 도라온고 이제나 도라오나니 년듸 므음 마로리." 가던 길 버려두고 미인따라 헤매었다는 것은 선비의 困蒙을 나타낸다.

48 미제는 否卦 5효 강이 2로 와 포위되어 '困蒙'이 되었다. 비유하면 마침내 몽매하고 어린 사람이, 무리로부터 떨어져 친구에게로 향하다가, 여러 사람들에게 붙잡힌 것과 같다. 재앙이 자신으로부터 왔으니 곤몽이다. 또 몽괘에서도 2와 5가 부정한 자리에서 응을 하더니, 미제가 되었어도 여전히 2와 5가 부정한 상태에서 응을 하기에 '흉'이다. '獨遠實'은 否卦 세 양으로부터 멀어지는 불성실을 말한다. 몽이 미제로 간 경우다[戌→酉, 孫→財]. 참고로 방해하는 자가 많으니 누구도 믿지 말고, 혼자 일을 하라.

49 石之珩, 『五位龜鑑』 : "신이 삼가 살펴보았습니다. 몽괘 육5는 철부지 간☶이 분수에 편안치 못

이런 '동몽의 손순한 자세'를 지욱은 "대인이면서 적자赤子의 마음을 잃지 않은 자의 높은 자세"라 칭송했다. 그러니 위에 있는 상9 엄사嚴師와도 친하고, 아래 구2의 양우良友와도 친하니, 배우는 자의 자세가 길한 까닭이다. "세 사람이 함께 길을 가면 반드시 거기에 선생이 있다"⁵⁰는 소리와 다름이 아니다. 동몽선습, 동몽교관,⁵¹ 동몽훈⁵²/⁵³ 등의 동몽은 환괘渙卦로 간다.⁵⁴/⁵⁵

하여 높은 지위를 의지해 힘써 밝히는 것을 일러주고 있습니다. 互卦 진☳과 곤☷이 있어 안으로 떨쳐 계발하고 밖으로 겸손하게 따르니, 스승을 따른다는 뜻이 됩니다. 만약 뜻을 낮추고서 아래로 구하지 않으면, 덕을 진작하고 학업을 닦을 수가 없으므로 이러한 경계를 펼쳤습니다. 예로부터 聖스런 임금도 스승을 두지 않은 적이 없었으니[自昔聖后 莫不有師], 반드시 한갓 허무한 글에 종사하면서, 스승을 얻었다는 명성을 훔치려고 한 것은 아닙니다. 지금 비록 하루에 세 번 강학하더라도, 경학에 밝은 초야의 선비에게 나아가 어렵고 의심되는 것을 묻지 않으니, 이는 또한 그 자리한 곳에서 억지로 밝히려 하는 것이 될 뿐입니다 삼가 원하건대 전하께서는 스스로 스승을 얻으시고 겸손함으로 뜻을 펼치소서. 『書經·商書』에서 '내 들으니 스스로 능히 스승을 얻은 이는 왕노릇을 할 것이고, 남이 자기만 못하다고 이르는 자는 망할 것이다. 묻기를 좋아한 즉 넉넉하여지고, 스스로의 뜻만을 굳이 쓰면 작아진다' 하였습니다."

50 『논어』, 「술이편」 : "三人行 必有我師 擇其善者而從之 其不善者而改之."

51 丁若鏞, 『茶山詩文集』, '동몽교관' : "고을 안의 童蒙교관 朴孫慶은 효도와 우애가 돈독하고 經籍을 정통하였으되, 도리어 謙讓하여 後生을 가르치는 일을 즐거워하지 않고 오직 문을 닫고 앉아서 자신의 덕만 수양합니다. 바라건대, 공은 어진 이를 예우하고 선비를 권면하여, 朴官에게 獨善을 영화로 여기지 않도록 하고, 또 선비는 講學을 폐해서는 안 됨을 알도록 하소서."

52 尹善道, 『孤山遺稿』, '동몽훈' : "童蒙訓에 '백성 대하기를 처자같이 하며, 아래 관리 제어하기를 노복같이 한다[待民如妻子 御下吏如奴僕]' 하였고, 또 '너에게 술을 즐기지 말라고 훈계하노니, 술은 미치게 만드는 약이요 아름다운 맛이 아니다[戒爾勿嗜酒 狂藥非佳味]' 하였다. 또 '새매가 봉황만은 못하다 하였는데, 이는 모두 음미할 만한 말들이다. 이와 같은 훈계들을 언제나 좌우에 두고 잊지 말아, 뒷날 계곡을 뛰어넘어 하늘로 치솟는[鴛壑昻霄] 발판으로 삼기를 깊이 바라는 바이다."

53 呂本中, '童蒙訓 : "임금 섬기기를 어버이 섬기듯 하며, 상관 섬기기를 형 섬기듯 하며, 동료와 어울리는 것을 집안사람같이 하며, 여러 아전을 대하기를 노복과 같이 하며, 백성을 사랑하기를 처자와 같이 하며, 관청의 일을 처리하기를 집안일처럼 한 뒤에야 내 마음을 다했다고 할 수 있다. 만약 털끝만큼이라도 지극하지 못한 점이 있으면 모두 내 마음에 다하지 못한 바가 있는 것이다."

54 李滉, 『陶山十二曲』, '其五' : "山前에 有臺하고 臺下에 流水ㅣ로다 떼만흔 굴며기는 오명가명 하거든 엇다다 皎皎白駒는 머리 무음 하는고" "靑山은 엇뎨하야 萬古애 프르르며 流水는 엇뎨하야 晝夜애 긋디 아니는고 우리도 그치디 마라 萬古常靑 호리라." 백구가 멀리 마음을 둔다는 말은 현명한 사람을 여기에 머물도록 하고 싶은 뜻의 표현이기도 하겠지만, 현명한 사람이 임금을 향한다는 뜻도 포함한다. 임금을 향하는 일은 계획한 학문을 이루기 위해 한 길로 바르게 나아가는 志가 아니며, 임금의 덕을 높이고 공을 이루도록 하는 일도 아니다. 그래서 제5곡은 임금이 至誠으로 현자에게 맡겨서 공을 이루도록 해야 한다는 童蒙의 뜻을 표현한 작품이다.

55 정약용, 『주역사전』 : 童蒙은 머리 위로 무거운 것을 이고 있는 상이다(父·兄·師·長은 자신보다

> **上九 擊蒙 不利爲寇 利御寇**
> 상9는 몽매함을 쳐부수니, 도적에게는 불리하고 도적을 막는 데는 이롭다.

너무 엄격하게 교육하면 동몽에게 해를 준다. 오히려 외부에서 오는, 동몽을 가르치는 선생의 해를 막도록 해야 한다. 그래야만 지도자와 피지도자가 마음이 하나 될 수 있다. 몽매한 자를 지도하는 데는 너무 엄격하면 오히려 해를 끼친다. 사사로운 마음이 돌출하지 않아야 하고[不利爲寇], 격몽擊蒙(Punishing folly)하되 선생의 못난 점이 드러나지 않도록 해야 한다[利御寇]. 몽매한 아이를 깨우칠 때는 어버이와 같은 마음이라야 정녕 사부師父의 자격을 갖춘 것이 된다. 고로 어리고 몽매한 자를 내 자식처럼, 잘 닦고 가다듬어야 한다는 마음이 먼저 자리를 해야 할 것이다.

철칙이라면 지도자의 욕심은 금물이다. 훈몽訓蒙하는 도는 원래 사람을 속박하는 것이 아니라, 오직 잠시 덮고 있는 순진무구한 동몽의 장막을 걷고, 올바른 자리[大寂光明·道通·止於至善·明明德]를 찾게 하여 줄 뿐이다. 율곡의 격몽도 이 뜻을 벗어나지 않는다.[56] 왕필 역시 격몽하는 자세를 강조한다. "격몽하여 주면 그들이 의지를 하게 되지만, 욕심으로 그를 취한다면 모두 배반하고 만다. 고로 도적이

위에 있다). 동자 상은 大艮 觀卦에서 몽이 왔다. 그런데 환괘 손☴이 오면서 윗사람은 사라지나, 호괘 간☶이 남으니 '동몽'이 여전하다. 그러나 관괘 때는 간☶의 동자가 유순하여, 윗사람을 위에 이고 능멸하지 않았는데, 몽괘가 되면서 동자가 上의 자리에 앉아 순종치 않자, 환괘로 손순한 자세를 받아 '順以巽'이 된 것이다.

56 『擊蒙要訣』4장 '讀書'에는 특별히 이치를 연구하기 위해 먼저 독서를 해야 하며, 독서를 하되 반드시 책 한 권을 선택한 후 충분히 뜻을 헤아리며, 읽어 통달한 뒤 다른 책으로 바꿔 읽을 것과, 다독에 빠져서 쓸데없이 힘을 소모하는 것을 경계하고 있다. 책 읽는 순서로 『小學』을 읽어 부모를 섬기고 형을 공경하며, 임금에게 충성하고 웃어른에게 순종하며, 스승을 높이고 벗과 친해지는 도리를 음미하여, 힘써 행할 것을 강조하였다. 『大學』 및 『或問』을 읽어 마음을 바르게 하고, 몸을 닦는 이치와 사람을 다스리는 도리를 배우며, 『論語』를 읽어서 仁을 구하고 자신을 위한 학문의 本原을 함양하는 공부를 익히라 한다. 『맹자』를 읽어 의리를 밝게 분별하여 인욕을 막고 天理를 보존하는 說을 밝게 살피며, 『中庸』을 읽어서 성정의 덕과 位育의 묘를 음미할 것을 권한다. 『詩經』을 읽어서 성정의 그릇됨과 올바름, 선악을 가려 표창할 것과 경계할 것을 분명히 하며, 『禮經』을 읽어서 하늘의 이치 가운데 사람이 갖추어야 할 것과 지켜야 할 것을 연구하여 분명히 뜻을 간직할 것, 다음에는 『書經』을 읽어 요·순과 우왕·탕왕·문왕이 천하를 다스린 경륜과 대법의 요령을 얻고 그 근본을 소급해서 구할 것을 주문했다. 『春秋』를 읽고 착한 것은 상을 주고 악한 것은 벌하며, 특히 『周易』을 읽어 吉凶·存亡·進退·盛衰의 기미를 관찰·음미할 것과, 악을 막고 선을 높여주는 遏惡揚善의 심오한 깨달음을 얻으라고 한다. 참고로 『격몽요결』은 立志·革舊習·持身·讀書·事親·喪制·祭禮·居家·接人·處世 등 10장으로 구성되어 있다.

되는 것은 불리하니, 막는 것이 이롭다." 마지막 공자의 주석은 이렇다. "도적을 막음이 이로운 것은 배움을 주는 자나 배움을 받는 자 상하가 순하기 때문이다[象曰 利用御寇 上下順也]."

이것은 상9와 육3이 서로 순응하기 때문이요, 양이 음 자리에 앉아 강하되 과하지 않게 몽매를 격파하기 때문이기도 하고, 상9가 효변하니 모두 순순해졌다는 의미이다. 격몽양정擊蒙養正,[57] 경몽술,[58] 격몽훈덕[59]이 바로 그 향기이다.

예로 노무현 대통령 재직 1년차 때 임기 완료를 묻자 상9를 얻었다. 노대통령은 탄핵소추를 당하였고, 헌법재판소는 과강을 자제하고, 대통령의 위헌 위법성을 인정하면서도 헌법과 법률을 지킬 것을 강력하게 경고함과 동시에 탄핵소추를 기각하는 집행유예 성격의 판결을 선고함으로써, '치몽의 도'를 넘지 않는 선에서 노통을 격몽하였다.

진시황이 죽은 후 진승陳勝의 예도 좋은 사례다.[60/61] 퇴계는 격몽에 대해 자연

---

57 權宇, 『松巢先生文集』, '격몽양정[魯林書院(南致利) 奉安文]' : "글을 읽고 도를 살찌우며[書讀道膏] 안회가 가난해도 기뻐한 것 본받았다[憲貧回樂]. 도타이 실천하여[踐履篤實] 확고함을 보였고[見得的確] 십년간 머물며 학문 익혀서[十年藏修] 조정에서 괄목상대가 되었다[朝著拭目]. 부르심에 나아가 힘써 행함은[强勉赴召] 부모를 위해 뜻을 굽혔음이라[爲親屈志]. 어둔 이를 고무시켜 바름을 기르고[擊蒙養正] 때마다 늘 경전의 뜻을 인용하였다[動引經旨]."

58 李穡, 『牧隱集』, '격몽[獨詠]' : "천지 속에서 홀로 읊조리며[獨詠乾坤裏] 만물 가운데 함께 사노라니[群居品彙中] 조화의 기틀은 동정을 포함하고[天機涵動靜] 사물의 이치는 대소를 갖추었네[物理具纖洪]. 마음이 주관 없음을 자못 믿거니[頗信心無主] 도가 몸에 있는 걸 어찌 알리요[焉知道在躬] 몽매함 계도하는 꾀는 원래 있거니[擊蒙元有術] 성인이 되는 공을 의당 이루어야지[作聖要成功]."

59 車天輅, 『五山集』, '격몽훈덕[僉正徐應麒祭文]' : "공의 선친은[公之先子] 태어날 때부터 도학을 알아[道學生知] 여유롭게 성인의 경지에 들어갔습니다[優入聖域]. 덕을 숨기고 드러내지 않았고[隱德不市] 산림에서 본성을 함양하니[考槃養素] 명망이 동국에 드높았습니다[名高東國]. 옛날 나의 선친이[昔我先君] 스승으로 섬겨 글을 배워[摳衣函丈] 얻은 바가 있었습니다[酌海有得]. 매양 소자에게 말씀하시기를[每語小子] 선생님의 학문 실마리가[先生緖餘] 우매함을 깨우쳐 덕을 훈도 하였습니다[擊蒙薰德]." 五山 차천로의 시는 簡易 崔岦의 문장, 石峯 韓濩의 글씨와 함께 松都三絶로 불렸다.

60 『사기』, '陳涉世家' : 진시황 사후 2세 胡亥가 환관들에게 휘둘려 정권을 어지럽히고, 무리한 징발을 통해 백성들로 하여금 북방을 방어하게 했는데, 陳勝도 그 무리 속에 끼어 있었다. 백성들에게는 정해진 기한 내에 특정한 위치에 도착하도록 명령을 내렸지만, 도중에 폭우를 만나 목적지에 당도할 수 없게 되었다. 당시의 법도로는 기일 내에 도착하지 못하면 죽음을 면치 못했다. 백성들은 어차피 죽을 것이 분명해지자, 진승은 동료 吳廣과 함께 지휘자를 살해하고, "왕후장상의 씨가 따로 있는가[王侯將相寧有種乎]?" 하며 반란을 일으켰다. 이 반란은 불과 6개월 만에 끝나고 말았으나, 무장 세력 반발의 도화선이 되어 결국 거대한 秦나라는 멸망하고

의 흐름에 따를 것을 이른다.[62] 몽괘가 사괘師卦로 가기 때문이다.[63]

만다(이때 한신, 유방, 항우가 등장하며 楚漢이 생겨남). 백성의 허물에 대한 과도한 공격이 도리어 백성으로 하여금 도적이 되도록 몰아세운 꼴이 되었다. 즉 지나치게 엄격한 법률과 법가주의의 몰락이 이 구절에 대한 좋은 증거가 된다.

61 擊蒙이면 몽매한 상대를 치니, 경쟁하는 선거에 당선된다.

62 李滉, 『陶山十二曲』, '其六' : "春風에 花滿山하고 秋夜애 月滿臺라 四時佳興ㅣ 사름와 한가지라 하믈며 魚躍鳶飛 雲影天光이아 어늬 그지 이슬고" "愚夫도 알며 하거니 긔 아니 쉬운가 聖人도 몯다 하시니 긔 아니 어려운가 쉽거나 어렵거나 듕에 늙는 주를 몰래라." 6곡은 자연 이치에 따르란다. 자연의 이치와 사람의 이치가 다르지 않으니, 외부의 유혹을 막는 擊蒙만 있으면 순전함을 온전히 지닐 수 있다.

63 정약용, 『주역사전』 : 몽이 몽인 까닭은 상괘가 간☶이기 때문이다. 長子 진☳은 互卦로 가운데 있고, 곤☷의 군중이 앞으로 달려 간☶의 1강을 격파해버리니, 마치 장수가 군사를 동원하여 적을 격파하고 가로막힌 장벽을 허물어 버리는 것과 같으니 '擊蒙'이라 한 것이다. 상괘 간☶의 도적은 진☳으로 밖으로부터 오는 도적이 되어 곤☷의 나라를 침범하는 도적의 장수다. 그런데 효변으로 師卦 장수가 무너지니, 도적에게는 불리하고, 도적을 막는 자에게는 이롭게 된 까닭이다.

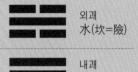

외괘
水(坎=險)

내괘
天(乾=剛健)

5. 수천수水天需
Waiting(Nourishment)

수需는 기다림의 미학을 가르친다. 자신의 희망이나 목표를 굳건하게 지키며, 때가 도래할 때까지 실력을 충실하게 기르며, 느긋하게 처신하는 법을 알려준다. 어차피 세상살이는 어려움의 연속이다. 이 어려운 세상이 피할 수 없는 풍파라면, 군자는 느긋함을 갖출 필요가 있다. 안빈낙도도 그 방법 중 하나이다.

> 需 有孚 光亨 貞吉 利涉大川
> 기다리는 수는 믿음이 있어야 형통하고, 기다림을 곧게 지켜야 길하니, 기다림이야말로 큰 내를 건너는 일에 이로울 것이다.

공자는 단전에서 "수需는 기다림이다[須也, Waiting]"라 하고, 「잡괘전」과 「서괘전」에서도 각각 "나아가지 못하는 부진不進과 음식지도飮食之道"라 규정하였다. 그래서 수需처럼 비구름이 하늘 위에 드리워져 있는 흐린 날에는 밖으로 나가지 말고, 음식을 먹으며 유유자적 시기가 무르익을 때까지 은인자중하며, 조용히 남모르게 대기待機하고 대망待望해야 할 것이다.[1] 수괘의 그림에서 건은 건장하기에 앞으로 나아가려 할 것이고, 감은 험이라 가로막고 있다. 그러니 모름지기 때를 기다린 뒤 앞으로 나아가야 한다.[2] 그렇지만 그 기다림에도 목적에 대한 굳건한 믿음이 있어야만[有孚, Sincere] 빛이 나고 형통할 것이다[光亨, light and success]. 기다림도 바르게 가야 길하고[貞吉], 그래야만 대천을 건너는 일에도 큰 어려움이

---

1 需는 건☰ 위에 리☲의 태양이 감☵을 말리려 하니 가뭄을 당한다. 그때 태☱의 무당이 비가 오기를 기도한다. 또 需는 머리털을 밀고 수염을 기른 큰 무당[而]이 雨를 빌고 기다리는 상이다. 需는 기다릴 수, 비 내릴 수, 수염 기르고 머리 깎은 중 수, 婚需, 祭需. 九름 雲은 비가 오기 바로 직전 十를 한 칸 앞이다. 雲雨之情을 나눈 十은 바로 汁이다.

2 정이천, 『이천역전』: "乾 健之性 必進者也 坎險爲之阻 故須待而後進也."

없을 것이다[利涉大川].³/⁴

공자는 계속하여 힘주어 주석한다. "수는 기다림이다[需須也].⁵ 위험이 앞에 가로놓이면[險在前也], 굳센 사람은 잠시 때를 기다릴 뿐이지 절대로 무모한 폭주를 하지 않는다[剛健而不陷]. 그러기에 위험에 빠져 오도 가도 못하는 곤란에 몸을 던지는 일은 절대로 없다[其義不困窮矣]. 기다림에도 반드시 두터운 믿음을 지녀야 하고[需有孚光亨], 어떠한 경우에도 동요되지 않는 의지를 가져야만 길하다[貞吉]. 또 기다리며 무위도식無爲徒食을 할 것이 아니라 힘을 길러 앞날의 일에 대처한다면[位乎天位 以正中也], 가령 큰 강(세상)을 건너는 위험을 만나더라도 공을 세울 수 있을 것이다[利涉大川 往有功也]."⁶

여기서 수需는 인내하고 기다리는 상이다. "기다리는 자는 뚜렷한 목적을 가지고 기다려야 하고, 느긋한 마음으로 큰 잔치를 하며 기다려야 한다. 강태공은 문왕을 기다리며 곧은 낚시로 위수의 강가에서 낚시질을 했고, 제갈량은 유현덕을 만나기 위해 와룡강산에서 잠을 자고 있었다 하지 않았던가."⁷ 그러니 준몽屯蒙은 유치幼稚하기에 어려서 인내로 길러내지 않으면 안 되고, 음식(영양)을 섭취하는 동안[需, Nourishment]이라도 밖으로 나가지 말아야 할 것이다.⁸ 이러한 최소

---

3 정약용, 『주역사전』: 需는 기다림이다. 需卦는 大壯卦에서 왔으니, 양이 전진하여 4위에 이르고, 震의 길이 막힘이 없었는데, 추이하여 需卦가 되면, 坎의 險이 앞을 가로 막으니, 乾의 행진이 더 이상 나아가지 못하니, 마치 기다리고 있는 상이다. 또 需는 겁냄을 뜻한다. 乾의 말이 아무리 건장하더라도, 水의 험난함을 보고서는 나아가지 못하니, 이것은 매우 무서웠기 때문이다. 고문에서 需는 雨와 天으로 쓴다.

4 [說證] 需卦는 中孚卦로 온다. 大离의 중부가 추이하면 需卦가 되더라도, 离의 정성과 믿음이 있으니, 이것이 '需有孚'이다. 또 需卦는 대장괘로부터 온다. 대장의 4는 본래 震主였는데, 위로 한 걸음 나아가서 군주의 바른 자리를 맡아 다스리게 된다. 거기다 가운데 离의 믿음이 있고 즐겁게 모여드니, 离의 광명이 밝아지니 또한 光亨이다. 貞吉과 利涉大川은 감☵의 일 처리와 중부 때 막혔던 길을 하천을 건넘에 노력이 '往有功'으로 나타난다.

5 諧聲이다. 許慎의 說文에서 한자의 구성 六法 중 象形, 指事, 會意, 形聲, 假借, 轉住 등을 말한다. 諧聲의 의미를 지닌 形聲이란 同音語의 동일한 문자를 피하기 위해 表意的인 邊을 사용하는 것이다. 예컨대 坊 : 紡·訪·榜이 그것이다.

6 坎은 구덩이에 빠지게 하지만, 세 양이 전진하지 않고 때를 기다리니, 구덩이에 빠지지 않는다. 감은 또 流通이 되기에 곤궁에 빠지지만은 않을 것이다. 대장 때는 그 바른 자리를 얻지 못하였는데, 이제 需卦로 추이하면서 5가 天位를 얻으니 正中이 된다. 중부괘에 柔가 가서 坎이 되니, 감은 곧 노력이니, 가서 功을 세움이다.

7 『史記』, 『齊太公世家』와 『三國志演義』 참조

8 屯卦가 어렵게 태어난 생명이라면, 蒙卦는 그 屯에게 참교육의 과정을 설명하였다. 蒙의 내면적

한의 때도 이기지 못하고, 기다림에 지쳐 배를 기다리다 성급하게 강물에 뛰어드는 어리석은 용기는 더더욱 필요치 않다. 수괘는 대장괘와 중부괘로부터 온다.[9]

> 象曰 雲上於天 需 君子以 飮食宴樂
> 상왈, 하늘 위에 비구름이 덮고 있음이 수이다. 군자는 (남의 눈에 비칠 때는) 술밥을 먹고 마시며 연회를 베풀며 때를 기다리는 것처럼 보이도록 하라.

비구름이 하늘을 덮고 있다는 것은 아직 비가 대지를 적시지 못하고 있음이다. 그러니 성숙된 시기가 올 때까지 비를 기다리듯 군자도 마음과 몸을 기르며 때를 기다릴 줄 알아야 한다. 구름 역시 하늘로 올라가서는 반드시 음양의 화합을 기다린 후에야 비로소 비가 되지, 구름이 하늘 위에 있다고 해서 마냥 비가 되는 것은 아니다. 고로 음양의 화합을 반드시 기다려야 한다. 지금은 천지에 음양의 기운이 교감을 이루지 못해 불우不雨하니, 군자가 재덕才德을 길렀음에도, 아직 베풂을 얻지 못함과 같다. 그러니 군자는 이처럼 비 올 것 같은 수괘의 상을 보고, 비가 완연히 내릴 때까지 기다리며 술밥을 같이 먹으며, 주위와 나의 심지를 화목하게 해나갈 필요가 있다[飮食宴樂, Eat and drink, joyous and of good cheer].[10] 기다림에도 격이 있다. 현자는 절도와 예를 지키며 기다리고 불초자는 술독에 빠진 채 사치향락으로 세월과 자신을 상하게 한다.[11] 그렇지만 이윤과 부열, 안연과 제

성숙을 요구하는 자리가 있다면 바로 需卦이고, 반대로 외면적 성숙을 바라는 자리는 訟卦이다.
9 需卦는 희망이나 목적을 이루기 위해 실력을 충실하게 길러가며 때를 기다려야 한다. 이왕 기다릴 바에 걱정과 초조함 없이, 애써 넉넉하게 술밥을 먹으며 시절을 보낼 필요가 있다. 破落戶 대원군은 시장바닥에서 갖은 굴욕을 당하면서도 자식을 임금으로 세우겠다는 뜻을 꺾지 않고, 술밥을 얻어먹으면서도 정적들의 눈을 철저히 속이며, 마침내 자식을 용상에 올렸다.
10 [說證] 감≡≡의 궁실에 건≡의 손님 셋이 초대받아 오니, 감≡≡의 술과 태≡≡의 음식을 차려 놓고, 리≡≡의 예로 즐겁게 만나니 음식의 괘다. '宴樂'은 리≡≡의 즐거움과 태≡≡의 기쁨이다.
11 김도, 「周易淺說」 : "마시고 먹으며 편안히 즐기는 것은 사람이라면 누구나 좋아하는 것이다. 만약 현명한 사람이 그런 일을 당하면, 예로 행하고 위의와 언행이 타당하여 의지와 기개가 평화롭고 아름다운 명이 저절로 이를 것이다. 반면 불초한 자가 그런 일을 당하면, 기다리는 마음 없이 술독에 빠지고 좋아하는 것을 즐기면서 제멋대로 하고 사치하면서 멈추지를 않아 반드시 나라를 망치고 자신을 해치는 지경까지 이를 것이니, 매우 안타깝다. 훗날 임금은 이 점을 살펴야 한다."

갈량은 현자였다.[12/13/14/15]

이 모두는 천명을 기다리며, 세상 순리에 따라가는 거이사명居易俟命을 철저히 지키라는 소리이고,[16/17] 노자의 '상선약수上善若水'도 그런 처세술의 하나이다.[18] 다

---

12 이항로, 「周易傳義同異釋義」: "도를 배우고 학업을 닦는 자의 입장에서 말한다면, 이미 선을 선택하고 드러내서, 올바른 길을 정하면 배우기를 싫어하지 않고, 가르침을 게을리 하지 않고, 끊임없이 나아갈 뿐이고, 그 목표에 도달했느냐 도달하지 못했느냐와, 때를 만났느냐 만나지 못했느냐는 하늘의 일이다. 伊尹이 萬鍾의 재물을 돌아보지 않고 그저 만족하여 도를 즐겼고, 안연이 대그릇 밥을 먹고 표주박 물을 마시면서 누추한 곳에 살면서도 그 즐거움을 바꾸지 않았다. 만약 유약하고 조급해서 함부로 행한다면, 반드시 거북이를 버리고[舍爾靈龜] 사슴을 쫓는[卽鹿无虞] 부끄러움을 자초하고, 장딴지에 감동하고[咸其腓] 머리를 적시는[濡其首] 흉함을 자초할 것이다. 마시고 먹으며 스스로 만족하여 원함이 없다는 뜻은, 坎☵처럼 가운데가 충실한 것이고, 편안히 즐기며 스스로 얻어 아무런 시름이 없다는 뜻은, 乾☰처럼 자신의 운행에 문제가 없다는 소리다. 이것으로 본다면 모든 수괘의 도를 전부 알 수 있다."

13 심조, 「易象箚論」: "需가 雨에 속한 것은 감☵이 위에 있음이고, 글자도 雨에 발이 있다. 음식은 태☱의 입이고, 감☵은 물고기고, 乾☰은 말린 고기, 宴은 离☲와 兌☱가 있음이다. 樂도 태☱의 기쁨이다. 감☵의 물과 리☲의 불과 건☰의 솥이 서로 만나니 이것이 음식을 삶는 상이다."

14 서유신, 『易義擬言』: 구름이 하늘에 오름은 장차 하늘에 의해 쓰인다. 需는 때를 기다림이다. 사람에 의하여 쓰이는 것 중에 음식보다 간절한 것이 없기에 "마시고 먹는다" 하였다. 宴樂은 편안히 즐기며 때를 기다리고, 조급하게 움직여서 얻으려고 하지 않는다. 연락은 천명을 즐긴다. 때를 만나지 못해서 가슴에 열 나고, 분수에 편안히 여기지 못하는 자들은 마시고 먹어도 그 맛을 제대로 알지 못하고, 늘어지고 두려워서 편안히 즐기는 뜻이 없다.

15 심대윤, 『周易象義占法』: "군자는 초목이 비를 기다려 기뻐하는 것을 보고, 사람들이 술과 음식을 기다려 즐거워하는 것을 알기 때문에, 편안히 즐기면서 형통하게 된다. 『시경』에서 '백성이 덕을 잃는 것은 소홀한 음식 때문에 허물이 생기는 것이다[民之失德, 乾餱以愆.]' 하였다."

16 李萬敷, 「易統」, '易大象便覽': "莘野에서 농사짓는 이윤과 傅岩에서 성을 쌓는 부열, 草廬에서 벗어나지 않은 제갈량은 모두 때를 기다렸다."

17 이만부(李萬敷, 1664~1732): 본관 延安, 호 息山. 이조판서를 지내고 판중추부사에 오른 李觀徵의 손자, 이조참판과 경기도 관찰사를 지낸 李沃의 아들. 벼슬에는 관심이 없고 학문에 열중하다 34세 때 경상도 상주 외답으로 낙향하여 69세 별세할 때까지 處士로 살았다. 특히 『易大象便覽』에 자신의 견해를 '臣謹按'이라 하여 재야에서도 임금에게 진상하기 위한 책을 저술하였다. 「역대상편람」은 임금을 독자로 특정한 것인만큼, 자신의 견해를 임금에게 성군이 되도록 덕을 닦을 것을 간곡히 당부하는 내용들이다. 그의 일화로, 그는 한성을 떠나기 전 숙부 李浹와 함께 예조참판 아버지를 따라 입궐하여 숙종에게 낙향 인사를 드렸고, 숙종은 그들의 낙향 결심이 확고부동한 것을 알고 넌지시 이런 농담을 수작했다. "그대들이 영남으로 낙향하는 것은 좋으나 과연 영남에 그대 집안과 혼인할 수 있는 가문이 몇이나 될까?" "조령을 넘으면 버들잎과 자두 뿌리가 발에 걸릴 듯 하옵니다." 버들잎은 유서애의 풍산류씨, 자두 뿌리는 이퇴계의 진성이씨를 이른 말로 전해진다. 그는 숙종, 영조 초 상주를 중심으로 영남 일원에서 혜성 같은 석학거유였다. 특히 만년에 주역 연구서가 많다. 저서로 『易統』 8권, 『易大象便覽』 2권, 『禮記詳節』 30권 등 140권에 이른다.

18 노자는 물에서 처세술을 본받는다. 물은 장애물이 사라져야 흐른다. 둑이 가로막으면 물은 멈춘다. 둑이 터지면 물은 다시 흐른다. 또 물이 네모진 그릇에 담기면 네모가 되고, 둥근 그릇에 담기면

음은 조선의 영의정 최항崔恒이 세조에게 올린 '연락宴樂의 도'에 관한 글이다. "수운需雲이 처음 합하니 노래로 화답하고 연주하며 다시 큰 계책을 하려 합니다. 적심赤心을 서로 주니 천심을 알았으며, 시종을 보존하려 함은 오직 공경함에 있습니다. 넘치지 않고 위태하지 않음은 매양 쉽지 아니하나, 교만치 않고 태만하지 않는다면 경계할 바가 없을 것입니다."[19]

수운需雲은 임금이 음식으로 잔치를 베풀어 즐기는 음식 연락을 말한다. 이처럼 '수需는 사방 하늘에서 비[雨]가 막 쏟아질[而] 상황'이니 지금은 밖으로 나가지 말고, 자신을 키워 나가는 몽양蒙養(nourishment)의 시절을 가져야 좋다는 의미이다. "몽양하는 법을 속히 하고자 하면 저 조묘助苗와 같을지니, 반드시 그 시절의 인연을 기다려야 한다. 만일 시절이 도래하면 그 이치가 스스로 드러나니, 다만 진실의 씨앗을 반드시 올바른 과실로 여물게 함이[因眞果正] 귀하다. 고로 때를 기다리면 생사대천生死大川을 건너 행복의 자리인 그 곳, 구경열반究竟涅槃의 피안彼岸에 오를 것이 확실하다."

이런 지욱의 설명대로 맹자의 '알묘揠苗'는 천명을 기다림의 좋은 예이고,[20] 회재晦齋가 전생업연을 갚기 위해 '운상어천雲上於天',[21] 점필제佔畢齋는 '해우수운解

둥글 줄 안다. 물은 세상과 맞서지 않기에 처세술에 능하다. 물은 남에게 은혜를 주면 주었지 절대로 상대를 거역하지 않고, 세상이 싫어하는 낮은 곳으로 흘러갈 뿐이다. 이처럼 거스름 없는 처세술을 지녀야 실패를 면할 수 있다. 수천수는 강한 乾이 아래에 있고, 부드러운 坎이 위에 있다. 천지 이치는 강하고 큰 것은 아래에 머물고, 부드럽고 약한 것은 위에 있게 된다. 고로 수괘는 천하의 지극히 부드러운 물 같은 처신이 천하의 가장 강한 것을 지배함을 알려준다.

19 『세조실록』 세조 4년(1458) 2월 12일.

20 『맹자』, '공손추(상)' : "선생님께서는 무엇에 뛰어나십니까?" "나는 남의 말을 잘 이해하고, 나의 浩然之氣를 잘 기른다네." "무엇을 호연지기라고 합니까?" "말로 표현하기 어려운데. … 반드시 올바른 일에 힘써야 하고, 목적하는 바를 잊어서는 안 되네. 또 억지로 호연지기를 기르기 위해 서둘러서도 안 되네. 송나라 사람처럼 해서는 안 된다는 것일세. 송나라 사람 중에 그의 곡식 싹이 잘 자라지 않는 것을 걱정하여 밭의 곡식 싹을 뽑아올려 준 자가 있었다네. 그는 멍청히 집으로 돌아와서 집안 사람들에게 '오늘 정말 지쳤어! 난 곡식 싹이 자라는 것을 도와주고 왔지[予助苗長]!'라고 말했다는 게야. 그의 아들이 밭으로 달려가 보니 곡식 싹은 모두 말라죽어 있었다네. 천하에는 싹이 자라는 것을 억지로 도와주지 않는 사람이 적다. 올바른 일이 유익하지 않다고 그것을 버려두는 사람은, 곡식 싹을 김매어주지 않는 사람이고, 올바른 일이라고 억지로 자라도록 도우려는 사람은 곡식 싹을 뽑아주는 사람일세[助長揠苗]. 모두 무익할 뿐만 아니라 오히려 해가 되는 것일세."

21 李彦迪, '운상어천[病中書懷]' : "경륜과 지업 끝내 쓸 곳이 없지만[經綸志業終無用] 공맹의 학문 연원 전해짐 기뻐했지[洙泗源流喜有傳]. 도를 못 이뤘는데 몸은 이미 늙어 가고[學道未成身欲老]

雨需雲'을 노래 부른다.[22]

> 初九 需于郊 利用恒 无咎
> 초9는 교외에 나가서 (제사를 지내며) 기다린다. 항구한 마음을 써야 이롭고 그래
> 야 탈이 없으리라.

'야野'는 마을에서 비교적 가까운 곳이고, '교郊'는 인가에서 멀리 떨어진 곳이
다. 기다리되 인가에서 멀리 떨어진 교외에 나가 제사를 지내면서 기다리면[需于
郊, Waiting in the meadow], 세상의 시비에 휘말리지 않을 것이다[不犯難行也]. 또한
그럴 수 있는 마음을 변치 않고 가져가야[利用恒] 허물도 없으며[无咎], 그렇게만
되면 "언제 어디를 가도 상도를 잃지 않을 것이다[未失常也]."

이는 초야에 묻혀 지조를 지키며 때를 기다리라는 소리이다. 위험을 멀리 피하
고, 함부로 움직이지 말라는 경계사이기도 하며, 헛된 일에 마음을 쓰지 말고, 지
조를 지켜가면 허물을 면할 수 있음을 알린다. 그러니 언제나 항심을 잘 지켜야
상도를 잃지 않을 것이다. 수괘需卦에서 함정을 파고 나를 유혹하는 자는 4와 상6
이다. 4는 나의 짝인데도 불구하고 나를 기다리지 못해, 아래 있는 건장한 3과
놀아나고, 위로는 엄청난 권력과 부를 쥐고 있는 5와 놀아나니, 보잘 것 없고 초
라한 초9가 보일 리 만무하다. 그러기에 초9 즉 내 입장에서야, 나의 짝 4가 돌아
올 때까지 기다리는 수밖에 상책이 없다.

이를 두고 정자는 초9가 험≡≡의 구렁과 가장 멀리 떨어져 있기에, 그나마 어려
움을 범하지 않고, 안정자수安靜自守할 수 있다고 했다.

정자의 해석과 달리, 다산은 하늘에 제사를 지냄을 '교郊'라 보고 무왕武王이

책을 오래 덮어둔 채 항상 병을 앓고 있네[觀書久廢病常纏]. 언제나 더위 식고 고질병이 사라져서
[何時暑退沈痾去] 술병 들고 강가에서 전생의 인연을 갚나[携酒臨江償夙緣]. 구름이 올라갈 땐 편
히 즐길 만하니[雲上於天堪宴樂] 누가 알랴 군자가 곤경 속에 형통함을[誰知君子困中亨]."

22 金宗直, 『佔畢齋集』, '해우수운[册封王世子將宴群臣於勤政殿]' : "좋은 날에 동궁의 책봉례를 거
행하니[吉日春宮策禮成] 전성 소해는 빛나고 윤택함에 신실하고[前星少海孚暉潤] 해우 수운은
봄의 발생을 보좌하누나[解雨需雲助發生]. 감무로 추대하여 나라의 근본 바로 세우니[監撫有推
端國本] 구가 소리 물 끓듯 하여 민심을 알겠구려[謳歌如沸見興情]. 성상께서 장차 녹평의 잔치
를 거행하리라[黼座行將宴鹿苹]."

상商나라의 교외郊外에서 하늘의 아름다운 명을 기다리는 때라 하였다. 한편 상도
常道를 잃지 않음은 바로 옛 정체성을 잃지 않는 것이다. 지욱은 번뇌마군煩惱魔軍
과 상전相戰하지 않는 기다림의 자리라고 보았다.[23]

九二 需于沙 小有言 終吉
구2는 (시내를 건너지 않고) 물가 모래사장에서 기다린다. 다소의 비난은 받겠지만
결국은 길할 것이다.

모래사장에서 기다린다[需于沙, Waiting on the sand]. '사沙'에는 물이 이미 젖어
들어 위험하다. 앞으로 더 나아가면 무릎까지 물이 차서 말썽의 소지가 생겨난다
[小有言, some gossip]. 더 이상 나가지 말고 변하지 않는 마음으로 기다리면 끝내는
종길終吉하다. 위험이 점차 가까이 오니 마음을 넓게 가지고 중용의 도를 지키며
느긋하게 기다려야 한다. "모래사장에서 기다리라는 것은 느긋하게 중심이 흔들
리지 말라는 뜻이요, 다소의 비난이 있다는 것은 그래도 끝내 길하다는 소리이다
[象日 需于沙 衍在中也 雖小有言 以終吉也]."[24]

2의 짝은 5이다. 나의 배필 5는 상과 4를 끼고 온통 주색에 빠져 술밥을 먹고
마시며 세월을 보내고 있으니, 나에게는 신경 쓸 틈이 전혀 보이지 않는다. 그렇
지만 나 2는 강건하게 중심을 잡고 산다. 5의 남편이 언젠가는 정신을 차리고 돌
아올 것이라는 믿음을 잃지 않는 자세가 절대적으로 필요한 시기다. 2가 여기서
모르는 것이 있다면, 내 남편 5가 세상이 볼 때는 타락한 사내로 보일지 모르지
만, 실은 가슴에 큰 뜻을 숨기고 세월과 맞장을 뜨고 있는 복심이 있다는 것이다.
이를 헤아릴 수 있어야 한다. 그래야 수괘需卦의 의미에 부합된다. 만약 판을 흔
들어야 한다면, 5를 기다릴 필요도 없이 그와 관계를 청산해야 할 것이다. 이는
임금과 신하의 관계로 비유하여도 똑같다.[25]

---

23 수천수괘가 수풍정괘로 가는 자리로 항심을 잃지 말고 기다려라. 그렇지 않고 시절을 모른 채
   설쳐대면 우물에 빠져 천지에 왕따를 당해 흙탕물만 일으키는 우스운 모양이 된다.
24 Huang, 『The Complete I Ching』. 후앙은 역사적으로 볼 때 '沙'를 문왕의 조부 太王 古公亶父가
   빈(豳) 땅을 버리고 도읍으로 정한 岐山 아래의 周原 지역이라 보기도 했다.
25 세계를 흔들고 다니는 통일교 교주 문선명의 인생이 需卦였다. 하늘 위 구름 위에서 사는[雲上

수괘가 기제괘旣濟卦로 가는 경우다.[26] 지욱은 이러한 상황을 다음과 같이 '관觀 공부'로 비유하고 있다. "관 공부[觀中]를 하다가 이미 유혹을 항복시키고 조복調伏을 받았다 하더라도 마군魔軍이 생겨난다면 약간의 말썽이 일어난다. 마음자리를 봄에 있어서 모든 유혹을 넘었다고 하지만, 마귀가 다시 생겨나면 말썽의 소지가 충분히 있을 수 있다."[27]

九三 需于泥 致寇至
구3은 (더 나아가지 말고) 진흙밭에서 기다려야 할 것이다. (그렇지 않고 더 나아가면
나의 경망스러운 행동으로) 도적을 불러들일 것이다.

물이 바로 눈앞에까지 다가왔다. 더 나아가면 위험하다. 진흙밭에서 기다려라[需于泥, Waiting in the mud]. 더 나아가면 도적을 불러들이는 꼴이 된다[致寇至, Bring about the arrival of the enemy]. 공자의 주석은 이렇다. "물이 바로 눈앞에까지 다가왔는데도 더 나아간다는 것은 재앙의 원인이 자신에게 있지 않고 밖에 있음이요[象日 需于泥 災在外也], 내 스스로 도적을 불러들인 일이라면[自我致寇], 다시 공경하고 삼가는 마음으로 가기만 하면 만사를 패하지 않을 것이다[敬愼不敗也]."

여기서는 위의 감☵의 험險이 이미 3에 접했다는 사실을 피부로 느낀다. 멀리 있는 나의 짝 상6과는 약속을 지킬 수 없는 관계이고, 나는 팔을 벌리기만 하면 가까이 있는 4의 유혹에 빠지게 되니 재앙을 자초하고 말 것이다. 어디 그것뿐이랴. 4는 초9의 짝이니 도덕적인 아픔도 감내해야 할 것이고, 또한 5의 애첩이니

於天] 종교인으로, 인생을 마음껏 풍미하는 사람이다[飮食宴樂]. 재림주로 자처하며 신도들에게 믿음과 희망을 주며 세상을 전도하여 가니(마음이 바르고 일이 광대하니) 비록 작은 구설은 따라도 유종의 미를 거두는 삶을 살 것이다.

26 [說證] 기제괘도 泰卦에서 온다. 기제괘도 태괘에서 음이 아래로 와 리☲에 가로막히니 기다림이다. 저 물을 건너는 상에 비유하자면, 친구들이 비록 험한 냇물을 건넜어도, '上二陰 나는 물러나서 기다릴지니, 그 뜻이 길하다. '需于沙'는 태의 상괘 곤☷의 땅에, 감☵이 흐르나, 리☲의 빛에 건조되면 모래가 되는 꼴이고, '小有言'은 태☱의 입이, 감☵의 험한 말로 비방함이며, 그렇지만 나는 리☲로 사리를 분별하니, '終吉'이 되었다. 기제괘는 여섯 위가 모두 올바른 자리를 얻은 까닭에 '以終吉也'라 한 것이다.

27 지욱, 『주역선해』: "觀行位中, 旣已伏惑, 則魔軍動矣, 故小有言."

위험도 감수해야 하니, 잠시도 편치 않은 시절이라, 진흙밭에 빠진 쥐새끼의 꼴과 다르지 않다. 그렇지만 현란한 유혹을 이기는 자신을 스스로 공경하여야 한다. 자신만이 세상에서 존경을 받을 최상의 독존獨尊이요, 반대로 최고의 도적이다.

재앙이 나의 밖에 존재함은[災在外也] 진흙 속에서 간난신고艱難辛苦를 이기며 기다려야 한다. 그러니 외물에 현혹되지 말아야 할 것이다. 남의 떡을 훔쳐 먹는다는 것은 바로 독을 마시는 꼴이다. 그것이 바로 스스로 무지하고 무명하여 도적이 어둠처럼 이르는 '자아치구自我致寇'이다. 하늘이 무너져도 솟아 날 구멍이 있다 하니 자신을 더 냉정히 관찰하라. 그러면 어떠한 실패도 당하지 않을 것이다[敬慎不敗].

동파는 위의 진흙밭과 모래사장을 이렇게 살폈다. "위험의 수위가 점차 가까워지면 사沙요, 아주 가까워지면 진흙밭[泥]이 된다. 사沙에서는 약간에 말썽이 있고, 진흙밭에서는 도적을 불렀으니, 감坎(☵)의 해로움을 알 만하다. 그렇지만 시비가 오고 도적이 올지라도 경신敬慎이면 불패不敗이다." 수괘가 절괘로 간 경우다.[28]

그렇지만 소인들에게는 경신敬慎이 쉽게 오지 않는다. 경敬은 위를 공경하는 자세요, 신慎은 자신과 아래를 보고 삼가는 자세이다. '치致'는 인위적이요, '지至'는 자연스러운 이룸이다. 즉 '치구지致寇至'는 '도적이 찾아오도록 방치하는 것'으로 '재앙을 스스로 초래하는 일'이다. 자기 스스로를 시험하기 위하여 도적을 불러들이는[自我致寇] 일은 있을 수 없다. 강심장을 지닌 자라도, 이러한 경우를 당하게 되면 먼저 패하기 쉬우니, 도적을 피할 일은 쉽지 않다. 참고로 '안의 괴변은 생眚, 밖의 괴변은 상祥, 하늘에서 내리는 불은 재앙災殃'이다.[29]

---

28 『[說證]』: 절괘는 또 泰괘로부터 왔다. 절 또한 원래 곤☷의 땅에 감☵의 물이 젖어 태☱의 연못이 되었으니, 그 꼴이 '需于泥'다. 태에서 곤☷의 땅은 원래 나의 적이었는데 나는 건☰, 이제 감☵의 도둑이 되어 강도로 변해, 한 음이 침범하였으니 '致寇至'가 되고, 절에서 태☱는 부서지고 꺾임이니 '災在外' 즉 건☰의 바깥이 훼절된 상이 태☱이다. 내 건☰의 망령된 행동으로, 태5가 3으로 도둑이 안으로 침범하게 되니 '自我致寇'이다. 절에서 감☵으로 공경하고, 간☶으로 멈추니 '輕信'이고, 그래도 2의 강이 남아 있기에 '不敗'이다.

29 高島 嘉右衛門, 『高島易斷』: 상대의 책략에 빠지지 말고 몸을 사려서 5효의 때가 오기를 기다려야 한다. 6월은 공격을 받고, 7월은 화포로 인하여 피를 보고, 8월에 가서야 대승의 기운이 보인다. 상대인 청국에서 보면 천수송괘는 '終凶이요 訟不可成也'이다. 그렇지만 5효에 '利見大人 元吉'은 하나 해군이 출동할 시에는 침몰할 우려가 있으니 '不利涉大川 入于淵也'가 되어서 결국 청국은 패전하고 만다. 39일 만에 '有不速之客三人 敬之終吉'로 러시아 영국 미국 등 세 나라 공사의 중재에 의하여 전쟁은 끝났다. 그리고 조선에 동학란이 일어나고(1894), 일본군과 전투

> 六四 需于血 出自穴
>
> 육4는 피나게 (천명을) 기다리니 굴에서 벗어날 수 있을 것이다.

　4와 5는 이미 상6의 물에 빠진 상태다. 그렇지만 유순한 4는 초9와 정응이니, 순종하는 자세를 가지면 위험한 지경에서 벗어날 수 있다. 고로 피를 토하는 심정으로 때를 기다리니 '수우혈需于血(waiting in blood)'이다. 나의 힘이 약함을 깨닫고 솔직한 마음으로 주위의 가르침을 따르면, 궁지에서 벗어날 수 있다[出自穴]. 공자도 "피나게 기다린다는 것은 순응하여 잘 듣고 따르는 것[象曰 需于血 順以聽也]"이라 풀었다.

　피는 감坎(☵)인데, 왕필은 3의 길을 막다가 살상殺傷이 일어난 것으로 풀고 있다. "피라는 것은 음양이 서로 다친 것을 말한다. 3은 나가고자 하고, 4는 구멍에 있다가 그대로 침범을 당하니 피에 순종했다. 음양이 서로 가까이 있되, 조화롭지 못하여 피를 본 상황이다." 수괘가 쾌괘로 간 효변만 알면 이해가 어렵지 않다.[30] 문왕 역시 주왕의 미움을 사서 유리의 옥에 갇혔지만 하늘을 원망하지 않고 피를 토하는 심정으로 『주역』을 연역演易한 인내로 그 함정에서 벗어날 수 있었다.

　주자 역시 '혈血'을 '살상한 자리요, 험의 자리'로 해석한다. 지욱은 불법佛法으로 풀었다. "오로지 자비로운 마음[慈心三昧]의 위력으로 마군魔軍을 패퇴하고, 초연히 삼계로 나와 성불聖佛로 정각(正覺自成)을 이룸이다. 자비의 마음으로 도둑에게 항복을 받고, 세상을 유유히 바른 깨침으로 살아가라."[31] 돌아보면 4가 잠시 권력과 재산과 정력이 넘치는 사내들과 놀아났지만, 일장춘몽의 찰나에 깨침을 얻고 보니,[32] 돌아가야 할 곳은 초9의 내 집이란 것을 알게 될 것이다.[33/34]

　가 벌어지자 급기야 6월 23일에 청일전쟁의 조짐을 보고서 고도가 3을 얻어낸 적이 있다.

30 [說證] : 需는 대장의 5가 4로 왔다. 감☵은 피로 '需于血', 대장의 진☳은 발이다. 대장의 5의 유가 4로 내려와 하늘의 명을 듣게 되니 천명에 순응함이다. 피를 보게 되었음에도 불구하고, 오히려 천명을 기다리니, 순종의 지극함이다. 이처럼 어려운 가운데도 천명에 순종하는 까닭에 그러한 상황이 변해서, 험에서 벗어나는 상이 된 것이다.

31 지욱, 『주역선해』 : "未嘗用力降魔, 止是慈心三昧之力, 魔軍, 自退而菩提自成耳."

32 『금강경』, '四句偈' : "무릇 형상이 있는 것은 모두가 다 허망하다[凡所有相 皆是虛妄]. 만약 모든 형상을 형상이 아닌 것으로 보면 곧 여래를 보리라[若見諸相非相 卽見如來]. 응당 색에 머물러 마음을 내지 말며, 응당 성·향·미·촉법에 머물러 마음을 내지 말 것이요, 응당 머문 바 없이 그 마음을 낼지니, 만약 색신으로써 나를 보거나, 음성으로써 나를 구하면, 이 사람은 사도를 행함이라, 능히 여래를 보지 못하리라. 일체의 유위법은 꿈과 같고, 환상과 같고, 물거품과 같으

> 九五 需于酒食 貞 吉
> 구5는 술 마시고 밥을 먹으면서 때를 기다리니 일을 맡아 처리하면 길하다.

유유자적으로 몸과 마음을 기르면서 때를 기다린다. 기다리는 자의 올바른 모습이라 길하다. 술과 차는 세월을 보내고 세월을 닦는 좋은 도반이다[需于飮食, Waiting at meat and drink]. 공자의 주석은 이렇다. "술밥을 먹고 마시면서 때를 기다림이 바르고 길하다는 것은, 5가 강건중정하기 때문이다[象日 酒食貞吉 以中正也]."

수현壽峴은 5가 임금이 반드시 새겨야 할 대목이라며 이렇게 상소한다. "신이 삼가 살펴보았습니다. 수괘 5는 모든 학자들이 다 태평하게 잔치 벌여 즐기는 것의 의미로 여겼습니다. 신이 곰곰이 생각해 보니, 5가 비록 강건중정으로 두 음 사이에 끼어 있지만, 어떻게 스스로 태평을 즐길 수 있겠습니까? 효의 의미는 아마도 비록 술 마시고 밥 먹는 작은 일에서도, 반드시 바르게 이바지하여, 태평하고 즐거운 때를 기다려야만 길함을 얻는다는 말일 것입니다. 마시고 먹어 술 취하고 배부른 것은 사람의 지극한 즐거움이지만, 때로는 그 맛 때문에 나라를 망치기도 하니, 나라를 가진 자가 어떻게 술과 음식을 작다고 여겨서, 하고 싶은 대로 하겠습니까? 아! 이것은 저 혼자만의 견해가 아니고, 가르침을 받은 바가 있습니다. 엎드려 바라옵건대 임금께서는 뜻을 풀이한 행간의 의미에서 깊이 경계하소서."[35/36]

며, 그림자 같으며, 이슬과 같고, 또한 번개와도 같으니, 응당 이와 같이 관할지니라."

33 땅을 파면 물이 나오니 성심으로 구하면 가을에 좋아진다. 4는 3·4·5효 속에서 밝음(☲)을 얻는 지혜가 번뜩인다. 수가 변하여 夬로 가는 자리이다.

34 高島 嘉右衛門, 『高島易斷』: 분만하려다 난산으로 생명이 위험하자 얻은 4효라면 어떻게 될까? 5효는 기다림이나, 상효는 더 이상 기다릴 수가 없다. 3효가 산모의 음문에 해당되기 때문에, 3효가 변하였다면 안산이지만, 4효이므로 복부에 해당되어 제왕절개를 하는 수술이 된다. 需于血은 産血이 아니고 鮮血이다. '出自穴'의 穴은 陰門이 아니고 切開한 자리다. 산모는 다행히 생명은 건졌지만 아이는 잃는다. 만약 5효의 '需于飮食'에 헛되이 분만의 때를 기다린다면 마침내 상효의 '入于穴'에서 모자가 황천의 객이 될 뻔했다. 이럴 때는 응급의 수술을 실시하고 임산부의 안전을 도모하여야 옳다

35 石之珩, 『五位龜鑑』: "… 夫飮食醉飽, 人之至樂, 而或至於以味亡國, 有國者, 豈可以酒食爲微, 而縱其慾哉. 噫, 此非臣獨見也, 蓋有所受. 伏願, 殿下深戒於訓解之外焉."

36 석지형(石之珩, 1610~?): 본관 花園, 호 壽峴. 『五位龜鑑』은 『주역』 64괘 가운데 5위에 관한 효사를 뽑고, 자신의 의견을 붙여 군왕의 처신을 그 효사에 맞추어 해달라는, 상소 식의 내용이다. "임금이 취해서 다스리는 바탕으로 삼을 만한 것으로는, 六經과 四書로부터 여러 유학자들이

임금이 술과 음식을 대하는 자세를 가벼이 여기지 말 것을 경계하였다. 자칫 주공과 공자의 말씀이 잘못 전달될까 봐 걱정한 대목이다. 동파는 5가 강건중정하기에 여유를 보인다고 적었다. "적이 왔는데도[致寇至] 꺼려하지 않는 것은 여유가 있는 자가 아니면 아무나 할 수 없다. 무릇 술과 음식을 먹으면서 기다리고, 무장해제를 하고 접대할 수 있는 것은 음으로서는 도저히 할 수 없는 일이다. 고로 5가 이렇게 건☰을 기다리면, 건乾은 반드시 마음으로 복종하여 5를 위하여 활동할 것이다. 이것이 정길貞吉한 이유다."

고사로 고공단보古公亶父(계력의 아버지로 문왕의 할아버지)가 안전지대인 기산岐山에서 서두르지 않고 변화와 발전을 모색하는 상황으로 보았다. 한편 군자는 하늘을 근본으로 삼지만[以民爲天] 백성은 우선 양식에 대한 걱정이 없어야 하니[以食爲天], 중생도탈衆生度脫을 음식지도飮食之道로 비유한 괘이기도 하다.[37] 수괘가 태괘泰卦로 가는 경우이다.[38/39]

지은 책에 이르기까지 서적들이 지극히 많아서 아마도 이루 다 읽어서 쓸 수 없을 것입니다. 그런데 지극히 신묘한 것으로 말하자면 복희의 주역보다 앞서는 것이 없습니다. 384효가 어느 것인들 마땅히 행해야 할 인사가 아니겠습니까마는, 그 가운데서도 5효가 임금의 도리로 받아 쓸만한 것이 가장 절실합니다. 64괘의 5효를 뽑아내고 주석 가운데의 요지를 모았으며, 또 말해진 이외의 남은 뜻을 추론하고 당세의 일을 덧붙이고 왕도의 마땅함에 징험하여, 『오위귀감』이라고 하여 마음을 재계하여 어전에 올리고자 한 것이 오래되었습니다. 상소를 갖추어 올려 전하와 세자께서 한 번 보시어 조금이라도 성스러운 다스림에 도움이 되기를 바라옵니다."

37 지욱, 『주역선해』: "魔界如, 卽佛界如, 惟以定慧力, 莊嚴而度衆生, 故爲需于酒食."

38 [說證] : 본래 대장괘의 大兌☱는 입으로 먹는 음식이고, 需卦의 감☵은 술로 '需于酒食'이며, 또 수괘에 감☵의 험이 가로막고 있었으나, 태괘가 되면서 험이 사라졌으니, '貞吉'이 되었고 또 '정길'은 감☵의 主幹에서 왔으니, 수괘가 감☵과 리☲로 삶고 익히고 있으니, 음식지도를 나타내는 상이다.

39 고대광실도 다 쓸모없다. 여유만만하게 세상과 같이 흘러가는 처세가 중요하다. 5는 풍류도인의 모습이다. 고위직과의 미팅을 하는 경우를 물었다면, 기꺼이 초대를 받고 후한 대접을 받으며, 친밀감을 높일 수 있는 좋은 찬스다. 또 혼인을 물었다면 왕비가 될 운이다.

上六 入于穴 有不速之客三人來 敬之 終吉

상6은 (도망가서) 굴속으로 들어가니, 청하지도 않은 손님 셋이 찾아올 것이다. 공경하는 자세로 끝까지 견지하면 길하다.

기다림의 극이다. 기다리다 못해 도망하여 굴속으로 들어갔는데도[入于穴], 생각지도 않은 사람들로부터 도움을 받는다[有不速之客三人來, Three uninvited guests arrive]. 겸허한 마음으로 기다리며 세상을 따른다면[敬之, Honor them], 자기로서 감당 못하는 위치일지라도, 결국은 기다린 보람이 나타날 것이다[終吉]. '입우혈入于穴'은 감坎(☵)의 제일 윗자리에 난리를 피하여 굴속으로 숨어 들어간 구멍이고, '속速'을 '청하다(Invite)'로 보면 '불속지객不速之客'은 '뜻밖의 손님'이다.

왕필은 상6에서 어른 행세를 하지 않고 공경하는 자세로 일관하였기에 도우려는 자가 찾아온 것으로 보았다. "괘의 끝 상에서 길을 막는 자도 없고, 오히려 3이 응을 하며 도와준다. 아래의 양 삼(☰)이 나가지 않고 기다렸던 까닭은 어려움이 끝나기를 기다렸던 것이다. 어려움이 끝나면 불러주지 않는데도 스스로 찾아온다. 상은 지위가 없는 자리인 만큼 공경으로 처신을 하였기에 종길 하였던 것이다."

공자는 상6을 5의 임금 자리도 아닌 제후인 문왕을 찾아온 것을 두고 한 말로 주석한다. "청하지도 않은 손님 셋이 찾아와도 공경한 자세로 그들을 맞이하면 끝내 길할 것[象日 不速之客來 敬之終吉]이라는 말은, 비록 그 자리는 손님이 찾아올 정도로 마땅하지는 않지만 공경을 늦추지 않았기에 대실치 않았음이다[雖不當位 未大失也]." 여기서 '부당한 자리[雖不當位]'라고 한 것도 아마 위의 사실史實에 근거한 것이 아닌가 싶다. 수괘가 소축괘小畜卦로 간 경우이다.[40]

고사로, 문왕이 유리옥에서 출옥한 후에 강태공姜太公과 산의생散宜生 그리고 굉요閎夭 등 세 신하가 문왕의 측근 참모가 되었던 것이 바로 '불속지객 삼인'이

---

40 정약용, 『주역사전』 : 小畜은 夬卦의 柔가 안으로 온 상이라 '入'이고, 본래 需의 감☵의 구덩이가 소축의 손☴으로 들어감도 '入于穴'이 되었다(4효의 '出自穴', 상효의 '入于穴'은 모두 도망가는 일). 손☴은 동남쪽에 앉기에 주인의 자리며, 서북쪽에 앉는 건☰은 손님(세 사람)의 자리다. 그런데 오히려 손님은 안에 있고, 주인이 밖에 있으니 '不速之客'이 되었다. 감☵으로써 공경하고, 손☴으로 공손하게, 태☱의 음식을 대접함에, 리☲의 예로 대하니 마침내 길하다. '未大失'도 주인과 손의 자리가 바뀌고, 초대도 하지 않았지만 예를 다하면 실이 사라짐이다.

라고 본다.

지욱의 불설佛說도 같은 설명이다. "세상과 더불어 같이 흘러가며[還來同流], 중생을 널리 구제함에[衆生廣度], 설사 그 중생들이 무지하여 불경不敬하는 자가 있었다 하더라도, 기대하지도 않던 불청객[不請之友]의 인연이 찾아오면 크게 대실大失치는 않을 것이다."

비록 중생이 알아주지 않을망정 자신을 도와주는 자가 반드시 나타난다. 그 나타날 자가 바로 하늘이고 땅이고 자신이라는 것이다. 이런 배짱이 생길 만큼의 공부가 이루어지면 자연스럽게 귀인의 홍복洪福이 찾아든다. 법당 위의 불상을 보고 "야, 이 새끼, 너 정말 이럴 수 있어?" 하는 뱃심으로 밀고 나갔다면 하늘이 절대로 무심할 수가 없다는 것이다. 하늘은 스스로 돕는 자를 돕는다. 여기서 '불속지객 삼인' 또한 내가 굴속에서 닦은 공부의 경지를 나타낸 것인데, 다시 말하면 현실과 미래를 보는 유도儒道, 사후의 세계를 보는 불도佛道, 건강을 지키는 선도仙道를 얻어 세운 경지를 뜻할 수 있다. 그러기에 아산은 '불속지객 삼인'을 '유불선儒佛仙 삼도를 닦은 경지를 다한 사람'으로 여겼다.[41]

결론적으로 수괘需卦는 기다리되 때가 도래할 것을 확실하게 믿고 그 때가 오면 세상을 열 수 있는 '키 3개'를 철저히 준비하라는 것이다. 초9 때는 멀리 교외로 나가서도 먼 훗날을 위하여 이빨을 악 물고 대비해야 하고, 구2 때는 모래사장(깊은 모래를 파면 물이 나온다)에서, 구3 때는 뻘 속에서도, 육4 때는 피를 토하면서도 그 훗날을 대비하여 적어도 '키 3개'는 준비해야 한다. 구5 때에는 파락호破落戶 짓을 하며 무위도식하더라도 똑똑한 놈 '셋'은 키워 놓고, 진정한 '키 3개'를 마련해두어야 요긴하게 쓸 수 있다는 소리이다.[42/43]

---

41 김진규, 『아산주역강의』: "需人海曲幾泥沙, 不速當筵聽浩歌, 歌雪孤村燈影落, 有誰看得晦根花." 亞山 김병호 선생이 也山 이달 선생을 찾아 談易을 하는데 '不速之客'을 논하는 부분에서 자신보다 한 수 높은 것을 인정해 선생으로 모셨다는 일화가 바로 위의 시로 전해진다.

42 전봉준은 체구가 작아 녹두장군이라 불렸다. 1892년 고부군수 조병갑이 만석보(저수지) 축조를 이유로 농민들의 금전과 곡식을 강탈하니, 농민 대표와 함께 바른 정치를 호소하다 거부를 당하자, 1894년 1월 농민과 동학교도들을 이끌고 부패한 관리를 잡아 가두었다. 그 후 전주에 입성하여 外侵으로 나라가 위태롭게 되자 부패한 관리의 처벌, 노비의 해방 등 폐정개혁안 12개 조목을 실천하기로 약속받고 진정하였으나 약속이 이행되지 않고, 청일전쟁에서 이긴 일본이 조선에 침략의 손길을 뻗치자, 12만 명의 군사를 지휘하여 손병희의 10만 군사와 함께 일본군에 대항하여 싸웠다. 동학농민군은 중남부 전 지역과 함경남도, 평안남도까지 세력을 폈으나 공주

금구 싸움에서 패한 후 순창으로 잠적하여 재기를 꾀하다 붙잡혀서 1895년 3월 향년 41세로 처형되었다. "새야새야 파랑새야, 녹두나무 앉지 마라. 녹두꽃이 떨어지면, 청포장수 울고 간다." 녹두꽃은 녹두장군 전봉준, 파랑새는 탐관오리, 청포장수는 민중을 의미한다. 동학운동은 除暴救民·盡滅權貴·逐滅倭夷라는 운동의 슬로건을 내세웠다. 아무튼 그들은 19세기 말 조선의 정치 지형도 안에서 최고의 진보성을 대표했고, 그 진보성을 감당할 수 없었던 지배세력은 나라를 외세에 내주는 길을 택했다. 그리고 『녹두장군 전봉준』을 쓴 李離和는 『주역』의 대가 也山 李達의 넷째 아들이다. 이이화의 離 자는 『주역』에서 나온 것으로, 야산은 팔괘의 순서에 따라 아들들에게 이름을 지어주었다.

43 동학란을 이끈 전봉준의 군대가 전주성에서 일본군의 대포 공격을 받자 농민들이 두려워하였고, 전봉준은 부하들을 모아놓고 하늘로부터 상6을 얻었다. 그는 "편안한 구멍으로 들어가 숨자. 그러면 청하지 않은 세 사람이 올 것이다. 공경하면 마침내 길하다"로 해석하고 "3일을 기다리면 일이 잘 풀릴 것이니 동요하지 말라. 하늘의 뜻"이라며 농민들을 격려했다. 과연 3일 후에 전봉준은 양호초토사 홍계훈과 全州和約을 맺을 수 있었다. 녹두장군 전봉준은 『주역』에 일가견이 있었다고 전한다.

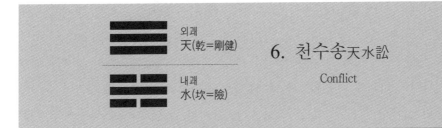

외괘
天(乾=剛健)

내괘
水(坎=險)

6. 천수송天水訟
Conflict

송괘는 시비나 송사를 이겨내는 방법을 말하고 있다. 분쟁은 살아가자면 자의든 타의든 생겨날 수 있는 일이지만, 가능한 회피하고 싸움에 말려들지 않도록 해야 할 것이다. 최고의 승자는 시비가 생기기 전에 분쟁의 불씨를 차단해 버린다.

> 訟 有孚 窒惕中 吉 終凶 利見大人 不利涉大川
> 송사는 믿음이 있으니, 성실한 마음을 가득 채워 (천명을 공경하고) 두려워하는지라 길하나, 끝은 흉할 것이다. 대인을 보면 이롭지만, 큰 내를 건너는 일은 불리하다.

송訟(Conflict)은 작게는 시비요 크게는 소송이나 재판을 말한다. 세상은 상대가 있기에 항시 주의 주장이 다르니 시시비비가 일어나고 또 이를 가리기 위해서는 송사가 따르게 마련이다. 「문언전」에서도 밝혔다. "하늘을 근본으로 하는 자는 위로 친하고, 땅을 근본으로 하는 자는 아래로 친하다."

송괘訟卦를 보면 물(☵)은 아래로 흘러가려 하고, 하늘(☰)은 위로 올라가려고 하니 서로 자기주장만을 내세우는 꼴로 불친不親할 수밖에 없는 상황이다. 「잡괘전」에서도 "송訟은 불친不親"이라 하였고, 「서괘전」에서도 "음식지도飮食之道가 수需라면 그 음식을 서로 얻고자 할 때는 반드시 쟁투와 시비와 경쟁 속에 시끄러움이[飮食必有訟] 생겨날 수밖에 없다"고 하였다. 그래서 먹고사는 일 때문에 서로 송사가 일어남을 예시하고 있으며, 누구든 송사를 일으킬 때는 내가 이길 수 있다는 확신[有孚]으로 싸우게 되니 쟁투가 된다.[1] 송사에서 이기려면 만사를 두려

---

1 정약용, 『주역사전』: 송괘는 중부괘로 온다. 중부 때는 하괘와 상괘가 태☱의 입을 마주 보며, 리☲로 서로 옳음을 변론하며 믿음을 버리지 않았다. 나는 화친하자 하고, 상대도 따르고자 하니 송사가 다투는 데까지는 이르지 않았다. 중부가 推移하여 송괘가 되면, 나는 위태롭고 상대

위하는 자세로 가면 길하나, 송사 그 자체는 끝내는 흉하다. 송사를 중재하는 대인을 보면 이롭지만, 본시 송사를 즐기는 자는 큰일을 해결할 수 없다.[2]

송은 사사로운 개인의 모순과 상극을 말할 뿐 아니라, 국가 간의 분쟁과 전쟁을 의미하기도 하기에, 친친親親과 애애愛愛로 화합의 길을 모색해 나가야 송사와 전쟁이 없는 세상이 온다. 결론적으로 송은 상대의 좋은 점은 보지 못하고 나쁜 점만을 지적하고, 또 매사에 불신의 주체를 남에게 돌리는 자신의 어리석음을 모르는 데서 기인한다. 공자도 애당초에 송사 따위는 짓지 말라 했다. "송사를 듣고 재판하는 일은 나도 남과 같이 할 수 있지만, 어떻게 해서든 반드시 송사가 일어나지 않도록 해야 할 것이다."[3] 이어지는 공지의 단왈이다.

"송은 위는 강하고 아래가 험난하니[訟上剛下險], 험난하고 건장한 것이 송의 상이다[險以健訟]. '송유부질척중길訟有孚窒惕中吉'이라 한 것은 강이 와서 중을 얻은 것을 말한 것이다[剛來而得中也]. '종흉終凶'이라 한 것은 송사가 성사될 수 없음이다[訟不可成也]. '이견대인利見大人'이라 한 것은 위로 올라가서 중정을 이루기 때문이요[利見大人 尙中正也], '불이섭대천不利涉大川'이라 한 것은 연못에 빠지기 때문이다[入于淵也]."[4]

고사로는 문왕이 주왕紂王의 폭정에 불만을 품고 토로하다, 투옥된 유리옥에서

는 굳세니, 양쪽이 다 의심하게 된다. 차례로 왕법으로써 그 바름과 바르지 않음을 분명히 가려 내니, 이것을 가리켜 송이라 하는 것이다. 訟은 공적인 말이다.

2 송괘는 중부괘 4가 1로 간 것이다. 중부가 송으로 가도 믿음이 사라지지 않으니 '有孚'다. 또 송괘는 遯卦 2가 3으로 와, 손☴으로 天命을 두려워하게 하고, 감☵으로 마음을 바르게 하니[敬以直內, 義以方外], 즉 성실한 마음을 가득 채워 천명을 공경하고, 두려워하니[窒惕中] 길하다. 그러나 나는 감☵으로 위태하고 의심을 가지며, 상대는 건☰으로 강하니 서로 편치 않아 시비가 생기므로 '終凶'이다. 또 둔괘 때는 위에 있던 건☰君 '대인'을, 손☴의 천명으로 '利見大人' 하였고 중부 때는 진☳의 배와, 태☱의 연못이 있어 '利涉' 하였지만, 송괘가 되면서 연못이 사라지고 물이 빠져나가니 '不利涉大川'이 되었다. 무릇 모든 만물은 간☶으로 이루어지는데(艮成, 둔과 중부 때는 艮이 있었다), 송이 되면서 간☶이 사라졌으니 '訟不可成'이 되었다. '入于淵' 또한 중부 때 4가 송의 1로 갔다. 中과 凶은 叶韻 관계이다.

3 『논어』, 「안연」편 "子曰, 聽訟吾猶人也, 必也使無訟乎."

4 정약용, 『주역사전』: 송괘는 둔괘로부터 왔으니, 강이 와서 중을 얻은 것이다. 무릇 만물은 간에서 이루어진다[終萬物者始萬物者 莫成乎艮]. 이제 艮이 없어져, 노력하여도 성사되는 것이 없으니 '訟不可成'이라 했다. '常'이란 위로 올라가고, 하괘는 중정이 되니 '常中正'을 이른다. 중부 4가 위로부터 떨어져서, 연못 바닥에 가라앉으니, 이를 '入于淵'이라 한 것이다. 태는 연못, 감은 흐르는 물이니, 흐르는 물을 연못이라 하지 않는다.

석방이 된 후에 낙서洛西 땅까지 주왕에게 바치고, 시끄러운 정국을 피하여 작은 고을로 피신하기도 했으며, 또 주紂에게 받은 명예를 세 번씩이나 빼앗기기도 했던 일이 있다.

象曰 天與水 違行 訟 君子以 作事謀始

상왈 하늘과 물이 어긋나게 행함이 송이니, 군자는 이로써 일을 시작함에, 처음부터 끝까지 잘 도모해야 한다.

하늘의 일월성수日月星宿는 동에서 서로 돌아가고, 땅의 강과 하천은 서에서 동으로 흐르니, 그들은 서로 어긋난 행동을 일삼는다[天與水違行]. 군자는 이러한 기운을 보고는 어떤 일을 하고자 할 때, 시작점에서 철저하고 깊이 심사숙고하여, 뒷날에 싸우는 일이 없도록 해야 할 것이다. 왕필도 노자를 인용해 송사를 이렇게 논한다. "송사를 없애려면 시작을 잘 도모해야 한다. 시작은 제도를 잘 만들어야 한다. 계약이 분명하지 않음이 송사가 생겨나는 까닭이니, 사물에 각기 분명한 한계를 지키고, 직분을 서로 넘지 않는다면 어찌 다툼이 일어나겠는가? 송사가 일어나는 것은 계약의 잘못이다. 그러므로 덕이 있는 이가 계약을 맡아서 하면, 다른 사람을 책망하지 아니할 것이다."[5] 노자는 다투지 않는 물에서 송사 관련 교훈을 배웠다.[6]

정자 또한 상하가 상순相順하다면 송사로 다투는 쟁송이 어찌 일어나겠느냐고 한다. 군자는 관상만 잘 살펴도 쟁송의 도를 아는 고로, 일을 시작함에 반드시 그 처음을 잘 살펴서, 송사가 일어나지 않도록 해야 한다. 주자 역시 상위相違를 잘 보고 작사모시作事謀始(Carefully considers the beginning)를 잘하면 송단訟端을 끊을 수 있다고 했다. 먼저 송괘 상에서는 감坎의 험담이 태兌의 입에 붙어 있기에

---

5 『노자』 79장의 "聖人執左契, 而不責於人, 有德司契"를 왕필은 "有德之人, 念思其契, 不令怨生而, 後責於人也"라 주장했다.

6 『도덕경』 8장에 "上善若水. 水善利萬物而不爭, 處衆人之所惡, 故幾於道. 夫唯不爭, 故無尤"라 하였다. 즉 "최고의 선은 물과 같다. 물은 만물을 매우 이롭게 하면서도 다투지 아니한다. 물은 모든 사람들이 싫어하는 낮은 곳에 처해 있다. 그러므로 거의 도에 가깝다. 고로 오직 다투는 일이 없기 때문에 허물[송사]이 없다."

감坎의 귀에 들리니 문제이다.[7/8] 또 물이 하늘에서 생겨나지만 물과 하늘의 운행은 어긋나고,[9] 하늘은 기운의 시작이고 물은 형체의 시작이기에, 시비는 여기 기운과 형체의 실마리에서부터 발생했다.[10] 숟가락 들고 놓는 사이, 웃고 이야기 나누는 사이에 천하는 갈라지고 살상이 일어난다.[11/12/13] 시비의 싹이 원인이다. 요순堯舜의 정권 이양이 단주로 하여금 시비의 싹을 틔웠을까?[14]

---

7 沈潮,「易象箚論」: "互體 태≡≡가 뒤집혀 감≡≡에 붙으니 구설이 귀에 시끄럽게 들리는 상이다. 일과 도모함과 처음의 세 글자는 모두 입을 따른 것이니 역시 뒤집힌 태≡≡이다[… 事謀始三字, 皆從口者, 亦反兌也]."

8 심조(沈潮, 1694~1756) : 본관 청송, 호 靜坐窩. 『易象箚論』은 그의 문집 『靜坐窩集』 9권에 실림. 64괘를 간략하게 정리하면서 풀이한 것인데, 간혹 괘를 설명하다가 중간에 한글 고어로 풀이하기도 하면서, 전체 괘를 체계적으로 정리하고 있다. 그의 스승 權尚夏는 송시열의 수제자로 제자 가운데 金昌協, 尹拯 등 출중한 인물이 많았으나, 스승의 학문과 학통을 계승하여 훗날 '師門之嫡傳'으로 불렸다. 송시열이 사약을 받을 때 유배지로 달려가 스승의 임종을 지켰고 의복과 서적 등의 유품을 가지고 돌아왔다.

9 金相岳, 『山天易說』: "하늘은 서쪽으로 돌아가고 물은 동쪽으로 흘러가니 서로 어긋나 만남이 없다. 일을 할 때 처음을 도모하면, 일의 실마리가 단절된다. 공자가, '내가 송사를 판단함이 다른 사람처럼 할 수 있지만[聽訟吾猶人也], 반드시 송사가 없는 세상을 만들어야 하겠구나[必也使无訟乎]' 했는데, 송사를 없게 함은 바로 처음을 도모하는 것이다. 일을 하는 것은 감≡≡이고 처음을 도모하는 것은 건≡이다. 물은 하늘에서 생기지만 하늘과 물이 어긋나게 운행한다 했고, 불이 땅에서 생기지만 하늘과 불은 사람과 함께한다. 이는 불은 위로 타오르고 물은 아래로 흐르기 때문이다. 그러므로 물과 불이 사귀면 기제가 되고, 사귀지 못하면 미제가 된다."

10 沈大允, 『周易象義占法』: "다투어 송사하는 실마리는 늘 아주 작고 가는 것에서 발생하니, 이른바 '터럭의 차이가 천리로 어그러진다[差以毫釐 忒以千里].' 일을 할 때 처음을 도모함은 그 실마리를 단절하기 위함이다."

11 李容九,「易註解選」: "조조와 유비가 같이 밥을 먹음에 천하가 숟가락 놓는 사이에서 갈라졌고 蕭何가 진나라를 토벌함은 담소하는 사이에 분노가 일어났다[曹劉共飯, 地分於匕筯之間, 篇史討秦, 忿起於笑談之頃]."

12 李正奎,「讀易記」: "천하에서 다툼의 발단은, 처음을 도모함에 신중하지 못함을 말미암지 않음이 없으니, 송사만 그런 것이 아니다. 천하 사물의 뒷부분의 폐단과 끝부분의 폐해 역시, 처음을 도모함에 잘하지 못함을 말미암지 않음이 없다. 일을 함에 처음을 도모하라는 가르침이, 비록 가깝고 쉽게 알 수 있는 것 같지만, 위아래, 크고 작음을 관통해서 더할 나위 없이 많다."

13 吳致箕,「周易經傳增解」: "하늘과 물은 본래 동일한 기운인데 하늘은 높이 위에 있고 물은 흘러 아래에 있어 서로 어그러졌으니 송사의 상이다. 군자는 그 상을 살펴 사람의 정이 처음에는 화합하다가 마침내는 어긋나 송사의 실마리가 됨을 알기 때문에 반드시 일을 함에 처음을 도모하여 뒤에 생기는 폐단을 끊는다."

14 曹兢燮, '周易隨記' : "丹朱는 어리석고 다투어서 그 대를 끊어 버렸고, 虞와 芮가 분쟁을 質正해서 문왕이 천명을 받았다."
『대순회보』, '요임금의 아들 丹朱의 원한 : 怨神들 가운데 누구의 원한이 가장 뿌리 깊으며, 인류 역사에 가장 큰 영향을 주었는가? 이것이 인류의 고통 문제를 역사적인 안목에서 보게 해주

설중으로 보면 '위행違行'은 건☰이 위로 가고 감☵이 아래로 감이요, 또 내괘의 감☵이 지적 인식이 선행하니 '모시謀始'요, 건☰의 실행이 함께하니 '작사모시作事謀始'가 되었다.[15/16/17]

다음은 '허망한 상을 좇아가면 송사를 초래한다'는 지욱의 명쾌한 설명이다. "하늘도 태극이요, 물 또한 태극이니, 마음자리 또한 본래부터 어김없다. 천일생수天一生水 또한 일찍이 어김이 없었으니 이제 허망한 상을 따르겠느냐. 하늘은 위에 있고 물은 아래에 있어 그 행이 서로 어긋나니, 소위 뜻은 결백하고자 하면

는 아주 중요한 구원 문제의 하나다. 그것이 바로 4천 3백 년 전, 저 중국의 유가에서 가장 살기 좋은 시대라고 일컫는 요순시대, 요임금의 아들 丹朱의 원한이다. 단주를 不肖하다 하여 천하를 맡기지 않고, 堯가 그의 두 딸과 천하를 舜에게 전하여 주니, 단주의 깊은 원을 그 누가 만분의 하나라도 풀어주리요(道典 2:31:3~7). 유가에서는 공자 이래 여러 현인들이, 요임금 순임금을 도덕의 본보기로 말하며, 유가의 종통이 堯舜에서 왔다고 한다. 인류 역사에 가장 강력한 원한의 피를 뿌린 게, 요순임금인데, 9년 홍수가 백성들의 피눈물로 일어난 거라고 하신다. 9년 홍수는 곧 창생의 눈물로 일어났나니, 요는 천하를 무력으로 쳐서 얻었으므로 9년 홍수가 일어나 백성들을 다 유랑하게 하였느니라(道典 4:24:3~4). 정말로 단주가 불초하였다면, 조정의 신하들이 단주를 啓明하다고 천거하였겠느냐. 단주가 뜻을 이루지 못하고, 깊이 한을 품어 순이 蒼梧에서 죽고, 두 왕비가 瀟湘江에 빠져 죽는 참상이 일어났나니, 이로부터 천하의 크고 작은 모든 원이 쌓여서, 마침내 큰 화를 빚어내어 세상을 진멸할 지경에 이르렀느니라. 그러므로 먼저 단주의 깊은 원한을 풀어주어야, 그 뒤로 쌓여 내려온 만고의 원한이 다 매듭 풀리듯 하느니라(道典 4:24:15~19). 상제님은 "만일 단주가 대권을 쥐고 나라를 다스렸다면, 천하에 대동세계가 열렸을 것이다" 하신다. 단주는 자기 아버지 요임금이나, 그 뒤를 이은 순임금보다, 의식의 발상이라든지 국제정세를 보는 안목이 확 트인 인물이며, 대동세계를 만들 평화주의자임을 알 수 있다. 상제님은 "단주의 원을 끌어내리면, 그 뒤로 수천 년 동안 쌓여내려온 모든 원의 마디와 고가 풀린다"고 하시고, 단주의 해원을 중심으로, 천지 안에 있는 원한 맺힌 모든 신명들을 해원시키셨다. 상제님은 원한 맺은 신명들을 세계질서 돌아가는 데에 투입하셨다. 또 인간과 신명의 생사를 심판하는, 명부의 책임자를 전부 교체시키셨다(불가에서도 명부시왕을 얘기하지만, 그게 원래 불가 문화가 아니다. 불가에 있는 칠성각, 삼신각, 명부전 같은 건 본래 우리의 전통문화다. 유불선 기독교 이전의 신교문화다). 먼저 역신 가운데 가장 큰 원을 맺고 죽은 동학의 전봉준 녹두장군을 조선의 冥府대왕으로 임명하시고, 일본의 명부대왕에 최수운 대신사, 청국 명부대왕에는 김일부 대성사를 임명하셨다."

15 '天'이라 함은 분화되지 않은 一氣를 가리킨다. 기는 위로 올라가고, 물은 아래로 내려오는 것이 본성이다. 양자가 미제괘처럼 상호작용하지 않으므로, 이를 '違行'이라 하였다. 坎의 노력으로 일을 주간하고, 乾으로써 실행하니, 이것이 '作事' 즉 '일을 실행함'이다. 건의 실행 이전에, 감의 지적 인식이 선행적으로 있었으니, 이것이 '謀始'이다.

16 [說證] '내괘가 외괘보다 먼저 있었다.' 송괘는 적을 대적하는 괘이다. 그러므로 일을 도모함에는 시초를 다스리는 것을 귀중하게 여긴다. 학가의 말이다. "需卦의 경우는 송괘와 반대로 먼저 실행하고 나중에 일을 도모하니, '감이 외괘에 있으니' 미칠 수 없다."

17 명나라 陳際泰(1567~1641)의 『周易翼簡捷解』에서 "天上浮, 水下流, 作事謀始"라 밝혔는데, 그는 『詩經』을 주경야독한 것으로 유명하다.

서도 그 처소가 치우치게 되어 오염되었구나. 다만 한 생각이 처음에는 삼가를 하지 못함에, 번뇌로 하여금 그 습習이 점차 강하여 본성에 위배하게 되었다. 고로 군자는 반드시 독처獨處에서 일사一事와 일념一念을 벌이는 첫자리는 삼가 자송自訟치 말아야 할 것이다.”

다음은 효종 때의 좌의정 김육金堉이 올린 상소에 나타난 송괘로, 적폐를 주장하는 장면이다. “『주역』에 ‘처음부터 일을 잘 도모하라’ 하였습니다. 이 세상의 온갖 일의 성공은 이미 시작에 복이 싹트고, 그 실패도 일의 시작에서 화가 싹트는 것입니다. 성공과 실패, 화와 복이 어찌 일찍이 일의 시작에서부터 말미암지 않았겠습니까. 작은 일도 오히려 그러한데, 하물며 국가의 큰일이야 오죽하겠습니까. 신이 일찍이 어영군에 대해서 이미 그 대개를 진달하였거니와, 다 아뢰지 못했던 생각을 말씀드리고자 합니다. 이 군대의 설치는 본래 후궁들을 호위하기 위함이 아니라, 다만 외정에서 쓰기 위해서인데, 적신賊臣이 권병을 잡고는 확대하여 널리 모아서 숫자가 4만 명이 넘고, 스스로 공으로 삼아 많은 피해를 끼쳤습니다.”[18]

> 初六 不永所事 小有言 終吉
> 초6은 송사를 오래 끌지 말라. 다소의 분쟁은 있어도 결국은 좋게 끝날 것이다.

먼저 공자의 주석은 이렇다. “오래도록 송사를 끌지 않는 것은 힘없는 초6에서 소송을 길게 할 수 없기 때문이고[象曰 不永所事, 訟不可長也], 약간의 시비가 있다는 것은 그 분별이 명백하기 때문이다[雖有小言, 其辯明也].” 여기에 왕필은 이렇게 댓글을 달았다. “어쩔 수 없어 송사하게 되었다면 시비곡절을 분명하게 해 두어라.” 동파도 이었다. “구2가 1과 3 사이에서 두 음陰을 모두 가지려 하자, 초6이 허락하지 않으니 2가 힘으로 쟁취하려 한다. 그런데 초6은 구4와 상응관계인지라, 2를 오래 섬기지 않고 4를 따르려 하니, 2로부터 비록 시끄럽기는 하지만 그 판단이 분명하기에 마침내 길하다.”

송사의 시초에서 초6은 음으로 유약하고 부정하니, 가벼운 입씨름 정도로 생겨

---

18 『조선왕조실록』 효종 3년(1652) 6월 29일.

난다. 그러나 송사는 오래가면 반드시 탈이 나기에, 오래 끌지 않도록 서둘러야 좋다. 말이 말로써 그 말꼬리를 물면, 반드시 허물을 덮어쓰게 된다. 불법佛法으로는 참회가 허물을 벗는 작법참作法懺[19]과 같다. 송괘가 이괘履卦로 간 경우이다. 감☵은 간사幹事니 천수天水의 위행違行으로 '송사'가 생겨났고, 감☵은 효변하여 이履의 태☱로 가니 일이 그치게 되어 '불영소사不永所事'가 된 것이다. 또한 '소유언小有言'은 중부괘 태☱의 입과 혀에서 감☵의 비방이 나왔고, '종길終吉'은 이괘履卦의 대리大离로서 변론한 결과요, '불가장不可長'은 태☱의 훼절이고, '변辯'은 리☲의 분별을 말한다.[20]

> 九二 不克訟 歸而逋 其邑人三百戶 无眚
> 구2는 송사에 질 것 같아 돌아가 숨었다. 그 읍의 사람들이 삼백호 정도면 재앙이 없을 것이다.

먼저 공자의 주석부터 보자. "아래의 2가 강건한 5에게 싸움을 자초하니 당연히 이길 수 없다[不克訟]. 싸움을 피해 도망쳐 돌아와 삼백호 남짓한 작은 고을에[其邑人三百戶] 숨어 몸을 의탁하였다[歸而逋竄也]. 아랫사람이 윗사람에게 시비를 걸어 송사를 하는 것[自下訟上]은 환란을 스스로 취하게 함이다[患至掇也]."

이어 왕필의 댓글이다. "아랫자리에서 위로 송사하면 이길 수 없다. 만약 두려움을 가지고 작은 읍에 돌아가 숨는다면 재앙은 면할 수 있다." 삼백호가 넘는 곳에 가서 숨으면, 그것은 오히려 거기서 강한 세력을 규합(웅거)하는 것이 되니, 결국에는 패하여 재앙을 면치 못했을 것이다.

정자 역시 "의리를 등지고 비굴한 자세로 대했기 때문에 환란이 다가왔다"고 하였으며,[21] 주자 또한 "자신을 낮추고 검약해야 그 환란을 면할 것"이라 한다.[22]

---

19 지욱, 『주역선해』 : "부처가 제정한 율법을 따라 언어·동작으로 죄를 드러내어 懺悔하는 방법."
20 참고로 시험은 공이 크고, 힘들 것이라 여겼던 선거에 나가 1차에는 2등으로, 2차 결선에서 1등으로 당선된 사례도 있었다. 그리스와의 월드컵 경기에서 승리를 예고한 자리였다.
21 정이, 『이천역전』 : "義乖勢屈, 禍患拾掇."
22 주희, 『주역본의』 : "自處卑約, 以免災患."

지욱은 2가 강하고 부정하매 능히 이기지 못하고 송사까지 간 것이라 선해한다. "범과犯過가 이미 중하매, 어찌 능히 손損이 없으랴. 다만 포도逋逃하여 비약卑約한 데 처하면, 거의 재앙을 면할지라." 불법으로는 "비구比丘가 범계犯戒하매 물러가 하류下流에 거처하며, 소소한 참회懺悔로 위로 회복할진대 죄가 반드시 멸하지 않고 또 법문을 어지럽게 함이다."

여기서 동파는 "소송에 이기지 못하고 돌아가니[不克訟歸], 읍인 삼백호로 달아나다[而逋其邑人三百戶]"로 현토懸吐하여 해석을 달리했다. "초6과 3은 본래 2가 취할 것이 아니라, 2가 가까이 있기에 억지로 읍인으로 삼았다. 즉 힘으로 정벌했기에 몸은 가까이 있지만 마음은 복종하지 않았다. 고로 2가 소송에 이기지 못하고 돌아오면, 초6과 3이 2를 버리고 떠난다. 무리를 잃고 두려워할 줄 알게 되니, 오히려 조금은 편해졌다. 고로 재앙은 없다. 읍인 삼백호가 '달아났다[逋]'는 것은 '잃어버렸다[亡]'는 의미이다." 이 모두는 송괘가 천지비괘로 간 경우다.[23]

六三 食舊德 貞 勵 終吉 或從王事 无成
육3은 옛 덕을 먹으니, 일을 맡아 처리함에 힘을 쓰면 마침내 길하고, 혹 왕의 일을 좇지만 성사되는 일은 없을 것이다.

육3은 부정하고 음유하기에 송사를 일으키지도 못하고, 상9를 능히 대적할 수 없다. "지난날의 덕을 누리며 그 덕분으로 상9를 따르면 길하다[象曰 食舊德 從上

---

23 정약용, 『주역사전』 : "否卦 하괘 坤이 상괘 乾을 어찌 이길 수 있겠는가? 나는 비천하여 유약하며 굽었고, 상대는 강건하고 곧고 존귀한 자다. 또 나는 물[→연못]로 변하지만, 상대는 강건으로 확고하니 적수가 되지 못해 '不克訟'이라 했다. '逋'는 도망감인데(이것은 否卦가 본래 遯卦로부터 왔다), 비괘도 간☶, 돈괘도 간☶으로 도망감이라[손☴ 역시 稱而隱爲伏으로 도망 숨는다], 송사를 벌이던 주인이 도망가다 감☵으로 돌아왔으니 '歸而逋'가 되었다. '邑人'은 곤의 백성, 다시 坤은 爲均이라, 고로 均은 10을 나타내는 旬과 같아, 否卦 또한 泰卦로 착종하니, 兩坤(10×10)은 100이고, 否의 巽과 訟의 互卦 巽이 爲近利市三培로 '300'이 되니, '戶'는 艮의 闕門이 되므로 '三百戶'가 되었다. 또 艮爲鼠에서 쥐에 비유하자면, 쥐가 坎의 구멍으로 들어가 숨는 '歸逋竄'이 되었다. 고로 송사를 벌이던 자가 도망가 숨어 버리니(否卦에서 坎이 사라짐), 坎의 우환이 멈춰 '患至掇'이 되었다. '掇'은 '그칠 輟'로 읽는다."
다산은 掇 자를 정자나 주자의 해석과는 상당히 다르게 본다. 『易傳』의 '禍患至之 猶拾掇而取之 言易得也'에서 '拾掇'을 '줍는 것'으로 해석했다. 『本義』에서는 '掇 自取也'로 해석하였다.
逋 달아날 포. 竄 쥐가 숨을 찬. 掇 얻을 철. 眚 눈에 백태 끼어 앞 못 볼 생.

吉也]." 지난날의 은덕에 감사하고 작금의 처지에 만족하며[食舊德], 또 윗사람에게 순종하며 공손한 태도를 굳게 지켜 나간다면[貞] 위태롭기는 하나[厲] 결국 탈은 없을 것이다[終吉]. 때로는 명예로운 자리에 종사할 기회가 주어지지만[或從王事] 화려한 성공을 바라진 말아야 한다[无成]. 시절이 언제 어떻게 송사가 터져 나올지 모르는 위험한 시절이라는 걸 기억하라. 이 모두는 구괘姤卦로 변해 대손大巽을 찾은 경우다.[24]

왕필은 유약한 처신으로 위에서도 부드럽게 하였기에 아래 구2에게 송사를 당하지 않는다 한다. 침범을 당하지 않으니 옛것을 보전할 수 있다. 쟁송의 시기에 두 강(2와 4) 사이에 서로 조화롭지 못하니 곧게 하면 위태롭다. 유약한 몸으로 다투지 아니하고, 상9와 상응해야 종길하다. 상9는 건장해서 이기려고 다투어도 어려우니, 혹 왕의 일에 종사할지라도 성공은 바라지 말아야 한다.

그런데 동파와 왕필은 송괘訟卦를 보는 시각이 약간 차이가 있다. 동파는 3이 옛 덕을 잊어버리고 그 짝을 따르는 것으로 보았다. 3과 상이 서로 호응하는 것은 천명에 따른 것이다. 2와 4가 덕이 있다 하더라도 이 관계를 빼앗을 수는 없다. 이런 까닭에 옛 덕을 먹어버리고 그 짝을 따르는 것이다. '먹어버린다는 것'은 '먹고 나서는 잊어버리고 보답을 하지 않음'이니, 다소 식언食言을 하는 배짱 있는 3으로 해석하고 있다.

그런데 지욱의 해석은 공자와 가깝다. "3은 음유하여 감히 악惡을 짓지 못한다. 다만 상규常規를 삼가 지키니, 익익翼翼으로 공경할 새 고로 종길하다. 그러나 이는 소인의 갱갱硜硜한 비천한 모습이라, 의심컨대 족히 대사는 이루지 못한다."[25/26]

---

24 遯卦 때는 大巽의 遯順이었는데 訟이 되면서 험난하다가 姤卦로 변동하여 大巽을 찾으니 '舊德'이다. '貞厲'는 中孚의 3, 訟의 3이 柔가 剛을 탐인데, 姤卦가 되면서 손순해지니 '終吉'이 되었다. '從王事'는 坎으로써 乾을 따름인데, 3이 부중부정하니 '或'이고, '无成'은 손☴의 爲不果에서 온 이유다. 참고로 坤卦 六三은 '含章可貞, 或從王事, 无成有終'이다. '從上吉'은 건☰ 주군의 명령을 따름이다.

25 지욱, 『주역선해』 : "陰柔, 不敢爲惡, 但謹守常規, 小心翼翼,故得吉, 然是硜硜之士, 恐不足以成大事也." '翼'은 돕는 상, '硜'은 비천한 상.

26 참고로 옛것을 지키고 분수에 만족해 하니 심신이 편안하고, 겸손으로 위를 따르니 매사가 순탄하다. 성공은 쉽고 수성이 어려운 때이니 처신을 잘하라.

九四 不克訟 復卽命 渝 安貞 吉
구4는 송사에 이길 수 없다. 다시 명에 나아가게 될 것이며, 상황이 변하였으니,
마음을 바꿔 안정되는 일을 하면, (명을) 잃어버리는 일을 하면 길할 것이다.

음의 자리에 강이 와서 부정하니 송사에서는 패소한다[不克訟]. 그러니 조용히
물러나서 제 분수를 지키고 천명을 따르며[復卽命], 순응하는 자의 태도로 돌아간
다면[渝, Change one's attitude] 안정하여 좋을 것이다[安貞吉]. 내가 변하면 상대도
변하고 천하도 변하는 이치가 만사에 두루 통한다. 그래서 역易을 역지사지易地思
之라 하였다. 공자도 이를 "다시 명에 나아가게 된다. 상황이 변하니, 순응하고
마음을 바꿔 안정하면, 명을 잃어버리는 일은 없을 것[象曰 復卽命 渝 安貞 不失也]"
이라 한다. 이는 원칙적으로 송사 따위는 일절 하지 말 것을 가르침이다. 여기도
손순을 찾은 환괘渙卦로 갔기에 안정하여 길하였다.[27]

왕필 역시 만약 본래의 도리에 따라서 송사를 하지 않고 화해로 바꾸어 가면,
안정이 되고 또 그 도를 잃지 않으니, 이에 인仁을 실천하여 길하다고 본다. "인仁
은 나로부터 비롯되는 것이지 결코 타인으로부터 비롯되는 것은 아니다."[28]

이번에는 동파의 해석이 명쾌하다. "4가 마땅히 얻을 수 있는 것은 초6이다.
4가 3과 가까이 있기에 억지로 이를 구하려면 송사에 이기지 못한다. 하지만 호응
을 하는 초효가 있으니, 물러나 천명에 따라 얻을 수 있으면 나아가는 것이다.
스스로 그것을 바로잡고 정의에 안주한다면 오히려 가진 바를 잃지 않을 것이다."

정자 또한 이렇게 밝히고 있다. "4효는 양강陽剛하고 부정하기에 송사를 벌이
는 자다. 5를 계승하고 3을 밟고 초6에 응한다. 5는 임금이라 마땅히 송사를 하지
못할 것이고, 3은 아래에 있고 음유하므로 대적할 수 있는 이가 없는 것 같아 시
비를 일으켜도 이길 수가 없다. 강분욕송剛忿欲訟하는 마음을 누르고 천명을 얻어

---

27 '不克訟'은 渙의 상괘 손☴이 구부려져 물러나고(巽爲遜順爲進退), 강직한 법을 지닌 감☵을 이
   기지 못한 상황을 설명했다. '復卽命'은 환이 되면서 손☴의 명을 다시 찾아 나아감이다(중부 때는
   위에 손이 있었는데 송이 되면서 잃었다). 달라진다는 '渝'는 환괘로 변할 때 '안정길'이 됨이다
   (즉 渙은 否로부터 왔다. 否 때는 坤의 안정을 취하다가, 환에서 견고한 坎이 와 길을 더하니
   안정길이 되었다). 곤괘 괘사 '安定吉', '不失' 역시 訟卦의 잃어버린 巽을 渙에서 찾은 모양이다.
   『좌전』과 杜預의 注에 "比合, 屯固, 坤安, 震殺"이라 적고 있다.
28 『논어』, 「안연」편 : "爲仁由己, 而由乎人哉."

그 마음을 바꿔야 본자리로 회복한다."

지욱은 회개悔改의 힘으로 4가 건괘의 자리를 얻었기에 능히 무과無過에 복귀復歸하였고, 성명性命의 연미淵微한 본자리를 깨달았기 때문이라는 법문을 잊지 않는다.[29]

九五 訟 元吉
구5는 송사에 군주가 길할 것이다.

먼저 석지형의 상소를 들어보자. "송사는 이익을 다투는 데에서 일어날 뿐 아니라 조정에서 붕당의 다툼이 송사 아닌 것이 없습니다. 임금께서 중정中正으로 그 다툼을 종식시킬 수 있다면 어떤 길함이 이보다 크겠습니까? 이른바 중정은 지극히 공평함으로 간사함과 올바름을 분변하고, 간직할지 버릴지를 살피는 것에 불과할 뿐입니다. 만약 간사한지 정직한지를 묻지 않고 곧장 그 무리들을 타파해 버리고자 한다면, 군자의 무리도 함께 금하는 것입니다. 군자를 벗하지 않으면 더불어 나라를 함께할 수 없습니다. 엎드려 바라옵건대 전하께서는 깊이 생각하소서!"[30]

소송에 이기는 자리가 구5다. 어느 한 곳으로도 치우치지 아니하고 시시비비를 없애며 중정의 자세를 지키는 자다. 구5는 주효로서 강건하고 중정이며 군위에서 송사를 평정하는 위치인지라, 군주에게는 길하다. 동파는 5가 '원길元吉'이라 한 것은 중정하고 강건한 지위, 2와는 사사로움이 없으므로 곡직을 취할 이유가 없기 때문이라 하였다. 지욱도 강건 중정하여 불선을 일찍이 다 알고, 다시 행하지 않아서 소죄小罪라도 대구大懼를 품어 감히 범하지 않았으니, 크게 선하고 길한 도라며, 불법佛法으로는 성업性業과 차업遮業의, 삼천三千과 팔만八萬이 청정淸淨치 않음이 없는 자리라 하였다.[31]

---

29 참고로 잠자는 호랑이의 코를 찌르지 말라. 분란을 일으키지 말고 꾸준하게 열심히 일하는 것이 상책이다.

30 石之珩,『五位龜鑑』: "… 君子不朋, 罔與共國, 伏願殿下深思焉."

31 지욱,『주역선해』: "剛健中正, 有不善, 未嘗復知, 知之, 未嘗復行, 乃至小罪, 恒懷大懼, 而不敢犯, 大善而吉之道也. 佛法則性業遮業, 三千八萬, 無不淸淨者矣." 性業은 범하면 과보가 있고, 음주벌목 등의 遮業은 자성의 죄는 아니다.

주자는 이러한 중정을 이렇게 다시 한번 해석한다. "중中이라면 청청聽이 불편不偏하고, 정正이라면 단斷이 합리合理하다." 그래서 공자도 "송사에 군주가 길하다는 것은 중정을 잡고 있기 때문[象曰 訟元吉, 以中正也]"이라 단정지은 것이다. 송이 미제로 변한 경우다.[32]

공자도 한 때는 대사구大司寇의 직책에 있었다. 참고로 포청천이 여기 구5에 합당한 명판관이다.[33] 다음은 영조 때 이조참의 조명교曹命敎가 탕평에 대한 상소를 올린 내용이다. "작년부터 당론이 더욱 격렬해진 것 같습니다. 성상께서 바야흐로 마음을 썻고 면려하여 신칙하고 계시지만 징계하지 않을 뿐만 아니라, 또 따라서 한층 더 격렬해진 것이 이와 같으니, 이것이 어찌 명명明命을 우러러 받드는 뜻이겠습니까? 당론이 중지되지 않으면 그 말류末流의 화화禍가 반드시 나라를 망치고야 말 것입니다. 질투하는 것은 편협한 여자들보다 더 심하고, 다투는 것은 시장의 거간꾼보다 더하기 때문에, 백 가지 폐단과 천 가지 해독이 모두 여기에서 연유됩니다. 도리어 하늘로 머리를 두고 땅을 딛고 있는 옳은 사람을, 당성黨性을 지닌 소인小人의 지경으로 귀착시키는 것을 달갑게 여기면서, 자신의 마음을 속이고 임금을 속이는 등 하지 않는 짓이 없었고, 점차 변하여 난역亂逆을 함부로 행하게 되었으나, 갑을甲乙로 나뉘어 의견을 달리하고 있으니, 세도世道가 크게 변하고 인심이 서로 빠져들고 있는 것도 여기에 연유한 것입니다. 신의 어리석은 생각에, 이는 뭇 신하의 죄일 뿐만 아니라, 또한 성명聖明의 규모가 확립되지 않고, 요령要領이 정하여지지 않은 데 연유한 것으로 여겨집니다. 그래서 당을 미워하면서도 끝내 당을 타파하지 못했고, 공력을 허비하면서도 끝내 실공實功을 거두

---

32 정약용, 『주역사전』 : 未濟 또한 否卦로부터 왔다. 否의 下卦 坤은 송사를 벌이는 백성, 上卦 乾은 송사를 듣는 군주가 된다. 未濟가 되면 乾의 군주는 밝게 빛나고, 아래로는 坎의 법이 바로 잡아져, 명백하게 결단되니, '訟元吉'이라 하였다(☵은 결단). '中正' 역시 송의 5이며, 乾·坤·坎·離의 4정방괘에서 온 말이기도 하다.
  이동, 승진 같은 공적 일은 좋다.

33 包靑天으로 알려진 포증(包拯, 999~1062)은 어려서부터 효자로, 관직에 나선 이후로는 청렴한 관리로서 유명했다. 판관이 되자 그는 사심 없는 판결로 유명하였으며, 당파에 구애됨이 없었고, 고관대작에게 아부, 타협하지 않아 청백리의 대명사가 되었으며, 사후 백성들은 그를 그리워하기까지 하였다. 무림의 고수들이 자원해서 그의 신변을 보호해 주기도 하였다. 30여 년에 걸친 재임 기간 중 그가 관직을 박탈하거나 강등시키는 등 의법 처리한 고관대작이 30여 명에 달했는데, 이는 그가 얼마나 명판관이었는지를 짐작하게 해준다.

지 못하게 된 것입니다. 성명聖明께서는 일찍이 『희역羲易』을 강하신 적이 있으니, 신이 역괘易卦를 가지고 우러러 진달하겠습니다. 지금의 당론은 곧 『주역』의 송괘입니다. 송사라는 것은 아름다운 일이 아닙니다. 그래서 두려워하는 가운데 분수를 지켜 송사를 끝까지 하지 않는 것이 길하다 했고, 음험한 일을 행하여 표면을 꾸미고 강건함을 믿고 이기기를 요구하면 흉하다고 하였으므로, 성인이 초6·육3·구4의 효사에 모두 끝에는 길하다는 말을 붙였으니, 이는 사람들에게 송사하는 일이 없도록 면려하기 위해 이와 같이 한 것입니다. 이는 신이 견강부회한 것이 아닙니다. 그리고 마음이 굳세어 송사하기를 좋아하는 사람은, 번번이 화를 당하는 경우가 많지만, 유하여 송사하기를 즐겨하지 않는 사람은 그 때문에 재앙이 있은 적이 없으니, 더욱 성인의 훈계가 미덥습니다. 구5의 효사에, '송사를 함에 있어 크게 길하다'고 했는데, 이를 해석하는 사람이 말하기를, '크게 길하다고 한 것은 길하면서도 아주 선善한 것'이라 했습니다. 우리 성명께서는 구5의 존위에 계시니, 곧 송사의 주인입니다. 만일 송사가 없게 하기를 문왕이 우虞·예芮의 임금을 감동시킨 것처럼 한다면, 이는 진실로 최상이고, 사리를 분변하여 밝히는 것을 중유仲由가 편언片言으로 결단한 것처럼 하면 송사에 이로움이 되는 것입니다. 그러나 지금은 그렇지 않아서, 혹은 갑甲과 을乙이 서로 상대하여 다툴 적에, 둘 다 옳다고도 하고 둘 다 그르다고도 하며, 혹 갑은 일분一分이 그르고 을은 삼분三分이 그른데도 이를 구별하지 않고 똑같이 그르다고 하며, 혹은 전후가 똑같은 송사인데도 불구하고, 곡직曲直과 입락立落이 누차 결단되어도 확정짓지 않기 때문에 승자勝者는 기뻐하지 않고 패자敗者도 겸연하게 여기지 않아 마치 희풍熙豐 연간에 한편의 사람들이 진퇴進退를 이와 같이 하던 때와 같습니다. 따라서 국맥이 손상을 입고 세급世給이 낙하落下되어, 점차 여지가 없어져 가는데도 그 마음은 더욱 불평하게 여겨도 다툼은 더욱 종식되지 않고 있으니, 이것이 이른바 불을 끄려고 하면서 땔나무를 더 올려놓는 격입니다. 쟁송이 그치지 않게 되면 군사 행동이 뒤따르게 되는 것은 자연스러운 형세이니, 무신년의 변란이 또한 이미 그러한 증험이 아니겠습니까? 지금 이른바 탕평蕩平이라고 하는 것은 곧 『주역』의 비괘比卦에 해당됩니다. 군사행동이 있은 뒤에는 반드시 서로 친보親輔한 후에야 평안할 수 있는 것입니다. 그러나 비괘比卦의 도道는 성신誠信을 근본으로 하고 있는데, 이를 경계한 것으로는 비인匪人에 견준다 했습니다. 중정中正한 사람을 얻

지 못한다면, 위험한 데에 처하게 됨을 면하지 못할 것이므로 머리가 없게 된다[无
首]고 결말지었는데, 머리가 없게 된다는 것은 유종의 미가 없게 된다는 뜻이니,
이것이 어찌 오늘날 본받아 감계鑑戒해야 될 것이 아니겠습니까? 우리 성명聖明께
서는 일국에 임어臨御하시어 중인衆人을 다스리고 계시니, 어떻게 집집마다 찾아다
니면서 깨우치고 타일러 주어 사람마다 친비親比하게 할 수 있겠습니까? 나라를
몸처럼 여기는 대신을 얻어 친비하는 도리를 드러내는 책임을 맡기고, 경대부卿大
夫는 대신과 친하게 하고, 시종侍從하는 여러 신하들은 경대부와 친하게 하여, 조
정 안에서부터 밖으로 나아가게 하고, 큰 것에서부터 작은 것으로 나아가게 하여,
쟁론을 없애어 보합保合시킴으로써 함께 대도大道에 이르게 한다면, 누군들 임금을
높이고 윗사람과 친하여 한결같이 서로 친비하지 않을 수 있겠습니까?"[34]

上九 或錫之 鞶帶 終朝 三褫之[35]
상9는 혹시 큰 가죽 허리띠를 하사받는 일이 있더라도, 조회가 끝마치기 전까지
세 번이나 벗게 될 것이다.

육3을 2와 4가 서로 차지하려고 하자, 3의 짝 상9가 깡(☰)으로 송사를 끝까지
밀고나가 이긴다. 그러나 송사에 이기고 큰 띠를 하사받는 영광을 얻을 수 있지
만[或錫之鞶帶], 그 영예가 오래 계속되지는 못할 것이다. 어쩌면 빠른 시간 안에
내가 얻은 것을 세 번씩이나 빼앗기는 모욕이 찾아올지도 모른다[終朝三褫之]. 이
는 송사로 얻은 일은 존경을 받을 가치가 적기 때문이다. 공자는 이것을 "송사에
서 명복을 받음은 역시 공경할 만한 일이 부족하다[象日 以訟受服, 亦不足敬也]"고
하였다.

동파는 소송을 이겼는데도 허리띠를 세 번이나 빼앗기는 모욕에 대해 이렇게
말한다. "이것이 바로 송사를 그치게 하는 도이다. 만약 이긴 자가 스스로 승리를
대단하게 여겨 능력을 과시하고, 이기지 못한 자는 패배를 치욕으로 여겨 악에
빠져든다면, 송사의 화가 언제 그칠지 모를 것이다. 그러므로 이긴 자는 그 허리

---

34 『조선왕조실록』 영조 16년(1740) 8월 5일.
35 鞶 큰 띠 반. 褫 빼앗을 치(체).

띠를 빼앗기고, 이기지 못한 자는 올바름에 안주하여 재앙을 없게 하는 것이 송사를 그치게 하는 일이다." 이 모두는 송괘가 곤困괘로 갔기 때문이다.[36/37]

---

36 정약용, 『주역사전』: 困卦는 否卦로부터 왔다. 건의 上衣와 곤의 치마는 否卦에 있었으나, 困卦가 되면서 곤의 치마에 감☵으로 강이 가로지르니 허리띠 모양이 되었고, 困의 호괘가 리☲가 되니 '鞶帶'가 되었다. 否에서 건의 임금이 손의 명령을 내리니 '錫之鞶帶'의 상이다. '三褫'는 송괘가 중부로 온 상에서 취했다. '褫'는 태☱에서 '脫'이란 뜻이 있다. 태☱는 중부에서 2개, 困卦에서 하나를 더하니 3개다. '朝'는 리☲로 군신의 상견례고, '或'은 공훈 없는 上에게 미심쩍음이다.

37 『禮記』, 「玉藻」: "諸侯나 上士에 해당하는 一命은 온불(溫韍, 주홍빛 폐슬)이고, 大夫에 해당하는 再命은 적불(赤韍)이다." 불(韍)은 필대(韠帶)이고, 반(鞶)도 필대(韠帶)이니 치마 위에 덧붙이는 띠다. 폐슬(蔽膝)은 치마 위에 입는다. 困卦 육2에서는 '주불방래(朱紱方來)', 즉 '주홍빛 제복을 입은 제후가 바야흐로 올 것이다'라 하고, 困卦 구5에서는 '곤우적불(困于赤紱)', 즉 '붉은 제복을 입은 대부의 신분이 곤궁함에 처한다'고 말한다. 불(韍)과 불(紱)은 같다. 困卦가 否卦로부터 왔으니, 否卦에는 본래 옷과 치마의 형상이 있었다.

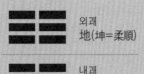

외괘
地(坤=柔順)

내괘
水(坎=險)

7. 지수사地水師

The army

사師는 스승, 군대, 장수, 그리고 팀장, 베테랑, 경영자, 지도자, CEO처럼 노련한 경륜을 가진 자가 현장에서 어떻게 하면 피를 덜 흘리고 승리와 이익을 얻어낼 수 있는지, 그 전략을 알려준다.

> **師 貞 丈人 吉 无咎**
> 군사軍師에 관한 일이니, 전쟁에 경험이 많은 노련한 장인이라야 길하고 허물이 없을 것이다.

다섯 음들의 목숨이 오직 유일한 희망 구2 장수에게 달린 괘가 사괘師卦이다. 못난 음들의 무리는 중생이요 인민이요 백성이요 군졸이니, 이를 이끌어 통솔하는 자는 스승이요 군사軍師이다. 『주례』에 '사師는 장수將帥와 스승으로, 무리 지어 있는 제자와 부하를 통솔하는 자리, 또는 군대, 군율, 군법'이라 하였다. 한편, 주나라 군제軍制에서는 500인을 여旅, 2,500인을 사師라 하였다.[1] 고로 사師는 무리라 하고, 근심을 일으키는 자리라 한다.[2] 정자의 말이다. "비괘比卦는 구5가 위에 있으니 군주의 상이고, 사괘師卦는 구2가 아래에 있으니 장수의 상이다."

사괘師卦를 괘상으로 보면, 구2의 양이 내괘 가운데 머물면서 다섯 음을 영도하니, 많은 사람들의 우두머리가 된다. 그런 고로 사는 군대에 관한 일과 군대를 부려 전쟁을 하는 방법, 훈련된 조직의 무리를 말하고 있다.[3] 다음은 괘사의 말이

---

1 『書經』「周書」와 『주례』의 내용에 따르면, '다섯 사람이 모이면 伍, 오가 다섯이면 兩, 양이 넷이면 卒(100명), 졸이 다섯이면 旅(500명), 여가 다섯이면 師(2,500명), 사가 다섯이면 軍(12,500명)'이 된다.

2 「序卦傳」: "師者衆也."
　「雜卦傳」: "比樂師憂."

다. "사는 군대를 통솔하는 군사軍師에 관한 일이니, 전쟁에 경험이 많은, 노련한 경륜을 가진 장수, 프로 중의 프로라는 장인이라야 좋고 허물이 없다[師 貞 丈人 吉 无咎]."[4] 전쟁과 군대는 곧 나라다. 군대를 이끄는 장수는 그만큼 책임이 막중하니,[5] 군대의 출동과 전쟁 경험이 많지 않은 장수가 이끈다면 병사들의 목숨과 나라의 안위를 보장할 수 없다. 고로 노련한 장수가 아니면 곤란하다.

동파는 "장인丈人은 일에 익숙하고 덕행이 높은 사람"이라며, "무리를 올바르게 이끄는 공이 있으면서도 후환을 없게 하는 자는 오직 장인뿐"이라고 한다. 이어서 공자가 자세하게 주석하는 다음의 '단왈'을 보면 이해가 더 쉬울 것이다. "군대는 많은 무리를 일컫는다[師衆也]. 그 무리를 이끌고 전쟁터로 가야 하는 총사령관은 사사로움을 두어서는 안 된다[貞正也]. 그러므로 많은 군사를 이끌어가는 군사는 능히 군법으로 정도를 지켜야만[能以衆正], 왕도를 반드시 지킬 수 있다[可以王矣]. 2의 강한 장수는 유약한 임금(5)과 피로 충성을 맺었기에[剛中而應], 아무리 위험한 전쟁터에서라도 목숨을 걸고 싸운다[行險而順]."[6]

나의 덕이 중정을 얻으면, 세상이 모두 나에게 돌아온다. 그래서 백성들은 왕에게 귀의하는 것이다. 그렇지만 임금에 대한 충성과 신하를 믿는 신의가 서로 교차하면 갈등이 노출되고 만다. 고려 말의 이성계와 조선의 이순신이 그 좋은

---

3 坤은 나라의 고을, 坎은 전답 사이에 있는 도랑이니, 모두 병사를 내보내는 곳이다. 坎의 車馬를 채찍질하여, 坤의 무리를 앞으로 내모니, 이 역시 兵士의 형상이다. 兵家의 류에서 복희씨가 往천하 시절에 만든 師卦陳이라는 것이 있다고 전한다.

4 정약용, 『주역사전』: 師卦는 剝卦와 復卦로부터 왔다. 復의 진==양은 '丈人'이고, 박의 간==양은 '小人'이다. 군대를 부리는 일은 진격은 있을 수 있어도 퇴각은 있을 수 없다. 만일 장수가 퇴각한다면 패배를 알 수 있고, 진격한다면 그 기운이 힘차다는 것을 알 수 있을 것이다. 박괘는 물러났다 사괘로 돌아오니 소인의 패배요 복괘는 양이 나아가 밖으로 향하니 장인이 공을 도모하는 것이다. 그러므로 軍旅는 오직 丈人이라야 길하다. 만일 군여를 맡은 자가 군자라면 반드시 공이 있고, 소인이면 반드시 그르치는 일이 있을 것이다. 만약 나이로 말할 것 같으면 젊은 장수가 늙은 장수만 같지 못한 까닭에 이를 일러 '丈人吉'이라 한 것이다. 師卦는 剝卦로부터 왔으니 처음엔 길을 잃고 헤매다가 이제 사괘가 되어 중을 얻어 도를 얻으니 무구라 하였다.

5 師貞이란 군대에 관한 일이 사사롭다거나 군율을 무시하지 않는 軍務를 이른다.

6 정약용, 『주역사전』: 乾坤坎離는 4정괘이니, 그 중 일을 주관하는 괘는 坎괘이다. 師卦에는 坎의 곧음이 있다. 5 음은 무리가 되니, 감의 곧음을 통해, 모두 중정을 얻는다. 나의 덕이 중정을 얻으니, 이에 사물이 나에게 돌아오니 '坎爲歸'요, 많은 사람들이 귀순하는 바가 되어 왕이라 한다. 2와 5는 상응하며, 震은 나아가고 坤은 순종하니, 험한 곳에 나아가도 따른다. 이를 '毒天下' 즉 군대를 일으키면 천하에 해독이 발생하게 된다고 함이다.

예이고, 한漢나라 한신韓信과 유방의 토사구팽兔死狗烹이 회자되는 게 대표적인 케이스다. 고려의 이성계는 요동정벌에서 회군하여 임금을 물리쳤고, 조선의 이순신은 전쟁에 이기면서도 정치에 밀려 백의종군하는 수모를 겪었지만 조정을 타도하지는 않았다. 그렇지만 어리석게 끝까지 살아남아 토사구팽도 당하지 않은 지혜를 가지고 나라를 지켜냈다. 이순신은 최후의 전장인 노량해전에서 죽음을 자처하여 장렬한 전사를 택했는데, 오히려 임금인 선조보다 더 위대하고 조선왕조보다 더 오래 기억되는 '성웅聖雄'으로 남을 수 있었다.[7]

이러한 전쟁 속에서 목숨을 초개처럼 버리면서도 백성들이 목숨을 아까워하지 않고 즐겁게 쫓아오니[以此毒天下, 而民從之], 이를 어찌 허물이라 할 수 있겠는가[吉又何咎矣]. 공자가 말한 그 '독毒'을 즐겨 마시는, 백성은 과연 국가의 주인일까, 아니면 한낱 화살 하나, 총알 하나에 버려지는 용병에 불과한 것일까?

象曰 地中有水 師 君子以 容民畜衆
상왈, 대지가 물을 저장하고 있는 것이 사괘이니, 군자는 이를 본받아, 대지처럼 백성을 끌어안고 키워 나가도록 해야 할 것이다.

백성을 키워내는 방법도 때에 따라 다르다. 평화의 시절에는 왕도를 펼쳐 백성을 행복하게 만들어 가지만, 지금은 전쟁의 시절을 대비해야 하는 때인지라 전투와 그 훈련을 가르치지 않을 수 없다. 고로 국가를 다스리는 위정자가 있다면 지하에서 소리 없이 흐르는 물처럼, 비밀리에 병사의 무리들을 모아 훈련시키는 것 또한 잊지 말아야 한다[容民畜衆]. 그런데 백성을 포용하고 무리를 기르는 것은 본래 아래에 있는 자가 할 수 있는 일이 아니다.[8] 구2가 장수가 되는 것은 양으로 굳세기 때문만이 아니라, 떨쳐 움직이고 호령하는 상이 있기 때문이다. 백성을 포용하고 무리를 기르는 것은 군대에서만 시행하는 것도 아니다. 천자는 천하를 다

---

7 황태연, 『실증주역』 참조

8 金濤, 「周易淺說」: "王公은 백성을 포용하고, 무리를 기르는 것은 대인이다. 일에 임하여서는 두려워하고 도모하기를 좋아해야 뜻을 이룬다. 그런 뒤에야 싸우면 반드시 이겨야 함께 복을 받는다. 맹자가 '군자는 싸우지 않을지언정 싸우면 반드시 이긴다[君子有不戰 戰必勝矣者]' 한 것이 바로 이 뜻이다."

스리고, 제후는 나라를 다스리며, 경과 대부는 그들의 가문을 다스린다.[9/10] 천하에 많은 것으로는 물 만한 것이 없는데, 그 물을 담지 못하면 쏟아지니, 물을 담듯 백성을 포용하는 덕이 바로 사師이다.[11] 후세 사람들은 이러한 의미를 알지 못하고, 원망하고 배반하는 백성들을 전쟁에 몰아다가, 한때의 공만을 바라고 종사와 백성을 수풀 속에 던져 짐승 먹이로 주니, 이 또한 어리석지 않겠는가.[12]

동파는 제나라 군사軍師 모보謀父의 말을 인용하여, "선왕은 덕을 빛나게 하시되, 병사는 보이지 않게 하였다. 무릇 병사는 신중하게 거둬들이고, 적당한 때에 움직이는 것이다. 병사를 보이게 하면 장난이 되고, 장난으로 병사를 사용하면 위엄이 없어진다. 병사는 하루라도 없어서는 안 되지만, 물처럼 보이지 않게 해야

---

9 柳正源, 『易解參攷』: "백성을 포용하고 무리를 기르는 것은 군대의 일에서만 시행하는 것이 아니다. 천자는 그것을 써서 천하를 다스리고, 제후는 그것을 써서 나라를 다스리며, 경과 대부는 그것을 써서 그들의 가문을 다스리는 것이다."

10 유정원(柳正源, 1703-1761): 본관 전주, 호 三山. 영조는 柳正源, 柳觀鉉, 金聖鐸, 金景泌, 李象靖 등이 대과에 동반 급제하자 그들을 가리켜 '花山風雨五龍飛'라 했다. 추로지향 안동지방에서 조선조 과거사상 5명을 동시에 합격시킨 일은 이것이 처음이요 마지막이었다. 三山이 어릴 때 아버지 柳錫龜가 주역을 읽게 하자, "아버님 천하의 이치가 모두 이 책에 있다고 들었습니다" 하며 밤낮을 가리지 않고 이치를 해득했다고 한다. 34세에 대과 급제하자 이내 부친상을 당하여 고향에 내려와 15년여 동안 오로지 학문연구와 인격수양에 힘썼다. 그는 通明經史는 물론 천문, 지리, 음양, 복서, 병률, 도학에 이르기까지 달통한 학자로 알려졌다. 그가 44세 때 완성한 『易解參攷』 10책을 보면 이 말이 결코 과장된 말이 아니다. 역학에 정통하다는 소식을 들은 후학들이 그를 찾아와 『역해참고』를 보여주든가 아니면 그 오묘한 진리를 가르쳐 달라고 청원했다. 그때마다 그들에게 사서삼경 등 평이한 학문부터 정밀하게 읽고 진실한 사색과 행동을 통하여 깨달음이 있은 후 역학을 공부하여도 늦지 않다고 타일렀다. 『역해참고』는 그가 동서고금의 위대한 역학자들의 설을 모아 비교분석한 후 자신의 견해를 첨부한 방대한 저술이다. 영조가 세자의 스승을 찾자 명신들은 입을 모아 "임금의 학문을 보필하고 세자의 학문을 도울 사람은 당대에 유정원을 앞설 사람이 없다" 할 정도였다. 정약용의 『목민심서』에 유정원의 치적사항을 자주 인용할 정도로 훌륭한 목민관이기도 했다.

11 徐有臣, 『易義擬言』: "천하에 큰 것으로 땅 만한 것이 없고 천하에 많은 것으로 물 만한 것이 없다. 물은 담지 못하면 쏟아지니, 백성을 포용하는 것이 어지러움을 방비하는 까닭이다. 물이 모이지 않으면 고갈되니, 무리를 모으기 때문에 쓸 수 있다. 무엇으로 백성들을 포용할 것인가[何以容之]? 너그러움과 두터움이다[曰寬厚]. 무엇으로 백성들을 모을 것인가[何以畜之]? 은혜와 생기를 주는 것이다[曰惠鮮]. 군자가 백성을 다스리는 것이[君子御民] 땅이 만물을 실을 수 있고 만물을 저장할 수 있는 것과 같다[能載能藏]."

12 李正奎, 「讀易記」: "백성을 포용하면 백성들이 모두 편안하게 거처하고 자기의 생업을 즐기게 되며, 무리를 기르면 무리가 모두 화목하여 임금을 향하게 된다. 이러한 백성들로 군대를 만들면 어디로 간들 이롭지 않겠는가? 후세 사람들은 이러한 의미를 알지 못하고, 원망하고 배반하는 백성들을 전쟁에 몰아다가, 한때의 공만을 바라는 것은 종사와 백성을 수풀 속에 던져 짐승 먹이로 주는 것이니, 또한 어리석지 않겠는가?"

한다"[13]고 했는데, 이는 전적으로 공자의 대상[地中有水師]과 일치하는 의견이다.

「서괘전」에서 "송사에는 반드시 무리가 따르기에[訟必有衆起], 그 무리를 해결하는 사師가 필요하다" 했고, 또 「잡괘전」에서도 "비比는 즐거움을 주지만 사師는 근심을 준다[比樂師憂]"고 한 소리가 모두 군대는 백성을 괴롭힌다는 의미이다. 이는 장수가 전장에서 아무리 큰 공을 세워 전쟁을 이기고 나라를 지키더라도, 반드시 많은 부상자와 사망자가 따르기 때문이다.

한편 병법에도 사괘師卦 모양으로 진陣을 치기도 하고, 병사들에게 농사를 맡기기도 했으니,[14] 지地는 농민으로, 수水는 군사로 보았음을 알 수 있다. 결론적으로 나라의 주인은 백성이요, 백성은 그 나라를 지켜야 할 의무를 지기에, 군자는 대지처럼 백성을 끌어안고, 나라를 책임지는 주인으로 키워내야 한다.[15/16]

初六 師出以律 否臧 凶
초6은 장수가 출정할 때는 군율로써 한다. 군율에 순종치 않고 거스른다면 흉할 것이다.

전쟁터에서의 군율은 곧 목숨과도 같다. 이는 곧 군을 움직이는 원칙이기 때문이다. 군의 명령 체계는 군율과 군기를 우선으로 세운다[師出以律]. 그렇지 않으면 [否臧], 그 어떤 것도 흉할 수밖에 없다. 정자는 '비否'는 군율을 어김이요, '장臧'은

---

13 소식, 『동파역전』 : "兵不可一日無, 然不可觀也. 先王耀德而不觀兵, 夫兵戰而時動. 動則威, 觀則瀆, 瀆則無震. 言兵當如水行於地中, 而人不知也." 謀父는 穆公의 大臣인 祭公.

14 『管子』, 「立政」, '乘馬' : "농사를 지으면서 병역의 의무를 가지는 제도[寓兵於農, 兵農一致制]."

15 정약용, 『주역사전』 : 감☵의 궁실로 곤☷의 백성들이 귀속하니, '감☵歸'는 '容民'이고, 또 곤☷이 감☵의 衆人을 기르니 '畜衆'이다. 畜 사람 기를 휵, 가축 기를 축.

16 참고로 동학란이 일어났을 때 全州和約을 맺은 후 집강소를 차리고 지방행정을 맡았던 농민군은, 일본군이 청일전쟁에 승리하고 그 여세로 조정을 능멸하는 행동을 거침없이 하자 재차 무력봉기를 하기로 결정했다. 전봉준이 지휘하는 남접의 농민군 10만과, 최시형을 받드는 손병희 휘하의 북접 농민군 10만을 합하고자 하였으나 반대에 부딪혔다. 전봉준이 하늘의 뜻에 따르자며, 撲著한 후 師卦 3과 상효 動을 얻었다. 그 후 남북 접의 군사를 합하여 봉기하였으나, 연달아 패전하여 모든 농민군이 진압을 당하고, 자신도 체포되어 교수형에 처해졌다. 그래서 사괘는 많은 무리가 모여들 때이지만, 경쟁도 심하고 말하기 힘든 어려움이 많을 때이다. 사괘의 적성은 군인, 경찰, 검찰이 맞고, 진학은 사관학교나 경찰대학이 좋다.

착함이라 하고, 주자 역시 '비장否臧'은 군율에 따르지 않고 명령에 불복하는 불선 不善이라 하였다. 군대는 군율이 생명이기에 출동할 시점에 군율을 어긴 자가 생긴다면 목을 쳐야 마땅하다. '비否'는 태兌의 역逆으로 '내[川]'가 막히어 연못이 됨과 같고, '장臧'은 곤坤처럼 순종이라 했다.[17] 사마천의 『사기·율서』편에서도 온전히 군사를 행하는 법칙과 군율을 거스르면 흉이라 한다. 동파도 군율로써 승리한 자는 '정승正勝'이요, 군율을 어기고 이긴 자는 '기승奇勝'이라 하며, '기승'으로 쟁취한 자는 재앙이 멀리서 기다린다 하였다. 왕필 또한 "규율을 잃고서 착하다면, 그렇지 않음과 무엇이 다르겠는가? 그 역시 흉한 일"이라 잘라 말한다.

고로 공자도 "군대를 출정함에 군율로 다스려야 하는데, 만약 군율을 잃으면 흉할 수밖에 없다[象日 師出以律, 失律凶也]"고 주석하였다.

다음의 『손자병법』을 쓴 손무와 오나라 왕 합려 사이에 얽힌 에피소드는, 군율을 어긴 대표적 케이스로, 두 희첩의 목을 사정없이 베어버린 '사출이율師出以律'의 좋은 예이다.

손무와 첫 대면하는 오왕 합려가 "당신이 쓴 13편의 병서를 다 읽어 보았는데, 당신의 능력이 얼마나 탁월한지, 시험삼아 여자들로 구성된 군대를 한번 지휘해 보겠소?" 하였다. 그 말에 손무는 궁녀 180명을 불러 두 편으로 나누고, 왕이 총애하는 상궁 두 명을 각 편의 대장으로 삼아, 모든 궁녀들에게 창을 들게 한 다음, "내가 '앞으로!' 하면 가슴 쪽으로, '왼쪽!' 하면 좌로, '오른쪽!' 하면 우로, '뒤로!' 하면 뒤쪽을 보도록 하라. 알겠느냐?" 하고 일렀다. 이어 손무가 추상과 같은 명령을 내렸지만 궁녀들은 명령을 따르기는커녕 낄낄대며 웃기만 했다. 손무가 "한 번 더!" 하고는 다시 반복했지만 궁녀들은 계속 웃기만 했다. 손무는 군령이 전달되었는데도 부하들이 제대로 따르지 않는 것은 직속 편대장의 잘못이라며 왕이 총애하는 두 애첩의 목을 베려고 칼을 높이 들었다. 그러자 깜짝 놀란 합려는 자신이 아끼는 애첩들이니 절대로 죽이지 말라며 극구 말렸다. 그렇지만 손무는

---

17 정약용, 『주역사전』: 師卦가 臨卦로 간 경우인데, 師는 復에서 왔으니, 진☰의 장수가 처음으로 출정함에, 中에 머물며(1→2), 감☵의 룰이 지켜지니 '師出以律'이다[감☵은 法]. '否'는 逆이요, '臧'은 順이다. 師가 臨으로 가면, 태☱의 음 하나가 강 둘을 올라타니 역이 된다. 비록 곤☷의 順이 있더라도 태☱가 거스르니 흉하지 않겠는가? 감☵의 군율을 태☱의 毁折과 附決로 잃게 되면 '失律'이다. '否'는 막힘이요, 감☵은 유통이다. 臧 착할 장, 거둘 장, 순할 장.

다음의 말을 남기고 그들의 목을 베어버렸다. "전장에서 장수는 임금의 명령이라도 듣지 않을 수 있습니다."[18][19]

> 九二 在師中 吉 无咎 王三錫命
> 구2는 삼군을 지휘하는 장수가 중군中軍에 있으니, 길하고 허물이 없을 것이며, 왕이 세 번이나 명을 하사할 것이다.

다섯 음들이 구2의 장수에게 모든 희망을 걸고 있다. 신체적으로는 20대의 청년이요, 경륜으로는 산전수전 다 겪은 노련한 장수다. 충분히 전쟁터에서 승리를 가져올 수 있는 능력을 인정받은 장수가 틀림없다. 『좌전』에 편장인 상군과 하군은 중군中軍을 보좌한다 했다. 중군은 대장으로 병사들과 함께 전방에 있는 장수를 말한다. 구2는 사괘師卦의 주효로 길하고 허물없는 인물이다. 여기서 왕이란 건乾이니, 건의 첫 번째 양은 진震으로 제후諸侯의 명을 주고, 두 번째는 감坎이니 수레와 말을 주어 공을 세울 수 있게 해주고, 세 번째는 간艮이니 고을과 영토를 내려준다. 하늘은 지니고 있는 것을 땅에게 주지 않음이 없으니, 이것이 바로 하늘의 총애를 받음이다. 사괘가 곤괘로 간 경우이다.[20]

동파는 2의 장수와 5의 임금의 관계를 친절하게 설명한다. 무릇 군대를 출동하기 전에 장수로서 주군을 얻지 못한다면, 비록 공이 있더라도 우환이 따를 것인데, 장수 2가 주군 5와 상응하기 때문에 길하고 허물이 없다는 것이다. 아산은 '재사중길在師中吉'을 전장에서 중용지도를 벗어나지 않는 장수의 자세로 설명한

---

18 김영수, 『사기의 인간경영법』 참조

19 참고로 『좌전』의 선공 12년조에, 川이 막혀 연못이 되는 '비(否)'를 智莊子가 푼 내용이다. "무리는 흩어지면 약해지고, 내는 막히면 못이 된다. 행하지 않음은 臨이다. 장수가 있어도 복종하지 않음이 臨보다 심한 것이 무엇이리오? 실로 적을 만나면 필패하리라."

20 정약용, 『주역사전』: 師卦가 坤卦로 변한 경우다. 剝復卦 때는 하나의 양으로 군대 통솔에 문제가 없지 않았으나, 師卦가 되자 '在師中'으로 '无咎'가 되었다. '王三錫命'은 건☰의 세 양이 剝復·師에서 下賜함인데, 진☳에게는 제후를 하사하고, 간☶에게는 토지를, 감☵에게는 차마의 수레를 하사함이다. 건의 소유물을 베풀지 않음이 없으니, 이것이 '承天寵'이요, '懷'는 마음속에 간직하는 감☵이 되고, 곤☷은 만국이라 '懷萬邦'이다.
錫 위에서 내려 줄 사, 위로 바칠 석, 주석(朱錫) 석.

다. 또 '왕삼석명王三錫命'에서 '삼三'은 여러 번의 뜻으로 새기고, 오히려 장수가 임금에게 보고를 자주하여, 임금에게 명령을 자주 받도록 함이라고 한다. 왕명을 받아 실권을 대행하는 자리이기 때문에 왕명을 자주 따라야 의심을 받지 않으니, '왕삼석명王三錫命'이 바로 무구无咎의 요건이라는 것이다.

공자의 주석은 이렇다. "전쟁터에서 장수가 중심을 잃지 않고 중군에 있어 길하다는 것은, 임금의 총애를 이어받고 감이요[在師中吉, 承天寵也], 임금이 세 번씩이나 전장의 장수에게 명령을 내린다는 것은, 온 나라를 품고 있음을 보이는 것이다[王三錫命, 懷萬邦也]." 참고로 사지곤師之坤이라, 노련한 장인일 때에는 만사를 승리하지만 통솔력을 잃고, 패기가 없고, 경륜이 없는 초보라면 실패가 있을 것이다. 세 번의 우여곡절을 겪는다.[21]

六三 師或輿尸 凶
육3은 군사가 혹 수레에 시체를 실을 수도 있으니 흉할 것이다.

구2라는 총사령관이 있는데도 불구하고, 구2보다 윗자리라고 자리만 내세우는 자가 지휘권을 잡았으니, 막대한 아군의 피해가 생기고, 시체를 수레에 싣고 온다[師或輿尸]. 그러니 공이라고는 없다[大无功也].

왕필도 3에 대하여 음으로서 양의 자리에 앉아 부정不正하고, 중심에도 있지 못하니 부중不中하고, 또 강한 장수 구2의 위를 타고, 나아가도 응하는 자가 없고, 물러서도 지킬 바가 없는 자리인지라, 그런 자를 군사로 쓰면 반드시 시체를 수레에 싣고 온다 하였다.

고사로는 무왕의 이야기로 본다. 사마천의 『사기본기』에 의하면 무왕은 문왕이 죽은 해(BC 1135)에 군대를 일으켜, 나무로 만든 문왕의 신주神主를 자신이 탄 중군의 수레에 싣고 맹진孟津까지 진출했다. 이때 주나라를 찾은 백이와 숙제가,

---

21 실례로 1997년 김대중 대통령의 대선에 관한 운이 2효였다. 다른 견해로 '王三錫命'을 '한 집안에서 왕이 세 사람 나온다'고 해석하고 있다는 점이 흥미롭다. 1대 김대중, 2대 노무현, 3대 문재인 대통령이 정권을 잡았다. 관직이 영화로운 자리이다[辰→巳, 官→財]. 아들의 취업이라면 특히 좋은 곳을 얻는다. 특히 경찰, 군인, 무관 쪽이 좋으니 관청 일을 하라.

무왕의 말고삐를 잡고 간하기를 "부왕이 돌아가시고 아직 탈상도 하기 전에 전쟁을 하러 가니, 이를 어찌 효라고 할 수 있겠습니까?"라며 출전을 말렸다. 이에 무왕의 좌우 신하들이 이들을 죽이려 했다. 이때 군사 태공망이 "이들은 의인義人들"이라며 그들의 말을 듣고 출병을 보류하였다. 이처럼 위의 '여시興尸'를 신주神主를 싣고 출전하는 것으로 보기도 한다. 정자는 '여시興尸'를 "여러 사람이 주장하는 것"으로 보았고,[22] 주자는 "시신을 수레에 싣고 돌아오는 것"이라 했다. 사괘가 승升괘로 간 경우다.[23/24]

> **六四 師左次 无咎**
> 육4는 군사가 진영을 후퇴시키는 것이 바람직하다.

'좌천左遷'이란 단어에서처럼 '좌차左次'란 군사를 뒤로 물리는 퇴각이다. '좌左'는 '내치다'라는 의미요, '차次'는 군대의 '막사幕舍'를 뜻한다. 반대로 우행右行은 진격이다. 정자와 주자도 '퇴사退舍'라고 뜻을 모은다. 왕필의 주석대로 4는 자리는 있으나 응하는 부하가 없다. 응하는 이가 없으면 행할 수가 없기에 물러나서 진을 치는 것이다. 3은 무모하게도 돌진하다 패배를 당했지만, 4는 형세가 불리하니 물러나서 생존을 도모하는 지혜로운 자라 봐야 한다. 그러기에 4는 음의 자리에 정위正位로 유순한 태도를 보이고 있다.

공자의 주석도 다르지 않다. "형세가 불리하여 퇴각하는 것은 상도를 잃지 않

---

22 『정종실록』 정종 1년(1399) 11월 1일 : "군사라는 것은 성인이 부득이하여 만들어 놓은 것입니다. 止息을 모르면 自滅하는 재앙이 있습니다. 『주역』에 '혹 군사를 興尸하면 흉하다' 하였는데, 정자가 주석하기를, '興尸라는 것은 여러 사람이 주관한다고 하였습니다. 원하건대, 전하께서는 깊이 興尸의 경계를 살피시고, 장수를 임명하여 군사를 주는 것을 모두 예전 제도에 따라서, 종친·공신 이외에는 군사를 맡는 것을 허락하지 마소서" 하자 임금이 옳게 여기었다.(大諫의 건의)

23 정약용, 『주역사전』 : 升卦는 小過卦로부터 오니[소과 땐 간의 시체(☶, 死)가 진☳의 수레에 있다], 승괘가 되면 수레가 밖으로부터 와 간☶의 시체를 손☴에 실으니 '興尸'다. 한편 臨卦에서는 시체를 실은 경우가 없기에, 미심쩍어 '或'이 들어갔다. 감☵은 공이 있는데, 師가 升이 되면 坎이 소멸하고, 巽이 구부러져 '大'가 '無功'하다. 한편 小過는 頤卦의 착종인지라, 진☳의 장수가 출정하였다가 간☶에서 죽어 본국으로 돌아옴이다.

24 참고로 활은 있어도 화살이 없는 격[有弓無矢]으로 지혜와 경륜이 부족하다. 중국발 '코로나 바이러스' 전염병의 심각성을 물어 얻은 괘.

는 일이다[象曰 左次無咎 未失常也]." 목숨은 하나뿐이고, 싸움에 있어서는 일진일퇴가 병가지상사兵家之常事일 뿐이다.

다음은 『춘추전』에 보이는 '좌左'와 '차次' 관련 내용이다. "하룻밤 묵는 곳을 사師, 이틀 밤 보내는 곳을 신信, 이틀 밤 이상을 쉬는 막사는 차次라 한다. 병가兵家들이 오른쪽을 숭상하기 때문에 물러남을 '좌左'라 했다. 곧 오른쪽에 상장군이, 왼쪽에 편장군이 거처한다. 제갈공명의 팔진도八陳圖에서도 앞에서 공격함을 '우右'라 하고, 뒤에서 공격함을 '좌左'라 하였다."[25]

지금은 군대를 철수하는 것이 바람직한 타이밍이다[師左次, army retreat]. 사괘가 해解괘로 갔다.[26]

六五 田有禽 利執言 无咎 長子帥師 弟子輿尸 貞 凶

육5는 밭에 날짐승이 있다. 사냥감이 있으면 사명辭命(선전포고)을 하고 잡는 것이 좋을 것이며 허물은 없을 것이다. 단 장자가 군사를 거느리게 될 것이다. 혹 작은 아들이 시체를 싣게 될지도 모른다. 올바르고 굳건하더라도 흉할 것이다.

육5는 유약하지만 중정한 임금의 자리다. 적[禽]이 먼저 유약한 나라의 영토[田]를 침범하였으니[田有禽], 잡아도[執言, to catch] 이로울 뿐[利] 허물은 없다[无咎]. 유약한 임금은 전쟁을 부르지도 않았고, 또 전쟁을 치를 장수가 되지도 못하기에, 반드시 강력한 장자에게 전권을 맡겨야 병사들이 따를 것이다[長子帥師]. 그렇지 않고 그 아래에 있는 동생들이 맡으면 권력 암투가 벌어져 시체를 수레에 실을 일이 생겨날 것이다[弟子輿尸].

이를 미루어 보면 전쟁에는 정당한 명분이 있어야 하고, 전쟁 치를 능력을 갖춘 장수의 선임이 중요하다. 마침 아래의 강한 2가, 유약한 5와 응을 하고 있기에,

---

25 『춘추좌씨전』 '장공 3년 조'에 나온다. "凡師一宿爲師, 再宿爲信, 過信爲次."

26 정약용, 『주역사전』: 解卦는 소과괘로부터 왔으며, 小過 때 진☳의 장수가 밖으로 나가, 간☶의 막사에서 머무는데, 해괘가 되면 군대가 30리 물러나서(소과3→2), 下卦 감☵에서 머무니 '師左次'이다. 또 해괘는 임괘로부터 왔는데, 태☱가 본래 剛을 타고 있었지만, 이제는 剛이 상승하였으니 '无咎'가 된 것이다. '常'은 또 이전의 것이니, 師卦 4가 변하여도 이전의 진☳을 잃지 않았으니(☳은 장수) '未失常'이다. 4효는 본시 두려움이 많다.

장자(☰)에게 전권을 맡길 수 있었다.

다산 정약용은 '금禽'을 단순한 날짐승으로 보지 않고, 들판에 난데없이 뛰어든 돼지(☵)로 보고 쫓아야 한다고 했는데, 정자가 고사로 한무제와 진시황이 춘추로 농사철에 산림을 뒤져 짐승을 쫓았던 증거를 확보하고 있다.

또 '이집언利執言'은 적을 잡는 임금의 '선전포고(Declaration of war)'로 본다.[27/28] 사괘가 감坎괘로 간 경우다.[29]

다른 한편, 5는 문왕의 장자인 무왕의 동정東征과, 무왕이 죽자 그의 동생들이 일으킨 내란 사건으로 풀기도 한다. 아버지 문왕의 삼년상을 마친 무왕은, 주왕紂

---

27 金相岳, 『山天易說』: "『백호통』에서 '田狩'란 밭에 해 되는 것을 제거하는 일로 '밭은 '사냥[田獵]'이다. '새'는 감☵이다[小過飛鳥之象]. 屯卦 3에서 '사슴을 좇는다[卽鹿]' 하고 '새를 좇는다[從禽]' 한 것이 그러하다. 곡식이 새에게 해를 입기 때문에 '밭에 새가 있다[田有禽]' 하였다. '잡는다[執]'는 것은 군대를 일으켜 잡아 손에 넣는 것이다. 比卦 5가 또한 사냥[田獵]하는 상을 취하였는데, '失前禽'은 왕도를 행하는 사람의 어짊이다. 比卦에서 '말을 받드는 것이 이롭다[利執言]' 한 것은 왕도를 행하는 사람의 의리이다. 밭에 새가 있고 난 뒤 잡는 것이니, 산림을 다 뒤져서 금수를 찾아 잡는 것과는 다르다. 그러므로 공훈을 탐내어 무력을 남용하는 허물은 없다. 호괘 震卦 장자를 먼저하고, 坎卦 弟子를 뒤에 함은, 양을 얻은 것이 먼저이고 음을 얻은 것이 뒤이기 때문이다. 고로 군대를 거느리는 것은 하나의 양이며, '수레에 시체를 싣는다[輿尸]'는 3은 음이다. '无咎'는 이미 그러한 아름다움이며, '貞凶'은 앞으로 그렇게 되리라는 경계이다."

28 沈大允, 『周易象義占法』: "師卦가 重水坎卦로 바뀌었다. 5는 굳센 양의 자리에 있어 싸우려고 하지만, 알맞고 부드러움을 얻어 2에 호응한다. 왕도를 행하는 사람의 군사는 반란하는 것이 있으면 마땅히 죄상을 알리고 정벌하여야 하니, 명분이 없는데도 군대를 움직여서는 안 되기 때문에 '밭에 새가 있으니[田有禽], 말을 받듦이 이롭다[利執言]'라고 하였다. 艮卦는 받듦[執]도 되고 말[言]도 된다. 坎卦의 뜻은 오직 함정이 되어 바뀌지 않으니, 임금이 장수에게 맡김이 마땅히 專一하여야 하고, 여러 사람에게 맡길 수 없다. 5가 2에 호응하는 것이 이러한 도가 있기 때문에, '맏아들이 군대를 거느린다[長子帥師]'라고 하였다. 2는 震卦에 있어서는 맏아들이 되는데, 3과 4가 2의 위에 있으므로 특별히 '弟子가 수레에 시체를 싣는다'는 경계를 베푼 것이다. 艮卦는 막내아들이 되니, 제자는 여러 아들들이다.

29 [說證] 坎卦는 관괘와 임괘로부터 왔다(觀臨은 모두 本宮 坤의 밭이었다). '田有禽'은 밭의 돼지[坎=豕]다. 艮의 산 아래 震의 숲 사이로 마차가 공격을 하니, 마부와 하인들이 함께 짐승을 몰아가며 밭에서 사냥하는 상이다. '執言'은 천자로부터 명령을 받음이니, 명령을 받고 죄를 성토하고, 성토한 후 토벌하였다. 사냥 역시 봄[春獵曰蒐]에는 곡식의 보호를 위해서이며, 가을사냥[秋獮]은 벼를 보호하기 위함인데, 지금 밭에 돼지가 있으니 벼이삭을 해칠 염려가 있어[震禾], 천자의 명령을 받는다[巽命]. 감괘는 임괘로부터 왔으니, 명령을 즐거워하는 태☱의 상이 있고, 또 관괘에서 손으로 붙잡는 간의 상이 있으니(大艮) '利執言'이 된다. '長子'란 임괘의 大震이요, '弟子'는 관괘의 大艮이며, '率師'는 감☵의 군율로 무리☷를 통솔함이다. '弟子輿尸' 또한 간☶의 시체를 감☵의 수레에 실음이다. '貞凶'은 사괘에서 나는 강하고 상대는 약해 싸우지 않아도 이기는 게임인데, 감괘가 되면 상대도 이미 강해진지라, 대적이 힘드니 '以中行'이라. '中'은 감☵, '行'은 진☳, '使'는 명령으로 손☴이다.

王의 패란이 극에 달하자 동정東征을 결행하였는데, 이것을 공자가 주석한 바처럼 "장자가 군대를 잘 이끈 것은 중도로 행했기 때문[象曰 長子帥尸 以中行也]"이라는 것으로 볼 수 있다. 또 무왕이 죽고 그의 아들 성왕이 즉위한 뒤, 무왕의 바로 아랫동생 주공이 섭정을 했다. 그러자 그의 동생 관숙과 채숙은, 주공이 어린 성왕을 해칠 것이라고 의심을 하면서, 모함하는 말을 퍼뜨렸고, 주공은 이를 피해 동쪽으로 은둔하고 말았다. 금등金騰을 여는 사건으로 의심이 풀린 성왕은 주공을 다시 불러들였고, 관숙과 채숙은 주紂의 아들 무경武庚과 함께 무왕의 상중에 난을 일으켰는데, 이것이 바로 '무왕의 신주를 싣고 상중 출병'하는 빌미를 주었다. 수레에 위패를 모신 것은 문왕이 살아있음을 뜻하는 것으로, 무왕은 태자로서 아버지 문왕의 친정에 종군한다는 형식을 취했던 것이다.[30] 한편 성왕은 제후들을 불러 모아 대고大誥하고, 이 반인륜적인 반란군을 진압한 후 관숙과 무경을 베고, 채숙을 귀양보냈었다.[31] 공자도 이 '신주를 실은 상중 출병'과 무왕의 동생들이 반란을 일으킨 사실을 '당치도 않는 일[象曰 弟子輿尸 使不當也]'이라 하였다.

실록에서는 '금禽'을 '침범하는 자'[32]로 보고, 또 명분과 군사君師를 둘로 두지 말 것을 상소한다.[33]

---

30 김희영, 『이야기 중국사』, 59쪽.

31 사마천, 『사기본기』.

32 『성종실록』 성종 22년(1491) 10월 16일 : 평안도 절도사 吳純이 상소하기를, "오랑캐들이 감히 不恭한 짓을 하여 한 해 동안에 국경을 침범하여 해독을 뿌린 것이 한두 번이 아닙니다. 『주역』에 '밭에 새가 있으면 잡는 것이 이롭다고 한 것은 그 때문입니다. 옛날 帝王은 백성을 구제하겠다는 마음으로 난폭한 자를 토벌하되, 멀리 鬼方까지 이르렀고, 오랜 세월로는 3년까지 이르렀는데, 6월에 出師한 것과 3郡에 둔병한 것들이 어찌 하고 싶어서 한 것이겠습니까?"

33 石之珩, 『五位龜鑑』: "신이 삼가 살펴보았습니다. 師卦 5는 백성을 해치는 도적을 쳐서 토벌함이니, 곡식에 해되는 새를 사냥하여 취하는 것과 같습니다. 그러므로 '밭에 새가 있으니 말을 받드는 것이 이롭다[田有禽利執言]'는 뜻을 취하였습니다. 坤은 밭이 되고 坎은 근심도 되고 험한 것도 되고 피가 되기도 하니, 밭에서의 근심은 새에게 있어 험한 것을 설치하여 피 흘리고 상처나게 하니, 사냥의 상이 아니겠습니까? 진==은 맏아들이 되고 감==은 둘째가 되니, 長子와 弟子의 상이 아니겠습니까? 만약 그 요점을 말한다면 군대가 출동하는 데에는 명분이 있어야 하고, 장수에게 맡기는 것은 반드시 제 뜻대로 하게 하는데 불과할 뿐입니다. 아! 어찌 다만 군사의 일에 있어서만 그러하겠습니까? 일을 일으키는 데 명분도 없고, 남에게 맡기는 데 한결같게 하지도 않아, 여럿으로 한다면 함부로 하는 것이 되어 혹 흉하지 않겠습니까? 엎드려 바라건대, 전하께서는 비록 일이 없는 때에 있어서도, 반드시 먼저 명분을 바르게 하시고, 어진 이에게 전일하게 맡기셔서 여러 사람에게 하지 마시옵소서."

> 上六 大君有命 開國承家 小人勿用
>
> 상6은 대군으로부터 명이 있어, 나라를 열고 집안을 받드니, 소인은 쓰지 말아야 한다.

전쟁이 끝난 후 논공행상이 벌어지는 장면이다. 나라와 집안에서 돌아가는 형색은 크게 다르지 않다. 남들이 목숨 내놓고 전쟁을 할 때 피신하던 소인배가 전쟁이 끝나자 오히려 공을 내세우는 경우는 어느 때나 있기 마련이다. 전쟁은 끝이 났지만 그러한 소인에게 자리와 기회가 돌아간다면, 또 다른 걱정을 심는 일이 될 것이다. 고로 대군이 천명으로[大君有命] 나라를 열고[開國], 가문을 이을 때[承家] 소인은 쓰지 말아야 한다[小人勿用].

정자와 주자도 소인에게 전공이 있다면 금백작위金帛爵位는 가하나, 정치에는 일절 간여치 못하게 하라 한다. 동파도 소인의 폐해를 이렇게 주장하고 있다. "군대가 출동할 때는 군법을 엄격히 하고, 군대가 쉴 때 그 공을 바르게 평가한다면, 소인이 들어올 틈이 없게 된다. 소인이 들어오는 것은 군율이 없기 때문이다. 율령이 없으니 기승奇勝이 일어난다. 어찌 기승한 자와 편안히 머물 수 있겠는가? 군대가 쉬는 날에, 소인을 제후와 대부로 삼는다면, 혼란은 이로부터 시작되는 것이다." 사괘가 몽蒙괘로 간 경우다.[34]

공자의 주석 또한 다르지 않다. "대군의 명령은 정확한 논공행상을 하기 위함이요[象曰 大君有命, 以正功也], 소인을 쓰지 말라는 것은 그 소인들이 훗날에 반드시 나라를 어지럽히기 때문이다[象曰 小人勿用 必亂邦也]."

실록에도 '소인은 절대 쓰지 말라'는 상소가 가장 빈번하게 빗발치고 있다.[35/36]

---

34 정약용, 『주역사전』 : 蒙괘는 臨괘로부터 왔는데, 임괘는 大震이라 '大君'이고, 몽괘는 또 觀괘에서 오기에 관괘의 巽이 '有命'이 되니 '大君有命'이다. 또 몽괘 坎의 공로를 艮으로 이루어 공을 마침이 있다. 坤의 읍국에서 艮의 문을 여니 '開國'이고, 坎의 궁실에서 艮의 손으로 받드니 '承家'이다(承=手). 또 艮☶은 소인인지라, 임괘의 1을 상으로 멀리 쫓아내니 '小人勿用'이 된 것이다. '正攻'은 坎☵이고 '邦'은 곤의 나라인데, 몽의 상괘 艮☶의 剛이 점점 안으로 침범해온다면 음양이 뒤섞여 '必亂邦'하게 될 것이 분명하다.

35 『세종실록』 세종 21년 (1439) 9월 15일 : "金何는 經書와 史記를 섭렵하였고 과거로 출신하였으니, 인륜의 중함을 알지 못함이 아닌데, 喪中에 음란한 일을 행하여 綱常을 어지럽혔사오니, 이는 심술이 바르지 못한 것입니다. 『서경』에 말하기를, '倫常을 패하고 풍속을 어지럽히는 자는 작은 과실이라도 용서하지 않는다' 하였고, 『주역』에 말하기를 '소인을 쓰지 말라' 하였사오니, 김하의 소행은 용서할 수 없고 일찌감치 버려야 할 소인입니다."(사간원 상소)

상6을 무왕이 승리한 후에 논공행상을 하는 고사로 보기도 한다. 사마천의 『사기
본기』에 따르면 무왕은 공신들마다 제후를 봉하고 봉건제를 실시하였는데, 태공
망 여상을 제齊나라에, 주공을 노魯나라에, 소공을 연燕나라에, 신농의 후손을 초
焦에, 황제의 후손을 축祝에, 요임금의 후손을 계薊에, 순임금의 후손을 진陳에, 우
임금의 후손을 기杞나라에 봉한다. 그리고 동생 숙선을 관管에, 동생 숙도를 채蔡
에 봉하여, 이들로 하여금 주왕紂王의 아들 녹보祿父를 감시하도록 하였다.

사師, 비比, 동인同人, 대유大有, 수隨, 고蠱, 점漸, 귀매歸妹 괘는 귀혼歸魂괘로
수명을 물으면 정명定命과 비명非命으로 말할 수 있다. 그 이유는 '원시반종元始反
終 고故 지사생지설知死生之說'하기 때문에 생사의 여부를 알 수 있는 것이다. 참
고로 소인과 아이들은 일이 힘들고, 대인은 크게 공로를 인정받는다.

---

36 『성종실록』 성종 9년(1478) 11월 30일 : "『주역』에 이르기를, '開國承家小人勿用' 하였고, 『서경』
에 이르기를, '德 있는 이를 후하게 대하고, 어진 이를 믿으며, 간사한 사람을 멀리 하라[惇德允
元而難壬人]' 하였습니다. 대체로 군자와 소인이 서로 없을 수 없음은 마치 천지에 음양이 없을
수 없는 것과 같습니다. 양이 있으면 반드시 강하고, 강하면 반드시 밝으며, 음이 있으면 반드시
유하고, 유하면 반드시 어둡게 됩니다. 진실로 혹 거듭된 음이 심하게 엉키게 되면 靑天白日이
매양 거기에 가려서 밝지 못하게 되는데, 이로써 역대를 통하여 비바람으로 어두워질 때가 많
고, 乾坤이 밝게 갠 날은 적었던 것입니다. 대체로 소인의 정상은 알기가 어려운 것이 아니니,
다만 임금이 분별할 수 없음이 염려될 뿐입니다."(홍문관부제학 成俔 상소)

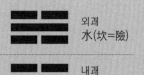

외괘
水(坎=險)

내괘
地(坤=柔順)

8. 수지비 水地比

Holding Together

비괘에서는 친친하고 애애하는 방법을 알려준다. 전쟁하는 사괘師卦를 도전해 놓은 상으로, 전쟁이 끝난 후 어떻게 하면 평화로운 관계를 세우느냐의 문제를 다룬 것이 이 비괘다. 사괘가 피비린내 나는 전쟁을 거쳐 새 성지 세력으로 부상한다면, 비괘는 새 지도자를 중심으로 새로운 질서를 짜는 모양이다. 자연과 인간, 개인과 집단, 노동자와 사주, 국가와 국가 간의 상생 관계를 나타내는 것이 바로 비괘의 교훈이다.

比吉 原筮 元永貞 无咎 不寧方來 後夫凶

군주가 신하를 친하게 되면 길할 것이다. 근원을 살펴서[판단이 바르면], 군주가 친하기를 오랜 시간 바르게 하면 허물이 없을 것이다. 군주가 편안하게 쉴 틈 없이 일을 하면 백성들이 바야흐로 찾아올 것이다. 뒤에 오는 지아비는 흉하다.

비괘比卦는 다섯 음에 유일한 양 구5만이 임금 자리에 있다. 5는 존귀한 자리로 군주요 큰 선생이요 총수의 지위이다. 이 자리에 오르기까지는 경륜과 학식과 덕망과 지혜와 넉넉한 재물이 두루 갖추어졌을 것이다. 그러기에 천하의 모든 음들이 친하려고 모여든다. 저「서괘전」에서도 공자는 '비比'를 '친함[親也]'이라 하였고,「잡괘전」에서도 '친하여 즐김[比樂]'이라 하였다. 또 건괘乾卦「문언전」에서도 "하늘을 근본 하면 위로 친하고[本乎天者親上], 땅을 근본 하면 아래와 친하니[本乎地者親下], 각각 유유상종하며 끼리끼리 친해 가는 것[則各從其類也]"이라 하였다.[1] 아래로 지향하는 물이 마른 땅속으로 주저 없이 스며들어 서로 아낌없이 친친하며[2] 친밀한 사적 관계를 나타내는 가까움에서부터, 임금과 신하가 서로 아끼

---

1 『예기』「표기」에서 "리☲와 건☰은 존귀하지만 서로 가까이 하지 않고, 감☵과 곤☷은 서로 가까이 하지만 존귀하지 않다"고 했다.

고 충성하는 공적 관계의 친친까지를 아울러 비比라 한다. 물이 땅에 스며들듯[3] 임금이 신하를 친하게 가까이한다면, 나라를 다스림에 무슨 어려움이 있겠는가.

비괘는 복復괘로부터 왔다. 진震의 주인이 5에 올라, 군왕의 지위를 바르게 하여 신하를 다스리니, 이것이 군왕의 덕이다.[4] '비比'는 '견주다, 비슷하다'의 뜻도 있지만, 여기서는 어떤 형식으로든 남남끼리 부비고 스킨십하며, 서로 끌어안고 친친하는, 친비親比(Holding together)를 말한다.

'원서原筮(Inquire of the oracle)'는 근원적인 판단이다.[5] 서죽筮竹을 쓰는 점은 옛날 지혜[神道]를 얻어내는 최상의 방법이었다.[6] 천지 속에 동원할 수 있는 모든 수를 다 동원하여, 지극한 계산법으로 미지의 세계를 찾는 행위인데 이를 공자는 "극수지래지위점極數知來之謂占"이라 하였던 것이다. 고로 여기에서 말하는 점은 신도神道의 입장에서 판단하는 것을 말한다. 이렇듯 점은 지극하게 정성을 다한 군주[元]의 마음이, 어떤 순간에도 사사로움이 없는 정도[永貞]에서 얻어져야, 허물이 없음[无咎]을 '원영정元永貞'으로 표현한 것이다. 그렇지 않고 만약 순간의 일희일비를 위해 그 마음자리에 일점의 사사라도 끼어든다면, 옳고 바른 판단을 얻지

---

2 程伊川, 『伊川易傳』 : "物之相切比無間 莫如水之在地上 故爲比也. '五剛居君位 衆所親附 而上亦親下 故爲比.'"

3 子夏, 『子夏易傳』 : "地得水而柔 水得地而流 故曰比."

4 정약용, 『주역사전』 : "卦自復來 震主旣升 遂正君位 而率坤臣 君德也."

5 孔穎達의 『周易正義』에서는 "原窮其情 筮決其意"라 했다. 옛날 무당(제사장, 천사장, 신녀)이 하늘의 정보를 얻어내기 위해 대나무를 사용하여 혼신을 기울이는 행위와 같다. 당시 대나무는 천지 가운데 神과 소통하기 위한 가장 훌륭한 통신매체라 여겼다. 여기서는 筮竹으로 蓍草점을 쳐 판단하는 첫 행위이다.

6 廖名春·康學偉·梁韋弦,(심경호 역), 『주역철학사』 참조 『초상대론』과 『역과 물질과 양자역학』, 『역경수리 과학신해』를 쓴 과학역의 개창자 薛學潛은 "神은 최후의 진리이자 만유일체의 절대 융화"라 하였다. 神과 電은 모두 5차원이다(주역은 6차원의 세계다-하산). 神이 중심좌표요, 電은 주변좌표로써 그 작용은 같지 않다. 고로 영혼과 물질의 교류를 볼 수 있다. 또 天命을 밝힘은 性, 성을 따름은 道, 도를 따름은 敎다. 『역』의 가르침은 道와 器를 총괄한다. 도는 철학이고 기는 과학이다. 철학은 誠으로부터 明이란 과학으로 가고, 또 과학은 明에서 誠이란 철학으로 간다. 고로 誠하면 明하고 明하면 誠하니 과학과 철학은 일관된 것이다. 그런데 철학하는 자는 홀로 천지와 왕래할 뿐 만물을 깔본다. 또 과학하는 자는 참고를 들어서 징험하고 계고로써 결정하여, 그 수는 고작 1·2·3·4일 뿐이다. 이는 결코 천지를 위하여 마음을 세움이 아니고, 백성을 위하여 명을 세움이 아니다. 따라서 천지인에 통하지 않았으니 잠시라도 떠날 수 없는 도를 결코 얻지 못한 것이다. 이것은 진실로 철학이 채 미치지 못한 바요, 과학도 채 수립하지 못한 바다. 그는 "나는 오늘날 학자가 『역』을 연구하면서 물리학에서 구하고, 물리학을 연구하는 자는 팔괘에서 구하길 바란다"고 하였다.

못할 것이 분명하기에 '원서原筮'라 했다.[7]

그러나 원서元筮도 없이 편치 않아 찾아오면[不寧方來], 어떤 경우라도 바르게 이끌어 가기엔 늦은 일이라 어쩔 수 없다. 하물며 인륜지대사라는 혼인[比中最親比]에서조차 원서元筮가 없었다면 늦게나마 개가한 후에 남편이 흉한 것을 알게 된다[後夫凶]. 다시 말하면 모든 일이 잘못 된 후 점을 쳐봐야, 하늘조차도 내 편이 될 수 없다는 무서운 소리다.[8]

'비괘比卦'는 '사괘師卦' 뒤에 온 괘다. 즉 전쟁(어려움) 후에 어디로 누구를 찾아가야 친친하며 살 수 있고, 누구를 등용해야 나라와 회사를 맡길 수 있는가를 묻고 있는 것이다. 내가 앞으로 믿고 의지하며 따를 주군主君이 근본[元]이 잡혀 선장善長하며, 체인體仁한 어른[丈人]인가를 먼저 알고 판단하기 위해서이다. 그래야 서로가 영구히 정도를 지키며 모시고 도우며 살아갈 것이 아닌가. 그렇지 않다면 항상 '무구无咎'가 아닌 근심 걱정 어린 '유구有咎'가 따라 '불녕不寧'할 것이 자명하다. 고로 여기 비괘는 친친해야 할 자는 오로지 주군 5 외에는 선택의 여지가 없다. 그러기에 신속한 선택과 과감성을 요구하는 교훈이 여기에 있게 된다. 개인의 친교 관계든 국가 간의 동맹 관계든, 관계에서는 타이밍이 중요한 법이다. 그런데 사사로운 이익으로 저울질을 하다 중요한 타이밍을 놓치게 된다면, 뒤늦게 친교와 동맹이 이루어진다 하더라도 그 관계가 결코 원만할 수 없고, 자칫 생존의 기회마저 잃고 흉을 만날 수밖에 없을 것이다.

한 예로, 우禹임금 시절 조현朝見할 때 방풍防風이 뒤늦게 왔고, 천하가 한漢나라에 복종할 때 전횡田橫이 끝내 오지 않았기에, 방풍은 사살을 당했고, 전횡은 자살하였다 하니, 이것이 '후부後夫'의 종말이다.[9] 초6은 비괘가 준괘로 가는 경우이다.[10] 『좌전』의 점사를 예로 든 주자는 최무자가 아내를 얻어 재혼하려다 이

---

7 柳重敎, 『省齋集』, '易說六未卒' : "'근원을 헤아려 점쳐서, 元永貞 하면'이라 말한 것은 어째서인가? 임금은 억조의 백성을 자식으로 삼으므로 그 덕이 元善이 아니면 불가하고, 왕조를 세울 때에는 천만년을 기대하므로 그 덕이 또한 반드시 '장구하며 바르고 굳은 것을 귀하게 여긴다. 한 번 살핀 것으로는 부족하여 재차 점치고 스스로 헤아리니, 그 事體의 중대함은 한때의 장수를 임명하는 것으로 비교할 수 있는 것이 아니다."

8 위의 내용을 보면 점은 첫째 근원적인 판단을 필요할 때, 둘째 내가 편치 아니할 때 판단하는 것임을 알 수 있다. 또 찾을 바가 늦으면 아무리 훌륭한 점을 얻어도 소용없다는 것도 알 수 있다. 하늘의 판단[命]을 얻고도 실행하지 못함은 그의 복일 따름이다.

9 孫映達·楊亦鳴(박삼수 역), 『周易』 참조

효를 얻었는데, 아내 때문에 임금을 시해하는 일이 일어날 만큼 흉하였다고 기록하고 있다.[11] '후부後夫'는 뒤에 오는 '후서방' 또는 '불쾌하게 만드는 자'로도 보고, 그냥 '뒤에 오는 자' 또는 주자처럼 '재혼한 남자'로도 본다.

象曰 地上有水 比 先王以 建萬國 親諸侯

상왈, 땅 위에 물이 있음이 친한 것이니, 선왕은 이를 본받아, 만국을 세우고 제후들을 늘 가까이 하며 친하게 지내야 할 것이다.

물은 땅을 촉촉히 적실 뿐만 아니라, 땅속으로 깊이 스며들어 친하게 지낸다. 이것이 위의 어진 이를 보고 가까이 모시며 서로 배우고 도우며 살아가는 상을 잡은 까닭이다. '비比'는 '무척无尺'이요, '무칸无間'이다. 즉 친친親親하면 어떤 거리도 없어야 하고, 어떤 틈도 없어야 한다.[12] 그래서 '무척 좋은 사이'란 말이 나오고, '빈틈도 없는 사이'라는 말이 나왔다. 고로 사람과 사귐이 필요한 자리는 무척, 무칸이 요구되니 그것이 잘 이루어지지 않으면 사이가 멀어지고, 틈이 벌어져 흉에 이르게 된다. 고로 마른 땅 위의 물처럼[地上有水] 친친하는 비比의 이치를 잘 알아야 할 것이다. 옛 선왕들은 이런 친비親比를 본받아[先王以], 많은 나라들을 세웠고[建萬國], 그들 제후들과 친밀한 관계를 유지해 나갔었다[親諸侯]. 양손에 안

---

10 정약용, 『주역사전』 : '比吉'은 곤☷의 백성과 신하를 가까이 하면, 군주에게 감☵으로 귀순하지 않음이 없으니, '下順從'함과 같고, 또 감☵의 수레(輿)에 덧방나무(輔)를 버리지 않음과 같다. '剛中'은 감☵의 상이다. '原筮'는 내괘 곤☷을 얻고 난 다음 외괘 감☵을 얻음이다. '元永貞'에서 '元'은 '比卦'가 '復卦'에서 왔기에 진☳에서 시작함이요, '永貞'은 坤德의 '利永貞'을 말했다. '无咎' 또한 박괘의 상9가 비괘로 온 상이요, '不盈'은 감☵의 부지런히 힘씀이고, '方來'는 곤의 백성이 귀순함이다. 쾌괘의 태☱는 건이 첩을 얻는 상이고, 박괘는 곤으로써 간☶의 '後夫'를 얻은 상이다. 否의 호괘는 박괘로, 박괘는 다시 否卦에서 왔고, 비괘 때는 건곤이 배합되었지만 다시 박이 되자 건☰이 사라지고 간☶의 '後夫'를 얻으니 '其道窮'함이로다.

11 『春秋館占補註』 : 제나라 최무자가 마침 喪妻를 하고 있었는데, 弔問을 온 미모의 강씨를 보고 첩으로 맞으면서 점을 쳐 '困之大過'를 얻었다. 그러자 모든 사람들이 다 길하다고 하였는데, 제나라 대부 진문자에게 보이자, '지아비[先夫]가 바람을 따르고, 바람은 그 처를 떨어뜨리는 형국이니, 後夫는 그녀를 아내로 맞이할 수 없다고 하였다. 최는 개의치 않고 마침내 그녀를 아내로 맞아들였다. 그 후 제나라 莊公이 그녀와 사통함에, 최는 자신의 임금 장공을 시해하게 되었다.

12 親親은 兩親 즉 父親 및 母親과 살을 비비며 매우 친밀함을 나타낸다.

보와 경제라는 두 마리 토끼를 놓칠 수 없는 가운데 트럼프와 김정은, 김정은과 문재인, 시진핑과 문재인, 아베와 문재인의 외교 스킬 중 과연 어떤 것이 친친의 모델일까?[13][14][15][16][17] 여기서 공자의 명쾌한 단왈을 들어본다.[18]

"군주에게 친비는 무엇보다 훌륭하고 좋은 무기이다[比吉也]. 또 친비는 왼쪽 바퀴와 오른쪽 바퀴가 서로 돕는 것처럼 상부상조해 가는 수레바퀴와 같다[比輔也]. 먼저 친비에는 윗사람보다 아랫사람들이 순종하는 모습이 있어야 아름답다[下順從也]. 또한 근원을 살피되 그 판단이 바르면 오랜 시간을 투자해도 허물이 없을 것이다[原筮元永貞无咎]. 그 이유는 유일한 구5가 강건 중정한 자리에서 아버지의 심정으로 그 누구와도 들어내놓고 사심없이 친친하기 때문이다[以剛中无咎也]. 그리고 혹 편치 않아 찾아올 수 있다는 것[不寧方來]은 아래 위가 항상 서로

---

13 심대윤, 『周易象義占法』 : "물은 땅의 높고 낮음에 따라서 따라 붙고, 선왕은 천하 사람을 그 지위에 따라 자신에게 따르도록 하였다[水隨地之高下而比附焉. 先王使天下隨其等位, 而親附於己也]."

14 오치기, 『周易經傳增解』 : "친밀하고 도와 틈이 없는 것이 땅위에 물이 있는 것 만한 게 없으므로[親比而无間者 莫如地上有水], 선왕이 비괘의 상을 살피고, 그것으로 여러 나라를 세우고 제후를 친하게 하여 천하를 돕는 것이다."

15 尹行恁, 『薪湖隨筆·易』 : "물이 천 갈래 만 갈래로 흐르지만 모두 바다로 돌아가니[水有千派萬流而歸于海], 선왕이 물을 살피는 데 방법이 있어 물이 땅 속에 있는 것을 보고서 師卦로 삼고, 물이 땅 위에 있는 것을 보고서 比卦로 삼았지만 모두가 천자에게 통솔되니, 朝宗의 큰 의미이다."

16 윤행임(尹行恁 1762~1801) : 본관 남원, 호 碩齋. 이조참판, 홍문관제학, 전라도관찰사 등 역임. 時派였던 그는 僻派와 갈등으로 유배와 복직을 거듭하다 결국 서학을 신봉한 이유로 신지도에 안치된 후 참형. 영의정에 추증. 『碩齋別稿』가운데 『薪湖隨筆』 7권과 8권에 『주역』이 실림. 정조와 함께 참여한 經史講義에서 윤행임은 『주역본의』와 『역전』을 바탕으로 역학의 논리를 습득하고, 자신의 『신호수필·역』을 완성시켜 나갔다. 경사강의 당시 정조는 의리역학에 비중을 두었다. 윤행임의 학문은 정조와 함께 했던 기간 동안 큰 발전을 이룩하였고, 그 당시 정조로부터 받은 학문적 영향이 고스란히 『신호수필』로 이어졌다. 윤행임은 상수역학을 긍정하면서도 점서에 치우친 편협한 曲儒들의 상수역학은 반대하며, 이를 바로잡아 절충해야 함을 강조한다. 이러한 윤행임의 의리역학은 정조시대 『주역』 해석 방식의 한 패러다임을 제시하고 있다는 점에서 역학사적 의의가 있다. 윤행임의 의리 중심 역학관은 폐단에 빠지기 쉬운 상수역학의 경계를 통해 주자의 兼治象義 역학관을 보완하고자 했던 정조와 그의 의지가 만들어낸 부산물이다.

17 徐有臣 『易義擬言』 : "땅위에 물이 있다"는 것은 백성 위에 임금이 있다고 말하는 것과 같다. 임금과 백성을 말하면 "임금 아래 백성이 있다"고 말할 수 없다. 그러나 그 돕는 것은 임금에게 있다. 임금이 백성을 돕고 윗사람이 아랫사람을 돕는 것이 물이 땅을 가까이 해 친밀하고 틈이 없어서 두루두루 윤택하게 적시는 것과 같다.

18 比卦가 復에서 오면 진☳ 長子 '先王'이 되고, 밖에서 오면 간☶ 小男 제후가 된다. 고로 구5는 '建萬國 親諸侯' 하는 강력한 군왕이다.

허물없이 응하고 있었기 때문일 것이다[上下應也]. 다시 말하자면 그 누구라도 일이 잘못되고 나서 찾아오면 흉하다는 것은[後夫凶], 하늘도 그 도를 넘어서면 친친의 도가 궁색해지기 때문이다[其道窮也]."[19]

初六 有孚比之 无咎 有孚盈缶 終來 有他 吉
초6은 믿음을 가지고 친하니 허물이 없다. 믿음 갖기를 질그릇 항아리를 가득 채우듯 하면, (제사가) 끝날 때 쯤, 설령 다른 좋지 않은 일이 생기더라도, 결국에는 길할 것이다.

아직은 친친이 뭔지 세상 물정을 잘 모르는 초6이다. 4와 응을 하는 자리이지만, 둘 다 음이어서 응을 하지 못하니, 친애의 도가 뭔지 모르고, 구5를 위시한 모든 이들과 막 친하려고 들이대기만 하는 철부지 귀염둥이 같다. 그러나 4는 나를 돌봐줄 이유가 없는 관계인 데다가, 4와 나는 음과 음으로 친친할 수 없는지라, 특히 5에게 성심성의를 가지고 친하여 가면[有孚比之], 허물이 없을 것이다[无咎]. 그러기에 진실과 충성을 바치는 '유부有孚(Truth and loyalty)'가 두 번씩이나 나왔다. 여기 초6의 '유부'는 어린아이 같은 동심 그대로다. 천진난만하고, 갖은 아양을 다 떠는 귀여움 그 자체다. 고로 다른 자리보다 애교와 정성이 두 배로 보여야만, 5의 아버지(임금, 사장)로부터 사랑을 받고, 온 집안의 귀여움을 독차지하면서 인정을 받는, 든든한 배경을 얻을 수 있을 것이다[終來有他吉].[20]

공자의 주석은 이랬다. "비괘의 초6은 오로지 믿음으로만 가면, 설사 다른 좋지 않은 일이 생기더라도 끝내는 길할 것이다[象曰 比之初六 有他吉也.]"

제나라 관중管仲과 노나라 조말曹沫의 밀당에서 유부有孚가 무엇인지 생각해보자.[21] 비괘가 준屯괘로 가는 자리다.[22] 여기 또 '부缶'는 맑고 밝은 따뜻한 정이 가

---

19 '比吉'은 '군주가 신하를 가까이함이다. 수레에서 덧방나무를 버리지 않는 것과 군주가 신하를 가까이 함은 그 뜻이 같다. 坎의 수레 밑에서 坤으로써 좌우를 도우니, 그 덧방나무를 친하게 함이다. 또 坤의 백성이 군주에게 감==으로 귀순하지 않음이 없으니 '下順從'이다. 호괘가 剝이 되니, 艮의 샛길이 이에 미혹되니 그 길이 막힌다. 坎은 통하지만, 艮은 막혔다.

20 2019년 12월 '미스터트롯'에 출연한 홍잠언(9세) 임도형(11세) 정동원(13세)은 전국민의 귀여움을 독차지했다.

득한 돈독한 마음자리를 말한다.[23]

한편 『예기禮器』에서 "백성은 제사에 질그릇 항아리를 썼고, 임금은 고급 그릇을 썼다"고 했음을 볼 때,[24] 민초들이 정성을 드리는 제사에 쓴 질박한 그릇이 바로 '민초들의 꾸밈없는 마음'에 비유한 것임을 알 수 있다. "성실한 마음이 마치 술을 가득 담은 질그릇의 술독과 같아서, 술이 넘쳐흐를 수 있다면 뜻하지 않은 이로움도 얻을 것이라"[25]는 설명처럼 이는 '마치 먼저 익는 술이 독을 먼저 여는 이치'로, 나라로부터 뜻하지 않은 발탁도 예감할 수 있다. 고로 '영부盈缶(full earthen bowl)'는 '마음에 가득 채우는 정성'으로 짐작함이 타당하다. 『주역』에서 '부缶'가 나오는 괘는 감괘坎卦 4와 이괘離卦 3 뿐이다. 선천 마지막 가는 자리에서 아무리 세상이 어렵더라도, 친친의 도를 깨달아 마음자리를 가득 채우라는 비사체秘辭體일 것이다.[26]

---

21 『사기』, '자객열전' : "노나라 莊公은 제나라 桓公에게 세 번이나 패해, 항복의 뜻으로 땅을 바쳤다. 화친의 맹약을 맺는 성대한 자축연에 曹沫이 환공의 목에 비수를 들이대고, 빼앗은 땅을 다시 돌려달라고 당당하게 요구하자, 목숨이 경각에 달린 환공은 위기를 모면하고자 그러마고 약속을 하고 말았다. 조말은 비수를 멀리 던지고 아랫자리로 돌아가 담담하게 신하의 예를 갖추었다. 환공이 분노하여 약속을 어기고 조말을 죽이려 하자, 명재상 관중이 나서서 말렸다. '소탐대실이다. 위급하게 내뱉은 말이라도 신의를 지켜야 다른 제후들의 신뢰까지 얻을 수 있다.' 관중의 간언을 받아들인 환공은 훗날 춘추오패의 맹주가 된다."

22 정약용, 『주역사전』 : 屯괘는 觀괘로부터 오니 '有孚'라 하였고[有孚顒若], 준괘에도 리☲가 있어 '有孚'가 된다. 준에서 진☳의 덕행이 뛰어난 선비가, 위의 군주와 더불어 친하니 '有孚比之'이고, '无咎' 역시 관괘 때는 간☶으로 샛길에서 길을 잃었지만, 상9가 1로 가서 진☳이 되어 대도로 행함이다. 준괘는 또 臨괘로부터 왔으니, 진☳의 그릇이 곤☷에 텅 비었는데, 준이 되면서 진☳의 질그릇[震器]에, 감☵의 술을 가득 채워 넘치게 하니 '盈缶'가 된다. 관괘 때는 간☶의 廟 안에서 제주를 올린 사람이 없더니, 준괘가 되면서 안에서 진☳主가 나오게 되니 '從來'라 하였다. '有它'는 '有故'와 같은 뜻으로 감☵의 질병·도적·雨와 같은 어느 하나라도 있음을 이른 말이다. 大過卦 구4 '棟隆吉有它吝'과 中孚卦 초9 '虞吉有他不燕'을 마땅히 참조할 것. 它는 蛇의 古字로 뜻은 他이다.

23 缶의 午☲는 맑고 따뜻하며 밝다. 山☶은 止於至善하고 돈독하고 지극하다.

24 『禮記』, 「禮器」 : "다섯 번 바치는 술 단지를 위해서 문 밖에서는 缶를 쓰고, 문 안에서는 壺를 쓰고, 군주는 질그릇 술단지[瓦甒]를 쓴다."

25 孫映達·楊亦鳴(박삼수 역), 『周易』 참조.

26 比卦 초효는 물고기를 산에서 구할 수 없으니 나의 처지를 알고 온갖 노력을 다해야 한다. 예로 김영식의 책 『10m만 더 뛰어 봐』에 좋은 교훈이 나온다. "한때 밥값이 없어 600원짜리 소시지 하나로 끼니를 때웠다. IMF 당시 25억 원의 빚을 1년 반 만에 청산하고 다시 연매출 800억 대의 회사를 일궈냈다. '어제는 부도난 수표요, 내일은 언제 부도날지 모르는 약속어음이지만, 오늘은 현찰이에요. 지금 황금을 쥐고 있지 않다면 지난날은 모두 잊고 다시 시작하는 것 외에 방법이

육2는 친하기를 안으로부터 하니, (그렇게 한다면) 일을 맡아 함에 길할 것이다.

유일한 남자 구5와 정응하는 중정 육2는 정해 놓은 배필이요 본처요 중전이요 약속한 계약자요 단골 거래처다. 저 깊은 마음으로부터 친하니[比之自內, Hold together inwardly] 일을 맡아 바르게만 하면 길할 것이다[貞吉]. 그러나 정하여 변하지 않을 배필이라 하더라도, 유순과 중정의 도를 넘으면 불길[不吉]할 것이 분명하다. 유일한 구5 곁에는 나를 포함한 세상 모두가 음이다. 또 5 곁에는 4와 상이 친근한 거리에 있어, 정응 나를 시기하고 질투할 일들을 만들어 낼 수 있다. 그렇다고 배필이요 중전이요 본처라는 도를 벗어나면 곤란할 것이다. 고로 공자는 "저 깊은 속마음에서부터 친하다는 것은, 자신의 본분을 잃지 않고 5를 믿는 마음이 하늘 같아야 한다[象曰 比之自內 不自失也]"라고 주석하는 것이다. 이로써 보면 2는 영웅본색을 절대로 잃을 사람이 아니다. 좋은 예로 은나라를 세운 경세제민經世濟民의 명재상 이윤伊尹이 있다.[27]

지욱의 선해禪解는 2처럼 '욕천欲天'에 든 사람은 복이 있고[28] 지혜도 있기에

없습니다.' 지금까지 모은 고객 데이터베이스만 60만 명. 한 번 인연 맺은 고객은 평생 친구라는 생각으로 철저히 모셨다."

27 『사기·은본기』: "五十而知 四十九年之非"의 주인공 伊尹은 湯王이 夏나라 폭군 桀王을 정벌하고 殷나라를 세우는 데 결정적 공을 세운 인물이다. 그는 經世濟民의 뜻을 품고 나라를 다스렸다. 탕왕은 중요한 국가 대사를 결정할 때 늘 이윤의 의견을 참고했다. 때때로 이윤은 요리를 빗대어 자신이 깨달은 바를 피력했고, 그때마다 탕왕은 그의 충언에 감동했다. "한 왕조를 다스리는 것은 요리하는 것과 같습니다. 소금을 너무 많거나 너무 적게 넣으면 요리를 망치게 됩니다. 양념은 적당해야 합니다. 한 나라를 다스리는 왕은 너무 서둘러서도 너무 느려서도 안 됩니다. 모든 것을 일목요연하게 배치할 때에만 정연하게 모든 것을 처리할 수 있습니다. 이럴 때 백성들이 진심으로 환영하는 좋은 왕이 될 것입니다." 탕왕이 승하한 후 포악한 성정의 장손 太甲이 왕위에 올랐다. 태갑은 이윤의 간언을 듣지 않았다. 이윤은 "나는 선왕의 명을 받기를, 뒤에 오는 왕에게 잘못이 없도록 해달라는 부탁을 받았으니, 도에 어긋난 행실을 보고만 있을 수 없다" 하며, 桐宮을 지어 태갑을 유폐시켜버린다. 동궁은 선왕의 묘와 가까운 곳에 두었다. 이는 언제나 부왕의 능묘를 눈앞에 두고 보게 함으로써, 선왕의 교훈을 생각하게 하려는 복안이었다. 또한 아첨하는 많은 무리로부터 떨어져 스스로 반성할 기회를 준 것이었다. 왕은 별궁에서 3년 동안 외롭게 지냈다. 이 기간 동안 재상 이윤은 섭정하며 제후들의 조회를 받았다. 이러한 상황에서도 누구 하나 이윤이 왕위를 찬탈하려 한다고 의심하는 사람은 없었다. 이윤은 100세에 세상을 떠났다. 그는 탕왕 무덤 옆에 묻혔다.

28 六欲天 : 四天王天, 忉利天, 夜摩天, 兜率天, 樂變化天, 他化自在天에 태어난 사람은 스스로 즐거운 환경을 만들어내어 8천 년의 수를 누린다고 함.

다만 모름지기 안으로 심정을 닦아 오로지 안에서 밖을 통하는 자라 한다.[29] 비괘가 감괘로 가는 경우다.[30] 한편 '자내自內'는 '안에 있는 자기 자신', '자기 가족', '집안사람', '내부인'으로 봐도 무방하다.[31]

> 六三 比之匪人
> 육3은 인간 같지도 않은 인간과 친하다.

공자는 "인간 같지도 않은 사람과 친하다면 역시 내가 상하지 않겠는가?[象曰 比之匪人 不亦傷乎]"라고 주석한다. 육3은 부정하고 부중하고 음유한 자로, 그 누구와도 친친하려고 시도하는 무절도한 비정非情한 사람이다. 허나 이런 형편없는 이를 정신이 건강한 자라면 그 누가 친하려고 하겠는가? 친할 수 있는 유일한 구5는 정한 배필 2가 강건 중정한 자이니 친할 수 없다. 그러니 3이 친해야 할 자는 바로 상효이나, 그 또한 모두 음이어서 호응도 하지 않으니 도저히 친친할 곳이 없다. 이런 사람은 인간 같지도 않은, 도저히 친할래야 친할 사람이 못 되는 도적 匪賊 같은 사람이 아닐까[比之匪人]. 비괘가 건蹇괘로 가는 경우다.[32]

'비匪'는 '아닐 비, 도적 비, 비적匪賊 비'로, 벌린 입[匚] 속에 사리에 맞지 않는 '개구라[非]'만 가득 차 있다. 그러기에 비괘比卦에서는 사람을 사귀고 따르는 것도 아주 소중한 것이기에, '근본적 판단[原筮]'을 잘 살피고 가라는 경계사가 생겨난 것이다. 특히 친구와 상사와 부하를 잘못 만나고, 또 천하에 소중한 부부 인연을

---

29 지욱, 『주역선해』 : "內修深定, 但須 以內通外."

30 정약용, 『주역사전』 : 坎괘는 臨괘로부터 왔다. 나의 가정이 감☵이 되어, 이미 바르게 되고, 안에 곤☷ 백성의 덕이 올바른 데로 돌아오니, '比之自內'이다. 감☵은 집이다. '貞吉'은 감☵의 덕이 처음엔 약했다가 나중에 강해진 모양이다. 比卦는 復卦에서 왔으니, 나의 편에서 보면 잃은 것이지만, 2효가 변하면 강이 다시 안으로 있게 되니 '不自失'이다. 師卦 5와 比卦 2는 도전관계라 '貞吉'과 '貞凶'이 되고, 比卦 5는 '王用三驅'고 師卦 2는 '王三錫命'으로 대조된다.

31 지금은 바깥 남자 일에 신경 쓸 것이 아니라, 집안일, 주부가 해야 할 일, 마음 쓰는 일에 더 따뜻하고 철저하게 처신해야 한다. 그렇지 않고 바깥일에 신경 쓰면, 바로 자신의 존재 가치가 날아가고 만다.

32 蹇卦는 小過괘로부터 왔다. 소과 때는 진☳의 군자가 간☶의 소인과 혼시閽寺 같은 환관과 친하니 '比之匪人'이고, 蹇卦가 되면 진☳의 군자가 감☵의 병을 얻어 독이 퍼져나가니 '不亦傷'이 된다.

잘못 만나 크게 욕 본 경우가 적지 않다. 정녕 사귀어야 할 사람은 멀리하고, 멀리해야 할 사람을 사귀어 상처받는 경우가 이 자리다.[33/34]

> 六四 外比之 貞 吉
> 육4는 밖으로 현자와 친하니 발라야 좋다.

내가 유일한 구5와 가장 가까운 거리에 있으니 그를 친하게 지내지 않을 수 없다. 그 어떠한 경우에도 밖의 구5 성현과 친하려면[外比之] 내가 바르지 못하면 곤란하다[貞吉]. 공자의 주석도 "밖에 있는 어진 이를 친하라는 것은 위에 있는 현자를 좇음이다[象曰, 外比於賢 以從上也]"라고 한 것을 보면, 친해야 할 사람이 누군지 확실히 밝혀준 구절이다. 남들이 보면 아첨이라 할 정도로 충과 예를 다해 주군을 모시는 신하의 도를 보여줘야 할 자리다.[35] 그렇지만 거기엔 반드시 발라야[貞] '길吉'하다는 옵션이 따라붙는다. 그렇지 않으면 자칫 오해와 시기를 살 수 있다. 『주역』 64괘 중 4위가 길한 것은 비괘比卦가 유일하다. 이 길함의 여부는 내 마음 여하에 달렸으니, 밖에서 남과 친하려면 이 마음을 '정도'로 몰고가야 한다고 가르치는 것이다.

불법으로, 색계色界는 모든 선정禪定을 갖추게 하니 모름지기 보리심菩提心을 발하여 일체 차별지문差別智門을 닦는 것이다. 고로 마땅히 원융圓融으로 정관正觀할 것을 가르친다.[36] 비괘가 췌萃괘로 변한다.[37/38]

---

33 여기 3은 중요한 의미를 가지고 있다. 『주역』 전체 384효 중 382효는 '也'로 끝나는데, 두 효만 예외다. 그 중 하나가 여기 比卦 3효로, '乎'로 끝난다. 다른 하나는 革卦 3효로, '矣'로 끝맺었다. 그런데 『중용』의 마지막 부분 또한 '也'가 아니라 '矣'로 끝맺고 있다[上天之載, 無聲無臭, 至矣]."

34 어느 여류 시인이 정을 준 사람과 깊은 관계에 빠지고 결혼설이 나오자, 이 사람에게 나의 인생을 맡길 수 있는가를 설시하였는데, 3을 얻었다. 결국 상처만 깊게 남기고 법정까지 갔다. 조국을 법무장관에 임명을 물어 3이였는데도 강행을 하니, 어찌 '比之匪人不亦傷乎'라 하지 않을 수 있겠는가.

35 『논어』, '팔일편' : "事君盡禮, 人爲諂也."

36 지욱, 『주역선해』 : "色界, 具諸禪定, 但須發菩提心, 外修一切差別智門, 又別敎, 爲界外拙度, 宜以圓融正觀, 接之."

37 萃괘는 小過괘로부터 온다. 소과 때는 진☳군자와 간☶ 소인이 서로 안팎으로 친하다가, 췌괘가 되면 상괘 밖에서 친하니 '外比之'라 하였다. 비괘의 감☵도 '貞吉'이고, 췌괘도 大감☵이다. 또한

九五 顯比 王用三驅 失前禽 邑人不誡 吉
구5는 빛이 나도록[드러나도록] 화끈하게 도와준다. 임금이 삼면으로 몰아 사냥을
하는데, 앞으로 날아오는 새는 살려주니, 마을 사람들이 두려워하지 않아 길하리라.

천하의 임금이 사사로이 돕는 것이 아니고, 만천하가 알도록 화끈하게 도와준
다[顯比, Manifestation of holding together]. 강건중정한 구5가 유일한 양효이기에, 정
을 사사로이 저울질하면 뭇 음들의 시기와 질투를 불러올 수 있는 자리다. 그리
고 임금은 사냥에서 '삼구법三驅法'만을 썼다. "무릇 외물에 사사로움을 가지지 않
고, 어진 이만을 함께 한다면 가거나 오거나 모두 놓치지 않았다. 저 삼구법의
예는, 짐승이 거꾸로 자신을 향하여 오면 놓아주고[失前禽], 자기를 등지고 도망치
면 쏘아 잡으니, 오는 것을 사랑하고 가버리는 것을 미워하기 때문이었다. 고로
사냥할 때 항상 마주 오는 짐승을 놓아주는 것은, 친함을 드러내 놓고, 왕위에서
삼구의 도를 썼던 예법이다."[39] 성호星湖의 『역경질서』와 위암韋庵의 『주역천설』
로 이해를 더한다.[40/41]

췌는 태☱로 위로는 기뻐하고, 아래로는 순종하니 '貞吉'이다. 賢은 震이니, 나아가서 진의 군자
와 친하게 되니, 밖으로 현자와 친하게 사귄다. 艮이 본래 아래 있었는데, 윗사람을 따라가니,
그것은 위에 있는 자의 지위와 덕이 모두 존귀하기 때문이다.

38 참고로 4는 친친의 도를 터득한 사람의 자리다. 귀한 어른에게 큰 도움을 받거나 특채가 되기도
하는 和風順調 할 줄 아는 자이다.

39 왕필, 『주역주』 : "… 故其所施, 常失前禽也. 以顯比而居王位, 用三驅之道者也."

40 이익, 『易經疾書』 : "구5만 높은 자리에서 천하를 도우니 '顯比'다. 比卦는 師卦를 이어 군대가
보인다. 돕는 마음과 돕는 힘이 또 군대만한 것이 없다. 군대란 평상시에는 사냥터를 쓰니, 사냥
터에서 짐승을 잡음은 그 귀함이 말린 제물을 만드는 데 있다. 籍田[祭田]에서 제사에 쓸 기장
과 피의 곡식을 얻기 위해 왕이 직접 쟁기를 세 번 밀며, 친히 누에를 쳐 제복을 만들기 위해
왕후가 세 번 동이에서 실을 뽑는 것과 같으니, 사냥터에서 세 곳으로 모는 것도 이와 같다.
그 세 가지 희생은 모두 왼쪽에서 쏘아 얻으니, 이것이 舍逆取順을 취함이다. 만약 몰아서 잡지
못하거나 혹 정당하지 않은 방법으로 쏘아 맞히며, 짐승이 앞에 있는데 함부로 쏘는 것은 모두
임금의 옛법을 거스르는 것으로 마땅히 놓아준다. 師卦는 바로 장수에게 명령하여 출정하고,
比卦는 친히 군대를 거느린다."

41 김상악, 『山天易說』 : "5의 양이 坎에서 坤을 타니, 그 중정한 덕이 천하 사람에게 돕는 도를
드러내 밝힐 수 있는 자이다. 그러므로 '三驅失前禽'의 상이 있다. '顯'은 양의 밝음이다. 坤에
있는 문채가 比卦에 드러난다. '三驅'는 師卦 2효 '王三錫命'과 比卦 5효 '王用三驅'는 반대되는
의미로 볼 수 있다. 또 '後夫'와 '前禽'은 모두 상효를 가리킨다. 5의 뒤에 있는 것이 '前禽'이고,
맨 위에서 다한 것이 '後夫'이다. 3, 4는 곤괘 읍에 사는 사람이다. '邑人不誡'는 바로 사냥감을
궁지로 몰아 모조리 잡지 않는다는 뜻이다."

'군왕의 법은 만물을 사랑하기 때문에, 사람을 향해 오는 것은 받아들인다'는 다산의 해석도 명쾌하다. "삼구법三驅法은 왕의 사냥하는 예도다. 지수사의 도전한 꼴이라 '왕삼석명王三錫命'과 일치한다. 새가 사람을 향해 오는 경우는 역방향이다. 역逆은 맞이할 영迎이다. 날아가버리는 경우는 순順이니, 순은 쫓는다. 수지비水地比는 안이 모두 비었으니 오는 것을 취한다. 선왕의 법은 만물을 사랑함에 두기 때문에, 사람을 향해 오는 것은 그 새가 반드시 어린 것이요, 사람을 등지고 가버리는 것은 그 새가 반드시 교활한 것이다. 고로 맞이함을 버리고 가버리는 것을 잡아 취하는 것이다."

또 이어 다산은 『모시전毛詩傳』을 인용해 이렇게 풀고 있다. "짐승을 얻음에 얼굴이 상한 것은 바치지 않았다. 왼쪽 옆구리를 맞고 어깻죽지 관통한 것을 최상으로 삼았기 때문에, 군례軍禮로 짐승이 앞에서 오는 것을 쏘지 않았던 것이다. 이것이 이른바 오는 것은 버리고 피해가는 것을 취한 것이다. 다시 말해 항복한 자는 죽이지 않았다. 또 군법에 전봉前鋒은 앞에서 몰고, 차전次前은 거듭 몰고, 차후次後는 뒤에서 모는 것이다. 왕이 세 번 모는 것은, 천자의 예가 짐승 얻는 것을 탐하지 않았기 때문에, 천자가 사방을 에워싸지 아니함이다."[42] 그러니 어느 읍인들이 경계하며 두려워했겠는가[邑人不誠]. 친하지 않으려고 대항을 위한 대항만 하는 안티 세력들을 제거했으니, 이런 임금의 도가 정당하기 때문에 길한 것이다[吉].

앞의 제 학설은 공자의 다음과 같은 주석을 바탕으로 했다. "화끈하게 도와주어 길하다는 것은 자리가 바르고 중심을 잡았기 때문이다. 몸을 돌려 역방향으로 쫓아오는 놈은 버리고, 사냥몰이에 순응하는 놈만 취한다는 것은, 앞으로 찾아드는 놈은 놓아준다는 것이다. 마을 사람들이 두려워하지 않는 것은, 윗사람이 사람을 부리고 친친하는 법도가 알맞기 때문이다[象日 顯比之吉 位正中也 舍逆取順 失前禽也 邑人不誠 上使中也]." 비괘가 곤坤괘로 간 경우다.[43]

---

42 정약용, 『주역사전』: "지금 읽는 『詩經』은 전부 『毛詩』다. 『漢書』 「예문지」에는 『毛詩』 29권과 『毛詩故訓傳』 30권이 수록되어 있는데, 지금 전해지는 『詩經』은 뒤에 쓴 것이다. 『毛詩』는 趙나라 毛公이 전한 시다."

43 정약용, 『주역사전』: 上卦는 본시 감☵의 자리인지라, 곤☷과 親比의 관계가 성립되는데, 5에 강이 와서 더욱 빛나 '顯比'가 된 것이다. '王'은 건☰왕이다. 건☰의 세 왕이 첫 번째로 진☳을 얻어 復괘의 양이 되고(☳초강), 두 번째로 간☶의 양을 얻어 剝괘가 되고(☶종강), 비괘 감☵이

'삼구'에 대하여 정자는 "한 면으로 트인 구멍으로 도망가는 자를 놓아준다"고 하였던 바, 여타 해석들도 그를 따른 경우가 많다. 그리고 사마천의 『사기』에 '삼구몰이'할 때 "명령을 따르지 않는 것만 내 그물로 들어오게 하소서"라고 비는 '성탕축망成湯祝網'도 있다.[44] 곧 '삼구법三驅法'의 결론은 친친하자고 찾아오는 자와, 도와달라고 나에게로 오는 자가 있다면 도와주고, 또 그를 등용하여 같이 살며, 나라를 위해 같이 힘을 쓰게 했다는 것이다. 어찌 등을 돌리고 떠나가는 자를 애써 붙잡았겠는가. 사냥에서도 살려고 나에게 돌아 나오는 자는 죽이지 않았다.

『조선왕조실록』에도 '삼구법'과 '현비'를[45] 현인과 친하는 법,[46] 또는 왕이 친비하는 도리를 천명하면 천하가 저절로 와서 친비하게 됨을 알리니,[47] 군도君道는

되면 세 번째로 채찍질을 하니(☰중강), 건☰의 말로 '王用三驅'가 된다. 감☵은 돼지이고, 師괘 때는 앞에 있는 짐승을 잡았는데(하괘), 비괘 때는 상괘에 있으니 '前禽'이고 '나를 향해 달려오는 짐승'이다. '邑人'은 곤☷과 간☶을 이른다. 剝괘 때는 간☶의 성문을 막고, 말(명령)로써 경계하니, 감☵의 법이 통함에 밤에 문을 걸어잠그는 일이 없다(☵은 밤). 짐승이 사람을 향해 오는 것은 '逆', 멀리 가버리는 것은 '順'이다. 師卦의 감☵이 없어지니 '舍逆', 외괘의 감☵을 획득하니 '取順'이다. 하괘 리☲는 앞이 되고, 상괘 감☵은 뒤가 된다.

44 사마천, 『사기본기』 : "사냥하기 위하여 그물을 쳐놓고 다음과 같이 축원하였다. 왼쪽으로 가려거든 왼쪽으로 가고, 오른쪽으로 가려거든 오른쪽으로 가게 하소서. 명령을 따르지 않는 것만 내 그물로 들어오게 하소서. 탕의 덕망이 지극하여 금수에게 까지 미쳤구나."

45 『성종실록』 성종 2년(1471) 3월 28일 : "人主가 아랫사람을 가까이하는 도리는 크게 공정하게 하고 私情이 없어야 할 따름이니, 比卦 5에 '서로 친근함을 나타냈다. 왕은 3면으로 몰이하여 앞으로 날아가는 새를 놓치리라. 나라 사람들이 기대하지 않지만, 길하리라'고 하는데, 이는 人君이 천하를 가까이하는 도리는 마땅히 마음을 참되게 하며, 자기를 어질게 하여 남을 헤아려야 하며, 정사를 행하고 仁政을 베풀어 천하로 하여금 그 혜택을 받게 하되, 지극히 공정하고 私情이 없고 원근과 친소의 구별이 없이 물건을 하나같이 대접하면 나라 사람들에게 기대를 받지 아니할 것이다. 이것은 왕도가 커서 그 백성들이 여유만만하고 침착하여서 그렇게 하는 줄조차 알지 못하기 때문일 것이다. 옛날에는 罹災때문에 三公을 파면하기도 하였는데, 지금은 도리어 은총의 賞典을 내리시니, 신 등의 의혹은 더욱 심합니다."(사헌부 孫舜孝, 사간원 成俊 상소)

46 柳重敎, 『省齋集』, '答柳重玉寅珏' : "比卦에서 '後夫凶'이라 한 바, 이것은 군자가 윗사람과 친해지는 도로써 마땅히 서둘러 친해지기를 구해야 한다. '왕이 삼면에서 모는 도리를 쓰니 앞의 날짐승을 잃는다.[王用三驅失前禽], 거스르는 것은 버리고 따르는 것은 취한다[舍逆取順]' 한 바는, 오는 것은 어루만지고, 가는 것은 뒤쫓지 않음이다. 왕이 현인과 친해지는 도리는 멀리 있는 사람이 복종하지 않으면 문덕을 닦아서 오게 하고, 말을 낮추고 예를 두텁게 하여 현인을 초빙하는 것이 왕이 현인과 친해지는 도리이다. 은나라 高宗이 傳說을 찾고, 漢나라의 昭烈帝가 諸葛武侯를 맞이한 것 등등의 일들이 모두 지극히 공경하고 예를 다한 뒤에야 나아갔다."

47 鄭道傳, 『三峯集』, '왕자가 친비하는 도리를 천명하면 천하가 저절로 와서 친비하게 된다[王者顯明其比道 天下自然來比]' : "인군이 천하를 親比하는 도리를 천명해야 한다. 만일 지성스러운 뜻으로 사물에 임하고 자기를 두남두는(안스러운) 마음으로 남에게 미쳐가며 정사를 하되, 인을 베풀어 천하로 하여금 그의 혜택을 입게 한다면 이는 인군이 천하를 친비하는 도리이다. 이와

사사로운 마음을 없애야 마땅하다.[48]

> 上六 比之无首 凶
> 상6은 (소인들 끼리 붕당을 지어) 친하게 지내다가 머리가 (참수 되어) 없어지는 일
> 을 당하니 흉할 것이다.

친친하던 사람의 머리가 달아난다[比之无首]. 이는 상6이 사귈 놈이 못 되는 3과
친하게 내통했던 과보이다. 3은 구5 주군과 친친할 수 없는 골수 반골 야당 좌파였
다. 동파는 이런 말을 하기도 했다. "머리가 없다는 것은 평소에 왕래하는 정성이
없었다는 말과 같다. 궁지에 이른 뒤에야 친하려 하니 흉하지 않겠는가."[49] 공자도
"친하게 지내던 사람의 머리가 참수되었다는 것은 끝내 목숨을 보전하지 못한 것
이다[象曰, 比之无首, 无所終也]"라는 주석에 이른다. 여기서 상효는 친하게 지낼 수
있는 자가 못 되고, 또 그는 친할 만큼 존경의 대상이 아니기에 어디서 친할 사람
들이 있겠는가. 친할 구석이라고는 눈꼽만큼도 없는 인정머리 없는 사람으로, 두
번 다시 돌아 볼 위인이 못 되는 소인배다.[50] 비괘가 관觀괘로 간 경우다.[51]

같이 한다면 천하에 누가 친비하지 않겠는가? 만일 그 조그마한 인을 드러내어 도를 어겨 가면
서 명예를 구하여 아랫사람들이 친비하기를 구하려고 한다면, 그 도가 또한 좁은 것이다. 王이
그 친비하는 도리를 천명하면 천하가 자연히 와서 친비하게 되는 것이니, 오는 자를 돌보아
줄 뿐이다. 진실로 온정을 베푸는 체 하면서 남에게 친비하기를 바랄 일은 아니다. 이는 王道의
위대함이니, 그 백성들은 여유만만하고 차분하여 그렇게 된 까닭을 모른다. 성인이 至公無私한
마음으로 천하를 다스린 것을 '顯比'에서 볼 수 있다."

48 석지형, 『五位龜鑑』: "신이 삼가 살펴보았습니다. 艮卦는 산이 되고 검은 부리가 됩니다. 坎卦는
함정이고 또 血卦이기 때문에, 산에 검은 부리의 짐승이 있어서, 함정을 설치하여 피가 나고
다치는 상입니다. 艮으로부터 巽을 지나 坤에 이르기까지 세 곳을 지나기 때문에, 세 곳을 에워
싸고 한쪽 길을 열어두는 상이 되어서 그 요점은 다만 '顯比' 두 글자에 있습니다. 다섯 음이
와서 한 양을 돕는 것이, 임금이 돕는 도를 드러나게 밝히고[猶人君顯明此道], 천하가 높이고
가까이 하지 않음이 없는 것과 같습니다[天下莫不尊親]. 이것을 체득하여 다스리고자 한다면
마땅히 먼저 사사롭게 가까이 하는 마음을 버려, 사적인 부류들로 하여금 함부로 하는 일이
없도록 해야 합니다. 엎드려 바라건대, 전하께서는 각별히 주의하소서."

49 소식, 『동파역전』: "无首, 猶言无素也, 窮而後比, 是无素也."

50 김상악, 『山天易說』: "음으로 맨 위에 있고 아래를 돕는 까닭이 없어 머리가 없는 상이다. 비록
5와 比의 관계가 되지만, 이미 스스로 머리가 될 수 없고 돕는 데 뒤쳐지기 때문에 도가 궁핍하
여 흉하다. 乾卦에서 '머리가 없다는 것은 군세지만 부드러울 수 있는데, 比卦에서 '머리가 없

예로 진시황을 도와 문자 통일과 특히 분서갱유 같은 엄청난 일을 벌이는 데 가장 큰 공을 세운 이사李斯가, 진시황이 죽자 환관 조고趙高의 꾐에 빠져 부귀영화로 올인하다가, 오히려 조고의 무고로 반역죄의 누명을 쓰고 아들과 함께 시장바닥에서 허리가 잘리는 참형으로 생을 마감하고 만 사례가 있다. '비지무수'한 흉살의 좋은 본이다.

사마천의 「이사열전」에 적힌 마지막 내용도 다르지 않았다. 이사는 천하를 다 경륜하면서도 임금의 결점을 보완하는 데 힘쓰지 않았다. 높은 작위와 녹봉을 받으면서도 아부하고 구차하게 영합했다. 엄격한 명령과 혹독한 형벌로만 일관했다. 또 조고의 사악한 말에 따라 맏아들(부소)을 폐하고 작은 아들(호해)을 세우는 데 앞장섰다. 제후들이 마음이 다 떠난 뒤에 나서서 논쟁하려 했으나 이미 늦었다. 사람들은 이사가 아주 충성스러웠음에도 불구하고, 극형을 받고 죽었다고 안타까워했다. 이사가 제대로 판단했더라면, 그 공이 주공이나 소공과 같은 대열에 설 수 있을 정도였다.[52] 정자는 '무수'에 대해 "친비의 도가 처음부터 좋으면 끝도 좋지만, 시작이 나쁘면 끝도 좋을 리 없다"고 극언을 하며 "상6은 처음부터 친친할 때 잘하지 못하였기에 끝에 틈이 벌어지는 자의 말로"라 하였다.

다음은 불법으로 본 지욱의 해석이다. "궁색한 공부로 살아가매, 능히 부처를 보고도 법문을 듣지 못한 경우라, 팔만겁을 만날지라도 넉넉하게 공망空亡에 떨어짐을 면치 못할 것이다. 또 거짓 수행으로 비로정상毘盧頂上에 올랐다 하나, 실로 진실한 자리를 상응하지 못하였으니, 생사가 도래하매 문득 탕수湯水에 떨어진 방해螃蟹와 같도다. 수뢰준괘屯卦로부터 수지비괘比卦까지 모두 감坎이 들어 있다. 감坎(☵)이 건乾(☰)의 가운데 효를 얻은 것이니, 이것이 바로 중도中道의 묘혜妙慧다. 그 공덕이 함함이 되고 험險이 되니, 대체로 번뇌대해煩惱大海가 사바고해娑婆

다는 것은 음이라서 본래 머리가 없다. 건괘는 한 양이 맨 위에 있어 만물 위에 우뚝 서니 음들이 따르는 바가 되지만, 비괘의 상6은 감괘에 있어 함정에 빠지므로 '돕는 데 머리가 없다' 하였다.

51 觀卦에서는 두 개의 剛이 서로 친하니, 大艮☶ 즉 소인끼리 붕당을 이루어 친한 것이다. 관괘는 否卦 때부터 전진한 것이라, 건☰의 머리가 위에 있었는데, 관이 되어 강이 하나 절단되니 '无首'가 되어 소인끼리 친하다가 참수되는 일을 당하는 모양새다. 옛날에 사람을 베어 죽일 때 반드시 兩觀(대궐 좌우가 있는 망루)에서 이루어졌다고 한다. '無所終'은 比卦의 本象으로, 上에 陽의 善이 없이 끝마침을 말한다. 관괘는 간☶으로 考終命(오복의 하나)하지 못한다.

52 김영수, 『사기의 인간경영법』.

苦海와 더불어 어찌 이성二性이 있으랴. 또 고래로부터 오늘에 이르기까지 우환憂患이 생기고 안락安樂이 사라지지 않음이 없었다. 고로 사제四諦는 고苦로써 시작하고, 불佛은 팔고八苦가 사라진다 하니, 고苦는 두려워하여 불안한 것이요, 두려워해 불안하면 번뇌가 동하여 종지種智가 나타나는 것이니라. 성인의 서괘序卦한 취지가 참으로 깊지 않으랴."[53]

---

53 지욱, 『주역선해』.

외괘
風(巽=入)

내괘
天(乾=剛健)

9. 풍천소축風天小畜
The Taming Power of the Small

소축은 하늘에서 비가 오지 않아 날씨가 후덥지근한 때이다. 마치 어린 군주가 나약하고 경륜이 없어, 섭정의 도움을 받아야 하는 상과 같다. 소축의 시절에 군주는 만사를 멈추고, 다가올 자신의 시절을 위해 실력을 쌓고 키워가는 노력이 절대적으로 필요하다. 훗날 나의 시절이 도래할 땐 백성과 만물에게 비를 내려줄 수 있도록 실력을 길러야 할 것이다.

> **小畜 亨 密雲不雨 自我西郊**
> 소축은 형통하다. 빽빽한 구름에도 비가 오지 않으니, 나는 우리 서쪽 교외에서 제사를 올린다.

소축小畜은 저축貯蓄, 양육養育, 정지停止, 조체阻滯의 뜻을 지닌다.[1] 소축괘는 한 음이 다섯 양을 더 이상 나아가지 못하게 하니, 다섯 양이 한 음에 의해 길러지는 꼴이다.[2] 즉 아래 세 양은 길러지고 위의 두 양은 더 이상 나아가지 못하도록 말린다. 공자가 본 소축은 이렇다. "소축의 형통함은 유일한 4의 음이 손순한 자리를 얻어[柔得位], 초9와 상하를 응하고 있어 형통하다[而上下應之曰小畜]. 소축의 괘덕卦德 또한 내적으로는 강건하고 외적으로는 손순하다[健而巽]. 중을 잡고

---

1 「잡괘전」은 소축의 능력이 부족하다[小畜寡也]고 하고, 「서괘전」은 반드시 친한 후에 간섭과 격려로 기른다[比必有畜]고 한다.

2 [說證] 소축괘는 夬괘로부터 왔다. 괘는 陽道가 너무 지나쳐 발산함이 그치지 않으므로, 음이 4로 내려와 쌓고 멈추게 하니, 쌓아 멈추게 하는 것은 건의 원기이다. 大畜괘도 大壯괘로부터 왔다. 대축의 陽道가 이미 왕성하여 흘러넘치는 것이 그치지 않으므로, 음이 4로 내려와 그것을 크게 쌓고 멈추게 한다. 소축괘의 巽은 음괘이고, 대축의 艮은 양괘이니, 음은 작고 양은 크니, 소축과 대축의 이름이 구별되었다. 귀장역에서는 소축과 대축을 小畜, 大畜 또는 小畜毒, 大畜毒이라 했다.

있는 2와 5가 강하게 뜻을 행하고[剛中而志行], 뜻을 환하게[离] 밝히기에 소축일지라도 이에 형통한 것이다[乃亨]. 그러기에 밀운불우密雲不雨(Dense clouds no rain) 하지만 갈 바를 숭상한다[尚往也]. 즉 천하를 위해 비를 내릴 때가 아직 이르지만 더욱 강건하고 더욱 손순한 자세로 나아간다. 한편 내가 서쪽 교외에 머물며 제사를 올린다는 '자아서교自我西郊'는 역시 내가 대축을 이루지 못하고 소축이기에 아직 천하에 베풀 덕이 없다는 것이다[施未行也]."[3]

이처럼 공자의 단왈이 지적하듯, 양陽의 아량이 있어야 '밀운불우'를 벗어나 마침내 비가 내릴 수 있을 것이다. 동파도 다음과 같이 비는 온다고 말했다. "무릇 양이 음에게 베푸는 것이 있어야 비가 된다. 그런데 강건(═)한 사내는 나이 든 여자(═)가 자신의 시혜를 받기가 부족하다는 것을 알기에 의심하고 망설이며, 서쪽에 물러나 떨어져 있다. 그렇지만 구름이 있는데 비가 내리지 않는다면 장차 어디로 돌아갈 것인가? 머지않아 비는 올 것이다." 이처럼 구름이 짙으면 반드시 비가 올 것을 예견한다. 일찍이 문왕이 때가 이르지 않아 애쓰는 처세와 같고, 주공이 문왕의 아들 성왕을 길러내는 고사로도 본다.

주자 또한 "밀운密雲도 음물이요, 서교西郊도 음방이니, 문왕이[自我] 유리옥에서 연역演易하매 기주岐周가 서방임을 알았다"고 지적한다. 이것은 바로 때가 성숙치 않았음을 안 것이다. 즉 이윤伊尹이 어린 태갑太甲을 키워가는 과정과 같고, 주공周公이 어린 성왕成王을 세워두고 나라를 다스려가는 모양새와 같다.

지욱 역시 소축의 시절에는 "불원불우不怨不憂하지 말고, 오직 자양自養하며 자신을 삭혀야 형통하니, 속효를 바라지 말라"고 한다. 이는 "세법世法으로는 천하를 다스리매 유묘有苗가 래격來格하지 않음과 같고, 불법佛法을 잡으면 마왕魔王이 순종치 않음과 같고, 관심觀心으로는 관혜觀慧가 막혀[阻滯] 증명치 못함과 같다"고 하였다. 또한 "성인이 세상을 이끌어 가매 어리석은 백성들을 어찌 기피하고, 여래가 제도하매 마구니를 어찌 미워하고 의심하겠는가. 또 관심함에 장애가 온

---

3 소축은 姤卦와 夬卦에서 왔다. 구괘 초에 있던 음이 4로 가 지위를 얻고, 기쁘게 화합하니 형통한 것이다. 夬에서는 태═의 축만 있고, 감══의 비를 막고 있어 비를 내리지 못하였다. 이제 소축이 되면 아래가 뚫려, 건═ 위에서 비를 내릴 것 같은데, 巽의 위가 막고 있기에 구름만 짙고 비가 오지 않는다. 그래서 위의 감══만 바라보니 '密雲不雨'라 했다. 소축은 축적만 있으니, 이것 역시 밀운불우의 상이다. '施未行'은 坎의 유통이 없으니 비를 내리지 못함이다. 소축은 구괘에서 왔으니, 손══으로 齋戒하고 건═에 제사를 올리니 '郊'이고, '서방은 쾌의 태══이다.

다고 미리 두려워하고 겁낼 수 있겠는가. 비유컨대 주먹돌로 달리는 차를 멈출 수 없으며, 종을 치면 울지 않을 수 없고, 칼을 갈면 예리하니 돼지가 금산金山을 문질러도 광채를 더하고, 설상雪霜이 가상加霜하매 송백松柏은 더욱 빼어나니, 고로 형통한 것이 아닌가.[4] 그러나 이때에 두려워할 것은 없지만, 밀운불우密雲不雨가 자아서교自我西郊 함과 같아, 음양의 화합을 기다린 후에 비가 내림을 알 것이다. 무릇 구름이 동쪽에서 일어나면 비가 되기 쉽고, 서쪽에서 일어나면 비가 되기 어렵다. 역易을 귀하게 여겨라. 문왕의 처세법이 이와 같았다"고 지적한다.

『시경』의 증명도 이랬다. "솔솔 불고 솔솔 부는 골짜기의 바람이여! 흐리면 비가 올 것 같지만, 동녘에서 부는 골짝 바람이라야 비를 몰고 온다."[5]

'소축불우' 때에 비를 바라는 정조 임금의 기우제문이 심금을 울리고,[6] 또한 양촌陽村의 '밀운불운'가 눈여겨볼 만하다.[7]

---

4 지욱, 『주역선해』 : "譬諸拳石, 不礙車輪, 又譬鍾擊則鳴, 刀磨則利, 猪揩金山, 盆其光彩, 霜雪相加, 松柏增秀. 故亨也."

5 『詩經』, 「國風」, '邶, 谷風'에 나오는 대목.

6 정조대왕, '三角山, 白嶽, 木覓山, 漢江에 비를 기원하고 보답으로 사례하는 제문' : "응답이 빠르기가 북과 북채 같으니[應捷桴皷] 사직에 복을 내리고 백성을 보살피며[福社庥民] 역귀를 몰아내고 해충을 제거하소서[驅厲屏螫]. 뜨거운 볕 변함없이[日恒暘若] 이태 내내 이어져[乃二載交] 양기를 길러 비가 내리지 않으니[畜陽不雨] 곧 풍천소축 형상이었네[卽風天爻]. 원천이 메말랐거늘[源泉云涸] 하물며 이 자갈이 많은 땅이랴[矧兹确礴]. 아, 백성들이[唉爾黎獻] 괴로움을 호소하는 말이 많아 아우성일세[譴譴謷謷]. (하략)"

7 권근, 『周易淺見錄』 : "양이 부르고 음이 화답하면 서로 작용하여 비가 오지만, 음이 앞서 부르면 양이 화답하지 않아 비가 오지 않는다. 소축에서는 빽빽이 구름 낌이 서쪽 들로부터 일어나는 것이 아니라, 다만 빽빽이 구름이 끼되 비가 오지 않는 것이 애초에 4효 음 쪽에서 먼저 부르기 때문이다. 임금이 부르고 신하가 화답하면 반드시 공이 이루어지니, 이는 양이 부르고 음이 화답하여 비의 혜택이 내리는 것과 같다. 문왕이 紂王의 시대를 맞아 상나라를 배반한 나라들을 이끌고 주왕을 섬긴 것이 어찌 주왕을 바로잡고 보필하여 구름이 움직이고 비가 내리는 은택을 천하에 베풀고 싶지 않아서였겠는가? 그가 만일 주왕에게 호응하지 않았다면 어찌 되었겠는가? 그 때문에 문왕이 충성스럽고 지극한 덕을 다했음에도 끝내 유리에 갇히는 환란에서 벗어나지 못하였으니, 하물며 바로잡고 도와 은택을 베풀기를 바랄 수 있었겠는가? 이것이 바로 소축의 상황에 처하여 문왕이 탄식하여 '自我西郊'라 한 바다."

> 象曰 風行天上 小畜 君子以 懿文德
>
> 상왈, 바람이 하늘 위에서 불어옴이 소축이니, 군자가 이를 본받아, 문채 나는 덕
> 을 순수하고 아름답게 꾸며나가야 할 것이다.

서쪽 하늘에서 불어오는 바람이 소축小畜이고, '의懿'는 '아름답다, 떳떳하다'는
뜻이다. 정자는 군자의 대축大畜이 도덕경륜道德經綸의 업이면 소축小畜은 문장재
예文章才藝를 닦는 것이 되며, 또 문덕文德은 도의道義에 비하면 소소라 했다. 주자
도 바람은 유기무질有氣無質로 축축을 하되 오래 하지 못하니 소축이라 일렀다.

한편 지욱은 군자가 문덕文德이라도 있어야 먼 곳에 있는 자들이 복종하러 오니,
지금이라도 문덕을 닦아야 하지 않겠느냐고 한다. 그러기에 아직 불명확한 소축의
시절이니 만큼 공자는 다음과 같은 주석을 달고 있다. "군자라면 소축의 상을 잘
관찰하여[君子以], 문채가 나는 덕이라도 아름답게 닦아 나가야 한다[懿文德]."

문채가 안으로 감추어진 것은 덕이고, 덕이 밖으로 드러난 것은 문채이다.[8] 그
런데 이에 대해서도 언어와 문자의 말단만 꾸미지 말라고 경고하는가 하면,[9] 문덕
의 힘이 작지 않다는 경우도 있다.[10] 한편 공자는 군자의 덕을 바람에 비유하기도
하였으니,[11/12] 그의 제자 자하子夏가 위魏나라에 있을 때나 그의 손자 자사子思가

---

8 조호익, 『易象說』: "덕이란 문채가 안으로 감추어진 것이고[德者文之藏於內者也], 문채란 덕이
밖으로 드러난 것이다[文者德之見於外者也]."

9 김도, 「周易淺說」: "文德은 바로 문장과 재예 따위로 비록 아름다운 것이지만 도덕에 비하면
도리어 말단으로, 두텁게 쌓아 멀리 베풀 수 없다. 후대의 사람들이 이 뜻을 이해하지 못하고,
오직 언어와 문자의 말단만을 꾸미니, 문채가 이기는 겉치레에 가깝지 않겠는가? 배우는 자가
진실로 작은 것에서부터 큰 것을 구하며, 말단에 나아가 근본을 탐구할 수 있다면, 도덕과 경륜
의 일을 자기 몸에 돌이켜 볼 수 있을 것이니, 힘써야 할 것이다."

10 박제가, 『周易』: "문덕은 반드시 안을 채우고 쌓은 뒤에 발현하니, 아마도 두텁게 쌓아 멀리
행하는 이치가 아닐 수 없을 것 같다. 武事도 굳세고 용맹하며 위엄 있는 자질이며, 문덕과 같
은 경우엔 바로 형체가 없는 감화이고 꾸밈없는 도구이다. 그것 때문에 반드시 '문덕'이라 하고
또 「대상전」에서 '바람이 행한다' 하고 '바람이 그친다' 하지 않았으니, 문채가 진실로 멀리까지
행하는 것이다. 행하고 난 뒤에 그치게 함이 '畜'이다."

11 『논어』, '안자편': '君子之德風 小人之德草 草上之風必偃'에서 '君子의 德은 바람이요 小人의 德
은 풀과 같아서, 풀 위로 바람이 불면 풀이 바람을 따라 쓰러진다. 이처럼 소인도 군자의 기풍
을 보면 저절로 감화된다' 하였다.

12 柳正源, 『易解參攷』: "바람은 號令이니, 바람이 天下에 불면 베풂이 만물에 닿아, 베풂이 행해지
지 않는다고 말하지 못한다. 소축의 때는 부드러운 음으로 굳센 양을 저지하기 때문에 군자가
본받아서 문덕을 아름답게 하는 것이다. 공자는 멀리 있는 사람이 복종하지 않으면 문덕을 닦아

노魯나라에 있을 때, 이들이 홀로 온화하고 차분하게 도를 가르쳤던 것은 모두 시절이 어려울 때 문덕의 지혜라도 닦고자 함이었다.[13] 고로 소축의 시절을 당하고 있다면 오로지 '의문덕(懿文德)'할 따름이다.[14]

세상은 공부를 돈 버는 도구로, 또는 기술로 여기니, 아무리 많은 공부를 하여도 올바른 인격이 갖추어지지 않는 이유가 된다. 소축은 말한다. 학문이라도 배우고 닦아야 인간축에 끼일 수 있다고. 삶이란 것은 문자나 돈이나 명예나 권력 속에 전혀 들어 있지 않음을 직시해야 할 것이다.[15]

> 初九 復自道 何其咎 吉
>
> 초9는 (집을 나갔다가 멀리 가지 않고) 길에서 되돌아오니, 어찌 허물이 있으랴. 길할 따름이다.

초9는 주효 4와 오로지 정응하는 자다. 초9를 제외하고는 4와 응하는 자가 없다. 그러니 스스로 제 길로 돌아온다[復自道, Return to the way]. 자도自道는 도학적으로는 지선至善의 자리요 천부지성을 얻어 자성본래불自性本來佛로 돌아오는 자리다. 자신의 본자리로 돌아오는데 어느 누가 허물하리오[何其咎]. 소축은 괘 자체가 4의 음 하나가 다섯 양을 기르는 때라, 정응 초9는 강건하고 손순한 자세를 취하며 잘 따르기만 하면 허물이 없다. 동파는 4의 음이 어린 초9를 맹렬하게 키워, 장차 그 기운을 가득 차게 만들려고 하기에, 자도自道를 회복시킨다고 보았다. 비유하건대 4를 따르는(정응하는) 자는 오직 초9인지라 자신의 길을 스스로 찾아가는 안자顔子와 같은 복성復聖이어서, 공자도 "스스로 제 길로 돌아옴은 그 뜻이

오게 한다 하였으니 굳센 양을 저지함이 문덕을 숭상하는 것만 한 것이 없다."

13 소식, 『동파역전』 : "위나라 子夏는 공자 사후 西河에서 講學하며 위나라 文侯의 스승이 되었다. 공자의 손자는 曾子에게 수학하고 노나라 繆公의 스승이 되었다."

14 [說證] '懿'는 '專一'과 '純美'처럼 한결같고 순수한 아름다움이다. '懿'는 '壹'에서 나온 자로, 소축이 구괘와 쾌괘로 변화하면서도 건☰을 잃지 않았기 때문에 '懿'를 지켰고, 소축에서 호괘 리☲가 '文德'이다.

15 참고로, 지금은 비가 오지 않지만 머지않아 원하는 비가 반드시 오고 만다. 그러니 바보처럼 스스로 기운을 낭비하지 말고, 밝은 미래를 위해, 정성을 다하는 공부라도 해야 할 것이다.

길하다[象曰 復自道 其義吉也]"라며 그 가상한 뜻을 높이 평가했다.[16][17][18] 여기 '복자도復自道'는 '자잘한 일상생활의 습관을 고쳐서 바로잡는다'고 새길 수도 있다.

고사로, 문왕이 유리옥에서 출옥하여 일상으로 돌아와 회복된 상태로 본다. 소축이 중풍손괘巽卦로 가면 집나간 부인이 돌아온다.[19][20]

---

16 이지연, 『周易箚疑』: "文德은 도덕에 비교하면 작아 두텁게 쌓아 멀리 베풀 수 없다. 대체로 '武德은 곧 발양하여 분발하는 기상이 있지만, 문덕은 화락하고 포용하여 겸손한 뜻이 있으니, 문덕의 자취가 없음을 볼 수 있다. 순임금이 계단에 서서 문덕을 펴고, 우임금은 천하를 五服으로 나누어서 문교를 펼쳐 천하의 사람들로 하여금 사모하여 본받게 하니, 바람에 풀이 반드시 눕는 것과 같았다. 그렇다면 소축괘의 상을 취한 것이 단지 '바람이 행한다'는 '風行' 두 글자 뿐일까. 소축이 '쌓는다'는 '畜'으로 이름을 삼고 효가 '회복함復'으로 뜻을 삼았으니, 괘와 효가 서로 어긋나는 것 같지만 회복하기 때문에 쌓으며, 쌓였기 때문에 더욱 회복하려 하는 것이다. '회복한다'는 '復' 자에서 더욱 쌓는 뜻을 볼 수 있으니, 양을 북돋우려는 뜻을 보존해두었기 때문이다."

17 吳致箕, 「周易經傳增解」: "음으로 양을 저지함은 대축괘의 양을 저지하는 것보다 못하다. 군자가 바람이 하늘 위에 행함에 기운은 있지만 형질이 없는 상을 보았으니, 그 문덕을 아름답게 함은 대축괘의 도의에 비교하면 작다."

18 오치기(吳致箕, 1807~?): 본관 海州, 자 子範. 통천군수 역임. 조부는 예조판서 吳載紹이고, 伯祖는 대제학과 이조판서를 지낸 吳載純이다. 백부 오희상과 백조 오재순은 『주역』저술을 많이 남긴다. 특히 오재순은 『周易會旨』, 『玩易隨言』, 『河圖解』, 『伏羲則圖畫卦圖說』, 『八卦說』, 『河圖解後說』, 「易論」, 「乾象對」등을 저술하였다. 이런 집안 학풍이 오치기에게 많은 영향을 주었다. 『周易經傳增解』는 오치기의 나이 69세 되던 1875년에 완성되었다. 이 책의 특이한 점은 「설괘전」을 「서괘전」 앞에 위치시키지 않고, 「잡괘전」 뒤에 두었다는 점이다. 특히 이 책에서는 「계사전 상」, 「계사전 하」, 「설괘전」, 「서괘전」, 「잡괘전」을 빠짐없이 다루었다. 「自序」의 고백이 이랬다. "성인의 역을 헤아리지 못해 不撤晝夜로 묵묵히 연구하며 거의 7년 동안 식사를 잊고 잠을 안 잔 후에야 비로소 어느 정도 바르게 이해하는 방법을 얻을 수 있었다."

19 [說證] 소축은 姤卦로부터 왔다. 소축이 되면 안에 있던 巽이 밖으로 나간 닭이 되었는데, 重風巽卦가 되면서 하괘에 닭이 다시 돌아온 것이다. 또 重巽은 中孚卦에서 왔다. 중부 안에는 진≡≡의 길이 있었는데, 중풍손에 大坎≡≡을 보고 '復自道'한 것이다. 중부 때는 태≡가 剛을 타고 있었지만, 중풍손이 되면서 柔가 아래로 내려가니 허물이 없고, 집 나간 닭(부인)이 다시 돌아옴과 같은지라 '何其咎吉'이라 했다. 고로 닭은 부녀의 상이다('巽爲鷄'). 부녀가 집 밖으로 나갔으니 어찌 허물이 없다 할 수 있게는가마는, 멀리 가지 않고 되돌아오니 또 무슨 허물이 있겠는가. 소축의 덕은 기름에 있으니, 가축이 비록 밖으로 나갔다 하더라도 반드시 되돌아오는 까닭에 다시 기를 수 있는 것이다.

20 참고로 스스로 정도를 회복하여 상하 화합이 좋으니, 재산을 얻을 절호의 기회. 속전속결하라[小畜之巽→子丑→財合]. 단 소축이니 큰일은 도모하지는 말라.

九二 牽復 吉
구2는 (잃어버린 소를 찾아) 끌고 돌아오니 길하다.

키워주는 4와 응하지는 못하지만, 중심을 잃지 않은 자리가 구2다. 소축의 혜택을 받고 있는 초9를 잘 이끌어 대축으로 나가게[牽復, Draw into returning] 하면 길吉할 것이다. '견牽'자는 하늘에 있는 소를 끌고 집으로 들어오는 그림 '십우도 十牛圖'와 같다. 끌어오는 대상은 집 나간 '소[牛]'다. 여기서 통변을 모르면 풀기 어렵다. 손巽과 리离은 모두 곤坤의 기운을 받았기에 소를 끌고 오는 상이 된다.

고사로는 문왕이 출옥하자 성급한 조기 거병을 만류하고, 조금씩 멀어진 민심 (초9)을 모아 나간 이야기로 보기도 한다. 소축이 가인家人으로 간 괘라, 집 나간 소(괴리된 민심)를 끌고 집으로 돌아오는 상이 된다.[21] 인생사는 어머니 뱃속에서 나온 어느 누구든, 세상 유람이 끝나면 결국 지치고 헐벗은 후, 소를 끌고 집으로 돌아오게 된다. 그때의 상처와 회한과 공과가 그 사람 삶의 성적표라 볼 수 있을 것이다.[22]

공자는 "끌고 돌아와 안에 두었으니 이제부터는 (소를) 잃는 일이 없을 것이다 [象曰 牽復在中 亦不自失也]"라고 주석하였다. 여기서도 소(민심)를 잃어버렸지만, 다시 잃어버린 소의 고삐를 당겨 되돌아오게 하였으니, 스스로 잃어버린 것은 아니라는 의미이다. 복성復聖할 수 있는 자는 본불本佛을 붙잡고 놓지 않은 그 자를 말한다. 아래 1·2·3이 급하게 4에게로 나가려고 하니, 중中을 잡은 2는 어느 정도 견제를 당하고 있다.[23]

---

21 [說證] 巽의 소가 밖으로 나가니 소를 잃었다. 소축이 家人이 되면 리☲가 되니, 소가 또 돌아옴으로 본다. 가인에서 손☴의 고삐를 잡고 감☵으로 끌어당기니, '自失'이 되고 돌아오는 歸가 된다. 말로 간주한다면, 진☳과 감☵이 건☰의 말에서 나왔듯이, 곤☷의 쇠[牝牛]를 닮은 손☴과 리☲도 소라 볼 수 있다. 離卦에서는 巽를 畜牝牛의 소에서 취상했다.

22 시인 천상병은 죽음을 '소풍 마치고 떠나는 날로 보았고, 十牛圖는 생로병사의 처절한 몸부림을 칠지라도, 어떠한 경우든 자신을 잃지 않고, 흠 하나 내지 않고 사는 삶이 최상이니, 자신[소]을 잘 끌고 다니라는 그림이다.

23 참고로 수레를 함께 끌어당기는 것처럼 협업이 좋고, 집안을 다스리고 제자를 가르치는 직업이 좋다. 家人으로 돌아가면 편안하다.

구3은 수레에서 복토伏兎가 벗겨지고, 부부 반목이 있을 것이다.

구3은 중심을 얻지 못하고 강하기만 하니, 남의 여자라도 빼앗을 듯 그 기세가 넘치는 자다. 지나친 과욕이 화를 부른다. 바퀴살[伏兎 Spoke]이 수레를 벗어나는 꼴이니[輿說輻 Burst out of the wagon wheels], 마치 부부가 반목하는 모양 같다[夫妻反目]. 왕필도 3이 상9와 강과 강으로, 밀어내며 친하지 못한 이유를 '부처반목夫妻反目'으로 밝히고 있으나, 4와의 관계는 보지 못하고 있다. 그런데 동파는 차축車軸이 풀어져 4와 같이 노는 것은 좋지만, 건乾이 끝내 자신의 군건함을 스스로 변혁하지 못하고, 4와 더불어 오랫동안 머물러 원망을 사는 모양이라 하였다. 고로 구3은 과강過剛이 지나쳐 중中을 벗어나고 있는 점이, '탈說'과 '반反'의 원인으로 지적된다.

3이 동하여 소축이 중부中孚로 갔지만, 중부의 본질을 잃고 '적을 만나 혹 북을 치다가도, 혹 파면을 당하고, 또 혹 울다가도 혹 노래를 부르기도 하니[得敵 或鼓 或罷 或泣或歌]' 어찌 그것이 중부를 얻었다고 할 수 있겠는가? 이는 소축이 중부로 간 경우에 일어난 비사이다.[24]

다산은 소축의 호괘互卦에서 화택규火澤睽를 보고, 부부가 서로 반목하고 괴리하는 상을 복토伏兎를 벗어난 것이라 한다. '눈을 서로 똑바로 마주치지 않는 반목'이 바로 '규睽'에서 온 '눈흘김'이다. 여기 '대축의 복토'에서 '복輻'처럼 마치 수레바퀴 속을 말한 노자의 그것을 연상한다[三十輻共一轂].[25] 바퀴살이 바퀴통에 벗

---

24 정약용, 『주역사전』 : 睽卦는 大壯卦로부터 온다. 대장괘 때 건☰의 수레가 힘차게 가니, 진☳의 도는 가로 막힘이 없었고, 건☰의 세 개 양이 아래에 있으니, 잘 박힌 바퀴살이었다. 그런데 睽卦가 되면, 한 개의 剛이 벗겨지며, 태☱가 되니 살이 빠진 꼴이 아닌가[兌☱爲脫]. 또한 감☵의 險이 많은 수레를 멈추고 있다. 왜 그러한가? 소축괘의 성질은 멈추게 하는 데 있으니, 수레의 바퀴살을 빠지게 하여 나아가지 못하게 한 것이다. 坎의 험이 앞에 놓여 있고, 离의 둑이 가로 막고 있으니, 가고 싶다고 갈 수 있겠는가. 소축의 3에서 말한 것은, 대장의 3이 상으로 갔기 때문이다. 그리고 睽는 中孚에서 오니, 중부의 진☳과 손☴은 부부고, 또 간☶과 태☱의 젊은 부부 또한 중부의 大离☲에서 相見하니, 믿음을 주고받아 화목하다. 그런데 中孚가 睽로 가면, 睽에는 두 개의 리☲가 있어, 그 두 눈으로, 감☵의 의심을 생겨나게 하니, '夫妻反目'이라 하였다. 또한 중부에서는 리☲의 담장에, 간☶의 문이 있어, 집이 단정하다. 가인괘에서도 남녀가 올바로 자리 잡아 家道가 엄숙하지만, 규괘는 중부괘에서 어그러지고, 가인괘로부터 뒤집어지니, '不能正室'이라 한 이유이다.

25 노자, 『도덕경』 : "서른 개의 바퀴살이 수레바퀴를 만드는데, 바퀴 중심이 비었기에 수레로 쓸

어나지 않고 모여 있는 한 수레바퀴는 부서지지 않는다.[26] 정현鄭玄 같은 이는 굴대를 마음자리의 갈고리 나무라 하였고, 황태연은 '복輻'을 바퀴살이 빠져나가고, '복輹'은 살이 빠져 수레가 주저앉은 상으로 정리했다.

아무튼 공자는 '부부의 반목을 능히 잡지 못한[象曰 夫妻反目 不能正室也]' 집안 탓으로 풀었으니, '부처반목'은 패가망신을 가져오는 원인이기도 하다. 예로 상나라 마지막 왕 주紂의 아들 무경과 결탁해 주공을 제거하고자 했던 주공의 형제 관숙과 채숙의 무리와 유사하다. 그들은 결국 주공의 군대에 궤멸되고 만다.

가까이는 선남선녀들이 혼인 전에, 반드시 부부학과 가정경영학을 배워야 바른 치가治家를 할 수 있을 것이다. 고로 구3은 안에 있는 재물이 스스로 새어나가니, 온갖 유혹을 냉철히 차단할 필요가 있다. 젊은 시절 남편의 무절제한 주색이 부른 화禍이기도 하다.[27] 실록에도 부마의 축첩과 공주의 바르지 못한 처신이 조정을 어지럽게 한 장면이 나타나니,[28] 처가 본시 재산의 근원임을 알면 후회가 사라진다.[29]

수 있다. 찰흙을 빚어 그릇을 만드는데 그 가운데가 비었기에 그릇으로 쓸 수 있다. 문과 창을 뚫어 방을 만드는데 방 안이 비어 있기에 방으로 쓸 수 있다. 그러므로 有가 이로운 것은 無에 그 쓰임새가 있다."

26 다산은 '여탈 輻'이 아니라 '여탈 輹'으로 해석한다. 전자는 바퀴살이 벗겨지는 것이고, 후자는 복토(伏兎)가 벗겨지는 것이다.

27 박재완, 『정전역해』참조

28 『조선왕조실록』 성종 25년(1494) 8월 25일 : "한갓 공주의 투기하는 악행을 이루었을 뿐만 아니라, 전하께서도 조정에 失信하신 것입니다. 전하께서 26년 동안 죄인을 신중하게 심의하고 형벌을 삼가시는 덕이, 끝을 잘 맺지 못하여서, 온 나라 신민의 缺望됨이 깊으니, 그렇다면 전하께서 쓰신 바가 天討의 죄를 얻은 것이라고 말할 수 있겠습니까? 삼가 살펴보건대 주역에 '수레 바퀴살이 벗겨졌다. 부부가 서로 반목한다[輿脫輻 夫妻反目]' 하였고, 傳에 '지아비가 道를 잃지 않았는데, 아내로서 그 지아비를 제어할 수 있는 자는 있지 않다' 하였습니다. 이제 임광재는 어린 나이로 공주에게 장가들어 별안간 貴顯에 오르니, 교만하고 음란함이 습성을 이루어 미친 듯이 방종을 자행하였습니다. 이에 이미 공주와 화목하지 못한 데다가, 또 그 家人과도 화목하지 못하여, 大獄을 釀成하였으니, 재앙은 자신이 만든 것입니다." (홍문관 부제학 成世明 상소)

29 高島 嘉右衛門, 『高島易斷』: 일본 해군 운양함이 인천으로 들어오다 포격을 받아 좌초하자, 征韓派와 비정한파가 둘로 나뉘어 격돌이 벌어지는 가운데, 일본의 고관이 그 결과를 물어 3을 얻었다. 아래의 세 양☰이 征韓하러 나가자 해도, 4의 음에게 저지당해 나가지 못하는 상이다. 정한을 하면 수레바퀴가 힘이 부족하여 빠져나갈 우려가 있기에 불가하다는 판단을 내린 기록이 있다.

> 六四 有孚 血去 惕出 无咎
> 육4는 믿음을 지니면 피의 아픔도 제거하고, 두려워하는 마음을 내보낼 수 있으니, 허물이 사라질 것이다.

비록 소축이지만 이끌어가야 하는 당사자 4에게는 만만치 않은 상황이다. 안으로는 정응 짝 초9가 있다. 이는 바닥 민심을 등에 업고, 일축一畜도 할 수 없는 주군 5를 도와 축성畜成을 이루어내야 한다. 예로 믿음과 정성으로 오로지 충성을 보여야 되는 문왕의 입장과 같다. 즉 주왕紂王에게 무한한 신뢰를 보여야, 위험과 두려움에서 해소될 수 있다. 그렇게 믿음을 가져야만[有孚], 응어리 진 민중의 어혈瘀血을 해소하려는 더 큰 걱정을 막을 수 있고 또 두려움도 보낼 수 있어[血去惕出 Blood vanish fear give way] 탈이 없을 것이다[无咎].[30/31] 공자의 주석 역시 "유부척출은 위에 있는 임금과 뜻을 하나로 하는 일이 우선이다[象日 有孚惕出上合志也]"라고 밝히고 있다.[32] 여기서도 성왕成王을 도와 주나라를 반석 위에 올려 놓은 주공의 예를 들기도 한다.[33]

---

30 [說證] 4는 위로 임금의 욕심을 저지하고, 아래로 신하의 강함을 저지하는 책무가 있다. 4가 변하면 重天乾卦가 되어 坎의 피가 사라지고 두려움 또한 나가, 허물이 없다. 이는 5의 임금에 뜻과 서로 부합하니, 처음엔 비록 피 흘리고 두려워하는 근심이 있었지만 끝엔 반드시 허물이 사라졌다. 결론적으로 소축은 음으로 양을 저지하는지라, 3이 비록 바큇살이 벗겨지지만 4는 신하로써 임금의 뜻을 저지하다가 반드시 상해를 입게 되니, 오직 그 믿음과 성실함을 다하여 뜻을 합하면 피를 흘리고 두려움을 면할 수 있어 허물이 사라질 것이다."

31 金相岳 또한 『산천역설』에서 '믿음'을 互體 중부괘에서 보았다. '피'는 음효에서, '두려움'은 4효가 두려움이 많기 때문이란다. '血去'는 변괘가 乾卦로 가 강건하기 때문에 "피가 사라진 것"으로 보았다. 또 乾의 金이 巽의 木을 치니, 마땅히 피를 흘리고 두려워함이 있지만, 호체 离의 火를 두려워하여 감히 나아가지 못함도 보인다. 그러나 끝내는 금을 녹여 땅에 합하여 저지하는 공을 이루니 허물이 사라진다. 송시열은 "믿음[孚], 피[血], 두려움[惕]의 세 글자는 모두 坎의 상으로 보았다. 왕필 왈. "'피라고 한 것은 양이 음을 침범하기 때문이다."

32 다산은 전통적인 방식의 끊어 읽기와는 달리 '六四 : 有孚血, 去惕出, 无咎'로 읽는다.

33 『逸周書』 '度邑解' 편의 기록이다. 주나라 창업 초기에는 정국이 불안했다. 정권을 공고히 하기 위해서는 동생 주공만이 이것을 할 수 있다고 생각했다. 그래서 무왕은 임종 직전에 동생 주공에게 왕위를 계승하려 했다. 그러나 주공은 감격해 눈물을 흘리며 감히 명을 받지 못했다. 이것을 보면 주공은 애초 정권에 욕심이 없었다. 일단 섭정을 맡은 주공은 일단 자신의 권력을 강화할 필요가 있었다. 강한 권력이 없다면 도처에 반대 세력이 있고, 아직 동쪽이 통합되지 못한 상태에서, 언제든 제후들의 반란에 직면할 수 있었다. 한비자의 '주공은 7년이나 천자 흉내를 내었다[周公旦假爲天子七年]'라는 기록을 보더라도 알 수 있다. 상황이 이와 같았으니, 주공에 대한 오해도 적지 않았을 것이다.

왕필은 '혈거血去'를 따로 보고, 피를 본 것은 4가 초9로 가는 길에 3이 가로막고 벌어진 혈투 때문으로 여겼다. 그러나 육4의 문제는 주군 5와의 관계이다. 어떻게 종속적인 위치에 있는 4가, 주도적인 지위에 있는 소축의 구5를 상대로 설득하고 결속하고 흡인하며 리드하는 적극적인 작용을 할 수 있느냐가 관건이다. 그러기에 4는 음양의 조화와 협조를 통하여, 주종의 관계를 훼손하고 위태롭게 하지 않도록 신중해야 할 것이다. 한 사례로 제갈공명이 유선劉禪의 완전한 신임을 얻지 못했다면, 그의 능력을 마음껏 발휘하여 보좌의 임무를 다하지 못했을 것이다. 고로 상하의 뜻이 화합하면 가정이 화목하고 만사가 흥왕하니 유시유종有始有終의 근본이 된다.

참고로 어떠한 형태로든 어려운 일이 발생하여 유혈의 맛을 보기도 하지만 큰 탈은 없을 것이다.[34]

> **九五 有孚攣如 富以其鄰**
> 구5는 믿음을 지니되, 마치 (한 쪽) 팔뚝이 꺾여 부러졌을 때 (다른 쪽 팔뚝이) 서로 의지하듯이 하니, 그 이웃을 도와 부유하게 함이로다.

구5는 강건 중정하기에 믿음과 충심이 있다. 소축하려고 애쓰는 4에게 믿음과 정성을 쏟아 마음을 당긴다[有孚攣如, Loyally attached]. 5는 다섯 남자 중 가장 영향력 있는 자다. 이웃과 부를 함께 나눌 수 있다[富以其鄰]는 강력한 설득력으로 4를 끌어당겨야 한다. 육4 같은 우군(여자, 부하)을 유혹하는 데는 권력과 재산보다 더한 조건이 없으니 구5가 가장 자신 있게 당기는 것이다. 이럴 때 넘어가지 않을 사람은 좀처럼 없다. 정치적으로 볼 때도 육4는 유능한 신하요, 구5는 강건 중정한 명군이다. 4가 신의와 성실로 임금을 모시고, 임금도 그런 마음으로 받아들인

---

34 다산은 4를 病占으로 본다. 소축은 감☵의 질병의 자리[4·5·6]에서, 손☴의 약을 쓰니, 병을 치료하는 괘다. 소축의 호괘는 睽다. 睽卦 땐 감☵의 피가 가운데 있어 마음이 아프더니, 4가 변하면 損卦가 되어 감☵이 사라지니 어혈이 풀리고, 리☲의 마음을 비우게 되어 '有孚血'이 되었다. 고로 아래 태☱가 강을 타고 있었지만, 損에서 감☵이 사라져버렸으니 '惕出'의 상이 된 것이다. 역의 도는 광대하여 모든 것을 다 갖추고 있으니, 병의 치료에 관한 것이라고 해서 하찮게 여겨서는 안 된다. 소축괘가 重天乾으로 가니 건강으로 보고, 처와 남편의 병이라면 속효다.

다면 부를 같이 누릴 만하다. 그 예로 유비가 제갈공명을 감동시켜 물고기가 물을 만난 듯 군신이 서로 의기투합할 수 있었고, 공명 또한 죽을 때까지 나라를 위하여 혼신의 힘을 다했다. 이는 완벽한 상하의 모범적인 사례로 삼고초려三顧草廬나 백제탁고白帝托孤[35]가 미담으로 전해지는 이유이다."

"믿음으로 서로 신뢰하며 마음을 당기듯이 하는 것은 부를 홀로 독식하지 않음이다[象日 有孚攣如 不獨富也]"라는 공자의 주석으로 볼 때, 수현壽峴은 현명한 임금은 사욕을 위해 부를 독식하지 않고 백성을 돕고 모으는데 써야 한다고 읍소를 한다.[36]

여기는 또 다산의 각고처럼 소축이 대축으로 간 경우이다.[37] 다산은 '련攣'을

---

35 『삼국연의』에서 유비가 白帝城에서 패전하고 병을 얻어 세상을 떠나면서 제갈공명에게 아들 유선을 부탁한 고사.

36 石之珩, 『五位龜鑑』 : "신이 삼가 살펴보았습니다. 소축괘 구5는 부유한 사람이 그 재력을 써서 그 이웃한 부류의 여러 사람들을 구제하는 것이니, 임금이 믿음으로 무리의 도움을 얻는 것입니다. 대체로 사람을 모으는 것이 재물만한 것이 없지만[聚人莫如財], 재물이 모이면 백성이 흩어지므로[財聚則民散], 현명한 임금은 재물로 부유하게 여기지 않고[明君不以財爲富], 백성을 얻는 것을 부유하게 여기니[以得衆爲富], 백성들이 이 때문에 이끌려 함께 따르는 것입니다[衆所以牽連而從]. 아! 재물로 부합하게 하는 것은 재물이 다하면 흩어지지만[財盡則離], 믿음으로 부합하게 하는 것은 부유하지 않더라도 믿으니[合之以孚, 不富而信], 천리와 인욕의 얕고 깊은 구분이[天理人欲淺深之分], 어찌 다만 하늘과 땅의 차이 뿐이겠습니까[豈特霄壤翅哉]. 엎드려 바라건대, 전하께서는 홀로 부유하기를 구하지 마시고, 믿음으로써 백성들에게 다가가소서[勿求獨富, 信以及隣]."

37 丁若鏞, 『茶山詩文集』, '答仲氏' : "「周易小本」은 큰아들 學圃의 것입니다. 그 아이가 벌써 싫증을 내 책상 위에만 놓아두고 있기에, 때때로 익혀 음미하다 보니 한바탕 웃음이 터져, 長沙의 괴로움을 잊기에 충분하였습니다. 연전에 읽으셨던 草本은 玉으로 치면 璞이고, 쇠로 치면 礦石이고, 쌀로 치면 겨[糠]이고, 뼈로 치면 껍질이고, 질그릇으로 치면 아직 굽지 않은 그릇이고, 木工이 다듬은 재목으로 치면 原木이었습니다. 『시경』에 '切磋琢磨'라 한 것은 이를 두고 한 말입니다. 며칠 전에도 하나의 爻를 고쳤습니다. 만약 나에게 10년을 더 살게 해주어 『주역』 배우기를 끝마치게 한다면 아마 더욱 유익하게 고칠 수가 있을 것입니다. 그 중에서도 坎卦·離卦·頤卦·大過·中孚·小過 괘는 성인의 마음쓰심이 더욱 기기묘묘하였습니다. 또 '有孚攣如 富以其鄰' 한 것이나 '月幾望'은 모두 九泉까지 뚫고 들어가야 비로소 물을 얻게 되는 것이니, 반드시 그 類를 합하고 비교하여 관찰한 연후에야 그 묘한 이치를 알 수가 있는 것입니다. 그러나 『주역』을 관찰하고 싶으면 반드시 먼저 고요한 장소부터 구해야 합니다. 닭 울음과 개 짖는 소리, 어린아이의 울음과 아낙네 탄식 소리는 제일 꺼리는 것이 되는데 어떻게 해야 이러한 곳을 얻을 수 있겠습니까. 導引法이 분명히 유익하다는 것을 알면서도, 12년 동안 새벽에 일어나고 밤이 깊어 잠자리에 들면서 六經의 연구에 부지런하다 보니 할 겨를이 없었습니다. 이제 다행히 六經을 끝마쳤으니, 방 하나를 깨끗이 소제하고 아침저녁으로 노력하는 가운데 틈을 내어 도인법에 유념하려 합니다. 그러나 방 가운데 책이 한 권도 없어야 더욱 좋은데 익힌 습관을 버리기 어려워 끝내 다시 文墨을 일삼게 되었습니다."

팔이 꺾인 4에게 팔을 꺾어 도와주는 대축으로 해석하고 있는 점이 특이하다.[38]
아산은 남자가 여자를 연심戀心을 가지고 당기는[手] 강력한 파워로 보기도 했다.

上九 旣雨旣處 尙德 載婦 貞 厲 月幾望 君子 征 凶

상9는 이미 비가 오니 집에 들어와 머물고 있다. 덕망 있는 자를 숭상하니, (그가
수레를 탈 때 그) 부인을 같이 태우게 될 것이다. 일을 맡아 처리하더라도 위태로
움이 있다. 달이 14일 기망에 있으니, 만일 군자가 월기망의 날에 정벌에 나서면
흉할 것이다.

'소축'은 구름만 빽빽하지 비가 오지 않는 '밀운불우密雲不雨'의 자리였다. 즉 4
의 소축을 받지 않으려는 고집 센 어른 상왕과 같다. 그렇지만 세상은 변하지 않
을 수 없기에, 상9의 마지막 자리에서 비가 내리지 않을 수가 없다. 고로 수천수
水天需괘로 간다.[39] 그러기에 이미 비가 오고[旣雨], 그 자리에서나마 머물러 소축

---

38 [說證] 소축이 大畜卦로 간다. 대축은 中孚로부터 온다. 소축은 본시 大리☲의 상이고, 대축이
되어도 변하지 않으니, '有孚'라 했다. '련攣'이란 팔이 꺾여 굽은 것이다. 팔은 한 팔이 꺾여도,
다른 한 팔로 서로 도와주니, 이것이 양쪽 팔뚝이 서로 믿고 의지하는 바이다. 대축이 중부로부
터 추이하니(중부 5가 3으로 감), 간의 팔뚝이 마침내 부러진다(중부의 艮으로 오그라든 형상).
그러나 한 팔뚝이 비록 부러지더라도 다른 한 팔뚝이 오히려 성한 채로 있어서, 간☶의 손으로
당겨주니 의지함이 '유부연여'다[중부괘 5도 '有孚攣如']. 또 소축의 호괘는 睽다. 규의 5가 변하
면 履卦가 된다. 다시 履는 夬로부터 왔으니, 쾌 때는 남쪽 이웃(1·2·3) 건☰ 3양이 부유하다가,
북쪽 이웃(4·5·6) 태☱가 이지러졌다. 이때 다시 履로 가니 '富以其鄰'하고 '富獨富'함이 된 것이
다. 또 태괘 4와 겸괘 5에서도 '不富以其鄰'이라 하였으니, 이 또한 호괘를 취하고 건☰으로 부의
뜻을 삼았던 것이다. 선왕의 법에 제후들이 재난을 만나 구휼에 힘쓰도록 하며, 쌀을 내다 파는
것을 금지하며, 재화를 취함을 금하였으니, 비유컨대 왼팔이 아프면 오른팔로 구해주고, 오른팔
에 재앙이 있으면 왼팔로 구해주는 것과 같다. 소축괘는 본래 구괘에서 왔으니, 옛적엔 북쪽
이웃의 부가 남쪽으로 옮겨지더니(구의 4가 1로) 이제 쾌괘에서는 이괘로 추이하게 되면, 남쪽
의 부가 북쪽으로 옮겨간다. 언제나 불리한 시절은 있기 마련이니, 또 좋은 시절이 가면 불리한
시절이 찾아오는 법이니, 무릇 그곳이 넉넉한 자라면, 마땅히 서로 구휼하고 함께 험한 처지에
다치지 않도록 하는 법이다.

39 소축의 상괘 巽은 짙은 구름 密雲이다. 또 巽은 進退를 알리니, 이것이 비도 오지 않고, 집에
머무르지도 않는 상황이다. '處는 居, 즉 머무름이다' 상9가 변하여 需卦가 되면, 坎이 되어 비가
되고, 집이 되니 '旣雨旣處'가 된다. 이것은 이미 비가 와서 집에 머무는 상이다. 需卦는 대장괘
로 왔다. 대장 때는 4와 5가 지위를 잃어버리더니, 需卦가 되면 양은 올라가고 음은 내려가서
그 지위가 올바르게 되니, 이것이 '尙德'이다. 이미 坎의 지아비가 있고 离의 지어미가 있으니,
게다가 乾의 수레까지 아래에 있으니, 이것이 부인을 수레 태우는 '載婦'가 된다. 어째서 그런

을 할 수 있게 된 것이다[既處]. 화합의 운우지정을 나눈 그 자리가 바로 몸을 두고 거처할 자리다. 그것은 오로지 덕을 숭상하고 살아 왔기 때문이다[尚德]. 그런 그가 수레를 탈 때에는 그 부인도 대동하게 된다[載婦]. 그렇지만 이제 상9의 자리에서 일을 맡아 처리하는 책임 있는 일은 원만하지 못하니, 위험이 따를 수 있다[貞厲]. 그러기에 보름달처럼 자신의 주장과 고집만 내세우기보다는, 열나흘 달처럼 손순하고 겸손한 자세를 취하여, 끝 날 화합의 자리로 나와야 좋다[月幾望]고 본 것이다. 그렇지 않고 노숙한 자랍시고 화합을 모르는 깡과 부러지지 않는 고집을 부리며, 늙은이의 욕심을 절제하지 못하고 추함을 보이며 나간다면[君子征], 흉은 자명할 것이다[凶]. 늙어서도 비를 내릴 수 없는 자를 크게 걱정한 경우다.

정자는 '기우既雨'를 화和요, '기처既處'를 지止라 말하며, 대축大畜의 도를 다하면 흩어지지만, 소축의 도를 다하면 대축이 되어 상덕재尚德載 한 것이라고 본다. 이렇게 늙은 음이 양을 화합으로 이끌어 갔다면, 어찌 일조일석에 이루어진 일이었겠는가. 4의 손순한 덕이 열나흘의 달처럼 쌓인 탓일 것이다. 지욱도 소축의 마지막 자리에서 밀운密雲이 오래되니, 이미 비가 내려 원근이 모두 편안함은, 문덕文德을 아름답게 숭상하여 가득 쌓아 온 연유라 밝혔다. 고로 윗자리 사람들의 지나친 고집은 스스로 위험을 초래하고, 임금 또한 분수를 잃지 않는 처신이 요구되는 바이다. 세상의 도리가 이렇듯 '월기망月幾望'을 원만무결圓滿無缺한 조건으로 꼽으니 역시 군대와 무기를 쓰면 흉하다고 한 까닭이 아니겠는가. 참고로 '월이망月已望'은 보름달이요, '월기망月既望'은 16일의 달이요, '월기망月幾望'은 14일의 달이다.

아산은 '부정여婦貞厲'를 상9가 4를 탐내면 정貞하여도 위태롭다고 보고, 역사

가? 부인은 작위가 없으므로 지아비의 벼슬에 따라서 수레를 타는 법인데, 坎의 지아비가 이미 존귀한 지위에 있으니 离의 부인을 같이 태우지 않겠는가. 需卦는 중부괘로도 오니, 兌의 덕이 강을 타고 있어, 그 상이 본래 위태로웠다. 중부에서 추이하여 需卦가 되면, 坎의 덕이 비록 곧더라도 강을 타고 있음은 이전과 마찬가지이다. 이것이 '貞厲'라 한 까닭이다. 坎은 달이고, 乾은 圓이 된다. 易例에 乾이 坎位에 있으면 '月正望'이 되며, 兌가 坎位에 있으면 '月幾望'이 된다. 대개 8개의 순서로 보면, 兌를 지나 乾이 되고, 乾을 지나 巽이 되므로, 兌는 '月幾望'이 되는 것이다. 또 소축은 쾌괘로부터 왔다. 쾌괘 때는 兌가 坎位에 있으니, 이것이 '月幾望'이다. 이때 乾의 군자가 정벌에 나섰는데, 쾌의 상효가 소축으로 변하니, 상괘가 꺾여 죽는 꼴이 된다. 점단으로 14일 정벌은 흉을 본다. '積德'이란 3양이 쌓인 건을 말하니, 부부가 모두 존귀하여, 이 큰 수레를 타는 것이다. '疑'는 坎 의 도둑을 만나 해를 입을 수 있다는 의심이다.

적 사실로 문왕이 아무리 잘하여도 주왕의 시절에 어려움을 겪은 경우로 보았다. 그리고 '월기망月幾望'이란 아직은 거사가 완성될 시점이 아니니, 이것은 문왕의 덕이 만월이 되지 않았던 이유로도 본다. 마찬가지로 '군자정君子征' 역시 4가 상9를 탐내고, 다시 상9가 4를 탐내고 간다면, 마침내 흉하게 됨이다. 고로 문왕이 아무리 올바르게 하여도 결과는 흉을 볼 것을 경계한 고사라고 한다.[40]

결론적으로 공자는 "'기우기처'는 비가 내릴 만큼 덕이 충분히 쌓였다 함이요, '군자정흉'은 14일의 정벌은 생사가 미심쩍은 바가 있음[象曰旣雨旣處 德積載也 君子 征凶 有所疑也]"이라 하였다. 덕을 쌓았더라도 정벌은 군자의 취할 바가 아니다.[41]

끽면와喫眠窩 강석경姜碩卿의 문답이 이해를 돕는다.[42] '밀운불우'에 대한 제설諸

---

40 任聖周, 『鹿門集』, '상덕적재[答李伯訥]' : "小畜卦에 '尙德積載'라 하였다. 이는 異에 속한다. 易 가운데 이처럼 성대하게 음의 공을 찬미한 경우는 보지 못하였다. 더군다나 '有孚攣如'라 한 것은, 분명히 '양이 5에 처하여 형통한 것'인 데야 더 말할 것이 있겠나. 그런데 여기에서 '畜이 극에 달하여 이루어진 畜極而成'이라 하였다. 그리고 부인이 견고하게 이것을 지키는 것[婦貞] 과, 달이 보름이 되는 것[月望]은 또 서로 맞지 않으니, 어떻게 통할 수가 있겠나. 무릇 괘는 극에 이르면 변하기 마련이다. 소축은 양이 위로 나아가서 쌓을 수 없기 때문에 극에 이르러서야 비로소 이루어지는 괘다. 그러나 畜이 비록 이루어졌다 하더라도, 소축은 순순한 도를 가지고 强暴한 성질을 유순하게 해서 '길들여 매어 놓은' 것에 불과할 뿐이요 '강경하게 통절히 막아 버린' 것은 아니기 때문에 소축이라 한 것이다. 문왕이 紂에 대해서 異順한 도리로 강포한 기세를 저지하여, 羑里의 감옥에서 빠져나오고 弓矢와 鈇鉞을 내려 받아 西伯이 되는 상황에 이르렀음을 보면, 이는 곧 畜이 成을 얻었다고 말할 수 있다."

41 참고로 음과 양이 서로 화합한 듯 비가 왔고, 이미 비가 그 거처할 자리에 몸을 두고 있다. 혹 의심나는 곳이 있으면 행하지 말라. 50이 넘은 덕망 높은 인사에게는 좋은 괘이지만, 젊은이가 고집을 피우고 화해를 무시하고 가면 의심을 받고 흉하기까지 할 것이다.

42 姜碩慶, 「易疑問答」 : "소축괘에서 '密雲不雨'라 한 것은 문왕의 말이고, 상9에서 '旣雨旣處'라고 한 것은 주공의 말이다. 성인으로서는 한 가지 도이고 친밀하기로는 아비와 자식 사이인데, 한 괘에서 본 바가 서로 반대되니, 이러한 것은 어째서인가? 문왕의 뜻, 작은 손☴으로 큰 건☰을 저지하는 그 도가 어긋나고, 음과 양이 화합하지 못하는 것은 그때의 형세가 그런 것이라고 여겼기 때문에 '不雨'라 하였다. 주공의 뜻, 저지하는 도가 쌓이면 그 끝에 반드시 이루어지고, 이미 이루어진 끝은 이루어놓은 화해라고 여겼기 때문에, '旣雨旣處'라 하였다. 그런데 문왕이 성인일지라도 그 지위를 말하면 신하이고 아랫사람이며 작은 음이며, 상나라의 紂가 비록 악하지만 그 지위를 논하면 임금이고 윗사람이며 크고 양이니, 작은 것으로 큰 것을 저지하고 음으로 양을 저지하는 것이 그 형세에 있어서는 거스르고, 힘 또한 대적하지 못하기 때문에 자신이 그를 저지할 수 없을 뿐만 아니라, 도리어 유리옥에 갇히는 큰 어려움을 입었다. 그 和諧함을 이루지 못하고, 일의 공을 완성치 못함이, 마치 서쪽 들의 빽빽이 낀 구름이 비가 내리는 것을 만나야 할 듯하지만, 음이 양의 부름에 앞서 음양이 화해하여 비를 내리는 혜택을 이루는 까닭이 없기 때문에, 조금 저지하는 것이 형통하다. 이어서 '密雲不雨 自我西郊'라고 하였는데, 이것은 문왕이 자신의 뜻을 괘사에 빗대어 저지하는 도가 아직 이루어지지 않았음을 탄식하였다. 한편 주공의 뜻은 넉넉하게 포용하고 부드럽게 諫하여 지성으로 쌓으면, 끝엔 반드시 화합하여

說을 충분히 참고하며,[43][44][45][46][47] 이덕무李德懋의 산문집에 나오는, 조카 이광석李

저지되지 않음이 없기 때문에, 상효에서 '旣雨旣處' 하였으니, 이것은 그 저지하는 도가 이루어
짐을 말하고, 그 괘사가 형통함을 증명한다. 공자의 뜻은 작은 것으로 큰 것을 저지하고, 음으로
양을 저지하는 것은 바로 소인이 군자를 어지럽히는 상이라고 생각하였다. '西郊'와 '施未行'이
라 한 바도 음이 저지함을 이루지 못한다는 것이다. 공자가 문왕의 뜻을 알지 못한 것은 아니지
만, 단지 역의 이치는 무궁하여 포함하지 않는 것이 없고, 성인의 말은 한계가 있어 그 뜻을
다할 수 없었기 때문에, 공자가 상을 살펴서 마음속에 감추어 둔 것을 드러내어, 경에 붙여서
뒤의 역을 배우는 자로 하여금 역이 고정된 불변한 법칙이 될 수 없음을 알게 하고, 참고하여
서로 유추하여 한 가지 뜻에만 구애됨이 없게 하였다. 소축괘는 하나의 음으로 괘를 이루는
주인을 삼았으니, 어찌 주인을 버려두고 말하지 않으면서 그 객의 일을 말할 수 있겠나? 옛말에
'임금의 욕심을 그치게 하는데 무엇을 근심하겠는가'라고 하였다. 공자는 전적으로 양의 굳셈이
저지되지 않는 것을 칭찬하고, 음에 대해서는 말한 것이 없으니, 그 뜻을 알 수 있다."

43 柳正源,『易解參攷』: "음과 양이 교감하여 양이 부르고 음이 화답하면, 단비가 때에 맞게 내려
서 만물이 생겨나서 자라게 된다. 만약 음이 양에 앞서 부르면, 순하지도 못하고 화합치도 못하
여 빽빽이 구름이 끼어 무덥고, 막혀 비를 내리고자 하나 비가 내리지 않으니, 그것은 은나라
말기와 주나라가 막 시작하는 때에, 문왕의 덕으로도 천하에 혜택을 베풀 수 없는 것으로, 진실
로 빽빽이 구름이 끼고 비가 오지 않는 상이다. 그러나 문왕의 밝게 빛나는 한결같은 마음은
紂의 악을 저지하여 그치게 하는 데에 있었지만 마침내 이룰 수 없었으니, '自我西郊'라는 말이
이것을 이르는 것이 아니겠는가."

44 金龜柱,『周易箚錄』: "소축에 어떻게 형통한 도가 있는가? 양이 음에게 저지당하지 않아 그
뜻을 수행할 수 있기 때문이다. 어째서 '密雲不雨 自我西郊'라 하였는가? 음이 양을 저지하려
하지만, 그 힘이 매우 약하여 양이 위로 나가려는 기운을 그치게 할 수 없다. 양은 크고 음은
작으며, 양은 귀하고 음은 천하니, 크고 귀한 것이 작고 천한 것에 저지당하지 않는 것이, 남편
이 아내에게 제재되지 않으며, 군자가 소인에게 제재 되지 않는 것과 같다. 그런데 양은 굳세고
음은 부드러우며, 양은 굳건하고 음은 순하니, 굳세고 굳건한 것은 그 성질이 움직이기를 좋아
하여, 유순함으로 저지하여 그치게 하는 것이 또한 좋은 道여서 신하가 마땅히 그 임금의 욕심
을 저지하여 그치게 하는 것이다."

45 李恒老,『周易傳義同異釋義』: "『주역』에서 '我'라고 말한 것이 일곱 군데이니, 몽괘'匪我'는 구2
에 근거하여 말했고, 소축괘 '自我'는 4에, 소과괘 '自我'는 5에, 頤卦 '觀我'는 4에, 관괘 '觀我'와
旅卦 '我心'과 중부괘 '我有'는 모두 해당 효에 근거다."

46 이항로(李恒老,1792~1868)) : 본관 碧珍, 호 華西, 시호 文敬. 49세이던 1840년(헌종 6)에 학덕이
조정에 알려져 經史에 밝은 선비로 천거되었으나 나아가지 않음. 한말 위정척사론자로 유명한
최익현·김평묵·유중교 등이 문하에서 수학. 75세 때인 1866년(고종 3) 병인양요가 일어나자 승정
원 동부승지의 자격으로 입궐하여 흥선대원군에게 主戰論을 적극 주장. 65세에 지은 「주역전의
동이석의」는 『程傳』과 『本義』를 인용한 뒤 자신의 견해를 붙여 同異를 분별하고 融會貫通하는
체계를 이룸. 저자는 『정전』은 鄭玄과 王弼이 분류한 역을 풀이한 것이고, 『본의』는 晁說之와
呂祖謙의 復古易을 풀이한 것이기에, 역을 배우는 자가 『정전』을 읽고 미루고 넓혀 도덕과 성명
의 근본을 바르게 한 뒤, 『본의』를 읽고 깊이 살펴 통달하여 살피고 완미하는 오묘함을 다한다
면 잘못되지 않을 것이라고 한다. 『화서집』 42권, 『華東史合編綱目』 60권 등의 방대한 저술이
있다.

47 李正奎,「讀易記」: "소축 괘사에 '密雲不雨'라 한 것을 가만히 생각해보면, 양이 움직이고 음이
따르는 자연스러운 이치이다. 그러나 양이 충분한데 음이 여기에 미치지 못하면 양기를 얽어

光錫이 자기 글을 평해 달라는 부탁에 보낸 답장을 소개하고자 한다. "옛날 수양제
隋煬帝가 큰 누각을 짓고 상상할 수 없을 정도로 화려하게 꾸며 놓고, 그 건물의
이름을 미루迷樓라고 했다더군. 자네 글이 꼭 그 짝일세. 참 멋있기는 하네만 뜻을
알 수가 없네. 얘기 하나 더 해줄까? 어떤 이가 왕희지의 필법을 배워 초서를 아
주 잘 썼다네. 양식이 떨어져 아침을 굶은 채 친구에게 쌀을 구걸하는 편지를 보냈
다지. 그런데 그 친구가 초서를 못 읽어 저녁 때까지 쌀을 얻지 못했다네. 왕희지
의 초서가 훌륭하긴 해도 알아보지 못한다면 무슨 소용이 있겠는가?"

그리고 나서 이덕무는 이광석에게 글쓰기의 요령을 다음 네 구절로 압축해서
설명했다. "엄정하나 막히지 않게 하고[嚴欲其不阻], 시원해도 넘치지 않게 하고[暢
欲其不流], 간략해도 뼈가 드러나지는 않고[略而骨不露], 상세하나 살집이 너무 많아
서는 안 된다[詳而肉不滿]." 비가 오지 않아 날이 찌부둥한 것보다는 차라리 시원
하게 한 줄기 비를 뿌리는 것이 더 나을 것 같다.

그치게 할 수 없어, 양기가 흩어지고 사라져, 빽빽한 수증기를 이룰 수 없기 때문에 비가 내리
지 않는다. 또한 음이 충분한데 양이 여기에 미치지 못하면, 음이 비록 양기를 얽어 그치게 하
지만, 양기가 미미하고 쇠잔하여 빽빽한 수증기가 이루어지지 못하기 때문에, 또한 비가 내리지
않는다. 물건의 생겨남은 음이 양을 저지하여 이루는 것이 아님이 없다. 그러나 양이 먼저하고,
음이 뒤에 함은 한결같을 뿐이니, 양이 먼저 부르지, 음이 먼저 부르는 이치가 없음은 어째서인
가? 음과 양이 본래 서로 떨어지지 않지만, 오직 음이 양을 따라서 움직임은 있으나, 음이 스스
로 움직이는 이치는 없기 때문에, 乾卦에서는 '資始'고 하고 坤卦에서는 '資生'이라고 하였다.
그렇다면 물건이 어려서 낳아 기르지 못하는 것은 음이 충분히 양을 저지하지 못하기 때문이고,
늙어서 낳아 기르지 못하는 것은 양이 충분히 울창함을 이루지 못하기 때문이다."

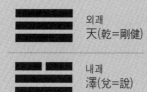

10. 천택리天澤履

Treading[Conduct]

이괘履卦는 호랑이가 아가리를 벌리고 있는 세상 속으로 나를 몰아가는 때이다. 소축에서는 좀 더 축양畜養이 필요하여 잠시 멈춤의 시간이 요구되었지만, 이괘履卦에서는 죽이 되든 밥이 되든 내 스스로가 나라와 기업을 이끌고 나가야 할 시점이다. 여기서는 섭정에서 벗어난 군주와 구속에서 풀려난 총수가 현장을 뛰는 때지만, 마치 호랑이 꼬리를 밟으면 자신보다 더 강력한, 전혀 예상치 못한 일에 발목이 잡힐 수 있으니, 만사를 조심조심 능숙하게 대처해야 할 것을 알려준다.

> 履虎尾 不咥人 亨
> 호랑이의 꼬리를 밟을지라도, 물지 않을 것이니, 조심조심해야 형통할 것이다.

만물이 모이면 반드시 예禮가 있어야 하고, 세상을 밟아가는 데도 도가 필요하다.[1] 세상은 이행履行하며 앞으로 나아가는 법이지 잠시도 머물러 있지 않는다.[2] 고로 이履는 예로써 행동을 세우는 덕德의 기초가 되어, 조화에 이르러, 만사를 화목과 화행으로 세상을 아름답게 만들어 가자는 데 있다.[3] 또한 이괘履卦에는 소위 처리지공處履之功과 임리지계臨履之戒가 있으니 차례를 무시하고 계단을 무시하는 발걸음은 아무리 그 공이 클지라도 하늘에 닿지 않는다. 고로 군자의 도가 이미 독실하게 실천되었으면 예로써 단속이 되어야 할 것이다. 예로 아들이 아버지를 넘어서면 안 되고, 신하가 군주를 짓밟으면 안 되고, 여자가 남자를 억누르면 안 되며, 어리석은 자가 어진 이를 방해하면 안 된다. 그런 고로 이괘는 위로는 하늘을 이고, 아래로는 현실에 조화를 이뤄, 상하를 분별함을 가르친다.

---

1 「서괘전」: "物畜然後, 有禮, 故受之以履."

2 「잡괘전」: "履不處也."

3 「繫辭下傳」 7章 : "履德之基也, 履和而至, 履以和行."

세상이 잠자는 호랑이라면 나는 철없고 순진무구한 자이다. 만에 하나라도 나의 실수로 혹 호랑이의 꼬리를 밟을지라도 물리어 죽는 일은 없어야 한다. 문왕은 이렇게 밝힌다. "철없는 자가 세상이란 무서운 호랑이를 밟을지라도[履虎尾, Treading upon the tail of the tiger] 물리지 않으려면[不咥人, no bite], 전전긍긍하는 자세로 임해야 형통할 것이다."[4]

다음은 공자의 단왈이다. "이履는 유가 강을 밟더라도[柔履剛也] 기쁜 마음으로 하늘에 호응해야 한다[說而應乎乾]. 그러면 호랑이 꼬리를 밟더라도 물려 죽는 일은 없을 것이다[是以履虎尾, 不咥人]. 그렇게만 되면 강건중정하기 때문에 천자의 자리에 올라도 어떤 근심도 없고[履帝位而不疚], 오히려 성군으로서 그 빛을 널리 천하에 비출 수 있을 것이다[光明也]."[5]

이괘履卦의 이치를 아는 자는 호랑이의 꼬리를 밟을지라도 물리지 않는 지혜를 지닌다. 신하 역시 유순柔順한 덕을 지녀야만 강건剛健한 군주를 중정광명中正光明으로 이끈다. 만약 강강하기만 한 신하라면 전쟁과 환란을 면치 못할 것이다. 천자가 되어도 이도履道는 유순함이 최고다. 부드러움이 딱딱함을 이기고, 약이 능히 강을 이긴다.[6] 다산은 "이履의 공은 하늘의 덕에 합치하는 것이고, 이履의 계戒는 예로써 세상을 밝혀나감"이라 하였다.[7]

---

4 [說證] 履卦는 夬卦로부터 온다. 쾌는 크게 태니 호랑이 상이고, 일음이 상에서 호랑이의 머리를 밟고 있는 상이다. 그런데 쾌가 履로 추이하면, 호랑이 무늬가 밝게 빛이 난다. 쾌상으로 볼 때, 머리가 위에 있으니 일음이 밟고 있는 것은 곧 호랑이의 꼬리에 해당한다. 태의 3이 강을 타고 있는 것을 군자가 위태롭게 여기니, 호랑이를 밟는 것을 경계하는 것은, 바로 유가 강을 올라탄 것을 언급한 것이다. 한편 건의 사람은 위에 있고, 호랑이 입은 위를 향해 벌리고 있다. 손의 다리가 밟고 있는 것은 거의 호랑이 꼬리이니, 이것은 필시 호랑이가 깨물려는 기세이다. 만일 깨물었다면 입이 다물어져 있겠지만, 입이 오히려 열려 있으니, 아직 깨물지 않았다. 군자가 전전긍긍하는 마음으로 간다면, 화에 이르지는 않을 것이다. 후은 리의 덕으로 상과 3이 상응하니 형통함이다.

5 쾌괘 때는 乾의 왕이 아래에 있더니, 이제 履卦에서는 乾이 위에 타고 离로 통치하니, '履帝位而不疚'라 하였다. '光明'은 离의 문장이다.

6 『도덕경』 78장 : "天下柔若, 莫過於水, 而攻堅强者, 莫之能勝." 76장 : "堅强者 死之徒 柔弱者 生之徒." 52장 : "守柔曰强."

7 아들은 아버지를 넘어서서는 안 되고, 신하는 군주를 넘어서서는 안 되고, 여자가 남자를 억눌러서도 안 되고, 어리석은 자가 현자를 방해해도 안 된다. 만일 자신의 처지를 벗어나는 처신을 한다면 반드시 재앙을 부르고 말 것이다[子不跨父 臣不踐君 女弗據男 又不妨賢 履匪其地 災之招也].

『고사전高士傳』에 임종을 앞둔 노자의 스승 상용商用이 제자들을 불러놓고 유훈을 남기는 다음 이야기가 전한다.

"내 입안에 무엇이 보이느냐[吾舌存乎]?"

"혀가 보입니다[存]."

"이빨도 보이느냐[吾齒存乎?"

"보이지 않습니다[亡]."

"그래, 무슨 뜻인지 알겠재[知乎何]?"

결론적으로 부중부정한 이履의 세상을 밟아 나가자면 항상 위험이 뒤따르게 되니, 만사를 항시 두려워하는 자세로 임해야 할 것이다. 태☱는 입을 벌리고 있는 호랑이의 상[左靑龍右白虎]이니 물 '질咥'이고,[8] 건☰은 호랑이 머리, 3의 음은 꼬리, 호피虎皮는 세인들로부터 현혹의 대상이 되는 리☲의 형亨가 된다.[9]

호랑이 꼬리를 밟고 사직을 아뢰고,[10] 용감한 반평생을 읊기도 한다.[11] 산군山君 풍종風從 황제를 인년寅年 인월寅月 인일寅日 인시寅時에 즉위한 호랑이의 시조라고도 한다.[12]

---

8 『예기·곡례』에서 '좌청룡 우백호'라 함. 錯綜說을 주창한 명나라 來知德은 『易經集註』에서 兌를 호랑이로 보았다.

9 다산의 아들 學稼 曰, '蹈虎尾'와 '履薄氷'은 같은 뜻이다. 夬 때는 건☰의 얼음이 두꺼웠지만, 履에는 얼음이 흩어지고 얇아졌다. 易例로 초위가 꼬리지만 履에서는 3이 꼬리가 되는 것은 '虎尾'는 꼬리가 위로 향하기 때문이다.

10 李植, 『澤堂集』, '이호위[趙參國賓挽詞]' : "세상일이 사람 일과 자꾸 어긋나더니[世事乖人事] 살아서 이별이 죽음의 이별 되다니요[生離遽死離]. 이른 나이에 도룡의 영예 독점했다가[早歲屠龍譽] 중년에 호랑이 꼬리 그만 밟고 마셨지[中年履虎危]. 찌는 듯한 남방에서 방금 돌아와[初收炎瘴迹] 백운사의 亞卿이 이제 겨우 되었는데[才亞白雲司] 어느새 끝나버린 한바탕 괴안의 꿈[忽忽槐安夢] 슬픈 만가 부르는 허전한 이 마음이여[依依薤曲悲] 그래도 영원히 썩지 않을 한 가지 일[思量不朽事] 시편 담은 遺稿 자제에게 전했구려[詩卷付瓊枝]."

11 趙絅, 『龍洲遺稿』, '이호반생[挽故友吳敬甫]' : "사람이 하늘로 돌아간 지 이십 이 년 되었는데[人反勻天廿二秋] 홀로 속세에 남아 백발이 다 되었네[獨留塵世雪盈頭]. 사흘 밤 그대 꿈 꾸니 부질없이 그리운데[三夜夢君空款款] 깨어나 만사를 쓰며 거듭 통곡하노라[覺來題軶再鳴呼]. 바람처럼 자귀 휘두르는 지기 없으니 누가 백토를 깎으랴[風斤無質堊誰斲]. 산수를 노래하는 거문고 소리 알아줄 지기는 이미 사라졌네[山水莊絃志已休]. 범 꼬리 밟은 반평생은 내가 용감해서가 아니요[履虎半生非我勇] 평소 기러기처럼 하늘 날기로 그대와 도모했지[冥鴻平昔與君謀]."

12 鄭斗卿, 『東溟集』, '山君傳' : "太史公 曰. 山君은 산중에서 임금의 호를 僭稱하였으니 그 일은 족히 말할 것도 없다. 그러나 易經 乾卦 文言과 履卦 彖, 革卦 구5에 들어 있으니, 성인께서도 취함이 있었던 것이다. 이에 내가 그를 위하여 傳을 짓는다. 옛날에 太極이 있던 혼돈의 시대에 하늘은 子會에서 열리고, 땅은 丑會에서 열리고, 사람은 寅會에서 생겨났다. 風從氏가 있어 盤古

> 象曰 上天下澤 履 君子以 辯上下 定民志
> 상왈, 하늘은 위에 있고 연못이 아래 있는 상이 이괘履卦이다. 군자는 이를 잘 관찰하여, 상하 사방을 잘 살피고 백성들의 뜻을 바로잡아 주어야 할 것이다.

강한 하늘은 위에 있고 부드럽고 고요한 연못은 아래에 있다. 곧 아름다운 젊은 여인과 정욕을 절제할 줄 아는 사내가 동행하는 상이다. 이럴 때 군자라면 반드시 상하 사방을 살피고, 귀천의 분별을 명백히 하고, 예禮를 바로 세워 나가야 할 것이다. 그러기에 호랑이처럼 먹이를 구하려는 이履는 만물을 얻은 연후에도 예를 갖추어야 하니 소축小畜 다음에 자리했다. 「계사전」에서는 "세상을 이력하는 데는 먼저 덕행이 기본으로 튼실해야 하고, 또 친화를 우선하는 화합이 최고라는 걸 잊지 말 것"도 당부한다. 이렇듯 이괘에서는 세상과 화행和行해야 함을 가르치고 있다.

정자의 대상전 해설은 이렇다. "지위가 걸맞지 않으면 군주가 들어 올려주지 않았다. 선비가 학문을 닦아서 학문이 지극해지면 군주가 그를 구하는 것이지, 선비 자신에게 관여된 것은 아니었다. 이는 군주가 상하를 분별하여 각기 그 분수에 마땅하게 백성들을 등용하였기 때문이다." 이것은 선비가 실력이 앞서도 세상과 화행和行이 저해된다면 바로 파직으로 그를 내쳤다는 소리다. 이렇게 이행履行 되는 사람은 멈추지 않고 세상과 동행하니 곧 한 곳에 머물지 않는다[不處] 한 것이다.[13]

위의 '변상하정민지辯上下定民志'를 설중하면 이렇다. 먼저 이괘履卦는 쾌괘夬卦의 상이 3으로 간 괘다. 쾌괘에 있는 음 하나가, 하늘 위를 점거하여 다섯 양을 타고 있었으니, 그것은 상하를 분별하지 못함이 극도에 달했다. 이에 태☱를 억눌러 하늘 아래로 내려보내니, 리☲의 예가 찬란하게 빛이 난 것이다. 또한 손☴의 양보하는 마음을 이에 일으켜, 상하 사이를 리☲로써 분별하니, 상하가 확연하게

와 더불어 같은 때에 탄생하였다. 풍종은 성질이 용맹하고 사나우며, 용기와 힘이 뛰어나고 어금니와 발톱이 날카로웠는데, 반고를 죽이려고 하다가, 싸움에서 패하고 산으로 달아나 그대로 그곳에 살았다. 풍종이 이미 죽은 뒤에 그 자손들은 혹 산에 있거나 혹 조정에 있었다. 黃帝 시대에 살았던 風后는 바로 풍종씨의 후예이다."

13 참고로 군왕의 도를 터득한 임금이 상하를 분별하고[辯上下], 백성의 뜻을 바로세워 줌[定民志]이 이괘의 메시지다. 履卦는 전후좌우를 살피는데 최소한 3개월을 보내든지, 아니면 전반은 정세 분석을 하는데 시간을 투자하고, 후반에야 일을 시작함이 좋다. 반드시 수동적이면서, 유연한 자세가 필요함을 잊지 말라.

드러났다. 한편 쾌괘 때는 5양이 이어져 있으매 패도覇道의 건☰이 너무 강해 백성들이 복종하지 않았었다. 그런데 쾌괘가 이괘로 가면 건☰의 임금이 위엄 있는 모습으로 위에 있고, 백성들이 아래에 엎드리니, 리☲의 뜻이 크게 밝아져 왕명에 복종함이 정민지定民志, 즉 백성의 마음을 안정시켜 나간 것으로 본다.[14]

실록에는 '존비귀천의 훼절',[15] 명분의 폐단,[16] 벼슬 남용 사건들이[17] 자주 이괘 履卦를 통해 설명된다.

初九　素履　往　无咎
초9는 평소처럼 소박한 마음으로 꾸밈없이 실천하면 허물이 없을 것이다.

세상을 향해 첫걸음을 내딛는 초년생으로, 순수하고 소박한 마음으로 실천해

---

14 沈潮, 「易象箚論」 : "辯上下라고 할 때 '辯'자를 '言' 부수에 쓴 것은 '兌'의 뜻이고, 분별하는 것은 호괘 离에 달려 있다.

15 『정종실록』 정종 2년(1400) 7월 25일 : "고려 말년에 기강이 해이하여지면서 禮制가 먼저 무너지니, 富賈 豪商과 公私 賤隸의 무리가 살찐 말을 타고 좋은 옷을 입고 조관이 다니는 길에 서로 섞여 다녀, 조정 백관의 威儀가 비로소 낮아지고 尊卑貴賤의 등급이 밝지 못하게 되어, 지금에 이르러서도 그 폐단이 아직도 있으니, 참으로 가석한 일입니다. 『주역』에 말하기를, '辨上下定民志'라고 하였습니다."

16 『성종실록』 성종 1년(1470) 12월 19일 : "『주역』에 '위는 하늘이요, 아래는 못이 있는 것이 履卦이니, 군자는 이로써 위아래를 분변하여 백성의 뜻을 정한다'고 하였으니, 대개 嫡子와 분별은 天澤의 그러함과 같은 것이어서 이를 바꾸면 반드시 어지러워지므로, 그 분별이 정하여진 연후에 위아래가 펴지고 위아래가 펴진 연후에 백성의 뜻이 편안하게 되는 것입니다. 이제 강대생은 자신이 현저한 공과 특이한 재능도 없는데, 첩의 소생으로서 東班職을 제수한 일은 아무래도 명분을 삼가고 조정을 높이는 소이가 아닌가 합니다. 禮는 분수보다 더 큰 것이 없고, 분수는 명분보다 더 큰 것이 없습니다. 공자(자로편)는 爲政을 논함에 있어서 반드시 먼저 명분을 바르게 할 것을 말하고, 명분이 바르지 못한 폐단을 말하는 데에 이르러서는 말하기를, '형벌이 부절절하면 백성이 그 손발을 둘 데가 없게 된다[民無所措手足]'고 하였습니다." (사간원 대사간 金壽寧 등 上疏)

17 『성종실록』 성종 7년(1476) 10월 28일 : 『서경』에 이르기를, "벼슬은 사사로 친한 자에게 주지 말고[官不及私昵] 오직 어진이에게 주어야 하며[惟其賢], 작위는 악덕인에게 주지 말고[爵罔及惡德] 오직 능한 이에게 주어야 한다[惟其能]"고 했습니다. 대체로 관작은 현능한 이를 대우하려고 한 것이지 부귀한 사람을 위해서 설치한 것은 아닙니다. 그래서 적임자를 얻지 못하면 차라리 그 자리를 비워둘지언정 사사로이 친한 자나 악덕 인에게 주지는 않는 것인데, 이것이 옛 성왕이 爵賞의 권한을 잡고 세상을 수작한 것입니다. 지금 2품 이상의 계급은 특이한 능력이 없으면 주어서는 안 됩니다. 『주역』에 이르기를, "군자는 履卦의 이치를 적용하여 상하를 분별하고 민심을 안정시킨다"고 하였습니다. (사헌부 대사헌 尹繼謙 등 上疏)

[素履, Simple conduct] 가면[往], 어떠한 허물도 만나지 않는다[无咎, progress without blame]. 오로지 도를 실천한다는 순수한 마음으로 가야 한다. 첫날밤을 맞는 신랑 신부의 티 없는 하얀 마음처럼만 한다면 어떠한 세상을 만나도 허물이 없을 것이다. 그렇지만 첫걸음을 잘못 뛰면, 호랑이가 입을 벌린 채로 기다리는 세상으로 들어가, 하나뿐인 목숨이 위태로워질 것을 우려하고 있다. 초9가 동하면 이괘履卦가 송괘訟卦로 가게 된다.[18]

공자의 "순수한 마음으로 세상을 실천해 감은 나 홀로라도 원하는 바 대로 (뚜벅뚜벅) 행해 나갈 것[象曰 素履之往, 獨行願也]"이라는 주석을 보면, 초발심初發心이 곧 정각正覺임을 알려주고 있다. 이는 초심자가 기성인들과 어울려, 부정과 비리에 자신도 모르게 젖지 말고 믿음대로 실천해 나가야 함을 역설한다. 나를 지도하여 줄 4는 응도 해주지 않고, 하나 밖에 없는 음 3마저도 어차피 나의 몫으로 돌아올 인연이 아니니, 요행과 사사로운 마음을 가질 필요가 없다. 자신의 모든 문제는 자신이 일체 책임진다는 굳건한 자세로 무소의 뿔처럼 뚜벅뚜벅 갈 길을 가면 된다.

정자의 해설은 이랬다. "초위는 지극히 낮은 자리다. 사람이 빈천한 본분에 스스로가 편안하지 못하면, 세상을 탐하고 조급하게 행동하게 된다. 그것은 빈천을 면피할 행동일 뿐이요, 요행히 그것을 얻는다고 할지라도 그는 분명히 교만에 넘칠 것이 틀림없다." 소素는 소박, 질박, 순수, 백색의 평상심, 마음이 오염되지 않은 천부지성天賦之性, 지어지선止於至善의 바로 그 자리다.

'소리素履'로는 백사 이항복의 제문,[19] 회헌서원 상량문,[20] 본분을 지킨 선비의 언

---

18 [說證] 송괘는 중부괘로부터 왔다. 중부 때는 大리☲의 예로써 다스렸기에 상하가 편안하더니, 송괘가 되면서 갑자기 坎의 내란이 일어나, 중부의 1인 군자가 밖으로 달아나, 손☴으로 숨게 되니, 리☲의 예가 아니면 행하지 않는 바이다. 또 履卦는 姤卦로부터도 왔으니, 구괘 때는 손☴이 평소에 있었고, 송괘 역시 遯卦 大☰에서 왔으니, 역시 손☴이 있었기로 '素履'라 하였으며, '往无咎'는 중부의 1이 4로 가도, 履의 상에서 벗어나지 않았다. '獨行願'도 1이 4로 갈 때 2가 따라오지 않았다. '願'은 志이다. 物物이 같은 무리끼리 모이는 것은 물의 본성이다. 중부 때에 아래에서는 두 개의 양이 같이 있었으니, 이는 의리상 같이 있음이다. 그러나 선을 보고 거처를 옮겨, 1이 4로, 위로 乾의 군주를 추종하였으나, 친구가 따라오지 않으니, 내가 장차 어찌 하겠는가? 홀로 가기를 원할 뿐이다.

19 李廷龜, 『月沙集』, '소리[祭文白沙李恒福]' : "늘 검소한 그 생활은[素履蕭然] 일개 포의의 선비와 같아[一介布衣] 높은 관작을 보는 것은[視鍾彝與台鼎] 덧없는 일장춘몽처럼 여겼어라[不啻春夢一幻]. 사람을 접할 때의 아량에는[接人雅量] 화평한 기운이 가득 넘쳤고[藹其和平] 거침없이

행이 아름답다.[21] 고사로는 이순신의 백의종군과 백이숙제의 처신을 들기도 한다.[22]

九二 履道坦坦 幽人 貞吉

구2는 밟아 가는 길이 평탄하고 또 평탄할 것이다. (세속에 흔들리지 않고) 숨어 사는 사람처럼 바르게만 하면 길할 것이다.

유혹이나 소란에도 끌리지 말고 홀로 당당히 대도를 가야 한다. 세속에 흔들리지 않고 깊은 산 속에 숨어사는 도인처럼 씩씩하게 가야 할 것이다. 코앞에서 3이 기다린다. 어떠한 유혹에도 자신을 팔지 말고, 자신만을 붙잡고, 천하에 둘 없는 수행자처럼 살아가야 한다. 숨어 사는 사람처럼[幽人, Dark man] 자신을 단단히 붙

쏟아내는 청담에는[霏屑淸言] 좌중의 모든 사람이 경도됐나니[一座盡傾] 옥로가 허공에 날리는 듯하고[玉露飜空] 광풍이 성낸 마음을 풀어 주는 듯 했어라[光風解慍]."

20 李植, 『澤堂集』, '소리[長湍鳳岑晦軒書院上梁文]' : "삼가 바라건대, 들보를 올린 뒤에 선비는 나아가야 할 방향을 분명히 알고, 마을 사람들은 善을 행하는 일이 습관으로 굳어졌으면 한다. 그리고 문장과 도덕은 옛 철인을 부여잡고, 함께 歸結되도록 해야 할 것이요, 格致와 誠修 역시 선현의 가르침을 우러르며, 그분들을 목표로 삼아야 할 것이다. 아래로는 사람의 일을 배우고, 위로는 하늘의 이치를 통달해야 할 것이니[下學上達], 그 근원의 샘물은 아무리 퍼내어도 마르지 않을 것이요, 즐거움은 뒤에 하고 근심은 먼저 할 것이니, 소박하게 짚신을 신고 가서 허물이 없게 되도록[素履往而無咎] 해야 할 것이다."

21 南秉模, 『英陽南氏蘭皐宗宅世稿』, '소리[挽白丈淳慶]' : "일찍 명예의 길 사양하고 산림으로 은둔하여[夙謝名疆賦遂初] 작은 창 굳게 닫고 성인의 도리 담은 책을 읽었네[小窓牢閉讀吾書]. 문화는 천 번 갈아 옥처럼 윤택하고[文華玉潤千磨後] 심사는 백번 단련해 쇠처럼 단단하였네[心事金剛百鍊餘]. 선비의 전형 지켜 법도를 보존하려 했고[欲守儒型存尺墨] 본분의 언행으로 향촌에 전범이 되었네[能安素履範鄕閭]. 요즘 세상 가까이 할 덕 있는 이 다시 없으니[如今襯德終無復] 부질없이 후인에게 한탄 일게 하네[謾使來人起一歔]."

22 韓愈, 『伯夷頌』 : "선비 중에서 빼어난 뜻을 지니고, 홀로 탁월한 행동을 하여 도의에 맞으면 그만이다. 남들의 시비를 돌아보지 않는 자라면 도를 믿음이 독실하고, 스스로 아는 것이 밝은 자라 할 것이다. 온 집안이 비난하여도 힘써 행하며 미혹되지 않는 자는, 아마도 천하에 한 사람 밖에는 없을 것이다. 만약에 온 세상이 비난함에도 힘써 행하여 미혹되지 않았다고 한다면, 이는 천백년 동안 오직 한 사람뿐일 것이다. 지금 세상에 선비라는 자들은, 보통사람 하나가 그를 칭찬하기만 하면 스스로 넉넉하다 여기고, 보통사람 하나가 비난하기만 해도 스스로 부족하다고 여긴다. 그런데 저들은 홀로 聖人마저 비난을 하였으니, 스스로를 옳게 여김이 이와 같을 정도였다. 대저 聖人은 만세의 표준인데도 말이다. 그래서 나는 '伯夷와 같은 사람은 빼어난 뜻을 지니고, 홀로 탁월한 행동을 하여, 하늘과 땅 끝까지 이르고, 만고의 세대에 걸쳐, 서로 아무 것도 돌아보지 않는 자라고 말하는 것이다. 비록 그렇긴 해도, 만일 두 사람이 없었다고 한다면, 임금께 반역하는 신하와, 아비를 거스르는 자식이 후세에 연이어 나왔을 것이다."

잡고 살면 좋다[貞吉], 그렇다면 그 길은 분명 탄탄[履道坦坦, Treading a smooth level course]할 것이다. 지금은 바로 그러한 공부를 업으로 삼고 살아야 할 타이밍이다.

적응敵應하는 2와 5는 상합되지 않는다. 그렇다고 강한 성질대로, 하나 밖에 없는 3을 독식하려 들면 바로 호랑이에게 물려 죽는다. 그것은 세상을 모르는 바보의 소행이다. 세상은 내 눈에 보이지는 않지만 용서할 수 없는 큰 질서의 톱니바퀴에 물려 돌아가고 있다. 그러니 3을 향한 자세가 도인처럼, 수행자처럼, 산 속에 숨어사는 은자처럼 가야 한다. 세상을 보는 강한 의지와 정직도 지녔지만, 인정하는 사람도 없고 동화하는 사람도 없을 때는, 때를 기다리며 마음 편안하게, 느긋하게, 곰삭혀 나가야 한다. 세상은 만사만물이 살아 움직이는 생물이다[生生之易]. 그렇지 않으면 무망无妄으로 재앙의 꼴을 당할 것이다.[23]

유幽는 큰 산 속에 작은 물생들[幺幺]이 기생하는 학교(감옥)와 같다.[24] 퇴계는 도산서당을 지으며 '유정문'을 달았고,[25] 다산은 일찍이 '유인정길'할 은둔처를 그렸고,[26] 우복愚伏은 '이도탄탄'한 벗을 찬했고,[27] 미지의 세계로 건네주는 뗏목 같

<hr />

23 [說證] 无妄도 遯卦로부터 왔다. 遯卦 때는 간☶의 길이 막혀 있었는데, 무망이 되면서 진☳의 큰 길을 호괘 손☴의 다리로 밟으니 '履道'가 되었고, 그 길이 大리☲로 넓고 밝으니 '坦坦大路'다. '坦'은 넓고 밝은 곳이다. 태☱는 서방 幽玄의 땅이고, 손☴으로 숨어 사니 '幽人'인지라, 진☳의 채소와 간☶의 과일로 고결하게 손☴의 천명에 순종하니 길하다. 본래 2는 离位(1·2·3)로 마음을 비우지 못하였는데 무망이 되면서 넉넉하게 넓어져서 '中不自亂'이 되었다. 학포 왈, "태☱는 處士나 處女와 같다."

24 참고로 '履道坦坦 幽人貞吉'은 교통사고로 감옥이 연상된다. 어째서인가? 먼저 평소에 실천하는 禮를 지키지 않는 貞吉에 걸린 것이요 不貞의 대가이다. 禮는 常例(usual practice)이다. 그러기에 "숨어 있는 사람처럼 근신하며 처신을 바르게 할 때 길하고, 또 강한 성격일지라도 중심만 잡고 살 수 있으면 절대로 난이 일어나지 않는다[象曰 幽人貞吉, 中不自亂也]"고 확신을 준 자리였다. 그러기에 '幽人'은 貞을 가르치는 학교를 뜻하기도 한다. 고로 2는 숨어 사는 도인과 수행자에게는 좋은 그림이다.

25 이황, 『陶山記』, '幽貞門' : "한문공의 큰 거북을 기다릴 것 없이, 새 터에 집 지어라 가시 사립 비추이네. 산길이 띠에 묵을 염려도 없거니와, 유정에 도가 있어 평탄함을 깨닫노라[不待韓公假大龜 新居縹緲映柴扉 未應山徑憂茅塞 道在幽貞覺坦夷]."

26 丁若鏞, 『茶山詩文集』, '이괘 구2[一日散步梅下] : "떠돌이라 원대한 계획도 없고[萍梗無遠圖] 게을러서 하는 짓도 늘 구차했지[告窳計常苟]. 가슴속에는 자그마한 은둔처 생각이[胸中小丘壑] 반평생을 두고 서려 있었기에[半生鬱蟠糾] 다짜고짜 그 뜻 한 번 펴보려고[勃然思一展] 나란히 밭 갈던 옛날 저익도 생각하지[緬懷沮溺耦]. 안회도 끝까지 단사에 표음이었고[顏回竟單瓢] 순임금 역시 마른 밥과 풀을 먹지 않았던가[虞舜亦草糗]. 궁하고 배고픈 것 당연한 내 본분인데[窮飢固吾分] 이 맑은 복이야 하늘이 주신 게지[淸福乃天授]. 더군다나 저기 시렁 위에는[況茲鄴侯架] 사부의 서적이 가득 쌓여 있고[縹緗積四部] 고단하게 살기에 저술도 많이 하여[窮居富述作] 값어치 없어도 나는 천금처럼 아끼지[千金惜敝帚]. 시경 풀이하면서 노나라로 되돌아왔던

은 '위학지방도爲學之方圖'도 있다.[28]

> 六三 眇能視 跛能履 履虎尾 咥人 凶 武人爲于大君
>
> 육3은 애꾸눈이 보고, 절음발이가 걷게 될 것이다. 호랑이의 꼬리를 밟으면, 사람을 무니 흉할 것이며, 무인이 대군이 될 것이다.

주공의 효사에 이은 공자의 주석이 자세하다. "애꾸눈이 능히 잘 보려고 하는 것은 두 눈을 가진 사람보다는 밝기가 부족하다는 것이요[象曰 眇能視, 不足以有明

일 생각하고[箋詩思反魯] 주역 주 내면서 유리에서 연역했던 일 추억한다네[疏象憶演羑]. 오직 한 사람이 알았으면 됐지[惟求一人知] 세상이 다 욕해도 걱정할 것 없어[寧愁擧世詬] 쇠북끈이 아무리 좀먹어 떨어져도[追蠡雖剝落] 큰 쇠북은 두드릴 것에 대비하고 있다네[洪鐘猶待扣]. 그 소리는 너무나 먼 곳이라도[聲流到天荒] 울려퍼지기 포뢰가 우는 것 같다네[殷若蒲牢吼]. 잘 먹고 잘 입고 사는 자들[須知餟肥者] 남 시키는 대로 하느라 피곤하고[趨承困指嗾] 자잘한 利끗 쫓아 이곳저곳 돌다가[營營逐錐刀] 의젓잖은 양 차면 해거리는데[欣欣塞篝斗] 그게 어디 제 벌어 제 먹는 백성들[豈若食力民] 하늘과 땅에 부끄러움 없음만 같으랴[俯仰無愧忸]. 이괘의 구2를 늘 보더라도[常觀履九二] 영유을 초월해야 탈이 없으니[幽貞諒无咎]."

27 『愚伏鄭經世交遊錄』, '이도탄탄[鶴棲柳台佐先生(愚山書院奉安文)]' : "자양 부자 힘쓰신 건 심학이었고[紫陽心學] 박문약례 그게 바로 참 이치였네[博約眞詮]. 도옹께서 앞장서서 밝히시었고[陶翁倡明] 서애옹이 그 뒤 이어 전해 받았네[厓老是傳]. 이에 도가 땅에 아니 떨어진 탓에[道不墜地] 선생께서 뒤를 이어 일어나셨네[先生繼作]. 곧은 도를 행하기는 유하혜였고[柳下直道] 하는 행동 바르기는 동자(董仲舒)같았네[江都正誼]. 용사행장 때에 따라 맞게 하면서[用行舍藏] 탄탄대로 걷듯 정도 곧게 행했네[坦坦履道]."

28 朴趾源, 『燕巖集』, '소리탄탄[熱河日記(爲學之方圖跋文)]' : "敬菴 趙君衍龜가 수집하여 만든 책이다. 이것은 冥界의 指南車요, 迷界의 寶筏인 셈이다. 동서남북 각처로 가는 나그네는, 반드시 먼저 목적지까지 노정이 몇 리나 되며, 필요한 양식이 얼마나 되며, 거쳐가는 정자나루 역참의 거리와 차례를 자세히 물어, 눈으로 보듯 훤히 알고 있어야 한다. 그런 뒤에야 實地를 밟고 평소의 발걸음으로 평탄한 길을 가는 법이다[然後脚踏實地 素履坦坦]. 먼저 분명히 알고 있었으므로, 바르지 못한 샛길로 달려가거나 엉뚱한 갈림길에서 방황하게 되지 않으며, 또 지름길로 가다가 가시덤불을 만날 위험이나, 중도에 포기해 버릴 걱정도 없게 되는 것이다. 이는 知와 行이 겸하여 이루어지기 때문이다. 비유하면 서울 坊內 자제들이 힘써 농사짓는 것이 귀하다는 말만 듣고서, 曆書가 반포되기를 기다리지도 않고 한겨울에 밭을 갈고 씨를 뿌려 손가락에서 피가 나고 얼굴에 땀이 나도록 한다면, 行은 비록 힘썼다고 하겠지만 知에 있어서는 어떻다 하겠는가? 이는 행을 먼저하고 지를 뒤로하여 끝내 수확을 얻지 못한 것이니, 바로 조군이 두려워하는 점이다. 만약 배우는 사람들이 이 그림들에 의거하여 방법을 삼는다면, 밤에 등불이 걸린 것과 같고, 소경에게 지팡이가 있는 것과 같으며, 陣圖에 의거하여 진을 치는 것과 같고, 처방에 따라 약을 쓰는 것과 같아, 한편으로는 農家의 曆書가 되고, 한편으로는 나그네의 亭堠가 될 것이다. 모든 군자들이 어찌 이에 힘쓰지 않을 수 있겠는가?"

也], 절음발이가 잘 달리려고 하는 것은 두 발 달린 사람보다는 잘 달릴 수 없다 [跛能履, 不足以與行也]는 것이다. 사람이 호랑이에게 물려서 흉하다는 것은 그 처한 자리가 마땅치 않다는 것이요[咥人之凶, 位不當也], 무인이 마치 대군이 된다는 것은 뜻이 강하기 때문이다[武人爲于大君, 志剛也]."

애꾸와 절름발이가 두 눈과 두 발이 모두 성한 사람처럼, 더 잘 보고 더 잘 달린다고 뽐내고 다녔다. 자기의 못난 재주를 인정하지 않고, 함부로 나가면 호랑이의 꼬리를 밟다 물려서 죽을 사람임에 틀림이 없다. 사무라이[武士]도 두 눈이 밝아지고, 두 다리가 성해지면, 호랑이의 위험을 피할 수 있다. 그것은 마치 자신이 넉넉한 대군이 되었을 때일 것이다. 세상을 보는 눈이 모자라니 애꾸눈일지라도 환하게 보이는 것 같고[眇能視, One-eyed seeing], 세상을 살아가는 행동 철학이 어쭙잖은 절름발이가 급히 뛰려 하는 꼴 같다[跛能履, Lamed treading]는 소리다.[29]

이것은 모두 마음만 앞서고 뜻만 강한 자의 천한 상이다. 이러니 어찌 처음처럼 순수함을 지니고만 갈 수 있겠는가? 이럴 때일수록 호랑이 아가리에 물리지 않고, 호랑이 꼬리 같은 위험을 밟지 말아야 할 것이다. 충분히 이미 바보천치인지라[부중, 부정, 음흉, 유일한 음효], 꼬리를 밟아버리고 말면[履虎尾], 그 결과는 호랑이에게 물리고 뜯겨[咥人] 흉할 수밖에 없을 것이다.

'묘능시 파능리'의 무능을 알고 사직서를 올린 자도 있다.[30] 또 그런 깡패나 주먹잡이처럼 주먹과 칼만을 믿고 날뛰는 자가, 마침내 개과천선하여 사람을 물어 뜯는 깡패 같은 소인이 아니라, 입을 다물고 묵중한 무인의 도를 지키는 대군처럼 뜻이 강한 자일 것이라[武人爲于大君志剛也]며, 신의를 지킬 것을 요구한다.[31]

---

29 [說證] 履卦가 乾卦로 간다. 互卦 家人괘는 두 눈이 온전하고, 두 발이 온전하다(1·2와 3·4는 잇달아 있는 震). 履卦에는 눈과 발이 하나씩이나, 乾卦가 되면 입이 다물어지는 '咥'이 된다. '무인'은 갑옷과 투구를 쓴 리☲가, 손☴의 천명을 받은 乾王이 되니 '武人爲于大君'이다. 무인은 호랑이 상이니, 호랑이가 사람을 물면, 사람에게는 흉한 것이 되겠지만, 호랑이 자신에게는 길한 것이 된다. '明'은 日月의 밝음이 겹쳐진 것이요, '行' 자는 彳과 亍이 겹쳐져 있는 상이다. 한 눈이 이미 애꾸눈이라면 밝음이 부족한 것이요, 한 발이 절음발이라면 걸어다님에 부족한 것이다.

30 趙翼,『浦渚集』, '파능이[辭左議政三箚]' : "신을 이 자리에 있게 하는 것은 참으로 애꾸눈이 잘 보게 하는 것과 같고, 절름발이가 잘 걷게 하는 것과 같다고 할 것입니다. 따라서 짐이나 져야 할 사람이 수레를 탔다가, 도적을 초래하는 정도로만 끝나지 않고, 솥의 다리를 부러뜨려 음식이 쏟아지게 할까 실로 두려우니, 이제 와서야 물러갈 것을 청한 것도 정말 너무 늦은 감이 있다고 해야 할 것입니다."

31 李魯,『松巖集』, '묘능시파능리[上梧里李體相元翼]' : "산의 나무는 匠人이 고르고, 사람의 말은

여기 육3에서 지산芝山 조호익曹好益은 문무文武와 살생殺生을 음양으로 보았고,[32] 성호星湖는 보는 것이 먼저였고 밟는 것은 뒤였지만 모두가 지나쳤기에 호랑이에게 물린 까닭이라 밝힌다.[33] 화동華東 서유신徐有臣은 설괘로 보태고,[34/35] 가

듣는 자가 선택합니다. 용이 연못에 있으면 모든 물고기가 따르고, 호랑이가 산에 있으면 온갖 짐승이 피합니다. 따르는 것은 무엇 때문입니까. 그 신령함에 감응했기 때문입니다. 피하는 것은 무엇 때문입니까. 그 위엄을 떨치기 때문입니다. 이 때문에 용이 없으면 미꾸라지와 뱀장어가 춤을 추고, 호랑이가 떠나면 여우와 살쾡이가 날뜁니다. 만약 용이 연못에 있고 호랑이가 산에 있으나, 물고기가 따르지 않고 짐승이 피하지 않는다면, 누가 용과 호랑이가 신령스럽고 위엄 있다고 하겠습니까. 『주역』에 '신의를 가져 위엄을 보이면 마침내 길하리라[有孚威如終吉]' 하고, '애꾸도 볼 수가 있고 절름발이도 걸을 수 있다. 호랑이의 꼬리를 밟아 사람을 물게 할 것이니, 흉하다. 武人이 大君이 되었다' 하니, 진실로 그러합니다. 이러한 훌륭한 장수를 얻는다면 어찌 나라 지키는 게 어렵다고 하겠습니까. 管子는 '왕자의 정치는 사시처럼 미덥다[王者之政 信如四時]' 하였고, 司馬光은 '信은 임금의 큰 보배다[信者 人君之大寶]' 하였습니다. 진실로 전후의 다른 명령으로 백성에게 믿음을 잃어서는 안 됩니다."

32 曹好益, 『易象說』: "육3은 가운데에 있는 것이 아니니, 보는 것이 바르지 않아 애꾸눈이요, 가는 것 또한 가운데가 아니니 절름발이다. '武人'은 육3 음의 상을 취하였는데, 문무로써 말하면 '文'은 양이 되고 '武'는 음이 되며, 生殺로써 말하면 양은 '生'을 주장하고 음은 '殺'을 주장한다. 大君의 '大'는 양이고, 육3이 하괘 상에 있으니 임금의 상이다."

33 李瀷, 『易經疾書』: "애꾸눈은 한쪽 눈이 안 보이고 절름발이는 한 쪽 다리가 짧다. 함께 서 있으면 서로 비교할 수 있는 짧은 발이 없고, 볼려면 두 눈이 반듯해야 하는데, 한 쪽이 덮혀 있으니, 모두 치우치고 기울어서 바르지 않다. 『서경』에 '만약 발이 땅을 살피지 않으면 발이 상할 것이다[若跣不視地厥足用傷]' 한 바가 이것이다. 애꾸눈과 절름발이면서 호랑이를 밟는다면 물리지 않겠는가? 『시경』에서 말했다. '백규의 흠은 오히려 갈아 없앨 수 있거니와 말의 결함은 다스릴 수가 없다[詩曰, 白圭之玷, 尙可磨也, 斯言之玷, 不可爲也].' 하물며 3은 5와 정응도 아니면서 굳센 양의 자리에 있어 함부로 움직이니 더욱 경계가 될 법하다. 『서경』에 '봄에 살얼음을 건너는 듯하고, 호랑이의 꼬리를 밟는 듯하다[若涉春冰 若蹈虎尾]' 했고, 공자는 '맨손으로 호랑이를 잡으려 하고 맨몸으로 강을 건넌다[暴虎馮河]'고 했다."

34 徐有臣, 『易義擬言』: "호괘 리☲가 눈이 되고, 손☴은 넓적다리가 되며, 태☱는 상하여 꺾이므로 '애꾸눈'이라 하고 '절름발이'라 했다. 3은 유약한 음으로 알맞음을 얻지 못하고, 그 比와 應의 관계에서 서로 도와줄 수도 없어, 마치 애꾸눈이 보는 데 밝지 못하고 절름발이가 걷는 데 함께 가지 못하는 것과 같다. 호랑이 꼬리를 밟아 호랑이 입을 犯하므로 사람이 물리는 흉이 된다. 굳센 자리에 있어 굳센 양과 호응하여 용감하게 결단하는 데 뜻을 두니 '武人'이라고 하였다. 대군의 일에 무인이 호랑이를 맨 손으로 쳐 죽이는 무모한 행동을 하게 되는데, 『중용』에서는 '갑옷과 병기를 깔고 죽어도 싫어하지 않는 사람[袵金革, 死而不厭]'이라 했다."

35 서유신(徐有臣, 1735~1800): 본관 달성, 호 華東. 선조 때부터 대대로 대제학[文衡]을 지낸 명문가 출신으로 충청도관찰사, 대사간을 역임한 문신으로 經史에 능하였다. 『易義擬言』은 50세 무렵 관직에서 물러나 있었던 10여 년간 집중적으로 저술한 것이다. 이 책의 특징은 15권 5책으로 구성했고, 經篇과 翼篇을 구분하여 經과 傳의 차별성을 부각했다. 이것은 주자가 『주역본의』를 편찬하면서 경과 전을 완전히 구분하여 그것들의 논리가 별개의 것임을 천명하려고 했던 의도와 동일하다.

암가암可庵 김귀주金龜周는 보고 걷지만 실제로는 보고 걸을 수 없다고 하고,[36] 양촌陽村의 설명은 더욱 자세하다.[37/38]

한편 부중부정하고 음흉하기까지 한 3이, 유일한 음이란 미끼로 상하 사방 모든 양들을 마음대로 요리할 수 있다고 여기지만, 세상은 그를 인정하지 않고 또 그럴 위인이 되지 못한다고 여긴다. 그러니 그런 모습이 마치 맨주먹으로 맹수를 때려잡으려 하고, 아무런 준비도 없이 맨발로 강을 건너려는 무모한 자처럼 보였던 것이다. 그렇지만 3은 유일하게 상9와 상응한 자로, 덕 높은 상효의 가르침을 받을 수 있으면, 남들이 모두 우러러 보는 대군이 될 것이다.[39]

육3의 고사로는 주나라 왕계[季歷]와[40] 소금에 절여져 젓갈이 되어 죽은 공자의 제자 자로를 들기도 한다.[41]

---

36 金龜柱, 『周易箚錄』: "호체 태☱와 리☲가 있어 애꾸눈, 또한 리☲는 갑옷과 투구가 되고 창과 병기가 되는데, 3이 사람의 자리에 있으므로 武人의 상으로, 하나의 음으로 여러 양들을 거느리려고 하기 때문이다. 文은 양이고 武는 음이라, 음의 종류는 대부분 용감하고, 강포한 사람이다."

37 權近, 『周易淺見錄』: "'무인이 대군이 된다[武人爲于大君]'는 육3이 양의 자리에서, 재질은 약하면서 뜻만 강건하여 함부로 움직이는 것이 마치 무인이 대군처럼 보이는 것과 같다. 3이 乾☰ 아래에 있으면서 상9에 호응하니 힘 때문에 대군에게 쓰임이 있다. 또 '사람을 무는[咥人]' 상이 있어, 점괘는 정말 흉하다. 3효의 象은 재질은 약하면서 뜻만 강하여, 바른 도리가 아닌 것을 실행하면서 할 수 없는 일을 하고자 하여 흉함을 초래한다. 하물며 임금에게 쓰이게 되었다면 쓰고 버리는 것은 임금에게 달린 것이어서, 이 무인은 자신의 지위에서 함부로 무언가를 하려는 자이니, 끝내 흉함이 없을 수 있겠는가?"

38 권근(權近, 1352~1409) : 본관 안동, 호 陽村. 목은 이색 문인 정몽주·김구용·박상충·이숭인·정도전 등 당대 석학들과 교유. 성균대사성, 대제학 역임. 시호는 문충공. 『周易淺見錄』 3책은 1971년 보물 550호로 지정된 후 다시 「易繫辭」가 발굴되어 1973년 보물 573호로 추가 지정됨. 『주역천견록』은 충주 양촌에 머물던 1391년에 지은 『오경천견록(五經淺見錄)』속의 하나이다. 구성은 「주역상경」, 「주역하경」, 「역설계사(易說繫辭)」 3권이다.

39 李炳憲, 『易經今文考通論』: "『주역』에 세 번 '大君'이 등장하는데, 師卦 '上六, 大君有命, 開國承家, 小人勿用', 履卦 '六三, 眇能視, 跛能履, 履虎尾, 咥人凶, 武人爲于大君', 臨卦 '六五, 知臨, 大君之宜, 吉'이다."

40 김희영, 『이야기 중국사』, 54쪽 : 『죽서기년』 왈, "문왕의 아버지 王季는 결단력이 있게 행동하고, 과감하게 많은 오랑캐들을 정벌하며 세력을 넓혀 나갔다. 은나라의 황제 文丁은 그런 왕계에게 위협을 느끼고, 꼬리를 밟힌 호랑이가 사람을 물듯이[履虎尾咥人], 그에게 후작의 작위를 내리고, 왕계를 유인하여 밀폐된 창고에 가둬 죽였다. 왕계는 용감하고 유능한 제후였지만, 주도면밀하지도 않았고 주의가 깊지도 못했다. 그리고 그는 자신의 처지를 모르고, 은인자중할 줄도 몰랐기 때문에, 문정황제에게 살해되고 말았다. 반면 그의 아들 문왕은 아비의 일을 反面敎師로 삼아, 주왕과 그 주변의 의심에서 벗어나고 살아남기 위하여 여러 차례에 걸쳐 주왕을 위하여 일을 했다."

41 『논어』와 『사기』에 나오는 자로는 공자보다 아홉 살 아래로, 공자의 제자 중 가장 연장자였다.

『여씨춘추』는 잡가雜家의 저작물로, 유가의 학설이 딱 한 군데 보이는데 아래와 같다. 무왕이 은나라를 이기고 난 후에 두 포로를 얻고 "너희 나라에 요망한 일이 있었는가?" 물었다. 한 포로가 "예, 낮에 별이 보이고 하늘에서 피가 내렸습니다"라고 대답하였다. 또 한 포로가 "그러한 일은 그다지 큰 일이 못 됩니다. 우리나라에 요망한 일 가운데 큰 것은, 자식이 아비의 말을 듣지 않고, 아우가 형의 말을 듣지 않으며, 군주의 명령이 행하여지지가 않았습니다"라 한다. 그러자 무왕이 자리를 고쳐서 두 번 절했다. 이것은 포로를 존대해서가 아니라, 그 말을 존대해서였다. 그래서 역에 "호랑이의 꼬리를 밟더라도 조심조심하며 신중을 잃지 않는다면 마지막에는 길하다"고 한 것이 아니던가.[42] 『시자尸子』 「발몽發蒙」편에 이 설명이 더해지고 있다. "이호미 색색종길이라 하였는데, 만약에 뭇 신하들이 모두 삼가고 경계하기를, 마치 호랑이 꼬리를 밟듯이 한다면, 무슨 일을 해결하지 못하였겠는가?"

이괘履卦에서 위험한 인물은 육3의 꼬리가 밟힌 호랑이다. 그러니 호랑이를 밟더라도 조심조심하면[愬愬, Caution and circumspection], 호랑이의 두려움을 이겨낼 수 있을 것이다[終吉]. 4는 후천의 첫 자리로 안자顔子의 '불이천不貳遷 불이과不二過'의 자리와 같다. 고로 다시는 3의 호랑이 꼬리를 밟지도, 또는 밟을 일을 만들

본래 그는 닭털을 모자로 만들어 덮어 쓰고, 돼지가죽을 허리춤에 둘러차고는 공자에게 무례하게 대하는 건달이었다. 공자는 그가 용감하고 대담한 것을 좋아하였지만, 경계할 때가 많았다. 어떤 때 공자가 "갈 곳을 찾아 바다로 갈까보다. 그렇다면 같이 갈 자는 오직 자로뿐이다" 하며 그의 의리와 용감함을 칭찬하면서도 "그러나 그에게는 바다를 건널 뗏목 재료가 없다" 하였다. 훗날 자로가 위나라 벼슬을 할 때 내란이 일어나자, 옳다고 생각한 길을 선택하다 전사를 한다. 화살을 고슴도치럼 맞고도 의관을 바로잡고는, "군자는 관을 바르게 하고 죽는 법이다" 하며 끊어진 관끈을 고치고 죽었다. 이어 시체는 젓갈로 만드는 형벌을 받았다. 이 말을 들은 공자는 너무나 슬퍼 집에 있는 소금을 모두 버렸다고 한다. 한편 자로의 거문고 소리를 들은 공자가 그를 비판하자, 문하생들이 그를 경시했다. "그래도 자로는 이미 경지에 올라 있다[升堂矣]"며 그가 이미 높은 경지에 올랐음을 말해주었다. "남루한 솜옷을 입고도 호화로운 모피로 차려 입은 자들과 서 있어도, 조금도 부끄러워 하지 않는 자는 오직 자로뿐이다" 한 사람이었다.

42 『여씨춘추·팔람』, 「愼大覽」편 참고

지도 말아야 한다. 이제 겨우 유혹과 사탄을 이기고 올라온 자리다. 인생살이가 과거지사를 돌아보면 정말 죽어도 마땅할 일이 많다. 공자가 "무섭지만 조심조심하여 끝내 길하다는 것은 뜻한 바대로 행했기 때문이다[象曰 愬愬終吉 志行也]"라고 주석하는 것을 보면, 4가 선천의 유혹을 이기고 후천의 자리에 당당히 올라선 것을 증명한다. 어쩌면 억겁億劫의 헤아릴 수 없이 많은 죄업罪業을 깡그리 참회懺悔로 씻어낸 청정淸靜 무구無垢의 자리일 수 있다.

한편 '색색愬愬'은 이괘履卦가 중부괘로 가며 대리大离에서 나타난 심병心病의 발로다.[43] 3의 재질은 유약하면서 뜻만 강하기에 뜻이 행해지지 못하고, 4는 재질은 굳세고 뜻은 부드럽기 때문에 뜻을 행하는 자다.[44] 색색愬愬은 혁혁虩虩과 같이 경계하고 삼가는 자세다. 지욱은 위의 사실을 주공의 토악근로吐握勤勞하는 처세로 여겼고,[45] 빌헬름은 문왕이 주왕紂王을 직접 공격한 것이 아니라, 주왕의 총애를 받던 간신 숭崇나라의 제후 호虎를 공격하여 제거한 고사로 가리켰다.[46]

九五 夬履 貞 厲
구5는 즐겁게 실천해 나가니, 아무리 바르게 다스린다 해도 위험은 따른다.

---

43 [說證] 중부는 본래 대과의 착종괘로, 上의 음이 '履虎尾'하며 '愬愬'하는 꼴이 된다. 대과는 넘어지는 것을 상징하고, 大坎은 심병이다. 다시 대과가 중부로 가면, 호랑이의 몸이 절단되어 坎은 사라지고, 중부는 大离가 되니, '終吉'이 된다. 大离가 震의 進을 얻으니 '志行'이다.

44 金龜柱,『周易箚錄』: "뜻을 행하고자 하는 뜻은 3과 4가 같다. 그러나 3은 재질은 유약하면서 뜻만 강하므로 그 뜻이 행해지지 못한다. 4는 재질은 굳세고 뜻은 부드럽기 때문에, 그 뜻이 행해 질 수 있으니, 위험한 길에 처했음을 알아 그 뜻을 행하려는 자는, 마땅히 유순한 것을 위주로 해야 한다는 것이다. 두려워하고 조심하면[愬愬] 마침내 길함을 얻게 되는 것은, 뜻이 행하고 머물지 않음에 있다. 굳센 양은 갈 수 있는 자이고, 부드러운 음의 자리에 있어서 순함으로써 자처하는 자이다. 4는 굳센 양으로써 5의 양을 받들고 있어, 두려움이 많은 곳에 있으니 '호랑이 꼬리를 밟는' 상이다. 그러나 몸은 굳세지만 뜻은 유약하여, 두려움과 경계함으로 유순하게 위를 좇아야 한다는 것을 알기 때문에, 뜻이 행해져 마침내 길하다."

45 『書經』에 나오는 주공의 고사 '一飯三吐 一沐三捉 吐哺握髮' 참고

46 사마천,『사기본기』: "숭후 虎는 주왕에게 문왕을 모함하여 그를 유리옥에 가두게 한 장본인이다. 이에 문왕은 미인과 엄청난 공물을 주왕에게 바치고 신임을 얻어서 유리의 옥에서 풀려났고, 주왕으로부터 서쪽의 제후국들에 대한 정벌권까지 얻었다. 나아가서 주왕의 미움을 산 虎를 정벌하는 데 성공한다."

병폐의 원인이 되는 아킬레스건 3에게, 유혹을 당하지 않도록 결심을 하고, 기쁜 마음으로 홀로 씩씩하게 가더라도 위험이 따른다니 신중을 기해야 하는 자리다. 그것은 본시 이괘履卦든 쾌괘夬卦든, 상하의 전후좌우에 소인배들의 유혹이 늘 도사리고 있기 때문이다. 5를 보필하는 측근 신하들이 모두가 강폭으로 유연하지 못하고, 더군다나 그의 아내 2마저 강한 짝이니, 아무리 훌륭한 결단을 내리고 가도 미래는 염려가 된다. 5가 시운에 따라 움직여도 화택규火澤睽이니 존귀한 자리는 늘 어려움이 따르는 자리렷다.⁴⁷

정자는 "성인이 천하를 다 밝히는 능력을 가졌지만, 천하의 소통을 다 얻지 못할 때에는, 하찮은 작은 소리라도 들어야 성인이 되는 바요, 임금의 자리에서 빛나는 것이다"라고 한다. 그러니 어떤 세상에도 백 퍼센트 나의 우군은 있을 수 없다. 그러기에 3은 안티그룹이요, 항시 임금의 발목을 잡는 야당의 소리를 내는 범 아가리[虎口]와 같으니 늘 밝은 혜안을 지니고 나라를 다스려야 한다. 고로 임금이 백성과 나라에 반드시 이익이 있다고 여겨, 결정하고 과단성 있는 행동으로 [夬履, Resolute conduct], 아무리 정치를 바르게 한다고 여겨도, 걱정과 위험이 따를 수밖에 없는[貞厲] 자리기에, 결단을 내릴 적에는 위태로움을 잊어서는 안 된다.⁴⁸

고사로 요임금도 순임금에게 전위할 때 정성의 마음을 다하라[允執闕中] 부탁하였고, 순임금이 우임금에게 전위할 때도 인심은 항시 위험천만이지만[人心惟危], 도심은 언제나 미세하고 미묘한 구석까지 놓치지 아니하니[道心惟微], 오로지 정성을 다하는 마음으로[惟精惟一], 진실로 하늘과 백성의 뜻을 하나로 모아 어느 한 곳으로도 치우치지 않게[允執闕中] 해야 할 것을 권하였다.⁴⁹ 또 "아무리 막강한

---

47 [說證] 夬는 태==의 즐거움이요, 履는 리==의 禮다. 睽괘는 大壯卦로부터 오기에, 진==의 발로 실천하고, 리==의 예와, 태==의 기쁨으로 대하니, '夬履'이다. 고로 '쾌리'는 즐겁게 실천함이다. 규괘에서는 감==의 貞이 있으나, 태==가 여전히 강을 타고 있기에 '貞厲'가 된다.

48 石之珩,『五位龜鑑』: "신이 삼가 살펴보았습니다. 履卦 구5는 강건 중정하고 군 위에 있으니, 履卦의 도 가운데 가장 훌륭한 자입니다. 그런데 '곧지만 위태롭다[貞厲]'고 한 것은 무엇을 말하겠습니까? 천하의 근심은 강하게 결단하는 것보다 더 심한 것은 없습니다[天下之患 莫甚於夬決]. 5효가 乾의 몸체에 있고 또 높은 자리에 있지만, 만약 굳세고 밝음을 자임하여 결단하여 돌아보지 않는다면, 비록 바름을 얻게 되더라도 위태로운 도가 되는 것과 같습니다. 하물며 바름으로부터 나온 것이 아님에 있어서이겠습니까? 송태조가 '빨리 결단한 실수로 못마땅해 했다[快誤不樂]' 한 것과 소식이 '치세에도 근심하고 밝은 임금에 대해서도 위태롭게 여긴다[憂治世危明主]'고 한 것은 다 이 때문입니다. 삼가 원하옵건대 전하께서 일을 당해 결단을 내리실 적에 위태로움을 잊어서는 아니되옵니다[毋忘危厲]."

권력자라도 마음으로 걱정하고 두려워함이 호랑이의 꼬리를 밟는 것처럼 하라"는 주나라 목왕의 이야기와 공자가 애공에게 "나라의 대권을 장악하고 만민의 위에 있는 것은 마치 썩은 고삐를 잡고 날뛰는 말을 모는 것과 같으니, 삼가고 두려워하여야 할 일로,『주역』에서 호랑이의 꼬리를 밟는 것과 같다"는 비유를 든 한나라 유향의『신서新書』이야기와『시경』에서 얇은 얼음을 밟는 것 역시 위태롭지 아니 하겠습니까?"라고 경계한 것들이 모두 '쾌리정려夬履貞厲'를 우려한 소리다.

공자가 "즐겁게 실천해도 위험이 따른다는 것은 임금의 자리는 그럴 수밖에 없다[象曰 夬履貞厲 位正當也]"라고 한 것을 보면, 임금이라면 어려운 상황이 항시 존재하고 외로운 결행[夬履]을 요구받으니, 임금만이 가질 수 있는 복이라는 것이다. 그러니 일찍이 천하의 의논을 다 들어본 자가 드물었다.[50/51]

---

49 『尚書·大禹謨』: "근거 없는 말은 듣지 말 것이며, 상의하지 않은 계책은 쓰지 말아야 할 것이오 사랑할 만한 것은 임금이 아니겠소 두려워할 만한 것은 백성이 아니겠소 백성은 임금이 아니면 누구를 떠받들겠소 임금은 백성이 아니면 나라를 지켜줄 사람이 없을 것이요 경건하게 처리하여 네가 가진 자리를 삼가서 원해야 하는 것을 경건하게 닦아라. 사해가 곤궁하면 하늘의 녹이 영원히 끊어질 것이다. 오직 입이란 좋은 것을 내기도 하고 전쟁을 일으키기도 하니, 짐은 두 번 말하지 않겠다."

50 鄭道傳,『三峯集』, '쾌리정려[聖人未嘗不盡天下之議]': "'履 구5에 바름을 얻어도 위험하다[夬履貞厲]' 하였다. 옛 성인들은 천하의 높은 자리에 있으면서, 총명은 족히 사리를 알고, 강단은 족히 선악을 판단하고, 세력은 족히 일을 마음대로 할 수 있었다. 그러나 일찍이 천하의 의논을 다 들어보지 않은 적이 없어, 아무리 땔나무를 하고 꼴베는 사람의 하찮은 말이라도 반드시 취하였으니, 이래서 그 성인이 되게 된 것이다. 만약 스스로 그 강단이 있고, 총명한 것만 믿어서 단행하고 돌보지 않는다면, 비록 정당하게 해간다 하더라도 역시 위험한 길인데, 그것을 고수해서야 되겠는가? 강단하고 총명한 재주가 있더라도 만약 자기 마음대로 한다면, 오히려 위험한 길이 되는데, 더구나 강단과 총명이 부족한 자이랴?"

51 洪大容,『湛軒書』, '周易辨疑': "履虎의 亨은 마치 '말이 忠信하고 행이 篤敬하면 蠻貊에도 행할 수 있다' 한 것과 같다. 上天과 下澤은 '天水違行과 다름이 없다. 혹 訟으로써 말하고 혹 禮로써 말함은 때를 따라 뜻을 취함이다. 素履之往은 '邦이 有道하면 塞을 變치 않는다'는 말과 같다. 常에 居하여 그 아래 있어서 지킬 바를 잃지 않으면, 驕치 않고 溢치 않아 어디를 가나 이롭지 않을 데가 없다. '澹泊이 아니면 뜻을 밝힐 수 없고, 寧靜이 아니면 먼 데 이를 수 없다' 하니 孔明은 가히 幽人의 의를 얻었다 하겠도다. 구2는 陽剛하여 비록 上進코자 하나, 구5의 夬履가 上에서 순응치 않으므로, 窮하여 下에 있으면서 '獨善其身' 하는 象이 있다. 體가 비록 剛陽이나 柔에 居하고, 中을 얻음으로써 도를 밟음이 坦坦하고 恬靜하여, 스스로 닦는 상이 있다. 貴는 사람의 至欲이고, 窮은 사람의 至厭이니, 진실로 幽靜이 아니면 누가 능히 至欲을 잊어버리고, 至厭을 편안히 하여 그 坦坦한 中을 어지럽히지 않을 수 있겠는가? 武人은 才는 柔하고 志는 剛하다. 秦政과 項籍이 才力은 過人한 듯하나, 그 利欲의 私를 이기지 못하여 成敗의 機에 밝지 못했으니, 陰의 極이고 柔의 至이다. 君은 爭臣이 있어야 그 位를 보전할 수 있다. 구5가 至健의 德으로써 至尊의 位에 處하니, 아래서는 듣기 좋은 말로 오직 順應만 일삼고 그 말을 어기지

곤룡포를 던져버리고 가사장삼을 입고 달아난 순치황제順治皇帝[52]가 말했다. "전생에 가장 못난 짓을 많이 한 사람은 한시도 편치 않은 황제의 자리를 맡아 속죄하며 살아야 한다."[53]

> 上九 視履考祥 其旋 元吉
> 상9는 보고 밟아 길흉의 조짐을 살핀다. 기쁨이 사라졌다가 다시 돌아오니, 군주에게 길하다.

살아온 과거의 이력을 돌이켜 보고[視履, Look to your conduct], 미래의 길흉의 조짐을 살펴본다[考祥, Weigh the favorable signs]. 천심대로 잘 살아왔다면[其旋] 내가 한 모든 일(출입, 진퇴, 재산, 명예, 사랑 등등)이 크게 길했을 것이다[元吉]. 최후에 웃는 자야말로 큰 복을 받은 사람이다.

여기서 죽은 애비 '고考'가 있는 대목으로 보아 죽은 자와 산 자가 함께 합창으로 '고상'하다 해야 '고상'한 것이 된다. 만약 '상祥'에 올린 최고의 제수祭需가 죽은 자에게는 좋은데, 산 자에게는 나쁜 것이라면 그것은 '고상'이 아니며, 그 반대 또한 마찬가지일 것이다.

못하니, 장차 智를 뽐내어 스스로 聖인 체하고, 아첨하는 자가 날로 親하여지고 直言하는 拂士가 날로 멀어지게 될 것이므로, 夬履貞厲의 戒가 있는 것이다. 建國親候하고, 財成輔相함은 모두 王者의 일이다. 그러므로 군자라 하지 않고 王后라고 말했다."

52 順治(1638~1661) : 청나라3대 황제. 법명은 行痴, 康熙帝의 부. 수많은 정복전쟁으로 재위기간 (1643~1661)에 만주와 중원까지 통일한 영웅. 재위 18년 되는 해에 홀연히 세속을 등지고, 산서성 오대산으로 출가하여 수행 정진하다가 입적. 아래 출가시는 예술적인 시작품이라기보다는, 철학적이고 심오한 불법의 뜻이 들어있어 불가에서 회자되고 있다.

53 "자손은 제 스스로 살아갈 복 짓고 사나니[兒孫自有兒孫福] 후손을 위한다고 소와 말 노릇 마소 [不爲兒孫作馬牛] 고래로 역사 속에 수많은 영웅들이[古來多少英雄漢] 동서남북 사방으로 한줌 흙 되어 갔소[南北東西臥土泥] 올적에는 기뻐하고 갈 적에는 슬퍼하나[來時歡喜去時悲] 덧없는 인간세상 나그네 신세일 뿐[空在人間走一回] 오지나 않았으면 갈 일도 없을 텐데[不如不來亦不去] 기쁜 일 없으면 슬픈 일 있을쏜가[也無歡喜也無悲] 곳곳이 수행처요 쌓인 것이 밥이거늘[天下叢林飯似山] 어데 간들 밥 세 그릇 걱정하랴[鉢盂到處任君餐] 황금 백옥을 귀하게 여기지 마소[黃金白璧非爲貴] 가사 얻어 입기는 무엇보다 어렵소[惟有袈裟被最] 내 비록 산하대지의 주인이련만[朕乃大地山河主] 나라와 백성 걱정 더욱 더 해[憂國憂民事轉煩] 백년 삼만 육천 날이[百年三萬六千日] 절집살이 한나절만 못하다오[不及僧家半日閒] 부질없는 한 순간 잘못으로[悔恨當初一念差] 붉은 가사 벗고 누런 곤룡포 입었었지[黃袍換却紫袈裟] 내 본디 서축의 스님인데[我本西方一衲子] 어찌하여 제왕의 길로 들어섰나[緣何流落帝王家]."

그리고 '고考'를 보면 상9에는 '조상의 음덕'이 있다고 여겨진다. 즉 3을 잘 설득시키고, 오해를 불식시켜 내 편으로 만드는 데 성공한 케이스로, 귀신과 조상이 돕는 자리라 할 수 있다. 그 까닭은 상9만이 유일하게 엉큼하고 위험천만한 인물 3과 상응이 되고 화합이 되는 자리이기 때문이다. 동파도 두 사람의 관계가 화복禍福의 조짐에 열쇠가 되는 자리이기에, 하루라도 멀어져서는 안 된다는 것을 알아야, 옛 것을 회복[旋]하고 크게 길할 것이라 하였다.

왕필도 화복의 징조는 이력의 결과에서 오는데, 위험한 3과 용하게 응하게 되었으니 위태롭지 아니하고, 되돌아와서 크게 길한 경우로 보았다. 정자의 해석도 이 모두가 선으로 살아왔으면 원길元吉일 것이고, 불선으로 돌아왔으면 당연히 크게 불길한 것으로 여긴다.

공자도 "위에서 군주에게 길하여 크게 경사가 있다[象曰 元吉在上 大有慶也]"고 푸는 것을 보면, 분명히 나라에 큰 경사가 있음을 알린다. 이를테면 조상인 '죽은 애비[考]'가 '재앙과 복[祥]'을 두고 저울질[考慮]하다 마침내 큰 복을 내리게 됨이다. 그래서 정자와 주자는 '상祥'을 '선악과 화복'이라 하였고, 왕필과 동파와 다산 역시도 '화복禍福'이라 하였다.

그리고 상9가 변하면 이지태履之兌로 거듭 희열이 찾아드는 중택태重澤兌의 자리인지라,[54] 기쁨이 하늘에 응하고 온 나라에 가득 찰 큰 경사가 찾아들 것이다. 지나온 인생의 전반을 돌아보니 고상하고, 본성대로 잘 살아왔다면 원길이지만 그렇지 않은 자에게는 불길하다. 상9의 전형적인 인물로는 증자를 꼽을 수 있다.[55]

그런 예는 여럿 보이나,[56/57/58/59] 첫돌 경축사 '시리고상'은 너무나 아름답고,[60]

---

54 [說證] 兌卦는 中孚卦로 오기에, 大离의 눈으로 본다. 또 兌는 大壯으로부터 오는데, 上卦 震의 발은 사람이 밟고, 兌의 무당이 천기로 '조짐을 살피는 격이다[考祥]. 上은 자리가 끝인지라 무당이 증험으로 길흉화복을 밝히니, 上兌下兌, '視履考祥'이다. 祥은 福과 災殃을 동시에 나타내는 글이다. 또한 履卦는 夬卦로 왔기에 상의 兌가 아래로 갔었는데, 지금 兌卦가 되면서 兌가 돌아오니, 상하가 모두 기뻐하여 '其旋元吉'이고, 乾의 군주 또한 기뻐하니 '大有慶'이다.

55 증자와 그의 부친은 공자의 제자였다. 공자가 73세 세상을 뜰 때까지 10년을 공자를 모시고 열국을 주유했으며, 이 10년 동안 공자 학문의 정수를 잇는다. 증자는 공자의 제자 중 가장 나이가 어렸지만, 26세에 공자 학설의 진수가 '忠恕'에 있다고 했다. 증자가 죽음을 앞두고 한 말이다. "내 발을 열어주고 내 손을 펴주게. 『시경』에 이르기를 '전전긍긍하여 깊은 못에 임한 듯, 살얼음 밟듯 한다고 했지. 이제 내 더 이상 그렇게 살지 않아도 되겠구나!"

56 崔致遠, 『孤雲集[桂苑筆耕]』, '시리고상[與金部郎中別紙]' : "현명하고 또 사려가 깊으면[旣明且哲] 『시경』에서도 현인이라고 찬미하였고, 행동을 살펴 길흉을 상고하면[視履考祥] 『역경』에서

성호星湖와 석재碩齋의 설도 좋다.[61]

도 군자라고 일컬었습니다. 이미 持盈의 도를 즐겨 행하심은 물론이요, 실로 養素의 기틀을 다지고 계실 줄로 믿습니다."

57 申欽, 『象村稿』, '시리고상[金尙容母貞敬夫人鄭氏墓誌銘]' : "이 오복을 갖추었으매[備玆五福] 덕으로써 그것을 받았고[以德承只] 실천한 것을 보아 조짐을 살피매[視履考祥] 널따란 저 언덕에[峯如其丘] 부인의 예복이 묻혀 있고[象服藏只] 이 묘 속에 명이 있으니[若堂有銘] 아름다운 명성 길이 빛나리[徽音昌只]."

58 李穡, 『牧隱集』, '시리고상[閔志辭]' : "이에 서서히 행한 것을 살펴보니[爰舒徐以視履兮] 화복을 헤아림에 주도하지 못했도다[罔其旋於考祥]. 호색과 악취가 섞인 걸 가려내지 못하니[好色惡臭紛乎其不決兮] 귀신의 지역에 방황함이 마땅하여라[宜鬼域之彷徨]. 인천의 큰 도가 드러나서 숨은 게 없거늘[惟人天之大道顯而不隱兮] 어찌하여 아득히 먼 곳에서 찾는고[胡求之於渺茫]."

59 張維, '시리고상[仁嬪金氏神道碑銘]' : "하늘과 사람이 合應하는 이치가 隱微한 듯하면서도 실제로 드러났다고 여겨진다. 인빈이 유순하고 가륵한 자태를 지니고서 위로 宣祖의 크나 큰 덕을 떠받들며 아름다운 天命을 맞게 하였는가 하면, 성스러운 아들과 신령스러운 손자를 탄생시켜 中興의 빛나는 위업을 달성하게 하였으니, 이렇듯 성대한 일이 이르게 된 연유를 거슬러 찾아본다면, 어찌 그렇게 될 만한 까닭이 없이 된 것이겠는가. 『주역』에서 '걸어온 발자취를 살펴 화복을 고찰한다[視履考祥]' 하였고, 또 이르기를 '하늘이 도와주시니 길하기만 할 뿐 이롭지 않은 일이 없다[自天祐之吉无不利]' 하였는데, 지금의 일을 가지고 징험해 보면 이치란 정말 속일 수가 없는 것이다. 아, 얼마나 가슴 뿌듯한 일인가."

60 眉山 韓章錫, '아이 첫돌 축사[兒子初度祝辭]' : "나무의 뿌리가 두터우면 가지가 번창하고 열매가 익으며, 샘의 근원이 깊으면 그 흐름이 멀리 미친다. 하물며 이 아이는 실로 덕과 선을 쌓아 낳았다. 나의 선조를 생각건대 대대로 덕을 심었으니 너의 삶을 헤아리매 신명의 보답이 어김없으리라. 모두가 처음에 달렸으니 행실을 보고서 선악을 살핀다[視履考祥]. 성대하고 빛나는 경운(慶雲)과 상서로운 기린과 봉황처럼 가정에선 현명한 후사가 되고 나라에선 큰 보필이 되라. 학문은 공맹을 따르고 문장은 한유와 구양수를 능가하며 만석군(石奮)같이 효도하고 삼가며 분양왕(郭子儀)처럼 복이 두터우리. 모든 것이 네 몸에 모이고 후손에게 여경이 흐르게 하며 너의 먼 후손들도 또한 번창하고 성대하게 하라."

61 李瀷, 『易經疾書』 : "일이 극한에 이르면 반드시 돌이킨다. 상9에서 이미 본 것이 밝은 후에 밟아 나간다고 했으니, 애꾸눈이나 절름발이와는 다르다. '상고한다'는 것은 復卦 5의 '스스로 상고한다[自考]'와 같다. '상서로움'은 재앙의 반대이다. 육3 이후에 재해가 심하므로 상효에 이르러 스스로 상고해보면, 재앙이 아니면 저 상서로움이다. '돈다[旋]'는 것은 또한 재앙이 극에 이르면 상서로움으로 돌이킨다."

尹行恁, 『薪湖隨筆 · 易』 : "『시경』에 '처음에는 善하지 않은 이가 없으나 선으로 마치는 이가 적다' 하였으므로, 구4에서는 마침내 길하다고 하였다. 상9에 '상서로움을 상고한다'고 한 것은 그 아름답게 마치는 것을 귀하게 여기는 것이다. 밟아온 바를 보고, 두루 하여 빠짐이 없으면, 복록이 와서 거느리고 집집마다 모두 경사가 있으리라."

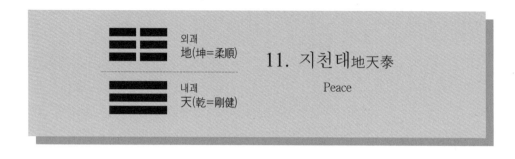

外卦
地(坤=柔順)

11. 지천태地天泰

Peace

內卦
天(乾=剛健)

만사가 술술 풀려나가는 태통의 시절이다. 이때는 모든 걸 다 끌어안고, 용서하고 사심 없이 살아야 멋지다. 쫀쫀하게 굴 이유가 하나도 없다.

泰 小往 大來 吉 亨

태는 작은 것이 가고 큰 것이 오니 길하고 형통하다.

태泰(Peace)는 작은 것이 가서 큰 것으로 돌아오고, 음이 물러나고 양이 찾아들며, 겨울이 지나고 봄이 찾아옴을 이른다. 충신은 조정을 지키고 소인은 물러나며, 투자는 적게 하는데도 이익이 크게 돌아오는 때이다[小往大來]. 「서괘전」에서는 태를 천지만물이 서로 통하고, 양기는 위로 친하고 음기는 아래로 친해 음이 화창하며, 모든 기운이 화합하여 만물을 키워내는 좋은 시절이라 하였다.[1] 그런 고로 아버지가 어머니의 뜻을 존경하며 가정을 이끌어 가니 가화만사성이요, 임금이 백성의 뜻을 따라 나라를 다스리니 어찌 국태민안이 아니겠는가. 이제껏 충실하여온 당연한 결과이다. 사물이 안으로 충만하면 그 기운이 밖으로 퍼져 나가고, 사람도 안으로 정성스러우면 그 외부의 형체도 단정해 보인다.

혈기가 안으로 왕성하면 팔다리를 놀리는 것이 건강하며, 인자와 현자가 안에 모이면 온 세상이 안정되고 순조로워지는 이치가 바로 태괘이다. 실록에서도 태종은 "태괘泰卦를 보면 나라 다스리는 방도를 대개 알 것"이라 하였다. 또한 신체도 속이 양창하면 온 몸이 바로 펴지고, 안이 바르면 형상이 바르고, 피와 기운의

---

1 「序卦傳」; "泰然後安 泰者 通也.."
「雜卦傳」: "否泰 反其類也."

순환이 속에서 왕성하면 사지가 고르고, 현명한 이들이 안으로 모이면 나라가 편안하고 백성이 따르니, 이것이 태가 통하는 이유이다. 이처럼 내괘 건☰이 강건하니 만사가 태통하다. 또 내외의 음양이 황금 비율로 있고, 강한 양이 왜 안에 있어야 하는지 그 이유를 웅변해 준다.[2]

동파는 이런 설을 토해 낸다. "성인이 태의 세상에 안주한다고, 소인을 다 이기는 것은 아니다. 그런 소인을 기어이 다그치고 쫓아내어 궁지로 몰아 다시 돌아오지 못하게 하면 반드시 싸움에 이를 것이고, 만약 소인과 맞장 떠 싸우게 되면 승부의 형세를 결정하기 힘들 것이다. 고로 군자로 하여금 안에서 천하를 다스리는 명을 내리고, 소인으로 손발을 묶어 밖에 둘 곳을 만들어 주니 우환의 빌미가 없게 되느니라."

태를 음양의 비율로 보면, 우선 복復과 임臨은 음이 많고, 대장大壯과 쾌夬는 양이 많다. 고로 태泰는 음과 양, 군자와 소인이 황금분할하고 있기에 형통하다. 세상에는 힘없고 가진 것도 없는 자가 아래에서 위로 상달하기는 어렵다. 또한 많이 가지고 높은 자가 위에 있으면 하교하기 역시 어렵다. 그렇지만 태는 1과 4, 2와 5, 3과 6이 서로 호응하고 상달하교上達下交하여 서로 왕래하니 이 얼마나 좋은 모양인가. 그런 고로 태의 시절에 국가는 신하와 임금이 하나가 되고, 회사는 노사가 하나가 되며, 가정은 부부가 한마음이 되고, 사업도 하는 일마다 번창을 이루어 나간다. 지욱의 선해로는 "만행萬行이 통하지 않는 곳이 없고, 세간수순世間隨順하는 방편方便으로, 구계九界의 소인을 교화하여, 군자의 도를 키워나가는 바이다"[3]라고 하였다.

다음은 태를 다시 한번 더 주석하는 공자의 단왈이다. "천지가 교접하니 만물이 통하고[天地交而萬物通也], 상하가 교신하니 그 뜻이 하나 되고[上下交而其志同也], 안으로는 강건한 양기가 가득하고[內陽而外陰], 밖으론 사악한 기운을 쫓아내니 만사가 순할 수밖에 없다[內健而外順]. 고로 조정엔 군자가 가득하고 소인은 외방에 있으니[內君子而外小人], 군자의 도는 날로 커져가고 소인의 도는 날로 사라

---

2 [說證] 小는 음, 大는 양. 밖으로 상승하는 것은 往, 안으로 내려오는 것은 來다. 곧 3양은 올라가고, 3음은 내려오니 '소왕대래'이다. 泰卦는 否卦를 자리바꿈한 交易 즉 錯綜한 상태다. 泰卦는 안에 离의 자리에서 정성이 쌓여 모두 상응하고 호응하니, 앞길이 훤히 뚫려 형통한 것이다.

3 지욱, 『주역선해』: "萬行俱通也,隨順世間方便,能化九界,君子道長,小人道消也."

져간다[君子道長小人道消也].[4]

> 象日 天地交泰 后以 財成天地之道 輔相天地之宜 以左右民
>
> 상왈, 천지가 교접하고 암수가 화합하는 상이 태의 그림이다. 왕(후)은 천지의 도
> 를 움직임에 만사를 재단하고, 천지의 마땅한 이치로 협력하여 백성을 편안한 곳
> 으로 인도해야 할 것이다.

천지가 교접하며[天地交泰, Heaven and earth unite] 절구질[春]로 춘수春水를 쏟아
내는 시절이 태다. 천지가 화합하면 만물은 땅을 딛고 일어나고, 음양이 화합하면
음이 그 태기胎氣를 먼저 주장하게 되니, 천지가 교태交泰하는 시절에는 임금이
어머니처럼[后] 백성을 자비롭게 살펴 나간다.[5] 여기 천지의 도를 계획하고 설계
한다는 '재성財成'은 재단하여 완성[裁成]한다는 말이니 마름질한다는 뜻이다
[Divide and complete]. 이것은 국가와 가정의 도를 성공시킴에 재정財政이 절대로
필요하다는 의미다. 자신의 깨달음[善業]을 널리 알리는 데도 역시 재물이 중요하
다. 또한 천지의 기후와 땅의 성질[지질]에 맞추어, 각각의 백성으로 하여금 부역
을 맡게 하고, 농사를 짓고 적절하게 이용함은 '보상輔相'이다.

고로 논으로 쓸 곳은 논으로 쓰게 하고, 밭으로 쓸 곳은 밭으로 쓰게 한다.
즉 재성은 넓은 의미의 총론을 말하는 도리요, 보상은 좁은 의미의 각론을 말한
다.[6] 그런데 동파는 재성과 보상은 비색否塞의 세월을 맞지 않기 위해서라도 절대
필요한 조처라며 아래와 같이 설명하고 있다. "사물이 태泰에 이르러 극성하면,
더 이상 추가할 것이 없다. 천지의 도로써 그것을 마름질하여 완성시키고, 천지의

---

4 [說證] 泰는 否卦의 도전형. 비괘에서는 가을의 음기가 자라 천기가 상승하고, 땅의 기운은 내려
  가 비색하게 되었다. 建寅의 달 정월이 되는 태괘에서는 하늘이 내려와 태양이 만물을 덥히고
  더운 증기를 발해 운우를 일으키니, 초목이 번성하고 곤충이 번식하게 됨이 '天地交而萬物通也'
  이며, 군주의 덕이 낮은 데까지 미쳐 '上下交而其志同'이다.

5 우리 궁궐에서 왕비가 거처하는 交泰殿은 건축물 중 가장 화려한 곳이며 용마루가 없는 것이
  특징이다. 왕이 기거하는 곳은 康寧殿이다.

6 [說證] 道는 진☳, 宜(義)는 태☱, 리☲(1·2·3)의 칼로 건☰의 옷을 자르니 裁成, 裁斷이고, 즉 財는
  裁 감☵(4·5·6)의 수레바퀴로, 곤☷의 수레를 도우니 輔相이다. 진☳은 左, 태☱는 右. 고로 건☰의
  임금이 곤☷의 백성에게로 와 '左右民'이 된다.

마땅함에 나아가 그것을 바로잡음으로써, 백성을 도와 비否의 상태로 들어가지 않도록 하여, 백성으로 하여금 태泰를 향상시켜 갈 뿐이다."

지애비는 지애비답게 지애미는 지이애미답게 함이 '보상輔相'이다.[7] 의리가 어둡고 막히게 되면 인륜이 어지러워진다.[8] 태통의 도가 멀리 있지 않다. 굶주리면 밥 먹고 목 마르면 물을 마시는 곳에 있다.[9] '재성財成'은 윗사람의 일이요, '보상輔相'은 아랫사람의 일이다.[10]

춘기春氣가 만물을 번식시킴으로써 법을 삼고, 추기秋氣는 만물을 성실成實과 수확함으로 법을 삼으니, 이에 천지의 마땅한 바를 보상輔相하여 좌우左右로 백성들을 보조輔助하여 가는 것이다. 정자가 말했다. "재성裁成은 과過함을 억제抑制함이요, 보상輔相은 그 불급不及을 보태줌이다." 이를 지욱의 선해로 보면 "천지지도天地之道는 마음이 온전히 갖추어진 정혜定慧요, 천지지의天地之宜는 정혜定慧의 적용適用이다. 또 재성보상財成輔相은 곧 수행修行을 도움이요[裨], 이좌우민以左右民이란 강연이마强軟二魔의 파괴를 입지 않고 오히려 그 이마二魔를 시자侍者로 삼

---

7 曹好益, 『易象說』: "도는 사물에 있고 사물에는 각각의 마땅함이 있다. 그런데 이 둘이 서로 뒤섞여 그 법칙을 알 수 없다. 성인이 이를 위하여 군신·부자·형제·부부의 윤리를 제정해 마름질하여 완성하고 또 이를 위하여 仁·敬·慈·孝·友·恭·義·順의 가르침을 베풀어서 도왔다. 임금의 어짊, 아버지의 자애로움, 형의 우애로움, 남편의 의로움은 하늘이 땅과 사귐을 본받은 것이고 신하의 공경, 자식의 효성스러움, 아우의 공손함, 아내의 순함은 땅이 하늘과 사귐을 본받은 것이다. 그렇지 않다면 천지가 닫히고 인도가 종식될 것이다. 유독 泰卦에서만 이를 말한 것은 천지가 사귀어서 편안함은 바로 임금은 임금답고 신하는 신하답고 아비는 아비답고 아들은 아들답고 형은 형답고 아우는 아우답고 남편은 남편답고 아내는 아내다운 때이기 때문이다."

8 金濤, 「周易淺說」: "마름질하여 완성하고 보필하여 돕는 것은 성왕들의 일이고 천지와 더불어 덕을 같이할 수 있는 것은 대인이다. 천지는 만물을 낳는 것을 마음으로 삼는데 스스로 완성할 수 없기 때문에 반드시 성인의 마름질과 도움을 받은 후에 백성들과 만물이 그 생을 완성할 수 있다. 만약 성인의 마름질하고 돕는 가르침이 없다면 백성을 살리는 도에 결여되어 그 의리가 반드시 어둡고 막히는데 이른다. 의리가 어둡고 막히게 된다면 인륜의 차례가 분명하지 않게 되어 금수와 가깝게 된다. 그러므로 성인이 법과 제도를 베풀어 도와서 그 생육의 도리를 이루어 금수로 돌아감을 면하게 하였으니, 성인이 제도를 만든 뜻이 드넓고 넓은 하늘과 같은데, 후세에는 가르침이 전해지지 않고 단지 그 부족한 것만 보충해주고 있으니, 슬프도다!"

9 柳正源, 『易解參攷』: "'도와서 마름질하여 이룬다'는 것은 배우는 자가 날마다 쓰는 곳에 있습니다. 굶주리면 밥을 먹고 목이 마르면 물을 마시며, 겨울에는 가죽으로 만든 옷을 입고 여름에는 갈포로 만든 옷을 입으며, 쟁기로 밭을 갈고 그물로 고기를 잡는 것이 모두 그것입니다."

10 沈大允, 『周易象義占法』: "'마름질하여 완성한다'는 것은 윗사람의 일이고, '돕는다고 한' 것은 아랫사람의 일이다. 임금이 마름질하여 완성하고 신하가 돕는 일 등은 모두 천지가 만물을 낳아 이루는 도를 체득하여 말한 것이고, 왕후가 본받아서 도움을 받는 것은 임금이 신하를 통솔하는 것을 밝힌 것이다."

을 뿐이다."[11] 여기 '후이后以'는 '선왕이先王以'와 같은 정치적 표현이고, '대인이大人以'와 '군자이君子以'는 도학적 표현이라 할 수 있다.[12]

> **初九 拔茅茹 以其彙 征 吉**
> 초9는 띠풀을 뽑을 때에 뿌리가 모여 있는 무리 통채로 뽑아야 하듯 정벌에 나서면 길할 것이다.

태의 시절은 여러 동지(백성)들과 같이 밖으로 나가야 뜻이 더 크고 기쁨이 더 커진다. 만약 큰 기쁨을 자기 일신과 일가에만 두면, 천하에 두루 미쳐야 할 태통이 되지 못한다. 그러니 초9가 선봉에 서서 2, 3과 더불어 그 기쁨을 같이 나누면서, 태의 시절로 이끌어 가야 하는 막중한 책임을 진다. 고로 초9는 많은 동지들과 함께 적극적으로 활동하는 좋은 시기로 봐야 할 것이다.

초9의 얽혀 있는 띠풀을 뽑으면[拔茅茹, Pull up ribbon grass] 2와 3도 같은 뿌리라 함께 뽑혀 나오니[以其彙], 그들과 같이 나란히 뜻을 같이 해 나간다면[征], 태통를 누려 더불어 길할 것이다[吉]. 이런 태의 시절에는 어진 충신들[彙]을 모아 나라를 돕고 또 세상을 도와야 한다. 그러기에 공자도 "얽힌 띠풀을 뽑아 나란히 뜻을 같이해 나감은 그 뜻이 안에 있는 것이 아니라 더 넓고 큰 외부에 있기 때문이다[象曰 拔茅征吉, 志在外也]"라고 주석하고 있는 것이다.

다산은 그 외부는 적국敵國을 넓히는 데 있으며, 또 띠풀을 뽑는 것은 어진 이를 천거하는 일이라 한다. 정자도 "어진 이는 동지들과 함께 도를 행하기에, 군자가 자리를 얻으면 천하의 어진 이들이 조정에 모여 천하를 태성泰盛할 것이며, 소인이 자리하면 불초한 자들이 천하를 비색否塞하게 하니, 어찌 강건한 덕을 지닌 자가 그 몸을 아랫자리에만 두겠느냐"며, 이것이 초9가 띠풀을 함께 뽑는 이유라 밝혔다. 태괘가 승괘升卦로 간 경우다.[13]/[14]

---

11 지욱, 『주역선해』: "天地之道, 卽性具定慧, 天地之義, 卽定慧有適用之宜, 財成輔相, 卽以修禅性也, 左右民者, 不被强軟二魔, 所塊則能用此二魔, 爲侍者也."

12 김진규, 『아산주역강의』. 참고로 大象에 '君子以'는 53괘, '先王以'는 7괘, '后以'는 2괘, '大人以'와 '上以'는 각각 1괘씩 있다.

13 [說證] 升卦는 臨卦로부터 왔다. 大진☳의 풀에 건☰의 세 가닥 줄기가 갑자기 높아지니 '茅'이

> 九二 包荒 用馮河 不遐遺朋亡 得尚于中行
>
> 구2는 (태평성대를 맞이하여 변방의 미개한) 거칠고 황량한 오랑캐들도 포용하고, 강
> 을 건널 적에는 가까운 친구를 잃어버리는 일 없이 해야 하며, (강을 건넌 뒤에는)
> 큰 길에 올라 같이 가야 할 것이다.

구2가 비록 부정하고 강성이지만 중을 얻어서 5와 응을 하니, 이는 태통한 시절에 도를 행할 줄 아는 어진 신하다. 고로 매사를 여유롭고 아름답게 처리하는 능력이 있으니, 아무도 돌아보지 않는 거칠고 황폐해진 곳의 버려진 자들도 포용하고[包荒], 맨 몸으로 황하를 건너듯 혁신적 모험도 감행하며, 또한 그런 용기 있는 자를 등용하여 쓰고[用馮河], 또 버려진 사람이든 멀어진 사람이든 어느 누구도 버리지 아니하고[不遐遺, No neglecting distant], 나아가서는 이웃하는 가까운 친구들과는 사사로이 붕당을 짓지 아니한[朋亡, No regarding companions]. 그런 고로 이것은 태의 시절을 맞아 임금의 부드럽고 너그러운 관용의 도덕정치와 상합하여 광대한 영광을 얻는 신하로서의 처신법이라 할 수 있다[得尚于中行].

여기서 먼저 '포황包荒'을 다산은 2가 변해 지화명이地火明夷로 가기에, 어두워서 태의 덕화가 미치지 않는 멀리 떨어진 변두리의 오랑캐들 까지도 펼치라는 뜻으로 '황복荒服'으로 새기고 있다.[15] 동파도 쓸모없는 자들마저 모두 포용하라 하고, 그렇게 도량이 넓고 포용력 있는 재상이라면 상대의 뱃속까지 배를 저어 갈 정도의 어려움을 감내하면서까지, 반대세력과 부정한 소인배들을 넓고 크게 포용하여야만 위대한 대업을 성취할 것이라 한다. 말하자면 포황은 강과 바다가 어떠한 물도 마다 않고 받아들이는 것처럼 온 세상[八荒]을 감싸는 포용력이다.

'용빙하用馮河(Fording the river with resolution)'도 정자와 주자는 맨 몸으로 황하

고, 승괘의 하괘 巽 역시 震과 같으니 '彙'이다. 승괘 또한 小過卦에서 왔기에, 艮의 손으로 띠풀을 뽑으니, 그 상은 '拔茅茹'다. 또한 '征吉'은 남쪽을 정벌하여 길하니, 하괘가 남쪽, 북쪽 상괘의 땅은 넓어지고, 남쪽 손은 굴복함이다. '志'는 小過 大坎이고, 승괘의 2가 4로 가니 '志在外'다. '茹'는 茅根이다.

14 참고로 지천태가 지풍승이 되면 만사가 좋은 점괘다. 외교 국방 정치 특히 경제와 국회마저도 걱정 없고, 시험도 합격하고, 건강도 호전하고, 頭頭物物 만사가 오케이다.

15 황제 직할지가 전복(甸腹), 제후가 다스리는 지역이 후복(侯服), 황제 통치권이 잘 미치지 않는 지역이 수복(綏服), 그 밖에 중국을 아예 모르는 지역이 요복(要服), 또 그 밖에 교화의 범위를 벗어난 낯선 사람들이 사는 땅이 황복(荒服)이다.

를 건너는 과단성[馮河之勇]이라 했고, 동파도 아무런 장비 없이 걸어서 큰 강을 건너는 소인의 용감성이라 했다. 소인 가운데 적소에 쓸 수 있는 자는 오직 용감한 자 뿐이니, 태의 시절에는 쓸모없는 자들도 등용한다. 또 '포황包荒'이 외유外柔라면 '용빙하用馮河'는 내강內剛인데, 그 예로 조조의 『단가행短歌行』이 있다. "산은 높음을 싫어하지 아니하고[山不厭高], 물은 깊음을 싫어하지 아니하며[水不厭深], 주공이 어진 이를 맞고자 먹던 밥을 뱉으매[周公吐哺], 천하 만민이 심복하더라[天下歸心]."

'불하유不遐遺'와 '붕망朋亡' 또한 태통의 시절에는 소원하게 된 이들도 버리지 말고, 가까운 이들과는 사사롭게 하지 말고 조화롭게 처신을 잘해야 함을 주문한다. 고로 '포황包荒, 용빙하用馮河, 불하유不遐遺, 붕망朋亡'은 태의 시절에 누구나 가질 수 없는, 구2만의 특별한 처신법이다. 그리고 '득상우중행得尚于中行'의 '상尚'은 위의 처신에 딱 맞는 중도지행에 상응하는 칭송이다. 어쨌든 구2의 전체 뜻은, 공자의 주석처럼 "어려운 것까지 포용하는 도량과, 큰 강을 건너는 과단성, 멀리 떨어진 자들과도 친친하려는 배려, 사심을 끊으려는 공정성 등과 같은 큰 덕을 갖춘다면 태평성세에 크게 빛나고 성공하는 신하의 도가 이루어질 것[象曰 包荒, 得尚于中行, 以光大也]"[16]이라는 것이다. 고사로 한나라 승상을 지낸 소하蕭何의 처세를 든다.[17] 태괘가 명이괘明夷卦(문화의 혜택을 사방의 오랑캐에 전파하여 밝게 빛나게

---

16 『논어』 「술이편」에 보이는 '馮河'의 장면이다. "子曰, 暴虎馮河, 死而無悔者, 吾不與也. 必也臨事而懼, 好謀而成者也."

17 한나라 승상 蕭何(?~BC 193)는 하급관리부터 일한 사람이다. 한고조 유방은 젊은 시절 방탕하고 주색을 밝혔는데, 어린 나이에도 소하는 각별히 유방을 챙겼다. 유방은 황제의 틀을 지녔지만 성실하지 않아 소하도 그를 처음에는 눈여겨보지 않았다. 하지만 유방은 사람들을 끌어 모으는 매력이 있었다. 진나라 말기에 중국 전역에 반란과 봉기가 일어났는데, 소하는 따르는 사람이 많은 유방을 현령에 앉힌다. 그 후 한나라 건국의 일등공신으로 유방의 안살림 일체를 맡아 처리하기 시작한다. 유방이 진나라의 수도 한양에 입궁했을 때, 다들 황궁의 금은보화를 생각했지만, 소하는 진나라의 역사와 법률, 각국의 호적대장 등이 보관된 승상부의 기록보관소로 달려가 전부 챙겼다. 역사에 등장할 때부터 이미 소하는 자신의 역할을 알고 있었고, 그 후로도 자신의 일에 집중하는 인물이었다. 유방이 봉기하여 패권에 도전할 때, 유방의 진영에 보급을 담당했다는 것만으로 일등공신이 된 것이 아니라, 내부 행정을 담당하는 데 충실하였다는 것이 더 내세워져야 할 것이다. 그가 한나라의 승상이 된 것도 당연한 결과였다. 한나라가 훌륭한 행정 법제를 빠르게 수립하였기에, 한나라는 통일 후 빠르게 정국을 안정시킬 수 있었다. 유방 역시 안살림을 챙기는 이런 소하를 믿고 대륙을 누비며 패권을 차지할 수 있었다. 소하는 마음이 넓어 일체를 포용했다. 그는 유방이 자신을 시기한다고도 여겼지만, 유방이 실패할 때마다 피하지 않고 노력을 다해 전선을 챙겼다. 일면식도 없던 한신을 대장군으로 추천했고, 조참과는

하라는 뜻)로 간 경우다.[18]

참고로 아래는 조선 개국 초기에 이성계의 명을 받은 정도전이 명나라에게 말 60필을 사은하는 표문表文을 지으면서 인용한 '태泰'의 내용이다. "천지 사이에는 본래부터 패망하고 흥하는 이치가 있는데, 소방小邦은 공민왕의 후사가 끊어진 이래로 왕王씨가 망한 지 이미 오래 되었고, 백성의 재화는 날로 증가해 갔습니다. 우禑가 요동을 공격하는 일로 인하여 불화의 씨를 만들었습니다. (중략) 이것은 황제 폐하께서 구중궁궐에서 천하를 다스림에 있어, 멀리 만리 밖까지 밝게 보시고, 『주역』에서 밝히는 먼 지방을 포용하는 도리를 본받고, 『예경』에서 말하는 먼 나라 사람을 회유하는 인덕仁德을 이루어, (중략) 더욱 성심을 다하여 섬기고 억만년이 되어도 항상 조공하고 축복하는 정성을 바치겠습니다."[19]

문종 때는 이런 일도 있었다. 경기와 황해도에 질병이 일어나자, 임금이 수륙제水陸祭를 허락했다. 그러자 사헌부 대사헌 정창손鄭昌孫 등이 행사의 폐지를 주장하며 상소를 올렸고, 임금은 이에 대해 이렇게 일갈한다. "인군人君의 정치에 있어서 어찌 한 경상經常에만 구애를 받아서, 변통變通을 할 수 없단 말이냐? 너희들이 능히 통찰하여 보지 못한다는 말 한마디를 가지고 비난하지만, 이것은 너희들이 실상 모르고 하는 말이다. 배우는 자는 이치를 궁구하고 스스로 체득하여, 시비是非를 명백히 변별하는 것을 지혜로 삼아야 한다." 그러면서 '포황包荒'이란 교훈을 내리며 '모든 더러운 것도 받아들이라'고 훈시한다.[20] 포황은 앞서 설명한 것처럼 많은 이들이 '넓은 도량'으로 보았으며,[21/22/23] '용빙하用馮河'는 '과단성'으

평소 관계가 원만하지 못했지만, 그가 죽기 직전에 후임 승상으로 추천했다.

18 明夷는 小過에서 왔다. 손☳의 명령을 내리고, 리☲의 문명을 베풀어 포용하면[巽爲包], 귀순하고 복종하지 않는 자가 없으니[☷歸] '포황'이 된다. 또 馮은 친구들과 물을 건넌다는 渺 자니, 大坎으로 坤의 친구들과 '用馮河' 한다. 곤☷은 본래 세 쌍의 친구(6명)로, 하나라도 빠지면 안된다. 소과의 네 명은 坎川을 건너 북쪽(상괘)에 도달하였는데, 나머지는 아직 남쪽에 남았으니, 이것이 '遺朋亡'에 해당된다. 그리고 '得尙于中行'에서 진☳은 大途고, 尙은 上이다. 중부괘와 소과괘는 모두 中行이다. '光大'는 곤의 덕 '含弘光大'이며, 또한 리☲의 덕이기도 하다.
馮 : 말이 용감하게 물 건널 빙.

19 『태조실록』 태조 1년 10월 25일.

20 『성종실록』.

21 李穡, 『牧隱集』, '빙하포황' : "침상에 다른 이 코고는 걸 용납하라만[臥榻容他鼾睡] 하수를 건너고도 거친 걸 포용해야지[憑河尙自包荒] 홀로 섰노니 사방에 밖이 없어라[獨立四方無外] 천지의 조화로 요순시대 만들었네[洪鈞氣轉陶唐]."

로 읽는 것이 보통이다.[24]

> 九三 无平不陂 无往不復 艱貞 无咎 勿恤 其孚 于食有福
> 구3은 평탄하면서도 언덕지지 않은 곳은 없고, 가기만 하고 돌아오지 않는 것도 없다. 어려워도 바르게만 하면 탈은 없을 것이니, 걱정하지 말고, 그 믿음을 지니도록 하라. 식록의 복은 얻을 것이다.

언덕이 있으면 평지가 있고[无平不陂], 가는 길이 있으면 돌아오는 길도 있다[无往不復]. 오르막이 있고 내리막이 있는 것이 인생사다. 태의 시절이 왔다고 함이 없다면 걱정이 찾아온다. 이럴 때는 욕심과 욕망에 흔들리지 말고, 자신을 잘 다잡고 가면[艱貞] 적어도 본전은 한다[无咎]. 그러니 근심걱정 하지 말고 성실한 자세로 가야 할 것이다[勿恤其孚]. 그렇다면 최소한 식록은 보장받는다[于食有福].

인생에 좋은 시절만 지닐 수 없다. 젊은이도 늙고, 태평성대도 언젠가는 기운다. 그렇지만 혼란을 막고자 하는 마음을 잊지 않고 간다면, 가솔과 백성을 굶길 걱정은 없을 것이다. 평안과 혼란이 교차하는 것처럼, 늘 가고 옴은 제행무상諸行無常이다. 그런 고로 마땅히 태의 시절에 늘어져 안주하지 말고, 늘 위험한 세월을 염려하며 베푸는 생활이 되어야 한다. 장차 선천을 지나 태가 극성하면 후천

---

22 金宗直, 『佔畢齋集』, '포황' : "벼슬길에 어찌 다시 길을 물을 수 있으랴[宦路那堪更問津] 식면과 정신은 모두 분잡한 일이라오[紛紛識面與呈身] 청운의 학사께선 도량이 넓고도 큰데[靑雲學士包荒量] 지기를 어찌 일찍이 딴 사람에 기대했던고[知己何曾望別人]." 識面은 서로 아는 사이고, 呈身은 권력 있는 사람에게 자신을 천거해달라고 요구하는 것.

23 李廷龜, 『月沙集』, '포황[표류한 사람들을 석방한 사은]' : "천리 풍랑 속 헤매다가[風濤千里] 다행히 부모 나라에 정박하니[幸近父母之邦] 구천에서 우로 같은 성은이 내려[雨露九天] 미천한 목숨을 보전해 주셨기에[俯全螻蟻之命] 물고기 배 속에 들어가는 화를 면하고[免被魚腹之葬] 고향으로 돌아올 수 있게 되었습니다[獲返狐首之丘]. 지금 성은이 건곤과 같고[伏遇惠侔乾坤] 공업이 조화에 참여하는 때라[功參造化] 이에 크나큰 도량이 넓고도 넓어[包荒量廓] 온 사해가 태평한 봄기운입니다[擧四海而同春]."

24 『조선왕조실록』 성종 2년(1471) 6월 8일 : "『주역』 태괘 구2에 주공의 治泰의 도를 논하기를, '馮河를 쓰면 벗을 잃는데, 중용의 덕행을 숭상하므로 그를 얻는다고 하였습니다. 대개 人情은 옛 상도에 친압하고 다시 변하는 것을 꺼리고, 만약 馮河의 용기가 없다면, 특히 분발하여 그 폐단을 혁파할 수 없는 까닭으로 '馮河'라고 썼으며, 예로부터 법을 세우고 일을 제정할 때, 인정에 끌려 행하지 못하는 것이 많은 까닭으로 벗을 잃는다고 말하였습니다."

의 비색이 오니, 근심걱정의 징조가 감지될 뿐이다. 공자의 주석처럼 "무왕불복无
往不復은 천지의 교제[天地際也]", 즉 소통이 된다 하니 천당과 지옥, 하늘과 땅,
남자와 여자, 존귀와 비천, 강유와 허실, 부귀와 빈천, 행복과 불행의 위치가 고정
됨이 없다.

어제가 오늘로 오늘이 내일로, 세상은 변함없이 돌아가고 굴러갈 것이다. 불운
했던 사람은 다시 일어나고, 이제껏 복을 누려왔던 사람은 조금씩 기울어져 가는
때이다. 위의 천지교제를 운우지정과 음양지합, 비태否泰의 원리로 경계하고 있다.
타고 있으면 내려오게 되어 있고, 내려오면 다시 타는 이치가 천지의 도리이다.
태의 선천 마지막을 가는 3이 임괘臨卦로 가는 자리에서 새겨야 할 큰 교훈이다.[25]
성호星湖와 석재碩齋는 경계사를 거듭 상기시킨다.[26][27][28][29]

---

25 [說證] 본래 泰卦는 臨卦로부터 왔다. 임괘 때는 태☱의 연못이 비탈이었다. 임괘가 태괘를 이루
면 비탈이 평평하게 된다. 3이 임괘가 되면 평평했던 것이 다시 비탈이 져 '无平不陂'가 된다.
태괘의 호괘 歸妹에서 3이 4로 가니 건☰의 덕이 훼손되고, [건☰德과 감☵直心은 惪에서 나옴]
귀매의 3이 변하면 대장이 되어, 건☰이 다시 회복되기에 '无往不復'으로 '艱貞无咎'가 된다. 또
귀매에 비록 감☵의 근심이 있기는 하지만, 호괘 리☲의 믿음이 있으니 '勿恤其孚'이다. 또 '食'은
태☱이다. 臨과 泰가 오고가는 과정에, 모두 태☱의 禄을 얻고, 다시 귀매가 되어도 태☱가 없어
지지 않으니, '于食有福'이라 한 것이다. 또한 '福'은 리☲의 훖를 이른다. '天地際' 역시 泰의 乾
坤이 3↔4에 음양의 자리를 바꾸니, 귀매가 되며 건곤이 교제함이라 일렀다. 태의 3이 임괘가
되면 '天地交'는 없다. 解卦 초6 또한 귀매가 되었기에 '剛柔際'라 하였던 것이다.

26 李瀷, 『易經疾書』: "구3은 위의 여러 음에 가깝기 때문에 평평한 것은 기울어지고 간 것은 돌아
온다는 경계가 있으니, 태평함을 믿고서 편안히 해서는 안 된다. 붕당을 없애는 탕평이 장차
이루어지려고 할 때에, 기울어지고 치우쳐서 이미 간 소인이 또한 회복되어 올 수 있다. 기울어
진 쪽으로 또 기울어질 수 있다. 경계할 것이다."

27 이익(李瀷, 1681~1763) : 실학파. 그는 사상적으로는 退溪를 잇고, 경세론 측면은 栗谷과 磻溪를
이었다. 星湖는 "정이의 『程傳』도 역경의 본래 뜻을 70% 정도 이해했다. 이해하지 못한 부분은
그냥 두었다. 일부 의미를 이해하지 못한 것은 본래 어찌할 수 없는 일이다. 주희의 『本義』역시
그렇다. 정이와 주희 같은 대학자도 완전히 이해하지 못한 것을 후세의 낮은 지혜를 가진 사람
들이 제대로 이해하기는 어려운 일"이라고 보았다. 『易經疾書』는 星湖가 주역을 의리 중심으로,
유학의 가치를 중시한 저술일 뿐만 아니라, 한국경학사에서 실학자의 경학사상을 살펴보는 데
도 중요하다.

28 尹行恁, 『薪湖隨筆易』: "泰卦는 가득 차 있는 때를 경계한 것으로, 內卦 세 효가 비록 純陽이라
해도 또한 순수한 길이 없으니, 경계한 것이다. 초9에 '띠풀의 뿌리가 무리로 나아가면 길하다'
고 하였으니, 무리로 나아가지 않으면 길하지 않다. 구2에 '거친 것을 포용하고 맨 몸으로 황하
를 건너고 멀리 있는 사람을 버리지 않는다면, 중도를 실천하는 사람과 짝을 이룬다'고 하였는
데, 거친 것을 포용하지 않고 맨 몸으로 황하를 건너지 않으며 멀리 있는 사람을 버리면, 중도
를 실천하는 사람과 짝을 이루지 못한다. 구3은 곧 평평한 것이 기울어지고 간 것이 돌아오는
때이니, 어려운 가운데서도 곧음을 지킨 후에 비로소 허물이 없어 복이 있으니, 이것이 우환은

> 六四 翩翩 不富以其鄰 不戒以孚
>
> 육4는 새가 훌쩍 날아왔다가 다시 훌쩍 날아가듯이, 그 이웃을 일시적으로 도울수 있을지는 몰라도 궁극적으로 부유하게 만들지는 못할 것이다. 훈계하지 않아도 백성들이 믿고 호응해 올 것이다.

육4는 초9의 짝으로 음양 관계가 원만하게 이루어지며, 내외괘 중에 운우지정을 가장 찐하게 만끽하는 자리다. 강한 구3이 바로 밑에서 강렬하게 자극을 해오니, 흥분에 차 날개를 세우기도 하고 접기도 한다[翩翩, Flutter down]. 이웃하고 있는 5나 상6[以其鄰]과는 그 만끽하는 부(희열)를 함께 나눌 수 없으니[不富], 그 이웃들을 경계하지 않아도 믿음이 있다[不戒以孚]. 공자는 "부를 나누지 않고 홀로 펄펄 날아가기도 하고, 오기도 하는 것은 이웃 모두가 나로 인하여 진실을 잃어버렸기 때문이요, 경계치 않아도 믿음이 있다는 것은 홀로 진실로 원했기 때문이다[象曰 翩翩不富 皆失實也 不戒以孚中心願也]"라는 주석을 한다.

4가 변하면 지천태가 뇌천대장雷天大壯으로 가는 경우이다.[30] 지천태의 호괘互卦는 뇌택귀매雷澤歸妹로 가니, 새가 훌쩍 날아 시집가는 모양이다. 곤坤(☷)은 알갱이와 같은 진실이 다 빠져나가 버렸으니 부자가 아니고, 건乾(☰)은 진실이 꽉 차 있어 부유하다. 그러니 가난한 이들과 이웃하지 아니하고, 이제 대장으로서 씩씩하여 4가 양이 되었으매, 5와 상6을 두려워하지 않고, 아래로 내려가도 뿌리 상하지 않고, 갈수록 좋은 일만 생겨난다[九四, 藩決不羸, 尙往也].

안락에서 생긴다는 경계사이다."

29 처운과 재운의 모양이 기우는 군비쟁쟁의 자리이다[泰→臨 : 辰→丑, 兄→兄]. 지천태는 홀컵에 공 넣기 게임과 흡사하니 3은 골프채 들고 '无平不陂' 하고 '无往不復' 하는 골프게임을 연상할 수도 있다.

30 [說證] 태괘의 호괘는 歸妹卦고, 귀매 역시 泰에서 왔으니(3→4), 양이 제자리를 떠나 리☲로 날아올라, 다른 나뭇가지로 옮겨가니 '翩翩'이다. 태괘 때는 남국은 부유하고 건실한데, 북국은 텅 비어 있었다. 귀매가 되면 남쪽은 태☱가 되어 부를 잃고(脫失·毁折·附決), 북은 진☳이 되어 번성(蕃鮮)한다. 그러나 귀매의 4효가 변하면, 북의 번성이 다시 곤☷의 공허로 되며, 손실만 남고 북은 이익이 없으니 '不富其隣'이다. 또 귀매에선 倒震한 간☶의 말씀을 이루어, 곤☷의 백성을 훈계하지만 상하가 호응하지 않는다. 4효가 변하면 臨卦가 되어, 간☶의 훈계가 비록 사라지지만, 백성들이 이에 호응하니, 내괘 태☱가 즐겁고 상괘 곤☷이 순종하니, '不戒以孚'가 됨이다. 또 '皆失實'이라 한 것은 태☱의 귀매는 남쪽에서 자기의 부를 덜고, 북은 그것을 지키지 못한 모양새이다. '中心願'은 2와 5가 본래 상응한 모습을 지킴이다. 태괘의 근본적 성격은 많은 것을 덜어내어 적은 곳에 보태는 데 있지 않다.

아래 세 양(☰)은 마치 띠가 뽑힌 것처럼, 서로 이어져 위로 향하고, 또 위의 세 음(☷)은 새가 날아서 내리는 것처럼 경쾌하다. 육4는 정위에 있어 유순하고 겸허하여, 세 양이 음을 찾아올 때, 스스로 먼저 내려가 초9와 호응하며, 이웃 5와 상6을 선도하여 2와 3에게로 호응토록 한다. 위에 있는 세 음은 모두 허하니, 불부不富요 실실失實이다. 고로 양이 음을 찾아올 때는 깊은 골짜기처럼 겸허한 마음으로, 음이 양에게 호응하니 훈계하지 않아도 잇달아 내려온다. 그리하여 음양의 덕이 융합되고, 상하가 교감하며 서로 돕고 보완하여, 거침없이 소통하는 태의 기상과 같다. 후앙 같은 이는 '편편翩翩'을 "새가 경박하게 움직이는 경솔한 모습으로, 독불장군처럼 행동하며, 이웃을 배제하고 부를 혼자 독식하려다가 이웃(제후)과의 전통적인 연대를 잃고 넉넉하지 못함"으로 푼다. 동파는 '불계이부不戒以孚'를 "스스로 해이해져서 경계를 풀고, 믿음 속에서 자신만만하게 굴며, 이웃을 경계하지 않는 상황"으로 설명하기도 한다.[31]

> 六五 帝乙歸妹 以祉 元吉
> 육5는 제을이 누이동생을 시집보내니, 그렇게 함으로써 복을 받을 것이며, 임금의 일은 크게 길할 것이다.

은나라 임금 '제을帝乙'이 어진 신하 주나라 문왕에게 사랑하는 딸을 시집보내 혼인동맹을 맺으려 한다[帝乙歸妹]. 이러한 겸허한 마음으로 일을 행한다면 큰 복이 내려 대길할 것이다[以祉元吉]. 지천태 호괘가 뇌택귀매雷澤歸妹로 시집가는 장면이다. 여기 귀매를 왕필과 다산은 누이동생을 시집보내는 것으로 보았고, 동파와 아산은 어린 딸을 시집보내는 것으로 보았다.[32]

---

31 대권주자라면 '富하지 않는 사람'이라도 많은 표를 얻어야 정권도 잡고, 일마다 대박이 나고, 고시도 합격하는 대운을 가진다.

32 [說證] 帝乙은 紂王의 아버지다. 泰의 互卦가 歸妹라 누이를 시집보내는 일이다(吳幼淸). 『춘추좌전』에 따르면 陽虎가 『주역』으로 점을 쳐 5를 얻은 바 '祉는 복을 뜻하니 帝乙의 맏아들 미자계가 누이동생을 시집보내는 일은 좋은 복이라 하였다. 그리고 西漢 사람 京房의 『易傳』에는 탕임금이 누이를 시집보내는 것을 언급하고 있다. 『後漢書』 「荀爽傳」의 『乾鑿度』에서는 '帝乙은 成湯을 가리킨다'고 하였다. 또 '탕이 乙日生의 누이에게 보내었다'고도 한다. 그리고 『사기』에서 帝乙은 은나라 27대 고종으로 중국 역사상 처음으로 혼례법을 세운 사람이다. 그의 막내딸을

그리고 '지祉'는 '복福'이다. 공주의 신분으로 2의 지아비를 섬기면 복을 받게
된다. 그런 2는 '포황包荒, 용빙하用憑河, 불하유不遐遺, 붕망朋亡'이란 태통의 시절
에 누구나 가질 수 없는 처신법을 가진 현명한 군자이기에 가능하다. 이러한 복
이 크게 길한 것은 5가 중심을 잡고 원하던 행을 할 수 있기 때문이다[象曰 以祉元
吉, 中以行願也]." 지천태가 수천수水天需로 간다.[33]

5의 임금이 유순한 덕으로 2와 응하고, 마음을 비우고 백성의 소리를 듣기에
독선으로 흐르지 않는다. 그런 임금[帝乙]은 딸을 시집보낼[歸妹] 적에 남편에게
오로지 순종할 것을 가르친다. 대체로 임금의 태도가 이와 같으면, 어진 백성들도
즐거운 마음으로 나라를 위해 나서기에, 태를 오래 보존할 수 있을 것이다.[34]

고사로 은나라 황실이 방자하게 행동하자, 제후들의 지지를 점점 잃어갔고, 주
나라는 최강의 제후국으로 일어서니 "은나라 황제 제을은 황족신분을 이용해 기
주와 혼인동맹으로 황실의 안정을 취하였는데, 이러한 혼인은 백성들에게 전쟁이
없는 길복과 평화를 가져다준 셈이 되었다."[35] 참고로 시절이 수상해지는 징조를
알고, 임금이 그 아끼던 딸을 아랫사람에게 시집보내어 억지로 혼인동맹을 맺을
정도이니, 권력에 누수현상이 온 것이다.[36]

희창(나중에 문왕)의 첫 부인으로 시집보냈다. 다산은 '帝乙은 紂의 아비다. 殷의 시조 成湯과
동일시하는 것은 漢代 학자들의 오류라 지적한다.

33 태의 호괘는 귀매다. 귀매의 진☳은 '帝乙'에 해당하고[帝出乎震, 震乙方 震爲乙方], 태☱는 누이
동생이며, 倒艮☶은 사위가 된다. 리☲로써 예를 행하고 감☵으로 돌아감이니 '帝乙歸妹'다. 귀매
5가 동하면 重兌澤이고, 중태는 中孚卦로 왔으니, 大리☲의 복이 하늘로부터 와 '祉'가 되었다.
또한 태괘 5는 수괘가 되고, 수괘는 대장괘로 왔으니 그와 같다. 元吉 역시 需卦가 구5를 얻으니
임금에게 길하다. 대장괘 때는 태의 누이와 사위가 오래동안 혼인을 하지 않았는데, 兌卦가 되
면서 离와 坎을 얻어 禮로 돌아가니, 마음속으로부터 원하는 행을 하는 것이다.

34 石之珩, 『五位龜鑑』: "신이 삼가 살펴보았습니다. 泰卦 육5는 歸妹를 괘로 삼았습니다. 5는 임금
의 딸을 시집보내는 예를 취하였습니다. 만약 '크게 이룸[大致]'을 말하자면, 육5의 부드럽고 유
순한 임금이, 아래로 구2의 굳세고 밝은 신하에게 호응하여, 태평함을 다스리는 공을 함께 완성
함으로써 복을 받는 상입니다. 바라옵건대, 전하께서는 안으로 공주를 釐降하고, 밖으로 어진
이에게 정치를 맡겨서 그 뜻을 함께 살피시어, 양쪽으로 그 도리를 다하소서."

35 Wilhelm, 『I Ging』.

36 탄핵을 받은 박근혜 대통령의 사례처럼 임금은 권력을 마음대로 부릴 수 없고, 재산가는 향기로
운 미끼를 탐하다 큰 손실을 입는다. 재산가는 잠시 무위도식하는 것처럼 보이며, 다음 시기를
기다리는 것이 더 낫다.

上六 城復于隍 勿用師 自邑告命 貞 吝

상6은 성의 한 모퉁이가 무너져 내려 해자[황]로 돌아갈 것이니, 군대를 쓰지 말아야 한다. 고을 입구에서 (부고를) 고해 오니, 일을 바르게 처리하더라도 인색할 것이다.

다른 사람들은 다 즐기고 있는데, 60이 넘은 늙은 노파는 30의 젊은이와 호응이 되지 않아 패악을 부릴 수도 없다. 스스로 가는 세월과 자연의 섭리를 깨달아야 한다. 태가 극성하면 반드시 비색하여지는 것은 세상의 이치다. 늙고 쇠락한 자가 난을 제압할 능력이 없으니, 절대로 완력과 무력을 쓰지 말아야 한다. 스스로 자신을 다스리며 경계를 하는 것이 더 낫다. 천년만년 갈 것 같았던 튼튼한 성곽도 바늘구멍 하나로 인하여 무너지는 성복우황城復于隍의 때다. 세상을 읽고 있는 자라면 패악을 떨지 말아야 하니 물용사勿用師요, 고을로부터 나쁜 소식을 고해 올 것이다[自邑告命]. 고로 아무리 윗자리에서 정도를 지키며 잘하려 해도 인색하니 가는 세월 어쩔 수 없다[貞吝]. 공자도 이를 "성의 한 모퉁이가 무너진다는 것은 나라의 기강이 무너지고 나라 내부가 분열되고 명이 어지러워 궁지에 빠지게 됨이다[象曰, 城復于隍, 其命亂也]"라고 증언한다.[37] 산천대축山天大畜으로 가는 경우다.[38]

상6을 다른 측면에서 보면 '성복우황城復于隍'은 음양의 희열이 끝난 장면이다. 오르막이 있었기 때문에 내리막이 있고[无平不陂], 간 곳이 있었기에 돌아올 자리가 있었다[无往不復]. 태泰는 비否를 몰고 온다. 지금은 태성泰盛이 끝나고 비색否塞이 찾아 드는 시점이다. 애써서 굳이 막으려고 하지 말라. 자연의 섭리는 어쩔

---

37 隍字는 대개 땅을 파서 도랑처럼 만들고, 해자 밖으로는 산불을 막기 위하여 풀과 나무를 불리기에 이곳을 火巢라 한다. 城 아래에는 적을 방어하기 위한 溝가 있는데, 여기에 물이 차면 池라 하고, 물이 말라 있는 것은 隍이라 한다. 성벽은 원래 溝의 흙을 파내어 쌓아 놓은 것이다. 城은 泰卦의 상징이다.

38 [說證] 大畜은 中孚卦로부터 왔으니, 간☶의 '城과 태☱의 연못 둑이 '隍字'의 모습을 이루어 '城復于隍'이 된다. 대축은 또 大壯卦로부터 온다. 대장에서 건☰의 임금은 안에 있고, 진☳의 장수는 밖에 있어 군대를 동원하는 상인데, 대장이 대축이 되면 진☳의 장수가 돌연히 죽고, 건☰의 수레 위에 태☱의 시신을 싣고 오게 되니[爲終爲鬼爲死爲尸], 師卦의 '輿尸'와 같이 '勿用師'라 한 것이다[☶止爲勿]. 또 간☶의 고을 아래에서[坤衆之居, 外有限城, 艮邑], 태☱의 사실을 고하니 '自邑告命'이다[쾌(䷪)의 단사에도 '告自邑'이 있다]. 그런데 중부에서 손☴의 명이 있었는데도, 대축에서 그 명이 무너지니 '其命亂也'라 함은 태괘의 끝이 비색함을 알린다.

수 없다. 음양의 결합이 끝이 났다. 내가 사는 마을에 비색의 기운이 찾아왔다는 것은, 바로 나 자신도 감당할 수 없는 비색이 찾아왔다는 증거이다. 이 사실을 마을 사람들에게 알려주어야 할 필요가 있듯이, 나 자신에게도 천명을 깨우치도록 해야 한다. 그런 고로 성인군자도 대자연의 섭리를 어찌할 수가 없으니 정貞이라도 인색한 것이다. '유태반비由泰反否'와 '비극태래否極泰來'는 돌고 도는 인류 역사가 지니는 필연의 법칙이다. 이럴 때 어리석은 통치자는 군대를 동원하고 무력을 쓴다(미국의 부시가 퇴임이 다가오자 이라크를 공격했다. 결론은 정보 부족으로 빚은 오판이라 후회했다). 이를 어기고 군사를 동원했을 경우에는 공문을 발표하고 스스로의 잘못을 인정하고 자책하라고 이른다[自邑告命]. 고대 제왕들이 스스로의 잘못을 꾸짖는 '죄기조罪己詔'를 내린 것도 그런 이유였다. 결론적으로 상6은 태泰를 보전하지 못하고 비색否塞을 맞은 어리석은 자리이다. 권투선수 무하마드 알리와 홍수환의 말처럼 "챔피언은 먹기도 어렵지만 유지 보전하는 것은 더욱 더 어렵다." 공자가 "군자는 태연자약하되 교만하지 말라" 하던 훈계를 귀담아 새겨야 할 자리이다.[39] 김장생이 『경서변의經書辨疑』에서 "명령을 내려도 그칠 수 없음은 난亂이 많기 때문이고, 명령을 혼란스럽게 내리기 때문에 비否로 돌아간 것이다"라고 밝히고 있다.

앞서 '재성보상財成輔相'의 도를 밝힌 무명자無名子의 심법心法이 다음과 같이 눈에 띈다. "옛 성왕이 백성을 보살피는 방법은 '재성보상'에서 벗어나지 않습니다. 재성보상이라는 말이 나온 뒤로, 세상에 임금이 된 자는 재성보상이 백성을 보살피는 도라는 것만 알고, 재성보상하는 것이 임금 마음을 미루어 나가는 것인 줄은 모릅니다. 임금 마음에 지나친 것을 억제하고 부족한 것을 보완할 수 있다면, 천하를 다스리는 데 무슨 어려움이 있겠습니까? 재성이란 지나친 것을 제재하는 것이요, 보상이란 부족한 점을 보완하는 것입니다. 성왕이 반드시 지나친 것을 억제하고 부족한 점을 보완하는 것을 소중히 여기는 까닭은 지나침과 모자람이 없이 중도로 귀착되게 하려는 것에 불과합니다. 그러나 천하 만사가 중도로 귀착되는 일은 언제나 자신의 마음이 먼저 중도를 터득하는 데에서 시작하니, 왕은 실로 천지의 마음입니다. 천지의 도는 반드시 왕의 마음에서 근본하니, 바로

---

39 『논어』「자로편」: "君子泰而不驕."

주자께서 인본印本처럼 똑같다는 비유를 들어 천변만화의 근원이라고 논단한 까닭입니다. 이 때문에 요임금이 순임금에게 제위를 물려주어 재성보상의 책임을 맡기려 할 때에, 반드시 먼저 마음 다스리는 방법을 전수하면서 '진실로 중을 지키라[允執厥中]'고 하였으니, 이 한마디 말이 지극하고 극진하다고 할 수 있습니다. 시대는 예와 지금이 다를 수 있으나 이치는 이것과 저것의 차이가 없으니, 세대가 아무리 요순시대와 아득히 멀어졌다지만 말씀은 여전히 간책簡册에 보존되어 있습니다. 진정 요·순·우가 전수한 심법에 뜻을 두어, 마음속의 재성보상으로 천지를 재성보상한다면, 거룩하고 화락했던 삼대의 정치를 오늘날 다시 볼 수 있을 것이요, 땅이 평안히 다스려지자 하늘이 이루어진 아름다움[地平天成之休]을 지금에 재현할 수 있을 것입니다. 거대한 천지가 작은 마음을 벗어나지 않으니 천지를 재성보상함에 본원本源(마음)보다 중요한 것이 없음이 이와 같습니다. 재성이란 전체를 가지고 절제하여 지나침이 없게 하는 것이고, 보상이란 마땅함을 따라 부족함을 돕는 것입니다. 이를 큰 것을 중심으로 말하자면 군신·부자·형제·부부 등 허다한 예법과 윤리가 모두 백성을 제재하여 이루어주는 것이고, 작은 것을 중심으로 말하면 봄에 밭 갈고 가을에 수확하며 밭에 기장 심고 논에 벼 심는 것을 때에 따라 알맞게 조절하는 것입니다. 이를 미루어 보자면 만사와 만물이 모두 그렇지 않은 것이 없으니, 여기에 이르러서야 성인의 능사能事가 끝납니다. 하지만 성인 역시 천지교태天地交泰의 때를 만나야 재성보상의 도를 펼 수 있습니다. 천지의 따사로운 교화는 반드시 태평하고 통창한 때가 되어야 비로소 운행하며, 제재하고 보완하는 것도 성인을 기다리지 않을 수 없기 때문입니다. 이것이 요·순·우가 재성보상의 공을 이룰 수 있었고, 공자가 재성보상의 도를 실행할 수 없었던 까닭입니다. 옛사람이 '열 사람의 요임금이 있다 한들 겨울에 연꽃을 피울 수는 없다[韓非子, 雖十堯不能冬生一穗]'라고 한 말이 어찌 빈말이겠습니까? 천지를 재성보상하는 근본은 일심一心을 제재하고 보완하는 데 있고, 성인의 재성보상은 또 반드시 천지교태의 때를 기다려야 한다는 데 있습니다."[40]

마지막으로 권필權韠이 『석주집石洲集』에서 소강절邵康節을 희롱하는 '주사장인전酒肆丈人傳'은 희대의 드라마와 같아 소개한다. 소자邵子가 꽃을 구경하다가

---

40 尹愭, 『無名子集』, '財成輔相'.

술집에서 쉬고 있는데, 수염이 하얀 노인이 발을 걷고 앉아 왼손으로는 점잖게 갓끈을 쓰다듬고, 오른손으로는 소자를 가리키며 주고받은 문답이 이랬다.

"너는 소옹邵雍이 아니냐?"

"그렇습니다."

"너는 천지의 화기和氣를 꺾고, 음양의 회합을 분리시키고, 신의 기미를 흘리고, 도의 비밀을 누설함으로써 세상에 인기를 누리는 자가 아니더냐. 너 같은 자는 옛말로 천형天刑을 받을 백성이다."

"선생님은 어찌하여 저를 이토록 심하게 죄책하십니까? 저는 소싯적부터 선왕의 책을 읽은 지 어언 40여 년에 이르렀습니다. 말은 감히 이치에 어긋남이 있지 않고, 행실은 감히 도리에 어긋남이 있지 않거늘, 선생님은 어찌하여 저를 이토록 심하게 죄책하십니까?"

"몹시도 깨닫지 못하는구나! 너의 미혹함이여. 여기 앉아라. 내 너에게 말해 주겠다. 지극한 도의 정수는 깊고 그윽하며, 지극한 도의 극치는 어둡고 캄캄하다. 음과 양이 서로 부딪쳐 만화萬化가 나오는 것이지, 보상輔相하는 것이 아니며, 오기五氣가 순순히 펼쳐져 사시가 운행하는 것이지, 재성裁成하는 것이 아니다. 상고의 세상에는 임금은 우직하고 백성은 질박하여, 자기도 모르는 중에 대도를 실천하고 있었으며, 무릇 천지의 사이에 생명을 가진 것들은 맨몸인 놈, 털이 있는 놈, 날개가 달린 놈, 껍질이 있는 놈, 비늘이 있는 놈, 꿈틀거리는 벌레, 윙윙거리며 나는 곤충, 팔짝팔짝 뛰며 찌륵찌륵거리는 곤충 등이 모두 제 삶을 살 수 있었으니, 이러한 때야말로 지덕至德의 세상이라 할 만하다. 그런데 복희씨가 팔괘를 긋고부터 태화太和가 흩어졌고, 문왕이 팔괘의 뜻을 풀이하고, 공자가 또 그 뜻을 부연 설명한 뒤로 원기元氣가 무참히 죽고 말았다. 이에 천하에 지혜를 가진 자들이 분분히 일어나 말하기를, '나는 역상易象을 잘 말한다' 한다. 그리하며 서로 근엄하게 꿇어앉아, 강유가 소장하는 이치를 말하는 자들이 해내海內에 가득하다. 이런 까닭에 구름 기운은 모이지도 않았는데 비가 내리고, 초목은 누렇게 변하지도 않았는데 잎이 지고, 해와 달의 빛은 더욱 황량해졌다. 아, 이는 역을 만든 자의 잘못이다. 지금 너는 진단陳摶(宋圖南)의 여론을 훔쳐서 궤설詭說을 만들고서 이름하여 선천지학이라 하며, 기이한 말을 과장하여 사람들을 현혹시키고, 거짓된 말을 자랑하여 세상을 현혹시키고 있으니, 아, 천하를 어지럽히는 것은 필시 너의 말일 것이다."

"저는 듣건대, 천지의 정기는 괘를 통해서 드러나고, 괘획의 깊은 이치는 괘사를 통해서 드러난다고 하니, 이는 모두 개물성무開物成務의 도가 아님이 없습니다. 그런데 선생님은 잘못이라 하시니, 감히 그 까닭을 묻습니다."

"나는 술집에 몸을 감추고 지낸 지 100여 년에, 내가 빚는 술이 날마다 수십 석石인데도 그 맛이 변하지 않는다. 그러므로 술을 사려는 사람이 다른 집에 가지 않는다. 어째서인가. 술의 본성을 알아서 그 본성에 따라서 빚기 때문이다. 나는 만물에 있어서 오직 술만 알 뿐이다. 내 이제 술을 가지고 도를 비유해 볼까 한다. 대저 술이 처음에는 혼연히 하나의 기운일 뿐이니, 어찌 이른바 술 맛이 좋고 나쁘고 진하고 싱거운 차이란 것이 있겠는가. 술을 거르고 지게미를 눌러 짜고 용수로 술을 뜨고 나서야 술의 청탁이 나누어진다. 이에 맛이 좋던 것이 나빠지고, 맛이 진하던 것이 싱거워져 술의 본성이 바뀌고 만다. 대저 지극한 도가 엉겨 있는 것이 술이 혼연한 상태가 아니겠는가. 복희씨와 문왕이 그것을 거르고 공자가 지게미를 눌러 짰는데, 지금 그대가 또 용수로 뜨려고 하니, 깊고 그득한 도의 정수가 환히 밝혀지고, 어둡고 캄캄하던 도의 극치가 뚜렷이 드러나 지극한 도가 손상될까 나는 두렵다. 그렇게 되면 네가 '감히 이치에 어긋남이 있지 않았다'고 한 것이 바로 이치에 어긋난 것이요 '감히 도리에 어긋남이 있지 않았다'고 한 것이 바로 도리에 어긋난 것이다. 나는 천지의 본성을 따를 뿐이니, 무슨 아는 바가 있겠는가. 천지의 조화를 따를 뿐이니, 무슨 하는 바가 있겠는가. 대저 하나의 기운이 스스로 움직이고, 사시가 스스로 운행하고, 비가 스스로 내려서 만물이 스스로 자라는 것이니, 너 또한 도에 따라 살아가면 그만이다. 그런데 어찌하여 똑똑하게 이치를 알고 수고롭게 천하의 일을 하면서 스스로 거룩하다고 여기는가."

"선생님의 말씀이 지극히 옳습니다. 제가 감히 밝은 가르침을 공경히 받들지 않겠습니까. 그러나 제게 의심이 있으니, 선생님께서 끝까지 가르쳐 주십시오. 복희씨와 문왕과 공자는 세상에서 말하는 대성인인데도 선생님의 말씀이 이와 같습니다. 그렇다면 저 세 성인은 모두 본받을 것이 없습니까?"

"이런 까닭에 말 잘하는 자를 미워하는 것이다. 너는 돌아가라. 나는 입을 다물겠다."

소자가 공손한 걸음으로 물러나 수레에 올라서는데, 세 번이나 고삐를 놓치고 한참 동안 멍하여 정신을 차리지 못했다. 시종이 말하기를, "선생님께서 불쾌한 기색이 있으신 듯합니다" 하니, "내가 성인의 학문을 공부한 지가 오래이다. 스스로 도가 나에게 있다고 여겼는데 이제 술집 노인의 말을 들으니, 나는 참으로 소인이다. 감히 다시는 도를 논하지 않고 감히 다시는 역을 말하지 않으리라" 하였다. 정자가 이 사실을 듣고 "은자이다" 하고 제자를 시켜서 찾아가게 했더니, 그 술집은 이미 사람이 없고 비어 있었다. 이에 군자는 다음과 같이 말한다.

"예로부터 도를 지녔으면서 저잣거리에 숨어 사는 사람으로, 예컨대 엄군평嚴君平·사마계주司馬季主와 같은 이들이 많다. 이 술집 노인은 그 말이 도에 맞지 않는 듯하다. 그러나 왕왕 노장과 합치하니, 이른바 방외에 노니는 이가 아니겠는가."

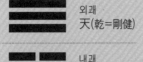

외괘
天(乾＝剛健)

내괘
地(坤＝柔順)

# 12. 천지비天地否
Standstill(Stagnation)

비否는 천지가 서로 친하지 못하고, 만물도 서로 통하지 못하고, 선후배도 서로 잘 사귀지
못하여 전후좌우가 소통하지 못하는 아주 나쁜 경우다.

> 否 否之匪人 不利君子貞 大往小來
> 비는 사람의 길이 아니다. 군자가 정도를 지키며 바르게 나아가도 불리하다. 크게
> 투자해도 소득은 적다.

인간이라면 자기가 가는 길이 막히는 것을 바라지 않고, 행로가 훤히 뚫려 만
사가 태통하기를 바란다. 여기서 비否는 태泰와는 달리 천지도 상교하지 못하고
[天地不交], 만물도 서로 통하지 못하고[萬物不通], 상하도 서로 사귀지 못하여[上下
不交], 천하에 그 어떠한 나라들과도 우방이 되지 못한 경우를 말한다[天下无邦也].
한마디로 어느 것 하나 도움 되는 일 없는 비인간적 집단이다. 더구나 내적으로
는 어두움만 가득하고 밖으론 투쟁을 일삼는 극성파의 주장만이 무성하며[內陰而
外陽], 안으로는 비겁하고 겉으로는 사리에 맞지 않는 강성만을 주장해 대고 있다
[內柔而外剛]. 그기에 비否를 군자와 먼 소인의 집단이라 하는 것이다[內小人而外
君子]. 이런 때는 소인들만 기세를 펴고[小人道長] 점잖은 군자들은 숨어 버린다[君
子道消也].[1] 고로 비否(Standstill)는 반인륜적이요 비인도적으로 군자의 정도가 먹히

---

1 정약용, 『주역사전』 : 否卦는 遯卦로부터 왔다. 둔괘 때는 4양이 서로 잇달아 한계가 없이 서로
군자와 소인이 소통하고 있었다. 그런데 비괘가 되면 안과 밖이 격리되고 단절되어 각각의 부
류를 형성하니, 이런 상황을 맞이하여 소인들을 거부하며 막는다. 왜? 소인들은 인간답지 않은
부류이지 나와 같은 부류가 아니다. 그러니 거부하지 않을 수 있겠는가? 姤卦 이래로 간☶의
좁은 길은 날로 확대되고 진☳의 길은 좁아지니 '君子不利'다. '无邦'은 곤☷의 나라에 백성이
없음이고, '大往小來'는 건☰은 위로 가고 곤☷이 안에 옴이다. '군자의 도'는 復에서 乾까지 가

지 않으니[匪人不利君子貞], 크게 노력하고 애써도[大往] 돌아오는 대가가 적고[小來], 곤란에 처하여 비난만 무성할 뿐이다.

　『조선왕조실록』에서는 오백창이란 '비인匪人'의 퇴출과 관련하여 다음과 같이 성군聖君의 요건을 말하고 있다. "인군人君이 소인을 쓰는 해害는 아주 큽니다. 소인을 좌우에 가까이 두면 그 교언영색巧言令色이 족히 나의 총명을 어지럽힐 것이요, 기무機務에 참여시키면 그 아첨하는 입술과 거짓말하는 혀는 족히 나의 정사政事를 해칠 것이요, 백성을 다스리게 하면 그 탐폭貪暴하고 부극掊克(권세를 믿고 함부로 금품을 징수하는 행위)은 족히 나의 적자赤子를 해롭게 할 것이요, 작은 일과 세세한 사무에 이르기까지 무엇이든지 그렇지 아니함이 없을 것입니다. 그러므로 『주역』에서 '군자가 안에 있으면 태괘泰卦가 되고, 반대로 소인이 안에 있고 군자가 밖을 돌면 비괘否卦가 된다'고 하였습니다. 군자와 소인의 진퇴는 국가 안위安危의 기틀에 관계되는 것이니, 가히 삼가지 않겠습니까?"[2/3]

는 과정이고, 姤에서 坤까지 가는 과정은 '소인의 도'이다.

2 『조선왕조실록』 성종 4년(1473) 6월 1일 : "吳伯昌은 심술이 回邪하고 행사가 음휼(陰譎)하여, 겉으로는 행직(悻直)한 듯하면서 속에는 간힐(姦黠)함을 감추고 있으며, 외모로는 청렴하고 정직한 듯하면서 실제 행실은 탐비(貪鄙)하여, 누구에게나 아부하지 아니함이 없고, 권세에도 추종하지 아니하는 바가 없습니다. 그는 일찍이 尺寸의 공도 없으면서 토지와 장획(臧獲)을 예에 따라서 하사받았으니, 성은이 이미 무거운데, 어찌 반드시 작록을 가해야만 합니까? 『서경』에 이르기를, '어진 이를 임용할 때는 두 마음을 갖지 말고, 사악한 자를 버릴 때는 의심하지 말라[任賢勿貳 去邪勿疑] 하였고, 『좌전』에도 '나라를 다스리는 자는 악한 것을 보면 농부가 잡초를 뽑아 버리듯 하여[爲國者見惡 如農夫之去草], 그 근본의 뿌리를 끊기에 힘써서 능히 뿌리박지 못하게 한다면[務絕其本根 勿使能植], 곧 착한 것이 신장될 것[則善者信矣]"이라고 하였습니다. 이제 한 사람의 오백창을 버려 여러 사악한 자를 막고 조정을 맑게 한다면 어찌 나라를 위하는 좋은 계책이 아니겠습니까?"(대사간 成俊 상소)

3 『조선왕조실록』 연산군 3년(1497) 12월 10일 : 대사헌 李集, 대사간 金永貞 등이 書啓하기를"'신하가 임금을 섬기는 것은 자식이 아비를 섬기는 것과 같다[臣之事君 猶子之事父]' 하는데, 지금의 어떤 사람이 아비의 복을 입고서 소를 잡아 고기를 먹었거나 아비의 喪을 듣고 잔치의 술을 마시며 혼인을 하였다면, 사람의 자식이라 이를 수 있으리까. 管子는 '禮義廉恥를 四維라 이르니, 사유가 펴지 못하면 나라가 마침내 망한다' 하였고, 賈生은 말하기를, '君上이 예의염치를 베풀어서 그 신하를 대우하는데도 그 신하가 節行으로써 君上에 보답하지 아니하는 자는 인류가 아니라' 하였습니다. 이런 무리들이 만약 다시 등용이 된다면 무릇 사방의 不忠한 자와 無行한 무리들이 모두 '連茹'같이 나올 것이오니, 누구라도 겉으로만 임금을 섬기는 예를 갖추고 안으로는 군상을 배반하는 마음을 품지 않겠습니까. 무릇 일에는 시비가 있고 이치는 曲直이 있는 것입니다. 『주역』에 이르기를, '멀지 않아서 회복한 지라 후회함이 없다[不遠復無祗悔]' 하였고, 『서경』에 이르기를, '임금이 간하는 말을 들으면 聖君이 된다[后從諫則聖]' 하였으니, 바라옵건대 전하는 쾌히 공론에 따라서 빨리 成命을 거두시면 이른바 '不遠復'과 '從諫聖'을 전하께서

「서괘전」에서도 "만물이 끝까지 통할 수 없는 상태를 비[物不可以終通否]"라며 잘 나가던 태泰 다음에 비否를 두고 있으니,[4] 추동 절에는 천기가 오르고 지기가 가라앉으니 천지가 막혀 겨울이 된다 하였다.[5] 한편 인체도 자연의 원리와 같은지라 "깨끗한 기운이 오르지 않고 탁한 기운이 내려오지 않으면 이는 수승하강水升火降을 해친 원인"이라 한다."[6] 안동 하회마을 유성룡 생가 충효당에 '태극비래泰極否來'라는 글귀가 대문에 붙어 있다. 이것은 비색[戰亂]이 다가오지 않도록 태통 (평화)을 잘 지키라는 뜻으로 전해진다.[7]

한편 다산은 착하지 않음이 비否이고, 비否는 입을 틀어막음이라 하였고, 동파도 '비인匪人'을 '악인惡人'이라 했다.[8] 지욱 또한 "비否의 시절에 세도世道를 잡았다면 군덕君德이 쇠퇴하고, 불법佛法을 잡으면 유루법有漏法이 일어나며,[9] 관심觀心으로는 순도順道를 얻지 못하면 사도似道로 '비인匪人'이 되어, 군자가 아무리 바르게 하여도 불리하니, 모두가 대승大乘을 버리고 소승을 잡고 떨어진 연고"라 하였다.

이런 비색한 시절을 당한 군자라면 자신의 실력을 숨기고, 어려움을 피해 나라의 녹도 먹지 않아야 상책이다[象曰 天地不交 否 君子以 儉德辟難 不可榮以祿]. 여기서 '검덕피난儉德辟難'은 비색의 시절[天地不交]에는 자신을 드러내지 말아야 난을 피할 수 있는 보신책이며, 그것도 모르고 관직에 앉아 영화를 누리며 무책임하게 굴고[不可榮以祿], 비색에 휩쓸려 간다면 당하는 것은 죽음뿐일 것이다.[10] 그렇다면 검덕이란 무엇일까? 무성한 봄여름처럼 자신을 마음껏 드러낼 것이 아니라, 겨울

는 겸하여 지니신 것이 되옵니다" 하였으나, 듣지 않아 바로 사직하였다.

4 주희, 『주역본의』: "否閉塞也 七月之卦也."

5 『예기』, '월령' : "孟冬之月 天氣上騰 地氣下降 天地不通 閉塞而成冬."

6 『의방집성』: "脾土薄弱. 淸氣不升. 濁氣不降. 飮食傷."

7 선조 때 임진왜란을 지휘한 서애 유성룡다운 경우다. 그의 큰집 겸암 유운룡의 養眞堂과 忠孝堂은 화회마을의 풍수 1번지이며 양진당의 현판은 한석봉이 썼고 충효당은 허미수가 썼다고 전한다.

8 소식, 『동파역전』: "군자가 없는 나라가 나라일 수 있겠는가? 군자의 도가 사라지면 비록 나라가 있다 하더라도 그것은 없는 것과 마찬가지다."

9 유루법(The truth having outflow) : 번뇌를 증장시키는 것. 四諦 중에서 苦諦와 集諦는 有漏法, 滅諦와 道諦는 無漏法.

10 [說證] 乾의 덕은 간☶으로 절제하니 '儉德'이고, 坤은 내란이 일어나 난리의 상이니 손☴으로써 도망간다. 태의 시절은 진☳이 번성하여 태☱로 녹봉을 받는 상이고, 비에서는 운세가 막히어 영화와 봉록을 생각할 수 없으니(☳과 ☱가 없음) 미리 '避亂'해야 한다.

처럼 동면할 줄 알아야 검덕일 것이다[命百官謹蓋藏].[11] 태통의 세상이라면 소비가 미덕이지만, 비색의 시절은 검소가 오히려 나으니, 세상에 도가 살아 있으면 자신을 드러내고, 그렇지 않으면 자신을 숨겨야 할 것이다.

공묵당恭黙堂은 비색의 시절에 군자가 보신할 비책을 '검덕피난'으로 알려주고,[12] 특히 근암謹庵은 태괘는 임금, 비괘는 군자가 눈여겨 봐야 할 괘임을 알리고 있다.[13/14] 백운白雲은 바르지 못한 임금을 대하는 처신이 곧 '검덕'과 '불가영이록'이라 하는데, 설득력이 있다.[15] 『성종실록』에는 이런 장면도 보인다. "치세治世를

---

11 『논어』, '태백' : "天下有道則見 無道則隱." / 『논어』, '술이' : "奢則不遜 儉則固 與其不遜也 寧固."

12 金濤, 「周易淺說」 : "비색한 때 군자의 도는 사라지고 소인의 도는 자란다[君子道消小人道長]. 군자가 어둡고 궁벽한 때를 만나면 저 소인의 화를 면하는 것만으로도 족하다. 소인은 만물을 해치는 것을 마음으로 여기기 때문에, 猜忌하는 마음이 뱃속에 가득하여, 어진 이의 조정 진출을 방해하고 나라를 병들게 하니, 맹자가 말한 상서롭지 못한 실상이 곧 이 사람이다. 이때를 당하여 영예를 사양하고, 곤궁함에 처하는 것이 곧 군자가 취할 계책인데, 그렇게 하면 소인의 재앙이 반드시 그 자신에게 미치지는 않을 것이다. 곤괘 4의 '括囊'이 바로 이 괘의 뜻과 부합하니, 마침내 허물이 없게 된다. 군자가 뜻을 얻으면 소인은 얼굴을 바꾸어 순종하고, 소인이 뜻을 얻으면 군자는 그 몸을 용납할 곳이 없어 재앙과 근심이 반드시 미친다. 아아! 군자는 양의 부류이고 소인은 음의 부류이다. 음양이 사라지고 자라는 것은 자연스러운 이치이니, 이제 비록 사라졌다 해도 어찌 다른 날에 자라나지 않겠는가? 그렇다면 군자는 마땅히 어떻게 해야 하는가? 그 덕과 학문을 거두고, 종적을 감추고서 그 형통하고 태평한 때를 기다리면 어찌 좋지 않겠는가?"
曺好益, 『易象說』 : "'儉德辟難은 손☷의 엎드리는 伏象을 취하였고 '不可榮以祿'은 간☶의 그치는 상을 취하였다."

13 康儼, 『周易』 : "泰卦는 '임금이 마름질하고 완성하여 돕는다' 하였고, 否卦는 '군자가 덕을 안으로 거두고 어려움을 피한다' 하였다. 비색한 때를 당해서는 더욱 임금이 비색함을 다스리는 도를 말해야 하는데, 여기서는 임금을 말하지 않고 단지 군자만을 말한 것은 무엇 때문인가? '儉德避難은 군자를 위해 도모한 뜻이 깊다."

14 강엄(康儼, 1717[6]~1833) : 본관 信川, 호 근암謹庵. 강엄의 『주역』은 주희의 『주역본의』 주석을 자세하게 부연 설명하거나 부족한 점을 보충 설명하는 방식의 논의를 통하여, 주자 주석의 본래 의도를 명확히 하려는 저술이다. 한 마디로 강엄의 『주역』은 『주역본의』의 해설서라고 할 수 있다. 『주자문집』이나 『주자어류』, 『주역전의대전』의 소주를 비롯하여 한국 학자들의 이론까지도 폭넓게 참조하여 설명했다. 이러한 점에서 강엄의 『주역』은 비록 그것이 『주역본의』 중심적 해설서라고 할 수도 있지만, 나아가 주자의 易學을 이해하는 데 있어 방대하고 소중한 정보를 제공하고 있다.

15 沈大允, 『周易象義占法』 : "'儉德은 덕을 빛내지 않는 것이다. 坤이 거두어 감춤을 상징하는데, 예컨대 부인이 문밖으로 나서지 않는 것과 같다. '避難은 乾의 강건한 운행을 상징한다. 곤☷이 한번 바뀌면 간☶이 되는데, 간괘는 영화로움이 되며, 건☰이 한번 바뀌면 태☱가 되는데, 태괘는 봉록이 된다. 군자가 비색한 세상에 있을 때에는 조급하게 나아가 그 곤궁함을 벗어나고자 해서는 안 되기 때문에 變卦를 취하였다. 군자가 영화와 이로움을 싫어하는 것은 아니고, 오직 똑같이 재앙과 재난을 당하지 않고자 하기 때문에, 영화와 이로움을 함께 하지 않는다. 어두운 임금과 어지럽히는 신하가 위에 있어, 말을 들으려 하지 않고 계획을 세우지도 않으며, 뜻도

이룬다는 것은 어렵습니다. 처음에는 준괘·몽괘·송괘·비괘·소축괘 뒤에 태괘에 이르렀습니다. 난세는 이루기가 쉬우니 곧 태괘 뒤에 비괘否卦로써 연계하였습니다. 성인이 괘를 만든 뜻이 깊습니다. 이는 인군人君으로 하여금 수성守成이 쉽지 않다는 것을 알게 하고자 함입니다."[16]

건괘가 비괘로 가면 왕 셋이 불명예로 물러난다.[17] 식산息山, 화동華東, 화서華西 등의 설도 참고하자.[18][19][20][21]

初六 拔茅茹 以其彙 貞 吉 亨
초6은 띠 풀을 뽑을 때 그 무리를 함께 뽑을 것이니, (그렇게 하면 서로 연결된 띠풀이 잇달아 뽑혀 올라올 것이므로) 그 일(인재를 등용하는)이 길하고 형통할 것이다.

여기 초·2·3은 모두 소인들이고, 4·5·상은 모두 군자들이다. 여기는 아래 소인들

통하지 않고 도가 부합하지 않으므로, '덕을 안으로 거두어 깊이 감추고 세상을 버리며[斂德深藏]', 자기 홀로 선을 지킨다. 간☶은 등지고 손☴은 피하는 것이 된다. 태☱와 간☶은 分限과 절제이니, 빛을 잃어 '안으로 거둔다[儉]' 하였다."

16 『조선왕조실록』 성종 8년 12월 25일, 御晝講易 - 동지사 이승소가 인군의 守成에 대해 논하다.

17 『國語』, 「周語」: "또 1·2·3효가 동시에 변하면 亂動괘이다. 否卦의 본괘는 乾卦다. 乾卦가 否卦로 가는 것을 얻자 '선군에 짝하여 군림하지만 자손이 종신을 보전하지 못하고, 세 사람의 군주가 물러날 것이라고도 한다."

18 李萬敷,『易統·易大象便覽』: "임금님께서는 때를 조성하시는 분입니다. 비색한 때로부터 태평한 때에 이르고, 태평한 때로부터 비색한 때로 들어가는 것은 다만 임금님께서 삼가느냐, 삼가지 않느냐에 달려 있고, 경계와 경계하지 않는 것에 달려 있기 때문에 감히 이것으로써 마치는 것입니다. 오직 바라옵기는 전하께서 두려워하는 마음[惕念]을 가지소서."

19 徐有臣, 『易義擬言』: "'儉德辟難'은 땅이 낮게 순응하는 것 같고, '不可榮以祿'은 하늘이 높고 멀어 오를 수 없는 것과 같다. 비괘에서 '不可榮以祿'은 작록을 멀리하는 것이고, 遯卦의 '不惡而嚴' 한 것은 근심과 상해를 멀리 한 것이다. 군자가 난세에 처하여 비굴해지면 욕됨을 받고, 뜻을 고상하게 가져 남에게 굴하지 않으면 질시를 받기 때문에 공자의 가르침에 '나라에 도가 행해지지 않을 때는 행동은 준엄하게 하되 말은 낮춰서 해야 한다고 하였다."

20 李恒老, 「周易傳義同異釋義」: "사리로써 미루어 본다면, 명성과 덕이 이미 드러나면 봉록과 지위는 이미 주어진 것인데, 내가 그제야 거기에 있지 않으려고 한다면, 이미 은미할 때를 알아 '주머니를 졸라매는[括囊]' 기미를 알아채지 못하여 쉽게 '숫양이 울타리를 받아 그 뿔이 걸리는 재앙[羝羊觸藩, 羸其角]'을 부르기 때문에, 재지나 학덕을 감춘다."

21 鄭斗卿, '致祭浦渚趙翼': "삼강오륜이 땅에 떨어지자[倫紀夷滅] 덕을 감추고 환란을 피하면서[儉德辟難] 혼조의 암울한 시운을 만나[運際昏朝] 녹위를 영예로 여기지 않았어라[不榮以祿]."

을 한꺼번에 설득하여 비색의 길에서 바르게 이끌어야만 좋다. 그러니 아직은 비색에 진하게 물들지 않은 초효의 띠 풀을 잡고 당기면[拔茅茹, Ribbon grass pull up] 나머지 무리들이 통째로 뽑혀 올라올 것이다[以其彙, each according to their kind]. 초효가 아직은 비색한 곳에 물들지 않아 어리고 순진무구한지라, 군자가 설득을 하면 쉽게 바른 길로 나올 수 있다. 그래서 비색한 시절에는 소인의 삿되고, 아첨하는 능력이 준동할까봐 이를 군자가 걱정한다. 고로 공자가 "뿌리를 뽑아야 바르고 길하다는 것은 (현명한 신하들이) 뜻을 군주에게 두고 있기 때문이다[象曰 拔茅貞吉 志在君也]"라고 말한 것이다.

지욱은 비색의 초기에 환란을 다음과 같이 경계한다. "여섯 효가 모두 비색을 구할 책임을 지닌다. 그러니 초효가 유순柔順으로 처신해야 동지들이 같이 비색을 벗어날 마음이라도 가질 것이고, 또 비색의 초기에는 마땅히 닥쳐올 어려움을 생각하여 예방책을 써야 하기에 바른 모습과 자세로 정貞을 써 경계하는 것이다." 이것이 바로 초효가 지녀야 할 '검덕피난'의 책이다. 초효가 변하면 무망无妄 속에 진震의 군자가 되어 인내를 지니며 비색으로 흐르지 못하도록 바르게[貞吉亨] 인도할 수 있을 것이다.[22/23]

---

22 [說證] 无妄 시에 군자가 동료를 추천하여 선발하는 것이니, 이처럼 띠풀이 뿌리로 연결되어 있어 하나를 뽑음에 같이 일어나는 상이다. 무릇 비색한 운을 당하여 이미 숨고 사라졌던 군자가 갑자기 坤國으로 돌아와 의연히 주인이 된 괘이다. 이런 상황에서 일을 한다면 어디를 간들 이롭지 않겠는가. 학가 왈, "泰卦가 升卦로 가도 소인이 나타나지 않고, 否卦가 无妄卦로 가도 소인이 나타나지 않으니, 양괘가 모두 길한 것이다. 학포 왈. 태괘는 난국을 소극적으로 피하는 측면이라면, 비괘는 보다 적극적으로 소인을 억누른다. 양만리의 誠齋易傳에서 왈. 태괘 초9는 마치 蘭의 뿌리처럼 서로 엉키지 않아 떼기 쉽고, 비괘 초6은 강아지풀 뿌리 같아 서로 뒤엉켜 도무지 분리할 수 없으니, 군자라면 소인의 득세를 미리 파악하여 처신하여야 한다."

23 큰 손☴의 풀이 '茹', 세☶ 가닥의 풀이 '茅', 또 无妄이 遯보다 한 칸 들어 올린 셈이니 '拔'이 되고, 초효가 양으로 드러났으니 뿌리가 뽑힌 것이 된다. '彙'는 무망에서도 진☳의 풀과 손☴의 풀이 무리가 되었다. '拔'은 간☶의 손이 되고, '貞吉'은 坤國에 아무도 없었는데 진☳主가 옴이 그 이유다. 또 무망은 중부로 왔기에 大离가 '志'가 되었고, 또 진☳의 현자가 건☰의 군주를 따르므로 '志在君'이라 한 것이다. 참고로 천지비괘가 천뢰무망이 되어 六合괘가 六冲괘로 변하니 처음에는 어려우나 나중은 평화롭게 맺어간다.

> 六二 包承 小人吉 大人否 亨
>
> 육2는 (군주의 명을) 떠받들어 모시는 자를 (군주가) 감싸주니 소인에게는 길하나,
> 대인은 비색하겠지만 형통하다.

소인들이 판치는 비색의 세상에서 유독 유순하고 중정한 2의 처신을 말한다. 어려운 세상과 적당히 타협하고, 소인들의 비리와 사사로운 이익에 눈을 감아주며 혼자만의 사리사욕을 챙기며 살아남는 자리이다. 그렇지만 중정한 2는 대인의 충정을 지키며 어려움을 고수하는 자라 그럴 수 없다[包承, Bear and endure]. 모든 소인들이 5에게 아첨을 일삼으며 그에게서 이익을 얻기 위한 권력의 줄을 당겨도[小人吉], 대인으로서는 도저히 용납할 수 없는 상황이다. 그러니 소인들의 무리 속에서 강건 중정한 5 임금의 뜻을 받들며, 대인의 자세를 지켜간다는 것 또한 쉬운 일은 아니다. 고로 비색의 시절을 인내하고 가는 대인만이 끝내 성공할 수 있다[大人否亨].

공자는 영무자를 예로 들어 이렇게 말했다. "나라에 도가 있으면 지혜로웠고, 나라에 도가 없으면 어리석었다. 그의 지혜로움은 쫓아갈 수 있으나, 그의 어리석음은 쫓아갈 수 없다."[24]

정적政敵에게 미움을 사서 유배를 갔던 소동파도 이때는 "대인이 비색의 세상을 구하고자 하면 소인들의 미움을 사고, 그들에게 길이 막힌다. 그렇지만 비색한 세월만 지나면 올바른 것은 반드시 승리하게 되어 있다"[25]고 한다.

그렇다. 만사가 사필귀정이라면 바보처럼 대도를 지킬 때만이 정의가 훗날에 그의 손을 들어줄 것이다. 공자 역시 "대인이 비색하고 형통한 것은 무리들과 섞여 지내더라도 잡스럽지 않기 때문[象曰, 大人否亨, 不亂群也]"이라는 주석을 하고 있으니, 역시 2가 대인의 자세를 취하였기에 초6과 3에게 본이 되었던 것이 아닌가 싶다. 자기 세력을 잘 판단해야 한다. 세월 낚는 연습이 필요한 때다. 승리를 할 수 없으면 돌아와서 자기를 보존함이 당연하다. 비가 송訟으로 가는 경우이다.[26]

---

24 『논어』, '공야장편' : "子曰, 甯武子, 邦有道則知, 邦無道則愚. 其知可及也, 其愚不可及也." 영무자는 위나라 대부로 두 임금을 섬겼다. 文公 때는 정치력을 발했지만, 혼란한 成公 때는 마치 어리석은 바보처럼 행했다.

25 소식, 『동파역전』 : "大人之欲濟斯世也. 苟出而爭之. 大人否而退, 以爲邪之勝正也. 及其群分類別, 正未有不勝者也."

『조선왕조실록』에도 세조와 맞장을 뜨면서 대인의 절개를 지킨 사육신에 관한 역사의 심판이 그 증거로 나타난다. 『추구집推句集』에 실린, 성삼문의 절개와 죽음 앞에서도 담담함을 보인 절명시絶命詩가 그 좋은 예다. "처형장의 북소리는 생명을 재촉하고[擊鼓催人命] 서풍이 부니 해는 서산으로 넘어가려 하는구나[西風日欲斜]. 황천 가는 길에는 주막조차 없다는데[黃泉無客店] 오늘밤은 뉘 집에서 잠을 자고 갈거나[今夜宿誰家]."

청나라 때 '난득호도難得糊塗'로 유명한 양주팔괴揚州八怪 중의 한 사람, 정판교鄭板橋가 벼랑 위에 박힌 대나무 한 떨기로 난세의 기백을 보이는 장면도 좋다. "청산을 단단히 물고 놓아주지 않을 듯[咬定靑山不放鬆] 뿌리를 박은 곳은 깎아지른 벼랑의 한 가운데라[立根原在破崖中]. 무수히 닳고 치여도 꿋꿋하게 굽히지 않으니[千磨萬擊還堅勁] 사방 거센 바람아 마음껏 불어나 보렴[任爾東南西北風]." '난득호도'와 '흘휴시복'에 관한 정판교의 글도 음미할 만하다.[27]

六三 包羞
육3은 수치스러운 일을 군자가 감싸준다.

---

26 訟卦도 遯卦로부터 온다. 간☶의 '小人'을 건☰의 君主가 위에서 손☴으로 감싸니 '包承'이 되고, 또 '소인'은 중에서 감☵을 얻어 의기양양하니 '吉'이 된다. 否卦에서 건☰의 대인은 변효때문에 곤☷의 나라를 잃으니 '大人否'가 되었으나, 호괘 리☲가 기쁨을 주어 '형통'하였다. '不亂群'은 遯卦 때도 건☰은 다치지 않았고(☶의 고결 때문에, 艮爲高爲長), 송괘 때도 건☰은 시비에 걸리지 않았다(호괘 리☲가 막힌 상황을 기쁘게 대화로 뚫었다).

27 板橋 鄭燮(1693~1765) : '어리숙해 보이는 게 어렵다'는 '難得糊塗'에 대한 부연 설명이다. "총명하기는 어렵고 어리석기도 어렵다[糊塗難]. 총명한 사람이 어리석게 되는 더는 더욱 어렵다. 집착을 버리고 한 걸음 물러서는 순간 마음이 편해지며 뜻하지 않고 있노라면 후에 복으로써 보답이 올 것이다." 판교는 어느 날 먼 친척 형으로부터 한 통의 편지를 받았다. 편지에는 조상 대대로 물려받은 가옥의 담장을 놓고, 이웃과 송사가 벌어졌으니 지방관에게 잘 봐달라는 편지 한 통을 써달라는 청탁이 적혀 있었다. 정판교는 편지를 다 읽은 뒤 시 한 수를 답장 대신 보냈다. "천리나 편지를 보낸 것이 담장 하나 때문인가? 그에게 몇 자를 양보하면 또 어떤가? 만리장성은 아직도 남아 있는데 어찌 진시황은 보이질 않는가." 그는 이 시와 함께 '難得糊塗'와 '吃虧是福(손해를 보는 것이 곧 복이다)'이란 편액을 함께 친척에게 보냈다. '흘휴시복'의 해석은 이렇다. "가득 차면 덜어지게 되어 있고, 비어 있으면 점점 차게 되어 있다. 내가 손해를 보면 다른 사람이 이익을 본다. 그러면 각자 심정의 절반씩을 얻는 것이다. 나는 마음이 편안해지는 것을 얻게 되니, 이 어찌 바로 복 받을 때가 아니겠는가."

포수包羞에 대해서는 다산을 제외한 여타 해석들이 비관적이다. 부중하고 부정하며 엉큼한 3을 비색한 시절에 딱 성공할 수 있는 시의적절한 소인배로 본다. 고로 부끄러움의 극치를 당할 자[包羞, Bear shame]라고 해석한다. 부정부중한 자로 어쩔 수 없는 역할을 맡을 수밖에 없는 소인배의 복으로 몰아붙인다. 비괘의 시절에 당하는 비인도적인 행위[否之匪時]의 본산인 것처럼. 예로 일제 강점기에는 친일 앞잡이를 하고, 6·25 때는 빨갱이 짓을 한 자로 본다. 세상은 시절[時] 인연과 그 위치[位]에 따르는 운명체라 할 수밖에 없다. 3이 처한 시절과 자리가 억울하지 않았다면 분명히 부끄러움을 당하지 않았을 것이다. 건곤일척乾坤一擲의 주인공 항우와 유방이 7년 6개월 간 전쟁을 치르는 동안 대부분 승리한 자는 항우였다. 하지만 그는 실패에 대처하는 방법이 부족했다. 항우는 오강烏江을 건너 후일을 도모할 수 있었지만 스스로 목숨을 끊고 만다. 훗날 당나라 두목杜牧(803~852)은 그를 안타까워했다.[28] 이럴 때는 수치를 끌어안고도 부끄러움을 당당하게 인내할 줄 알아야 한다. 그래서 '포수包羞'는 양심의 가책을 안고도 덤덤한, 소인의 훌륭한 배짱을 말한 것이 아닐까.[29]

공자가 『논어』에서 분통을 터트린 경우도 비슷했다. "뭣이라고? 임금만이 할 수 있는 그 팔일무八佾舞를 신하 된 놈이 감히 행하였다면 무슨 짓이든 저지르고 말 위인일 것이다. 기가 찰 노릇이구나!"[30] 노나라 계손이 잔치판에서 춤판을 벌인 일로 삿대질을 해대며 노발대발했던 이야기다. 또 임금의 방귀 소리를 듣고 시원하겠다며 아첨을 하는 신하의 배짱과, 남의 수염에 붙은 티끌을 털어 주는 '불수진拂鬚塵'도 같은 예라 할 수 있다.[31] 어느 임금이 필부처럼 내린 결단도 '포수包羞'

---

28 두목, 『제오강정』 : "勝敗兵家不可期, 包羞忍恥是男兒, 江東子第俊才多, 捲土重來未可知."

29 '羞'는 자신이 기른 소와 양의 싸움으로 인해 비괘가 둔괘(否→遯 : 卯→申, 財→兄)로 은둔하는 처세를 가리키는데, 大畜하지도 않은 자가 洋洋거리길 좋아한다면 바로 부끄럼을 당하는 꼴이다. 3효로 病을 물었다면 "하늘은 위로 오르고 땅은 아래로 향하니, 즉 심신이 분리되어, 입을 움직이지 못하는[否] 모양 같고, 3효 또한 천지의 경계에서 천산遯으로 물러나니 4에서 천명을 달리하여 밝은 세상으로 감"을 알 수 있다. 寅午戌 日, 月에 3이 동하면 사망이다. 참으로 세월이 하수상하다. 羞 소와 양이 싸워 부끄러움을 자아낼 수. 소띠와 양띠는 相沖함.

30 『논어』, 「팔일편」 : 孔子謂季氏, "八佾舞於庭, 是可忍也, 孰不可忍也?"

31 『宋史』, 「寇準傳」 : 북송 때 강직한 재상 寇準이 직접 발탁한 丁謂가 중신들과 회식하는 자리에서 음식 찌꺼기가 그의 수염에 붙자, 정위가 소맷자락으로 공손히 털어내니 '어허, 나라의 중신이 어찌 남의 수염에 붙은 티끌을 털어주는 그런 하찮은 일을 한대요?'라고 하자, 도망치듯 그 자리에서 물러갔다는 이야기다.

가 분명하다. "너무 많은 사람들에게 신세를 졌다. 나로 말미암아 여러 사람이 받은 고통이 너무 크다. 앞으로 받을 고통도 헤아릴 수가 없다. 여생도 남에게 짐이 될 일밖에 없다. 건강이 좋지 않아서 아무 것도 할 수 없다. 책을 읽을 수도, 글을 쓸 수도 없다. 너무 슬퍼하지 마라. 삶과 죽음이 모두 자연의 한 조각 아니겠는가. 미안해하지 마라. 누구도 원망하지 마라. 운명이다. 화장해라. 그리고 집 가까운 곳에 아주 작은 비석 하나만 남겨라. 오래된 생각이다."[32]

공자의 주석은 이렇다. "부끄러움을 모두 감당하라. 지금은 자리가 마땅하지 않다[象曰 包羞 位不當也]." 그 설중이 이렇다. 비괘否卦가 둔괘遯卦로 변하는 경우다. 변역을 모르면 해석은 정말 십만팔천 리다. 소장消長의 원리로 볼 때 구괘姤卦 → 둔괘遯卦 → 비괘否卦로 가면 소인이 내각內閣을 차지하게 되는 꼴이다. 이것을 부끄러워하는 까닭은 세 양이 격리되고 단절되어 둔괘遯卦처럼 네 양이 연결되지 않으니 만사가 양단兩斷되기 때문이다. 그런데 지금 비괘否卦가 효변하여 다시 둔괘遯卦가 되면 간艮의 소인들이 밖의 건乾과 연결되어 그 부끄러움을 덮어 가리니, 소인들은 스스로 군자에게 아부를 하게 된다. 이것이 소인들의 정상이다. 그렇지만 건乾의 군주가 위에서 손巽으로써 그들을 포용하니 '포수包羞'함이다. '위부당야位不當也'는 변하기 전 본상의 상황이다.

> **九四 有命 无咎 疇離祉**
> 구4는 (하늘로부터 받은) 명을 온전히 보존하니 허물없다. (시운이 비색하니 쟁기로) 텃밭이나 일구며 사니 복이다.

4는 강건한 하늘 자리에 앉은 군자다. 비색한 시절에 군자의 책무는 인연 없는 초6과의 관계도 더 이상 잇지 말아야 한다. 부중부정한 3과도 엮이지 말아야 할 것이다. 그것이 곧 천명을 보존하는 방법이다. 정치적으로 보면, 임금의 최측근에서 막강한 권력을 쥔 자가 임금으로부터 소명을 받아 소인들을 달래고 설득해가는 자리이지만, 이미 정치적으로 힘이 기울어진 비색의 시점이다. 그럼에도 4는

---

32 노무현 대통령의 유언.

아직 군자의 도가 살아있다. 하지만 비색한 기운이 4마저 침식해 오고 있는 시점이다. 이러한 때에는 임금의 실정을 혁명으로 가져 갈 필요가 있다. 고로 '유명有命'은 천명을 보존하는[有命, the command of the highest] 방법을 찾아야 허물이 생겨나지 않는다[无咎]. 이처럼 4는 비색의 시절을 직시하고 어떤 소인과도 거래를 하지 말아야 한다. 특히 재색財色에는 눈을 돌리지 말아야 천명을 지키게 되어 밝은 복을 경작할 수 있다. 지금은 비색의 시절이다. 천명은 곧 은퇴를 의미하고, 은거를 뜻하는 깊은 뜻이 숨어 있음을 직시하라.

『논어』마지막 구절에 공자가 다그치는 말이 있다. "군자가 되어 천명을 모르고, 말귀도 모르고, 예의염치도 모른다면 어찌 그를 군자라고 할 수 있겠는가?"[33] 고로 구4는 과강하고 부중하기에 반드시 그의 행동에는 허물이 있겠지만, 비극태래否極泰來의 시점을 맞아 음의 무리들마저 그의 뜻과 부합하니 복을 함께 받을 자가 분명하다. 『설원說苑』에서는 흥망성쇠의 법을 "자기의 잘못을 책임지지 않은 자는 갑자기 망하였고, 자기의 잘못을 책임질 줄 안 자는 왕성하게 일어났다"고 알려준다.[34] 공자 또한 "천명을 받아도 허물없음은 임금의 뜻을 제대로 행하기 때문[象曰 有命无咎 志行也]"이라고 주석한다.

한편, '주疇'를 주류疇類, 동지同志, 붕류朋類로 보아 '무리들이 함께 복을 받을 것[疇離祉]'이라 해석하기도 하고, 또 '주疇'는 『주역』의 비괘에서만 나오는 글자인데, 이는 우왕禹王에서 주왕紂王까지의 정치교범 『홍범구주洪範九疇』로 난세의 백

---

33 『논어』, 「효왈편」 : "孔子曰, 不知命, 無以爲君子也, 不知禮, 無以立也, 不知言, 無以知人也."

34 『說苑』, '임금 노릇하는 도리[君道]' : 宋나라에 큰물이 지자 魯나라 사신이 와서 위문하였다. "하늘이 오래 비를 내려 계곡이 가득 차 넘치고 물이 임금이 거주하는 곳까지 미쳐서 執政을 근심하게 하므로 신을 파견하여 삼가 위문하게 하였습니다." 송나라 임금이 응답했다. "과인이 재주가 없어서 齋戒를 경건히 하지 않고 封地를 잘 다스리지 못하며 백성을 제때에 부리지 않아 하늘이 재앙을 내렸는데, 도리어 귀국 임금님에게까지 근심을 끼쳐 위문하는 말씀을 받으니 감당하지 못하겠습니다." 君子가 이 말을 듣고 말했다. "송나라는 아마도 잘될 것이다." 어떤 이가 물었다. "무슨 뜻으로 하는 말입니까?" 군자가 대답했다. "예전에 夏桀과 殷紂는 자기의 잘못을 책임지지 않아서 갑자기 망하였고, 成湯과 文王·武王은 자기의 잘못을 책임질 줄 알아서 왕성하게 일어난 것이다. 잘못한 일을 고치면 잘못하지 않은 것과 같기 때문에 나는 '아마도 잘될 것'이라고 말했다." 송나라 임금이 이 말을 듣고 새벽 일찍 일어나 밤늦게 잠자고 아침 일찍 조정에 나와 저녁 늦게 퇴청하면서, 죽은 이를 조문하고 병든 이를 위문하고 힘을 다해 국내를 다스리니, 3년 만에 농사는 풍년이 들고 정치는 태평을 이루었다. 가령 송나라 임금이 군자의 말을 듣지 못했다면 곡식은 풍년이 들지 않고 국가는 편안하지 않았을 것이다. 『詩經』에 "나의 무거운 책임을 도와, 나의 드러난 德行을 보이게 하라" 하였으니, 이 일을 이른 말이다.

성을 잘 다스리면 복을 받는다는 의미라고도 한다. 다산은 '주疇'를 밭 일구는 쟁기로 보고 '밭을 다스림에 복을 만난다' 하였다. 밭은 마을이요, 나라이기도 하다. 또 밭이랑 늘리는 것으로 보면 수명壽命은 '복 밭 경작'이다.

다음은 무명자의 '논명論命' 앞부분 내용이다. "공자는 천명天命에 대해 드물게 말씀하셨다. 얻음[得]과 얻지 못함[不得]에 대해서는 명에 달려 있다[有命]고 하셨다. 이것을 보면 성인의 뜻을 대략 알 수 있다. 맹자는 '입이 좋은 맛을 알고, 눈이 아름다운 색을 알고, 귀가 고운 소리를 알고, 코가 향기로운 냄새를 알고, 팔다리가 편안한 것을 좋아하는 것은 본성이다. 하지만 이는 명에 달려 있다. 그러므로 군자는 이것을 性이라 하지 않는다' 하였다. 또 '구하는 것에는 방도가 있고, 얻는 것에는 명이 있다. 구하는 것은 얻는 것에 아무런 도움이 되지 않으니, 이는 밖에 있는 것을 구하기 때문이다' 하였다. 이 말은 무슨 의미인가? 영위함이 없으면서 영위하는 것이 하늘이고, 부르지 않아도 오는 것이 명이다. 사람이 태어날 때 모두 하늘에서 품부받기 때문에 저마다 명을 가지고 있지 않은 이가 없다. 다만 사람이 자각하지 못할 뿐이니, 죽음과 삶[死生]·장수와 요절[壽殀]·빈부貧富·귀천貴賤으로부터 사사건건의 통함과 막힘, 순조로움과 거슬림에 이르기까지 모두 명이 있다. 세상에서는 수數라고 하는데, 운수運數가 곧 명이다. 사람이라면 누가 명이 있고 수가 있는 줄 모르겠는가. 그러나 이욕利慾에 빠지고 사리事理에 눈멀어, 구하는 것이 무익한 것임을 더 이상 모른 채 고유한 본성이라고 인식한다. 그래서 '천하의 일은 지혜로 구하고 노력하여 경영할 수 있다' 생각하여 분잡스럽게 하지 않는 짓이 없다. 그러다가 종국에 이르러서야 비로소 '천명이다' 한다. 어쩌면 그리도 어리석은가. 오직 성현만이 이것을 알기 때문에 편안히 여기니, 어디를 가든 자득自得하지 않음이 없다. 이것이 바로 곤괘困卦에서 '명을 지극히 하여 뜻을 이루는 까닭이요, 비괘否卦가 명에 맡겨 복을 누리는[有命疇離祉]' 까닭이다. 『시경』에 명이 같지 않다 하였고, 『서경』에 천명은 어긋나지 않는다 하였으니, 명에 통달한 자는 이것을 알며, 험괴한 일을 행하고 요행을 바라는 자는 이것을 모른다. 이것이 공자가 명을 모르면 군자가 될 수 없다고 단언하신 까닭이다. 자공과 같은 어진 인물에 대해서도 오히려 재화를 불린 것 때문에 명을 받아들이지 못했다고 생각하신 것이다. 이런 까닭에 맹자는 '시켜서 가는 것[行使]'과 '잡아서 저지하는 것[止尼]'에 대해 사람이 할 수 있는 것이 아니고, 천명이다 하였으니, 더구나 이보다 큰 것이야 말할 것 있겠는가."[35]

이어지는 논의다. "그렇지만 군자는 법을 행하여 명을 기다린다[君子行法以俟命]고 하지 않았던가. 또 요절하거나 장수하거나 의심하지 않고 몸을 닦고 천명을 기다림이 명을 지키는 방법이다[夭壽不貳 修身以俟之 所以立命]라고도 하지 않았던가? '명을 기다린다'라고만 하지 않고 반드시 '법을 행한다'라고 하였으며, '의심하지 않는다'라고만 하지 않고 반드시 '몸을 닦는다'라고 하였다. 그렇다면 군자가 명을 알고, 또 자신이 마땅히 행해야 할 바를 행하고, 마땅히 닦아야 할 바를 닦고 난 뒤에야 비로소 명을 기다릴 수 있음을 단연코 알 수 있다. 한창려韓昌黎(韓愈)가 자신에게서 비롯된 것은 자신이 초래한 것이고, 자신에게서 말미암지 않은 것은 천명이다[由我者吾 不我者天] 하였다. 그렇지만 천명만을 믿고 자신의 몸가짐을 닦지 않는다면 높은 담장 아래에 있다가 치여 죽거나 죄를 저질러 옥사하는 것도 모두 천명 탓으로 돌릴 수 있을 것이다. 그러므로 천명이 아닌 것이 없지만, 정正을 순순하게 받아야 한다[莫非命也 順受其正] 하였으니, 정이란 정명正命이다. 사람이 마땅히 해야 할 것을 할 수 있다면 길흉과 화복이 모두 정명이니, 이것이 『중용』에서 말한 바 평이함에 거처하여 명을 기다린다[居易以俟命]는 것이다."

九五 休否 大人吉 其亡其亡 繫于苞桑
구5는 소인이 휴식하니 대인은 길하다. (혹시) 망하지 않을까 망하지 않을까 하는 심정으로 해야 열매가 겨우 뽕나무 떨기에 매달려 있을 것이다.

먼저 『오위귀감』에서 보이는 수현壽峴의 읍소다. "신이 삼가 살펴보았습니다. 비괘 구5는 대인이 높은 자리에 있기 때문에 천하의 비색한 것을 그치게 할 수 있습니다. 그런데 오히려 비색한 데에서 떠나지 못하는 것과 같기 때문에 '망하게 되지나 않을까 하여 무더기로 난 뽕나무 뿌리에 매어둔다[其亡其亡 繫于苞桑]'는 경계를 한 것입니다. 그러나 비록 태평한 때에 있더라도 경계하고 두려워하는 마음을 잊지 않을 것인데, 하물며 위태롭고 어지러운 세상에 이르러서야 깊은 배려가

---

35 無名子 尹愭, '論命'.

없을 수 있겠습니까? 아! 원기元氣가 닫힌 것은 천도가 막힌 것이고[元氣閉者 天道之否], 임금의 마음이 닫힌 것은 왕도가 막힌 것이니[君心閉者 王道之否], 천도가 막히면 만방의 가르침이 행해지지 않고[天道否則 萬化不行], 왕도가 막히면 백성들의 뜻이 통하지 않으며[王道否則 衆情不通], 백성의 뜻이 통하지 않는데 그 편안함을 보장하는 이치는 없습니다[衆情不通 能保其安者 理所必无]. 그렇다면 망하게 되지나 않을까 하는 위태로움을 전환시키고자 하여, 저 무더기로 난 뽕나무 뿌리에 견고하게 매는 것은, 백성들의 정을 통하는 것보다 큰 일이 없으니, 바라옵건대 전하께서는, 백성들의 정이 막힐 것을 근심하지 마시고, 먼저 성심을 넓게 하소서."

비괘否卦의 주효로 강건하고 중정한 임금의 자리다. 석지형은 세상이 아무리 어지러워도 임금이 백성과 정을 통하는 정치만 올바르면 기울어 가는 나라도 바로 잡을 수 있다고 한다. 임금의 마음이 막히면 천하가 다 막힌다. 가정도 마찬가지다. 세상이 아무리 비색한 시절이라 하여도 5의 가장이 흔들리지 않고 굳건하게 바로잡아 나간다면 비색은 멈추게 되어 있다. 이를 '휴비休否(Standstill is giving way)'라 한다. 그러니 대인에게는 자신의 도를 펼 수 있는 절호의 찬스이나[大人吉] 소인들은 종말을 보게 되니 흉할 수밖에 없다. 공자도 이를 "비색의 시절인데도 대인에게 길이라 한 것은 5가 진정으로 강건하고도 중정한 자리를 얻었기 때문[象日 大人之吉 位正當也]"이라고 보고, 5를 비색한 기운을 반전할 자리로 확실히 보았다.

'기망기망其亡其亡(If should fail, if should fail)' 역시 대인이 비색의 시절을 당하여 '곧 망할 듯 망할 듯해도' 경계를 늦추지 말라는 특단의 조치이다.[36] 비색한 시절인지라 잘못될 확률이 높은 긴급한 상황을 예감한다. 이때도 소인 수준으로 행세하는 5(지도자, 사장, 가장, 임금)라면 '나라가 왜 망하느냐? 회사가 왜 망하느냐? 우리 집이 망할 리가 없다!'고 고집을 부리다가 나라와 집안이 거덜나는 꼴을 맞이할 것이다. 그렇지만 대인은 위험의 수위를 경계하고, 비색에서 벗어날 모색을 강구해야 동인同人도 하고 대유大有를 얻어 나올 것이 확실하다. 그렇지만 아직은 비색이 끝나지 않았다. 소인의 잔당들이 보이지 않는 지하에서 '뽕나무 뿌

---

36 공영달, 『주역정의』: "망할 듯 망할 듯 스스로 경계해 신중할 수 있다면, 뽕나무 뿌리에 얽히듯 견고해져 기울어질 위험이 없을 것이다."

리'처럼 깊이 파고들고, 또 위로는 시위하며 정면 돌파하는 '박 덩굴'처럼 곳곳에서 기회를 엿보며 전복할 기회를 호시탐탐 노리고 있다. 여기 '포상苞桑'을 편안한 때에도 위태한 상황을 잊지 않는 것으로 보아 윤선도는 병란兵亂을 이길 대책을 내놓았고,[37] 뽕나무 뿌리로도 보았다. 뽕나무 뿌리는 다른 나무보다 견고하기에 흔히 견고한 토대로 '포상'이 자주 사용되었다.[38] 또 다산은 "기망기망계우포상其亡其亡繫于苞桑을 깨질듯 하며 덤불 뽕나무에 매달려 있는 상황"으로 해석하고 "포苞를 뽕나무에 매달린 오디로 본다. 그리곤 곧 떨어질 듯 긴박한 상황으로 설정하기도 하였다. 뽕나무 열매 오디 또한 검게 물들면 쉬이 떨어지기에, 나라가 장차 망하여 위태로워질 징조"로 살폈다. 비괘가 화지진괘火地晉卦로 변했기 때문이다.[39]

---

37 尹善道,『孤山遺稿』, '병가의 장끼에 대한 대책문[對兵家長技策]' : 국가가 적을 막는 방도는 制勝의 방법을 제대로 쓰는 장수를 임용해야 할 것이다. "장수가 병법을 알지 못하면 임금을 적에게 넘겨주고, 임금이 장수를 가리지 못하면 나라를 적에게 넘겨준다"고 하였다. 옛날의 일을 논하는 것은 오늘날에 증험하기 위함이요, 상세히 말하는 것은 돌이켜 요약하기 위함이다. 우리나라는 남쪽으로 島夷와 이웃하고 북쪽으로 山戎과 접하고 있으므로, 편안한 때에도 위태한 상황을 잊지 않고 苞桑하는 데에 생각을 두어, 오랑캐를 막을 대책을 평소에 강구하였고 단단히 막아 지킬 방도를 익히 세워두었다. 어찌하여 南倭가 북쪽으로 돛을 올리자 八路가 대나무 쪼개지듯 부서지고, 머리를 딴은 北虜가 남쪽에서 말을 먹이자 兩西(평안도와 황해도) 지방이 소문만 듣고도 무너졌으며, 임진년(1592)의 滿身瘡痍에서 헤어나기도 전에 정묘년(1627, 인조 5)에 잿더미가 되는 慘禍를 또 당하게 되었단 말인가. 그 잘못이 어디에 있는가. 혹자는 세상에 인재가 없다고 말하지만, 옛사람은 "각 시대마다 필요한 인재가 부족하지 않다" 하였고, 또 "인재는 다른 시대에서 빌려 오지 않는다" 하였다. 맹자도 "天時는 地利만 못하고, 지리는 人和만 못하다" 하였고, 軍誌에도 "국내가 不和하면 出陣해서는 안 된다"고 하였으니 더 말할 것이 있겠는가. 맹자가 말한 人和와 군지에서 말한 和國은 장수가 잘 할 수 있는 것이 아니니, 장수를 쓰는 근본은 실로 재상에 달려 있다. 그런데 공자가 말하기를 "인재를 얻으려면 내 몸을 먼저 닦아야 하고, 몸을 닦는 것은 仁으로써 해야 한다" 하였으니, 그렇다면 장수와 재상을 임명하는 근본은 또 임금이 자기 몸을 仁으로 잘 닦는 데에 있지 않겠는가.

38 신원봉,『인문으로 읽는 주역』: "盤石桑苞라는 말이 그것이다. 상포, 즉 포상에다 반석, 즉 큰 바위를 덧붙여 견고한 의미를 더욱 강조한다. 계는 얽는 것이니, 계우포상은 견고한 뽕나무 뿌리에 얽혀든 것을 말한다."

39 [說證] 晉卦는 小過卦로 오기에, 큰 감☵의 노력과 공력도 간☶에서 멈추고 휴식을 취하니 '休否'다. 소과 진☳의 군자가 리☲의 남쪽을 향해 정치를 펼치면서 곤☷의 나라를 다스리니 '大人吉'이다. 또 否卦의 호괘는 漸卦다. 漸卦의 5효 변은 艮卦이다. 艮卦는 觀卦에서 왔으니, 손☴의 천명이 끊어지고 위험한데, 艮卦는 상간☶ 하간☶으로 '其亡其亡'이 되었다. 상괘 간☶은 '苞桑' 하괘 간☶은 풀 열매(艮爲菻)가 된다. 관괘 때는 큰 감☵의 열매가 손☴의 나무에 매달렸는데, 간괘가 되면서 손☴의 덩굴이 갑자기 끊어져(巽爲繩), 그 열매가 아래로 떨어지다 걸렸으니 '繫于苞桑'이 되었다.

'기망설'을 「계사전」에서 들어보자. "자왈, 위危란 그 자리를 편안히 여김이요[危者安其位者也], 망亡이란 그 생존을 보존함이다[亡者保其存者也]. 나라의 어지러움은 임금의 정치에 달렸다[亂者有其治者也]. 이런 고로 군자는 편안할 때에 위험을 잊지 아니하며[安而不忘危], 잘살 때에 망하는 것도 잊지 아니하며[存而不忘亡], 정치를 잘하여 혼란을 야기하지 말아야 한다[治而不忘亂]. 이렇다면 내 몸도 국가도 안전하게 보존할 수 있으니[是以身安而國家可保也], 『역』에서 말했다. 혹시 망하지 않을까 망하지 않을까 하는 심정으로 해야 열매가 겨우 뽕나무 떨기에 매달려 있을 것이다[易日 其亡其亡 繫于苞桑]."⁴⁰/⁴¹

上九 傾否 先否 後喜
상9는 비색한 시절도 기운다. 먼저 비색하다가 나중에 기쁨이 온다.

세상만사는 영원히 나쁠 수도 없고 영원히 좋을 수도 없다. 태泰가 비否가 되고, 비가 다시 태가 되며, 복復이 박剝이 되고, 박이 다시 복이 되는 것이 세상 이치다. 이제는 어느덧 비색이 끝장이 나는 시점에 왔다[傾否, the standstill comes to an end]. 이제껏 죽을 고생으로 어려웠지만 앞으로는 살판 나는 세상이 도래할 것이다[先否後喜]. 세상은 그래도 살아볼만한 가치가 분명히 있다. 공자마저도 "이제 비색이 종말을 고하고 기우니 비否인들 어찌 오래도록 버틸 수 있으랴[象日 否終則傾 何可長也]"라고 세월의 흥망성쇠와 영허소식을 말하였다. 이것은 비괘가 택지췌괘澤地萃卦로 간 경우다.⁴²

---

40 정약용, 『주역사전』 : 否卦로부터 만들어진 兩互괘 漸卦와 漸卦로부터 5효가 변한 艮卦에서 3효가 모두 합당한 위치를 얻었으므로 '危者安其位'이다. '亡者保其存者也' 또한 艮은 죽는 것이고, 震은 태어남이요 '亂者有其治者也'는 坎의 어지러움과 离의 다스림이다. 이런 까닭에 군자는 편안하여도 위태로움을 걱정하는 마음을 잊지 않으며, 있어도 망할 것을 걱정하는 마음을 잊지 아니하며, 잘 다스려지고도 혼란을 걱정하는 마음을 잊지 아니한다. 이런 까닭에 자신의 마음이 편안해야 나라도 보존할 수 있으니, 곤은 나라이고 감은 가정이다. '其亡其亡'이라 한 것은 경계사이다. 말씀은 艮卦에서 나온다. 이 상황에서도 离로 다스리니 艮으로 망하지 않는다. 고로 공자가 否卦 5효에서 나라를 보전하는 교훈을 삼은 것이다. 병이 들어 장차 죽을 지경이면 죽음을 꺼리는 마음이 더욱 심해지며, 나라가 장차 망할 지경이면 그 망함을 꺼리는 마음이 더 급해지니, 그 망하지 않을까 하는 것으로써 경계를 삼는 것은 망하지 않도록 하는 방법인 것이다.
41 참고로 사업은 부도날 지경을 맞았다가 다시 일어서는 좋은 기회를 맞을 것이다.

여기서 중요한 것은 세월의 고진감래가 저절로 찾아오는 것이 아니라 인간의 노력에 달렸다는 사실이다. 이는 비색이 태통이 되기까지[否極泰來] 끊임없는 노력을 인간에게 요구하고 있다. 그러니 하늘은 스스로 돕는 자를 돕는다. 지금까지 어렵게 살아온 자라면 희망이 열릴 것이다. 가슴을 활짝 열고 기운을 백배하여 앞날을 차고 갈 계획을 세워도 좋다. 그러나 아직은 비색의 시절이다.

이를 지욱은 불법佛法에서는 순도법애順道法愛로 강한 지덕智德이 아니면 능히 펼 수 없다고 하였다. 초6은 법애法愛가 깊지 않지만 양의 자리기에 정길貞吉하고, 2는 법애法愛가 점점 깊은 고로 소인은 길하지만 대인은 비색상否塞想을 지어야 형통하고. 3은 법애法愛가 가장 깊고 또 소혜小慧마저 갖추었으니 사도似道를 망인妄認해 진리를 삼을 새 고로 포수包羞한다. 구4는 강하고 부정하나 비록 잠시 법애法愛를 일으키나 뜻대로 펴나가고, 구5는 강건중정한 고로 정위에 들어 길한지라 무명無明이 미단未斷하니 처하는 자리마다 기망기망其亡其亡을 잊지 않고, 마음마음이 고해苦海로 흘러들어 증념證念이 불퇴하니 계우포상繫于苞桑이다. 상9는 양이 음위에 있어 처음엔 법애法愛를 면치 못하나 후엔 지력이 강하여 경비傾否할 새 선비후희先否後喜를 맞는다. 여기 '법애法愛'는 진리를 완전한 자신의 것으로 녹이지 못한 것을 이른다.

---

42 萃卦는 觀卦로부터 온다. 관괘 때는 간☶의 양강이 견고하게 막으니 비색이 극에 달하였다. 췌괘로 가면서 막혔던 윗자리가 태☱로 터져 무너져 내리니 '傾否'요, 큰물이 거세게 쏟아지니 '先否後喜'다. '何可長也'는 만물만사가 '어찌 끝내 否일 수 있겠는가?'의 의미다.

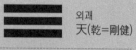

외괘
天(乾=剛健)

내괘
火(离=文明)

13. 천화동인天火同人
Fellowship with Men

동인은 20대의 미인 하나를 두고 사내들이 두 눈을 치켜뜨며 칼부림을 부리는 오케이 목장의 혈투와 같다. 그러기에 동인은 문밖으로 나가 사람을 사귀며 통 크게 놀 줄 아는 안목을 길러준다.

> 同人 同人于野 亨 利涉大川 利君子貞
> 동인은 세상에 나아가 많은 사람을 사귀는 일은 형통하다. 그리고 많은 사람을 사귀면 험한 세상을 건너기에 이로울 것이다. 그렇지만 동인할 때는 군자가 지켜야 할 정도로 가야 유리하다.

우선 『논어』에 나오는 장면을 예로 들어본다. 나쁜 사람으로 소문 난 형제를 가진 사마우가, 차를 마시는 자리에서 사람마다 형제가 있는데 나만 없다고 투덜대었다. 이를 들은 자하가 큰소리로 따끔하게 충고를 한다. "내가 일전에 선생님한테 듣건대 사람이 나고 죽는 문제와, 가지고 가지지 못한 부귀영화는 다 하늘에 매였다고 하시더라. 그러니 남과 사귈 때 정말로 공경하고 예의를 바르게 하면, 천하의 모든 사람이 다 나의 형제가 될 것인데, 어찌 군자라면 형제가 없음을 걱정한단 말인가?"[1]

세상을 살자면 부모형제도 있어야 하고, 스승과 선후배도 있어야 하고, 술친구 밥친구도 있어야 한다. 세상과 동인同人하느냐 못하느냐는 자신에게 달렸다. 「서괘전」은 "사람과 함께 동인하는 자에게는 사물도 반드시 그에게로 돌아간다"[2] 하

---

1 『논어·안연』 : 司馬牛憂曰, "人皆有兄弟, 我獨亡." 子夏曰, "商聞之矣, 死生有命, 富貴在天. 君子敬而無失, 與人恭而有禮. 四海之內, 皆兄弟也, 君子何患乎無兄弟也?"

2 「서괘전」 : "與人同者 物必歸焉."

였고, 「잡괘전」은 "동인은 친함이다[同人親也]" 하였다. 다산은 '동同'이란 모이는 것이며 만나보는 것이라 했다[同者會也見也]. 그러기에 부정기적인 모임은 '회會'요 정기적인 회합은 동同이다.[3] 성인이 사람들을 모이게 하여 만나게 함에는 두 가지 방식이 있다. 하나는 일가들을 기뻐하는 마음을 모아 돌아가신 할아버지를 모시게 하는 일이며, 또 하나는 천하의 즐거워하는 마음을 모아 상재를 모시게 하는 일이다. 그러므로 종묘의례는 그것을 통해 종족을 모이게 하는 수단이며, 교사郊社 의례는 그것을 통해 천자와 제후들을 모이게 하는 수단이다. 이것이 성인의 미묘한 뜻이다. 공자가 말하기를 "체禘 제사의 뜻을 아는 자가 천하를 다스리면, 그 다스림 이 손바닥을 들여다보듯 쉽고도 명백할 것이다" 한 것도 이런 취지일 것이다.[4]

동인괘가 다섯 양으로 모여 있는 것은 건乾의 가족에 해당하나, 사람들이 서로 모일 때에는 예로써 만나지 않으면 혼란의 근원이 된다. 동인의 리离가 상견례를 할 때 예를 갖춰 즐겁게 만나니, 만일 그 만남이 집안에서의 만남이라면 조상을 섬기는 것이다. 곧 종친들의 무리가 서로 만나는 것이 되고, 교외라면 상제를 섬기는 일이 될 것이다. 그러니 동인의 뜻이 어찌 크지 않겠는가[人之相聚 不以禮合 亂之本也 相見乎离 嘉會以禮 同人之義 不其大矣哉]. 또한 천지수화天地水火는 4정괘正 卦로 천天과 화火는 서로 화합하고, 지地와 수水는 서로 친하니, 이른바 '동기상구 同氣相求' 즉, '같은 기를 가진 것은 서로 구함'이다.

고로 천과 화는 동인괘로 회동하는 것이다. 괘사에서 '동인우야同人于野'의 '야 野'는 '열린 공간'과 '훤하게 열린 필드'를 의미한다.[5] 먼저 동인은 세상 밖으로 나가 가슴을 열고 많은 사람을 사귀는 일에는 좋다.[6] 가능한 많은 사람을 사귀어 내 부모형제처럼 친할 수만 있다면 험한 세상을 나아가더라도 분명 이로움이 있

---

3 봄 회동 朝, 여름 회동 宗, 가을 회동 覲, 겨울 회동 遇, 부정기적 만남 會, 여러 제후가 함께 만나는 隱見의 同, 불시 방문하는 間, 여럿이 조회하는 殷眺의 視 8종류가 있다. 여기 隱見은 천자가 지정한 지점에 사방의 제후를 소집하여 모이는 예로 殷同이라고도 한다.

4 『논어』, '팔일' : "或問禘之說 子曰 不知也 知其說者之於天下也 其如示諸斯於 指其掌."

5 공영달, 『주역정의』 : "野는 넓고 먼 곳으로, 넓고 먼 것을 끌어와 그 마음이 넓고 먼 것을 비유한 것이다. 사람들과 하나가 되려면 반드시 관대하고 넓어야 한다. 마음에 사사로움이 없어야만 멀리 野까지 이르러 하나가 되어 형통한 것이다."

6 『논어』 '옹야'에서는 "質勝文則野, 文勝質則史. 文質彬彬, 然後君子." 즉, "野란 질이 문을 이김"이라 하였고 『논어』 '선진'에서는 "先進於禮樂野人也, 後進於禮樂君子也, 如用之則, 吾從先進." 즉, "野한 선진의 예악을 좇겠다"고 했다.

을 것이다[利涉大川]. 동인은 친친하는 성격과 친친하려는 씀씀이를 가져야 좋다. 아래는 그런 의미를 전하는 공자의 단사이다.

"하늘에 태양이 붙어서 서로 친하게 지내는 것이 동인이다[柔得位得中 而應乎乾 曰同人]. 이것은 하늘이 태양을 가슴에 끌어안아도 뜨겁지 않고, 또 태양이 하늘에 매달려도 하늘을 불태우지 않을 만큼의 친친성과 우정을 지녔음을 말한다[文明以健 中正而應 君子正也]. 하늘과 땅이 아무리 색을 밝히는 음양 관계라 하더라도, 서로가 배필이 될 수가 없다면 하늘은 하늘이고 땅은 땅일 뿐이다. 그런 고로 하늘이 친구를 사귀는 도를 터득했기에, 하늘이 태양을 안으면 낮이요, 달을 안으면 밤이 되는 것이다. 그렇지만 하늘과 달, 그리고 태양도 친친의 도를 터득하지 못하여, 비동비친非同非親으로 가면 천지를 황폐화시키고 만다. 고로 "군자는 친할 놈인지 버릴 놈인지를 잘 판단해서 사귀어 가야 할 것이다[唯君子爲 能通天下之志]."[7]

동인을 하려면 먼저 저 넓은 들판에 나가 가슴을 열고 좋은 친구를 사귀어야 한다. 문제는 이제 친구를 사귈 만큼 내가 공부가 되었는가, 혹은 군자의 도를 지키며 우정할 수 있는가 하는 것이다. 그렇게만 되면 분명히 좋은 친구를 얻고 천하도 얻을 수 있다.

동파의 '들판[野]'에 대한 설명이다. "들에서는 구할 것이 없다. 구할 것이 없는 땅에서 나를 따른다면 진정 함께하고자 하는 자일 것이다. 그러나 함께하면서도 진실로 동화됨이 없다면 그것은 동인이 아니다." 또 '야野'는 거칠어 무례無禮함이요, 질박質朴으로 예禮를 꾸미지 아니함이다. "때때로 만남이 회會요, 성대하게 만남이 동同이라" 하니, 동인은 가슴을 활짝 열고 머리와 심정으로 만남을 의미한다. 골목 죽마고우끼리 모이는 이런저런 회會를 잘 알면, 나라를 대동大同시키는 도를 알고, 또 그런 동인의 도를 터득하면, 보이는 세상과 보이지 않은 세상까지도 잘 경영할 수 있다는 의미이다.[8]

---

7 同人卦는 姤卦와 夬卦로부터 온다. 이 두 괘의 一陰에서는 坤의 고을이 형성되지 못하고 소멸되어 있다. 곤☷과 간☶은 國家이고 邑이다. 이처럼 읍의 땅도 아니면서 하늘을 이고 있으니 野이다. 고로 건☰의 친족들이 리☲에서 서로 회동하니 '同人于野'다. '野'에는 禮가 없기에, 姤와 夬에는 리☲가 없다. '亨'과 '應乎乾'은 2와 5의 정응이고, '利涉大川'은 2의 음이 뭇 양을 건너 6에 이르므로[동인의 全變 지수사는 큰 坎, 또는 괘의 태☱에 이름] '利君子貞'이라 했다. '天下之志'는 건☰ 아래 리☲의 텅 빔을 '通天下之志'라 한다.

8 『논어』, '자로' : "君子和而不同 小人 同而不和.", 즉 "군자의 특성이 和라면 소인의 특성은 同이

지욱도 "야野는 삼계三界의 밖이며, 적광寂光의 무장애경無障碍竟이니, 이미 살고 죽음을 벗어남에 마땅히 생사대천生死大川을 건너 중생을 제도함이라, 오직 불지佛智와 불견佛見으로 깨달음을 보여주기에 군자의 정도貞道가 이로울 따름"이라 하였다.

> 象曰 天與火 同人 君子以 類族辨物
> 상왈, 하늘과 불이 사람처럼 같이 친하게 사귀니 군자는 이를 본받아 서로 같은 유의 족속인가를 알고 사물을 분별할 줄 알아야 할 것이다.

하늘은 위에 있고, 불은 위로 올라가는 성질이니, 하늘과 불은 서로 동질성을 느끼며 함께 친하다[天與火]. 이러한 것을 동인同人하는 상이라 하니, 고로 군자라면 이를 본받아[君子以] 같은 족속을 분류함으로써 사물을 일일이 분별하여 친할 점을 찾아야 할 것이다[類族辨物, The clans makes distinctions between things.]. 그러기에 서로 다른 성질을 가진 사람들끼리도 같은 점을 발견하지 못한다면 화합과 합심할 방법이 없으며, 같은 사람들 사이에도 서로 다른 점을 인정하지 못한다면 그것도 마찬가지일 것이다. 동파의 친비론親比論은 이렇다. "물이 땅에 있는 것은 허그(hug)하는 것처럼 친비親比(䷇)라 하고, 불이 하늘과 함께하면 이불 속에서 하나 되는 동인同人(䷌)이라 한다. 동인과 친비는 서로 비슷하지만 같지는 않으니 자세히 살피지 않을 수 없다. 비比는 비슷하지 않은 곳이 없기에 친하게 되고, 동인은 같지 않은 곳이 없기에 함께하는 것이다. 그러니 군자가 이것을 보고 무리를 나누어 사물을 분별해야 할 것이다."[9]

따라서 왕필도 군자는 군자끼리 소인은 소인끼리 함께할 바를 얻는다 하고,[10] 아산도 세상은 같으면서도 다르고 다르면서도 같기에 이러함을 잘 분별할 줄 알아야 성숙한 단계에 오른다고 하였다. 그 예로 장소에 따라 같은 류가 모이고 사

다." 同은 비슷한 것끼리 뭉치는 것이요, 和는 이질적인 것들을 화해시키는 것이다. 同은 이불 속에서 입을 하나 만드는 것이요, 和는 들판에서 벼처럼 입을 하나로 모으는 것이다.

9 소식, 『동파역전』: "同人與比, 相近而不同, 不可不察也."

10 왕필, 『주역주』: "君子小人, 各得所同."

물에 따라 같은 무리가 나누어지기에 길흉이 생기며[方以類聚, 物以群分, 吉凶生矣], 군자의 도 역시 부부로부터 발단이 시작되어 천지에 이르니 천지의 도를 잘 살펴볼 필요가 있다[君子之道 造端乎夫婦 及其至也 察乎天地] 한 것이다. 동인은 먼저 밖에 나가 남을 사귀어봐야 내가 사회성을 지닌 사람이 되었나를 안다. 사귀는 사람마다 문제를 일으킨다면 그는 아직 세상을 모르는 소인의 족속이 틀림없다. 책은 글을 통한 이론일 뿐이고 사회는 그것이 실천되는 현장으로 점수가 바로 나타나는 시험장이다. 그렇기에 글공부는 쉬우나 현장 과목은 쉽지 않다. 이것이 '유족변물類族辨物'의 큰 표본이다.[11]

공묵당恭黙堂은 하학상달의 뜻을 안다면 동인을 알고,[12] 가암可庵은 나와 다른 것이 있다는 것을 알아야 동인을 알고,[13/14] 화서華西는 태극이 양의를, 양의가 사

---

11 '유족'은 乾父의 族屬이고, '변물'은 相見乎離하는 리═다.

12 金濤, 「周易淺說」: "하늘이 사물을 낳을 때 덮어서 길러주지 않음이 없고, 불이 사물을 비출 때 골고루 비추어주지 않음이 없다. 군자가 이러한 상을 본받아 위로 통달하는 뜻을 안다면, 천지만물의 실정을 모두 추측할 수 있으니, 하물며 분류하고 분별하는 일에 있어서랴! 그렇다면 마땅히 무엇으로써 해야 하는가? 格物의 공을 세운 다음에 사물의 이치를 변별할 수 있으며, 아래로 사람의 일에 대해 배우기를 다 한 후에, 위로 하늘의 일에 대해 통달함을 말할 수 있으니, 군자가 힘써야 할 바를 알지 못해서야 되겠는가? 또 '理는 하나이지만 만 가지로 다르다[理一萬殊]' 것처럼, 하늘이 불과 함께 하는 것은 理가 하나이기 때문이고, 사물이 각각 형태가 다르고 종류를 종류대로 하여 함께하지 못하는 것은 萬 가지로 다르기 때문이다. 군자가 진실로 함께하지 않는 사물의 상을 알아, 일치하는 이치를 궁구할 수 있다면, 학업에 어떠한 어려움이 있겠는가?"

13 金龜柱, 『周易箚錄』: "'類族辨物'은 다름을 변별하는 것이다. 사물이 가지런하지 않음은 사물의 실정이니, 親疏·貴賤·大小·精粗 등 허다한 양태가 있다. 만약 이것들을 억지로 같게 하고자 한다면, 폐단은 중화와 오랑캐의 구별이 없고, 사람과 짐승의 구분이 없으며, 흐린 물과 맑은 물을 합치고, 향이 나는 풀과 누린내가 나는 풀을 같은 그릇에 담아두는 경우에 이를 것이니, 다른 것은 본래부터 있다. 오직 군자만이 이치가 이와 같음을 알기 때문에, 반드시 그 종류끼리 모아서 사물을 분별한 후에, 친한 사람을 친히 하여 백성들에게 仁으로 대하고, 백성들에게 인으로 대하여 사물을 아껴야 한다. 구별이 명확하여 사람과 사람이 류를 함께하고, 사물과 사물이 류를 함께하니, 함께함이 되는 까닭이 실제로 이보다 큰 것이 없다. '類族辨'은 사람으로 말하였으니, 장씨 성과 이씨 성으로 짝하여 말한다면 다른 것이며, 장씨 성과 장씨 성, 혹은 이씨 성과 이씨 성끼리를 짝하여 말한다면 같다. '辨物'은 사물로 말하였으니, 소와 말을 짝하여 말한다면 다른 것이며, 소와 소 혹은 말과 말끼리 짝하여 말한다면 같은 것이다."

14 김귀주(金龜柱, ?~1785): 본관 경주, 호는 可庵. 강원도감찰사좌승지 역임. 여동생이 영조의 계비 貞純王后. 아버지 金漢喬·洪啓禧 등과 思悼世子 탄핵 귀향 賜死. 김귀주의 『주역차록』은 『주역』을 공부하면서 자신의 견해를 적어 모은 것. 저자의 견해와 다른 부분은 『程傳』과 『本義』 여타 선유의 설을 빼놓지 않고 모두 지적하여 의문과 반론을 제기하였으며, 그 중에서도 건곤 두 괘는 특별히 관심을 기울였다.

상을, 사상이 팔괘를 낳음을 알아야 동인을 안다 했다.[15] 초정과 백운의 설도 만만 찮다.[16/17]

동인同人의 그림은 하늘이 태양과 함께 동거하는 또는 동업하고 있는 상이다. 좋은 말로는, 물고기가 흐르는 물과 동인하려면 지느러미를 같이 쳐야 하고[遊魚 從水之課], 같은 친구끼리는 야밤에 등불을 들고 서로의 길을 밝혀주어야 하며[暗 夜提燈之象], 이익이 생기면 관중과 포숙아처럼 양보할 수 있어야[管鮑分金之意] 진 정한 동인이다.[18] 또 천화天火의 천天은 상하上下 두 사람, 화火는 좌우 두 사람이

---

15 李恒老,「周易傳義同異釋義」: "천하의 사물은 작게는 다르지만 크게는 같다. 이를테면 太極이 兩儀·四象·八卦를 낳는데 각기 함께하지 않음에서, 엄청나게 많은 모습에 이르고, 각기 성정을 달리하여 모이지 않으니, 이것이 이른바 다른 것이다. 형체마다 각기 하나의 태극을 갖추고 사 물마다 함께하여 하나의 태극에서 나왔으니, 이것이 이른바 함께하는 것이다. 군자는 다름을 살피고, 義로써 제재하여 천지만물이 각각 마땅한 곳을 얻고, 서로 어지럽게 되지 않도록 하고, 함께함에 도달하고, 仁으로써 돈독하게 하여, 천하의 모든 백성들의 마음이 하나로 전부 모여, 서로 떨어지지 않도록 한다. 함께함을 기뻐하고 다름을 싫어한다면, 천하의 마음이 동조하는 데로 흘러가, 거리낌 없이 바른 말을 하고 바름을 모범으로 하는 풍속이 없어질 것이고, 다름을 숭상하고 함께함을 천하게 여긴다면, 천하의 말은 편협한 사사로움에 국한되어, 흩어져 무리를 이루는 광대한 상이 없어질 것이니, 어찌 동인이라 말하겠는가."

16 朴齊家,『周易』: "공자가 '천지 사이의 性 중에서 사람이 귀하다' 하고, 맹자가 '사람의 성만이 선하다'고 한 말은 동인에서 취한 것임을 알 수 있다. 괘의 이름이 同人이어서 앞선 유학자들은 同의 뜻에 대해서는 대부분 설명하였지만, 人의 뜻에 대해서는 설명하지 않았다. 「단전」에 '通天 下之志'라고 한 것은 人의 뜻이지 사물의 뜻이 아니다. 성인은 동인을 보고서 혹여 사물과 함께 할까 염려하여, 이에 반드시 그 종류를 분류해야 한다고 했다. 莊周의 齊物과 佛의 이른바 '動魂 皆有佛性'이라 한 말을 '類族辨物'의 상에서 보면, 그것이 멀리 벗어나 있음을 알 수 있다. 여기 서도 物은 사람과 상대해서 말한 것이고, 族은 사람과 사물을 통틀어서 보아야 하는 것이다. 이를테면 날짐승을 날개가 있는 종류라고 했다면, 족의 의미를 알 수 있다. '사람들과 함께하기 를 宗親의 무리끼리 하여'는 이미 편당과 관련이 되기 때문에 '부끄럽다'고 하였다. 그러니 어찌 벼슬 논의를 하겠는가?"

17 沈大允,『周易象義占法』: "'族'은 같은 종류이며, '物'은 만물이다. 같은 종류를 분류하면 만물은 저절로 분별되니, 작게는 같아지고 크게는 나누어진다. 같은 종류를 분류하는 것은 건☰의 氣가 같은 부류임을 본뜬 것이고, 사물을 분별하는 것은 리☲의 밝고 빛남을 본뜬 것이다. 乾은 같은 종류이며 离는 만물이다. 건☰은 태☱에서 변하였고, 리☲와 태☱는 분별하는 것이다. 九의 상은 모두 곧음을 먼저하고 뉘우침을 뒤로 하는데, 여기에서만 뉘우침을 먼저하고 곧음을 뒤로 하였다."

18 司馬遷,『史記』,「管晏列傳」: "나는 전에 가난했기 때문에 鮑叔牙와 함께 장사를 했었는데, 내 몫을 이익의 분배에서 많이 취하였지만, 포숙아는 나를 욕심쟁이라고 말하지 않았다. 그것은 내가 가난하다는 사실을 그가 알고 있었기 때문이다. 또 나는 포숙아를 위하여 어떠한 일을 도모하였지만, 도리어 그 일이 더욱 곤궁하게 되었다. 그러나 포숙아는 나를 바보라고 말하지는 않았다. 때로는 이익이 되기도 하고, 불리한 일도 있다는 것을 알아주었기 때문이다. 또 나는 일찍이 임금에게 세 번씩이나 벼슬하여도 그 때마다 쫓겨났다. 그러나 포숙아는 나를 보고 못났 다고 말하지는 않았다. 그는 내가 아직 때를 만나지 못한 것을 알고 있었기 때문이었다. 또 나

니 곧 천화天火는 상하좌우로 타인과 뜻을 함께함이다. 이 그림의 특징은 다른 효는 모두 양인데 반해 2만이 음이다. 2는 아름답고 예쁘고 스팩이 좋은 섹시한 처녀로, 시집만 가면 아이도 잘 낳아 줄 요조숙녀요 현모양처 타입이다. 그러니 뭇 남자들의 프러포즈로 관심을 독차지할 수밖에 없다. 그렇지만 남자들에겐 한 여자를 놓고 두 눈을 치켜뜨며 칼부림을 벌여야 하는 살벌한 경쟁자들일 수밖에 없다. 그래서 동인同人은 싸움이요, 쟁투요, 경쟁으로 보기도 한다.[19]

初九 同人于門 无咎
초9는 문밖에까지 나가 사람을 만나니 허물이 없을 것이다.

공자의 주석처럼 "(주인이 손님을 영접할 때) 문밖에까지 나가 사람을 만나니 누구를 허물하리요?" 초9가 볼 때 2는 대문 밖의 손님이다. 『예기』 「곡례曲禮」에는 "손님이 문밖에 이르면 주인이 반드시 문으로 나가 맞이하여 그와 함께 들어온다"고 하였다. 초9는 누구에게도 잘 따르며 잘 사귀는 동인하는 자리라, 그 동인할 자가 나에게 조그마한 유불리가 있다고 하여 쉽게 변덕하지 않는다. 근본이 변하지 않고 인연이 되는 처소마다 밝고 맑은 자세로 일관하는 동인의 자세도 취하는 자이다. 정자의 말처럼 동인하는 데 후박친소厚薄親疏가 있다면 당연히 편당이 나뉘고 허물이 생겨난다.

저 절괘節卦의 육3[象曰 不節之嗟 又誰咎也]처럼 "자신이 절도를 지키지 못하여 오는 탄식이라면 또 누구를 허물하겠는가?" 이런 초9가 "내 스스로 문밖까지 나가 남들과 동인을 잘하고 있는데 누가 허물한다 말인가!"라는 것도 동인이 둔괘遯

는 세 번을 싸워서 세 번 모두 도망친 일이 있었다. 그러나 포숙아는 나를 비겁한 사람이라고 말하지 않았다. 나에게는 늙으신 어머님이 계시는 것을 다 알고 있었기 때문이었다. 또 나는 公子 규가 패했을 때, 소홀은 죽었는데도 나는 사로잡혀서 욕을 당했다. 그러나 포숙아는 나를 부끄러움을 모른다고 말하지 않았다. 내가 작은 절개를 지키지 않는 것을 부끄러워하지 않고, 공명을 천하에 나타내는 것을 부끄러워한다는 사실을 알고 있었기 때문이었다. 나를 낳아 주신 것은 부모님이지만, 나를 알아 준 사람은 포숙아였다."

19 고로 동인은 대의명분이 있는 큰 프로젝트를 찾아 세우면 대성하고, 사방으로부터 후원자의 도움을 받아 크게 된다. 특히 불을 밝히는 사업이면 좋다. 단 대권후보를 놓고 싸우는 입장에선 죽기 살기로 싸워야 하는 야박한 처지가 될 수밖에 없다.

卦로 갔기 때문이다.[20] 순진무구한 마음에 거리낌도 없고, 밖에까지 나가 손님을 맞이할 정도면 누구와 사귀어도 허물될 일이 없을 것이다.[21]

> 六二 同人于宗 吝
> 육2는 종족끼리만 친친하면 인색하다.

종宗은 종가宗家를 이른다. 종가의 회합은 당연이 일가친척만 모이니 유족변물이 되어야 한다. 동인의 상은 남자 형제만 우글거리고 있는 집안에 2는 무남독녀로 사랑을 독차지하고 있는 상이기도 하다. 2는 유순중정한 종부宗婦로서 강건중정한 구5와 정응을 하고 있기에 전혀 문제가 될 수 없는 주효이다. 나머지 다른 다섯 사람들의 입장에서 보면 단 하나밖에 없는 아름다운 20대 처녀를 5에게 독식 당한다 여기면 마음이 그리 유쾌하지는 않을 것이다. 그래서 대동으로 단합하고 화합하려는 차원에서 육2 같이 한 곳에만 매여 동인하는 것은[同人于宗, Fellowship with men in the clan] 문제가 있다[吝]. 사사로운 욕심만 내고 남의 사정이라곤 조금도 생각하지 않는 사람이라면 분명 단체생활에 문제가 있을 것이다.

공자도 "다른 사람은 초대하지 않고 종족끼리만 친친하는 것은 인색할 수밖에 없는 도리[象曰 同人于宗 吝道也]"라고 서운해 한 대목이다.

우암과 성호와 삼산三山 유정원의 해설이 이해를 더한다.[22/23/24/25] 이것은 동인이

---

20 遯의 하괘는 간☶의 문이라, 문간에서 리☲의 만남이 되니 '同人于門'이다. 『예기·곡례』에도 손님이 문에 이르면 주인은 반드시 나가 영접☶하는 것이 예라 하였다. '无咎' 역시 음이 양을 올라타지만 손순하다. 초효가 변하니 大巽☴이다. 乾의 손님, 巽의 주인 모두 문 밖에 있다.

21 참고로 일단 문 밖으로 나아가 사람들과 사귀며 세상을 배우라. 세상은 넓고 할 일은 많다. 사람이 곧 나의 울이요, 나의 길이며, 바로 나의 돈이다.

22 宋時烈, 『易說』: "사람들과 함께하는 도는 당연히 여러 효와 모두 가깝게 함께하는 것이니, 크게 공정하고 지극히 바르다. 그런데 2는 여자의 도를 가지고서 유독 구5와 호응에 가깝게 함께하기 때문에 부끄러운 도가 된다. 또 '종친의 무리끼리'는 5가 종주이다."

23 송시열(宋時烈, 1607~1689) : 본관 恩津, 호 尤庵. 金長生과 金集에게 師事. 『주역』 '一陰一陽之謂道'로 장원. 봉림대군(효종) 사부. 『易說』은 역 해석이 의리에 앞서 괘효사의 상에 대한 해명을 우선해야 한다는 상수학적 해석 원칙을 천명함. 이 해석 방법은 명대의 상수역학자 來知德의 역 이론을 수용하여 이를 적용하는 방식으로 이루어짐. 1689년 기사환국 때 세자 책봉 반대 상소로 제주도 유배, 서울로 압송되던 중 정읍에서 賜死. 주자학 연구에 평생 진력하여 저서로 『朱子大全箚疑』, 『朱子語類小分』과 『宋子大全』 등이 있음.

건괘乾卦로 간 연유이다. 그 까닭은 이렇다. 천天의 아버지 일족 '종崇'만이 화火로 상견례相見禮하니 '동인우종'이고, '인吝'은 종족 외는 회합이 없기 때문이다.[26]

> 九三 伏戎于莽 升其高陵 三歲不興
> 구3은 군사를 숲속에 잠복시켜 놓고 높은 언덕에 올라 (망을 보는데 적군이) 3년이 되어도 일어나지 않도다.

먼저 공자의 주석은 이렇다. "군사를 숲속에 잠복시킨 것은 적이 나보다 강하기 때문이요, 적이 3년을 지나도 일어나지 못했다는 것은 우리가 치안을 다스리는 데 힘을 썼기 때문이다[象曰 伏戎于莽 敵剛也 三歲不興 安行也]?" 다산은 3을 군사軍師가 적과 대치하는 것으로 보았다. 이는 동인이 무망无妄으로 간 까닭이다.[27] 다른 해석으로는 3이 중심을 잡지 못하였지만 정력이 막강한 청년으로 정위에 있다. 친하고자 하는 마음은 오로지 아름다운 처녀 2밖에 없는 상황이다. 그러나 2의 정응 5가 강건중정한 자세로 위에서 버티고 있으니 어쩔 수 없다. 그래서 나의 군사를 숲속에다 잠복시키고[伏戎于莽, Hide weapons in the thicket], 높은 언덕(☰)에

---

24 이익, 『易經疾書』: "宗族은 문안에서 보다 공정하고, 교외보다는 사사로워서 부끄러움이 되기 쉽기에 '吝道'라 하였다. 공자의 풀이가 아니라면, 사람들은 사람들과 함께 하기를 종친의 무리끼리 하는 것이 부끄럽다고 잘못 볼 수도 있었을 것이다."

25 유정원, 『易解參攷』: "사람들과 함께할 때 천하 사람들과 도를 함께하고, 천하 사람들과 마음을 함께하니 길하고 형통하다. 육2의 중정함으로써 위로 구5의 중정함과 호응하니, 시절과 지위가 서로 부합하고 뜻과 취향이 서로 같다[時位相合, 志趣相同]. 그러나 끝내 이것은 두 사람의 치우친 사사로움이어서 천하 사람들과 함께함을 크게 할 수가 없으니, 부끄러운 도이다."

26 참고로 사리사욕을 위해 당파를 쫓으면 불안하고, 정도를 행하면 훗날 재난이 물러간다. 동인이 변하여 乾卦가 되니 효식살殺食殺然이다. 2효만 바라보는 뭇 남자들에 의해 곤란을 받는 처녀의 처신과 같다. 진정한 지조가 필요한 자리이다. 취업 시험 또한 실력에는 밀린다.

27 无妄卦는 中孚卦로부터 온다. 중부에는 大离☲의 병사가 있어 양편이 서로 대치하고 있다. 중부에서 추이하여 무망으로 가면 震☳의 풀이 우거지니 군대가 물러나 숨는다. '不興'이란 적이 군사를 일으키지 못한다. 아군이 진☳으로 홍기하니 어찌 적군이 일어나겠는가. '戎'이란 병사 리☲, '莽'이란 풀은 진☳, '伏'은 손☴이다. '陵'의 언덕은 간☶, '高陵'은 大巽☴이다[无妄이 遯에서 왔다]. '升'은 산을 오름이고, '不興'은 내괘는 진☳이 홍기하나 외괘의 상대에겐 진☳이 없다. '3년'은 방위도에서 건☰→감☵→간☶으로 가는 시간이다. '敵剛' 또한 건☰의 강함이다. 同人일 때는 火가 金을 치니 적을 이겼지만, 无妄이 되면서 木이 金을 칠 수 없다. '安行'은 리☲로 內治하니 '安'하고 진☳으로 실행하니 '安行'이다.

올라 5와 4 그리고 상9가 2를 먼저 친할까봐 망을 보는데[升其高陵] 3년이라는 상당한 기간이 걸리어도 적이 일어나지 않으니[三歲不興] 편안하였다. 2의 마음에는 오로지 5밖에 없다. 가까이 있는 초9는 아직 어리고 철없기에 잘 놀아주고 돌봐주면 되고 아직은 경계할 상대는 아니다.[28]

九四 乘其墉 弗克攻 吉
구4는 높은 성벽에 올라서도 공격을 능히 할 수 없으니 길하다.

상대방이 담을 타고 올라와 우리를 공격한다 하여도 우리는 이길 수 없다. 그 이유는 곤궁한 때로 되돌아오기 때문이다. 스스로 수양을 쌓고 곤궁한 가운데서도 올바른 법도를 지켜야 한다. 4도 3과 마찬가지로 유일한 아름다운 아가씨 2를 사귀려고 하나, 2는 이미 군왕 5의 배필이요, 2에 가까이 있는 과강한 3의 저지도 만만찮아 동인하기 쉬운 일이 아니다. 이런 악조건을 무릅쓰고 억지로 동인할 것이 아니라, 어려움을 당할지라도 의리를 생각하여 물러나는 것이 길하다. 2에게는 초9와 3이 가까이서 동인하고, 또 5는 배필로 정응을 하니 4가 동인을 할 틈새가 전혀 없다. 그러니 시쳇말로 4는 일찍이 냉수 먹고 마음을 잡는 것이 낫다. 그러니 높은 담 위에 올라가서도[乘其墉, Climb up on wall] 공격을 능히 할 수 없으니 일찍이 물러서는 게 낫다[弗克攻吉] 한 것이다. 그래서 "담 위에 올라간 것은 의리상 공격할 수 없었기 때문이요, 그것이 길하다는 것은 곤란을 겪다가 원칙으로 돌아섰기 때문[象曰 乘其墉 義弗克也 其吉 則困而反則也]"이라는 공자의 주석대로, 4는 2를 얻기 위한 공격을 멈추고 주위와 화합하고 화해하며, 본래 자신의 일을 찾아가는 것이 길하다고 보았다. 곧 대동大同과 대의大義의 자리로 돌아옴이 좋다.

아산도 '승기용乘其墉'은 3의 담 위에 올라선 것이고, '불극공弗克攻'은 2를 얻지 못함을 의리로 알았고, '즉곤이반칙則困而反則'은 2를 끈질기게 사귀려 하면 곤란만 당하니 포기하고 원칙대로 돌아가는 것이라 했다. 4가 임금의 측근이자 충실

---

28 참고로 반드시 복병을 두어야 승리하고, 그래야 3년은 평안하다. 사람을 모으는 동인의 일이 군대만한 것이 없으니 1·2·3효는 다 군사의 점단으로 본다. 만사를 일으키자면 3년 안에는 힘이 든다.

한 신하의 자리로 돌아가 나라의 살림과 주군을 받들어 부국강병으로 가는 데 매진함을 뜻한다. 곧 가인家人으로 돌아가 부유대길富有大吉을 알아야 할 것이다.[29]

九五 同人 先號咷而後笑 大師克相遇
구5는 많은 사람과 동인하는데 울며불며 통곡하다가 나중에는 웃는다. 큰 군대가 마주치게 되면 상대방을 이길 것이다.

우선 임금의 자리는 어느 특정한 사람이나 단체 또는 부처와 정당을 편애할 수는 없지만, 임금을 지지하는 단체나 여당은 있을 수 있다. 그렇지만 임금은 국론통일과 대동단결을 만들어내는 자리가 되어야 하기에[同人, Bound in fellowship] 처음에는 무척이나 많은 어려움을 당하며, 심지어 울고불고 통곡하는 일까지 생겨날 것이다[先號咷, First weep and lament]. 그리고 나중에야 곳곳에서 협상이 일어나고 대화와 화해의 무드가 조성되어 웃음이 일어나게 되리라[後笑]. 그것은 엄청난 물밑작업과 막후협상과 조정이 뒤따랐기 때문이다. 이는 천하를 아우를 수 있는 통 큰 가슴으로 아버지와 대사大師의 입장에서 만난을 극복하는 계기가 있었기 때문에[大師克], 어려운 대화의 테이블로 만남을 이끌었다고 본다[相遇]. 고로 "동인하는데 처음에는 울며불며 통곡하였다는 것은 지나치고 강직하게 아랫사람들을 대하였기 때문이요, 큰 군대가 서로 마주치게 됨은 말로써 서로 어려운 문제를 풀었기 때문이다[象曰 同人之先 以中直也. 大師相遇 言相克也]."

해석이 분분한 '대사극大師克'을 왕필은 큰 군대를 동원해서 이긴다 하고, 동파는 큰 군대를 동원하여 서로 공격한다 하며, 다산은 동인同人의 전변全變이 지수사地水師가 되니 장자가 군대를 몰고 가[長子帥師] 큰 군사로써 이겨야 당연한 것이라 해석하고 있다. 또 약간 의미를 달리하여 아산은 2와 5가 합심하여 크게 전쟁하는 마음으로 위의威儀를 갖추듯 해야, 다른 양들이 감히 2를 넘보지 못하는

---

29 家人卦 역시 遯과 中孚로 왔으니, 둔의 大巽☴은 허벅다리, 중부의 大离☲는 높은 담이니, 巽☴의 다리로 离☲의 둑을 넘는 '乘其墉'이다. '弗克攻吉'은 손☴의 不果가 과감하지 못하니 리☲의 무기와 병사를 방어함이다. 손☴의 나무와 리☲의 불은 마땅히 상극관계가 아니기에 '義弗克也'며, '困而反則'은 감☵으로 돌아와 리☲로 수양하고 감☵의 법을 지킨다는 소리다.

것으로 해석한다. 그러나 5가 3·4 때문에 2를 만날 수 없어 대성통곡하다, 그들과의 일전불사[大師克]를 맹세하는 것으로도 보았다.[30] 그렇지만 지욱은 5의 정당한 군대 동원이라 여긴다. 2가 유순 중정으로 동인의 주효가 되어 5에 정응을 하지 않을 수 없으니, 이것이 소위 응하지 않으면서도 응하는 진실한 동인이다. 그런데 3과 4가 가로 막으니 울부짖고 통곡하며 큰 군대를 써서 서로 싸우지 않았겠는가. 5 또한 강건 중정한 대원수인지라 싸움에 이기고 서로 만남을 이뤄낸 것이다.[31]

이쯤에서 석지형의 『오위귀감』도 들어보자. "신이 삼가 살펴보았습니다. 구5 천자는 천하 사람들과 크게 함께 하여야 하기 때문에 사사롭게 한 사람과 가까이 할 수 없습니다. 임금과 신하의 정해진 자리를 놔두고 곧바로 2와 5가 서로 호응하는 실정을 논한다면, 2와 5는 3과 4가 가로막고 있어 답답함을 참을 수가 없어서 울부짖게 되지만, 의리상 함께 하는 것이어서 끝내 반드시 합칠 수 있게 되니 먼저 울부짖은 후에 웃게 됩니다. 큰 군사로 이겨야 서로 만나게 된다는 것은 이치상 본래 그러한 것이므로, 공자가 '그 예리함이 쇠를 끊는다[其利斷金]' 하였고, '그 향기가 난초와 같다[其臭如蘭]'고 하였습니다. 굳센 사물이 있더라도 사이를 갈라 막아놓을 수 없고, 그 말이 지극히 아름다워서 멀리까지 퍼져 들리게 된다는 말입니다. 이것은 오늘날의 일에 돌이켜 살펴볼 수 있으니, 엎드려서 바라건대 전하께서는 말 밖에 있는 뜻을 취하소서."

수현壽峴은 말 밖의 뜻을 새겨달라고 선문답을 던지고 있다. 고사로는 사마천의 『사기본기』와 『사기세가』에서처럼 주나라 무왕의 목야牧野의 대전투 상황으로 볼 수 있다. 대사大師를 왕의 군대, 그것도 목야에서 조우한 무왕武王과 주왕紂王의 두 군대로 본다. 무왕은 자신이 선두로 태공망 여상과 무왕의 동생 주공 단·소공·필공이 좌우를 옹위하였지만, 그 수가 300대의 전차와 4만 5천 명에 지나지 않으나 용감한 군대였다. 그리고 주왕의 군대는 약 70만 명이었지만, 그들은 대부분 전쟁포로였으며, 은나라 사람들은 주지육림에 뼈가 녹은, 쓸모없는 군대인 오합지졸이었다. 그러니 전의를 상실한 주왕紂王의 군대가 무왕의 군대에 진압되고[大師克], 무왕의 군대가 승리를 한 내용[先號咷而後笑]으로도 보는 것이다.

---

30 孫映達·楊亦鳴, 『周易』 참조
31 지욱, 『주역선해』 참조

위의 '선호조이후소先號咷而後笑'에 대해 공자는 「계사전」 8장에서 의리를 강조하는 만고의 명문을 남겼다. "동인하는 데 있어서 때로는 밖으로 나가기도 하고, 때로는 머물기도 하며, 또 침묵도 하며, 대화를 나누기도 한다[或出或處或黙或語]. 그리하여 만약에 두 사람이 하나로 동심만 되면 그 예리함이 쇠를 끊을[二人同心 其利斷金] 정도의 놀라운 파워가 발생하고, 또 하나로 동심 된 사람들의 입에서 나오는 그 말은 난초처럼 아름다운 향취가 날 것이다[同心之言 其臭如蘭]."

그러니 5가 하나로 아울러 가는 통 큰 대사大師다운, 큰 가슴으로 동심하려는 마음이 있어야, 곳곳에서 서로 아름다운 대동과 대타협의 만남이 일어날 것이다.[32]

금란지교金蘭之交·금란지계金蘭之契·금란계첩金蘭契帖·금란정金蘭亭·금란부金蘭簿 등이 다 여기서 온 말들이다.[33/34] 이정구의 금란,[35/36] 이민구의 동심리,[37] 이중택의 기리

---

32 陳晟秀, '周易의 人間 理解에 관한 연구' : "구5는 上卦에서 '人'에 해당한다. 이것은 변화의 主役인 육2의 보좌를 받는 시기이며, 王位에 오른 상황이다. 이때에는 최초의 목표였던 이상사회를 건설해야 한다. 그러나 새로운 변화를 거부하는 세력이 있을 수 있다. 그러므로 爻辭의 '同人, 先號咷而後笑, 大師克, 相遇'라고 하며, 자신을 보좌하는 君子[2]를 보호하기 위해 小人[3·4]의 '반발에 호통을 치고 웃음으로 달래는 것'이다. 그러나 小人이 무력으로 반발할 경우에는 '정당한 군사력을 동원하여 막아야 君子와 만날 수 있는 것이다."

33 [說證] 同人卦가 重火離卦로 간 경우다. '先號咷而後笑'는 離卦가 遯卦로 왔기에 간☶에서 죽음이 보여 통곡이다[小過의 '喪過乎哀'도 간☶의 죽음]. 한편 離卦가 大壯卦에서 오니 진☳은 울음이고, 大壯의 천둥과 번개는 '號咷'의 哭聲이 되어 '先號咷而後笑'가 되었다. 또 중화이괘는 상하로 기쁨과 즐거움의 리가 가득하고, 뇌천대장에서는 기뻐하는 소리가 입에서 터져 나왔다[호괘 태☱]. '大師克相遇'는 지수사괘의 大師와 중화이괘의 불이 적군의 金을 녹인 결과이며, '中直'은 5의 강, '言'은 손☴의 훈계이다.

34 한편 「계사전」에, '或出或處'도 離卦가 大壯과 遯卦에서 진☳의 '出'과 간☶의 '處'이고, '或黙或語'는 大巽☴은 침묵[입을 여는 태☱의 반대괘 또는 입을 다문 간☶의 상], 大壯의 큰 태☱는 대화의 말이다. '二人同心'은 遯의 乾과 大壯의 乾은 같은 사람으로 동인이 중화이괘로 간 리☲라, 두 사람 다 마음을 비운 상이다. '其利斷金'은 두 사람이 합심하여 대장의 예리한 태☱로 위의 剛金을 잘라냄이요, 또 '同心之言'은 離卦의 호괘 巽☴으로 나는 알려주고 상대는 태☱로 대답함이다. '其臭如蘭'은 대장괘 진☳의 풀, 손☴은 향기가 되니 난초의 모습이며, '其利斷金'은 리☲의 마음을 비우는 정성만 있으면 쇠마저 자르고, 리☲는 또한 명예가 되니[태☱의 名과 리☲의 文의 결합이 名譽] 난초의 평판을 널리 명예롭게 하여 '其臭如蘭'이라 했다.

35 李廷龜, 『月沙集』, '금란[領敦寧金尙容]' : "소싯적부터 마음 맞아 금란의 친교 맺었고[小年心契托金蘭] 백발에도 흉금은 세한의 우정 보전하였어라[白首襟期保歲寒]. 위태한 세상에 몇 번이나 환난을 같이 겪었던가[危世幾多同患難] 술을 마시며 때때로 슬픔과 기쁨을 얘기했었지[淸樽時復說悲歡]. 문장과 절행은 누가 공과 나란히 견주랴[文章節行誰爭竝] 복록과 신명을 모두 온전히 지켰어라[福祿身名兩具完]. 거문고의 줄이 이제 끊어지고 말았으니[瑤瑟卽今絃已絶] 이 생애에 어디서 다시 거문고를 연주할꼬[此生何處更重彈]."

단금,[38] 남효원의 동심의 가르침,[39] 차천로의 금란 같은 기개,[40] 황준양의 도협금란,[41]

36 李廷龜, 『月沙集』, '금란계협[慕堂洪君瑞祭文]' : "아아, 애통하다. 치욕은 진실로 사람들이 피하고, 영화는 실로 사람들이 좋아하는 것. 그러나 공은 이를 초개처럼 보아, 영화를 오히려 근심거리로 여겼지. 삶과 죽음이 나뉘는 즈음에는, 동요하지 않는 이가 없는 법인데, 공은 오직 세상 이치 달관하여, 죽음을 오히려 즐거운 일로 여겼지. 아마도 공은 이 세상에 싫증이 나, 혼탁한 무리에 섞이는 것 수치스러워[羞與同驅], 부귀를 썩은 쥐처럼 보고[富貴腐鼠], 춘추를 혜초처럼 여겼어라[春秋蟪蛄]. 공의 딸이 나의 며느리요, 나의 아들이 공의 사위이니, 금란의 벗으로 뜻이 맞았고[金蘭契叶] 과갈의 정이 또 돈독하였어라[瓜葛情紆]."

37 李敏求, 『東州集』, '동심[趙參議景禎挽詞]' : "세상에 마음 아는 벗들 줄어들고, 산등성이에 묻힌 이 늘어가네. 서로 바라보면 모두들 멀리 있으니, 어찌 반드시 모두가 백발 되도록 살랴. 나도 이미 노쇠한 몸 걱정인데, 그대 먼저 벽라덩굴에 묻혔구나. 사귀던 우정 이제 아득해지니, 세상살이 날로 어긋나네. 지난날 두터운 우의 맺고서[夙昔同心利], 술 마주하면 한껏 마셨지[對酒把傾蠡]. 내달려 어느덧 사기의 세월 흘렀네. 친구들 다 복 없어 돌아가니, 남은 인생 홀로 어이할까. 황천에 빼어난 인재 묻히니, 재앙의 해 용사를 의심하네. 횅하니 먼지 엉긴 방에, 울부짖으니 강물 터진 듯 눈물 흐르네. 부질없이 '사구부' 읊다가, 감히 문에 기대어 부르는 노래 짓노라."

38 李中澤, '교우[庭拾南養善祭文]' : "친구의 도리가 중하고, 사귐의 도리가 깊다는 것만 알았고, 어떻게 해야 중하게 여기고, 어떻게 해야 깊어지는지는 알지 못하였도다. 그 후에 나이가 더 들고 지혜가 더 통하여, 성현의 책을 읽고 스승의 가르침을 참고하고 나서야, 비로소 인정과 의리의 두터움이 나와 그대 사이만한 이가 없었다는 것을 알았도다. 또한 기를 투합한 교우의 도리를 더하여, 더욱 절실하게 서로 바로잡아 준 것은 쇠를 자를 정도의 우정에도 부끄러움이 없었다. 아! 막히고 통하며 장수하고 단명한다는 세속의 설에 대해, 나는 매우 의심스럽도다. 살아서는 세상에 무익하고, 죽어서도 훗날에 이름 알릴 것이 없는데도, 장수를 누리고 높은 관직에 오르는 이를 통하고 장수했다고 말하는가. 살아서는 조상을 욕보이지 않았고, 죽어서도 그 이름이 사라지지 않는데도, 시운에 굴복하고 수명을 인색하게 받은 이를 막히고 단명했다고 하는가. 옛날 顔淵과 盜跖이 단명하고 장수한 논리로 본다면, 반드시 변론할 것이 있다. 나는 그대에게서 또한 징험하노니, 여러 대를 지나면서 겹겹이 쌓은 음덕으로, 마땅히 누리지 못한 보답이 세 아들에게 있을 것이다."

39 南孝源, 『寧窩文集』, '기취여련[蘭皐亭重建上樑文]' : "四德 가운데 머리로써 마을 이름 元丘里를 삼은 것은, 삶의 터전을 잡을 때 뜻이 있었고, 중건하여 이제 높이 솟아오른 용마루와 들보를 보게 되었도다. 옛날부터 거처하던 정자에 '蘭皐'라는 호를 걸어, 끈으로 묶어 허리에 찼구나[扈江離與辟芷兮 紉秋蘭以爲佩]. 은근히 楚나라 대부 굴원의 「離騷經」을 흠모한 것이고, 풍기는 향내가 그 말과 같으니, 대개 공자의 同心의 가르침에서 취한 것이다[二人同心 其利斷金 同心之言 其臭如蘭]."

40 車天輅, 『五山集』, '금란[貽柳東華君]' : "이제 처음 만나고 구면은 없었지만, 그대의 얼굴 보니 속세를 초탈했네. 말씀은 빙옥 같아 흉금이 시원하고, 기개는 금란 같아 고도가 돌아왔네[氣接金蘭古道回]. 강물이 잦아지자 용사가 몸 감추고, 날씨가 싸늘하니 기러기 바삐 나네. 만난 지 잠시 만에 다시금 헤어지니, 꿈속 월매에서 그대 모습 상상하리."

41 黃俊良, 『錦溪集』, '도협금란 : "남자로 태어나 일생을 살아가면서 堯舜을 함께 받들고, 孔孟을 함께 담론하는 것은 선비의 다행이다. 또한 시골 이웃과 자취를 나란히 하여, 뜻과 덕이 비슷한 노소와 함께 교유하면서, 즐거움을 삼는 것은 더욱 다행 중 다행이다. 내 고향에 옛날 『採蓮錄』이 있었는데, 세월이 오래되어 너덜너덜해진 것을 上舍 李禩씨가 고쳐서 새롭게 하고, 오래도록 간행하지 못한 것을 도모하여 나에게 그 사이에 이름을 올려, 글을 지어줄 것을 부탁했다. 일찍

한강의 난초 같은 향기로운 덕[42]이 모두 금란金蘭의 아름다움을 노래한 것이다.

> **上九 同人于郊 无悔**
> 상9는 멀리 외곽 교외 제사[郊祭]에 동인하니 후회가 없다.

부정不正 부중不中하고 정응도 없는 상9이니, 대화와 타협이란 대동단결을 시도하려는 동인과는 아주 거리가 먼 곳에 처한 입장이다. 이런 입장에서 아름다운 2(제주, 백성, 이권을 가진 자)와의 사귐은 언감생심 말도 꺼낼 수 없는 처지다. 그러니 공자도 "저 멀리 외곽의 교외에서 동인한다 함은 뜻도 내세울 처지가 아니라는 것[象曰 同人于郊 志未得也]"이라 주석했다.

동파도 이를 공자처럼 지득志得으로 해석하고 있다. "건乾과 함께하는 사물은 매우 적은 법인데 마침 동인의 상9가 건乾의 꼭대기를 차지하니 함께하기는 더욱 어렵다. 구차하게 함께하는 것이 아니기에 후회는 없지만, 함께 할 이도 없으니 뜻도 얻지 못하는 것이다."[43] 동파다운 통쾌한 해석이다. 동인할 때는 동인을 해야 올바른 도이다. 그런데 외곽을 빙빙 돌면서 시절과 타인만을 탓하는 자에게는 세상이 뒷짐을 지게 만든다. 고로 저 멀리 외곽의 교외에서[同人于郊] 은둔하는 방외자方外者에게는 허물이 없다(无悔, no remorse). 하지만 세상을 혁신하고자 하는 자에게는 적극적인 행동이 요구되나 소인에게는 흉하기 짝이 없다. 그렇지만 지금은 방외자로 외곽에서 낚시와 돌솥에 물을 올려놓고 흰 구름과 벗하며 세상과 동인하는 게 훨씬 낫다.[44] 『논어』 '미자'편에 나오는 장저와 걸익이 그런 이들이

이 맹자의 말을 들으니, '한 고을의 훌륭한 선비라야, 한 고을의 훌륭한 선비들과 벗할 수 있다' 했으니, 어찌 情이 膠漆처럼 투합되고, 道가 金蘭처럼 맞아 백 년 동안 다졌던 의리가, 神交나 尙友와 견줄 것이 아니기 때문이 아니겠는가?"

42 吳健, 『德溪集』, '제문[祭文門人鄭逑]' : "문인 鄭逑는 삼가 닭과 술을 받들어 감히 덕계 선생 영령에 고합니다. 청초한 기풍과 서리처럼 맑은 기운은, 우러러보면 엄숙하고 장중하였고, 進退 와 出處의 기미에 더욱 엄격하였으니, 천 층으로 높이 솟은 절벽과 같았던, 남명 선생의 기상을 본받은 것이었습니다. 난초 같은 향기로운 덕을 지니셔서, 그 앞에 다가가면 포근하였고, 仁義 가 몸에 배어 있고, 도덕이 두루 몸에 배어 있었으니, 만 굽이 고요한 물과 같던 퇴계 선생의 덕을 본받은 것이었습니다."

43 소식, 『동파역전』 : "莫與共立, 志未得也."

44 同人괘가 革괘로 간다. "君子豹變, 小人革面, 征凶, 居貞吉."

다. 『이아爾雅』에서 '교郊'는 왕성 밖 100리 땅이라 한다. 아득히 먼 변방에서 사람을 모으는 일은 어렵기에 민심이 호응해줄 때까지 인내를 가지고 기다리면 후회가 없다. 그래서 공자도 아직은 하늘의 뜻을 얻지 못했다는 것이다. 고사로는 무왕이 역성혁명 직후 시행한 변방 정벌과 포용 정치라고 말하기도 한다. 무왕의 혁명군이 은나라의 도읍을 점령했으나 변방에서는 무왕을 거부하는 소요가 계속하여 일어났다. 따라서 무왕은 3년 동안 소요와 반란을 정벌하고 또 무마하면서 포용을 했다. 이 과정에서 99개의 소왕국을 정복하고 652명의 제후를 복속시켰다.[45] 이는 동인우교同人于郊의 만만찮은 어려움을 보여준다. 그리고 다산은 '교郊'를 '교천제郊天祭'로 보고 건乾(☰)의 임금이 리离(☲)의 소를 제수로 하여 교천제를 올리는 것으로 보았다. 그래서 효사를 '하늘에 제사지내는 데 백성들과 함께하니 뉘우침이 없다'[46]고 해석한 것이다.[47]

---

45 Huang. 『The Complete I Ching』 참조

46 同人이 革卦로 간다. 혁은 대장괘로 왔다. 大壯의 진☳方에서 나온 上帝 건☰이, 혁에서 리☲로 정성을 바치니, 태☱로 기뻐하고, 손☴으로 청결히 하여(혁의 호괘), 제물로 리☲의 송아지를 바쳐, 郊祭를 지내는 상이다. '无悔'는 同人이 夬로 왔는데 革이 되어도 태☱가 그대로 있기 때문이다.

47 참고로 친구로부터 오해를 받고 있었는데, 상효라면 멀지 않아 오해가 풀려 전과 같은 좋은 관계를 유지할 것으로 보았다. 친한 친구끼리도 이럴 때는 시간을 좀 두고 지내다 보면 허물이 사라질 것이다.

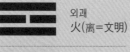

외괘
火(离=文明)

내괘
天(乾=剛健)

14. 화천대유火天大有
Possession in Great Measure

지금은 운세가 대단히 왕성한 때로 금과 옥이 곳간에 가득 차고, 정신적으로도 힘이 맑고 좋을 때다. 하늘의 태양이 창창하게 밝혀주는 호시절을 만났으니 주위의 반감과 질시를 받지 않도록 관리를 소홀히 하지 말라.

> **大有 元亨**
> 대유는 (임금이) 크게 형통하다.

「잡괘전」은 "대유는 많음이다[大有衆也]" 하고, 주자도 "대유는 많이 소유함[大有所有之大也]"이라 했다. 다산은 "대大는 양陽이고, 유有는 없어지지 않는 불망不亡, 즉 남아 있어야 하는 존재이기에, 대유는 곳간에 건☰의 양이 완전 복구됨이다"[1]라 했다. 괘사의 '대유원형大有元亨'은 "유柔가 존귀한 5의 자리를 얻어 제후들을 모아 회합을 주관해 나가니 크게 형통하다"는 말이다. 부드럽고 유연한 임금 5가 충직하고 강한 제후들을 잘 거느리고 있으니 대단한 능력을 지닌 자이기에 대유라 할 수 있다. 5의 자리는 가장이요, 회장이요, CEO다. 대유의 5는 부드러운 포용력과 태양 같은 밝은 지성을 겸비하였기에, 어떤 능력과 실력을 지닌 자들일지라도 잘 다스려나갈 수 있다. 겸허하게 남들과 협동하고 동인하는 5에게는 반드시 천하가 돌아오게 되어 있다.[2]

---

1 [說證] 대유는 姤卦로부터 온다. 姤의 음 하나는 비록 미약하지만, 그 기세가 왕성하여지면 遯否로 발전하여 양을 사라지게 한다. 그렇지만 推移한 대유는 姤의 음 1이 5로 옴에 내괘에 양이 완전히 복구되어 존재하니 大有가 된 것이다. 또 有는 富有함을 뜻하니 풍년에 오곡이 잘 익은 것을 大有라 했다. 『춘추』의 大有年이 그것이다. 또 대유괘는 夬卦로부터 왔다. 쾌괘는 복괘로부터 왔다. 복에서 곤의 밭에 震의 벼이삭이 풍성하더니 쾌괘에 이르면 가을철이 되어 수확의 시기가 무르익는다. 대유가 되면 离☲로써 방비하고 안으로 스스로 부유하니 대유라 한 것이다.

여기 괘사에서 "대유大有는 원형元亨"이라고만 하고 '이정利貞'이란 옵션을 말하지 않은 까닭은 '원형元亨'만일지라도 변화무쌍한 조화를 잘 부려 나갈 수 있기 때문일 것이다. 만약에 '이정利貞'까지 들어간다면 "잘하지 않으면 안 된다"는 조건이 붙게 된다. 그러나 대유는 이미 이러한 조건에서 벗어난 무조건적인 상황에 이르렀기에 '원형'이라 하였다.

이렇듯 대유의 괘상처럼 태양이 중천에 떠서 만천하를 비출 때에는 상하사방·대소·귀천·선악·시비 등을 가리지 않고 만 곳을 고루 비추기 때문에, 누구든 유·불리를 따지지 않고 태양의 빛을 받으려고 하면 모두 다 밝은 기운을 받을 수 있다. 어느 특정한 사람에게만 비추는 태양이 아니다. 아산은 이런 점에서 "대자연에 비유하자면 태양이 만물을 비추고, 성군이 선정을 베푸는 것과 같으니 대유는 태양이고, 성인이고, 군자고, 부자고, 대인이며, 도덕이기에 따로 정해진 임자가 있는 것이 아니라 누구나 노력하면 얻을 수 있고 쟁취할 수 있음"을 시사한다. 그런 측면에서 대유는 "우두머리에게 형통한 괘[大有元亨]"이다. 정자 역시 그런 우두머리와 잘 통하니 "대유는 성대盛大하고 풍유豐有하다"고 일렀다.

이어지는 공자의 단왈이다. "대유는 임금 같은 존위를 얻고, 또 대중大中에 자리하여 백성과 상하로 서로 응한다. 또한 그러한 5의 덕은 부드럽고 문명하여 시절 인연에 또박또박 맞추어 응하니 원형할 수밖에 없다[彖曰, 大有, 柔得尊位, 大中而上下應之, 曰大有, 其德剛健而文明, 應乎天而時行, 是以元亨]."

성호星湖, 삼산三山, 화동華東은 단왈에 댓글을 올린다.[3/4/5/6] 지옥도 불법으로

---

2 「序卦傳」: "與人同者, 物必歸焉, 故, 受之以大有."

3 이익, 『易經疾書』: "악이란 은밀하고 어두운 곳에서 행한다. 만약 사람이 이것을 깨닫게 된다면 자신을 검속하지 않을 수 없다. 『대학』에서 이른바 '슬그머니 그 不善을 가린다[揜其不善]'고 한 바다. 하늘 위의 태양이 환하게 비추니, 不肖子가 어찌 감히 방자하게 행동할 수 있겠는가?"

4 유정원, 『易解參攷』: "여러 괘 중에서 '元亨利貞'이라는 4가지 덕이 있는 괘는, 공자가 후세의 사람들이 乾卦와 4가지 덕을 같다고 볼까 봐 염려하였기 때문에, 괘사에서 모두 '元亨'하다고 하여 구별하였다. '利'와 '貞' 자가 없으니, 괘사에서 비록 곧바로 '元亨'이라고 하였을지라도, 단지 착하고 클 뿐이므로, 본래 乾卦의 두 덕과 같지는 않다."

5 서유신, 『易義擬言』: "대유괘는 다섯 양이 성대하지만 5의 소유이다. 크게 형통함은 음양 두 몸체의 크게 선함이고, 5의 형통함이다."

6 [說證]: 姤卦 때는 柔가 비천한 초위에 있었지만, 大有가 되어 5를 얻었으니 '有得尊位'이다. 大中 역시 2의 강이 5와 상응하니 '大中而上下應之'이다. '應乎天' 역시 离☲로 乾☰에 상응함이다. 夬卦는 震☳의 仁이란 봄과 离☲의 여름에 아름다운 모임을 이루니 때에 맞는 행, 즉 '時行'이 된다.

다음과 같은 설명을 덧붙인다. "평범한 자리를 좇아 바로 불과존위佛果尊位에 들어가 일체법一切法을 통합統合한 중도中道를 십계十界에 다 응하니 그 이름이 대유大有이다. 그리고 강건剛健하고 문명文明함은 성행聖行과 범행梵行으로 모두 이미 이루어졌고, 응호천이시행應乎天而時行도 일심一心 중에 오행五行을 증명하고 천행天行으로써 체體를 삼아 영아행嬰兒行과 병행病行의 용用을 아울러 감이다."

왕필도 "크게 통하지 않았으면 무엇으로 크게 가질 수 있었으랴. 크게 가지게 되었으니 반드시 크게 형통하게 됨이라" 하였다.[7]

> 象曰 火在天上 大有 君子以 遏惡揚善 順天休命
> 상왈, 태양이 중천에 높이 올라 있는 것이 대유니, 군자는 이를 본받아 악을 막고 선을 찬양하여 천명에 순응해야 한다.

대유의 책무는 우선 천리와 천명에 대한 순응이다. 해가 동에서 떠 서로 지고, 부부가 만나 자식을 낳고 살아가는 모습, 추위가 지나면 따스한 봄이 오는 사계절의 변화 등은 인위적으로 어쩔 수 없는 불역지리不易之理이다. 눈에 보이지 않는 변화에까지 순응해 가야 자신이 세상과 함께 아름다워진다. 그런 사람은 이미 남의 훌륭한 장점을 드러내어 자랑해 주고, 대신 남의 약점은 묻어주고 덮어줄 줄 안다. 대유의 자리에서 할 수 있는 일은 당연히 천하를 끌어안고, 남을 높이고 자랑해주는 일 뿐일 것이다. 대유의 책무가 바로 그것이다.[8]

정자는 중생을 건지는 일 또한 대유의 직무라 한다. "하늘 위의 태양이 물물의

---

7 참고로 대유는 운이 대단히 왕성할 때다. 금옥金玉이 곳간에 가득 차 풍부하고, 정신적인 면으로도 힘이 넘친다. 산속에 있는 백합처럼 주위의 녹색으로 인하여 자신을 돋보이게 하니 주위를 소홀히 하지 말라. 여자는 결혼 후에 여왕처럼 대접을 받을 것이니 작은 공부보다는 큰 공부를 준비하라.

8 [說證] 大有괘는 夬卦로부터 온다. 쾌에서는 음이 위에 있었는데, 대유가 되면 이를 억눌러 내려가게 만드니, '遏惡'즉 '악을 억누른다.'. 또한 쾌에 있던 양이 들어올려 상승하게 되니 '揚善' 즉 '선을 선양한다.' 한편 대유괘는 姤卦로부터도 왔다. 구괘에서는 하늘과 巽☴의 命이 있었기에 天命에 순응한다. 또 推移하여 대유가 되면 천명은 위에 있고 姤의 命이 5로 감] 乾☰의 임금이 아래에 위치하니 천명에 순응함이다. 이것이 離☲의 밝음이 찬연하니 '休命' 즉 '빛나는 명'이다. 遏 막을 알. 休 아름다울 휴.

중생을 비출 때 저마다 중생의 선악은 다 다르다. 그렇지만 중생을 다스리는 도는 권선징악勸善懲惡과 알악양선遏惡揚善에 있을 뿐이다." 주자의 설은 한발 더 나간다. "천명에는 선만 있고 악이 없다." 그런 고로 알악양선遏惡揚善(Curb evil and further good)과 순천휴명順天休命(Obey the benevolent of heaven)은 둘이 아니다.

실록에 '알악양선'을 든 상소가 다음과 같이 보인다. "『주역』에 악을 막고 선을 높여 하늘의 아름다운 명을 따르라 하였습니다. 대개 선한 것은 천리의 본연이고, 악한 것은 사람의 욕심이 간사하고도 망령스러운 것입니다. 그래서 하늘의 도는 착한 사람에게는 복을 주고 악한 자에게는 화를 주는 것입니다. 또 상벌의 권한을 임금에게 위임하여 그로 하여금 화복에 미치지 못하는 것을 보좌토록 하였습니다. 이 때문에 인주人主가 한 사람에게 상을 주는 것은 사사롭게 상을 주는 것이 아니라 하늘이 상을 주는 것이고, 한 사람에게 벌을 주는 것도 사사롭게 벌을 주는 것이 아니라 하늘이 벌을 주는 것으로서, 한번 상을 주고 한번 벌을 주는 것은 모두가 하늘이 명한 것이므로 인주로서도 사사롭게 할 수가 없는 것인데, 어떻게 공사에 이르러 삼가하여 쓰지 아니하겠습니까?"⁹

양촌陽村은 '알악양선 순천휴명'을 "천명으로 받은 성품이 본래 악함이 없고, 모두 선은 불의 성질이 타오르는 것 같다"¹⁰ 하고, 지산芝山은 "내건외리內乾外离로 선을 밝히고 천성을 회복해야 한다"¹¹/¹² 하고, 공묵당恭黙堂은 "악을 막는 것은

---

9 『조선왕조실록』 성종 7년(1476) 6월 13일. (御經筵)

10 권근, 『周易淺見錄』: "불이 하늘 위에 있고, 건괘의 양들이 위로 나아가, 불의 기운이 더욱 거세져서, 어두운 것을 제거하고, 밝음을 일으켜 하늘에 유순하게 호응하니, 양이 위로 나아감이다. 군자가 이러한 상을 관찰하여 악을 막고 선을 드날려서, 하늘의 아름다운 명을 따르고 받든다. 천명으로 받은 性은 본래 선함은 있으나 악함이 없어서, 사람은 모두 선할 수 있으니[人皆可以爲善], 불의 성질이 타오르는 것과 같다[猶火性之炎上也]."

11 曺好益, 『易象說』: "불이 하늘 위에 있으니 만물을 두루 비출 수 있어, 物은 그 형체를 숨길 수 없다. 그러기에 군자는 이를 본받아 악을 막고 선을 드날린다. 또 악을 막는 것은 건☰의 굳셈을 본받은 것이고, 선을 드날리는 것은 리☲의 밝음을 본받은 것이다. 괘의 몸체는 건☰을 의미하는 하늘이 안에 있고, 리☲를 의미하는 밝음이 밖에 있으니, 선을 밝히고 性을 회복하는 상이 있다. 밖에서 밝힘은 안에서 보존되는 까닭이다."

12 조호익(曺好益, 1545~1609): 본관 昌寧, 호 芝山. 시호 文簡. 퇴계 말년 제자. 17세 되던 해에 芝山은 陶山으로 직접 퇴계를 찾아 문하생이 되어 10년을 수학하였지만 불행하게도 스승의 임종을 만났다. 뿐만 아니라, 崔恒의 모함으로 가족 전체가 고향을 떠나 2천 리나 떨어진 곳으로 이주하는 全家徙邊刑을 받게 되었다. 그럴수록 경전 공부에 매진하였고 특히 『주역』에 심취하였다. 52세에 成川부사로 교화를 일으켰고, 임진왜란이 끝나고 宗社가 안정되자 영천에 정착한다. 한강 鄭

인욕을 제거함이요, 선을 드날리는 것은 천리를 밝히는 것"[13]이라 하였다. 또 화동華東은 "건괘에는 막는 상이 있고 리괘는 일으켜 드러내는 상이 있다"[14] 하고, 초정楚亭은 불이 하늘 위에 있어 밝게 비추지 않음이 없으니, 두려워하고 수양하고 반성하기를 기다리지 말고, 종일토록 힘쓰고 힘써 '순천휴명에 이르라' 한다.[15]

初九 无交害 匪咎 艱則无咎
초9는 사귀어도 서로 해치는 일이 없으니 허물은 아니다. 어려움에는 허물이 되지 않는다.

초9는 4와 응이지만, 응이 되지 못하기에 구속은 없다. 그러니 세상으로 나가 누구를 사귀어도 탈은 없을 것이다. 만약 정약定約한 4가 상응相應이라면 출입에 구속받을 수 있지만, 대유의 어린 초9는 누구를 사귀어도 해 될 일이 없다[无交害

述, 우복 鄭經世, 여헌 張顯光, 망우당 郭再祐 등과 왕성한 교류와 학문활동으로 『周易釋解』와 『諸書質疑』, 그리고 그의 학문을 종합 결산하는 『易象說』을 내놓는다. 65세를 일기로 세상을 떠났지만 그의 위패는 영천의 芝峯書院, 성천의 鶴翎書院, 강동의 淸溪書院 등에 봉향되었다.

13 김도, 「周易淺說」 : "악을 막는 것은 인욕을 제거하는 것이며, 선을 드날리는 것은 천리를 밝히는 것이다. 인욕이 막 싹터 일어나려고 할 때, 그것을 막지 않으면, 악은 이로 인해 더욱 자라게 될 것이며, 천리가 부드럽게 성대해지기 시작하는 때를 당해서, 이것을 밝힘이 없다면, 선은 보존될 수 없을 것이다. 천명이란 사람이 받은 바른 이치이다. 사람이 된 자가 인욕을 가지고서 본성의 본래 그러한 것을 해치지 않을 수 있다면, 선은 보존될 수 있고 악은 제거될 수 있으니, 이른바 천명을 따른다는 것이 이것이다. 왕노릇을 하는 자가 여러 사람들에게 이 도를 쓴다면 악은 징계되고 선은 권장되어, 여러 사람들을 보호하여 소유할 수 있고, 배우는 자가 자신에게서 이 도를 쓰면 선을 쌓고 악을 제거하여 그 덕을 길러 가질 수가 있으니, 어찌 아름답지 않겠는가?"

14 서유신, 『易義擬言』 : "대유괘 가운데에는 악도 있을 수 있고 선도 있을 수 있으니, 군자가 밝게 비춤은 해와 같고, 仁으로 덮음은 하늘과 같아서, 큼을 소유하여 하늘의 아름다움과 부합하는 것이다. 아름다운 명은 불이 하늘 위에 있는 길한 징조와 같다."

15 박제가, 『周易』 : "'하늘의 아름다운 명을 따른다'는 것은 『시경』에 '하늘의 아름다운 명을 기다린다'와 동일하다. '따른다'는 말은 '일찍 죽거나 오래 살거나에 의심하지 않음'을 말한다[順卽妖壽不貳]. '드날린다'는 말은 다른 사람에게는 폭로하여 드러냄이 되고, 자신에게는 이끌어서 드러냄일 뿐이다. 시골 아낙 중에도 천둥소리를 듣고서 자신의 죄를 인정하고 형벌에 복종하는 자가 있는데, 군자는 불이 하늘 위에 있어 밝게 비추지 않음이 없는 상을 보고, 두려워 한 이후에 수양하고 반성하기를 기다리지 않으니, 종일토록 힘쓰고 힘써서 상제를 대하듯이 하는 자이다. 성인의 가르침은 진실로 佛家에서 말하는 業鏡이나, 도가에서 지키는 三彭을 기다리지 않고도 명백하니, 『주역』도 이와 같아서, 예를 들어 대장괘에서 '우레가 하늘 위에 있는 것이 대장이니, 군자가 이것을 본받아 예가 아니면 실행하지 않는다[非禮不履]'라고 한 말도 이러한 뜻이다."

匪咎]. 단 내가 만나는 사람마다 상응 하지 못하니 어려움[艱]은 따른다. 그래서
'알악양선'을 잘 알고 가면 크게 탈이 없을 것이다[象曰 大有初九 无交害也].¹⁶ 그런
데 왕필과 동파는 '무교해无交害'를 '사귐이 없어 해롭다'로 풀었다.

왕필은 '비구匪咎'를 '허물이 안 된다'로 새겼고, 동파는 '아는 허물'로 해석했다.
다시 동파는 "남들이 모르고 혼자서만 아는 허물이라면 무슨 허물이 되겠는가?"
라며 덤덤해 한다.

다시, 정자와 주자도 초9가 대유의 시절인데도 화려한 5와 어울릴 수 없는 아
주 낮은 자리에 처하여 있기 때문에, 교만이 넘치는 실수를 범하지 않아서 오히
려 허물없음을 상기 시켰다. 그리고 다산의 아들 학포는 '간즉艱則'을 '간정艱貞'으
로 써야 한다고 주장한다[옛글에서 정貞과 즉則과 정鼎은 다 통했다]. 여기 간艱은 보
이지 않는 어려움이고, 난難은 밖으로 드러난 어려움이다. 또 건☰에서 리☲로 가
는 길목 간艮에서 어려운[艱] 맛을 좀 볼 것으로 예견된다.¹⁷

> **九二 大車以載 有攸往 无咎**
> 구2는 (풍년이 들어) 큰 수레에 (곡식을) 실었으니 갈 바가 있어도 허물없다.

구2는 대유의 시절에 중용지도를 지키면서 유약한 임금 5를 도와가는 자리다.
큰 수레에는 대덕大德과 보합대화保合大和하는 중용의 덕이 탑재搭載되어 있다.¹⁸
즉 존귀한 자를 모실 준비된 자리이다. 건괘에 나타난 준비된 자는 이렇다. "하고
자 하는 말은 신의에 차 있고, 행동은 항상 삼가 조심하며, 사악한 일이 일어남을
사전에 차단하며, 성의를 다해 일을 하고, 능력은 누구보다 뛰어나지만 남을 억울
하게 하지 않고, 그러한 장점을 널리 펼쳐 나간다."¹⁹ 이런 자가 성군을 위해 충성

---

16 初9가 動하면 火風鼎이다. 대유가 불변일 때는 아래 金이 위의 火에 녹는다. 그러나 대유가 변하
여 鼎이 되면 나무가 불을 일으키니 相生으로 서로 해치는 일은 없어진다. 鼎은 大壯으로부터
왔다. 鼎일 땐 2와 5가 부정한 자리에서 相比하고 대장 때는 음이 위에 있어 위태로움이 매우
컸다. 그렇지만 대장의 상의 음이 초9로 내려오니 허물이 사라진 것이다.

17 참고로 사업에 큰 실패를 본 친구라면 머지않아 큰 재벌이 될 것이요, 재무장관처럼 될 수도
있으니, 오히려 이번의 실패가 훗날의 약이 된다. 초9가 커서 5까지 오른다.

18 대유는 乾卦가 일곱 번째 변해 歸魂이 된 괘라, 보합대화의 덕을 지니고 있다.

19 乾卦 九二曰, "見龍在田, 利見大人 何謂也? 子曰, 龍德而正中者也, 庸言之信, 庸行之謹, 閑邪存其

을 다하는 것은 당연하다. 공자 역시 "'대거이재'란 말은 대덕을 지녔기에 어떤 물건과 많은 물량을 실어도 무너지지 않을 것[象曰 大車以載 積中不敗也]"이라고 밝힌다.[20]

그런데 왕필은 구2가 부정하고 강건함을 오히려 걱정한다. "강건하고 중용을 어기지 않으니 5의 신임을 받고, 임무가 무거우나 위태롭지 아니하고, 갈 길이 멀지만 막히지 아니 하여 갈 바가 있어도 허물없다." 그런데 동파와 지욱은 대거大車를 비어 있는 수레 5가 수용할 수 있는 능력으로 말하고 있다. 다시 말하면 강건하고 부정하지만 무거운 짐을 실은 2를 수용할 수 있는 큰 그릇은 오히려 성군 5라 이른다. 이 부분에서 다산은 자세한 설명을 보태고 있다.

2가 변하여 리괘離卦로 간다. 중화리괘重火離卦는 뇌천대장雷天大壯에서 왔다. 지뢰복괘地雷復卦에서 하괘 진☳의 곡식이 번성하여(復→臨→泰) 차차 대장의 가을에 이르면[大壯은 大兌] 추수를 하기에 이른다. 그래서 적積이 화禾를 따랐다. 고로 벼를 건☰의 큰 수레에 쌓으니 풍성한 대유가 되고, 중화리가 되면 튼실한 소[☲]가 건의 수레에 싣게 되는 것이다. 고로 큰 수레에 짐을 싣고 갈 곳이 있을지라도 어떤 어려움도 느끼지 않는다. 강하여도 중심을 잃지 않은 2는 '알악양선'이 몸에 밴 대유이다.[21]

九三 公用亨于天子 小人弗克
구3은 공후(제후)가 천자가 베푼 향응을 받으나 소인은 (군자를) 이길 수 없을 것이다.

제사나 잔치는 국가나 개인에게 큰 행사이다. 3은 하괘의 상좌로 천자의 초대를 받을 수 있는 기관장이다. "공후는 천자의 잔치에 초대받았지만 소인에게는 (초대를 받을 수 없어) 해가 된다[公用亨于天子 小人害也]." 여기 3은 과강하고 부중하니 자세가 지적된다. 왕필은 이런 3을 "위세와 권력의 성대함이 크지 못한데도

誠, 善世而不伐, 德博而化. 易曰, 見龍在田, 利見大人, 君德也."

20 '積中不敗'는 가운데를 가득 채우고 있다는 소리다. 遯卦와 대장괘를 추이하여 離卦가 되면 중간 3과 4의 강효가 튼실하니 不敗함을 본다.

21 참고로 공직에 있는 사람이 자신의 미래를 알고 싶어 하던 차에 2를 얻었다면, 큰 수레에 큰 짐을 싣고 갈 팔자로 볼 수 있다. 최소한 장관 내지 영의정을 지낸다.

거들먹거리는 자세가 문제"라고 쓰고 있다. 왕필의 해석은 아래 공자의 주석과는
아주 멀다. 공자에 의하면, 제후 3은 천자의 잔치에 초대되어 향응을 받지만[公用
亨于天子], 소인 행세를 하는 사람은 군자 대접을 받을 수 없다[小人弗克].[22]

다산 외에 여타 해석은 왕필 같이 3을 소인으로 본다. 정자도 다르지 않다. "토
지와 백성은 모두 임금의 것인데도 제후 3이 사사로이 전용하면 그것은 공기봉상
公己奉上, 충순봉상忠順奉上, 위신봉상爲臣奉上의 도를 알지 못하는 소인 행태다."
역의 해석이 의리도 좋지만 본의에서 십만팔천 리를 가면 어찌 하랴.

『춘추전』에 전하는 노나라 희공 25년에 설시한 예가 다음과 같이 보인다. 임금
이 왕자 대帶의 난리를 피해 정鄭에 거처하고 있었는데, 이때 진晉의 제후가 복언
卜偃을 시켜 시초점을 치게 하여 대유 3을 만났다. 풀이가 이랬다. "길하도다. 전
쟁에 이겨 왕께서 잔치를 벌이니 그 길함이 이보다 크리오. 그러나 왕자 대帶는
이기지 못할 것이오. 또 이 괘가 하늘에 연못이 되듯이 천자가 마음을 내리시어
기쁜 마음으로 공을 맞이함에 이 또한 좋지 않겠습니까[天爲澤 天子降心 以逆公 迎
震侯 不亦可乎]?"[23]

九四 匪其彭 无咎
구4는 그 (다닐 수 있는) 길이 아니지만, (멈추고 나가지 않으므로) 허물이 없다.

먼저 공자는 "다닐 수 있는 길이 아니지만, 허물이 없는 것은 (샛길이 비록 잘
보이지 않는다 하더라도) 밝은 분별력으로 (충분히) 살필 수 있기 때문[象曰 匪其彭

---

22 睽卦는 大壯卦로부터 온다. 대장괘 때는 임금(☰)이 안에 있고, 震☳의 제후는 밖에 있다. 推移로
규괘가 되면 진☳의 음 하나가 조정에 들어가 离☲에서 상견례를 하니 '公用亨于天子'이다. 규괘
의 상괘는 离☲이고, 하괘는 坎☵이니 음식을 삶아 잔치를 하는 상이다. 규괘는 또 中孚卦로부
터 온다. 중부괘는 아래는 태☱의 金과 진☳의 군자인 반면, 위는 風의 木과 艮의 소인이다. 고
로 소인은 군자를 이길 수 없다. '亨'이 향享의 뜻이나 '烹'으로 읽는다. 이유는 '방彭'과 운을
맞추기 위해서다. 亨 잔치 향(饗), 제사 올릴 향(享), 삶을 팽(烹).
23 3이 동하면 大有가 火澤睽로 간다. 睽의 3에서는 타고 가는 수레가 강제로 멈추게 되고[見輿曳],
몰고 가는 소를 도둑맞게 되고[其牛掣], 머리가 깎이고 코까지 베이는[天且劓] 등의 상상도 못
할 돌발적인 사고가 생겨난다. 여기서 '天子'는 주나라 '襄王'이 아우 帶에게 밀려 정나라에 도망
해 있었다. 그후 왕자 帶의 난은 실패하고 천자 襄王이 다시 서울로 입성하여 왕자 帶를 잡아
죽였다.

无咎 明辨晢也]"이라고 주석했다. 여기서 '팽彭'은 길 도道, 갈 행行의 뜻으로 새겨 야 한다. 대유가 대축으로 가는 자리로 길이 아니면 가지 않아야 함을 알린다.[24]

'비기팽匪其彭'의 의미는 다음과 같다. 4는 유약한 임금 아래 있는 실세 측근이 다. 그러니 처신이 늘 조심스러워야 하고, 혹 언행이 튀면 많은 정적들로 부터 공격과 갖은 구설수에 오를 수 있으니, 남다른 처세가 필요하다.

다른 해석에서는 '팽彭'을 '방彭'의 의미로 새기고 있다. 즉 '많다, 성대하다, 또 는 잘난 체 하는 태도'로 새긴다. 그런데 '팽'과 '방'의 의미는 큰 차이가 없다. '방 彭'으로 새기는 왕필의 해석은 이렇다. "4는 위로 지존에 가깝고, 아래로는 권세를 쥐고 있는 3에 가까우니 위태로움이 많은 자리다. 오직 지혜를 가진 자만이 허물 을 슬기롭게 면할 수 있다." 그러나 동파는 현실적인 정치 판세를 읽고 다음과 같은 예리한 분석을 내놓는다. "4의 충정한 의리를 5만이 안다. 3의 강은 강이 아 니며, 대유 5의 유약은 진정한 유약이 아니란 걸 알아야 한다." 지욱도 별로 다르 지 않다. "방彭은 성성盛이며 장壯이다. 구4가 과過하지 않고 강강剛하지도 않아야 밝 은 자리에 동거하며 명변明辨함이 명석明晢하니 방彭치 않아 가히 성군聖君을 보 필할 것이다."

『조선왕조실록』'숙종 행장'에서조차 '비기방匪其彭'으로 본 대목이 있다. "강하 고 부드러움이 중도를 얻어야만 강한 결단을 내릴 수 있다. 만일 부드럽기만 하 고 엄하지 않거나, 또 엄하기만 하고 부드럽지 않다면, 어떻게 능히 그 소유한 대중을 보전할 수 있겠는가?"[25]

---

24 大畜은 大壯으로부터 온다. 대장 때는 말이 씩씩하고 나가는 길이 막힘이 없었다. 推移하여 대 축이 되면 산이 가로 막아 갈 길이 험하다. 산길은 샛길로 갈 길이 아니다. 멈춘다고 허물이 아니다. 대축은 中孚로부터 오니 밝음을 잃지 않은 분별력으로 충분히 살필 수 있다.
  길 팽(彭)은 성할 방(彭), 팽팽할 팽(彭)으로도 새긴다. 밝은 제(晢)도 밝을 석(晢)으로 새긴다.

25 『조선왕조실록』, '숙종 대왕 행장' : "주역의 '納約의 설을 논하기를 '이것은 대신이 어렵고 험난 한 때를 당해 마지못하여 이런 방도를 쓸 수 있는 것이며, 만일 治平한 세상에 샛길을 통해 임금에게 결탁한다면 옳지가 않다고 하였다. 大有卦 4를 논하기를 '강하고 부드러움이 中道를 얻은 연후에야 밝혀 비추고 강건하여 결단할 수 있다. 만일 혹시라도 단지 부드럽기만 하고 엄하지 않거나 단지 엄하기만 하고 부드럽지 않다면, 어떻게 능히 그 소유한 대중을 보전할 수 있겠는가?' 하였다."

> 六五 厥孚交如 威如 吉
> 육5는 믿음을 가지고 사귀되 위엄을 가져야 길하다.

먼저 수현壽峴이 『오위귀감』으로 올린 상소다. "신이 삼가 살펴보았습니다. 대유의 육5는 하나의 음이 다섯 양의 주인이 됨으로써 약한 임금이 강한 신하를 굴복시키는 상이 됩니다. 믿는 데에만 치우친다면 태만함이 생겨나고, 위엄 있는 데에만 한결같이 하면 해로움이 형성되기 때문에, 이미 '믿음으로 사귄다[厥孚交如]' 하고, 또 '위엄 있게 하면 길하다[威如吉]'고 하였으니, 위엄과 믿음을 통해 서로 구제하고자 했기 때문입니다. 오늘날도 마찬가지입니다. 전하께서는 강건하여 충분히 강한 자를 칠 수가 있다면, 먼저 믿고 나중에 위엄 있게 하여 백성들의 뜻을 복종시킬 수 있으면 아름답게 됩니다. 아! '교여交如'에서의 '여如'에는 믿음이 매우 강하다는 뜻이 있고, '위여威如'에서의 '여如'에는 잠시 위엄을 보이는 뜻이 있으니, 두 '여如' 자는 그 뜻이 미세하게 구별되어 말로는 형용할 수 없는 가운데 스스로 은연중에 드러나는 것이 있습니다. 엎드려 바라옵건대, 전하께서는 마음을 가라앉히고 생각해주소서."

석지형은 "백성과 신하들을 믿음 있게 사귀되, 반드시 위엄 있게 함"이 중요함을 아뢴다. 5는 임금의 자리로 '알악양선'의 모델이다. 강건해야 할 5가 유약하니, 믿음을 가지고 사귀기에는 쉽지만, 아랫것들이 얕잡아볼 수 있으니 위엄도 지녀야 한다. "믿음을 가지고 백성을 사귀되 자연스러운 위엄이 있어야 한다. 무력이나 완력을 쓰는 위엄은 곤란하다.[厥孚交如 信以發志也, 威如之吉 易而无備也]." 여기 '이이무비易而无備'는 5의 능력에 대한 최고의 찬사이다.[26] 총칼을 앞세우고 군경을 동원하는 완력은 아니다.

왕필의 주장은 이랬다. "백성에게는 사사롭지 아니하고, 공정하고 미덥다면 무엇으로 더 방비가 필요한가? 말하지 않아도 가르침이 행하여지니 행동이 위엄스럽지 아니한가? 대유의 주인이면 이 정도는 해야 길하다."[27]

---

26 '이(易)'는 '건이이지(乾以易之)'의 뜻을 가진 乾道. 离≡≡는 방어로 창과 병사이니 무력이다. 곧 무력 아닌 무력이니 平易한 가운데 보이는 위엄이다. 또한 이(易)는 역(易)이다. 곧 『주역』으로 대처하고 무장하면 만사를 防備할 수 있다는 소리로 '튼튼한 수비가 최대의 공격이다'란 의미이다.

27 왕필, 『주역주』: "不疑於物, 物亦誠焉. 既公且信, 何難何備? 不言而教行, 何為而不威如? 為大有之主而不以此道, 吉可得乎?"는 『노자』 2장을 인용하고 있다. "聖人處无爲之事, 行不言之敎, 萬物

다음은 동파의 '무비无備'에 관한 설이다. "5는 여러 강 속에서 홀로 부드러움을 쓰니 갖춘 것이 없는 자다. 갖춘 것이 없기 때문에 바깥에서 믿어준다. 그러기에 또 거기에 귀의하고 교제하는 자도 생긴다. 이처럼 부드러우면서도 위엄이 있는 것은 무엇 때문인가? 갖춘 것이 없음을 통해 여유가 있음을 알기 때문이다. 이는 5가 유약해 보이는 것 같으나 정응 2(민심의 포인트)를 정확하게 알고, 또 믿고 가기에 백성들이 노하지 않아도 백성을 부월斧鉞보다 더 무서워하니, 어찌 조작하여야만 위엄이 일어나겠는가?"

한편 묵천默泉은 '이이무비易而无備'를 "마음이 안이해져서 대비함이 없다"로 해석하기도 한다.[28/29]

실록에는 광해군 때 정인홍이 '역적을 치라'는 차자문에 임금더러 '위엄을 보이라' 하며,[30] '숙종 행장'에서는 '위엄'을 보임이 어떤 것인지 다음과 같이 논하고 있다. "강하고 부드러움이 중도中道를 얻은 연후에야 밝혀 비추고 강건하여 결단할 수 있다. 만일 혹시라도 단지 부드럽기만 하고 엄하지 않거나, 단지 엄하기만 하고 부드럽지 않다면, 어떻게 능히 그 소유한 대중을 보전할 수 있겠는가? 너무

作焉而不辭, 生而不有, 爲而不恃." 이 또한 고운 최치원의 「鸞郎碑序」에도 인용된다. "國有玄妙之道日風流, 魯司寇之旨也 (中略) 生而不有, 爲而不恃, 周柱史之宗也."

28 金箕澧는 「易要選義綱目」에서 "대유의 시대에 왕이 크게 유순하면, 위아래 있는 자들이 안이해지므로 두려워하여 대비하는 바가 없게 되면, 아마도 환난을 초래할 수 있다" 하고, 金龜柱 역시 『周易箚錄』에서 "无備란 나라 안에 대비함이 없음인데, 대유의 시대에 위에 있는 사람이 크게 유순하면 아래에 있는 사람은 태만하고 안이해지니, 이와 같다면 나라 안에는 두려워하고 경계하며 근심하는 대비가 없을 것이다. 그대의 갑옷과 병기를 잘 다스려라 한 것도 또한 두려워하여 대비하는 일 가운데 하나'라고 말한다.

29 김기례(金箕澧, 1796~1854) : 본관 경주, 호 默泉, 洪直弼 제자. 처음에는 과거에 뜻을 두었으나 여러 차례 낙방하자 뜻을 접고 스승과 함께 30여 년에 걸쳐 성리학과 『주역』을 깊이 연구함. 「易要選義綱目」은 그의 시문집 『默泉集』1~2권에 수록. 默泉은 음양 이치를 군자와 소인으로 규명하고 君子學으로서 易을 다음과 같이 밝힌다. "군자와 소인의 도는 서로 반대이니 양이 나아가면 음이 물러나며, 음이 나아가면 양이 물러간다. 성인이 음을 억제하고 양을 扶養하는 이유는 양은 이치를 따르고 음은 이치를 거스르니, 양은 義를 위주로 하고 음은 利를 위주로 하기 때문이다."

30 『조선왕조실록』 광해군 즉위년(1608) 7월 7일 : 대사헌 정인홍이 아뢰었다. "역적의 괴수 이진이 반역을 도모하여 죄가 큽니다. 주역 '대유괘 5에서 厥孚交如, 威如, 吉'이라 하였습니다. 그러므로 역적을 토벌하는 것은 천하 고금에 변할 수 없는 떳떳한 의리이며, 은혜를 펴는 것은 한때에 임금이 사사로운 은혜나 정을 생각하는 아름다운 뜻입니다. 舜임금이 象을 처우하고, 周公이 管叔·蔡叔을 죽이고, 석작石碏이 石厚를 죽인 것은 참으로 선유들의 정론이었습니다."

부드러우면 인심人心이 해이해지기 쉽다. 그러므로 반드시 위엄을 필요로 하는 것인데, 『중용』에 이른바 '강함을 나타내고 꿋꿋하여야 고집함이 있기에 족하다'는 것은 위엄을 말한 것이다."[31] 『춘추좌씨전』에는 5에 대한 설시가 보인다. "노나라 민공 2년 봄에 환공이 복초구의 아비를 시켜서 곧 태어날 계손가의 자손에 대해 물었다. 대유大有가 건乾이 되니 높음이 아비와 같고 공경을 받음이 임금과 같으니, 부친의 지위로 돌아간다. 군주의 지위와 마찬가지로 존경받을 것이다."[32]

> 上九 自天祐之 吉 无不利
> 상9는 하늘로부터 돕는지라 길하여 불리한 것이 없다.

상9는 대유가 대장이 된 자리다.[33] 임금 위에서 대유하려면 어떻게 해야 할까. 아버지와 할아버지의 심정으로 5의 금상今上을 도와 성도聖道를 걷게 해야 할 것이다. 성왕을 도운 주공의 섭정에 비유한다. 사심과 욕심 없이 이루어져야 '자천우지自天祐之(Blessed by heaven)'이다.[34]

주공의 행동은 대유의 대표적 예로 오늘날까지 사마천의 『사기』에 회자되고 있다. "선비를 맞이함에 있어 한 끼 밥을 먹다 세 번씩이나 입 안의 음식을 뱉어

31 『조선왕조실록』, '숙종 대왕 行狀'.
32 『춘추좌씨전(상)』, 민공 2년 : "성계는 노나라 환공의 아들이며 장공의 막내동생 계우를 말한다."
33 大有괘는 夬卦로부터 왔다. 夬괘 때는 음이 양을 타고 있어 지극히 위험했다. 推移하여 대유가 되면 양은 상승하고 음이 하강하니 유순하고 믿음을 갖추어 복에 이르렀다. 夬의 5는 현인이라 존경하여 위로 올리니 揚善이 된다. 夬의 상이 위태로웠는데 이는 마치 덕을 닦음으로써 복이 들어오는 상황과 같다. 火風鼎卦 상9의 모양도 같다. 고로 천심이 이에 기뻐하니 离☲의 복이 빛난다. 이와 같다면 무슨 일이든 이롭지 아니하겠는가? 상효가 卦主가 되는 까닭에 本象을 취한다.
34 '自天祐之'는 壽宴에 찬사로 많이 썼다.
   李漢, 『星湖全書』, '수연[重牢慶壽宴]' : "덕을 바로 지녀, 복을 받음이 끝이 없네. 연꽃에 연밥이 있고, 대나무에 죽순이 있으니, 하물며 사람에게랴. 이는 모두 당신 부부를, 하늘이 도와주심이로다[無天不佑]. 팔순을 나란히 사시매, 자손들이 번성하고……" 여기 나오는 重牢慶壽宴은 重牢宴(回婚宴)과 慶壽宴을 합하여 말함.
   韓章錫, '壽六十一歲' : "얼굴과 터럭이 변함이 없고 정력도 여전히 튼튼하며, 鐘鼓와 琴瑟로 偕老하였고 자손들이 슬하에 가득하니 하늘이 공에게 보답한 것이 아마도 아직 다하지 않은 듯하다. '진실하고 온순한 덕은 하늘이 도와 길하여 이롭지 아니함이 없다[自天祐之 吉无不利]' 하였으니, 대저 어찌 이유가 없이 그러하겠는가?"

냈고, 목욕을 하다 머리를 세 번씩이나 감았다."[35]

'알악양선'이 몸에 배인 이런 주공의 모습을 공자는 '자천우지[象曰 大有上吉 自天佑也]'로 보고 「계사전」 12장에서 특별히 이처럼 설명을 더한다. "우祐라는 것은 돕는 것이다. 하늘이 돕는 바는 순順이고, 사람이 돕는 바는 신信이다. 고로 상9가 신의를 밟고 순천을 생각하고 또한 어진 이를 숭상하니, 하늘이 스스로 돕지 않을 수 없는지라, 길하여 이롭지 아니한 일이 없을 것이다[易曰 自天祐之, 吉无不利, 子曰 祐者, 助也, 天之所助者順也, 人之所助者信也, 履信思乎順, 又以尚賢也, 是以自天祐之吉无不利也]."[36]

공자의 설명은 이렇다. '우祐'는 형이상학적이요, '조助'는 형이하학적이다. '천天'은 '순順'이며 '인人'은 '신信'이다. '역易'은 천리에 순응하고 인륜에 어긋나지 않고 선행을 하며 노력하는 자에게 복을 되돌려 갚아주는 보복지리報復之理를 설한다. 대유는 '원형元亨'만 있지 '이정利貞'이 없는 고로 임자가 없는 괘다. 그러니 누구나 '이신사호순履信思乎順'하고 '우이상현又以尚賢'하면 대유大有가 될 수 있다.

왕필은 상9를 다른 효들은 모두 강剛을 타고 있지만 자기만 홀로 5의 유柔를 탔으니 순한 이유라 한다. "5는 미더운 덕을 지녔기에 내가 밟아도 미덥다. 풍요로운 세상 대유에 거처하니 외물에 그 마음을 빼앗기지 아니하고, 그 뜻을 고상하게 하니 현자를 숭상하는 것이다." 동파는 상효에서 '돕다, 길하다, 이롭지 않음이 없다'는 세 가지 복이 온 이유를 밝히고 있다. "강한 자끼리는 서로를 활용할 수가 없고, 홀로 있는 음도 양을 활용할 수 없으니, 약한 음은 강한 양에 붙은 뒤에라야 대중이 함께하는 것이 아닐까. 천택리괘天澤履卦 3이 5에 붙고, 대유괘大有卦 5가 상9에 붙는 이유가 그것이다. 고로 리괘履卦는 '호랑이에게 물리지 않는 고상함'이 있었고, 대유는 '하늘로부터의 도움'이 있었다. 이것은 모두 성현의 오묘한 작용이 높이 다다른 탓이다. 믿는 것, 순응하는 것, 현인을 숭상하는 이 세 가지는 모두 5의 덕이다. 완력을 갖추지 않음도 5의 순응 때문이며, 신뢰로 교류도 5의 믿음 때문이며, 모든 양들이 귀의하는 것도 5가 현자를 숭상하기 때문이다. 상9는 단지 이것을 밟고 있을 뿐이다. 내가 밟고 있는 자가 순응하고, 믿으며,

---

35 사마천, 『사기』, 「노주공세가」 : "起以待士, 一飯三吐哺, 一沐三握髮."
36 祐 천지신명이 도울 우. 佑 인간적으로 도울 우.

또한 현인을 숭상한다면 하늘과 사람의 도움이 장차 어디로 돌아가겠는가? 고로 '성인은 공이 없고[無功於聖] 신은 이름이 없다[無名於神]' 하였으니 대유 상9에서 복을 초래하는 까닭을 말하지 않은 점이다."

　마지막으로 '순천휴명 알악양선'에 대한 제설諸說을 덧붙여 둔다. 먼저 식산息山 이만부는 "군자와 소인의 구별이 만만치 않다" 하였고,[37] 성호星湖는 "악을 막는 것은 불이 쇠를 이기는 것과 같고, 선을 드날리는 것은 불이 빛을 발하는 것과 같다" 하였으며,[38] 석재碩齋 윤행임은 "임금의 생각이 백성의 소리와 어긋나면 나라가 위험에 빠진다"고 경고하였다.[39] 그러기에 다양한 사람이 많은 소리를 낼 때는 본래의 선을 찾아 세워야 할 것이다.[40] 선을 드날림은 예로 돌아가 인을 행함이니,[41] 악을 막고 선을 펼치는 것은 모두 나에게 부여된 아름다운 천명이 아닐까.[42]

37　이만부,『易統 易大象便覽』: "군자가 나아가면 소인은 물러나고 소인이 나아가면 군자가 물러나니, 한번 나아가고 한번 물러날 때에 나라가 다스려지고 어지러워지며, 흥하고 망하는 것이 여기에 달려 있습니다. 아예 드러내놓고 나쁜 짓을 하는 소인은 오히려 구별하기 쉽지만, 또 속으로는 악하면서도 밖으로는 이러한 악을 가려서, 겉으로만 선한 체하면서 악을 구제하는 척 하는 자는 더욱 구별하기가 어렵습니다. 주자는 '내가 일찍이『주역』의 설을 미루어서 천하의 사람들을 살펴보니, 대체로 광명하고 정대하며 널리 통달하여 마치 파란 하늘과 환하게 빛나는 태양과 같고, 높은 산이나 큰 내와 같으며, 천둥소리가 위엄이 되고 비와 이슬이 윤택함이 되는 것과 같으며, 용과 호랑이가 용맹스러우며 기린이나 봉황이 상서로운 것과 같아, 마음이 넓고 깨끗하여 털끝만큼도 의심할 수 없는 자는 반드시 군자다'라 하였습니다. 또 '아첨에 의지하고 지저분하며, 서로 숨기고 감추어 헝클어지고 얽힘이 뱀이나 지렁이 같고, 소심하기가 서캐나 이와 같으며, 귀신이나 여우처럼 홀리고, 도적처럼 저주하며, 재빠르고 교활하기가 다른 것에 비교할 수 없는 자는 반드시 소인이다' 하였으니, 여기에 사람을 살펴보는 법이 갖추어져 있습니다."

38　이익,『易經疾書』: "离가 위에 있으니 높은 곳에서 눈을 뜨는 상이다. 사람의 선과 악은 어찌 나의 감시에서 도망갈 수 있겠는가? 악을 막는 것은 불이 쇠를 이기는 것과 같고, 선을 드날리는 것은 불이 빛을 발하는 것과 같다."

39　윤행임,『薪湖隨筆 易』: "만약 선과 악이 서로 혼재되어 마땅히 막아야 할 것은 드날리고, 마땅히 드날려야 할 것은 막는다면, 사람의 性을 어기는 것이다. 사람의 성에 이미 어긋나게 되면[人性既拂], 하늘은 나로부터 듣기 때문에[天聽自我], 그 나라는 위험에 빠지게 된다[其國危焉]."

40　이항노,『周易傳義同異釋義』: "불에 태움은 악을 막는 상이 있고, 불이 빛나고 밝음에는 선을 드날리는 상이 있다. 천도는 선한 자에게 복을 내리고 음란한 자에게 화를 내린다."

41　심대윤,『周易象義占法』: "악을 막고 선을 드날림은, 자기를 이겨 예로 돌아가서 인을 행한다[克己復禮而爲仁]는 소리다."

42　이정규,『讀易記』: "'遏惡揚善'한다 함은 굳센 양들의 능력이지, 부드러움을 잡고 있는 음이 할 수 있는 바가 아니다."

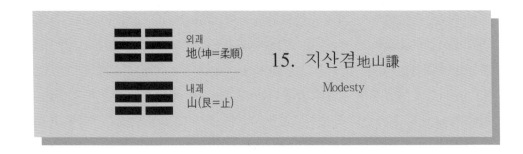

외괘
地(坤=柔順)

내괘
山(艮=止)

15. 지산겸地山謙

Modesty

겸의 시절은 자신을 낮추고 숙여야 살아남는다. 불행하게도 지금 나에게 겸손과 성실이 모자란다면 어떻게 처신해야 할까? 정답은 울면서라도 겸손을 보여야 한다. 겸손이야말로 내가 살아남을 마지막 처신법이다.

> 謙 亨 君子有終
> 겸손이야말로 군자가 마지막 취해야 할 아름다운 행동이다.

군자가 만 가지를 다 이루고도 겸손이 없다면 그는 군자가 아니다. 스스로 낮추고 숨기어도 덕은 더욱 빛나니 군자의 유종[君子有終]이 아니겠는가. 겸손은 낮춤을 먼저 하고 높임을 뒤에 하며, 사람보다 아래 할 수 없으면 사람보다 위에 할 수도 없는 이치이다.[1] 여기 겸괘에서 '형亨'만 언급하고 '원리정元利貞'을 말하지 않은 것은 '원元'은 사물의 머리이고, '이정利貞'은 주관하고 바르게 하기 때문이다. 사람이 이미 겸손하게 물러났는데 어찌 머리가 되겠으며, 겸손으로 남들에게 낮추는데 무엇으로 사물을 주관하고 바르게 하겠는가?[2][3] 사물에는 시작과 끝

---

1 심대윤,『周易象義占法』: "忠恕가 어려움을 먼저 하고 취득을 뒤에 하며, 베풂을 먼저 하고 얻음을 나중에 한다. 겸손은 낮춤을 먼저 하고 높임을 뒤에 하며, 곤란함을 먼저 하고 통달함을 나중에 하는 것은 하늘의 이치이며 만물의 常道이다. 그러므로 사람보다 아래 할 수 없으면 사람보다 위에 할 수도 없으며, 사람에게 줄 수 없다면 사람에게 취할 수도 없으니,『중용』에서 '군자의 도는 은은하지만 날로 드러난다[闇然而日章]' 하였고, 莊周[秋水편]는 '작은 것들에게 승리하지 않음이 큰 승리가 된다[以衆小不勝爲大勝]' 하였다."

2 유정원,『易解參攷』: "구3은 이미 스스로를 낮추어 아래 자리에 있다. 밖으로는 순종하는 坤으로, 안으로 艮으로 그치니, 모두 有終의 상이다."

3 심조「象象箚論」: "'君子有終'은 호괘가 진==이니 임금이면서 큰아들이다. 고로 군자라 하였다. '終'은 '冬'에서 왔으니 모두 坎이다."

이 있다. 시작도 삼가기 어렵지만 마침을 삼가하긴 더욱 어렵다. 그래서 겸괘는
마침[有終]을 먼저 말한다. 증자의 '개여족啓予足, 개여수啓予手'가 그 예다.[4] 높으면
높을수록, 귀하면 귀할수록, 낮고 천한 곳을 향하여 더욱 낮추고 애쓰는 자를 우
리는 공부가 된 자, 유종을 아는 자라 한다. 뛰어난 재능과 아름다운 용모는 겸양
할수록 더욱 빛나는 법이다.[5/6]

　「서괘전」은 "크게 가진 자가 넘치면 불가하기에 겸손으로 받는다[有大者不可以
盈 故受之以謙]" 하고, 「잡괘전」은 "겸괘는 가볍고, 예괘는 느리고 게으르다[謙輕而
豫怠也]"[7] 했다. 「계사전」에서도 밝힌다. "겸은 덕의 자루요[謙德之柄也], 겸은 남을
높이면 내가 빛이 나는 법이며[謙尊而光], 겸은 예를 가름하는 단초가 된다[謙以制
禮]." 삼산三山 유정원은 "자루[柄]는 작용"이라 하였고,[8] 자범子範 오치기는 "자루
는 사람이 잡고서 지탱하는 것이니, 심지가 가득 찬 자는 반드시 그 덕을 잃고,
오직 자기를 낮추고 남을 높이며, 겸양으로 스스로 지킨다면 덕이 날마다 쌓여서,

4　윤행임, 『薪湖隨筆 易』 : "坤의 유순함이 위에 있고, 艮의 그침이 아래에 있으니 겸괘다. 유순하
　　면서 또 그침을 알면 끝마침이 길하다. 만물을 마치고 시작함이 艮보다 성대한 것은 없다[終萬
　　物始萬物者 莫盛乎艮]. 『대학』에서 '사물에 마침과 시작이 있다'고 하였는데, 시작도 참으로 삼
　　가기 어렵지만 마침을 삼감은 더욱 어렵다[始固不難慎, 慎終尤]. 그러므로 마침을 먼저 말하였
　　다. 증자가 '손과 발을 보이고 연못에 임하고 얼음을 밟는 듯이 지냈다'는 것이니, 이것을 '겸손
　　하고 겸손함이다[曾子啓手足, 臨淵履氷, 是謂謙謙]."
5　『禮記』「檀弓上」에 '평생의 근심[終身之憂]'을 "喪은 3년 동안을 가장 극진히 하며, 이미 葬事지
　　낸 뒤에도 어버이를 잊지 못하는 까닭에, 군자는 종신토록 근심함이 있고, 殯葬(假葬)에 성심을
　　다하여 한때의 실수로써 우환이 생기게 해서는 안 되는 까닭에, 부모의 기일에는 즐거워하지
　　않는다" 하였으나, 『孟子』「離婁下」에서는 終身之憂가 이와는 다른 의미로 사용되었다. 즉 군자
　　가 평생을 成人이 되는 데 뜻을 두고, 그러한 경지에 도달하기 위해 仁과 禮를 행하기 위해
　　'항상 근심할 뿐, 기타 일시적인 걱정은 하지 않는다'는 의미로 사용되었다.
6　안병욱, '수필·겸' : "有德人(君子)은 勤勤孜孜 즉 열심히 일하여 功勞를 세운 다음, 교만하지 않
　　고 겸손하므로, 有終의 美를 거두고 萬事가 吉하고 잘된다. 저만 잘났다고 떠드는 傲慢不遜한
　　사람, 모든 사람을 비웃고 업신여기는 眼下無人의 태도, 자기만을 尊大하게 생각하는 自尊妄大
　　한 행동은, 반드시 모든 사람의 排斥과 反感을 불러일으킨다. 왜 서로간에 不知와 敵對感이 생
　　기는가. 교만하기 때문이다. 옛날 그리스 사람들은 '히브리스(hybris)', 즉 '驕慢'을 인간 최대의 惡
　　德이라고 생각했다."
7　謙卦와 豫卦는 剝卦에서 온다. 하나의 양이 곧바로 하괘에 이르면 빠르고, 여전히 상괘에 머무
　　르면 게으르다.
8　유정원, 『易解參攷』 : "'터전[基]'은 본체이고, '자루[柄]'는 작용이다. '근본[本]'과 '굳음[固]'은 마
　　음으로써 말한 것이고, '닦음[修]'과 '넉넉함[裕]'은 일로써 말한 것이다. '분별함[辨]'은 이치를 밝
　　힌 것이고, '대지[地]'는 머무름이다. '마름질[制]'은 본체와 작용을 겸하고 안과 밖을 합하여 말
　　한 것이다."

또한 물건에 자루가 있어 사람이 잡아 지탱함과 같을 것이기 때문에 '덕의 자루 [謙德柄]'가 된다" 하였다.[9]

이런 겸괘는 박괘剝卦에서 온다. 산이 무너져 땅 밑으로 내려오듯 군자가 겸손하게 남의 아래에 처신하는 상이다. 이는 실력이 있어도 내세우지 않고, 가져도 가졌다고 표내지 않음이다. 문왕도 자신의 처지가 아직은 주왕에게 잘 보이고 겸손을 더 보여야 인정을 얻고 의심을 받지 않을 것으로 알았다. 공자는 이런 겸을 단왈에서 '천지인귀天地人鬼'의 4도道로 다음과 같이 밝히고 있다.

"저 높은 하늘은 겸손하기에 기운을 위로 향하지 아니하고 아래로 내려 밝음을 더욱 빛내주고[天道下濟而光明], 저 땅도 겸손하기에 묵묵히 비천하고 낮은 곳을 지키며 만물을 행하게 한다[地道卑而上行]. 그리고 저 보름달이 마침내 기우는 것처럼 꽉 찬 것은 덜어내고 기운 것을 보태어 가는 것이 하늘의 도이며[天道虧盈而益謙], 높은 산을 깎아 깊은 계곡을 메우는 것처럼 가득 찬 것을 변하게 하여 낮은 곳으로 흘러가게 하는 것 또한 땅의 도라 할 수 있다[地道變盈而流謙]. 또한 귀신은 지나치게 많이 가진 부자에게는 화를 주고 겸손한 자에게는 복을 주는 것이 그의 도이다[鬼神害盈而福謙]. 본시 교만을 미워하고 겸손을 좋아하는 것이 인간의 도리였다[人道惡盈而好謙]. 마지막으로 겸은 남을 존경하면 내가 빛이 난다 [謙尊而光]는 무서운 법을 알아야 할 것이다. 다만 겸손을 취하되 중용의 도를 넘지 않아야 군자의 지혜이다[卑而不可踰 君子之終也]."[10/11]

---

9 오치기, 「周易經傳增解」: "九德 중 '謙德柄'을 이른다. 九德은 履德之基, 謙德柄, 復德之本, 恒德之固, 損德之修, 益德之裕, 困德之辨, 井德之地, 巽德之制이다."

10 [說證] "겸괘는 剝卦와 復卦에서 왔다. 剝은 위에서 거만하기 짝이 없고 復은 완전히 낮춘 상이다. 謙은 위에서 떨어졌고, 올라도 하괘를 벗어나지 못하였기에 자신의 처지를 감수하며 겸손을 안다. 또한 겸은 艮에서 말씀이 이루진다[成言乎艮]. '天道下濟'는 坎川이고, '光明'은 양이 음 가운데 있음이고, '地道上行'은 復卦에서 陽의 震行이다. 또 剝艮의 거만을 미워하니 허물어 害와 禍를 주고, 復은 좋아하며 북돋우어 福을 준다. '鬼神'은 艮을 가리키고, '人道'는 震의 人主다. 그리고 '尊而光'은 1·2·3에서 광명을 감추듯 보존함이며, '卑而不可踰'는 간의 한계를 지킴이다. 고로 간은 마침이니 '君子之終'이라 한 까닭이다. 따라서 荀爽과 虞翻을 정밀하게 연구한 당나라 侯果도 위와 같은 卦變설을 師承한다."

11 하늘이 착한 자에게는 복을 내리고, 올바른 도를 어지럽히는 자에게는 재난을 내리는 이치는 비록 멀고 아득하여 분명치 않은 이치인 것처럼 보이겠지만, 가득 찬 것을 덜어냄을 초래하고 겸손한 자가 보탬을 받는다는 것은 이 세상에 분명히 드러나는 사실이다. 자만심으로 가득 찬 자는 반드시 망하게 하고, 겸손한 자는 반드시 존귀해 지는 법이니, 자신을 스스로 높이는 자는 남이 그를 낮춰버리며, 스스로를 낮추는 사람은 남이 그를 떠받들게 된다.

『조선왕조실록』에서는 세조가 중삭연仲朔宴[임금이 음력 2·5·8·11월 등 중월(仲月)에 공신을 위해 베푸는 잔치]을 베푸는 자리에서 "공신일수록 겸을 취할 것"을 당부하고 있다. 또 고려 말 이색李穡의 손자 이계전李季甸은 "신이 일찍 『주역』의 겸괘 단전을 보았더니 '인간의 도는 가득 채우는 것을 싫어하고 겸손함을 좋아하더라'"고 밝힌다.[12] 참고로 말년에 『역학계몽전의』를 완성한 퇴계의 제자 이덕홍은 퇴계의 임종을 물어 겸괘를 얻고 "오늘 선생님이 돌아가실 것 같다[君子有終]"고 했다.[13/14]

---

12 『세조실록』 세조 4년(1458) 2월 12일 : 이계전 왈. "신이 일찍이 『주역』 겸괘를 보니 '人道惡盈而好謙'하였고, 신의 할아비 李穡은 단지 '청백만을 자손에게 남겨주겠다[淸白遺孫]'고 하였으니, 이것은 모두 지조를 지키는 데 간절하고 긴요한 것입니다. 신이 생각하건대, 사람의 마음은 壽하려 하지 않는 이가 없으나 장수한 자는 드문데 신은 귀밑털이 이미 皓白하였고, 사람의 마음은 富하려 하지 않는 이가 없으나 부한 자는 적은데 신은 지위가 崇班에 올랐습니다. 사람의 마음은 가난함을 싫어하지 않는 이가 없으나 가난한 자가 모두인데 신은 비록 집이 대대로 청빈하다고 하나 다행히 말단의 영광에 의지하여 두 번 盟府에 참여하였으며, 깊은 은혜가 매우 중하여 土田과 노비를 넉넉히 하사받았고, 또 벼슬은 높고 녹은 중하여 의식이 궁핍하지 않으니, 완전히 가난하다고는 이를 수 없습니다. 이지러지고 가득 차는 이치를 항상 생각하여 잊지 않고, 할아비의 훈계를 저버려서 세상의 기룸을 초래할까 두려웠는데, 緯틀을 보니 더욱 간절하고 감격합니다. 공경하여 벽 위에 써 붙이어 항상 눈으로 보고 경계하고 살펴서, 가문에 전하여 淸白을 지킬 것을 맹세하며 성덕의 만에 하나라도 갚기를 원합니다."

13 "한 겹을 뚫으면 또 한 겹이 나와서 연구할수록 더욱 끝이 없으며, 또한 사람의 소견이 서로 다르니 어진 이가 볼 때에는 仁이라 하고, 아는 이가 볼 때에는 知라고 이른다'고 한 『易學啓蒙傳疑』는 퇴계 이황이 57세에 완성한, 朱熹의 『易學啓蒙』을 辨釋한 책이다. 특히 제3과 고변서 제4는 주로 점의 해설인데, 擲錢占(돈을 던져 점치는 법)에 대한 해설과 書經의 朞三百(1년은 음력 366일) 수치를 해설하였다. 또 飛伏神에 대한 도해 및 내용을 설명하였는데, 이것은 蕉氏의 『易林』에서도 볼 수 있으며, 근래에는 복술가들이 흔히 사용하고 있으나, 이는 참으로 원리를 알고 하는 것이 아니고 사용법만 익혀 복술적으로만 사용할 뿐이다. 그러나 이 책 속에는 자연의 참다운 진리가 내포되어 있다.

14 퇴계의 제자로 임란 때 이순신의 거북선 도안에 참여하고, 퇴계와 함께 渾天儀를 제작하고 『周易質疑』까지 쓴 李德弘(1541~1596)은 임종 직전에 나눈 두 사람의 대화를 『艮齋文集』과 『心經質疑』에 적고 있는데, 도산서당 隴雲精舍에서 제자들과 함께 설시를 하여 얻었다. 『주역』 가운데 의문 나는 30여 곳을 퇴계에게 질의하여 해답을 기록한 『주역질의』는 1권 1책의 필사본이다. 편자가 草本을 정리하지 못하고 일찍 죽은 후 1666년(현종 7) 편자의 외증손 金萬休가 초본을 바탕으로 정리했다. 책 끝에 김만휴가 쓴 발문이 실려 있다. 내용은 문답과 圖解 두 부분으로 나뉘어 있는데, 문답편에는 易理의 총론으로부터 구체적인 卦爻에 이르기까지 19조의 문답이 수록되었다. 이어 <洪範圖>와 해설, <洪範皇極內篇九九積實數圖>·<洪範月行九圖>와 그 해설 12조가 실려 있다. 끝에 부록으로 <夫婦有別圖>와 <繫辭>에 관한 3항목이 실려 있다. 편자는 이황의 제자로 『中庸』·『心經』 등을 주석했으며 특히 『周易』에 통달했다. 규장각에 소장되어 있다.

象曰 地中有山 謙 君子以 裒多益寡 稱物平施

상왈, 높은 산이 낮은 땅과 균형을 이루는 것을 겸이라 한다. 군자는 이를 보고 많은 쪽의 것을 덜어 적은 것에 보태며, 사물의 균형을 잘 지켜서 공평무사하도록 저울질하는 것처럼 힘을 써 나간다.

많이 가진 자가 덜 가진 자와 함께하고, 능력이 있는 자가 부족한 자를 아끼고 배려하며, 높은 산이 낮은 땅속까지 내려와 균형을 이루는 것들을 보고 겸의 도리를 배운다. 겸손이라는 말은 매사에 지나친 뒤에야 비로소 겸손이 있다는 것을 알린다. 동파가 유명한 말을 한다. "성인은 겸손이라 하지만 사실은 단지 적절함으로 돌아갈 뿐이다[聖人 名之謙 而其實則歸于中而已矣]." 땅은 낮음이 지나치고, 산은 높음이 지나치지만 그 산이 땅에 붙어있으니, 산은 거만하지 않고, 땅은 비천해보이지 않는다. 고로 많은 자로부터 덜어내는 것도 겸이고, 모자라는 자에게 더하여 주는 것도 겸이다. 그렇지만 높은 산과 낮은 땅이 균형과 공평의 미를 잃지 않아야 겸의 도가 이뤄지는 것인데, 강제로 부자에게 빼앗아 가난한 자에게 나눠준다면 그것도 문제요, 또 가난한 자가 무조건 부자에게 빼앗아야 한다는 발상 또한 더 큰 문제이다. 고로 군자는 소득의 분배와 그 분배의 불균형에서 마찰이 생기지 않도록 이상적인 정책을 세워 나가야 사회와 나라가 건강해진다.

지욱이 불법으로 본 겸은 다음과 같다. "부처는 끝없는 무변공덕無邊功德의 산을 덜어 중생에게 자비를 베푸니, 만 세상의 대지중생大地衆生이 모두 저 덕왕德王의 은덕으로 평등보시平等布施를 얻어야 할 것이다." 고로 군자君子는 많은 것을 덜어서 모자라는 자리에 채우는 부다裒多(Reduce which too much)와 익과益寡(Augment which too little), 칭물稱物(Weigh things)과 평시平施(Make equal)로 만민에게 고루고루 혜택이 돌아가도록 하여야 할 것이다.[15]

백운 심대윤沈大允은 『주역상의점법周易象義占法』에서 겸괘의 전변 이괘履卦를

---

15 [說證] 부(裒)는 덜다, 각각의 의미가 있다. 겸괘는 剝卦에서 온다. 박괘 때는 다섯 개의 음이 한 양 밑에 있었다. 많은 것은 음이고 적은 것은 양이다. 추이하여 겸괘가 되면 많은 음을 하나 덜어 위로 보내니, 많은 것을 덜어 적은 것에 보탬이 된다. 稱이란 剝卦 때는 음이 한쪽으로 모여 있었는데, 겸괘가 되면서 5음 가운데 한 개의 막대기가 가로질러 있어 균등하니, 坎의 비율로 저울질 하니, 稱物平施가 됨이다. 또 박괘가 겸괘로 되면서 산이 평지로 무너지게 된다. 산은 높이 솟아 있고 땅은 꺼져 있었는데, 그 산이 무너져 내려 모두 평평해진 것이 바로 '裒多益寡 稱物平施'이다.

들어 이렇게 설명하고 있다. "산이 땅 속에 있음은 높으면서 겸손하게 낮추는 상이고, '땅 속에 산이 있다'고 한 것은 낮추어 온순한 가운데에 높고 큼이 있음을 밝힌 것이다. 그러므로 낮아도 넘을 수가 없다. 만약 낮추어 온순해도 속에 높고 큼이 없다면, 겸손함은 성립되지 않는다. 군자가 낮추어 온순한 것은 말과 행동이며, 높고 큼은 사업이니, 말과 행동이 낮추어 온순히 하기 때문에 무리와 화합할 수 있고, 사업이 높고 크기 때문에 무리들이 승복할 수 있게 된다. 말과 행동이 엄숙하고 엄정하면서 사람들이 할 수 없는 행동을 하거나, 말과 웃음은 단정하고 삼가면서 아직 사람들을 구제하고 자기를 이롭게 하는 공이 없으면, 준엄하게 무리가 꺼리는 바가 되고 아득하게 무리와 서로 단절될 것이다. 공자의 이른바 얼굴이 엄숙한 자와, 얼굴에 위엄이 있는 자와, 얼굴로 인仁을 취하는 자는, 갈무리된 덕은 없고 헛된 이름만 있어서 끝내 스스로 본성을 해치고 이로움을 상실할 것이니, 이것은 겸손함과 서로 반대된다. 스스로 높다고 하여 사람들의 낮음을 능멸하고, 스스로 많다고 하여 사람들의 적음을 멸시하며, 스스로 깨끗하다고 하여 사람들의 더러움을 밝혀내고, 스스로 어질다고 하여 사람들의 불초함을 드러내는 것은 겸손한 덕이 아니다. 자신의 귀함을 귀하게 여기지 않고, 사람들의 빈천함을 걱정하며, 자신의 부유함을 부유하게 여기지 않고, 사람들의 가난함을 구휼하며, 자신의 어짊을 어질다고 여기지 않고, 다른 사람의 우둔함을 애석해하는 것이 겸손한 덕이다. '많은 것을 덜어내 적은 데에 더해줌'은 나의 많음을 덜어내 사람들의 부족함에 더해주는 것이다. '덜어냄[裒]'은 거두어 모으는 것이니 확대되지는 않으며, '더해줌[益]'은 내려와 구제함이다. 만약 자신의 귀함을 빈천하다고 여기고 사람들의 빈천함을 귀하게 여기며, 자신의 부유함을 가난하다고 여기고 사람들의 가난함을 부유하게 여기며, 자신의 어짊을 우둔하다고 여기고 사람들의 우둔함을 어질다고 여긴다면, 교만하고 거짓된 것이니, 겸손한 덕이 아니다. 거둬들여도 비난 받음에 이르지 않고, 더해줘도 교만하고 거짓됨에 이르지 않는 것이 겸손한 덕이다. '물건을 저울질하여 베풂을 고르게 함'은 중용中庸이니, 용庸은 겸손함이며, 알맞음이 용庸이다. 전변 이괘履卦에서 상의 건괘乾卦가 '덜어냄[裒]'이고, 아래 태괘兌卦는 '더해줌[益]'이 되고, 곤괘坤卦는 '고르게 함[平]'이 되고, 태괘兌卦는 '베풂[施]'이 된다. 사양함은 겸손함의 한 가지 일이다. 좋은 것은 사람들에게 돌리고 나쁜 것은 스스로 받으며, 이로움은 사람들에게 귀속시키고 해로움은 스스로에게 두지만 또한 중도를 지나치지 말고 법칙을 잡아야 하니, 『국어』에서 '사양을 말하면 반드시 상대에 미쳐야 한다'는 것이 이것이다. 좋은 것을 윗사람에게 사양하지 않는다면 분노와 질투가 이르게 되며, 이로운 것을 아랫사람에게 미루지 않는다면 원망이 오게 된다."

한편 식산息山 이만부는 노겸으로 '부다익과 칭물평시'할 수 있는 자는 오로지 성군뿐이고,[16] 그 또한 겸괘 속에서 저울을 찾을 수 있어야 한다고 했다.[17] '혈구지도' 또한 겸손의 도이다.[18/19] 곧 겸손이란 군자의 아름다운 덕이다. '부다익과 칭물평시'는 군자가 가득 찬 것을 다스리는 도로서, 가득 찬 것을 다스리지 않는다면 많은 것은 더욱 많아지고, 적은 것은 더욱 적어져서 정사가 가지런해질 수 없다. 이 때문에 군자가 자신을 대함에는 낮추어 내리고, 사물을 처리함에는 고르게 균등하니, 겸손의 덕이 지극한 것이라고 할 수 있다.[20]

---

16 이만부, 「易大象便覽」: "자기에게 있는 것은 크고 높다 보고, 타인에게 있는 것은 낮다고 봄이 많습니다. 겸손함은 자기 높임을 억제하고 낮추어서, 사람보다 아래 두는 것이니 이것이 바로 고르게 함입니다. 하물며 임금은 숭고한 지위에 있으면서, 여러 낮은 자 위에 군림하니, 더욱 자신의 높음을 억제하고, 낮추어서 사람들보다 아래로 해야 합니다. 이것이 겸손함이 덕의 자루가 되는 까닭입니다. 또 이러한 뜻으로 일을 처리하신다면, 물건이 많은 것은 덜어내어 적게 할 수 있고, 물건이 적은 것은 더해 주어 많게 할 수 있으니, 베푸는 것이 공평하지 못할까 걱정하지 않을 것입니다."

17 김상악, 『山天易說』: "많은 것을 덜어내 적은 곳에 더해 주는 것은 산이며, 물건을 저울질하여 베풂을 고르게 하는 것은 땅이다. 坤卦는 음이 셋이고, 艮卦는 음이 둘이며, 호괘 坎卦의 몸체가 위와 아래를 나누고 있으니, 물건이 저울에 있는 것과 같다. 『爾雅』에서 '감괘는 저울[律銓]이다' 하였는데, 감괘는 法을 주로 하고 법은 律이니, 모두 가볍고 무거움을 저울질하여 헤아리는 것이다."

18 서유신, 『易義擬言』: "밖으로는 낮고 아래에 있어도 안으로는 숭고함이 땅 속에 산이 있는 것처럼 겸손한 상이다. '많은 것을 덜어내 적은 데에 더해줌'은 산의 쌓임과 같고, '물건을 저울질하여 베풂을 고르게 함은 땅의 평평함과 같다. 겸괘에는 높은 자를 억누르고 낮은 자를 예우하는 뜻이 있으니, 이를 미루어 본다면 '많은 것을 덜어내 적은 데에 더해줌'은 긴 것을 잘라 짧은 것에 보태어 줌이 이런 부류이다. 겸손함이 지나치면 지나치게 공손함[足恭]이다."

19 金龜柱, 『周易箚錄』: "'많은 것을 덜어내 적은 곳에 더해주어, 물건을 저울질하여 베풂을 고르게 함을, 혈구絜矩의 뜻으로 미루어 본다면 또한 부합하지 않음이 없다. 윗사람에게서 싫었던 것으로 아랫사람을 부리고, 아랫사람에게서 싫었던 것으로 윗사람을 섬긴다면, 나는 많아지고 저는 적어져서 물건이 가지런할 수 없을 것이다. '絜矩之道'를 아는 그것은 또한 겸손한 자라야 능히 할 수 있다."

20 이익, 『易經疾書』: "산이 무너져 아래로 보태지고 뿌리 위에 두텁게 쌓이면 剝卦가 되고, 평지 아래로 이어진 산등성이가 숨겨져 있으면 謙卦가 되니, 지금 땅을 파고 깊이 들어간다면 암석의 이어진 맥으로 증험할 수 있다. 산은 본래 높고 큰 것인데, 땅 속에서 가려지고 숨겨져서 뾰족

> 初六 謙謙君子 用涉大川 吉
> 초6은 겸손하고 겸손한 군자이니 대천을 건너는 데 쓰면 길하다.

가장 아랫자리에 처하여 스스로 부족함을 느끼고 겸손한 마음으로 덕을 길러
나가는 자이다. 어떠한 어려움이 있더라도 겸손한 마음만 있다면 만사를 해결해
나갈 수 있다. 예컨대 개천을 건너는데 발 아래로 흐르는 물의 방향과 깊이를 보
며 조심조심 가야지, 고개를 빳빳하게 들고 하늘을 쳐다보며 가는 이는 아마도
없을 것이다. 초6에게는 어려움이 닥쳤을 때 스스로를 깊숙이 낮추고 세상을 잘
관조하며 가라 한다. "겸겸하는 군자는 낮추므로 스스로를 길러가는 것이다[象曰
謙謙君子 卑以自牧也]" 한 것도 언젠가 쓰이는 그 날을 위하여 목축牧畜하길 바라는
마음이다. 그러나 동파는 오로지 대천을 건널 때만 쓰라 하였고, 정자는 자처비하
自處卑下하고 자처지겸自處之謙하면 만물과 하나 되고 중생과도 하나 될 것이라
했다. 겸괘가 명이괘明夷卦로 변한 경우다.[21]

겸겸謙謙은 가장 낮은 곳에 처하여 있는 자의 처신법이며 보살菩薩의 정신이
다. 남이 보든 보지 않든 스스로 머저리처럼 지낸다면 반드시 앞으로 큰일을 감
당할 세월이 찾아올 것이다. 김수환 추기경이 그런 모델이었다.[22] 큰 내를 건널
때는 발 밑이 편치 않고 물살이 심하여 고생하고 위험이 따르지만, 그 험한 내를
건너고 나면 편안하고 좋은 일이 찾아들 것을 믿는 자리다. 특히 초6은 겸겸을
무기로 내놓을 수 있는 자라, 겸손하고 겸손하면 어떠한 대천이라도 건너갈 수
있다. 그렇지 않다면 명이明夷의 캄캄한 세월로 곤욕을 치른다.

한 끝부분을 드러내지 않으니, 천년 만년이 지나도 누가 헤아려 알 수 있겠는가. 군자의 겸손한
덕이 이와 유사하다. 산에는 높고 낮음이 있지만 땅은 곧 평평하다. 이것은 산의 부족함이 오히
려 땅의 전체적으로 두터운 것에는 미치지 못함이다. 마치 사람에게 善을 취하여 덕을 보충하고
仁을 함께 하여 베풂을 고르게 하는 것과 다르지 않다."

21 [說證] 明夷卦는 小過卦에서 왔다. 소과 때는 震君이 상괘지만 상에서 최하위에 있었고, 명이가
되면 震君이 최하위로 내려가니 '謙謙君子'가 된 것이다. 소과 때는 대천이 있어 곤의 친구들이
서로 건너지를 못했는데, 명이가 소과가 되면 한 사람이 하천을 건너(1→4) 震의 길에 오르고,
명이의 곤(坤)-우(友)들도 남김없이 건너가니 '用涉大川'이다. 또한 泰卦 2가 명이로 가 '用馮河不
遐遺'라 한 것 역시 같은 이치다. '卑以自牧' 역시 명이 하괘에서 스스로 밝음을 離養하니 离의
牛가 坤養에 짝하여 소를 치는 '牧'이 된 것이다.

22 김수환, '바보가 바보들에게' : "안다고 나대고, 대접받기 바라고, 내가 제일 바보같이 산 것 같아
요. 사랑이 머리에서 가슴까지 내려오는 데 70년이 걸렸습니다."

『유마경』은 겸을 이렇게 노래한다. "높은 언덕이나 구릉에는 연꽃이 피지 않고[高原陸地 不生蓮花] 낮고 습한 진흙에서만 이 꽃은 피어나는 법이다[卑濕淤泥 乃生此花]." 겸재謙齋 정선鄭敾은 『주역』의 음양 원리에 입각하여 음양의 조화와 대비로 화면을 구성한 진경산수 화법을 창안했다. 그는 『주역』에 대한 남다른 관심을 가지고, 남다른 열정으로 전국을 누비며 우리의 산천을 보고 <금강산도> 등을 남긴다.[23/24]

六二 鳴謙 貞吉
육2는 이름이 사방에 울려퍼져도 겸손하니 일을 처리함에 길하다.

명성이 이미 퍼져서 자자한데도 겸손하기에 마다하지 않는다. 겸허한 마음이 스스로 말과 행동에 나타나니[鳴謙, Modesty expression] 이 마음을 잃지 말아야 바르고 길할 것이다. 유순柔順하고 중정中正한 2인 고로, 공자 역시 "이름이 세상에 울려도 겸손하고, 또 일처리가 곧고 길하다는 것은 중심을 잡고 처신하기 때문이다[象日 鳴謙貞吉 中心得也]"라며 극찬을 아끼지 않는다. 이러한 2의 겸손한 덕은 장차 세상에 쓰일 것이다. 그것이 바로 겸이 지풍승地風升이 되는 까닭이다.[25] 아산은 이를 '시중명겸時中鳴謙'이라며 "천지 운행의 도수와 시절인연도 그대로 두면

---

23 최완수, 『겸재정선』: "겸재 이전의 화가들이 따랐던 중국화법이라는 것은 남방화법과 북방화법이 달라요. 남방에서는 기후가 고온다습하기 때문에 안개나 구름에 싸여 있는 경우가 많아요. 이런 경치를 묘사하기 위해서 번지는 화법, 즉 묵법이 유행했어요. 그리고 북방에서는 선으로 묘사하는 필법이 유행했습니다. 중국 화가들은 한 화면에 묵법과 필법이 어우러지기를 바라며 그림을 그렸지만 출신 지역의 화법에 치우쳐 통합하지는 못했어요. 그런데 그 이상적인 통합을 겸재가 이뤄냈단 말입니다. 한 화면에 주역의 원리, 즉 음양 조화의 원리를 구현한 겁니다. 즉 흙으로 된 土山은 수목이 우거져 있으니까 묵법으로 그리고, 骨山 즉 바위로 된 岩山은 필법으로 처리해서 음인 토산이 양인 골산을 감싸게 하거나 서로 대립하게끔 화면을 구성한 거죠. 이런 겸재의 그림을 보고 당시 중국 화가들이 놀란 거지요. 자기들이 하고 싶어도 못했는데 어떻게 이런 조화를 이룰 수 있느냐는 겁니다."
24 참고로, 무슨 일이든지 겸손한 자세로 그 일에 충실하면 어떠한 어려움도 이기고 성공할 수 있다. 단, 소의 발바닥에 밟히는 논밭처럼 묵묵히 이겨갈 수 있는 자신의 자세에 만사가 달렸다. 지나친 욕심은 삼가라.
25 升卦는 小過卦로부터 왔다. 소과 때는 군자가 위에서 震으로 명성을 떨쳤는데, 승괘가 되면 아래로 내려가 스스로를 낮추어 巽으로 겸양을 이루니 '鳴謙'이요, 소과도 大坎, 승괘 또한 坎貞의 덕을 이루니 '정길'이라 하였으며, '中心得'은 离心 속에 한 개의 양을 얻음이다.

아무런 위력이 없으니, 누가 이것을 잘 쓸 것인가가 중요한 것"이라 밝힌다. 육2
는 자신의 명성이 세상에 자자한데도 이를 겸손으로 잘 대응하고 있다.

동파는 또 '명겸鳴謙'을 3과 호응하는 대가로 주장하는데 충분한 설득이 있다.
"수컷이 울면 암컷이 호응한다. 『역』에서는 음양이 서로 부르고 대답하는 것을
명鳴이라 하였다. 겸괘謙卦가 겸이 되는 까닭은 3효 때문이다." 그가 겸손한 것은
노력하기 때문이므로, 그 소문을 듣고 그 은택을 입은 자는 겸손하게 따르지 않
음이 없다. 2효는 그의 이웃이고 상효는 그의 짝이다. 그러므로 모두가 화합하여
겸손하게 호응한다. "호응이라는 말은 그것이 3효와 화합을 의미하고, 곧음이라는
것도 그의 성품에서 나온 것이다." 여기 '명겸鳴謙'의 좋은 예로 먼저 장자의 유명
한 이야기가 있다.

손휴가 스승 자편경자의 집에 가서 물었다. "저는 고향에 있을 때 수양이 되지
않았다는 말은 듣지 않았고, 용기가 없다는 이야기도 듣지 않았습니다. 그런데 농
사를 지으면 풍년을 만나지 못하고, 임금을 섬기면 때를 만나지 못하고, 마을에서
는 배척을 당하고, 고을에서 쫓겨났습니다. 내가 하늘에 무슨 죄를 지었기에 이런
운명을 당하는 것입니까?" 그러자 스승의 대답이 걸작이었다. "자네는 저 지인의
행동을 듣지 못했는가? 지인은 자신의 간과 쓸개까지도 잊고 귀와 눈도 잊어버리
고 아득히 속세 밖에서 놀며, 인위적인 일이 없는 경지에서 소요하였다는 것을.
이런 행동이야말로 일을 하고서도 그 능력을 믿지 않고, 이루어 놓고서도 자기의
공로로 생각지 않는다는 것이다. 그런데 자네는 지혜를 꾸며 어리석은 이를 놀라
게 하고, 몸을 닦아 남의 잘못을 밝혀 그 분명함이 해와 달을 매달아 놓고 행동하
듯 한다. 그 잘난 재주로 남을 놀라게 하고, 남의 잘못을 해와 달을 매달아 놓고
비추듯이 하면서도, 그대의 몸뚱이를 보전하고 아홉 구멍이 온전하다니 그것만도
다행으로 여길 것이지, 어디 하늘을 원망한단 말인고? 돌아가라, 이놈!" 그래서
손휴는 물러가고 자편경자는 방으로 들어가 앉아 있다가 한참 만에 하늘을 우러
러 탄식했다. 이때 그의 제자들이 묻기를 "선생님께서는 어째서 한숨을 쉬십니
까?" 하므로 자편경자는 대답하기를, "아까 손휴가 왔을 때 내가 지인의 덕을 일
러주었으니, 나는 그가 두려워한 나머지 현혹에 빠질까 걱정이 되는구나" 하였다.
그러자 제자가 말하기를 "그렇지 않습니다. 손휴의 말이 옳고, 선생님의 말씀이
틀렸다면, 틀린 말로는 바른 말을 현혹시킬 수가 없기 때문입니다. 또 손휴의 말

이 틀리고 선생님의 말씀이 옳다면 그는 본디부터 현혹되어 왔으므로, 선생님께 무슨 죄가 있겠습니까?" 하였다. 그러나 자편경자는 이렇게 말했다. "그렇지가 않다. 옛날 어떤 새가 노나라 교외에 날아와 앉으니, 노나라 임금은 그것을 기뻐하여 소, 양, 돼지 등의 좋은 요리를 장만하여 새에게 먹이고, 순임금의 음악인 구소를 연주하여 새를 기쁘게 하려 했었다. 그러나 그 새는 근심에 잠기고 눈이 휘둥그레져서 음식도 먹지 않았다. 이것을 일러 인간 자신을 기르는 양생법으로 새를 기른다는 것이다. 대저 자기를 기르는 법으로 새를 기르려면, 깊은 숲속에 살게 해야 하고 강가 호수에 뜨게 하며 미꾸라지 등을 먹이면서 새를 편안하게 살게 해주어야 한다. 그런데 지금 손휴는 견문이 좁은 사람인데 내가 지인의 덕을 알려 주었으니, 비유컨대 그것은 마치 생쥐를 태우기 위해 수레나 말을 사용하고, 종달새를 즐겁게 하기 위해 쇠북이나 북을 치는 격이다. 그것들이 어찌 놀라지 않겠는가?"[26]

다음은 천하의 주공이 헛소문에 악명을 덮어쓴 이야기다. 서한西漢의 위선자 왕망王莽은 교활하고 간사하여 정권 찬탈의 야심으로 겸손하다는 명성과 군자의 전형을 보여주다가, 그의 속셈이 들통나서 세상을 놀라게 했다. 그때 주공은 헛소문으로 모함을 당해 억울한 누명을 덮어쓴 적이 있었는데, 백거이白居易의 「방언放言」이란 시에 두 사람을 비교하여 밝힌 내용이 이렇다. "주공은 한때 낭설을 두려워했고[周公恐懼流言反], 왕망은 찬탈 이전에 명겸하였다니[王莽謙恭未篡時], 만약 그들이 일찍 죽고 말았다면[徜若當初身便死], 일생의 진위를 누가 알 수 있었으랴[一生眞僞有誰知]."

九三 勞謙 君子有終 吉
구3은 노력하면서도 겸손하니, 군자가 시작하는 일은 책임지고 끝마치는 바가 있으니 길하다.

천하를 위하여 헌신하고 겸손한 마음을 끝내 잃지 않는 자로 겸괘의 주효이다.

---

26 『莊子』, '達生'편.

여러 민중과 대중을 위하고 전체를 위하여 노고를 잊지 않는 자다. 세상은 이런 사람을 현로賢勞라 부른다.[27/28/29/30/31] 이를 공자가 "노겸하는 군자에게는 만백성이 복종한다[象曰 勞謙君子 萬民服也]"며 이 대목을 「계사전」에서 한 번 더 강조한다.

"노고를 다하여도 자랑하지 않고, 공이 있어도 주장하지 않으니 후덕함이 지극하다. 이 말은 공덕이 있으면서도 남에게 자기를 낮추는 것을 뜻한다. 덕으로 말하면 이것은 대단한 것이요, 예로 말하자면 공손이다. 겸손은 공손함을 이루게 함으로써 그 자리를 보존하는 바이다."[32]

노겸勞謙은 겸손과 공손으로 스스로를 길러 겸공자목謙恭自牧하는 노고勞苦를 이른다. 지고지순한 즐거움이 있으면 작은 기쁨은 사라지는 락고희승樂高喜勝이 인지상정人之常情이 아닌가. 왕필은 겸의 시절에 안주할 수 없어 더욱 부지런하게 순순하니 길을 얻었다 주장한다. 구3은 아래에 있지만 위에 있고 정위正位한지라, 뭇 음들이 높이 받들고 가장 존중하는 자다. 그렇지만 어찌 존중된다고 안주할

---

27 '賢勞'는 홀로 수고를 도맡아 하는 것을 말한다. 『詩經』 '北山'에 "넓은 하늘 아래, 임금의 땅이 아님이 없으며, 땅을 따라 물가에 이르기까지, 왕의 신민이 아님이 없거늘, 대부가 일이 고르지 않아, 나를 현능(賢能)하다 하여 홀로 종사하게 하네"라고 한 데서 유래. 『맹자』 '萬章上'에는 이 시가 "莫非王事 我獨賢勞"로 인용됨.

28 『영조실록』 2년 11월 26일, '현로' : "비록 君臣上下가 飭勵하며 서로 勉勵한다 하더라도 오히려 이를 구제하지 못할까 두려운데, 현재 首相은 묵은 病으로 오래도록 정사를 보지 못하고 있고, 左相은 荒野로 물러나 조정에 나올 기약이 없으며, 홀로 右議政 崔錫恒만이 王事에 '賢勞'하여 정성을 다하고 마음을 다하여 힘쓰고 있습니다."

29 申欽, '象村稿, 노겸[挽詞성균관대사성李敏求]' : "순일한 덕으로 공을 차지 안 한 지 오래였고, 빈궁하든 영달하든 오직 바른 명만 따랐을 뿐, 태연자약한 마음가짐 홀로 깨어 있었도다. 영상의 몸 홀연히 妖氣가 침노하니, 저 높은 하늘은 원래 인자하지 않도다. 현상금 내걸어도 의원을 구할 수 없었는데, 하늘이 데려가는 이치 물어보기 어렵도다."

30 李植, 『澤堂集』, '노겸[挽詞朴參贊東善]' : "재질은 崑崙과 藍田의 금옥이요, 자태는 곧고 굳센 송죽과 같았어라. 난리를 평정할 때 노겸의 자세 보여 줬고[勞謙戡亂際], 인륜이 무너질 때 義氣가 하늘을 찔렀어라."

31 黃玹, 『梅泉集』, '五哀詩 현로[関輔國泳煥]' : "외척이라 해서 무시할 건 아니니, 민씨 성 중에는 이런 분도 있었다네. 사명을 받고서는 현로를 다하였고[啣命忘賢勞], 보궐로 있을 때는 부지런히 납약했네. 마르고 깨끗한 죽을 자리 찾으려고, 하늘을 올려 보고 땅을 굽어 보았네. 통쾌하도다, 순식간에 결단을 내려, 한바탕 웃음 웃고 저승길을 택했구나. 찬 하늘에 별이 돌아오는 날이 되면, 이 연꽃 봉오리를 비추어 주리."

32 「계사전(상)」 제8장 : "勞謙, 君子有終, 吉. 子曰 勞而不伐, 有功而不德, 厚之至也, 語以其功下人者也, 德言盛, 禮言恭, 謙也者, 致恭, 以存其位者也." 여기서 '勞而不伐'은 진의 공덕이요, '有功而不德'은 감의 후덕이요, '其功下人'은 人主가 坤民에 처함이다. '德盛'과 '禮恭'은 모두 '致恭以存其位'함이다. '德(惪)'은 '직심'으로 감의 덕이다. 겸은 正坎이 아닌 互坎이기에 '不德'이라 했다.

수 있으리요.

동파도 시지즉지時止則止를 애써 지키는 수고를 칭찬하고 있는데, 그것은 수고와 노고를 아끼지 않는 겸을 할 수 있는 능력은 간艮의 구3이기에 그렇다는 것이다. "3이 간艮이면서 곤坤보다 아래에 있지만 그 겸손이 지극하니 공로가 크다." 이 또한 겸괘가 곤괘로 간 경우다.[33/34] 여기 '복服'은 자신의 몸에 맞는 옷만큼 자신에게 확실히 복종服從하는 것이 없다는 의미다.

> 六四 无不利 撝謙
> 육4는 이롭지 않음이 없으리라. 겸손한 자를 높이 떨쳐 올릴 것이다.

---

33 [說證] 겸괘는 坎이며 勞卦니 그 노고가 막심하다. 겸은 震의 명성을 날리지 아니하고, 존귀한 자리를 사양하며, 坤의 아래 비천한 곳에 자리하니 '勞謙'할 수 있다. 艮은 만물이 성종하는 자리라 3에서 하괘를 종결함에 '君子有終'이다. 그리고 겸에서 곤의 백성들이 내외 구분 없이 坎으로 귀순하니 '萬民服也'다[坎者萬物之所歸也]. 곤괘 3이 겸괘로 감에 '无成有終'도 같은 이치다.

34 안병욱, '수필·겸' : "주역의 가치관에 의하면 最高의 德은 勞謙이다. 열심히 일하여 훌륭한 공로를 세운 다음에 겸손하여라. 그러므로 謙尊而光이라고 갈파했다. 겸손은 가장 尊貴하고 빛나는 것이다. 勞謙人이 되어라. 반드시 萬人의 尊敬과 崇仰을 받을 것이다. 勞謙은 인간의 極致요 道德의 最高峰이다. 勞謙君子 萬民服也. 勞謙한 君子앞에는 天下萬民이 모두 心腹하고 진심으로 따른다. 고대 중국의 最古의 古典은 書經이다. 書經은 중국 古代의 역사와 思想을 이해하는 데 가장 귀중한 책이다. 서경에 이런 말이 있다. 謙受益(書經 大禹謨) 겸손한 마음, 겸손한 태도를 가지면 언제나 내게 利롭다. 謙遜, 謙讓, 謙虛는 인간의 德目 중에서 最高位에 속한다. 이 세상에는 强者와 弱者가 있다. 강자는 교만과 優越感에 사로잡히기 쉽다. 弱者는 卑屈하여 劣等感에 빠지기 쉽다. 교만은 강자가 걸리기 쉬운 마음의 病이요, 비굴은 약자가 빠지기 쉬운 마음의 병이다. 우리는 교만의 병에도 걸리지 않아야 하고, 비굴의 병에도 걸리지 않아야 한다. 일찍이 西山大師는 그의 不朽의 名著『禪家龜鑑』에서 이렇게 말했다. 不自屈 不自高. 스스로 비굴하지도 말고, 스스로 교만하지도 말라. 누가福音 14장 11절에는 그리스도의 다음과 같은 名言이 있다. '무릇 自己를 높이는 자는 낮아지고 자기를 낮추는 자는 높아질 것이다.' 겸손한 자는 높아지고 교만한 자는 낮아진다. 교만은 敵을 만들고 겸손은 친구를 만든다. 겸손의 옷을 입고 살아라. 이것은 인생의 뛰어난 智慧다. 영어에는 이런 명언이 있다. The more noble the more humble. 인간은 偉大하면 위대할수록 겸손해진다. 겸손은 偉人의 特質이다. 美國人 중에서 뛰어난 가장 代表的인 미국인이 누구냐 하고 물으면 많은 미국인들이 벤자민 플랭클린을 든다. 그는 가난한 가정에 태어나 큰 뜻을 세우고 赤手空拳과 獨學自習과 奮鬪努力으로 유명한 科學者가 되었고 뛰어난 정치가가 되었고, 탁월한 社會 改革者가 된 立志傳의 人物이다. 그의 自敍傳『프랭클린 自傳』은 세계의 여러 자서전 중에서 白眉에 속한다. 그는 그의 자서전에서 인생의 貴重한 德目으로서 열 세 가지를 들고, 제일 나중에 謙遜의 덕을 강조했다. 그는 이렇게 말했다. '그리스도와 소크라테스를 본받아라.' 가장 理想的인 인간은 어떤 사람이냐. 勞謙人이다. 열심히 일하여 큰 功勞를 세운 다음에 겸손하여라. 이것이 周易의 바람한 人間像이다."

유약한 임금의 측근 신하로서 정위正位에 있으면서 유순하다. 겸의 시절을 맞아 공로가 아래의 3보다 크지 않지만, 나서지 않고 3을 높이 치하하여 등용을 시키는 겸손을 발휘하니 이롭지 않음이 없다. 공자도 '무불리휘겸'을 "군자를 숭상하고 소인을 억제한다는 국가의 큰 원칙을 어기지 않음을 말한 것[象曰 无不利撝謙 不違則也]"이라 하였다.

정자는 "겸덕謙德의 임금을 시봉하고 노겸勞謙의 신하를 비손卑異하는 휘겸撝謙은 이롭지 않은 바가 없다"며 휘撝를 보시普施의 상으로 보았다. 다산은 '휘撝'를 '올려 받듦'이라 하고, 정자는 '베풀어 펴는 보시'라 하고, 주자는 '발하여 휘두름'이라 하였다. 여기서는 다산의 '높여 올려 받듦'을 취하기로 한다.

동파는 '돕다'로 보았지만 명쾌하지 않다. "3과 가까워 짝하는 형상이다. 4는 3이 향하는 곳이므로 '돕다(撝)'로 본다. 유순하며 정위를 얻었으니 마땅히 3이 향하는 바이다. 겸손으로 겸손을 손짓하여 도우니 누군들 이롭지 않겠는가?"

또 왕필은 '이르는 곳마다'로 풀며 좀 더 이해를 가깝게 했다. "'휘撝'는 위에서 아래로 '꺾어 낮추다'의 뜻이다. 겸손과 유순으로 5를 받드는 것은 윗사람에게 실행하여야 하는 도이다. 위를 받들고 아래에 낮추는 도를 다하므로 이롭지 아니함이 없다. 하는 일마다(이르는 곳마다) 모두 겸손하니 법을 어기지 아니하도다." 겸괘가 소과괘小過卦로 간 경우다.

여기서는 변역과 호괘를 모르면 이해가 어렵다.[35/36] 군주가 뜻이 겸손하지 않으면 힘써야 할 공부를 할 수 없고, 마음이 겸허하지 않으면 여러 가지 좋은 점이 들어오는 것을 받아들일 수 없다. 자기 지혜와 주장에 의거하면서 천하 사람의 말을 받아들일 수는 없다.[37]

---

35 [說證] 소과는 頤卦를 도전하였기에 頤卦 때 교만한 간의 소인이 내려와 있고, 또한 간의 소인이 겸손한 군자를 들어 위로 올리니 '휘겸'이다. 소과가 되면 互兌가 利를 얻고, 아래 巽도 利를 얻어 '无不利'한 상이 된다.

36 한때 MB(이명박 대통령) 형 이상득이 狐假虎威하며 萬事兄通이란 유행어를 만든 적이 있다. 겸괘 4가 동하면 小過다. 소과의 경고다. "날려고 하지 말라. 흉하다. 좀 더 공손하면 좋고, 좀 더 더 공손하면 더더욱 좋다. 아래로 아래로 내려가야 좋다는 下下大吉을 명심하라!"

37 吳健, 『德溪集』, '請進學納諫疏' : "군주가 학문을 향상시키는 것은 반드시 뜻을 겸손히 하는 것으로 근본을 삼고, 諫言을 받아들이는 것은 반드시 마음을 비우는 것으로 근본을 삼아야 한다고 합니다. 대개 뜻이 겸손하지 않으면 항상 힘쓰는 공부를 할 수 없고, 마음이 겸허하지 않으면 여러 가지 좋은 점이 들어오는 것을 받아들일 수 없습니다. 자기 지혜에 스스로 만족하면서

> ## 六五 不富以其鄰 利用侵伐 无不利
> 육5는 (재난을 당한) 그 이웃으로 말미암아 (구휼에 힘을 쓰니 자기 나라는) 부유하
> 지 못하게 될 것이다. (은밀히) 침공하거나 (공개적으로) 정벌함에 이로울 것이다.

금력을 부리지 않고, 재력을 내세우지 않아도 이웃과 친할 수 있는 자리다. 겸
손하고 부드러운 임금에게는 자연히 백성들이 모여든다. 만약 재력과 권력을 내
세우며 겸손하지 못한 자가 있다면 침벌侵伐해도 좋다. 만약 금권金權으로 세상을
해치는 자가 있다면 당당하게 정벌하여 고통을 가해야 한다. 세상이 최고 권력자
임금에게 모여드는 것은 오직 금권 때문이다. 그렇지만 그 임금은 스승과 아비
그리고 인군仁君을 배신하고 불효하고 불충한 자가 있다면 엄중히 천도天道로써
쳐야 마땅하다.

이를 정자는 문덕文德과 겸손謙巽으로도 항복을 받지 못하는 바에는 아예 정벌
을 하는 것이라 하였다. "항복을 받지 못할 곳에 위무威武를 쓰지 않으면 어찌
천하를 평치하겠는가. 그것은 임금의 중도가 아니라 오히려 겸이 넘친 것이라 할
수 있다." 여기서도 다산은 "은밀히 침공하거나 공개적으로 정벌하는 일은 모두
가 이로울 것"이라 한다.[38]

동파는 한 발 더 나아가 직교直驕하는 자를 즉석에서 침벌하라 이른다. "직直
은 곡曲의 반反이요, 교만驕慢은 겸손謙遜의 반反이다. 노겸勞謙으로 안으로는 명
겸鳴謙하고, 밖으로는 휘겸撝謙한다. 더욱이 겸겸謙謙하고, 부다익과裒多益寡하고
칭물평시稱物平施하는데도, 시절의 인연을 모르고 직교直驕하는 자가 있다면 교화

의리의 심오함을 탐구하고, 먼저 개인의 주장에 의거하면서 천하 사람의 말을 받아들일 수 있겠
습니까. 위대한 순임금이 묻고 관찰하기를 좋아한 것, 하나라 우임금이 자만하거나 뽐내지 않은
것, 은나라 탕임금이 스스로 스승을 얻을 수 있었던 것, 문왕이 도가 있는 사람을 尊慕하여 아
직 보지 못한 것처럼 한 것, 주공이 교만하거나 인색하지 않은 것, 공자가 이른바 겸손함으로
자신을 길러나간 것, 안연이 있지만 없는 듯하고 가득 차면서도 텅 빈 것 같이 한 것은 대개
이 때문입니다. 오직 전하께서 여기에 마음을 두면 매우 다행이겠습니다."

38 [說證] "겸괘가 蹇卦로 간 경우인데, 겸의 호괘가 雷水解卦에서 5가 변하면 澤水困卦가 된다[곤
괘 상괘는 태]. 곤괘는 比卦로부터 왔는데, 비괘 때는 북쪽이 부유한 반면 남쪽은 궁핍하였다.
비괘가 곤괘가 되면 곤은 한 개의 양을 얻어 그 속을 충실히 한 반면 건은 한 개의 양을 잃어
태의 훼절을 당하는데, 이것은 북국의 빈곤이 남쪽 이웃나라 때문이라는 것이다. 곤이 비괘에서
왔으니, 북국의 강이 남국을 쳐 곤의 백성을 바로잡으니 감으로 귀순함에 '이용침벌'과 '정불복'
이라 한 것이다." 『춘추』에 따르면 "군사를 숨겨서 지경을 노략질함이 '侵'이요, 북을 울려서 죄
를 소리하고 토벌함이 '伐'이다" 했다.

침벌敎化侵伐로 다스릴 수밖에 없다."

　아산은 재미있게도 혹 그럴 리는 없겠지만, 만약 유일한 양 구3이 임금을 노리고 들어온다면 가차 없이 쳐부숴도 불리할 것이 없고, 말로만 청렴결백할 것이 아니라 임금이 혹 탐욕에 사로잡혀서 안빈낙도를 잊으면, 그 자신마저도 침벌할 것을 암시하고 있다.

　공자의 주석에서 "침공하고 정벌하는 데 써도 이롭다는 것은 불복하는 자를 무조건 정벌함이다[象曰 利用侵伐 征不服也]"라는 것이야말로 포괄적인 해석이다. 겸손으로 침벌을 쓰지 않는다면 반드시 불복하지 않는 자가 있을 것이다.[39/40/41]

39　김상악, 『山天易說』: "'不富'는 음이 위에 있어서이고, '隣'은 하괘 艮을 가리킨다. 육5는 坤에서 중심을 잡고 겸손하고 유순하니 무리가 따르는 바이니, 비록 부유하지는 않으나 이웃할 수 있어서, 공로가 있고 겸손한 어진 이, 구3을 얻었기 때문에 침벌을 씀이 이롭고 이롭지 않음이 없다. '부유하지 않고도 이웃한다[不富以其隣]'는 것은 泰卦 4[翩翩, 不富以其隣, 不戒以孚]에도 보이는데, 음은 홀로 이루지 못하고, 반드시 굳센 양이 이웃함을 얻은 뒤에야 일이 있다. 그러므로 두 괘가 상을 취함도 또한 같다. 소축괘 구5에서 '富以其隣'이라고 하였으니, 5의 부유함으로 4의 이웃을 돕는 것이다. '침벌을 씀이 이롭다[利用侵伐者]'는 이웃과 함께 정벌을 행한다. 모든 효가 다 겸손하고 유순함을 주로 하기 때문에 정벌을 당하는 효가 보이지 않는다. 4 또한 '겸손을 펼치니[撝謙]' 승복하지 않는 것도 아니다. 여기 5의 뜻은 대유괘 육5와 서로 비슷하니, 대유괘는 다섯 양의 호응을 얻었으니 위엄 있는 듯이 할 수 없다면 사람들이 안이해져 대비가 없게 된다[威如之吉, 易而無備]. 겸괘는 5음의 우두머리가 되었으니 침벌함을 쓰지 않는다면 반드시 승복하지 않는 자가 있게 될 것이다."

40　석지형, 『五位龜鑑』: "신이 삼가 살펴보았습니다. 겸괘 5에서 '겸손함'을 말하지 않고 '침벌'을 말한 것은 伯益이 우임금를 도우면서 '겸손함으로 이익을 받는다[謙受益]'고 한 것과는 같지 않으니, 어째서이겠습니까? 우임금이 이미 정벌을 하였지만 苗가 항복하지 않았기 때문에 이로움이 겸손함에 있었고, 5는 이미 겸손하지만 승복하지 않기 때문에 이로움이 정벌함에 있으니, 이것이 같지 않은 까닭입니다. 만약 괘의 몸체로 말한다면, 坤은 군사의 무리가 되고 震은 움직임이 되기에 무리를 움직이는 상이 있으며, 艮은 그침이 되고 坎은 험이 되기에 험난함을 그치게 하는 상이 있습니다. 그렇다면 괘에는 본래 침벌의 뜻이 있고, 요점은 또한 따르는 무리에 있으니, 무리가 따르지 않는데도 함부로 침벌을 행한다면, 패하지 않음이 드물 것입니다. 아! 이른바 '침벌은 반드시 칼에 피를 묻히는 것을 말하는 것이 아니니, 평일에 위엄을 세움이 침벌의 도가 아님이 없을 것입니다. 엎드려 바라오니, 일을 행함에 (이러한 점을) 미루시어 적당하게 쓰십시오."

41　참고로 돌아다니는 재물은 내 물건이 아니다. 삼가 근신하라. 그리고 나는 수전노가 더더욱 아니라 남들에게 나누어 주는 것을 아는 사람이다. 그리고 이승만 시절의 이기붕과 박정희 시대의 차지철 같은 인간들은 모두가 겸손과 위엄을 모르고 侵伐을 잘못 쓴 대가로 자식(이강석)의 총에 맞아 죽거나 부하(김재규)의 총에 맞아 죽는 '버러지' 꼴을 당했다.

> 上六 鳴謙 利用行師 征邑國
>
> 상6은 겸손하다는 명성이 (사방에) 자자하다. 군사를 출동시키는 일이 이로우니,
> (타국을 침이 아니라 자국의) 읍국을 정벌하는 데 써야 이롭다.

육2는 중정한 자로 스스로 겸이 우러나지만, 상6은 비록 정위일지라도 겸의 극에 있기에 과한 겸을 써도 뜻을 얻지 못한다. 만약 군대를 쓸 일이 있다면 타국이아니라 읍국을 쳐야 한다. 여기서 읍국은 자국이기도 하고 자신이기도 하다. 단 "3의 짝이라는 덕에 나를 알아주기는 하여도 복종을 하는 자는 적다. 그러니 작은 읍국에서조차도 알아주지 않고 섭섭하게 하니, 겸의 어른으로서 정벌하여도 불리할 것은 없다."

위는 동파가 어른으로서 정벌하러 나서는 빌미를 찾아낸 구실口實이다. 그런데 왕필은 여기서 '길흉회린'으로 '이利'를 밝힌다. "길흉회린吉凶悔吝은 움직이는 데서 생겨나고, 그 움직임은 이로움을 추구하는 데서 생겨난다. 많은 사람들이 싫어하는 곳에 거처하면 해침을 당하는 경우가 적다. 겸괘의 상효가 비록 정위에 있고 존귀한 자를 타고 있더라도, 흉허물이나 후회와 궁색이 없는 것은 겸손을 모토로 삼기 때문이다. 겸은 높아도 빛나고 낮아도 넘을 수 없다[尊以光, 卑以不可踰]하니 참으로 그러하다."

공자의 "명겸은 뜻을 아직 얻지 못했기 때문이요. 다만 군대를 동원한다는 것은 자국을 칠 수 있기 때문이다[象日 鳴謙 志未得也 可用行師 征邑國也]"라는 주석을 보면 2의 명겸鳴謙은 중심을 잡았기에 길吉하고, 상6의 '명겸鳴謙'은 중정을 얻지 못하여 나의 뜻이 세상에 전달될 수가 없음이다. (임성주는 명겸을 병폐로 보았다.)[42] 그러니, 자신의 나라나 잘 다스리고, 또 자신이 세상을 위하여 수고를 하고도 그 수고를 잊는 '노겸勞謙'으로 자신을 달래어 감을 의미하고 있다. 역시 겸괘가 간괘艮卦로 간 경우다.[43/44]

---

42 任聖周, 『鹿門集』, '명겸[答李伯訥]' : "'鳴謙'을 '겸손함으로 소문이 난 것[以謙有聞]'으로 해석하였으니, 그렇다면 上6의 鳴은 병폐로 여겨야 하지 않겠습니까? 六2가 九3에 比가 되고, 上6이 九3과 응이 되니, 鳴에 원인이 없는 것이 아닙니다. 비록 陰이 首唱하고 陽이 和答하는 것을 鳴이라 한다고 해도 안 될 것이 또 뭐가 있겠습니까?" "이미 '겸손함이 지극하여 알려짐이 있게 되었다[謙極有聞]'라고 하였으니, 上6의 鳴謙도 병폐가 되지 않음을 알 수 있습니다. '뜻을 얻지 못했다[志未得]'라고 한 것은 지위가 없는[無位] 자리에 거하기 때문일 뿐입니다."

「대상전」의 '부다익겸 칭물평시'에 관해 권근權近이 불가佛家와 나눈 긴 차담茶談을 참고한다.[45] 마지막으로 박제가朴齊家의 '어사기御射記'에 나오는 이야기 한 토막이다. 정조는 보통 한 번 활을 쏠 때 10순巡을 쏘았다. 1순은 화살 5대이다. 과녁 안을 맞추면 1점, 과녁 중앙의 정곡正鵠을 맞추면 2점으로 계산해서 정조는 보통 70점 이상 80점을 맞추었다. 과녁을 벗어난 화살은 한 대도 없었다. 어느 날은 20순을 쏘아 153점을 얻기도 했다. 대단한 활 솜씨다. 자신의 점수가 계속하여 향상되자 정조는 그 정곡의 크기를 조금씩 줄여 가며 연습의 강도를 높였다. 장

---

43 [說證] 간괘는 소과괘에서 왔다. 소과는 반대 되는 괘가 없으므로 도전의 상을 취한다(正卦나 도전괘가 같은 꼴). 소과의 간이 도전하면 진이 되고, 양이 낮은 곳으로 와 震鳴을 하니 '鳴謙'이 된다. 또 艮을 도전하면 震이다. 震卦는 臨卦에서 왔기에(2→4) 2의 강이 장수가 되어 4로 나가 곤의 나라를 치고, 감의 죄를 바로잡으니 백성들이 이에 귀순하고 복종하니 '利用行師'하고 '征邑國' 함이 된다. '志'는 坎志인데, 小過가 艮卦가 될 때 坎의 양 하나가 달아나 밖에 머무니 '志未得'이라 한 것이다. 謙卦 上에서는 도전의 상을 살펴야 할 것이다. 월드컵축구 그리스 전에서 이긴 점괘이기도 하다.

44 참고로 산이 높으니 낮은 땅으로 내려오는 상이다[謙→艮 ; 酉→寅, 兄→財]. 떨어지던 성적이 멈추고 최고의 성적을 올린다. 이것을 사람에 비유하면 큰 공로 있는 사람이 높은 자리를 버리고 낮은 곳으로 내려오고, 봉록을 받는 자리를 사퇴하고 재야로 들어와서 겸양의 덕을 보이고 사는 상이다.

45 권근, 『周易淺見綠』: 내가 일찍이 佛家의 무리와 謙卦 상에 대하여 문답을 하였다. 불가曰. "겸괘는 평등하여 차별이 없는 법입니다." 나曰. "아닙니다. 물건을 저울질하여 베풂을 고르게 함은, 마치 저울을 가지고 물건을 저울질하여 물건의 가볍고 무거움에 따라 저울추를 이리저리 옮겨서 저울을 평평하게 하는 것과 같습니다. 유가의 도는 이치가 하나이지만 나뉘어 달라지고, 이단은 두루 사랑하여 구분이 없습니다. 윤리의 큰 것으로 말하자면, '아버지 섬김을 의지하여 어머니를 섬기지만 사랑함은 같습니다. 아버지나 어머니나 친함이 됨은 동일하지만 아버지는 무겁기 때문에 사랑하는 도가 많고, 어머니는 오히려 가볍기 때문에 사랑하는 도가 적게 됩니다. 아버지에게 많은 것을 덜어 내어 어머니에게 더해 준다면 그 사랑함은 같아지겠지만, 가볍고 무거운 차이가 있으므로 3년 입는 참최복(斬衰服)과 1년 입는 자최복(齊衰服)이 있으니, 이것이 사랑함이 같은 가운데 가볍고 무거움을 저울질하여 베풂을 고르게 하는 것입니다. 아버지 섬김을 의지하여 임금을 섬기지만 공경함은 같습니다. 임금이나 아버지나 섬겨야 함은 동일하지만 아버지는 항상 친하기 때문에 공경할 때가 항상 많고 임금은 가까이하기 어렵기 때문에 공경할 때가 적습니다. 아버지에게 많은 것을 덜어내 임금에게 더해 준다면 그 공경함은 같아지겠지만, 은혜와 의리의 다름이 있기 때문에 어버이를 섬김에는 일정한 방법이 없고 임금을 섬김에는 일정한 방법이 있으니, 이것이 공경함이 같은 가운데 은혜와 의리를 저울질하여 베풂을 고르게 하는 것입니다. 이것을 '친한 이를 친히 하는 차등[親親之殺]과 어진 이를 높이는 등급[尊賢之等]'에 미루어서 '백성을 인애하고 만물을 사랑함'에 이르기까지 각각 당연한 순서가 있지 않음이 없으니 어지럽힐 수 없습니다. 이단은 구분이 없으므로 길거리 사람을 사랑함이 아주 친한 이와 다름이 없고, 금수를 인애함이 같은 부류와 다름이 없으니, 친한 것에 얇게 하고 소원한 것에 두텁게 하며 사람에게 가볍게 하고 사물에게 무겁게 하는 것입니다. 당연한 순서를 잃어서 가지런하지 못하니, 어찌 '물건을 저울질하여 베풂을 고르게 하는 것'이겠습니까?"

혁掌革, 즉 손바닥 크기의 가죽이나 그보다 작은 베조각을 정곡으로 삼아서 연달아 다섯 대를 맞춘 일도 있다. 정조는 늘 50대의 화살에서 마지막 한 대는 쏘지 않은 채로 활쏘기를 마쳤다. 왜 쏘지 않았을까? 제왕으로서 겸양의 미덕을 보이기 위해서였다. 마지막 한 대를 아껴서 끝까지 가는 대신 여운으로 남겨둔 것이다. 『서경』에 "겸손은 더함을 받고, 교만은 덜어냄을 부른다[謙受益, 滿招損]"고 한 말이 바로 이 뜻이다. 기록이 월등히 우수한 날, 왕은 신하들에게 차등이 있게 문방구 등의 상품을 내려주었다. 신하들은 글을 올려 감사를 표했다. 임금은 『시경』의 한 구절을 들어 저마다 직분에 힘을 쏟아서, 상이 없이도 나라의 기강이 굳게 세워져서 임금의 마음이 편안하게 되기를 바라노라는 덕담을 내렸다. 국왕의 활쏘기 자리는 늘 이렇게 임금과 신하 사이에서 백성을 향한 마음을 다지는 다짐으로 끝맺었다. 성대聖代의 아름다운 풍경이다. 신하들은 이 광경을 그림으로 그리고 글로 써서 벽에 걸어, 임금이 신하를 아끼는 마음과 이 거룩한 조정에서 임금을 가까이서 모시는 영광을 기념했다.

외괘
雷(震=動)

내괘
地(坤=柔順)

16. 뇌지예雷地豫

Enthusiasm

예豫는 양기가 펄펄 나는 40대의 기운 왕성한 자가 세상을 이끄는 상이다. 이제껏 쌓아 둔 기운을 다 발산해야 할 때가 왔다. 지금까지의 불우한 상황은 오늘을 위한 과정의 시련이었다. 준비가 완료되었으니 환희의 길로 열고 나서라. 그렇지만 당신의 자리는 영의정까지다.

> 豫 利建侯行師
> 기쁨을 주는 예는 제후를 세우며 군사를 움직이는 것이 이롭다.

임금 아래 제후 구4 한 사람이 다섯 음을 통솔하는 모양이 예괘豫卦이다. 구4는 임금에게 만사를 위임받은 막강한 신하로서 백성들의 신임을 전폭적으로 받고 있을 뿐 아니라, 유약한 임금을 잘 보좌하며 나라를 위하여 헌신하는 자이다. 고로 구4에게는 나라와 백성들의 생사여탈권이 달려 있을 뿐만 아니라, 군대의 병력과 작전권까지도 송두리째 맡겨져 있다[利建侯行師].[1] 곧 임금은 4에게 나라와 백성의 행복지수를 높일 수 있는 모든 것을 위임하고 있는 실정이다. 아래는 공자가 예를 주석한 단왈이다.

"유일한 구4에게 모든 음들이 관심과 호응을 표해 간다[剛應而志行]. 그런 4를 둔 백성들은 나라의 명령에 순응하여 자발적으로 움직일 뿐 아니라[順以動故], 천지도 그들의 공사를 인간에게 맡기듯[天地如之], 임금은 충직한 제후를 세워 군대를 맡기게 된다[而況建侯行師乎]. 천지 또한 이 도리를 따라 움직이고[天地以順動], 일월의 운행과 사계절의 변화 역시 절대로 어긋나지 않게 돌아가게 될 것이다[日月不過而四時不忒]. 그러니 성인도 이 도리로써 기쁨을 주기 위하여[聖人以順動] 죄

---

1 예괘는 복괘에서 왔다. 震의 군주를 위로 올려 존숭하고 하괘 곤의 나라에 군림하니 '利建侯'며, 진의 군대가 곤의 적국을 몰아내니 '行師'다.

인의 형벌을 억울하지 않게 하였다[則刑罰淸]. 고로 백성도 여기에 따랐으니[而民服], 예의 시절의 의미가 참으로 크도다[豫之時義大矣哉]!"[2]

공자는 위의 단사에서 군대를 행사하는 이유를 백성에게 미래의 기쁨을 주기 위한 조처라고 밝히고 있다. 이는 천지에 사계절이 있듯, 나라에는 막강한 군대가 안보를 지켜주어야 한다고 백성을 설득시켰음이다. 동파는 '예豫'를 '여유[暇]'라고 밝히는데 그 이유가 "임금이 제후를 세우는 것도 여유이고, 여유가 있기에 군대를 출동하는 것"[3]이라 한다.

「잡괘전」에서는 '예를 게으름[豫怠也]'이라 하였다.[4] 앞날을 아는 사람의 행동을 게으름으로 보는 것은, 미래를 모르고 허겁지겁 뛰는 자의 입장에서 바라보는 시각일 수 있다. 또 예는 겸괘謙卦의 도전괘로 군자가 미래를 안다고 하여 경거망동함을 금기한다. 「서괘전」에서는 "강대함이 있으면서도 겸손하다. 거기엔 반드시 기쁨이 있기 때문이다[有大而能謙必豫]"라 하였다. 그렇지만 정자는 예를 "우레가 진동하여 땅 밖으로 나오며 그 소리를 떨치니 억눌렸던 기운이 막힘없이 퍼져나가 화창하고 즐거움이 된다"고 하였다.[5] 그래서 예지豫智를 가진 자는 보기에 따라 태만하고, 게으르고, 자기만의 즐거움이 있기에 백성들과 그 기쁨을 함께하는 것이다.

아래는 조선시대 임금 중 『주역』 공부를 가장 많이 한 정조가 본 '예'의 의미이다. "예豫라는 글자에 있어서 시의時義는 대단히 중대한 것이다. 대개 그 시작은 한가하고 여유가 있게 하며 서두르지 않는다. 『주역』의 이치로써 살펴보건대 겸괘謙卦 아래에다 예괘豫卦를 놓았는데, 역시 『중용』과는 서로 표리의 관계를 이루고 있다. 『중용』이 지극히 성실하여 그침이 없는 공부라는 것은 바로 '예豫'라는

---

2 '聖人'은 震의 군주며(3·4는 人位로 '主人', '聖人'이라 이름), '刑罰淸而民服'은 감의 법률(坎律)로 순응시킴이다.

3 『春秋左傳·成公』: "好以衆整, 好以暇."

4 [說證] 예는 안일함이다. 겸괘의 군자는 노력하면서 아래에 있었고, 예괘의 군자는 위에 올라가 편안하게 곤의 신하를 부리며 노역을 부리지 않는 일이 없고, 또 군주가 편안하여 나태함에 '예'라 했다. 고로 겸이 빠르고 가벼운 반면 예는 게으르다[謙輕豫怠]. 또한 예괘는 剝卦에서 왔으니, 간의 빗장[艮門闕]을 엄중하게 하여 감의 도적을 막아 미리 방비하였음에 '예방'이 된다. 은대의 歸藏易에서는 '陽豫'라 했다.

5 程伊川, 『伊川易傳』: "雷動而出地 奮發其聲 通暢和豫 故 爲豫也."

한 글자일 것이다. 그러므로 『시경』의 「빈풍豳風」 '칠월편'의 뜻을 한마디로 단정하자면 '예豫'의 뜻이 되니, 옛날에 농사를 중히 여김이 이와 같았다."[6]

또 영조 때 존호를 높이는 것에 대한 조정의 의논이 문제가 있음을 지적하면서, 천하가 태평하면 백성들의 향락이 극도에 이른다는 '풍형예대豐亨豫大'의 설명이 보인다.[7]

참고로 『국어』에 이런 예도 있다. 진晉나라 공자 중이重耳가 장차 나라를 차지하게 될지에 대해 물어 예괘를 얻었다. 사공계자가 이를 다음과 같이 풀었다. "길합니다. 진震은 수레이며, 곤坤은 땅이니, 기쁨이 틀림없습니다. 땅이 기름지고, 그 수확에 즐거워하니 나라를 차지하는 일 말고 무엇이 해당하겠습니까?"[8] 구5의 비比가 제왕이라면 구4의 예豫는 제후의 자리이다.[9]

> 象曰 雷出地奮 豫 先王以 作樂崇德 殷薦之上帝 以配祖考
>
> 상왈, 우레가 땅 위로 분출하여 나오는 것이 예니, 선왕은 이를 본받아 예악을 만들고 덕을 숭상하여, 상제에게 성대한 제사를 올리고 이로써 조상에게도 제사를 드리도록 한다.

'뇌출지분雷出地奮'은 구4의 양이 지상으로 올라오며 품어내는 소리다. 곧 진震의 양이 곤坤의 음을 만나 음양 화락和樂을 내는 기쁨의 소리가 곧 '예豫'이다. 이런 화락의 소리를 들은 임금은 백성들을 위하여 예악禮樂을 만들어 풍류를 띄우

---

6 『정조실록』 정조 22년(1798) 12월 20일.

7 『영조실록』 영조 16년(1740) 윤6월 8일 : "무릇 신하된 사람은 누군들 임금을 높이고 싶은 마음이 없겠습니까? 임금을 높이는 것이 어찌 반드시 尊號에만 있겠습니까? 당나라 육지陸贄는 '휘칭徽稱과 美名이 성덕에 무슨 이익이 있겠으며 오히려 實政에 방해만 끼칠 뿐'이라고 했습니다. 그러니 존호가 무슨 문제겠습니까? 어느 땐 성상의 명령을 취소하고 뒤에서 '豐亨豫大'의 일을 가지고 인도하는 자가 있으니, 신은 삼가 분개하고 있습니다. 바라건대, 성상께서는 깊이 지난 잘못을 징계하시고 涵養하는 공부에 더욱 힘쓰시어 七情의 用으로 하여금 모두 올바르게 되게 하여 거칠고 사납고 전도된 조짐을 없게 한다면 宗社를 위하여 매우 다행하겠습니다."

8 『국어』, '진어(희공 24)' 참조

9 豫 즐길 예, 주저할 예, 미리 예. '예언약동섭천(豫焉若冬涉川)'은 '주저하며, 마치 겨울 강을 건너는 듯 한다는 소리. '豫'는 고대 덩치 큰 코끼리과 동물로 매사 조심스럽고 신중했다. 즉 '코끼리가 마치 겨울철에 강을 건너는 듯한다.'

고 성인의 덕을 숭상하는 것[作樂崇德, Make music in order to honor merit]으로 정치의 근본을 삼았다. 그리고 '은천殷薦'은 성대盛大하게 정성을 다하여 올리는 제사로, 먼저 상제에게 정성을 다하여 제사를 바치고[殷薦之上帝], 또 돌아가신 조상에게도 제사를 올리는 모양새다[以配祖考].[10] 하늘과 조상의 덕으로 화락을 누리게 되었다는 보은의 차원에서 후손이 할 수 있는 최대의 정성이 제사요, 그 제사를 더욱 빛나게 하는 것이 예악이니, 고로 그 예악으로 성덕을 기리는 것이다. 정자도 우뢰가 양기분발하며 음양이 상박相薄할 때에는 사랑의 아름다운 소리를 만들어 내고, 또 이것이 화순和順하니 성악聲樂을 지어냄이라면서 선왕은 이 음악으로 공덕을 높이고 앞날의 번영을 빌고, 따라서 '하늘과 조상에게 술과 차로 풍성한 제사를 올리며 기도하였노라' 한다.[11]

한편, 우레가 땅을 떨치고 나오는 춘분에 음악을 짓고 제사를 올리니 예괘豫卦이고, 반대로 폐관閉關하고 출입을 삼가하면 복괘復卦이고,[12] 또 우레가 연못에서 나오면 수괘隨卦이고, 산 아래 있으면 이괘頤卦가 되는데, 그 가운데는 모두 용이 숨어 있다. 용이 장차 하늘에 오르면 기쁨이 있지 않던가. 고로 예가 바로 기쁨이 되는 이유이다. 한편 용이 떨쳐 일으키면 반드시 하늘에 이르므로 왕이 그것으로 예를 제정한 것이다. 움직이는 물건으로 우레만한 것이 없고, 후덕하기로는 땅만한 것이 없으므로 음악을 짓고 덕을 높이는 근거가 된 것이다.[13] 따라서 예豫와 숭崇은 감坎과 간艮이다.[14]

---

10 정조 임금은 '은천(殷薦)'을 올리며 점괘를 뽑기도 했다.

11 지금은 춘기가 발동할 때이다. 가고 옴이 모두 때가 있다. 지금부터는 나의 실력이 제대로 인정받게 되었고 주위 사람들도 모두 나의 지혜와 힘을 빌리기 위하여 모여 들 것이다. 호사다마라, 이럴수록 처신을 잘해야 기쁨이 오래 간다. 4는 본시 양이 아닌 음이다.

12 金箕澧, 「易要選義綱目」: "우레가 처음 발하여 만물이 움직이고 화락하게 기뻐하는 상이다. 천자가 아니면 제도를 만들 수 없고 하늘에 제사할 수가 없으므로 '先王'이라고 하였다. 음악은 쓰이지 않는 곳이 없으나 오직 하늘을 제사하고 종묘에 제사하는 것이 큰 용도이다. 우레가 땅에서 나와 떨치므로 '음악을 지어 크게 제사를 올린다고 했으니, 모두 움직이는 상을 취하였다. 履卦는 禮에 해당하고, 豫卦는 樂에 해당한다."

13 李瀷, 『易經疾書』: "우레는 어째서 땅과 연못 아래에 깊이 감춰져 있는가? 여기서 말하는 것은 모두 용을 가리킨다. 우레와 용은 따라다녀서 용이 감춰져 있으면 우레도 따라서 감춰진다. 용이 때에 순응하여 고요히 땅 속에 감춰져 있고, 때에 순응하여 움직여 땅 위로 분출하니, 장차 하늘에 오르는 기쁨이 있을 것을 알 수 있다."

14 沈潮, 「易象箚論」: "豫는 豕를 부수로 하니 坎이고, 崇은 山을 부수로 하니 艮이다. 震이 위에

불법佛法으로 본 지욱의 다음 설명이 가히 감동적이다. "'작악作樂'은 범패梵唄 영가詠歌가 자연히 흘러나옴이요. '숭덕崇德'은 마음자리를 닦아서 화엄華嚴을 이룸이요, '은천상제殷薦上帝'는 자성본원自性本源이 상제上帝가 됨이요, '조고祖考'는 과거세보살을 말한다."[15]

> 初六 鳴豫 凶
> 초6은 (음악 소리를) 울리면서 (안일하게) 즐기니 흉할 것이다.

유일하게 구4의 주효와 상응하는 초6은 부중하고 부정한 철부지이다. 윗사람의 총애를 받고 있기에 그 말과 행동이 가끔은 멋쩍다. 교만한 마음이 자꾸 생겨나 마침내 앞길을 망치기도 한다. 안일하게 악기만 울리고 있으니[鳴豫, Enthusiasm expresses itself] 흉할 수밖에 없다. 최고 실력자 구4의 사랑을 독차지하니 그 행동이 굳건하지 못하여 경거망동을 일삼고 있다. 그렇지만 예의 초6은 겸의 상6을 지나온 어른이 출현한 모습임을 짐작한다.

다산은 '명예鳴豫'를 '논다고 소문만 무성한 자'로 보기도 했다. 초효가 동한 중뢰진괘重雷震卦는 예豫를 행하되 겸손 없이 주위를 떠들썩하게만 하니 흉한 자로 본 것이다. 학포 역시 '논다고 소문난' 것은 종鐘과 북을 울리며 피리와 거문고를 번갈아 베풀어 소문이 밖으로 들리는 것이라 하였다.[16] 공자는 초효를 "소인배의 뜻을 지니고 천기를 떠벌이고 다니기에 흉하다[象曰 初六鳴豫 志窮凶也]"고 단정을 지으며, 『논어』에서 궐당이란 마을에 구경을 온 어른들을 가이드 하는 동자를 한 예로 들고 있다. "제가 보기에 저 놈은 어른들 자리에 잘 끼어들고, 손 위 사람들과 나란히 걷는 것을 보건데, 공부를 잘하는 아이가 아니고, 자신이 잘난 척하며

있으니 上帝가 되고, 艮은 門이 되므로 宗廟가 된다."

15 지욱, 『주역선해』: "作樂 如經所謂梵唄詠歌 自然敷奏也 崇德 以修嚴性也. 殷薦上帝 即各本源自性 爲上帝 祖考爲過去諸佛也."

16 [說證] 예괘는 重雷震卦로부터 왔다. 震卦는 小過卦로부터 온다. 소과 때는 상의 震 군자와 하의 艮 소인이 함께 노고를 아끼지 않았다. 추이하여 진괘가 되면 소인은 수고를 회피하여 한가한 곳으로 물러나 震으로 울리니, 鳴豫, 즉 소인이 악기를 울리며 안일하게 즐기는 꼴이라 흉하다. 志는 小過의 坎일 때는 사방으로 소통이 되었지만, 震卦는 아래를 막으니 그 뜻이 궁색해 흉하다.

남에게 애써 보이려고 설치는 아이 같습니다."[17]

지욱의 이런 설도 있다. 대체로 즐거움이란 시간이 다해야 맛보는 것인데, 거기까지 가기 전에는 고통이 늘 따라서 오는 법으로 고락은 둘이 아니다[苦樂不二]. 초6은 구4와 화락을 나누지만 철없는 자로 실덕實德이 없어 끝내 울고 만다.[18/19]

六二 介于石 不終日 貞吉
육2는 돌처럼 굳은 절개를 지킨다. (이럴까 저럴까 헤아리며) 종일토록 흔들리지 말고, (신속하고) 일을 바르게 처리하면 길할 것이다.

도를 지킴이 돌처럼 굳다[介于石, Firm as rock].[20/21/22] 해 떨어질 무렵까지 가지 말고[不終日], 마음을 바르게 붙잡으면 길하다[貞吉]. 정응이 없는 유순중정한 육2이기에 4의 기쁨은 나와는 무관하니, 냉정함을 견지해야 길하다[象曰 不終日 貞吉 以中正也].

왕필의 해석은 이렇다. "윗사람과 사귀어도 아첨하지 아니하며, 아랫사람과 사귀어도 함부로 대하지 않으며, 화복禍福이 어떻게 생기는 바를 분명히 아는데 구차하게 기뻐할 필요가 없다. 그러니 사리를 분별하여 자신의 생각을 고치지 아니할 자이니, 2는 절개가 돌과 같아 날이 마치기를 기다려 보지 않아도 그 자세는

---

17 『논어』, 「헌문편」 : "闕黨童子將命. 或問之曰, 益者與? 子曰, 吾見其居於位也, 見其與先生並行也. 非求益者也, 欲速成者也."

18 求財는 六合이 六冲으로 변하니 속결해야 유리하다. 남의 힘을 믿고 으스대는 어리석은 소행은 삼가야 한다.

19 『논어』, 「팔일편」 : "孔子謂季氏, 八佾舞於庭, 是可忍也, 孰不可忍也?" 참고로 八佾舞는 8명이 1열로 하여 8열(64명)로 추는 천자의 무악, 제후는 6열, 대부는 4열, 사는 2열이다.

20 조호익, 『易象說』 : "둘 사이에 있는 것은 '끼인 것[介]'이다. '끼인 것[介]'은 나누어 구별짓는다는 뜻이 된다. 2는 1과 3 사이에 있다. 초효는 즐거움을 소리내고 3효는 올려다보며 즐거워 하는데, 내 2만이 가운데 있으면서 흔들리지 않고 바름을 지키니, 돌에 끼어 절개를 지키는 상이 있다.

21 이익, 『易經疾書』 : "한 번 분리되자 다시 합할 수 없는 것이 돌을 자른 것과 같으므로 그 결단을 귀하게 여기는 비유로 삼았다. 비록 기미를 보았다 하더라도 사람의 마음이란 쉽게 되돌아오고 머뭇거리게 된다."

22 윤선도, 『孤山遺稿』, '龜巖' : "사령에 참여하는 줄만 알았지, 돌처럼 견고함을 누가 알리오[誰識 介于石]. 집터 정할 때 너를 배려하였나니, 내가 달 뜨는 밤 감상하기에 알맞겠기에."

분명할 것이다." 주자도 위의 왕필의 해석을 따르고 있다. 다산은 위의 일반적 해석과는 완전히 다르게 본다. "돌 사이에 끼여 종일토록 기다리지 말고, 일을 빨리 처리하면 길할 것이다."[23]

공자의「계사전」해석을 잘 살펴보자. "사물의 기미를 미리 아는 것은 그야말로 신묘하다[知幾其神乎]. 군자는 위로는 공손하되 아부하는 일이 없으며[上交不諂], 아랫사람에게는 친밀하지만 그로 인하여 몸을 더럽히지는 않는다[下交不瀆]. 이는 장차 다가올 화에 대한 기미를 알고 있기 때문이다[其知幾乎]. 기미란 그 움직임에 나타나는 작은 징조로[幾者動之微] 거기에서 이미 길흉의 단서를 읽어낸다[吉之先見者也]. 그런 까닭에 군자는 기미를 보고는 즉시 일어나서[見幾而作] 하루가 끝나도록 기다리지 않는다[不俟終日]. 역경 예괘 2에 '역왈易曰, 개우석介于石, 부종일不終日, 정길貞吉'이라 하였으니, 이는 돌처럼 굳게 마음을 가지는데[介如石焉] 어찌 하루가 다가도록 기다리겠는가[寧用終日]. 과단성은 그 기미를 아는 데서 반드시 생겨난다[斷可識矣](결단해야 할 때를 아는 것이다). 군자는 작은 기미를 알기 때문에 크게 나타나는 현상을 알고 또 부드러움을 알기 때문에 강하게 행할 수 있다[知微知彰知柔知剛]. 고로 기미를 아는 군자만이 만인의 숭앙을 받게 되는 것이다[萬夫之望]."[24]/[25]

---

23 [說證] 豫卦가 解卦로 간다. 해괘는 臨卦에서 왔다. 임괘 초의 강은 본래 復卦의 군자이다. 복괘에서 임괘로 나가면 한 개의 양이 초9의 양을 누르고, 게다가 3의 음까지 누르니 매우 위태로운 상황이다. 이때 임괘의 초9를 제거하고 나면 坎이 된다. 坎은 돌이다. 이는 임괘의 初剛이 감의 구덩이에 끼었으니 어찌 편할 수 있겠는가? 임괘에서 推移하여 해괘가 되면 초9 震의 군자가 본국을 버리고 국경 밖으로 달아나니 피난 가는 상황이다. 옛날 내란이 일어나 피치 못할 사정으로 나라를 버리고 피난하는 경우의 예다. '介'는 '끼일 개' 坎은 坤에 끼인 '돌', 1·2·3은 离位, 2는 '不終日'이다. '貞'과 '以中正'은 또 감을 이른다. 坎이 돌이 됨은 艮이 小石이니 坎은 대석으로 여겼다. 또 坎은 '險'이니 험은 바위 '嚴(嵩)' 자와 통한다.

24 [說證]「계사전」하편 5장 11절 : 解卦 아래 坎이 '幾微'와 '은미'이고 '知'다. 고로 움직임이 분명하지 않은 '幾' 속에 이미 '吉凶先見'한다. 그리고 臨卦 때는 坎의 험이 나타나지 않았지만, 해괘가 되면서 그 기미를 보고[相見乎离] 바로 일어나 혼란을 피하고, 그 난에 관여하지 않으니 선경지명이 신묘하지 않은가! 공자가 세 번[知幾其神乎·其知幾乎·寧用終日]을 탄식한 까닭이다. 임괘가 되기 전 復卦 때는 위를 '上交不諂'하고 해괘 때는 아래 감[潚瀆]으로 '下交不瀆'함이 그것이다. 이는 바로 강직하고도 온후함으로써 그 기미를 미리 아는 것이다. 임괘 때는 坎의 험이 아직 나타나지 않아 비록 명철한 선비일지라도 화란의 징조를 알아내지 못한다. 오직 복괘 일양만은 장차 난리가 일어날 것임을 알고서는[해괘의 감을 보고 앎] 신속하게 그 나라를 떠나가는데, 震의 발을 떼자마자 坎의 혼란이 막 일어남에, 국경 밖으로 나가 그 혼란을 피하고 그 난에 관여하지 않으니[坎의 뒤에 몸을 둠], 선경지명이 이미 신묘하지 않은가! 이것이 공자가 세 번씩이나 반복하여 찬탄하신 바이다. 학가의 설명이 보태진다. 乾卦 구3이 終日乾乾이라면 臨卦는 不俟終日이다. 기미를 미리 알아채고 피함은 豫卦의 의미이기도 하다.

> 육3은 (처음에는 너무나 위태로워서) 눈을 부릅뜨며 지켜보겠지만[盱], (나중에는 위험이 지나가니) 즐겁고 편안하게 될 것이다[豫]. 뉘우침이 더디기는 하겠지만, 마침내는 뉘우치게 될 것이다.

오로지 잘난 4만 쳐다보며 기뻐 어쩔 줄 몰라 눈을 휘둥그레 하는 어리석은 자의 모양을 취하며 기뻐한다[盱豫]. 그런 자신의 모습을 보고 빨리 자세를 바로잡을 줄 아는 후회가 있어야 좋으련만, 그 후회가 늦지만 후회는 있다[悔遲有悔, Hesitation brings remorse]. 이는 아부와 환락에 젖어 들었다가 후회를 하는 상이다. 공자는 "'유예회지'는 그 자리가 마땅하지 않기 때문[象曰 盱豫有悔 位不當也]"이라고 이유를 밝혔다. 이는 3의 응이 상6인데도 구4에게 혼이 빠진 채로 짝사랑을 하며 추종하기 때문이다. 예괘가 小過卦로 간 경우다.[26]

여기서 동파는 이렇게 해석하고 있다. "복福과 비슷한 것이 유혹을 하고, 화禍와 비슷한 것이 유혹을 하는데 그걸 모르고 혼이 빠진 채로 쫓아간다. 이미 잘못된 것이라면 더 이상 나가서는 아니 되고, 처음이라면 빠르게 포기해야겠지만, 결국 끝에 가서야 늦음을 후회한다."

위의 설명은 3이 4에게로 너무 가까이 다가간 것에 대한 늦은 후회를 지적하

참고로, '介于石'을 따라 쓴 이름이 장개석이다.

25 점사로 2010년 밴쿠버 동계올림픽에서 김연아가 금메달을 딸 수 있을까를 하루 전에 물으니 예괘였다. 예괘는 예스(yes)다. 얼음(氷石) 위에 날 달린 신(介)을 신고 춤추는 일(豫)을 하는데 어떤 유혹에도 빠지지 않고 흔들림 없는 돌과 같으니[介于石] 우승을 할 것으로 보였다[貞吉]. 더 기다릴 필요가 없다[不終日]. 확인하지 않아도 된다[不俟終日]. 나무[雷]가 꽃 피고 결실[金]을 얻으려면 끊임없이 물이 공급되어야 하는데 2가 동하면 雷水解卦가 되어 '3-3-3(트리플러츠+트리플토루프+트리플플립)'이란 고난도 점프를 모두 성공하니 '田獲三狐'의 전적을 얻게 되어 금메달[得黃矢]을 목에 걸게 될 것이다. 예의 2는 재왕(財旺)하여 가는 곳마다 귀인이 도운다. 의식주 삼보가 고르게 기쁨이 있다[豫之解, 食→財].

26 [說證] 小過는 頤卦에서 도전되었다. 頤괘 때는 소인이 위에 있고 군자가 아래에 있었다. 곤의 만민들이 큰 눈 大离로 바라보니 사태가 위태롭지만, 소과가 되면 군자를 위로 올리고 소인을 아래로 보내어 권선징악하게 되어 나라가 바르게 되니[小過大坎, 坎貞], 멍청하게 쳐다보아도 즐겁고 편안한 상황 '盱豫'이다. 悔遲는 豫卦가 復卦로부터 가면 하괘를 넘어 상괘로 경계를 빠르게 넘고, 剝卦에서 豫卦로 오면 와도 상에서 4로 오니 경계를 넘지 못한 상태에 있으니[상→4로 와 예괘가 되지만 아직 상괘에 머묾] 더딘 상이다. 그런데 추이하여 小過가 되면 震4 艮3으로 소인이 아래로 가 군자를 받드는 후회가 '有悔'함이다.

고 있다. 이는 공자의 주석과 거리가 있다. 여기서도 공자는 '교묘한 말과 위선을 떠는 얼굴색[巧言令色]'이라 했고, 맹자는 '남의 비위를 맞추느라 어깨를 굽실거리고 아첨하며 애써 웃는 얼굴을 짓는[脅肩諂笑]' 것을 '우예旰豫'의 병폐로 들기도 했다.[27] 그렇지만 다산은 '우예'를 '부릅뜬 눈을 확장하여 올려다 봄'이라 하였고, '회지悔遲'는 '허물을 고침이 늦다'고 하였다. 요는 나의 즐거움이 아닐진대 올려다 보고 좋아할 일도 말아야 하고, 혹 후회가 될 일을 했다면 빨리 발을 빼고 돌아서서 다시는 후회할 일을 만들지 말아야 한다.[28]

다음은 정조가 예괘豫卦의 교훈으로 하교한 글이다. "모든 일은 미리 대비를 하면 이루어지는 법인데 미리 대비하는 정사로는 민사民事보다 앞서는 것이 없다. 『주역』 예괘豫卦의 말처럼 예비라는 시간성과 의의는 매우 큰 것이다. 그러므로 앞서 환자를 받아들이는 것을 중지하라는 명이나, 창고를 봉하기 전에 조세를 다른 물건으로 대신 바치게 하는 조치를 매번 특교特敎에 의해서 취했으니, 이는 실지 혜택이 백성에게 미치고 간사한 자들이 농간을 부리지 못하게 하자는 데에 나의 고심이 있었기 때문이다. 그런데 올해의 농사는 밭곡식이 곳곳에서 모두 흉년이 들었다는 것을 각 도에서 농사의 형편에 관해 올린 장계를 보면 충분히 짐작할 수 있다. 대체로 백성들이 일년 내내 고생하여 손에 넣고 입에 넣는 물건은 바로 밭곡식이다. 그런데 곡식이 저처럼 피해를 당하였으니, 앞으로 닥쳐올 민간의 살림살이가 내년 봄은 그만두고라도 올 겨울 나는 것조차 이어대기 힘들 것이다. 생각이 여기에 미치면 그 고통을 내 자신이 당하는 것 같다. 가슴이 아프다."[29]

> 九四 由豫 大有得 勿疑 朋盍簪
> 구4는 예豫로 말미암은 바이니, 크게 얻는 바가 있을 것이다. (친구 사이에 서로)
> 의심하지 않으면, 벗이 모여들어 머리에 비녀를 꽂아 줄 것이다.

여기 구4만이 앞날을 내다보고 천하의 기쁨을 실현하는 자리이다. 임금과 백성

---

27 『논어』 '학이'편과 『맹자』 '등문공' 하편에 보임.

28 참고로 매사 시일이 오래 걸리고 비용이 들더라도 끈기 있게 추진해 나가야 한다.

29 『정조실록』 정조 15년(1791) 8월 24일.

도 4만을 의지하고 그의 지혜를 얻고자 하니, 4는 크게 얻은 자요[大有得], 최고의 기쁨을 주는 자다[由豫, The source of enthusiasm]. 그러한 4가 사심 없이 나라와 백성을 위하니 의심을 할 수 없다[勿疑]. 여기서도 왕필은 내가 먼저 남을 믿어야 남도 나를 믿는다 한다. 또 '의疑'는 '이貳'라 하였으니 내가 의심받을 일을 제공하지 말아야 할 것이다. 그런 자세로 분수를 넘지 않을까 의심하고 두려워한다면, 천하의 모든 자들이 나의 덕을 흠모하여 구름처럼 모여들 것이다[朋盍簪]. 모여드는 모양이 흡사 비녀에 꽂힌 머리칼처럼 많다. 단지 유약한 임금 5가 나의 정치력을 의심할까 걱정이지만, 5와 2는 중심이 잡힌 대인들로 나를 의심치 않을 것이니, 국가와 백성을 위하여 보다 큰 멸사봉공을 펼 수 있을 것이다.

고로 공자는 "그런 큰 수행이 된 자가 백성을 위하여 쓰인다는 것은 크게 뜻을 펼 수 있음이다[象曰 由豫 大有得 志大行也]"라고 주석했다. 예괘의 주효가 곤괘坤卦로 간 경우다.[30]

여기 '합잠盍簪'을 '합습과 취취聚'로 본 정자와 주자의 해석을 넘어, '참소'와 '질시'로 보기도 했다. 결론적으로 미워하고 시기하고 질투하는 자들이 반드시 생긴다는 것을 염두에 두라는 것이다. 세상은 밝은 곳이 있으면 어두운 곳이 있고, 공을 세우는 자가 있으면 반드시 그를 시기하는 자도 생긴다. 또 동파가 '합盍'을 '어찌~ 하랴'는 반의사로 본 것 같이, 황태연도 '합잠盍簪'을 '어찌 참소하지 않을 소냐!'로 풀고, 근거로 고형高亨과 등구백鄧球柏이 '잠簪'을 '참소譖訴' 또는 '질시疾視'로 본다고 했다.[31]

---

30 [說證] '由豫'는 주효를 알린다. 예괘는 剝卦와 復卦에서 왔다. 박괘에서는 剛을 간에서 구하고, 복괘에서는 진에서 구하니 '大有得'이다. 大는 양효이다. 박괘에서는 소인이 예괘에서는 군자가 되고, 복괘의 군자도 나가 회합하니 '朋盍'이고, 간의 冪과 진의 창랑죽이 '朋盍簪' 한다. 비록 坎의 장애물이 있지만 어찌 의심을 하겠는가[勿疑]. 군자는 소인이라도 그가 선을 따르면 구악을 염두에 두지 않고 그것을 기꺼이 인정해 주는 상이다[君子之於小人 許其從善 不念舊惡 如是也]. 坎의 뜻이 상하로 두루 통하고[坎志中通] 震의 길이 열려 있어 '志大行' 하니, 예괘는 본래 화합하고 기뻐하는 '朋盍簪'의 상이라 했다.

31 참고로 豫괘가 坤괘로 간다. 食神 生財 격으로 큰 소득이 있고 상하가 화순할 것이다. 공무원 같으면 직무에 태만하지 말고 적극성을 가지고 일을 하면 크게 인정받을 것이다.

> 六五 貞疾 恒不死
>
> 육5는 고질병이나 바로만 잡으면, 죽지 않고 오래 산다.

임금이지만 육5는 유약하다. 강력한 인기와 지도력을 지닌 4에게 나라의 통치를 위임하고 있다. 그러니 마음이 하루도 편치 않고 괴로운 날이 계속된다[貞疾, Persistently ill]. 그러나 내가 강하지 못하고 통치력이 없으니 강한 신하 구4를 믿지 않을 수 없다. 권력도 민중의 인기도 모두 4에게 돌아가니 어쩔 수 없다. 그러나 5는 대인의 기질로 중심만 잃지 않는다면 죽을 일은 없다[恒不死]. 공자의 주석도 "바르게 하여도 병이 오래가는 것은 강을 타고 있기 때문이요, 죽지 않고 오래 산다는 것은 대인으로 마음을 놓지 않기에 죽지는 않을 것[象曰 六五貞疾 乘剛也 恒不死 中未亡也]"이라고 하였다.

동파는 주공의 효사를 다음과 같이 설하고 있다. "곧은 자는 이로움이 아니면 뜻을 두지 않으니 '예豫'라 할 수 없다. 곧은 것은 같지만 곧게 된 까닭은 같지 않다. 2는 길하고, 5는 괴롭다. 2는 따를 만하면 따르고, 그렇지 않으면 물러나니 길하지 않겠는가? 5는 힘으로는 4와 겨루지 못하고, 지위는 높아서 복종하고자 하는 마음이 없으니 괴롭다. 1·3·상은 각각 지키는 바를 잃고 한가함에 4를 따른다. 그러기에 작은 자는 후회하고 부끄러워하며, 큰 자는 흉하다. 5는 곧은 지조가 괴롭지만 중심을 잃지 않았으니 죽지는 않는다."

5의 임금은 병은 앓지만 죽지 않는 돈독한 마음을 지녀야 할 것이다.[32] 한편 지욱은 이렇게 보았다. "2와 5가 다 중을 얻은 고로 예豫에 탐닉하지 않고 정貞하며, 그러기에 2는 4에서 멀고, 또 유순 중정하니 동정動靜에 그 바름을 잃지 않았다. 그러나 5는 강한 4를 타고 또 정貞을 얻지 못하였으니 어찌 병질을 얻지 않았

---

32 石之珩, 「五位龜鑑」 : "신이 삼가 살펴보았습니다. 예괘 육5는 호괘 艮이 멈추는 것이 되고, 호괘 坎은 마음의 병이 되므로 병을 앓는데 그치고, 죽는 데 이르지는 않습니다. 신은 송나라 蘇軾이 지은 『동파역전』을 가만히 살펴보았습니다. 그 논의에 '5가 바탕은 음인데 양의 자리에 있다. 바탕이 음이어서 힘으로는 군센 구4를 이길 수 없고, 양의 자리에 있으므로 굴복하지 않으려는 마음이 있어, 힘으로는 이길 수 없으나 마음으로 굴복하지 않으니, 그 바른 것이 병이 될 만하다. 비록 병을 앓지만 지키는 바를 잃지 않았으므로, 늘 죽지는 않는 데에서 그친다[恒止于不死]'고 하였는데, 이 논의는 자못 깊은 맛이 있어서 오늘날 매우 절실합니다. 예전에 주희가 蘇軾을 엄히 배척하였지만, 경전에 집주를 할 때에는 오히려 그 설을 취하였으니, 오직 이 한마디 말 역시, 전하의 식견을 밝히기 위하여 채택하는 것이 마땅하겠습니다. 엎드려 바라옵건대 전하께서는 그 뜻을 맹렬하게 돌이켜보셔서 그 죽지 않는 올바름을 돈독하게 하소서."

으랴." 그러나 오히려 중심에서 그 지킴을 잃고 밖에서 예를 구하는 자보다 나은 것이다. 다산은 '정질貞疾'을 '고질적인 병'으로 보고 췌괘萃卦로 가도 '정성만 있으면 죽지 않는다'고 보았다.[33]

> 上六 冥豫 成有渝 无咎
> 상6은 (높은 곳에) 장막을 치고서 안일하게 즐기기만 한다. 화평의 서약에 변화가 있을 것이지만 허물은 없을 것이다.

높은 곳에 앉아 즐기기만 하는 자이다[冥豫, Deluded enthusiasm]. 완성된 서약 문서가 보장을 주지 않는다[成有渝, After completion one change]. 세상사가 마냥 즐거울 수만은 없다. 기쁨을 가름할만한 잣대, 곧 지혜가 없다. 환락이 극에 달하면 변하기 마련이다. 속설에 '방탕아의 개과천선은 황금으로도 바꿀 수 없다[湯子回頭 金不換]' 하였다. 앞날을 예견하지 못하고 환락에 빠져서 이성을 잃었을지라도, 찰나의 회개만 있다면 예수 앞에 선 창녀처럼 그 허물은 사라질 것이다[无咎]. 환락도 끝이 있어야 한다. 그 어떤 기쁨도 오래갈 수 없다. 제법諸法이 무상無常한 까닭이다. 고로 공자도 "윗자리에 앉아 아직도 어둠의 환락을 누린다는 것은 오래 갈 수 없는 일[象曰 冥豫在上 何可長也]"로 단정지었다. 예괘가 진괘晉卦로 간다.[34/35]

한편 동파는 어둠이 오면 군자가 마땅히 쉬어야 할 때인지라, 예가 상에 이르

---

33 참고로 경륜이 부족하고 실력이 부족하여 전문 경영인에게 맡겨온 것이니 사장의 친정체재로 돌리려면 그들 이상의 실력이 갖추어져야 할 것이다. 주머니 속에서도 寶刀를 갈며 칼날을 세우는 준비를 잊지 말라. 경기는 죽지 않고 회사는 망하지 않는다.

34 [說證] 冥에는 세 가지 뜻이 있다. ① 하늘을 뜻하는 '靑冥' ② 日과六의 합이니 6위의 冥 ③ 冪의 冥. 晉卦는 觀卦에서 왔다. 관괘는 大艮이다. 간은 冪의 冥이다. 觀이 晉이 되면 离의 기쁨이 되어 '冥豫' 즉 위에서 즐거워한다. 따라서 높은 지위에서 안일하게 즐기기만 하는 冥豫다. '成'은 艮의 언약인데, 觀이 晉이 되면서 서약에 변화가 있으니 '成有渝'다. '无咎' 또한 姤에서 觀으로 陽道가 소멸하는데, 晉이 되면 4에서 양기가 다시 소생한다. 巽이 長인데 晉에서는 巽이 소멸되고 없으니 '何可長'이 된 것이다.

35 참고로 허욕과 과욕만 부리지 않는다면 탈은 없을 것이다[豫→晉, 戊→巳, 財→食, 食神→生財格]. 冥豫는 모르는 가운데 비밀스런 즐거움이 있기도 하다. 나이든 사람이 세상을 단절하고 은둔하며 공부하는 가운데 자신의 희열을 얻는다. 4효 같은 현실적인 쾌락에 마음이 끌려가는 것을 차단할 수 있다면 허물이 없다.

면[冥豫] 인생 말년에 마땅히 쉴 수밖에 없을 것이라 한다. 그러기에 '완성하면 변화가 있다[成有渝]'는 것 또한 가득차면 만물이 변화하는 까닭에 그 허물 또한 사라질 것으로 보았다.

지욱은 예豫를 불법佛法에 비춰보았는데, 4는 대불양화代佛揚化한 사람이고 나머지는 모두 법문제자로 보았다. 초6은 부중·부정하여 대인의 복록만 믿고 증수證修의 공을 잊고 사는 파계승이요, 2는 유순중정한 사람으로 돈오돈관頓悟頓觀하여 종일을 기다리지 않는 성승보살聖僧菩薩이요, 3은 엄사嚴師 밑에 있으면서도 결단용맹決斷勇猛이 없어서 후회막급을 하는 범부승凡夫僧이다. 또 4는 상구보리上求菩提 하화중생下化衆生하며 자리이타自利利他하는 대덕大德이요. 5는 중심을 잃지 않고 일점신심一點信心이 선근부단善根不斷하니 항불사恒不死하는 나이든 상좌上座요. 상6은 원력願力이 있지만 열반涅槃에 들지 못하는 회소향대回小向大하는 법성法性의 상좌上座이다.

마지막으로 「대상전」의 설명을 몇 줄 덧붙여 둔다. 우레는 천지가 꽉 막혀있는 상태를 해소하나, 성인이 음악으로 사람들의 질박한 상태를 해소하였다.[36/37] '작악'은 한 양이 다섯 음을 돕는 상이고 '숭덕'은 다섯 음이 한 양을 높이는 상이다.[38] 또 화락은 음악에서 생겨나니,[39] 비단 '작악'이 일상적인 일은 아니었다.[40]

---

36 李止淵, 『周易箚疑』 : "雷者, 天地之解鬱者也. 樂者, 聖人之解樸者也."

37 이지연(李止淵, 1777~1841) : 호 希谷, 시호 文翼. 「周易箚疑」에서 希谷은 건괘부터 미제괘까지 설명하고 나서 말미에 『易』을 복서의 책으로만 볼 것이 아니고, 의리를 강구해야 한다고 주장한다. 上經의 건곤은 '生生之門'을 연 것이고, 감리는 '生生之用'을 드러내며, 下經의 함항은 '生生之路'를, 기제와 미제는 '生生之利'를 나타내었다고 한다.

38 김상악, 「山天易說」 : "'음악을 짓는 것'은 우레의 떨침을 본받고, '덕을 높이는 것'은 땅의 두터움을 본받고, '상제께 제사 올리고 조상을 배향함'은 震의 맏아들이 제주가 된다. '올린다[薦]'는 艮의 손으로 坤의 제사 물건들을 올리는 것이다. '조상[祖考]'은 艮에서 취하였으므로, 小過卦 육2에서 '祖'라 하고, 蠱卦 초6에서 '考'라고 하였으니, 간☶에서는 하나의 양이 위에 있어서 높다."

39 김도, 「周易淺說」 : "옛 성왕이 禮와 樂으로 천하를 다스리지 않는 이가 없었고, 예의 쓰임은 화락하게 하는 것을 귀하게 여겼는데, 화락함은 음악에서 생겨날 수 있다. 그러므로 선왕이 예로써 마음을 다스리고 화락함으로써 음악을 지어 상제께 제사를 올리고 조상을 배향하여 천하가 화평하니, 음악의 쓰임이 크지 않은가! 옛날에 순임금이 夔에게 명하여 음악을 정비하자 뭇 짐승들이 춤을 추고 신과 인간이 화목하였다는 것이 바로 이것이다. 이와 반대로 하면 혼란과 패망이 따르올 것이니, 어찌 통탄하지 않겠는가!"

40 이진상, 『易學管窺』 : "만물은 하늘을 뿌리로 하고 사람은 조상을 뿌리로 한다. 우레는 양이 만물을 살리는 첫 시작이 된다. 그래서 상제께 제사를 올리고 조상을 배향하여 근본에 보답하고 始原을 돌이켜보는 예를 거행하면서 성대한 음악을 쓰니 지극히 화락하고 즐겁다. 음악을 짓는

한편 동지 때에는 시조를 제사하고 입춘에는 선조를 제사하였는데, 이에 음악을 지어 덕을 높였으니 예악은 잠시도 떼어둘 수가 없다.[41] 예괘 감坎이 진의 상제와 간의 조상을 받듦에 예악이 혈맥을 돌게 한다.[42] 분서갱유 이후 유학자들의 육경 암송으로 예의 뜻은 보존되었으나 음악은 잔멸하였으니 악이 살아나야 예도 더불어 살아남을 알 수 있다.[43] 우리 민족은 어느 나라보다도 예와 악이 밝았으니 국가의 발전과 더불어 이 나라 이 민족의 예와 악이 다시 살아나 천지를 진동하길 바란다.

것은 역시 일상적인 일이 아니다."

[41] 윤종섭, 『經·易』: "동지 때는 始祖를 제사하고, 입춘에는 先祖를 제사한다. 음악을 지어 덕을 높이고 上帝께 제사를 올려 조상까지 배향한다고 하였는데, 艮卦에는 사당을 세우는 상이 있다. 우레가 땅에서 나와 떨치는 것은 양의 기운이 점자 자라나는 것으로, 이는 진실한 하늘의 작용이 숨길 수 없이 드러나는 지점이다. 사람들로 하여금 몸가짐을 바로하여 제사를 받들게 하는 것은 오직 이때가 그러해서이다. 임금이 공경을 다하고 정성을 다하여 신명을 감동시키니, 하늘과 사람 사이의 신묘한 감응이 가득 차 넘치리라는 것을 알 수 있다. 禮란 하늘과 땅의 이치를 아름답게 꾸며내는 것이고, 音樂은 하늘과 땅의 기운을 화락하게 하는 것이다. 사람이 하늘과 땅의 중을 받았지만 예악이 아니면 그 중을 알맞게 드러낼 수 없으니, 공자는 '예악은 잠시도 몸에서 떼어서는 안 된다[禮樂不可斯須去身]'라고 하였다. 64괘에서 무엇이 예악 가운데의 일이 아닌 것이 있겠는가마는 굳이 음 가운데 하나의 양에서 의미를 취하고, 양 가운데 하나의 음에서 의미를 취한 것은 하늘과 땅이 움직이고 고요해지는 시초이기 때문이다. 만물이 하늘 가운데에서 활발히 움직여 화창하게 소리를 펴내는 데에서 음악이 시작되는 것이고, 만물이 땅 가운데에서 형체를 이루어 서로 제 모습으로 구별되는 데에서 예가 시작되는 것이다."

[42] 심대윤, 『周易象義占法』: "구4는 坎[竈室]의 귀신이 震과 艮에 있으면서 坤의 땅이 상징하는 사람들 무리의 주인이 되니 상제와 조상이 되어서, 음악이 귀신을 감동시켜 화목한 기운을 다하고 혈맥을 활발하게 움직이게 하여 막힌 마음을 없애주는 모습을 본떴다. 너무 아무 일이 없으면 게으르고 어그러진 마음이 생기는 것이 인지상정이다. 그래서 성인은 즐거운 시절에 의례와 악률을 지어서 그릇되고 치우치는 싹이 자라지 못하도록 방지하니, 이것이 예악으로 백 년 동안 덕을 쌓은 후에 흥성한다는 것이다. 형벌이 아니고서는 난세를 다스리지 못하고, 예악이 아니고서는 안락한 세대에 대처하지 못한다. 요즘 사람들이 한가하고 안일하면 바둑 장기를 두고 음란한 이야기를 하며 배불리 먹고 취함이 많아서 성정이 황폐하고 음란한 데로 옮겨가니, 애석하지 않은가!"

[43] 이만부, 「易統易大象便覽」: "秦始皇 때 焚書坑儒를 거치면서 六經의 문헌들이 흩어져 잃어버렸습니다. 漢나라가 일어나자 여러 유학자들이 암송으로 전하여, 禮의 뜻은 자못 보존되었으나 樂은 더욱 잔멸하여 후대에는 비록 각기 제도가 있다고는 하여도 周나라 때의 六樂은 전해지지 않은 지 오래입니다. 더구나 우리 동방은 바다 모퉁이에 치우쳐 있으면서 신라, 고려로 바뀌어 오지 않았습니까! 우리 세종조에 이르러 비로소 十二律을 고증하여 바로잡고 아악·등가(登歌, 댓돌 위에서 연주하는 노래)를 제작하니 우리나라의 禮樂이 이때보다 더 성대한 때는 없었습니다. 그 후 누차 전란을 겪어 남은 것을 긁어모았으나 점차 와해되기에 이르니 식자들이 탄식하였습니다."

수隨는 자신을 숨기고 실력 있는 자를 따라가야 할 때다.

> 隨 元亨 利貞 无咎
> 따라가는 수는 (군주에게) 크게 형통하고, 바르게만 가면 이롭고 탈이 없다.

수隨는 자기 자신을 죽이고 실력 있는 자를 따라가야 하는 시절인연이라 찬스를 잘 포착해야 좋다[隨元亨]. 어쩔 수 없이 모시고 따라가야 할 자리라도 정도가 있어야 하니 바르게 처신해야[利貞]만 허물이 없다[无咎]. 자신의 주장을 버리고 시절인연에 따른다는 대의를 가슴에 새기고 갈 필요가 있다.[1]

동파는 시절인연을 따르라는 설을 이렇게 편다. "수隨는 시절의 흐름이 고르지 않은 때라 천하를 강요하여 자기를 따르게 한다든가, 곧은 자를 허물한다면 천하가 기뻐하지 않을 것이다. 따름의 시기는 하늘이 만든다. 자신을 따르지 않고 시절의 인연을 따르기에[不從己而從時] 수의 시절은 대단하다."

「잡괘전」에서도 적고 있다. "이전의 인연이라고는 깡그리 사라지고 없다[无故]." 그러기에 수는 떨어짐이고 몰락이다[隨者墮也落也]. 비괘否卦의 최상위에 있던 강이 지고한 자리로부터 가장 비천한 지위로 추락하여 떨어졌기에 수라 이름한다.[2] 따른다는 것은 나의 주체성을 버리고 천하가 일으키는 큰 흐름 속으로 내

---

1 [說證] 否卦의 상효가 가장 비천한 자리 초효로 추락함이 隨卦다. 하괘는 震이니 善之長이고 상괘는 兌이니 義之和이다. 아래는 大离이니 合禮이고, 위는 大坎이니 幹事이다. 이것이 각각 元亨利貞이다. 무구는 물러가던 양이 다시 되돌아오게 됨이다.

2 墮는 壞요 毁이다. 否卦 때는 건과 곤이 가지런히 정돈된 상태였지만, 추이하여 隨卦가 되면

몸을 맡김이다. 그렇지만 남을 따르는 자는 어느 누구를 따라 갈 것인가를 확실히 알아야 한다. 수의 시절이 닥치면 실력이 있는 자라도 아랫사람을 따라가는 경우가 생긴다. 물레방아가 물이 없으면 돌아가지 못해 쌀을 찧을 수 없다.

다음은 '원형이정'을 다 갖추어 수를 자세히 펼치라는 공자의 단사이다. "수隨는 강이 아래로 내려와서 유의 아래로 가는 것인데[剛來而下柔], 안으로 움직이며 밖으로는 기뻐함[動而說]이 수괘의 상징이다. 그러기에 군주의 도가 형통하고 바르고 허물이 없다. 천하가 시절을 따르니[而天下隨時] 때를 따른다는 의미는 엄청나게 크다[隨之時義大矣哉]"[3/4]

임제의 '수처작주'는 마조의 '입처즉진立處卽眞'에서 왔던가.[5] 이색은 '때에 따라 대도를 밟는다[隨時蹈大道]'고 한다.[6] 지욱도 설명을 더한다. "세도世道를 잡으면 상하 사방에서 서로 이득을 위해 쫓아오듯 법희法喜를 얻으면 문득 제법실상諸法實相을 자연스레 행할 것이다. 그렇게 가야만 만 가지가 이롭고 허물이 없어진다."

<hr />

상하의 건곤이 모두 파괴되어 蠱卦와 다름이 없다. 「잡괘전」에서 "따르는 것은 연고가 없기 때문이다[隨无故也]"하였다.

3 大는 군주의 도이다. 天下는 비괘 때의 건곤이고, 四時는 隨卦에서 춘하추동이 다 갖추어진다.

4 『주역』에 '時'는 27종류, 58곳 정도 등장한다. 표현 사례로는 '時義, 時用, 時大, 時中, 天時, 四時, 時, 與時偕行, 與時偕極, 與時消息, 與時行, 時成, 時乘, 時舍, 時發, 時行, 時變, 時升, 隨時, 對時, 明時, 時止, 失時, 及時, 趣時, 有時' 등이다. 위의 표현들이 「계사전」 6군데, 「잡괘전」 1군데와 「단전」・「상전」・「문언전」 등 모두 58군데이다. '時'를 중요하게 강조한 것은 『역전』에서도 마찬가지다. 또 『주역』 「단전」에는 '時'의 인식과 중요성을 강조한 12개의 괘도 있다. '時義大矣哉, 時用大矣哉, 時大矣哉' 등이다.

5 "서 있는 곳이 바로 진리이다"라는 의미의 '隨處作主 立處皆眞'은 임제(臨濟義玄, ?~867) 선사의 언행을 담은 『臨濟錄』에 나오는 말인데, 이는 마조(馬祖道一, 709~788) 선사의 '立處卽眞'에서 유래됨. 곧 "지금 눈 앞에 벌어지는 일을 잘 써야 함이 바로 진리라는 것."

6 이색, 『목은집』, '擬古' : "고인은 도를 따르길 귀히 여겼는데[古人貴從道] 금인은 시세에 붙좇길 중히 여기네[今人重趨時]. 포희씨는 주역 괘를 그렸고[庖羲畫大易] 문왕은 처음으로 계사를 붙였고[文王初系辭] 주공 공자는 서로 기술함이 있으니[周孔迭有述] 군자는 의당 이것을 생각해야 하리[君子當念玆]. 변동하는 것은 흐르는 물과 같고[變動如流水] 천리는 호리에서 나뉘는 것이래[天理分毫釐] 어긋나면 진정 천리로 멀어지리니[差之信千里] 경을 지켜 스스로 위태롭게 말지어다[守經無自危]. 고인은 학문에 법이 있었는데[古人學有法] 금인은 배우려 해도 스승이 없네[今人學無師]. 내 스스로 나의 도에 뜻을 두었다면[自我志吾道] 외환 때문에 어찌 마음이 바뀌랴[外患何曾移]. 조석으로 삼가서 지켜야만[朝夕惕以守] 거의 닳거나 검어지지 않으리[庶不磷而緇]' 고인은 천명 아는 걸 중히 여겨[古人重知命] 천지의 마음을 순히 받아들였네[順受天地心]. 천지는 바로 내가 나온 바이어니[天地我所出] 때에 따라 대도를 밟아가면서[隨時蹈大道] 넓게 트이기도 깊이 숨기도 했네[敞豁仍沈潛]. 금인은 되레 자신을 작게 여기니[今人反自小] 비루하기가 옷 입은 마소 같구려[鄙哉牛馬襟]."

『춘추좌씨전』에 의하면 공자보다 3세대 전에 살았던 노나라 목강穆姜은 그가 폄하되어 동궁에서 퇴출되어 나갈 쯤에 간괘艮卦가 수괘隨卦로 가는 움직임을 얻고 다음과 같은 철든 소리를 하고 있다. "수隨처럼 '원형이정'의 덕을 갖추고 있으면 허물이 없다. 그러기에 네 가지의 덕을 다 갖춘 사람은 속일 수가 없다. 그래서 그러한 사람이 수괘隨卦를 얻으면 재앙이 없는 법이다. 그러나 나는 남의 부인이면서 모반에 끼어들었다. 정녕 나는 여자라는 미천한 신분이면서 더구나 인덕도 없었으니 '원元'이라고 말할 수 없고, 모반에 끼어서 나라를 어지럽혔으니 또 '형亨'이라 할 수도 없다. 또 옳지 못한 일로 몸을 해하였으니 '이利'라고도 할 수 없고, 더구나 부인이란 지위를 잊고서 외모를 꾸미고 놀았으니 '정貞'이라고도 말할 수 없지 않은가. 이런 사덕이 있는 자가 수괘隨卦를 얻었다면 재앙이 없지만, 나는 덕이 하나도 없었으니 수괘隨卦에는 맞지 않다. 또 나는 악한 짓도 행하였으니 어찌 재앙이 없겠는가? 틀림없이 여기서 죽었으면 죽었지, 더 이상 나갈 수 없을 것이다." 그러고는 동궁에서 죽음을 맞았다.[7] 목강처럼 죽음도 예상되는 수隨는 진목궁震木宮 귀혼歸魂괘로 7월이다.

공자도 대상에서 "연못 속에 우레가 잠복하고 있음이 수隨니 군자는 이를 보고 날이 저물면 편안히 먹고 마시며 즐겁게 쉬어라[象曰 澤中有雷 隨 君子以 嚮晦入宴息]" 한다.[8] 여기 공자의 '향회입연식'을 희곡希谷 이지연은 "우레가 못 가운데 숨어 있음은 미래에 장차 일어날 양을 기르고, 어둠을 보면 들어가 쉬면서 평탄한 아침의 청명한 기운을 기르라 한다"고 해설한다.[9]

양촌陽村도 설을 보탠다. "우레라는 것은 봄 여름에는 땅에서 나와 진동하고 떨치며, 가을 겨울에는 땅속으로 들어가 숨는 것이다. 우레가 못 속에 있다는 것은 들어가 숨는 때이기에, 한 해에 가을과 겨울이 있는 것은 하루에 황혼이 있는 것과 같으니, 군자는 우레가 못 속에 있는 상을 보고, 날이 어둠으로 향할 때는 안에 들어가 편안하게 쉬어야 한다."[10]

---

7 『춘추좌씨전』, 양공 9년(노나라 목강지서).

8 '天下隨時'는 隨卦의 震은 봄, 兌는 가을, 离는 여름, 坎은 겨울이다. 따라서 간☶의 머무름과 손☴의 들어옴이 '入宴息'이 되고 태☱는 서쪽의 어두운 곳이고 진☳이 태☱를 대면하여 향하고 있으니 '嚮晦'가 되었다.

9 이지연, 『周易箚疑』: "雷藏於澤中, 以養來年將發之陽, 向晦入息, 以養平朝淸明之氣."

나아가 김도는 군자의 움직임과 고요함은 각각 그 때를 따라야 하니, 움직일 때인데 고요하면 중도가 아니고, 고요할 때인데 움직이면 또한 중도가 아니라 한다. 우레는 움직임을 위주로 하기 때문이다. 그러나 가을과 겨울에 움직이면 우레의 바름이 아니고 함부로 움직이는 꼴이 된다. "그러므로 군자는 수괘의 상을 본받아 움직일 만하면 움직이고, 고요할 만하면 고요하게 해야 한다. 날이 어두워지는데도 쉬지 않으면 이는 함부로 움직이는 것이 되니, 어찌 군자가 때에 알맞게 하는 것이겠는가? 예전에 혹 세상으로부터 도피한 사람이 있어, 가부좌를 한 채로 아침에 이르기까지 잠을 자지 않았는데, 이는 불교의 유파로 배우는 사람이 마땅히 분명하게 구분해야 할 것이다."[11]

이처럼 천지를 울리는 천둥의 계절이 지나고 연못 속에 잠시 잠복 하는 기운[澤中有雷]을 보고 공자는 수행隨行의 상을 잡고 있다. "군자는 날이 저물면 몰던 수레를 멈추고 음식을 먹으며 충분한 휴식도 취할 줄 알라[嚮晦入宴食, At nightfall goes indoors for rest and recuperation]"는 것이다. 여기 '향회嚮晦'에는 그믐 달밤에 고향으로 향해 가라는 뜻이 숨어 있듯, 내가 아무리 큰 지혜와 대단한 힘을 지녔다 하더라도, 지금은 그 값이 먹혀들지 않을 때이니 뜻[時義]을 더 길러야 할 것이다.

여기에서도 삼산三山은 진≡≡은 아침, 태≡≡는 저녁이라 하고, 진의 목木이 태의 금金으로 들어가면 잘리고, 우레가 못 가운데로 들어가면 숨고, 사람은 어두운 때에 들어가면 쉬니, 모두 때를 따른다는 뜻이라 이른다.[12]

자범子範은 '향嚮'은 '향向'과 같고, '회晦'는 '혼昏'이라 하고,[13] 화동華東 서유신은 추분에 용은 바다로 들어가고 우레는 소리를 거두어들이는데, 못 가운데 우레는 때를 따름이라 이른다. 『수경水經』에 용은 가을날을 밤으로 삼는다 했으므로

---

10 권근, 『周易淺見錄』: "… 雷在澤中, 是入而藏伏之時也. 一歲之有秋冬, 卽一日之昏暮也. 君子觀雷在澤中之象, 及嚮昏晦, 入內而宴息也."

11 김도, 「周易淺說」: "… 故君子法此之象, 而可動則動, 可靜則靜. 若嚮晦而不息, 則是妄也, 豈君子之時中乎. 昔者或有逃世者, 趺坐而達朝不寐, 此則釋氏之流也, 學者所當明辨也."

12 유정원, 『易解參攷』: "震朝氣也, 兌暮氣也. 卯入於西, 日之暮也. 木入金鄕則絕, 雷入澤中則蟄, 人入晦時則息, 皆隨時之義."
沈潮, 「易象箚論」: "해와 산이 태≡≡로 들어가는 상이고, 들어감은 손≡≡이다. 리≡≡가 감≡≡ 아래 있으니 해가 져 어두워지는 상이다."

13 오치기, 「周易經傳增解」: "嚮與向同, 晦謂昏也."

날이 어둠을 향하면 안에 들어가 편안하게 쉬는 상이니, 편안하게 쉬어서 장차 다시 움직이는 것이 군자가 때를 따르는 것이라 한다.[14]

주자가 '회암晦庵'을 쓰고, 고려의 안향이 '회헌晦軒', 조선의 이언적이 '회재晦齋'를 쓴 뜻도 여기 수隨에 있다. 마지막으로 지욱의 법문이 훌륭하다. "이미 본원자성本源自性에 합하여 위로 과거제불[往古諸佛]과 같을진대, 수의 시절에는 반드시 삼덕비장三德秘藏을 갖춰 대열반大涅槃에 들어갈 지어다."[15]

初九 官有渝 貞 吉 出門交 有功
초9는 관청에 혁신적인 변화가 있을 것이니, 올바르게 일을 추진하면 길하다. 문 밖을 나가 교제해도 성공이 있을 것이다.

나의 짝은 4지만 응을 하지 못해 가까운 육2를 사귄다. 바로 위의 아름다운 육2의 진짜 주인은 관장官長 구5이다. 그런데 2 또한 주군이 먼 곳에 있으니 덕을 갖춘 가까운 나의 프러포즈에 마음이 움직인다. 지욱의 설은 "2는 5의 관물官物이다. 그러니 초9는 문 안에 있는 2를 취하지 말고, 문 밖의 5를 따라가야 공로가 있다"고 한다. 여기 '관官'의 의미는 컨트롤타워(관제탑) 같은 역할로 4와 5 그리고 자신까지를 말한다.

동파 역시 물건의 바른 주인을 '관官'이라 지적한다. 2의 주인은 5이다. 2가 초9의 접근으로 인하여 움직인다면 5[官]에 변화가 있지 않겠는가[官有渝, The standard is changing]. 임금 자리 5에 변화가 있다면 당연히 초9는 얻을 것이 없다. 그러니 정도를 취해야 길하다[貞吉]. 초9가 2를 취하지 않으면, 2를 잃을지라도 5의 마음은 얻는다. 어째서 그러한가? 취할 수 있는데도 취하지 않아서 그로 인하여 올바른 주인에게로 돌아가게 한다면, 초9는 5에게 신뢰를 받아서 공을 쌓기 때문이다. "5가 이것을 반드시 고맙게 여기니 문 안의 짝은 잃지만, 문 밖의 사귐을 얻는다[出門交]. 고로 가까이에 있는 남의 짝을 멀리하고 문을 나서서 공이 있는 큰 사람

---

14 서유신, 『易義擬言』: "… 水經龍以秋日爲夜, 故有向晦入宴息之象. 宴息將以復動, 君子所以隨時也. 向晦兌秋之象, 入宴息震龍之象. 又互巽爲入, 互艮爲止也."

15 지욱, 『주역선해』: '삼덕비장'은 法身斷德, 報身智德, 化身恩德.

을 사귄다면 얻는 것이 분명히 많을 것이 아닌가[有功]."

그러기에 공자도 "이런 공이 있는 사람과 사귄다면 절대로 실패하지 않을 것[象曰 官有渝 從正吉也 出門交有功 不失也]"이라고 주석하고 있는 것이다. 수괘가 췌괘萃卦로 간 경우다.[16][17]

> 六二 係小子 失丈夫
> 육2는 시시한 소자에게 매이면 장부를 잃게 된다. [전쟁에서 적이 소지를 포로로 잡아 묶었으나 장부를 놓친 꼴이다.]

유순중정한 2가 초9와 5에게 양다리를 걸치고 가니 한때는 즐거우나 끝내 좋을 수 없다. 잠시 시간을 때우기 위하여 사귀어 오던 초9쯤은 항상 버릴 수 있다손 치더라도, 그 내용을 언젠가는 알게 될 정응 5와는 함께 갈 수 없는 이치다[象曰 係小子 弗兼與也]. 나의 짝 5가 버티고 있는데도 가까운 소인과 친하면 진심으로 따라야 할 군자로부터 버림을 받을 것이 자명하다. 정응을 외면하고 양다리를 걸치고 사는 인생을 청산하라는 경계사다. 비린내 나는 친구(사물)한테 마음이 간다면[係小子] 장부(큰일)를 잃고 만다[失丈夫]. 다음과 같은 왕필의 매서운 주석이 있다.

"음이란 존재는 세상에 따라서 처할 뿐 홀로 설 수 없으니 반드시 매이는 데가 있어야 한다. 특히 수隨의 때에 타고난 몸이 유약한 2가 강을 타고 있으니 어찌 자신의 뜻을 지킬 수 있겠는가? 그러니 가까운 어린 양에게 몸을 의탁하는 일이 생길 수밖에 없는 것이다."

수의 시절엔 초연거사의 '자경8막'도 좋고,[18] 득도의 어려움을 노래한 송나라

---

16 [說證] 萃卦는 觀卦에서 왔다. 관괘의 大艮은 궁궐이니 백관이 머무는 곳이다. 손☴의 벼슬아치 그들이 관의 궁궐에서 관의 공무를 처리한다[곤☷의 勞役]. 췌가 되면 태☱로 인해 훼손되니 '官有渝'가 된다. 췌는 또 小過에서 왔지만, 감☵을 지키니 '貞吉'하고, '出門交'는 소과의 간☶의 門과 진☳이 등을 지고 적대하였지만, 3이 5로 가, 췌가 되면서 간☶을 벗어나, 진☳의 군자와 교제하니 '出門交'다. 또 '有功'과 '不失'은 3·4·5·6의 호괘 감☵의 노력으로 공을 이뤄, 잃지 않음이다.
17 참고로 특히 관직에 변동이 있다. 작은 일에 얽매이지 말고 좀 더 큰일을 살펴라. 불리할 것 같은 일이라도 반드시 성공한다.
18 超然居士, '自警八莫' : "1. 망상을 말자[心念莫妄想]. 2. 시간을 허비 말자[光陰莫閑過]. 3. 명리를 탐하지 말자[名利莫貪求]. 4. 성내고 노하지 말자[嗔怒莫恣縱]. 5. 시샘하지 말자[見人莫妬忌]. 6. 재물은 지키려 말자[世財莫常守]. 7. 깡을 믿지 말자[强梁莫恃賴]. 8. 일을 한다고 남을 해치지

유문표의 『청야록淸夜录』도 좋다. "물가에 선 누각에는 달빛이 먼저 비치고[近水樓臺先得月], 햇빛을 향한 꽃과 나무에는 봄이 먼저 깃든다[向陽花木易爲春]." 한 사람이 득도하면 그가 기르던 닭과 개도 따라서 승천한다[一人得道 鷄犬昇天]는 속담이 그럴 듯하다. 수괘가 태괘로 가면 소자도 장부도 다 잃는 소탐대실할 절대 타이밍이다. '자경8막'만 지켜도 대실은 하지 않을 것 같다.[19]

六三 係丈夫 失小子 隨 有求 得 利居貞
육3은 장부를 얻고 소자를 버린다. 따라가면 얻을 것이 있으니 바른 것을 지키는 것이 이롭다. [전쟁에서 적이 장부를 붙잡아 묶는 일이 있더라도, 소자를 놓치게 될 것이다.]

3이 볼 때 4는 장부丈夫요 초9는 소자小子다. 4는 가깝고 초9는 멀기에 정응이 아닐지라도 위를 쫓아가면 순하다. 왕필의 해석은 동병상련의 입장으로 어루만져 주고 있다. "음이란 세상을 따라 처할 뿐 홀로 설 수 없으니 반드시 매이는 자리가 있어야 한다. 초9가 정응이 아닌 2를 차지하였으니, 3은 초9를 버리고 4에 매인다. 4 또한 정응이 없으니 구하는 바를 얻게 되어 '수유구득隨有求得'이 된다. 응이 바르지 못한 채로 만나 함부로 할 수 없어 바른 자세를 취하기에 '이거정利居貞'이다." 그러니 초9 소자를 버리고[失小子] 4 장부를 적극적으로 따라가 살게 됨이다[係丈夫].

공자도 "장부를 얻음이 초9를 버렸기 때문[象日 係丈夫 志舍下也]"이라고 하는 걸 보면, 3은 초9와 2의 사이를 벌써 인정하고 자신의 정응 상6과도 인연이 아니란 걸 알았고, 어차피 음양의 도를 맞춰 가야 한다면 가까운 이웃에서 이익을 같이 나눌 4와 서로의 실리를 찾는 행동으로 옮긴 것이다. "물고기도 좋고 곰발바닥도 좋지만, 이럴 때는 물고기를 버리고 곰발바닥을 취하는 것이 훨씬 낫다"[20]는

말자[臨事莫害人]."

19 [說證] 隨卦는 감☵의 도둑과 리☲의 병사가 싸우고 정벌하는 괘며, 또 수는 태☱의 적군 金이 아군 진☳의 나무를 이기는 상이다. '小子'는 호괘 간☶이고, '丈夫'는 내괘 진☳이며, '係'는 손☴이나, '失'은 2효가 손☴에서 벗어났음이며, '不兼與'도 같은 의미다.

20 『맹자』, 「고자(상)」 제10장 : "孟子日 魚, 我所欲也, 熊掌, 亦我所欲也, 二者不可得兼, 舍魚而取熊

맹자의 실질적인 계산이 훨씬 더 쿨(cool)해 보인다. 그러니 차라리 정응이 아니라도 서로에게 이익이 되고 마땅한 인연이라면 돈과 재력, 더하여 정력까지 넘치는 자를 좇아서 정조를 지키며 사는 것이 훨씬 실속 있고 좋다. 어차피 나의 정체성은 한 수 접어두고 남의 인생에 얹혀 살아야 하는 수隨의 시절이 아니던가. 참고로 수괘가 革卦로 가 대장丈夫은 볼모로 잡히고 차장[小子]은 벗어난다.[21] 고래로 대장을 보호하려는 '가케무샤[影武者]' 등장도 심심찮다.[22]

> 九四 隨有獲 貞 凶 有孚 在道以明 何咎
> 구4는 뒤좇아 가는 자에게는 얻을 것이 있겠으나, 주인은 일을 맡아 처리하더라도 흉할 것이다. 믿음을 갖고 길 위에서 밝힌다면, 무슨 허물을 할 수 있겠는가?

모든 고급 정보와 천하 미인까지도 임금의 앞으로 가기 전에 나를 통해 갈 정도의 자리에 위치하고 있다. 그런데 만에 하나라도 자신이 그 정보와 미인을

掌者也. 生, 亦我所欲也. 義, 亦我所欲也, 二者不可得兼, 舍生而取義者也."

21 [說證] 革卦는 遯卦와 大壯卦에서 온다. 대장괘 상괘 진은 장부다. 돈괘 하괘 간은 송자이다. 추이하여 혁괘가 되면 손의 밧줄로 진을 묶으나, 아래 소자는 놓친다. 간☶에 '求' 자가 보인다. '거정'은 감☵의 집을 의미한다.

22 미국 ABC방송은 2009년 8월 평양을 방문했던 클린턴 전 대통령이 '가짜 김정일'을 만났을 수도 있다는 일본의 주장을 소개했다. '가케무샤(影武者)'는 '그림자 무사란 뜻이다. 일본 전국시대의 영주였던 다이묘(大名)들이 전쟁터로 나갈 때 위험을 줄이려고 생김새가 비슷한 사람을 대신 내세우는 위장전술을 썼다. 그 대역을 '가케무샤'라 했다. 구로자와 아키라 감독의 영화 <가케무샤>에선 첩들마저 '가짜'의 정체를 눈치 채지 못했다. 그걸 알아챈 건 다케다의 愛馬였다. 648년 당에 사신으로 갔다 오던 신라 金春秋가 고구려 군사들에게 붙잡혔을 때 수행원 溫君解가 김춘추로 위장해 대신 죽었다. 고려 王建도 927년 후백제와의 팔공산 전투에서 대패하고 포위됐을 때 용모가 비슷한 장군 申崇謙이 그의 복장을 입고 싸우다 전사한 일이 있다. 현대에도 '가케무샤'의 존재가 끊임없이 나오고 있다. 히틀러, 스탈린, 카스트로, 카다피, 사담 후세인처럼 하나같이 독재자들이다. 독재자일수록 암살을 두려워해 많은 공식석상에서 자기와 얼굴이 비슷한 대역을 내세웠다는 얘기다. 가케무샤가 내막을 폭로한 경우도 있다. 러시아의 배우 펠릭스 다다에프는 지난 2018년 4월 자신이 철혈독재자였던 스탈린의 '가케무샤' 4명 중 한 명이었다고 주장했다. 다다예프는 스탈린으로 분장한 뒤 방문객을 만나고 혁명기념 퍼레이드를 사열했으며, 연설까지 대신한 적도 있다고 말했다. 스탈린보다 47세나 어렸지만 메이크업으로 극복할 수 있었다는 것이다. 사담 후세인이 가케무샤를 활용했다는 얘기도 오래전부터 있었다. '김정일 가케무샤설'을 주장하고 있는 사람은 일본의 한반도 전문가 시게무라 도시미쓰(重村智計) 와세다대 교수다.

중간에서 낚아채려 한다면[隨有獲] 그 목숨은 둘이 아닐 것이다. 자신은 비서실장이요 경호실장이며 정보부장 같은 자리이다. 그가 현명한 신하라면 믿음[有孚]에서 벗어나는 짓을 해서는 아니 되고[貞凶], 신하의 도리[在道]에서 어긋나서도 아니 되며, 신하가 가져야 하는 지혜와 청렴도 잊지 말아야 할 것이다[以明]. 이렇듯이 신도臣道를 확실히 지켜나갈 수 있다면 그 공이 어찌 흉으로 나타날 수 있겠는가[何咎].

'획獲'은 남의 것을 빼앗을 때 쓰는 용어다. 3은 나에게 와서 지조를 바치며 산다고 하니 '획獲'은 3에게 해당되는 단어는 아니다. 2는 5와 정응인지라 5에게로 바로 갈 수 있으나, 5에게로 가는 길목에 있는 강한 4를 지나가야 하는데, 이때 4가 2를 중간에서 잡아챘다면 이것이 바로 권력을 남용하는 '획獲'이 된다. 4가 강한 권력을 남용하지 않고, 신하의 도리를 다하면 공이 있다. 2가 5에게로 바로 가게 함도 순전히 초9와 구4의 공일 것이다. 고로 두 효 모두에게 '공功'이 있다고 한 동파의 해석이 나온다. "수행하는 신하로서 획책하려는 마음이 있다면 그 의리가 흉한 것이요[隨有獲 其義凶也], 믿음과 도리를 다함은 밝은 신하의 공이다[有孚在道 明功也]."[23] 정조 임금 역시 이때는 나 자신도 나를 버리고 따라가야 의리가 큼[隨之時義大矣哉]을 강조하고 있다.[24] 수괘가 준괘屯卦로 가는 경우이다.[25/26]

---

23 伊尹, 周公, 諸葛亮 등은 그들의 덕을 백성들이 따랐으나, 그 신망을 자기 자신이 누리지 않고 군주의 공으로 돌려 군주를 높게 하여 나라를 편안하게 하였다. 아랫사람들이 믿어주고 윗사람의 의심을 받지 않으니, 그들의 위세가 온 나라를 흔들었어도 뒤에 과오를 남기지 않았다. 명철한 자가 아니면 이와 같을 수 없다.

24 『조선왕조실록』 정조 15년(1791) 4월 30일 : "中庸은 과녁의 正鵠과 같다. 내 생각에는 어질고 불초한 자가 지나치거나 미치지 못하다는 것은 과녁 안에서 정곡의 위아래를 말한 것이라 여겨진다. 만약 과녁을 벗어나고 과녁에 미치지 못한 것으로 말하자면, 中이란 글자가 도리어 너무 작다. 성인의 중은 없는 곳이 없다. 천하에는 천하의 중이 있고, 한 나라에는 한 나라의 중이 있으며, 나아가 작은 그릇에도 모두 그 중이 있다. 어찌 대지 위에 한 조각 과녁만 놓아둔 것과 같겠는가. 이 때문에 비록 노자와 석가가 우리 유도와는 다르다 해도 반드시 그 극치에 가서 머무른 것은 과녁이 없다고 말할 수 없다. 대체로 하늘이 덮여 있고, 땅이 깔려 있고, 해와 달이 비추고, 서리와 이슬이 내리는 곳이라면, 어디를 간들 당연한 도리가 없겠으며, 어느 곳인들 이른바 중이란 것이 없겠는가. 성인은 일상적으로 행하는 도리 속에서 그 중을 골라서 잡는 것이기에 중용이라 한 것이다. 중용이란 애초부터 높고 요원하여 행하기 어려운 일이 아니다. 어디를 가든 상도가 있고, 어디를 가든 중도가 있기에 時中이라 한 것이다. 中이란 글자의 뜻은 時라는 글자의 뜻과 서로 표리관계를 이루니, 『주역』에 이른바 '時의 뜻이 진실로 크다[時義大矣哉]'고 한 것이다."(朝講 中庸)

25 [說證] 屯卦는 觀卦에서 오는데, 강이 아래로 추락하니 隨의 뜻이대[隨者墮落也]. 위에서 떨어진

> **九五 孚于嘉 吉**
> 구5는 (혼사를 치를 적에) 가례에 믿음을 두니 길할 것이다.

수괘가 진괘震卦로 간 경우다.[27] 구4가 임금에게 충성으로 맹세하는 자리라고 하면, 구5는 임금으로서 백성에게 수隨를 보임이 아름다워야 한다. 임금으로서 4 의 재상에게 충심으로 따라오도록 보여주는 믿음이며, 또한 정응을 하여야 할 백 성인 2에게도 그렇게 진실과 믿음으로 보답하니[孚于嘉, Sincere in the good] 길할 수밖에 없다. 고귀한 몸이지만 아랫사람들에게도 성의를 다해 바른 일로 따라가 니 상하가 다 화합되어 좋다. "어진 신하에게 책임을 준 군주라면 신망을 보내야 지 의심을 두면 안 된다."[28]

여기서도 동파는 '嘉'를 혼례한 배우자[配] 2에 대한 믿음에서 생기는 '아름다 움'이라 한다. "수隨의 시절은 음이 급하게 양을 따르지만 이때에 음은 구차하게 따르지 않는 것을 곧음으로 삼고, 양은 음을 배반하지 않는 것을 길로 삼는다. 2는 5가 멀리 있기 때문에 가까운 초9에게 두 마음을 품지만, 5가 의심하지 않고 2를 믿으면 아름다운 것이다."[29]

또 유순 중정한 2는 5의 아름다운 짝이지만[嘉偶] 민심을 고동시키는 초9에 더 가깝다. 그래서 가깝게 여겨지는 우군 초9와 잘 지내면 강성 안티세력 구4마저 아군으로 만들 수 있다. 곧 민심을 잘 읽고 외면하지 않는다면, 오히려 임금의 측근 4의 마음까지 얻을 수 있어서 좋을 것이다. 곧 강한 반대 세력 4까지 아울러

자가 안으로 되돌아와 백성을 얻고 자신의 바른 위치에 머무니 '隨有獲'이다. '有獲'은 곤☷의 백성을 얻음이다. 추종하는 자가 얻은 것은 주동하는 자에게는 상실함이 되니 坎에 비록 굳고 건실함이 있더라도 그 뜻이 흉하다. '凶'은 감☵의 상이다. 隨卦 4가 변해 초9와 호응하여 유부이 니 '有孚'는 리☲이다. '有孚在道'는 道로 가운데서 스스로 그 공로를 밝히는 것이다. 감☵은 공이 다. 공로가 있는데도 억울하게 죄를 덮어쓰고 체포된 자가 이런 점에 해당된다. '在道'는 진☳의 길이다. '无咎'도 4의 강이 유를 얻어 정위에 있음이며, '義' 역시 태☱의 상이다. '明功'은 감☵의 노력한 공을 리☲가 밝힘이다.

26 욕심을 탐하여서 소득이 있으면 반드시 흉함이 오리니 각별히 명심하라. 믿음도 져버리고, 인간 적인 도리도 없으며, 수양이 부족한 신하라면 앞날이 흉하다. 임금에게 소중한 것을 빼앗는 일 이 벌어진다.

27 [說證] 隨卦의 호괘는 風山漸卦다. 소남과 소녀가 离로써 아름답게 모이고, 坎으로 시집을 가니 2와 5가 정응을 하여 가례가 '孚于嘉'다.

28 『書經』, 「大禹謨」, '任賢勿貳'와 『맹자』, 「양혜왕」: "仁者無敵 王請勿疑."

29 소식, 『동파역전』: "嘉耦曰妃, 怨耦曰仇."

포용하는 방책을 2는 알려주고 있는 것이다. 여기서 2를 백성들의 중심 여론으로도 볼 수가 있으니, 임금에게는 백성의 신뢰가 전부이고, 또 그 백성이 진심으로 따라준다면 가히 경사 중에서도 경사일 것이다.[30] 결론적으로 공자의 "부우가길이라 한 것은 5가 바른 자리에서 중심을 잘 잡아 백성과 하나 되어 나가기 때문[象曰 孚于嘉 吉 位正中也]"이라는 주석은 강건중정한 군도를 말해주고 있다.[31]

上六 拘係之 乃從維之 王用亨于西山
상6은 잡아서 붙들어 매고, 바로 끌어다 말뚝에 묶는다. 왕이 서산에 제사를 올린다.

순순히 따라오려 하지 않으니 억지로 수행隨行시키는 강공책이며, 흩어지려는 민심을 굳게 붙들어 매려는[拘係之乃從維之, Firm allegiance and bound] 고도의 정치적 기술이다. 정치적인 수단으로 체포하고[拘], 오랏줄로 묶고[係], 또 매달아[維] 억지로 두들겨 패며 복종시키는[從] 장면이 연출된다. 수습되지 않는 민심을 경찰과 군인을 앞세워 강경하게 대처하고 있는 양상과 같다. 그렇지만 임금은 이 어지러운 정국과 민심을 달래기 위하여 서산에서 제사를 드리는 것을 연출하는[王用亨于西山] 양면작전도 동시에 보인다. 동파 역시 이를 "상위에서는 응도 없고, 따르는 자도 없으니, 일단 잡아 묶은 뒤 구속하여 억지로 따르게 한다. 억지로 하면 견고하지 못하니 응당 왕이 하늘에 제사를 올리는 이벤트를 보여주면 백성들은 그 하늘이 시킨 일로 알 것이고, 또 이를 모르는 어리석은 백성들은 임금의 현명한 정치적 판단으로 여길 것이다. 이는 다름 아닌 한 손에 오랏줄, 한 손에

---

30 石之珩,『五位龜鑑』: "신이 삼가 살펴보았습니다. 隨卦 구5는 정성스런 마음으로 善을 따라서 길하게 됩니다. 따른다는 것은 스스로 가지 않고, 남을 따르는 것을 말합니다. 세상의 임금 가운데 혹 자기를 억누르고 남을 따르는 것을 부끄럽게 여겨서, 완고하게 자신의 재능과 지혜만을 믿어, 다른 사람의 말을 듣지 않아 덕을 어둡게 하고 일을 그르치는 자가 많습니다. 여러 善을 모아서 따르면, 여러 善이 모두 자신의 善이 되는 것을 전혀 알지 못합니다. 엎드려 원하건대, 전하께서는 이 효가 善에 대해 믿을 수 있음을 깊이 음미하소서."

31 2012년 12월 19일 박근혜 후보가 대권을 잡을 수 있느냐고 묻는 질문에 隨卦 5였다. 시절인연이다. 그녀는 왕도가 학습 되지 않은 불쌍한 사람이었다.『춘추좌씨전』에 노나라 목강처럼 '元亨利貞한 隨卦'를 얻고도 탄핵을 당한 최초의 어리석은 대통령이 된 것은 혼밥, 혼잠도 원인 중 하나였다. 왕은 백성이 갖추어야 할 것을 다 갖추어야 좋다. 특히 가정과 가족이 그 대표적이다. 태☱의 毁女(최순실)에게 어리석은 진☳主가 몰락한 상이다.

제기를 들고 제사를 쓰는 우민정치를 보임이다"라고 한다.

공자의 "붙잡아 매면서까지 따라오도록 하는 정책은 윗자리에 있는 자들이 궁색하기 때문[象曰 拘系之 上窮也]"이라는 주석을 보더라도 임금에게 쉽게 동조하지 않는 자들을 회유하기 위한 궁색한 묘수로 이해된다. 또한 전쟁과 혁명 후에 흔히 있을 수 있는 기존세력의 만만찮은 저항과 이후에 민심을 잃지 않으려고 애를 쓰는 혁명세력의 노고도 알 만하다. 그리고 임금의 제사에 대하여 증자가 증명하기를 "태왕께서 서산으로 가시자 백성들이 그를 따라오는 행렬이 장을 보러 가는 것처럼 많아 서산의 길이 평평하게 났었다. 자손들은 이 유업을 길이 보전할 것이다. 태왕은 서산에 올라 하늘에 제사를 올리더라"[32]고 적고 있다. 또 "주나라 무왕이 능극하고도 13년 동안이나 민심이 주나라로 이끌려오지 않자, 무왕은 은나라 유신 기자箕子를 찾아가 「홍범구주洪範九疇」를 얻어 그것을 정치에 쓴 후 민심이 끌려왔었다"고 전한다.[33] 임금을 따르지 않은 무리들은 무망无妄의 재생災眚을 당하고 말았다[隨之无妄].[34/35]

---

32 『詩經』, 「周頌」, 天作篇 참조

33 김진규, 『아산주역강의』 참조

34 [說證] 손☵의 끈으로, 진☳의 나무에, 간☶의 손으로 건☰의 말을 묶으니 '구계지내종유지'다. '서산은 태☱와 건☰이 놓인 방위다. '왕용향은 수괘에서 손☵의 재계와 리☲의 정성으로 본시 제사의 상이다. 무망에서도 진☳의 장자가 건☰에 제사를 올림이다. '궁은 태☱의 입이 건☰에서 막힘이다. 또한 무망괘는 둔괘(말이 밖으로 달아나고 나라 안이 텅 비는 상)와 중부(제사)에서 왔다.

35 참고로 사업과 취업은 아주 먼 곳으로 간다. 건강하지 못한 사람의 생사를 물어 상효를 얻으면 서산에 장사를 지낸다.

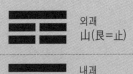

외괘
山(艮=止)

내괘
風(巽=入)

18. 산풍고山風蠱

Work on what has been spoiled

좀벌레가 우글거리고 있는 고蠱는 나라와 기업도 부패와 부정 속에서 안일하게 돌아가고 있을 뿐 아니라, 개인도 퇴폐와 사치와 낭비로 만연되어 있을 때다. 그런데 사업은 낡고 시대에 뒤떨어진 사고로 대처하고 있으니 이 시점에서 반드시 일신이 요구된다.

> **蠱 元亨 利涉大川 先甲三日 後甲三日**
> 혼란이 온다는 고는 크게 형통하니 큰 내를 건너는 것은 이롭다. 단, 갑일보다 3일 앞서 하며, 갑일보다 3일 뒤에 한다.

일의 흐름이 점점 어려워지고 있는 고蠱는 천·지·인 삼재가 위태로운 처지에 놓인 그림이다.[1] 그렇지만 어떠한 경우라도 정도로 가면 형통하고 대천大川 같은 큰 위험도 건널 수 있다. 갑일甲日의 전후로 앞 삼삼三三과 뒤 삼삼三三에 고蠱를 해결할 수 있는 방책이 있을 것이다. 그림으로 보아도 접시에 가득 담겨 있는 음식이 우글거리는 벌레들에 의해 썩고 있다. 또 중년부인[☷]이 젊은 남자[☶]를 고혹蠱惑하고 있는 상이라, 풍기문란과 다사다난이 예견되기도 한다. 이렇듯 세상사가 무사안일이 계속되면 내부에는 부패와 혼란이 찾아들 것이다. 그렇지만 모순이 깊으면 깊을수록 역설적으로 근본적인 해결책도 동시에 나타난다. 이 기회에 내부를 좀먹는 원인을 철저히 규명하고 잡아내야 할 필요가 있다. 그러기에 부패와 혼란은 동시에 혁신을 맞기도 하니, 만물 만사는 궁하면 통하는 법이다.

고蠱에 대한 다산과 동파의 해석은 대체로 자세한 편인데, 특히 고蠱를 아버지

---

1 「序卦傳」에 "고는 좀먹고 무너지는 일을 냄[蠱者事也]"이라 하고, 또 「雜卦傳」에는 "일내어 훼손한 것을 수선하고 정비함[蠱則飭也]"이라 한다. 주자는 "고는 무너짐이 극에 달해 고치고 다스려야 할 일이 있음[蠱壞極而有事也]"이라 한다.

때부터 곪아온 재앙이라 밝힌다. "그릇을 오랫동안 사용하지 않아서 벌레가 생겨 났고, 사람은 오랫동안 즐거움에 빠져서 병폐가 생겨났으며, 천하도 오랫동안 편안 했기에 폐단이 생겨났다. 그릇은 항상 사용되어야 하고, 몸은 항상 움직여야 하며, 천하는 항상 일이 잘못 터져도 종내는 바로 처리되고자 한다. 따라서 고의 재앙은 하루아침에 생겨난 것이 아니기에 반드시 한 세대가 지난 뒤에야 나타난다."[2]

그러므로 여섯 효가 모두 부자父子를 언급하니, 이는 아버지가 그 병을 기른 뒤 자식 대에서 발병한다는 점을 알 수 있다. 다산도 '고蠱'는 무엇인가에 '홀림'이 라 한다. "가을바람에 나뭇잎이 떨어지는 일도 고다. 만물이 무너지면 고치는 일 도 저절로 생겨난다. 예로 『춘추좌씨전』에 진晉나라 제후가 고혹蠱惑이란 병이 생 기자 의원 화和의 대답을 아래와 같이 들었다. '그릇의 벌레가 고이고 여자가 남 자를 홀림도 고이다. 이 병은 여자를 가까이 하여 고칠 수 없는 고혹에 걸린 것이 다. 여자는 양물이면서 음이라, 음하면 열이 나고 고혹의 질환이 생긴다. 이 병은 색탐으로 인하여 정신착란이 생긴 연유다.'"

고괘는 지천태괘地天泰卦에서 왔다. 건☰의 아래가 무너져 바람[☴]이 되고, 곤 ☷의 위가 무너져 산[☶]이 되었기에 산풍고 또한 무너졌다. 나이 많은 여자가 젊 은 사내를 유혹하니 '홀림'이다. 초楚나라의 문文부인이 홀리려는 사건도 그것이 었다[노·장공 28년].

'선갑삼일先甲三日'과 '후갑삼일後甲三日'은 '이섭대천利涉大川' 하는 방법론이다. 즉 새롭게 혁신하려면 심사숙고하라는 뜻으로 새겨지는데, 여기서도 다산은 정 확하게 설명하고 있다. "지천태 속에 진☳이 중앙에 거처하니 이른바 동방 갑甲 이다. 진震에서 간艮으로, 간艮에서 감坎으로, 다시 감坎을 지나야 비로소 건乾에 이르니 '선갑삼일先甲三日'이요, 진震에서 손巽, 손巽에서 리离를 지나야 곤坤에 이 르니 '후갑삼일後甲三日'이다." 다산은 재차 선유先儒의 여러 가지 설로 예시하고 있다. 한漢의 마융馬融은 '간艮이 동북이니 선갑先甲이요, 손巽이 동남이니 후갑後 甲'이라 했는데, 그렇다면 '삼일三日은 어디로 갔는가?'라고 반문한다.[3] 마융에게

---

2 소식, 『동파역전』: "器久不用而蠱生之 謂之蠱 人久宴溺而疾生之 謂之 蠱 天下久安無爲而弊生之 謂之蠱 器欲常用 體欲常勞 天下欲事事 故蠱之災 非一日之故也 必世而後見."

3 마융(馬融, 79~166): 後漢의 儒家. 數經에 통달하여 盧植, 鄭玄 등을 가르쳤다. 『春秋三傳異同說』 을 짓고, 『효경』, 『논어』, 『시경』, 『주역』, 『삼례』, 『상서』, 『열녀전』, 『노자』, 『회남자』, 『離騷』를

『주역』을 사사받은 정현鄭玄은 "앞서 삼三이란 새롭게 하는 신(辛→新)이며, 뒤로 삼三이란 정녕丁寧을 취해 바로 잡을 정正"이라 하였다.[4]

다산과 달리 동파는 천간天干이 아닌 지지地支로 해석하고 있음이 또한 만만치 않다.[5] 이렇게 동파와 다산처럼 '선갑삼일先甲三日'과 '후갑삼일後甲三日'을 애써 주석한 공로는 자못 크다. 참고로 왕필은 "법령을 공포하기 사흘 전에 알리고, 공포한 후에도 사흘을 알리라" 한다.

이어서 공자는 단사에서 '사물의 이치는 항상 변하지만 궁극에 이르면 늘 새롭게 시도된다'고 마무리를 해주고 있다. "고蠱는 강이 위로 가고 유가 아래로 향하여[剛上而柔下], 공손하며 그치는 것이[巽而止] 고괘이다. 고괘는 군주가 형통하여 천하가 잘 다스려진다[蠱元亨而天下治也]. 대천을 건너야 이롭다 한 것은 나아가서 할 일이 있다 함이요[利涉大川往有事]. 선갑삼일 후갑삼일이라 한 것은[先甲三日, 後甲三日] 마침이 있으면 시작이 있다는 것이다[終則有始]. 이는 바로 하늘의 운행을 말함이다[天行也]."[6]

주석했다.

4 정현(鄭玄, 127~200) : 자 康成. 後漢의 유학자. 訓詁學·경학의 시조로 존경받는 인물. 마융 등에게 사사. 『易』·『書』·『春秋』 등 고전을 배운 뒤 40세 넘어 귀향했는데, 마융이 "나의 학문이 정현과 함께 동쪽으로 떠났구나"라고 탄식했다고 한다. 귀향 후 가난한 생활을 하면서 후학 지도와 연구 저술에 몰두했다. 만년에는 황제가 大司農의 관직을 내렸으나 모두 사양하고 연구와 교육에 한평생을 바쳐 수천 명의 제자를 거느리는 일대 학파를 형성했다. 고문·금문에 정통하였고, 『주역』, 『상서』, 『毛詩』, 『주례』, 『儀禮』, 『예기』, 『논어』, 『효경』 등을 주석했다. 그의 『논어』 주석 일부가 근래 신장웨이우얼[新疆維吾爾] 자치구의 당나라 시대 무덤에서 출토되었다.

5 소식, 『동파역전』 : "先甲三日, 後甲三日은 마치면 시작이 있고, 先庚三日, 後庚三日은 시작은 없으나 끝마침은 좋다. 양은 子에서 생겨나 巳에서 다하고, 음은 午에서 생겨나 亥에서 다한다. 양은 군자라 다스려지고, 음은 소인이라 어지럽다. 그래서 '先甲三日, 後甲三日'은 '六甲'이라 하고, '先庚三日, 後庚三日'은 '六庚'이라 한다. 甲日과 庚日의 앞뒤의 음양이 상반하므로 『주역』은 이것을 취하여 治亂의 형세를 빗대었다. 甲日 앞은 子·戌·申이다. 申이 巳까지 오면 양이 가득 찬다. 양이 가득 차면 음을 낳고, 혼란을 낳기 때문에 後甲이 받는다. 갑일 뒤의 3일은 午·辰·寅이다. 寅이 亥에 도달한 뒤에 음은 극에 이르러 양을 낳는다. 蠱卦는 구5가 없어 이 상황을 주관하지 못하기 때문에 그 治亂은 모두 자연의 형세에 따라 극에 이르게 된 것이다. 그래서 '終則有始天行'이라고 단정한다. 巽☴의 경우는 그 반대라 먼저 음이 있는 뒤에 양이 있고, 먼저 어지러운 뒤에 다스려지므로 시작은 없으나 끝마침은 있다[無始有終]."

6 [說證] 巽本爲蠱[尺蠖之屈, 龍蛇之蟄] 古風字從虫. 泰卦에서 추이하여 고괘가 되면 손의 바람까지 얻게 되니, 감의 하천을 건너서 간의 기슭에 오르게 되므로 이섭대천이다. '강상이유하'는 泰卦의 초가 위로 가고 상이 아래로 옴이다. '巽而止'는 손☴과 간☶의 卦德이다. '天下'는 곤☷, '治'는 호괘 리☲. '王有事'는 事之幹也의 事[감☵], 그리고 '終則有始'는 손☴의 음으로 시작하여 간☶에서 양의 끝남이다. 蠱卦와 泰卦를 나란히 두고 보면 巽으로 시작하여 艮을 거쳐 곤☷이

> 象曰 山下有風 蠱 君子以 振民育德
>
> 상왈, 산기슭으로 바람이 거칠게 불어 닥침이 고이다. 군자는 이를 보고 괴로워하
> 는 백성을 구하고 덕을 길러 나가야 한다.

고의 시절은 나르시시즘에 빠져 일어나지 못하는 무지한 백성들을 깨우쳐야
하고, 옳은 씨종자를 심고 키워줄 군자가 나타나 백성을 교육해 나가야 할 때다.
못났다고 방치하고, 못산다고 무시하고, 병들었다고 내친다면 사랑과 교육은 존재
할 이유가 없다. 못난 사람과 못생긴 과일도 정성으로 보듬고 다듬으면 아름답게
변신한다. 이렇듯 문드러져 가는 세상과 사람일지라도 따스한 어버이 같은 심정
으로 혼을 불어 넣고 키워가야만 고의 시절에 합당한 자세일 것이다. "고蠱의 시
절은 해결할 능한 이를 기다리는 때"[7]라 하는 왕필이 지칭하는 그 '능한 자'는 반
드시 '능애能愛'하고 '능인能仁'하는 자이다. 그러기에 '진민육덕振民育德'하고 바람
의 덕을 본받아 백성을 진작振作(Stir up)시키며, 산의 덕을 본받아 덕행을 높이는
육덕育德(Strengthen spirit)일 것이다.[8]

동파는 북치고 춤추는 것이 '진振'이라며 "백성을 진작振作시켜 게으르지 않게
하고, 덕을 길러 망하지 않게 해야 한다"[9]며 자상한 보살핌을 당부하고 있다. 지욱
또한 "상하로 자비와 지혜가 함께 돌아가는 것"을 진민振民과 육덕育德이라 한다.[10]

고蠱를 욕심이 본성을 해치는 것이라고도 하고,[11] 다스려짐과 혼란함이 무상하
니, 다스려지면 혼란이 생기고, 혼란스러우면 다스려지는 것이 자연스런 이치이
니, 어지러움이 극에 달하는 것이 다스려질 조짐이 보이는 것을 고라 한다.[12]

되고, 震으로 시작하여 兌를 거쳐 乾이 되니, 이것이 '終則有始天行'이다. 蠱의 손☴과 간☶ 泰의
곤☷과 건☰에서, 호괘 진☳과 태로 보면, ☰ → ☷ → ☷ → ☳ → ☱ → ☰ 방향으로 운행하고
있다.

7 왕필, 『주역주』 : "蠱子, 有事而待能之時也."

8 [說證] 태괘에서 곤☷의 백성과 건☰의 덕이 있었기에, 고에서 손☴으로 백성을 '振作'시키고, 덕
   을 길러주는 '育德은 간☶을 이른다.

9 소식, 『동파역전』 : "鼓之舞之之謂振, 振民事不惰, 有德事不渴."

10 지욱, 『주역선해』 : "上求下化, 悲智雙運."

11 조호익, 『易象說』 : "산은 본래 고요한데 바람이 그것을 어지럽히고, 성품은 본래 선한데 욕심이
   그것을 어지럽힌다. 그러므로 군자가 이 象을 보고서 자신에게 그런 것이 있으면 배양하고, 남
   에게 그런 것이 있으면 새롭게 진작해 준다. 어떤 이가 '가르쳐서 교화시키는 것[漸摩]은 巽의
   들어감이고, 머물러서 고요한 것[定靜]은 艮의 멈춰 있는 상이다'라 하였다."

산 아래 바람이 있으면 초목을 진동시키고 양육한다. 덕 있는 사람이 양육하고 완성시키는 것이 마치 산이 만물을 기르는 것과 같다. 그러나 초목이 자라 무성하면 산 또한 깊고 울창해지며, 백성의 덕이 새로워지면 자기의 덕 역시 커지므로 타인과 자신을 아울러 보아야 할 때가 바로 고괘의 시절이다.[13] 산 아래에 바람이 불면 물건이 허물어져 일이 생기고, 일은 백성들을 진작하고 덕을 기르는 일 두 가지보다 더 큰 것이 없으니, 이는 바로 자신을 다스리고 남을 다스리는 도리이다.[14]

진민振民은 궁형宮刑을 받은 불쌍한 여자들일지라도 인간의 종덕種德을 알리고, 모성母性을 심어주어 어머니로서 살아갈 수 있도록 훈육訓育하라는 의미도 담는다.[15] 참고로 고蠱는 파괴의 뜻도 가지기에, 파괴된 것을 원상복구하려면 상당한 노력과 신중한 계획 그리고 실천력이 필요함을 알 수 있다.[16]

---

12 김도, 「周易淺說」: "振民과 育德 이 둘은 군자가 일삼는 것으로 이보다 더 큰 것이 없으니, 『대학』에서 스스로 새롭게 하고 백성을 새롭게 하는 것이 모두 여기에서 벗어나지 않는다. 그러나 이것은 별개의 일이 아니다. 먼저 스스로 다스린 후에 남을 다스리고, 남을 다스린 후에 다시 자기에게로 돌이키니, 본말이 일치하고 처음과 끝의 실마리가 없다. 남의 윗사람이 된 이가 참으로 함육하는 공을 극진히 하여 타자에게로 미루어가고, 스스로 새롭게 하는 백성들을 진작한다면, 다스리는 데 무슨 어려움이 있겠는가?"

13 권근, 『周易淺見錄』: '振'은 『맹자』에서 "진작하고 덕을 베푼다" 할 때의 진으로, 백성들을 고무하고 떨쳐 일어나게 하는 것이 마치 바람이 초목을 진작하는 것과 같다.

14 이만부, 「易大象便覽」: "좋은 풍속은 반드시 덕에 거처하는 것이 근본이 되고, 백성을 진작하려는 이는 반드시 자신의 덕을 길러야 하니, 이는 자신의 덕을 밝힌 뒤에야 백성을 새롭게 할 수 있다."

15 辰은 아래를 열고 있는 여자의 상으로 아이 진(侲)·애 밸 신(娠)·여자가 아이 낳을 때 놀라고 아파할 진(唇)·대합조개 진(蜃)·무명조개 신(蜃)·집 신(宸)·토신 신(祳) 등으로 여성적인 표현이 많다. 또 제사 쓸 고기 신(脤)·암 사슴 신(麎)에도 보이고, 농사도 곡진(曲盡)하게 여자처럼 해야 된다고 농(農)이라 썼다. 또 이부자리로 깔리는 요를 욕(褥)·게으른 여자를 욕(媷)·음수가 많아 습함도 욕(溽)·"수고하세요! 또는 욕보세요!"라는 욕(辱)은 여자가 능욕(陵辱)을 당할 때 썼던 단어. 굴욕(屈辱)은 시답잖은 친구가 나를 욕보인다는 무서운 글이다.

16 '선갑3일·후갑3일'이라 하니, 행동을 옮기기 3일 전에는 철저한 계획을 수립하고 3일 후에 행동하면 실패가 적다. 사업은 낡고 시대에 뒤떨어진 사고로 대처하고 있으니 개선하고 일신시켜야 할 시점이다. 안팎으로 세대교체가 요구된다. 결혼 생활은 편하지 아니하고, 건강은 유전병일 가능성이 높고, 이사는 기분 전환을 위해서라도 하는 편이 좋다. 바람이 불고 우울한 날이며 논밭에는 해충의 피해가 심하다.

初六 幹父之蠱 有子 考无咎 厲 終吉

초6은 (자식으로서) 아버지의 허물을 잘 보완함이니, 자식을 잘 둔 덕택에 죽은 아버지도 허물은 없을 것이다. 어려운 곤란과 허물이 따르지만 최후에는 길하다.

'간幹'은 '줄기'나 '연춧대(담이 무너지지 않도록 세워둔 빗장 대)'로 쓰이나 여기서는 동사 '바로잡다'로 새겨 '아버지의 허물을 보완함[幹父之蠱, Setting right spoiled by the father])'으로 해석한다.[17] 아버지의 허물은 하루아침에 생긴 것이 아니다. '죽은 애비 고考'를 쓰고 나온 것을 보면 이미 오래전부터 이어져 오면서 누적된 것이다. 동파나 지욱의 지적처럼 "고蠱의 재앙은 하루아침에 연유한 것이 아니기에 모든 효爻가 부자父子의 인연으로 설명"되고 있다. 이러한 고는 오랫동안 쌓이고 쌓여 한 세대를 지나고 다음 세대인 자식 대에 나타난 현상이다. 그런데 초효는 그 아비에게 훌륭한 아들이 있다면[有子] 죽은 아비는 허물되지 않을 것[考无咎]이라 보았다. 이는 고괘가 대축괘大畜卦로 갔기 때문이다.[18]

예로 다산은 『좌전』에서 우禹임금의 아버지 곤鯀이 치수정책에 실패했는데 우가 아버지의 방법을 버리고 새롭게 치수에 성공한 일과, 주왕紂王의 문란을 문왕이 바로잡은 일을 들고 있다. 그러기에 "아버지의 허물을 바로잡는 것은 선고의 뜻을 계승하기 위함[象曰, 幹父之蠱, 意承考也]"이라고 공자가 주석하는 것으로 봤을 때, 위의 고사에 나타난 것처럼 선대 아버지의 유업을 계승하되, 새롭게 혁신하는 아들의 방법을 취하는 것이 시대에 뒤떨어지지 않는 고의 해결책임을 알 수 있다.

또 '유자有子'에서 '아들이 있어서'라고도 해석하니, 점단으로는 '자子'가 들어가는 그 해와 그 달과 그 날[甲子, 丙子, 戊子, 庚子, 壬子]까지도 위태롭지만[厲] 종길終吉한 것으로 본다. 또한 '큰 제사'를 '정해丁亥'날에 지내는 풍습은 끝 날에 아들이 있어야 좋다는 하늘사상으로 곧 천자天子가 되고 종자宗子 되는 까닭에서 유래

---

17 '幹은 담장을 축조할 때 사용하는 판목(그 속에 흙이나 돌을 넣어 단단하게 굳게 만들 때 씀)으로 蠱의 大坎에 상하로 손☴의 나무를 끼워 담장을 만든다. 고로 蠱卦는 大리☲로 양쪽 진☳의 나무를 끼워 담장을 쌓는다.

18 [說證] 泰가 蠱로 되면서 건☰의 아비가 훼손되니 '父之蠱'가 되고, 다시 大畜이 되면서 건☰이 회복되니 '幹父之蠱'가 되었다. 그런데 泰가 蠱가 되면 건☰의 아비가 죽어 간☶의 종묘에 모시니 '考'가 된다. '유자'는 泰에서 진☳을 데리고 자식이 大畜에서 다시 즉위함이고, 자식이 아비를 덮으니 '무구'다. '終吉'은 대축의 간☶의 6이 음 위에 앉았음이다. '意承考'는 리☲의 의지와 손☴의 순순과, 간☶의 손으로 죽은 아비를 받든다.

된 것이라 보아도 무방하다. 해자축亥子丑의 해亥는 지지종地支終이요 사지종死之終이다. 곧 '아들' 선호 풍속 또한 '유자有子'에서 온 것으로, 아비에게 아들이 왜 필요한가를 알게 해주는 대목이다. 효자가 나와야 아버지의 유업을 잘 처리하고, 효자만이 선고의 제사를 모실 수 있다.

九二 幹母之蠱 不可貞
구2는 (현명한 자식이 있어) 어머니의 허물을 맡아 잘 수습하지만, 아들이 일을 맡아 처리하기에는 적합하지 않다(그 어머니의 정조를 넘으면 불가하기 때문이다).

어머니의 허물을 맡아 처리하되[幹母之蠱] 중도를 넘지 않도록 해야 한다. 자식이 원칙만을 고집한다면 일이 오히려 어려워지고, 지나친 간섭 또한 불가하다[不可貞]. "모친에게 맞서지 말고 정의만을 말할 뿐이지, 정조 문제는 더 이상 거론해서는 곤란하다. 예로 청춘에 망실개가亡失改嫁하는 모친을 어찌할 수 없다."[19] 동파도 음은 무사無事에 안주하며 유위有爲를 싫어하는 성품이기에, "어머니의 고蠱가 깊어지면 바로잡기가 어렵다. 이것을 바로잡으려고 하면 사랑을 해치고, 바로잡지 못하면 의를 손상시키니 지극히 어려운 문제"라고 아들의 처신이 힘들고 난처함을 말한다.

고사로는 주왕紂王 곁에 있던 문란한 여자들을 지적할 수 있고, 또 양이 음의 자리에 있으니 어머니의 부정, 아내의 부정, 가신의 부정으로도 볼 수 있다. 대체로 남편과 자식이 아내와 어머니에게 손순으로 보호하고 이끌어야 의리이지만, 혹 불순한 언동으로 그 아내와 어머니를 상하게 한다면 그것은 바로 남편과 아들의 죄이다. 여기서 간과할 수 없는 중요한 대목은 어머니의 그러한 아픔의 원인은 아들과 그 아버지의 따뜻한 보살핌이 없었던 탓이라는 점이다. 천하를 끌어안으면 장차 백성이 순종하는 도리가 어찌 없겠는가. 자신을 굽히고 숙이는[屈己下意] 손순한 자세를 잊지 않는다면 만사가 바로 다스려질 것이다. 그렇지만 유약한 임금과 지아비에게 성과 충을 다하여[盡誠竭忠] 중도中道에 이를 수 있는 어머니라

---

19 김진규, 『아산주역강의』 참조

면 무엇을 더 바랄 것인가. 이것은 그 어머니와 아내에게 한번 더 호소를 하며 간절히 바라는 바이다. 또한 역지사지易地思之한다면 어머니가 지아비와 자식의 그 많은 허물을 덮어주는 것과 같은 것이 아닐까. 백번 이야기해도 모자라지만 그 어머니의 실수는 그 아버지와 아들의 막중한 책임임을 알아두자. 고로 "어머니의 잘못은 반드시 중도로 잡을 뿐[象日 幹母之蠱 得中道也]"이라고 무겁고 어려운 주석을 공자가 단다. 고괘가 간괘艮卦로 간 경우다.[20]

> 九三 幹父之蠱 小有悔 无大咎
> 구3은 아버지의 어려움을 보완한다. 지나친 바가 있어 뉘우침을 남기는 일도 있겠으나, 큰 허물은 없을 것이다.

　자식의 입장에서 보면 아버지의 방식은 틀릴 수 있다. 그러나 자식의 주장이 옳더라도 자식은 늘 위의 어른들과 의논하고 주장을 세우지 말아야 한다. 아버지가 백 번 틀렸다 하더라도, 자식이란 것을 한 번 더 생각하며 과강하지 말아야 한다. 자신을 잃을 정도로 이성이 흐려지는 어리석은 일을 저지른다면 정말 큰 불효를 짓고 만다. 산풍고가 산수몽山水蒙으로 가는 자리다.

　고蠱의 호괘가 귀매歸妹이다. 뇌택귀매雷澤歸妹 또한 지천태괘地天泰卦에서 왔으니 아버지[☰]의 옮김이 문제가 되어 장남[☳]이 맡아 처리하게 되는 과정이다. "아버지의 허물을 처리하고 나면 끝내 큰 허물은 아니었을 것[象日 幹父之蠱 終无 咎也]"이라는 공자의 주석을 보면 '부고父蠱'쯤은 크게 탈 없는 일로 이해될 수 있다. 그러니 과강하고 부중한 행동과 아버지와 다른 가치 기준에서 비롯된 자식의 지나친 행동이 문제였음을 깨달으면[小有悔] 큰 허물 아님이 판단된다[无大咎]. 고로 부모의 잘잘못을 염려할 것이 아니라 앞으로 자식이 바른 자리에서, 어떻게 올바른 자세를 취하고, 건강한 가치를 세우고 어떻게 살 것인지를 생각해 볼 일

---

20 [說證] 艮은 觀에서 온다. 관이 간으로 오면 곤☷이 파괴되니 '母之蠱'다. 그런데도 간☶의 아들이 호괘 손☴목과 감☵의 견고한 나무로[堅多心] 곤의 흙을 지지하니 '幹母之蠱'다. 고괘 때는 2와 5가 상응이 되었으나, 간☶이 되면서 음과 음으로 적용하니 '不可貞'이다. '中道' 또한 2의 중정과 호괘 1·2·3·4·5의 감에서 3의 중을 말한다. '道'는 호괘 진☳이다.

이다.

태괘에 있던 건☰의 아버지가 고괘로 오면서 허물어지자, 다시 몽괘蒙卦가 전변해 혁괘革卦로 가자 아비가 살아났으니 '간부지고幹父之蠱'가 된 것이다.[21/22]

> 六四 裕父之蠱 往 見吝
> 육4는 아버지의 허물을 누그러뜨린다. 가서 만나더라도 허물을 고치는데 인색함이 있을 것이다.

정위正位에 있고 유순柔順하니 부드럽고 관대함에 적합하다. 감사원이나 검찰과 경찰이 비리와 부정에 대하여 관대하고, 휴전선 철책 앞 초병이 적에게 관대하다면 어찌 될 것인가. 공자 역시 "아버지의 허물을 완화시키려 하나 어려움을 풀 해답을 얻지 못할 것[象曰 裕父之蠱 往未得也]"이라고 지적한다.

4는 검찰, 감찰, 경찰, 판사 등과 같이 원리원칙을 지켜 일을 냉정하게 처리할 적성의 소유자가 아니라, 어려움을 보고 한 발짝 물러나는 성격이다. 자신은 정위에서 득정得正할지 모르나, 세상이 볼 때는 음유한 자로 아랫사람들(초6)과 소통이 되지 않는 무덕無德한 자다. 우유부단한 처사로 일을 대하다 오히려 아버지의 일을 더 키우고 만다. 그러니 아버지의 어려움을 쉽게 보다 위험을 만난다[往見吝]. 4의 고蠱가 화풍정火風鼎으로 가면 솥 다리가 부러지고 음식이 쏟아지며 모양이 아주 흉한 꼴로 변한다.[23]

고사로 많은 대신들이 주왕紂王의 문란에 대하여 우유부단한 태도를 취하다가

---

21 [說證] '小有悔'는 곤☷의 형체가 온전치 않음이요, '无大咎'는 건☰의 모양이 온전함이요, '終'은 내괘 극에 있기 때문이다.

22 참고로 골프채나 짊어지고 건방떨며 살아온 젊은 사장이 蠱의 3을 얻으면 회사가 손 댈 수 없을 정도로 썩어가고 있음을 알 수 있다. 이제 혁신의 칼을 뽑을 것인지, 아니면 계속 어리석은 짓을 하고 다닐 것인지 판단할 일이다. 사업이 무엇인지, 돈을 왜 벌어야 하는지를 모르는 어리석은 친구다.

23 [說證] 鼎卦는 遯卦에서 온다. 鼎과 遯에서 泰의 아비상이 허물어지니 '父之蠱'요, 그런데 鼎에서 리☲의 너그러움과 2·3·4의 건☰의 상이 아래로 완화되니 '裕父之蠱'가 되었다. '裕'는 늦춤, 누그러뜨림이다. '往見'은 리☲의 相見을 이르고, '吝'은 5가 蠱와 鼎에서도 正位를 얻지 못한 까닭이고, '往未得'은 鼎에 2와 5가 자기 자리를 얻지 못함이다.

차례로 욕을 본 경우다. 주紂의 형제인 미자微子는 숙부 비간比干이 살해되고 기자箕子마저도 양광佯狂하다 옥에 갇히는 것을 보고 마침내 자신도 제기를 안고 주周나라로 망명하고 만다.[24]

六五 幹父之蠱 用譽
육5는 아버지의 허물을 맡아 잘 처리하니, 칭송을 받을 것이다.

먼저 석지형의 『오위귀감』에 실린 읍소다. "신이 삼가 살펴보았습니다. 고괘蠱卦 육5는 임금이 대를 이어 덕을 계승하는 뜻을 취하였는데, 달리 권면하는 경계 없이 오직 현명한 신하에게 맡겨 아름다운 명예를 이루라고 하였습니다. 어지러운 일을 잘 주관하여 아름답게 되니, 그 뜻이 어찌 우연한 것이겠습니까? 이제 전하의 성스러운 덕이 강건하시니, 육5의 부드러운 음에 비할 바 아닙니다. 그러나 예로부터 명철한 임금은 자기의 밝음과 성스러움으로 위에서 홀로 국정을 운영하지 않았습니다. 전하께서 잘 계승하는 도리가 어찌 좋은 보필자에게 맡겨 아름다운 명예를 이루는 일보다 급한 것이 있겠습니까? 엎드려 바라옵건대 전하께서는 명예를 구하지 마시고, 명예롭게 되는 방법에 힘쓰소서."

수현壽峴은 "임금은 명예를 구하는 것이 아니라[不求用譽], 명예롭게 되는 방법을 찾아야 하는 자리[務以來譽]"라고 간하고 있다. 5는 유순하지만 중심을 잃지 않고 득중得中으로 2와 상응하면서 고충을 잘 처리하는 적임자다. 5는 돈독한 덕으로 계선繼善하려는 자이다. 구3 아들은 부중不中하고 과강하여 과격성이 지나치고, 상9와 응도 하지 못하면서 지나친 간섭으로 일을 처리하지만, 5는 득중으로 유순한 자세를 취하고 맞서지도 않으면서 부드럽게 애비의 일을 처리해 나간다. 무범유은無犯有隱의 도를 적절히 잘 조절하는 자다. 고로 성덕盛德을 가지고 아버지의 허물을 처리함에[幹父之蠱] 아비의 뜻을 어기지 않으며, 아비의 명예도 다치지 아니하고 부드럽게 처리하니 칭송을 받는다[用譽, Praise meet].

공자 역시 "아비의 허물을 보완하고 칭송까지 얻는 것은 덕으로써 아비의 뜻

---

24 참고로 청문회 중 야당 의원의 질타 속에 궁색한 답변만 계속하던 총리 장관 특히 검찰총장 내정자가 이 괘를 얻었으니 결국 낙마[往見吝]하고 말았다.

을 계승하기 때문[象曰 幹父用譽 承以德也]"이라는 넉넉한 주석을 내놓았다. 선대부터 쌓여온 잘못이라면 바로잡기가 그리 녹록치는 않다. 앞서 3은 너무 과단하고 조급하며, 4는 너무 미온적이며 방법상의 문제가 있었다. 그렇지만 5는 부드러운 덕으로 해결에 임한다.

고사로 탕왕의 손자 은나라 왕조 5대 태갑太甲 황제는 즉위 3년 만에 포악해지고 문란해지자 동궁으로 유폐되었다.[25] 이때부터 3년간 재상 이윤伊尹이 섭정하였으며, 태갑이 회개하고 훌륭한 인물이 되자 이윤은 즉시 권력을 황제의 친정으로 넘겼다. 이로써 이윤이 황제의 잘못과 문란을 잡은 결과로 제후들은 은나라에 복종하게 되었고 백성들도 평안해졌다.[26] 또 주왕조 무왕의 2대 성왕은 즉위할 때 강보에 쌓여 있었는데, 그의 삼촌 주공도 섭정을 하여 나라를 반석 위에 올려놓고는 성왕이 어른이 된 후에 친정케 하였다.[27] 고로 5는 벌레[虫]가 우글우글하는 고蠱가 중풍손重風巽으로 가는 자리다.[28] 아버지의 문제는 어떠한 형식으로든 부드럽게 아비의 명예와 가문의 명예를 생각하며 처리되어야 한다.

아래는 『예기』「단궁」편에 나오는 이야기다. 아버지를 섬길 때 아버지의 허물을 덮어 숨기는 일은 있으나, 아버지가 싫어하는 표정을 지을 정도로 말하지 않는다[事父之道, 無犯有隱]. 가까이 모시고 봉양할 때에 그에 대한 일정한 방법이 없으므로 이치에 맞게 처리한다. 부모가 돌아가시면 3년 동안 정성을 다해 상을 치

---

25 太甲은 상나라의 5대 군주로 湯의 손자. 『맹자』나 『사기』 등에는 태갑의 즉위 시에 伊尹이 '이훈(伊訓)'·'사명(肆命)'·'조후(祖后)'를 만들어 태갑에게 施政의 마음가짐으로 주었다. 그러나 태갑이 포학했기 때문에 이윤이 태갑을 즉위 후 3년만에 桐宮으로 추방한다. 태갑은 동궁에서 3년을 보내며 반성했고 이윤에게 용서를 받아 다시 재위에 올랐다. 이때 이윤에게 '太甲訓'을 하사하였다. 그 후 태갑은 덕을 쌓아 제후와 인민에게 존경을 받았다.

26 사마천, 『사기본기』 : "伊尹은 商나라 초대 임금 湯이 有莘氏와 결혼할 때 몸종으로 따라간 노예로 요리를 매우 잘 하였다. 이윤은 항상 탕왕의 입에 딱 맞는 음식을 요리하여 바치기에 탕왕의 총애를 한 몸에 받았다. 그는 훗날 宰相으로 夏나라를 멸망시키며 商朝建立 有功者가 된다. 『呂氏春秋』에는 '이윤이 탕왕과 국사를 협의할 때 질병을 치료하는 이치를 나라 다스리는 법도에 응용하였다. 즉 묵은 것을 버리고 새것을 사용함으로써 정기가 날로 새로워지며 邪氣가 구축되므로 天壽에 이른다고 하였다. 그는 액즙이 병을 치료한다는 『湯液經法』이란 책도 저술한다.

27 사마천, 『사기본기』.

28 [說證] '간부지고'는 손☰의 나무로 허물어진 담장을 쌓는 격이다. 손괘에는 리☲의 기쁨과 태☱의 말이 있어 '用譽'가 되었다. 또 손괘는 손☴으로 천명을 따르고, 또 2와 5가 강직한 마음으로, 즉 直心(悳)을 中風으로 이으니(繩直) '承以德'이 되었다[간☶手는 承]. '承'은 본래 임금에게 받는 벼슬아치의 신분증명서, 符節을 손으로 받아 두 손으로 떠받치고 있는 형상을 의미했다.

러야 한다. 그런데 어머니에게는 항변도 있을 수 있고 속일 수도 있다[事母之道, 有犯有隱]. 임금을 섬길 때는 임금에게 잘못이 있으면 임금이 싫어하는 표정을 지을 때까지 직언을 하는 일은 있으나, 허물을 덮어 숨기는 일은 없어야 한다[事君之道, 有犯無隱]. 가까이 모시고 봉양할 때에는 일정한 직책이 있어야 한다. 임금을 위해서는 목숨을 바칠 각오로 부지런히 일을 해야 하며, 임금이 돌아가시면 부모에 견주어 삼년상을 치른다. 스승을 섬길 때는 스승에게 잘못이 있으면 싫어하는 표정을 지을 때까지 직언을 하거나 허물을 덮어 숨기는 일도 없어야 한다[事師之道, 無犯無隱]. 가까이 모시고 봉양할 때 그에 대한 일정한 방법이 없으므로 이치에 맞게 처리한다. 스승을 위해서는 목숨을 바칠 각오로 부지런히 일을 해야 하며 스승이 돌아가시면 상복은 입지 않고 마음으로 삼년상을 치른다.[29]/[30]

> 上九 不事王侯 高尙其事
> 상9는 임금이나 제후를 섬기지 않고, (세속으로부터 벗어나) 고상하게 자기 일을 하며 산다.

왕후에게 나가 벼슬도 하지 않고[不事王侯, No serve kings and princes], 제야에 묻혀 일신을 고결하게 보존하며[高尙其事, Setting oneself higher goals] 사니 그 뜻이 가상하다. 썩은 세상에 나가 할 수 있는 일은 없다고 판단한 자가 바로 상9다. 나와 응할 구3도 나와 같은 과강過剛이라 뜻을 같이할 수 없고, 또 내가 도와주어야 할 구5 임금은 병든 정치를 하면서도 근본적인 문제를 해결하려 하지 않고 명예만을 생각하고 있으니, 상9 어른으로서 더 할 수 있는 일은 없다. 그러니 일체 현실 정치에서 손을 떼고 고상하게 살아갈 상책만을 찾는다. 고로 공자도 "불사왕후는 가히 법도로 삼을 만하다[象曰 不事王侯 志可則也]"고 힘주었던 것이다. 이 또한 고괘가 승괘升卦로 간 경우다.[31]

---

29 『禮記·檀弓』: "事親, 有隱而無犯, 左右就養, 無方, 服勤至死, 致喪三年. 事君, 有犯而無隱, 左右就養, 有方, 服勤至死, 方喪三年. 事師, 無犯無隱, 左右就養, 無方, 服勤至死, 心喪三年."

30 참고로 남편의 외도를 물어 얻은 점괘라면, 모른 척하고 지냄이 천기(?)다. 부드러운 혀가 강한 이빨을 이긴다는 진리를 알린다.

31 [說證] 泰에서 온 蠱의 상9는 건☰의 임금과 진☳의 제후도 돌아보지 않고, 감☵의 곧은 뜻을

군자는 고蠱가 점차 일어날 것 같으면 개천을 건널 때라도 바로 구제하고 보지만, 고蠱가 이루어진 후라면 왕후도 섬기지 아니하고 멀리한다. 고가 이루어진 후라면 양의도 고치지 못하고[蠱之盛也, 良醫不治] 군자도 일을 어찌할 수 없다[君子不事事].[32] 이것은 군자의 비겁이 아니니, 시절이 응하지 않을 때는 숨어 나타나지 않는 것이 또 하나의 처세이다. 천지가 불화하면 현인은 숨는다. 때가 무르익을 때까지 주머니를 야무지게 동여매어 두었다가 열어야 할 때 비로소 열어젖히는 것이 군자의 처세다[天地變化 草木蕃 天地閉 賢人隱 括囊无咎无譽 蓋言謹也].

그 예로 통일신라가 쇠운에 접어들자 고운 최치원은 가야산에 들어가 신선이 되었음을 전하였고, 한고조를 도와 천하를 통일한 장량도 만년에 이르러 정계를 은퇴하고 장가계로 들어가 신선과 같은 생활을 하였다니, 고상기사高尙其事의 표본이라 할 수 있다.[33] "요순이 요순이 된 까닭은 요순의 뜻이 있었기 때문이며, 이윤伊尹과 태공太公이 이윤과 태공이 된 까닭은 이윤과 태공의 뜻이 있었기 때문이니, 임금과 신하 사이에는 각각 마땅히 그 뜻을 숭상해야 한다."[34]

상9는 고蠱의 마지막 자리로 아래로는 응하는 이가 없고 또 현실 세계 밖에 있어 걸출한 재주가 있어도 세상에 쓸 수가 없다. 그러니 거리낌 없는 자리에서 고결하게 자신을 지키며 세상을 돌아보지 않고 누를 끼치지도 않는 고상한 자다. 아무리 자신이 도를 이루어 세상의 존경을 받는다 하더라도 시절인연이 도래하지 않으면 그 자신은 지선至善하고 고고孤高하게 지조를 지켜나갈 따름이다. 그러나 선비의 고상高尙함만이 도의 전부는 아니다.

다음은 정자의 '고상기사'에 관한 설이다. "도덕道德을 회포하고도 시절이 불우

지닌 채 높은 간☶에서 손☴으로 고결하게 '不事王侯 高尙其事'의 자세로 살아간다[高擧遠引]. '志'는 감☵의 뜻, 손☴은 '은둔', 升卦는 大坎☵으로 '得志'가 된다.

32 소식, 『동파역전』 : "君子見蠱之漸 則用涉以救之 及其成 則不事王侯以遠之."

33 장량(張良, ?~기원전 189) : 韓나라 사람. 조국의 원수를 갚기 위해 젊은 날 진시황을 살해하려다 실패, 『太公兵法』을 얻은 후 漢나라 유방을 도와 천하통일을 한 張子房이다. 그는 병약을 핑계로 권세가의 곁을 떠나 말년에 조용히 은퇴하여 신선처럼 살아갔다. 섬서성 유패현 張良廟에 '高尙其事'를 알고 간 '知止'가 새겨진 바위가 있다.

34 『성종실록』 성종 8년(1477) 6월 23일 : "상9의 '高尙其事'의 뜻이 그러할 뿐 아니라, 구2는 신하의 자리로서 母의 일을 주관하는 것이 이것을 뜻하고, 육5는 임금의 자리로서 父의 일을 주관하는 것이 이것을 뜻하는 것입니다. 그러므로 先儒가 말하기를, '뜻이 있는 자는 일을 마침내 이룬다' 하였습니다."

하여 고결하게 자수自守할 뿐이다. 지족知足의 도를 알고 퇴보하는 자도 있으며 양능도분量能度分하여 안주하는 자도 있으며, 청빈절개로써 천하의 사건에 무심으로 자신을 고결하게 하는 자도 있다. 곧 처세하는 바는 득실과 대소가 있으나 이 모두가 고상기사高尚其事 하는 바이다."

고괘 대처 방안으로 진록의 '대치십상'도 참고할 만하다.[35] 돈과 명예를 탐하지 아니하고 청백리로 고상하게 살기는 결코 쉬운 일이 아니다. 마지막으로 삼산三山 유정원의 '진민육덕振民育德'을 덧붙인다.[36]

---

35 陳錄, 『善誘文』, '對治十常' : "1. 부귀할 때는 늘 곤궁한 사람을 불쌍히 여긴다. 2. 즐거운 일이 있을 때는 항상 災禍를 염려한다. 3. 현재는 늘 이만하면 족하다 여긴다. 4. 미래를 늘 경계하고 두려워한다. 5. 원망은 항상 풀려고 한다. 6. 입고 먹는 것은 늘 온 곳을 생각한다. 7. 생각은 늘 순수하고 바르게 한다. 8. 말할 때는 항상 원인과 결과를 생각한다. 9. 逆境은 늘 순순히 받아들인다. 10. 動靜은 늘 무심하게 한다.

36 柳正源, 『易解參攷』 : "바람이 흔들어 은택을 흩어주듯, 군자는 은택을 베풀어 아랫사람들을 진작하고 덕으로써 기른다. 백성을 진작하는 일은 산 아래 바람으로 나타내고, 덕을 기르는 일은 산 위에 모습으로 나타내었다."

외괘
地(坤=柔順)

내괘
澤(兌=說)

19. 지택림地澤臨

Approach

임괘는 나의 운기가 상승일로로 나갈 준비가 거의 마쳐진 때이다. 충분히 계획을 세우고 준비하라. 진정 천하에 군림하는 법을 알려준다.

> 臨 元亨 利貞 至于八月 有凶
> 임은 임금이 크게 형통하니 바르게 함이 이롭다. 8월에 이르면 흉이 있을 것이다.

임의 괘상은 깊은 연못에서 노역을 마친 백성들이 아래를 굽어보고 있는데, 초9와 구2의 군주가 처신을 낮추며 백성에게 기쁨을 주려고 가까이 다가가는 군림君臨의 상이다. 「서괘전」에서는 "임괘는 큰 것이 다가가는 것"이라 하고, 「잡괘전」에서는 "임괘는 주고 관괘觀卦는 구하는 것"이라 하였다.[1] 게다가 임은 한 달만 더 보내면 새로운 기운을 이끌어 갈 정월[地天泰]이 옴을 강력하게 시사한다.

한편 임은 양기가 전혀 없는 곤坤에서부터 복復을 거쳐 임臨이 되었고, 다시 태泰에서 대장大壯→ 쾌夬→건乾으로 가 양이 충만해진다. 건乾은 다시 구姤로 가 8개월 후에는 둔遯이 되어 양이 물러나, 다시 관觀에서 박剝으로 차차 소인이 지배하는 세상으로 돌아오게 될 것이다. 임괘의 도전은 관괘觀卦이다. 관은 음력 8월로 지상에서 차가운 바람이 일어나는 숙살지기肅殺之氣가 초목을 시들게 하고 낙엽을 떨어지게 하기에 '팔월유흉八月有凶'이라 한 것이다.[2]

---

1 「序卦傳」: "臨者大也."
　項安世, 『周易玩辭』: "以大臨小."
　「잡괘전」: "臨觀之義, 或與或求."
　朱子 : "以我臨物曰與 物來觀我曰求." 즉, "내가 사물에 나아가 임하는 것을 與라 하고, 사물이 다가와서 나를 보는 것은 求라 한다."
2 역에서는 음이 자라고 양의 기운이 사라지면 흉이다.

이로써 양의 도가 성하려 할 때 성인이 미리 경계함이 있고,³ 양이 크게 되는 시점이 바로 임괘부터라는 것을 알 수 있으며,⁴ 섣달 임괘의 도전이 팔월 관괘觀卦가 되면 음이 성하고 양이 쇠해 흉이 옴을 알 수 있다.⁵ 그러기에 임은 '군자도장君子道長' 하고 관觀은 '소인도장小人道長' 하니, 군자가 잘 나갈 때일수록 소인도 동시에 득세함을 잊지 말아야 할 것이다. 다음은 공자의 단왈이다.

"임은 강(국력)이 점점 자라나니, 기뻐하고 순종한다. 2의 강 임금이 중심을 잡고 민심(여론) 5와도 응을 잘 하니, 임금이 올바름으로써 크게 형통하다. 이것이 바로 천지의 도이다. '지우팔월유흉'이라 한 것은 양(임금)이 어느 시기가 되면 오래가지 못하기 때문이다[彖曰, 臨, 剛侵而長, 說而順, 剛中而應, 大亨以正, 天之道也. 至于八月有凶, 消不久也]."⁶

'강침이장剛侵而長'은 임금의 정치와 국력이 상승하는 기운을 말하고, '열이순說而順'은 백성이 정치에 순응을 잘하니 기쁨이 있음이며, '대형이정大亨以正'은 백성과 나라가 정도로 흘러가니 크게 형통함이다. '소불구消不久'는 양이 사라져 오래지 못한다는 소리이니, 임금과 백성사이에 균열이 생김을 말한다.⁷ 즉 권력에 안주한 임금의 퇴락으로 백성의 불만이 표출됨을 알 것이다. 이것 또한 천지의 도이다. 임의 시절이 '강침이장剛侵而長'인지 '음침이장陰浸而長'인지를 눈을 부비며

---

3 정이천, 『이천역전』: "'팔월에 이르면 그 도가 흉하다'는 경계사이다. 성하려 할 때에 쇠퇴할 것을 염려하면 가득차거나 궁극에 도달함을 막아서 영구함을 도모할 수 있지만, 만약 이미 쇠퇴한 뒤에 경계하면 또한 미칠 수 없다. 편안하고 부유함에 익숙해지면 교만과 사치가 생기고, 게으르고 방자함을 즐기면 기강이 무너지고, 재앙과 난리를 잊으면 죄와 근심이 싹트니, 이는 차츰 젖어들면 난리가 오는 줄 알지 못하기에, 盛이 싹틀 때 경계함이다."

4 이익, 『易經疾書』: "「잡괘전」에 '臨觀之義或與或求'에서 '與'는 나와 같이 더불고, '求'는 다른 사람이 나에게 구를 기다린다."

5 송시열, 『易說』: " '팔월에 이르러서는 흉함이 있으리라'는 굳이 깊은 도리를 찾을 필요가 없다. 팔월은 酉를 세우는 달이고, 兌卦이기 때문에 '至于八月有凶'이라 하였다."

6 [說證] 臨의 도전괘는 觀 호괘는 復 착종은 萃, 전변은 遯이다. 臨은 깊은 태☱에서 노역을 마친 백성 곤☷이 굽어보고 있으니 '利貞'하고, '元亨'의 큰 진☳의 군자가 백성을 높이며 자신을 낮추니 君臨의 큰 뜻이 있다. 양이 커가는 '吉'의 임괘가 다시 음이 커가는(전변하면) '凶'의 遯卦로 변해오는 시점까지 8월이 걸린다. '天之道'는 復卦→臨卦→乾卦로 나가는 진☳의 도를 말하고, '消不久'는 임괘로 가는 강의 기세가 둔괘에서 사라짐을 안 공자의 철안이다. 음이 자라나는 遯卦는 浸而長, 양이 자라나는 臨卦는 侵而長이다.

7 '消不久'는 遯卦를 지목하여 경계로 삼은 것이다. 임괘는 바야흐로 장성하는 기운인데, 그것이 꺼지고 오래가지 못할 것을 아니, 성인이 아니면 그 누가 이러한 통찰에 동참할 수 있겠는가?"

자세히 살필 필요가 있다.

임臨에서는 임금이 정치를 할 때 '임민臨民'을 어떻게 할 것인지를 가르쳐 주며, 사람과 교제를 할 때는 '임인臨人'을 어떻게 할지 가르쳐 주며, 일을 대할 때는 '임사臨事'를 어떻게 할 것인가 가르쳐주고 있다. 임은 마치 대지가 연못에 젖어들어 한 몸으로 동체되는 것처럼 대자연도 인간에게 여림부모如臨父母 되어 옴을 알 수 있다.[8]

고사로 주周 왕조가 창건할 시기가 임박함을 알았고, 8월에는 흉한 일이 생겨날 것도 염려되었다. 임臨은 인위人爲가 아닌 자연스런 무위无爲로, 대사가 스스로 찾아오니 크게 형통하며 바르고 이롭기에 '원형이정元亨利貞'이라 한 것이다.

> 象曰 澤上有地 臨 君子以 教思无窮 容保民 无疆
>
> 상왈, 못 위에 땅이 있는 것이 임이니, 군자는 이를 본받아 백성을 가르치려는 생각에 끝이 없어야 하고, 백성을 포용하고 보살피는 마음도 끝이 없어야 한다.

연못에 의해 땅이 서서히 젖어들어가는 현상은 엄마와 딸이 하나가 되어 그 딸이 처녀에서부터 엄마로 차차 커가는 과정을 보는 것 같다. 동파는 연못이 물을 용납하고, 땅이 다시 그 물을 용납한다면 세상에는 용납하지 못할 것이 없노라 한다. 그러니 군자가 끝없는 가르침으로 백성을 보호해야 하는 것이다. 『예기』에서는 "군자가 하는 말이 지나치니 백성이 글을 만들었고, 또 행동이 지나치니 백성이 법을 만들었다"며 가르치는 자의 말과 행동에 따르는 폐단을 지적하기도 했다.[9]

다음은 다산이 '후세의 임금들은 도가 너무 높아 백성보다 낮추려는 뜻을 알지

---

8 정약용, 『주역사전』: "臨卦는 2·3·4의 진☳의 군주가 곤☷의 나라에 군림하는 것이다. 復卦에 있는 한 개의 양은 무리 중에서도 우두머리이긴 하지만, 그 자리가 너무 비천하여 백성에게 군림하는 상은 없었다. 임괘가 되면 진의 군주가 천하의 중심에 서서 만 백성에게 이르러 군주가 되니 이를 임이라 한다. 따라서 성인이 존귀한 신분으로 비천한 자의 밑에서 겸손하게 자신을 낮추고 백성을 섬기니 그것이 君臨이 된다."

9 소식, 『동파역전』: "澤所以容水, 而地又容澤, 則無不容也. 故 君子爲無窮之敎, 保無疆之民, 記曰. 君子過言則作辭, 過動則民作則. 故 言必慮其所終, 行必稽其所弊."

못한 폐단이 있다'고 지적하는 내용이다. "임臨이란 연못에 다다름을 이른다. 대체로 백성들은 깊은 연못에 허리를 굽히며 가까이 간다. 지뢰복地雷復의 양기가 만물에서 나왔지만 그 지위가 낮아서 백성에게는 미치지 못하다가, 임臨이 되면서 천하의 가운데 서서히 만백성에게로 다다르니 임臨이다. 임臨은 또 큰 진☳이니 굳셈이 부드러움보다 아래로 하며, 높으면서도 낮은 이보다 아래에 있다. 성인이 백성에게 다가가 겸손하고 공손하며 낮추고 허리를 굽히고 백성들을 돕는다. 또 탕 임금은 몸소 내리시기를 더디 하지 않으셨는데도, 후세에는 임금의 도가 너무 높아서, 백성보다 낮추려는 뜻을 알지 못하고, 오만한 태도를 취하고 자신을 내세우고 사치하여, 도리어 백성들에게 임하는 바른 방법을 잃어버린 것이다."[10]

그러기에 교만하고, 넘치고, 사치하고, 세상을 마치 자기의 것처럼 군림君臨의 횡포를 잃지 않았다. 그러니 공자가 "군자와 같으면 이를 본받아서 가르치려는 생각이 끝이 없어야 하고, 백성을 포용하고 보살피는 마음도 끝이 없어야 한다"고 걱정한 바이다. 그러니 성인이 임臨으로 이름을 지은 뜻이 어찌 깊지 아니하겠는가?

고로 택☱은 땅을 실은 바다처럼 무궁한 용보容保를 지니기에, "교사무궁教思无窮(Inexhaustible to teach)함이 택澤과 같아 삼계三界의 대사大師가 되고, 용보민무강容保民无疆(Inexhaustible tolerance and protection)은 마치 드넓은 대지와 같아 사생四生[11]의 자부慈父와 같은 것이다."[12]

여기에서 송시열은 가르치려는 생각이 다함이 없는 것은 태☱, 백성을 포용하고 보존함이 끝없음은 곤☷이라 하였다.[13] 공묵당恭默堂 김도는 사도師道 역시 임괘에 있다 하고,[14] 식산息山 이만부는 가르치는 것이 곧 보호하는 방법이라며, 가

---

10 정약용, 『주역사전』.

11 四生은 胎生, 卵生, 濕生, 化生을 말함.

12 지욱, 『주역선해』: "教思無窮, 猶如澤, 故爲三界大師, 容保無疆, 猶如地, 故爲四生慈父." 따라서 곤☷의 밭에 진☳의 농사를 지어 백성을 보육함이 '教思'이고, 태☱의 비운 마음은 낮춤이고(降心爲澤), 진☳의 텅 빈 그릇은 수용이니 '容保'다. 또 2양 위의 4음은 '無疆'하고 '無窮'이다.

13 송시열, 『易說』: "教思無窮, 以兌言, 容保無疆, 以坤言. 本義詳."

14 김도, 「周易淺說」: "師道의 높음도 여기에 포함되어 있다. 스승이 된 사람이 이 상을 본받아 설명하여 가르치고 포용하며, 자세하게 알려주어 부여받은 역량을 다하게 할 수 있다면 어찌 좋지 않겠는가? 공자는 '나는 배우는 데 싫증을 내지 않고, 가르치는 데 게으르지 않았다'고 하였고, 맹자는 '천하의 뛰어난 자를 얻어 교육하는 것이 세 번째 즐거움'이라 하였다."

르치되 보호하지 못하고, 보호하되 가르치지 않는 것은 모두 왕도를 실천하는 사람의 정치가 아니라 한다.[15] 화동華東 서유신, 백운白雲 심대윤, 희곡希谷 이지연 등의 설도 참고한다.[16/17/18]

> 初九 咸臨 貞吉
> 초9는 (백성들로) 함께 감복시켜 (따르게 함으로써, 백성들 앞에) 군림하니 바르게 하면 길하다.

강한 초9가 바른 자리에서 정응하는 4를 감복시켜 서로 함께하기에[咸臨, Joint approach) 사심 없이 다가가면 길하다. 세상이란 남과 함께 일을 하면 사심이 생기지 않을 수 없다. 초9인 군주가 "함께 하자 해놓고 흑심을 품고 가면 곤란타[象曰 咸臨貞吉 志行正也]"는 공자의 주석도 초9에게 겸공謙恭의 군림을 기대한다. 군주일지라도 '정貞'이란 옵션을 굳게 지켜야 한다. 어쩌면 세상 인심은 앞장서 리드하는 자를 귀히 여기나, 시시비비를 떠나 무조건 따라오기만을 주장한다면 그것은 정貞해도 불길不吉하다.

임이 사괘師卦로 변한 경우다.[19] 초9의 양이 자라남에 4가 감동하고,[20] 두 양이

---

15 이만부, 「易大象便覽」: "教之者, 所以保之也. 教而不保, 保而不教, 則俱非王者之政矣."

16 서유신, 『易義擬言』: "나라는 모두 경계가 있지만, 사람의 마음은 구역을 한계로 삼지 않아서, 넓은 하늘 아래 사람들을 모두 가르치고자 하기 때문에 '생각이 다함이 없다' 하였고, 모든 땅의 물가까지 모두 보호하고자 하기 때문에 '포용함이 끝이 없다고 말하였다. 가르치려는 생각이 마치 못이 차츰 물을 대주는 것과 같으며, 포용하고 보호하는 것이 땅이 널리 포함하는 것과 같다."

17 이지연, 『周易箚疑』: "곤괘는 어머니가 되고, 태괘는 막내딸이 되니, 늙은 어머니가 막내딸에 대하여 가르치려는 생각과 포용하고 보호하려는 마음을 알 수 있다. 백성에게 임하여 교화하려는 뜻은, 마치 못이 깊어 다함이 없는 것과 같고, 백성을 포용하여 편안하게 보호하려는 도량은, 마치 땅이 커서 끝이 없는 것과 같다."

18 심대윤, 『周易象義占法』: "못이 땅을 따라 높으니 땅이 도타우면 못도 더욱 높다. 군자는 백성으로 인해 높아지니, 백성이 많으면 자리가 더욱 높다. 땅이 못 위에 있어서 못의 제방이 되는데, 땅이 도타우면 못의 물은 더욱 모인다. 군자가 덕으로 백성에게 임하는데, 덕이 도타우면 백성이 더욱 많이 돌아온다.고로 가르치려는 상은 兌요, 포용하고 보호하려는 상은 坤이다."

19 [說證] 초효와 4효의 정응 또는 진☳의 군주와 곤☷의 백성이 감응하니 '咸臨'이다. 백성과 군주가 감응이 없다면 어찌 군림이 있겠는가? '貞吉'은 師卦 감☵의 幹事, '志行正'은 乾坤坎離 正方의 감☵의 정, 초효의 正과 진☳의 行이다.

20 정이천, 『이천역전』: "'咸은 4가 초9에 응하여 감동하는 것으로 다른 괘에 비하여 서로 응함이

자라남에 네 음이 두루 임함이 '함림咸臨'이다.[21/22]

> 九二 咸臨 吉 无不利
> 구2는 (군주가 백성들을) 감동시켜 군림하니, 길하고, 이롭지 않음이 없다.

임괘의 주효로서 존귀한 임금 5와 상응하는 자다. 다른 음들은 2가 더욱 가까이 다가오기를 바라고, 2 또한 모든 음들을 감응시키고 이롭게 해 줄 책무를 느끼고 있다[咸臨无不利]. 그런데 2의 부정적인 요소는 강해야 할 5가 약하고, 유순해야 할 자가 강하다. 그러니 "강한 2가 진정으로 군도를 다해야만 불리하지 않고[象曰, 咸臨吉无不利], 만에 하나 5의 백성들이 천명에 순응치 않는다면[未順命也] 분명 불리할 것"을 깨우치고 있다. 여기서 공자가 왜 '미순명未順命'이라며 천명을 알리려고 하였을까?

다산은 여기서도 '함림길무불리咸臨吉无不利'는 5가 2의 군주의 입장을 충분히 헤아리며 대할 때라 하고, '미순명未順命'은 5가 신하의 입장에서 혹 순종하지 않을까를 걱정한 탓이라 했다.[23] 그 이유는 임臨의 도전괘 관觀에서 2는 5를 제대로 순종하지만, 임臨은 관觀의 역逆이기 때문이다.

정자 역시 "2가 부정하고 5 또한 부정한 자리에 거처하기에 당장은 이利가 나지는 않지만 서로 공동의 이익을 위해 잘해야 한다는" 옵션으로 본다. 이것은 부정한 자리에서 강한 이미지를 풍기는 2가 서서히 복괘復卦에서 임괘臨卦를 지나면 멀지 않아 태괘泰卦로 성장하기에, 인내로 이러한 과정을 거칠 수밖에 없는 천명으로 본 것이다.

그런데 동파는 달리 '힘의 논리'로 설명하고 있다. "아래 두 양이 강한 인상을

더욱 중요하다. 임괘는 초효가 자리를 얻어 바름에 있음을 귀중하게 삼았다."

21 김상악, 『山天易說』 : "두 양이 네 음에 두루 임하기 때문에, 초효와 2효에서 모두 크게 임하는 상을 취하였다."

22 참고로 연애하는 것처럼 의기투합을 바라는 사람이 있을지라도 급하게 설치지 말라. 겸손하게 천천히 임하여도 일은 잘 풀린다. 사업도, 시험도, 취직도 성사된다.

23 [說證] '无不利'는 태≡를 봄이요, '未順命'은 도전이 된 觀卦의 손≡이다[臨은 군림이지 복종이나 순명이 아니다. 1·2에서 '咸臨'이 되는 것은 위의 백성 4·5와 상응이 되기 때문이다.

가지고 자라오지만 아직은 왕성하지 않다. 네 음(3·4·5·상)들은 자라나는 양에 잠식될 위태로운 처지에 놓였지만 아직은 강하다. 그렇지만 2가 자라나는 강기剛氣로 인하여 여러 음들에게 위협이 되면, 강한 음들도 함께 힘을 모아 공격할 것으로 보인다. 고로 음은 위태로울지라도 불리할 게 없을 것이다." 이것은 2를 강한 아내와 신하로 보았기 때문이다. 그러니 아직은 유약한 남편과 군주를 불리하게 몰아세울 수 없다는 뜻이다. 마치 동지섣달의 추운 기운이 왕성한 것 같지만, 그 양기로는 초목의 싹을 올려내지 못하고, 해동解冬시킬 수 있는 봄이 찾아와야 함을 역설하고 있다.

한 달 후면 힘이 방상方相한 정월이 된다. 주자도 공자의 이런 짐작을 '미상未詳'으로 처리하고 있으나, 후앙은 다음과 같이 동파의 '힘의 논리'에 따르고 있다. "2가 부정하니 음들의 저항과 불복을 본다. 이러한 점이 같은 '함임咸臨'이라도 초9와 다르다. 그렇지만 2는 중심을 잃지 않는 충성심으로 돌파해 나가야 한다. 지금의 저항을 돌파하고 성공해야만 불리함이 없을 것이다. 고로 2는 중도로 나가야 하고, 고결해야 하며, 자신에 찬 힘을 행사하여야만 '길무불리'하다. 그런 고로 2의 명령에 불복하는 자들을 강력하게 쳐 없애야 할 것이다[未順命]."[24] 후앙은 '미순명'을 '명령에 거역하는 자를 치는 것'으로 풀고 있다.[25]

六三 甘臨 无攸利 旣憂之 无咎
육3은 (탐관오리가 봉록의) 달콤함을 탐하면서 (백성들에게) 군림하니, 이로운 바가 없을 것이다. (이러한 사실을 알고) 이미 근심을 하고 간다면 탈은 없다.

다산은 임臨이 지천태地天泰로 가는 것으로 보고 탐관오리가 백성들에게 피해를 입히는 것으로 본다. "곤坤의 땅에 진震의 곡식은 그 맛이 달다. 태兌의 입을 열어서 백성에게 감림甘臨하는지라, 이것이 무엇이 이롭겠는가? 탐관오리가 오직

---

24 Huang, 『The Complete I Ching』 참조

25 참고로 혹 대권후보가 2를 얻는다면 유권자 坤과 내가 사랑에 빠진 연인처럼 불꽃을 튕겨야 성공하지만 그렇지 못하면 곤란하다. 고건 총리가 대권 레이스에서 중도 하차하고, 반기문 유엔총장은 링에 서보지도 못하고 하차하고 말았다. 泥田鬪狗에 혈투를 벌일 파이팅이 부족한 탓이다.

봉록만을 달게 여겨 백성에게 다가서는 꼴이다."²⁶ 3은 부중하고 부정한 음으로 2에게 가장 근접해 있다. 2를 감언이설로 유혹할 수 있는 가장 가까운 자리에 있다[甘臨, Comfortable approach]. 그러니 탈이 일어날 것은 분명하다. 그러기에 근심이 생겨날 것을 미리 알고 조심해 간다면 탈은 면한다.

여기서 '감甘'은 간사함이요 아첨이요 부정이다. 3이 부정한 위치에서 강剛이 커 올라오는 것을 보고는 삿되게 아첨하며 사물에 임할 수밖에 없다. 만약 "그 위태로움을 곡진히 걱정하고 간다면, 3이 아무리 사악하여도 정도를 해치지는 못하니 허물이 오래가지는 않을 것이다."²⁷ 또한 즐기면서 기꺼이 받아들이는 것도 '감甘'이다. "양이 가까이 오더라도 거역하지 않음이 감림甘臨이다. 감림甘臨하는 자는 싸우지 않고도 양의 자리에 머물 수 있다."²⁸ 공자의 주석은 이랬다. "감림은 합당치 않은 처신이다. 이미 근심하고 간다니 허물이 오래 가지는 않을 것이다[象曰 甘臨 位不當也 旣憂之 咎不長也]."²⁹

> **六四 至臨 无咎**
> 육4는 (백성들에게) 다가가 임하니 허물이 없다.

4는 정위에서 초9와 정응하는 관계이다. 중간에 3이 초9를 감언이설로 꾀어 4에게 가는 것을 방해하고 있지만, 4는 진심으로 초9가 찾아오길 바라고 있다. 그러기에 귀매歸妹의 4가 진실로 백성들에게 찾아가는 자리이다[至臨, Complete approach]. 4는 어려운 현장에 찾아가 민원을 해결하는가 하면, 아랫사람들이 커오는 것을 항상 반기는 자세로 행정과 정치를 한다. 그러기에 공자도 "지극하게 백성에게 다가가 허물이 없다는 것은 마땅한 자리에 있기 때문이다[象曰 至臨无咎

---

26 [說證] '甘臨'은 곤☷의 땅에 진☳의 농사를 지으니 태☱의 입을 든 백성들이 그 단맛을 보러 옴이요, '旣憂之'는 태☱의 기쁨이 泰에서 사라져 근심이 됨인데, 태의 3처럼 정에 앉으면 '无咎'다. '位不當'은 임괘 3의 부정한 자리요, '久不長'은 임이 태로 변동함을 말한다.

27 왕필, 『주역주』 : "若能盡憂其危, 改脩其道, 剛不害正, 故咎不長."

28 소식, 『동파역전』 : "陽進而陰莫逆 甘臨也 甘臨者 居於不爭之地."

29 참고로 복권에 당첨되는 것처럼 달콤한 일에 빠져 손재살에 든다. 처음에 꼬인 일들이 나중엔 무마된다. 안사람의 병이라면 불길하다.

位當也]"라고 주석한다.

　왕필 또한 유순한 자리에 앉아서 양에 응하고 강剛이 커옴을 꺼리지 않고 지극함을 다하는 자로 극찬하고 있다. 정자 역시 그런 민심과 가까운 자가 임금의 측근에서 말없이 일을 해주니 임금 또한 홍복이라 하였고, 주자도 4가 초9와 상응하며 아랫사람을 높여도 무구한 까닭은 그 맡은 임무와 그 처한 자리가 최측근의 충직한 신하로써 바르게 처신하기 때문이라 한다. 지택림이 뇌택귀매雷澤歸妹로 갔기에 임금을 모시는 충직한 신하의 지극한 마음으로 아래 민심(민중)을 크게 받아들인다.[30/31] 스킨십 경영도 지림至臨의 좋은 모델이다.[32]

---

30 [說證] 귀매괘는 泰卦로부터 온다. 태괘와 임괘엔 주인이 없었는데, 태의 3을 곤≡≡에 파견하여 군주를 삼아 군림시키니 '同志'가 되는 것과 같으니 '知臨'이라 하였다[晉卦는 하지, 小過는 동지, 姤卦는 '一陰始生' 하니 하지]. '无咎'는 4가 양이 되고 3이 음이 됨에 따라 다시 '位正當'도 된다.

31 臨卦가 변해 歸妹괘로 감(丑→午, 兄→文, 坤→雷). 형제는 빨리 오고, 자손(초효)은 미(未)일에 오나, 처라면 사고니(群比爭財) 서둘러 찾으라. 임용고시를 둔 딸의 당락을 물어서 얻은 효였다면, 최선을 다했지만 아래에 있는 초효와 친하니 아쉬웠다. 공부는 친하는 곳이 없어야 한다.

32 미국 GE의 제프리 이멜트 회장이 한국 기업 고위 임원에게 왈. "훌륭한 임직원에게 보상을 할 때는 머리(Head), 가슴(Heart), 지갑(Wallet)을 함께하라." 기업이 발전하기 위해서는 임직원들에게 능력을 키울 기회를 주고, 무한한 자긍심을 일깨우며, 기대 이상으로 연봉을 올려줘야 한다. 직원들의 '머리'와 '가슴'을 열어줄 하나의 방법으로 '스킨십 경영'을 적극 실천하라. 임직원들이 취미활동을 함께하며 스트레스를 풀고, 회사 발전을 위한 다양한 의견도 나누는가 하면, 어떤 기업은 야근하는 직원에게 사장이 직접 야식을 전달하며 격려하고, 또 어떤 회사는 말단사원도 결재를 사장에게 직접 받을 수 있게 한다. 스킨십 경영은 기업 간 경쟁이 날로 심화되면서 경영진과 직원들이 잦은 만남을 통해 벽을 허물고, 기업 경쟁력을 높여가는 과정이다. 친한 친구가 되기 위해서는 함께 목욕하고 맛있는 음식을 나누는 것만큼 좋은 게 없다. 삼진제약은 불황 속에서도 2001년 이후 매년 20% 이상 매출과 이익률 신장을 기록하며 전체 상장사 중 몇 안 되는 '2020클럽'에 가입하는 영예를 누렸다. 주역에서는 리더십 중 함림(咸臨), 지림(至臨), 돈림(敦臨), 지림(知臨) 등 네 가지를 제시한다. 이는 순수와 평등[咸臨], 지극한 정성과 헌신[至臨], 포용력과 사랑[敦臨], 업무지식과 학문[知臨]을 리더가 직원들에게 적극 실천해야 한다는 말이다. CEO는 단지 지휘자일 뿐이다. 경영진과 직원간의 만남은 연주자인 그들의 자질과 특성을 알아내고 능력을 한껏 올려줄 수 있는 소중한 기회. 또한 서로의 가슴을 열고 이해의 폭을 넓힐 수 있는 상생의 시간이기도 하며, 이는 곧 경영 성과와 기업문화 변화로 이어질 수 있다. 이런 면에서 스킨십 경영은 경영자와 임직원 간의 단절과 장막을 걷어낼 수 있는 유쾌한 만남이요, 변화와 혁신의 기폭제로 함께 미래를 창조해나가는 강한 에너지가 될 수 있을 것이다. _이성우, 삼진제약 사장

六五 知臨 大君之宜 吉
육5는 (총명예지로) 지혜롭게 군림하니 대군의 정의를 베푸는지라 길할 것이다.

임금의 자리이지만 부정한 위치에 있기에 독단하지 않고 구2 현자에게 모든 일을 맡기는 성군의 지혜와 리더십을 갖춘 자이다[知臨, Wise approach]. 대군이 정의를 베푼다 함은 중도를 행함이다[象曰 大君之宜 行中之謂也]. 지혜로운 임금은 예로써 강을 받아들이고[能納剛以禮], 또 그 강이 커나감을 꺼리지 않으며, 능력이 있는 신하에게 모든 것을 맡기되 간섭하지 않는다.[33] 총명한 자는 자신의 능력을 다하고, 지혜로운 자는 그 꾀를 다 부려, 하지 않아도 이루고, 가지 않고도 이르게 되니, 대군은 마땅히 이와 같다.[34]

한편 동파는 대군의 용병술(Right for a great prince)로 5를 다음과 같이 설명하고 있다. "음의 세상이라 양이 아직은 음을 치기에는 부족하지만 곧 날카로워질 것이다. 그리고 음은 아직은 저항할 수 있지만 그 세력은 곧 약해진다. 이것이 서로 인정이 되지 않으면 양이 분노하여 음을 공격할 수도 있다. 5는 유연하기에 아직 부족한 2와 호응하여 내 편으로 쓸 수도 있고, 또 내가 여유로울 때 받아들이니 마음에 품을 수도 있다. 그런 까닭에 지혜롭다고 한 것이다. 그러나 천자가 이것을 가지고 강자를 복종시키는 것은 가능하지만, 소인이 이것을 가지고 군자를 축출하는 것은 불가능하다. 고로 대군은 이를 마땅하게 쓰지만, 소인은 이를 사악하게 쓸 것이다."[35]

이렇듯 지혜는 임금의 자세요, 행동은 신하의 자세다.[36] 그 '지림知臨'을 요堯임금을 위해 부른 '격양가擊壤歌'에서도 들을 수 있다. "해가 뜨면 나가 일하고, 해지

---

33 김상악, 『山天易說』: "육5는 곤괘 가운데 있으면서 음으로서 구2의 양에 호응하니, 지혜로 임하는 상이 있다. 지혜를 가지고 아래 신하에 임하니 대군의 마땅함을 얻어 길하다. '知臨'은 '총명하고 지혜로워 충분히 임할 수 있다[聰明睿知足以有臨].' 지혜는 '貞'에 속하고, '宜'는 '利'에 속하니, 괘사의 '利貞'이다. 五常의 덕 가운데 오직 '지혜'가 안에 저장되니, 坤의 저장이다. 곤괘 육3의 아름다움을 머금은 지혜[含章之知]는, 임괘에 이르러 대군의 마땅함이 되기에 때에 맞춰 드러낸다. 복괘 상6에서 '迷復之凶'이라고 한 것은 곧 지혜로 임하는 것의 반대가 되기 때문에 '임금이 도를 위반했다[反君道也]'고 말하였다. 절괘 「단전」에서 '지위를 담당하여 절제하며, 중정하여 통한다고 말한 것도 또한 지혜에 속하는 일이다. 5가 변하면 節卦가 된다."
34 왕필, 『주역주』: "聰明者 竭其視聽 知力者 盡其謀能 不爲而成 不行而至矣."
35 소식, 『동파역전』: "方其未足而收之, 故可使爲吾用, 方吾有餘而柔之, 故可使懷吾德."
36 김진규, 『아산주역강의』 참조

면 들어가 쉰다. 밭을 갈아서 먹고, 우물 파서 마시니, 임금의 힘이 내게 무슨 소용 있으리오."[37] 또 유방劉邦은 "전략전술을 짜서 승패를 판단하고 결정짓는 일은 내가 장량보다 못하고, 백성을 위하며 군량을 보급하고 보급로를 확보하는 일은 내가 소하보다 못하고, 백만 대군을 통솔하여 싸우면 반드시 승리하는 일은 내가 한신보다 못하지만, 이 세 걸출한 호걸들을 등용하여 쓸 수 있는 자는 바로 나다. 이것이 내가 천하를 얻은 까닭이 아니겠는가. 초나라 항우는 단 한사람의 범증도 쓸 능력이 없었던 인물이다"[38]라고 한다. 이 말에서도 역시 5의 '지림知臨'을 짐작하고도 남음이 있다.[39]

참고로 황제黃帝가 흉노를 치고 서쪽의 대완大宛과 남쪽의 백월百越을 얻고자 점을 쳐 임괘 5를 얻고 승리를 예견했다. 그리고는 시일을 정해주고, 맹장을 보내 그 예봉을 꺾고 적으로부터 크게 승리를 획득하였다. 황제는 더욱 어여삐 여겨 수십만 금을 상으로 하사하였다. 구자명丘子明 같은 무리들은 부가 넘치고 귀한 은총을 입고는 후일 조정을 뒤집어 놓았다."[40] 법이 문제가 아니라 법을 운용하는 인간이 문제다.[41] 5를 얻는 지혜로운 임금이 대도로 백성에게 임하니 대자대비한 부모 같다.

---

37 "日出而作, 日入而息, 耕田而食, 鑿井而飮, 帝力何有於我哉."

38 사마천, 『사기』, 「고조본기」: "吾不如子方, 吾不如蕭何, 吾不如韓信 此三者皆人傑也, 吾能用之, 此吾所以取天下也."

39 [說證] 臨卦가 節卦로 간다. 절괘 역시 태괘 3이 5로 간 것이다. 절의 5가 『논어』 「옹야」의 '知者樂水'와 『중용-31』의 "唯天下至聖 爲能聰明睿知 足以有臨也"에서처럼 감☵은 知로 백성에게 臨해 다스리니 '知臨'이 된다. '大君之宜'는 5의 군주와 태☱의 義를 의미하고, '行中' 또한 5의 감☵을 말한다.

40 사마천, 『史記』, '龜策列傳': "卜筮至預見表象, 獲勝於彼, 而著龜時日亦有力於此, 賞賜至或數千萬, 如丘子明之屬, 富溢貴寵, 傾於朝廷."

41 사마천, 『사기』, '龜策列傳': "옛날부터 나라를 세우고 왕위에 오를 때는 모두 점을 쳤다. 그러니 점이 정치를 돕지 않은 적이 한 번도 없었다. 성왕들은 자신들에게 일어나는 일들은 숙명적인 일이 아닌 적이 없었고, 의심나는 일을 결단할 때는 그 전에 징조가 나타나지 않은 적이 없다고 여겨, 시초와 귀갑으로 神明의 의사를 묻고 의혹을 푸는 방법을 만들었다. 영험한 거북의 뛰어난 점을 성인이 따라갈 수 없는 이유는, 신령스러운 거북점은 길흉을 알려주거나 시비를 분명히 구별하는 면에서, 인간의 일과 대부분 일치하기 때문이었다. 그런데 丘子明 같은 복서관은 폭발적으로 늘어난 재부와 황제의 총애를 받는 귀한 신분으로 조정의 공경들을 압도했다. 복서로 남을 시기하고 巫蠱를 행하고 또 남이 행하는 무고의 행위를 제법 밝혀내기도 했다. 또한 평소에 사소한 원한이나 못마땅한 생각을 갖고 있다가 공적인 일에 결부시켜 죽음으로 몰아가기도 하다, 결국 삼대멸족을 당했다. 점괘는 아무나 알 수 있는 것이 아니었다. 사람의 도리가 먼저였다."

> 上六 敦臨 吉 无咎
>
> 상6은 (백성들에게) 돈독하게 (후덕을 베풀면서) 군림하니 길하여 허물이 없다.

음과 음으로서 3과 호응을 하지 못하지만, 임臨의 마지막 자리에서 속박이 없으니 원만한 자다. "성령聖靈이 하늘에 있으매 묵묵히 자손과 백성을 돕는 자리다."[42] 이는 상왕과 조부처럼 현장을 벗어나 여유가 크고, 넓게 볼 수 있는 안목이 생겼기 때문이다. 또한 아래 초9와 구2가 점점 커 올라옴을 기다리는 넉넉함이 있으니 돈후하다. '돈敦'은 상괘 곤坤의 '곤후재물坤厚載物'로 땅의 두터운 성질을 취상하였기에, 아랫사람들을 염려하는 자상함을 늦추지 않는 돈독한 마음[敦臨, Greathearted approach]을 이른다. '돈敦'은 제주와 제관들이 제사상 앞에 갖는 믿음과 공경이 함께하는 마음을 말한다. 그래서 "돈독하게 군림해야 길하다는 것은 백성들의 뜻을 군주에 두기 때문[象曰 敦臨之吉 志在內也]"이라는 것은 임이 손괘損卦로 간 경우이기 때문이다.[43]

여기서도 왕필은 돈후함이 현인을 돕는 덕이라 하고, 동파는 최고의 지위에 임한 자가 독재로 흐르지 않고 대하는 자세라 하였다. 이렇게 아랫사람들을 넉넉한 자세로 품어가는 '돈림'이 있다면, '8월에 흉하리라[八月有凶]'는 '기우旣憂'도 피할 수 있을 것이다. 이쯤에서 여헌의 '쾌쾌돈림'이 들린다.[44]

마지막으로 통치 기술을 논한 임괘를 정리하면, 초9와 구2는 민중을 감화시키고[咸臨], 육3은 탐관오리가 달콤한 봉록에 빠지고[甘臨], 육4는 백성들에게 솔선수범으로 다가가며[至臨], 육5는 인재를 믿고 지혜롭게 처신하고[知臨], 상6은 대덕으로 백성과 함께하는 하는 것으로 볼 수 있다[敦臨].[45]

---

42 지욱, 『주역선해』.

43 [說證] 損卦 또한 泰卦에서 오는데, 泰의 넉넉한 재산 3을 덜어 坤의 백성에게 보태주니, 損의 살림이 젯상의 제수처럼 山만하니 '敦臨'이 되어 '길'하고, '무구' 역시 臨의 음 4개가 양을 타고 있어 '有咎'였는데, 이제 損의 양이 음을 탄 모양이다. '內志' 또한 군주에게 있고, '志'는 大离☲다.

44 『여헌선생언행록』, '쾌쾌돈림[景遠錄(門人張㷉)]' : "'너는 發揚하는 기운이 넘치고 沈潛한 기운이 부족하니, 마땅히 義로써 제재하고 敬으로써 잡아서 오랫동안 涵養하면 기질을 변화시킬 수 있다' 하시기에, 나는 일어나 대답하기를, '종신토록 가슴에 새기겠습니다' 하였다. 선생이 막 병환으로 누워 계셨는데 나는 서울에 있었다. 선생은 날마다 '학이 왔느냐?' 물으셨으며, 내가 도착하자 손을 잡고 永訣하셨다. 임종하실 때 '과감하게 돈독하게 임하라[夬夬敦臨]'는 말씀이 계셨다."

45 참고로 철저하게 계획을 세우고 일에 임하라. 재관(財官)이 임하여 온다.

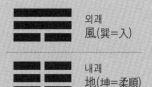

외괘
風(巽=入)

내괘
地(坤=柔順)

20. 풍지관風地觀
Contemplation

부모님과 조상 제사를 모시는 마음으로 정성을 다하여 자신의 상황을 살펴볼 때이다.

> 觀 盥而不薦 有孚 顒若
> 관은 (제사를 모시기 전) 손 씻을 때의 그 마음을 옮겨가지 않으면 믿음이 있어 만남이 있으리라.

글과 말로 전달하기 힘든 것이 있다면 마음이니, 신이니 제사니 또는 선禪이 니 천당이니 지옥이니 하는 추상적인 단어다. 여기 관觀도 마찬가지로 제사상을 차려 놓고 조상을 만나는 자리에서 그 조상을 만났다거나, 만나지 못했다거나 하는 것은 상당히 주관적인 문제일 수 있다. 먼저 문왕은 관觀(Contemplation)을 제사에 앞서 손을 씻는 관수盥手를 할 찰나의 그 마음이 흐트러지지 않고 끝까지 정성스럽게 가져갈 수 있다면 조상을 만난 것이라 하였다. 제사를 모시기 전 손 을 씻고 들어가는 '관수盥手'의 예를 할 때 이미 마음이 모아졌다. 그렇다면 반드 시 조상과 상통이 되고, 그 조상도 만날 수 있을 뿐만 아니라 제사의 예를 다했 다고 보는 것이다. 그 후는 조상과 내가 정을 나누는 의식일 뿐이다.

공자가 "강신제降神祭를 올리고 난 후라면 더 이상 제식은 보고 싶지 않다"[1]고 한 말을 가지고, 왕필도 "왕도王道 가운데 종묘제사가 가장 볼 만하고, 종묘제사 가운데는 손 씻는 관례가 가장 성대하다"고 했다. 정자도 다르지 않다.[2] 성호星湖

---

1 『논어』, 「팔일편」 : "子曰, 禘自旣灌而往者, 吾不欲觀之矣."
2 정이천, 『이천역전』 : "내가 胡翼之 선생에게 들으니, '군자가 위에 있으면서 천하의 본보기가 되어, 반드시 정중하고 공손함을 지극히 하면, 아랫사람들이 우러러보아 교화된다. 그러므로 천 하의 봄이 되는 것이니, 마땅히 정중하고 공손함을 지극히 하기를, 종묘의 제사에 처음 손을

도 손씻는 마음은 보이지 않고 제수만 보이니, 제수를 올림에 공경을 다함이라 했다.[3]

동파 역시 이렇게 말한다. "말하지 않고 사물을 깨우치는 관의 도를 종묘제례에 빗대면 손은 씻지만 제물까지는 올리지 않는다. 손 씻는 일은 정성을 다하는 것이요, 제물 올리는 것은 이차적으로 맛을 올리기 위한 의식일 뿐이다." 그런 고로 비록 손을 씻었다 하더라도 제수를 차리지 말고(행동으로 옮기지 말고) 천천히 관망해 볼 일이다."[4] 위암韋庵도 "마땅히 처음 손을 씻고 아직 음식을 올리지 않았을 때처럼 하면, 아래에 있는 사람들이, 모두 그 믿음과 정성을 다하여 우러러 볼 것이다" 한다.[5]

관괘觀卦는 8월의 결실과 숙살肅殺의 기운을 동시에 지니기에 "어떤 사물이든 익고 커진 뒤에라야 볼 수 있다."[6] 주자는 "위에서 아래를 바라보는 것도 관[上觀]

씻을 때와 같이 할 것이고, 이미 제수를 올린 뒤와 같이 해서는 안 되니, 이렇게 하면 천하 사람들이 지극한 정성을 다하여 공경히 우러러 볼 것이다' 하였다. '盥'은 제사하는 초기에 손을 씻고 울창주를 땅에 부어 신이 강림하기를 구하는 때이고, '薦'은 날고기와 익은 고기를 올리는 때를 말한다. 盥은 제사의 시작이니 사람의 마음이 막 정성을 다하여 지극히 엄숙하고, 이미 제수를 올린 뒤에 예를 자주하여 번거롭게 되면 사람의 마음이 흩어져 정성스럽고 한결같음이 처음 손을 씻을 때만 못하다. 위에 있는 자는 거동과 표정을 바르게 하여 아래 백성의 우러러 봄이 되어야 하니, 마땅히 장엄하게 하기를 제사에 처음 손을 씻는 초기와 같이 하여, 성의가 조금이라도 흩어져 이미 제수를 올린 뒤와 같이 하지 말아야 하니, 이렇게 하면 천하 사람들이 모두 믿음과 정성을 다하여 공경히 우러러 보지 않는 이가 없을 것이다."
胡翼之(胡瑗, 993~1059)는 북송의 유학자. 자 翼之, 호 安定. 저서 『周易口義』는 상수학을 배격하고 의리학의 입장에서 역을 해석하였고, 정이천의 『역전』에 큰 영향을 주었다.

3 이익, 『易經疾書』: "손을 씻는 것은 공경하는 모양이고, 올리는 것은 공경하는 물건이다[盥者敬之貌 薦者敬之物]. 공경은 마음속에 있어 볼 수 없고, 오직 모양을 볼 수 있기 때문에, 씻는 것을 말하고 공경을 말하지 않았다. 손을 씻는 것은 같지만 공경에는 얕거나 깊음이 있으니, 오직 올릴 때에 씻는 것과 공경을 지극히 하기 때문에 반드시 올리는 것을 말한다. 『춘추좌전』에서 '일을 받들기를 제사를 받들 듯이 한다[承事如祭]'는 것과, 맹자가 '공경이란 폐백을 받들기 전에 있다[恭敬未幣]'고 한 것이 그것이다."

4 제사를 위해 손을 씻었다가 무슨 일이 생기면 그만둘 것이다. 觀卦는 오래동안 준비 해 온 일이 아니고 순간적 판단을 요구하는 일이라면 일단 정지하라.

5 金相岳, 『山天易說』: "손만 씻고 제사를 올리지 않는 것[盥而不薦]은, 두 양에 해당하며 5가 위주가 되고, '믿음이 있어 우러러 보는 것[有孚顒若]'은 네 음에 해당하는데 4가 친밀한 것이 된다. 제사의 예에서 이미 음식을 올린 후에는 그 성의가 처음 손을 씻을 때보다 못하다. 군자가 모범을 바르게 하여 백성들의 본보기가 되기를 마땅히 처음 손을 씻고 아직 음식을 올리지 않았을 때처럼 하면, 아래에 있는 사람들이 믿음과 정성을 다해 우러러 볼 것이다."

6 「서괘전」: "臨者大也, 物大然後, 可觀, 故受之以觀"

이요, 아래에서 위로 올려다봄도 관[下觀]"이라 한다. 즉 내가 남을 봄도 관이요, 남이 나를 봄도 관이다. 그리고 눈을 뜨고 보는 것도 관觀이요, 눈을 감고 보는 것도 관觀이다. 다음은 당나라 혜충과 숙종의 이야기로 관의 좋은 예가 된다.

혜충(677~755)은 혜능에게 인증을 받은 후 남양의 한 절벽에서 사십년을 보내며 일보도 떠난 적이 없었다. 어느 날 숙종의 초청을 받아 궁궐에서 법회를 여는데 숙종이 여러 번 질문을 하는데도 거들떠 보지도 않자, 숙종과 혜충이 나눈 심장찮은 대화다. "감히 대당大唐의 천자에게 눈도 한번 돌리지 않다니, 무엄하구나!" "황상께서는 허공을 보신 적이 있나요?" "있다!" "그렇다면 허공이 황상께 눈을 윙크하며 한 번이라도 아는 척 합디까?"

다산은 관觀을 통 큰 간괘艮卦로 설명한다. "간艮은 높은 문궐과 누각이 되며, 높은 정상에 있는 임금과도 같다. 임금이 아래를 내려다보고, 백성은 위를 우러러 보니 관觀이란 이름을 얻은 이유다."[7] 이렇듯 관괘는 구5가 아래 네 음에 의해 우러러 보이고 있다. 그리고 5는 강건 중정한 모습으로 잘 보이기에 '대관大觀'이라 하였다. 또 "그저 보고, 보여지는 것이 아니라 바람이 들어갈 수 있는 곳까지 확실히 볼 수 있어야"[8] 크게 보고, 멀리 보고, 많이 보는 대관大觀이 된다. 고로 관觀은 군자가 윗자리에 있으면서 천하 풍속風俗의 푯대가 되고, 또 천하를 공경하는 자세를 잊지 아니하여야 백성들이 우러러 따를 것이다. 그러니 천하를 관망할 수 있도록 마땅히 종묘의 제사에서 손을 씻을 때와 같이 정성을 드림을 잊지 말아야 할 것이다. 아래는 선조가 경연에 나가 관괘觀卦를 강한 내용이다.

참찬관 윤담무가 고했다. "모든 사람들은 제사를 지내려고 손을 씻기 전까지는 정성스러운 마음을 지녔다가도 이미 제사를 올린 뒤에는 성의가 조금 줄어들게 됩니다. 윗자리에 있는 사람이 거동을 바르게 하기를 처음 손 씻을 때처럼 한다면 아랫사람들이 모두 그 성의를 다하여 엄숙하게 우러러 볼 것입니다." 상이 답했다. "어찌하여 제사를 가지고 말을 했을까? 이는 반드시 의미가 있을 것이다. 그러나 알 수가 없다." 정혹이 "임금의 시청언동視聽言動은 천하의 법도가 되어

---

7 艮은 궁문 양쪽에 세운 두 개의 臺, 즉 '門闕'을 觀이라 한다. 『爾雅』에도 觀은 '闕'이라 했다. 觀卦의 상을 보면 巽의 눈(多白眼)을 가지고 군주가 아래로 내려다보는 '樓觀'의 뜻이 있고, 坤의 백성은 위의 대궐 문을 올려다보는 '象魏'의 뜻도 있다.

8 김진규, 『아산주역강의』 참조

털끝만큼이라도 스스로 가벼이 할 수 없으니 마치 제사 지내기 전 그 정성을 다하는 것을 보여주는 것과 같습니다"라고 답했다.[9]

다음은 공자가 천하를 심복으로 삼겠다는 '대관의 도'를 편 단사이다. "천자가 위에서 부드럽고 공손하게 중정한 덕을 가지고 (큰 누각 위에서) 천하를 내려다본다[大觀在上 順而巽 中正以觀天下]. 손을 깨끗이 씻고 신 앞에 나아가 번잡한 의식과 예의를 차리기 직전에[盥而不薦], 순수하고 정성스런 마음이 흘러넘치니 엄숙한 분위기가 주위를 압도하고 보는 사람들의 마음을 감화시킨다[有孚顒若 下觀而化也]. 신령스럽고 오묘한 하늘의 도를 보라[觀天之神道], 사계절의 운행이 조금도 순서가 어긋남이 있던가[四時不忒]. 성인은 이 신령하고 오묘한 도에 따라 가르침을 주므로 천하가 심복할 따름이다[聖人以神道設教而天下服矣]."

정자도 "성인이 신묘한 도를 보고 체득하여 가르침을 베풀기 때문에, 천하에 복종하지 않는 이가 없다"고 한다.[10] 성호는 되묻는다. "하늘의 신도가 펼쳐짐을 무엇으로 말해야 알아차리겠는고?"[11] 간☶은 종묘고 신이고 귀도며 신도이다.[12]

---

9 『선조실록』 선조 30년(1597) 2월 25일.

10 정이천, 『이천역전』: "하늘의 도는 지극히 신묘한 도이다. 하늘의 운행을 살펴봄에 사시가 어긋남이 없으면, 그 신묘함을 볼 수 있으니, 성인이 하늘의 도가 신묘함을 보고, 신묘한 도를 체득하여 가르침을 베풀기 때문에, 천하에 복종하지 않는 이가 없는 것이다. 하늘의 도는 지극히 신묘하기 때문에, 사시를 운행하여 만물을 화육함에 어긋남이 없다. 지극히 신묘한 도는 이름지어 말할 수 없고[至神之道 莫可名言], 오직 성인이 묵묵히 합하여[唯聖人黙契], 그 신묘한 작용을 체득하여[體其妙用] 정치와 교화를 베푼다[設爲政教]. 그러므로 천하 사람들이 덕에 무젖어 있으면서도 그 공을 알지 못하고, 교화에 고무되면서도 그 쓰임을 헤아릴 수 없어 자연히 우러러보고 받들어 복종한다. 그러므로 '신묘한 도로 가르침을 베풂에 천하가 복종한다'고 하였다."

11 이익, 『易經疾書』: "공자는 '하늘의 신묘한 도를 봄에 사시가 어긋나지 않으니, 성인이 신묘한 도로 가르침을 베풂에 천하가 복종한다'고 하였다. '신묘한 도로 가르침을 베푸는 것'을 '손만 씻고 제사를 올리지 않는 것'에 연결시키고, '천하가 복종하는 것'을 '믿음이 있어 우러러 보는 것'에 연결시켰는데, 그렇게 한 까닭은 '하늘의 신묘한 도를 봄에 사시가 어긋나지 않기 때문이다.' 무엇을 신묘한 도라고 하는가? 성인이 『논어』에서 더욱 잘 발휘하여 '나는 말이 없고자 하니, 하늘이 무엇을 말하던가? 사시가 행해지며 만물이 이루어지는데 하늘이 무엇을 말하던가?' 하였다. 한 곳에서는 '말이 없다고' 하였고, 한 곳에서는 '무엇을 말하던가?'라고 하였으니, 그 뜻이 더욱 분명하다. 말로 하지 않아도 계절은 저절로 행해지고, 만물은 저절로 이루어지니, 어찌 신묘한 도가 아니겠는가?"

12 정약용, 『주역사전』: "大觀은 큰 艮이며, 큰 누각이고, 艮은 종묘고, 神이고 鬼道며, 巽은 齋戒다. 下卦 坤은 犧牲 소를 바치니 觀은 제사의 상이다." 또 "互卦 艮이 손(手), 坎의 물(상괘는 본시 坎位)로 깨끗이 巽齋하니 盥이 된다."
'손 씻을 盥'은 '강신할 관(祼)'과 같고, 다시 祼는 '瓘과 灌으로 강신한다. 『예기』는 瓘, 『논어』는 灌으로 썼다. 『주례』는 "제후들이 조회에 이르자 鬱鬯酒로 강신하였다"고 한다.

반면에 성인이 베푸는 설교와 천하의 복종은 손☴이다.[13/14/15]

象曰 風行地上 觀 先王以 省方觀民 設敎

상왈 바람이 땅 위로 불어 가는 것이 관의 상이다. 선왕은 이를 보고 온 천하(방방곡곡)를 살펴 백성의 풍속을 관찰한 후 만 가지의 가르침을 마련하였다.

관은 바람이 땅 위를 몰아치며 가고자 하는 곳이면 어디를 다 가듯, 선왕들도 방방곡곡 백성들의 풍속을 보고 올바른 정치로 교화해 갔었다. 크게 보는 임금이 아래에 있지 않고 위에 있기에 사방을 살피는 것이다.[16] 백성의 교화는 신묘하고 오묘하다. 여기서 "'방方'이라 하고 '민民'이라 한 것은 곤坤의 형상이고, '성省'이라 하고 '관觀'이라 한 것은 손巽이 형상이다. '가르침을 베푸는 것'은 바람이 위에서 행해지고, 사물이 아래에서 느끼는 상을 취하였기 때문이다."[17]

---

13 朴齊家, 『周易』 : "신묘한 도의 가르침은 다름이 아니라 바로 '易'이다. 사시가 어긋나지 않는다는 것은 다름이 아니라 바로 '陰陽'이다. 성인이 음양이 어긋나지 않는 것을 보고서 하늘의 신묘한 도를 알아 처음으로 八卦를 그어 陰陽을 말하여 백성들로 하여금 取吉避凶에 나가도록 하였다. 사물을 열고 일을 이룬 것을 한결같이 神明에 돌려, 백성들이 복종하지 않는 사람이 없었다. 포희가 우러러 상을 관찰하고 아래로 법을 관찰하며, 땅의 마땅함을 관찰하고 조수를 관찰하여 팔괘를 그어 신명에 통하였으니, 바로 이것을 말한다."

14 박제가(朴齊家,1750~1805) : 호 楚亭. 연암 박지원에게 수학. 그의 『주역』 구성은 『주역전의대전』에서 「정전」, 「본의」 그리고 小注에 실린 여러 학자들의 견해를 비판적으로 성찰하고, 괘효사를 선택적으로 주해했다. 그의 『주역』은 『주역전의대전』에서 64괘와 「계사전」 상하를 대상으로 한다. 이하 「설괘전」, 「서괘전」, 「잡괘전」은 주해하지 않았다. 박제가의 주역관 특징은 무엇보다 글자나 낱말의 뜻을 분명히 함으로써 경전의 바른 의미를 추구한다. 그의 이러한 태도는 역학에서 상수학을 외면하고 의리학을 추구하는 특징으로 이어진다. 글자의 고증과 글자의 정확한 의미를 통해 경전의 진의에 접근하고자 하는 의리역학을 추구하는 모습은 박제가와 사제관계를 맺었던 완당 김정희의 역학관에서도 드러난다.

15 곤의 백성이 우러러봄이 '顴'이요, '化'는 1·2·3이 본시 '火'의 상이다. '設敎'는 巽의 申命을 베풂이요, '天下服'은 백성이 巽德으로 복종함이다. '天地'가 아니고 '天之'인 이유는 '天地'는 不變이고, '天之'는 可變이다. 고로 天地는 변하지 않지만, 하늘을 보는 내 마음은 하루에도 열두 번 더 변하고 있다.

16 김상악, 『山天易說』 : "復卦의 한 양이 임금의 자리를 얻지 못하였으므로, 사방을 시찰하지 않는다 하였고, 臨卦의 두 양이 아래에 있으므로 다만 '가르치려는 생각이 다함이 없다' 하였다. 觀卦는 크게 보는 임금이 위에 있기 때문에 사방을 살피고 가르침을 베푼다."

17 조호익, 『易象說』 : "曰方曰民, 象坤地之所載. 曰省曰觀, 象巽風之所至. 設敎, 取風行於上而物感於下之象."

또 "관괘는 바람처럼 여러 곳을 돌아다니며 두루 살펴보는 상이 있기 때문에, 선왕이 그것을 체득하여 두루 다니면서 지방을 살펴서 정치와 가르침을 베풀고, 백성이 따라서 교화되지 않음이 없으니, 관괘의 때와 뜻이 크다. 『시경』'관저關睢'를 통한 교화를 보더라도 이부자리 사이에서 단서가 시작되고, 음탕한 행동은 반드시 음란한 군주로 말미암으니, 백성이 보고 느껴서 교화되는 까닭이 어찌 사방을 살피는 것을 기다린 다음이겠는가? 그렇다면 임금은 마땅히 어찌해야 하는가? 반드시 지극한 정성과 공경의 일로 천하의 사람들로 하여금 그 교화를 고무하면서도, 그 까닭을 헤아릴 수 없게 해야 하니, 어찌 신묘하지 않겠는가? 어찌 오묘하지 않겠는가?"[18]

바람이 불어오는 방향이 있듯 사시를 따라 살펴야 할 지방을 찾아 백성에게 군왕의 도를 펼쳐야 한다.[19] 사치가 심한 곳에는 검약으로 가르쳤고, 검소하면 예를 보여주었으며, 지나치게 소비가 없는 곳은 소비가 미덕이라고 가르쳤다. 그런 고로 "임금의 가르침은 생색내는 포퓰리즘이 아닌, 줌이 없는 가르침이어야 진정한 위정爲政"이다.[20] 단 위정자는 위의威儀를 갖추어야 백성이 기쁘게 공경하고 사모하며 교화되지 않음이 없을 것이다.[21] 관괘가 알려주는 교화의 방법을 잊지 말자.

관의 일차적인 세계는 나라의 미래를 보고 조상을 섬기는 것이며, 이차적으로는 백성의 살림과 풍속을 살피는 것이다. 그래서 관의 시절은 행동하기보다는 고

---

18 김도, 「周易淺說」: "… 夫然關睢之化, 造端於衽席之間, 桑濮之行, 必由於滔亂之主, 則民之所以觀感而化之者, 豈待於省方之後哉. 然則人君者, 當何以哉. 必也極誠敬之功, 使天下之人, 皷舞其化, 而莫測其所以, 則豈不神哉. 豈不妙哉."

19 서유신, 『易義擬言』: "復卦에서 임금이 사방을 시찰하지 않는다고 말했으니, 그것이 북쪽 방향임을 알 수 있다. '觀民'은 백성에게 보이는 것이니, 신묘한 도로 가르침을 베푸는 것이다. 이것은 풀 위에 바람이 불면 반드시 눕는 이치[草上之風 必偃]와 같다."

20 이지연, 『周易箚疑』: "하늘 위로 행하면 문덕을 아름답게 하고, 땅 위에 행하면 가르침을 베푸니, 자취없이 베푸는 뜻을 취하였다."

21 심대윤, 『周易象義占法』: "사방을 살피고 백성을 관찰하는 것은 가르침을 베푸는 방법이다. 다른 가르침이 아니다. 천자가 巡狩하면서 도량형을 통일하고, 산천에 제사하는 일은 정치를 닦으려는 것이지, 보여주려는 것이 아니다. 관괘의 도는 행동거지와 威儀가 절실하고 긴요한 것이 된다. 위의가 어긋나지 않아 백성이 본받는 것은 두려움과 사랑을 본받는 것이다. 위의가 없어 백성들이 살펴 우러러보지 않으면, 아랫사람들이 가볍게 여기고 업신여겨 공경하지 않으니, 어찌 기꺼이 온전히 믿고 교화되겠는가? 선왕이 사방을 살피고 백성이 위의를 보고서, 기쁘게 공경하고 사모하여 교화되지 않음이 없는 것이, 가르침을 베푸는 방법이다. '관'이란 자취 없는 선천의 일이기 때문에 후회를 앞세우고 바름을 뒤로 하였다."

요한 가운데 명상이 좋으니, 관괘는 정신적인 문제를 취급하는 것이 좋다. 특히 종교, 학문, 연구 등에 종사하면 존경과 발전이 있다. 반대로 물질적인 문제는 욕심을 내지 말아야 한다. 관은 큰 산[☶]이란 의미도 있기에 타인으로부터 부러움을 사기도 한다. 그러나 바람[☴]이 한 곳에만 머물지 않기에 남의 부러움을 사더라도 오래가지 못한다. 권불십년이란 말의 뜻을 깊이 알게 하는 교훈적 괘라고 할 수 있다.[22]

> **初六 童觀 小人 无咎 君子 吝**
> 초6은 어린아이 같은 관이라 소인은 허물이 없지만 군자는 인색하다.

어린 아이들의 장난 같은 동관童觀(Toylike contemplation)이라 소인배의 도다. 바라보는 수준이 유치하기에 소인이라면 괜찮으나 군자라면 비난을 받고 궁지에 빠질 것이다. 도인의 수준에서 보면 이제 초입의 관법을 익히는 자로 군자의 도와는 거리가 있다. 그리고 초6은 민초로서 구5 임금의 일을 알기에는 역부족이니, 관觀하는 바가 어린 동몽童蒙과 같다.

고사로 공자가 주공周公을 모셔놓은 태묘太廟에 들어가 제사를 관장할 적에 일일이 원로들에게 묻자 "누가 저기 추나라 사람 공자를 예禮에 통달한 자라고 말하였던가? 우리한테 일일이 물어서 제사를 지내는 것을 보니, 저 사람은 분명 제사에 대하여 아는 바가 없는 자다"라고 하였다. 이를 들은 공자는 제자들에게 천하의 명언을 남긴다. "어른들에게는 내가 아는 바를 그대로 행하기보다는, 자꾸 물어 가며 일을 행해야 좋아하시니, 그것이 바로 예가 아닐까[每事問是禮也]."[23]

고로 초6이 참된 군자라면 주위와 조화를 이루어야 한다. 그렇게 하여야 할 타당한 이유가 있는 자리라면, 그렇게 동관처럼 하는 것이 참된 예이다. 이런 시

---

22 사업이 빠르다는 느낌이 든다면 새로운 계획과 확장에 대해서는 제동을 걸라. 관괘는 금전적인 일을 멀리 하여도 먹고 살 수 있는 팔자다. 집안에 도둑이 들어 올 틈이 보인다[窺觀]. 연애는 정신적인 사랑이지만, 남자가 건강하지 않기에 여자가 직업을 가지는 것이 좋다. 단 두 사람이 결혼까지 골인하기란 만만치 않다. 이동과 이사 같은 기운도 보이고, 8월이 지나면 박락이 찾아올 것이니 절대로 성급하게 굴지 말라.

23 『논어』, 「팔일편」 : "子入太廟 每事問 或曰 孰謂鄹人之子 知禮乎? 子聞之曰 是禮也."

절에는 소인처럼 행동하는 것이 군자이고, 군자처럼 행동하는 것이 소인이다. 소인의 동관은 넉넉하지만, 군자가 볼 때는 아직도 수치스럽다.[24] 관괘觀卦가 익괘益卦로 간 경우다.[25]

초심자가 동관을 넘어서려면 하나를 굳게 물고 늘어져야[一以貫之] 하니, 참선도 독경도 마찬가지다. 세상을 활짝 보는 대관大觀도 코흘리개 동관童觀에서부터 시작된다.[26] 다음은 경허의 제자 수월水月이 세상의 이치를 간단하게 그린 이야기를 들어보자.

"도를 닦는 것이 무엇인고? 마음을 모으는 거여, 별거 아니여. 이리 모으나 저리 모으나, 무얼 혀서든지 마음만 모으면 되는 겨. 하늘 천 따 지를 하든지, 하나 둘을 세든지, 주문을 외든지 워쩌든 마음만 모으면 그만인 겨. 나는 순전히 '천수대비주'로 달통한 사람이여. 꼭 이것이 아니라도 무엇을 혀서라도 마음을 모으기만 허든 되는 겨. 워쩌거나 아무리 생각을 안 하려고 혀도 생각을 안 할 수 없을 맨큼 혀야 되는 겨."[27]

---

24 金相岳,『山天易說』: "구5는 중정으로 위에서 보고, 초6은 음으로 거듭된 간☶ 아래서 멀리 볼 수 없으므로 어린아이가 보는 상이다. 몽괘 5는 중을 얻고 몽매함을 포용하는 호응이 있기에 '童蒙吉'이었다. 여기서는 실한 양이 멀기 때문에 '困蒙之吝'이다. 군자의 부끄러움은 남자가 스승에게 나아가지 않는 것이고[君子之吝, 男未就傅也], 여자의 곧은 이로움은 여자가 장차 행하려는 함이다[女貞之利, 女將有行也]. 천지의 사이에는 굳셈과 부드러움이 매양 서로 섞이지만[剛柔每每相雜], 군자가 강을 주장하고 소인이 유순을 주장하면 서로 섞이게 할 수 없다. 이유는 만물이 '류류상종[方以類取 物以群分]' 하기 때문이다. 그래서 「잡괘전」의 끝에서 특별히 군자와 소인의 도를 '君子道長, 小人道憂'로 분별하였다.

25 『주역』의 일반적 용례로는 內卦는 자신이고 外卦는 상대가 되나, 관괘는 5·6이 위에서 있기에 반대다. 따라서 觀卦는 倒顚하여 보는 것이 당연하다. 益卦는 否卦에서 왔다. 그러니 震의 군자가 위에서 추락한 자다. 이는 대신이 그 지위를 상실하여 군주로부터 멀어진 것이다. 이에 군주가 아래로 내려다보나 아직 간의 소인배 근성이 남은지라 '童觀'이다. 비색한 시기를 당한 군주는 덕이 밝지 못하기에 군자를 소인으로 보게 된다[視君子爲小人也]. 고로 소인에게는 허물이 없고, 군자가 인색함이다.

26 초6은 소인이 싸움에 이기는 괘다. 자동차 급발진 문제가 이따금 물의를 일으켜 소비자와 자동차 회사 사이에 시비가 일어나기에 그 원인을 물어보았더니 관괘 초였다. 많은 돈을 주고 사는 소비자는 양반이고, 차를 만드는 생산자(기술자)는 소인이다. 소인의 도로 만든 차가 문제이다. '조국게이트'때 보인 '조국지키기'도 국민들의 눈살을 찌푸리게 한 童觀이었고 亦可醜한 窺觀이었다.

27 張永東,『다도 9단』 '수월선사편 참조

공자는 어찌하여 "소인배의 자신 없는 부끄러운 규관闚觀을 추한 일이라[亦可醜也]"고 단정하며 곱지 않은 '추醜'를 붙였을까? 급수는 유순 중정한 육2라면서 문틈으로 들여다보는 정도의 수준이라니 의아하기 짝이 없다. 이쯤 되면 쩨쩨한 아녀자 같은 소인배로서는 좋지만 군자라면 아직 부끄러운 단계이다. 백번을 양보하여 사소하고 가정 내의 문제라면 아녀자의 주장을 받아들여야 좋다고 여겨진다. 여기 '규관闚觀(Contemplation through the crack of the door)'은 비록 보기는 보았으나 확실히 보지 못하여 방정치 못한 여자가 안방을 삐쭉 들어다보는 경우다. 아녀자의 습성이다.[28] 안다고 하는 자와 보았다고 하는 자를 잘 식별해야 한다. 본시 안다고 큰소리치는 자는 아는 것이 없고, 보았다고 장담하는 자는 정녕 본 것이 없다. '규관闚觀'은 겨우 문틈을 통해 삐쭉 엿보고는 다 보았다고 큰소리치는 자의 소행이니 추醜할 수밖에 없다.

참으로 담담한 인생의 깊은 맛을 알려면 아녀자들처럼 경망스럽게 행동해서는 익은 과실의 맛을 보기가 어렵다. 그러면 육2가 유순 중정인데도 왜 추하다고 했을까? 지금은 정성으로 제사를 모시는 자리이며, 공부를 하여야 하는 수행자의 모습이다. 그러니 경건하고 고요하게 '관觀'을 해야 함에도 불구하고, 5와 짝을 지어 다니며 (엉뚱한 행동으로) 정성을 드리는 일에 소홀히 한다든가, 공부를 한답시고 수행자의 흉내를 내며 짝지어 노는 일에만 흥미를 유발한다면 그것은 '추醜'한 행동임에 틀림없다.

관괘觀卦의 죄는 보긴 보되 아녀자처럼 집안만을 걱정하고, 내일을 모르고 오늘만을 걱정하니 '관觀'의 세계에서는 부적격한 소행이다. 고로 '관觀'은 서로를 생각하고 염려하는 '상응相應'을 멀리하고 이를 터부시해야 하는 괘다. 그나마 2가

---

28 金相岳, 『山天易說』: "'엿본다는 것은 구멍을 뚫고 서로 보는 류로 坤☷의 두 짝 문에서 취하였다. 2는 윗사람이 구하기를 기다리지 않고, 엿보는 것으로 삼으니, 여자가 곧게 하는 이로움이 아니다. 家人卦 괘사[利女貞]와 다르다. 또한 2는 5의 정응을 엿보는데 급급해서 추하니, 반드시 여자가 고요하고 곧음을 지키고, 남자가 먼저 낮추어 오면 곧음을 얻는다. 고로 咸卦에서 '取女吉'에서, 먼저 '利貞'하라 한 것이다. 한편 觀卦 전변은 大壯卦다. 대장괘 괘사에 '利貞' 한 것은 乾에서 얻었고, 觀卦 2효에서 '利女貞'라고 한 것은 坤卦 '利牝馬之貞'라는 데서 얻었으니, 음양이 각각 그 종류를 따르는 까닭이다."

중정을 얻었기에 '규관窺觀'의 수준은 된다. 그러기에 술을 마시고 귀신처럼 추태를 부리는 '추醜'가 목숨을 앗아가는 '흉凶'은 아니라니 참으로 불행 중 다행이다. 관괘가 풍수환風水渙으로 간 경우다.[29]

　세상은 넓고 크다. 그런데도 아녀자들처럼 '안방 식견'만을 고수한다면 넓고 큰 세상을 볼 수 없다. 2처럼 넘지 못하는 한계를 짓는 것을 본 마조도일(709~788)이 무릎을 치며 한 말이다. "내 집 안의 보배는 돌보지 않고[自家寶藏不顧], 밖을 쏘다닌다니 무엇을 할 참인고[棄家散走作甚麼]?"[30]

　공자도 그러한 사람을 "성인의 자취조차 밟아보지도 못한 자로서 역시 안방까지는 전혀 들어가보지 못한 형편없는 수준"[31]이라 잘라버린다. 그러니 자로가 "꼭 선생님의 말씀처럼 그러한 골치 아픈 공부까지 하여야 합니까? 다스려야 할 백성도 있고, 받들어야 할 사직도 있고, 큰 사업체와 많은 직원들도 있으며, 세상에 나가면 사장님, 회장님 하며 알아주는데, 더 이상 무엇을 또 배우란 말입니까?"[32] 하며 반발하고 덤비는 장면 또한 '규관闚觀'처럼 미덥지 못하여 일어난 사단이다. 관규려측管窺蠡測도 같은 말이다.[33][34] 그러니 대통을 눈에 끼고 세상을 비방하지 말아야 한다.[35] 고로 관의 세계는 세상과 흥정하고 타협하며 가야 할 정치나 사업과는 달리 서로 상응하는 색色을 끊고 떠나지 못하면 관통하기가 어렵다.[36]

---

29 渙卦는 否卦에서 왔다(否 4→2). 乾의 군왕이 사라지고 巽의 왕비가 위에 있다. 艮門 아래 坎의 도적이 숨어 있으니 왕비 巽의 흰 눈동자로 문틈으로 도둑을 몰래 엿보니 '窺觀'이다. 여인의 지위는 존귀하고 坎도 貞을 이루니 부인의 일은 모두 이롭다. 그리고 장녀와 장남이 배필인데, 巽과 坎은 합당한 배필이 되지 못해 '亦可醜也'다.

30 張永東, 『다도 9단』 '마조도일'편 참조

31 『논어』, 「선진편」 : "子曰, 不踐迹, 亦不入於室."

32 위의 책 : 子路使子羔爲費宰. 子曰, "賊夫人之子." 子路曰, "有民人焉, 有社禝焉, 何必讀書, 然後爲學?" 子曰, "是故惡夫佞者."

33 尹愭, 『閒居筆談』 : "世之以管窺蠡測之見, 妄論他人者." 즉, "세상에서 대롱으로 하늘을 보고 표주박으로 바닷물의 양을 잰다는 '관규려측(管窺蠡測)'의 소견으로 함부로 남을 논한다."

34 象村 申欽이 徐敬德의 『皇極經世書』를 보고 '先天窺管'을 쓴 문집도 있다.

35 玄覺, 『證道歌』 : "莫將管見謗蒼蒼." 즉, "대통같은 소견으로 창창한 하늘을 비방하지 말라."

36 점단은 큰 일은 벌이지 못할 위인이다. 치마를 걷고 물을 건너니 올바르면 배를 얻고, 탐욕이 앞서면 큰 바람을 만난다. 풍지관이 風水渙으로 그 기운을 흩어지게 한다. 욕심 내지 말고 집사람의 의견을 존중하라.

> 六三 **觀我生 進退**
> 육3은 나의 생활을 잘 관찰해보고 진퇴를 결정하라.

부중부정하며 음유한 자리에서 앞이 잘 보이지 않고 소극적이기 때문에 전진하지 못한다. 상9를 만나 응하게 되니 우유부단해진다. 주관과 객관이 결여되어 있는 사람이다. 그러기에 자신의 삶을 돌이켜 보고도[觀我生] 진퇴를 결정하지[進退, Between advance and retreat] 못해 우왕좌왕 하는 자의 안타까운 모습이다.

여기 '진퇴'의 문제를 우암 송시열은 "윗사람이 가르침을 베푸는 것이 과연 나를 사랑해서 살리고자 하는 것이라면 나아가고, 그렇지 않으면 물러가야 한다"고 단언한다. 그런데 성호 이익은 "자신의 생이 백성과 더불어 하지만 않기에 진퇴양난에 놓인 것"이라고 한다.[37/38] 3이 위로 나가면 천지비괘否卦가 되고, 뒤로 물러나면 풍수환괘渙卦가 된다. 한편 변동하여 풍산점괘漸卦가 되면 "지애비가 한번 갔다면 돌아오지 않고, 부인이 잉태를 하여도 그 아이를 키울 수가 없으니 전진하기가 힘이 드는 꼴에 놓인다[九三 鴻漸于陸 夫征不復 婦孕不育 凶 利御寇]." 그러니 자신의 삶을 관찰하여 진퇴를 잘 결정하면 천지의 도를 잃지 않을 것이다[象曰 觀我生 進退 未失道也]."[39/40]

---

37 송시열, 『易說』: "임금이나 윗사람이 나를 살리는 방법을 보는 것이지, 나의 동작을 보는 것은 아니다. 윗사람이 정치를 행하고 가르침을 베푸는 것이, 과연 나를 사랑해서 살리고자 하는 것이라면 나아가고, 그렇지 않으면 물러간다. 3은 아래괘의 위에 있어 혹 왕의 일에 종사하는 의리[或從王事]가 있다. 나아갈 만하면 나아가고, 물러갈 만하면 물러간다[巽爲進退]. 그렇게만 되면 나의 도리를 잃지 않는다.

38 이익, 『易經疾書』: "'我'는 5이다. '生'이란 '衆生', '蒼生'의 '生'이다. 이는 아래의 백성을 가리킨다. '民'을 바꾸어 '生'이라고 말한 것은 사랑해서 살리고자 하기 때문이다. 3과 5가 보는 것은 초와 2이다. 3이 하괘 위에서 郡과 邑의 장으로서 5에 따르고 상에 호응한다. 5와 상은 덕을 같이하여 아래로 보니, 3 또한 아래로 백성을 볼 수 있다."

39 김상악, 『山天易說』: "'生'이란 음과 양의 충실한 역에서 온다. 지금 마땅히 觀해야 할 시점에, 3은 坤과 巽의 교차점에 있고, 上과 호응하니, 上은 바로 나를 낳는 양이 되니 '觀我生'이다. 그러나 호응은 하지만 사귀지 않기 때문에 나아가고 물러나는 것이 아직 정해지지 않았다. 觀卦에서는 군자의 호응이 있기 때문에 도를 잃지 않는다[未失道]. 어떤 이는 3·5·상의 '觀生'은 모두 자신을 돌이켜 스스로 본다는 말[反身自觀之辭]이라고 한다. 그러나 觀卦는 음이 성한 때이고, 그 뜻은 혹 구하려 하기 때문에, 권면하고 경계함이 갖추어져 있어야 한다."

40 漸卦는 否卦에서 왔다(비의 4→3). 否卦가 옮김에 따라 坤의 백성들이 艮의 죽음을 맞이한 상황이다. 그런데 觀卦는 도전해 보는 상이라 하였으니 도전하면 震이 反生하니 '觀我生'이 되었다. 또 '進退'는 巽의 명령으로 3↔4가 들고 나는 상이 되어 어진 이는 나가고 사악한 자는 물리치니

한창 공부에 열중하여야 할 육3이 상9와 상응을 말아야 함에도 불구하고, 책임지지 못할 일을 만들어 오도 가도 못하는 난감한 일을 만난 것이다. 그렇다면 나아갈 때도 자신을 물고 나아가고 물러날 때도 역시 자신을 물고 물러나[乾乾夕惕], 항상 자신을 놓지 않고 정진하면 도를 잃지 않을 것이다[含章可貞]. 행동으로 옮기기 전에 자신의 마음자리를 항상 뚫어지게 관觀해야 한다. 주자는 이것을 "5를 좇자니 2·4가 있어서 물러났다가, 다시 상9가 보이니 나아가는" 모습에 진퇴를 본 것이라 했다. 즉 지금은 권력을 잡고 있는 5와 늙어서 정력이 빠진 상9 사이에서 어디에 줄을 서야 할지를 판단하기 어려운 순간에 봉착한 것이다. 그러나 순간의 선택이 장래를 결정하는 중요한 일이라면, 그 누구에게도 진정한 지혜를 빌릴 수 없는 것이다. 고로 그 모두가 자신이 감당하고 풀어나가야 할 과보이기 때문에 절대로 회피하지 말고 정면으로 돌파해야 한다.[41] 여기서는 육조 혜능이 수행자를 보고 "만약에 진정으로 도를 닦는 사람이라면[若眞修道人], 세상의 허물은 보지 말고[不見世間過], 마땅히 자신의 허물을 보도록 하라[當自見己過]"는 소리처럼 들린다.

> **六四 觀國之光 利用賓于王**
> 육4는 나라의 빛을 본다. 국왕의 가장 가까운 측근(빈객)으로 등용되어 이롭게 된다.

『주역』에서 '관광觀光'이란 팻말이 꽂힌 주요한 자리요 소문난 명소이다. 그 나라의 인물이 되고 그 나라의 영광을 얻고 그 나라의 명소로 지정을 받아 '관광觀光'이 되는 확실한 자리다. 또 '나라의 큰 어른'으로 또는 '국빈'으로 외국에서까지 크게 대접을 받게 될[利用賓于王] 위인이 되는 자리다.[42]

백성들이 살아났다. 그리고 '未失道'는 艮의 徑路가 迷路라 失道인데, 艮이 전도되면 震의 大塗가 되니 어찌 길을 잃겠는가? 고로 '未失道'다.

41 失道할 기회가 있는 만만찮은 때이다. 평소 자기 처신의 소중함을 느끼며 살아야 한다. 그 시절의 기미를 읽지 못한다면 반드시 후회가 찾아온다. 선천을 마지막으로 가는 자리인지라, 우물쭈물할 여지가 없다. 이때는 손해도 크고 이익이 없으니 대소를 막론하고 욕심 내지 말라. 월드컵 축구 전 우리나라와 그리스의 승부를 물어 2대 0으로 이긴 자리다.

42 심대윤, 『周易象義占法』: "觀卦가 否卦로 가니 사귀지 아니한다. 부드러운 음으로 음의 자리에서 5를 가까이하여 따른다. 대신이 덕으로 임금을 보좌할 뿐, 백성에게 군림하고 땅을 나누어받은 자가 아랫사람들의 전적인 우러름을 받는 것과는 같지 않기에 '觀國之光'이라고 하였다."

관觀이 앞으로 나아가 박剝이 되지 않고 돌아와 다시 비否로 회복하니, 억겁의 얽힌 타래를 밝힐 환한 불기둥을 세운다. 밝은 복전福田을 경작할 천명이 있고[九四 有命 无咎 疇離祉], 나라가 부강하며 백성이 평안해지는 책무가 나에게 주어지니 그 덕이 더욱 빛날 것이 자명하다. 그리고 빛을 발하는 '국광國光'은 임금이며 그 빛을 받을 자이다. 고로 "나라에 바른 도가 행해지면 나아가 벼슬을 하고, 그렇지 않으면 물러나 자신을 감춘다"[43] 하지 않던가. 그러니 임금의 귀한 신하가 되지 않으면 자신의 나라를 밝힐 불기둥이 될 것이 확실하다. 정자의 해설도 다르지 않다.[44] 관괘가 비괘否卦로 변한 경우다.[45]

그래서 동파는 "초와 2·3은 물러남이 이롭고 4·5·상은 나아감이 이롭다. 4가 나라의 빛기둥을 보고 임금의 귀한 손님까지 되어 쓰이게 되었는데 어찌 이롭지 않겠는가?" 하고 육4가 임금에게 등용됨을 자랑으로 여긴다. 공자도 "나라의 빛을 보았으니 임금의 최측근 신하로 모셔진 것[象曰 觀國之光 尙賓也]"이라고 하였다. 고로 4는 임금에게 은밀하게 가장 귀한 빈객의 예우를 받는 자리다. 성군聖君과 가까이 하고 힘찬 불기둥까지 얻었으니 무엇을 더 바라고 원하겠는가.[46]

『춘추좌씨전』에서는 막 태어난 아이의 장래를 물었다가 4를 얻고는 이렇게 풀고 있다. "임금에게 귀한 대접을 받으니 이로울 것입니다. 이 아이는 진나라의 대

---

43 『논어』, 「위령공편」 : "邦有道則仕, 邦無道則可卷而懷之."

44 정이천, 『이천역전』 : "보는 것은 가까이에서 보는 것보다 더한 밝음이 없다[觀莫明於近]. 구5가 강건중정하고 존귀한 자리에 있으니 성스럽고 어진 임금이다. 육4가 구5와 매우 가까이 있어 그 도를 보기 때문에 '나라의 빛남을 본다[觀國之光]'고 하였다. 임금의 몸을 가리키지 않고 나라라고 한 것은 천하의 정치와 교화를 보면 임금의 도덕을 볼 수 있는 것이다. '왕에게 손님이 되는 것이 이롭다[利用賓于王]'는 말은, 성스럽고 현명한 임금이 위에 있으면, 재주와 덕을 품은 자들이 다 조정에 나아가 보필하고 떠받들어, 천하를 편안히 구제하기를 원한다는 뜻이다. 옛날 어진 덕이 있는 사람은 임금이 손님으로 예우하였기 때문에 선비가 왕의 조정에 나아가 벼슬하는 것을 賓이라고 하였다."

45 否卦에는 乾의 하늘과 坤의 나라가 있다. 巽의 눈으로 하늘의 天光을 보니 '觀國之光'이다. 爻變하지 않았을 때는 巽이 높은 지위에 있었지만, 否卦가 되면 巽이 자리를 낮추어 乾의 손님을 받드니 '利用賓'이요 '賓于王'이 되었다.

46 김상악, 『山天易說』 : "육4는 부드러움으로 주군을 받들고 있고, 간☶이 나라의 빛남을 보는 상이 되어, 성대한 덕을 가진 임금에게 부드럽게 따를 수 있으니, 왕에게 손님이 되어 이롭다. '나라'는 곤☷의 상이고, '빛남'은 간☶의 독실하고 빛남이다. 『시경』에 '즐거운 군자여, 나라의 빛남이로다'라고 하였다. 未濟卦 5에서 '君子之光'이라고 말한 것 또한 이 때문이다. 天風姤卦는 한 음이 아래에서 생겨나기 때문에 2에서 '不利賓'이라 하였고, 관괘는 두 양이 위에 있기 때문에 4에서 '利用賓于王'이라 하였다."

를 이어서 임금이 됩니다. 그런데 진나라가 아닌 다른 나라입니다. 이 분이 아니라, 이 분의 자식이 그럴 것입니다." 당대의 일이 아니라, 그로부터 8세손에 대한 이야기를 하고 있다. "곤坤은 땅이요, 손巽은 바람이요, 건乾은 하늘입니다. 산천초목을 하늘의 빛이 비추니 나라의 빛을 봄이요, 왕의 빈객이 됩니다. 그리고 바람은 이 땅으로 또는 저 땅으로 불어서 다다르니 다른 나라에서 왕이 됩니다." 실제로 진나라가 처음 멸망에 이르렀을 때 경중의 5세손 진나라 환자桓子가 제나라에서 비로소 힘을 키웠고, 이후 또 멸망했을 때는 경중의 8세손인 성자成子가 정권을 잡았었다.[47/48]

九五 觀我生 君子 无咎
구5는 자신의 삶을 보여주되 아버지요 임금의 자리에 선 군자라면 허물이 없을 것이다.

백성에게 맘껏 임금의 잘난 점을 '임금답게' 또는 '아버지답게' 보일 수 있는 최상의 찬스다. 임금은 위에서 아래로 교화함이 마치 바람으로 인하여 풀이 눕는 것처럼 덕치를 베풀 수 있는 좋은 기회를 얻을 수 있는 자리다.[49] 임금은 백성의 풍속을 보고 자신도 통치 조절을 맞추어 가는 것을 배우며, 또 백성의 어떠한 잘못이든 임금 자신으로부터 그 이유가 연유함을 깨닫는다.[50] 고로 '자신의 삶을 보여주되[觀我生]' 군자의 도에 입각하고 있다면 분명코 무구无咎다.[51]

수현壽峴 석지형의 상소는 이렇다. "관괘 구5는 강건중정으로 지위를 얻은 자로 네 음이 우러러보니, 아래에 있는 사람들의 아름다움과 추함, 그리고 바름이

---

47 『춘추좌씨전』, 「노장공 22년조」: "陳나라 厲公이 敬仲을 낳고, 史官 設蓍로 이 爻를 만났는데 이렇게 풀었다."

48 4는 잉어가 용이 되어 등천하는 문이 열렸으니 경사가 찾아오며 특히 봄여름에 좋다. 2006년 10월 반기문 외교부장관이 UN총장 선출을 앞에 두었을 때 얻은 괘다.

49 『논어』, 「안연편」: "季康子問政於孔子曰, 子爲政, 焉用殺 子欲善而民善矣. 君子之德風, 小人之德草. 草上之風, 必偃."

50 『書經』, 「湯誥」: "其爾萬方有罪, 在子一人."

51 송시열, 『易說』: "구5는 내가 백성에게 하는 행동이 어떠한지, 백성이 교화되는 것이 어떠한지를 보는 것이다. 이는 성군으로, 3이 내는 행동을 보는 것과는 같지 않다."

한결같이 자기에게서 나옵니다. '관'은 천하의 풍속이 군자의 도에 합하는지의 여부를 보아서, 자기가 내는 행동의 선악을 보는 것입니다. 비유하자면 거울을 대하고서 자기의 아름다움과 추함을 아는 것과 같습니다. 대체로 남을 보는 데에는 밝고, 자기를 보는 데에는 어두운 것이 사람의 실정입니다. 나에게서 증거하고, 저에게서 증거하면, 돌이켜보아 가려짐이 없기 때문에 「상전」에서 바로 '관아생'이라고 말했으니, 이는 곧 백성을 보는 것입니다. 신은 지금의 풍속이 군자다운지 소인다운지 감히 알지 못하겠습니다. 엎드려 원하건대 전하께서는 죄가 신민에게 있다고 말씀하지 마시고, '내가 내는 행동'을 보소서."[52]

5는 인군仁君으로서 늘 자신을 수기修己하며 백성을 받들어 가지 못함을 스스로 허물로 여긴다.[53/54] 그러나 도인으로서 수양이 되지 않았다면 후회가 막급할 것이다. 도는 인간이 되기 위한 길을 닦는 일일 뿐이며 자랑이 아니고 단지 온전한 인간성 회복을 얻는 재료에 지나지 않을 따름이다. 그렇지만 임금의 업무를 마치고도 욕을 얻어먹는 추한 사람들은 진정 도가 무엇인지를 몰랐던 우리들의 '산 경전'임에 틀림없다. 지위와 재력과 학식도 내가 도의 본자리를 찾아가는 재료에 불과할 뿐이란 걸 명심해야 한다.

군자삼락君子三樂이 그 좋은 표본이다. 맹자는 "군자에게는 세 가지의 즐거움이 있는데 천하의 임금 노릇은 그 속에 들어가지 않는 것"이라고 아래와 같이 단언했다. "양친이 살아 계시고 형제들이 아무 탈이 없어야 첫째의 즐거움이요, 고개를 들고 하늘을 쳐다보아도 부끄럽지 아니하고, 허리를 구부려서 사람들을 보아도 부끄럽지 아니 하여야 둘째의 즐거움이며, 그 다음은 천하의 영재를 모아 가르치는 것이 셋째의 즐거움일 뿐이다."[55] 군자에게는 이들 세 가지 즐거움 외에

---

52 석지형, 『五位龜鑑』: "… 蓋明於見人, 而暗於自見, 物之情也. 不徵諸我而徵諸彼, 則反觀而无蔽, 故象直曰觀我生, 觀民也. …."

53 이익, 『易經疾書』: "군자가 백성을 보는 것은 소인이 백성을 보는 것과 달라, 굶주림을 구제해주고 환란을 구제해주어 각각 그 삶을 이룰 수 있도록 해주는 것이다. 그렇지 않으면 본다는 것이 뭘 본다는 소리일까."

54 박제가, 『周易』: "5의 자리가 중정하니 '天下之大觀'이다. 군자의 덕이 없으면 대중에게 악을 뿌리는 폭군일 것이다. 그러므로 군자가 된 다음에 허물이 없으니, 이는 임금을 위해 말한 것이다. 이로써 논해보면 3은 신하를 위해 말한 것이고, 이른바 진퇴란 군자인지 소인인지 아직 결정되지 않은 '觀'이라는 말이니, 일이 모두 의로움에 맞다는 말이 아니라는 것이 분명하다."

55 『맹자』, 「진심(상)」 제20장.

그 어떤 즐거움도 있을 수가 없다.

또 "나의 삶을 보이는 것은 오직 백성에게 보임이라[象曰 觀我生 觀民也]"는 공자의 인생관은 자신에게는 차갑지만 하늘에는 당당한 모습이다. 동파 역시 만만찮은 해석을 내놓았다. "내가 길에 수레를 타고 간다면 짐을 지고 가는 자들이 나를 보고 모두 불평을 할 것이다. 그러나 성인 같으면 천하의 즐거움을 그 한 몸으로 독차지 하여도 천하는 원망하지 않을 것이다. 내가 나의 즐길만한 삶을 백성들에게 드러내 보이고, 백성들 역시 내 삶이 즐길만하다고 바라본다면, 천하에 다투는 마음이 장차 나로부터 일어날 것이다." 관觀이 박剝으로 가는 경우이다.[56/57]

上九 觀其生 君子 无咎
상9는 그 자신의 삶을 돌아보니 군자라면 분명 허물이 없었을 것이다.

지나온 '생生'을 반추하니 천하가 영원히 우러러 받드는 스승이 되었다면 허물이 없다. 여기서 '생生'은 '활동의 산물'과 '작품'을 말한다. 구5가 능동적인 군자라면, 상9는 수동적인 군자다. 즉 자신을 애써 드러내 보이는 것이 아니라, 대중들에 의하여 보여지는 자리다. 그리고 한때는 사람들에 의해 높이 받들어졌다 하더라도 세상은 쉬지 않고 변화를 거듭하기에 자신의 관리에 소홀함이 없어야 한다. 죽을 때까지 군자의 도를 지키고 나가야 허물이 없다. 금상의 자리에서 물러난 임금으로서의 최소한의 예의도 상9는 말하고 있다. "그 생을 돌아보면 마음이 편치 않다[象曰 觀其生 志未平也]"는 공자의 주석이 위의 사실史實들을 수긍케 한다.

양촌陽村은 위의 '관기생 지미평야'를 "많은 사람들이 모두 그가 내는 행동을 보고 있기에, 그의 마음속에 항상 경계하고 조심하려는 생각을 품고, 편안하게 있

---

56 剝卦의 艮은 만물이 죽는 곳이다. 剝을 도전하면 復이다. 復의 震은 反生을 하니 '觀我生'이고, '我'는 震이다. 觀卦나 復卦를 보면 坤에 백성의 목숨이(巽命) 艮의 죽음에 임박한 상황이었는데, 震의 主君이 仁德으로 그들을 구원하니(蘇生은 反生), 이것이 곧 『書經·太甲』에 이른바 '民匪后 罔生', 즉 '백성은 임금이 아니면 서로 바로잡아 주며 살 수 없다고 한 것이다. 고로 震의 군자가 否卦에서 觀卦로 이어 剝卦로 갔지만 震은 생명을 살리는 것을 좋아하여 萬民을 살피니(觀民) '君子无咎'라 했다.

57 수술을 하러 가기 위해 날을 받아 둔 남편의 건강을 물었다면 불길하다.

을 수 없다"고 설하였다.[58] 성호는 '그'를 임금의 일이라 짚었다.[59/60] 성인의 글자 하나 하나가 칼끝보다 무섭다.[61]

수행자 지욱의 부탁은 좀 다르다. "사보師保의 지위에 처하였으니 천하에 어느 누군들 관찰하지 않으리요. 군자라면 조금의 허물이라도 있어야 하겠는가. 관심觀心이 조금이라도 풀어져 해이하지 않도록 하라. 사보師保는 영원한 사부師父."[62]

2009년 8월 1일 평양을 극비리에 방문해 북한에 억류됐던 2명의 미국 기자를 데리고 나와 전 세계를 놀라게 한 빌 클린턴 전 미국 대통령이 며칠 뒤 입을 열었다. "내가 한 일은 단 한 가지, 억류됐던 미국 기자들을 데리고 오는 것으로 미국인으로서, 아버지로서 매우 영예로운 일이었습니다. 더 이상 내가 할 말은 없습니다." 극도로 말을 아끼던 그는 말을 이었다. "내가 더 이상 말하는 것은 이곳이나 북한의 결정과 분위기, 우리 우방들의 태도에 무심코 영향을 줄 수 있습니

---

58 권근, 『周易淺見錄』: "'觀我'는 스스로 자신이 내는 행동을 보는 것이고, '觀其'는 다른 사람이 자기가 내는 행동을 보는 것이다. 상9는 괘의 맨 윗자리, 매우 높은 곳에 있어 여러 아랫사람들이 우러러보는 대상이다. 따라서 '觀其生'이라고 하였으니 뭇 아랫사람들이 그가 내는 행동을 본다는 것이다. 높은 자리에 처하여 많은 사람들이 우러러보게 된다면, 자신의 행동이 군자의 도리에 합치한 뒤에야 허물이 없게 된다. 「상전」에 '觀其生 志未平也'라고 하였다. 이는 많은 사람들이 모두 그가 내는 행동을 보고 있으므로, 그 마음속에 항상 경계하고 조심하려는 생각을 품고, 편안하게 있을 수 없다는 것이다. 이른바 '큰 봄으로 윗자리에 있다[大觀在上]' 한 것은 위의 두 양을 가리킨다."

59 이익, 『易經疾書』: "상9는 현장에서 제외되고, 지위가 없는 처지로서, 때때로 나아가 임금의 덕을 보좌하는 자이다. 그러므로 '我'를 변하여 '其'라고 말하였다. '其'는 5를 가리키며, 5의 민생에 참여하여 본다는 말이다. 그 뜻은 대략 천하에 일이 없으면, 손을 소매에 넣고서 멀리 물러나서 그 사이에 참여하지 않지만, 지금 그 생하는 행동을 보지 않을 수 없는 觀其生은 편안하지 않기 때문이다."

60 宋時烈, 『易說』: "관괘 구5가 내는 행동은 어떠한가? 상9는 가장 높은 지위에 처하여 비록 귀하지만 백성이 없고, 또한 생성하는 권한이 없으며, 다만 아래로 5가 내는 행동을 볼 뿐이다. 이미 자리가 없고 뜻을 얻어도 항상 불안하니, 만약 소인이 거처하면 반드시 화와 실패를 낳기 때문에, 군자다운 행동을 해야만 허물이 없다고 하였다. 문장은 비록 같지만 경계하는 뜻은 같지 않다."

61 박제가, 『周易』: "구5의 '관아생'은 현재로부터 말한 것이고, 상9의 '관기생'은 평생을 단정하여 논한 것이다. 성인의 문자에 분수가 있는 것이 이와 같다. 상9는 觀卦의 끝이 되니, 履卦의 상9가 밟아온 끝을 보는 것과 같다. 주자는 '관기생'은 스스로를 보고, '관아생'은 '밟아 온 것을 보아 상서로운 것을 상고한다' 했는데, 교묘하게 말하기는 했지만 긁은 것이 가려운 곳에는 미치지 못했다."

62 지욱, 『주역선해』: "處師保之位, 天下誰不觀之, 非君子能无咎乎, 旣爲天下人所觀則 其爲觀于天下之心, 亦自不能稍解, 故志未平."

다. 더 이상 말하는 것은 내 일이 아닙니다. 나는 정책결정자가 아닙니다." 달변의 클린턴은 대통령으로 재직 시에는 전 세계의 주목을 받았지만, 그러나 이번에는 스포트라이트를 피하려 했다. 그는 자신이 이제 평범한 시민임을 강조했다. 그는 "미국에는 한 시대에 한 명의 대통령만 있을 뿐"이라며, "돌아오는 비행기에서 두 기자는 잠을 잘 수 없을 만큼 너무 행복해 하더라"는 말은 아끼지 않았다. 남의 나라 전직 임금이지만 부럽기 그지없는 말과 행동이다. 과연 "물러난 군왕으로서 할 일을 다 하니 허물없다[觀其生 君子 无咎]"는 주공의 효사가 너무 아름답다.[63]

---

63 觀卦가 比卦로 간다. 比卦를 도전하면 師卦다. 師卦에서는 震主가 가운데 머물기에 君德이 백성을 사랑함에 '觀其生'이며, '其'는 震인데, 이는 5가 震의 주체이지만 上은 주체가 아닌 까닭이다. 또 '君子无咎'는 震이 낮은 곳에 임하기에 취한 말이며, '志未平'은 근심을 이르는 坎을 일렀다. 『朱子語類』에 의하면 京房의 『易傳』도 이렇게 爻變說로 해석했다고 한다.

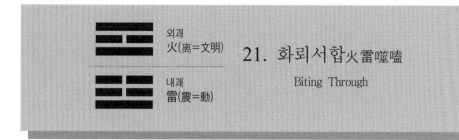

외괘
火(离=文明)

내괘
雷(震=動)

21. 화뢰서합火雷噬嗑

Biting Through

서합은 옥사를 다스리는 법과 설득을 설명한다. 고기에 붙은 질긴 살을 물고 뜯어 부드럽게 해야 하듯, 당신의 판단과 설득과 회유가 녹록치 않을 때다.

> 噬嗑 亨 利用獄
> 서합은 형통함이니 옥사를 처리함에 이롭다.

입 안에 든 음식을 씹고 먹는 일과 상대를 설득하고 이해시키는 일이 서합에 해당된다.[1] 괘의 상9는 위턱이고 초9는 아래턱이다. 입 속에 구4와 같은 음식물을 어떻게 잘 씹어 소화시키느냐가 '서합'의 중요 포인트다.[2] 문왕은 이런 서합의 시절에는 서로 물고 뜯는 일이 벌어지기에 벌을 밝히고 법령을 공포하는[明罰勅法] 법치에 형평衡平이 어긋나지 않도록 옥사를 잘 다스리라[利用獄] 한다. 음식을 꼭꼭 씹어 단물이 나오도록 해야 소화에 지장이 없고 위장에 부담을 덜듯, 세상일도 신중히 다루어야 옥사獄事가 생겨나지 않는다. 정자의 긴 설은 아래와 같다.

"천하의 일이 형통하지 못한 까닭은 간격이 있기 때문이다. 씹어서 합할 수만 있다면 형통할 것이 아니겠는가. '옥獄을 쓰는 것이 이로움'도 씹어 합하는 도가 형벌과 감옥을 씀이 마땅하다는 이유에서다. 천하의 간격을 형벌과 감옥이 아니면 어떻게 제거하겠는가? 여기 '형벌을 씀이 이롭다'고 말하지 않고 '옥을 씀이 이롭다'고 한 것은 괘에 밝게 비추는 상이 있기에, 옥사를 살피는 데 이롭다 하였던 것이다. 옥사는 진실과 거짓을 규명하여 다스리기에, 그 진실을 얻으면 간격이 되는 길

---

1 「잡괘전」은 "噬嗑食也"라 하고, 「설괘전」은 "噬嗑合也"라 한다.
2 초9·상9는 강한 이빨, 구4는 뼈, 2·3·5는 살고기.

을 알게 될 것이니, 그런 뒤에 예방을 하고 형벌을 주어도 늦지 않을 것이다."[3]

'서噬'는 시작이고, '합嗑'은 완성이고, '형亨'은 공이고, '옥獄'은 쓰임이다. 서합의 뜻은 비록 마땅히 처벌할 수 있더라도, 오히려 옥을 써서 심리해야 하고, 갑작스럽게 판단해서는 안 된다는 것이다.[4] 옥을 사용함이 순리적이라는 의미는, 사람이 강경하게 되면 마땅히 형벌과 옥을 쓰기에 이른다. 여기 '리利'라는 글자는 '이익'의 '리利'가 아니라, '통하여 순리적이다[通利]'라고 할 때의 '리利'이다. 이와 같이 보고 해석한 다음에야 죽이기를 좋아하는 근심을 방지할 수 있을 것이다.[5]

위암韋庵 김상악은 『산천역설』에서 이렇게 설한다. "64괘 중 형벌과 옥을 말한 것이 다섯 곳인데, 서합噬嗑·분賁·풍豊·려旅·중부中孚 괘가 그것들이다. 문왕은 오직 서합괘에서 옥사를 말하였건만, 공자는 다섯 곳에서 상을 취하여 그 뜻을 다 밝혀 놓고 있다."

서합에서 마땅히 다스려야 할 것은 구4이고, 효사를 보면 형벌을 받는 사람은 초9와 상9로 나타난 것은 무슨 까닭일까? 4가 사이에 끼어 있으니, '이용옥利用獄'으로 4를 다스리고자 함이고, 또 4는 임금에 가깝고 지위를 얻어 나라를 담당하고 권력을 쥐고 있으니, 공과功過에서 허물이 큰 탓이 아닐까. 초9와 상9는 지위가 없는 처지이므로 형벌을 받는 사람이 된다. 이는 문왕과 주공 부자의 소견이 각각 근거하는 바가 있었을 것이다.[6]

지욱은 여기서 과오가 큰 범법자를 엄히 다스릴 것을 주장한다. "세도를 잡으면 불순한 제후도 상응한 본을 보여야 한다. 순임금이 유묘有苗를 벌하고, 우임금이 방풍防風의 무리를 도륙한 것이 그 예다. 승륜의 계율을 어긴 파계승도 다시는 절문 안으로 발을 딛지 못하도록 해야 한다. 수행자가 마음에 번뇌와 병통이 생기면 그 놈의 정체를 묘관妙觀으로 다스려 잡는 것 또한 이용옥利用獄이다."

서합괘는 비괘否卦의 초9가 5로 이동한 상으로, 비否의 내괘 곤≡≡의 고기가 씹

---

3 정이천, 『이천역전』 : "天下之事所以不得亨者, 以有間也. 噬而嗑之則亨通矣. … 噬而嗑之之道, 宜用刑獄也. 天下之間, 非刑獄, 何以去之."

4 서유신, 『易義擬言』 : "噬嗑之義, 雖當可噬, 猶且用獄審理, 不宜遽然勘斷."

5 윤행임, 『薪湖隨筆 易』 : "… 如是看解然後, 可以防嗜殺之患."

6 강석경, 『易疑問答』 : "觀其卦象, 則當治者在九四, 而觀其爻辭, 則受刑者在初上何也. 曰. … 此則文王周公父子之所見, 各有據而然也."

히고 잘려, 두 조각 나 턱 가운데 물려 있으니 서합이다.[7] 그리고 비괘否卦의 건═
이 절단되어 리═로 빛이 나고, 진═의 인자仁者로 생명을 사랑하며, 서합의 감═
이 법으로 죄를 바로잡고, 간艮의 절도로 멈추니 '이용옥利用獄'이 된 것이다. 옥獄
은 밖을 막고 가운데를 비운 리═의 상을 잡은 것이다.[8]

다음은 공자가 '화평을 저해하는 자는 중벌로 처단할 것'을 주장하는 단왈을
보자. "서합은 아래위로 강과 유로 나뉘어[剛柔分] 왕성한 활동력과 예민한 통찰을
보인다[動而明]. 괘상은 뇌성의 위력과 전광과 같은 밝은 지성을 겸비하기에 굳센
용단을 잘 나타낼 수 있다[雷電合而章]. 임금이 부드럽게 일을 처리하는데 강력한
신하의 도전도 예상될 때다[柔得中而上行]. 만약 화평을 깨는 자가 도전해 온다면
[雖不當位] (천둥으로 내리치고 번개로 놀라게 할) 중벌로 다스려도 좋다[利用獄也]."[9]

정자는 서합을 인간사에 빗대어 강폭한 자나 혹은 이간질하는 사악한 자가,
인간사를 가로막을 때는 법으로 다스리되, 죄가 작으면 징계를 쓰고, 죄가 크면
주륙을 써 목을 베는 일이 있더라도 세상을 바로잡아야 한다고 이른다. 서합은
또한 설득을 하다 뜻하지 않는 저항을 받기도 할 것이다. 이럴 때는 중도에서 멈
추는 타협이나 고식적인 수단을 쓰지 말고 전력을 기울여서 정면으로 돌파해야
한다. 특히 형벌을 집행하는 일이라면 겁내지 말고 과단성 있는 행동과 명찰明察
을 가지고 나서야 공명정대를 기할 수 있다. 예컨대 나라나 개인을 귀찮게 하는
범법자는 합법적인 수단으로 제거해야 한다. 이때 교섭은 천둥 번개처럼 빨라야
할 것이다. 건강은 음식의 무절제로 강한 구4를 씹지 못해 소화기의 장애를 유발
하는 병을 얻을 수 있다. 꼭꼭 오래 씹는 습관이 중요하다.[10] 실록에는 왜왕이 교

---

7 입을 벌리고 있는 상은 頤, 입을 다물고 있는 상은 噬이다.

8 [說證] "噬嗑自否來, 乾斷赫然, 坎法正罪, 离則爲獄."

9 [說證] 否卦 때는 음양이 모여 있었으나 噬嗑 때는 음양이 분리되니 '剛柔分'이고, 雷電의 電은
离다. 비괘의 5가 위에서 번개를 번쩍이고, 우레가 이미 아래로 내리치니 이것이 임금이 형벌을
내리는 상이다. 남송 때 경학가 이순신의 말이 이랬다. "천지가 만물을 생성함에 그 창조 행위
에 방해가 되는 것이 있으면 반드시 雷電으로 격파한다." 서합은 이미 离와 震이 결합하고 있는
데, 또 다른 离가 이루어지니 '合而章'이다. 利用獄은 비괘의 초6은 부정했는데, 5로 가서도 부정
이나, 득중하여 밝음을 이루었다. 賁卦와 頤卦도 유사하나, 賁卦는 아래가 막혀 있으니 움직일
수 없다. 씹을 때는 반드시 아래턱이 움직이게 되어 있다.

10 군에 간 아들의 안부를 물은 아버지가 서합을 얻었는데, 오후에 아들이 총기오발 사고로 헌병대
로 잡혀갔다는 날벼락 같은 소식을 접한 경우가 있었다.

역을 트자며 우리 예조에 '서합'으로 호소하는 장면이 나온다.[11]

象曰 雷電 噬嗑 先王以 明罰勅法
상왈, 천둥 번개 치는 것이 서합이니 선왕은 이를 본받아 벌을 분명히 밝히고 법을 조심하여 집행할 것이다.

백성을 가르치지도 않고 먼저 죄를 주고 벌을 주는 것은 포악이다.[12] 위정자는 천둥 번개의 무섭고 밝은 위력을 보고 형벌을 밝히되, 백성에게 법률 교육을 잘 시킨 후 그 법령을 공포해야 한다. 법이란 사리事理를 밝혀주기도 하지만 억울하게도 만든다. 그러니 임금은 천둥 번개가[雷電] 큰소리를 쳐대듯 백성의 잘잘못을 곰곰이 씹어[噬嗑, Biting through] 왕성한 활동력과 예민한 통찰력으로[動而明], 전광석화電光石火 같은 빠른 판단으로[雷電合而章], 형벌을 명백히 밝히고 법령으로 백성을 잘 지켜나가야 할 것이다[明罰勅法]. 단사를 이해하는 데는 리괘离卦, 진괘震卦, 감괘坎卦, 간괘艮卦로 이루어진 설증說證을 살핌이 중요하다.[13]

---

11 『세조실록』 세조 3년(1457) 6월 10일 : 일본 국왕이 선주 道幸을 시켜 예조에 글을 보내기를, "교역은 있는 것과 없는 것을 융통하는 방도이니, 『주역』 서합괘에서 취한 것이라 합니다. 주나라에서 市易司를 세워 시장 정책을 均平하게 하였고, 당나라에서 市舶使를 설치하여 해국의 상인들을 받아들였으니, 그 이익은 비단 나라를 돕고 민력을 넉넉하게 하였을 뿐 아니라, 먼 곳까지 회유하는 덕이 일어나서 일시 同人하는 방법이 발달하였는데, 어찌 義로써 교역하면서 利를 보려고 예로써 이를 조절하였겠습니까? 만약 이에 반하여 싸게 사서 비싸게 팔아먹는 더러운 짓으로써 이를 본다면 噬嗑괘는 삭제하여야 할 것입니다. 을해년에 우리나라에서 本朝에 信使의 배를 보낼 때 우리 백성 가운데 장사하는 자들이 명을 받고 물건을 부쳤습니다. 가득 실은 물건이 몇 만 근인데, 그 반이 이미 都下에 轉運되었습니다. 都下의 상인들이 이를 싸게 사고자 하지만, 우리 상인들은 밑천을 건지는데 이익을 잃을 患이 있기 때문에 비싸게 팔고자 하니, 양쪽 상인들의 교역[噬嗑]이 질질 시간을 끌고 결정되지 않습니다. 대체로 생명을 한 조각의 판목에 의지하여 헤아리기 어려운 커다란 파도를 넘어서 일부러 오는 까닭이 어찌 다른 것이 있겠습니까? 오로지 이익을 얻는 것뿐입니다. 우리의 산물이 곧 本朝의 재물이 되고, 우리의 상인이 곧 本朝의 백성이 될 것이니, 불쌍히 여겨 주시기를 더욱 친근히 하시고 通好하여 주시기를 더욱 돈독히 하여서, 멀리 있는 자를 회유하시고 인정을 베풀기를 같이 하소서" 하였다.

12 『논어』, '요왈편' : "不敎而殺謂之虐."

13 [說證] 否卦 5가 1로 가 진==으로 후려치니 그 상이 벌을 내리는 모습과 같고, '明罰'은 리==, '法'은 감==의 상이고, '勅'은 간==으로 훈계하는 詔書이다.
심조, 「易象箚論」: "'明'이라는 글자가 '日'과 '月'로 이루어진 것은 리==와 감==을 따른 것이다. '罰'이라는 글자에 '罒' 자가 들어간 것은 震==의 숫자이고, '言' 자가 들어간 것은 艮==을 따른 한편 서합은 천하에 이간하는 자들을 제거하는 괘이다. 예로 나라의 간신과 집안에 이간질하는 며느리를 제거함도 그것이다.[14] 고사로는 무왕이 주왕을 타도한 후 은나라 지배계층 안에서 저항과 반란, 법에 입각한 박멸작전이 있었음을 알 수 있다. 한나라 석경石經에는 '뇌전雷電'이 아니고 '전뢰電雷'라고 하였다.[15]

『성종실록』의 '사건 재판'에서는 "지금 옥사를 청리聽理하는 자는 죽일 방도만 찾는다"[16]고 탄식하고 있다. 마지막으로 '영조대왕 행장'에 귀한 말씀이 있다. "왕께서 『주역』을 강독하시다 서합의 대상大象에 이르러 탄식하며 말씀하기를, '임금의 강학은 장구章句를 자세히 파고들기 위한 것이 아니라 대개 장차 몸소 행을 하려 함이다. 성인이 말하기를, '예전 옥사를 청리聽理하는 자는 살릴 방도를 찾았

것이고, '刀' 자가 들어간 것은 乾☰을 따른 것이다. '勅' 자에 '木' 자가 있는 것은 震☳ 木이다. 김상악, 『山天易說』: "형벌과 옥사를 말한 것 가운데 서합괘와 豐卦는 离☲와 震☳을 취하였고, 賁卦와 旅卦는 离☲와 艮☶을 취하였으며, 中孚卦는 두 획씩 합친 것이 离☲이고 또 호괘가 震☳과 艮☶을 취하였다. 우레의 위엄은 결단할 수 있고, 离☲의 밝음은 변별할 수 있으며, 艮☶의 그침은 신중할 수 있으니, 모두 옥사를 쓰는 도이다.

14 김도, 「周易淺說」: "임금과 신하가 합하지 못하는 것은 참소하는 사람이 이간질하기 때문이고, 아버지와 아들이 합하지 못하는 것은 간사한 며느리가 이간질하기 때문이다. 噬嗑이란 사이를 제거하는 괘이다[去間之卦]. 밝은 离☲가 위에 있고 위엄 있는 震☳이 아래에 있으니, 어디인들 비추지 않으며 어느 물건인들 위엄 있게 하지 않겠는가? 그러므로 선왕이 이 상을 본받아 천하의 원망하는 사람들로 하여금 和合하도록 해야할 것이다. 대체로 서합이란 천하를 다스리는 큰 작용이고, 천하의 이간하는 자들을 제거하는 것은 반드시 형벌을 쓰는 데 달려있으니, 형벌이 알맞음을 얻으면 백성이 복종하고, 맞지 않으면 백성이 손발을 놓을 데가 없게 된다. 그런데 임금이 백성을 둘로 갈라치고 구속된 신하 편에 서서 그 정도의 악은 양념이라 한다거나, 범죄자를 끝까지 보호해 주지 못해 미안하다는 소리를 한다면 민심을 아는 자일까?"

15 심대윤, 『周易象義占法』: "한나라 石經에는 '雷電'이 아니고 '電雷'라 하였다. '電雷'라고 말하지 않고 '雷電'이라고 말한 것은 서합이 옥사를 의논하는 것이지 형벌을 행하는 것이 아니기 때문이다. 괘의 뜻이 오직 움직여서 밝음을 취하였기 때문에, 우레를 앞세우고 번개를 뒤로 하여, 움직여서 밝다는 뜻이 중요함을 밝히고, 움직여서 밝힌다는 것은 옥사를 의논하는 것이지, 형벌을 행하는 것이 아님을 말하였다. 서합괘는 우레와 번개가 합하여 빛나고, 움직여서 밝으면 형벌을 밝히고 법령을 정비하는 것이지, 형벌을 행하는 것이 아니다. 豐卦는 우레와 번개가 모두 이르러 밝고 움직이면, 옥사를 결단하고 형벌을 집행하여 과감하게 행하기를 결단한다. 형벌을 밝히는 것은 离괘와 震괘를 상징하고, 법령을 정비하는 것은 艮괘와 坎괘를 상징한다. 艮괘가 始終을 의논하고 坎괘가 과감하게 법을 행하니, 형법을 집행하는 뜻이 있다."

16 『조선왕조실록』 성종 2년(1471) 윤9월 1일 : 사간원 대사간에서 상소하기를, "『역경』에 이르기를, '우뢰와 번개가 噬嗑이 되니, 先王은 그것으로 형벌을 밝히고 법을 정돈한다'라고 하였으니, 법이란 것은 한 세상을 유지하는 바이라, 一毫의 사사로운 뜻을 그 사이에 용납할 수 없습니다. 邇間에 형조판서 秋美愛의 상상할 수 없는 사사로운 전횡으로 민심이 말이 아닙니다. 송대 불의를 타협하지 않은 포청천 包拯 같은 대사헌 尹錫悅의 '明罰勅法'한 날카로운 칼을 刑判과 上이 무디게 하니 민심이 들끓어 가라앉질 않습니다."

는데, 지금 옥사를 청리하는 자는 죽일 방도를 찾는구나' 하였다. 이것이 어찌 만세의 귀감이 아니겠는가? 팔도에 신칙伸飭하여 모든 옥사를 상세히 살피고 삼가 힘쓰게 하셨다."[17]

> 初九 屨校 滅趾 无咎
> 초9는 족쇄[차꼬]를 차고 발까지 잘리게 되지만, (이렇게 죄값을 치렀으니, 이제는) 허물이 없을 것이다.

초범으로 허물이 깊지 않지만 성질이 강한 자라 다만 그 발에 족쇄를 채위도 징악이 된다. 그래서 족쇄를 채워[屨校, fetter fasten] 발을 잘리게 되지만[滅趾], 다시는 악행을 저지르지 못하도록 죄값을 치렀으니 허물은 사라진 것이다[无咎]. 공자도 "족쇄를 채우고 발을 자른 것은 걸어다닐 수 없게 함[象曰, 屨校滅趾, 不行也]"이라 주석했다. 초9는 초범이요 힘없는 민초로, 비록 작은 죄를 지었지만 가벼운 벌을 내려서 집밖에 나다니지 못하게 가택연금과 같은 벌을 준 것이다. 여기서는 초9가 아무리 강성일지라도 구4를 이기지 못하기 때문에 대적을 피하라는 의미로도 보인다. 초9는 적의 정보와 치밀한 작전도 없으니 나를 부릴 지도자가 올 때까지 참호(trench)에서 때를 기다리는 비유일 수 있다.

공자는 「계사전」에서 한 번 더 주석한다. "소인은 불인不仁을 부끄러워하지 않고, 불의不義를 두려워하지 않으며, 이익이 나지 않으면 힘을 쓰지 않고, 위협을 받지 않으면 놀라지도 않으니, 이로써 작은 잘못을 징벌하여 큰 죄를 짓지 않도록 경계함이니 이는 소인의 복이다."[18]

공자는 여기서 소징小懲으로 대계大戒하고 있다.[19] 대체로 서합噬嗑이란 모름지

---

17 『영조실록』, '영조대왕 행장' 참조

18 「계사전(하)」 5장 : "子曰, 小人 不恥不仁, 不畏不義, 不見利不勤, 不威不懲, 小懲而大誡, 此小人之福也, 易曰, 屨校, 滅趾, 无咎, 此之謂也."

19 [說證] 噬嗑이 晉卦로 간 경우이다. 진괘는 小過로부터 온다. 소과에는 도전한 두 개의 진이 있다. 소과의 감이 堅多心한 족쇄(차꼬)로 두 진의 다리에 채워졌다. 추이하여 진괘가 되면 날카로운 离의 칼로 감의 형법을 적용하니 진의 발이 잘린 것이다. 멸지는 刖刑이다. 否卦에서도 설명이 된다. 小人은 否卦 2·3·4의 艮을 말하고, 仁은 震이 없음이요, 義는 兌가 없음이다. 또 利는 巽의 진퇴와 兌다. 不威는 否卦에 震이 없는 까닭과 坤의 인색함이다. 懲戒는 乾坤卦에

기 사전에 일이 잘못되어 가는 것을 제지하기 위함이지, 심하게 벌로 큰 상처를 주기 위함이 아니다. 고로 강유剛柔를 잘 써서 경중輕重의 준칙準則을 밝혀야 할 따름이다. 초9는 서합이 진괘晉卦로 간다. 진괘는 소과小過에서 왔다. 소과는 두 개의 진震이 있어 큰 감坎의 상이다. 따라서 감☵의 견고한 나무가[堅多心] 두 다리☵를 족쇄(차꼬)로 채우고, 손☴의 밧줄로 묶이어 구교屨校의 꼴이 되며, 멸지滅趾에까지 이르니 발뒤꿈치를 잘리는 월형刖刑이다. 소과의 3이 상으로 가서 리☲의 날카로운 칼날[戈兵]로 3·4·5의 감☵으로 법을 적용하니 진의 다리가 마침내 잘리고 만 것이다.[20]

六二 噬膚 滅鼻 无咎

육2는 (부귀를 탐하는 자가 탐욕스럽게) 고기를 씹다가 코를 잘리는 형벌을 받지만 허물은 없을 것이다.

서합이 규괘睽卦로 가는 경우다. 2·3·5는 살집 있는 고기다. 간艮의 큰 코가 잘림을 멸비滅鼻라 했다. 고기 먹는 자가 탐욕스럽고 인색하며 만족할 줄 모르니 끝내 형벌에 처해지는 상이다. 고로 '서부噬膚(Bite through tender meat)'는 살집을 깊이 깨물고, '멸비滅鼻(Nose disappear)'는 코가 잘림이다. 코는 콧대요 자존심이요 돈을 넣어두는 금고다. 그러니 상대방의 자존심이 상할 정도로 심한 방법으로 아예 그의 콧대를 뭉개 버린다. 코는 통뼈라 살이 거의 붙어 있지 않은지라, 시나브로 처리했다간 도로 역공을 당하고 만다. "고기를 씹다가 코가 잘리는 형벌을 받는다는 것은 3이 강을 타고 있기 때문이다[象曰, 噬膚滅鼻, 乘剛也]."

에둘러 비유하면 코뼈는 둘러싸고 있는 살이 없고 딱딱하니 어설프게 대처하지 말아야 한다. 적이 빠져나갈 구멍을 주지 말고 존재 그 자체를 없애는 방법으로 급소를 찌르고 들어가야 할 것이다. 걱정이 있다면 육2는 유순 중정한 자리인지라, 과단성과 용단이 부족한 것이 형벌을 쓰는 자리에 적당하지 못하다. 이때는

있고, 福은 离에 있다.

20 『書經』, 「呂刑」에도 黥(얼굴에 새기는 문신)·劓(코베기)·刖(발자르기)·宮(남근절단)·死刑 등 5형이 있었다.

물고 뜯어 확실히 죽이지 않으면 내가 죽는다는 것도 알아야 한다. 정자는 2가 임금과 응을 하고 있기에 벌을 받는 자가 아니고, 벌을 주는[用刑] 자라 하였다. 고로 구4를 제거하는 일을 주도하려면 강한 초9와 합세해야 한다.

六三 噬腊肉 遇毒 小吝 无咎

육3은 말린 육포를 씹다가 독을 만난 격이다. (과오를 고침에) 소인의 인색함이 있지만, 탈은 없을 것이다.

육3은 음유하고 부정부중한 데다 우유부단하기까지 하다. 마른 고기를 씹다가[噬腊肉, Bite on dried meat] 독을 만난다[遇毒]. 독 있는 음식을 맛보다 입을 상하였다면, 벌 받는 사람이 도리어 앙심을 품고 덤빈다는 뜻이다. "독을 만남은 부정부중하고 음유한 자리에서 마땅하지 못하기 때문[象日 遇毒 位不當也]"이라는 공자의 주석처럼, 지욱은 "서합噬嗑의 시절에 악을 믿고 악습을 고치지 않았으니 흉한 꼴을 볼 것은 불문가지"라고 한다. 전쟁은 내가 상대를 죽여야 하고, 재판은 상대를 이겨야 한다. 3이 물러터진 자라 양보하며 뒷걸음을 치고 있으니 먼저 독을 만나 곤경에 빠지는 꼴이다[小吝]. 또 형벌을 줄만한 위치에 있지 않으니 벌 받는 이들에게는 설득이 잘 먹혀들지 않는다.

고로 3은 구4를 재판할 힘도 싸움에 이길 능력도 없다. 본시 3은 부중부정하고 음유하며 초9의 도움도 없었고, 오히려 구4와 윗자리 상9의 회유와 완력에 편승하여 싸움과 재판을 포기하기에 이를 수도 있다. 그렇지만 3은 그런 독이 든 회유를 받고도 죽지 않는 소인이요 경찰이요 검사나 판사다. 즉 자신의 부끄러움을 모르고 살기에 본인은 허물없다고 여기는 자다.[21] 이렇듯 석육腊肉·건자乾胏·건육乾肉은 모두가 씹기 어려운 고기요 풀기 힘든 문제다.

다음은 악을 믿고 그 악습을 고치지 못한 작자 미상의 시다. "까마귀 날 자

---

21 [說證] 서합이 重火離卦로 가서 곧 바른 자리를 얻으니 '无咎'가 된다. 噬卦 3은 본시 坤의 고기인데, 서합으로 아래위의 불로 건조시키니 육포가 된다. 또 감은 사슴 腊이라고도 한다. 3이 변하여 큰 坎을 이루니, 큰 毒이 된다. 兌의 獻公이 제사지낸 고기를 받다가 독을 만난 격이다. 소인 또한 서합의 3은 부정, 중화이가 되어도 5 또한 부정, 이는 허물을 고치려는 마음이 없는 소인이다.

배가 떨어져서 뱀의 머리가 깨졌는데[烏飛梨落破蛇頭], 뱀은 돼지가 되어 꿩으로 환생한 까마귀에게 돌을 굴려 죽게 했네[蛇變爲猪轉石雉]. 다시 꿩은 사냥꾼이 돼지를 죽이려 하는데[雉作獵人欲射猪], 도인이 있어 그 인연을 말해주고 원결을 풀었다네[道師爲說解怨結]."

> **九四 噬乾胏 得金矢 利艱貞 吉**
> 구4는 뼈가 붙은 마른 고기를 씹다가, 그 속에서 강한 화살촉을 얻었다. 어렵지만 일을 바르게 하면 이롭고 길하리라.

임금의 최측근에서 부중부정하며 과강過剛까지 하니 딱딱한 마른 고기를 씹다 어려움에 처하는 자이다[噬乾胏]. 구4는 서합(사건)을 맡은 자가 임금으로부터 강권을 부여받고 화살처럼 강직하게 처리한다. 4는 여타의 어려운 자리[不中, 不正, 過剛]에 처한지라 곤란을 당해도 마땅하다. 그래도 주어진 자리에서 최선을 다하여 정도를 잘 지키면 이롭고 길하다[利艱貞吉]. 반발하는 아랫사람들도 역시 만만찮다. 구4처럼 직선적이고 일방적으로 휘몰아치는 매파의 일처리와 언행을 못마땅해 하지만, 한편 입속에 강한 화살 같은 이물질을 잘 씹어 부수고 소화를 시킬 만한 대단한 능력을 갖춘 자라면 임금을 대신할 자격이 충분하다. 고로 공자도 "어려워도 바르게 하여 이롭고 길하다는 것은 미시未時(후천 시작 첫 시간)에 책임지는 일이기에 빛이 난다[象曰 利艱貞吉 未光也]"고 주석했다.

고기를 뜯다가 강한 화살촉이 나왔다[得金矢]는 것은 사냥을 할 때 날렸던 화살이 분명하다. 눈에는 눈, 코에는 코, 이빨에는 이빨로 대함은 바로 화살에는 화살로 갚는 격이다. 여기 뼈에 붙은 마른고기 '자胏'를 민감한 정치범을 재판하는 경우로도 본다. "권력투쟁에서 일시적으로 패배한 자가 과연 법을 어겼는지 판단하기가 쉽지 않으며, 일정한 시기가 지나면 그 사람이 권력을 다시 잡을 수 있음을 배제할 수 없다. 정치범을 재판하는 경우는 혹 뼈 있는 고기를 씹는 경우와 같으니 이러한 어려움을 알고 공정하게 판결을 내린다면 영예는 얻지 못하나 실수는 면할 것이다."[22] 서합이 이괘頤卦로 변하는 자리다.

4의 고기가 불에 쪼여 건조되어 '건체[乾胏]' 육포가 되고, '화살'은 3·4·5의 감☵

이며, '미광未光'은 4가 변하니 상괘에서 빛이 사라짐을 이른다.[23] 또한 『태평어람
太平御覽』에 "군자는 맛있는 음식을 대할 때는 반드시 그 독을 생각하면" 3효처럼
'무구'를 얻으니,[24] '정길貞吉'의 경계가 요구되는 바이다.[25]

> 六五 噬乾肉 得黃金 貞厲 无咎
> 육5는 마른 살코기를 씹다가 황금을 얻게 되리니, 일이 위태롭지만 허물은 없을
> 것이다.

마른 실코기를 씹다가[噬乾[肉], Bite on dried lean meat] 고기 속에서 황금을 발견
하였다[得黃金]는 것은 정당한 일을 하다 진실을 발견하게 되었다는 의미다. 여기
서 황금은 재판을 유리하게 할 결정적인 계기지만 다른 의미로는 큰 재물을 얻는
다고도 볼 수 있다. 5는 유순하면서 중심이 흔들리지 않고 또 지혜가 있는[☲]
임금의 자리다. 그러니 음효라 위엄이 없어 걱정이 되고 위태롭지만, 주위의 지혜
로운 강직한 신하 4와 상9, 그리고 상응을 하는 충직한 신하 2가 버티고 보필을
하니 어려움은 있을지라도[貞厲] 허물은 없다[无咎]. 그러니 임금의 자리에서 재판
을 한다는 것은 "아무리 바르게 하여도 근심이 따르지만, 또 허물이 없다는 것은
임금의 자리라 감당해 낼 수 있다[象曰, 貞厲无咎, 得當也]."

고로 임금은 형벌도 주고 상도 내린다. 천둥번개가 자연의 긴장을 해소하고
비를 예고하듯이, 형벌을 주는 것은 국가의 질서를 회복하는 데 목적이 있다. 물
고 뜯고 씹는 것도, 질긴 고기를 부드럽게 하고, 고기에 섞인 뼈를 발라내고, 그
살을 먹으려는 것이다. 이처럼 임금이 백성을 상대로 설득과 회유와 심판을 하는

---

22 김인환, 『주역』, 190쪽.

23 頤卦는 臨卦로부터 왔다. 임괘의 화살 하나가 坎☵의 활을 거쳐 하괘 남쪽을 거쳐 상괘 북쪽으
  로 가니 북쪽에서는 한 개의 화살을 얻은 것이다. 그 화살은 임괘 兌☱의 쇠가 되니 '得金矢'라
  했다. 한편 서합이 頤卦로 변하면서 坎의 험이 소멸되고 艮으로 일을 종결지으니 어렵고 험난한
  일이 모두 이롭다.

24 『漢書』, 「五行志」, '中之上' : "厚味腊毒, 즉 맛있는 음식은 결국 심한 독이다."

25 참고로 분규나 소송이 생기면 대리인(변호사)을 세워서 처리하면 좋다. 마른 고기는 서둘러서
  먹을 수가 없다. 천천히 행하라. 공부는 앞날이 점점 밝아진다. 서합이 산뢰이로 간다.[噬嗑→頤
  : 酉→戌, 官→財]

것은 결코 쉬운 일이 아니니, 정貞하여도 걱정[厲]이 늘 따른다. 고로 임금은 판결을 함에 있어서 우레[☳]처럼 위엄이 있고 불[☲]처럼 명확해야 하며, 항상 객관적이고 일관성 있게 집행해야 한다. 그리고 법의 수단과 방법은 완강하지만, 법의 목적과 내용은 부드럽고 따뜻함이 있어야 한다. 특히 임금은 참소와 이간질을 제거해야 할 것이다.[26]

　　여기 서합噬嗑은 단결과 결합을 방해하는 범법자는 즉시 형벌이 집행되어야 하지만, 지나치게 유순하면 범죄를 막을 수 없고, 지나치게 경직되면 정상을 참작할 수가 없기에, 황금과 같은 멋진 판단과 재판은 임금의 중덕中德을 바로 세우고, 나라와 백성을 삼가 조심하고 두려워하는 마음[兢兢惕厲]에서 나타내는 것이다. 평생에 걸쳐 『주역』 교정을 위해 애쓴 간이簡易 최립崔岦의 해설이 별다르지 않다. "구4의 금시金矢와 육5의 황금은 다만 모두 옥獄을 결단하는 뜻을 취할 뿐인 듯하다. 화살은 구4의 강직함을 취하였는데 음 자리에 있기 때문에 '미광야'라 경계한다. 또 황은 5에 음이 거하기 때문에 '정려무구'라고 경계한 것 같다."[27] 황금은 소송비용으로도 볼 수 있다.[28/29]

26　石之珩, 『五位龜鑑』 : "신이 삼가 살펴보았습니다. 인사로 예를 들면 임금과 신하는 본래 틈이 없지만, 소인이 그 가운데 참소하여 틈을 내게 되는데, 임금이 그것을 배척하여 제거하면, 서합의 뜻을 잘 체득했다고 할 수 있습니다. 또한 형벌을 설치한 것은 강경한 것을 제거하기 위한 것이기 때문에, 성인이 이에 대해서 옥사를 다스리는 뜻을 취하여, 반드시 중을 얻은 사람이 치우침을 염려하도록 하였습니다. 엎드려 원하건대 전하께서는 참소와 이간질을 힘써 제거하여 형벌이 알맞음을 기대하도록 하소서."

27　최립(崔岦, 1539~1612) : 호는 簡易·東皐. 이이, 이산해, 최경창, 백광홍, 윤탁연, 송익필, 이순인 등과 더불어 선조 때의 8대 명문장가이다. 또 개성 출신인 車天輅, 韓濩와 함께 '松都三絕'로도 불린다. 동갑내기 許浚과는 막역하다. 만년에는 구양수의 글을 존경하여 항상 지니고 다녔다. 1603년(선조 36) 『주역언해』의 편찬이 이루어진 이후 『주역』의 교정을 위해 외직을 청하여, 간성 군수로 나가 3년여에 걸쳐 『주역』 교정을 완료했지만, 부임 초기에 이 교정 작업을 지나치게 중시하여 고을의 일을 돌보지 않아 백성들로부터 불만을 들었다. 『주역』 교정을 마친 후로 정무를 수행하였으며, 임기를 마치고 중앙 조정으로 복귀하여 형조참판과 동지중추부사겸 승문원 제조의 직책에 올랐다. 1607년(선조 40)에 다시 강릉부사가 되어 외직으로 나갔다. 1612년(광해군 5) 7월 11일에 74세를 일기로 개성에서 세상을 떠난다. 저서로 『周易本義口訣附說』, 『簡易集』, 『漢史列傳抄』, 『十家近體』가 있다.

28　『周禮』, 「秋官」, '大司寇' : "백성들이 함부로 송사를 일으키는 것을 엄금하기 위하여 재판을 하려면 먼저 束矢를 들게 하였으며, 쓸데없이 죄악을 고발하는 것을 엄금하기 위해서는 鈞金을 들게 하였다. 재산을 다투는 訟事를 처리함에 화살 한 묶음(100개)과 어음을 다루는 獄事를 처리함에 금 30근으로 처리하였다."

29　참고로 고기를 먹다가 황금 화살을 얻으니 비록 천한 사람이라도 귀한 지위를 얻는다. 서합이

> **上九 何校 滅耳 凶**
> 상9는 목에 칼을 씌우고 귀를 베이니 흉하다.

서합의 시절에 크게 넘쳐 극에 달했다. 악이 크게 쌓여 충고가 덮을 수 없고[惡積而不可掩], 또 죄가 너무 커 도저히 풀 수조차 없다[罪大而不可解]. 고로 귀때기를 싹둑 잘라 베버려야 한다. 귀가 열리지 않아 진리를 깨치지 못한[聾暗不悟] 엄청난 죄악을 쌓은 자다. 죄악이 머리까지 미쳐도 경계하지 아니하고, 귀를 없애도 징계하지 아니하니, 이보다 더 흉할 일이 없다.[30] '멸이滅耳'는 총명하지 못함이다. 고로 바로 듣고 바로 알면 흉이 없을 것인데, 늙어도 개과천선과 회과천선悔過遷善하지 못한 불쌍한 자다. 목에 큰 칼로 귀를 가림은[何校] 경계하는 말을 듣지 않아 극형에 처하게 된 것이다.

초9는 초범이라서 가벼운 형벌로도 가능했지만, 상9는 전혀 고칠 뜻을 보이지 않기에 극형을 쓴다. 그래서 공자도 "목 칼을 씌우고 귀를 베는 형을 주는 것은 총기가 완전히 흐려졌기 때문[象曰 何校滅耳 聰不明也]"이라고 여러 차례에 걸쳐 훈계하고 있다. 동파도 "귀를 막는 것은 그 총명함을 틀어막는 것이니 아무것도 들리지 않았기에 오늘날에 와서 흉을 입은 것"이라고 공자의 주석에 댓글을 올렸다. 서합괘가 진괘震卦로 간 경우이다.[31]

이어 공자가 「계사전」에서 이런 소인의 흉을 아래와 같이 한 번 더 지적하고 있다. "선을 쌓지 못하면 이름을 이루지 못하고, 악을 쌓지 않으면 몸을 잃지 않는다. 그렇지만 소인은 작은 선이 무익하다 하여 베풀지 아니하고, 작은 악이 해롭지 않을 것이라 여겨 함부로 행하는지라, 고로 악한 것이 쌓이면 덮을 수가 없고, 죄가 커지면 풀 수가 없다 하였으니, '하교何校하야 멸이滅耳라, 흉(凶)타 한 것이다."[32]

무망으로 간다. 신수로 사업을 물었다면 대박(황금)을 예고할 수 있다.

30 왕필, 『주역주』: "處罰之極 惡積不改者也 罪非所懲 故刑及其首 至于滅耳 及首其誠 滅耳非懲 凶莫甚焉."

31 震卦는 小過卦에서 왔다. 소과괘는 두 개의 艮으로 큰 坎의 상이다. 坎의 견고한 나무가 두 어깨에 빗장을 채우듯 걸리고 巽의 줄로 묶으니 何校의 상이다. 소과괘에서 震卦로 가면 离의 칼로 형법을 시행하여 坎의 귀 한 쪽이 잘려 나가니[소과괘 3→1] 滅耳란 刵刑을 받게 된 것이다. 聰不明은 귀 한 쪽이 달아나니 두 쪽 모두 밝지 않음이다. 초9와 상9 모두 소괘를 취해 屨校, 何校라 한 것은 지위의 貴賤을 말했다.

위의 말이 여러 곳에서 "선행은 적다고 해도 무조건 베풀 것이며, 악행은 비록 적다 해도 저질러서는 안 될 것이다"로 보인다.[33]

---

32 「계사전(하)」 5장 : "子曰, 善不積, 不足以成名, 惡不積, 不足以滅身, 小人, 以小善, 爲无益而弗爲也, 以小惡, 爲无傷而弗去也, 故, 惡積而不可掩, 罪大而不可解, 易曰; 何校, 滅耳, 凶."

33 한나라 소열황제 劉備가 죽을 때 그의 아들 劉禪에게 조칙으로 내린 말. "勿以善小而不爲, 勿以惡小而爲." 또 『小學』과 『明心寶鑑』에도 나온다. "太公曰 見善如渴 聞惡如聾 又曰 善事須貪 惡事莫樂."

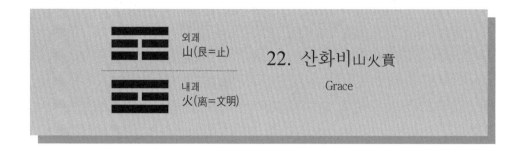

외괘
山(艮=止)

22. 산화비山火賁
Grace

내괘
火(离=文明)

비괘賁卦는 화려한 치장으로 갖은 모양을 드러낸다. 지금은 실질보다는 화장이 필요할 때다. 화려해야 좋다면 요란한 치장과 허풍을 과장하는 직업을 가져도 좋다. 그렇지 않다면 본질을 소박하게 꾸미고 사는 수행자가 더 낫다.

> 賁 亨 小利有所往
> 비괘는 형통하니, 작은 일로 갈 바가 있으면 이로울 것이다.

『논어』에 나오는 극자성과 자공의 문답 속에 비괘에 관한 비유가 보인다. "군자는 몸가짐과 처신에 있어 충실과 믿음과 성실한 자세와 함께 질박함을 지니면 되지, 무슨 문식으로 쓸데없는 멋을 장식한단 말이냐? 천하의 일이란 문文과 질質이 동시에 존재해야 한다. 어쩌면 문식은 질박과 같고 질박은 문식과 다르지 않다. 예를 들면 문은 털이요, 질은 가죽이다. 털과 가죽이 있으므로 범이나 개가 쉽게 구별되듯, 만일 털을 모두 뽑아 놓고 가죽만 가지고 저 둘을 구별하라면 쉽지 않을 것이다. 마찬가지로 문과 질이 갖추어져야 군자와 소인도 구별된다."[1]

이는 겉모양과 실질적인 내공이 함께 어우러져야 군자라고 본 장면이다.[2] 또한 무본無本이면 불립不立이요, 무문無文이면 불행不行이라 하였으니,[3] 진정으로 도통한 자만이 부와 명예를 갖출 수 있다. 그러나 형이하학적인 예의범절 같은 아름

---

1 『논어』, 「안연편」: "棘子成曰, 君子質而已矣, 何以文爲? 子貢曰, 惜乎, 夫子之說君子也! 駟不及舌. 文猶質也, 質猶文也, 虎豹之鞹猶犬羊之鞹."

2 『논어』, 「옹야편」: "子曰, 質勝文則野, 文勝質則史. 文質彬彬, 然後君子."

3 『禮記』, 「禮器」: "先王之 立禮也, 有本有文, 忠信禮之本也, 義理禮之文也, 無本不立, 無文不行." 『이천역전』에서도 "忠信은 예를 행하는 자의 성실성이고, 義理는 사물에 마땅한 도리를 이른다"고 하였다.

다운 장식은 사람의 몸과 마음을 기쁘게 하고, 사회질서를 바르게 하는 기틀이 되기도 한다.[4]

비괘賁卦는 저녁노을이 산천초목을 아름답게 장식하는 것처럼 몰락하기 직전의 찬란한 빛이기도 하다.[5] 그래서 비괘는 유색이든 무색이든 꾸밈을 이른다[序卦傳曰 賁者飾也. 雜卦傳曰 賁無色也]. 비괘는 모괘가 태괘泰卦일 때는 문채가 없었는데, 지금은 두 개의 리離를 이루니 마침내 예에 맞게 아름답게 회합하니 형통하다. 태괘泰卦일 때는 밖이 곤의 음기로 텅 비어 있었으니 작은 일은 불리하였다[음이 음을 맞이하기 때문]. 추이하여 비괘賁卦가 되면 한 개의 양이 상승하여 유柔가 이에 문채를 이루니 이유유왕利有攸往이 된 것이다. 고로 곤의 음에 이로움이 되니 작은[음] 일에 이로운 것이다.[6]

다음은 공자의 단사이다. "비賁는 부드러운 속내[2]가 강한 외모[☲]를 화려하게 장식하기에 형통하다. 화려한 외형 덕에 속마음은 흐뭇함을 지니기도 한다. 또한 비賁는 양의 기운 산과, 음의 기운 불이 서로 교차하여 아름다운 무늬[노을]를 나타내는 천문天文을 말하고, 문명이 성숙되지 못하고 억제되어 가는 인문人文을 말하기도 한다. 고로 비의 시절에는 이런 천문의 운행을 잘 관찰하여, 변화하는 시절인연에 잘 맞추어야 하고, 또한 인문을 잘 관찰하여 천하가 성공적으로 변할 수 있도록 해야 할 것이다."[7][彖曰: 賁, 亨, 柔來而文剛, 故亨, 分剛上而文柔, 故小利有攸往, 天文也, 文明以止, 人文也, 觀乎天文, 以察時變, 觀乎人文, 以化成天下.] 비의 괘덕으로 말하면 리괘☲는 안을 밝히고 간괘☶는 밖에서 그친다. 성인이 천문을 관찰하여 사시의 변화를 살피고, 인문을 관찰하여 천하를 변화시킴이 비괘에서 도가 큼

---

4 주희의 『주역본의』 설명은 이렇다. "안에는 离가 있고 밖에는 艮이 있으니, 문화적 교화를 유지하면서도 각기 그에 맞는 분수를 얻는 것이다."

5 陸德明의 『經典釋文』에 '비'를 문채가 화려한 모양[賁文章貌], 또는 '얼룩무늬 반 자의 古字'라[賁古斑字] 하였다. 『주례』 '司馬'에는 '虎賁氏[왕의 호위군사 선발직]'라는 직책도 있었다.

6 정이천, 『이천역전』 : "사물은 꾸민 다음에 형통하다. '근본이 없으면 서지 못하고[无本不立] 문채가 없으면 행하지 못한다[无文不行].' 실질이 있으면서 꾸밈을 더하면 형통할 수 있다. 문채로 꾸미는 도는 광채를 더할 수 있기에 나가는 데에 조금 이로울 수 있다."

7 [說證] 泰卦로 온 賁卦는 한 개의 음이 내려와 문화를 이루는 리가 되니 '柔來而文剛'이고 또한 한 개의 양이 상승하여 리☲를 이루니 '分剛上而文柔'다. 하괘에서는 건☰의 하늘에 리☲를 이루니 '天文'이고, 곤☷의 백성에게 리☲는 '人文'이 된다. '化成'은 리☲의 교화요 간☶은 育成이다. 건☰의 한기가 리☲의 온기가 되고, 곤☷의 온기(서남방)는 다시 간☶의 한기로 변하여 리☲의 해와 감☵의 달이 운행을 하니 '時變'이요, '以察'은 리☲의 눈이 된다.

을 알 수 있다. 강유의 사귐은 자연스러운 형상이기에 하늘의 문채라 하였다. 하늘의 도는 운행을 맡고 사람의 일은 절문節文이 있다. 사람이 알맞음에 그치지 않으면 쉽게 지나치게 되므로, 반드시 그치는 것으로 결단한다. 문채가 이긴다는 것은 꾸미기만 하고 그치지 않은 폐단 때문이니, 박문약례博文約禮를 마땅히 여기에서 구해야 할 것이다.[8]

하늘의 문채는 하늘의 이치이고, 사람의 문채는 사람의 도이다. 특히 사람의 문채, 인문은 임금이 어진 데에 그치고, 신하가 공경하는 데 그치고, 자식이 효도하는 데 그치고, 부모가 자비로운 데 그치고, 친구간에는 신뢰하는 데 그치는 것이다.[9]

> 象曰 山下有火 賁 君子以 明庶政 无敢折獄
> 상왈, 산 아래에 불이 있는 것이 비괘이다. 군자는 이를 본받아 많은 정무를 밝히지만 옥은 감히 없앨 수가 없다.

저녁노을이 산 아래를 장식함이 비괘다. 석양은 산을 아름답게 물들이며 장식할 수는 있지만 만물을 모두 다 비출 수는 없다. 군자는 이를 보고 일상의 정사를 밝게 처리하되[明庶政, Clearing up current affairs], 형옥과 같은 중대사는 경솔하게 결정하지 말 것[无敢折獄, No decide controversial issues]을 당부하고 있다.[10] 지금은 감금(하옥)하는 것이 우선이 아니고 백성으로 하여금 시비가 생기지 않도록 정치를 잘해야 할 때다. 정치는 그것을 펼치는 과정에 필히 상벌과 생사가 동시에 일어날 수밖에 없는 생물이라, 감옥이 반드시 필요하다. 그렇지만 일반적인 정사政

---

8 이익, 『易經疾書』: "剛柔之交, 自然之象, 故曰天文. 文勝者, 文而不止之弊也. 博文約禮, 宜於此求之."

9 이병헌, 『易經今文考通論』: "五色이 이루어지지 않음이 賁다. 곧 문채는 雜色이다. 공자는 賁色은 순수하지 않다고 하였다. 天文은 음과 양의 때를 따른다."

10 [說證] 본래 泰卦 때는 곤☷의 서민을 위한 정치가, 비괘가 되면서 리☲의 문채가 아래위로 빛나니 '明庶政'이 되고, 감☵은 법률이나 간☶의 죽음과 진☳의 삶 사이에 아직 생사가 판정이 나지 않은 상황이니 '无敢折獄'이 된다. 泰卦에서는 판결을 내리는 태☱가 있었는데, 賁卦에서는 태☱가 소멸되었으니 판결이 없다. 리☲는 안이 비고 사방이 둘러싸인 감옥이다. 沈潮, 「易象箚論」 왈: "'賁' 자가 土를 따르니 간☶이 되고 훼(卉)를 따르니 호괘 진☳이 되고 目을 따르니 리☲가 된다. '敢'은 이耳를 따르니 호괘 감☵이고 '折'은 手를 따르니 간☶이다. '獄' 자는 犬을 따르니 또한 간☶이 되며, 言을 따르니 간☶의 음양이 전변한 태☱가 된다."

事는 예의나 제도 등으로 정치나 사회적 꾸밈의 수단에 불과한 아주 얇고 보잘것 없는 일상적인 것들이 아닌가. 그러나 법을 집행하고 옥사를 결단하는 데는 반드시 확고한 법률을 기준으로 삼아야지 절대로 전자의 가식(꾸밈)을 가해서는 안 될 일이다. 만약 그럴듯하게 포장된 말로 사건을 왜곡시켜 처결한다면, 억울한 죄를 만들어 허위로 날조된 그릇된 재판이 만연하게 되니 훗날이 두려울 뿐이다.

지욱의 선해는 이랬다. "삼천성상三千性相의 서정庶政을 일일이 밝히고, 일체법의 정正과 일체법의 사邪를 일일이 밝히되, 일시一是와 일비一非만을 판단해서 취사取捨의 정견情見을 내지 말아야 명서정明庶政이요, 무감절옥无敢折獄이다." 위정자의 지나친 과욕은 금물이니,[11] 정사는 소사요 옥사는 대사임을 깨달아야 한다.[12] 이는 성인이 백성을 사랑하는 바이다.[13] 곧 잘난 모습을 드러내지 않음이 무색임을 알아야 할 것이다.[14]

다음은 『공자가어』에 나오는 비괘 한 토막이다. 공자가 일찍이 혼자서 점을 치다가 비괘가 나오자 얼굴빛이 변하고 불만스러운 기색을 나타내었다. 그러자 자장이 "비괘를 얻으면 길하다고 들었사온데, 선생님께서는 왜 불만스러운 기색을 하고 계십니까?" 물으니, 그에 대한 공자의 대답이 이랬다. "너는 이 비괘에 밝은 불[☲]이 있다고 해서 그러느냐? 『주역』에 말하기를 산 아래 불이 있는 것을 비괘라 하였으니 이것은 정색正色으로 된 괘는 아니다. 대개 그 본질로 말하면 흰 빛은 마땅히 정백正白이라야 하며, 검은 빛은 마땅히 정흑正黑이라야 하는데,

11 권근, 『周易淺見錄』: "산 아래 불빛이 위에까지 미치고 광채가 현란하다. 그러나 아래에서 위로 비추는데 혹 맹렬하게 타올라 불태워 버릴까 염려하므로 반드시 초목을 태우는 데 그치고, 그 세력이 맹렬하게 타오르지 못하게 하여야 한다. 군자는 아래에서 위를 비추는 상을 보고 그 정사를 분명히 하여 임금의 덕을 드러낸다. 맹렬하게 타올라 산을 태우는 상을 경계하니, 옥사를 함부로 결단하여 임금의 어짊을 해치지 않는다. 군자가 상을 관찰할 때에 본받아야 할 것이 있고 경계해야 할 것이 있는데, 이 상에는 두 가지 뜻이 모두 갖추어져 있다."

12 이만부, 「易大象便覽」: "산 아래 불이 멀리 미치지 못하니, 여러 정사를 분명하게 하는 것은 작은 일이고, 옥사를 결단하는 것은 큰일이다. 안이 리☲로 밝고 밖이 간☶에 머물기 때문에 이처럼 상을 취했다."

13 윤행임, 『薪湖隨筆 易』: "賁는 꾸밈이다. 噬嗑卦의 뒤를 이어 교묘하게 하는 걱정이 있으므로 감히 옥사를 결단하지 않고도 뜻을 드러냈으니, 옛 성인이 사람을 사랑하는 뜻이 절실하다. 옥사는 꾸밈이 필요 없다는 소리다."

14 박문건, 『周易衍義』: "賁는 없는 것을 꾸며 있는 것을 만드니, 본래 있는 밝음이 아닙니다. 감히 옥사를 결단하지 않는다[无敢折獄]는 것은 무엇입니까? '옥사를 결단함은 꾸밈의 일이 아닙니다."

오늘 비괘를 얻었으니 이것은 나에게 좋은 조짐이 아니다. 붉은 옻칠[丹漆]에는 더할 다른 무늬가 없으며, 흰 구슬[白玉]에는 다른 조각이 필요 없다고 들었다. 왜냐하면 본질에 여유가 있다고 하여 거기에 보태어 꾸미는 일은 전혀 필요 없기 때문이다."[15]

공자의 말 뜻인 즉, 비괘는 마치 큰 산에 가리어 보이지 않게 갇힌 것처럼 옹색하여, 안에서는 밝으나 바깥으로는 당당하게 자기 스스로를 드러낼 수 없는 괘라는 의미다. 따라서 정치세계로 출사하기를 간절히 바랐던 공자는 비괘를 얻고는 수심에 잠길 수밖에 없었던 것이다. 결론적으로 비괘는 공적인 정치 세계에는 큰 이익을 얻지 못하였지만[分剛上而文柔 故小利有攸往], 그의 학문에 대한 업적과 만고불변의 정치철학 체계의 구축 및 제자 교육 등 개인적인 '서정庶政'에서는 전무후무한 성공을 거두었던 것이다[觀乎天文 以察時變 觀乎人文 以化成天下]. 공자가 다시 출사하지 못한 가장 큰 요인을 꼽으라면, 그를 따르는 우수한 수천 명의 제자들 중에 그를 등용한 나라를 집어삼킬지도 모를 것이란 군주와 권신들의 두려움이 있었을지도 모른다. 『여씨춘추』에도 보이는 이야기다.[16] 지금은 외관보다는 실질을 소중히 여겨야 할 때다.[17]

初九 賁其趾 舍車而徒
초9는 (군자는 한 걸음을 내딛더라도, 감히 예가 아닌 것을 밟지 않는 법이니) 그 발로써 실천함을 (예로써 아름답게) 꾸미되, (예에 맞지 않는다면, 차라리) 수레를 버리고 걸어갈 것이다.

초9는 민초로 가장 천한 자리에 있는 자이다. 인체에 비유하면 발이요, 수레를 타고 갈 자격이 없는 무관의 서민이요, 군대로 치자면 보병이다. 서민이 고귀한

---

15 『孔子家語·好生』 참조

16 『呂氏春秋·愼行論』, '四日壹行' : "孔子, 卜得賁, 孔子曰, 不吉, 子貢曰, 夫賁亦好矣, 何謂不吉乎, 孔子曰, 夫白而白, 黑而黑, 夫賁又何好乎, 故賢者所惡於物, 無惡於無處."

17 금전적으로 어려울 때인데도 사치를 부리며 허세를 부리고 있다면 곤란하다. 교육 문화 환경에 종사하는 사람들에게는 좋은 괘다. 광고, 미용, 의상, 패션, 모델 같은 직업은 꽤 잘 된다. 학교는 예능학과가 좋다.

자의 흉내를 낼 필요는 없다. 그러기에 예에 맞지 않는 고급 승용차를 타지 않고 천천히 걸어가도 문제는 없다[舍車而徒, leave the carriage and walks]. 고급 세단과 금수레는 부와 지위를 나타내는 상징이다.

동파는 초9는 발, 2는 수레로 보고 "초9가 4와의 의리를 지키기 위해서라도 도의상 2의 수레를 타지 않고 걷는 것 같다"고 하였다. 주석에서 공자는 초9가 "수레를 버리고 걸어가는 이유가 예에 맞지 않는 수레를 버렸기 때문[象曰 舍車而徒 義弗乘也]"이라고 했다. 초9는 산화비가 중산간괘重山艮卦로 변동하기에, 위를 쳐다보며 행동하는 일은 일체 멈추어야 한다.[18]

앞으로 나가고 싶은 걸음이라면, 수레를 타고 뻐기며 갈 것인데, 산허리에 걸쳐 넘어가는 해인지라 얼마가 남지 않은 앞날을 예측하다 보니, 일체 욕심을 버리고 마냥 천천히 걸어간 것이다. 여기서는 실속 없는 자리를 탐내는 일을 버리고·현실적인 계산을 하는 것이 훨씬 더 낫다. 이것은 갑자기 높은 자리에서 발뒤꿈치의 신세로 떨어지더라도 실속을 차리고 가라는 말도 되고, 아니면 지금의 신세를 불평불만 없이 잘 받아들이고 가라는 의미도 숨어 있다.[19]

> 六二 賁其須
> 육2는 그 턱수염을 아름답게 장식하게 될 것이다.

2는 중정이지만 정응하는 자가 없다. 그러니 바로 위에 있는 3의 턱수염을 따라 움직일 수밖에 없는 처지다[賁其須, lend grace to the beard on his chin]. 그래서 공자가 "턱수염을 장식하는 일은 자의적이 아닌 위의 턱과 더불어 일어남이다[象曰 賁其須 與上興也]"라고 주석하였다. 턱수염은 위에 붙어 있으면서 턱이 움직이는 대로 함께 움직인다. 이는 매사에 출처진퇴를 윗사람의 결정에 따르라는 말이기도 하다. 그렇지 못한 경우도 많다.

---

18 [說證] 艮卦는 小過卦로부터 온다. 소과 때는 진☳의 군자가 리☲의 문채가 없어 빛날 수 없었고, 간괘가 되면 리☲의 문채가 나타나 '賁其趾'가 되었으니, 예가 아니면 밝지 않게 된 것이다. 그런데 소과괘 때는 감☵의 수레를 탔지만, 간괘 때는 리☲의 예가 사라졌기에 수레를 버리고 '舍車而徒' 하게 된다. 착종의 旅卦와 전변의 곤괘와 소과에 태☱이 '義弗乘'의 '義'를 가리킨다.

19 참고로, 분수에 지나친 일은 생각도 말라. 위험이 따르는 수레보다는 도보가 낫다.

안진경이 아첨하는 자의 처신을 '청주확금淸晝攫金'이라며 꾸짖는 글이 준엄하다.[20] 칡덩굴도 지구가 도는 오른쪽 방향으로 감아 돌고, 콩도 오른쪽으로 감아 돈다. 식물은 마음이 없기에 대자연에 순응하는 것이다. 그러나 사람은 자신의 이해관계를 저울질하는 마음이란 것이 있기 때문에 이해에 따라서 자주 역행을 보인다. 대세 앞에 처신이 쉽지 않다. 그러나 여기서는 2가 유순하고 중정하니 마음을 비우고 주어진 환경에 맞춰 위의 어진 사람을 따라감이 아름답다고 본다.

정자의 해석에 의하면 2가 남을 장식해주기 때문에 선악에 관계치 않는다 하였다. 그래서 2에는 길흉吉凶이나 회린悔吝이 없다.[21]

> 九三 賁如濡如 永貞 吉
> 구3은 (예로써) 아름답게 꾸미는 것을 물이 서서히 적실 듯하니, 오랜 시일이 걸리도록 바르게 하면 길하리라.

아름답게 꾸밈이 윤기가 반짝반짝 빛나듯 해야 한다[賁如濡如, Graceful and moist]. 백성들을 예로써 교화한다면, 마치 물에 스며드는 것처럼 대동의 정치를 이룰 것이다. 3은 화려한 불꽃의 상이다. 구3처럼 응이 없는 불은 오랫동안 빛을 내며 타기 어렵다. 그러니 오랜 시일이 걸리더라도 바르게 예를 닦아야 한다[永貞]. 그러기에 허식으로 흐르지 않는다면 모욕당할 일은 없다. 3은 강건하고 바른 자세로 불의 윗자리에 앉아 주위를 명인明人 되게 한다. 이는 사도師道로서 지녀

---

20 안진경이 참석한 조정 연회에서 백관들이 자리 문제로 간쟁했다. 郭英義는 환관 魚朝恩에게 아첨하려고 그의 자리를 尙書의 앞에 배치하려 했다. 안진경은 붓을 들어 곽영의의 이런 행동을 엄히 나무라며 '淸晝攫金(벌건 대낮에 황금을 낚아챔)'의 처신이라 격렬히 비난했다. "가득 차도 넘치지 않는 것이 富를 길이 지키는 까닭이요, 높지만 위태롭지 않음이 貴함을 길이 지키는 까닭입니다. 어찌 경계하여 두려워하지 않겠습니까? 『서경』에는 '네가 뽐내지 않으면 천하가 너와 더불어 공을 다투지 않고, 네가 남을 치지 않으면 천하가 너와 더불어 능함을 다투지 않는다'고 하였습니다. 이 때문에 100리 길을 가는 사람은 90리를 절반으로 여긴다고 했던 것이니, 만년과 마무리의 어려움을 말한 것입니다."

21 [說證] 비괘가 大畜卦로 간다. 또 대축은 大壯卦로부터 온다. 대장의 큰 입 태☱ 위에 진☳의 풀이 무성하니 '賁其須'다. 그 수염은 대축의 리☲와 비괘의 리☲가 있어 빛이 난다. 대축에 진☳이 함께 움직이니 '與上興'이다. 참고로 아들 취업시험에 산화비 2효로 확신을 얻었다. 혹 벼슬을 구하는 자가 턱수염을 단 상사를 만나면 좋은 일이 생겨난다.

야 할 필요 충분한 자세다. 그러기에 공자가 "오래 동안을 바르게 하여 길함은 끝내 사도를 능멸할 수 없기 때문이다[象曰 永貞之吉 終莫之陵也]"라 한 것이다. 그러나 3이 부중하니 2와 4 사이에서 험險[☵]한 지경에 빠지면 오랫동안 빛을 발할 수 없고, 또 바르게 할 수도 없음이 걱정이다. 그래서 3은 2와 4를 화려하게 장식도 하고, 윤택하게도 하지만, 위험도 따른다. 이는 '유여濡如'라는 것이 은대銀帶에 금도금을 한 것처럼 본질을 가리고 남을 능멸하게 되니 타인들로부터 의심을 받기 때문이다.

그래서 동파는 "4에게는 정응의 초효가 있지만, 짝 없는 3에게는 영정해야 길할 것"이라며 의리를 주문하고 있다. 또 다산의 정치적인 해설은 비괘가 산뢰이괘山雷頤卦로 간 것에 기인하고 있다. 3이 변해 이괘頤卦가 되면 통 큰 리离가 된다. 이頤의 호괘로 곤의 백성이 하나가 되어 불에 빙 둘러 에워싸이니, 예禮로 인도함이다. 예는 밝은 남녘이다. 또 3이 물로 적심과 같고 윤택하게 함이니, 산화비는 본래 리离의 예禮로 저 곤의 백성들을 선하게 이끌고, 감坎의 물이 차츰 성인의 도로써 예와 악을 백년을 물들게 하여 선속善俗시켜 나가는 것이다.[22][23]

六四 賁如皤如 白馬翰如 匪寇婚媾

육4는 (멀리서 다가오는 모습이) 아름답게 빛나는 듯 하고, (하얗게 센 백발이) 희끗 희끗해 보이니, (마치) 백마가 (흰 날개를 펼치면서) 날아오는 듯하다. 도적이 아니라면 혼인할 상대로다.

'화려함이냐[賁如], 아니면 소박함이냐[皤如]' 하는 갈림길에서 의심하고 주저할

---

22 [說證] 頤卦는 大离로 백성을 교화하니 마치 물이 스며드는 것과 같아 '賁如濡如'라 했다. 賁卦에도 감☵이 있다. '永貞吉'은 頤의 호괘 坤을 나타낸다(지수 10이라 내외괘 10×10이면 100이다). 진☳은 시작이고 간☶은 끝이니 오랜 시간의 노고 감☵이 있으면 반드시 길하다. '終莫之陵'의 '陵'은 리☲의 방어와 방비로 백성을 보호하는 것인데, 3이 비록 무너졌지만, 頤卦가 되면서 큰 방벽을 취했음을 말했다.

23 참고로 만약 손님이 내방하면 박대하지 말고 공경을 다하여 멀리하라. 소탐대실의 염려가 있으니 과욕을 삼가라. 지나친 가식 때문에 본질을 잃을 수 있다. 3은 오래 진득하게 하지 못하는 것이 흠이다. 저녁 노을은 본시 오래갈 수 없다. 산화비괘→산뢰이괘(亥→辰, 財→兄). 재산은 群比爭財격이다.

때, 누군가 백마를 타고 질주해 온다. '비여賁如(Grace)'는 화려한 3이요, '파여皤如(simplicity)'는 소박한 초9다. '하얀 파皤'는 '백白'과는 달리 소박한 본성本性과 지선至善에 미치지 못하지만 그나마 본성에는 가까운 마음이다. '백마白馬'를 타고 달려가는 곳은 초9다. 다음은 동파가 '이럴까 저럴까' 하며 주저하는 이유를 밝히는 장면이다.

"4를 의심할만한 까닭은 역시 가까이에 3이 있기 때문이다. 초9는 가까이 있는 2의 유혹에도 불구하고 정응 4를 위하여 굳게 하얀 마음을 온전히 지키고 있다. 그러니 4 또한 깨끗함으로 초9에 대한 정조를 지키지 않을 수 있겠는가? 따라서 깨끗한 수레와 말의 도움을 받아서 초9가 아닌 3에게 순종을 한다면 도적이 될 것이니, 정조를 지키며 초9를 찾아 혼인함이다." 이미 4는 자세가 '백비白賁라는 하얀 꾸밈'의 귀함을 아는 수준에 있다. 그런데 3이 도적이 아닌 소박한 순수한 마음으로 다가온다면 프러포즈를 받을 수 있지만, 정응하는 초9는 하얀 마음으로 이제껏 나만을 하염없이 기다리고 있지 않았던가. 그러니 4는 이미 리離를 떠나 문文보다는 질質을 숭상하기에, 아무런 장식도 없는'백마白馬'를 타고 산[☲]에 머물고 있는 것이다.

그런데 초9가 화려한 수레를 버리고 소박한 모습으로 천천히 걸어서 바보처럼 다가오고 있으니, 그 동안 4는 잠시 헷갈리고 있었다. 그런 그를 처신을 모르는 도적(바보)으로 여겼었다. 그는 허영보다는 실질을 숭상하는 자요, 도적이 아니라는 판단이 섰고, 그러기에 혼인하기 위해 백마를 타고 질주하는 것이다[匪寇婚媾, No robber, will woo]. 고로 4는 자신의 부드러움으로 초9의 강건함을 멋지게 꾸며준다. 또 초9는 수레를 타지 않는, 겉치레를 멀리하는 사람이기에 두 사람의 의기투합이 한 쌍으로 맺어지는 조건을 충족한 것이다.

여기 초9를 후한後漢의 절개 곧은 선비 양홍梁鴻에 비유할 수 있고, 4는 그러한 남편을 공경하며 밥상을 눈썹까지 받들어 올린다는 '거안제미擧案齊眉'의 고사를 남긴 어진부인 맹광孟光에 비유하기도 한다.

공자의 주석 또한 "4가 응당 의심을 받을 자리에 앉아 있기는 하나, 도적이 아니라는 것을 알고 난 이후에 혼인이 이루어진다는 것은 마지막 순간까지 허물될 일을 없앴기 때문[象曰 六四 當位疑也 匪寇婚媾 終无尤也]"이라며 초9와의 혼인은 정당하다고 성혼 선언을 해준다. 그런데 유순하고 정위를 얻은 4는 가까이에 있는 3과도 충분히 친할 수 있고, 멀리는 초9와도 정응을 하고 있으며, 또 위로는 상9를 종사로 삼고 있는 처지이다. 이렇다 보니 천하의 모두가 나에겐 훌륭한 사부요 좋은 벗이라는 친친하는 성격까지 지녔다. 이렇게 통 큰 마음으로 세상을 살아가니 어떻게 적이 생길 수 있겠는가?

또 지욱의 말대로 "2와 5는 나와 같은 부드러운 붕우로서 동덕상보同德相輔하고, 견현사제見賢思齊하며 불현자성不賢自省하는 자이니 어찌 도둑이 찾아들겠는가? 이것이 바로 허심백비虛心白賁의 자리에 앉을 자격을 충분히 갖춘 자"이다.[24/25]

六五 賁于丘園 束帛戔戔 吝 終吉

육5는 (은자의) 언덕에서 (예가) 찬연히 빛남이니, (초야에 묻힌 현자를 초빙하기 위해 늘어놓은 예물 비단 열 필) 속백이 약소하다. 비록 예물이 인색하지만 정성이 두터우니, 끝내 허물은 없을 것이다.

5는 정응이 없고 부정하고 유약하지만 중심이 잡힌 은둔처사의 자리다. 스스로 자신을 꾸미는 힘이 부족하지만 앉은 자리가 바로 빛이 난다[賁于丘園, Grace in hills and gardens]. 비단의 고운 무늬보다 검소한 차림이 허례허식보다 낫다. 인색함이 도인의 본색이다. 임금 같으면 부드러우면서도 중심 잡힌 힘 있는 자리에서, 능히 도덕의 기쁨을 아는 자라 할 수 있다. 그러기에 교만하지 않게 자신의 처소를 꾸민다. 음식은 간소하게, 의복은 검소하게, 궁실은 여염집처럼, 단지 한 묶음의 비단만이 놓인 정갈한 집처럼 인색하게 보여도 끝내는 백성으로부터 칭송을 받게 될 것이다. 앞서 공자가 "5의 길함은 기쁨이 있기 때문[象曰 六五之吉 有喜也]"이라 한 것은 차원 높은 정신적 세계를 말한다.

---

24 참고로 산화비가 重火離卦가 된 자리이다. 화려하게 꾸민 것은 离다. 백마는 혼례 때 탈것이다. 중화리의 호괘가 澤風大過로 가니 再嫁로도 본다. '코로나19'로 세계증시 폭락사태가 오자 반등 시점을 물어와 얻은 자리였다.

25 [說證] 離卦는 상하가 리☲니 '賁如'다. '皤如'는 호괘 손☴의 흰색이니, 『예기』에 '혼례에는 백마를 탄다고 했다. 또 비괘는 화의 여인에게로 진의 남자가 재가한다. '白馬翰如'는 이괘가 대장의 말을 타고 온다(☳는 飛鳥). '匪寇'는 비괘의 감☵을 두고 한 말이요, '當位疑'는 4효의 의심 많은 자리를 찍은 소리요(四多懼), '終无尤'는 4의 음 자리에 양이 와 '婚媾'함이다.

작은 정성이 담긴 박물薄物의 폐백幣帛을 쌓은 꾸러미 '속백전전束帛戔戔'은 작은 정성을 말한다[細少之義, meager and small]. 주자도 속백束帛은 박물薄物이요, 전전戔戔은 천소淺小라며, 예는 사치를 부리기보다는 차라리 검박한 것이 종길終吉을 얻는다고 여겼다. 다산도 전전戔戔은 겹겹이 쌓인 것으로 볼 수 있지만, 전戔은 엷고 적음이니, 물이 얕고 적으면 천淺이요, 쇠가 얇고 적으면 전錢이요, 실이 엷고 가늘면 선線이요, 재물이 얇고 적으면 천賤이요, 사람이 마르고 작으면 천俴이라 하였다.[26]

옛날 요순임금은 초가에 살면서 회도 칠하지 않았으며, 우임금도 음식과 의복이 비박하고 궁실을 비루하게 하였으니, '속백전전束帛戔戔'한 것이 바로 성덕盛德의 자비自賁로 알았던 예이다.[27] 임금이 소박한 예물이라도 정성을 다해 인재를 모으는 것도 여기에 해당된다.[28] 그리고 '희喜'는 내부에서 외부로 나오는 도학적 기쁨이요, '락樂'은 내부로 들어가는 세상의 즐거움이다. 왕필처럼 5를 검박한 임금이 사치를 부리지 않고 평범하게 살아감으로 해석하는 것도 가능하다.

참고로 무소유 실천을 평생 화두로 삼고 살다 간 법정스님이 여기에 해당된다.

---

26 [說證] 賁卦가 家人卦로 간 경우인데, 家人은 은둔처사의 遯卦와 동산과 과수원을 뜻하는 中孚卦에서 왔다(☲는 초목). '賁于丘園'은 遯卦와 中孚에서 온 가인의 리☲가 빛남이다. 賁卦는 泰卦에서 왔다고 했다. 태의 곤☷은 비단인데 그 수가 열 개니[坤爲均爲旬], 열개들이 한 묶음이 '속이니 '束帛'이다. 간☶의 손과 가인의 풍☴ 끈으로 묶음이 속백이다. 卦가 泰에서 賁로, 다시 賁에서 家人으로 두 번 변함에, 곤☷의 비단이 조각이 되었고, 남은 조각은 두 조각이 되어 '잔잔해졌다. 곤☷의 조각이 자잘한 것은 본시 곤이 인색하기 때문이다. 그렇지만 중부에서 큰 리☲가 있고, 가인에서도 두 개의 리☲가 있으니 禮文에 결격이 없으니 '終吉'이라 하였고, '有喜'라 한 것 또한 위아래가 밝은 문채가 있기 때문이다.

27 『논어』, 「태백편」 : "子曰, 禹, 吾無間然矣. 非飮食, 而致孝乎鬼神, 惡衣服, 而致美乎黻冕, 卑宮室, 而盡力乎溝洫. 禹, 吾無間然矣."

28 石之珩, 『五位龜鑑』 : "신이 삼가 살펴보았습니다. 만약 근본을 돈독하게 하고 실질을 숭상하여 '예는 사치하기보다 차라리 검소하여야 한다[禮奢寧儉]'는 설을 쓰지 않는다면 마땅히 옛 주석을 따라야 할 것입니다. '묶어놓은 비단[束帛]'으로 초빙한다는 설명은 신의 얕은 소견으로 감히 두 가지를 절충할 수 없으나, 짐짓 괘상에서 논한다면 간艮卦는 山林이 되니 언덕과 동산의 상이 아니겠으며, 離卦는 문물이 되니 '비단묶음'의 상이 아니겠습니까? 육5는 부드러운 음으로 도움이 없는 유약한 임금이고, 상9는 굳센 양으로 지위가 없는 고상한 선비이니, 속백의 예물[納幣]로 언덕과 동산의 어진 이를 초빙하는 것이 바로 이 효의 뜻에 부합하고, 비단을 잘라내어 박하고 약소함으로써 하기 때문에 어진 이를 대우하는 예에 부끄러울 만합니다. 그러나 성실함을 바탕삼아 거짓으로 꾸미지 않기 때문에, 끝내 그 길함을 얻게 되니, 엎드려 바라건대, 전하께서는 세상에 고상한 어진 이가 없다고 말씀하지 마시고, 정성을 다하시어 인재를 모으소서."

사족이 필요 없다. 수행자의 삶이 어떤 것인지 그대로 보여주고 간 큰 대덕이었다. 진정한 수행인으로 아름답고 멋지게 살고 갔다[賁于丘園]. 오로지 자신을 구원하는 데 썼던 것은 한 가닥의 하얀 비단 천 한 조각뿐이었다[束帛戔戔]. 한마디로 무소유 그 자체였다. 그 삶이 비승비속으로 살아가는 속칭 수행자들이 볼 때는 시답잖은 일이었겠지만[吝] 온 천하에 눈 바로 뜬 사람들이 봤을 때는 진정한 부처처럼 살고 간 사람이었다고 모두 박수를 보냈다[六五終吉有喜也]. 나 자신도 정말 행복하게 살아야 하고 세상도 그렇다고 응답을 해야 진정한 아름다운 삶이 된다. 법정은 수행자의 삶이 무엇인지를 우리에게 그대로 그렇게 보여주고 갔다.

> **上九 白賁 无咎**
> 상9는 티 하나 없이 하얗게 꾸미니 허물없다.

비괘의 주효로 정응이 없는 자리다. 아름다운 꾸밈의 극치는 화려함이 아니고 순수함이라는 것을 아는 자다. 연치도 높고 덕이 높아 어떤 티도 없다. 주자의 설명이다. "백白은 본진本眞을 잃지 않은 소素이고, 무색無色에 회복한 허물없는 자리다." 꾸밈이 극에 달하면 소박한 곳으로 돌아온다. 밖을 장식하다 끝을 보는 자리가 바로 마음을 다스린다는 것쯤을 알고 있다. 비괘가 명이괘明夷卦로 감이 그것이다. '백비白賁(simple grace)'는 순백이요, 무색이요, 질박이라 할 수 있으며, 또 순수하고 아름다운 자연스러움이라 할 수 있다. 진흙 속에서 피어나는 아름다운 연꽃에 인위적이고 가식적인 색을 덧칠할 수는 없다. 그것은 그 자체만으로도 진정한 아름다움이요, 더 이상 꾸밀 필요가 없는 본질적인 아름다움이다.

고로 '백비白賁'는 화려함에서 소박함으로 돌아와, 순백과 무색으로 장식하며, 일체의 수식을 버리고 애초 본질적인 질박으로 되돌아온 아름다움의 최고에 도달한 경지이다. 비괘는 덮어두고 꾸미는 것이 아니라 자연스러운 윤리 규범과 미학의 경지를 숭상한다. 초9는 발걸음을 소박하게 꾸미고, 2는 바탕을 떠나서 수염 같은 꾸밈은 존재할 수 없고, 3처럼 꾸밈이 본질을 훼손해서는 안 되고, 4는 소박하고 순결한 아름다움을 지켜가고, 5는 간소하고 질박하게 하는 것이며, 상9는 순백으로 하얗게 장식함을 설명했다.

이처럼 비괘는 문文과 질質을 명제로 현상과 본질, 허상과 진상을 풀었다. 서두에 소개한 극자성과 자공의 예처럼, 천하의 일이란 문文과 질質이 함께 어울어져야 호랑이와 개가 식별된다. 만일 털을 뽑아 버리고 가죽만 가지고 범과 개를 구별하라면 쉽지 않을 것이다. 마찬가지로 "문과 질이 갖추어져야 군자와 소인이 구별된다."[29]

불법佛法으로 비를 볼 때 초9는 시비施賁, 2는 계비戒賁, 3은 인비忍賁, 4는 진비進賁, 5는 정비定賁, 상9는 혜비慧賁에 해당된다. 고로 '백비무구'는 윗자리에서 열린 자가 뜻을 얻었음을 말함이다[象日 白賁无咎 上得志也].[30] 덕과 도를 마음에 품고 초빙하기를 기리지만 가서 구하지는 않는 자가 백비이고,[31/32] 꾸밈의 끝도 백비고,[33] 잡박함이 사라짐도 백비이다.[34] 그런 고로 사치가 지나치면 박살이 나야 마

---

29 『논어』, 「안연편」 : "虎豹之鞹 猶犬羊之鞹."

30 [說證] 賁卦는 泰의 강중 2가 상으로 간 경우다. 본래 태의 상괘 곤은 흑색이었는데[坤爲黑], 賁卦가 되면서 건의 백색을 얻어 리의 문체를 이루니 '白賁'라 했다. 일반적으로 이런 논리로 봐서 양획 건☰·진☳·감☵·간☶은 백색이 된다. 巽 또한 爲多白眼이라 하였으니 백색으로 본다. '无垢'는 음이 양을 타고 있는 상이었는데, 비괘가 되면서 양이 음을 타고 있음이고, '上得志'도 앞과 마찬가지 뜻이다. 괘주라 본상만 말한다. 참고로 저녁노을이 다하고 해가 져버린 明夷가 되었다. 시작이 있었으니 종말이 있다. 공연한 정력을 낭비하지 말자. 白賁가 여기서 素服이라면 환자는 상복을 입을 것도 연상된다.

31 권근, 『周易淺見錄』 : "어진 자는 지위 없이 은둔하여 산림에 머물며 흰옷을 입고 스스로를 지키며, 평소의 뜻을 실천하면서 변치 않는 사람이므로, '白賁'이다. 덕과 도를 마음에 품고 초빙하기를 기다리지만 가서 구하지는 않으니, 무슨 허물이 있겠는가? 그러므로 여유롭게 자기의 의지대로 살아갈 수 있다. 상9는 비록 지위가 없는 곳에 있지만, 끝내는 반드시 초빙에 응해 일어나, 지위를 얻어 도를 행하여 천하를 아울러 선하게 하고자 하는 뜻을 이루게 된다. 그러므로 육5에서 '有喜'라고 한 것은 육5가 신하인 상9를 얻어 기쁜 것이고, 상9에서는 '上得志'고라 한 것은 상9가 육5의 초빙에 응하여 자신의 뜻을 행할 수 있기 때문이다."

32 송시열, 『易說』 : "호괘도 진☳이고, 뒤집어진 도전괘도 진이다. 진☳이 음양이 바뀌는 전변괘면 손☴이 되는데 손☴은 희다. 육4에서 白馬라고 한 것과 같다. 또 상9는 비괘의 끝에 있으니 꾸밈은 본래 색이 없기 때문에, 효가 맨 위에 있으며 평소의 생각을 얻으니, 이 때문에 '꾸밈을 희게 한다고 하였다. 이는 허물이 없다는 말이다."

33 김상악, 『山天易說』 : "꾸밈이 다하면 돌아와 질박하게 되므로 '꾸밈을 희게 한다' 하였다. 공자가 점을 쳐 賁卦를 얻었는데 '길하지 않다고 하자, 자공이 '비괘가 또한 좋은 것인데, 어째서 길하지 않다고 말합니까?' 하니, 공자가 '흰 것은 희고 검은 것은 검은데, 꾸미니 또 어찌 좋겠는가?'라고 하였다. 이는 賁卦의 색이 순수하지 못함을 말하는데, 상9에서 '희게 한다'는 것으로 꾸밈을 삼으므로 허물이 없다."

34 박문건, 『周易衍義』 : "'꾸밈을 희게 함은 무엇입니까? 상9는 양으로 굳센 자입니다. 아랫사람이 윗사람을 핍박할 수 없으므로 바탕을 희게 하는 꾸밈입니다. 꾸미는 때에 꾸미지 않으니 밖에 있는 자는 뜻을 얻었다고 할 만합니다."

땅하지 않겠는가.[35] 대체로 사람의 행동이 세상에서 비록 그 언행을 수식하여 항상 평소의 마음을 꾸민다면, 그 언행이 독실하고 빛이 나서 꾸미지 않더라도 저절로 꾸며진다. 어찌 한갓 그 꾸밈의 화려함만을 숭상하여 세상을 속이고 명예를 도둑질하는 것으로 삼겠는가? 배우는 자가 그 꾸밈의 상을 살펴 취하고 버려 그 합당한 것을 얻으면 어찌 혹시라도 후회와 인색함이 있겠는가?[36] 호랑이와 표범은 사치가 극이고, 비단은 실질이 많고 꾸밈이 적음을 알 수 있다.[37/38]

---

35 심대윤,『周易象義占法』: "賁卦가 明夷卦로 바뀌었으니, 밝음이 어두워진다. 상9는 굳센 양으로 부드러운 음의 자리에 있고, 비괘의 끝에 처하여 그 실질이 아름다운 것으로 꾸밈의 끝을 이루니, 휘황함이 서로 비추고 영롱함이 서로 가리어, 그 색을 분변하지 못하며, 또 화려하고 아름다움이 지극하여 본래의 문채가 꾸민 흔적이 없어서, 모두 明夷의 뜻이다. 그러므로 '꾸밈을 희게 한다고 하였다.'"

36 박종영,「經旨蒙解·周易」: "大凡人之行, 于世雖修飾其言行, 而常持賁素之心, 則其言行篤實輝光, 不期賁而自賁矣. 何可徒尙其文華, 以爲欺世而盜名也. …"

37 윤행임,『薪湖隨筆·易』: "호랑이와 표범의 가죽이[虎豹之鞹] 비록 개나 양의 가죽과 같으나[雖如犬羊之鞹], 화장은 바탕의 뒤다[繪事後素]'는 것은, 희어야 채색을 받아들일 수 있기 때문에, 상9에서 '白賁'를 중하게 여김을 알 수 있다. 이는 대체로 꾸밈이 이기는 폐단을 바로잡는 까닭이다. 만약 군자라면 꾸밈과 실질이 서로 대등하지만[文質相當], 꾸밈을 희게 함이 허물이 없게 됨은, 곧 사치하기보다는 차라리 검소해야 한다는 뜻이다[與奢寧儉之意]."

38 김기례,「易要選義綱目」: "艮의 몸체는 도탑고 성실하다. 賁卦 끝에 처하여 꾸밈이 변하여 실질이 된다. 화장은 바탕의 뒤서서 서로 반대되는 이치인데, 실질이 많으면 꾸미고 꾸밈이 많으면 실질로 돌아감은 이치의 항상됨이다[繪事後素, 相反之理, 而質多則文, 文多則質, 理之常也]. '비단은 실질이 많고 꾸밈이 적으므로 길하며, '희게 함'은 실질을 순수하게 하므로 허물이 없다."

외괘
山(艮=止)

내괘
地(坤=柔順)

23. 산지박山地剝
Splitting apart

박살내야 할 놈은 박살내야 하고 씨앗 받을 놈은 씨앗 받아야 할 때다. 아랫사람들에게 후하게 대하며 살아온 자라면 멱살이 잡혀서 패대기를 당하지 않을 것이고, 집안을 편안하게 이끌었다면 가족들로부터 외면당하지 않을 것이다.

剝 不利有攸往
깎이고 떨어져 박살날 일이 생겨날 때이니 갈 곳이 있으면 불리하다.

『주역』은 군자 위주의 글이다. 박剝은 음陰이 점차 자라 올라오며 양을 갉아먹고 군자는 홀로 갈 곳 없어 하는 상황이다. 음이 한 발짝만 더 밀고 올라오면 양은 떨어져 머리가 깨지고 박살(Crash)이 난다. 그러니 양은 더 이상 갈 곳이 없다[剝不利有攸往]. 그래서 박을 박살(Shatter), 박탈(Deprivation), 내려깎음, 옷을 강제로 벗김 등으로 표현한다. 곧 우뚝 솟은 산이 비바람의 침식작용으로 인해 서서히 붕괴되어 가는 상이 박이다.[1] 또한 나무의 껍질을 벗기는 것처럼 오이를 벗기고, 파를 벗기는 것도 박이고, 또 『시경』 「빈풍」 7월의 노래 중 '대추를 내려침'도 박이다.[2] 건乾의 본궁이 구姤에서 박剝으로 감에 시기적으로는 낙엽이 떨어지는 9월이다. 한 달이 지나면 양의 종자가 완전히 사라지는 10월■로 소인이 판을 치면 군자가 어쩔 수 없이 곤궁에 처한다. 그래도 아직은 종자가 될 놈은 가지 끝에 매달아 두고 씨받을 놈은 씨를 받을 것이다. 그러기에 군자는 시절에 순응해 나

---

1 剝卦는 乾卦로부터 왔다. 姤卦 이래로 양이 하나씩 사라지니 마치 몸에 걸친 옷이 벗겨짐과 같고, 침상의 이부자리를 걷어냄과 같다. 고로 박괘에서는 乾의 옷이 모두 벗겨지고 겉옷 하나만 겨우 남은 상황이니 '박'이다. 박은 큰 艮으로 좁은 길 '徑路'로 가기 힘이 드니 '不利有攸往'이다.

2 『周易四箋』: 剝者撲也. 自姤以往 乾之木瓜 打撲殆盡 此剝也 又 剝者祿也 人去衣曰剝 器去冪曰剝 牀去席曰剝 [菜去皮曰剝 如剝瓜 剝蔥] 祿之謂剝也.

가며 끝까지 살아남아, 천지에 종자가 되어야 함을 박에서 알리고 있다. 그래서 박을 깎아내림(smash), 문드러짐(decompose)이라 하였다. 병은 자각증상이 없는 중병이요, 실각과 파산이 찾아드는 위험한 때이고, 날씨로는 벼락치는 날이다.[3]

다음은 이런 위험천만한 박을 잘 파악하고 대처하라는 단사의 주문이다. "박은 박락으로[剝 剝也], 소인의 기운이 자라날 때인지라 무리한 일을 벌이면 불리하다[不利有攸往 小人長也]. 소인이 군자를 위험한 코너로 몰아가고 있으니 이런 때를 잘 살피고 시세에 순응하여 멈추어야 할 자리에 딱 멈추도록 해야 할 것이다[柔變剛也 順而止之觀象也]. 이것은 군자만이 영허소식盈虛消息을 하는 천행의 법칙을 잘 따라갈 수 있기 때문이다[君子尙消息盈虛 天行也]."[4]

박괘의 운세는 양이 음에게 강탈을 당할 찰나를 맞고 있다. 악이 성할 때는 하늘도 어쩔 수 없다. 이때는 선의가 통하지 않으니, 가을바람에 옷을 벗은 나무처럼 고스란히 박락의 고비를 넘겨야 한다. 그러나 마지막까지 남아 있던 한 개의 열매가 떨어질지라도 다시 봄을 맞으면 그 싹을 틔워낸다는 큰 뜻도 숨기고 있다. 이처럼 기력이 회복될 때까지 자연의 섭리에 조용히 순응하는 자세도 중요하다. 『주자어류』에 '박복태비剝復泰否'의 원리로 정원을 만든 「장주묘암도」의 원리가 아주 재미있다.[5]

---

3 「서괘전」: "剝, 剝也." / 「잡괘전」: "剝, 爛也."

4 剝卦는 乾卦로부터 점차 양이 음에 의해 깎이게 되니 '柔變剛'이요, 또 '艮'은 소인이라 剝에 이르면 '小人長'이요, '不利有攸往'은 坤의 順과 艮의 멈춤이다. 그리고 '天行'은 양이 꺼지면 음이 자라나고, 乾이 충만하면 坤의 공허가 있으니, 곧 이것이 춘하추동의 질서며, 進退存亡의 근거가 된다.

5 『영조실록』 영조 22년(1746) 9월 2일 : 「장주묘암도」란 송나라 주자가 漳州지사를 지내던 시절 활 쏘는 터에 『주역』의 원리에 입각하여 후원을 꾸미며 茆菴을 지은 일이 있었던 바 그것을 그림으로 그린 것이다. 주자가 장주에 묘암을 지은 얘기는 『朱子語類』에 상세히 실려 있다. 영조가 어느 날 문득 이 책을 읽다가 크게 감동하여 「장주묘암도」를 그림으로 그리라고 명을 내렸다. 영조가 감명 깊게 읽었다는 『주자어류』의 『茆菴圖記』 내용은 다음과 같다. "후원은 우물 井자 모양으로 9개의 구획으로 나누었다. 한가운데는 석축으로 높게 단을 쌓았다. 가운데 줄의 뒷부분에는 초가로 묘암을 짓고, 집에는 세 개의 창을 냈다. 왼쪽 창살은 泰卦, 오른쪽 창살은 否卦, 뒷창살은 復卦, 앞문은 剝卦가 된다. 이 묘암 앞에는 작은 초가집을 붙여 지었다. 맨 아래 구획에는 작은 초가로 정자를 세웠다. 좌우의 세 개 구획의 각 열에는 복숭아나무와 오얏나무를 심었고 그 사이에는 매화나무를 심었다. 아홉 개의 구획 주변에는 대나무를 심어 빙 둘러싸게 했다. 선생께서는 이날 묘암을 완성하고서 그 사이를 돌아보고 제자들에게 웃으며 이르기를 '여기에는 위로 천하를 다스리는 아홉 가지 큰 법칙[九疇]에 八卦의 형상이 있고, 아래로는 세상의 땅을 九州로 나누는 八陳의 圖形 방법이 있다'고 말하였다."

> 象曰 山附地上 剝 上以 厚下 安宅
>
> 상왈, 산이 땅에 붙어 있는 것이 박이니 윗사람으로서는 아랫사람에게 후하게 대
> 하여 집안을 편안하게 해야 한다.

윗자리에 있는 사람이 아랫사람들에게 후하게 대해야만 그 자리가 편안하다. '안택安宅'은 불길한 기운이 판치는 세상에서 일신을 편안하게 가지는 것이 무엇보다도 소중하다. 왕필이 말했다. "아래를 후하게 하면 그 자리가 꺾이지 않고, 집안을 편안하게 하면 사물이 각자의 처소를 잃지 않는다. 그러니 '후하안택厚下安宅'이 바로 박을 다스리는 도이다[治剝之道]."

정자 역시 박락은 반드시 아래에서 기인하였기에, "남들 위에 있는 사람은 반드시 이 이치를 알아야만 인민을 안양安養하게 할 수 있다. 『서경』에서도 백성은 오직 나라의 근본이니 근본이 안정되어야 나라가 안녕할 수 있다" 한 까닭이 그것이다. 군주가 백성을 대함은 생계를 이루고 집안을 편안하게 한 뒤에야 윗사람을 섬길 수 있다는 사실을 알만하다.[6]

육십사괘 가운데 박괘만 아름답지 못하니, 곧음을 업신여기는 흉함은 군자가 편안하게 여기는 것이 아니므로 '위에서 그것을 본받으라' 한 것이다. 상9에서 '군자'라 했으니, 군자의 도는 끝내 없어질 수 없다.[7] '상上'은 성인聖人·선왕先王·군자君子를 가르킨다.[8/9] 이런 '후하안택'은 음양소장하는 자연의 질서를 알려주고 있

유홍준, 『화인열전 1』, 288쪽 참조 "애당초 『주역』을 모르는 사람은 이 그림을 그릴 수가 없는데 누구나 말하듯 겸재는 『주역』에 밝았다. 아마도 이런 인연이 있었기에 영조도 겸재를 화공으로 보지 않고 문인으로 대접하여 이름을 부르지 않고 호로 불렀다는 것이 아닐까 생각이 된다."

6 이만부, 「易大象便覽」: "祿을 베풀어 아랫사람에게 미치는 것은 『중용』의 이른바 '충심으로 대하고 녹을 많이 준다'는 것이 이것입니다. '아래를 두텁게 하여 집을 편안하게 함은 『맹자』의 이른바 '백성의 생업을 제정함이 우러러 부모를 섬길만하게 하고, 아래로 자식을 기를만하게 한다'는 것이 이것입니다. 신하를 대접함은 녹이 농사짓는 것을 대신할만한 뒤에야 맡은 일을 책임질 수 있으며, 백성을 대함은 생계를 이루고 집안을 편안하게 한 뒤에야 윗사람을 섬길 수 있는 것입니다."

7 김상악, 『山天易說』: "'上'은 남의 위가 된 자, '厚下'는 곤☷의 상, '安宅'은 간☶의 상이다. 64괘 이름 가운데 剝卦만 아름답지 못하니[惟剝不美], 곧음을 업신여기는 흉함은[蔑貞之凶] 군자가 편안하게 여기는 것이 아니므로[非君子所安], '위에서 그것을 본받으라[上以]'고 하였다. 그러나 상9에서 곧 '군자'라고 말했으니, 군자의 도는 끝내 없어질 수 없다[君子之道, 終不可无也]."

8 김기례, 「易要選義綱目」: "성인이 양을 돕는다는 뜻에서 다섯 음을 버리고 일양을 취하여 '아래를 두텁게 한다[厚下]'고 했다. 5음이 반드시 위가 두텁게 함을 기다려서 지극해지는 것은 아닌

다.[10] 산이 땅에 붙어야만 든든한 것은 천자가 백성에게 신임을 얻어 그 뿌리를 깊이 하는 것과 같다. "백성이 만족하다는데 임금이 어찌 부족할 수 있겠는가? 아래를 후하게 해야만 안택할 것이니 이는 바로 박을 구하는 묘책이다. 위로 나가려 하는 자는 발 아래를 잘 살펴야 할 것이다."[11/12]

다음은 백가종사百家宗師 강태공이 '후하厚下'를 하지 않으면 안 된다는 이유를 설하는 장면이다. "정치 중 가장 못난 정치는 백성과 다투는 정치다. 백성을 힘들게 하는 통치자나 관리는 그 어느 누구든 반드시 벌을 받아야 한다. 천하는 한 사람의 천하가 아니라 천하의 천하이다. 천하와 이익을 나누는 자는 천하를 얻고, 천하의 이익을 혼자서 차지하려는 자는 마침내 천하를 잃고야 만다. 그러니 소인배들은 모조리 죽여서 후환의 씨를 남기지 말아야 할 것이다. 그리고 또 죄가 있

데, 어째서 반드시 두텁게 함을 더해야 하는가? 대체로 성인은 덕이 있는 이를 후대하고, 어진 이를 믿어서 오랑캐도 따라와 복종함이, 아래를 두텁게 하는 것이 아니고 무엇이겠는가? '집을 편안하게 함[安宅]'은 인을 베풀어서 백성의 거처를 편안히 함을 말한다."

9 서유신, 『易義擬言』: "'산과 땅이 붙어 있음[山附地]'은 나누면 산과 땅이 되지만, 총괄하면 흙이라는 한 물건이 되기 때문에 '산이 땅 위에 붙어 있다[山附地上]'고 하였다. 태산은 높고 크며 우뚝 솟아, 바람이 깎아내고 비가 씻어내어 돌이 부서지고 흙이 깎여나가, 날로 사라지고 깎임이 있더라도 오랜 세월을 이어 무너지지 않는 것은, 그 아래가 두터운 땅에 붙어 있기 때문이다. 산이 땅에 붙어 있는 상을 살펴서 그 아래를 두텁게 하여, 그 거처를 편안하게 하므로 비록 높으나 위태롭지 않은 것이니, 아래를 두텁게 하는 도는 곧 위를 덜어내는 데 있다. 아래를 두텁게 함은 땅과 같고, 집을 편안하게 함은 산과 같으니, 艮卦의 문이 집의 상이 된다."

10 김도, 「周易淺說」: "대개 음양이 사라지고 자라남은 저절로 그러한 이치이다. 이것이 자라면 저것이 사라지고, 이것이 사라지면 저것이 자라나는데, 박괘는 여러 양이 사라지고 깎임이 이미 다하여, 오직 상9 한 효만 여전히 남아 있으니, 군자의 도가 사라지고, 소인의 도가 매우 왕성한 때이다. 천하의 이치는 아래를 얕게 하여 위를 받들면 위가 위태롭고 불안하며, 위를 덜어서 아래를 보태면 위가 편안하고 위태롭지 않으니, 위가 편안하면 아래도 편안하고, 위가 위태로우면 아래도 반드시 어렵다. 아래가 어렵고 위가 위태로우면 천하에 망하지 않는 자가 없으니, 어찌 두렵지 않겠는가? 대개 군자가 비록 사라지고 깎이는 때에 처하더라도, 마음을 다잡아 느긋하게 인내하여 양이 회복될 날을 기다림이 옳을 것이니, 어찌 여러 음이 함께 나아감에 분노하여, 힘을 다하여 막아서 스스로 문드러지는 화를 취하겠는가? 아! 그것이 두려운 것이다."

11 심대윤, 『周易象義占法』: "아래 백성은 그 위를 변화시킬 수 있으니, 위에서 그것을 본받아 아래를 두텁게 하여, 집을 편안하게 함이 기초를 두텁게 하는 것이다. 군자가 덕을 닦아 기초를 두텁게 해서, 많은 것에서 덜고 거두어 적은 사람에게 보태주고, 기초가 두터운 것을 깎아내어, 다른 사람의 세력을 그치게 한다. '아래를 두텁게 함'은 곤괘☷☷의 상이고, '집을 편안하게 함'은 간괘☶☶의 상이다."

12 지욱, 『주역선해』: "山附于地 所謂得乎丘民而爲天子也 百姓足 君孰與不足 故厚下乃可安宅 此救剝之妙策也. 向上事觀脚下."

는 자와 죄가 없는 자를 가려서 응분의 처분을 내려야 할 것이다."[13]

> **初六 剝牀以足 蔑貞 凶**
> 초6은 평상의 다리가 부러진다. 바른 것이 망가지면 흉하다.

박剝을 평상에 비유하여 설명한다. 상9는 평상 위의 널판으로 군자에 비유하였고, 나머지 음들은 널판을 받치고 있는 다리로 비유하였다. 다리가 부러지니[剝牀以足] 바로 서려고 하는 의지가 사라진다[蔑貞]. 부패가 심해지고 기강이 문란해지면 위기가 발밑으로부터 스며들고 그 질서까지도 무너지니 흉할 수밖에 없다.

그런데 동파는 비록 다리가 부러지고 바로 서려는 의지가 사라졌다 하더라도, 아직은 완전한 흉에 이른 것이 아니라 한다. 소인에게는 올바른 일을 완전히 없애면 흉이 반드시 일어나지만, 남아 있는 선이 조금이라도 있다면 군자에게는 스스로 그 남은 선이라도 품기 때문에 한 가닥의 희망을 버리지 않는다. 그 이유인즉 군자가 소인을 대할 때에는 산山만한 악이 있어도 미워하지 않으며, 머리털만한 선이라도 있는 것을 다행으로 여기기 때문이다. 이는 아직은 초6을 꾀고 부추기는 응이 없는 탓이다.

공자가 주석한다. "평상의 다리가 부러진다는 것은 아래가 사라지기 때문이다[象曰 剝牀以足 以滅下也]." 이를 선해禪解하면, 정도를 지키려는 양민이 사라지고, 음해하고 비방하며 질서를 파괴하는 악민惡民이 들끓으니, 절 집안에도 악가람민惡伽藍民이 가득할 것이다.[14] '멸蔑'은 '멸滅'이고 '족足'은 '하下'다.

다산은 초6을 박괘剝卦가 이괘頤卦로 간 경우로, 임금의 사랑을 잃은 허물이 다리에 있다고 본다.[15/16]

---

13 트럼프대통령의 압박작전에 헐리우드 모선을 취하는 김정은도 剝卦의 표본이다. 참고로 튀니지의 벤알리 대통령의 재산은 9조원, 이집트의 무바르크 대통령은 78조원, 리비아의 카다피 대통령은 760조인데, 그 중 42년간 철권으로 통치하던 카다피는 황금권총을 들고 황금모자를 쓰고 황금침대에서 뒹굴던 시절을 뒤로 하고 고향 땅 하수구에서 시민군에 의해 최후를 맞았다(2011년 10월 24일). 김정은의 최후도 멀지 않았다.

14 지욱, 『주역선해』, 485쪽.

15 '寢牀'에는 반드시 대자리를 깔고, 대자리 위에 삿자리를 깔고, 그 위에 요를 깔고, 그 위에 다시 이불을 덮는데, 이런 것들이 갖추어진 뒤라야 부부가 잠자리에 들기에 '牀'이라 한 것이다. 박괘는 姤卦로부터 온다. 姤는 왕비를 상징한다(震은 군주). 고로 구괘 때는 침상 위에 대자리, 삿자

> 六二 剝牀以辨 蔑貞 凶
> 육2는 평상 다리에 붙은 살대(횡목)가 부러진다. 바른 것이 망가지니 흉하다.

유순하고 중정한 육2라도 박의 시절에는 군중들 전체가 걷잡을 수 없이 무너지는 때라 유순과 중정이 통하지 않는다. '변辨'은 인체에 비유하면 오금으로, 평상의 면과 다리를 연결하여 받쳐주는 '살대' 즉, 횡목橫木을 말한다. 초6에선 '다리를 자르더니[剝足] 이젠 '박변剝辨'으로 차츰 그 위험의 수위가 깊이 파고들어 온다. 그러나 공자의 "살대가 부러지니 함께하지 않았다[象曰 剝牀以辨 未有與也]"는 주석을 보면, 2가 그나마 유순중정하니 폭도들과 함께 무리한 행동으로 옮기지는 않은 것 같다.

동파는 여기서 이렇게 설한다. "소인의 악행은 그 무리들과 함께하여야 앞뒤 없이 과감하여 지는데, 아직 다른 이들과 함께하지를 않았다면 스스로 부끄러워서 아직은 행동으로 옮기기 직전과 같다." 왕필의 관점도 다르지 않다. "박의 도가 차차로 자라나서 살대까지 깎인다. 조금씩 평상에 가까워지며 사람이 앉아 있는 곳까지 다가온다. 2같이 유순 중정한 바른 자도 깎이는 것을 보고, 정도를 흠모하는 자들이 떠나지 않을까 염려한다."

다산은 임금의 총애를 잃은 원인이 허벅다리에 있다고 본다.[17] 빌헬름의 해석은 역시 서구적이다. "분명히 위험한 징조가 보인다. 이런 위험 속에서도 위아래로부터 어떤 도움도 없다. 이때는 즉시 위험으로부터 비켜나야 옳다. 어려운 때에 고집스럽게 소신만을 밀어붙인다면 몰락을 보고 말 것이다." 고로 2의 상황은 신

리, 요, 이불을 다 갖추고 임금의 사랑을 받들었다. 그런데 遯卦 이후로 음의 덕이 날로 교만해져 박괘에 이르러 빈 침상이 차갑게 벗겨져 있으니, 왕후가 임금의 총애를 잃은 상이라, 이를 곧 '박상'이라 한 것이다. 그러니 '足滅'이란 震의 소멸이다.

16 사랑으로 얻은 자리라면 사랑하는 임을 잃으니 그 재앙은 다리에 허물이 있다. 또 괘상이 노모의 과보호를 받고 자란 막내아들이 자제력을 잃고 가산을 탕진하는 꼴이다. 소득과 쓰임새가 서로 상반되니 재물은 애써 구하지 말라.

17 剝卦가 蒙卦로 간다. '辨' 자는 '사타구니'를 뜻한다. 鄭玄도 '辨'을 '무릎 근처 아랫부분'이라 하였다. 또 장단지와 허벅지는 굽히면 서로 가까워지고 펴면 서로 멀어지는 까닭에 '辨'이라 하는 것이니 '辨'은 '分' 즉 '나눔'의 뜻이 있다. '辨蔑'은 巽의 소멸로(巽은 허벅다리 股, 사타구니 辨이 된다), 姤卦가 장차 剝卦로 됨에 巽의 허벅다리가 소멸하니, 왕비가 임금의 총애를 잃고 침상의 이불을 박탈당하는 재앙을 입는 상이다. '貞凶'은 2가 蒙의 坎이 되니 勞役의 상에서 사업의 흉이고, '未有與'는 박의 2와 5가 敵應함이다.

하라도 악신惡臣이 되고, 시주가 되어도 악단월惡檀越이 되고, 선정을 깨는 박손선
정剝損禪定이 되니, 바로 정定이 없다면 산란하여 능히 이치를 분별하지 못하니
이는 응여應與하는 자가 없는 탓이다.[18/19]

> 六三 剝之 无咎
> 육3은 깎이고 부서져도 탈이 없다.

　부중하고 부정하지만 주효 상9와 상응하는 유일한 자리다. 더구나 상9의 가르
침을 따르는 자로 허물 또한 없다[剝之无咎]. 소인들의 그룹 속에 있지만 유일하게
군자의 말에 귀를 기울이며 따르는 열린 자다. 『주역』은 군자와 소인의 씨를 따
로 두지 않는다. 다만 그 용심지도에 있어서 군자냐 소인이냐가 나뉠 뿐이다. 그
러기에 육3은 박의 시절을 맞아 "소인들과의 인연을 끊고 결별하는 것[象曰 剝之
无咎 失上下也]"으로 보았다. 이것은 박락이 잠시 멈추는 모양새로, 군중들 속에
한 친구가 상9(군자, 정부, 정당, 회사)를 적극적으로 지지하고 나서자 박지간剝之艮
으로 폭도들의 질주가 잠시 소강상태에 들어 멈추는 때다. 그러니 3을 칭하여 "세
법世法에는 소인과 섞여 사는 군자요, 불법佛法에는 정견正見이 있는 외호外護가
되고, 관심觀心에는 지혜를 씀에 지혜에 집착하지 않는 자"라 한다.
　이어 다산은 박괘剝卦가 간괘艮卦로 간 것을 보고 '박지剝之'는 간艮 자체가 박
괘剝卦기에 그대로 썼고, '무구无咎'는 음 자리에 간艮의 양이 돌아온 까닭이며, '실
상하失上下'는 간괘艮卦가 되어 3과 상이 적응敵應한 관계라 한다.[20]

18　지욱, 『주역선해』, 486쪽.

19　여우를 피하려다 호랑이를 만난 격으로 갈수록 태산이다. 미덥다고 여겼던 아랫사람이 배신하
　　는 일을 당하는 꼴이니, 믿고 있던 사람을 추천도 하지 말고 돈거래도 하지 말라(剝之蒙 : 巳→
　　辰, 官→印).

20　무너지는 급박한 상황이 잠시 멈추는 상이다. 예로, 떨어지는 인기와 주가가 멈추고 반전한다.
　　세상 인심이 다 죽는다고 해도 나는 피해를 줄이는 행운을 맞는다. 그러나 세태가 나와 같지
　　않으니 분수를 지켜야 좋다.

> 六四 剝牀以膚 凶
> 육4는 평상의 피부[앉는 자리]마저 부서지니 흉하다.

위험이 신변에까지 임박했다. '부膚'는 평상에서 사람 엉덩이가 닿는 상판이다. 재앙이 절박한 상황에 도달했다[象日 剝牀以膚 切近災也]. 무언가 숨가쁘게 돌아가고 있다. 초6과 2의 다리가 잘리고, 오금이 파괴되어도 백성들은 이런 소요의 사태를 즐기며 부화뇌동하지만, 이제는 피부까지 올라왔고 위험수위가 심장까지 찌르고 들어온다. 나라의 입장이라면 궁궐 안의 비서실장이나 경호실장에게까지 총칼을 들이대고 목을 겨누는 위기다. 가정이라면 살을 맞대고 사는 부부 간에 이미 그 정이 끊어지고[剝膚] 더 이상 한 밥상에 앉아 수저를 들거나 한 이불을 덮고 살아갈 수 없게 되었다. 그러니 주공처럼 "멸정蔑貞이란 말도 할 겨를 없이 흉하다."

하괘는 평상에 비유하고, 상괘는 몸에 비유했다. 이제 박剝이 신부身膚에 이르렀으니 어쩌랴. 다산은 부부가 지나치게 살을 섞은 탓에 온 재앙으로 보기도 했다.[21] "세법으로는 악재보惡宰輔가 되고, 불법에는 악비구惡比丘가 되고, 관심에는 일체인과一切因果를 박무剝無함이니, 재앙이 절박해 옴을 경계한 것이다."[22]

연산군 조에 충신 홍귀달이 일신을 아끼지 않고 국가의 '환란[剝牀]'을 걱정하며 임금을 꾸짖는 소리가 높다.[23/24]

---

21 剝卦가 晉卦로 간 경우로 晉卦는 觀卦와 小過卦에서 왔기에, 巽의 왕후(觀의 巽)와 震의 군주(小過의 震)는 본래 짝이었다. 그런데 晉卦가 되면 巽의 왕후와 震의 군주가 坤의 살을 맞대는데, 巽의 침상 위에 강 하나가 또 벗겨지니(巽의 中이 단절됨), 이를 '剝牀以膚' 즉 '침상을 걷어내게 된 이유는 살을 함부로 섞은 탓으로 보았다. '災'는 火의 재앙이고, 부부지간에도 그 살을 함부로 섞으면 지아비의 참된 사랑이 단절되니(乾이 단절된 离의 상), 바로 '切近災'이다.

22 지욱, 『주역선해』, 488쪽.

23 『조선왕조실록』 연산군 5년(1499) 9월 16일 : 좌참찬 洪貴達이 이르기를, "작년과 올해에 평안·함경의 두 도에서 변경의 백성이 살해되고 잡혀간 자가 없는 달이 없으며, 심지어 한 달에 두 번도 있었으니, 그 실망은 한둘로 셀 수가 없습니다. 선왕이 사시로 사냥하는 것은 武事를 강습하고 새·짐승을 종묘에 드리는 것이니, 원래 폐지할 수 없으나 어찌 이것을 으레 하는 일로 하오리까. 변방 지역이 편안하고 사방에 근심이 없더라도 안일한 데에 젖어 있을 수 없는 일인데, 이런 시기에 무사를 강습하고 군사를 다스리는 행사와 3면으로 몰아서[三驅] 피를 드리는 예를 가졌다가, 만일 剝牀의 재앙과 目前의 우환이 있게 된다면 例事에만 하필 얽매어서 구차스럽게 급하지 않은 일을 하오리까" 하였다. 史臣이 말한다. "왕이 홍귀달을 사랑하여 정승을 삼으려고까지 하였는데, 그는 마음을 다하여 언제나 治道의 득실을 극도로 논란하니, 왕이 자못 싫어하였다. 그러자 자제들이 간하기를, '말을 좀 순하게 하옵소서' 하니, 홍귀달은 답하기를 '布衣의

> 六五 貫魚 以宮人寵 无不利
>
> 육5는 물고기를 꿩다리에 꿰듯 궁인들을 사랑하니 불리할 것이 없다.

　5는 다섯 음들의 수장으로 모든 음을 한 곳으로 모아[貫魚, A shoal of fishes] 함께 상9로 가는 박괘의 주효다. 물고기는 겉은 화려하게 보여도 속은 빨리 변하는 음물이다. 이들은 서로를 물고 뜯고 자해할 위험이 있는지라 5가 이들의 기강을 다스릴 필요가 있다. 고로 한 줄로 끼우는 막대기(꿩다리)가 필요했다. 이는 내명부를 다스리는 왕후가 아래의 궁인들에게 임금의 사랑을 받게해 주면[以宮人寵] 박락을 면할 뿐만 아니라 불리할 일도 생기지 않는다[无不利].[25] 5는 박의 끝자리에서 소인에게도 선으로 가는 길을 열어 준 모양이다.[26] 소인이 뜻을 얻이 고요하면 도리어 군자의 쓰임이 됨을 본다.[27] 5음이 전부 부양억음扶陽抑陰의 뜻을 지닌다.[28] 임금은 반드시 박괘의 도를 알아야 할 것이다.[29]

몸으로 지위가 이미 극에 달하였으니, 다시 무엇을 바라겠느냐. 오직 부지런히 힘쓰며 나의 마음을 다할 뿐이다라고 하였다."

24　剝之䷖이라 도와줄 귀인이 도리어 해가 된다. 성인도 시세와 풍속을 따른다.

25　침상에 아직도 이부자리가 깔려 있기에(관괘 5는 침상이 되고 상은 요가 된다), 여타 효사처럼 '剝牀'이 아니고, '무불리'가 되고(巽爲近利市三倍), '終无尤'가 된 것이다.

26　정이천, 『이천역전』: "깎아냄이 임금의 자리까지 미쳐 궁극에 이르니 그 흉을 알 수 있다. 그러므로 다시 깎아냄을 말하지 않고 별도로 의미를 세워서 소인이 善으로 옮겨가는 문을 열어주었다."

27　심대윤, 『周易象義占法』: "5가 觀卦로 가니 음의 우두머리가 되고, 우러러 보는 바가 되어 상9에게 공손하므로, '貫魚以宮人寵'이라 하였다. 손䷸의 끈과 간䷳의 취함이 '貫'이 되며, 다섯 음이 모두 간괘의 아래에 있으므로 '魚'라 하였다. 같은 무리를 이끌며 아첨하고 공손하며, 윗사람을 섬기면서도 다른 뜻이 없는 것이 군자의 이로움이다. 깎아내는 때는 임금의 자리와 중정함을 논하지 않는다. 양은 음의 도움을 얻지 못하면 한 해의 공을 이루지 못하고[陽不得陰之助, 不成歲功], 군자는 소인의 힘을 빌리지 않으면 훌륭한 일을 할 수 없으며[君子不藉小人之力, 不能以有爲], 음이 뜻을 얻지 못하고 움직이면 양을 깎아내고[陰不得意而動, 則剝乎陽], 소인이 뜻을 얻어 고요하면 도리어 군자의 쓰임이 된다[小人得意而靜, 則反爲君之子用矣]. 산이 땅 위에 있어 땅이 움직이면 산을 깎아내고, 땅이 고요하면 산이 우뚝 솟으며, 땅은 산이 높게 됨을 믿고, 산은 땅이 기초가 됨을 믿으니], 움직이면 서로 해가 되고, 고요하면 서로 이롭게 된다."

28　조호익, 『易象說』: "괘를 보면 위는 꽉 차고 아래는 비었으니 평상의 상이 있고, 두 몸체로 말하면 하체는 평상이고 상체는 사람이다. 그러므로 초는 평상의 다리, 2는 평상의 받침나무, 3은 몸이 평상에 닿는 때인데 깎임을 말하지 않은 것은 위태롭게 하기 때문이며, 4는 그 살갗이고, 5는 그 心腹이니, 깎아냄이 심복에 이르면 몸이 또 없어진다. 성인이 그것을 걱정하므로 별도로 양에게 제재되는 뜻을 취하였으니, 이는 양을 북돋우고 음을 억누르려는 뜻이다. 박괘는 양을 소멸시키는 괘인데, 오히려 다행히 한 양이 맨 위에 있으므로 아래의 다섯 효가 모두 이것으로 인하여 뜻을 취했다."

"옛날 왕비나 유순한 왕은 궁녀들 간에 다툼이 나지 않도록 물고기를 엮어 꿰듯 서열을 매기고 규율을 세웠다. 고대에 중국 황실의 내명부 의전儀典에 의하면, 보름날은 왕비가 왕을 침실로 모시고, 보름 이전에는 신분이 낮은 궁녀에서부터 높은 궁녀들로 모시게 했다. 보름날 이후에는 거꾸로 높은 궁녀에서부터 낮은 궁녀로 모시게 했다."[30] "한漢의 선비가 이를 풀었는데, 저녁을 맞아서는 한 황후皇后와 3부인夫人과 9빈嬪과 27세부世婦와 81어첩御妾이 물고기가 꿰어진 순서처럼 임금을 모셨다. 후한後漢의 양梁 황후가 말하길, '바라건대 폐하께서는 구름과 비처럼 고른 은택을 생각하시고 물고기가 꿰어진 순서를 아시옵소서!'라고 전하고 있다."[31] 5는 이런 처신을 알기 때문에 위험한 박락剝落을 맞을 때에도 전혀 불리하지 않았다. 공자가 "궁인들을 사랑하는데 질서를 잡아준다면 끝내는 걱정이 없었을 것[象曰 以宮人寵 終无尤也]"이라고 풀이한 이유도 그것이다.[32] 다산에 의하면 여기 5는 초6으로부터 올라온 천한 여성이라 궁인들을 사랑할 줄 알았다. 중천건重天乾의 5세로 풍지관風地觀이 된 자리다.

---

29 석지형, 『五位龜鑑』 : "5에서 임금의 지위를 취하지 않고 여러 음 가운데 우두머리가 됨은, 여러 宮妾을 무리지어서 일 양에게 제재받고자 하기 때문입니다. 대체로 간☶은 내시[閽寺]가 되고 곤☷은 여러 음이 되는데, 여러 음의 모인 것이 궁궐만한 것이 없고, 내시가 실로 출입을 관장하므로 궁인의 상을 취했습니다. '물고기를 꿴다고 한 것은 음의 물건 가운데 차례가 있는 것을 취하여 말한 것입니다. 괘의 효로 여러 궁중의 차례에 짝하면, 5는 황후의 자리가 되고, 4는 夫人이 되고, 3은 아홉의 賓이 되고, 2는 후궁[世婦]이 되고, 초는 궁녀[御妻]가 되는데, 황후가 모두 통솔하여 다스려서 임금에게 총애를 받습니다. 이것이 물고기를 꿰어 총애를 받는다는 뜻이 되는데, 이른바 '총애'는 궁인에 대한 총애로 총애할 뿐이니, 바깥일에 간여함이 없음을 알 수 있습니다. 성인이 박괘의 임금 자리에서 특별히 이 뜻을 펼쳤으니, 그 말 밖에 숨은 경계가 매우 깊고 절실합니다. 임금께서는 알지 않을 수 없으니, 엎드려 바라건대 임금께서는 깊이 살피소서."

30 Huang, 『The Complete I Ching』, 391쪽.

31 『後漢書』 권2를 인용한 다산의 『주역사전』 : "剝卦가 觀卦로 온 경우다. 觀卦는 卦卦로부터 착종되었다. 卦卦에서는 坎의 물 밑에 巽의 물고기가 숨어 있다. 그런데 卦卦가 착종하여 觀卦가 되면 震의 대나무 장대와 兌의 낚시 바늘과 巽의 낚싯줄을 높이 달아 올리니 '貫魚'가 된다. 또 卦卦는 臨卦에서 왔기에, 본래 兌의 첩 신분으로 坤의 왕후 아래에 있으면서도 坎의 궁궐 아래 거처하였으니 '宮人'이라 한 것이다. 다시 卦卦가 착종하여 觀卦가 되면 巽의 비천한 신분이 갑자기 상승하여 후비가 됨에, 높은 사람으로부터 총애가 비길 데 없으니 '以宮人寵'이라 했다.

32 홀로 무리한 욕심을 내는 일은 불가하다. 나누어 가질 줄 알아야 근심이 없다. 많은 여자들 때문에 난을 입을 수 있다. 어지러운 여자 관계를 정리하는 것이 좋다. 그리고 대기업에 퇴직한 임원을 영입하는 경우에 얻은 괘라면 그 사람은 자기 회사처럼 몸을 아끼지 않고 사원들과 한 몸이 되어 잘 해나갈 것이다.

> **上九 碩果不食 君子得輿 小人剝廬**
> 상9는 큰 과실은 먹지 않고 남겨둔다. 군자는 수레를 얻게 되고 소인은 집의 뚜껑이 날아간다.

상9는 나무에 매달린 큰 과실로 다음 해에 파종할 종자다. 다섯 음들과 달리 유일한 양으로 박괘의 주효다. 이런 과실은 먹지 않고 천장에 매달아 두고 파종할 다음의 시간을 기다리며 보관되어야 한다. 이렇게 스스로 다음에 쓰이는 씨앗으로 준비하는 군자에게는 수레가 찾아와서 모셔질 것이요, 그 씨앗마저 다 탕진한 소인은 집이 박살나고 다음을 기약할 수 없는 꼴로 변할 것이다[小人剝廬]. 공자가 이를 "군자가 수레를 얻었다는 것은 세상의 좋은 여론을 얻었다는 것이요, 소인의 집이 박살났음은 끝내는 쓸 수 없을 정도로 그 씨앗이 망가졌다는 것[象曰 君子得輿 民所載也 小人剝廬 終不可用也]"[33]이라고 주석한 것을 보면, 망가지고 깨어질지라도 씨앗이 될 것은 세상이 받아 쓴다는 것이요, 그렇지 못한 것은 자연스레 도태되고 폐기처분되고 만다는 것이다.

중천건 본궁에서 음이 차차 침식하여 마지막에 큰 과실 하나만 남겨둔 산지박이 다시 중지곤重地坤으로 변해가는 자리이다. 건☰은 나무에 매달린 목과木果요, 간☶은 나무의 열매와 채소의 열매 과라果蓏이다. 상9가 석과불식碩果不食(large fruit still uneaten)이라 하니 "먹을 수 없는 큰 과실을 곤☷의 큰 수레[大輿]에 싣고 간다."[34] 그리고 큰 수레에는 백성의 좋은 여론을 가득 실었다. 군자가 백성의 여론을 타면 받들어 모셔지고[君子得輿], 소인은 여론의 질타를 받아 크게 넘어져 뿌

---

33 『孟子·告子(下)』: "하늘이 장차 큰 일을 맡기려 할 때는 반드시 먼저 그 마음을 괴롭히고, 그 몸을 지치게 하고, 그 육체를 굶주리게 하고, 그 생활을 곤궁하게 해서 행하는 일이 뜻과 같지 않게 한다. 이것은 그들의 마음을 움직여서 그 성질을 참게 하여 일찍이 할 수 없었던 일을 더욱 잘하게 하기 위해서이다."

34 [說證] 한 개의 양 '碩果'가 아직 살아남아 있으니 '碩果不食'이나, 치면 떨어지니 剝이다. 그러나 숙성하고 숭상 받으면 오히려 껍질을 벗고 땅에 떨어져 종자가 되어 바로 復이 되고 反生하니 천지자연의 이치다. 上九가 변하면 坤卦가 되는데, 坤은 수레[大輿]다. 곤이 다시 복이 되면 '君子得輿'가 된다. 한편 上九가 변하면 艮의 초막[廬]이 철거되어 위를 가려 덮을 것이 없게 된다. 그러니 군자는 백성의 마음을 얻고 소인들은 군자를 제거하려고 할 것이며, 왕도의 기강은 땅에 떨어지고(乾이 소멸되고, 順坤이 됨) 소인 또한 몸을 의탁할 곳이 없게 된다. '民所載'는 군자가 중한 임무를 맡음이요, 艮은 종말이 되어 '終不可用'이라 한 것이다(上九에 艮이 사라짐). 京房의 『易傳』에도 爻變法을 말하고 있다."

리가 없는 사상누각처럼 박살이 나고 만다. 또 수레로 모셔진다는 것은 군자로 추대되는 명예요, 그 자리에 소인이 끼어들면 패가망신하고 만다. 낙엽이 지고 과실이 떨어지는 시절이 올지라도 내년에 파종할 씨앗으로 남겨져야 하는 것이 상9의 교훈이다.

박괘 다음은 씨가 뿌려지는 지뢰복地雷復이 온다. 그 자리는 "세상의 법으로 볼 때는 덕이 높고 지혜로운 경륜가요[事外高賢], 불법으로는 고매한 인격자[出世高流]로 복전福田을 경작한 사람이다. 군자라면 이를 미리 알아 닦고 깨달아 도를 이룰 것이고, 소인은 성인의 흉내를 내고 부처를 희롱할 것이다. 그러니 '군자득여君子得輿, 소인박려小人剝廬'라 하였다."[35][36]

성호의 '오백왕흥五百王興',[37] 도은의 '팔괘',[38] 가정의 '팥죽',[39] 무명자의 '앞서 간

---

35 지욱, 『주역선해』, 492쪽.

36 虎溪三笑 : 학문이나 예술에 열중하여 道程이 먼 것을 잊음. 여산의 혜원이 하루는 그의 옛 친구 도연명과 능수정의 방문을 받고 함께 놀다가, 두 사람이 돌아갈 때 그들을 전송했다. 서로 이야기를 나누며 걷다가 자기도 모르게, '다시는 이 다리를 건너 산 밖으로 나가지 아니하리라'고 맹세했던 호계의 다리를 지나쳐 버렸다. 이 사실을 두 벗에게 말하자, 세 사람이 손뼉을 치면서 크게 웃었다. 군자가 훌륭한 벗을 얻음이 바로 '君子得輿' 케이스다.

37 이익, 『성호사설』, '五百王興' : "『맹자』에, '역대 이래로 5백 년이 되면 반드시 王者가 나오게 되는데, 그 중간에는 반드시 이름을 세상에 떨치는 이가 있다' 하였으니, 그렇게 되지 않으면 교화가 인멸되어 일어나지 않고, 혼란이 극도로 되어 다스려지지 않아 生靈이 다 없어질 것이다. 그러므로 '하늘이 仲尼를 내지 않았던들 萬古가 길이 캄캄한 밤처럼 되었을 것이다[天不生仲尼萬古長如夜]'라고 하였다. 蔡西山(宋·蔡元定)도, '하늘이 복희·요순과 문왕 같은 이를 낸 후에는 공자를 내지 않으면 안 되었고, 또 그 후에 맹자를 내지 않아도 안 되었으며, 1천 년이 지난 후에 또 二程(明道·伊川) 같은 이를 내지 않아도 역시 안 되었을 것이다'라고 하였다. 대저 天道란 運에 의하여 자연히 운행할 뿐이다. 어찌 年數를 따지고 世敎를 걱정해서 그렇게 하였겠는가? 천지의 도는 陰陽뿐이다. 四時의 차고 더운 것과 晝夜의 밝고 어두운 것으로써, 양이 열리면 음이 닫히고, 양이 나타나면 음이 물러나는 이치를 볼 수 있다. 세상이 혼란하면 양이 숨고, 음이 용사하므로 양은 마치 땅속에 숨은 불처럼 된다. 그러나 결국은 반드시 한 번 폭발하게 되므로, 세상의 治亂에 따라 기회가 마련된다. 양이 다 소멸되는 법이 없기 때문에 剝復이 서로 바뀔 무렵에는 碩果의 상이 있게 된다. 또한 遲速의 차이가 나는 것은 人事가 긴밀하지 못한 데 관계되어, 혹 오랫동안 鬱結되었던 것이 갑자기 폭발하기도 하고, 그 기가 미약하여 제대로 나타나지 못하기도 한다. 그러므로 그 형세는 비록 다르나 결국 한 번 발동하는 이치만은 똑같은 것이다. 만약 '하늘이 무슨 뜻이 있어서 이것저것 헤아려 처리한다'고 억측한다면, 이는 하늘의 이치를 모르는 자이다. 우리나라는 天荒이 파벽되지 않은 것 같다가, 중세로부터 차차 틔어 가더니, 退陶에 이르러는 비록 得輿라 할만한 경사는 없었으나, 文敎가 자못 떨쳐 거의 世道에 대한 희망을 갖게 되었다. 한데 그 후에는 또 양이 가려지고 어두워져서 온 세상이 貿貿하게 되었으니, 혹시 地運의 크고 작은 구별이 있어 그런 것일까? 아쉬운 일이다."

38 이숭인, 『도은집』, '석과불식[八卦贈陽村待制]' : "기운이 센 여자를 아내로 맞을 수 있나, 큰 과

자식'[40]에게도 '석과불식'은 싹을 틔운다.

화서華西 이항로李恒老의 「주역전의동이석의周易傳義同異釋義」에 '왜 군자와 성인이 구세救世해야 하는가?'에 대한 가르침이 있는데, 그 울림이 자못 크다.

"세상을 군자와 소인이 깎고 있는 것은 같지만, 군자는 수레를 얻는 길함이 있고, 소인은 집을 허무는 흉함이 있는 것은 어째서인가? 말하자면 군자는 도로써 말했고, 소인은 물건으로써 말했기 때문이다. 한 번 음이 되고 한 번 양이 되는 것을 일러 도라고 하는데, 도는 한순간도 쉼이 없으니, 박괘의 끝이 곧 복괘의 시작이다. 그러므로 시작하고 끝냄에 단서가 없다. 음에 막히고 양에 막힌 것을 일러 물건이라 하는데, 여기에서 깎여 다하면 다시 회복하여 시작하는 이치가 없다. 이 때문에 군자의 도는 궁핍하면 그 몸을 홀로 선하게 하고, 통달하면 천하 사람을 함께 선하게 하여 통하지 않는 곳이 없고, 소인의 일은 태어나면 기운과 함께 행하고, 죽으면 형체와 함께 없어져 칭송하여 계승할 만한 것이 없으니, 군자는 도에 의거하고 소인은 형체에 의거하기 때문이다. 그렇다면 소인이 군자를 깎아내는 것을 스스로 그 집을 잃는 것으로 여긴 것은 무엇을 말하는가? 말하자면 도는 천지가 의지하여 행하는 것이며, 국가가 근본으로 삼아 설 수 있는 것이며, 인물이 보호받아 살 수 있는 것이다. 군자는 도를 지닌 자이니, 소인이 시기하여 꺼리는 바도 여기에 있고, 본받아 따라야 할 바도 여기에 있으며, 덮어 보호받는 바도 여기에 있다. 그러나 소인은 속으로 시기하여 반드시 군자를 박해하고자 하니, 이러한 군자가 없으면 스스로 그 보호해주는 것을 잃어 그 몸을 용납할 곳

일은 끝까지 먹히지 않는 법이로세[剝果碩不食]. 일단 팔월에 임해 우환이 발생하였다가, 병 없이 칠일 만에 원상회복되었어라. 대인을 만나 보는 것이 이롭고말고, 강후에게 말을 많이 하사할 테니까. 기어코 왕의 조정에서 드러내야지, 때가 오면 동지들과 함께 나아가리."

39 이곡, 『가정집』, '동지팥죽' : "남쪽 이웃에서 팥죽 보내며 문을 두드려, 주공의 꿈속에 있던 몸이 깜짝 놀랐다네. 석과가 뒤집혀 우레가 땅속에서 울리고[雷在地中翻碩果], 우물 밑에서 양기가 나와 홍균을 돌리도다. 떠돌이 지겨움이 늙은 가슴에 점점 느껴지고, 시절의 경물 새롭게 바뀜에 병든 눈 새삼 놀라워라. 길거리에서 들리나니 새해의 달력 파는 소리, 만년 천자께서 또 새 봄을 반포하셨나 봐."

40 無名子 尹愭, '석과불식[心培哀詞 四十首]' : "예로부터 삶과 죽음 있거니와, 내 어이 너를 곡한단 말이냐. 부자간의 지극한 정 때문에, 잊으려 해도 절로 슬퍼지구나. 죽은 뒤엔 한 점 혈육도 없으니, 碩果의 이치 누가 말했더냐[碩果孰云理]. 누가 큰 돌덩이를, 내 가슴에 던져놓았나. 천고에 작별했으니, 다시 만날 기약 없건만, 왜 꿈에라도 찾아와서, 잠시나마 모습 보여주지 않니. 술의 힘을 빌어 풀려 해도, 단단히 응어리져 풀리지 않네."

이 없음을 알지 못하는 것이다. 옛날에 성인과 군자가 없었다면 사람의 무리가 없어진 지 오래일 것이다. 요임금 때에 홍수가 천하에 범람하고, 금수의 발자국이 교차함에 가령 우임금과 후직이 나와 다스림이 없었다면 인류는 물고기가 된 지 오래일 것이다. 전국 시절 난신적자亂臣賊子가 세상에 난무함에, 가령 공자와 맹자가 일어나 개벽함이 없었다면 인류는 금수가 된 지 오래일 것이다. 당말 노·불의 설이 세상에 널리 퍼짐에 가령 정자와 주자가 일어나 밝힘이 없었다면, 인류가 이적夷狄이 된 지 오래일 것이다. 숭정崇禎의 말에 천하에 비린내가 진동함에, 가령 우리 동방의 선배들이 나와서 힘을 다해 열고 확장함이 없었다면, 사람이 주나라의 대의를 존중해야 함[尊周]을 알지 못함이 오래일 것이다. 의리는 볼만한 장엄함이나, 우렁참도 없고 가리킬 만한 짜임새도 없다. 그러므로 지혜롭지 못한 자는, 있어도 보태는 것이 없고, 없어도 손해 보는 것이 없다고 여기지만, 하루라도 이것이 없으면 바람과 비를 막고 추위와 더위로부터 보호해줄 수 없음을 결코 알지 못하니, 어찌 이른바 군자와 소인이라 하겠는가? 아! 생각하지 못함이 심하구나."

화동華東 서유신은 상9를 박락이 되어도 다시 회복될 종자라 하지만,[41] 지금 상9는 아직 박락 전이다.[42] 또 '집'이란 의지하여 보호받는 곳으로 '군자'는 소인의 집이 된다. '평상'이 깔고 앉는 물건이라면 '소인' 역시 군자의 평상이니 경계할지어다.[43]

박의 끝 자리에서 '나 자신'부터 다음 해에 파종 될 씨인지 아니면 흔적없이 사라져야 할 보잘 것 없는 것인지를 한번 쯤은 돌아봐야 할 것이다. 묵천默泉, 끽면와喫眠窩, 근암謹庵 등의 제설諸說을 참고한다.[44/45/46]

---

41 서유신,『易義擬言』: "乾卦 여섯 양에서 다섯 개가 깎이고 큰 열매 하나만 남아 여전히 다 먹히지 않았으니, 이것이 회복되는 종자가 된다. 한 양이 여러 음의 위에 있으니, 수레를 얻는 상이 있고, 또 집을 허무는 상도 있다. 상9의 군자가 여러 백성들이 수레로 태우는 바가 되었는데, 아래에 있는 여러 소인들이 한창 또 깎아내니, 덮어주는 집을 스스로 철거하는 것이다. 예로부터 소인이 군자를 박해하여 군자가 떠나가서 나라가 드디어 망하게 되면, 소인이 어찌 홀로 있을 수 있겠는가? 이것이 스스로 그 집을 허무는 꼴이다."

42 이익,『易經疾書』: "艮卦에는 덩굴열매[果蓏]의 상이 있는데, 괘의 끝에 있으니 이미 컸다. '크다[碩]'고만 했으니 아직 익지는 않았고, 익으면 저절로 떨어지는데, 떨어지면 순전한 坤卦가 된다. '먹히지 않는다[不食]'는 그것이 아직도 노랗게 익지 않았음을 밝히는 것이다."

43 이지연,『周易箚疑』: "廬者, 依庇之所, 君子者, 小人之廬也. 牀者, 履藉之物, 小人者, 君子之牀也.]"

44 김기례, 「易要選義綱目」: "사라지고 자라나며, 차고 비는 깎아냄을 다스림은 저절로 그러하다. 군자가 때에 따라서 하늘에 거스름이 없으며, 아래를 두텁게 하고 집을 편안하게 하여, 잘못을 저지르지 않으니, 수레를 얻음과 집을 허무는 것은 선악이 매인 바이다."

45 강석경, 『易疑問答』: "臨卦의 '剛侵而長'과 遯卦의 '浸而長'은 대개 부드러운 음이 자라나는 것을 싫어하여 말함을 꺼렸기 때문이니, 그 말을 살펴 그 뜻을 알아야만 『주역』을 안다고 할 수 있다."

46 강엄, 『周易』: "쾌괘 상6에서 '无號終有凶'한 것은 한 음이 반드시 없어짐을 기뻐한 것이며, 박괘 상9에서 '碩果不食'한 것은 한 양이 아직 남은 것을 다행으로 여긴 것이다. 아! 착함에 복을 주고 음란에 재앙을 내리는 것은 하늘의 도이며, 선을 좋아하고 악을 미워하는 것은 사람의 정감인데, 성인은 天道를 체득하고 人情에 달통한 자이다. 이 때문에 양에 대해서는 이끌어 돕고 북돋아서, 오히려 성대하지 못할까 두려워하며, 음에 대해서는 배척하고 억눌러 좇아내어, 오히려 없어지지 않을까 두려워하였다. 이는 성인이 역을 지음에 하늘과 사람의 이치를 합하여 사물을 열어 일을 이루게 되는 까닭이다."

24. 지뢰복地雷復

Return

복은 사라진 양기가 다시 회복되는 때다. 좀 더 안정을 취하며 보양함이 좋다. 만물도 양기가 떨어지면 살아남을 방책이 없다.

> 復 亨 出入 无疾 朋來 无咎 反復其道 七日 來復 利有攸往
> 복이 되면 형통하다. 들고남에도 문제가 없고 벗이 찾아와도 허물이 없다. 그 도를 반복하여 7일 만에 돌아올 것이니 갈 바가 있으면 이로울 것이다.

복復은 어느 누구를 막론하고 바라고 원하는 부활復活의 자리로 돌아옴이다. 그 곳은 들고남에 막힘이 없고[出入无疾, Going out and coming in without error] 언제 어느 때고 어떠한 벗을 사귀어도 허물이 없는 자리다[朋來无咎]. 그러니 가는 곳마다 이로움이 생겨난다. 고로 복은 우선 자신과 하늘을 키우는 양기가 돌아와 건강을 찾는 시점이다. 생사를 거듭 반복하는 것은 마치 박복剝復의 이치와 같다.[1] 이럴 때는 침착하게 다가오는 미래를 설계하며 '반복기도反復其道' 하는 불굴의 자세가 필요하다.[2] 복을 이르는 『계사전』의 말이다. "복은 덕의 근본이 되고[復德之本也], 복은 미약하지만 사물을 잘 분별하며[復小而辨於物], 돌이키므로 써 스스로 알게 하는[復以自知] 덕이 있다."[3]

다음은 '천지의 마음을 복에서 찾자'는 공자의 단사이다. "복이 되면 어떠한 출입에도 장애가 없다[復亨剛反, 動而以順行, 是以出入无疾]. 친구들이 몰려와 발생하는

---

1 「서괘전」 : "剝窮上反下, 故受之以復, 復則不妄矣."

2 정약용, 『주역사전』 : 姤→遯→否→觀→剝→坤이 되어도 초효에 양이 나타나지 않았는데 7일 만에 돌아오니 '칠일래복'이요, '其道'란 진==의 道를 말한다.

3 「계사전(하)」 7장.

시비도 탈도 없다[朋來无咎]. 가던 길을 이레 만에 돌아옴은 대자연의 순환이다[反復其道, 七日來復, 天行也]. 복에는 이미 양기가 도래했으니[利有攸往剛長也], 이제 만물을 육성시키려는 천지의 마음을 이 복에서 찾아봐야 할 것이다[復其見天地之心乎].”[4]

여기서 “‘천지지심天地之心’이란 만물을 낳는 인심仁心이고, ‘복復’은 이 마음이 발현하는 단서이다. 한 양은 음이 누적된 말미에서 생겨나고, 선의 단서는 어둠이 쌓인 가운데서 드러난다. 군자가 심하게 쇠퇴하면 나아가니, 이것이 모두 천지가 만물을 낳는 인심이다. 음양소장왕래가 하늘의 이치인데, 도를 아는 자가 아니면 누가 이것을 알겠는가?”[5/6] 여기 ‘복형復亨’은 ‘진☳’의 길이 확 트여 형통함을 말하고, ‘무질无疾’은 강이 음 속에 처하지 않았기 때문이다. 즉 양이 한 개 있는 괘는 반드시 ‘감☵’의 질병을 얻게 마련이다.

사괘師卦·겸괘謙卦·예괘豫卦·비괘比卦 등은 모두 질병을 면치 못하지만 박괘와 복괘만은 그렇지 않다. 그렇기에 강이 안으로 돌아오니 ‘출입무질出入无疾’이 된다. 또 ‘붕래무구朋來无咎’는 음의 다섯 친구들이 양 하나인 군자 진☳을 보고 찾아오니 허물이 없고[박괘 때는 음들이 소인을 찾아 나아감], ‘칠일래복七日來復’은 구姤에서 복復까지, 자子에서 오午까지, 한 칠에서 일곱 칠까지이다. 이 모두는 자신의 공부가 비록 일복一復이 되었더라도 칠복七復까지 잘 보림保林하고 점수漸修가 되어 완전한 성복聖復이 될 때까지를 이른다. ‘이유유왕利有攸往’은 ‘진☳’의 앞날이 훤히 열려 장애가 없음을 의미한다.

복괘는 동지冬至를 이른다. 동지를 부른 노래는 많다. 선비는 월령을 반드시 좌우에 두고 천지를 살펴야 하고,[7] 동지에는 음이 극도에 이르니 반드시 팥죽으로

---

4 복괘는 박괘의 도전괘다. 剝卦는 剛으로써 멈추게 하지만, 復卦는 剛으로써 액선을 취하니 ‘剛反動’이라 하였다. 또 ‘天行’은 5월 하지에서 11월 동지까지 7개월을 거쳐 양기가 회복됨을 이르고, ‘天地之心’은 지극히 어진 동방 ‘진☳’의 마음이다.

5 서유신, 『易義擬言』: “… 陰陽消長往來, 天之理也. 非知道者, 孰能識之.”

6 심대윤, 『周易象義占法』: “하늘이 자취로 드러낼 수 있는 것은 만물을 낳는 일 뿐이다[天之可見於迹者 生物而已矣]. 사람이 일에 드러낼 수 있는 것은 만물을 이루는 것 뿐이다. 만물을 이루는 것은 이로움의 끝이다. 하늘과 사람의 성품은 이롭게 하는 것일 뿐, 이롭게 하는 일이 곧 善이다. 스스로 살려고 하여 만물을 낳고, 스스로 이루고자 하여 만물을 이루니, 이것이 仁이다. 善은 性의 완성이고, 仁은 마음의 완성이지만, 그 실상은 같다. 천지의 마음은 만물을 낳는 것을 주로 하지만, 肅殺의 기운도 함께 지닌다. 시작과 끝의 다름이 있지만, 그 일에 쓰임은 하나이며, 도가 됨도 하나이다.”

7 『地秘錄』: “수양하는 선비는 마땅히 月令을 써서 좌우에 두고, 하지에 嗜慾을 절약하여야 하고

426   生生周易 上經

오장을 씻고 기혈을 고루며,[8] 가지 위에 꿈틀대는 매화를 보고 한바탕 웃어야 한다.[9] 『좌전』에 전쟁을 한창 치르고 있는 도중에 진晉나라의 제후가 복괘를 얻고 판단한 예도 보인다.[10]/[11]

> **象曰 雷在地中 復 先王以 至日 閉關 商旅不行 后不省方**
> 상왈, 우레의 기운이 아직 땅속에 숨어 있다. 희망과 불씨가 남아 있다는 증거다. 선왕은 이를 보고 한 줄기의 양기가 올라오는 동짓날에, 관문을 닫고 상인과 여행의 통행도 막고 자신 또한 순시를 중단하고 양기가 성대하여 지는 때를 기다려야 한다.

동짓날은 아주 미미한 양기가 들어오는 때라 회복에 방해가 될까봐 관문을 모두 닫고 장사하는 자들과 여행하는 자들도 통행을 금지시켰다[商旅不行].[12] 모든 백성을 쉬게 하였으며 임금 자신도 순시를 그만두고 일양의 기운이 살아나기를

冬至도 절약하여야 한다. 대개 一陽이 처음 생할 때 그 기운이 미약하여, 마치 초목이 싹틀 때 쉽게 상할 수 있는 것과 같으므로, 완전히 금욕해야지 조절하는 식으로 해서도 안 된다. 동지·하지는 음양이 서로 다투는 시기이니 더욱 사람을 손상시킴을 경계하라."

8 이곡, '동지' : "동지에는 음이 극도에 이르러, 이 때문에 일양이 생기는 것이라, 성인이 그것을 대단히 기뻐하여, 괘상을 살펴 복괘로 이름하였네[考卦以復名]. 이것을 하늘의 봄이라 하니, 만물이 싹트게 되는 바이다. 사람 마음도 욕심에 가려졌다가, 착한 단서가 수시로 드러나는데, 그것을 기름은 군자에 달렸으되, 다름 아니라 성실함이 우선이네. 예 아닌 것은 부지런히 버려야만, 비로소 밝은 본성을 보게 되리라. 팥죽 먹어 오장을 깨끗이 씻으니[豆粥澡五內], 혈기가 조화 이루어 평온하여라[血氣調以平]."

9 서거정, '동지' : "한밤중 자시에 일양이 생겨나니[一陽夜半子] 천하의 만물이 모두가 봄이로다. 가지 위의 매화가 꿈틀대는지라, 서로 마주해 새로이 한번 웃노라."

10 『춘추좌씨전』 成公 16년 : "양기는 子方에서 발생하여 남쪽으로 진행하며 음기를 밀어내니 남쪽 나라가 위축됩니다. 복과 예는 착종하니 예괘에서 복괘로 가면 강이 감==의 북방에서 남방을 정벌하니 북의 영토가 확장되는 것이며, 또 감==의 활로 진==에 발사하니 진왕이 리==의 눈에 적중할 것이다." 후에 진나라 대부 여기가 초나라 공양을 화살로 쏘아 눈을 맞추었다.

11 사사로운 사업은 신규사업과 전업은 나쁘다. 원래 하던 사업으로 복귀하는 것은 좋다. 혼인은 초혼보다는 재혼이 나은 때다. 병은 위장부터 다스려라. 학업은 재수, 삼수를 할 각오로 이를 악물라.

12 剝復은 도전괘다. 간==은 문이 열려 위에 빗장을 지른 상이 剝이고, 아래는 통행할 수 없는 진== 이니 '閉關'이다. 또 태==는 仁이 되니 '商旅不行'이 된다. '省方'은 진==의 임금이 밖을 순시함인데, 임금이 안에 있으니 '后不省方'이다.

기다렸다. 복은 양이 사라졌다가 다시 회복되는 변역의 시기다.[13] 성인은 변역의 시기에 처하여서는 고요하게 안정을 기다려야 하기 때문에 마음대로 움직이지 않는다.[14] 선이 악에 빼앗긴 원래의 본자리를 되찾기 위해 돌고 도는 역사가 하나님의 복귀섭리 역사이기도 하단다.[15/16]

동짓달[十一月]은 어머니 뱃속에 일양一陽이 잉태하고, 또 동지冬至 자시子時 반은 괘종시계의 시각을 알리는 소리 중에서 다섯 번을 치면 금년 마지막이고, 여섯 번째는 쉬고, 일곱 번째 치는 순간이 바로 내년이 처음으로 시생始生 하는 찰나이다. 그런 고로 만물이 양기가 떨어지면 만사가 죽고 패망하고 말 것이니 어

---

13 金濤, 「周易淺說」: "양이 가면 음이 오고, 음이 가면 양이 회복하는데, 복괘는 양이 회복하는 괘이다. 양이 땅 속에 있어 잠기고 감추어져 드러나지 않다가, 그 처음 움직임에 이르러선 그 단서가 매우 미약하여, 차례로 길러 자라나게 하지 않을 수 없다. 동짓날에 이르면 양기가 비로소 싹트는 때인데, 고요하게 길러서 손상되지 않게 하여야 한다. 사람의 한 마음에 이르러서도, 음과 양이 왕복하는 이치가 있으니, 善의 단서가 처음 싹트는 것은 양이 처음 회복하는 것이다. 그 단서가 또한 매우 미약하여 회복하기 어려우니, 만약 安靜시켜서 기르지 않는다면, 사물과 함께 사라져버리고, 또 따라서 없어질 것이다. 그러므로 배우기를 잘하는 자는 반드시 엄숙하게 길러야 하니, 그런 뒤에야 머지않아 회복할 수 있다. 마음속에 간직하고 잊지 않고 잃지 말아야 하는 것이다."

14 이만부, 「易大象便覽」: "동지에 이르러 하나의 양이 비로소 생겨나지만, 매우 미약하여 선왕이 고요히 길러 暢達하기를 바라므로, 장사꾼과 여행자들이 다니지 못하게 하고, 임금 자신도 나라를 시찰하지 않게 하였으니, 『주역』에서 양을 귀하게 여기고, 음을 억누른 것이 이와 같습니다. 그러나 단지 한 해에만 회복함이 있는 것이 아니니, 한 달에는 초하루와 그믐이 있고, 하루에는 亥時와 子時가 있어, 그 사귐이 회복하는 이치 아닌 것이 없습니다. 사람이 호흡하는 숨결에 이르러서도, 모두 음과 양의 두 기운이 순환하니, 음이 깎아내고 양이 회복하는 것 또한 증험할 수 있습니다. 사람이 아침 나절에는 사물에 응접하는 때와 存亡의 기미를 비록 아직 다 성찰하지 못하지만, 새벽에 막 일어나 神氣가 청명하면 반드시 유연하게 착한 단서의 싹이 있으니, 이는 실상 음이 쌓인 가운데 처음 회복되는 양입니다. 만물도 기르지 않으면 자라지 못하므로, 학문의 도가 반드시 涵養을 귀하게 여기는데, 하물며 임금이 한가롭게 즐기는 데 습관과 화려하고 성대함을 받드는 것으로 음란함에 빠지고 흔들려 빼앗김에 있어서이겠습니까? 옛날 聖王에게는 고운 색[采色]은 눈을 기르는 것이고, 소리는 귀를 기르는 것이고, 의복은 형체를 기르는 것이었습니다. 盤盂와 几杖에 이르러, 銘과 戒를 새겨 두었던 것은 그 마음을 기르던 것입니다. 그 기르는 도구가 이와 같이 갖추어졌던 것이 어찌 까닭이 없었겠습니까?"

15 문선명, 『통일사상』 참조

16 유정원, 『易解參攷』: "붉은 빛 불꽃같은 우주에 미칠 때, 은미한 음기는 깊은 못에서 생겨나네. 추위의 위세 九野를 가두지만, 양기의 덕은 窮泉에서 밝았네. 문채는 밝으나 홀로 삼감에 어둡고, 흐릿하여 어두우나 먼저 열림이 있네. 幾微는 실로 소홀히 하기 어렵고, 善의 단서는 본래 면면히 이어지네. 몸을 가리고 齊戒를 일로 삼았다네(「월령」에, '하지와 동지는 군자가 재계하는 곳이니, 반드시 몸을 가렸다'). 關門을 닫아 장사꾼과 여행자들을 쉬게 하고, 저 부드러운 도에 이끌림을 끊어 버리네. 姤卦 초6에서 '쇠말뚝으로 맨다'는 것이 이것이다."

릴 때부터 양기를 건강하게 채워야 하고, 일 년 중에는 어떤 만행萬行도 중단하고 보양하는 지혜가 필요하다. 양기는 자기 자신을 바로 세우기 위하여 쓸 뿐만 아니라, 집안과 나라를 튼튼히 세우기 위해서도 필요하다. 그러기에 동지 이후로 석 달은 양기가 새어서 흩어지지 않도록 행동을 삼가야 한다.[17] 고로 공자가 "복復은 본 기운으로 돌아오는 반작용인가 하면, 덕에 근본하는 자리요, 인위적이 아닌 스스로 알고 돌아가는 자연스러움이니,[18]/[19] 성인은 무복无復이요, 현인은 극기복례克己復禮 한다" 하였다.[20]

다음은 『연산군일기』에 보이는 동짓날 복의 기록이다. "우뢰가 땅 속에 있는 것이 복復의 괘상이니, 선왕先王이 이를 본받아 동지에 관문關門을 닫으므로 상려商旅들이 다니지 않고 임금도 지방을 살피지 않았습니다. 그것은 동지에 일양一陽이 처음으로 생기는 까닭으로 조용하게 지킴으로써 천도天道에 순응하고자 한 때문입니다. 지금은 동지에도 하례賀禮를 받고 풍악을 울리며, 혹은 서로 문안을 하고 상려들이 떼를 지어 다니니, 천도에 순응하는 뜻이 전혀 아닌 것 같습니다. 또 동지와 설날에는 보통 삼대전三大殿에 방물方物을 바치는데, 성종께서는 일찍이 하교하시기를 '외방에서 바치는 방물은 모두 백성들에게서 나오는 것이니 마음속으로 미안한 바이지만, 그 유래가 이미 오래되었으므로 감히 폐지하지 못할 뿐'이라 하셨습니다. 내년에는 중국의 사신이 나오므로 접대하기 위한 세금의 징수가 반드시 번거로울 것이요. 형편에 따라 동지와 설날에 바치는 방물을 그만두게 하소서, 하니 상이 답하지 않았다."[21]

---

17 張維, '일양래복[南至日作]' : "차가운 날 안개 속에 흙비까지 부슬부슬, 오전 내내 음울하게 개이지를 않는구나. 어찌 알았느냐 음기 판치는 그 속에서, 一陽來復 반가운 소식 홀연히 들을 줄. 천지간에 싹트는 한 점 생기, 암울한 계절 이제는 쫓아내리. 용아 뱀아 깊이 숨지 말지어다. 땅속에서 우레 소리 들리지 않느냐."

18 「계사전(하)」 7장 : "復, 德之本也, 復小而辨於物, 復以自知."

19 윤행임, 『薪湖隨筆・易』 : "하늘이 만물을 낳는 마음에 어찌 끊어지는 때가 있겠는가? 복괘에서 이른바 '復其見天地之心乎'는 것은 대개 한 양이 처음 움직이는 때에 볼 수 있음을 말하는 것이지, 회복한 뒤에 만물을 낳는 마음이 있음을 말하는 것이 아니다."

20 안동 하회마을 병산서원 '復禮門'을 열면 천하일품 '晩對樓'가 12폭으로 병풍산을 둘러친다.

21 『연산군일기』 임술년(1502) 10월 27일.

> 初九 不遠復 无祗悔 元吉
>
> 초9는 멀리 가지 않고 돌아오니 후회가 없고 크게 길하리라.

안자顔子의 경우로 보기도 하는 자리이다.[22] 어려운 세월을 보내고 돌아온지라 이제 머지않아 곧 본자리로 회복할 것이다[不遠復]. 회복은 성불聖佛의 자리다. 그렇게만 되면 그 어떤 후회도 사라진다[无祗悔]. 계속 수신하여 나가면 성불의 자리는 뚫리고 만다. 그러니 크게 길하다[元吉]. 공자도 "머지않아 회복될 그 자리는 오직 정진하는 수신에 달렸다[象曰, 不遠之復 以修身也]"고 주석한다.[23/24]

또 복復은 아랫배에 따뜻한 양기가 돌아오는 것을 말한다. 양은 군자의 도다. 선도仙道의 양생법養生法 중 배꼽 밑에 쑥으로 불을 피우는 온구법처럼 건강은 아랫배에서부터 회복되어야 크게 길하고 후회가 없다. 회복하는 도의 첫 단계를 알면 어떤 핑계도 없이 바로 복福된 자리로 간다. 지욱의 말처럼 "돈오頓悟 자성自性하고 돈오頓悟 자행自行함이 바로 반야般若의 정도행심正道行心"이 아닌가 싶다. 실록에도 성종 조의 인재 등용과 장리長利 폐지 문제로 '불원복'이 등장하고,[25] 지리산 피아골의 의병장 고광순의 태극기에도 광복의 염원을 '불원복不遠復'으로 담았다.[26] 사계는 '지祗'를 감坎괘 5 '지기평祗既平'에서처럼 '이를 지至'로 설명한다.[27]

---

22 「괘사전(하)」 5장 : "안씨의 아들(안연)은 거의 기미를 알았던 것 같다[顔氏之子 其殆庶幾乎]. 불선을 몰랐던 적이 없었고[有不善未嘗不知], 알고는 두 번 다시 잘못을 저지르진 않았었다[知之未嘗復行也]."

23 復卦는 豫卦로부터 착종되었다. 復이 豫로 진☳의 다리가 멀리 가지 않고, 다만 국경 초입까지 갔다(상괘초) 다시 復卦로 돌아가니 '不遠復'이다. 또 '修身'은 곤☷의 백성을 통치함이 스스로 수양하여 얻는 것만 같지 못함을 의미하고, '元吉'은 바로 그런 군자가 얻은 '仁'의 體現'이다.

24 오치기, 「周易經傳增解」 : "간☶은 문이 되는데 간괘가 거꾸로 되면 진☳이 니, 관문을 닫는 상이다. 진☳은 큰 길이 되고 곤☷은 무리가 되니, 무리가 큰 길을 다니는 것이 장사꾼과 여행자들의 상이다. 陽은 임금인데, 5의 자리에 있지 못하므로, '后不省方'이라 하였다. 사방[方]은 곤괘에서 취하였다."

25 『성종실록』 성종 3년(1472) 6월 4일 : "벼슬과 상을 주는 것을 헤프게 하면 조정이 낮아집니다. 전하께서 화공을 당상관으로 발탁하시니, 누가 놀라지 아니하겠습니까? 세종조에 安堅이 겨우 4품직을 얻었는데, 세종께서 또한 어렵게 여기고 '한번 그 근원을 열면 희망하는 사람이 많을까 걱정'이라 하였습니다. 이로써 최경 등은 이제 准職을 제수하여도 또한 족할 것입니다. 復에서 '멀지 아니하여 회복하면 뉘우침에 이르지 아니한다'고 하였으니, 전하께서 일단 대간의 말을 들으면 名器를 중히 여기고 아끼는 일이 될 것입니다."

26 임진왜란 당시 의병을 일으켜 충청도 금산에서 순국한 고경명·고종후·고인후 3부자의 후예 高光洵(1848~1907)은 가풍의 영향으로 일제강점기에 호남의병의 선봉에 선 인물이다. 그는 전세가

복괘가 곤괘坤卦로 가는 경우다.[28] 불원복不遠復 '삼자부三字符' 노래가 많다.[29/30]

六二 休復 吉
육2는 (가던 길을 그만 두고) 돌아와 휴식을 취하니 길하다.

공자의 주석대로 너그러운 마음을 가지고 본자리로 돌아와 겸손하게 어진 이를 따른다[象曰 休復之吉 以下仁也]. 이는 제자 증자曾子의 경우로 볼 수 있다. 복괘復卦는 모두가 음이고 초9만 유일한 양이며, 군자요 본자리를 회복한 자다. 그 초9가 나보다 아랫사람이지만 공부가 높은 복성復聖이니 나도 그를 따라가면 아름다워질 것이다[休復吉, Quiet return].[31] 복괘가 임괘臨卦로 변하는 경우다.[32]

한편 아산은 음이 양이 되고, 소인이 군자가 되는 것을 휴복休復이라 하였다. "음이 변하여 양이 되면 아름다운 일이다. 음이 양이 되면 발전이며 전진이다. 일

불리해지자 1907년 9월 지리산을 장기 항전의 근거지로 삼았다. 이때 선생은 의병 진영의 본영인 피아골 연곡사 군영에 나라를 곧 되찾을 수 있다는 강렬한 신념의 표상으로써 '不遠復'이라 쓴 태극기를 내걸었다. 피아골의 붉은 단풍처럼 진 고광순의 순절비는 연곡사 옆 서부도 근처 동백나무 숲 아래에 세워져 있다.

27 김장생, 『경서변의』 : "고대의 필사본은 지(祗)·기(祈)·지(祗)를 혼동하여 쓰며 부수가 정확하지 않다. 씨(氏)·저(氏)도 마찬가지다. 승려들의 법복도 '기(祇)'이나 '지'로도 통용된다."

28 復은 11월의 동지요, 坤은 10월로 늦가을과 초겨울의 쌀쌀한 한기가 돌고 있으니 봄을 기다리는 사람에게는 꽤나 시간이 필요하다. 사람으로 볼 때는 수신과 수양을 모르는 철이 아직은 들지 않은 자이다. 마음도리로 볼 때는 성을 낸 적이 한 번도 없었고[不遷怒], 두 번 다시는 허물이 될 만한 일을 하지 않았던[不貳過] 안자처럼 이를 악물고 본자리를 회복하여야 한다.

29 金樂行, '三字符佩' : "오랫동안 詩禮 들었으나 마음에 남음 적고, 근래에 『춘추』 읽으매 학업을 마침이 더디네. 세 글자 마음에 새겨 옛 선현 생각하고[三字佩符懷往哲], 한 책을 약처럼 던져 준 선사께 감사하네. 각고의 노력이 아니면 성취하기 어려우니, 영대와 더불어 말하면 이 뜻을 알리라."

30 劉屛山, 『心經』 卷1 : "나는 易에서 德에 들어가는 문을 얻었으니, 이른바 멀리 가지 않고 돌아온다는 '不遠復'이 내 세 글자의 비결이다. 너는 장차 이것을 힘쓸지어다.

31 이익, 『易經疾書』 : "복괘의 주효는 초9이니, 초9가 없으면 회복도 없다. '아름다움[休]'과 '어짊[仁]'도 초9를 가까이 하는 데서 생긴다."

32 臨卦는 萃卦의 착종괘다. 또 萃卦는 小過卦에서 왔다(3→5). 萃卦나 小過卦는 모두 大坎이다. 또한 취의 坤에서 勞役을 시키니 감==으로써 노력하고, 萃卦가 臨卦가 되면 공[坎功]을 이루고 물러남으로써 휴식을 취하니 '休復'이다. 또 태==가 萃卦에서 내려와 진==의 仁을 이루니 '以下仁'이 된다.

생一生 이법二法은 양이 음으로 변하는 것이고, 2가 1이 되는 귀일법歸一法은 곧 휴복休復이 되어 음이 양으로 돌아옴이다." 그리고 또 인仁은 선의 종자요, 선의 작용이다. 2가 아름다운 것은 초9의 인덕에 감화되어 선으로 돌아왔기 때문이다.

정자도 "인은 공평하고 정당하여 누구에게나 들어 있고[仁者天下公] 착함의 근본이며[善之本也], 극기복례克己復禮 하는 자리"라 설파한다. 동파도 '신뢰를 얻은 아름다움'으로 말한다. "2는 유순하고 중정하니 다투지 않아서 지극하다. 물러나서 아름다운 자에게로 가기 때문에 복귀를 바라는 자로부터 신뢰를 얻으니 휴복이라 할 수 있다." 고로 육2는 중정지도中正之道로 지혜와 회복을 얻은 자리이니 진리로 봐야 할 것이다. 회복한 그 자리를 만인들이 믿고 따르도록 모범을 보여야 한다. 공부가 용맹하니 구설수도 따른다. 내가 남보다 열심히 하고 또 학구열이 뛰어나고 인간성이 남다르니 시기심을 살 수 있다. 묵묵히 오로지 공부 하나만을 위해 제계齊戒와 정진으로 나가야 할 자리이다.[33] 지뢰복이 지택임地澤臨으로 변한 괘다[九二 咸臨 吉 无不利].[34/35]

> **六三 頻復 厲 无咎**
> 육3은 찡그리며 자주 돌아오니 위태하나 허물은 없다.

공자의 제자 자로의 경우를 든다.[36] 회복하긴 해야 하나 공부하는 자리가 부정

---

33 仁者無敵이다. 상식을 벗어나면 패한다[犯常見敗]. 求官이라면 귀인이 돕는다(寅→卯, 官→官).

34 김상악, 『山天易說』: "2가 比로 초9에게 낮추므로 아름답다. 이른바 '마을이 어진 것도 아름다움이다[里仁爲美].' 休는 아름다움이다. 2가 변해 도전하면 遯卦이니, 둔괘는 멀리함을 귀하게 여기므로 5는 '嘉遯'이다. 복괘는 멀리 가지 않음을 귀하게 여기므로 2에서 '休復'이라 한 것이다. 2와 4는 비록 음으로 음의 자리에 있지만 2는 길하고 4는 혼자서 돌아올 수 있어 '獨復'이고, 3과 5는 모두 양의 자리에 있으므로 3은 허물이 없고 5는 후회가 없다. 上만 음이 지나치고 초9와 멀어 흉하다."

35 사임을 한 고위 임원이 거동을 물어 초9를 얻었다. 雷電은 봄부터 여름까지는 지상에 나오고, 가을부터 겨울까지는 땅 밑에 숨어 있다. 복괘는 雷==가 한 번 밖으로 나오기 위하여 땅 속으로 되돌아오는 것이다. 고로 그 임원은 한가하게 쉬고 있는 것 같아도 곧 복직할 것으로 보인다[休復].

36 공자의 3천 명에 이르는 제자 중 가장 이채를 띠는 제자가 바로 자로였다. 성은 仲, 이름은 由, 子路는 그의 字이다. 그는 성격이 곧고 급하며 괄괄하여 대처럼 부러지기는 하여도, 구리처럼 휘지는 않는 위인인 동시에 남에게 지기를 싫어하였다. 그는 곧잘 아는 체하다 공자에게 꾸중을 듣기도 했는데 「위정편」에 "너에게 안다는 것이 무엇인지 가르쳐 주겠다. 아는 것은 안다고 하

하고 부중하며 위에서마저 응하여 주는 짝이 없으니 회복이 어렵다. 여러 차례에 걸쳐 회복을 시도하지만 만만찮다[頻復, Repeated return]. 공부하는 자세가 가볍고 그 행동거지도 바르지 않아 중정의 도를 얻지 못하고 있다. 정욕이 넘쳐서 용서받을 수 없는 변덕심이 억겁의 목을 조른다. 그렇지만 당신이라면 이 업장을 벗어나야 할 것이다. 그래서 경거망동으로 자주 과오를 범하니 위태로움이 따른다[頻復之厲]. 그렇지만 정도에 돌아오려는 공부는 잊지 않았으니 마땅히 무구[義无咎也]다.

고 모르는 것은 모른다고 하는 것이 곧 아는 것이다'라는 이야기가 보일 정도다. 자로는 원래 협객이었다. 협객은 본시 용감한 행동을 좋아하듯, 자로는 공자의 명성에 질투심을 느끼고 닭과 돼지를 몰고 공자의 학당에 나타나 엉망진창으로 만들어 놓기도 했다. 그러자 공자는 자로에게 온화한 미소와 함께 "자네는 무엇을 좋아하나?" 물었고, 자로는 의기양양하게 "나는 무기를 좋아한다"고 대답하였다. 이에 공자가 "학문도 좋아하나?"라고 묻자, 자로는 기세를 올리며 "학문이 밥을 먹여 주는가?"라고 받아쳤다. 공자는 이 기세를 몰아 "임금에게 간신이 없다면 正을 잃고, 선비로서 交友가 없으면 듣지를 못하는 것과 같으며, 나무는 줄을 타고 곧아지고, 말에는 채찍이 필요하며, 활에는 화살이 필요하듯 사람에게도 방자한 성격을 바로잡는 교학이 필요하다"고 하였다. 교학 정신이 먼저란 말에 우쭐해 있던 자로는 자신도 모르게 고개를 숙였다. 그러면서도 그는 "남산의 대나무는 바로잡지 않아도 스스로 잘 자라고, 이 대나무를 사용하면 코뿔소의 가죽도 뚫는데, 이런 천부적인 재능을 갖고 있는 사람이 굳이 학문을 닦을 필요가 있을까?"라고 되받았다. "그대가 말하는 남산의 대나무에 쐐기나 화살촉을 박아 학문을 연마한다면 가죽만을 뚫겠는가?"라는, 공자의 이 멋진 대답에 자로는 얼굴을 붉히면서 무릎을 꿇고 공자의 제자가 되기를 간청했는데 이 논쟁만으로 항복한 것은 아니다. 공자와의 첫 대면을 할 때부터 자기의 세계와는 너무나 동떨어진 공자의 모습에 매력을 느꼈기 때문이다. 이때 공자의 나이는 40세 전이었고 자로의 나이는 31세였다. 「술이편」에 보면 "만약 스승님이 원정군의 총사령관이 되신다면 누구를 참모로 쓰시겠습니까?" 하고 엉뚱한 질문을 던져 공자의 사랑을 확인하고자 했으나, 공자는 "글쎄? 맨주먹으로 호랑이를 두들겨 잡고, 배도 없이 강을 건너려고 하며, 죽음도 불사하며 덤벙대는 사람과는 함께 갈 수 없겠지"라며 나대는 그의 성질을 꺾기도 했다. 그러나 공자는 그래도 이런 자로를 좋아했다. "자기 몸에 누더기를 걸치고서도 사치스런 옷을 입은 사람과 나란히 서서 태연하게 행동할 수 있는 사람은 아마 자로뿐일 게야" 하며 칭찬한 것이 그 좋은 예다. 따라서 자로도 이런 공자를 거의 신적으로 존경했다. 그래서 자로는 "악은 일시적으로 번성하고 최후에는 벌을 받는다고 배웠다. 그런데 왜 공자님 같은 분이 악에 고통을 받아야만 하나?" 하며 하늘을 원망하였고, "성인군자가 왜 가정적으로 불우해야만 하고 늙어서까지 험한 가시밭길을 걸어야만 하는가?" 하며 슬피 울었다. 그는 천하를 위해서 슬피 운 것이 아니라, 오로지 공자 한 사람만을 위해서 울었던 것이다. 그 후 자로는 위나라의 대부 공리의 가신으로 있을 때 정변이 일어나 목숨을 잃고 말았다. 그 전에 이미 공자는 정변 소식을 듣고 자로는 죽었겠구나 하며 예측했다. 그의 급한 성격을 공자는 항상 걱정했기 때문이다. 자로는 이때 창에 목이 반쯤 끊겨 숨지면서도 갓끈이 끊어지자 "군자는 죽을 때 죽더라도 갓을 벗을 수는 없는 법이다" 하면서 갓끈을 똑바로 매고 죽었다고 한다. 그때 그의 나이 62세였고, 그의 시체는 무참하게 토막이 나 소금에 절여져 공자의 마음을 아프게 만들었다. 그의 곧은 성격과 급한 성격만큼이나 적도 많았다는 것을 극적으로 보여준 사례였다고 볼 수 있다. 얼마 후에 위나라의 사자가 소금으로 절인 자로의 시체를 공자 앞에 내놓자 공자는 이것을 보고 대성통곡하면서 집 안에 있는 소금으로 만든 음식을 모두 쏟아버렸다고 한다.

불법佛法으로 볼 때는 3이 계정戒定도 있고, 지혜知慧도 있지만 중정中正치 못하다. 고로 모름지기 공관空觀을 먼저 하고, 가관假觀을 다음 하고, 중관中觀을 뒤에 하니 이름하여 빈복頻復이다. 부지런히 닦고 증명하여 허물을 없애야 할 것이다. 또는 육도六度를 잡을진대 곧 정진이 상책임을 알라.[37]

퇴계는 『경서석의經書釋義』에서 '빈頻한 복復'과 '복復에 빈頻한'것으로 두 가지 해석을 보였고, 또 아래의 '돈복敦復'과 '미복迷復 '역시 두 가지로 해석하고 있다. 다산은 '빈頻'을 지뢰복이 지화명이地火明夷로 가기에 밝은 본자리가 사라진 것으로 보고 '축소'와 '위축'의 뜻으로 새겼다.[38]

> **六四 中行 獨復**
> 육4는 한길(큰 길)을 가다가 홀로 돌아온다.

4는 초9의 복성復聖과 정응하는 자로, 다섯 음들 중 한 가운데 있다. 그 음들의 무리 속에서도 초9를 찾아 돌아오는 자이니 중행衆行에 독복獨復(Alone return)이라 하였다. 무리 속의 대세를 버리고 중용을 지키며 홀로 정도로 돌아온다. "바른 지도를 해주는 선생을 따라가니 그 군은 마음이 가상할 따름[象曰 中行獨復 以從道也]"이라 하니 복괘가 진괘震卦로 간 경우다.[39/40] 올바른 친구나 훌륭한 선생과 더불어 의리를 찾아 세우기란 무척 어렵다. 이것이 바로 혀를 물고 굳세게 따르는 의리의 종도從道다. 공자의 제자 중 거백옥蘧伯玉 같은 경우로 볼 수 있다.[41]

---

37 지욱, 『주역선해』: "約佛法者 有定有慧 而不中正 故須先空次假後中 名爲頻復 勤勞修證 而得无咎 又約六度 卽是精進 勤策相續."

38 臨卦 태☱의 성격이 강을 올라탐에 그 상이 위태롭다. 그런데 여기서 臨卦가 明夷로 가면 양은 상승하고 음이 하강하여 각각 바른 지위를 얻으니 '屬无咎'이며, 또한 태☱가 義라 '義无咎'가 된다. 解卦 초6과 漸卦 초6과 旣濟 초9에도 모두 '義无咎'라 했다. 그리고 '頻復'은 '적국의 갑작스러운 공격에 영토를 빼앗길 급박함'으로 보고 있다.

39 震卦는 小過卦로부터 왔다. 小過는 큰 坎으로 중에 있고 그 길은 사방으로 통해 있으니 '中行'이다. 小過卦에서는 어른 진☳과 아이 간☶ 두 사람이 중간쯤 가고 있는데, 震卦가 되면 한 사람은 계속 가고 또 한 사람은 되돌아오니(3→1) '中行獨復'이라 하였다. 만약 형제간에 길을 간다면 형은 계속 가고 동생은 되돌아올 것이다[震長艮小].

40 소식 없던 사람도 갑자기 돌아오고, 잃어버린 물건도 찾게 되고, 방탕한 아들도 본심으로 돌아오는 상이다.

다음은 4를 '지도론智道論'에 근거하여 해설한 지욱의 긴 법문이다. "인욕忍辱이 초심初心을 놓지 않고 가니 이인二忍을 만든다. 일一은 공경공양恭敬供養에 능히 인욕忍辱하여 집착하지 않음이요, 이二는 진매타해瞋罵打害에 능히 인욕忍辱하여 진한嗔恨을 내지 않음이다. 법인法忍 또한 일一은 한열寒熱·풍우風雨·기갈飢渴·노老· 병病·사死 등에 능히 인욕忍辱하여 번뇌치 않음이요, 이二는 진에瞋恚·우수憂愁 등 의 번뇌에 인욕忍辱하여 염기厭棄치 않음이다. 모든 중생이 종종種種의 악해惡害로 써 가하되 내가 능히 인내하여 진에瞋恚를 일으키지 않으매 중생인衆生忍이라 말 하고, 보살이 무생無生의 법에 안인安忍함에 부동심不動心함을 무생법인無生法忍 이라 한다."

> 六五 敦復 无悔
> 육5는 사랑과 인정을 두텁게 하여 회복하니 후회가 없다.

존귀하고 두터운 자리에 앉아 모두에게 후하고 따스하게 대하니 그 주위가 훈 훈하여 원망이 없다. 5는 4처럼 초9와 정응도 아니고 초9와는 거리도 멀지만, 책 임이 있는 자리에서 돈독敦篤하게 마음을 굳게 먹고 자신을 지켜나가야 한다. 독 실한 마음으로 그 본성에 회복[敦復, Noblehearted return]하고 중용을 지키며 스스 로 나아가니 허물없다[无悔]. 공자도 이를 "사랑과 인정을 두텁게 하여 회복하니 후회가 없다는 것은 중도를 잡고 스스로 이루어 나가기 때문[象曰 敦復无悔 中以自 考也]"이라 주석한다.

수현壽峴 석지형이 임금에게 『주역』의 교훈을 올린 『오위귀감五位龜鑑』에서는 '돈복'을 이렇게 설명하고 있다. "신이 삼가 살펴보았습니다. 복괘의 육5는 선으로 돌아옴을 돈독히 한다는 뜻이 되는데, 공부는 본래 '멀리 가지 않고 돌아옴'에서 유래합니다. '멀리 가지 않고 돌아옴'은 착한 마음의 싹이고, '돌아옴을 돈독히 함' 은 착한 행동을 견고하게 함이며, '멀리 가지 않고 돌아옴'은 덕에 들어가는 일이

---

41 『논어』, 「위령공편」 : 子曰, "直哉史魚! 邦有道, 如矢, 邦無道, 如矢. 君子哉蘧伯玉! 邦有道, 則仕, 邦無道, 則可卷而懷之." / 「헌문편」 : 蘧伯玉使人於孔子. 孔子與之坐而問焉, 曰, "夫子何爲?" 對 曰, "夫子欲寡其過而未能也." 使者出. 子曰, "使乎! 使乎!"

고, '돌아옴을 돈독히 함'은 덕을 이루는 공입니다. 비록 크게 어진 자의 지위일지라도 허물이 없을 수 없으므로, 안연이 잘못을 두 번 하지 않는 것은 겨우 초9의 '멀리 가지 않고 돌아옴'에 해당하며, 돌아오기를 그치지 않아 점차 돈독함에 이르러 후회가 없는 것은 성인의 일입니다. 엎드려 바라건대 전하께서는 '불원복不遠復' 세 글자의 부신을 마음속 깊이 새기시어 그 끝을 이루소서!"[42]

다산은 '고考'를 '이룸成'이라 하고, '돈敦'은 '언덕이 거듭하여 이루어진 것'으로 보아, (군주가 덕을) 돈독히 쌓아 복귀할 것이며, (그 후덕함에) 변화가 없고 중용의 덕으로써 자기 스스로 후덕함을 이룰 것"이라 하였다.[43/44]

上六 迷復 凶 有災眚 用行師 終有大敗 以其國君 凶 至于十年 不克征
상6은 혼미하여 돌아오니 흉하고 큰 재앙이 기다린다. 군대를 쓰면 끝내 대패할 뿐만 아니라 그 나라 임금에게도 흉이 닥칠 것이다. 십년이 걸려도 정복할 수 없으리라.

혼미한 상태로 방황하며 돌아오니 그 모습이 흉하다. 인재人災와 천생天眚이 겹친다. 이때 군대를 동원하면 대패하고, 군주인 자신도 화를 입으니 십 년이 걸릴지라도 설욕雪辱이 힘들 것이다. 본래 자리로 회복하지 못하고 방황하니 흉하다는 것은 군자의 도에 어긋나기 때문이다[象曰 迷復之凶 反君道也]. 회복의 씨앗(초효)과는 너무 먼 자리에 떨어져 오히려 반대로 돌아가니 흉하고 혼미한 미복迷復(Missing the return)이다.

본자리를 찾아서 가는 복은 군자의 도인데 오히려 복에서 반대로 돌아가려니 흉할 수밖에 없다. 복은 보고 듣는 그 즉시로 바로 취하여야 하는데, 망설이고

---

42 석지형, 『五位龜鑑』: "… 伏願殿下服膺三字之符, 而考成于終焉."
43 "復卦가 屯卦로 간 경우다. 屯卦는 觀卦로부터 왔다(상→1). 觀卦는 큰 艮의 형태로, 坤의 두터움 위에 艮의 덕이 독실하고, 屯卦가 되면(상→1) 震의 군주를 이루니 군주가 그 덕을 '敦復'한 상이다. 또한 상의 강이 되돌아와도 艮은 이전과 같으니 '无悔'다. '敦'은 屯卦나 觀卦처럼 '땅에 산이 거듭함'의 상이다. 臨卦 上六 '敦臨', 艮卦 上九 '敦艮'의 경우도 이와 같다. 考 이룰 고
44 박재완, 『정전역해』: "회복하여도 생산되기가 힘든 復之屯이다. 소찬과 정결한 음식이 진수성찬보다 나으니 자족하고 분수를 지켜라. 정욕이 넘치는 주부는 남편의 건강이 돌아오도록 잘 보살피며 인내를 가질 필요가 있다. 자금만 풀리고 소비만 많으니 소득보다 손실이 클 때다. 하루만 글을 읽지 않아도 입에 가시가 생긴다고 하니 돈독하게 공부에 정진하라."

주저하다가 복을 놓친다. 자신의 눈앞이 바로 천당이요, 그 눈앞이 바로 지옥인 것을 모르는 가죽뭉텅이다. 옳고 바른 일은 스승한테도 양보를 하지 말라[不讓於師] 했는데, 어찌하여 마지막 날에 '복復'을 놓고 우물쭈물할 수 있다 말인가. 그러니 돌아오지 못하고 방황하는 사이에 안팎으로 재앙이 덮쳐온 것이다[有災眚, Misfortune from within and without]. 이와 같은 경우가 나라에 미칠 때에는 완력이나 무력(군대)을 쓰는 일이 있다면[用行師] 끝내는 대패하고 만다[終有大敗]. 또한 그 나라 임금에게도 흉할 수밖에 없으니[以其國君凶], 상당히 오랜 시간이 걸려도 [至于十年] 그 회복뿐 아니라 전쟁에도 지고 말 것이다[不克征].

동파도 공감한다. "본자리를 찾지 못하고 미혹한 자가 그것을 적에게 쓰게 되면 그 나라에는 재앙이 있고, 그 몸에 또한 재앙이 있을 것이다." 복괘가 이괘頤卦로 간 경우다. 상효의 점단으로 『춘추좌씨전』 노양공 28년에 관련 기록이 있다.[45/46]

지욱의 법문도 빠지지 않는다. "윗자리에서 멍청한 세상잡배들의 도를 믿고 따르다[反古之道] 아직도 본자리로 돌아오지 못하고 있다[昏迷不服]. 무명無明을 유명有明인 줄 믿고서, 나라고 하는 아상我相으로 들이대다가 반드시 박을 깨는 과보果報를 받는다. 거만한 마음이 일어나고 애증愛憎이 잇달아 일어나니, 원돈대승圓頓大乘의 군도에 위반하고 있다. 이럴 때는 비록 선한 일을 베풀어도 악의 과실果實을 뿌리고 또 이를 거두어도 군자君子의 도가 돌아눕고 만다 하니, 이것이 곧 미복의 흉[迷復之凶]이요 소인이 즐겨 먹고 마시는 미복迷復과 반군도反君道라 할 수 있다."

선조 때 정구鄭逑는 '미복'의 안일함을 고치지 않으면 나라가 망할 것이라는

---

45 『춘추좌씨전』, '노나라 양공 28년' : "복괘가 頤卦로 간 것을 보면 초나라의 자작은 곧 죽을 것입니다. 그가 덕을 닦지도 않고 정치를 하니 그 소원이 이루어질 리가 없습니다. 근본을 버렸으니 돌아갈 곳도 없고 이와 같은 경우가 바로 '迷復凶有災眚'이라 하는 것입니다."

46 다산은 '迷復'을 '혼미함이 반복됨'이라 보았다. 頤卦는 觀卦로부터 왔고, 觀卦는 큰 艮의 상이라, 艮의 좁은 길로 들어서니 앞이 혼미하다. 이처럼 궁지에서 본래 혼미함으로 돌아오니(5→1) '迷復'이다. 또 頤卦는 큰 離의 상이니 火를 부른다(離禍也). 頤卦는 네 개의 많은 음이 곧 재앙이 되어 '有災眚'을 면치 못한다. 頤卦 또한 臨卦에서 왔기에 震의 군주가 坤의 군중을 영도하여 적국 坤의 나라를 정벌하러 나섰는데, 마침내 艮의 귀신을 坤의 수레에 실으니 사상자의 시신이 된다. 坤은 적국이고, 艮은 종말과 국경이다. 고로 이는 적국 국경 깊숙이 들어갔다가 대패한 임금의 흉한 상으로 본다. 坤의 '均'으로 十數인데 艮이 저지하니 '十年不征'이 된 것이다. 군주의 길은 '王道蕩蕩'하여야 하는 바, 지금은 艮의 '徑路'로 들어가 고생을 사서 하는 꼴이라, '反君道'가 되었다[艮은 震의 反이다]."

상소문을 이렇게 올리고 있다.

"왜노倭奴가 난리를 일으켜 곧장 삼도三都로 들어오고 팔도를 격파하였습니다. 왜적이 또 다시 오지 않는다고 보장할 수 없으니, 수리와 수비를 서둘러 정칙整飭하지 않고는 안 됩니다. 지금 보고에 의하면 사람에게는 양곡이 없고, 말에게는 꼴이 없어 채소뿐만 아니라 소금과 장마저도 떨어져, 서로 바라보며 눈물만 흘리고 있다 하니, 이런 기상으로 어떻게 유수병留守兵의 마음을 굳게 할 수 있겠습니까. 이는 모두 배신陪臣들이 오래도록 안일에 젖어 '미복迷復'을 고치지 못하여 전혀 마음을 쓰지 않았기 때문입니다."[47]

47 『선조실록』 선조 33년(1600) 10월 7일.

외괘
天(乾=剛健)

내괘
雷(震=動)

25. 천뢰무망天雷无妄
Innocence(The Unexpected)

무망은 나의 의지와 관계없이 천재지변이 일어나는 시절이다. 질서를 어기고 망령된 일을 한 자에게는 반드시 재앙이 일어남을 예고한다. 인과응보를 보는 자리이다.

> 无妄 元亨 利貞 其匪正 有眚 不利有攸往
> 무망은 군주가 형통하고, 바르게 일을 처리함에 이로우나, 옳지 않은 일을 할 경우에는 재앙이 있고, 갈 바가 있어도 이롭지 않을 것이다.

무无는 무無요, 망妄은 망望이니 '무망无妄(Unexpected)'은 어떤 기대나 속셈을 모두 버리고 흘러가는 대로 몸을 맡긴다는 의미다. 노자의 무위無爲처럼 무망은 예기치도 않았던 일, 생각지도 않았던 일에 부딪쳐도 동요하거나 의식적인 행동을 취하지 말아야 한다. 자식을 키우다 예기치 않은 일을 당하는 부모처럼, 가뭄이나 홍수와 같은 재난을 당하고도 고향을 등질 수 없는 농부처럼, 어렵고 힘들어도 우리가 살아 온 대로 묵묵히 살아가는 모습이 무망이다. 이처럼 "마음자리가 완전히 회복되어 욕심이 없다면 '그러려니' 하고 자연스럽게 살아가야 한다."[1]

처음부터 하늘에서 가지고 온 천부지성이 온전하다면 그것은 순진무구한 무망无妄(Innocence)이다.

고로 '무망'은 삿됨이라고는 한 점 없는 무구 그 자체다. 이런 "무망으로 가는 과정에 응하는 유혹(여자)이 없어야 하기에 '망妄' 속에는 망령된 여자를 경계로 삼는다."[2] 무망의 시절에 혹이라도 유망有妄이면 그것은 바로 재앙을 받게 되어

---

1 「서괘전」 : "復則不妄矣, 故, 受之以无妄."
2 김진규, 『아산주역강의』, 468쪽.

있다.[3] 주자는 '무망無望'이라는 뜻으로도 썼고,[4] 다산은 '달아나 숨지 말라[勿遯]'는 의미로 새긴다. 무망은 둔괘遯卦에서 오는데, 둔의 두 음이 생겨나려 하자 네 양이 밖으로 도주하니 망동이 심하다. 그런데 지금 무망에서 한 개의 양을 잡아당기며 만류하여, 안에서 주인으로 삼고 경망하게 도망을 가지 말라 한다. 여자가 도망가려는 글자가 '망妄'이다. 둔괘에서는 손[☴]녀女가 도망가는 상을 짓고 있다. 고로 무망이란 망령됨이 없는 지극한 정성의 뜻임을 알아야 한다.

한편 무망은 대리大离의 믿음을 지닌 중부에서도 오니 '망령妄靈'이 '무'한 상태이다. 무망괘는 위에 건☰과 손☴이 있고, 아래는 진☳과 간☶이 있어 움직일 때나 멈출 때나 한결같이 천명을 받드니, 이것을 곧 무망이라 한 것이다. 괘상을 보면 장남 천둥 진☳이 아비 하늘 건☰을 치는 상이요, 또 나무막대기로 단단한 돌을 치는 격이니,[5] 이런 어리석음이 사라지려면 깡그리 망령 끼가 사라져야 한다. 이렇듯 "생생불궁生生不窮으로 각정성명各正性名함이 무망이지만, 혹 무망이 정정貞正을 잃으면 유망이 된다."[6] 또한 무망은 원형元亨하고 이정利貞한 네 가지의 덕이 두루 다 갖추어졌기에 좋은 괘라 할 수 있다.[7]

다음은 공자가 삿된 마음으로 가면 무망无妄도 유망有妄이 된다는 단왈이다. "무망은 강이 스스로 외부로부터 와서[无妄剛自外來], 속마음을 주장하며[而爲主於內], 삿됨 없이 나가니 강건하다[動而健]. 삿됨이 없으면 안팎으로 강건 중정이 유순 중정과 서로 응하게 되어[剛中而應], 크게 형통하고 바르니[大亨以正] 바로 하늘의 명이다[天之命也]. 그러나 '바르지 못해 재앙이 있고 갈 바가 있어도 불리한[其

---

3 「잡괘전」: "无妄 災也."

4 『史記·春申君列傳』: "뽕나무에 화살을 쏘니, 버드나무에서 수액이 나오는 것처럼, 기대도 않던 복과 화, 즉 無望의 福, 無望의 禍, 無望의 君主가 있다."

5 [說證] 돌아온 震이 仁을 체현하고, 2와 5가 정응하니 형통하다. 외괘 坎의 자리가 건실하고 그 덕이 크게 바르니 일을 맡아 처리함에 이로운 것이다. 其匪正이라 한 것은 正卦 무망의 호괘를 말한 것이다. 무망 속에는 본래 허물 坎이 없었는데 漸卦가 되면서 坎이 있어 허물 있으니 '多眚'이다. 무망 속에는 震大途가 있어 이롭지만, 漸卦 속에는 간(☶)이 좁은 길이 되어 혼미함에 '불리유유왕'이라 하였다.

6 정이, 『이천역전』: "无妄者, 至誠也. 至誠者, 天之道也. 天之化育萬物, 生生不窮, 各正其性命, 乃无妄也. 人能合无妄之道, 則所謂與天地合其德也."

7 '元亨利貞' 四德을 다 갖춘 괘는 乾坤을 제외한 다섯 괘다. 屯, 隨, 臨, 无妄, 革이며 반대로 사덕이 없는 괘는 觀, 晉, 睽, 姤, 井, 艮卦로 여섯 개다.

匪正有眚不利有攸往] 것은, 삿된 마음이 어디로 가겠는가[无妄之往何之矣]' 하는 말이다. 천명이 돕지 않는데 어디로 갈 수 있단 말인가[天命不祐行矣哉]"[8]

세상이 망령되면 부정한 자는 어쩔 수 없다. 편안함을 버리고, 위태함으로 나가는 자는 사람이 지켜야 할 인정이 아니기에, 이러한 자는 하늘의 재앙을 받을 수밖에 없다. 불법佛法으로 볼 때도 "정법正法의 법화法化가 무망이요, 왕도王道 정치가 천도天道에 합하니 무망이다. 세간이나 출세간이나 자리自利나 이타利他에 스스로 자신을 깊이 성찰한다면 일념의 사邪도 끼지 않을 것이다. 만일 안팎으로 사가 낄 수 없도록 행한다면 그것은 이미 무망한 성인의 경계가 틀림없다."[9]/[10]

> 象曰 天下雷行 物與无妄 先王以 茂對時 育萬物
> 상왈, 하늘 아래 천둥이 치며 지나가니 사물이 나와 더불어 망령됨이 없다. 선왕은
> 이를 보고 천시에 맞춰 힘껏 노력하며 만물을 키워나갔다.

천지만물과 세상 모두는 지공무사至公無邪하다. 하늘 아래 천둥이 울릴 때는 만물도 요동하니, 선왕은 이때를 알고 힘껏 노력하고[茂對時, Rich in virtue and in harmony with the time], 물물을 무성하도록 일일이 돌보며[育萬物, Fostered and nourished all beings], 나아가 중흥의 계기로 삼아 정치를 하였다. "무망无妄이란 성

---

8 [說證] '剛自外來而爲主於內'는 遯의 3이 1로 와 무망으로 震主가 됨이요, '動而健'은 괘덕이요, '剛中而應'은 2와 5의 관계요, '天之命也'는 호괘 巽命이요, '무망은 경망스럽게 떠나지 말아야 하니, '无妄之往何之矣'로, 호괘 漸卦의 艮止를 본 것이다. 무망이라는 것은 천명을 거스르지 않고 받아들이는 것인데(가운데를 가로막고 있는 것이 없음), 점괘의 경우는 그렇지 않으니, 본래 소인으로써 위험한 일을 행하며, 좁은 길을 따라가니(감간의 길) 비록 상괘에 손의 천명이 있다 해도 자기 스스로 그것을 막아 버리는 것이다. 천명이 돕지 않으니 어떻게 행해야 하겠는가? 또 漸卦 속에 坎이 '多眚'이요, '其匪正'은 正卦가 아닌 互卦를 이른다. 匪正의 예로 穆姜의 경우가 있다. 그가 점을 쳐 隨卦의 '원형이정 무구'를 얻었지만, 스스로 正하지 않음을 깨달았다. 이런 경우(옳지 않은 일에 길한 괘를 얻음)에는 互卦로써 새로운 괘를 만들어야 한다.

9 지욱, 『주역선해』: "世出世法 自利利他 皆須深自省察 不可夾一念之邪 不可有一言一行之眚 儻內匪正而外有眚 則決不可行矣 聖人 持滿之戒 如此"

10 하늘의 뜻에 순종하지 않으면 재난을 초래한다. 나의 의지와 다르게 움직이는 때라 몸부림칠수록 더 나쁘게 된다. 화재나 풍수, 질병 같은 재해도 난데없이 일어난다. 옛 사람들은 '바위 안에 보석이 끼어 있는 모양으로 성급하게 굴면 그 바위 안의 보석까지 깨고 만다고 하였다. 금융시장은 형편없이 기울어지는 때라 인간의 삿된 욕심이 화를 불러들인다.

실함[誠]이며, 성실함이란 태극이니, 이른바 만물이 각각 하나의 태극을 갖추고 있다"는 말이다. '때에 성대하게 합한다'는 것은 하늘 아래 우레가 행함을 본받은 것이고, '만물을 기른다'는 것은 '만물에 무망을 부여한다'를 본받은 것이다.[11] 천도의 성실과 인도의 성실도 여기 '물여무망物與无妄'에서 볼 수 있다.[12] 만물마다 무망을 지녔으니, 그것이 곧 자성이고 천성이고 불성이며 태극이란 점이 놀랍다.[13/14]

우암 송시열은 '성대하게 합한다'는 것은 하늘의 때에 합하는 것이니 천[☰]으로써 말한 것이고, '만물을 기른다'는 것은 만물을 낳는 방법이니 뢰☳로써 말한 것이다. 하늘의 도는 지극히 성실하고 쉼이 없고, 진☳의 덕은 하늘의 지극한 성실함으로써 움직인다. 이 때문에 '무망无妄'이라고 하였다.

2008년 전 세계적 금융대란이 기습해 오자 모든 나라가 서둘러 개입하여 진정시키려고 노력한 것도 '무대시육만물茂對時育萬物'의 경우이다.[15/16] 무망无妄은 무

---

11 조호익,『易象說』: "无妄者, 誠也, 誠卽太極也, 所謂萬物各具一太極也. 對時, 法天下雷行, 育物, 法物與无妄."

12 심대윤,『周易象義占法』: "'與物'이라 하지 않고 '物與'라 한 것은 사물에 근간이 되어 둘이 되지 않음을 말한다. 忠恕와 中庸으로 성실함을 지극히 하면 그 본성을 다하고 사물의 성을 다하여 命에 이르게 된다. 그렇다면 털 끝 만큼도 사사롭고 거짓됨이 없어 한 순간도 쉼 없이 天理가 유행하고 天德이 밝게 빛나 선천이나 후천에 어긋나지 않는다. '하늘 아래 우레가 행하여 만물에 무망을 부여한다[天下雷行 物與无妄]'란 천도의 성실함이며, '茂對時育萬物'이란 人道의 성실함이다. 이는 하나이지 둘로 나눌 수 없으니, 군자는 그 도를 가지고 있는 자이며 선왕은 그 공을 가지고 있는 자이다."

13 김규오,「讀易記疑」: "사람과 사물의 성은 그 형기에 따라 같지 않지만, 전체가 하나의 태극 아닌 것이 없다."

14 윤행임,『薪湖隨筆·易』: "저절로 그러함이 '무망'이다. 닭의 본연은 새벽을 알리고, 개의 본연은 밤을 지킨다. 시냇물에서 유영하는 것은 물고기의 본연이고, 구름 속을 나는 것은 새의 본연이다. 닭이 밤을 지키고, 개가 새벽을 알리고, 물고기가 구름 속을 날고, 새가 시냇물 속을 헤엄친다면, 망령이다."

15 [說證] 內卦는 자신, 外卦는 사물이다. 무망이 遯에서 왔기에 遯의 음이 점점 자라나니 도망간 陽이 다시 무망으로 돌아와 震道로써 만물과 하나 되니 '物與无妄'으로 망령이 사라졌다. 사계절의 기운은 동북 간방에서 끝이 나고 시작이 되니, 遯 때는 만물이 끝나는 간☶의 상이었지만, 무망에서는 진☳으로 다시 소생하니 바야흐로 양춘의 2월괘가 된 것이다. 임금은 이런 시점에 인자함으로 백성과 만물을 번성케 하여 봄기운에 화답하여야 한다. 진☳은 '茂'이고, '對'는 和答이고, 간☶은 '育'이다.

16 김도,「周易淺說」: "우레란 음과 양이 서로 부딪쳐 나는 소리다. 음과 양이 사귀어 화합하면서 서로 부딪쳐 소리를 낸다면 이때에 숨어 지내던 것들이 놀라고 싹을 틔워 만물이 일어난다. 이미 일어나 생기면 하나라도 어긋나는 이치가 없으니, 이른바 '物與无妄'이다. 王이 백성과 살아 있는 생명들을 길러 곤충과 초목이 또한 각기 그 마땅함을 얻으니, 왕이 무망을 본받음이

망无望'이기도 하다.[17]

동파는 여기서 '무茂'를 '노력', '대對'를 '구제救濟'라 보고 천하가 이미 무망해졌다면 그 세상을 구제하는 데 힘써야 하고, 만물을 받아들여 양육해 나갈 뿐"이라며 그 방책을 내놓았다. 이 또한 상제가 만물을 관여하지 않을 수 없다는 것이다. 또 무망괘는 하층부가 지각변동을 일으키기 때문에 대변혁이 일어나 몹시 어지러운 시절이다. 이때는 '시중時中'을 잡는 자세가 절대적으로 중요하다. 노자의 '상선약수上善若水'처럼 물은 자신의 모양을 스스로 갖고 있지는 않지만 자신이 담기는 모든 그릇에 맞추어 자유자재로 그 모양을 대응해 나가고 있는 모습도 배워야 할 것이다.[18] 특히 무망의 시절에는 인연에 따라 조화를 맞출 줄 아는 지혜가 필요하다.[19]

고사로 은나라의 주왕을 타도한 무왕은 세상이 혼란하고 악화되기 전에 질서를 잡았으며, 단기간에 사회규범을 회복시켰다. 또 문왕의 새로운 정사의 원칙은 순수한 정직성이라고 기술하고 있다.

어찌 크지 않겠는가? 대체로 왕의 무망은 천도로써 움직이고 인욕으로 움직이지 않기 때문에 지나간 곳에서는 교화되고, 머무른 곳에서는 신묘해져, 해와 달이 비추는 바와 서리와 이슬이 내리는 바에 추대하여 부모로 삼기를 원하지 않는 자가 없으니, 아! 그 성대함이여!"
이만부, 「易大象便覽」: "임금 된 자는 하늘을 대신하여 사물을 기르니, 만약 조금이라도 거짓되어 성실하고 간절하며 독실함으로 하지 못한다면 무망이라 할 수 없다. 마치 '봄에는 경작하는 것을 살펴 부족한 자를 도와주고, 가을에는 추수를 살펴 부족한 자를 보충해주고, 촘촘한 그물을 웅덩이와 못에 넣지 않고, 도끼와 자귀를 때에 맞게 산림에 들어가도록 함이 바로 '茂對時育萬物'이다."

17 김상악, 『山天易說』: "하늘 아래 우레가 행하여 사물마다 모두 만나는 일이 '바랄 바 없음无望'이고, 사람이 恐懼修省하며 천명의 소리를 얻어 각기 性命을 바르게 한 것 역시 '망령됨이 없음[无妄]'이다. '茂對時'란 우레가 때에 맞게 행하는 것을 본받는 것이고, '育萬物'이란 하늘이 만물을 낳는 것을 본받은 것이다."

18 대체로 무망을 점괘로 얻으면 허무한 일이 생긴다. 인간의 의지가 통하지 않을 때이니 하늘의 뜻에 순종하며 나가라. 무망은 巽木宮 4세 2월 괘이기도 하다. 힘쓸 茂에는 벗이 잘 된다는 송松茂栢悅이 있다.

19 유정원, 『易解參攷』: '茂對時'는 봄에는 짐승의 새끼와 알을 취하지 말고, 여름에는 나무를 베지 말라는 의미와 같다.

> 初九 无妄往 吉
> 초9는 망령됨 없이 가니 길하다.

초9는 양의 자리에 양이 바로 앉아 있는 정위의 군자로 무망의 주효다. 본시
둔괘遯卦일 때는 양들이 물러나 도망가고 있었다. 그때 3이 도망가지 않고 1로 돌
아왔으니 길한 상이다. 1이 4와 상응이 되지 않음이 오히려 다행이다. 무망의 시
초에서 잡념이 한 틈 끼어들지 못하도록 변함없는 자세를 견지하고 간다[无妄,
Innocent behavior]. 무망은 공부하는 괘로 보기도 한다. 공부하는 데는 정응이 오히
려 나쁘다. 그래서 공자도 "망령됨 없이 간다는 것은 군자의 뜻을 얻었기 때문[象
曰, 无妄之往, 得志也]"이라며 전적으로 초9의 의지에 기대하는 바가 크다.

만약 초효가 무망한 군자의 강한 의지를 놓치면 바로 천지비天地否의 자리로
직행하고 만다. 그러니 정자는 초9가 '중성불망中誠不妄한 자'로, 수신이 되어 몸이
바르고, 사람을 다스림에는 사리가 정확하고, 사람들과 함께하면 늘 그들을 진정
으로 감화시키는 자라 하였고, 주자도 이런 무망의 도를 행하는 초9를 '성誠의 주
主'로 보았다. 공부하는 초9의 자세를 보면 벌써 떡잎부터 알아볼만하다. 망동을
모르고, 불길하지 않으며, 헛된 잡생각을 품지 아니하니 그는 마치 공부하기 위해
태어난 사람과 같다. 그러니 갈 바가 있으면 성공을 보장받아 반드시 길할 것이
다. 초효는 아버지를 모시고 가는 장자[☳]의 자리다. 혹 초9가 강한 아버지의 자
리와 권위에 도전하고 다른 마음을 품는다면 반드시 재앙이 닥친다. 무망이 천지
비괘天地否卦로 가기 때문이다.[20]

> 六二 不耕穫 不菑畬 則利有攸往
> 육2는 갈지 않아도 거두고, 불을 질러 완전히 잡초를 제거하지 않았는데도 수확하
> 게 되니[일구지 않은 묵정밭이 기름진 밭이 된다면], 갈 바가 있으면 가야 이롭지 아
> 니하겠는가.

---

20 [說證] 무망이 遯卦로 올 때 柔가 1에 없었지만 剛이 이제 돌아왔으니 무망이 된 것이다. 1의
강이 리☳의 뜻을 이뤘기에 '得志'다. 주효다. 卦主는 之卦가 아닌 본상을 본다.

한마디로 노력하지도 않고 공짜를 바라며 허황된 로또 꿈을 꾸는 상이다. 공부괘는 정응이 있으면 나쁘다고 하였는데, 2는 5와 서로 드러내놓고 정응을 하는 사이다. 그렇다면 유순 중정한 2는 어떻게 설명이 가능할까? 2가 중심을 잡고 잡념을 지우면, 그 어느 누구보다도 공부를 잘할 수 있는 자다. 그런데 엉뚱한 생각으로 만나지 말아야 할 자와 교제를 하고 있다면, 유순 중정도 이 잘못된 탈선을 이길 수 없다. 한해 묵은 밭은 '치甾'요, 두세 해를 묵힌 밭은 '여畬'다. 경작할 때 불을 질러 잡초를 없앰을 '치甾'라 하고, 불을 지르고 나서 종자를 뿌리는 것을 '여畬'라고 한 다산의 설증은 대단하다.[21] 2~3년 동안을 거름 한번 주지 않고 묵혀 놓은 땅에서 어떻게 수확을 기대할 수 있겠는가. 또는 몇 년을 먹고 놀다가 어떻게 한 방에 실력을 올릴 수 있겠는가. 그러니 공자가 "경작을 하지 않고 수확을 하려 함은 그 어떤 농부라도 부를 함부로 얻을 수 없다[象曰 不耕穫 未富也]"고 단언한 자리다.

이는 물병 속에 물을 가득 담아 놓고, 병 속에 비친 달을 쏟아내며, 그 달을 들고 기뻐하는 자들처럼 만사에 허상을 좇는 노래와 크게 다르지 않다. 동파는 여기서 남다른 내공에 찬 해설을 토해내고 있다. "옛날에 분수가 지나친 자는 모두가 내공이 부족하여 항상 밖을 그리워했다. 무릇 안이 충족한 자는 안의 내실을 믿고 밖을 줄이지만, 안이 부족한 자는 이와 반대로 밖에서 충족시키려 노력했었다. 2는 그 분수가 편안한 까닭에 감히 분수를 넘는 일을 하지 않으니, '갈지 않고 거두고, 새밭을 일구지 않아도 3년 동안을 일군 밭처럼 되고, 또 어디로 나아가도 이롭다' 하였구나. 반드시 경작한 뒤에라야 거두고, 반드시 개간한 후에라야 좋은 밭이 된다고 하면, 머리카락을 일일이 세어 빗질을 하고, 또 쌀알을 일일

---

21 [說證] 无妄괘가 履卦로 변한 경우다. 履卦는 夬卦와 姤卦에서 왔는데, 夬 때는 손(☴)의 쟁기가 위로 향하였으니[계사전에서 익괘의 巽의 나무를 耒耜, 즉 쟁기와 보습으로 보았다], 농지에 흙덩어리가 부서지지 않았기에 '不耕'이라 하였고[1·2 地位에 곤☷이 없다], 또 履卦가 되면 태☱의 낫으로 진☳의 벼를 베어 수확하니 '不耕穫(힘들여 경작하지 않고도 수확함)'이다. 履卦의 母卦 姤卦에서 巽의 풀이 下卦에 있으니, 무성한 잡초들이 제거되지 않아 '不甾'였다(경작할 때 불을 질러 잡초를 없앰을 '甾'라 한다). 그런데 姤卦에서 履卦로 가면 드디어 리☲의 불로 잡초를 태우고 진☳의 농작물을 수확하니 '不甾畬'다(불을 지르고 나서 종자를 뿌리는 것을 '畬'라 함). 이른바 뜻하지 않은 무망의 복을 '則利有攸往'과 '未富'에서 '利'와 '富'를 이른 것이 아닐까. '未富'는 2에서 乾을 이루지 못했기 때문이다. 九二로 강을 하나 더하여도 乾을 이루지 못하니, 힘들여 경작하지 않는 수확[不耕穫]으로는 富에 미치지 못함이다.

이 헤아려서 밥을 지으며, 땅을 일일이 가려가며 발로 밟는 것과 같으니, '그 한없는 지조를 다 채우려면 지렁이가 된 뒤에라야 가능할 일이다.' 그러니 의리에 비추어 거둘만한 것이면 기필코 경작할 필요가 없으며, 도道에 비추어 3년 동안을 일구어 온 좋은 밭이라면 기필코 개간할 필요가 없다. 경작하지 않으려고 하는 까닭은 사악한 부富를 얻으려고 하기 때문이다." 또 "밭 갈지 않고도 수확하고, 오래 되지 않아도 묵힌 것처럼 좋은 밭이 된다 함은, 신하가 임금을 대신하여 완성하고도 자신의 공로로 돌리지 않는 도를 말하니, 갈 바가 있어도 이롭다."[22]

세상 어디에든 '불경확不耕穫'과 '불치여不菑畬'는 있을 수가 없다. 그런데 여기서는 왜 거론하고 있는가? 공자의 속내는 "은거하여 그 뜻을 구하고, 의리로 그 도를 펼치라"고 이른 것이 아닐까. 그러니 2가 유순 중정으로 강건 중정한 5에 응하여 오직 도달道達을 일심으로 삼고, 추호도 부귀와 영화를 염두에 두지 않는다면 갈 바가 있어도 이로울 것이다. 곧 "나라에 도가 있으면 궁색했던 때에도 절개는 변하지 아니하고, 나라에 도가 없어서 죽음에 이를 지경이 되어도 절개를 변치 않았던 것"[23]은 바로 군자가 무망괘에 갈 바가 있어도 지켜야 할 자세일 것이다.

반면 2효가 부귀한 봉록을 달가워하지 않는 자라고 주장하는 근거를 『예기』에서 찾아보자. "예禮에 폐백을 먼저 하는 것은 백성이 일을 먼저 하고, 녹祿을 뒤로 하기 때문이다. 재물을 먼저 하고 예를 뒤로 한다면 백성들이 이기적일 것이다. 또 사양함이 없이 마음대로 행하면 백성들이 다투게 된다. 그렇기 때문에 물건을 보낸 자를 자신이 볼 수 없을 때는 건네는 물건을 받지 않았다. 고로 『주역』에서 공자가 '밭을 갈지 않고 거두며[不耕穫], 불을 질러 풀을 제거하지 않고 밭에 씨를 뿌림이[不菑畬] 부하지는 않다[未富也]'고 한 것이 그 까닭이다. 백성은 막아도 오히려 록祿을 귀히 여기고 예禮는 천하게 여기더라."[24]

정자의 다음 세 가지 해설도 재미있다. '밭 갈지 않고 수확하는 불경이확不耕而穫'과 '밭은 갈되 수확하지 않는 경이불확耕而不穫'과 '밭을 갈기만 하고 굳이 수확

---

22 왕필, 『주역주』: "不耕而穫, 不菑而畬, 代終已成而不造也. 不擅其美, 乃盡臣道, 故 利有攸往."

23 지욱, 『주역선해』: "國有道, 不變塞焉, 强哉矯, 國無道, 至死不變, 强哉矯."

24 [說證] 履卦의 离는 禮, 兌는 利이다. 履卦는 상하의 입이 마주 보니 爭訟하는 상이다. 离는 相見 禮, 태는 食, 离는 防이다.

하려 하지 않는 '경이불필확耕而不必穫'이 그것이다. 퇴계는 『경서석의經書釋義』에서 정자의 해설을 '경耕치 아니하고 확穫하며' 또 '경耕하였으되 확穫은 없으며' 또한 '경耕은 하여도 확穫은 애쓰지 아니함'이라 하고는, 후미에 "이 효사를 읽을 때는 모름지기 먼저 정자와 주자의 뜻을 구분하여 완전히 귀숙歸宿한 후 하라"고 강조하고 있다.

또 사계는 『경서변의經書辨疑』에서 주자와 퇴계의 해설을 소개하고는 다음과 같이 적었다. "확穫을 가리켜 망妄이라 하고, 경耕을 가리켜 망妄이 아니라 한 것인데, 경耕에도 밭을 가는 것과 이미 밭을 간 것으로 구분이 있다. 그리고 『본의』는 경耕과 확穫이 모두 망妄이어서 곧바로 밭을 갈거나 수확하지 않았음을 말했다." 여기서 중요한 것은, 무망의 도를 지켜야 할 유순중정한 2가 강건중정한 5와 드러내놓고 정응을 하는 것은 바로 재앙을 초래한다는 사실이다.[25]

六三 无妄之災 或繫之牛 行人之得 邑人之災
육3은 도망가지 못하게 한 까닭에 생긴 재앙이니, 혹 도망친 소를 다시 잡아 매어 놓을 수 있을 것이다. 길을 가던 행인에게는 소를 얻음이 되겠지만, 마을 사람에게는 재앙이 될 것이다.

먼저 설중으로 풀면, 무망이 동인同人으로 간 괘다. 진☳은 큰길의 '행인'이고, 간☶은 '읍인'이다. 손☴은 밧줄이고, 소는 리☲와 손☴인지라[☲의 소와 동류] '밧줄에 매인 소'가 된다. 또한 무망괘의 모괘는 둔괘屯卦와 중부괘中孚卦인데, 둔에서만 '계지우'가 있고, 중부에서는 없으니 미심쩍어 '혹'이라 하였다. 둔괘 때는 마을 사람들 간☶이 주인이었는데, 무망으로 가면 강이 안으로 들어와 진☳이 주인이 되니 '행인득우'가 되고, '읍인지재'가 된 것이다. '둔'은 돼지가 도망가는 상이고, '무망'은 '물둔勿遯'의 뜻이 있어 '달아나지 말라' 하니 '밧줄에 매인 소'라 하는 것이다. 둔괘에서는 경망스럽게 달려나가려고 하는 소를 손巽의 나무에 매달아

---

25 농사를 지어도 수확이 없으니 폐농이요, 싸우지 않고 타협을 해야 이득이다. 로또를 바라는 일처럼 터무니없는 횡재는 얻을 수 없으니, 높은 학교는 진학이 불가하다. 묵묵히 파고 가는 자손의 공부는 대길하다.

놓았다. 이렇게 도망가지 못하게 한 까닭에 간艮의 강이 결국 꺾이고 마니, 경망스럽게 도망가지 못하게 하다 생긴 재앙이다. 둔괘에서 무망으로 추이하였으므로 본상을 취한다.

"지나가는 행인이 소를 얻고 마을 사람만 날벼락을 당한 꼴[象曰, 行人得牛, 邑人災也]"이라 재수가 매우 사나운 일이다. 소를 매 둔 사람은 마을 사람이었다. 선후천이 종시終始되는 자리 3이 음유하며 부정하고 부중하니 재앙을 받을 수밖에 없다. 정자는 3이 상과 응을 하려는 망妄 때문에 재앙을 얻는 것이라 단정지었다. 아산은 재미있는 해설로, 도적이 한밤중에 소를 훔쳐가다가 날이 새는 바람에 할 수 없이 어느 집에 매어두고 갔다면, 어느 집의 그가 도적으로 의심받지 않을 수 없었으니 뜻하지 않은 재앙으로 보기도 했다. 동파 또한 3이 "분수를 모르고 밖으로 명성을 그리워한 탓"에 무고를 당한 재앙이라 했다.

그런데 왕필은 소가 농사의 근본인데, 어떤 자가 그의 소를 잃었다면, 그 사람은 재앙을 입은 것이 분명하다고 여겼는가 하면, 공영달 역시 왕사王事를 돕는데 3이 불순한 행동을 취하니, 읍인이 벌을 받게 된 것으로 풀었다. 또 지욱은 "세상에 진실한 충신과 효자가 부득이한 시세를 만나서, 마침내 불충불효의 오명을 입고, 이에 진실을 만고에 자백하지 못하고 그 억울한 일을 잊으려 하니 무망의 재앙이 온 것이다. 그가 그러한 억울한 사실을 참고 탄성을 지르며 소 값까지 배상하였으니, 충신과 효자의 원한 또한 이런 것"이라 여겼다. 그렇다면 이는 거역할 수 없는 운명이며, 나 혼자만 억울하게 안고 가야 할 업보였을까? "공교롭게도 그렇게 될 운수였다. 결코 자기 스스로 망동하여 얻어진 결과가 아닌 까닭에 이것이야말로 진정한 무망지재이다."[26/27]

---

26 孫映達·楊亦鳴(박삼수 역), 『周易』, 373쪽 : "北魏 關郎, 『關氏易傳』."

27 우리 땅 간도를 일본이 청국에게 넘긴 간도협약 체결 100주년을 맞은 2009년 9월 4일 '간도반환 청구 소송'을 국제사법재판소에 제기한 민족회의통일준비정부(KNCUPG) 회원들의 '간도협약 무효 선언 소송'의 성사 여부를 물어 3효를 얻었다. 공자의 주석대로 '소를 얻은 행인은 淸國이고, 재앙을 입은 읍인은 한국'이라니 찾기가 요원하다. 도둑(중국)을 때려잡을 힘이 있어야 하니, 오랜 기간은 반환해 내기가 어렵다[升其高陵, 三歲不興]. 또 다른 사건에서도 3효를 얻었는데 암소(부인)가 다른 사람과 눈이 맞아 줄행랑치는 일이 벌어진 경우가 있었다[行人得牛, 邑人災也].

> **九四 可貞 无咎**
> 구4는 일을 맡아 잘 처리할 수 있으니, 허물이 없을 것이다.

구4가 동하면 익괘益卦로 가는 자리다. 익괘는 비괘否卦로부터 왔다. 비괘 때는 감坎의 자리가 견고한[4·5·6] 건乾이 일을 잘 맡아 처리한다. 그런데 익괘가 되면서 진☳의 주인이 내부로 들어와, 리☲로 잘 다스리니 '가정(可貞)'이 된다. 비괘 때는 자리와 덕이 적응適應하고 있었는데, 익괘가 되면서 뜻이 부합하여 '무구'가 되었다 [1·4가 정응]. 또 익괘는 비괘에서 왔으므로, 비괘 때는 건☰의 부유함으로 아래를 도울 수 있었기에 '고유지固有之', 즉 본래부터 그 능력을 지니고 있었던 것이다.[28]

설증을 대입하지 않은 여타 해설은 이렇다. 4가 비록 부중하고 부정한 자리이지만 바르게 하려고 계속하여 애를 쓴다. 혹 해이해져 2나 3에게로 마음이 쏠리지 않도록 다잡는다. 공자 역시 "바르게 하여 탈이 없도록 한다는 것은 진실로 굳은 마음으로 지키려고 애씀[象曰, 可貞无咎, 固有之也]"이라 하였다. 공부하는 자리엔 응이 없어야 탈이 없다. 정자는 4가 강건한 건괘☰를 얻었기에 당연이 굳셀 줄 알았고, 주자는 '고유固有'를 '단단히 지키는 것'으로 보고 '유有'를 '지킬 수守'로 해석하였으며, 다산은 '본래부터 그 능력을 지니고 있었다' 한다. 무망이 익괘로 가는 경우다.[29]

> **九五 无妄之疾 勿藥 有喜**
> 구5는 무망의 병은 약을 쓰지 않아도 낫는다.

먼저 석지형의 『오위귀감』에 나타난 읍소를 들어보자. "신이 삼가 살펴보았습니다. 5가 아직은 병이 아니기에 '무망지질无妄之疾'이라 하였습니다. '무망'은 있지

---

28 정약용, 『주역사전』 : "无妄之益也 益者否來 坎爲堅固 可以幹事 移之爲益 卽入爲震主 以治內事 是可貞也 否之旣移 位德相當 是无咎也 益者否來 乾固富有 故能以益下 固有之也."

29 박제완, 『정전역해』 : 용을 타고 남방으로 순행하니 하늘이 나에게 록과 복을 주는 자리다. 求財의 어려움이 오히려 덕이 된다. 처는 빨리 쾌차한다. 孫爻가 靑龍(甲乙)을 만나면 만인의 추앙을 받고, 朱雀(丙丁)을 만나면 문장가가 되고, 螣蛇(戊)를 만나면 주색으로 세월을 보내고, 句陳(己)을 만나면 여행과 이사에 나쁘다. 白虎(庚辛)를 만나면 고집불통이요, 玄武(壬癸)를 만나면 제정신이 아닌 놈이다. 무망이 익괘로 가면 午未가 합이 되고, 食神이 生財하니, 자손이 재산을 얻는다.

말아야 하는데 있는 것입니다. 병이 일어남은 이미 무망에서 나왔으니, 무망인데 약을 쓰면 도리어 망령됩니다. 지금의 상황으로 말한다면 나라의 형세가 아직 좋아지지 않았으니, 스스로 있는 힘을 다한다고 말할 수 없고, 또 망령됨이 없다고도 말할 수 없으니, 비록 독약을 급히 쓸 수는 없지만, 또한 앉아서 죽음을 기다릴 수도 없는 것입니다. 엎드려 바라건대 전하께서는 그 마땅히 써야 할 약을 써보려는 생각을 하시옵소서[伏願殿下 思試其當試之藥焉]." 수현壽峴은 과연 "마땅히 써야 할 약이 무엇인지를 임금만이 찾아야 할 것"이라고 아뢰고 있다. 트럼프 미국 대통령은 전대미문의 대책을 발표한다.[30]

5는 강건중정한 임금의 자리라 병이 들 이유가 전혀 없으니[无妄之疾, Use no medicine in an illness] 곧 무망채无妄瘥이다. 무망의 질병은 하늘이 주는 병이요, 천명을 다하는 병이다. 즉 자연스럽게 찾아오는 생로병사는 무슨 약을 써도 이길 수 없다. 죽을 병이라면 죽고, 살 수 있는 병이라면 살아날 것이다. 천명이라면 어떤 인력으로도 막을 도리가 없을 것이다. 가을에 내리는 숙살 기운을 그 어느 누가 막을 도리가 있던가. 온 산천의 시들어 죽어가는 초목을 살릴 약은 그 어디에도 없다.

망령되어 생긴 병이 아니라면 치료하지 않아도 저절로 회복될 것이다. 무망의 병통은 정응 2에게서 기인하였다. 2는 경작하지 않고도 수확을 하려 들고, 묵은 밭에 거름을 주지 않고도 실과를 얻으려는 악습惡習을 지녔다. 아픈 적이 없었던 5가 갑자기 병이 들었다면 그것은 나의 영원한 짝 2의 영향이 클 것이다. 지금은 무망의 시절이다. 무망 때에는 중정유순한 아내도 필요 없다. "무망 때의 아내는 나의 곁에 있지 말고 공부만을 위해 헌신하는 관대한 마음만 주면 된다."[31] 그런데 아내처럼 신하가 불의不義하다면 그 남편과 그 임금이 병들지 않을 수 없다. 공부할 때는 짝이 없어야 한다면, 병들게 하는 저 2는 필시 나의 묵은 악습이 틀림없다. 고로 공자가 "무망의 약이란 부질없는 것으로 시험하지 말라[象曰 无妄之藥 不可試

---

30 미국은 금리 zero 베이스에다, 1조 달러(1200조원)를 풀어 국민 1인당 2000달러씩 주고, 전세계적으로 확산되는 코로나19 여파로 얼어붙은 시장을 풀겠다고 했다. 듣도보도 못한 뉴스다. 전세계가 한번도 경험해 보지 못한 상황에 묘수를 찾는다고 아우성이다.

31 「문언전」 곤괘 2 : "直其正也, 方其義也, 君子, 敬以直內, 義以方外, 敬義立而德不孤, 直方大, 不習无不利, 則不疑其所行也."

也]"며 악은 악을 부르고, 약은 또 다른 약을 부르니, 끊을 수 없는 악습의 굴레를 여기서 강력하게 단절하라는 주문 같다. 병이라는데 약을 쓰지 않는 인정이 어렵다. 마땅히 움직여야 하는데도 움직이지 않는 것과, 마땅히 움직이지 말아야 하는데도 움직이는 것이 모두 망령이다.[32/33]

무망이 서합噬嗑으로 가는 경우다. 서합은 비괘否卦로부터 온다. 비괘는 감坎의 자리가 지나치게 건乾으로 굳어 있기에, 심장의 혈에 순환장애가 있어 보이는 그림이다[심혈(心血)에 질환이 보이는 자리]. 그렇지만 건이 손巽의 천명에 잘 순응하였기에, 망령이 없는 질병이 된다. 구괘姤卦 이래로 계속 손☴의 초목의 약을 복용하였는데[巽爲木爲香臭], 구姤→둔遯→비否로 오면서 탕약을 세 제나 썼지만 효험이 없어, 간☶의 죽음을 맞게 될 처지에 놓였다[둔비(遯否)에 공히 간☶의 죽음이 보임], 그런데 서합이 되면 손☴의 약이 마침내 없어지기에 '물약勿藥'이 되고, 감☵의 독을 뽑아내어[서합 5에서 강의 병은 사라지고 쾌유가 됨] 진☳으로 회생시키고, 리☲로써 희색이 만연하야, 감☵의 근심이 문득 사라지게 되었다[감☵은 근심, 의심, 질병, 심장병, 독]. 의심이 나면 시험을 해보는지라, 지금은 감☵이 사라지고 상괘에 리☲가 떠 '불가시不可試'가 되었다.

---

32 이현석, 「易義窺斑」: "앉아서 도를 논하는 자는 王公이고, 작위하여 행하는 자는 사대부이고, 정성을 다해 부지런히 힘쓰고 아침부터 저녁까지 게으르지 않는 것은 아래에 있는 자의 책임이다. 태평한 시대에 편안하여 의당 고요해야 할 것 같은데, 도리어 움직이는 것은 무엇 때문인가? 평안한데 맡은 직무를 게을리 하는 조짐이 보이고, 맹렬한 짐독鴆毒도 한가하고 편안한 데서 생기며, 교만방자하고 맘껏 즐기는 것이 재앙을 받을 빌미를 이루기 때문이다. 4부터는 덕이 모두 강건하니 무망의 세상에서 다스림을 벗어난 지위에 있다. 다만 재주는 굳건하고 뜻은 강건하여 혹 쉽게 변동할 수는 있지만, 약을 쓰지 않는 경계가 매우 깊고 또 간절하다. 약으로 병을 다스림은 인정상 그칠 수 없는 바이다. 이미 병이라 했는데, 다시 '약을 쓰지 않는다'고 말했으니, 이 때문에 그 병이 근심할 만한 것이 아님을 밝히고, 그 움직임이 매우 불가함을 경계하였다. 대체로 마땅히 움직여야 하는데도 움직이지 않는 것과, 마땅히 움직이지 말아야 하는데도 움직이는 것이 모두 망령된 것이니, 무망의 뜻이 심원하다."

33 남편이 병원에 가벼운 수술을 하러 간다기에, 혹시 "부작용은 없을까?" 하고 하늘에 물어 얻은 5효였다. 병원에 가지 않아도 괜찮을 것 같다는 아내의 충고를 흘리며, 수술실로 웃고 들어간 남편이 싸늘한 시체로 돌아왔다. '勿藥有喜'와 '不可試'를 듣지 않고 진리를 무시하려는 묵은 악습이 소중한 생명을 잃게 하였다. 그는 내과 전문의였다. 生死를 쥔 전문가는 하늘이다.

> **上九 无妄行 有眚 无攸利**
> 상9는 망령됨 없이 행해도, 뜻하지 않은 재앙이 따르니, 이로운 바는 없을 것이다.

육3과는 상응을 하지 말아야 할 상9가 그와 짝을 이루니 재앙이 생길 수밖에 없다. 무망이 유망이 된 자리다. 무망은 공부하는 괘인지라 짝이 있으면 잡념이 생겨서 무조건 나쁘다. 이는 정正을 벗어나 사邪로 가는 첩경이니, 「괘사전」의 '기비정유생其匪正有眚'이란 말은 이를 두고 한 말이다. 3과 짝이 된다는 것은 상효가 아직도 자식에 미련을 두고, 재산과 명예에 마음을 두고, 번뇌 망상에 미련을 두니 그것이 곧 유망을 부른 결과이다. 2가 유순 중정하여도 마음을 고쳐먹었다면 무망이 생기지 않았을 것이고, 3 또한 4와 상에게 마음을 빼앗겼기에 소를 잃고 억울하게 무고를 당하게 된 것이고, 5 역시 강건 중정하나 아직 악습이 남아서 아내인 2를 받아들였기 때문이었다. 여기 늙은 상9가 3을 좋아하며 자신의 처지를 돌보지 아니하였기에, '비정匪正'이라는 재앙을 당한 꼴이다. 다산은 이 재앙을 '도망칠 수 없는 죄'라 하였고, 왕필은 이때에 몸을 고요히 보전함이 마땅할 뿐 일체 다른 행동은 절대 금물이라 하였다. 공자는 주석에서 "늙은이의 무망지행이 천지를 모르고 재앙으로 몰아간 탓이다[象曰, 无妄之行, 窮之災也]"라고 결론을 내렸다.

재앙이 멈추지 않고 쳐들어오는데도 '마음만 잘 먹으면 되지', '착하게만 살면 되지' 하는 안일한 사고방식으로 대하다, 결국에는 미친 개에게 물리고 만 형국이 되었다. 또 "궁극적으로는 상도常道만 지키고, 성덕性德만을 믿고 수덕修德을 일삼지 않고, 변통變通을 전혀 알지 못하는 자이며, 일미一味 고담高談만 일삼고, 선권善權의 방편도 없이 행동으로 옮긴 무지의 소치로 보아야 한다."[34] 무망이 택뢰수澤雷隨로 가면 부패한 나라는 하늘이 아무리 도와주어도 복이 되지 못할 것 같으니 튼튼한 기초를 세워야 할 것이다.

수괘隨卦는 비괘否卦에서 온다[비(否)는 세 양이 밖으로 달아나고, 상은 부정으로 지나치게 높다]. 비괘가 수괘로 되면 상의 강이 갑자기 1로 떨어져, 진☳의 행行을 이루니 실천이 되어, 호괘 손☴으로 천명을 행하게 된다. 또 수괘는 큰 감☵으로 재앙을 부르니 '유생有眚'이 된다. 『서경·요전』에서 '생眚'이란 뜻하지 않은 실수로

---

34 지욱, 『주역선해』: "不中不正 恃性德而不事修德 躬行多眚 何利之有 蓋由一味高談向上 以至于窮 故成災也."

지은 죄라 했다. 여기서 손☰과 태☱는 리利이고, 리☲가 재앙이 된 것은 대축 초9[有厲利已 不犯災也]와 둔괘 초6[遯尾之厲 不往何災也]에서도 '리위재离爲災'로 본 것 같다.[35]

---

35 옥구슬에 점 하나 떨어지니[白玉落點] 횡재가 도리어 흉으로 변하고[橫財反凶], 동서남북으로 가려는 모든 길이 다 막힌다[東西南北險滯]. 망동하지 말고 조용히 공부하는 자세를 취하면 머지않아 큰 선생으로 명성을 얻을 것이다. 망동이 길어지면 금생은 어쩔 수 없다. 본연의 자세를 빨리 찾으라.

외괘
山(艮=止)

내괘
天(乾=剛健)

26. 산천대축山天大畜

The taming power of the great

대축은 도덕과 지혜가 동시에 쌓인 것을 말한다. 현실에서 겪는 고난과 좌절은 진취를 급하게 서두르는 사람에게만 온다. 내공을 축적하고 덕과 지혜를 함양시키는 대축은 인덕仁德과 지덕智德과 금덕金德을 쌓는 방법을 알려준다.

> **大畜 利貞 不家食吉 利涉大川**
> 대축은 일을 맡아 바르게 처리하면 이롭다. (군주의 녹봉을 받다) 집에서 밥을 먹지 않으니 길하고, 대천을 건너는 일도 이롭다.

대축은 존귀한 자가 덕을 쌓아 인재를 보호하고 기르는 상이다. 또한 대축은 실력자라도 강한 기운을 세상으로 돌출하려는 것을 자제시키고, 대인다운 능력을 지닐 때까지 덕을 지니게 한다. 큰 뜻을 품은 자라면 먼저 나를 남에게 보이는 것이 중요한 것이 아니라, 자신의 힘을 한층 더 기르며 아름다운 덕을 지녀야 하기 때문이다. 그러기에 비록 대축大畜(The taming power of the great)이 된 자라고 할지라도 '인간다운 면모'를 먼저 갖추라고 '이정利貞'이란 옵션을 걸어 놓은 것 같다. 대축괘는 대장괘大壯卦로부터 왔다. 괘상은 높은 산까지 하늘의 원기를 쌓는 모양이다. 대축은 대장에서 오기에, 대장 때는 양기가 진震으로 그 기운을 발산하니, 원기가 지나치게 흘러 넘쳤다. 그러므로 한 개의 양을 이동시켜 그 원기를 축적하니 대축이다. 또 태에서 말씀을 기뻐하니[大壯大澤], 정의롭게 화합이 됨이요[義之和也], 감의 자리에서[於坎之位], 간으로 온축하니[艮以畜之], 일을 맡아 처리함에 이롭다[利於貞也]. 한편 대축괘는 중부괘中孚卦에서 온다. 중부 때는 아내의 밥을 얻어먹었지만, 대축이 되면 음식이 군주로부터 나오니 불가식이 된 것이다.[1]

그러기에 대축은 먼저 자신을 기르고 난 후[大畜時也],[2] 시절인연이 도래하면 세상으로 나가 대승적 삶을 살아야 좋다[不家食吉].[3] 고로 군자는 온갖 금은보화를 다 지닌 말 없는 저 산처럼[道心靜似山藏玉] 대축의 도를 다한 후 만물을 길러내니, 대축은 망령이 사라지고 '무망无妄'으로 들어가야 얻을 수 있는 자리다.[4] 대축을 얻은 자는 강건하고 독실하기에 그 덕을 날마다 새롭게 하고[大畜 剛健篤實輝光 日新其德], 또 안으로는 강직하지만 밖으로는 성현을 공경하기에 그야말로 크고 바른 도를 지닌 자다[剛上而尙賢 能止健 大正也]. 또한 집안에만 머물지 않고 현인을 길러내는 대축은[不家食吉 養賢也], 하늘의 도에 순응하는지라 어떠한 위험도 잘 해결해낼 수 있을 것이다[利涉大川 應乎天也].[5]

다음은 노무현 대통령 회고록 『성공과 좌절』에 실린 글이다. "개인적으로 준비되지 않은 사람이, 준비된 조직적인 세력도 없이 정권을 잡았던 것이 실패의 큰 원인이었다. 지금 나를 지배하고 있는 것은 실패와 좌절의 기억뿐이다. '깨끗한 정치'를 선언할 때도 '정치와 돈은 떼려야 뗄 수 없는 것'이라고 생각했지만, 방심과 부주의로 사람들의 믿음과 희망에 큰 상처를 입혔었다. 영웅의 상에 이르기는커녕 오히려 추락하게 생겼으니 남은 것이 아무것도 없다. 대통령이 되려고 했던 것이 오류였다. 정치를 안 했으면 꽤 괜찮은 지식인으로 살았을 것이다. 나는 교양이 없다. 대통령이 될 줄 알았다면 미리 연습을 하는 것인데, 체질적으로 윗자리에 앉으면 불안해 하였고, 게다가 기품이 있는 행동은 할 필요도 없는 환

---

1 [說證] 大畜은 大壯으로부터 오는데, 감의 자리(4·5·6)에서 간☶이 건☰을 길러내니 '利貞'하다. 또 大畜은 中孚에서 오기에, 리의 담장 안에 진☳의 남편과 손☴의 아내가 태☱의 음식을 마주하고 있으니 '家食吉'인데, 大畜에선 손☴의 아내 없이 진☳의 남편이 태☱의 음식을 건☰의 군주로부터 얻으니 '不家食吉'이라 하였다. '利涉大川'은 大壯괘 때 진☳의 배가 큰 연못을 건너 대축 간☶의 기슭으로 감이다.

2 「잡괘전」 : "大畜時也."

3 『예기』, 「표기」 : "임금을 섬기는데 있어 큰 말을 들어주면 큰 이익을 바라고, 작은 말을 들어주면 작은 이익을 바란다. 때문에 군자는 작은 말을 가지고 큰 녹을 받지 않고, 큰 말을 가지고 작은 녹을 받지 않는다. 『역』에서 말하기를 '집에서 먹지 아니하니 길하다'고 했다."

4 「서괘전」 : "无妄然後可畜 故受之以大畜."

5 [說證] '剛健'은 건☰의 괘덕, '篤實'은 간☶의 괘덕이다. 산은 살이 찌고 實果이다. '輝光日新'은 큰 리☲의 상이요, '剛上尙賢'은 大壯의 剛 4가 上으로 가고 陰 上爻가 아래로 옴이다. '能止健' 또한 건☰과 간☶의 괘덕이다. '大正'은 大壯의 4가 陰(사악한 자) 上을 물리쳤음이요, '養賢'은 건☰의 군주가 내린 태☱의 녹봉을 진☳의 현자에게 미침이다. '應乎天' 역시 건☰의 2와 5가 응을 하니 '利涉大川'이 된다.

경 속에서 살았었다. 또 나를 '준비가 안 된 대통령'이라고 말하는 사람들이 많다. 다른 점에 있어서는 승복하지 않지만, 언어와 태도에서 이야기를 한다면 충분히 훈련받지 못했던 점은 있었다. 나를 실패한 대통령이라면 좀 가혹하고 '성공하지 못한 대통령'이라고 말하는 것이 낫지 않나 싶다."

지욱은 위의 장면을 현장에서 본 듯 말하고 있다. "만일 도통한 자가 편학偏學하고 이단異端하면 대축이 지대하여도 부정할 것이며, 이미 도덕이 충적하면 마땅히 위에서 천록天祿을 향유할 것이다. 또 천하에 사사로움 없이 무주상보시無住相普施로 나아가면 일신의 복일뿐 아니라, 천하 대승大乘한 대축의 길이 됨이 분명하다."

象曰 天在山中 大畜 君子以 多識前言往行 以畜其德
상왈, 하늘이 산 속에 있는 것이 대축이니, 군자는 이를 본받아 성현의 많은 언행을 기억하며, 그 덕을 자신의 것으로 쌓아 나가도록 한다.

하늘의 기운이 산중에 저축되어 있음이 대축이다. 군자는 이 상을 보고 성현의 언행으로 가르침을 삼아, 마음에 새기며 자신의 덕을 쌓아간다. 다시 말하면 군자는 학문을 닦아 성현의 언행言行을 다문多聞하고 살피며, 오로지 성현의 마음을 구함에 게으름이 없어야 한다. "자로가 당堂에는 올랐으나, 아직 방에는 들어오지 못했다"는 성학聖學의 도를 짐작할 수 있다. 공묵당恭黙堂 김도金濤 역시 덕이란 한 마음에 쌓여 밖으로 드러나는 바이기에, 쌓인 바가 이미 크다면 드러나는 바도 또한 크고, 빛이 밖으로 드러나는 것은 쌓인 바가 크지 않음이 없다며, 위의 '승당미입실升堂未入室'의 예를 들고 있다.[6] 저 건괘 구2에서도 '군자는 배워서 모

---

6 김도, 「周易淺說」 : "군자가 대축괘의 상을 본받아, 지나간 옛 말과 행동을 많이 알아, 행적을 상고하여 그 쓰임을 관찰하고, 말을 살펴보아 그 마음을 구하여, 날마다 새롭게 하고 또 새롭게 하여 그 덕을 이루기 때문에, 이러한 방법으로 현명한 이를 기르면 현명한 이를 기를 수 있고 이러한 방법으로 험난함을 구제하면 험난함에서 구제할 수 있으니, 군자가 쌓는 바가 어찌 크지 않겠는가? 오호라! 군자가 숭상하는 바가 비록 큰 것에 있지만, 단계로써 말한다면 작은 것으로 말미암아 큰 것에 이르고, 말단으로부터 근본에 돌아가니, 그런 후에 성인이 되는 공은 어느 정도 실천할 수 있다. 공자가 '자로는 堂에는 올랐으나, 아직 방에 들어오지 못했다고 하였으니, 이것이 聖學의 단계가 아니겠는가? 나는 먼저 소축괘의 '문덕을 아름답게 한다[懿文德]'

으고[學以聚之], 물어서 분별하라[問以辨之]'하였고, '우환은 성현을 배우지 않는데서 비롯되니, 군자는 장차 하늘의 기운을 이용하기 전에 먼저 학문을 두텁게 해야 할 것[將以用乾亦先厚其學]'이라 한다. "물이 두텁지 않으면 큰 배를 띄울 수 없다."[7] 이는 다 성현의 '다식전언왕행多識前言往行'이 먼저라는 소리다.[8/9] '대축은 때'라 한 것처럼, 대축은 오랜 시간이 경과한 후에야 훌륭하게 만들어지는 물건과도 같다. 그러니 덕이 산만큼 쌓이면 하늘이 되듯,[10] 실력도 많은 시간이 흐른 후 얻어진 결과이고, 부富 또한 긴 시간이 흘러서 쌓이니, 대축은 만사가 체험과 경험이 바탕하여 이루어진다.[11/12]

에 힘을 다한 후에 대축괘의 큰 덕을 이룸에 이르는 것이 옳다고 생각한다."

7 『장자』, 「소요유」: "水積不厚 負大舟無力."

8 이만부, 「易大象便覽」: 옛 성현의 말과 행동은, 백성의 떳떳한 법칙과 부합하여 人道의 모범과 표준이 됩니다. "『서경』에서 傅說이 왕에게 고하여 말하기를, 사람 중에서 견문이 많은 자를 구함은[人求多聞] 때에 따라 일을 세우기 위해서이니[時惟建事], 옛 가르침을 배워야 얻을 수 있으므로[學于古訓乃有獲], 일은 옛 것을 본받지 않고서는[事不師古] 영구하게 할 수 있음은[以克永世] 제가 들은 바가 아닙니다[匪說攸聞]"라고 하였다. 이에 대하여 "『書經集傳』에서 蔡沈은, 들은 것이 많은 자를 구함은[다른 사람에게 의지함이며[求多聞者資之人], 옛 가르침을 배움은 자신에게서 돌이킴이다[學古訓者反之己]. 옛 가르침이란 앞선 聖王의 가르침으로, 자신을 닦고 천하를 다스리는 도를 기재한 것이다[載修身治天下之道]." 하였습니다. 제왕이 일을 닦고 덕을 진전시킴을 갖춤은, 더욱 '이전의 말'과 '지난 행동'을 요체로 삼지 않을 수 없습니다. 예를 들어 요임금의 일을 관찰하여 요임금의 仁을 본받고, 순임금의 일을 관찰하여 순임금의 효를 본받으며, 우임금·탕왕·문왕·무왕의 일을 관찰하여 천하를 안정시키고, 백성을 어루만지며 교화를 숭상하고, 예악을 정하는 바를 본받음으로써, 역대의 賢君과 이름난 임금에 이르게 되었습니다. 한 마디 선한 말과 하나의 의로운 일도, 관찰하여 본받지 않음이 없다면, 덕이 높아지고 다스림이 융성하게 됨을 헤아릴 수가 있겠습니까?"

9 [說證] 대장괘와 중부괘가 대축이 되어 태☱의 말과 진☳의 행은 '言行'이니 '前言往行'이 된다. '多識'은 大离의 文章이 진☳의 竹竿에 쓰였으니 '多識'이 된다[많은 기록은 '다지多識'라 읽음]. 또 건☰의 덕을 간☶이 기름을 '以畜其德'이라 했다. 참고로 사업은 한방에 돈을 벌 생각 말고 한걸음, 한걸음씩 기반을 굳건히 다져야 한다. 理財 방면에도 수완이 대단해 큰 부자가 될 것이다. 입학과 입사는 일류를 택해도 좋다.

10 김기례, 「易要選義綱目」: "살려주기를 좋아하는 성대하고 온화한 기가 산중으로 들어가면, 만물이 길러짐이 仁이 마음속으로 들어가 덕을 쌓고 識見이 많아짐과 같다. 하늘에 공손해 하면서 쌓으면 쌓은 바가 적고[小畜], 하늘을 저지하면서 쌓으면 쌓은 바가 크다[大畜]."

11 南冥 曹植(1501-1572)은 敬義를 바탕으로 하는 실천궁행을 무엇보다 중시하였다. 아래는 山天齋에 있는 大畜에 관한 시다. "천석들이 큰 종을 보라[請看千石鍾]. 크게 치지 않으면 소리가 나질 않네[非大鼓無聲]. 어떻게 하면 두류산처럼[爭似頭流山], 하늘이 울어도 울지 않을 수 있을까[天鳴猶不鳴]?"

12 대축은 윗사람의 도움을 받을 때이니, 직업은 고급 공무원이 좋다.

> 初九 有厲 利己
> 초9는 위험이 있지만, 자기 자신을 이롭게 할 것이다.

대축이 고괘蠱卦로 가는 경우다. 고괘는 태괘泰卦에서 온다. 태에서는 3음이 분수를 잃고 윗자리에 있었다. 그 중에서도 상의 음은 더욱 위태로워 '유려有厲'였다. 그런데 고괘가 되면서 위의 존귀한 자리를 사양하고, 낮고 비천한 자리로 내려가 유순한 손☴을 이루니 '이기利己'가 되었다. 내괘는 본시 내[자신]가 된다. 4·5의 음은 큰 리☲의 재앙을 입지만, 초9는 '불범재不犯災'가 된다[離爲災]. 높은 자리를 현자에게 양보하는 것은 곧 자기 자신을 이롭게 하는 행동이다.[13]

위와 달리 '이기利己'를 '멈춰야 이롭다'는 '이이利已'로 보는 견해가 지배적이다. 초9는 '왕초보 대축'으로, 위로 뛰어나가려는 습성을 지닌 자다. 그런데 4가 위에서 자신을 제지하니 어찌 이를 거역하랴. 한 발자국이라도 앞으로 나간다면 걱정이 되니[有厲], 덕과 지혜가 축적되기를 기다린 후에 나가야 좋다. 그렇지 않으면 완숙한 대축이 될 때까지는 멈춰 있어야 이롭다[利已]. 초9는 자신이 대축大畜이지만 경륜이 부족한 초보임을 망각하고, 자신을 높여주고 불러주는 곳을 거절하지 못한다면 고괘로 갈 것이다. "위험이 있어 그만 둠이 이롭다는 것은 더 이상 부족한 덕으로 재앙을 범하지 않기 때문이다[象曰 有厲利已 不犯災也]." 동파는 초9가 뜻이 강해 멈출 의사가 없는 자이지만 "나를 일깨워주고 종신토록 재앙에 빠지지 않게 할 스승은 바로 4"라는 사실을 명심하란다.

지욱도 초9에게는 타리他利보다도 자리自利를 먼저 세울 것을 주문한다. 6위 모두가 강건剛健하며 독실篤實하고 휘광輝光한 뜻을 갖춘 자신自新하고 신민新民하는 자들이지만, "초9는 맨 아랫자리에서 그 뜻을 어떻게 바로 세울까를 늘 걱정하여야 자기에게 이롭고 타인에게도 이롭다. 만일 자기 자신을 세우지도 못하면서 남을 건지려고 나선다면 재앙이 올 것은 뻔하다."[14]

---

13 정약용, 『주역사전』 : "小人之讓高位於賢者 卽所以利己也."

14 지욱, 『주역선해』 : "初九 剛陽在下 正宜隱居求志 故有惕厲之功 而先利自己 己利旣成 任運可以利人 若己躬下事 未辨 而先欲度人 則犯災矣."

구2는 (운행하지 못하도록) 수레에 차축을 연결 고정하는 복토를 풀어 놓는다.

밖으로 나가서 달리고 싶은 대축이지만 수레의 복토伏兔(Axletree)를 풀고, 무장해제를 한 후 더 이상은 움직이지 않는다. 초9나 3처럼 맹진 하는 자를 버려두고 자신은 중용을 지킨다. 2는 최소한의 중심이라도 잡고 있는 자로 존귀한 5의 스승이 경륜을 요구하며 숙성을 바라고 있다. 혈기방장함이 늘 탈이다. 배우고 익히되 삭히는 세월이 좀 더 필요하다. 달리면 바퀴살이 빠져나갈 정도의 혈기인지라 겁이 나기에 복토를 벗어 놓으라 했다.[15] 설증은 아래와 같다.

대축이 비괘賁卦로 변하는 경우다. 비괘는 태괘泰卦로부터 온다. 태괘의 곤은 수레, 건은 복토다. 강이 모여서 원형을 이루니 복輹이다. 그런데 태괘가 비괘가 되면 건의 가운데 강을 뽑아 곤의 수레에 실으니 '여탈복'이요, 태괘 때는 진의 행진이 강건하였고, 비괘가 되면 복토를 뽑고 정지하여도, 리☲의 마음속엔 걱정이 없으니 '중무우中无尤'인 것이다. 그러기에 공자도 "수레의 복토를 벗고 중심을 꽉 잡고 가면 아무런 탈이 없다[象曰 輿說輻 中无尤也]"고 힘을 준다. "만약 멈추지 않고 전진을 감행한다면, 5에게 반드시 제어를 당하고 만다. 2가 이를 알고 멈추었으니 달리는 수레에서 복토를 빼낸 격과 같다. 이렇게라도 멈추었으니 별다른 과실은 없었다."[16]

동파는 소축에서 '여탈복輿說輻'은 부부가 서로 반목하는 것이고, 대축에서의 '여탈복輿說輻'은 그가 원하여 생긴 일이기에 큰 근심은 아니란다. 다산도 2의 대축이 산화비로 갔기에 밝은 지혜[☲]로 '멈춤과 쌓음'을 위해 복토를 벗어 놓은 것으로 해석하였다. 이기동도 "구2는 적극적으로 일하는 하층부의 핵심적인 존재로써, 그가 추진하는 일이 4와 5의 저지에 부딪혀 나갈 수가 없게 되었기에, '여탈복輿說輻'을 자동차의 타이어에 펑크가 난 정도"에 비유하고 있다.[17] 그리고 '복輻'은 '수레의 바퀴살[車輳]'이고, '복輹'은 '복토伏兔'라 하는데, 복토는 수레의 바닥 밑

---

15 大畜이라도 不正하면 女子(輿)가 福(輹)을 실어가도 수레가 넘어진다(脫). 곧 女脫福(輿說輻)이다. 여자의 복인 자식과 남편 그리고 가족과 재산을 실은 수레가 넘어지면 흩어지고 만다.

16 孫映達·楊亦鳴(박삼수 역), 『周易』, 386쪽.

17 이기동, 『주역강설』, 389쪽.

에 장치하여 수레와 굴대를 연결하여 고정하는 나무다. 복토를 빼어 놓으면 말이 앞에서 끌더라도, 수레는 나아가지 않고 바퀴만 빠져 끌려가기 때문에 복토를 연결하는 쇠가 바로 꺾쇠라 한다.[18] 사계도 『경서변의經書辨疑』에서 『근사록近思錄』의 주를 인용하여 초9와 2가 강건하나 전진치 못하는 까닭은 축지畜止의 때라서 그렇고, 4와 5는 비록 음유하지만 강건[☰]함을 저지하는[☶] 자리에 있기 때문이라 한다.

九三 良馬逐 利艱貞 曰閑輿衛 利有攸往

구3은 (도망 간) 우량한 말을 (잡으러) 逐아간다. 어려운 일을 성사시킴에 이로울 것이다. 날마다 수레로 호위하는 일을 연습함이다. 갈 바가 있으면 이로울 것이다.

내괘의 상으로 공부가 능히 대축이 된 줄 알고 속진하길 좋아한다. 그러나 부중하고 과강한 것이 험이라 자신을 사악한 환경에서 방위防衛하는 '방한防閑(Defense)의 도'를 잃을까 걱정이다. '양마축良馬逐'을 좋은 말을 타고 쫓아가는 자로 보면, 4와 5의 유혹을 이기고[利艱貞], 준마를 타고 빨리 상9에게 달려야 한다. 그렇지 않고 유혹을 당하면 부정하고 불리할 더블 옵션에 걸린다. 3이 그러한 유혹을 당할까 경계하는 방편으로, 매일같이 수레를 모는 기술과 방위하는 기능까지도 완벽하게 익힐 것을 주문하고 있다[日閑輿衛, practice chariot driving and armed defense daily].

이를 설중으로 풀어보자. 대축이 손괘損卦로 간다. 손괘 태☱의 여인이 안에서 교만하자, 진☳의 군자가 도망을 가니 난감해 한다. 그렇지만 대축에 간☶의 힘으로 멈추게 하고, 또 힘을 축적하여 일을 완성시키니 '이간정利艱貞'이다.[19] 대축은 또 중부中孚에서 온다. 진☳과 건☰은 수레와 말이 되고, 태☱는 무기가 되고, 큰 리☲의 군사가 방어하고 호위하니 '일한여위日閑輿衛'다. 괘가 세 단계(중부 → 대축 → 손)로 변해도 리離가 불변함은 마찬가지다. 곧 리☲는 '일日'이 되고, '한閑'은

---

18 참고로 달리는 시국의 성쇠를 읽고 때를 기다릴 줄 알아야 한다. 그리고 수레를 타고 갈 일도, 수레에 실을 짐도 내려놓아라. 공부는 달리는 말에 채찍을 더 치는 走馬加鞭 격이다.

19 明夷괘 '利艱貞'과 泰卦 九三 '无平不陂, 无往不復, 艱貞'을 참고할 것.

간☰에서 온축蘊蓄하고 거듭 복습함이다. '이유유왕利有攸往'도 대축괘, 손괘, 태괘, 중부에서 간☰으로 이루고, 태☱로서 이로움이 된다. '상합지上合志' 역시 손괘 각 효가 상응하며, 리☲의 '지志'가 됨이다. 그러니 건☰은 양마良馬다. 재론하면 '양마축良馬逐'은 음의 탈을 쓴 자들을 피하고 대축한 자로써 씩씩한 기상을 잃지 말아야 할 것이다. 또 '이간정利艱貞'은 자신보다 잘난 4와 5의 유혹(위험)을 이기라는 경계사이며, '일한여위日閑輿衛'는 잘난 체 하고 다니는 4와 5에 유혹이 되지 않도록 매일같이 무예, 대축을 쌓는 훈련, 수레를 몰고 방어하는 일을 게을리 하지 않으면, 위로 어른을 찾아가도 이로울 것이다[利有攸往]. '수레[輿]'를 모는 일은 자신을 정진시키는 것이요, '위엄威嚴'은 이제껏 쌓아온 공부를 스스로 지키는 바이다. 고로 항상 스스로를 '방위防衛'함에 게으르지 말아야 한다.

그런 의미에서 공자는 "그렇게 야무진 결심으로 나가야 위의 어른과 뜻이 하나가 될 것(象日, 利有攸往, 上合志也)"이라 한다. 초·2·3은 대축을 배양하는 단계요, 4·5는 안에서 강들을 축지畜止하는 단계며, 상9는 완성된 대축의 도를 말한다. 그러기에 3이 미심쩍은 의심이 가득 차면 대축이 손괘로 가 의심을 받게 되어[一人行三則疑也], '악화惡貨가 양화良貨를 축출하는'[20] 시각에서 보면 '양마의 축출' 같은 반란도 예상할 수 있다.[21]

六四 童牛之牿 元吉
육4는 송아지의 뿔에 빗장[뿔막이 또는 멍에]를 하고 있으니, 군주는 길할 것이다.

앞만 보고 달리는 정응을 위해 대축의 초보를 통제하기 쉽도록 빗장을 질러야 길하다. 초9는 정도를 배우고도 사이비似而非로 나갈 우려가 많다. 송아지는 뿔이 솟아 날 무렵이면 아무 곳이고 들이받기를 좋아하기에, 양쪽 뿔을 가름대로 막아

---

20 Thomas Gresham(1519~1579, 영) : "Bad money drives out good money"

21 북한의 김정은이 대권 승계가 가능할까를 물어 얻은 자리이기도 했다. 김정은은 김정일에 이은 승계뿐 아니라 핵을 만들어 트럼프와 연이은 회담도 벌이는 나름 핫플레이를 벌이고 있다. 3효는 말을 몰고 무예를 쓰는 일, 쟁투, 치열한 경기, 경찰, 군인, 衛戍하는 직업이 좋다. 2010년 남아공 월드컵 축구대회에서 우리나라가 예선전 마지막 경기 나이지리아와의 승패가 어떤가를 물었는데 2대 2로 비기고는 간신히 16강에 진출했을 때 나온 괘였다.

비틀어지지 않도록 할 필요가 있다.[22] 초9 같이 대축한 사람의 학문과 기예일지라도, 바로잡아 주지를 않으면 이단으로 흐르기 쉽다. 4의 대축은 위로는 임금의 사심을 멈추게 하고, 아래로는 망동하는 못된 자들을 멈추게 해야 한다. 악을 초동初動에 그치게 하면 길하지만 기성旣成한 후라면 어려워진다.[23] 악이 심하면 비록 성인이 구출할지라도 형옥刑獄을 면치 못하리라. 고로 소의 성질이 뿔로써 밀어붙일 정도가 되면 코뚜레로 제어시켜[童牛之牿, the headboard of a young bull]야 하고, 또 뿔로 들이받는 그 성질을 불발시켜야 뿔에 부딪쳐 상하는 자들이 없어진다. 그러기에 상하의 악을 사전에 멈추게 해야 대길하다[元吉].[24] 그래서 공자가 초9에게 코뚜레를 채우니 "군주가 크게 길하며 기쁨이 있다[象曰, 六四元吉, 有喜也]"고 칭찬을 아끼지 않았다.[25]

---

22 이익, 『易經疾書』: "대축괘에는 짐승을 기르는 상이 있는데, 굳센 양으로 양의 자리에 있다면 말이 되고, 부드러운 음으로 음의 자리에 있다면 소가 되며, 부드러운 음으로 굳센 양의 자리에 있다면 돼지가 되니, 각각 그 상이 있다. 소는 본래 유순하게 길러지는데 어리니 이것은 통제하기가 쉽고, '뿔에 더한 가로 나무[牿]'는 통제하는 도구이니, 어찌 다시 제 멋대로 하거나 함부로 하는 걱정이 있겠는가? 그러므로 크게 길하다. 손에 대한 형틀을 '梏'이라고 하고, 발에 대한 형틀을 '桎梏'이라 한다. 만약 질곡하는 소 중에서 코가 아직 크지 않을 때에는 반드시 그 다리에 쇠고랑을 두어 통제한다."

23 김상악, 『山天易說』: "'梏'은 막음대이다. 육4는 초9와 호응하면서도 저지하기 때문에 아직 일어나지 않은 것에 대하여 금하였으니, 크게 길하다. 소의 굳셈은 뿔에 있고, 돼지의 굳셈은 송곳니에 있기에 4와 5가 취한 상이다. 牿과 '梏'은 같다. 睽卦 3에 '其牛掣'라고 하였으니 '牿을 벗겨낸 것이다. 蒙卦의 초6에서 '用說桎梏'은 어둡고 어리석음이 가림을 제거하는 것이다. 만약 아직 일어나지 않은 것에 대하여 금하는 것이 '童牛之牿과 같다면 반드시 형벌을 써서는 안 되기 때문에 蒙卦의 육5에서 '童蒙吉'이라 하였으니, 2와 호응함이 되어 몽매함을 깨우쳐주는 것이다. 艮卦의 몸체는 독실하니, 독실하지 않다면 뿔이 떠받는 형세를 저지할 수 없다. 대장에는 震☳이 있고 艮☶이 없기 때문에 '羝羊觸藩 羸其角'이라 하였다."

24 박종영, 「經旨蒙解·周易」: "4는 대신의 지위에서 저지하는 임무를 맡은 자다. 위로는 임금의 잘못된 마음을 저지하고 아래로는 천하의 악한 사람을 저지하는 것이니, 사람의 악은 초기에 저지하면 저지하기가 쉽고, 이미 성한 뒤에 금하면 거슬러서 이기기 어렵다. 그러므로 윗사람의 악이 이미 심하면 비록 성인이 바로잡더라도 어김을 면하지 못하고, 아랫사람의 악이 이미 심하면 비록 성인이 다스리더라도 형벌을 면하지 못하니, 초기에 저지하는 것만 못하다. 어린 소에 가로 나무를 더함과 같이 하면 크게 선하고 길하다. 소가 뿔로 받기 때문에 가로 나무를 더하여 제지하니, 어린 송아지가 처음 뿔이 났을 때에 가로 나무를 더하여 뿔로 받는 성질이 나오지 않게 하듯 하면 제지하기가 쉬워 상함이 없다. 4가 상하의 악이 발로 되기 전에 저지함을 비유하였으니, 크게 선하여 길하다."

25 박문건, 『周易衍義』: "'어린 소는 크게 길하다고 하고, '멧돼지는 길하다고 한 것은 어째서입니까?' '어린 소는 처음부터 끝까지 다르지 않기 때문에 크게 길하다고 말하였고, 멧돼지는 처음과 끝이 많이 같지 않기에 다만 길하다고 하였습니다."

왕필 또한 "강한 초보 대축을 부드러움으로 그치게 만들어야 하기에, 막 날카로워지려는 기운을 억눌러 다툼을 그치게 하면 어찌 혼자만 이롭겠는가? 우리 모두에게 기쁜 일이 일어나는 것"이라고 했다.[26] 이를 설중으로 살피면, 대축괘가 대유괘大有卦로 변한 상이다. 리☲는 소, 간☶은 소남少男이니, '동우'가 된다. 또 간☶은 상9 머리에 쓴 견고한 나무[艮爲堅多節]이니 '동우지곡'이다[牿은 소뿔막이 楅으로도 쓴다]. 대축의 진☳이 '원元'이고 대유의 리☲가 '희흘'니 '원길'하고 '유희'가 된다.

한편 4와 5는 모두 양을 저지하는 뜻이 된다. 그러나 미루어 넓혀 말하면 임금이 사악함을 저지함과 군자가 소인을 저지함과 배우는 자가 인욕人欲을 저지함이 모두 이것이다. 저지함이 극한 데에 이르러 통하여 상9에 '하늘의 거리'라는 형통함이 되니, 사악함은 이미 없어지고 천하는 크게 다스려지며, 소인은 숨을 죽이고 움츠러들고 군자는 뜻을 얻으며, 인욕은 깨끗하게 없어지고 천리가 유행한다. 선비가 이 세상을 살면서 이러한 시절을 만나, 학문에 종사하여 이러한 경계에 이른다면 어찌 상쾌하고 즐겁지 않겠는가?[27] 실록에도 간악한 자를 물리치는 것이 바로 '송아지에게 곡牿을 씌워 날뛰는 것을 방지하는 것과 같다' 하고,[28] 연산군 때는 절에 소금을 공급하는 일을 차단할 것을 '동우지곡'에 비유한 차자箚子도 보인다.[29]

---

26 금년 사업운이 4라면 올해는 뿔을 묶어 놓듯, 재고를 창고에 대축(쌓아 두고)하여 두고 광고나 영업을 활발하게 하여[豶豕之牙吉] 후에 잘 팔리도록 애써야 한다.

27 위 謹庵 康儼의 「周易」에 이어지는 설명이다.

28 『성종실록』 성종 3년(1472) 8월 21일 : "오백창은 開國·濟業의 신하도 아니며, 또 정책과 保治의 공도 없이 그 능한 것을 말한다면 便佞과 狐媚한 것이요, 그 마음을 논한다면 거짓된 짓이나 행하고, 제 몸만을 이롭게 하는 자이며, 그 죄를 지적한다면 임금을 속이고 사람을 속인 것입니다. 만약 전하께서 스스로 가볍게 여기어 欺罔을 다스리지 아니하면, 오백창과 같은 邪佞한 무리들이 忌憚하는 바가 없이, 조정에 줄을 이어 전하를 속일 것입니다. 옛사람은 은미한 것이 드러나게 되고, 미세한 것이 크게 된다는 것을 알았습니다. 그래서 '履霜之警는 견고하게 될 것을 두려워한 것'이며, '童牛之牿은 지나치게 날뛰는 것을 방지하는 것이라고 하였습니다. 『논어』에도 '이런 짓을 한다면 무슨 짓인들 못하겠는가[是可忍也, 孰不可忍也]?'라고 하였는데, 오백창이 聖躬을 기망하는 짓을 오히려 차마 한다면, 다른 날에 악이 이르지 않을 바가 없을 것이니, 그때에 전하께서는 어떻게 이를 처리하시렵니까?" 하였으나, 듣지 아니하였다.

29 『연산군일기』 연산군 2년(1496) 1월 5일 : "내시들이 함부로 아뢰는 일을 문득 시행하게 된다면, 그 일이 옳다 할지라도 오히려 불가합니다. 성인이 『주역』을 지어 防微의 도를 말했는데, 한 군데에는 '童牛之牿'이라 하였고, 한 군데에는 '羸豕孚蹢躅'이라 하였으니, 대개 송아지나 암돼지

주공의 말씀에 공자가 "돼지를 거세하여 이빨을 쓰지 않게 하면 경사가 있다 [象曰, 六五之吉, 有慶也]" 한 것은 천하의 거센 자들을 순하게 만들어 가는 능력을 이른다.[30] 저항하는 반대 세력들도 통 큰 설득으로 회유하여 아군으로 편입한다는 소리다. 다시 말하면 젊은 안티세력들을 잘 훈육하여 훗날 나라를 위하여 훌륭한 동량으로 만들 경사로 본다. 또 5는 유순柔順 득중得中하니 어른을 모시는 상현尙賢으로, 내외와 상응하여 덕성이 이미 편집함이 없고 소양도 만족한 자다. 또 자리도 성취되어 가히 천하에 군림하여 온 천하의 본이 되고도 남음이 있어 경사로운 자리이다. 금상今上으로서 국사와 국가 원로들을 잘 받들어 가는 자세도 말하고 있다.[31]

돼지는 성미가 급하여 들이받는 것을 좋아하지만, 일단 거세를 하기만 하면

도 오히려 그들이 받고 뛰어넘는 성질을 억제해야 하는데, 하물며 내시들이란 남달리 흉악하고 교활하여 억제하기 어려운 자들이 아닙니까. 저 漢唐 말의 내시들의 禍가 어찌 一朝一夕에 일어난 일이겠습니까. 일찍부터 잘 예방하지 못한 데에서 말미암은 것입니다. 국가에서 소금을 보유하는 것은 軍需를 위하고 救荒을 위한 것이온데, 바닷물을 달여서 소금을 만들어 절에 날라다 준다면, 이는 백성의 膏血을 짜서 놀고먹는 무리에게 이바지하는 것이니, 정사가 이에 이른다면 백성의 목숨이 어찌 견디오리까. 저 胡俗의 妖誕이 내시들의 巧詐를 겹쳐서, 안팎으로 농간을 부려 경솔히 국법을 무너뜨리는데, 이것을 治罪하지 않으면 어찌 성인의 童牛와 豶豕를 억제하는 도라 하오리까."

30 서유신,『易義擬言』: 艮☶은 내시가 되고, 내시의 세를 없애기 위해 거세한다. 거세는 반드시 어린 돼지 때에 하니, 또한 간☶의 상이다. 4로부터 상에 이르기까지는 호괘로 頤卦가 되니, 5는 그 이빨이다. 돼지의 이빨은 굳세지만 거세된 것은 굳세지 않으니 거세함이 이빨을 제지하였기 때문이다. 이것 또한 욕심을 저지하여 막음을 비유하였다. 4가 초9에게 가로 나무를 더한 것만 못하기 때문에 크게 길하다[元吉]고 말하지 않았다.

31 박종영,「經旨蒙解周易」: "멧돼지는 강하고 조급한 동물이며 이빨은 사납고 날카로우니, 만약 그 이빨을 억지로 제지하려면 힘은 수고롭게 들면서도 제지하기 힘든다. 군자가 기미를 살피고 요점을 잡아서 근본과 근원을 막고 끊어야 함을 알았다. 그러므로 형법의 준엄함을 빌리지 않고도 악이 저절로 저지된다. 임금이 천하를 다스리는 도가 이와 같을 뿐만이 아니라, 아버지와 스승이 자제를 가르쳐 덕업을 성취시켜 주는 것 또한 여기서 벗어나지 않는다는 것이다.『서경』에서 '자식을 처음 낳을 때 달려 있지 않음이 없다고 하였으니, 어릴 때부터 義로 가르쳐야 그 사특한 마음을 제어할 수 있으니, '童牛之牿'이란 의미이다. 회초리로 꾸짖는 것을 숭상하지 않고, 선으로 이끌어 物欲의 싹을 끊어내고, 간사하고 굽은 지름길을 막아 孝悌의 마음이 유연하게 생겨나와, 의리에 대한 기쁨이 마음에 흠뻑 젖어, 알지도 깨닫지도 못하는 사이에, 스스로 본연지성에 대하여 회복할 수 있도록 하니, 이는 '豶豕之牙'의 뜻과 같다."

그것으로 그 기세를 꺾기에 충분하다. 소인배를 제압함에 있어 마땅히 그렇게 만전을 기해야 함이다. '아牙'와 '곡梏'은 괘의 성격이 쌓고 제어하는 축지畜止에 있기 때문이다. 대축의 모괘인 중부에서 손巽이 지금 다시 나타나고, 리☲의 기쁨을 이루니 '유경有慶'이 된다. '개犗'는 불알 깐 소, '분豶'은 거세去勢한 돼지다.[32] 여기서 불알 까야 할 놈은 강한 2로, 거세하면 성질이 순해진다. 초9는 근질근질한 뿔로 사람을 들이받으려는 소이고, 구2는 강한 이빨로 물어뜯으려는 수돼지에 비유하였다.[33] 소는 뿔이 무기이고 돼지는 어금니가 무기다. 돼지의 이빨을 다스린다고 하여 성질까지도 바뀌지는 않지만, 그래도 거세를 하면 이빨은 남아 있지만 반면 성질은 온순하여지고, 씹고 끊는 어금니의 역할은 더 능하게 되니 길하여 좋아지는 것이다.[34]

'어금니'는 또 천문지리天文地理를 달통한 '말씀'[35]이라 하였으니, 즉 불알 깐 돼지의 이빨을 이른다.[36] 한편 성호와 다산은 '아牙'를 『비아埤雅』에서 '말뚝'으로 보

---

32 송시열, 『易說』: "4는 초와 호응하므로 뿔에 가로나무를 더한 소로 말하였고, 5는 2와 호응하므로 이빨과 돼지로 말하였으며, 상9는 3과 호응하므로 말이 '하늘의 거리'를 좇음으로 말하였다. 괘가 크게 쌓음[대축]이 되기 때문에 모두 소와 말과 돼지 등 쌓는 재물 중에서 큰 것을 가지고 말하였다."
　　許傳「易考」: "'豶豕之牙'는 거세한 돼지의 이빨이다. 돼지의 이빨은 사납고 날카로워 제지하기가 어렵다. 그러나 거세를 한다면 이빨이 비록 있더라도 스스로 사납거나 날카로워지지 않는다. 군자는 거세된 돼지의 이빨이라는 뜻을 본받아 천하의 악한 자는 힘으로 통제할 수 없으니, 그 기미를 살피고 요점을 잡아서 근본과 근원을 끊어야 함을 알았다."

33 멧돼지 무리는 수컷의 송곳니가 발달되어 입 밖으로 나와 있다. 특히 안면의 피부를 뚫고 자라 위 뒤쪽으로 휘어 있다. 일반적으로 포유류 특히 식육류 등의 송곳니 또는 앞니가 발달되어 길고 커져서 입 밖으로 돌출한 이빨로 적의 공격이나 방어, 먹이의 포획 등에 쓰인다.

34 김상악, 『山天易說』: "수돼지를 가(豭)라 하며, 수컷으로서의 성질을 공격하여 제거하는 것이 분(豶)이다. 乾☰은 亥의 자리에 있고 亥는 돼지다. 돼지의 성질은 굳세면서 조급하고 이빨은 사납고 날카롭기에, 그 이빨을 제지하지 않고 거세한다면, 굳셈과 조급함은 저절로 그치게 된다. 离☲는 턱과 입이 되고, 4와 5는 치아를 상징하며, 간☶의 1양은 밖에서 저지하니, 이는 그 이빨을 방비하는 상이다."

35 문선명, 『통일사상』, 「창조이론」, 78쪽 참고

36 『선조실록』 선조 34년(1601), 10월 21일 을유 : 午正에 상이 별전에 나아가 주역을 강하였다. 시독관 趙守翼이 나아가 대축괘를 강하였는데 '六四童牛之牿'에서부터 시작하여 효사에서 그쳐야 할 것을 잘못 더 읽어 '豶豕之牙'까지 읽었다. "六五는 천하의 邪惡을 억제하고 저지하는 畜止를 말한 것입니다. 힘만으로는 축지시키기가 어렵지만 그 요령을 얻게 되면 행하고, 중지시키면 그치는 것이 마치 거센 돼지를 去勢하는 것과 같게 됩니다. 임금이 사악을 억지시키는 것도 이와 같아서 그 의의가 더욱 명백하여, 볼 만합니다."

고 '불알 깐 돼지를 말뚝에 매어두니 길하다'로 새겼다.[37/38] 실록 중종 조에는 간신 유자광과 임사홍 같은 사악한 자들을 '거세去勢하라'는 이야기가 빗발친다.[39]

마지막으로 수현壽峴 석지형이 『오위귀감』으로 임금에게 아뢰는 읍소는, 오늘날의 모리배謀利輩와 막가파들의 언론통제 방식이 아닌가 싶다.

"돼지의 성질은 조급하고 난폭하며 그 이빨이 사납고 날카로워 매우 통제하기가 쉽지 않으니, 돼지를 잘 통제하는 자는 그 이빨을 건드리지 않고 먼저 거세를 하기 때문에, 이빨이 비록 있기는 하지만 그 굳셈을 사용할 바가 없습니다. 대체로 강한 것을 제재하는 도는 마땅히 그 요점을 살펴, 행동의 자유를 구속하여 스스로 그 굳셈을 잃어버리도록 하는 것이 좋습니다. 그렇지 않으면 힘을 써서 수고롭더라도 끝내 이길 수가 없습니다. 아! 굳세고 강하여 제재하기 어려운 자는 없었던 시대가 없었으니, 신이 엎드려 전하께 바라옵건대, 그 은미한 뜻을 깊이 생각하여 주소서."

---

37 이익, 『易經疾書』: "揚雄이 지은 『방언』에서 '발해와 태산 지역에서 돼지를 매는 말뚝을 牙라 하였다고 하였으며, 『博雅』에서도 '牙란 거세된 멧돼지를 제지하는 말뚝이다'라고 하였으니, 5의 자리가 알맞음을 얻었기 때문에 달아나는 돼지를 말뚝에 묶는 상이 있음을 널리 증명할 수 있다. '멧돼지를 거세하여 이빨을 쓰지 못하게 함'과 '어린 소의 뿔에 가로 나무를 더함'은 말의 맥락이 서로 연결된다."

38 퇴직한 대기업 임원이 앞으로 무슨 일을 할 것인가를 물어 5효 '불알 깐 돼지의 이빨'을 얻었다. 즉 내 새끼 생식은 어렵고 남의 새끼 기르는 일을 하라는 뜻이니, 큰 선생으로 교육하는 자리를 맡을 것 같다고 하자, 그는 바로 연수원 교수 자리로 떠났다. 관운 또한 대소를 불문하고 좋다.

39 『중종실록』 중종 13년(1518) 5월 19일: "임금은 職事가 따로 있는 것이 아닙니다. 오직 현명한 사람과 사악한 사람을 구별해서 진퇴케 하는 것이 그 직사이니, 그 진퇴할 바를 알진대 마땅히 그 기미를 신중히 해야 하는 것입니다. 기미가 보이는데도 결단을 내리지 않고 계시다가, 그들이 점점 불어나게 된다면 무슨 일을 하고자 한들 될 것입니까. 천길 제방의 둑도 개미구멍 때문에 무너져 버리는 것입니다. 더구나 이 두 흉물을 아주 멀리 제거해 버리지 않으시어, 틈을 보아 준동하여 그 술책을 부리게 되면, 전하께서 어찌 스스로 聰明을 보존하시고 걱정하지 않고 지낼 수 있겠습니까? 자고로 나라를 망치고 어지럽게 한 자가 어찌 한이 있겠습니까마는, 신 등이 늘 멀리서 끌어다 비유하지 않고, 매양 柳子光·任士洪의 일을 가지고 거듭 논변하는 것은 진실로 전하와 여러 신하들이 다 함께 목도한 일이기 때문입니다. 『역』에서는 '豶豕之象'을 중히 여겼고, 『서경』에서는 '去邪之戒'를 신중히 할 것을 말하였습니다. 원하옵건대 전하께서는 용단을 내리시어 흉물을 죄주는 법을 바로하심으로써, 군자는 믿을 데가 있고 소인은 두려운 것이 있게 하소서."

> **上九 何天之衢 亨**
> 상9는 (사방으로 뚫린) 하늘의 네거리 길을 매고 다니니, 형통할 것이다.

여기 '하何'가 말이 많다. 정자는 "내 들으니 '하何'는 효상爻象에 더해져야 할 글이 효사爻辭에 잘못 가해진 것 같다" 했고, 동파는 '무엇'이란 의문사로 보았고, 왕필과 심대은은 '어찌'라는 어조사로 보았다.[40] 혹자들은 '하何'를 감탄사로 보고 '아!'로 해석하기도 한다. 그렇지만 다산은 '어깨에 멜 하'라고 풀었다. 그리고 『이아爾雅』에서 "길이 사방으로 통함이 구衢"라 하였는데, "천구天衢"는 '천로天路'로써 허공 중에 운기雲氣와 비조飛鳥가 왕래하는 '하늘의 길'이다. '하何'는 그런 '천구天衢'를 어깨[☰]에 맨 꼴이다. 『서경書經』에는 "하늘의 네거리를 매고 어깨에 맡긴다" 하였으며, 『시경詩經』에서도 "하늘의 용을 매며, 하늘의 아름다움을 맨다"고 하였다. 고로 공자도 "하늘의 길을 매고 다닌다니, 도가 크게 행해진 것[象 曰 何天之衢 道大行也]"이라며 큰 어른의 도를 높였다.

대축은 도덕과 지혜의 축적蓄積, 그리고 배양培養을 주요 명제를 하고, 그것을 실현하기 위하여 지나치게 강한 자는 축지畜止(stop)하는 수단으로 쓴다. 현실에서 겪는 고난과 좌절은 성격이 강하고 진취를 급하게 서두르는 사람에게 온다. 그러기에 그 경솔하고 무모함을 억제하여, 역량力量을 축적하게 하고, 덕과 지혜를 배양하게 하는 작용이 대축이라고 본 것이다.[41] 다시 말하여 역경逆境은 덕과 지혜를 축적하고 배양하는 데 도움이 되는 것으로, 인생에서 꼭 필요한 단련의 과정으로 본 것이다. 힘쓰기를 오래하면 하루아침에 관통의 소식이 틀림없이 온다.[42]

---

40 심대윤, 『周易象義占法』: "대축괘가 泰卦로 가니, 사귀어 통함이다. 재물이 이미 쌓였으니 그것을 취하여 쓰고, 재주와 덕이 이미 쌓였으니 그것을 베풀어 행하고, 사업이 이미 쌓였으니 그것을 편안하게 누리니, 태평한 뜻이 있다. 상9는 자질이 굳세면서 부드러운 곳에 있고, 쌓음의 끝에 있어서 일이 없는 처지라, '어찌 그리 하늘의 거리와 같은가[何天之衢]'라고 하였으니, '어찌 그렇게 통달하는가'라는 말이다."

41 높은 인격자요 도학자의 상이다. 理財는 밝히지 말라. 공부는 어려움이 없다. 열심히 공부하여 얻어야 할 당신 자리가 바로 여기다.

42 김상악, 『山天易說』: "하늘의 거리[天衢]는 좋은 말이 달려가는 길이다. 상효가 艮☶ 끝에 있으면서 진☳의 몸체이기 때문에 하늘의 거리를 메고 있는 상이다. 맨 위에 있으면서 '何'를 말한 것은 책임을 다할 수 있다는 소리다. 대축괘의 양은 두 음에 의하여 저지당하지만, 상효는 형통하다. 「단전」에서 '日新其德' 이라 하였고 「대상전」에서 '多識前言往行以畜其德' 하였으며, 3에서 '日閑輿衛利有攸往' 하였고, 상9에서 '하늘의 거리를 메어서 형통하다[何天之衢亨]' 한 것은 즉

설중으로 보면, 대축이 태괘泰卦로 가는 경우이다. 모괘 대장괘에는 진☳의 대
도가 있으니 '구衢'이고, 또 아래는 건☰이 있으니 '천지구天之衢'가 된다. 그런데
대장이 대축으로 간☶의 어깨로 진☳의 길을 짊어지니 '하천지구何天之衢'가 되었
다. 다시 대축이 태괘가 되면 막힌 길이 훤히 뚫려 '형통亨通'함을 이룬다. '도대행
道大行'은 태괘에서 보면 간☶의 멈춤이 없다. 광대무변한 하늘의 도를 체득하고
자유로이 행동하니 도가 크게 이루어진 증거이다.

상9는 자유자재 하는 큰 대축이다. 끝없이 넓고 넓은 하늘의 도를 터득하고[何
天之衢, One attains the way of heaven] 자유자재로 행하니 형통할 수밖에 없다. 아마
도 '부대인자夫大人者'의 '부夫'와 지아비 '부夫'와 큰 선생 '부자夫子'의 '부夫'가 모
두 '하늘의 도를 체득하고 하늘을 매고 하늘 길을 활보하는 상'으로 어원을 삼은
것 같이 여겨진다. 옛말에 "보검이 날카로운 것은 갈고 또 간 탓이요[寶劍鋒從磨礪
出], 매화 향기가 아름다운 것은 혹독한 추위를 이긴 탓이다[梅花香自苦寒來]"라고
함이 대축의 상이 아닐까.[43]

'下學上達'하는 공이다. 힘쓰기를 오래 하면 하루아침에 확 관통하게 되니[用力之久, 一朝豁然貫
通], 이것을 말한다."

43 張永東, 『다도 9단』, 326쪽 참조 위의 칠언절구는 본래 寒山詩에 나오나 王陽明(1368~1661)이
즐겨 인용했다. '孔孟朱王'으로 불린 王의 핵심 학설은 '心卽理'이다. 황벽희운(黃檗希運, ?~850)
도 비슷한 노래를 불렀다. 黃은 중국 선불교의 위대한 반항자 臨濟義玄의 스승이다. "번뇌를
멀리 벗어나는 일이 예삿일이 아니니 승두를 잡고 한바탕 공부할 지어다[塵勞迵脫事非常 緊把
繩頭做一場]. 추위가 한번 뼈에 사무치지 않았다면 어찌 코를 찌르는 매화 향기를 얻을 수 있었
으리요[不是一番寒徹骨 爭得梅花撲鼻香]."

외괘
山(艮=止)

내괘
雷(震=動)

27. 산뢰이山雷頤
The Corners of the Mouth

이頤는 실질적으로 자신을 길러가는 방법을 설명한다. 지금은 먼저 선생에게 나가서 배움을 얻어야 할 때이다. 나보다 여러 가지로 못난 사람일지라도, 내가 필요한 공부를 지닌 사람이라면, 어떤 방법을 강구하더라도 그 배움을 얻어야 할 것이다.

> **頤貞吉 觀頤 自求口實**
> 이頤는 양육하거나 봉양 받는 일이 길하다. 양육하고 봉양하는 일을 잘 보라. (이처럼 봉양을 받은 것은) 스스로 입에 넣을 과실을 구하는 것이다.

이頤는 본래 '턱[頤]'을 나타내며 서합噬嗑처럼 움직이는[☳] 아래턱과 멈춰 있는[☶] 위턱의 상이다.[1] 사람은 턱을 움직이므로 음식을 씹고, 말을 배우고 가르치기도 한다. 그러므로 이頤는 양육하는 양기養己, 양인養人, 양덕養德, 양친養親, 양지養志 하는 뜻이 있다. 그러기에 이괘는 자신과 타인을 길러내는 방법과 도를 설명하고 있다.[2] 병은 입으로부터 들어오고 화는 입에서부터 나가니[病從口入 禍從口出], 입은 화의 문이요 혀는 몸을 베는 칼과 같다[口是禍之門 舌是斬身刀].[3] 고로

---

1 [說證] 頤卦는 임괘로부터 왔다. 임괘는 兌☱의 입과 坤☷의 養生에 있다. 임괘는 또 관괘로부터 왔다. 관괘도 巽☴의 베풂과 坤의 양육이 있으니 역시 養育의 상이다. 推移하여 頤卦가 되면 상괘 艮☶은 멈춤의 뜻이고, 하괘 震☳은 운동을 하니, 음식을 먹기 위하여 아래턱을 움직이니 턱이란 頤가 된다. 만물을 기르는 존재는 坤이다. 震으로 낳고, 坤으로 기르고, 艮으로 이루니, 무릇 먹이거나 기르는 일에 길하다.

2 「서괘전」은 "物畜然後, 可養, 故受之以頤, 頤 養也"라 하고 「잡괘전」은 "頤, 養正也"라 한다.

3 傅玄(217-278), 『口銘』: "情은 망령되이 많이 주지 말고, 입으론 말 많이 마소 개미구멍이 황하의 제방을 무너뜨리고, 물방울 자국이 산을 무너뜨린다. 병은 입으로부터 들어가고 화는 입으로부터 나온다네. 말은 존망의 기틀이요, 열고 닫는 기술이며, 입과 더불어 마음을 꾀는 안위의 근원이라네. 樞機의 움직임에 따라 영화롭고 욕됨이 달렸느니라."

이괘頤卦는 입의 상이니, 화복지문禍福之門의 말문을 주의해야 할 것이다. 이頤의 시절에는 자신이 앞으로 무엇을 길러낼 것인가를 잘 살펴 스스로 내 입 안으로 영양 높은 음식을 구해 넣어야 한다[觀頤自求口實]. 그러기에 성현聖賢이 천하를 길러내고 만민을 이롭게 하는 것을 이괘에서 볼 수 있다.

지욱은 이런 "이頤의 덕을 쌓은 자가 세도世道를 잡으면 천하를 기르고, 불화佛化를 잡으면 중생을 이롭게 하고, 관심觀心을 잡으면 보리菩提의 기운이 성태聖胎를 장양長養한다" 일렀다.

다음은 공자가 '양육의 타이밍'을 중시하라는 단사이다. "이정길頤貞吉은 올바르게 기르고 봉양해야 길하고[養正則吉也],[4] 관이觀頤는 그 기르는 바를 보고[觀其所養也],[5] 자구구실自求口實은 스스로 양육하는 것을 보는 것이다[觀其自養也]. 천지가 만물을 길러내고[天地養萬物], 성인도 현인을 길러냄으로써[聖人養賢], 만민에게 그 혜택이 골고루 미치게 하니 길러내는 이의 때가 크도다[頤之時大矣哉]."[6]

공자가 '양육의 때가 크다[頤之時大矣哉]' 함은 '양현養賢'하고 '이급만민以及萬民' 하는 시간의 중요성을 한 번 더 강조한 것이다. 한편 실록에는 어진 이를 길러 만백성에게 미치게 하라는[養賢以及萬民] 상소가 보인다.[7] 대간臺諫이 수령으로 나

---

4 [說證] 頤貞吉의 貞은 올바른 일 正事이다. 頤卦의 괘덕과 물상에 본래 국가의 군주가 현인을 양성하는 뜻이 있으니, 만일 군주가 현인을 양성하는 바가 옳지 않다면 그것은 곧 국가의 낭비요, 스스로 양육하는 바가 올바르지 않다면 그것은 녹봉만 구하는 일이 될 것이다. 상하가 정의를 교환할 때에만 비로소 길하다.

5 [說證] 頤卦가 관괘로부터 왔으니 觀頤를 썼다. 또 頤卦는 大离라, 魯公[周公이 손님을 대접하느라 식사도 제대로 못한 일]의 三吐와 초나라 元王의 醴酒의 이야기를 볼 수 있다[楚王設醴]. 『漢書·楚元王傳』에 "楚王이 申公과 白公과 穆生을 예우하나 목생이 술을 좋아하지 않아 그를 위해 단술을 주었는데, 차기 王戊가 즉위하자 그 대접이 달라지자 목생이 물러나며 '떠날 때가 됐다. 醴酒가 없으니 왕의 뜻이 달라진 것이다. 지금 떠나지 않으면 장차 시장바닥에서 쇠사슬에 목이 베일 것'이라며 떠나려 하자, 신생과 백공이 말려대니, '선왕이 우리를 예우한 것은 도가 있었기 때문이요, 도를 잃고 도를 잊은 사람과 구차하게 예를 차릴 필요 없다'며 발길을 재촉하였다"는 이야기가 있다.

6 [說證] '自求口實'은 艮☶의 과실과 坤☷의 봉양을 받음이요, '觀其所養'은 군주의 예를 봄이요, '觀其自養'은 현자들의 지조를 봄이요, '天地養萬物'은 상9와 초9의 일이다. 頤卦가 관괘로부터 왔기에 혹은 하늘로부터 내려오고, 혹은 땅에서부터 올라와서 여러 무리의 만물이 왕성하게 자라나니, 모두가 그 양육함을 얻는 것이다. 또 頤卦는 임괘로부터 왔다. 大震☳은 성인에 해당되고, 호괘 진☳은 현자에 해당된다[互진은 大진에 비해 그 덕이 작다]. 임괘가 변해 頤卦가 되면 小진☳을 위로 보내니, 성인과 현자가 离☲에서 서로 만나, 만들어 봉양하기에 이른다. 坤은 양육이다. 이것은 성인이 현자를 기르는 것이다. 곤의 만민이 커다란 교화의 영역 한가운데 둘러 쌓여 있으니, 그 교화가 만물에까지 미치니 이의 작용이 크다고 한다.

가는 것이 부당함도 '성인양현聖人養賢'으로 알리고 있다.[8]

고사로 이괘頤卦는 무왕이 은나라를 타도한 뒤, 은실 추종세력들이 주나라 조정으로부터 물질적 양식을 얻었음을 들기도 한다. 보통 피정복민이 정복자에게 식량을 제공하지만, 이 경우는 정복자가 피정복자를 부양했다. 만약 정복자가 피정복자에게 물질만을 제공하면, 불길한 결과를 가져올 수도 있지만, 이괘頤卦처럼 육체적 욕구와 정신적 욕구까지 동시에 채워주면 더 바랄 것이 없을 것이다. 참고로 '시의時義'는 때의 중요성을 강조하고, '시용時用'은 때에 맞춰 써야 할 일을 강조하고, '시時'는 종시終始와 변화 등 구체적인 때의 바꿈과 운행을 강조한다. 또 이괘頤卦는 손목궁巽木宮 유혼游魂으로 8월 괘다.

---

7 『성종실록』 성종 19년(1488) 11월 2일 : "『주역』에 '어진 이를 길러서 만백성에게 미친다[養賢以及萬民]'고 하였으니, 대저 窮理·正心·修己·治人의 道는 모두 학문 가운데에서 나오는 것인데, 진실로 眞儒를 얻어 스승으로 삼아서 사람을 교양시키면 祿을 구하는 무리와 법을 무시하고 함부로 나아가는 무리가 모두 변하여 덕이 이루어지고 재주가 통달한 선비가 될 것입니다. 또 이를 모든 벼슬자리에 벌여두면 민속이 저절로 후하고 청렴과 사양함이 저절로 일어날 것인데 다만 眞儒를 얻기 어려울 뿐입니다. 『중용』에 '舜은 大智이시다[舜其大智也歟]! 묻기를 좋아하고 鄙近한 말이라도 살피기를 좋아하되[好問而好察邇言], 악한 것은 숨기고 선한 것을 드러내며[隱惡而揚善] 그 양단을 잡아서[執其兩端] 그 中을 백성에게 쓴다[用其中於民]'고 하였으니, 이는 임금이 마땅히 법 받을 일입니다."(사헌부 대사헌 李則 등 상소)

8 『성종실록』 성종 21년(1490) 7월 11일 : "예전에 大諫을 중히 여겼는데, 이는 대간이 중한 것이 아니라 조정을 중히 하는 까닭입니다. 대간은 모름지기 제1류의 사람을 써서 몸을 돌아보지 아니하고 분발하여 말을 다하여 숨기지 아니한 연후에야 조정이 바르고 만백성도 바르게 될 것입니다. 조정에 간하는 신하가 없으면 임금이 허물을 듣지 못할 것입니다. 세종 조에 집현전의 여러 선비가 대간에 나들었으며, 혹시 수령 가운데 청백하고 백성을 사랑하는 자로서 특별히 간관을 제수하기도 하였으나 대간을 외직에 채우는 것은 듣지 못하였습니다. 수령이 비록 중하다 하더라도 어찌 대간보다 중하겠습니까? 또 인재는 한도가 있는 것인데, 곧은 도로 과감히 말하는 선비가 몇이나 있겠습니까? 세종께서 문장의 선비를 골라서 집현전에 두고 양성하였으며 鄭昌孫·申叔舟·崔恒·洪應·盧思慎·李克堪·徐居正·姜希孟·李承昭·李孝瞻·李坡 등의 무리가 오래 집현전에 있으면서 그 학업을 오로지하고 그 마음을 수양하여 帷幄에 조용히 모시어 결함을 돕기를 의논하고 생각하였는데, 모두 수령을 지내지 아니하였으나 마침내 元勳과 碩輔가 되었으니, 어찌하여 반드시 수령을 지낸 뒤에야 어진 선비가 되는 것이겠습니까? 재주를 구하고자 하면서 기르지 아니하는 것은 비유컨대 옥을 갈지 아니하고서 문채를 구하는 것과 같습니다. 『주역』에 이르기를 '성인은 어진 이를 길러서 만백성에게 미치게 한다[養賢乃澤及萬民]'고 하였습니다." (議臺諫出補 수령편)

> **象曰 山下有雷 頤 君子以 愼言語 節飮食**
> 상왈, 산 아래 우레가 치는 것이 이니, 군자는 이것을 본받아 언어에 신중하고 음
> 식을 절제해야 한다.

말을 삼가하고[愼言語, Becareful of words], 음식을 절제하는[節飮食, Temperate in eating and drinking] 일은 '입을 씀'에 달렸다. 말을 삼가할 줄 아는 것을 보면 그 사람의 덕을 알 수 있고, 음식을 절제하는 것을 보면 그 사람의 건강을 알 수 있다. 입으로 먹고 말하는 양생養生이 중절中節을 크게 요구하지만, 말이 입 밖을 나오면 다시 주워담을 수 없고, 음식이 입으로 한번 들어가면 다시 뱉기 힘들다.[9] 비근한 예로 시인 백낙천白樂天이 항주자사로 부임하여 도림道林을 찾아 "어떤 것이 불법입니까?"라고 물었을 때 "나쁜 일은 하지 말고 착한 일 많이 하소"라고 대답할 때 "그건 세 살 먹은 아이도 알고 있는 이야기가 아니요?"라는 말에 "세 살 먹은 아이라도 비록 말은 쉽게 할 수 있으나, 팔십 먹은 노인도 행하기는 쉽지 않지요"라고 했던 까닭이 그것이다.[10]

따라서 언어와 음식은 다 움직이는 상이요, 삼가하고 절제함은 그 멈춤을 잃지 않는 상일 때, "양정養正하는 일은 조심하고 조심하라는 지지知止보다 더 나은 것이 없다[知養正 莫善于知止]."[11] 이렇듯 말을 삼가지 않음과 음식을 절제하지 않음은 진실로 책망할 것도 없다. 대체로 군자의 기르는 도는 가깝게는 스스로를 기르고 멀게는 만물을 기르는 것이니, 만물을 양육하는 도를 어찌 다른 사람에게서 구하겠는가? 단지 바르게 할 뿐이다. 마음이란 한 사람의 주인이 되므로 만약 그 바름을 얻을 수 없다면 만물은 모두 그 마땅한 곳을 잃게 되니, 조심하지 않을 수 있겠는가? 삼가지 않을 수 있겠는가? 그런 고로 내 몸에는 만물만사가 다 갖추어져 잊음을 알아야 한다.[12] 그런고로 특히 임금에게 "절식절節飮食 신신언어慎

---

9 [說證] 臨卦 때는 말을 함에 입이 열려 신중함이 없다가, 頤卦가 되면서 상하로 양이 빗장이 되어 한계를 짓고, 또 艮☶으로 절제시킨다. 참고로 '병화는 입에서부터 출납한다[病從口入 禍從口出]'라는 말이 있듯 말실수나 소화불량이 생기지 않도록 조심하라. 사업은 닥치는 대로 힘차게 나가되, 큰 이익은 바라지 말고 우선 활발☶하게 일을 하는 것이 더 중요하다. 월급이 적은 것 같아도 참고 가면 좋은 기회가 온다. 맞벌이 부부에게도 좋다. 시험은 합격하나 구두시험, 면접시험을 특히 잘 준비하라.

10 鵲巢道林(741~824) : "諸惡莫作 衆善奉行, 三歲孩兒雖道得 八十老翁行不得."

11 지욱, 『주역선해』 : "言語節食 皆動之象也 愼之節之 不失其止也."

言語"를 요구하고 있는 까닭이다.[13] 안자는 "임금에 대하여 신하가 된 것이 어찌 입에 넣을 음식물을 위해서이겠는가? 사직을 지키기 위해서이다"라는 비장한 말을 전한다.[14] 말 중에는 죽음을 무릅쓰고 해야 할 말이 있고, 죽지 않기 위해서는 고사리라도 캐먹고 살아야 하는 경우도 있다.[15] 결론적으로 말은 우호를 만들기도 하고 전쟁도 일으키니, 말을 삼가지 않아 스스로 화와 실패를 취하는 자는 예로부터 한없이 많았다.[16] 삼가하지 않으면 나가는 것이 어그러지고, 들어오는 것이 위배되며, 절제하지 않으면 작은 것으로써 큰 것을 잃고 만다.[17]

---

12 김도, 「周易淺說」: "사람의 몸에는 만물의 이치가 모두 갖추어져 있다[萬物皆備於我矣]. 만물을 기르는 바도 오직 이 마음이다. 이러한 마음이 바르지 않으면 몸도 또한 길러질 수 없으니, 하물며 어떻게 만물을 기르겠는가? '頤'란 자신을 기르는 것으로, 말과 음식은 모두 이것을 따라서 나오고 들어가기 때문에, 말을 삼가지 않으면 禍가 이로 인해서 이르게 되고, 음식을 절제하지 않으면 병이 이에 따라서 생겨나니, 관계되는 바가 어찌 크지 않겠는가? 이 때문에 군자는 頤卦에서 상을 살펴보고, 말을 삼가서 그 덕을 기르고, 음식을 절제하여 그 몸을 기르니, 만물을 기르는 바는 모두 이 두 가지에 말미암는다. 그러나 이목구비는 모두 몸에 갖추어져 있고, 그것의 주인이 되는 것은 마음이다. 마음이 바르지 않으면 耳目口鼻라는 네 가지 사물이 좋아하는 바를 따르게 되어, 제재할 수가 없어서 방자하고 간사하며, 사치하지 않음이 없을 것이다."

13 이만부, 「易大象便覽」: "일찍이 신체를 보양하는 것으로 중요하게 여기지 않은 적이 없었으며, 그 보양의 방향에서는 언어와 음식보다 큰 것이 없었습니다[保養莫大於言語飮食]."

14 김상악, 『山天易說』: "안자가 말하기를 '신하가 된 것이 어찌 임금의 입에 넣을 음식물을 위해서이겠는가[豈爲其口實]? 사직을 지키기 위해서이다[社稷是養]'라고 하였다. 언어와 음식은 모두 턱과 입 안을 따라서 나가고 들어오는 것이다. 『상서』에서 '나는 후세에 나를 두고서 口實로 삼을까 두려워한다'고 하였다. 山의 그침과 무거움은 삼가는 것이 艮의 절제이고, 震은 언어의 상이고, 坤은 음식의 상이다."

15 이용구, 「易註解選」: "흰 옥의 흠에 대한 시가 있는데 南容이 그것을 되풀이해서 외웠고, 쇠로 만든 사람의 시가 새겨져 있었는데, 공자 문하의 사람들이 그것을 알았으니 삼가지 않을 수 있겠는가! 세 번 이상 술잔을 올리는 것은 예가 아니고, 수많은 돈으로 봉양하는 것은 다만 화를 불러들일 뿐이니, 절제하지 않은 수 있겠는가? 언어를 삼간다는 것은 침묵이 아니라 마땅히 말을 해야 할 만하다면 죽음을 무릅쓰고 간하면서 침묵을 부러워하지 않는 것이다[愼言非默 當其可則諫 死 不羡括囊]. 음식을 절제한다는 것은 억제하는 것이 아니라 마땅히 먹어야 할 만하다면 고사리를 캐어먹으면서도 육식을 부러워하지 않는 것이다[節食非矯 當其可則采薇 不羨林肉]."

16 윤행임, 『薪湖隨筆 易』: "書經·大禹謨·惟口, 出好, 興戎."

17 김기례, 「易要選義綱目」: "不愼, 則出悖來違, 不節, 則以小失大."

初九 舍爾靈龜 觀我 朶頤 凶

초9는 (먹지 않고도 사는) 너의 영험한 거북이를 버리고, (관록을 탐하는) 나를 보고
턱을 늘어뜨리는 모습을 (네가) 보고 있으니, (내가 처한 상황이) 흉하다.

여기 거북이를 정자는 이렇게 풀었다. "거북이는 목구멍으로 숨을 쉬고 먹지
않을 수 있으니[龜能咽息不食], 신령스러운 거북은 밝고 지혜로워 밖에서 길러주기
를 구하지 않는다[靈龜喻其明智 可以不求 養於外也]." 『주례』에서도 천구天龜는 신령
스러운 영귀靈龜라 했다. 이괘頤卦는 대리大离, 큰 리☲의 거북이다.[18] 이괘는 초9
와 상9가 주효다. '너 이爾'는 상9이고, 나는 초9 영귀靈龜다. 내괘內卦는 나를 말하
고 외괘外卦는 상대를 말한다.

이괘는 관괘觀卦로부터 왔다. 관괘는 둔괘遯卦, 비괘否卦를 거쳐 관괘가 되면
너와 나는 은둔하면서[巽爲隱] 지낸 사람이었다. 그런데 손巽은 고결[巽德高潔]하기
에, 나 5가 아래로 내려갔어도, 너는 홀로 남아 머물러 있었다. 그러니 마침내 넌
리离로 공허하니, 비록 영명靈明한 지혜가 있다한들 장차 무엇을 먹겠는가? 이것
이 신령스러운 거북이가 먹지 않는 까닭이다. 나는 이런 상황에서 너를 버리고,
저 태兌의 음식을 보고[이괘는 임괘에서도 온다], 나라 안으로 들어와서 마침내 진
震의 작위를 받고, 뒤집힌 입을 벌려[임괘 도전은 관괘] 아래로 향하니 이것이 '타
이朶頤'다. 턱을 아래로 늘어뜨려 벼슬과 녹봉을 탐하는 사람이, 도리어 세속으로
부터 멀리 물러나 운둔해 있는 선비를 손가락질하면서 비웃으니, 이것이 바로 '사
이영구舍爾靈龜 관아타이觀我朶頤'의 뜻이 된다.

이괘頤卦가 관괘로부터 온 까닭에 '관아觀我'라 했다. 귀하게 여긴 것은 진震의
벼슬이다. 만약 고결한 처지 상9에서, 마침내 비천한 곳으로 내려온다면 역시 귀
할 것은 없다. 초9가 괘주가 되는 까닭에 그 본상을 취했다. 초효가 변해 박괘剝卦
가 되면, 상9는 근심걱정 없이 잘 있는데 반해, 초9는 정체성 자체가 사라지고
만다. 이것이 신령스러운 거북이 상9는 화를 면하는 대신, 턱을 늘어뜨린 초9는
빠르게 멸망하고 마는 이유이다. 따라서 내 초9가 처한 상황이 흉하다는 것이다.[19]

---

18 「설괘전」: "離, 爲乾卦爲鱉爲蟹爲螺爲蚌爲龜, 爲火爲日爲電爲中女爲甲冑爲戈兵, 其於人也, 爲大
腹, 其於木也, 爲科上槁."

19 정약용, 『주역사전』: "頤之剝也 頤卦上下兩剛爲卦主 … 此所謂 舍爾靈龜 觀我朶頤也 卦自觀來

공자도 이를 "내가 (관록을 탐하여) 턱을 늘어뜨리는 것을, (네가) 보고 있으니, (내가 설령 벼슬을 얻는다 해도) 또한 고귀함이 되기에 부족하다[象曰, 觀我朶頤, 亦不足貴也]"고 천박함을 아쉬워했다.

천하의 욕심은 먹는 것으로부터 일어나는가?[20] 여기 초9를 거북과 용의 상이 겸하여 있고, 거북은 될 수 없고 용이 된다는 설이 있는가 하면,[21] 동파는 스스로를 자양할 수 있는 거북으로 보기에, 남에게 기름을 받는다면 역시 귀貴가 부족하지 않겠는가고 반문한다.[22/23] 다시 한번 말하지만 천하의 화복禍福은 먹고자 하는 욕심으로부터 빚어진다는 사실이다.[24] 여기 남의 재산 탐내지 말고 자기 재산 잘 기르라는 조사들의 훈이 있다.

쓸데없이 밖으로 쏘다니지 말라[何勞向外別求玄]

세상 소린 본시 개구라다[千萬金寶是口羅]

故謂之觀我 可貴者 震爵也 然 若高潔 今卒卑下 力不足貴也."

20 이지연, 『周易箚疑』: "신령스러운 용을 가지고서 먹이를 탐낸다 하고, 신령스러운 거북을 가지고서 턱을 늘어뜨린다 하니, 천하의 욕심 중에서 먹는 것보다 심한 것이 없다."

21 서유신, 『易義擬言』: "大离☲의 頤卦는 거북이고, 진☳은 용이다. '靈龜'는 먹지 않는 동물이나 '朶頤'란 먹고자 하는 모양이다. '너'는 거북이고, '나'는 용이다. 초9 진☳은 고요하게 쉬면서 먹지 않는 신령스러운 거북이 될 수가 없기에 '너의 신령스러운 거북을 버린다' 하였다. '觀我'란 스스로를 보는 것이니, 스스로 턱이 늘어뜨려져 침이 흐름을 보는 것으로, 아래가 움직여서 늘어뜨려진 턱이 된다. 용의 성질은 먹는 것에 욕심이 많아, 움직이기를 생각하면 입과 턱이 늘어지면서 움직이며, 스스로 그칠 수가 없기 때문에 흉한 데에 이른다. 초9는 거북과 용의 상이 겸하였으나 거북은 될 수 없고 용이 된다."

22 소식, 『동파역전』: "龜者, 不食而壽在下足以自養."

23 참고로 초9 동이면 허영과 욕심이 많다. 떠돌아다니는 재물을 탐하지 말라. 윗사람에게 부탁이 통하지 않는 시점이다.

24 심대윤, 『周易象義占法』: "하괘 세 효는 지위가 없어서 스스로 먹는 자이고, 상괘 세 효는 지위가 있기에 다른 사람에게서 얻어먹는 자이다. 頤卦가 剝卦로 가니 깎아내어 변화시킨다. 초9는 몸소 노역을 담당하여 먹는 자이니 대체로 농민이다. 산천을 깎아내어 변화시키는 것 중에서는 농사만한 것이 없다. 천하의 利害와 吉凶은 먹는 것으로 말미암는다고 했다. 진☳은 씨를 심는 농사, 곤☷은 백성, 초9는 농민으로 주인이다. 하괘 세 효는 부귀를 향해 모두 진☳으로 밖을 나가고자 한다. 富貴는 모든 사람들이 바라는 바이다[富貴人之所欲]. 초9는 자신의 직업을 미천하게 보면서 위를 부러워하기 때문에, '너의 신령스러운 거북을 버리고 나를 보고서 턱을 늘어뜨린다'고 하였다. 간☶은 버림이고 리☲는 우러러 觀함이다. '朶'는 턱을 빼고 탐냄이고 음식이란 사람을 살리는 큰 복이지만[食者生人之大福], 禍도 또한 여기서 말미암으니, 탐내서 억지로 구해서는 안 된다. 천하의 禍는 항상 이로부터 일어나며, 또 아래에서 스스로 먹어야 하니 복은 없고 화가 있기 때문에 아래의 세 효는 모두 흉하다."

불조는 어리석고 미련 곰탱이들[上來佛祖鈍痴漢]

마음이 일어나면 만법이 생겨나고[心生則種種法生]

마음이 사라지면 무덤도 사라진다[心滅則龕墳不二]

삼라만상은 오직 마음의 알음알이[三界唯心萬法唯識]

마음밖에 따로 구하면 바보축생이다[心外無法胡用別求]!²⁵

六二 顚頤 拂經于丘 頤 征凶
육2는 뒤집어진 이괘에서는 언덕진 동산에서 녹봉으로 봉양받기를 목을 빼고 기다리는 격이 되며, 똑바로 된 이괘에서는 정벌은 흉하다.

육2의 일반적 해석은 이렇다. 유순 중정한 2인 나를 교육해 줄 위인은 5이나, 그도 나와 같은 음이라 양육할 수 없다. 그렇다고 상9 큰어른에게 도움을 청하자니, 그와는 인연의 끄나풀이 전혀 없다. 할 수 없이 가까이 있는 아래 초9에게 배움을 청하는 도리를 찾을 수밖에 없는 것이다. 그것이 아니꼽지만 불치하문不恥下問하는 심정으로 아래 초9에게 배우러 가야 하니 전이顚頤가 된다. 그런데 이 '전이顚頤'가 도리에 어긋나니 또 불경拂經(Deviating from the path)이 된다. 그렇다고 나를 지도해 줄 것 같은 상9를 찾아 나선다면[于丘] 그와는 아무런 연고도 없으니 배울 길이 막연하다[征凶].

다시 말해, 주효 초9가 아래에서 움직이지 않으면 모든 일이 성립될 수 없기 때문에 2 또한 초9에게 의지하지 않을 수 없는 상황이다. 즉 나를 도와줄 선생을 버리고 더 나은 선생을 찾아 나서려면, 나의 선생과 인연 관계를 버리지 않고 아름답게 가야 하는데, 그렇지 못하니 맹선盲禪하는 자가 진퇴를 잃음과 같은 꼴이다[證得盲禪 進退失措]. 고로 2가 초9에게 내려가 양육을 구해야 하는데도 불구하고 상9에게 양육을 구하려면 무고하게 그의 주인 5를 깔보는 모양이 되어 흉한 모양이 된다는 소리다.²⁶ 2가 5와 상9를 따르지 않고 초9를 따르니 향읍鄕邑에 틀어

---

25 1연은 나옹선사, 2연은 서산대사, 3~6은 원효대사 오도송이다.

26 참고로 頤卦가 損卦로 간다. 길 가다 친구를 잃으니 어찌 공이 있으랴. 재운은 천지에 해 될 사람만 있다. 만사가 내게 돌아올 일이 남에게로 가고, 귀인이 도리어 도적으로 변하니, 이때는

박혀 스스로를 기르는 모양이다.[27]

2를 설중으로 보면 이렇게 전개된다. 이괘頤卦가 손괘損卦로 가고, 손괘를 도전하면, 즉 '전이顚頤'하면 익괘益卦가 된다. 다른 괘들은 모두 반대되는 괘를 가지고 있는데, 64괘 중 건괘乾卦, 곤괘坤卦, 감괘坎卦, 이괘離卦를 제외한 이괘頤卦, 대과괘大過卦, 중부괘中孚卦, 소과괘小過卦 등의 괘는 뒤집어 보아도 모두 동일한 형태가된다. 이런 까닭에 여기서 뒤집힌 상을 겸하여 취하니, 이괘頤卦에서 예를 들어밝힌 것이다. 익괘는 비괘否卦에서 왔다. 비괘 때는 세 양이 모두 달아나 저 간☶의 언덕에 있더니, 익괘가 되면 다시 한 개의 양이 곤☷의 양육을 받기 위해 들어오고, 두 개의 양은 그대로 남아 손순한 자세를 취하며 목을 빼고 있으니, '불경우구拂經于丘'의 꼴이 된다. 그리고 '이정흉頤貞凶'은 도전하지 않고 그대로 보면 손괘다. 여기서는 반드시 이頤와 전이顚頤의 상을 잘 살피기 바란다. 손괘損卦는 태괘泰卦에서 왔다. 태괘 3 양은 상괘로 정벌나가 간☶으로 죽고 만다. '경經'은 '목경頸'이다. '불경拂頸'은 '목을 높이 쳐들고 봉록을 구하다' 흉하게 '목매어 죽는' 꼴이다. '행실류行失類' 또한 태괘 때는 세 양이 함께 모여 있더니, 손괘가 되면서하나가 홀로 위로 갔음을 뜻한다. 진☳은 가는 것이고, 태☱는 잃어버림이다.

六三 拂頤 貞凶 十年勿用 无攸利
육3은 턱을 (위로 길게 늘여) 빼니 일을 맡아 처리하기는 흉할 것이다. 십 년이 되
어도 쓰지 못하니 이로운 바가 없다.

초9와 2는 정위에서 중정의 자세로 배움을 얻으려 하지만, 3은 부정不正 부중不中하며 부동不動하니, 자신의 이익만을 위해 배움을 얻으려는 음유한 자의 곱지않은 꼴이다. 초9 어린 선생에게는 유치하다고 빈정대고, 상9는 핀잔만 주는 꼰대로 여기니 배움을 청할 수 없어, 이래저래 십년을 가도 배움을 얻지 못해 양도養

본시 공부가 좋다.

27 박문건, 『周易衍義』: "2는 초9를 타고 있기에, 기르는 바를 거꾸로 하여 그 아래에 주고, 또
응하는 5에 대적하기 때문에, 항상 도에 위배되어 위로 가지 못하니, 다만 鄕邑 곤☷에 깊이
들어가 있으면서, 자신을 스스로 기른다. 만약 호응을 버리고 초의 比를 따른다면 同類를 잃어
흉하게 된다."

道가 크게 어그러진다. 배움의 도가 어긋나니[拂頤, Turning away from nourishment] 아무리 바르게 하려 해도 흉해[貞凶] 십 년을 움직이지 말라[十年勿用]한 것이다.[28] 그러니 배워도 전혀 이로울 바가 없다[无攸利]. 대개 그 짝을 기쁘게 할지라도 의롭지 못하면 이로울 바가 없기에 십년이 되기도 전에 세상에 쓰인다면 도가 어그러진다는 소리이다.[29]

여하튼 2의 '불경拂經'과 3의 '불경拂經'은 끝없이 음식을 탐하기에 진동震動은 모두 흉하다. 이괘가 비괘賁卦로 간다. '불拂'은 높이 쳐드는 고거高擧의 뜻이다. 산화비괘山火賁卦가 되면 호괘 진==이 있고, 간==이 되니 또 하나의 이괘가 된다. 이 상은 바로 목을 위로 빼는 꼴이다. 비괘는 태괘泰卦로부터 온다. 군자의 도가 자라나고, 태의 부귀가 이미 영화로웠는데, 2가 자리를 떨치고 밖으로 나가 스스로 비괘賁卦를 이루고 비괘 속에 호괘 이괘頤卦를 이루니, 이것이 바로 '불이지흉拂頤之凶', 즉 턱을 빼는 것이 흉한 상이 되었다. 옛적 태괘泰卦에서는 길이 나 있었으나, 갑자기 간艮으로써 막히게 되니, 군주의 은혜가 중간에 끊어져[건(乾)이 이어지지 않음], 감坎의 노고에 대해 응해주는 바가 없으므로[3과 6이 적응(敵應)], 일을 처리함에 흉한 것이다. 또 간艮에서 진震은 불과 2년에 불과하나, 곤坤이 가운데 있다. 곤의 수는 십十이다. 감坎의 죄를 법으로 다스림이 있고, 간艮의 경계에 멈춤이 있으니, 물용勿用, 쓰지 말라 한 것이다. 태괘에 있던 태兌의 화목도 사라지니 무유리无攸利다. 도대패道大悖 역시 간艮으로 길이 막혀 길이 어그러진 패悖의 상이 된다. 이괘頤卦는 손목궁巽木宮 유혼游魂괘이기도 하다.

---

28 김상악, 『山天易說』: "양육에 위배된다[拂頤]. 3은 음유부정으로 진==에 길러짐을 거역하고, 상9에도 敵應이기에, 움직이더라도 저지를 당하고, 비록 바르더라도 또한 흉이 10년에 이르러 쓸 수가 없으니, 무슨 이로운 바가 있겠는가? '貞凶'은 초9에게서 길러지기를 구하지 않고, 상9에게 길러지기를 구하기 때문에 비록 바르더라도 흉하다고 한 것이다."

29 심대윤, 『周易象義占法』: "頤卦가 賁卦로 가니 꾸민다. 초9와 멀고 상9와 응하니, 지위가 없으면서도 존귀한 사람과 가까운 자다. 3이 변하면 리==와 감==으로 文章弓弩가 되니, 유학자가 글을 배우고 무예를 수업하는 상으로도 볼 수 있다. 상9와 응하기 때문에 '拂頤'라 하였고, 이미 농사를 짓지 않으면서 먹고, 뜻은 오로지 상9에게서만 구하기 때문에 '貞凶'이라 하였다. 이미 지위가 없으면서 뜻을 얻지 못하기 때문에 '十年勿用无攸利'라고 하였다. 곤==은 十이고, 간==과 진==은 '用'이다."

六四 顚頤 吉 虎視眈眈 其欲逐逐 无咎

육4는 이괘를 뒤집으니 길하다. 호랑이가 호시탐탐 눈을 부릅뜨며 노려보니, 그 욕심이 (잡아먹으려는 대상을) 쫓고 또 쫓는다. 허물이 없을 것이다.

육4는 정위에서 유순한 자로 배우고자 하는 자세가 바르다. 특히 나의 짝 초9가 강호江湖 현자이기에, 나도 그에게 넉넉하게 배워 임금과 나라를 위해 봉사하는 양현養賢의 도를 다할 것이다. 그러니 "임금도 나에게 광덕을 베푸실 것이고 백성에게도 그 혜택은 클 것이다[象曰 顚頤之吉 上施光也]." 정자와 주자도 초9를 '재야의 현인'으로 평가했다. "4는 대신 자리로 음이라 자양自養하지 못하거늘, 하물며 천하를 어찌 키울 수 있겠는가? 초9는 강직한 재야의 현인이고, 4와 더불어 정응이 되고, 4 또한 유순하고 바르니 능히 초9에게 배움을 얻을 수 있다[顚頤吉]. 또 4는 그 재덕才德과 위엄威嚴을 키움에 호시탐탐虎視耽耽을 늦추지 않고 욕망으로 쫓아간다면[其欲逐逐, With insatiable craving] 반드시 실력과 위엄을 갖추어 임금을 돕고 백성에게 봉사할 수 있을 것이다."

왕필은 초9에 응한 4로써 아래를 기르는 의리를 얻었기에 '전이길顚頤吉'로 보았으며, 동파도 4가 초9를 원하여 계속 배우러 오게 하니 4의 베푸는 바가 빛났다고 한다. 결론적으로 아래턱에게 거꾸로 교육을 받아 '전이顚頤'할 곳이 2와 4인데, 2는 '진震'에 있고, 4는 '간艮'에 있다. '진震'은 움직여 먹을 것을 탐하는 형상으로, 신체만을 보양하고 덕성을 키우지 않은 채, 남에게 먹을 것을 구하는 자로 흉하다. 반면 '간艮'은 지지止止의 뜻이 있어 깨끗한 마음으로 욕심을 억제하며 음식을 절제하고, 정도를 추구하며, 덕을 스스로 키워나가 심신이 편안하고 상서로운 자가 된다. 물질적인 욕망은 탐할수록 흉하지만, 정신적인 가치를 추구하는 마음은 절박할수록 아름답다. 고로 4는 음의 자리에서 스스로 부족함을 느껴, 능동적으로 아래 초9 현자를 좇아 자신의 부족한 점을 보완하며, 도를 물어 자기의 덕성을 길러낼 줄 아는 자이다. 아랫사람에게 묻는 것을 부끄러워하지 않고, 기꺼이 선을 따름은 미덕의 발로로, 위에서 아래로 미덕의 광채를 발하게 되는 까닭이다[上施光也]. 여기 정신적으로 즐길 '탐耽'과 노려볼 '탐眈'에서 해석이 분분하다. 학자들이 역리를 외면하면 문자를 좇는 당달이가 되고 만다.

다산의 주장은 이렇다. 4는 이괘가 서합괘로 가는 경우다. '전이顚頤'는 뒤집힌

이괘다. 서합에서 '전이顚頤가 되면 비괘賁卦가 된다. 이괘는 원래 임괘臨卦로부터
왔다. 임괘에서는 태☱의 호랑이가 있었다. 임괘에서 추이하여 이괘가 되면 리离
의 눈이 크게 밝으니, 이것이 호랑이의 대리大离다. 다시 비괘가 되면 상하의 눈
이 번쩍번쩍 거리며, 먼 곳에 뜻을 두고 가까운 데를 노려보니 '호시탐탐虎視耽耽'
이 된다. 비괘는 리离가 둘이니 '탐탐耽耽'을 썼고 곤坤의 탐욕貪慾 또한 보태졌다.
'축축逐逐'은 개돼지 둘을 말한다. 감坎은 돼지이고 간艮은 개다. 호랑이는 육식을
하는 욕심 많은 짐승이라 개돼지를 만나니 탐닉에 이른다.[30]

　　부귀와 귀천을 묻는다면 진수성찬에 부귀를 얻으려 할 것이다. 무구无咎 역시
서합으로 보면 유구有咎인데, 비괘로 보면 무구이다. 여기서 '전이顚頤'를 모르면
길흉을 오판할 수 있다. 서합도 음식을 씹는 괘이니 탐탐이 된다. 여기서 간과할
수 없는 것은 이괘 3은 흉이지만, 4는 길이다. 도전倒顚으로 보기 때문이다.

六五　拂經　居貞　吉　不可涉大川
육5는 목을 추켜올린다. 바른 자리를 지키면 길하나, 큰 내는 건너지 못할 것이다.

　　먼저 수현壽峴이 『오위구감五位龜鑑』에서 읍소하는 충언이다. "임금이 된 자는
사람들을 기르는 자인데, 도리어 다른 사람이 길러줌에 의지한다면, 이것이 바른
도리에서 위배되고 어긋나는 일입니다. 비록 그렇더라도 이미 다른 사람을 기를
수가 없고, 또 다른 사람에게서 길러지는 것을 부끄럽게 여긴다면, 이 또한 다른
사람들을 끊어내고 스스로를 포기하는 것입니다. 그러므로 위에 있는 현명한 스
승 상9에게 순종하여 그 덕을 스스로 길러서, 천하에까지 미루어 이르게 한다면,
바른 도리에서 위배되었던 바가 이내 바른 도리에 순종하기를 구하는 바가 될
것입니다. 신이 엎드려 바라옵건대, 전하께서는 단지 항상만을 지키지 마시고, 스

30　荀九家는 艮을 호랑이라 했다. 그는 推移와 爻變을 몰랐다. 象數學은 荀九家라 불리는 漢代의
　　상수 역학자들로부터 본격적으로 시작되었다. 다산은 '推移'·'物象'·'互體'·'爻變'의 네 가지 '원리'
　　를 운용하여 역리를 풀이하였는데, 이 네 '원리' 또한 漢代의 상수학에 익히 사용되었던 것이다.
　　다산은 「爲盤山丁修七贈言」에서 다음과 같이 말했다. "진실로 올바른 길을 찾지 못하고 단지
　　하도·낙서의 이치와 수만을 알려고 하고 또한 爻의 剛柔와 三才 六位 등의 어설픈 설을 듣고
　　보는 데에 젖게 되는 것 또한 아무 되는 일이 없을 것이다." 이는 漢代의 數易과는 다른, 邵雍의
　　독특한 數易이나 程頤의 義理易 및 주자의 折衷易까지도 모두 부정한 것이다.

스로를 길러주는 길을 구하소서."[31]

육5는 백성을 길러낼 능력이 모자라는 유약한 임금이다. 정응 2도 나를 도와줄 수 없는 입장이니, 부득불 국사 상9에게 천하를 구제해 줄 것을 요청할 수밖에 없다[拂經]. 이렇게라도 임금이 배움과 대인을 얻어야 나라 일을 그르치지 않는다. 즉 상9의 현사賢師에게 순종하는 자세로 천하를 맡겨야 좋고[居貞吉], 유약한 임금 5에게는 나라를 맡길 수가 없다[不可涉大川, No crossing the great water]. 이는 곧 주周나라의 어린 성왕이 국사 삼촌 주공의 섭정을 받는 고사를 연상시킨다. 따라서 공자도 일렀다. "바른 자리를 지켜야 길하다는 것은 상9에게 순종하라는 뜻이다[象曰 居貞之吉 順以從上也]."

5는 스스로 실력을 발휘하지 못하고 윗사람의 힘을 얻어야 할 어린 '준고屯膏'의 처지와 같다. 그러기에 5는 상9에게 예를 갖추어 이양頤養을 구하고, 산림처사山林處士 초9에게는 예를 갖추어 도를 물음으로써 지혜를 빌려 자신의 덕을 키워가야 할 것이다. 고로 "5는 조용히 정양靜養하며 생명력을 점진적으로 생장 축적하도록 애써야지 절대로 위험을 무릅쓰고 함부로 행동하여 허약한 원기를 소모해서는 안 된다. 원기가 넉넉하게 축적된 후라면 천하를 다시 이양해도 좋을 것이다."[32]

이괘頤卦가 익괘益卦로 변한 상이다. 목을 추켜올린다는 '불경拂經'은 2에서도 나온 도상倒象이다. 익괘는 비괘否卦로부터 왔다. 비괘는 간☶이 중첩되었고, 곤☷이 안정되어 있다. 이괘가 익괘가 되면 강剛이 안으로 돌아와 우러러 손☴의 신명申命을 따르니 '거정길居貞吉'이라 했다. 거정居貞은 올바르게 거처를 하는 일이다. 이괘는 본시 착종으로 소과괘가 되기에 '이섭대천利涉大川'하는 괘였다. 익괘 역시 본시 교역하면 항괘恒卦로 이섭대천할 수 있건만, 익괘로 추이하면 물에 빠지게 되니 '불가섭不可涉'이 된다.[33] 손☴의 천명天命이 위에 있고, 곤☷으로써 이에 천

---

31 석지형, 『五位龜鑑』: "頤卦 5는 상9에게서 길러주기를 기다림으로써, 곧게 살기를 길로 여깁니다. 위에 있는 현명한 스승에게 순종하여 그 덕을 스스로 길러, 천하에까지 미루어 이르게 한다면, 바른 도리에서 위배되었던 바가, 이내 바른 도리에 순종하기를 구하는 바가 됩니다. '不可涉大川' 은 어째서이겠습니까? 5 자신이 재능이 약한 탓입니다. 진실로 굳센 양의 재능이 있고, 또 스승을 얻을 수가 있다면, 어떤 험준함인들 구제하지 못하겠습니까?"

32 孫映達·楊亦鳴(박삼수 역), 『周易』, 400쪽.

33 [說證] 소과괘가 됨에 감☵의 내를 건너 거의 강기슭에 도달할 무렵, 3이 상으로 간다. 갑자기 손으로 물에 빠지게 되므로[巽爲入], 不可涉이 된다.

명을 따르니, '순이종상順以從上'이다. 이른바 '용정길用靜吉'의 의미이다. 달리 보면 이렇게 된다. 먹어도 맛을 모르고 걸어도 물이 보이지 않으니 큰물을 조심해야 하니 조용히 있음이 이롭다[食不知味 行不見水 不利涉大川 利靜]."[34]/[35]

> **上九 由頤 厲 吉 利涉大川**
> 상9는 이괘에서 발생한 까닭이다. 위태로우나 길하며, 큰 내를 건넘에 이로울 것이다.

상9는 임금 위의 막중한 왕사나 국시로, 임금을 지도해 나가는 힘든 자리이다[由頤, The source of nourishment]. 상9는 본시 부드러운[陰位] 사람이었지만, 지금은 위엄 있는 지도력을 발휘해 나가지 않을 수 없는 처지가 되었다. 그러니 상9는 군센 양의 덕으로 스승의 임무를 담당하고, 5의 임금 또한 유순하여 자신을 따라 길러줌에 의지하니, 이는 천하의 임무를 담당한 것이다. 신하로서 이 임무를 담당하였으면 반드시 항상 위태로운 마음을 품어야 길하다. 이윤伊尹과 주공周公 같은 사람이 어찌 일찍이 근심하고 수고로우며 조심하고 두려워하지 않았겠는가? 그러므로 끝내 길함을 얻은 것이다. 임금의 재주가 부족한 까닭에 자기에게 의지하여, 자신이 천하의 큰 임무를 감당하였다면 마땅히 재주와 힘을 다해서 천하의 어려움과 위태로움을 구제하고 천하의 치안을 이루어야 한다. 그러므로 '큰 내를 건너는 것이 이롭다'고 말하였다. "임금의 신임을 얻은 것이 이와 같이 전일하고, 임무를 맡은 것이 이와 같이 무거운데, 만일 천하의 어려움과 위태로움을 구제하지 못한다면, 어찌 맡기고 예우함에 걸맞아서 어질다고 말하겠는가? 마땅히 정성을 다하고 힘을 다하여 몸을 돌보거나 생각하지 말아야 할 것이다. 그렇더라도 두려워하고 위태롭게 여기는 것을 잊어서는 안 된다."[36]

역시 상9는 덕은 있어도 그 지위가 없다. 이렇게 지위 없이 무리를 얻은 자는

---

34 박제완, 『정전역해』, 248쪽.

35 '不利涉大川'은 '利涉大川'과 달리 海戰은 불리한 것 같으니 진지를 구축하고 찬스를 기다림이 좋다.

36 정이, 『이천역전』: "得君如此之專, 受任如此之重, 苟不濟天下艱危, 何足稱委遇而謂之賢乎. 當盡誠竭力而不顧慮. 然惕厲, 則不可忘也."

반드시 스스로 어려운 일을 헤쳐나간 뒤에야 길하다.[37] 정자와 동파에 이어지는 왕필의 주석도 다르지 않다. 상9가 양강으로 위에서 네 음을 밟고 있다. 음은 홀로 주장이 될 수 없으니 반드시 양을 받들어야 한다. 고로 상으로 말미암아 그 기르는 이유를 얻게 됨이다[由頤]. 또 상효가 길러내는 주체이기 때문에 사물이 어길 수 없으니 '이섭대천利涉大川'이 된다.[38] 만물의 기름은 모두 양에게서 말미암기 때문에 자신으로 말미암아 길러진다[由頤]. 상효는 지위가 없기 때문에 염려가 있어야 길하다[厲吉]. 예괘豫卦 구4에는 유순한 임금을 받들고 천하 사람들이 자기로 말미암아 기뻐하는데도, 오히려 의심하지 말라[勿疑]는 경계가 있다. 하물며 자신으로 말미암아 길러지면서, 맨 위의 자리로 높은 곳에 있어서 위태로운 데에 있어서랴! 늘 두려워하는 마음을 가지고 가야 길할 수 있다.[39]

'유이由頤'에서 '유由'라는 것은 상효 주공 자신이 성왕을 길러내었기에 '유由'자 속에 '왕王' 자가 들어 있다고 보는 견해도 있다. 이처럼 이괘의 주 역할은 초9와 상9이지만, 내괘 삼효는 진동震動으로 모두 흉하고, 외괘 삼효는 간지艮止라 모두 길하다. 한편 아무리 섭정하는 주공周公일지라도 실제 권력자는 5의 성왕成王이니, 금상今上이 오해를 쌓지 않도록 항상 두려워하며 조심해야 할 것이다. 『주역』 상·하경을 통틀어 효사에 '이섭대천利涉大川'이 나오는 괘는 이괘頤卦 상9와 미제괘 3뿐이다[六三, 未濟 征凶 利涉大川]. 이괘는 상9에 의존하지 않고는 길러지는 것이 없음을[由頤] 알아야 한다.[40] 이괘頤卦가 복괘復卦로 간 경우다. 이괘는 임괘臨卦로부터 온다. 임臨의 2가 상으로 가 연유하였으니 '유이由頤'라 했다[예괘 4 또한 '유예(由豫)'라 한 경우와 같다]. 상9가 주효가 된 까닭에 본상만 본다. 임괘 때는 태☱가 강剛을 타고 있어 위태로웠으나, 이괘가 되면 태☱가 사라지니 위태로움이 끝나 길하다. 또 이괘는 소과괘小過卦로부터 착종된 것이다. 소과 때는 대감大坎이 하천이 되고, 진☳의 배가 물 한 가운데 떠 있더니, 이괘가 되면서 감☵의 험은

---

37 소식, 『동파역전』: "莫不由之以得養者, 故曰 '由頤.'"

38 왕필, 『주역주』: "陰不能獨爲主, 必宗於陽也, … 爲陽之主, 物莫之違, 故 '利涉大川'也."

39 김상악, 『山天易說』: "萬物之養, 皆由乎陽, 故曰由頤. 厲者, 上之无位也. 豫九四, 承柔順之君, 天下由己而豫, 猶有勿疑之戒, 況由頤居上位高地危乎. 所以能兢畏而吉也."

40 履卦가 復卦로 갔지만 頤卦는 臨卦로부터 온 사실을 알아야 한다. 곧 임괘의 2가 상으로 간 연유를 알면 문제는 쉽다.

지나가고, 진☵의 배가 강기슭 간☶에 정박하므로, 간위지艮爲止로 '이섭대천利涉大川'이 된 것이다. 또한 '대유경大有慶'은 임괘의 2가 상으로 가 태☱의 위험이 사라졌기 때문이며, 진☵의 군주가 대리大离의 환한 경사를 봄이다.

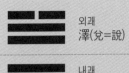

외괘
澤(兌=說)

내괘
風(巽=入)

28. 택풍대과澤風大過
Preponderance of the Great

대들보와 용마루가 날아갈 정도로 위험이 지나친 때다. 내가 감당할 수 있는 이상의 큰 일이 벌어지고 있다. 양심보다 욕심을 앞세우다 보니 이제껏 닦아 온 터전이 무너질 위기에 놓였다.

大過 棟 橈 利有攸往 亨
대과는 지붕 위의 용마루가 휘어질 위기지만 갈 바가 있으면 이롭고 형통하다.

대과大過(Preponderance of the great)의 시절은 용마루(지붕의 가장 높은 수평마루)가 휘어지는[棟橈] 위기를 맞는다. 위험천만한 일을 만나지만, 이럴수록 대처를 잘하면 이로움도 생겨나니[利有攸往] 조화로운[亨] 처신이 요구된다. 대과의 괘상은 맨 밑자리(초6)의 보榱(Beam)가 실하지 못해 휘어져도, 중간 보들이(2·3·4·5) 강하고 실하기에 파멸을 막아낼 수는 있다. 소과小過가 사악하고 연약한 소인배들이 상하로 과하게 자리하고 있었다면, 대과大過는 군자들이 중간에 과밀하니 상하의 기둥뿌리가 휘어지는 현상이 보인다. 그렇지만 음이 적고 양이 많음은 군자가 많고 소인이 적기에 이롭게 되는 이치가 있다.[1]

「잡괘전」에서는 대과를 '뒤집힘[大過顚也]'이라 했다.[2] 다음은 공자가 밝힌 단사

---

1 정약용, 『주역사전』: "大過처럼 도전을 해도 大過로 나타나는 경우의 괘는 乾·坤·坎·離·大過·中孚·小過로 8괘가 있다. 大過의 착종은 中孚다. 小畜에는 음이 주인이요, 大畜에는 양이 주인이나, 小過는 음이 지나치고, 大過는 양이 지나치다. 大過가 中孚처럼 小過가 頤卦처럼 지나쳐 坎의 過를 얻는데, 大過는 지나치고 小過는 모자란다. 大過는 두 개의 나무 巽이 大坎의 宮을 받치며, 한 개의 대들보 용마루를 둠이니, 巽의 휘어짐이 있다. 손의 괘덕은 휘어짐이다. 棟은 가옥의 마룻대 屋檽 즉 지붕의 꼭대기이다. 대장괘에서는 震이 용마루이다. 大過는 大壯괘와 遯卦에서 柔가 가서 지위를 얻기에 '利有攸往'이다. 兌는 이로움, 坎은 유통이니 亨이다."
2 정이천, 『이천역전』: "大過陽過也."

이다. "대과는 큰 것이 지나치다[大過大者過也]. 용마루가 휘어진 것은 근본과 말단이 약하기 때문이다[棟橈, 本末弱也]. 대과는 강이 넘어가서 중을 얻고[剛過而中], 겸손으로써 즐겁게 행동하니[巽而說行], 갈 곳이 있으면 이롭고 이에 형통할 것이다[利有攸往乃亨]. 대과의 시절은 그 의미가 대단히 크다[大過之時大矣哉]."[3]

어쨌든 대과는 양들이 지나치게 많고(2·3·4·5) 받드는 자(초)는 약하여 음양이 조화롭지 못하다. 그리고 대과에서 통이 큰 감☵은 홍수요, 태☱ 금金과 손☴ 목木은 큰 바위에 짓눌린 나무 모양을 연상시킨다. 고로 대과는 험한 격랑이 예고되지만 그렇다고 삶을 두려워하거나 포기할 필요는 없다. 또 대과는 욕심이 과해 중용을 벗어난 인과이니, 차분히 자신을 살펴서 그 원인을 분석하고 더 큰 피해를 당하지 않도록 해야 할 것이다. 공자가 "내가 오랜 세월을 두고 역을 공부하다 보니 위험한 대과의 때도 잘 면피할 수 있게 되더라[假我數年 卒以學易 無大過矣]"고 언급한 바도 이를 두고 한 말이다. '동요棟橈'의 글자 속에는 동이東夷에 요堯임금과 같은 현군이 나와 이도양천하以道養天下하고 일구치평日久治平한다는 비사秘辭가 있는 반면, 동이東夷의 요임금 나라가 휘어 꺾이는 시점도 알리고 있다.[4]

> 象曰 澤滅木 大過 君子以 獨立不懼 遯世无悶
> 상왈, 연못의 물이 넘쳐흘러 나무를 덮쳐서 말라죽게 하는 것이 대과이다. 이것을 보고 군자는 의연하게 살고 두려워하지 말며, 숨어 살아도 괴로워하지 말아야 한다.

초목을 기르는 연못이 도끼로 변해 나무를 찍어 없애려 하니 대과이다. 군자라면 이를 보고 개의치 말고 독립불구獨立不懼(Standing alone unconcerned) 할 것이며, 무관심으로 덤덤히 살아가라고 돈세무민遯世无悶(Renounce the world undaunted)을

---

3 정약용, 『주역사전』: "大는 양, 過는 지나침이다. 대장괘 초9 강이 5로 가서 중을 얻음이 '剛過而中'이다. '本末弱'은 하괘 巽의 뿌리가 약하고, 상괘 巽의 끝은 약하고 날카로움이 있다. 음이 작기에 날카롭다. 兌에서 보인다. 대과괘는 뒤집어 괘상을 倒顚을 취한 까닭에 대과는 뒤집힘이다."

4 김진규, 『아산주역강의』: "대과는 선천 마지막 가는 자리로 보기도 한다. 일본이 '大過之時'를 1945년 乙酉, 1946년 丙戌, 1947년 丁亥년 12월 27일을 선천의 마지막 날이라 보고 扶餘에서 神宮 上樑日을 잡았다. 그러나 일본이 1945 乙酉年에 항복하고 마니 天道는 인위적으론 감당할 수 없는 존재'라 전해지고 있다."

알려준다.[5] 비상非常한 시기를 당하는 대과에서는 진퇴에 얽매임이 없는 판단과 세상을 피하여 살아도 세상을 원망하지 않는 대범을 지녀야 할 것이다.[6] 그러기에 "초6은 마땅히 두려워하지 않아야 하고, 상6은 마땅히 숨어 있어야 할 것이다."[7] 그런 고로 "대과의 시절을 당하면 범상한 사람들은 평상심으로 대할 수 없다."[8/9/10]

다음은 선조가 '대과大過'괘를 공부하던 장면이다. 상감이 "택澤의 물이 나무를 기르지만 지나치게 되면 끝내 멸몰하게 된다. 이른바 '기둥이 흔들림은 지나침이다[衆口難防 衆寡不敵 群雄割據].' 또 대과의 중간이 양강陽剛하기 때문에 본말本末이 이기지 못하는 것이 아닌가?" 하자, 이심이 "효사로 말하면 '기둥이 흔들린다'는 말은 대개 좋지 못합니다. '대과大過의 때가 크다'고 한 것도 반드시 남보다 크게

---

5 이지연, 『周易箚疑』: "초6을 제거하면 大兌☱로 못이 크게 지나치다. 또 상6을 제거하면 大巽☴으로 나무가 크게 지나치다. 또 괘의 몸체가 큰 坎☵이니, 물이 크게 지나치다. 못이란 나무를 없애는 사물이 아니지만 나무를 없앨 수 있고, 나무란 연못에 의하여 없애질 수 있는 것이 아니지만 없애지니, 이는 물 때문이 아니겠는가? 학자들은 모두 '遯世无悶'이라는 여덟 글자를 나무에 넣어 풀이하였으니, 모두 '서다[立]'와 '은둔하다[遯]'라는 두 글자에 얽매인 듯하지만 '獨立不懼'은 마땅히 험한 물 속에 설 수 있어야 한다."

6 이익, 『易經疾書』: "연못이 비록 나무에 보탬이 되더라도, 지나쳐 나무를 수몰시키면 도리어 재앙이 되니, 상6의 효사[過涉滅頂]와 같다. 그러나 오히려 심어진채 서서 떠다니지 않고, 깊게 숨겨져 스스로 안정된다면 좋은 것이니, 군자가 본받는 까닭이다."

7 소식, 『동파역전』: "初六宜不懼, 上六宜遯."

8 이만부, 『易大象便覽』: "군자가 大過를 당하고, 보통사람보다 크게 뛰어난 행실을 세운다. 군자가 보통사람보다 크게 뛰어난 까닭은, 홀로 서서 두려워하지 않고, 세상을 피하여 은둔하여도 근심함이 없기 때문이다. 천하가 비난하여도 돌아보지 않고, 온 세상이 알아주지 않아도 후회하지 않음이, 세상을 피하여 은둔하여도 근심함이 없는 것이다. 이와 같이 한 뒤에야 스스로 지킬 수 있으니, 이 때문에 보통 사람보다 크게 뛰어남이 되는 것이다. 대과란 聖人의 쓰임이니, 도가 이루어지고 덕이 선 사람이 아니라면, 어떻게 두려워하지 않고 근심하지 않을 수 있겠는가? '獨立不懼'는 周公이 이에 해당하며, '遯世无悶'은 顔子가 이에 해당한다고 여겼다."

9 徐有臣, 『易義擬言』: "물이 넘쳐흘러 나무 위까지 침몰시킴은 못의 대과이며, 못에 침몰하여도 확고하게 뽑힐 수 없는 것은 나무의 대과이다. 나무가 못 가운데 서는 것은 어려움 속에 있어도 홀로 서는 것과 같고, 나무가 못 아래에 숨어 있는 것은 종적을 감추고 세상을 피하여 은둔하는 것과 같다. 홀로 서고 세상을 피하여 은둔하는 것은 군자의 크게 지나침이다[獨立遯世 君子之大過也]. 두려워하지 않음은 용기가 큰 것이며[不懼則勇大矣], 근심을 하지 않음은 뜻이 큰 것이다[无悶則志大矣]. 홀로 서는 것은 巽☴의 넓적다리 상이고, 세상을 피하여 은둔하는 것도 巽☴의 엎드리는 상이며, 두려워하지 않고 근심하지 않음은 兌☱의 기뻐하는 상이다."

10 [說證] 澤滅木은 태☱ 아래로 손☴이 가라앉은 상이다. '立'은 大過가 대장괘로 온 진☳의 상이요 [坤→復→臨→泰→大壯이 되는 과정에 오직 두 음만이 남아 진☳의 발로 딛고 마주 선 상], '獨立'은 대과가 되면서 상효에 태☱의 음 하나만 서 있는 상이다. '不懼'는 懼치 아니한 태☱의 기쁜 상이요, '遯世'는 손☴으로 잠수타고 엎드렸더니 근심이 날아가버려 '无悶'의 상이다.

뛰어난 재능이 있는 자라야 이런 일을 할 수 있다는 것입니다. 이를테면 요순堯舜이 선양禪讓한 것과 탕무湯武가 걸주桀紂를 내친 것 같은 일은 반드시 요순이나 탕무 같은 재능이 있어야 가능하다는 것입니다.[11/12] 또 상象에 '군자는 대과의 상을 보고서, 우뚝 서서 두려워하지 않으며, 세상에 은둔하되 근심함이 없다' 하였는데, 이는 서면 두려워하지 않고, 버려지게 되면 세상에 은둔하여도 근심이 없다는 것입니다. 임금은 이렇게 우뚝 서서 두려워하지 않고, 세상에 은둔하되 근심함이 없는 선비를 구해야 합니다"고 하였다.[13/14]

실록에서는 장례葬禮에 관한 상소와,[15] '택풍각澤風閣'을 세운 상소가 모두 '대

---

11 김도, 「周易淺說」: "'지나침[過]'이란 일반적인 사람에게만 있다. 크게는 반드시 죄악에 빠져 끝내 그 자신을 없애게 되고, 작게는 혹 불의를 저질러서 자신에게 모욕을 입힌다. 聖人은 그렇지 않다. 움직이거나 고요할 때에도 잃지 않아, 실천하는 바가 항상 이치에 맞는다. 백이가 고사리를 캐먹으면서 홀로 서도 두려워하지 않은 것과, 顔子가 좁고 지저분한 시골 골목에서 세상을 피하여 은둔하여도 근심이 없던 것은, 천하 사람들이 비판하더라도 돌아보지 않고, 온 세상이 알아주지 않더라도 걱정하지 않은 것이니, 군자의 기르는 바가 큼을 여기에 이르러 더욱 알 수가 있다. 오호라! 聖스러움이여!"

12 이병헌, 『易經今文考通論』: "천하에 표준이 있으면 감히 자신을 곧게 하고, 선왕이 끼친 도가 있으면 감히 그 뜻을 행한다. 위로는 어지러운 세상의 임금을 따르지 않고, 아래로는 어지러운 세상의 백성에게 세속화되지 않는다. 홀로 천지 사이에 서서 두려워하지 않는다."

13 『선조실록』 선조 35년(1602) 윤2월 2일 : "옛 사람들은 '治世가 걱정이 되고 明主가 위태롭다' 하였습니다. 지금의 세대가 비록 治平의 시대인 듯 하나, 남북에 틈[釁端]이 있고, 좌우진영이 분열 되어 민생은 지쳐 걱정이 큽니다. 신이 전일에 『주역』의 乾卦에, '飛龍在天'하는 것과, 또 '亢龍有悔'라는 말에 대해 아뢰었습니다. 이것은 바로 임금이 지나치게 스스로 뛰어난 체하여, 신하들과 마음을 같이하고 덕을 함께하지 않으면, 어진 이들이 아래에서 돕지 못하게 되는 것이니, 이른바 높이 오른 용이 후회가 있다는 것입니다. 그러므로 반드시 학문의 공정이 무너지지 않아야, 私意를 이겨낼 수 있어 그러한 병통이 사라질 것입니다."(上御別殿上讀 주역 頤卦)

14 위의 책 : "상이 다시 하고 싶은 말을 묻자 대답하기를, '지금 新政의 초기라서 모든 諫諍에 대해 뜻을 굽혀 따르고 있으므로 大過가 없습니다. 그러나 오랜 세월이 흘러 성상의 마음이 혹시라도 달라진다면, 꼭 오늘 같으리라고 어떻게 보장할 수 있겠습니까? 만약 그리 된다면 그때는 奸人들이 필시 승세를 타게 되어, 初政과는 크게 상반될 것입니다. 唐玄宗의 開元 시기에는 어진 신하가 조정에 가득하여 태평을 이루었으나, 현종이 욕심이 많은 것을 기회로 李林甫·楊國이 오직 逢迎(윗사람의 뜻에 맞추는 일)을 일삼았으므로, 군자는 모두 떠나고 소인배만 남게 되어, 끝내 天寶의 난을 일으켰습니다. 똑같은 그 임금이면서 마치 두 사람의 일인 양 달랐던 것은, 처음에는 군자와 마음이 맞았다가, 끝에 가서는 소인과 친했기 때문입니다. 바라건대 상께서는 이 점을 큰 경계로 삼아, 善類를 보호하여 소인배들로 하여금 모함을 못하도록 하소서. 이것이 바로 宗社와 臣民의 복이며 신이 戒告하고 싶은 것이 이보다 더 큰 것이 없습니다 하였다."

15 『세종실록』 세종 1년(1419) 3월 9일 : "『주역』에 '성인의 큰 보배는 지위이다[聖人之寶曰位]. 무엇으로 지위를 지키느냐? 바로 인이다[何以守位曰仁]' 하였다. 이러므로 나날이 근신하면 혜택이

과'를 인용하고 있다.[16] 단양 운계천의 운선구곡雲仙九曲 중 제7곡에 자리잡은 사인암舍人巖(명승 47호)에 새긴 우탁禹倬의 글을 보면 대과지심을 알 수 있다. "역동 우탁은 뭇 사람과 같이 있지 아니하고 너와 같이 있으며[卓尔弗羣] 또한 빼어난 것은 없으나 마음은 확고하며[確乎不拔] 홀로 있어도 두려워하지 아니하며[獨立不懼] 세상과 동떨어져 있어도 민망하게 여기지 아니 하느니라[遯世无悶]."

> **初六 藉用白茅 无咎**
> 초6은 깨끗한 흰 초석 자리를 펴고 그 위에 제사를 모시듯 경건하고 신중한 마음으로 정성을 드리면 탈이 없다.

대과가 쾌쾌夬卦로 간다. 대과는 중부中孚의 교역이니 대리大离의 정성으로 이미 믿고 손巽으로 가지런히 청결하게 하는 제사의 괘다. 또 대과는 대장괘(5→1)로부터 왔다. 대장이 대택大澤의 상이니 양이란 희생犧牲이 있었고, 손巽이란 백색의 띠풀 '백모白茅'가 깔렸다. 또한 대장괘 때는 두 개의 음이 강을 타고 있어 그 형상이 위태롭더니 대과괘에 와서는 손☴의 엎드림으로 '무구无咎'가 되었다.

한량없이 미치고, 만약 덕이 모자라면 도움이 있을 리 없다. 이는 장지의 길흉을 들어 복록의 연장을 논한 것이 아니다. 『敍葬書』에 이르기를, '옛날 장사大過를 지낼 때에, 시신을 섶으로 두텁게 싸서, 들판 가운데서 장사를 지내고, 봉분도 없고 나무도 심지 아니하였으니, 상기가 일정하지 않았는데, 후세에 성인이 섶 대신에 관곽을 바꾸었으니, 이는 대과괘에서 취하였다고 하였습니다."(御經筵)

16 『숙종실록』 숙종 6년(1680) 8월 14일 : "신(李端夏)의 아비 李植은, 당론이 생기는 세상에 당론을 말하지 아니하고, 『주역』의 대과의 뜻을 취하여, '澤風閣'이란 편액을 달고, '獨立不懼 遯世无悶'이란 여덟 글자를 벽에다 걸었습니다. 그러나 대과괘에서 홀로 서는 것이 군자의 상도가 아니니, 비록 父子라 하더라도 世傳할 수가 없습니다. 만약 이러한 도리를 변화시켜서 대신하고자 한다면, 泰卦의 뜻을 두고서 무엇을 따르겠습니까? 태괘의 구2에 이르기를, '황예荒穢한 것을 包容하여 黃河를 건너며, 먼 곳까지 버리지 아니하고 붕비朋比를 가까이하지 않는다[包荒用憑河 不遐遺朋亡]'고 하였는데, 신이 용렬하여 이런 지경에 미치지는 못할 것입니다. 신은 이미 先父의 才學이 없는데도, 아비의 文職을 이어받았으나 곧 낭패를 당하였으며, 지금 또 아비의 史官직을 이어받았지만, 능히 성취하지 못하여 거듭 세상의 비웃음을 받으니, 일을 맡는 것이 적당치 않다는 것을 알 만합니다. 옛날 趙나라에서 虛名때문에 趙括을 장수로 삼았다가, 마침내 長平의 패배를 가져왔는데, 지금 신이 허명으로 아비의 직임을 이어받으니, 바로 조괄에 대한 글과 같습니다. 일이 군사의 일과는 비록 다르다고 하더라도, 국가에 敗辱을 끼치는 데는 일이 반드시 다름이 없을 것입니다."(공조참판 李端夏 상소)

다산의 설증과 다른 의역적 해설도 살펴본다. 대과의 시절은 양심보다는 욕심이 앞선다. 양심은 비정상으로 보이고 지나친 행위가 정상적으로 보일 때다. 지금은 정응과 배합이 부당하게 보이고 부정과 불합으로 점령하는 것이 오히려 정당하게 보이는 때이다. 그러니 태연하게 대과의 시류에 적응된 것처럼 행동하는 도통자의 처세를 취함이 좋아 보인다. 부정한 자로 대과의 지나침을 삼가며 하얀 초석 자리를 깔고[藉用白茅, Spread white rushes underneath] 제사를 모시듯 깊은 정성을 드리고 살아간다면 허물이 없으리라[无咎]. 하얀 초석 자리를 깔고 제사를 모시듯 함은 부드러운 자세로 아래에서 처신함이다[象曰, 藉用白茅, 柔在下也].[17] 대과 첫자리의 바람은 부드럽고 손순함으로 외경畏敬과 근신謹愼에 과過해도 좋은 처신이다.[18] 그런데도 띠풀을 그대로 두지 아니하고 깔 자리를 만들어 정성을 모아서 신神에게 고하니 어찌하여 허물이 생겨나겠는가. 띠풀이 비록 보잘 것 없지만 큰 제사를 모시는 초석자리로 쓰인다면 능히 경신敬愼의 도를 이루고도 남음이 있을 것이다.[19] 이러한 작지만 마음을 다하여 방편의 술수를 부리는데 신중을 기하니 과실過失이 생겨날 수 없다.

「계사전」에서 공자는 대과에 임하는 성인의 마음을 이렇게 읊고 있다. "진실로 땅에 거적이라도 깔아서 제사를 올리는 일에 쓰인다면 어찌 허물이 있으리오[苟錯諸地, 而可矣, 藉之用茅, 何咎之有]. 신중하고 신중함이 지극하다[愼之至也]. 대저 띠풀이 보잘 것이 없는 것에 불과하지만 그 쓰임에는 가히 막중하다[夫茅之爲物, 薄而用, 可重也]."[20]

---

17 主爻가 초효가 되면 之卦를 취하지 않는다. 대과 초효의 본상을 말함.
18 정이, 『이천역전』: "人之過於敬愼." / 주희, 『주역본의』: "過於畏愼而无咎者也."
19 '白茅'는 까는 풀 '茝'다.
20 [說證] 1·2地位 큰감☵敬 1음薄 1강往得位. 참고로 대과는 진목궁震木宮 유혼游魂괘. 귀인이 도우니 결과도 좋다.

九二　枯楊生稊　老夫得其女妻　无不利
구2는 마른버드나무에서 새싹이 나고, 늙은 노인이 젊은 아내를 맞이하니, 이롭지
아니할 게 없을 것이다.

　　먼저 설중으로 풀어보자. 대과괘가 함괘咸卦로 간다. 손☴은 부드러운 성질의
나무로, 거꾸로 선 버드나무 '양楊'이다[버드나무는 아래로 숙이고 있으니 거꾸로 본
것이다]. 또 대과는 중부中孚로 변해왔으니 대리大离가 마른나무 '고枯'로 만들었다.
함咸의 하괘는 간☶이 진☳이 되어 무성한 '번선蕃蘚'이 되어 '고양생제枯楊生稊'가
된다. 또한 '노부老夫'는 함咸의 진☳에 해당되고, 위로는 태☱의 배필을 맞아들이
니 '노부득기여처老夫得其女妻'다. '여처女妻'는 아직 시집 가기 전의 여자다. 그리
고 대과는 성질이 지나치므로 6위 모두 파성播性(本卦보다는 之卦 중심)으로 해석한
다. 버드나무는 양기가 쉬 오르는 놈이라 양이 과하면 말라죽을 고양枯楊(Dry
poplar)이다. 버드나무가 말라도 싹이 다시 오름은[生稊, New shoot] 양이 과하되 중
을 얻어 대과大過하지 않았기 때문이다. 이는 양기가 과하여 노부가 고목에 꽃(아
이)을 피우는 상이니[老夫得其女妻] 불리한 곳은 없다[无不利, Everything furthers].[21]
　　여기서도 왕필은 젊은이에게 늙음을 나누면 어린 자가 자라나고, 늙은이에게
젊음을 나누면 마른 나무에 꽃이 피는 대과 같은 나눔이라 한다. 대과는 지극히
쇠하지만 2는 힘이 넘쳐 흐르므로 장성한 이가 쇠약한 이를 보충하여 줌으로써
함께하니 이것은 대과의 덧셈이다. 공자의 계산도 마찬가지다. "늙은 노인이 젊은
아내를 맞이한 것이 지나쳐 보이지만 (아이 낳고 재미있게) 부부로써 함께 동고동
락하는 일은 가능하다[象曰, 老夫女妻, 過以相與也]."[22] '고양枯楊'의 두 글자에서 '목
木'을 없애면[澤滅木] '고역古易'이 되니, 하늘에서 진리가 나와 새싹과 새로운 세상
을 연다는 의미도 숨어 있다.[23] 고로 '고역古易'은 바로 신도神道요, 하늘이요, 진리

---

21 『大戴禮記下小正』에는 "정월에 버드나무 싹이 난다" 하였으니, 옛날에는 얼음이 풀리는 2월에
　혼인을 하였다.

22 참고로 대과가 澤山咸으로 가면 나이든 사업가가 출마해도 경륜 많은 사람[枯楊]으로, 초6과
　같은 새로운 지지자들이 나타나서[生稊], 마치 늙은 사내가 젊은 아내를 만나 신접살림을 차리
　고 또 아이까지 생산하고 가정을 꾸리어 나가는 것 같아 당선이 확실하다. 공천은 多選 적폐자
　를 cutoff 시키고 참신한 인재를 영입함이 좋다.

23 김진규, 『아산주역강의』, 517쪽.

며, 완성된 자신自神의 모습을 말하는 것이 아닐까.

> **九三 棟橈 凶**
> 구3은 용마루가 아래로 휘어지니 흉하다.

대과가 곤괘困卦로 가는 경우이다. 비괘否卦로부터 추이하여 곤괘가 되면(상→2), 감☵의 집 위쪽으로 손☴의 나무가 가로질러 있으니 바로 용마루다. 이 때 감坎의 수레 덧방나무 '보輔'가 수레를 지지하지 못해 끊어지니 흉하다. 여기 3의 용마루가 휘어서 흉한 것은 대과의 시절인 줄도 모르고 상응하는 위의 상6과 지나치게 거래를 벌인 탓이다. 정상을 비정상으로, 비정상을 오히려 정상으로 볼 수 있는 넉넉한 눈을 가져야 하는데도 자신의 과강한 성격을 단속치 못하여 용마루가 휜 꼴을 당하고 말았다. 다시 말하면 내 짝 상6을 취하려다 강한 구5에게 린치를 당하여 바로 허리가 부러진 상황을 맞이한 것이다. 선천의 마지막을 가는 대과 자리에서 짝을 빼앗겼으니 흉한 가운데에서도 흉을 더한 셈이 되었다. 이미 부중하고 과강하여 여민동환與民同患 하지 못하니 평상시의 공로도 인정받지 못한다. 하물며 대과의 시절에 성격의 배합이 잘못되고 행동의 출납이 잘못된 것이야 누구를 탓하겠는가. "성인의 지혜도 반드시 사람을 취하여서 도를 행하도록 하는 것인데, 천하의 대임大任을 3같은 과강過剛한 자에게 맡기겠는가. 괴팍[乖愎]한 성격을 부리다 백패百敗를 당해 용마루가 부러지는 꼴이니[棟橈] 흉측하다.[24]

공자도 "용마루가 부러질 정도로 강성을 부려서 흉하다는 것은 주변에 도와주는 보조기둥 역할이 전혀 없었기 때문[象曰, 棟橈之凶, 不可以有輔也]"이라고 주석했다. 다음 소동파의 설명은 더 자세하다. "괘 전체를 하나로 볼 때는 본말이 약하여 용마루가 휜 상이다. 상6은 용마루가 휘었고, 초6 또한 2같은 자를 만나 휨을 피했다. 오히려 초6은 온갖 힘을 기울여 4의 용마루를 솟아오르게 힘을 주었지만, 상6과 3은 서로 상응하면서도 5와의 쟁투로 결국 용마루를 휘게 하고 말았다. 3이 휘어지면 상응하는 상6 역시 그 영향을 받는다. 고로 대과 시절에 지혜로운 양은

---

24 지욱, 『주역선해』: "過剛不中 任其剛愎 以此自修 則德必敗 以此治世 則亂必生 故 棟橈而凶 約佛法者 純用邪慧 故 不可有輔."

마땅히 음에게 낮추어야 하고, 어리석은 음은 당연히 양에게 낮추어야 한다."

> 九四 棟隆 吉 有它 吝
> 구4는 용마루가 높으니 길하다. 뜻하지 않게 다른 일이 생길 것이다. (만일 허물을
> 고치지 않으면) 인색하게 되리라.

대과가 정괘井卦로 가는 경우다. 태괘泰卦로부터 추이하여 정괘井卦가 되면 감坎의 집안에 손巽의 용마루가 가로질러 휘어졌다. 휘어진 용마루가 위로 올라가면 높고 튼튼하니 '융隆'이다[巽爲高]. 공자가 '불하요不下撓'로 아래로 휘지 않았다고 밝히기도 한다. 이 또한 대과가 지나치기에 '동요棟撓'하니 '동융棟隆(Bracing ridgepole)'이라 한 것이다. '유타有它(Ulterior motives)'는 '유고有故'로 감坎의 험한 상이니[대과는 본래 대감(大坎)] 질병이나 도둑이나 비 같은 일이 발생할 수 있다.[25] 정괘井卦는 태괘泰卦에서 왔으니 괘상이 길하다.

이를 달리 풀면 다음과 같다. 4는 후천 시초로 아래 초6에 말려들지 말아야 한다. 대과 시에는 마음에 짝을 두고 가면 길이 막히듯 정상적인 행동이 먹혀들지 않을 때다. 그러니 태연한 모습으로 어떤 압력과 유혹에도 끌리지 말아야 좋다. 남의 의견과 호의를 받으면 오히려 비난을 받고 곤경에 떨어진다. 4는 임금 측근에서 대과의 시절을 맞은 자로, 음의 자리에서 유순하다면 임금과 서로 이익이 되지만 과강過剛하니 탈이다. 대과의 시절은 지독한 마음을 먹지 아니하고서는 능히 건너갈 수 없다. 하찮은 미끼에 끌리어 기둥이 휘어지는 추락을 맞으면 곤란하니 절대로 타인과 그 어떤 것도 타협하지 말아야 한다. 약한 초6을 구해주고도 아래에 흔들리지 않는 것은 동융棟隆이라서 길하고, 그런데도 인색吝嗇하다는 것은 초6과 응하고 있었기 때문이다[有它].

"4의 용마루가 높이 솟아 길한 이유는 아래로 꺾이지 않는 의지를 보여 주고

---

25 [說證] 它는 뱀(蛇)의 고자이나 여기서는 他로 새긴다. 比卦 초6[믿음으로 친하여야 허물이 없으리니, 믿음을 두기를 질그릇에 가득 차듯이 하면, 세상의 예가 끝날 즈음에 다른 일이 생기더라도, 결국에는 길할 것이다]과 中孚卦 초9[우제를 지내니 길하다. 다른 일이 생기리니, 잔치는 못할 것이다]의 경우도 它를 썼다. 참고로 대과가 水風井卦로 가면, 몸이 높은 곳에 처하니 먼저 윗사람을 알아야 할 것이다. 혼자서 얻은 이익이 아니니 독식하지 말아야 한다.

있었다[象曰 棟隆之吉 不橈乎下也]"는 공자의 주석을 보면 4가 단호한 마음을 먹고 가야지 어떤 다른 유혹에 빠져들면 안 된다는 경계다. 만약 4가 조금이라도 초6에 흔들리고 다른 생각을 가진다면 남들로부터 비난과 질책을 받을 것이 분명하다. 퇴계가 『경서석의經書釋義』에서 내린 '불요호하야不橈乎下也는 휘어서도 아래로 내려가지 않기 때문'이라는 해석을 새겨보면, 대과의 시절을 맞은 자의 굳은 대처가 있어야 함을 알 수 있다.

九五 枯楊生華 老婦得其士夫 无咎 无譽
구5는 마른 버드나무에 꽃이 핀다. 늙은 여자가 젊은 서방을 얻으니, 허물 될 일도 없고 명예로울 것도 없다.

수현壽峴이 『오위귀감』에서 진부陳腐한 신하는 국가와 임금보다 개인의 사리 사욕을 취하니 통촉하라고 아뢴다. "신이 삼가 살펴보았습니다. 구5가 '마른 버드나무에 꽃이 피고, 늙은 부인이 젊은 사내를 만난다' 는 상을 취한 것은 무엇 때문이겠습니까? 나무 중에 봄보다 앞서 생겨나는 것은 버드나무만한 것이 없습니다. 대과란 양이 지나침입니다. 양이 지나치면 마르지만, 태≡가 위에 있고 또 괘 전체가 두터운 감≡≡이기 때문에, 물에서 젖어 꽃이 피어난다는 소리입니다. 태≡ 가 비록 막내딸이지만 괘 끝에 있기 때문에 '늙은 부인'이 되고, 5는 중정하고 또 건≡이기 때문에 '젊은 사내'가 됩니다. 임금에 견주어 본다면 잘 보필하는 훌륭한 신하를 얻었지만 자신을 보좌하지 못하는 이치와 같으니, 이는 진부한 신하가 할 일을 하지 않고, 눈앞의 안일만 꾀하는 자일 뿐이므로 밝은 군주가 마땅히 깊게 경계하여야 할 바입니다. 신이 엎드려 바라옵건대, 전하께서는 의지하여 스스로를 도와 줄 바를 아소서."

석지형의 충간忠諫은 생육生育의 공이 없는 교활狡猾한 신하와 물욕만 남아있는 늙은 여자에게 무엇을 바라겠는가? 라는 소리다. 대과가 항괘恒卦로 가는 경우다. 대과는 중부괘中孚卦에서 왔으니 대리大离는 '고양高揚'이라 했다[여기 리(离)는 나무가 바싹 마른 '과상고(科上枯)'이다]. 항괘의 진≡≡은 무성한 모습 '고양생화枯楊生華'다. 손≡≡의 '노부老婦'가 진≡≡의 간≡≡을 배필로 맞았으니 '득사부得士夫'다. '사士'

는 장가 가기 전 남자의 명칭이다. '무구무예无咎无譽'는 대과와 항괘에서 음이 양을 타고 있는 상으로 봤다. 혹자는 대과의 2와 5는 재혼으로 보기도 한다.

한편 응론應論으로 보면 다음과 같은 설이 가능하다. 대과의 시절 5가 강건하고 중정한 높은 자리에 앉아 있지만 밑에서 응應하는 이들이 없어서, 진실로 대과의 공을 이루지 못하고, 바로 위에 있는 극히 과한 음과 친할 수밖에 없다. 그러니 서로에게 마른 버드나무에 꽃이 핀 격이 되었다[枯楊生華, Withered poplar puts forth flowers]. 늙은 버드나무에 싹이 트면 그래도 모양은 조금 낫다. 그러나 늙은 여인이 젊은 서방을 얻었다[老婦得士夫]면 그 또한 꽃을 피운 모양새이기는 하나, 허물은 없을지 모르나 크게 자랑할 일도 아니다[无咎无譽, no blame no praise]. 고목에 꽃이 피었다는 것은 오래 갈 일은 아니고[枯楊生華 何可久也], 또 늙은 여자가 젊은 서방을 얻었다는 것 역시 박수칠 일은 아니다[老婦士夫 亦可醜也]"라는 공자의 주석은 더욱 심하다.

이 부분에 지욱의 소리가 현실적으로 들린다. "비록 강건중정한 자리라 하나 대과의 시절을 맞은 구5는 총명과 지혜를 잃고, 또 백성의 어려움을 알지도 못하고, 나아가 아래의 현신도 쓸 줄 모르고, 오직 위의 음유하고 무용無用한 노신老臣과 더불어 놀아나니 그 정권이 어찌 장구하겠는가!" 대과의 쓴맛을 당장 본 것 같다.[26] 노부여처老夫女妻, 노부사부老婦士夫를 보는 글이 『녹문집鹿門集』에 실려 있다.[27]

---

26 참고로 시운이 역류하고 귀인은 흘러가고 매사가 허망하다. 공연히 힘만 빼지 말라. 대과가 恒卦로 가니, 부인은 길하지만 夫子는 흉하다. 만약 새장가를 가는 일이라면 여자(어미와 딸)에게는 좋지만 사내에게는 흉하다. 고목에 핀 꽃이라 큰 보장은 없다.

27 任聖周, 『鹿門集』: "대과괘 구2와 구5가 각각 초6으로 내려가서 뿌리가 생기고[生稊], 상6으로 올라가서 꽃이 피는[生華] 그 상이 또한 묘합니다. 손☴의 전변 진☳이 老夫가 되고 응효 태☱가 소녀가 되며, 兌의 전변 간☶이 士夫가 되고 응효 巽☴이 老女가 됩니다. 이 도리는 본래 심오한 것도 아닌데, 양산(梁山 來知德)이 홀로 제대로 드러냈으니 기특하다고 하겠습니다. 華와 稊의 뜻은, 초6이 구2의 아내가 되고 구5가 상6의 남편이 되는 것을 의미합니다. 대개 음과 양이 친비할 경우에, 혼인과 관련짓는 설은 최근에 처음 나온 것이 아닙니다."

> 上六 過涉滅頂 凶 无咎
>
> 상6은 무리하게 물을 건너다 물속에 빠져 머리가 잠기니, 흉하나, 허물은 없을 것이다.

대과괘가 구괘姤卦로 간다. 대과는 둔괘遯卦로부터 왔다(2→상). 둔괘에 도망가는 사람의 머리에 해당하는 건乾의 상이 있다. 둔괘가 대과가 되면 대감大坎의 물이 흘러 넘쳐 건의 이마가 마침내 물에 빠지고 만다[上卦兌]. 상효는 괘주가 되므로 본상을 취한다.[28] 상6은 대과의 시절에 나타나는 비륜지상非倫之象의 대표적인 자리다. 상6는 마지막 노망老妄한 자의 과보果報가 가볍지만은 않음을 보여준다. 위험과 망조를 근심하지 아니하고 "재앙과 재화를 전혀 두려워하지 않는 자가 막무가내로 재앙을[履險蹈禍] 만난 자리이다."[29] 내를 건너다[過涉, Go through the water] 정수리까지 푹 빠지고 말았으니[滅頂, Broken head] 흉을 가히 알 만하지 않은가.

소인이 미쳐 날뛰다 화를 자초하고 말았으니 이 일로 장차 누구를 원망하랴? '과섭멸정過涉滅頂'은 지나치게 일을 하다 머리를 다치고, 무리하게 물을 건너다 이마까지 빠져서 죽는 꼴로 대과의 극치를 보여준다. 쇠약하기 그지없는 대과의 시절에 대동지환大同之患이다. 자신의 능력도 모른 채 천하의 위란을 구하려다 엄청난 결과를 초래했다.[30] 그렇지만 그것도 '살신성인殺身成仁의 관점에서 본다면' 무구이다.[31]

---

28 대과는 초효와 상효가 주효다.

29 정이, 『이천역전』: "過涉至溺 乃自爲之 不可以有咎也 言无所怨咎."

30 李象靖, 『大山集』: '과섭[潭巖金用石公遺墟碑閣記]' : "濁流를 공격하면서도 고결한 淸議를 드날려, 나라를 위해 목숨을 바쳤던, 고상한 기풍과 위대한 절개를 지닌 선비들이 있었다. 대쪽같이 곧기만 한 것은 상황에 따라 도를 품어 감출 줄 아는 군자[矢直固遜於卷懷之君子]에 비해 손색이 있는 것이요, 너무 깊이 관련되어 화를 당하지만 허물이 없는 것[過涉之無咎]은, '절개를 굳게 지키며 미리 떠나도 바르므로 길한 것[介石之貞而吉]'만 못한 것이다. 이것이 공자가 逸民과 隱者의 무리에 대해, 여러 번 거론하고 깊이 인정하신 이유이니, 그 쇠망한 세상을 슬퍼하심이 깊었기 때문일 것이다."

31 李植, 『澤堂集』, '멸정[挽詞李判書尙吉]' : "팔좌상서에 팔순 나이, 공이 홀로 강녕한 복 누리고 있었는데, 천세삼호 그 운세가 막히려 하는 때에, 아홉 번째 오복을 끝까지 다 누리겠소 목숨 부지한다는 게 부끄러운 그 상황에, 멸정은 흉하다고 누가 감히 말을 할까[誰言滅頂凶]. 마땅히 한 나라 공승(龔勝)의 고사처럼, 백세토록 맑은 바람 후세에 전하리다." 여기서 八座尙書는 판서의 별칭이고, 千歲三呼는 임금과 나라의 무사태평을 비는 말이다. 滅頂은 李尙吉이 병자호란

소동파는 이 '무구无咎'를 "구원받을 수 없는 자리에서 비륜을 범하면 그 대가
는 흉하지만, 그것이 의로운 일이라면 허물만은 아닐 것"이라는 견해를 내놓았다.
대과에서 길吉·흉凶·이利·구咎의 복잡한 정황을 살펴보면, 초6과 2는 음양이 나란
히 이웃하여 강유를 서로 조정하고 보완하는 데 뛰어나다. 그래서 초6은 허물이
없고, 2는 이롭지 않은 바가 없다. 5와 상6도 서로 이웃을 하기는 하나 음은 너무
노쇠하고 양은 지나치게 강하여 강약의 격차가 매우 심하다. 더구나 상6은 5를
타고 위에서 누르고 있기에 이롭지 않다. 고로 5는 무구무예요, 상은 흉하나 허물
은 없다. 3과 4는 각각 상하로 두 음과 서로 상응한다. 그러나 본성이 강하고 부
중한 3은 휘지 못해서 꺾이니 흉하고, 4는 강하면서도 유순하게 처신하니 길하
다.[32] 혹 임기를 마치고 떠나는 임금의 자리가 여기라면 목이 떨어져 나가는 정도
는 짐작을 할 것이다.

때 80세의 노령으로 迎慰使가 되어 廟社를 받들고 江華에 들어갔다가, 청나라 군대가 육박해오
자 아들 坰을 불러 뒷일을 부탁한 뒤 목을 매고 자결한 것을 말한다. 龔勝은 王莽이 漢나라를
찬탈한 뒤 光祿大夫 공승을 조정으로 들어오게 하기 위하여 온갖 방법을 다 동원하였지만 공승
이 끝까지 거부하면서 단식하다 죽은 것을 말한다.

32 孫映達·楊亦鳴(박삼수 역), 『周易』, 415쪽.

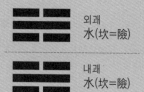

외괘
水(坎=險)

내괘
水(坎=險)

29. 중수감重水坎
The Abysmal(Water)

깊은 구덩이에 빠져드는 상태가 감이다. 설상가상으로 어려운 일이 물밀듯 밀려오니 고생문이 활짝 열렸다. 이렇게 어려운 때는 인간성을 상실하고 마음의 평정도 잃기 쉽다. 그렇지만 용기와 힘을 잃지 말고 신념과 끈기로 험한 격류에 맞서 탈출할 수 있는 방법을 강구해야 한다.

坎 習坎 有孚維心 亨 行有尙

험한 물이 거듭 밀려오는 감의 시절에는, (백성들이) 믿음을 (군주에게) 두고 있으며, (군주가 백성들의) 마음을 (단단히) 묶으니, 형통할 것이며, 가면 (공을 세워) 숭상받게 될 것이다.

감坎은 숨 돌릴 틈 없이 큰물이 설상가상 밀려오는 때다. 어쩌면 우리 인생은 어렵고 힘든 일을 만날지라도 아주 오래전부터 익숙하게 대처해 온 DNA를 지닌 것 같다[習坎, Repeated abysmal].[1] 그러기에 동요하지 말고 일관된 자세로[有孚] 마음을 단단히 묶어 나간다면 험險에 떨어지지 않고[維心], 형통할 것이며[亨], 오히려 숭상을 받고 공도 세우는 일이 생겨날 수 있을 것이다[行有尙]. 그러기에 만사가 험하고 캄캄[坎坎]하더라도 군자는 중심을 꽉 잡고 해탈의 키를 놓지 말아야 한다. 보통 사람이라면 '감☵'의 그림처럼 두 음 속에 빠져 천당과 지옥으로 교차하는 위험에 떨어지고 만다. 그렇지만 수양된 지성이라면 고심참담苦心慘憺 속에서도 어떤 역경이라도 이기고, 악습惡習을 찰나에 사라지게 할 것이다. "일체의

---

1 '習坎'은 古易에서의 명칭. 夏易에서는 艮卦를 '連山'이라 하고, 商易에서는 豫卦를 '陽豫'라 하였던 바, '習坎' 역시 그러한 의미다. 李鼎祚의 『周易集解』에서도 陸積의 말을 인용하여 '습은 거듭이라[習重也]' 함. 김상섭, 『고형의 주역』, 264쪽에서 재인용.

모든 경계가 마음에서 나타나는 유심소현唯心所顯이니 어디를 가도 가상嘉尚하지 않겠는가."[2] 그러니 어찌 험난한 감의 시절이라 하여 죽을 일만 당할 것인가. 하늘이 무너져도 솟아 날 구멍은 있을 것이다.

먼저 감坎은 아래로 내려감이라 하고 구덩이처럼 푹 꺼진 땅이라 하였다.[3] 대지는 본래 뭉쳐져서 이지러진 데가 없는 원형의 모양을 하고 있었지만, 거기에 꺼져서 모자란 부분이 생긴 것이 바로 감坎이란 구덩이다. 구덩이가 있으면 물이 그 쪽으로 흘러가 크게는 바다가 되고, 작게는 연못이 될 것이다. 이것이 감坎을 물이라 한 까닭이다. 한편 감坎에는 험險의 뜻이 있다. 사물 중에 험한 것이 암석만한 것이 없는 까닭에 '암巖' 자와 '험險' 자의 글자가 그 뜻이 통해 감坎의 단사象辭에서 '천험天險'과 '지험地險'으로 이른 것이다.[4] 고로 '습감習坎'은 큰물이 거듭 밀려오는 홍수와 같은 어려운 난관에 봉착한 때라 외부보다는 내실을 기할 때다. 큰 곤란을 당해 보면 참된 인격이 드러나기도 한다.[5]

다음은 공자의 단사이다. "습감은 험이 겹친 것이다[習坎重險也]. 물은 흘러가도 넘치는 일이 없고[水流而不盈], 험난한 곳을 만나더라도 낮은 곳으로 흘러가는 신뢰를 잃지 않는다[行險而不失其信]. 사람도 위험을 만나서 이런 물과 같은 단단한 마음만 가지면 어떤 난관이라도 뚫고 앞으로 나간다[維心亨乃以剛中也]. 그러기에 아무리 험한 세상일지라도 용기를 잃지 않고 겸손한 자세로 일관하여 나간다면 원하는 일을 성취할 수 있을 것이다[行有尚往有功也]. 하늘의 험은 너무 높아서 감히 오를 수 없고[天險不可升也], 땅의 험 또한 산천과 구릉처럼 너무 험하다[地險山川丘陵也]. 임금은 이러한 험의 상을 보고 성벽을 높게 쌓고 못을 깊이 파 나라를 지킬 수 있었다[王公設險以守其國]. 험의 시절을 대처하는 능력이야말로 크게 쓰일 것이다[坎之時用大矣哉]."

위 공자의 단왈을 보고 다산은 '설험設險,'[6] 점필제는 '습감習坎'[7] 우암은 '감형와

---

2 지욱, 『주역선해』: "深信一切境界 唯心所現"

3 「잡괘전」: "離上而坎下也." / 「설괘전」: "坎者陷也."

4 정약용, 『주역사전』: 다산은 괘사를 "習坎, 有孚維心, 亨, 行有尚"으로 읽는다.

5 『論語·子罕』: "歲寒然後, 知松柏之後彫也."

6 [說證] 坎卦는 임괘와 관괘로부터 왔다. '重險'은 임괘의 '地險'과 관괘의 '天險'을 말하고, '行險'은 坎의 '或往或來'를 말한다. '有孚'는 리☵요, '維心'은 관괘 下의 곤☷☷의 民心이 상의 손☴☴의 命에 순종하니 덕으로 손☴☴이란 줄로 붙들어 맴이다. '行有尚'은 임괘 1이 감괘 5로 가니 그 지

坎亨窩'[8]를 읊었다. 왕필은 또 이렇게 설한다. "하늘의 험은 오를 수 없었기에 그 존엄을 지켜야 하고, 땅의 험은 산천구릉이 있었기에 만 가지의 물건을 다 보전할 수 있었다."

실록에는 '왕공설험王公設險'으로 나라의 성벽을 튼튼히 세우자는 상소가 있다.[9] 이러한 감☵은 둥근 물의 형상으로 삼라만상의 모태요, 북방北方·겨울[冬]·임계壬癸·해자亥子·흑黑·정精·신腎·성聲·용모容貌·지知·정貞·애哀를 나타낸다. 소리는 우羽란 입술소리(ㅁㅂㅍ)이다. 또 감坎은 숨김[隱伏]·근심[加憂]·심병心病·이통耳痛·피칠[血卦]·곤란[多眚]을 나타낸다. 64괘 중 4대 난괘難卦로 준屯·감坎·건蹇·곤困 중 하나이다.

象曰 水洊至 習坎 君子以 常德行 習敎事

상왈, 물이 거듭 넘쳐오는 것이 습감이니 군자는 이를 본받아 끊임없는 덕을 행하며 백성을 가르치는 일에 전념해야 한다.

'천洊'은 물이 거듭하여 밀려옴이다.[10] 언제는 물이 아주 적어서 되도록 많은

위가 존귀하게 됨이요, '往有功'은 坎의 노력이다. 관괘 5·6은 天險, 임괘 1·2는 地險, 감괘 上下가 험, 그리고 임괘의 大진☳은 王, 감의 호체 진☳은 公이 되니, '王公'은 임괘의 상이다. 임괘가 坎卦가 되면, 간☶으로 城門을 삼고, 감☵으로 垓字를 삼으니, '王公設險'이다. 또 관괘에서 곤☷의 나라를 간☶으로 지키니 '守其國'이 된다.

7 金宗直, 『점필재집』, 「습감[舟中雜興]」: "협곡 어귀 겨우 지나서 다시 월계가 나오니, 월계의 바위가에서 자고새가 우는구나. 평생에 '習坎'을 부질없이 외기만 하였으니, 어찌 평탄한 길에 야윈 나귀 모는 것만 하랴."

8 송시열, 『송자대전』, 「감형와[坎亨窩銘]」: "자신이 분발하지 않는다면 천하의 '習坎'이 어찌 이에서 더할쏜가. 갖은 노력 다하되 느리지도 서두르지도 않아야, 거의 하루아침에 환히 관통되어, 만 가지가 한 근본으로 돌아오고, 가슴속이 영롱해짐으로써, 옛 현인들이 먼저 도를 얻었음을 알게 되리. '坎亨窩'의 본의는 학문을 힘쓰는 데 있을 뿐이다."

9 『성종실록』 성종 17년(1486) 1월 16일 : 강릉 대도호부사 曺淑沂의 상서이다. "주역에 '王公設險以守其國王公'이라 하였습니다. 우리나라가 남쪽으로는 섬 오랑캐에 이웃하고, 북쪽으로는 말갈에 접하여 배와 등으로 적을 맞으니, 강폭한 것을 막고 백성을 보전하는 곳을 급급하게 배치하여, 陰雨의 경계를 예비하지 않을 수 있겠습니까? 그러나 성은 낮고 부실하여 적을 막을 수 없고, 읍성은 좁고 작아서 민중을 수용할 수가 없으니, 도리어 고려 때에 폐지하여 버린 성곽만도 못합니다. 그것을 다 말하면 한심합니다."

10 김도, 「周易淺說」: "물이란 신의가 있는 물건이다. 하늘에서 생겨난 이후, 밤낮으로 쉬지 않고

물을 담도록 격몽擊蒙 하라더니, 이제는 물이 넘쳐 주체할 수 없으니 그 위험에서 헤치고 나올 지혜를 가르친다[習坎習敎事].[11][12] 그런고로 '몽蒙'과 '감坎'은 교육에 좋은 괘다.[13][14]

동파는 이런 해설을 내놓는다. "군자는 유별난 습감의 때가 아니더라도, 항시 덕행을 축적하고 있기에 부족하든 넘치든 간에 어려움을 만날 때마다 그 때의 일을 배우고 익혀서 나가는 지혜를 갖추라." 왕필 역시 "평소에 덕행을 지키며, 정교政敎를 익히고, 험한 일을 익혀야, 곤궁해지지 않고 언제나 변함없는 덕행을 할 수 있다"고 이른다.

지욱 또한 『논어』를 인용해 다음과 같이 설법하고 있다. "상덕행常德行은 배우기를 싫어하지 않음이요[學而不厭], 습교사習敎事는 곧 남을 가르치는 일을 게을리

사해로 방류되니[晝夜不息. 放乎四海], 정성이 있어 그 신의를 잃지 않는다. 만약 정체되어 멈춰서 흐르지 않는다면, 어찌 형통한 것이겠나? 坎卦의 괘됨은 두 감≡≡이 서로 겹쳐 물이 거듭 이른다. 거듭 이르러 항상됨이 있으므로 군자가 본받는다. 그 덕행을 오래도록 항상되게 하며, 가르치는 일을 익숙하게 하니, 자신을 다스리고 남을 다스리는 두 가지가, 모두 그 도리를 다 하였다. 그러나 공부하지 않는 자는 덕행에 항상됨이 있음을 알지 못하고, 가르치는 일을 바깥 일로 보아 본말을 전도하고 내외를 구분하지 못하니 가련하지 않은가! 대개 물이란 근원이 있고 항상됨이 있으니, 관찰하는 이는 반드시 먼저 그 물결을 관찰한 뒤에, 그것이 근본이 있음을 알 수 있을 것이다. 공자는 '물이여, 물이여![水哉水哉]'라 하였고, 주자는 '근원에서 생수가 솟아나 흘러내린다[惟有源頭活水來]'고 하였으니, 이 이치는 도를 아는 이가 잠잠히 살핌이 옳다."

11 이만부, 「易大象便覽」: "덕의 항상됨과 장구함은[德之常久] 단지 거듭 익혀 잊지 않아야 합니다[存習不忘]. 한 가지 얻은 것이 있더라도 익히지 않는다면[一得不習], 또한 내 것이 되지 않을 것입니다[不爲我矣]. 가르치는 일도 백성을 새롭게 하는 일입니다. 『대학·장구』에 '스스로 자기의 명덕을 밝혔으면, 마땅히 미루어 남에게 미쳐서, 그로 하여금 또한 그 옛 습관의 찌꺼기를 버리도록 해야 함을 말합니다. 맹자가 '어려서 배우는 것은 장차 행하고자 해서이다[幼學壯欲行]'라고 하였습니다. 비록 하찮은 선비라도 학문함에 혼자서만 선하기를 힘써서는 안되는 것인데, 하물며 임금께서는 임금과 스승의 책임을 겸하셨으므로, 한 번 말씀하시고 한 번 명령하심에 교화의 득실과 세도의 성쇠가 달렸으니 두렵지 않겠습니까?"

12 이익, 『易經疾書』: "물의 큰 것을 바다라 한다. 바다에는 반드시 潮水가 있어서 하루에 두 번 이른다. 썰물이 다 밀려나면[潮水纔退] 밀물이 다시 이르니[汐水復至], 이것이 물이 거듭 이름이다[是水洊至]. '항상됨[常]'은 돌아보고 반성한다는 뜻이고, '익힘[習]'은 새롭게 하는 뜻이니, 물이 그 때를 놓치지 않고 이르는 것이 '항상됨'이고, 한 번 이르고 두 번 이르는 것이 '익힘'이다."

13 김기례, 「易要選義綱目」: "배우고 익힘은 웅덩이를 가득 채워서[學習因盈] 바다로 흘러가는 이치[放海之理]로 인해, 덕이 이루어지고 가르침이 행해진다[德成敎行]."

14 오치기, 「周易經傳曾解」: "덕행이 끊어짐 없는 것이 물이 항상됨과 같고, 가르치는 일을 거듭 익혀서 백성들이 따르도록 함이 물이 거듭 이르는 것과 같다. 덕행을 항상되게 하면 오래갈 수 있고, 가르치는 일을 익숙하게 하면 따를 수 있다. 감괘≡≡는 굳세고 가운데가 차 있어 덕의 상이 되고, 호체 진≡≡은 행이 되며, 음양이 바뀐 전변에 손≡≡은 가르침의 상이 있다."

하지 않음이다[誨人不倦]. 이런 만고성현萬古賢聖의 심법心法이라면 어찌 세상의 험을 두려워하겠는가?[15] '상도를 지키며 덕을 안고 살라'는 수상포덕守常抱德과 흔척일여欣戚如一도 그 하나이다."[16]

다음은 '상덕행 습교사'의 사례이다.[17] 공자가 위나라로 갔을 때 병권을 장악하고 있던 대부 왕손가가 공자에게 이렇게 물었다. "방구석에 처박혀 있는 힘없는 신에게 비는 것보다, 당장 지지고 볶는 칼과 주걱을 든 조왕신에게 빌면 밥 한 술이라도 더 얻을 수 있는 영험이 있다는 말이 무슨 뜻이요?" 은근히 자신에게 권력의 줄을 대어야 살아남을 것이라고 위협하는 소리였다. 공자는 치사하기 짝이 없다는 듯 냉정하게 다음의 말로 상대를 무시해버린다. "그럴 리가 있겠소. 죄를 하늘에 지었다면 하늘과 땅 사이 어디에든 빌 곳이 있겠소? 자자한 일과 사소한 죄는 소인의 몫일 뿐이오." 그러면서 "내가 위나라에 찾아온 것은 작은 이익이나 자리를 얻기 위함이 아니라, 천하의 도를 펼치기 위하여 왔다는 것을 보이기 위함인데, 저런 거지같은 소인들이 판을 돌리고 있으니 애석하기 짝이 없도다!" 하시며 분통을 터트렸다.[18] 만약 그때 공자가 벼슬에 눈이 어두워 그의 뜻을 저버렸다면 유구한 역사를 이어가는 이런 유교 문화의 찬란한 꽃은 피우지 못했을 것이다.

김수항金壽恒(1629~1689)의 『문곡집』에서는 이름에 '물'을 넣어주며 습감의 이치를 가르친다.[19] 다음은 고사성어에 보이는 물의 함수관계이다. 물과 불 같은 상

---

15 『論語·述而』: "黙而識之, 學而不厭, 誨人不倦, 何有於我哉?"
　　「論語·子罕」: "子在川上曰, 逝者如斯夫, 不舍晝夜."

16 진무인, '壽者傳': "훌륭하다 竇公이여, 눈과 마음 적막하다. 오현을 퉁기면서 별다른 것 안 먹었네. 임금께서 무엇으로 장수했나 물었건만 마음에서 나온 대답, 守常抱德이라 했네. 『軒轅集』에 '혼 빼는 색 끊고 진한 음식 멀리 하고 늘 한결같이 치우침 없는 덕을 베풀라' 했지."

17 [說證] '常德行'은 감☵의 敬以直內하는 直心과 진☳의 行이 한결같음이며, '習教事'는 감☵의 노력을 간☶의 충고로 훈계하고 교육함이다.

18 『논어』, 「팔일편」: "王孫賈問曰, 與其媚於奧, 寧媚於竈, 何謂也?" 子曰 "不然, 獲罪於天, 無所禱也."

19 金壽恒, 『文谷集』, 「金洵潗灂三兄弟字說」: "호(灝)라는 글자는 물의 기세가 멀리 간다는 뜻이다[灝水勢遠也]. 물은 방울방울이 모여서 점점 큰물이 되고, 마침내 바다에까지 흘러가는데, 이는 하루아침에 그렇게 되는 것이 아니라, 삽시간에 쏟아지지 않고 거듭 이어져서 그렇게 된다. 『주역』 坎卦의 대상전에 말하기를, '水洊至習坎, 君子以, 常德行習教事'라 하였다. 司馬光이 말하기를, '물의 흐름은 거듭 흘러서 그치지 않아 큰 시내를 이루고, 사람의 배움은 거듭 익혀서 그치지 않아 큰 현자가 된다' 하였다. 학문이 넓고 크게 됨은 때마다 거듭하여 익힘에 있으므로,

극은 사귀기 힘들다는 '수화무교水火無交', 맑은 물에 고기 없는 '수청무어水淸無魚', 물과 고기처럼 친한 사이는 '수어지교水魚之交', 넓은 물에서는 고기가 놀기 좋다는 '수광어유水廣魚遊'가 있다. '소덕천류小德川流'는 덕이 적은 자는 흐르는 소리가 요란하고, '대덕돈화大德敦化'는 대덕한 자가 세상을 진정으로 감화를 준다는 소리다. 물방울이 바위를 뚫는다는 '수적석천水滴石穿', 물은 담긴 그릇에 따라서 형체가 달라지기에 자기주장을 고집하지 않는다는 '수수방원기水隨方圓器', 쉬지 않는 물이 도랑을 만든다는 '수도거성水到渠成'과 물은 배를 띄우기도 하지만 엎어버리기도 하기에 '수능재주우복주水能載舟又覆舟'라는 무서운 말도 생겨났다. 물이라면 만생 만물에게 자신을 통째로 주어 생생生生시키는 모성이 있는가 하면 물 한 방울 주지 않고 생명을 말라 죽이는 매정한 물도 있다.[20]

> **初六 習坎 入于坎窞 凶**
> 초6은 물이 계속 밀려온다. 깊은 구덩이에 빠져 헤어날 길을 모르니, 흉하다.

음습하고 부정한 자리에서 구원도 없고, 거처도 마땅하지 않으니 위험이 크다. 군자가 비록 험한 곳일지라도 그곳에 익숙해지려는 것은 장차 험에서 벗어나오려고 하는 것인데, 오히려 험에 익숙해져[習坎] 다시 험으로 반복하다면[入于坎窞] 흉을 더할 뿐이다. "유약한 자가 험한 가운데서 도움 주는 이조차 없으니 험에 익숙해져 다시 험 속으로 들어 도를 잃고 흉하다[象曰 習坎入坎 失道凶也]"는 공자의 주석도, 나무막대기 하나 잡을 수 없는 상황으로 떠내려가 구원의 손길에서 자꾸만 멀어진다고 보았음이다. 그렇지만 "죽음이 찾아올지라도 오직 하나 믿음과 공부만이 지혜를 터득시키니 이섭대천利涉大川을 귀히 여겨라."[21]

호(灝)의 자를 여습汝習이라 한다. 아! 옛말에, '사람은 이름을 귀하게 할 수 있으나, 이름은 사람을 귀하게 할 수 없다고 하였는데, 자가 이름과 무엇이 다르랴! 이름과 자를 귀하게 하는 길은 바로 그 사람에게 달려 있다. 헤아려서 돼지와 물고기에까지 믿음을 얻고, 안정되어서 얼음 항아리처럼 맑고, 이어져서 강과 바다와 같이 크게 된다면, 이에 자기 字를 귀하게 할 수 있겠다. 그대 착한 형제들은 저마다 이를 힘쓰시라."

20 坎卦는 만난 속에서 신념을 가지고 오직 성의로 관철할 수만 있다면 목적하는 바를 이룬다. 이런 숭악한 때에는 종교나 철학 같은 큰 학문을 붙잡고 큰 선생 밑에서 師事를 받으며 극복의 길을 찾아가야 가장 이상적이다. 단 사이비 종교나 사사로운 공부에 빠질 우려도 있으니 조심하라.

이처럼 초6이 전생에 얼마나 공부가 되지 않았으면 이 세상에 오자마자 캄캄하고 기막힌 세월을 만나겠는가? 그러기에 이때 구명줄 같은 훌륭한 선생을 만나면 감坎이 절節이 되고, 절이 환渙이 되어, 홍수가 사라지고 나면 남은 물은 연못을 돌아 고기도 살리고 수초도 살리는 생수가 되어 복령福靈이 도우는 자리로 급전할 것이다. 담窞은 구멍 속의 또 작은 구멍이고, 흉凶은 감☵의 가장 아래 자리라 흉이다."[22][23]

九二 坎 有險 求 小得
구2는 깊은 구덩이 속에 아직 위험이 있지만, 작은 것쯤은 얻는다.

먼저 위험에서 빠져 나오지 못할 정도로 깊은 곳에 빠졌지만[坎有險], 강한 심지로 이를 악물고 벗어날 마음을 잃지 않았기에 작은 이득이라도 구하여 나온다[求小得]. 정말로 죽음을 각오하는 심정으로 묵은 악습과 폐단을 없애겠다는 강한 의지를 갖고 싸운다면, 큰 이득은 얻지 못하나 소득은 있을 것 같다. 그렇지만 "작은 이득은 구했지만 아직 위험 한가운데를 벗어나지는 못했다[象曰 求小得 未出中也]"는 공자의 주석을 보더라도 홍수에 떠내려가다 겨우 막대기 하나를 잡은 꼴이다.

지욱은 이를 관심법으로 설명해, 성경聖境은 아닐지라도 본 것[所觀]은 있다고 전했다. 왕필 또한 2가 정응이 없기에 구원이 멀고, 초6과 3이 어울리기라도 하니 소득으로 본 것 같다고 한다. 여기서 험은 탐貪·진嗔·치癡에 젖은 묵은 악습이 틀

---

21 지욱, 『주역선해』: "在險之時 不論自利利他 唯貴有孚而定慧相濟 今初六 以陰居下 毫無孚信之德 乃泪沒于惡習而不能自出者也."

22 [說證] 坎卦가 節卦로 간다. 감괘는 도전해도 반대괘가 없으므로 倒顚을 취한다. 節卦를 도전하면 渙卦이다. 渙卦의 상은 巽의 入이니 '入于坎窞'이라 한 것이다. 渙卦는 否卦에서 왔으니 否卦에서 艮☵의 샛길이 본래 막혔으니 '失道'가 되어 凶이라 했다. 만약 이 효를 도전해 보지 않으면 兌☱는 벗겨짐이라, 탈출로 '失道'가 안 된다. 참고로 아들의 사업을 어머니가 척전법으로 하늘에 물었더니, 초효, 2효, 4효, 6효가 동시에 변해 坎卦가 无妄괘로 가 '재앙만 찾아들 것'이라는 판단을 얻어냈다[坎→節 : 寅→巳].

23 참고로 만사를 기다리며 공부하는 자세를 잃지 말라. 움직이면 흉사가 땡큐한다. 최소한 5년 이상은 기다려라. 초6이 변하면 절괘가 되어 흐르던 물이 연못에 고이게 되니 신령이 안으로 도을 것이다. 절실한 기도가 필요하다.

림없다. 고사로 노나라 공자는 낮은 벼슬자리에 있었다. 그것은 공자의 인품과 능력에 비하면 형편없이 낮은 자리였다. 그러나 공자는 높은 자리를 바라지 않았다. 그것은 하늘의 뜻에 위배되는 것이었다. 그때를 공자 스스로가 "나는 어려서 빈천했기 때문에 천한 일도 많이 하였다"[24]고 증언한다. 『공자가어』에는 공자가 창고의 출납을 관리하는 동안 회계가 분명하였다 하고, 또 가축을 기르는 직책인 승전乘田에 있을 때도 그가 기르는 가축이 모두 잘 자랐다고 하였으니, 어려움 속에서도 자신의 점수를 잃지 않았던 예다. 또 서두르지 않고 위험에서 벗어날 길을 모색한 유방의 경우도 있다.

중국 역사에서 비천한 신분 출신의 황제들 중 한 사람인 한고조 유방은 이런 이치를 잘 이해하고 실천한 인물이었다. 초나라의 항우가 즉위하자 유방을 황량하고 험준한 곳으로 보내고 돌아오는 길까지 끊어 버렸다. 그때 항우의 군세는 유방보다 강했다. 항우는 유방을 죽이고 황제가 되려고 했다. 유방은 항우의 뜻을 알아차리고 모사 장양張良과 함께 항우의 주둔지 홍문에 가서 저자세로 죄를 빈다. 항우의 모사 범증范曾은 이 기회에 유방을 죽이라고 항우에게 제의하자, 연회가 진행되던 중에 항우의 대장 항장項庄이 검무를 추며 술잔을 권하는 틈을 타 유방을 죽이려 했다. 이런 위급한 시각에, 장양은 유방의 책사 범회를 불러 유방을 보호하게 한다. 유방은 뒷간에 가는 척하고 범회의 보호 하에 오솔길을 통해 자기의 군중으로 돌아왔다. 유방이 빠져나간 후에 장양은 천막에 들어가 항우에게 선물을 올리고 작별을 고하면서 유방이 이미 떠났다고 했다. 이것이 바로 역사상 유명한 홍문연鴻門宴이다. 유방은 간신히 목숨을 구한 후 군사를 모집하여 마침내 항우를 멸하고 서한西漢을 세운다.[25] 험한 곳에 철저히 봉쇄되어 있으면서도 오히려 태연하게 힘을 기르고 입지를 굳힌 유방의 이야기 또한 '유험구소득有險求小得'의 예다. 감괘가 비괘比卦로 간 경우이다.[26]

---

25 사마천, 『사기본기』.

26 [說證] 坎卦는 觀卦로부터 왔으니(上→2), 관괘는 求함에 있다. 하괘가 곤☷이 되면 貧해 소득이 적다. 坤爲吝嗇하니 '求小得'이다. '未出中'은 감☵의 中이 사라짐이다. 참고로 아직은 욕심의 습이 홀랑 벗겨지지 않았기에 남을 도와줄 입장이 아니다. 내실을 다지고 다지는 공부가 자기 혁신에 엄지다. 2010년 나로호 발사 성공 여부에 나온 점괘로 결과는 75km에서 추락하고 말았고, 2020년 '코로나19'가 빠른 시일에 잡힐까를 물어 나온 점괘이기도 하다. 홍수처럼 전염병이

> 六三 來之坎坎 險且枕 入于坎窞 勿用
>
> 육3은 와서 감이 되고 또 감이 된다[캄캄한 험한 물이 자꾸 밀려온다]. (강한 기세를
> 꺾기 위해 날뛰는 것을) 말뚝에 단단히 매어두라. (그렇지 않으면 깊은 수렁을 잠시
> 피하고자 해도) 자꾸 더 빠져들어 갈 것이니, 매사에 일체 용사하지 말라.

호랑이를 피하고 보니 여우를 만난다고, 갈수록 태산이요 설상가상이다. 캄캄
한 물이 자꾸 밀려온다[坎坎來之]. 험하고 깊은 수렁을 잠시 피하고자 하나 물구덩
이 속으로 더 빠져드는 상황이 벌어진다[入于坎窞]. 그러니 어떠한 일에도 쓰지 말
아야 한다[勿用]. 이때는 백방을 써도 효험이 없다. 잠시 휴식을 취하며 자신을 말
뚝에 묶어두고 때를 기다릴 필요가 있다[險且枕, In danger pause at first and wait].
고로 공자도 "캄캄한 물이 자꾸 밀려온다는 것은 끝 날에도 분명 공로가 없을
것 같다[象曰, 來之坎坎, 終无功也]"고 한다.

여기 '침枕'을 위기의 상황에서 구출하여 줄 '구원 투수'로 보는 시각이 많다.
그런데 왕필은 "나뭇가지(2)를 베고 있지만[枕] 불안하다"로 보았고, 동파도 "2에
게 붙어 휴식[枕]하다"로 보았으며, 정자와 주자도 동시에 "2에 의탁한 자리[枕]가
편치 않다"고 판단했다. 다산은 '험險'이란 '묶는 것[檢]', '침枕'은 '말뚝질을 해 소
인을 제어하는 것'으로 보았고, 아산은 '베개[枕]'와 '베갯머리[枕]에서 잠시 기다림'
으로 보기도 했다. 그런고로 '침枕'을 정리하자면, 바로 위의 4도 험한 물이요 나
를 구원할 상6도 물이다. 그렇다면 나도 어쩔 수 없이 떠내려가야 할 물이라면
잠시 이 위험을 피하고자 아래의 '2(나무막대기, 베개, 휴식, 능력 있는 사람)'에게 의
탁해야 할 처지다. 그렇지만 이 캄캄한 시절에는 어떤 묘책도 없고 오히려 아래
위로 밀려오는 강한 물살에 휩쓸려갈 상황으로 보인다. 감坎이 정괘井卦로 가니
함정에 빠질 수다.[27/28/29] '감지유행坎止流行'이란 추사의 시도 보인다.[30]

밀려온다. 조심하고 근신하면 禍魔가 적다.

[27] [說證] 감괘가 井卦로 간다. 井卦는 泰卦에서 왔다(1→5). 泰卦 때는 진☳의 길이 평탄하더니 井
卦가 되면 하나의 음이 방금 와서(5→1) 두 개의 坎이 되니 '來之坎坎'이 된다. '來之坎坎'을 '習
坎'이라 하지 않은 것은 하괘이기 때문이다. 坎은 돼지, 巽은 밧줄, 震의 나무가 되면 '險且枕'이
되니, 이는 곧 소인을 제압하는 상으로, 제사를 위해 희생을 잡는 모양새다. '勿用' 또한 손☴은
'伏', 감☵의 '隱伏'에서 왔다. 坎의 노고가 이런데도 '終无功'은 손☴의 '不果'에서 결실이 없었기
때문이다. '베개 枕'이라면 뜻이 멀다. 鄭玄은 '險은 檢과 같아 나무가 손에 있으면 檢, 머리에
있으면 枕이다라고 했다.

> 六四 樽酒 簋貳用缶 納約自牖 終无咎
> 육4는 한 통의 술과 두 개의 대그릇과 질그릇을 사용한다. 큰 문이 아닌 들창문으
> 로 바쳐도 끝내 허물은 없다.

제사상 위 술단지에 담긴 술을 흙으로 된 제기 궤簋로 권해 올릴 때에, 검약한 질그릇 부缶를 사용할 것이다. 신뢰의 징표인 결승結繩의 계약을 창문을 통해 은밀히 동굴 속으로 들여놓으니, 마침내 허물이 없을 것이다. '준주궤이樽酒簋貳'라고 한 것은 강과 유가 서로 교제함이다. 험의 시절에 처신을 어떻게 하여야 하는가를 알리는 자리다. 기름이 도는 고급술이 아니라 막걸리 같은 박주 한통[樽酒]과, 상다리가 부러질 듯이 차린 음식이 아니라 풋고추와 된장만이라도 올린 두개의 접시[簋貳]와 질그릇에 겨우 담은 음식들이[用缶]라도 지금은 충분하다. 또 장소는 공개적인 큰 문을 통하지 말고, 남의 눈에 띄지 않는, 구멍 뚫린 봉창 문을 통하여 상을 차려 바쳐도[納約自牖, Simply handed in through the window] 전혀 허물 될 일은 없다[終无咎, Certainly no blame].

이것은 오직 신하로서 형식과 절차를 넘어 임금에게 절대적인 믿음을 보여주는 장면이다. 아무리 신하의 정중한 의식일지라도 거기에 한줌의 가식이라도 있다면, 보잘 것 없는 한 잔의 술로 받드는 제사보다도 못하다. 고로 어려운 시절을 헤쳐나가는 충직한 신하는 술 한 되[樽酒]와 제기 두 개[簋貳]를 가지고도 큰 제사(국가대사)를 치러내는 능력이 필요한 시절이다. 고로 화려한 격식을 갖춘 회담보다는 '사바사바'하는 귓속말일지라도 진실성과 정확한 정보가 오히려 임금과 나라에 더 큰 도움을 준다. 험하고 험한 시절을 맞고 있는 지금은 공식적인 형식보다는 마음을 터놓은 진실한 소통이 더 소중하다.

"한 통의 술과 두 개의 안주로도 대사를 무사히 치러낸다는 말은 강과 유가

---

28 2017년도 최순실의 국정농단 기미가 덜미 잡히자 박근혜 대통령은 '개헌발의'로 국면 돌파를 시도하였으나, 국회에서 받아들여지지 않고 탄핵으로 쫓겨나고 말았다. 그녀는 탄핵으로 가기 전에 혀를 깨물고 죽어야 했었다. 대통령 노릇을 모르는 불쌍한 여자였다.

29 신속하게 움직여라. 아니면 낭패를 본다. 지체하면 손 쓸 시간이 없다.

30 金正喜, '감지유행[留題介石亭 答鄭生壽銅]' : "호숫가에 낙척한 지 어느덧 여섯 해, 그윽한 맹세는 모두 흰 갈매기에게 내맡겼네. 한 자락 꿈 실은 뱃사공은 어디로 돌아가는가, 구덩이를 만나면 잠시 멈췄다가 물결을 타면 흘러가리[湖上頹唐六載秋, 幽盟都倚白鷗收, 梢工一夢歸何處, 坎止流行此水頭]."

충분히 소통되는 자리이기 때문[象曰 樽酒簋貳 剛柔際也]"이라고 본 공자의 주석에서, '강유剛柔'는 험한 시절 검박한 신하 4의 정성이 강한 임금에게 신뢰가 통한 것으로 볼 수 있다.

정자는 준주樽酒는 술통에 담긴 통술이요, 궤이簋貳는 마른 제수 두 개요, 부缶는 질그릇이며, 납약자유納約自牖는 은밀하게 암암리에 바치는 은근한 깨우침이라 하였다. 그런데 주자는 '준주궤樽酒簋와 이용부貳用缶를 한 통의 술과 대나무 제기에 곡식과 질그릇을 더하는 것'으로 풀고는 '이貳를 익益'으로 다르게 해석하고 있다. 다산은 '이貳'를 '돕다'로 보고 '궤이簋貳'를, '제기의 도움'으로 보았으며, '준주궤이樽酒簋貳'는 술로 밥을 입가심하는 도우미인데 그때는 반드시 질그릇을 사용했있다고 한다.[31] 동파처럼 '두豆'는 고기를 담던 목기요, '궤簋'는 기장을 담던 제기라 하여 '궤이簋貳'를 기장밥 두 그릇으로 본 해석들도 있다. 왕필은 '그냥 밥그릇 두 개'로 보았다.

실록에는 '납약의 문'으로 상소가 들어온다.[32/33] 감坎이 변하여 택수곤澤水困으로 가니 홍수가 그치는 상이다.[34/35]

---

31 『禮記·禮器』: "문 밖에서는 '缶'의 항아리, 문 안에서는 '壺'의 병, 군주는 질그릇 술단지 '瓦甒'를 쓴다. 坎卦는 간☵의 문 아래 있으니 문 밖에 쓰는 제기 '簋'를 쓰기 위해 '缶'를 썼다."

32 『연산군일기』 연산군 1년(1495) 7월 16일: "전하께서 과연 대간을 가둔 것이 옳다고 여겼으면 반드시 諭示를 내리시지 않으셨을 것입니다. 이는 정히 '納約自牖'인데 도리어 가려졌으니, 그 뜻이 무엇을 하자는 것입니까? 대저 임금을 섬기는 이는 오직 그 임금이 요순과 같은 임금이 되지 못할까 걱정하는 것이며, 그렇지 않은 자는 반드시 奸賊의 마음을 품은 자입니다. 무릇 임금의 덕은 간하는 말을 쓰는 것보다 더 큰 것이 없으며, 그 失德은 간하는 것을 막는 것보다 더 큰 것이 없고, 더욱이 간하는 자를 잡아 가두는 것보다 더 큰 것이 없습니다. 그러므로 우임금은 틈틈에 절하고 받아들여 하나라의 업이 홍왕하였고, 紂는 箕子를 잡아 가둠으로써 은나라가 멸망하였으니, 사신도 역시 들어 아는 일이 아니옵니까?"(대간 홍문관 盧思愼 尹湯老 不聽 대간 상소)

33 『선조실록』 선조 35년(1602) 4월 21일: 선조 때 글재주는 있으나 識量이 부족한 시독관 柳夢寅이 '樽酒簋'를 進講하자, 상감이 "坎의 험한 시절을 맞아 임금과 신하가 교제할 때는 더욱 서로를 도와야 한다"고 하니, 세파를 따라서 한 번도 패한 적이 없었던 李尙毅가 "약속을 올리되 창을 통하여 한다고 할 때[納約自牖], 이 창은 밝은 곳으로서 드나드는 정문이 못되어 正道는 아니나 부득이한 사정에서 그렇게 한다는 말입니다. 임금에게 만약 가려진 것이 없다면 신하가 直道로 진강하여야 마땅할 것이니 하필 창을 통해서 하겠습니까" 하는 장면이 보인다. 검토관 具義剛은 "3은 반드시 가득 차야만 흘러갈 수 있는 까닭에 三歲라고 한 것입니다"라 하였고, 영사 柳永慶은 "이 괘는 이 시대와 비슷한 점이 있습니다. 九五가 陽剛의 덕을 가지고 음험한 시기에 처하여 있으니, 아래에는 반드시 어진 이가 있어서 협력하여 도와주어야 험난함에서 벗어나 시대를 구제할 수가 있습니다"라고 하였다.

九五 坎不盈 祇旣平 无咎

구5는 물이 더 이상 차지 않을 것이며, 이미 물이 다 차 평평해졌으니, 허물은 없을 것이다.

먼저 수현壽峴이 『오위귀감五位龜鑑』에 올린 상소다. "가득찬 자는 사람들이 떠나가고, 가득차지 못한 자에게는 사람들이 옮겨오니, 가득차지 않았다면 충분히 평평해질 수 있습니다. 임금이 가득차지 못한 것으로, 가득 참을 이루려는 방도를 삼는다면, 어떤 어려움인들 구제할 수 없겠습니까?"[36] 전문가를 무시하는 임금의 만기친람萬機親覽를 경계하는 충고이다.

정자의 설은 이렇다. "구5는 구덩이[坎] 가운데서 가득차지 못했다. 가득차면 평평하여 구덩이에서 나올 것이다. 반드시 장차 평평함에 이르면 허물이 없을 수 있지만 이미 가득차지 않았다고 말했으니 이는 평평하지 못하여 아직도 험한 가

---

34 [說證] 감괘가 困卦로 간 경우다. 坎卦는 임괘에서 왔으니, 임괘 大震☳의 술통(震爲蒼筤竹)으로 감☵의 술을 올림이고, 困卦가 되면 震의 제기 위에 兌☱의 밥이 수북해진다. 제사상에 올릴 때의 예법은, 먼저 尸童에게 술을 올리는데 이것이 簋貳다. 貳는 권하는 것 돕는 것이니, 도움을 받아 제사상에 제사음식을 권해 올리는 것을 의미한다. 제사에 술을 올릴 때는 반드시 질그릇을 쓴다. 坤의 흙과 離의 불로 질그릇을 만듦이 그것이다. 否卦에서 왔으니, 否卦 때는 군자가 밖에 있었고, 소인이 안에 있으니 험이 지극했다. 그런데 否의 상이 2로 가 困卦가 되면 밖에 있던 사람이 巽의 줄로 계약을 맺고 离☲의 신뢰로 계약을 이루어, 坤國 안으로 들여 놓으니 '納約'이 된다[巽爲入]. 坎의 동굴 안에 艮의 문이 밝은 데로 통하고 있어, 그 상이 창문이다. 이처럼 감☵의 險時를 맞아 소통시키려는 자는 사업을 도모할 적에 은밀히 도모해야 마땅할 것이다. 비색할 즈음에 강이 안으로 돌아오므로, '終无咎'가 된다. '際'는 교제다. 비괘 때는 건곤이 지나치게 서로 강유를 주장하더니, 곤에서는 강유를 서로 주고받는다. 4는 은미한 외교 능력이 대단하다.

35 산이 무너지고 海溢이 일어나도 정신을 잃지 말라. 어려움에 빠져 실의에 잠겨 있을 쯤에 의외의 귀인이 나타나 도움을 얻는다. 조상의 음덕인가, 귀신의 조화인가를 의심할 정도로 하늘에서 희망의 신호가 나타날 것이다. 죽음 직전에 귀인을 만난다는 絕處逢生 하는 자리다. 그러니 4가 重險에 시절에도 비비고 치대는 사교에 능한 처신이 없었다면 가능했겠는가.

36 석지형, 『五位龜鑑』: "감괘 5는 호괘로 간☶의 멈춤이 있기 때문에, 가득차지 못하고 멈추는 상이 됩니다. 그러나 물의 성질은 반드시 가득차려 하니, 가득 차지 않으면 멈추지 않습니다. 5효 또한 강건중정으로 맹렬하게 나아가니, 어찌 끝내 험한 가운데 멈추겠습니까? 그러나 가득찬 자는 사람들이 떠나가고, 가득차지 못한 자에게는 사람들이 옮겨가니, 가득차지 않은 것은 다만 충분히 평평함을 이룰 수 있습니다. 임금이 가득차지 못한 것으로, 가득 참을 이루려는 방도를 삼는다면, 어떤 어려움인들 구제할 수 없겠습니까? 아! 龍門은 험하여 물의 흐름이 어울지고, 맹진에 이르러 평평해진 뒤에 건널 수 있습니다. 오늘의 형세는 바로 용문의 험함에 해당하니, 엎드려 바라옵건대 전하께서는 맹진에 이를 수 있는 방도를 구하소서."

운데에 있으니 허물이 없을 수 없다."[37] 주자 또한 "구5가 비록 감坎의 가운데에 있으나 굳센 양이면서 중정으로 존귀한 자리에 있기에, 때가 오면 밖으로 나올 수 있다"[38]고 한다. 정주의 설은 지금 5가 구덩이에 빠져 있지만, 장차 물이 웅덩이를 채우지 않아도 될[坎不盈] 만큼의, 더 이상 곤란을 받지 않는 지경에 올 것이라 한다. 그 후 수평을 이룬다면[祇旣平, Filled only to the rim], 더 이상 구덩이 속에 갇힐 이유가 없으니 험에 놓일 허물이 사라질 것이라 보는 것이다[无咎]. 이는 험으로 빠지고 떨어지는 고생의 시절은 끝이 나고, 만사가 평온한 상태에 이를 것을 말한다. 공자의 주석도 "가운데 험을 자초하는 양이 사라졌기 때문[象曰 坎不盈 中未大也]"이라 증명한다.

감은 어렵고 험한 시절이라 존귀한 5가 2의 백성과는 소통이 이뤄지지 않고, 4와 상6 같은 5를 어지럽히는 신하들 사이에서, 옳고 반듯하고 강단 있는 판단으로 지혜롭게 대처하기가 쉽지 않다. 그렇지만 머지 않아 평화의 기미는 찾아올 것이다. 흔들림 없는 주관으로 어려움을 이기고 나간다면 미시未時에는 반드시 화평이 찾아들 것이다. 참고로 어두운 감坎에서 임금이 장자를 보내 전쟁을 승리로 이끄는 지수사地水師로 가니 임금의 오랜 어려움이 사라진다.[39]

> 上六 繫用徽纆 置于叢棘 三歲 不得 凶
> 상6은 두 겹 세 겹의 오랏줄에 묶인 채로, 가시덤불로 둘러친 감옥에 갇히니, 3년을 가도 풀릴 가능이 만무하니, 흉하다.

소인의 자업자득이다. 어찌 험에 익숙한 채로 벗어나지 못하고 흘러가고 있었

---

37 정이천, 『이천역전』: "九五在坎之中, 是不盈也. 盈則平而出矣. 必抵於已平 則无咎, 旣曰不盈, 則是未平, 而尙在險中, 未得无咎也."

38 주희, 『주역본의』: "九五, 雖在坎中, 然以陽剛中正, 居尊位, 而時亦將出矣."

39 [說證] 5효가 변해 師괘가 되니 곤☷이 되어 공허해 '坎不盈'이 되고, 또 평평해졌다. '无咎'는 2와 5가 敵對가 풀림이요, '中未大'는 이미 5가 양이 아님을 말한다. 참고로 아직도 도적이 산재하니 화살이 비 오듯 한다. 그렇지만 머지않아 전장은 조용해질 것이다[祇旣平]. 어려웠던 사업도 슬슬 풀린다. 5효부터는 어려운 긴 터널을 빠져나올 때라 출구전략이 필요하다. "낚시를 푸른 바다에 드리우니 남쪽 하늘 아래에서 꿈을 깨고 뜻은 비록 이루지 못했지만 하늘이 보낸 좋은 인연을 낚을 것이다."

단 말인가? 나이가 들어 아상我相만 높아지고 무지無知로 세상을 보는 눈도 없이, 탐진치貪嗔痴가 가득한 채로 줄이 없는 줄에 묶여서[繫用徽纆, Bound with cords and ropes], 감옥이 아닌 감옥에서[置于叢棘, Shut in between thorn-hedged prison walls] 불안한 삶을 살았다는 말인가. 어리석음이 극에 달하여 영육이 오랫동안을[三歲], 온갖 고초에서 벗어나지 못하니[不得], 흉凶할 수밖에 없다.[40] 이는 서선대사의 『선가귀감』에 나오는 '숫돌 갈기'와 비슷한 노래 같다.[41] 그러니 공자도 "윗자리에서마저도 도를 잃었으니 오랜 세월 동안 흉을 당할 것[象曰, 上六失道, 凶三歲也]"이라는 주석을 하기에 이른다. 험하고 가파른 꼭대기는 오를 수 없고 엄격한 법이 준엄하게 갖추어져 있으면 범하기 어렵다. "잘못을 생각해 볼 수 있는 자리에 가두어야 한다."[42]

다산은 밝힌다. "세 가닥은 휘徽, 두 가닥은 묵纆이다. 천지비天地否 때는 세 가닥의 휘徽였다가, 풍수환 때는 두 가닥 묵纆이 되었다." 고로 '휘徽'는 2에 묶인 오랏줄이요, '묵纆'은 5를 묶은 오랏줄이다. 옛날애는 죄인들을 탱자나무와 가시나무를 둘러싼 담장 속에 위리안치圍籬安置를 시켰다.[43/44] 목숨을 담보해야하는 전

---

40 [說證] '不得'은 '벗어나지 못한다'는 뜻이다. 점단으로 '兌☱'를 만나지 못하면 탈을 벗어날 수 없다. 문왕8괘에는 '巽→离→坤'을 거쳐야 '兌'를 만나니 삼년이 걸린다. 여타 괘의 '三歲'도 같다. 또한 坎卦는 臨卦에서 왔고, 渙卦는 否卦에서 왔다. 否는 凶하고 臨은 길하니, 坎卦의 초6과 상6 두 효가 모두 '흉'하다 한 것은 渙卦가 숨어 있음을 알리는 것이니, 성인의 가르침이 이처럼 명백하다.

41 서산대사, 『선가귀감』: "도를 닦는 사람은 한 개의 숫돌과 같아서 이서방이 와서 갈고 김서방이 와서 간다. 갈아 오고 갈아 가매 남의 칼은 잘 들겠지만 나의 돌은 점점 닳아서 없어지게 될 것이다. 그러나 어떤 사람은 도리어 남이 와서 나의 돌에 칼을 갈지 않는 것을 걱정하니 참으로 딱한 일이로구나. 애달프다! 몸뚱이여. 구멍구멍마다 항상 더러운 것이 흘러나오고 백천 부스럼을 한 조각 엷은 가죽으로 싸 놓고 또 가죽 주머니에 똥·오줌·피·고름뭉치를 가득히 담아두었구나. 이 몸 냄새나고 더러운 것이니 조금도 탐하고 아끼지 말라. 하물며 백년을 잘 기른다 해도 숨 한 번에 은혜를 등지고 마는 놈이다. 코 달린 놈들은 잘 알아두어라."

42 왕필, 『주역주』, "嚴法峻整, 難可犯也. 宜其囚執."

43 [說證] 渙卦는 否卦에서 왔다(4→2). 否卦에서 간☶의 소인이 죄악을 쌓았기에 감☵의 법으로 바로잡는다. 渙卦의 손☴ 오랏줄을 내려 간☶의 손과 진☳의 발을 모두 구속하고, 大离☲의 옥에 들어가 '繫用徽纆'이 되었으며, 또 坎의 험 속에 진☳의 나무가 우거져서 '叢棘'이 된 것이다. 참고로 원나라 세조 쿠빌라이가 일본을 정벌하기 전에 전충량을 시켜서 점을 쳤는데 상효였다. 그가 "후미지고 외진 바다에서 고생만하다 돌아 올 것"이라고 하였지만, 이미 정벌하기로 결정이 난 마당에, 어쩔 수 없이 떠난 그 전쟁은 군사만 잃고 완패하고 만다.

44 감괘가 환괘로 동하면 子→卯 刑殺로 옥살이가 확실하다.

쟁과 같은 고통를 겪는 험지에서도 배우는 것은 반드시 있다.[45]

45 송길원 목사, '나는 배웠다' : 1. "일상이 사라졌다. 만나야 할 사람을 만나지 못한다. 만나도
경계부터 해야 한다. 비로소 나는 일상이 기적이라는 것을 배웠다." 2. "마스크를 써 본 뒤에야
지난날의 내 언어가 소란스러웠음을 알고 침묵을 배웠다. 너무 쉽게 비판하고 너무 쉽게 조언했
다. 생각은 짧았고 행동은 경박했다." 3. "세상을 움직이는 것은 정치인이 아니었다. 성직자도
아니었다. 소식을 듣자 대구로 달려간 신혼 1년차 간호천사였다. 잠들 곳이 없어 장례식장에서
잠든다는 겁 없는 간호천사들의 이야기에 한없이 부끄러웠다. 이마에 깊이 팬 고글 자국 위에
밴드를 붙이며 싱긋 웃는 웃음이 희망 백신이었다." 4. "최대 피해 지역 대구는 공황도 폭동도
혐오도 없었다. 침착함과 고요함이 버티고 있었다(미국 ABC 방송). 일본 대지진 때 일어났던
사재기도 없었다. 오히려 '착한 건물주 운동'으로 서로를 감싸 안았다. 나는 위기에서 '사람의
인격'이 드러나고 극한 상황에서 '도시의 품격'이 확인된다는 것을 배웠다."

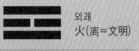

외괘
火(离=文明)

내괘
火(离=文明)

30. 중화리重火離

The Clinging(Fire)

천하가 나의 편으로 돌아와서 앞날을 환하게 예고하고 있다. 전쟁을 치른다면 그 기세가 적장의 목을 능히 따오고도 남을 강한 운세이다.

> **離 利貞 亨 畜牝牛 吉**
> 리離는 일을 맡아 처리함에 이롭고 형통하니, 암소를 기르듯 하면 길하다.

리離는 붙어 다님이다. 만물은 모두 붙어 있지 않음이 없다. 사람에게는 가까이 따르는 사람에게도 붙고, 돕고 주장하는 일에도 서로 붙게 된다. 리괘는 세상 만물이 모두 환하게 빛나는 화려한 때이고, 최고의 기운을 표출하는 때다. 군자가 리괘처럼 도통이 되어 기운이 절정에 이를지라도, 자신을 암소 기르듯 부드럽게 [畜牝牛] 하지 않으면 성불聖佛로 나타낼 수 없다. 리离의 불은 속이 비었기에[☲] 다른 물건에 걸려서만 밝을 수 있다.[1] 리☲의 화성은 스스로 화기를 만들 수 없기 때문에 반드시 어떤 것에 붙은 뒤에야 불이란 형태를 갖추어 나타난다.[2][3] 마치 하나의 음이 두 양 사이에 걸려서 새가 날개를 펼치고 있는 듯한 모습이 또한 리☲의 상이다[리(离)는 별(別)과 변(辨)의 뜻도 있다]. 또 건☰의 세 양은 모여 있었는데, 일음一陰이 갈라놓은 것을 리离라 한다. 한 음이 두 양 사이에 걸린 것이[☲]

---

1 정이, 『이천역전』: "火體虛 麗於物而明者也."

2 李止淵, 『周易箚疑』: "붙어 있는 도리가 바르지 않아서는 안 된다. 소인은 남에게 붙음에 바르지 못하여 아첨하기 때문에, 처음에는 비록 기쁜 듯 하지만 결국 스스로 소원해진다. 군자는 남에게 붙음에 바른 도리로 스스로 지키기 때문에, 처음에는 비록 소원한 듯 하지만 마침내 반드시 신뢰를 받으니 離卦의 바르게 함이 이롭다는 '利貞'을 더욱 잃어서는 안 될 것이다."

3 洪汝河, 「策題·問易」: "문왕은 리☲를 소라 여겼고, 주공은 암소의 부드러운 성질을 손☴으로 여겼다."

마치 새의 몸통에 날개가 걸림과 같아, 새의 깃이 모두 고단백의 기름으로 이루어져 능히 기운을 솟구치게 하여 위로 날 수 있는 것도 불의 성질을 얻은 이유라 할 수 있을 것이다.

한편 암소가 송아지를 길러내는 모성이 있듯, 사람의 천성도 착한 것을 보면 바로 무아에서 밝은 선으로 옮겨가게 되어 있다. 세상사가 감坎(☵)처럼 험한 구덩이에 영원히 빠져만 있을 수 없듯, 한번 빠지면 어디엔가 걸리게 되어 있는 이치가 곧 리离(The clinging)이다. 고로 남에게 걸리고 나서 자신을 새카맣게 태우더라도 남을 밝히는 것이 불의 성질인데 그것은 자신을 진정 바르게 한 후일 것이다.[4/5/6]

먼저 설중으로 풀어보자. 리괘離卦는 2와 5가 중정하여 감☵의 정貞을 이루니 일을 맡아 처리함에 이롭다. 나아가 리☲로써 모이니 그 덕이 형통함이 된다. 이 괘는 둔괘遯卦로부터 온다. 둔괘에서 대손大巽의 한 마리 큰 소가 있고, 이괘가 되면 큰 배로 두 마리의 소를 낳으니 '축빈우길畜牝牛吉'이 된다. 또한 리괘가 대장괘에서 왔으니 진☳의 벼이삭을 날카로운 태☱로 수확하니 이롭다. 고로 대장괘는 심고 거두는 농사에도 이로운데 또 리괘가 암소를 길러 새끼소와 어미 소, 두 마리가 생겨나니 농사 짓는 일에 이롭지 않겠는가.[7]

아래는 공자의 단사이다. "리離는 걸려서 붙어 있는 것이다[麗也].[8] 해와 달이

---

4 「서괘전」: "坎者, 陷也, 陷必有所麗, 故, 受之以離, 离者, 麗也."

5 기운 상으로 보면 離卦는 불의 격렬한 성질처럼 화려하게 데뷔하는 강한 길운이 들어 있으니, 조급하게 일을 처리할 필요가 없다. 이럴 땐 자기 힘만 믿고 밀어붙일 것이 아니라, 유능한 전문가에게 의견을 얻어야 한다. 불이 쉽게 붙듯, 단기적인 일은 좋지만 영구한 일을 착수하는 것에는 고려해 볼 필요가 있다.

6 金相岳, 『山天易說』: "離卦의 형통함은 음에 있고, 음은 양을 따르는 것을 곧음으로 삼는다. 그러므로 '利貞'을 앞세우고 '亨'을 뒤로 하였다. 리☲와 태☱에서는 '利貞'이고, 곤☷의 암소는 암말처럼 건☰에 짝하고, 리☲는 곤☷을 잇는다. 속에서 순한 덕을 기르는 자는, 바로 불꽃처럼 치솟는 성급한 성질을 사라지게 하니, 『노자』에 '암컷을 지키다[守雌]'와 비슷하다. 소는 순한 동물이고, 리☲는 유순한 덕으로 곤괘의 중효를 얻었으므로 암컷을 기르는 상을 취하였다. 다른 괘에서 소를 말한 경우는 대축괘 4에서 '童牛之牿'이라 하였고, 둔괘 2에서 '執之用黃牛之革'이라 하였으며, 혁괘 초효에서 '鞏用黃牛之革'이라 하였고, 무망괘 3에서 '或繫之牛行人之得'이라 하였으며, 旅卦 상효에서 '喪易牛易'라 하였는데 모두 여기에 근거한다."

7 [說證] 乾☰이 얼룩말[駁馬]이면 震☳과 坎☵도 무두 말이 되며, 坤☷이 어미 소라면 巽☴과 离☲도 모두 소다. 『春秋左氏傳』도 그렇게 적용한다. 또 离爲大腹이라 하니, 離卦에서는 큰 배로 두 마리의 소를 낳는다. 遯卦와 无妄卦에서도 모두 巽과 离가 된다."

8 '麗'는 '걸림[羅]'이다. 또 '麗'는 밝은 '丙'의 눈이 두 개 있다. 또한 '麗'는 사슴이 그물에 걸려 있는 상이다.

하늘에 붙었듯이[日月麗乎天], 백곡과 초목도 땅에 붙어 있다[百果草木麗乎土].⁹ (사람도 역시 본래 밝은 지혜를 부착하고 있기 때문에 항시 무엇을 밝히고자 하는 마음만 가지면 자신뿐만 아니라) 정위에 근거하여 거듭 빛나니[重明以麗乎正], 천하를 변화시켜 이룰 수 있다[乃化成天下]. (일월이 하늘에 붙어 있듯 만물 또한 각각 자신의 처소에 붙어 있지 않음이 없다.)¹⁰ 유가 중정에 걸린 까닭에[柔麗乎中正故亨]¹¹ 암소를 기르면 좋을 것이다. 즉 암소처럼 심성을 부드럽게만 하면 좋다[是以畜牝牛吉也]는 것이다." 위의 단사 '일월여호천日月麗乎天'과 '축빈우畜牝牛'에 관해서는 율곡과 미수의 설을 참고한다.¹²/¹³

---

9 [說證] 離卦는 遯卦로부터 왔으니, 둔괘에서 2의 유와 5의 강이 각각 离位와 坎位 즉 해와 달에 해당한다. 추이하여 離卦가 되면 '麗天' 하늘에 달려 있으니, 离의 해와 坎의 달이 하늘에 있게 된다. 또 離卦는 大壯卦에서 왔기에, 상래 震의 무성하고 고운 것은 초목과 백곡을 상징한다. 고로 땅 속에 붙어 있는 초목은 '麗乎土' 하니, '日月麗乎天'과 '百果草木麗乎土'라 했다.

10 金箕澧, 「易要選義綱目」: "離는 '붙음'이다. 불은 빠지면 반드시 붙는 이치가 있다. 坎卦는 양이 음에 빠지므로 '정성을 두라[有孚]'고 경계하였고, 離卦는 음이 양에 붙으므로 '利貞'이라 경계하였다. 붙어가는 이치는 바르지 못한 데 빠지기 쉬우므로 '利貞'이 형통하다. 고로 암소를 기르듯이 하면 길하다."

11 遯卦 때는 柔가 5를 얻지 못하고, 大壯卦 때는 柔가 2를 얻지 못하다가, 離卦에서 모두를 얻었으니 '柔麗乎中正'이라 한 것이다.

12 李珥, [科題] '天道策': "하늘의 일은 소리도 없고 냄새도 없어, 그 理는 지극히 미묘하고, 그 象은 지극히 드러났으니, 이 말을 아는 이라야 더불어 天道를 논할 것입니다. 진실로 학문이 天人을 다한 이가 아니라면 어찌 능히 이것을 논하겠습니까? 어리석은 저는 평상시에 선각자에게 들은 바로써, 밝은 물음에 만의 한 가지라도 답하고자 합니다. 萬化의 근본은 오직 음양뿐입니다. 氣가 동하면 양이 되고 정하면 음이 됩니다. 한 번 동하고 한 번 정한 것은 기요, 동하게 하고 고요하게 하는 것은 理입니다. (중략) 사람은 천·지의 마음이라, 사람의 마음이 바르면 천·지의 마음도 바르고, 사람의 기가 순하면 천·지의 기도 순한 것입니다. 그러면 이의 떳떳하고 변하는 것을 일체 천도에만 맡겨야 되겠습니까? 저는 이것에 대하여 말하고자 합니다. 홍몽(鴻濛, 어둡고 아득한 모양)이 처음으로 갈라져서 해와 달이 교대로 밝으니, 해는 태양의 精이 되고, 달은 태음의 정이 됩니다. 陽精은 빠르게 운행하기 때문에 하루에 하늘을 한 바퀴 돌고, 陰精은 더디게 운행하기 때문에 하루에 다 돌지 못합니다. 양이 신속하고 음이 더딘 것은 氣요, 음이 더디게 되는 것과 양이 빠르게 되는 것은 理입니다. 해는 임금의 상징이요 달은 신하의 상징입니다. 일식처럼 해가 희미한 것은 음이 성하고 양이 미약한 까닭으로, 아랫사람이 윗사람을 깔보고 신하가 임금을 거역하는 형상입니다. 하물며 두 해가 한꺼번에 나오거나, 두 달이 한꺼번에 나타나는 것은 비상한 괴변이니, 다 괴이한 기로 인해 그렇게 되는 것입니다. 제가 일찍이 옛일을 탐구해 보니, 재앙과 변괴는 덕을 닦는 治世에는 나타나지 아니하고, 薄蝕의 변은 다 말세의 쇠한 정치에서 나왔으니, 하늘과 사람이 서로 합하는 것을 여기에서 알 수 있습니다."

13 許穆, 『記言別集』, '畜牝牛': "'畜牝牛'는 순덕을 익히고 기르는 것이다. 근면할지어다."

象曰 明兩 作離 大人以 繼明照于四方

상왈, 밝음이 겹쳐 있는 상이 리괘이다. 대인은 이를 보고 밝은 지혜를 닦아서 널리 천하를 비추도록 해야 할 것이다.

리괘離卦(Fire)는 대인의 덕으로는 성인이요 자리로는 임금이다.[14/15] 해와 달이 밝은 빛을 발해내듯, 대인과 임금도 사방을 밝혀 나가야 한다.[16] 해와 달은 지혜와 행을 밝히고, 영과 육을 밝히는 등불로 비유된다. 『대학』에서처럼 명덕明德하고 또 명명덕明明德하야 끊임없는 불식상속不息相續으로,[17/18] 자신과 천하의 사방을 밝혀 나가는 대인의 기상이 필요한 자리이나, "양의 밝음이 성행하면 덕성이 작용하고, 음의 탁함이 성행하면 물욕이 움직인다"는 사실을 잊지 말아야 할 것이다.[19]

---

14 李萬敷, 「易大象便覽」: "대인은 덕으로 말하면 성인이고, 지위로 말하면 임금이다. 대인이 離卦의 밝음이 서로 이어지는 象을 보고, 밝은 덕을 대대로 이어서 사방을 비춘다."

15 『선조실록』 선조 35년(1602) 4월 23일: "상감이 말했다. '坎卦 다음에 離卦로 잇대어 놓은 이면에는, 반드시 까닭이 있을 것이다. 사람의 장부를 가지고 말한다면, 坎은 腎이고, 離는 心이 되는데, 옛사람이 養生할 때에도 心과 腎을 중요하게 여겼으니, 사람의 몸도 역시 하나의 음양일 뿐이다.' 유몽인이 '坎과 離는 천지조화의 근본입니다. 그러므로 上經에서 乾과 坤으로 시작하여 坎과 離로 끝맺은 그 뜻을 알 수 있습니다' 하였다. 상이 '參同契는 雜術書이다. 그러나 朱子도 일찍이 밝혔는데 지금 세상에 아는 이가 있는가?' 하니, 李尙毅가 아뢰기를, '『주역』은 사물의 이치를 말한 것인데, 참동계는 『주역』을 부연한 것이라고는 하나 修鍊法만을 말하고 있습니다. 方外의 서적은 인군으로서 거론할 바가 못 됩니다'라고 하였다."(上御別殿講, 周易 離卦)

16 李瀷, 『易經疾書』: "땅은 마치 탄환처럼 둥글어 하늘 안에 있고, 해는 하늘에 붙어서 항상 그 절반의 면을 비춘다. '作'은 일어남이니, 아침은 子에서 일어나 午에 이르고, 저녁은 오시에서 일어나 자시에 이른다. 하루에 두 번 일어난 연후에 두루 위아래를 비추니, 이른바 '밝음을 잇는다'는 것이다. 大人은 천지와 그 덕을 합하고, 일월과 그 밝음을 합하기 때문에 여기에서 특별히 언급하였다."

17 『大學』, 「章句」: "大學之道 在明明德 在親(新)民 在止於至善."

18 許穆, 「眉叟記言」: "신이 『서경』의 虞書와 夏書를 읽었는데, '大禹謨·皐陶謨·益稷'의 세 편은 모두 요순우 시대의 아름다운 말과 좋은 정사가 담긴 글이지만 그 중에서도 '고요모'에 가장 잘 갖추어져 있습니다. '삼가 그 몸을 닦으며, 생각을 영원하게 하며, 구족을 돈독하게 펴며, 여러 현명한 이들이 힘써 도우면, 가까운 데로부터 먼 데에 미루어 나감이 여기에 있습니다'라고 한 것은 '修身齊家治國平天下'에 해당하는 일입니다. '덕이 행실에 드러나는 것이 모두 아홉 가지'가 있으니, 이는 사람을 아는 일입니다. 그러므로 '말을 좋게 하고 얼굴빛을 잘 꾸미되 크게 간악한 마음을 품은 자를 어찌 두려워하겠는가'라는 경계를 둔 것입니다."

19 金濤, 「周易淺說」: "불은 그 몸체는 음이지만, 그 작용은 양으로, 地數 二에서 나온 뒤로는 천하에서 끊어지지 않아, 백성된 자들로 하여금 이를 의지하여 생활하게 하니, 불의 작용이 어찌 크지 않겠는가? 離卦는 밝음 둘이 서로 이어져, 붙어 있는 것이 바르고 비추는 곳이 멀다. 그러므로 대인이 離卦의 밝음이 서로 이어진 상을 보고는, 그 밝은 덕을 대대로 이어 사방에 비출

'계명繼明'은 두 개 리离의 사이를 손巽의 밧줄로써 접속하니 '밝음을 잇다'의 뜻이 있고,[20] 두 개 리离 사이에 감坎의 밤이 있음은 태양 속에 태음이 존재함을 보여주는 것이다. 한편 리괘離卦는 대장괘大壯卦에서 왔기에 동쪽의 진震과 서쪽의 태兌는 본래 있었다. 그런데 대장괘로부터 리괘離卦가 되면, 북쪽의 감坎과 남쪽의 리离가 다시 갖추어지니 '조우사방照于四方' 하는 것이다.

혹자는 리괘離卦는 둔괘遯卦의 1이 5로 가서 된 괘라, 5의 태양이 중천에 떠서 사방을 비추는 것이라 한다.[21] 참고로 리离는 불·눈·천둥·중녀中女·투구[冑]·창과 무기[兵戈]요. 배가 큰사람[大腹]과 말리기 위하여 걸어 놓은 물건[乾卦]이다. 자라[鱉]·게[蟹]·조개[蚌]·소라[螺]·거북이 같은 갑각류甲殼類도 여기에 해당되고, 속이 말라 텅 빈 나무[上枯]도 리의 상으로 본다. 벽돌 쌓는 법 또한 감리坎离의 모양이고,[22] 왕세자 책봉교서에는 리괘가 많이 보인다.[23]

참고로 불같은 정열과 명철한 지성도 리离이다. 리괘離卦로 잘나가다 갑자기

수 있어서, 사방의 백성들이 한결같이 순종하고 바른 데로 돌아가게 되었으니, 『대학』에서 말한 '明明德於天下'가 이것이다. 대체로 사람이 태어남에, 천지의 순수하고 빼어난 기운을 얻는데, 만물에서 가장 신령한 것은 그 오행을 가졌기 때문이다. 오행 가운데 물과 불이 앞에 있는데, 물을 얻은 것은 精이 되고, 불을 얻은 것은 神이 되니, 정신이 발한 것은 물과 불이 그렇게 한 것이 아님이 없다. 그러나 욕심이 많은 자는 많고, 욕심이 적은 자는 적으니, 이는 어째서인가? 받아서 타고난 것이 맑고 탁함이 아닌 것이 없기 때문이다. 그러면 공부하는 이는 어떻게 해야 하는가? 선유들이 '양의 밝음이 성행하면 덕성이 작용하고, 음의 탁함이 성행하면 물욕이 움직인다'고 하였으니, 참으로 離卦의 밝음이 멀리까지 비추는 상을 본받아, 날마다 새로워지는 공부를 이어가, 스스로 그 밝은 덕을 밝힌다면, 물욕은 물러나고 명령을 듣고 덕성이 작용할 것이다. 힘쓰지 않을 수 있겠는가?"

20 金箕澧, 「易要選義綱目」: "순임금이 요임금의 공경스럽고 밝은 덕을 이어받아 거듭 빛낸 것과 같다. 離卦는 乾卦의 2와 5를 변화시킨 것이므로 '大人'이라고 하였다."

21 「설괘전」: "离는 불, 태양, 번개, 중녀, 갑옷과 투구, 창과 무기가 된다. 사람으로는 배가 큰 이다. 괘상으로는 말리기 위하여 걸어 놓은 것, 자라, 게, 소라, 조개, 거북이 같은 갑각류다. 나무는 속이 비고 위가 마른 것을 말한다." 火는南方·赤·苦·心臟·色·言·禮·樂·夏·丙丁·巳午를 뜻한다.

22 박지원, 『熱河日記』: "벽돌을 쌓는 법은 한 번은 세로로, 한 번은 가로로 배열하여, 마치 주역의 감☵과 리☲ 모양을 저절로 이루고, 그 사이 간격은 석회를 종이처럼 얇게 하여 겨우 붙을 정도로만 때워서 봉합한 흔적이 실처럼 얇게 하더라."

23 『세조실록』 세조 1년(1455) 7월 26일 : "예로부터 성왕이 모두 儲貳(세자)를 세웠으니, 대개 장차 神器를 부탁하여 종조를 받들려는 것이다. 이로써 『역경』에 離下·離上의 괘상을 드리웠고, 『예경』의 元良의 덕을 나타낸 것이다. 아! 너 元子 李暲은 그 몸이 嫡嗣로 태어났으니, 春宮에 있어 합당하므로 이에 너에게 명하여 왕세자로 삼으니, 너는 힘써 배우고 태만하지 말 것이며, 힘써 三善을 행하면서 군병을 撫愛하고 국사를 감시하여, 길이 큰 기업을 공고히 하기를 바라니, 어찌 신중히 하지 않겠느냐."(御勤政殿 冊元子暲爲王世子 韓氏爲王世子嬪 其封世子敎曰)

어려운 감괘坎卦의 처지를 당한다면 화려한 지난날을 잊고서 허세를 부리지 말고, 실질적 내실을 기해야 할 것이다.[24/25]

> 初九 履錯然 敬之 无咎
> 초9는 (손님이 화를 내고 황급히 나가다가) 신발을 뒤집어 신는 일이 있더라도, (주인이 예로써) 공경하는 자세를 견지하면 허물이 없을 것이다.

리괘의 초효로 아직 미명의 시간인지라 밝이 밝지 못해 길이 잘 보이지 않는다. 그런데 초9가 강성으로 조심성이 부족해 실족할 우려가 많다. 도통군자 그룹에서도 아직은 밝기가 약하고, 내공이 부족하여 발동하길 좋아하는 초동군자다. 불은 위로 오르려는[炎上] 성질이 있기에 당연히 조동躁動의 우려가 있다. 그러기에 하늘을 두려워하고 신중을 다하는 경신敬愼(Seriously intent)이면 진퇴에 허물은 없을 것이다.

왕필도 '착연錯然(crisscross)'을 경계하고 삼가는 것으로 보며, 초9가 아직 건너간 것은 아니기에 그 행동을 삼가고 공경에 힘쓰면 허물을 피할 것이라 보았다. 동파 역시 비슷한 설명을 한다. "6효가 서로 붙는 리로 일로 삼지 않는 것이 없다. 그러니 아랫것은 항상 위로 붙으니, 초효가 2에 붙는다. 부드러움으로 강에 붙는 자는 차라리 거만할지언정 아양이라도 떨지만, 초9 같은 강이 부드러운 곳에 붙어 갈 때는 공경할지언정 업신여기진 않는다. 자기편을 업신여기는 것은 곧 스스로를 버리기 때문이다. 초9 같이 밟는 소리가 조심스럽고 공경스러우면 업신여기는 허물을 피해갈 수 있다."[26]

이런 전통적 해석과 달리 다산은 '리履'를 명사형 '신발'로 보고 있음이 다르

---

24 사랑이라면 지나치게 열렬하여 결혼이 쉽지 않을 것 같고, 혼처는 양쪽에서 동시에 일어나니 판단이 어렵다. 하늘에 해가 두 개 떠 있으니 재혼에는 좋은 수다. 시험이라면 착 달라붙는다.

25 점을 잘 친다는 이순풍을 보고, "엎드려 있는 붉은 소와 검은 소, 둘 중 어느 소가 먼저 일어나겠느냐?"고 묻자, 중화리괘를 얻고는, 옆에 있던 사람이 "불은 붉은 색이라, 붉은 소가 먼저 일어나겠다'고 하니, 이순풍은 "그렇지가 않다. 불은 피기 전에 먼저 연기가 피어오르니 검은 소가 먼저 일어날 것"이라고 하였는데, 과연 검은 소가 먼저 일어났다고 한다.

26 소식, 『동파역전』 : "… 以柔附剛者 寧倨而無諂 以剛附柔者 寧敬而無瀆 瀆其所附 則自棄者也 故 初履聲錯然敬之 以辟相瀆之咎."

다.[27] 리괘離卦가 여괘旅卦로 변하는 경우이다.

리離가 떠남이라면 여旅는 손님이다. 여괘旅卦는 비괘否卦로부터 온다[3→5]. 비괘 때 건乾의 손님은 자리에 머물러 있었고, 손巽의 주인이 음식을 대접하고 있었다[否卦, 互巽, 坤爲致養]. 비괘가 여괘旅卦가 되면 태兌의 새끼 양을 공물로 드린다[旅卦 互兌]. 또 감의 맛있는 술을 거르는데[旅卦 互坎], 비괘 건의 손님이 자신의 자리를 떠나 장차 간艮으로 물러나려고 계단을 내려 올 때[5→3], 진震의 짚신을 뒤집어 신은 것이[旅下卦震] '리착연履錯然'이다. 그러기에 진震의 '족足'과 '창랑죽滄浪竹', '대도大途'를 추정하여 짚신 사屣로 보았다. 또 비색한 때에 5의 강이 돌아와 3의 자리를 얻기에 '무구无咎'가 된 것이다. 공자도 "손님이 신발을 뒤집어 신더라도 주인이 손님을 공경으로 감은 허물을 피하기 위함이다[履錯之敬 以避咎也]" 했다.[28] 여기 리괘離卦에서 '리履'가 나온 것은 선천 마지막 가는 자리인지라, 중천 건괘 3에서 유래한 까닭이다.[29]

六二 黃離 元吉
육2는 황색의 태양이 하늘에 걸려 있으니, 군주에게 크게 길하다.

2와 5는 리괘의 주효로 유순중정한 자리를 잡고 있다. 선천 마지막 가는 시점에서 온 세상이 밝고 환할 때, 중정한 자세로 살아가는 자만이 크게 길하다는 의미를 가르친다. 태양이 중천에 걸려 황금빛으로 세상 만물을 비추고 있다. 도통한 자가 겉만 금색을 칠한 것이 아니라, 속까지 황금으로 굳어졌으니 크게 길하고, 황금색 문채로 중정中正한 도인의 컬러를 드러낸다. 고로 2의 문명과 중정이 아름답게 조화를 이룬 황리黃離(Yellow light)는 지고지순한 대선지자大善之者의 모습이

---

27 坎卦와 離卦는 본래 뒤집혀진 상을 취하는 까닭에 離卦 초9 '履錯然'에서 震으로 '履'를 삼았다. 坤卦 초6 '履霜堅氷'도 震의 '履'다.

28 [說證] 離卦가 遯卦에서 왔으니 巽의 주인과 乾의 손님이 이에 서로 宴會에서 만나 '履錯之敬以避咎也' 하니 허물을 없애는 것이다. 需卦 上六과 鼎卦 九二도 연회의 괘다.

29 참고로 지각이 있는 자라면 시국을 잘 살펴야 하고, 사업을 하려면 신중에 신중을 기해야 한다. 공부가 좀 더 필요한 때이고, 봄에는 불조심이 필요하다. 초효의 점괘로 조조가 서촉을 정벌하러 가기 전에 얻었다. "신하가 함부로 움직이지 않는 것이 좋고, 봄이 오면 이곳에 불이 날 것이라 예언을 하였는데, 과연 봄에 경길(耿吉)의 난이 일어났다.(耿吉의 耿이 불이다)"

다. 천하가 훤한 세상에는 "중정지도를 얻은 자가 크게 길하리라[象曰, 黃離元吉, 得中道也]" 하였다.[30]

지욱 역시 '황리'를 "마음자리가 중도中道를 이루어 절대 원융圓融한 묘지妙止를 얻은 보살의 경지"라 하였다. 그러나 "중화리가 화천대유로 가는 시절에 누런 금빛 태양이 하늘에 걸리면 우두머리(임금)에게는 길하지만, 우두머리라도 중정지도를 잃으면 어쩔 수 없다"는 다산의 해석을 볼 때, 임금이라도 도를 어기면 위험 천만을 비켜갈 수 없을 것이다.

설증은 이렇다. 리괘가 대유괘大有卦로 변하는 경우이다. 진震은 검고 누른 현황玄黃이니, 진☳의 한 양은 건乾의 현효 컬러고, 두 음은 곤의 황黃 컬러다. 리괘離卦는 대장괘大壯卦로부터 왔다[상→2]. 진震의 1 황이 중천에 걸리니 '황리黃離'다. '황리'는 태양이 하늘에 걸린 상이다. 대유大有의 상 또한 '황리黃離'다. 원元은 선善의 으뜸이니, 리괘離卦 2는 원래 대장괘에서 진震의 주인이었으나, 이제 리離의 밝음을 얻었으므로 원길元吉, 즉 우두머리가 길하다. 본래는 진震의 도道로 가다가, 이제 중도를 얻었으니, 득중도得中道라 한 것이다. 황리黃離란 태양이 하늘에 걸려 있는 것을 칭한다.

실록에는 세자 책봉 시에도 '황리'를 썼다. "세자를 세워 여정輿情을 붙잡아 매는 것은 대본大本을 위함이며, 주기主器에는 맏아들만한 자가 없으니, 이는 실로 큰 이륜彝倫이다. 이에 지난날의 법도를 상고하여, 금보金寶·옥책玉册을 내리노라. 아! 너 이융李㦣은 그 경사 창진蒼震에 응하였고, 그 상서 '황리黃離'에 부응했도다. 나면서부터 영리하여 일찍부터 인효仁孝의 성품이 현저하고, 총명이 날로 더해가 장차 학문의 공이 융성할 것이니, 마땅히 동궁東宮에서 덕을 기르고, 대업을 계승할 몸임을 보여야 할 것이다. 그래서 너를 세워 왕세자로 삼았으니, 앞으로는 간사함을 멀리하고, 어진 이를 친근하여 힘써 스승의 아름다운 가르침을 지키고, 항상 깊은 못에 임하듯, 얇은 얼음을 밟는 듯 조심하여, 조종祖宗의 빛나는 발자취를 뒤따르도록 할 것이다."[31] 임금 5에 호응하는 동궁이 아름답다는 소리다.[32]

---

30 吳致箕, 「周易經傳增解」 : "육2는 부드러운 음이 중정함을 얻어 문명한 덕이 있고, 위로 육5의 임금과 함께하니, 어진 신하가 지위에 있다. 부드러운 음의 자리에 있어 화순하고, 내면을 쌓아 바르게 행하여 치우치고 삿된 것이 없으므로, '황색에 붙는[黃離]' 상이 된다."

31 『성종실록』 성종 14년(1483) 2월 6일, '왕세자 책봉 기사'

'황리黃離'에 관한 홍여하의 '화지건설火之乾說'은 대단하다.[33/34] 참고로 하늘의 큰 빛이 온 세상을 비추니 밝은 성군의 정치를 행하는 때다.[35]

> 九三 日昃之離 不鼓缶而歌 則大耋之嗟 凶
> 구3은 해가 기울어 서산에 걸렸다. 늙은이가 질그릇을 두드리며 노래 부르는 일도 없을 것이다. 곧 늙은이의 탄식하는 소리가 들려 올 것이니, 흉할 것이다.

'일측지리日仄之離'는 식을 줄 모르는 태양도 일몰함을 알린다. 세상만사는 한번 성盛하면 반드시 한번 쇠衰한다. 하물며 인간이 어찌 시작과 종말이 없겠는가. 그러기에 도통한 자가 뜨고 지는 세상 이치에 순응함이 바로 낙천樂天 구경究竟인데, 어찌 늙은이가 되어 일몰을 흉으로 여길 수 있겠는가[大耋之嗟]. 태양이 하루의 일과를 마치듯 우리 인생도 아름다운 마감을 할 줄 알아야 한다. 이럴수록 달

32 柳正源, 『易解參攷』: "리괘 불이 곤괘 흙을 낳고, 또 땅의 수 2에서 불이 나오므로 '黃離元吉'은 곤괘 육5와 같다. 1과 3은 군센 양이고 제 자리를 얻었으니, 모두 도모해 볼만한 재질이다."

33 洪汝河, 『木齋集』, '점리와[點离窩銘]': "사람이 처음에는 온전한 본성을 지닌 건☰이지만, 나중에는 사욕이 그 가운데서 싹터, 본성이 벌어지는 리☲가 되고, 그것이 붙으면 다시 본성이 온전한 건☰이 되어, 처음을 회복한다. 학문으로 성현에 이르면, 攝生하여 장수하는 것과 나라를 다스리고 장수를 기원함이 모두 한 가지 이치이다."

34 위의 책: "복희씨가 괘를 그을 때는 우러러 천문을 살폈으니, 세 양효로 건괘를 만든 것은 순전한 양을 숭상함일세. 순전한 양의 가운데로 음이 터진 것이 리☲이니 양은 하늘의 이치가 되고, 음은 사람의 사사로움이네. 사람이 처음 태어날 땐 순일하여 거짓이 없기에, 이를 乾體라 명명하니 하늘의 덕이 모두 갖추어져 있네. 정두(情竇)가 열리고 나면, 사사로운 욕심이 날로 자라 암소를 길러 순박함이 점점 엷어지네. 불타는 듯 버림을 받는 듯하고, 해가 도중에서 기운 듯하여, 밤의 기운이 침범하자 눈물 흘리며 걱정했네. 나는 이것을 거울삼아 두렵게 자신을 반성하니, 보이는 것을 엄숙하게 하고 그윽한 곳에서 밝게 살펴야 하리. 풍뢰익괘처럼 허물을 고치고, 산택손괘처럼 성냄과 욕심을 막아야 하며, 잘 다스리기 위해선 자신을 반성하여, 항상 쉼이 없어야 하네. 음의 싹이 날로 쇠잔해지고 양의 싹이 무성해지리니, 그러나 혹 붙어온다면 결국 변하여 건☰을 이룬다네. 붙이기를 어떻게 하는가. 정밀하며 전일하게 해야 하니, 사특함을 막고 참됨을 보전하여, 황색에 붙어 크게 선하고 길하네[黃離元吉]. 모든 일에 적용하면, 그렇지 않음이 없으리니, 나라는 성하다가도 쇠하며, 몸은 아픔으로 병이 낫는다네. 아 벗들아, 도는 역서에 있으니, 밤낮으로 두려워하고 경계하면[乾乾夕惕], 이에 그 본성을 회복하리."

35 사냥을 나간 자는 털이 누런 짐승이 걸려들 것이요, 軍師를 부리면 황색깃발을 든 자가 붙잡힐 것이다. 坤卦의 '黃裳', 鼎卦의 '黃耳', 解卦의 '黃矢', 噬嗑卦의 '黃金', 遯卦와 革卦의 '黃牛'를 참고하라. 큰 나무가 가지와 잎이 왕성하니 당연히 뿌리가 완고하며, 외방이면 더욱 길하다. 또 2는 황색, 황씨에게도 크게 길하다.

리달理한 자는 장구 치고 북 치며 덤덤하게 가는 세월에 순종하지만, 그렇지 못한 자는 인생의 쇠함에 비애와 공포로 크게 늙음을 탄식하게 된다. 그러기에 한평생 장구 치고 노래 부르며 인생을 즐겁게 살아야 할 것이다[鼓缶而歌]. "장구와 북으로 부귀영화를 노래 부를 수 없는 자는 마른 지혜[乾慧]로 먼 인생을 스스로 지탱할 수 없다."[36] 공자가 "기우는 해가 서산에 걸려 있는데 어찌 오래 버틸 수 있겠느냐[象曰, 日昃之離, 何可久也]?" 하는 것을 보면 도수 낮은 늙은이를 슬퍼하고 있는 것이 틀림없다.

리괘가 서합괘噬嗑卦로 변하는 경우다. 하괘는 본래 리离가 있는 까닭에 1은 일출日出, 2는 일중日中, 3은 일측日昃이다. 해가 기울 때니 그 모양이 마치 거꾸로 매달려 있는 것 같다. 리괘 역시 마땅히 도전해 봐야 한다. '감坎·리離·이頤·대과大過·중부中孚·소과小過' 등 여섯괘는 본래 도전해 본다. 도전하지 않고 정괘正卦로 보면 화뢰서합火雷噬嗑의 진震이 그릇이 된다[서합(噬嗑)은 비괘(否卦)에서 왔기에 곤(坤)의 흙이 질그릇이 된다]. 그러기에 간艮의 손으로 '질그릇을 두드림[鼓缶]'이 되고, 리离는 기쁨, 진震은 선명善鳴이 되어 즐겁게 울리는 노래 소리다. 비괘賁卦가 되면 진震의 질그릇이 없고, 진震의 울림도 없으니 '불고부이가不鼓缶而歌'가 된다. 비괘賁卦는 태괘泰卦에서 왔고[2→상], 태泰는 진震이 쌓인 것이니[復·臨·泰로 진행되어 점차로 震이 됨], 곧 진震이 노인이 되니 3에 이르면 대질大耋이 되고, 태괘泰卦 호괘 태兌가 간艮의 죽음을, 감坎으로 근심을 탄식하니 '대질지차大耋之嗟'가 된 것이다.

한편 '일측지리日昃之離'를 '일식日蝕'으로 보고, 일식 때 임금이 북을 치며 양기를 북돋우며 해가 나올 때까지 자신의 실정을 반성하며 '구일지례救日之禮' 또는 '구식례救蝕禮'를 하였다. 여기서는 그 임금이 질장구를 치며 노래도 하지 않고[不鼓缶而歌], 자신의 실정도 반성하지 않으니 나라의 원로들이 걱정한다.[37] 초9는 불쏘시개, 2는 활활 타는 불, 3은 연기로도 본다.

---

36 지욱, 『주역선해』: "過其用慧 而無定以濟之 有時 歡喜乾慧 太甚則鼓缶而歌 有時 憂慮 太初則大耋之嗟 悲歡 亂其衷曲 乾慧 不能自恃 其退失也 必矣."

37 『춘추좌씨전(상)』 문공 15년조와 『춘추좌씨전(하)』 소공 16년조 참고

> **九四 突如其來如 焚如 死如 棄如**
> 구4는 (돼지가) 갑자기 돌진해오더니, 불에 타 죽는지라, (내다) 버리게 될 것이다.

여기서 정자의 응론應論이 이렇게 전개된다. 4는 임금 측근에서 부중하고 부정하며, 강성으로만 처신하는 자이다. 대체로 지선至善을 이어 나갈 자는 반드시 손순遜順해야 하고 양선養善하는 도리가 있어야 한다. 그런데 4는 공부의 도수가 높지 못해 세상사를 만나면 구멍 속에 숨어있던 개처럼 갑자기 공격하는 자라 계선繼善의 도리라고는 눈꼽만큼도 없다. 그러기에 4같은 자는 남의 약점만 보면 능멸하려는 기세가 불태울 듯하고, 공경의 의리는 눈꼽만큼도 없으니, 백성들이 등을 돌리고 그를 포기하고 말 것이다.[38]

그래서 4는 마치 『삼국지』의 유비劉備와 여포呂布의 인상 같다. 유비는 가는 곳마다 겸손과 손순으로 인정을 받아 대권을 이루어갔지만, 여포는 가는 곳마다 손님이 주인의 자리를 뺏을 듯 강성을 보였으니, 결국 조조 같은 자에게 피살되고 말았던 것이다. 그러니 공자도 "죽음을 방치할 정도로 화액의 극치라면 천하라도 용납하지 않았을 것[象曰, 突如其來如, 无所容也]"이라 한다.

지욱도 4가 지혜도 있고 반듯함도 있는 듯하나, 실은 부중하고 부정하여 능히 도품道品을 맞추어 나가지[調適] 못하니, 시절따라 공부를 시작했다 하면 범 잡을 듯하다가도[突如其來如], 쉬었다 하면 억겁을 쉬고 마니 이걸 분여焚如, 사여死如, 기여棄如라 하는데, 어찌 분焚·사死·기棄를 기다린 후 4가 마침을 잘하지 못함을 알아서야 되겠느냐 한다.[39]

어쩌면 4는 준비가 되지 않은 가운데 도통 문명文明한 세상이 오히려 나에게 화禍를 재촉한 상이요, 종말에는 그로 인해 불[火] 심판이라는 극적 상황이 연출

---

38 정이천, 『이천역전』: "양으로서 4에 처하여, 강하고 조급하며 중정하지 못하다. 또 3과 4로 굳셈이 중첩되어 바르지 못한데, 매우 굳센 기세로 돌연히 오니, 잘 잇는 자가 아니다. 잘 잇는 자는 반드시 공손하고 겸양하는 정성과 순리대로 받드는 도가 있어야 하니, 순임금처럼 해야 한다. 이제 4가 돌연히 오니, 잘 잇는 도리를 잃었다. 또 5의 부드러운 음 군주를 받들어, 매우 굳센 기세가 기염이 '불타오르듯[焚如]' 한다. 4가 행하는 것이 이처럼 선하지 못하니, 반드시 재앙의 해로움을 입을 것이므로 '죽는다[死如]' 하였다. 잇는 의리와 윗사람을 받드는 도를 잃은 것은 모두 悖逆의 덕이니, 사람들이 버리고 절교하는 바이므로 '버려진다[棄如]' 하였다. 죽고 버림받게 되는 것은 화가 극에 달한 것이기 때문에, 흉함은 말할 필요도 없다."

39 지욱, 『주역선해』: "… 又何俟于焚死棄而後 知其非善終之道哉."

된 것이다. 이처럼 세상에 모두 문명하고 개화되어 가는데, 나 혼자만 그 도통과 문명사회로부터 외면당하고 왕따당한 채 살아간다면, 그것은 바로 갑자기 도래한 세상에 불에 타죽어 버려지는 꼴을 맞이할 것이다.

리괘가 비괘賁卦로 간다. 비괘는 태괘泰卦에서 왔음에 한 개의 음이 갑자기 온다. 2·3·4의 감坎의 돼지가 충돌하니 '돌여기래여突如其來如(Sudden coming)'고, 마침내 리离에 걸려 불을 내니 분여焚如(Flame up)이며, 간艮은 죽음[死如, Die down]이 되고[艮萬物終], 리离의 담장을 넘어 간산艮山의 언덕에 버려지니 '기여棄如(Thrown away)'다. 리离의 담장 밖으로 버리니 '소용无所容'이라 했다. 참고로 리괘의 화火는 말세에 화花처럼 화化하여 화和를 이루며 환하게[☲] 살아가야 하는 비문秘文이 아닐까?[40]

六五 出涕 沱若 戚嗟若 吉
육5는 (임금과 신하가 서로 헤어짐에) 콧물이 흐르고, 눈물이 흘러서, 슬퍼 탄식하는 듯하나, (나중에는 콧물과 눈물을 모두 거두고, 더 이상 탄식도 일어나지 않을 것이니), 길할 것이다.

먼저 수현壽峴의 『오위귀감』에 보이는 상소다. "신이 삼가 살펴보았습니다. 리괘離卦 육5는 괘 가운데 감☵이 있어 눈물을 줄줄 흘리는 상을 취하였으나, 그 덕으로 말하자면 밝음을 잇는 때를 맞이하여, 알맞음을 지키는 아름다움이 있으니 선하다 할 수 있습니다. 다만 부드러운 음의 자질로 두 양의 사이에 끼어있기 때문에 근심과 두려움이 없을 수 없습니다. 그러나 스스로 그 문명함을 자신하지 않고, 근심할 것을 알아 근심하니, 이것이 그 길함을 보존할 수 있는 까닭이 됩니다. 원컨대 전하께서는 마땅히 두려워할 일이 아닌 것에 두려워 마시고, 근심하여야 할 일에만 근심하소서."

석지형은 "강성 사이에 끼인 부드러운 권도權道는 근심할 것을 근심하는 페인팅 모션이 필요하다"고 읍소한다. 여기 5는 줏대가 약하고 이타심이 많은 임금처

---

40 참고로 전혀 예상치 못한 돌발적 상황이 일어나 화재, 사망, 버림받을 일이 일어난다. 바다에서 토끼를 잡으려 하고, 산에서 물고기를 구하려 하고, 섶을 지고 불로 뛰어든 꼴이다.

럼 보이지만, 지혜로운 덕도 지녔으니 눈물 콧물로 근심하고 두려워할 줄 아는 갖은 술수를 다 써서라도, 나라를 위하는 자리를 보전하라고 주문한다. 만약 임금이 강성 신하들만 믿고 유약하게만 군다면, 어떻게 그 자리를 보전할 수 있겠는가? '음중양'이란 말처럼 강한 신하와 정국에 처했을지라도 최후 결단이 극성파에 흔들리지 않는다면 떠나간 민심과 보필할 신하는 돌아올 것이다.

유재游齋 이현석은 5의 '출제탁약척차出涕沱若戚嗟'를 '성인만이 쓰는 부드러움의 권도[聖人用柔之微權]'라는 견해로 이렇게 설한다. "임금의 지위에 있으면서 군세고 강한 것들 사이에서, 핍박을 받아 눈물을 흘리며 근심하고 탄식하는데 이르렀으니, 흉하다. 2와 5는 중정하기 때문에, 이미 부드럽고 밝을 수 있다. 부드러우면 남에게 거슬리지 않고, 밝으면 기미를 놓치지 않는다. 임금과 신하의 덕이 모두 이와 같고, 또 신중하게 근심할 수 있으니, 일에 어찌 불길함이 있겠는가? 더구나 이괘離卦는 환란의 시대가 아니고, 바로 유순하고 문채가 밝다. 3과 4처럼 스스로 군센 양임을 자부하여, 그 분수를 편안히 여기지 못하면, '너무 늙음을 한탄하고' 뿐만 아니라 '밭과 도랑에서 불타 죽음'은 모두 스스로 취하는 것이고, 5와 2는 같은 덕으로 호응하여 마침내 그 길함을 이루는 것이다. 동인괘同人卦 구5는 군센 양으로 강건한 몸체이므로, '울부짖어' 군대를 사용하는 데까지 이르지만, 리괘 5는 문채가 밝으며 부드러운 음의 자리에 있으므로, 눈물을 흘릴지라도 스스로 길을 얻을 수 있으니, 이것이 성인이 부드러운 음을 쓰는 은미한 권도라 하겠다."[41][42]

---

41 李玄錫, 「易義窺斑」 : "… 離之六五, 文明而處柔, 故出涕而自能得吉, 此聖人用柔之微權云."

42 이현석(李玄錫, 1647~1703) : 본관 전주, 호 游齋, 시호 文穆. 李睟光 증손. 우승지·관찰사·판윤·형조판서 등 역임. 특히 『주역』에 조예가 깊어 易理로써 君道와 治術을 설명한 『易義窺斑』을 저술하여 임금에게 올렸다. 『역의규반』은 왕명을 받아 『주역』의 괘효를 빌어 君道와 治國의 요체를 설명한다. 序文에서 "대롱을 통해 표범을 보면 표범 털 무늬의 한 반점만 볼 뿐이다[管中窺豹 視觀一斑]"라는 글귀에서 제목을 따왔음을 밝힌다. 저자가 이 말을 제목으로 취한 이유는, 세간의 역에 대한 해석이 개인적인 견해로 오류가 많아, 마치 대롱으로 표범을 보는 것처럼 전체를 보지 못하여 부분에 집착한 잘못이 많음을 지적한다. 자신도 그 중의 하나로 저술하게 된 심정을 지극히 겸손하게 표현하였다. 한편 '窺斑'의 또 다른 의미는 '聞一以知十'처럼 부분을 보고 전체를 밝히는 능력에도 쓰이니, 『易義窺斑』을 통해 주역의 전체를 밝히고자 했던 의도도 있다. 이것은 석지형의 『五位龜鑑』과 유사하다. 游齋가 이 책을 지으면서 당시의 巨儒 許穆에게 많은 도움을 받았지만, 자신이 推演한 주장을 감히 스승에게 관련시킬 수 없다며, 이는 마치 주자의 제자 蔡沈이 『書傳』의 서문을 지은 것과 같다고 하여, 스승에게 돌아갈 수도 있는 비난을 염려하고 있다. 저서로 『游齋集』, 『明史綱目』 등이 있다.

지욱 역시 종래의 성현의 학이 다 그러했다고 한다. "중을 얻은 자가 실상의 지혜를 발휘하면 진덕進德의 의심이 사라진다. 요순도 이때는 아파했고, 문왕도 그것을 그리워했고, 공자 또한 그리하였으니, 종래 성현의 공부가 다 이와 같았을 따름이다."[43]

다음은 할 수 있는 수는 다 썼어라도 '떠나간 신하와 민심이 돌아오게 해야 한다'는 다산의 설중이다. "5가 변하면 동인괘同人卦로 간다. 리괘는 대장괘大壯卦에서 오니[상→2], 대장 때는 건乾의 임금이 안에 있고, 진震의 제후가 밖에 머물었다. 이괘가 되면 병사들이 부딪히고, 감坎의 도적이 가운데를 가로막으니, 건乾의 임금과 진震의 제후가 모두 자리를 잃어버리니 '이왕공離王公'이 되고, 이때 두 음의 옛 신하가 근심하고 슬퍼한다[坎爲心痛]. 리괘는 둔괘遯卦에서 왔으니[초→5], 옛적 간艮의 코에서 감坎의 콧물이 눈물처럼 흘러내리는 것 같으니 '출제타약出涕沱若(Tears in floods)'이다. 또 리괘가 대장괘에서 오니, 옛날 태兌의 입으로 감坎의 근심을 들이키고 내쉬므로 '척차약戚嗟若(Sighing and lamenting)'이라 했다. 지금 5가 이미 변하여 동인괘가 되면 모든 상이 소멸하니[無坎], 마침내 리离의 눈으로 건乾의 군주君主를 만나니 콧물과 눈물은 거둬들이고, 탄식은 더 이상 없고, 왕공을 다시 만나니 길함이다. 고로 리괘는 헤어짐이니 대장괘로부터 옮겨지면 마침내 건乾과 진震을 잃어버리게 되므로 '이왕공離王公'이라 했고, 길吉은 옛 왕공王公이 동인 즉 재회하였기 때문이다."[44]

왕이 당리당략을 챙기기보다 대승적 입장에 서서 백성을 위한 뜨거운 눈물을 흘리며, 여민동환與民同患함이 마땅한 자리이다. 만약 임금이 백성에게 미움을 산 일이 있었다면 바로 눈물로 호소하고 실책을 인정한다면 백성의 용서를 구할 수 있다.[45]

---

43 지욱, 『주역선해』: "得中之定 能發實慧 進德 固無疑矣 然堯舜其猶病諸 文王望道未見 伯玉寡過 未能 孔子聖仁其敢 從來聖賢之學 皆如是是也."

44 乾卦 2가 동하면 同人卦가 되어 '利見大人'이 된다. 『子夏傳』에서는 '戚嗟'를 '喊咨'로 썼다.

45 참고로, 잃었던 양기가 회춘하고 비바람이 순조롭고 몸은 왕공의 자리에 올라 나라의 살림을 맡는다.

> 上九 王用出征 有嘉折首 獲匪其醜 无咎
>
> 상9는 왕이 직접 출정하여 우두머리를 베니 경사가 있다. 그 적의 무리들을 잡아 들이니 허물없다.

왕이 친히 출정하여 난을 일으키는 무리들을 무찔러 나라를 바로잡고, 그 원흉과 부하들을 잡으니 경하할 일이다. 그러나 그 하수인들까지 죽일 필요는 없고 관대하게 처리해야 좋다. 상효는 천지도리에 밝은 자들 중에서도 고수이다. "천하의 악을 거세去勢하고, 오염汚染되고 그릇된 것을 다 참수斬首한다면, 상처의 잔해가 너무 심할 것이다. 그러기에 그 괴수만을 잡아 없앤다."[46] 강강하되 과過하지 않아야 밝음의 극치다. 자리가 이미 성하니 이타利他함에 묘술妙術이 있다.

"사람이 미워서 추악醜惡을 벌함이 아니고, 사악邪惡과 추악을 흠모欽慕하는 그 정수리를 쳐 참斬해야 한다."[47] 천하를 다스리는 자가 상당한 경륜과 세월로 이제껏 밝은 자리를 이끌어왔다 하더라도, 자신의 마음속에 더부살이하고 있는 과강過剛을 죽이고, 오만불손한 바로 그 괴수의 목을 쳐 죽여야 한다는 강한 뜻이 숨어 있다. 그 못된 괴수만 참수형에 처하면 곧바로 허물이 사라질 것이다. 내 몸이 반듯하면 사방四方이 반듯하고, 사방이 반듯하면 육합六合이 다 나에게로 돌아오니 어찌 이 마음 하나를 받들지 아니 하겠는가. 그 괴수는 바로 자신의 못난 심보다. 고로 공자가 "왕이 직접 출정한다는 것은 나라를 바로잡기 위한 것이었다[象曰 王用出征 以正邦也]" 하니, '나'를 바로잡아야 '나라'까지도 바로잡힌다는 것을 알 수 있다.

왕이 친히 정벌하여 쳐 죽일 원흉은 3과 4이지만 4의 죄악이 더 큰 것 같이 보인다. 왜냐하면 2는 중정지도를 얻은 자로서 크게 길하고[象曰, 黃離元吉, 得中道也], 5는 왕공王公의 귀한 자리에 앉은 자로서 사리사욕을 챙기기보다는 백성을 사랑하고 뜨거운 눈물을 흘리며 백성의 편에 서서 민심을 얻은 임금이었다[象曰 六五之吉 離王公也]. 그러나 3은 나라가 소란하고 국운이 쇠하여 가는데도 반성을 몰랐으며[象曰, 日昃之離, 何可久也], 4는 세상이 어떻게 돌아가는지도 모르고 날뛴 놈이었으니 화의 극치로 천하가 용납하지 않았던 것이다[象曰 突如其來如 无所容

---

46 정이, 『이천역전』: "去天下之惡, 若盡究其漸染詿誤, 則何可勝誅. 所傷殘亦甚矣. 故但當折取其魁首."
47 지욱, 『주역선해』: "非有醜惡而須伐也 人自歸慕而折首."

也]. 초9는 낮은 자리에 있었기에 세상 두려움을 알고 조심하였으므로 진작부터 허물을 피해 있었다[初九 履錯之敬 以避咎也]. 상9는 왕이 직접 출정하여 군중심리에 휩싸인 무지한 백성들을 탓한 것이 아니라, 그 반란의 괴수만을 색출하여 죽이고 나라를 바로잡았던 성군이었던 것[象曰 王用出征 以正邦也]으로 미루어 보면, 그 괴수는 포퓰리즘에 사로잡혀 혹세무민하는 4가 틀림없었던 것이다.[48]

마지막으로 이괘가 풍괘로 간 상6의 경우를 보자. 풍괘豐卦는 태괘泰卦에서 왔으니[2→4], 본래 태괘 때는 건왕乾王이었는데, 풍괘로 추이하면서 곤坤의 나라로 정벌을 나가니 '왕용출정王用出征'이고, 풍괘에서 리离는 창과 무기가 되는 까닭에 '출정出征'이 된 것이고, 리离가 즐거움을 주니 '유가有嘉'가 있었다. 이괘離卦는 둔괘遯卦에서 왔으니[1→5], 건乾의 머리가 이괘離卦가 되고, 다시 풍괘가 되면서 건乾의 머리가 잘리니 '절수折首'가 되었다. 태괘의 4가 2로 가 풍괘가 되면 한 명의 포로를 잡는다. 이것은 본시 건의 2가 4로 가서, 같은 무리가 아닌 것을 잡으니 '획비기추獲匪其醜'이다. 이괘는 대장괘大壯卦로부터 오는데, 이괘에서는 진震을 잃어버렸는데, 이제 풍괘가 되면서 진震이 돌아오니, 이것이 '무구无咎'한 까닭이다. '방邦'은 곤坤의 나라이다. 감坎의 죄악을 진震으로 성토聲討하니 '이정방야以正邦也'가 된다.[49]

---

48 李漢, 『易經疾書』: "불은 자체의 바탕이 없어, 사물에 붙어야 타오르기에 붙고 걸리는 뜻이 있다. 불은 이미 타오르면 옮겨가서 항상 머무르는 이치가 없기에 '王公出征'의 상을 잡았다."
49 醜는 무리 類이다. 乾坤은 서로 다른 무리를 나타냄이다.

역易의 이해

1. 역易의 대의

역易은 해와 달이 펼쳐나가는 사업 곧 무역无易이고, 우주 만물의 생성과 변화를 말하는 이치理致이다. 다시 말하면 역易은 나를 낳고 키우고 성공시켜 나가는 사부師父이자 마스터플랜이다. 공자는 「계사전」 5장에서 이를 일러 '생생지위역生生之謂易'이라 했다. 즉 역이란 나를 낳고 키우며 성공시켜 나가는 바이블이다.

우선 '생생生生'의 변變에 관한 다양한 해설을 참고해 보자.

- 천지의 큰 덕은 바로 생이며[天地之大德曰生], 그 생생의 극이 바로 역이다[生生之極則易成矣].
- 「계사(하) 5」: "천지가 하나 되니 만물을 낳고 남녀가 하나 되니 생산이 이뤄진다[天地絪縕萬物和醇 男女構精萬物化生]. 역에는 태극이 있다[易有太極]. 태극은 양의를 낳고, 양의는 사상을 낳고, 사상은 팔괘를 낳고[是生兩儀兩儀生四象四象生八卦], 팔괘의 길흉이 큰 사업을 낳는다[八卦定吉凶吉凶生大業]. 하늘이 신비스러운 만 가지를 낳고[天生神物] 성인이 그것을 본받아 백성을 낳고 길러감을 본받는다[聖人則之]."
- 『노자 40장』: "유와 무는 서로 서로를 낳는다[有無相生]."
- 『노자 42장』: "도는 하나를 낳고, 하나는 둘을 낳고, 둘은 셋을 낳고, 셋은 만물을 낳는다[道生一, 一生二, 二生三, 三生萬物.]. 도가 하늘을 낳고 하늘은 땅을 낳고 땅은 인간을 낳고 인간은 만물을 낳는다[道生天 天生地 地生人 人生萬物]. 하늘과 땅이 저토록 장구하게 생생한 것은 살려고 의도하지 않았기 때문이다[天長地久不自生]."
- 『순자』: "하늘과 땅은 생의 뿌리이다[天地者 生之本也]."
- 『장자』: "죽음을 초월하면 죽지 않고, 삶에 집착하면 살지 못한다[殺生者不死 生生者不生]. 생을 중요시하는 자 이익을 가볍게 여긴다[重生重生則利輕]."
- 『반야심경』: "생도 없고 멸도 없다[不生不滅]."
- 『난중일기』: "죽으려 하면 살고, 살려 하면 죽는다[生必則死 死必則生]."

역의 이치가 '나를 낳고 키워내는 생성과 변화'라면, 생생生生은 생生·성成·변變·화化 중에서도 생의 이치, 즉 '생리生理'에 무게를 둔다. 여기서 생을 생사生死로 본다면, '죽음보다는 삶', '죽임보다는 살림'일 것이다. 공자가 '생生'을 두 번이나 겹쳐 '생생지위역生生之謂易'이라 한 까닭을 화두로 삼아보자.

상생은 '같이 살자'라는 의미와 '내가 살려주니 네가 살고, 네가 살려주니 내가 산다'는 '살림살이'이다. 요컨대 '생생生生'에는 낳은 것은 다시 낳고, 산 것은 다시 살리고, 자란 것은 다시 기른다는 의미가 함축되어 있다. 자신을 낳아주고, 살려주고, 길러준 부모에게 다시 돌려주기도 하고, 때로는 새로운 대상을 낳아주고, 살려주고, 길러주는 것이다. 생생의 이치는 부모와 자식의 함수관계로 보면 이해가 쉽다. 이런 관계로 볼 때 역학易學은 부모가 나를 낳아 어른으로 키워 성공시키는 과정을 가르치는 생생학生生學이라 할 것이다.

'생생生生'의 사전적인 의미는 '나 자신이 끊임없이 활동하는 모양'이다. 이를 항구恒久라는 관점에서 풀면, '나 자신이 끊임없이 스스로 천지의 기운에 맞도록, 언제까지나(恒) 오래도록(久), 탈바꿈해 나가야 한다'는 소리다. 다시 말하면, '스스로 변화하는 천지에 내가 적응해가는 항구한 흐름이 '생생生生'이라 할 수 있다.[1] 이런 의미에서 이제마李濟馬(1837~1900)도 "사물事物을 대하는 몸과 마음에는 얼과 알이 작용하기에 건강의 비결은 심신의 컨트롤에 달려 있다."고 하였다. 곧 나의 과거·현제·미래를 살리고 전생·금생·내생을 살리는 생생이 바로 역이라 할 수 있다[生生之謂易].[2]

일찍이 다산 정약용은 한 사내가 자신의 양물을 자르는 희대의 장면을 목격하고 "자식을 낳고 사는 이치는 하늘이 준 생생의 이치[生生之理天所予]인데……"라며 그 비통한 소회를 이렇게 적었다.

"갈밭마을 젊은 아낙 그칠 줄 모르는 통곡 소리. 관문 앞 달려가 통곡하다 하늘 보고 울부짖네. 출정 나간 지아비 돌아오지 못하는 일 있다 해도, 사내가 제 양물 잘랐단 소리 들어본 적 없다네. 시아버지 삼년상 벌써 지났고, 갓난아인 배냇물도 안 말랐는데, 조자손 삼대 이름 모두 군적에 실렸네. 억울한 하소연 하려 해도 관가 문지기는 호랑이 같고, 이정은 으르렁대며 외양간 소마저 끌고갔다네. 남편이 칼 들고 들어가더니 피가 방에 흥건하네. 아이 낳은 죄로 고생길에 드는 걸 한스러워 그랬다네. 누에 치던 방에서 불알 까는 형벌도 억울하고, 민나라 자식이 환관이 되려고 거세함도 슬픈 일이거늘, 자식을 낳고 사는 이치는 하늘이 준 것이요[生生之理天所予], 하늘의 도는 남자 되고 땅의 도는 여자 되는 것이라[乾道成男坤道成女], 불간 말 불간 돼지 그도 서럽다 할 것인데, 대 이어갈 백성들이야 말을 더해 무엇 하리오 부잣집들 일년 내내

---

1 『맹자』, 「고자장구」: "공자 왈. 잡으면 남아있고 버리면 사라져버려, 무시로 드나들어 정처를 알 수 없는 것을 마음이라 한다[孔子曰操則存 舍則亡 出入無時 莫知其鄉 惟心之謂與]."

2 음양이 굴러 바뀌면서 만물을 화생한다(왕필).
음은 양을 낳고 양은 음을 낳아 그 변화가 무궁하니 그 이치와 역이 그러하다(주자).
자자손손의 이치, 태극의 원리, 음양의 원리가 역의 이론이다(아산).

풍악 울리고 흥청망청. 이네들 한 톨 쌀, 한 치 베 내다바치는 일 없네. 다같은 백성인데 이다지 불공평하다니, 객창에 우두커니 앉아 시구를 거듭 읊노라."

2. 역易과 점술

정확하게 말하면 역易은 지극한 셈법으로 미래를 알아낼 수도 있는 판단학이기도 하다[極數知來之謂占].[3] 다시 말하면 끊임없는 변화 속에서도 자신을 잃지 아니하고 오래오래 성불을 지켜갈 수 있는 통변의 사업[通變之謂事]을 밝히는 신도[陰陽不測之謂神]이다.[4/5]

역易을 만든 이가 역易을 만든 까닭에 대해 말하기를, 근심 걱정이 있었다고 하였다[作易者其有憂患乎]. 나와 백성에게 근심걱정이 없고 천지간의 길흉을 다 알 수 있었다면 성인이 어찌 역易을 만들기 위해 애를 썼겠는가. 그러기에 역易은 과거를 밝혀내고, 미래를 살피고, 또 은미하게 숨은 신비로움을 드러내고, 어두운 곳을 활짝 열어 유비무환으로 대비하는 수단이었던 것이다.[6] 그런 고로 역易으로써 길흉의 판단을 얻으려는 자는 점을 숭상하였기에[以卜筮者尚其占],[7] 점의 통변은 역易의 사업[通變之謂事] 중 하나요, 곧 점은 음양으로도 헤아리지 못하는 신의 세계마저 밝혀낸 것이다[陰陽不測之謂神]. 결과론적으로 사물의 기미를 알아낼 수 있다면 그것은 정말 신비로운 일이 아닌가[知幾其神乎].

그러기에 역易을 상象과 수數로 쓰면 점이 되고, 말씀으로 쓰면 도道가 된다고 한 것이다. 그렇지만 군자는 어떤 행운이나 요행을 얻으려고 점을 취하는 것이

---

3 역을 수로 쓰면 판단하는 점이고[以數用之謂占], 이것을 도로 쓰면 사업이다[以道用之謂事]. 천하가 이것을 사용하지 않음이 없으니[將天下莫不用之], 이는 신이 있기 때문이다[其惟神乎](소동파).

4 象·數·理·通變. 즉 象數는 과학적이요, 理는 철학적이요, 通變은 변통의 이치에 능통한 자가 변화를 주도해 나가는 기미를 이른다.

5 『중용』16장 : "신은 보려고 해도 보이지 않고[視之而弗見], 들으려 해도 들리지 않지만[聽之而弗聞], 만물의 주제자라 부정할 수 없다[體物而不可遺]." 곧 神은 최후의 진리이자 만유일체의 절대 융화의 인격체다[薛學潛]. 인간의 생각과 총명으로 도저히 헤아려 알 수 없는 것이 神이다 (張載).
진리가 신이다. 그 인격체를 하느님이라 할 뿐이다(문선명).
변화의 극치로 만물을 신묘하게 하는 자는 형체가 없기에 음양불측이라 하였다(왕필).

6 「계사(하) 6장 : "夫易, 彰往而察來, 而微顯闡幽, 開而當名, 辨物, 正言, 斷辭, 則備矣."

7 「계사(상) 10장」, "易有聖人之道·四焉, 以卜筮者尚其占."

아니다. 군자의 덕행德行을 그르치거나, 예측할 수 없는 대흉大凶이나 대과大過를 피하는 데 목적이 있었을 것이다. 결론적으로 역易은 수시변역隨時變易에 대처하는 쉽고 간단한 이간易簡의 원리를 포함한다.[8] 아래 『홍범구주』와 『예기』 그리고 최치원과 정조대왕, 프로이드의 말을 참고해 보자.

"역易은 본래 만물만사의 흐름을 판단하는(점치는) 책이었다. 그렇지만 개인의 길흉吉凶을 점치는 것은 아니다. 군주가 백성을 위한 정책을 결정하기 위해 사용한 방법 중 하나였다. 군주가 중요한 국사를 결정할 때 자기 자신, 측근, 신하, 백성에게 먼저 물어본 뒤, 마지막으로 하늘에 물어[점] 역易의 소리를 들었던 것이다."

"임금께서 해결하기 어려운 문제에 봉착하거든, 당신 스스로 깊이 생각하여본 뒤 측근이나 대신들과 상의하고, 다시 일반 백성들과 상의한 연후에 거북점과 시초점을 치는 사람에게 물으시오 당신의 생각하는 바가 따르고, 복서卜筮가 따르고, 대신이 따르고, 서민이 따르면 이것이 바로 대동大同입니다."[9]

"옛날 3대의 현명한 왕들은 다 천지신명을 섬겼는데, 이에 누구도 '복서'를 쓰지 않는 자가 없었다. 상제를 섬길 때는 감히 자신의 무례를 범하지 않았다. 그러므로 일월을 범하지 않았고, '복서'를 위반하지 않았다. (중략) 이 때문에 거북점과 역易점을 위반하지 않고 그 군장君長을 공경하고 섬겼다. 그러기에 백성을 모독하지 않고 상제를 더럽히지 않았다."[10]

"인간이 하늘을 알려면 반드시 하늘에게 천하의 길흉을 물으라. 인간이 '지천知天'을 하려면 꼭 하늘을 묻게 될 인물을 두고 하늘을 점쳐 천하의 길흉을 확정해야 한다. 천하를 이룩하려고 힘쓰는 자가 복서를 버리면 어찌 하겠는가?"[11]

---

8 『효종실록』효종 1년(1650) 9월 16일 : "예로부터 聖明한 제왕이 세상을 다스리고 사물에 응하는 방도는 오직 시비와 선악과 邪正을 평등하게 살펴 버리고 취하는 것일 뿐이었으니, 어찌 조금이라도 견주어 차이를 두려는 사사로움이 그 사이에 개입되었겠습니까. 그러므로 治世의 道는 본래 지극히 쉽고 지극히 간략한 것입니다. 『주역』에 이르기를 '쉽고 간략하게 하여 천하의 이치를 얻는다[易簡而天下之理得矣]'고 한 것이 바로 이것입니다."

9 『書經』「周書·洪範九疇·政事」, : "汝則有大疑, 謀及乃心, 謀及卿士, 謀給庶人, 謀及卜筮, 汝則從, 龜從筮從, 卿士從, 庶民從, 是之謂大同"

10 『예기(하)』, 「표기」 : "昔三代明王, 皆事天地之神明, 無非卜筮之用, … 是以 不廢日月, 不違龜筮, 以敬事其君長, 是以上下不瀆於民, 下不褻於上."

11 崔致遠, 『經學隊仗』: "卜筮, 人之作事必本於天意 人之知天必稽人物 定天下吉凶 成天下之亹亹者

"하늘과 사람은 이치가 하나이니 두드리면 응하는 법이다. 그러니 어찌 감히 인사를 다함으로써 기필코 하늘의 마음을 감동시키려고 힘쓰지 않아서야 되겠는가."[12]

"역易은 접근하기가 용이하지 않지만, 자연의 일부처럼 당신에게 발견되기를 기다리고 있을 뿐이다. 그렇다고 역易은 어떤 권력도 당신에게 주지 않는다. 그러나 자기 지식을 사랑하는 사람들에게 이런 것이 있다는 사실을 알았다면 유일무이한 이 정보를 확실히 건네줄 것이다. 역易은 더할 나위 없이 바로 그런 '지신知神'의 바이블이다."[13]

3. 역易과 역지사지易地思之의 소통철학

역지사지는 지금 상황을 나의 입장에서만 독단적으로 판단하지 말고 상대방의 입장도 고려하며 판단 분석해보라는 소리다. 그래서 역易은 지금 나의 상황을 여섯 방향, 즉 상하와 동서남북의 6차원으로 아주 친절하고 세밀하게 분석해준다. 그리고 보면 역易은 나와 당신이 윈윈하자는 상생논리이고 소통철학이다. 나만 옳고 상대는 무조건 틀렸다는 내로남불로 가지 않는 예방책이 『주역』에 있다.

이런 역지사지의 자세는 상대를 배려하는 마음에서부터 나온다. 여우가 두루미를 식사에 초대한 이야기가 좋은 예가 된다. 여우는 두루미 사정은 조금도 배려하지 않고 판판한 접시에다 음식을 차린다. 두루미의 긴 부리로는 도무지 그 음식들을 먹을 수가 없었다. 화가 나서 돌아간 두루미가 며칠 뒤 여우를 초대한다. 두루미는 모가지가 긴 병 속에다 음식을 넣어 대접한다. 주둥이가 짧은 여우로서는 도무지 그 음식들을 먹을 수가 없었다. 역지사지는 상대의 입장에서 생각해보자는 인간관계의 황금률이다. 그 지혜를 가르쳐주는 책이 『주역』이다.

捨卜筮何以哉."

12 『정조실록』 정조 19년(1795) 10월 17일.

13 칼 구스타프 융(Carl Gustav Jung)은 근대에 프로이트와 나란히 이름이 났던 심리분석학의 대가이자 『주역』의 대단한 知己였다. 그는 늘 『주역』을 가지고 괘를 점쳤는데 지극히 영험이 있다고 하였다. 융은 卜筮로서의 『역』의 진정한 가치는 "사람마다 스스로 깨닫는 지혜를 지니게 하여 善德으로 나아가게 함"에 있음을 깨닫는다. 김성관, 『융의 심리학과 동양종교』 참조

4. 이간易簡의 원리

한자 '역易'은 해와 달을 형상화한 상형자다. 해와 달을 알려주는 일만큼 쉬운 일도 없다. 그래서 역易은 아주 쉬운 이치로 만들어졌다. 만약 어떤 부모가 매일 매일 쓰지 않으면 안 되는 해와 달을 어딘가에 꽁꽁 숨겨두었다면 어리석은 자식들이 어떻게 찾아 쓸 수 있겠는가? 그래서 역易은 해와 달을 가르치고 대나무를 쪼개듯 아주 쉽고 간단한 원리로 만들어졌다. 아들딸 낳고 행복하게 살아가는 부부의 사랑, 부부의 사업을 볼 수 있다면 이간易簡의 도를 터득할 수 있다. 역을 공부할 때 소용되는 이간의 원리 몇가지를 팁으로 소개한다.

1. **호괘互卦 또는 호체互體** 본괘 속에서 가능한, 눈여겨볼 수 있는 모든 모양을 호괘 또는 호체라 한다. 예를 들어 산뢰이괘☶☳ 속에는 아래 진괘☳도 있고 위에 간괘☶도 있지만, 상하 양효를 들어내면 坤卦☷도 보인다. 이 곤괘☷을 호체 또는 호괘라 한다. 다른 예로, 택풍대과괘☱☴는 위가 태괘☱이고 아래가 손괘☴지만, 상하의 음을 제외하면 건괘☰가 보이고, 전체를 보면 감괘☵도 된다.

2. **도전倒顚괘** 뒤집어 보거나 거꾸로 보는 괘다. 예를 들어 산뢰이괘☶☳는 바로 보나 거꾸로 보나 산뢰이괘☶☳로 불변不變하는 괘지만, 산택손괘☶☱의 경우는 도전하면 풍뢰익괘☴☳가 되고, 풍뢰익괘를 도전하면 산택손괘가 된다.

3. **착종錯綜괘** 상하괘를 자리바꿈하는 교역交易괘다. 예로 산뢰이괘(☶+☳=☶☳)를 자리바꿈하면 뇌산소과괘(☳+☶=☳☶)가 되고, 택풍대과괘☱☴를 착종하면 풍택중부괘☴☱가 된다. 즉, 아래위의 괘를 서로 교환하는 괘다.

4. **전변全變괘** 6획의 음양을 전부 바꾼 괘다. 예로 산뢰이괘☶☳를 전변하면 택풍대과괘☱☴가 되며, 택풍대과를 전변하면 산뢰이괘가 된다. 중천건괘☰☰도 전변하면 중지곤괘☷☷가 된다.

5. **추이推移** 본괘의 한 효를 밀고 당기며 이동함을 이른다. 예컨대 지뢰복괘☷☳는 제일 아래 양효가 초효다. 여기 초효 양을 3위로 밀어 올리면 지산겸괘☷☶가 된다. 이럴 때 "복괘의 초효 양을 추이하여 3위로 올리니 겸괘가 되었다"고 한다. 마찬가지로, 산지박괘☶☷에서도 상효 양을 4위로 당겨 내려 옮기면 뇌지예괘☳☷가 된다.

6. **효변爻變과 괘변卦變** 효변은 일정한 효의 음양이 변함이다. 예로 산뢰이괘☶☳의 초효가 변하면(양→음) 산지박괘☶☷가 되고, 아래 내괘(1, 2, 3)가 전부 변하면 산풍고괘☶☴가 된다. 괘변은 "산뢰이괘가 산지박괘로 변했다" 하고, "산지박괘가 산뢰이괘로 갔다", 또는 "동했다" 함이 그것이다. 효변과 괘변은 엄격하게 보면 다르지 않다.

5. 역학易學의 범위

먼저 역학은 태극太極의 원리를 설명한 학설이요, 음양陰陽설이다. 따라서 궁리진성窮理盡性학이며, 상象·수數·리理를 시時에 적용하여 이치를 알아내는 일원적一元的 이원론二元論이며, 내성외왕內聖外王을 자처하는 인문학의 꽃으로, 우주질서에 의한 길흉吉凶을 판단하는 점학占學이기도 하다.[14/15]

1. 태극太極이란 하나가, 음양陰陽이란 둘을 낳고, 두 개의 음양은 하나의 태극에서 생겨났으니, 만물은 곧 태극에서 생생한 것이다. 하늘에 건乾이 생하니 땅에 곤坤이 생하였고, 낮에 해가 생하니 밤에 달이 생하였으며, 하늘에 신이 생하니 땅에 사람이 생한 것이다. 신은 음陰이고 사람은 양陽이다. 천지의 사사불불은 모두가 음양陰陽으로 이루어지고, 만물의 이치는 모두가 음양 가운데 이루어진다. 고로 하늘과 땅은 음양으로 조화를 부리고, 신과 사람도 음양으로 조화를 부려나가니, 저 일은 이 일에서 왔고 저 사건은 이 사건으로부터 온 것이라 할 때, 당신當身이 여기에 존재한다는 것은 저기에 당신當神이 있기 때문이다.

태극에 관해 조금 더 알아보자. 태극은 최고무상最高無上의 본원本源, 즉 천지만물의 궁극적인 근원이다. 우주의 근원적 실체가 지고무상至高無上하니 더 이상 추가할 수 없는 자리다. 태극이란 관념은 『주역』과 『장자』에서 처음으로 등장하나, 철학사에서 중요한 자리를 차지한 것은 주돈이朱敦頤의 『태극도설』이 기점이 되었고, 주희가 이를 계승 발전시킨다. 아래 제현의 설을 살펴본다.

- 마음은 곧 태극이요 태극이 곧 마음이다. [소강절]
- 태극에서 음양·오행·만물이 발생한다. [주돈이]

---

14 다음은 『莊子』「雜編·天下」에 나오는 구절이다.
"천하에는 도술을 닦는 사람들이 많다. 그 중 대개가 자기가 닦은 도술을 더는 없는 것으로 알고 있다. 성인도 생겨난 근원이 있고, 왕도도 이루어진 근원이 있는데, 모두가 한 가지 도에 근원을 두고 있는 것이다. 백가들의 학문 중에서 간혹 그들을 칭찬하고 따르기도 한다. 천하가 백가들로 어지러워지자, 성현들이 밝게 드러나지 않고, 도덕이 통일되지 않게 되었다. 그러므로 內聖과 外王의 도가 캄캄하게 되어, 밝혀지지 않고 엉켜 드러나지 않았다. 그래서 세상 사람들은 제각기 자기가 바라는 것을 닦아서 스스로 도라고 생각하게 되었다. 아, 슬프다!"

15 「계사·하 2장」, "古者包犧氏之王天下也, 仰則觀象於天, 俯則觀法於地, 觀鳥獸之文, 與地之宜. 近取諸身, 遠取諸物, 於是, 始作八卦, 以通神明之德, 以類萬物之情."

- 무无의 별명이다. [왕필, 한강백]
- 태극은 곧 하늘이다. [장자]
- "도는 태극 위에 있으면서도 높다 하지 않고, 6극의 아래 있으면서도 깊다 하지 않고, 천지보다 먼저 생하여도 오래되었다 하지 않았다." 태극은 원기元氣이다. [공영달, 왕안석]
- 혼돈미분混沌未分의 기氣요, 순화미분純化未分의 기다. [정현]
- 천지가 아직 갈라지기 이전의 혼돈 청허한 기다. [왕정상, 라흠순, 대진]
- 허와 실· 동과 정· 취와 산 등 대립적 속성을 갖추고 있는 존재의 기다. [장재張載]
- 사사물물마다 모두 하나의 극이 있으니, 이런 천지만물의 극을 하나로 합치니 곧 태극이다. [주희]
- 만물 생성의 제 일인자이다. [손문]
- 태극은 곧 태허이다[太極則太虛]. [서경덕]
- 태극은 곧 리다[太極則理]. [이언적, 이황]
- 음양의 주체. [이이]
- 만물이 생성하고 변화하는 근원. [장현광]
- "『역경』의 일음일양, 64괘, 384효의 체용體用과 동정動靜이 어찌 일심一心 상의 태극을 벗어날 수 있겠는가?" [송시열]
- 태극은 천당과 지옥처럼 마음의 별명이다. [숭융]

「계사(상)」 11장에 실린 공자의 태극설은 이렇다. "역易에 태극太極이 있으니 이것이 양의兩儀를 낳고 양의兩儀가 사상四象을 낳고 사상四象이 팔괘八卦를 낳으니, 곧 태극은 천지가 갈라지기 이전 태초의 기운이다."

마음이 하나에서 둘, 둘에서 셋, 셋에서 넷… 천변만화하는 마음의 이름을 태극이라 하였다. 마음은 움직이지 않는 것 같아도 항상 움직인다. 다시 말하면 태극에서 양의兩儀(음양)가 생겨나고, 양의에서 사상四象, 사상에서 팔괘八掛가 나왔다. 『주역』에서는 음이 있으면 반드시 양이 있고, 양이 있으면 반드시 음이 있다. 마음은 무극(제로) 같아도 태극(무한대)이요, 태극 같아도 무극이다.

2. 『주역』의 체계 안에서 해석되던 궁리진성窮理盡誠은 송대 성리학이 격물치지格物致知를 학문의 방법론으로 채택하면서 새롭게 중요한 의의를 부여받게 되었다. 궁리窮理의 지적 과정은 진성盡誠의 구체적 실천과 병행해 나아가야 한다. 『중용』에도 "오직 천하의 '지성至誠'이라야 능히 그 이치를 다 알 수 있다"고 했

다. 주희가 "궁리窮理는 진정한 앎에 이르기 위한 것이고, 진성盡誠은 바른 실천을 행하는 데 있다"고 한 것 또한 '실천에는 앎이 선행되어야 한다'는 소리다. 궁리와 진성이 함께 익으면 어느 순간 경계가 활연히 툭 트이는 데 이른다. 퇴계 역시 "궁리와 진성, 즉 지知와 행行은 '수레의 두 바퀴'와 '새의 두 날개'처럼 상보적이어야 한다"고 하였다.

3. "안으로는 성인의 덕을 갖추고 밖으로는 임금의 풍모를 갖춘 사람, 곧 선성후왕先聖後王이 되라는 말이 곧 내성외왕內聖外王이다."(이이, 『성학집요』)

4. 건괘乾卦 구5九五의 '비룡飛龍'을 '부대인자夫大人者'로 정의한 공자의 설명이 의미심장하다. "부대인자는 천지의 덕을 함께하고[與天地合其德], 일월의 밝음도 함께하고[與日月合其明], 사계절의 질서도 함께하고[與四時合其序], 귀신의 길흉까지도 함께하니[與鬼神合其吉凶], 하늘을 앞서도 하늘을 어긋나게 하지 않고[先天而天弗違], 하늘보다 뒤져도 하늘의 때를 받들게 하니[後天而奉天時], 하늘에조차도 또한 어긋나지 아니하고[天且弗違], 인간세상뿐 아니라[而況於人乎] 나아가 귀신의 세상까지도 어긋나게 할 수가 없는[況於鬼神乎] 자이다."

곧 수행의 정도가 비룡재천飛龍在天의 경지에 들면 천인天人이 합일되고, 인내천이 하나 되어 소위 6차원의 세계를 유희하게 되며, 또 천리를 알고, 천리를 대비하여 처신하는 사람이며, 이견대인利見大人을 할 수 있는 자격자가 된다. '부대인자夫大人者'를 보면 그는 보통의 사람보다도 낮은 '자者'에서, 보통의 사람[人]보다 나은 '대인大人'으로, 또 '하늘을 몰고다니며 자유자재하는 부대인자夫大人者'의 단계를 밟은 자라는 것도 알 수 있다. 이런 자는 여의주를 문 비룡이다.

6. 역易의 저자

복희씨伏羲氏(기원전 4700년경)가 8괘를 긋고 역易을 창제했다. '역易의 아버지'요 '선천先天 문명의 조종祖宗'이라는 '태호복희'는 '하도河圖'라는 위대한 진리가 담긴 한 장의 그림과, '역철학'의 모태가 된 '팔괘'를 만든다. 『태평어람』 「제왕세기」의 '태호복희씨'조와 『환단고기』에서는 이렇게 기록한다.

"태호복희는 동방 구이九夷족 가운데 풍이風夷족 출신으로, 제5대 태우 환웅천황의 12번째 막내아들로 태어났다. 복희는 '크게 밝다'는 뜻의 이름이다."

다음으로 주나라 문왕文王과 주공周公(기원전 1232~1135)이 복희의 64괘에다 괘사卦辭와 효사爻辭를 달아 『주역』을 짓고, 이어 공자(기원전 551~479)가 십익十翼을 붙여 『주역』의 철학적 체계를 세우게 되었다. 이런 『주역』은 본래의 경經과 뒷날 덧붙여진 해설 부분인 전傳까지를 합쳐 한대漢代에 『역경易經』이라 이름하였다. 다음은 사마천이 『사기』에 적은 내용이다.

"옛날 복희씨가 세상의 왕이었을 때, 위로는 하늘의 형상을 살피고 아래로는 땅의 법칙을 살피고, 심지어 날짐승과 길짐승들의 무늬와 땅의 온갖 풍수지리까지 살펴, 가까이는 자신에게서 취하고 멀리는 물상에서 취해, 처음으로 '팔괘'를 만들어 이에 밝은 덕을 체득하고, 이른바 만물의 실정을 분류하기 시작하였다." (「계사(하)」 2장)

"문왕[西伯]이 유리 땅 감옥에서 복희의 역易을 보고 괘사를 짓고, 선천팔괘를 연역하여 후천팔괘를 짓는다. 역은 기본 8괘(☰ ☱ ☲ ☳ ☴ ☵ ☶ ☷)가 상하로 서로 얽히고설키어 64괘를 만들었고, 다시 64괘가 한 괘마다 6위씩 짜여 모두 384위를 낳았다."

복희 임금이 기본 8괘를 그어 역易을 창제할 당시에는 문자가 없었으므로 8괘로만 구성되어 있었다 하여 8괘를 문자 기원설로 주장하는 이들도 많다. 8괘를 중복하여 64괘를 만들어 그 괘마다 괘사를 붙인 것은 주나라 문왕이고, 또 6효마다 그 효사를 일일이 붙인 사람은 주공이다. 나아가 공자는 십익十翼(ten wings)을 덧붙여 『역』을 완성한다.

『상서尙書』에도 밝힌다. "주공은 문왕의 아들이자 무왕의 동생이다. 성은 희姬, 이름은 단旦이며, 주공단周公旦이라고도 불린다. 특히 공자가 꿈에도 그리던 사람이다. 그는 384효에 효사를 지어 『주역』을 완성했다. 특히 주공사周公祠 앞에 있는 토규측량대土圭測量臺에서 8괘가 근원하였다."

역전易傳은 전국시대 이래로 형성되었으며, 『주역』을 체계적으로 해석한 저작으로 모두 일곱 종류 열 편이 있는데, 「단彖」 상하 2편, 「상象」 상하 2편, 「문언文言」 1편, 「계사繫辭」 상하 2편, 「설괘說卦」 1편, 「서괘序卦」 1편, 「잡괘雜卦」 1편이 그것이다. 이 10편의 저작들을 '십익十翼'이라고 불렀는데, 이때 '익'은 돕는다는 의미를 지니고 있어서 이 저작들이 '역경'을 해석하는 데 쓰였음을 보여준다. 유가 경전을 해석한 저작을 '전傳'이라 불렀는데, '십익' 역시 '역전'이라고 불렀다. 결국 '경經'은 사과를 보여줌이요, '전傳'과 '론論'은 사과를 보고 문자로 표현한 것이다.

그렇다면 십입十翼 중 '단彖'이니 '상象'이니 하는 글자의 의미는 무엇일까? 초나라 역사서를 전설상의 짐승 이름에서 따와 '도올檮杌'이라 한 것처럼, 역易 역시 '단彖'이나 '상象'이라는 짐승의 이름에서 따온 것이다. 이익의 『역경질서』로 설명을 대신한다.

"단彖 자와 상象 자는 모두 시豕 자가 붙었으니, 반드시 다 상象의 이름이다. 상象의 글자 됨이 코끼리의 형상이니, 위의 두 획은 그 이빨을 형상한 것이고, 다음 한 획은 코를 형상한 것이다. 단彖의 글자 됨도 상象에서 이빨만 떼고 코는 그대로 둔 것이다. 상象의 짐승 됨이 열두 가지 고기가 있는 것은 십이신十二辰을 형상한 것이고, 새끼를 밴 지 5년이 되어야 낳는 것은 재윤再閏(윤년은 5년 만에 두 번 듦)을 형상한 것이며, 60년이 되어야 뼈가 바야흐로 완전해지는 것은 간지干支의 시종始終을 형상한 것이다. 다닐 때는 반드시 왼발을 먼저 내딛고, 그 쓸개는 봄에는 앞쪽 왼발에 있고 여름에는 앞쪽 오른발에 있고 가을에는 뒤쪽 왼발에 있고 겨울에는 뒤쪽 오른발에 있다고 한다. 송나라 때 봄에 죽은 코끼리가 있었는데, 쓸개를 앞쪽 왼발에서 얻었다고 하니, 그 옮겨지는 것은 사철을 형상한 것이다. 그 활용이 이빨에 있는데, 우레소리를 들으면 문채가 생기는 것은 하늘과 땅이 기운을 감응하는 것을 형상한 것이니, 주역에 상象이라 칭한 것은 그 뜻이 384효에 실로 적합하지 않은 곳이 없다. 괘가 정정停하면 음에 속하고 괘가 동動하면 양에 속하므로 괘사卦辭에서는 단彖이라 하고, 효사爻辭에서는 상이라 했다. 고로 단彖은 '단정하여 말한다' 하고 상象은 '형상으로 말한다'고 한다."

한편 『한단고기』「삼성편」에는 "『천부경』과 『삼일신고』와 『한역韓易』을 한국의 녹도문자로 기록하여 체계화시킨 분이 환웅천제다"라는 설이 보인다. 일반적으로 알려진 바대로 역易은 은殷나라 시대의 문화적 성과를 계승하는 한편, 작자의 독특한 개성을 담아 미리 계획하고 구상한 현대적인 작품이 아니라, 조금씩 점차 누적되어 만들어진 최초의 기록물이다(주周나라 무왕을 측근에서 보필하던 사공司空의 일기라고도 함).

또한 역易은 4~5백 년 동안 사람들에게 알려지지 않다가, 후세 사람의 편집과

수정을 거쳐 '성인이 가르침을 내린 책' 또는 '길흉을 판단하는 책'의 모습으로 사회화되었다. 이처럼 수천 년 동안의 풀이·고증·주석 등을 거치면서 문화 역사상 거대한 장관을 만들어낸다. 위로 갑골문을 이어받고 아래로 제자백가를 이끌어내면서, 앞세대를 계승하고 뒷세대를 이끌어주는 역할을 다한다. 그리고 역易을 본래 모습으로 완전하게 복원하기 위해서는 반드시 최근(1973년)에 발굴된 『마왕퇴한묘백서馬王堆漢墓帛書』를 참고할 필요가 있다.

갑골문처럼 땅속에 보존된 문자 자료는 3,000여 년 동안 원래 모습대로 남아 있었다. 반면에 전래되어 온 고전 문헌들은 인위적인 부연 설명이 덧붙여지거나 와전된 경우도 많다. 그기에 역易은 "천자가 다스리고 제후가 봉토를 정비하던, 하늘 아래 모든 땅이 천자의 소유가 아닌 곳이 없고, 땅 끝까지 모든 사람들이 천자의 신하가 아닌 사람이 없었던 서주西周 초기에 싹터 나온 참신한 문화 현상의 산물(전백찬·정천연, 『중국통사참고자료』)"이라는 점을 염두에 두고 읽어야 한다. 한편, 주역의 저자들이 이룬 업적에 대해서는 다음과 같은 평가들이 있다.

"역易의 작자는 결코 시대를 앞서려는 생각이 없었다. 오히려 그는 은대 이래의 문화 전통을 계승하여 하늘을 믿고 상제를 믿으며, 중대한 일은 하늘에 점치고 상제에게 물었다. 그에게는 애당초 어떤 명확한 동기가 없었다. 그렇지만 지식과 개성을 지니고 있었던 그는 '마음으로 감응을 느끼는 상황'에서 새로운 부호를 만들어냈고, 그 부호를 이용하여 긴 달과 한 해를 6일이란 단위로 나누어 날마다 보고, 듣고, 생각하고, 느낀 것을 기록했다. 그리하여 하루 하루, 한 달 한 달이 지나고 부호가 바뀌면서 결국 한 해의 기록이 완성되었고, 결국 역易이라는 인류 문화사에서 더없는 가치를 지닌 보배가 만들어졌다. 역易은 전해들은 이야기를 기록하는 데 머물지 않았기 때문에 호메로스(Homeros)의 『일리아스』나 『오디세이아』 같은 서사시보다 그 가치가 높다. 또한 중요한 사건을 기록하는 데 머무르지 않았기 때문에 헤로도토스(Herodotos)가 지은 『역사』보다도 그 가치가 높다."(張祥平, 『人的文化指令』)

"역易은 위로 갑골문을 이어받고, 아래로 제자백가를 이끌어내 갑골문화와 제자백가 사이에 다리를 놓았다. 역易은 인류 문화사에서 가장 위대한 문자 기록물이다. 바빌론어와 고대이집트어는 사용하는 사람들이 오래전에 없어졌지만, 한자는 여전히 동양권에서 활발하게 사용되고 있다."(Lowie Robert, 『문명과 야만』)

7. 역易의 적용범위

복희가 위로는 천문을 보고[仰以觀於天文] 아래로는 지리를 살펴[俯以察於地理] 역易을 체계화하였으니, 역易의 원리는 눈에 보이는 세계뿐 아니라 눈에 보이지 않는 세계까지도 통용된다. 그런 고로 역易의 원리로 삶과 죽음도 하나로 설명이 가능하기에[知死生之說], 역易은 귀신의 정황까지도 통찰해 낼 수 있고[知鬼神之情狀], 역易에는 천도天道와 지도地道와 인도人道의 삼재지도가 넓고 크게 다 담겨 있다[易之爲書廣大悉備]. 그런 고로 역易은 다름 아닌 나로 하여금 천명을 따르게 하는 원리[旁行而不流樂天知命]이며, 음양의 대립 속에서 무한한 변신의 원리를 체득시키는 신묘함을 담고 있다[神无方而易无體].

8. 역易과 성인聖人의 도

역易에는 네 가지 성인의 도가 갖추어져 있다. 말씀으로 지도할 때는 역의 말 [卦辭·爻辭·象辭·彖辭]을 중시하고, 실천으로 행할 때는 역의 변화[易變]를 중시하며, 백성을 풍족하게 하려는 경우에는 문물제도를 갖추어 역의 상[易象]을 중시하고, 앞날을 예견하려고 하는 경우에는 역점[易占]을 중시한다. 이처럼 역易은 성인이 지극하게 천지의 이치를 깊이 통찰하여 그 기미를 연구한 결과이다. 역易의 이치가 깊기 때문에 천하의 모든 이치를 통달할 수 있고, 모든 사물의 기미를 알고 있기 때문에 능히 천하의 모든 업무를 이룰 수 있으며, 오직 역易이 신령스럽기 때문에 서두르지 않아도 빠르게 갈 수 있고, 가지 않는 것 같지만 이미 가보면 그 자리에 도착해 있다[夫易, 聖人之所以極深而研幾也, 唯深也故, 能通天下之志, 唯幾也故, 能成天下之務, 唯神也故, 不疾而速, 不行而至]. 그런 고로 역易은 무심无心하기에 억지가 없고, 부동不動하기에 누구나 감응만 하면 사물의 법칙을 즉각 알려준다. 또한 형상 없는 무상无相의 영묘함을 갖추고 있기에 누구나 지극한 신의 경지[지극한 정성]에 이르기만 하면 원하는 바를 무엇이든지 얻을 수 있다[易无思也, 无爲也, 寂然不動, 感而遂通天下之故, 非天下之至神, 其孰能與於此]. 그리고 보면 역易의 값 [가치기준]은 천지와 똑같아[易與天地準], 마음 가는 대로 천지의 도를 바느질 하듯 철따라 입을 옷을 내놓아 준다[能彌綸天地之道].[16] 당신이 가장 높이 받드는 부귀富

---

16 『역』의 우주관과 『역』의 능력과 위력을 나타내는 말로, "『역』은 천지와 부합하기 때문에 유명(幽

貴까지 말이다. 이 부귀를 알고 얻게 해주는 것이 바로 역易이다.

9. 역易의 체험

성인은 우주의 근본원리를 아주 쉽고 간단하게 역易으로 체득할 수 있게 하였고 또 그것에 의해 천지와 나란히 할 수 있는 지위를 두고 있다[易簡而天下之理得矣, 天下之理得而成位乎其中矣]. 저 하늘과 땅을 가만히 들여다보라. 둘은 성질이 치가 떨리도록 상극이지만, 하늘은 친화력을 가지고 땅에 다가가고 땅은 어떤 저항도 없이 하늘을 받아들이며 만물을 생식하고 번창시켜 나간다[易則易知, 簡則易從, 易知則有親, 易從則有功, 有親則可久, 有功則可大]. 하늘과 땅처럼 극과 극으로 음양이 대립하며 하나 되는 원리가 역易에 있다고 하면, 천지가 그렇듯, 부부가 하나된 가정이 천지 가운데 가장 아름다운 도장道場이요 역易의 현장일 것이다[可久則賢人之德, 可大則賢人之業, 一陰一陽之謂道].

역易의 여덟 식구[八卦] 중 천지의 기운이 상반하여도 그 지위는 같고, 산과 연못이 기운이 달라도 서로 잘 통하고, 천둥과 바람이 부딪치며 일은 달라도 조화를 이루며, 물과 불은 서로 죽일 듯하지만 상부상조해 나가는 것을 본다. 팔괘 속에 불역不易과 변역變易 그리고 교역交易으로 어느 때는 대립으로 어느 때는 통일로 아름다움을 세워가는 것을 볼 수 있다[天地定位, 山澤通氣, 雷風相薄, 水火不相射, 八卦相錯]. 하늘은 위에서 씨만 뿌리고 땅은 아래에서 밟히더라도 그 씨를 키워내기를 좋아한다. 산은 위로 솟아오르기를 좋아하고 연못은 아래로 구덩이를 만들어 안으로 받아들이기를 좋아한다. 천둥은 아래를 움직이고 바람은 위를 움직이며, 물과 불은 서로 뜨겁게 혹은 차갑게 죽일듯 해도 천지공사를 위해 목숨까지는 없애지 않는다.

10. 역易과 복福

역易은 자리[位]와 때[時]를 알려주는 소중한 알람일 뿐 아니라 시공時空을 넘어 과거·현재·미래를 하나로 몰고 다니며 복을 주고 거두기도 한다. 만약 사람으로 태어나 복이 없다면 역易을 만나지 못한다. 역易은 성인 될 사람과 그 성인 된

明)과 사생(死生)과 귀신(鬼神)의 정상까지도 알아낼 수 있다'고 한다.

사람이 하는 공부다. 천하를 얻은 군왕일지라도 도를 얻지 못하면 요순堯舜 같은 왕도王道를 펼칠 수 없다. 공자가 자신에게 나라를 맡겨주면 3년 안에 태평성대를 이루겠다고 했던 것도 역을 경륜할 줄 알았기에 하는 소리다. 걸주桀紂와 전두환이 군왕君王을 얻고도 민심을 잃고 나라마저 잃은 것은 다 시위時位의 형평을 잃고 역易을 몰랐기 때문이다. 역易은 욕급시야欲及時也 즉 때를 알기 위해서 덕을 쌓고 학업을 닦아, 지지지지知至至之 즉 이를 데를 알아 이르고, 지종종지知終終之 즉 마칠 데를 알아 마치는 의리를 알게 한다.

나아가 역易은 복福을 얻기 위한 시절과 자리 잡기 위한 시위時位를 알려주는 찬스 메이커, 혹은 어떤 문도 열 수 있는 마스터 키이기 때문에 나와 절대로 멀리 떼어놓을 수 없다[易書也不可遠]. 수시로 변하는 이 세상은[爲道也屢遷] 한 곳에 머무르지 않고 계속 변동하며[變動不居], 상하 사방을 굴러다니는 종잡기 힘든 카멜레온 같은 동물이다[周流六虛上下无常]. 그러니 강한 펀치를 날리다가도 유들유들하게 휘감겨들기도 하며[剛柔相易], 고정된 틀이 없이 오직 변덕만 부리기도 하니[不可爲典要唯變所適], 어찌 이 책을 손에서 떼어놓을 수가 있겠는가?

『주역』의 활용과 관련하여 자신을 용龍에 비유한 처신설도 있었다. 도연명은 맨 아랫자리 용 도잠陶潛, 윤선도는 4번째 용 혹약암或躍岩, 제갈공명은 재야에 있던 두 번째 용 현룡見龍, 유비는 다섯 번째 용이자 임금인 비룡飛龍이었다. 여타 처신설도 있다. 『다경茶經』을 쓴 육우陸羽는 하늘에 '나는 누굽니까?'라는 질문을 던져 '절음발이처럼 세상을 어렵게 살 것이다'라는 의미를 지닌 수산건水山蹇 괘를 얻는다. 이에 젊은 날 철모르고 나대던 시절을 접고 공자의 가르침대로 평생을 반신수덕反身修德으로 차나 마시며 세상에 나오지 않고 살았다. 몰락한 선비집에서 그림으로 연명하던 정선鄭敾도 자기 앞날을 물어 지산겸地山謙 괘를 얻고 겸재謙齋란 호를 짓는다. 그는 평생을 남에게 먼저 굽혀야 훗날 좋은 세상을 맞으리란 역易의 가르침을 지키며 살았고, 훗날 조선 땅에서 화성畫聖이란 소리를 듣게 되었다.

11. 공자와 역易

다음은 『논어』에 보이는 공자 자신의 말이다. "내게 몇 년 만이라도 시간이 더 허락된다면[假我數年], 역易을 완전히 마스터하여[五十以學易], 내 인생에서 큰 허물 짓는 일은 절대로 하지 않을 것이다[無過大矣]."[17]

사마천의 『사기』 「세가」의 '공자세가' 편에서는 이렇게 적고 있다. "공부자는 늘그막에 역易을 좋아하셨다. 평소에는 옆에 두고, 길을 가실 때는 빠짐없이 자루에 넣고 다녔다."

「태사공자서」에서도 사마천은 또 일렀다. "선친의 말씀에 주공이 돌아가신 지 오백 년에 공자가 나오셨고, 공자가 돌아가신 지 이제 오백 년이니 능히 그분들을 이어 세상에 밝혀 『역전』을 바로하고 『춘추』를 이으며 『시』 『서』 『예』 『악』에 근본할 때가 있을 것인가?"

『마왕퇴한묘백서馬王堆漢墓帛書』 「요」 전에서도 자공과의 문답이 보인다. "자공은 스승 공자가 역易에 골몰하여 살자, 이러한 뜻을 이해하지 못하여 의문을 제기하였더니, 공자는 '『주역』 속에는 옛날 성인이 끼치신 말씀이 있으니, 나는 그 말씀을 즐길 뿐이네. 뒷날 선비들이 나를 의심할 수 있다면 어쩌면 내가 역易을 이토록 미치게 좋아하였다는 점일 수도 있겠구나[後世之士疑丘者, 或易乎]' 하셨다. 자공이 '선생께서는 어째서 점서를 믿습니까?' 하자 공자는 '나는 역易의 덕의德義를 따르기 때문에, 사무史巫의 길흉과는 귀결점이 다르다. 역易에서는 아주 알기 어려운 미미한 점과 상상 외의 큰 일도 알아낼 수 있고[知微知彰], 또 부드러움이 뭔지 강함이 뭔지를 알 수 있으니[知柔知剛], 만인으로부터 부러움을 사지 않겠는가[萬夫之望]. 그렇지만 역易을 잘못 배우면 세상으로부터 적이 된다네' 하셨다."

그렇다면 도대체 역易이란 어떤 물건일까? 역易은 만물을 활짝 열고 이 세상의 모든 사업을 완성시켜 주려는 천하의 도리 중 가장 으뜸 되는 것이기에[夫易, 開物成務, 冒天下之道, 聖人, 以通天下之志, 以定天下之業, 以斷天下之疑], 성인이 역易을 정밀하고 정의롭게 하고 신묘한 경지에 이르게 하니 인류를 위한 이용후생학이다[精義入神以致用也].

---

17 『논어』 「술이(述而)」의 "加我數年, 五十(卒)以學易, 可以無大過矣" 구절은 "역(易)에서 말하는 50의 대연수를 무난히 궁리하면 대과의 때를 무사히 넘어갈 수 있다"라는 의미로 볼 수도 있다.

임진왜란으로 혼란한 시기를 당하던 선조 임금이 경연을 열어 역리易理에 밝은 자를 찾으며 한 말이 이랬다. "『주역』은 바로 성인이 진퇴 존망의 이치를 밝혀서, 사람으로 하여금 삼가고 조심하여 어려운 일을 해결하고, 어지러운 시기를 구제할 수 있는 방법을 알게 하였다. 진실로 국가를 다스리는 자로 하여금 이 역리易理를 꾸준히 힘써서, 자신으로부터 도적을 오게 하는 뜻을 알아서 군사를 쓰는 데 이용하고, 음양 소장의 기미를 살펴서 화란의 조짐을 경계하게 한다면, 왕업이 튼튼하게 될 것이니, 어찌 무너질 것을 염려하겠는가. 애석하다, 신하들의 학술이 노무勞務하여 능히 성인이 밝힌 진퇴 존망의 이치로 계발하고 보도하지 못하고, 더러는 기수氣數의 설로써 한갓 임금의 귀를 어지럽히기만 하였구나. 아, 이것이 어찌 『주역』을 강론하는 본의이겠는가!"[18]

『예기』의 「표기」에는 이런 구절이 있다. "옛날 3대의 현명한 왕들은 다 천지 신명을 섬겼는데, 이에 누구도 복서卜筮를 쓰지 않는 자가 없었다. 상제를 섬길 때는 감히 자신의 무례를 범하지 않았다. 그러므로 일월을 범하지 않았고, 복서를 위반하지 않았다. (중략) 이 때문에 거북점과 역점을 위반하지 않고 그 군장君長을 공경하고 섬겼다. 그러기에 백성을 모독하지 않고 상제를 더럽히지 않았다."

『경학대장』에 실린 「복서」에서 신라의 대문장 최치원은 이런 말을 남겼다.

"인간이 하늘을 알려면 반드시 하늘에게 천하의 길흉을 물으라. 천하를 이룩하려고 힘쓰는 자가 복서를 버리면 어찌하겠는가?"

역易의 중요성과 필요성에 대해서는 중국이나 우리의 선현들뿐만 아니라 서양의 과학자들도 높이 평가했다. 예컨대 구스타프 융은 이렇게 말했다.

"역易은 충분히 신비하며, 또 어떤 경우에든 묻고자 하는 자의 질문에 기가 찰 정도로 놀라운 정답을 내려주니, 경이롭다. 역易은 천지 어느 곳에 숨어 있더라도 찾아낼 수 있고[探賾索隱], 아무리 멀고 깊은 곳에 들어 있어도 족집게처럼 잡아낼 수 있기에[鉤深致遠], 천하의 어떤 길흉도 바로 잡아낸다. 그러기에 역易은 접근하기가 용이하지 않지만, 자연의 일부처럼 당신에게 발견되기를 기다리고 있을 뿐이다. 그렇다고 역易은 어떤 권력도 당신에게 주지 않는다. 그러나 자기 지식을 사랑하는 사람들에게 이런 것이 있다는 사실을 알았다면 이 정보를 확실

---

18 『선조실록』 선조 27년(1594) 11월 12일 기사.

히 건네줄 것이다. 역易은 더할 나위 없이 바로 그런 지신知神의 바이블이다."

12. 우리나라의 역易

『주역』은 삼국시대부터 우리나라에 나타난 것으로 기록되고 있다.[19] 『삼국사기』「고구려본기」에 의하면 고구려의 경우 소수림왕 2년에 태학太學을 세워 교육했고, 오경五經과 삼사三史가 있었으며, 백제는 일본에 오경박사 단양이段楊爾와 왕도량王道良을 보내 『효경』·『논어』·『역경』을 전했다고 한다. 신라는 국학國學에서 『주역』을 주교재로 삼고 설총이 우리말로 구경九經을 읽고 가르쳤으며, 최치원은 『경학대장』에서 역易을 설했다.

고려는 국학을 확충하여 칠재七齋를 설치하고, 『주역』을 이택재麗澤齋라 하여 경학 강좌 첫머리에 위치시켰으며, 과거 고시과목에 넣었다. 6대 임금 성종은 국자감과 경학박사를 설치했고, 문종 때의 최충은 구경九經과 삼사三史를 중시했다. 윤언이尹彦頤(1090?~1149)는 『역학』에 밝아 『역해易解』를 지었다고 하는데, 아쉽게도 전하지는 않는다. 우탁禹倬(1263~1342)이란 인물도 보이는데, 『고려사』의 「우탁열전」은 그에 관해 이렇게 적고 있다.

"우탁禹倬은 경서에 통하고 역학易學에 깊어 복서가 모두 적중하였다. 『정전程傳』이 처음 전래되자 동방에 아는 이가 없었는데 우탁이 문을 닫고 한 달 남짓 참구하여 해득하고 학생들을 가르치니 이학理學이 유행하기 시작하였다."

또 『고려사』 공민왕 19년조의 기사에 따르면 과거시험에 『주역』이 출제되었는데 정자와 주자의 주注 및 고주古注를 묻는 것이었다고 한다. 이로 보면 우탁 무렵에 이미 『이천역전』이 전래되었고, 고려 말의 공민왕(1330~1374) 무렵에는 이미 『이천역전』과 『주자본의』를 비롯하여 송宋 이전의 고주古注들이 과거시험을 치를 만큼 충분히 연구되어 있었음을 알 수 있다. 이런 배경 아래 여말선초 양촌 권근權近(1352~1409)의 『오경천근록五經淺近錄』 가운데 하나인 『주역천근록周易淺近錄』이 나올 수 있었던 것이다. 이는 고려조에서 『주역』을 이해한 수준을 말해주는 좋은 사례가 된다.

---

19 일연의 『삼국유사』와 송대 『태평광기』에 왕필의 『주역약례』에 주를 쓴 형수가 신라에 사신으로 와서 『주역』 책을 바쳤다고 하였다.

한편, 성리학을 국가이념으로 삼은 조선에서는 특히 주자학에 대한 연구가 활발히 진행되었다. 세종 원년(1419)에는 『성리대전』과 『사서대전』 및 『오경대전』 등을 수입하였으며, 이는 이학理學의 연원이니 널리 연구하라는 교지가 내려졌다. 이에 따라 실제로 천문학자 이순지李純之(1406~1465)에 의해 조선만의 독자적인 역법曆法이 만들어지고, 천문학 교과서인 『제가역상법』을 통해 해시계와 물시계가 발명되는 성과가 나타났다. 그 뒤 세조의 명으로 『역학계몽요해』라는 주자의 『역학계몽』에 대한 해설서가 편찬되었고(1495), 유빈柳濱의 『고산역도』(1576), 퇴계의 『계몽전의』(1557), 이덕홍의 『주역질의』(1666), 율곡의 『역수책』, 장현광의 『역학도설』과 『경위설』, 김장생의 『주역변의』, 김방한의 『주역집해』, 서명응의 『역학계몽집전』, 송시열의 『일음이양지도』, 김석문의 『역학도해』, 이헌석의 『역의규반』, 조호익의 『역상설』 등 수많은 역학 관련 저작이 나왔다.

이밖에도 스위스의 수학자 오일러의 '9차 마방진' 발표보다 앞서서 숙종 때 영의정을 지낸 수학자 최석정崔錫鼎(1646~1717)은 『구수략九數略』을 지었고, 겸재 정선은 『주역』의 음양원리에 입각하여 '진경산수 화법'을 창안하였으며, 정조가 경연에서 토론한 내용을 엮은 『주역강의』(1783)도 나왔다. 여기에 실학자들이 가세하여 이익의 『역경질서』, 정약용의 『주역사전』과 『역학서언』 등이 나왔으니, 이는 성리학 일변도의 시각을 비판하며 실용적인 관점에서 새롭게 『주역』을 이해하려 한 성과라고 할 수 있다.

『주역』의 현토 작업은 설총이 시작하였고, 현존하는 최고最古 구결 자료로 알려진 『구역인왕경舊譯仁王經』은 12세기 중엽의 작품으로 보인다. 고려 말에는 정몽주가 『시경』에 구결을 달았고 권근은 『역경』에 토를 달았다. 이는 『주역』이 본격적으로 우리의 것으로 소화되고 전수되었음을 의미하는 것이다. 세종은 경서의 구결 사업을 명하여 최항, 서거정 등이 참여하였고, 세조 12년에 『주역구결』이 완성되었다. 이후 조목(1524-1606)은 퇴계의 질정을 받아가며 1596년에 『주역구결』을 완성한다. 율곡 이이도 『주역구결』을 저술했다는 기록이 보인다. 선조 때(1585) 칠경七經[20]의 언해가 완성되었는데 여기서 『주역언해』는 『정전程傳』을 위주로 하였다. 또 선조 때 최립(1539~1612)이 『주자본의』를 위주로 『주역본의구결』을 완성

---

20 『시경』·『서경』·『역경』·『예기』·『춘추』의 오경(五經)과 『주례(周禮)』 및 『의례(儀禮)』.

한다. 이밖에도 우리말로 설명한 퇴계의 『주역석의』가 있고, 이것을 발전시킨 언해 번역 사업으로 선조 때 『사서삼경언해』가 완성되었다. 『주역언해』의 경우 『주역대전』에 의거하여 최립·정구·홍가신·한백겸 등의 참여로 이루어졌다. 참고로 위에서 거론하지 못하고 본 『생생주역』에 자세하고 친절하게 해석을 아끼시지 않고 도움을 준 당대 최고 역학자 어른들이 아래와 같이 계셨음을 밝혀 놓는다.

권근, 『주역천견록周易淺見錄』
김기례, 『역요선의강목易要選義綱目』
김도, 『주역천설周易淺說』
김상악, 『산천역설山川易說』
박제가, 『주역周易』
서유신, 『역의의언易義擬言』
석지형, 『오위귀감五位龜鑑』
송시열, 『역설易說』
심대윤, 『주역상의점법周易象義占法』
심조, 『역상차론易象箚論』
오치기, 『주역경전증해周易經傳增解』
유정원, 『역해참고易解參攷』
윤행임, 『신호수필薪湖隨筆·역易』
이만부, 『역통易統·역대상편람易大象便覽』
이익, 『역경질서易經疾書』
이지연, 『주역차의周易箚疑』
이장찬, 『역학기의易學記疑』
이진상, 『역학관규易學管窺』
이항로, 『주역전의동이석의周易傳義同異釋義』
이현석, 『역의규반易義窺斑』

13. 『주역』을 읽는 몇 가지 팁

1. 태극, 양의, 4상, 8괘, 64괘

"태극太極이 양의兩儀를 낳고, 양의가 사상四象을 낳고, 사상이 팔괘八卦를 낳는다"고 하였다. 태극이나 8괘는 흔히 들어본 용어지만 양의나 4상은 일반인들에게는 낯선 용어일 수 있다.

먼저 태극이란 양의, 사상, 8괘와 세상 만물의 모든 인자(DNA)를 품었으나 그 모양을 형용하거나 말로 설명할 수 없는 상태를 이른다. 빅뱅 이전의 우주 같은 것이라고 이해해도 좋다. 이 태극에서 빅뱅을 통해 나온 것이 양의로, 다른 말로는 양陽과 음陰이다. 양(━)이나 음(╌)은 혼자서는 어떤 것의 생장소멸도 주관하지 못하며, 역시 형체와 기운을 갖춘 것이 아니어서 의儀라고 한다.

양과 음이 서로 만나면 4상을 이루는데, 비로소 인간이 그 기운을 파악할 수 있으므로 상象이라 한다. 하지만 아직은 우리 눈에 보이는 구체적인 형상을 이룬 것이 아니다. 양의가 서로 만날 수 있는 경우의 수는 4가지(양+양, 양+음, 음+양, 음+음)이므로 4상이 된다. 양과 양이 만난 상태(⚌)를 태양太陽 또는 노양老陽이라 하고, 음과 음이 만난 상태(⚏)를 태음太陰 또는 노음老陰이라 한다. 음이 먼저 자리를 잡은 상황에서 나중에 양이 온 상태(⚎)를 소양少陽이라 하고, 이는 양의 기운이 점점 증대되고 상대적으로 음의 기운이 줄어드는 상태를 의미한다. 반대로 양이 먼저 자리를 잡은 상황에서 나중에 음이 온 상태(⚍)를 소음少陰이라 한다. 소양과 소음은 앞으로 성장하게 될 젊은 양, 젊은 음이라는 의미다. 반면에 노양(늙은 양)과 노음(늙은 음)은 이미 그 기운이 극에 달하여 반대되는 기운으로 바뀌기 직전의 상태를 나타낸다. 노양은 소음이 되고 노음은 소양으로 바뀐다.

사상의 관계는 우리가 익히 알고 있는 사계절에 대응하여 설명할 수 있다. 태양의 위력이 미미하여 추위가 극에 달하는 겨울은 노음에 해당하고, 점차 태양의 기운이 세지고 날씨가 따뜻해지는 봄은 소양에 해당한다. 노음이 소양으로 변하고, 소양은 장차 더욱 성장하게 될 것임을 알 수 있다. 실제로 봄은 여름이 되며, 이는 소양이 노양으로 변화된 것이다. 여름은 다시 가을로 바뀌는데, 이는 노양이 소음으로 변화된 것이다. 소음은 더욱 성장하게 되고, 계절은 가을에서 노음에 해당하는 겨울이 된다. 그리고 이런 순환은 무한히 반복된다.

사상(4)에 다시 양의(2)가 결합되면(4×2) 8괘가 되는데, 우리가 감각을 통해 알 수 있는 최초의 상태이다. 하지만 세상만사를 8가지 경우의 수로 모두 설명할 수는 없으며, 따라서 8괘는 특정한 기운 및 상태를 나타내는 추상적 개념이다.

양의에서 사상이 나오고, 사상에서 팔괘가 나올 때는 순서가 있는데, 우선 양의 중에서는 항상 양이 먼저고 음이 나중이다. 따라서 사상 가운데 가장 먼저 탄생하는 것은 양과 양이 결합된 노양(⚌)이고, 뒤를 이어 소음(⚍), 소양(⚎), 노음(⚏)이 나온다. 이것은 사상이 태어나는 순서로, 4계절의 변화 순서와는 다른 것이다.

사상에서 팔괘가 태어날 때도 태양(⚌)에 다시 양(⚊)이 추가되는 경우(☰)가 제일 먼저고, 그다음이 태양(⚌)에 음(⚋)이 추가되는 경우(☱)이며, 태음(⚏)에 음(⚋)이 추가되는 경우(☷)가 마지막이다. 이렇게 8괘를 태어나는 순서대로 나열하면 다음과 같다.

팔괘	☰	☱	☲	☳	☴	☵	☶	☷
명칭	1건乾	2태兌	3리离	4진震	5손巽	6감坎	7간艮	8곤坤

이들 8괘는 저마다의 기운과 성질에 따라 각각 특정한 방위, 계절, 시각과 연결되고 인생 및 만물과도 연결된다. 예컨대 건(☰)은 석양을 붉게 물들이며 막 지려는 해와 같다. 따라서 방위로는 해가 지는 서북쪽이고, 계절로는 가을과 겨울의 중간에 해당하며, 성질은 강건剛健이다. 가족 중에서는 아버지에 해당하고, 신체에서는 머리에 해당하며, 자연에서는 하늘에 해당하고, 오행으로는 금金과 연결된다. 이런 8괘의 개별 특성을 표로 정리하면 다음과 같다.

괘상	☰	☱	☲	☳	☴	☵	☶	☷
명칭	건(천) 乾(天)	태(택) 兌(澤)	리(화) 离(火)	진(뢰) 震(雷)	손(풍) 巽(風)	감(수) 坎(水)	간(산) 艮(山)	곤(지) 坤(地)
속성	剛健	說	文明	動	入	險	止	柔順
가족	父	少女	中女	長男	長女	中男	少男	母
동물	말	양	꿩(새)	용	닭	돼지	개	소
신체	머리	입	눈	발	다리	귀	손/코/등	배
방위	북서	서	남	동	남동	북	북동	남서
계절	추~동	가을	여름	봄	춘~하	겨울	동~춘	하~추
오행	金	白金	赤火	木	靑木	黑水	土	黃土
자연	하늘	연못	해	우뢰	바람	물	산	땅

누구나 아는 것처럼 8괘를 아래위로 두 개 겹치면 64괘가 되고(8×8=64), 『주역』은 기본적으로 이 64괘를 설명하는 책이다. 64괘마다 위의 표에서처럼 고유의 이름을 지닌다. 예컨대 상단에 있는 괘(상괘)가 지地(☷)이고, 하단에 있는 괘(하괘)가 천天(☰)이라면 지천태地天泰(䷊) 괘가 된다. 또 상괘가 산山(☶), 하괘가 지地(☷)라면 산지박山地剝(䷖) 괘가 된다. 예외도 있는데, 상괘와 하괘의 이름이 같은 경우다. 예컨대 천天과 천天이 합쳐진 경우 '천천건'이라 하지 않고 '중천건重天乾' 혹은 '건위천'이라 한다. 8괘가 합쳐져 64괘가 되는 원리를 표로 보이면 다음과 같다.

상괘 / 하괘	☰ (천)	☱ (택)	☲ (화)	☳ (뢰)	☴ (풍)	☵ (수)	☶ (산)	☷ (지)
☰ (천)	중천건	택천쾌	화천대유	뢰천대장	풍천소축	수천수	산천대축	지천태
☱ (택)	천택리	중택태	화택규	뢰택귀매	풍택중부	수택절	산택손	지택림
☲ (화)	천화동인	택화혁	중화리	뢰화풍	풍화가인	수화기제	산화비	지화명이
☳ (뢰)	천뢰무망	택뢰수	화뢰서합	중뢰진	풍뢰익	수뢰준	산뢰이	지뢰복
☴ (풍)	천풍구	택풍대과	화풍정	뢰풍항	중풍손	수풍정	산풍고	지풍승
☵ (수)	천수송	택수곤	화수미제	뢰수해	풍수환	중수감	산수몽	지수사
☶ (산)	천산둔	택산함	화산려	뢰산소과	풍산점	수산건	중산간	지산겸
☷ (지)	천지비	택지췌	화지진	뢰지예	풍지관	수지비	산지박	중지곤

양(━)과 음(┅)의 두 가지로 나뉘는 양의兩儀 하나하나를 각각 효爻라 하는데, 8괘는 3개의 효가 쌓여 이루어진 것이고, 64괘는 6개의 효가 쌓여 이루어진 것이라고 할 수 있다. 여섯 개의 효들에는 그 위치에 따른 명칭이 붙는데, 맨 아래에서부터 차례로 '초효, 2효, 3효, 4효, 5효, 상효'라고 한다. 또 각 효들은 양이거나 음이거나 둘 중 하나의 성질을 갖기에 이에 따른 명칭도 부여되는데, '음양'이라는 용어 대신 숫자 6(음)과 9(양)로 나타낸다. 이처럼 각 효에는 위치와 음양에 따른 두 가지 이름이 동시에 부여되며, 2~5효는 음양을 나타내는 육六이나 구九가 앞에 나오고 위치를 나타내는 숫자가 뒤에 붙는다. 예를 들어 밑에서 두 번째 있는 효가 양효(━)이면 '구2九二', 음효(┅)이면 '육2六二'라고 부른다. '구4'는 네 번

째 효가 양효라는 말이고, '육5'는 다섯 번째 효가 음효라는 의미다. 단, 초효와 상효의 경우에는 이름 붙이는 순서가 반대다. 초효가 양효일 경우 구초가 아니라 '초9'가 되며, 상효가 음효일 경우 육상이 아니라 '상6'이 된다. 이상의 설명을 표로 제시하면 다음과 같다.

위치	양효일 경우 명칭	음효일 경우 명칭
상위	─ 상구上九	─ ─ 상육上六
5위	─ 구오九五	─ ─ 육오六五
4위	─ 구사九四	─ ─ 육사六四
3위	─ 구삼九三	─ ─ 육삼六三
2위	─ 구이九二	─ ─ 육이六二
초위	─ 초구初九	─ ─ 초육初六

2. 9와 6의 의미

여섯 효 하나하나의 음양을 나타내는 일종의 부호가 9(양)와 6(음)이므로 이 두 숫자는 『주역』에서 가장 빈번하게 만나게 된다. 그렇다면 이들 두 숫자는 어디에서 연유한 것일까? 다산도 『주역』을 읽다가 '9'와 '6'이 제대로 해독되지 않아 그만 책을 덮었다고 고백한 적이 있다. 그만큼 의미심장하면서도 난해한 글자가 이 두 숫자다.

결론을 먼저 말하면, 9는 노양老陽으로 태양太陽을 대표하고, 6은 노음老陰으로 태음太陰을 대표한다. 그렇다면 노양과 노음을 왜 숫자 9와 6으로 나타냈을까? 특히 음의 수, 곧 짝수에서는 6보다 큰(늙은) 8이 있는데 어떻게 6이 대표선수가 되었을까 하는 것이 문제다. 이에 대해서는 이미 여러 설이 존재한다.

첫째, 오행五行의 생수生數 개념을 통한 설명이다. 『주역』과 음양오행론의 기초가 된 하도河圖에 따르면 만물은 그 생성의 순서에 따라 숫자로 표기될 수 있는데, 구체적으로는 수水가 1, 화火가 2, 목木이 3, 금金이 4, 토土가 5이다. 이들 다섯 숫자를 생수生數라 하고, 이 생수에 각각 5를 더한 6에서 10까지의 숫자를 성수成數라 한다. 성수를 만들 때 5를 더하는 것은 흙의 기운이 더해져야 비로소 만물이 형체를 얻을 수 있기 때문이다. 이처럼 만물의 기원이 되는 생수에서 양의 수, 즉 홀수를 모두 더하면(1+3+5) 9가 되고, 음의 수, 즉 짝수를 모두 더하면(2+4) 6이 된다. 이로써 9와 6으로 양과 음을 각각 대표하게 했다는 설명이다.

둘째, 양효(ㅡ)와 음효(ㅡㅡ)가 나타내는 숫자를 통한 설명이다. 무극 혹은 태극(0)에서 처음 나온 양과 음은 각각 하늘과 땅에 해당하고, 숫자로는 각각 1과 2가 된다. 그런데 땅은 하늘의 일부이기도 하므로 하늘(양)의 숫자는 자기 자신의 숫자인 1과 땅의 숫자인 2가 합쳐진 3이 된다. 이것이 1이 2를 낳고, 2가 3을 낳았으며, 3에서 만물이 탄생했다는 음양론의 논리다. 다시 말하면 음효(ㅡㅡ)는 숫자로 2가 되고, 양효(ㅡ)는 숫자로 3이 된다. 태양(노양)은 양효 세 개가 겹쳐진 것으로(☰), 이를 숫자로 환산하면 3+3+3으로 9가 된다. 태음(노음)은 음효 세 개가 겹쳐진 것으로(☷), 이를 숫자로 환산하면 2+2+2로 6이 된다. 이로써 9와 6을 양과 음의 다른 말로 사용하게 되었다는 것이다.

마지막으로 『비트겐슈타인의 수와 주역의 수』를 저술한 이정복의 다음과 같은 설명도 참고로 소개한다.

"6·7·8·9의 4상相은 건(☰)·곤(☷)·감(☵)·리(☲)에서 온다. 태양(☰)은 3×3=9, 태음(☷)은 2×3=6, 소음(☵)은 3+2+3=8, 소양 (☲)은 2+3+2=7로 설명된다. (중략) 참고로 선천수 중 세 양수, 즉 삼천參天(1·3·5)의 합은 9이고, 선천수의 두 음수, 즉 양지兩地의 합은 6이기에 주역의 효사에는 양을 9, 음을 6으로 쓰고 있다."

3. 6효六爻와 6위六位

주역의 64괘는 모두 저마다 여섯 개의 효들로 구성되고, 각 효는 그 위치에 따라 인간사나 인생사에서 특정 지위 및 시기와 관련된 것으로 이해된다. 이를 표로 간단히 정리하면 다음과 같다.

위치	인생의 시기	인간사의 지위
상위	60대	조부·국사·원로·고문
5위	50대	가장·임금·회장·사장·팀장
4위	40대	장남·비서실장·장관
3위	30대	차남·도지사·시장·영업본부장
2위	20대	주부·중전·총무부장
초위	10대	막내·초심자·신입사원

참고로 '효爻'라고 할 때는 그 자리에 변화가 왔을 때의 의미이고, 변하지 않는 자리의 이름은 '위位'가 된다. 즉 '2효'라고 하면 2의 자리가 변화되었다는 의미이며, 불변한 2는 '2위'라고 해야 옳다[爻者 言乎變者也 列貴賤者 存乎位].

4. 정正과 중中

역易은 음양의 원리에 기초한 학문으로, 하나의 괘를 구성함에 있어서 어떤 위치에 어떤 효가 오는가를 매우 중시한다. 양의 자리에 양효가 오고 음의 자리에 음효가 오는 것을 '정위正位'라 하며, 그렇지 않은 경우를 '부정위不正位'라 한다. 이때 양의 자리란 홀수의 위位이니 초위·3위·5위이며, 음의 자리란 짝수의 위이니 2위·4위·상위이다. 초위에 양효가 오면 정이고 음효가 오면 부정이며, 2위에 양효가 오면 부정이고 음효가 오면 정이다. 이런 정과 부정의 관계를 표로 정리하면 다음과 같다.

위치	양효가 오는 경우	음효가 오는 경우
상위	─ 상구上九 / 부정不正	-- 상육上六 / 정正
5위	─ 구오九五 / 정正	-- 육오六五 / 부정不正
4위	─ 구사九四 / 부정不正	-- 육사六四 / 정正
3위	─ 구삼九三 / 정正	-- 육삼六三 / 부정不正
2위	─ 구이九二 / 부정不正	-- 육이六二 / 정正
초위	─ 초구初九 / 정正	-- 초육初六 / 부정不正

6위와 음양의 조화 문제에서 특히 관건이 되는 위치는 2위와 5위로, 각각 하괘(내괘)와 상괘(외괘)의 중간에 해당한다. 이 두 개의 자리에 각각 음효와 양효가 위치하여 정正이 되는 것을 특히 '중정中正'이라 하여 매우 좋은 것으로 본다. 예컨대 '수지비'괘의 하괘인 지(☷)의 경우 2위에 음효가 위치하여 중정이 되고, 상괘인 수(☵)의 경우에도 5위에 양효가 위치하여 중정이 된다.

5. 효爻들 사이의 여러 관계

『주역』은 관계와 변화에 역점을 두고 있으므로, 하나하나의 효도 보지만 효와 효 사이의 관계 또한 매우 중시한다. 주역을 풀이할 때는 정과 부정, 중정도 따지지만 효들 사이의 다른 관계들도 보아야 한다. 이와 관련된 복잡한 용어와 해설도 많은데, 대표적인 것들만 소개한다.

먼저 하괘와 상괘에서 맨 아래에 위치하는 초위와 4위, 중간에 위치하는 2위와 5위, 맨 위에 위치하는 3위와 상위가 각각 서로 어떤 관계인가를 따져 정응과 불응을 판단한다. 서로 음과 양으로 다르게 만나 조화를 이루는 경우를 정응正應이라 하고, 양끼리 만나거나 음끼리 만나 조화를 이루지 못하는 경우를 적응敵應또는 불응不應이라 한다.

이웃하는 두 위의 관계도 보는데, 서로 음양이 달라 조화를 이루고 있으면 상비相比라고 한다. 이때의 비比는 서로 '친밀함'을 의미하는 글자다. 상비 관계에서 양효가 위에 있는 경우(☳)를 승承 또는 재載라 하고, 음효가 양효 위에 올라타고 있는 것(☴)은 승乘이라 한다.

14. 역易과 과학

동양에서 자연과학이 본격적으로 발전하기 시작한 것은 한漢나라 때부터다. 우선 천문과 역법曆法이 나왔다. 동한東漢의 장형張衡은 혼천의渾天儀를 제작하여 별의 운동을 모사하고, 지동의地動儀를 제작하여 지진을 측정하였으며, 후풍의候風儀를 제작하여 천기를 측정하였다. 역법에서는 서한의 사마천 등이 태초력太初曆을 만들어 지구가 태양의 주위를 운동하는 시간을 비교적 정확히 계산하였으며 135개월을 일식의 주기로 추산하기도 하였다. 유흠劉歆은 『주역』 「계사전」의 수리數理로 태초력을 해석하여 체계적인 역학 이론을 만들어내기도 했다.

한대漢代에는 또 『황제내경』이라는 의학서와 『신농본초경』이 출현하였고, 동한의 장중경은 『상한론傷寒論』을 저술하였다. 중의中醫는 음양오행설을 강론하는 일이 많은데, 이것도 역학 발전을 촉진시키는 작용을 하였다. 요컨대 자연과학의 새로운 발전은 귀신, 재이災異, 무축巫祝 등의 미신을 제거한 데 큰 의의가 있었으며, 역학을 건강한 방향으로 발전하도록 이끌었다.

역易을 풀이하고 역易의 이치로 현대 자연과학의 최신 결과들을 해석한 사람으로는 설학잠薛學潛이 일인자다. 그는 마방진도 5차원을 넘어 6차원의 작용을 한다고 증명한다. 그런데 오늘날의 과학은 상대성 이론으로 겨우 4차원에 이르렀을 뿐이다. 설학잠의 '초상대론'은 『역과 물질과 양자역학』에서 『역경수리과학신해易經數理科學新解』로 발전된다. 여기서 초상대론의 정의와 팔괘, 복희 팔괘, 문왕 팔괘, 영혼과 물질의 교류까지 언급하고 있다. 특히 그는 "오늘날 역易을 연구하면서 물리학을 연구하는 자는 팔괘에서 구하길 바란다"고 주문하기에 이른다. 또 "역易은 속이 없을 만큼 미세하고 겉이 없을 만큼 거대하여, 수학과 물리학이 아무리 기이하고 교묘한 수준에 이르렀다 해도 역易의 깊이를 능가하지 못하고 수학과 물리학이 밝히지 못한 것도 역易으로 시험하면 거의 밝혀낼 수 있다"고 장담한다. 그는 『초상대론』 24장에서 이렇게 말하기도 했다.

"역易의 가르침은 도道와 기器를 총괄한다. 도가 오늘날의 철학이라면, 기란 오늘날의 과학이다. 철학하는 자는 홀로 천지와 더불어 정신적으로 왕래하기만 할 뿐이고 만물을 깔본다. 과학하는 자는 참고를 들어서 징험하고 자세히 살피고 결정하여도, 그 수는 고작 1, 2, 3, 4이다. 이는 결코 천지를 위하여 마음을 세움이 아니고 만민을 위하여 명命을 세움이 아니다. 따라서 천지인에 통하지를 않았으니, 잠시라도 떠날 수 없는 도를 결코 얻지 못한 것이다. 신神이란 최후의 진리이자 만유일체의 절대 융화이다. 신神과 전電은 모두 5차원이다. 신神이 중심좌표요, 전電은 주변좌표이다. 광光과 시時 역시 모두 제4차원이다. 광이 중심좌표이고 시는 주변좌표이다. 신은 형체가 없되 전은 상을 드러내어 광이 되고 열이 되니, 이것이 형이상과 형이하의 차이이다. 광은 볼 수 있되 시는 볼 수 없으므로 중심좌표는 5차원에서는 드러나고 4차원에서는 은미하다. 전電과 질質은 모두 5차원 주변좌표이되 작용이 같지 않다. 이와 같으므로 영혼과 물질의 교류를 볼 수 있다."

심중도는 『역경의 부호』에서 이렇게 말한다. "각 괘가 모두 대수공식과 기하공식이다. 괘는 물리학, 논리학, 천문학 분야에서 행하는 정묘한 작용이다. 특히 괘 속에 포함된 우주 변화는 그에 상응하여 사람들을 광光, 열熱, 중력重力, 흡력吸力의 세계로 들어가게 한다. 따라서 괘를 통해 천기와 밀물 썰물의 관계도 이해할 수 있다."

조정리는 『주역과 현대과학』에서 이렇게 말한다. "달의 상대성 운동 64괘는 곧 양자화量子化의 법칙이므로 곧 역易의 음양학설은 뉴튼의 역학力學이나 상대성 이론과 다르지 않다."

심의갑도 『주역과 생물학』에서 이렇게 주장한다. "생명 과정을 결정하는 유전코드에 64종이 있고 각종의 유전코드는 균일하게 세 개의 핵당, 핵산으로 구성되어 있다.[21] 이것은 『주역』의 3효(소성괘)가 하나의 경괘經卦를 조성하고, 팔괘의 경괘가 중첩하여 64별괘를 낳는 사실과 완전히 똑같다."

윤환삼은 『전자계산기와 주역』에서 이렇게 말한다. "『주역』은 추상 계산기로서 현재의 전자계산기가 지니는 주요 특성을 갖추고 있고, 역수易數의 환산기능, 역리易理의 논리기능, 역상易象의 기록보존기능은 모두 오늘날의 계산기와 닮은꼴이다. 『주역』의 괘를 만드는 방법은 컴퓨터의 '비트'나 '바이트'의 개념과 똑같다. 컴퓨터에서는 '0'과 '1'이 있는 두 가지 단위를 '비트'라 하고, 그 '비트' 8개를 모은 단위를 '바이트'라 한다(역의 소성괘는 8괘, 대성괘는 64괘다)."

채항식도 『역으로 본 현대과학』에서 이렇게 지적한다. "유럽 과학의 발전은 두 가지의 위대한 성과를 기초로 하고 있다. 하나는 그리스의 철학자가 형식논리의 체계를 발명했다는 것이고, 또 하나는 실험을 통해서 인과관계를 탐구할 수 있는 가능성을 발견했다는 것이다. 내가 보는 한 동양의 현철들은 비록 이 두 가지 길을 거치지 않았으나, 놀랍게도 동양에서는 그러한 것의 발견이 모두 이루어져 있었다."

아인슈타인의 경우 자기의 새로운 학설에 붙일 명칭을 고심하다가 팔괘를 구성하는 음양 개념에서 힌트를 얻어 '상대성(Relativity)'이라는 용어를 찾아냈다는 유명한 일화가 있다. 또 그가 동료에게 보낸 한 편지에는 다음과 같은 기록이 전한다. "양자역학의 아버지라 불리는 닐스 보어는 음양의 이치를 담은 태극문양에서 힌트를 얻어 양성자(+)와 전자(-)로 이루어진 원자 모델을 발견하는 업적을 세웠으며, 후에 태극마크를 가문의 문장紋章으로 삼기도 했다."

동양의 지혜에서 발명의 힌트를 얻은 서양의 또 다른 인물로 라이프니츠가 있다. 안종수는 『역경과 이진법』에서 이렇게 말한다. "라이프니츠는 세계에서 처음으로 '사칙연산'을 할 수 있는 계산기를 발명했다. 그 계기는 중국의 선교사 친구가 보낸 편지에서 우연히 두 장의 '태극도'를 입수한 것이 시초였다. 그는 태극도의 64괘 배열이 바로 0에서 63에 이르는 이진법 수학이라는 것을 발견했으며, 그

---

21 유전코드는 인류 역사상 특히 중요한 발견이다. 모든 동식물의 생명 형성과 번식이 모두 이 기묘한 체계에 부합하며, 동식물의 생명 자체의 형식도 이 체계에 부합한다. 이 체계는 3효(八經卦)로 조성된 64개의 '글자 코드'이며, 이 글자 코드는 핵당핵산(核糖核酸, DNA)의 고리(Chain)를 형성하였다. 수천 년 역사를 지닌 『역경』의 체계는 자연철학 순서에 부합하는 하나의 방안을 제출한 것이다. 유전코드 가운데 세 글자 코드는 명료한 뜻을 구성할 수 있다. 그 속에 두 글자 코드의 뜻은 '정지(停止, 유전 어구의 결미)'이고, 한 글자 코드의 뜻은 '개시(開動, 새 어구의 개시)'이다. 만일 이 몇몇 어구를 새로 번역한 『역경』 구조 도표와 서로 대조하면, 우리는 이 두 글자 코드의 근거를 『역경』에서 찾아낼 수 있다.

원리에서 계산기 작동의 힌트를 얻었다. 이 이진법의 원리는 오늘날 컴퓨터 문명을 상징하는 대표적인 코드가 되었다."

똑같은 성과를 놓고 김정용은 『라이프니츠의 보편기호법 사상과 역의 논리』에서 이렇게 평가한다. "라이프니츠가 『주역』 중에서 2진법의 원리를 발견한 것은 동서 두 문명이 서로 마주잡은 두 손을 상징한다. '0'과 '1'의 단순한 두 수를 가지고 일체의 수를 표시한 라이프니츠는 철학과 수학 연구의 천재일 뿐만 아니라, 서양에서 역易을 가장 잘 이해한 사람이다."

15. 약서법略筮法

하늘에 천명을 묻는[占] 방법이 여러 가지 있을 수 있으나 먼저 '약서법'을 간략하게 소개한다.

시초 50개로 먼저 1개를 아래에 내려놓고 49개를 잡고 무심히 둘로 나누어 양손에 쥔다. 이 중 오른손의 것은 놓아버린다. 그리고 왼손에 쥐고 있는 것 중 1개를 빼어서 오른손의 검지와 약지 사이에 끼우고, 왼손의 나머지 시초를 8개씩 나누어간다. 왼손은 하늘[天]이다. 만약 8개씩 나누어 빼고 그 나머지가 8개면 숫자 '8'로 적어 둔다.

두 번째도 처음과 같은 방법으로, 50개 중 1개를 아래에 내려놓고 49개를 무심히 둘로 나눈다. 이 중 왼손의 것을 놓아버린다. 오른손에 든 시초 가운데 1개를 빼어서 전과 마찬가지로 검지와 약지 사이에 끼우고 8개씩 나누어 빼나간다. 오른손은 땅[地]이다. 만약 나머지가 6개이면 숫자 '6'으로 적어 둔다.

마지막으로, 첫 번째와 똑같은 방법으로 하되, 이번에는 6개씩 뺀다. 처음의 두 번에 걸쳐 8개씩 빼는 것은 8괘 중에서 1괘를 각각 얻기 위함이고, 세 번째로 6개씩 빼는 것은 6효 중에서 해당되는 효를 얻기 위함이다. 그래서 만약 6개씩 빼고 나머지가 6개 남았다면 최종적으로 숫자 8·6·6을 얻게 된다.

괘를 뺄 때는(점을 칠 때는, 설시를 할 때는, 하늘에 판단을 구할 때는) 정성을 모으는 것을 최고로 하여야 한다. 정성이 없는 점은 이미 점으로서 가치를 상실한 것이다. 정성을 드릴 때는 각자 자신의 종교성에 맞추어도 무방하다. 정과 성이야말로 하늘과 땅 사이에서 당신의 기운[神聖]이 알아낼 수 있는 모든 방법을 강구하여 당신에게로 찾아올 것이다. 예를 들면 간절하게 "하나님 아버지(부처님 또는 조상님)! 내가 회사를 그만두고 사업을 새로 하고자 합니다. 만약 은행 빚을 얻어 사업을 시작하면 성공할 수 있겠습니까? 당신께서 자세히 살피시어 저의 갈 길을 인도하여 주옵소서! 아멘(나무아미타불)!" 하고 지극 정성으로 설시한다. 문제는 점 치는 자세가 경박해서는 아니 되고. 또 점치는 자리도 성스러워야 하며, 묻고자 하는 질문이 정확하여야 한다. 목욕재계하고 향을 피워 놓고 기도(묵상 또는 108배) 를 올린 후에 당신이 바라는 바를 물어라. 질문은 이것인가 저것인가 하고 묻는 선택형 질문이 아니라 일의 처리 방법, 일이나 인간관계의 길흉(득실, 성패) 등을 단답형으로 묻는 것이 좋다.

앞서 예시한 것처럼 8, 6, 6이 나왔다면, 8은 8곤지(☷), 6은 6감수(☵)다. 그러 면 괘는 위에 지(☷), 아래에 수(☵), 즉 지수사(䷆)괘가 된다. 마지막 숫자가 6이 므로 지수사괘에서 6번째 효를 본다. 이 책 지수사괘를 찾아 6번째 설명을 자세히 여러 번 읽어보면 해답이 나올 것이다.

생생주역 上經

초판 1쇄 인쇄 2020년 4월 20일
초판 1쇄 발행 2020년 4월 28일

지 은 이   장영동

펴 낸 이   김환기
펴 낸 곳   도서출판 이른아침
주   소   경기 고양시 일산동구 일산로 142 유니테크빌벤처타운 263-5호
전   화   031-908-7995
팩   스   070-4758-0887
등   록   2003년 9월 30일 제 313-2003-00324호
이 메 일   booksorie@naver.com

ISBN 978-89-6745-097-7   03150
      978-89-6745-096-0   (세트)